ACCESO GRATIS *a la Lectura en la Nube*

Para visualizar el libro electrónico en la nube de lectura envíe junto a su nombre y apellidos una fotografía del código de barras situado en la contraportada del libro y otra del ticket de compra a la dirección:

ebooktirant@tirant.com

En un máximo de 72 horas laborables le enviaremos el código de acceso con sus instrucciones.

DERECHO INTERNACIONAL DEL MEDIO AMBIENTE

Procedimiento de selección de originales, ver página web:
www.tirant.net/index.php/editorial/procedimiento-de-seleccion-de-originales

DERECHO INTERNACIONAL DEL MEDIO AMBIENTE

ANTONI PIGRAU SOLÉ
MAR CAMPINS ERITJA
(Editores)

tirant lo blanch
Valencia, 2025

EDITA: TIRANT LO BLANCH
C/ Artes Gráficas, 14 - 46010 - Valencia
TELFS.: 96/361 00 48 - 50
FAX: 96/369 41 51
Email: tlb@tirant.com
www.tirant.com
Librería virtual: www.tirant.es
DEPÓSITO LEGAL: V-2994-2025
ISBN: 979-13-7010-220-3

Índice

Capítulo 2

EL CONOCIMIENTO CIENTÍFICO Y EL DERECHO INTERNACIONAL DEL MEDIO AMBIENTE: SU PAPEL EN LA LUCHA CONTRA EL CAMBIO CLIMÁTICO

Capítulo 3

LA CREACIÓN DE LAS NORMAS INTERNACIONALES AMBIENTALES

Capítulo 4

EL CONTROL DE LA APLICACIÓN DEL DERECHO INTERNACIONAL DEL MEDIO AMBIENTE

Capítulo 5

LA RESPONSABILIDAD INTERNACIONAL DE LOS ESTADOS POR DAÑOS AL MEDIO AMBIENTE

Capítulo 6

MARCO INSTITUCIONAL DE LAS NACIONES UNIDAS PARA LA PROTECCIÓN DEL MEDIO AMBIENTE

Capítulo 7

LA AGENDA 2030, LOS OBJETIVOS DEL DESARROLLO SOSTENIBLE Y LA PROTECCIÓN DEL MEDIO AMBIENTE

PARTE II: LA REGULACIÓN SECTORIAL

Capítulo 8

EL CAMBIO CLIMÁTICO

Capítulo 9

LA PROTECCIÓN DE LA ATMÓSFERA

Capítulo 10
LA PROTECCIÓN DE MARES Y OCÉANOS

Capítulo 11

LA PROTECCIÓN DE LA BIODIVERSIDAD

Capítulo 12

LA PROTECCIÓN DE LOS CURSOS DE AGUA INTERNACIONALES

Capítulo 13

LA GESTIÓN DE RESIDUOS Y SUSTANCIAS TÓXICAS Y PELIGROSAS

Capítulo 14

LA GESTIÓN SOSTENIBLE DE LOS RECURSOS NATURALES (PESCA, BOSQUES, MINERALES)

Capítulo 15

LA PROTECCIÓN AMBIENTAL DE LOS ESPACIOS POLARES

PARTE III: CONEXIONES CON OTROS REGÍMENES INTERNACIONALES

Capítulo 16 MEDIO AMBIENTE Y DERECHOS HUMANOS

Capítulo 17

MEDIO AMBIENTE Y ACCESO A LA INFORMACIÓN, PARTICIPACIÓN PÚBLICA Y ACCESO A LA JUSTICIA

Capítulo 18

MEDIO AMBIENTE Y MARCO INTERNACIONAL DE EMPRESAS Y DERECHOS HUMANOS

Capítulo 19

MEDIO AMBIENTE Y COMERCIO INTERNACIONAL

Capítulo 20

MEDIO AMBIENTE Y PROTECCIÓN INTERNACIONAL DE INVERSIONES EXTRANJERAS

Capítulo 21
MEDIO AMBIENTE Y ENERGÍA

Capítulo 22
MEDIO AMBIENTE Y SALUD PÚBLICA

Capítulo 23
BIOTECNOLOGÍA Y MEDIO AMBIENTE

Capítulo 24

MEDIO AMBIENTE Y CONFLICTOS ARMADOS

PARTE IV: LA JURISPRUDENCIA AMBIENTAL DE LOS TRIBUNALES INTERNACIONALES

Capítulo 25 LA CORTE INTERNACIONAL DE JUSTICIA

Capítulo 26 EL TRIBUNAL INTERNACIONAL DEL DERECHO DEL MAR

Capítulo 27

EL TRIBUNAL DE JUSTICIA DE LA UNIÓN EUROPEA

Capítulo 28
EL TRIBUNAL EUROPEO DE DERECHOS HUMANOS

Capítulo 29
LA CORTE INTERAMERICANA DE DERECHOS HUMANOS

ANEXOS

Acrónimos

Nota de los editores: Generalmente se usa el acrónimo en español y su explicación en letra cursiva. Solamente se usa en inglés cuando es muy frecuente su utilización en esa lengua; en ese caso la explicación esta también en cursiva, pero se incluye la traducción al español, en letra redonda.

ABS-CDB: *The Nagoya Protocol on Access and Benefit-sharing to the Convention on Biological Diversity* / Protocolo de Nagoya sobre Acceso y Participación en los Beneficios al Convenio sobre la Diversidad Biológica

ACAP: *Arctic Contaminants Action Program* / Programa de Acción sobre Contaminantes Árticos

ACB: *Asociación de Colaboración en materia de Bosques*

ACCC: *Aarhus Convention Compliance Committee* / Comité de Control de Cumplimiento del Convenio de Aarhus

ACNUR: *Alto Comisionado de las Naciones Unidas para los Refugiados*

Acuerdo BBNJ: *Agreement on the conservation and sustainable use of marine biological diversity of areas beyond national jurisdiction* / Acuerdo sobre la Conservación y Uso Sostenible de la Biodiversidad Marina más allá de las Jurisdicciones Nacionales

ACP: *Acuerdo sobre Contratación Pública*

ADN: *Ácido desoxirribonucleico*

AEPS: *Arctic Environmental Protection Strategy* / Estrategia para la Protección Medioambiental del Ártico

AFP: *Acuerdo Fundamentado Previo*

AGCS: *Acuerdo General sobre el Comercio de Servicios*

AGNU: *Asamblea General de las Naciones Unidas*

AIE: *Agencia Internacional de la Energía*

AII/AIIs: *Acuerdo Internacional de Inversión*

AIFM: *Autoridad Internacional de los Fondos Marinos*

AM: *Alta Mar*

AMAP: *Arctic Monitoring and Assessment Programme* / Grupo de Evaluación y Supervisión del Ártico

AMI: *Acuerdo Multilateral de Inversiones*

AMSF: *Acuerdo sobre Medidas Sanitarias y Fitosanitarias*

AMP: *Área Marina Protegida*

AMUMA/AMUMAs: *Acuerdo multilateral sobre el medio ambiente*

ANUMA: *Asamblea de las Naciones Unidas sobre el Medio Ambiente del PNUMA*

AOTC: *Acuerdo sobre Obstáculos Técnicos al Comercio*

ASEAN: *The Association of Southeast Asian Nations* / Asociación de Naciones de Asia Sudoriental

BCH-CBD: *Biosafety Clearing-House* / Centro de Intercambio de Información sobre Seguridad de la Biotecnología
BIRD: *Banco Internacional de Reconstrucción y Desarrollo*
BOE: *Boletín Oficial del Estado*
CADH: *Convención Americana sobre Derechos Humanos*
CAFF: *Conservation of Arctic Flora and Fauna* / Grupo de Acción para la Conservación de la Flora y Fauna del Ártico
CAOFA: *Central Arctic Ocean Fisheries Agreement* / Acuerdo para Prevenir la Pesca No Regulada en Alta Mar en el Océano Ártico Central
CBI: *Comisión Ballenera Internacional*
CCAS: *Convention for the Conservation of Antarctic Seals* / Convención sobre la Conservación de las Focas Antárticas
CAMLR: *Convention for the Conservation of Antarctic Marine Living Resources* / Convención para la Conservación de los Recursos Vivos Marinos Antárticos
CCAMLR: *Commission for the Conservation of Antarctic Marine Living Resources* / Comisión para la Conservación de los Recursos Vivos Marinos Antárticos
CCI: *Cámara de Comercio Internacional*
CCMA: *Comité sobre Comercio y Medio Ambiente de la OMC*
CDB: *Convenio sobre la Diversidad Biológica*
CdE: *Consejo de Europa*
CDH: *Consejo de Derechos Humanos de las Naciones Unidas*
CDI: *Comisión de Derecho Internacional de las Naciones Unidas*
CDS: *Comisión sobre el Desarrollo Sostenible de las Naciones Unidas*
CE: *Comunidades Europeas*
CEE: *Comunidad Económica Europea*
CEDH: *Convención Europea para la protección de los derechos humanos y las libertades fundamentales*
CEP: *Committee for Environmental Protection* / Comité para la Protección del Medio Ambiente, del Tratado Antártico
CEPAL: *Comisión Económica para América Latina y el Caribe, de las Naciones Unidas*
CEPE: *Comisión Económica para Europa, de las Naciones Unidas*
CETA: *Comprehensive Economic and Trade Agreement* / Acuerdo Económico y Comercial Global, entre Canadá y la Unión Europea
CFCs: *Clorofluorocarbonos*
CFP: *Consentimiento fundamentado previo*
CIADI: *Centro Internacional de Arreglo de Diferencias relativas a Inversiones*
CICR: *Comité Internacional de la Cruz Roja*
CII: *Carbon Intensity Indicator* / Indicador de intensidad de carbono
CIJ: *Corte Internacional de Justicia*

CIRCB: *Convenio Internacional para la Regulación de la Caza de Ballenas*

CITES: *The Convention on International Trade in Endangered Species of Wild Fauna and Flora* / Convención sobre el Comercio Internacional de Especies Amenazadas de Fauna y Flora Silvestres

CMA: *Conference of the Parties serving as the meeting of the Parties to the Paris Agreement* / Conferencia de las Partes en calidad de reunión de las Partes del Acuerdo de París

CMNUCC: *Convención Marco de las Naciones Unidas sobre el Cambio Climático*

CMP: *Conference of the Parties serving as the meeting of the Parties to the Kioto Protocol* / COP en calidad de reunión de las Partes en el Protocolo de Kioto

CNU: *Carta de las Naciones Unidas*

CNUDM: *Convención de las Naciones Unidas sobre el Derecho del Mar*

CNUDMI: *Comisión de las Naciones Unidas para el Derecho Mercantil Internacional*

COFO: *Comité Forestal, de la FAO*

Com. ADHP: *Comisión Africana de Derechos Humanos y de los Pueblos*

Com. DH: *Comisión de Derechos Humanos de las Naciones Unidas*

ComDS: *Comercio y desarrollo sostenible, en el marco de la política exterior de la UE*

Com. IDH: *Comisión Interamericana de Derechos Humanos*

Convenio ENMOD: *Convenio sobre la prohibición de utilizar técnicas de modificación ambiental con fines militares u otros fines hostiles*

Convenio MARPOL: *Convenio internacional para prevenir la contaminación por los buques*

Convenios BRS: *The Basel, Rotterdam and Stockholm Conventions* / Convenios de Basilea, Rotterdam y Estocolmo

CoP/CoPs: *Conference of the Parties* / Conferencia de las Partes

COPs: *Contaminantes Orgánicos Persistentes*

Corte ADHP: *Corte Africana de Derechos Humanos y de los Pueblos*

Corte IDH: *Corte Interamericana de Derechos Humanos*

CPA: *Corte Permanente de Arbitraje*

CPI: *Corte Penal Internacional*

CPJI: *Corte Permanente de Justicia Internacional*

CPMM: *Comité de Protección del Medio Marino, de la OMI*

CSRP: *Comisión Subregional de Pesquerías*

Cté. DESC: *Comité de Derechos Económicos, Sociales y Culturales*

Cté. DH: *Comité de Derechos Humanos*

DADDH: *Declaración Americana de Derechos y Deberes del Hombre*

DDT: *Dicloro difenil tricloroetano*

DECSA: *Debates Estructurados sobre el Comercio y la Sostenibilidad Ambiental*

DESC: *Derechos económicos, sociales y culturales*

DIDH: *Derecho Internacional de los Derechos Humanos*
DIH: *Derecho Internacional Humanitario*
DIMA: *Derecho Internacional del Medio Ambiente*
DIP: *Derecho Internacional Público*
DOCE: *Diario Oficial de la Comunidad Europea*
DOUE: *Diario Oficial de la Unión Europea*
DUDH: *Declaración Universal de los Derechos Humanos*
ECOSOC: *United Nations Economic and Social Council* / Consejo Económico y Social de las Naciones Unidas
EEE: *Acuerdo sobre el Espacio Económico Europeo*
EIA: *Evaluación de Impacto Ambiental*
EIS: *Evaluaciones de Impacto de la Sostenibilidad*
EEXI: *Energy Efficiency Existing Ships Index Improving The Technical Performance Of Existing Ships* / Índice de eficiencia energética aplicable a los buques existentes
EIS: *Evaluaciones de Impacto de la Sostenibilidad*
EMEP: *European Monitoring and Evaluation Program* / Programa Europeo de Seguimiento y Evaluación
EMIT: *Environmental Measures and International Trade* / Medidas Ambientales y Comercio Internacional en el marco del GATT
EPPR: *Emergency Prevention, Preparedness and Response* / Grupo de Prevención, Preparación y Respuesta ante Emergencias
ESD: *Entendimiento sobre la Solución de Diferencias en el marco de la OMC*
FAO: *Food and Agriculture Organization of the United Nations* / Organización de las Naciones Unidas para la Alimentación y la Agricultura
FLEGT: *Forest Law Enforcement, Governance and Trade* / Aplicación de leyes, gobernanza y comercio forestales
FNUB: *Foro de las Naciones Unidas sobre los Bosques*
FPAN: *Foro Político de Alto Nivel sobre el Desarrollo Sostenible*
FMAM: *Fondo Mundial para el Medio Ambiente*
GATT: *Acuerdo General sobre Aranceles Aduaneros y Comercio*
GEI: *Gases de efecto invernadero*
GSAMP: *Group of Experts on the Scientific Aspects of Marine Environmental Protection* / Grupo de Expertos sobre los Aspectos Científicos de la Protección del Medio Marino
GTI: *Grupo de Trabajo Intergubernamental sobre empresas y derechos humanos, del Consejo de Derechos Humanos*
HCFCs: *Hidroclorofluorocarbonos*
HNS: *Protocolo sobre sustancias nocivas y potencialmente peligrosas*
IDI: *Institut de Droit International* / Instituto de Derecho Internacional
IED: *Inversiones Extranjeras Directas*

IGF: *Intergovernmental Forum on Mining, Minerals, Metals and Sustainable Development* / Foro Intergubernamental sobre Minería, Minerales, Metales y Desarrollo Sostenible
ILA: *International Law Association* / Asociación de Derecho Internacional
ILM: *International Legal Materials*
INDNR: *Pesca Ilegal, No Declarada y No Reglamentada*
IPBES: *The Intergovernmental Science-Policy Platform on Biodiversity and Ecosystem Services* / Plataforma Intergubernamental Científico-normativa sobre Diversidad Biológica y Servicios de los Ecosistemas
IPCC: *Intergovernmental Panel on Climate Change* / Grupo Intergubernamental de Expertos sobre el Cambio Climático
IRENA: *International Renewable Energy Agency* / Agencia Internacional de Energías Renovables
ISO: *International Organization of Standardization* / Organización Internacional de Estandarización
ITTO: *The International Tropical Timber Organization* / Organización Internacional de las Maderas Tropicales
IUCN: *International Union for Conservation of Nature* / Unión Internacional para la Conservación de la Naturaleza
MAFC: *Mecanismo de Ajuste en Frontera por Carbono*
MAT: *Condiciones mutualmente acordadas* / Mutually agreed terms
MEDPI: *Mecanismo de Expertos sobre los Derechos de los Pueblos Indígenas*
MIGA: *Multilateral Investment Guarantee Agency* / Organismo Multilateral de Garantía de Inversiones
MoP: *Reunión de las Partes* / Meeting of the Parties
NASA: US National Aeronautics and Space Administration / *Administración Nacional de Aeronáutica y del Espacio, Estados Unidos*
NDC/NDCs: *National Determined Contribution* / Contribución Determinada en el Nivel Nacional
npr-PPMs: *non-product-related Processes and Production Methods* / Procesos y métodos de producción no relacionados con los productos
NU/ONU: *Organización de las Naciones Unidas*
OCDE: *Organización para la Cooperación y el Desarrollo Económico*
OEA: *Organización de Estados Americanos*
OIEA: *Organismo Internacional de la Energía Atómica*
OIT: *Organización Internacional del Trabajo*
ODM: *Objetivos de Desarrollo del Milenio*
ODS: *Objetivos de Desarrollo Sostenible*
OMC: *Organización Mundial del Comercio*
OMI: *Organización Marítima Internacional*
OMM: *Organización Meteorológica Mundial*
OMS: *Organización Mundial de la Salud*
OMSA: *Organización Mundial para la Salud Animal*

ONG/ONGs: *Organización No Gubernamental*
ONUDI: *Organización de Naciones Unidas para el Desarrollo Industrial*
OPRC: *Convenio internacional sobre cooperación, preparación y lucha contra la contaminación por hidrocarburos*
OSCE: *Organización para la Seguridad y la Cooperación en Europa*
OROP: *Organizaciones Regionales de Ordenación Pesquera*
OSD: *Órgano de Solución de Diferencias de la OMC*
OSPAR: *Convención para la Protección del Medio Ambiente Marino del Atlántico del Nordeste*
OTAN: *Organización del Tratado del Atlántico Norte*
OVM/OVMs: *Organismo Vivo Modificado*
OVM-AHAP/OVMs-AHAP: *Organismo Vivo Modificado destinado para uso directo como alimento humano, animal o para procesamiento*
PA I: *Protocolo Adicional I, de 1977, a los Convenios Ginebra sobre protección de las víctimas de los conflictos armados internacionales de 1949*
PAME: *Protection of the Arctic Marine Environment* / Grupo de Protección del Medio Marino
PAN: *Plan de Acción Nacional, en el marco de empresas y derechos humanos*
PC: *Protocolo de Cartagena sobre Seguridad de la Biotecnología*
PCB: *Bifenilos Policlorados*
PDA: *Personas defensoras del medio ambiente*
PFOS: *Ácido Perfluorooctanoico*
PIDCP: *Pacto Internacional de Derechos Civiles y Políticos*
PIDESC: *Pacto Internacional de Derechos Económicos, Sociales y Culturales*
PDDH: *Personas Defensoras de Derechos Humanos*
PNC: *Punto Nacional de Contacto, de la OCDE*
PNUD: *Programa de las Naciones Unidas para el Desarrollo*
PNUMA: *Programa de las Naciones Unidas para el Medio Ambiente*
PPC: *Política Pesquera Común, de la Unión Europea*
PPMs: *Processes and Production Methods*
pr-PPMs: *product-related Processes and Production Methods* / Procesos y métodos de producción relacionados con los productos
RCTA: *Reuniones Consultivas del Tratado Antártico*
REDD+: *Reducing emissions from deforestation and forest degradation* / Reducción de Emisiones por Deforestación y Degradación Forestal
RIAA: *Reports of International Arbitral Awards* / Informes de Laudos Arbitrales Internacionales
RG/RGs: *Recurso genético*
RSCF: *Reforma de las Subvenciones a los Combustibles Fósiles*
SAICM: *Strategic Approach to International Chemicals Management* / Enfoque Estratégico para la Gestión de Productos Químicos a Nivel Internacional
SAO: *Sustancias que agotan la capa de ozono*

SCC:	*Instituto de Arbitraje de la Cámara de Comercio de Estocolmo*
SEforALL:	*Sustainable Energy for All* / Energía sostenible para todos
SCFM:	*Sala de Controversias de los Fondos Marinos*
SIDH:	*Sistema Interamericano de Derechos Humanos*
STA:	*Sistema del Tratado Antártico*
STAP:	*The Scientific and Technical Advisory Panel, Global Environment Facility* / Grupo Asesor Científico y Tecnológico del FMAM
TA:	*Tribunal Arbitral*
TAnt:	*Tratado Antártico*
TBI/TBIs:	*Tratado Bilateral de Inversión*
TCE:	*Tratado sobre la Carta de la Energía* / Energy Charter Treaty
TEDH:	*Tribunal Europeo de Derechos Humanos*
TEDs:	*Turtle Excluder Devices* / Dispositivos excluidores de tortugas
TFUE:	*Tratado de Funcionamiento de la Unión Europea*
TG:	*Tribunal General (formación específica del TJUE)*
TIDM:	*Tribunal Internacional de Derecho del Mar*
TJ:	*Tribunal de Justicia (formación específica del TJUE)*
TJUE:	*Tribunal de Justicia de la Unión Europea*
TLC:	*Tratado de Libre Comercio*
TLCAN:	*Tratado de Libre Comercio de América del Norte*
TREM/TREMs:	*Trade-Related Environmental Measure* / Medida ambiental relacionada con el comercio
TUE:	*Tratado de la Unión Europea*
UA:	*Unión Africana*
UE:	*Unión Europea*
UNESCO:	*United Nations Educational, Scientific and Cultural Organization* / Organización de las Naciones Unidas para la Educación, la Ciencia y la Cultura
UNODC:	*United Nations Office on Drugs and Crime* / Oficina de las Naciones Unidas contra la Droga y el Delito
UNSDG:	*UN Sustainable Development Group* / Grupo de las Naciones Unidas para el Desarrollo Sostenible
UNTS:	*United Nations Treaty Series* / Serie de Tratados de las Naciones Unidas
WWF:	*World Wildlife Fund* / Fondo Mundial para la Naturaleza
ZAEA/ZAEAs:	*Zona Antártica Especialmente Administrada*
ZAEP/ZAEPs:	*Zonas Antártica Especialmente Protegida*
ZEE:	*Zona Económica Exclusiva*
ZIFMO:	*Zona Internacional de los Fondos Marinos y Oceánicos*

Abreviaturas

Apdo./apdos.:	apartado / apartados
Art./arts.:	artículo / artículos
núm.:	número
P./pp. :	página / páginas
Párr./párrs.:	párrafo / párrafos
vol.:	volumen

Presentación

La evolución del Derecho Internacional del Medio Ambiente en los últimos cincuenta años ha sido verdaderamente extraordinaria, siendo destacable especialmente el liderazgo de la Organización de las Naciones Unidas en la gestión de los principales retos ambientales, pasados y presentes y de cara al futuro. La evolución de este sector del ordenamiento internacional a lo largo de estos años ha venido marcada por diversos hitos, entre los que destacan, esencialmente, la Conferencia sobre el Medio Humano de 1972 y la Conferencia sobre el Medio Ambiente y el Desarrollo de 1992, cuyos trabajos asentaron las bases del actual sistema de Derecho Internacional del Medio Ambiente.

Sin embargo, la degradación del medio ambiente sigue siendo rápida y profunda. De una parte, cada vez son más graves y acuciantes los retos ambientales a los que nos enfrentamos, mientras que, de otra parte, la reacción de la comunidad internacional sigue lastrada por la lentitud y la complejidad de los procesos de adopción de decisiones, las resistencias de determinados sectores empresariales y las ingentes dificultades en la aplicación de las normas internacionales para hacer frente a estos desafíos. Es cierto que el Derecho Internacional no puede, por sí sólo, garantizar la protección del medio ambiente, pero más cierto es que difícilmente se pueden proteger los bienes públicos globales de naturaleza ambiental para las generaciones futuras sin la intervención del Derecho Internacional. Su consolidación, por tanto, deviene una condición *sine qua non* para la propia supervivencia de la comunidad internacional.

En esta línea de preocupaciones ambientales y sobre el futuro, los editores de esta obra hemos querido realizar un acercamiento panorámico a las múltiples cuestiones que suscita la preservación del medio ambiente mediante el Derecho Internacional. En este sentido, desde el punto de vista de la acción normativa, el presente libro ofrece un análisis riguroso, sistemático y completo de las características, las fuentes y los principios del Derecho Internacional del Medio Ambiente, los diversos ámbitos materiales que abarca, su interpretación por parte de las jurisdicciones internacionales y las interconexiones que presenta con otros regímenes jurídicos internacionales. Los autores y autoras participantes en esta obra colectiva presentan su aproximación conceptual a la materia y analizan en profundidad, desde una perspectiva jurídico internacional, aspectos fundamentales de este cuerpo normativo, con un enfoque descriptivo —debido a la naturaleza de esta obra— que no impide, sin embargo, que se destaquen sus limitaciones y disonancias.

La obra que se presenta tiene, así, una indudable dimensión docente. Como régimen internacional particular, el Derecho Internacional del Medio Ambiente ha sido objeto, desde los años setenta, de numerosos estudios científicos entre la doctrina *ius* internacionalista. Sin embargo, carece aún de un conjunto significativo de materiales para su enseñanza. En lengua española son pocas todavía las obras existentes, entre las que sigue destacando el manual del profesor José Juste Ruiz, ya todo un clásico en la materia y obra esencial en la formación de generaciones de juristas ambientalistas en nuestro país. En francés, la publicación de la obra de Alexandre Ch. Kiss, uno de los padres de la disciplina, tuvo una innegable influencia en otros autores francófonos. Los manuales en inglés, por el contrario, son bastante más numerosos y diversos en sus aproximaciones y entre sus autores encontramos a académicos de nacionalidades y escuelas distintas, encabezadas por Patricia Birnie, Edith Brown-Weiss o Dinah Shelton, entre otras y otros.

Las personas que han contribuido a esta obra colectiva, docentes en la universidad, conocen de primera mano la dificultad de la enseñanza del Derecho Internacional del Medio Ambiente y la necesidad de materiales adecuados para la formación universitaria. Se trata, además, de un campo que, en ocasiones, resulta algo minoritario entre el cuerpo profesoral y que, en el mejor de los casos, queda reservado al espacio de un Máster o no suele superar la categoría de asignatura optativa en el Grado de Derecho en aquellas universidades en las que se imparte de manera habitual esta materia. Con toda seguridad, la presente obra puede contribuir al esfuerzo didáctico que la académica *ius* internacionalista está realizando para que el estudio del Derecho Internacional del Medio Ambiente pueda llegar en nuestro país a su mayoría de edad, tal y como ya lo han hecho otras áreas y sectores materiales del Derecho Internacional Público.

Esta dimensión pedagógica se traduce en una estructura que comprende cuatro partes claramente diferenciadas. Cada una de ellas se ha diseñado de manera que pueda desplegarse sobre la siguiente, de modo que la obra se inicia con el análisis de los elementos fundacionales del Derecho Internacional del Medio Ambiente, avanzando luego hacia áreas temáticas concretas, para continuar con las cuestiones transversales y finalizar con la acogida y validación de este sector del ordenamiento internacional ante las jurisdicciones internacionales.

La primera parte del libro (I: Aspectos generales) expone y analiza las particularidades de la formación de las normas internacionales ambientales y de sus mecanismos de aplicación, así como el marco institucional internacional en el que actúan, todos ellos procesos y procedimientos absolutamente tributarios de Derecho Internacional Público. En este contexto, el Derecho Internacional del Medio Ambiente forma parte y opera dentro de los parámetros del Derecho Internacional, pero a diferencia de otros ámbitos materiales, debe responder a los intereses no solo de los Estados sino también de la comunidad internacional como colectivo, a la vez que, junto con las de los Estados y las organizaciones internacionales, debe abordar las necesidades de una miríada de actores no estatales. Así, esta parte se inicia con un capítulo introductorio que presenta los retos globales ambientales a los que debe hacer frente la comunidad internacional, la evolución de la acción internacional para darles respuesta y los elementos básicos del marco jurídico internacional ambiental (Dr. José Juste Ruiz), para continuar con un capítulo que analiza el papel esencial que tiene el conocimiento científico en la regulación internacional del medio ambiente (Dra. Teresa Fajardo del Castillo). Le siguen tres capítulos que abordan cuestiones clásicas del Derecho Internacional: los procesos de creación de las normas internacionales ambientales y las innovaciones normativas que se han producido en este ámbito (Dr. Ángel Rodrigo Hernández); los mecanismos de control de la aplicación y la complejidad del examen de la efectividad del Derecho Internacional del Medio Ambiente (Dr. Antonio Cardesa Salzmann); y las consecuencias jurídico internacionales de su incumplimiento y las dificultades que conlleva la aplicación de las normas generales sobre la responsabilidad internacional (Dr. Antoni Pigrau Solé). Cierran esta primera parte otros dos capítulos sobre el marco institucional de la Organización de las Naciones Unidas en relación con la protección del medio ambiente, en su dimensión normativa y operacional (Dr. Xavier Pons Rafols), de una parte, y, de la otra, el contexto que ofrecen los Objetivos del Desarrollo Sostenible como marco integral para abordar los desafíos globales (Dr. Valentín Bou Franch).

La segunda parte del libro (II: La regulación sectorial) presenta el Derecho Internacional del Medio Ambiente desde una perspectiva sectorial y refleja, en este caso, su naturaleza fragmentada, así como la complejidad y el carácter altamente técnico del derecho sustantivo del medio ambiente. Esta parte sigue un esquema en el que se abordan una serie de áreas materiales, organizadas en las categorías descriptivas que son habituales en la enseñanza del Derecho Internacional del Medio Ambiente y que también se reflejan en el enfoque de los principales instrumentos normativos internacionales. De este modo, en los siguientes ocho capítulos son objeto de un detallado desarrollo una serie de ámbitos materiales que se han considerado prioritarios. Se analizan, así, las normas aplicables al régimen internacional del cambio climático (Dra. Rosa Giles Carnero), la protección internacional de la atmósfera (Dr. Sergio Salinas Alcega), la protección internacional de los mares y los océanos (Dra. Esperanza Orihuela Calatayud), la protección internacional de la biodiversidad (Dra. Susana Borràs Pentinat), la protección de los cursos de agua internacionales (Dra. Laura Movilla Pateiro) y la gestión internacional de los residuos y de las sustancias tóxicas y peligrosas (Dra. Mar Campins Eritja). Esta parte concluye con dos capítulos que presentan una visión más global, uno sobre la gestión sostenible de los recursos naturales (Dr. Juan Manuel Sobrino Heredia) y otro sobre la protección de los espacios polares (Dra. Elena Conde Pérez). El análisis que se lleva a cabo en todos estos capítulos no solo presenta un estado de la cuestión, sino que plantea también los retos actuales a los que la comunidad internacional debe hacer frente en cada una de estas áreas, desde la doble perspectiva del enfoque conservacionista que han mantenido en los últimos años los países del Norte Global, y la dimensión vinculada con el desarrollo económico y social que sostienen los países del Sur Global, principalmente en el seno de las Naciones Unidas.

La tercera parte del libro (III: Conexiones con otros regímenes internacionales) regresa de nuevo a un planteamiento transversal, que pretende reconocer la naturaleza interconectada de los problemas ambientales globales y de los regímenes internacionales diseñados para abordarlos. Así, se presentan en esta parte otros nueve capítulos que plantean una serie de retos actuales y futuros en los que el Derecho Internacional del Medio Ambiente se cruza con otros campos y sectores que encuentran también su fundamento en el Derecho Internacional. Las contribuciones en esta parte abarcan temas diversos como las relaciones entre la protección del medio ambiente y los derechos humanos (Dr. Antoni Pigrau Solé); los procesos de participación pública, acceso a la información y acceso a la justicia en materia ambiental (Dra. Rosa Fernández Egea); el papel de las corporaciones transnacionales con respecto a la protección del medio ambiente (Dr. Daniel Iglesias Márquez); la relación aún poco pacífica entre las medidas de protección ambiental y el derecho del comercio internacional (Dr. Xavier Fernández Pons), así como con las medidas de protección internacional de las inversiones extranjeras (Dra. Ana Fernández Pérez); la compatibilidad de las medidas ambientales con el objetivo de la transición energética (Dra. Montserrat Abad Castelos); las estrechas relaciones entre la protección el medio ambiente y la salud pública (Dr. Justo Corti Varela); la interacción compleja entre la protección del medio ambiente y el desarrollo de las biotecnologías (Dra. Belén Sánchez Ramos); y las conexiones entre el medio ambiente y los conflictos armados (Dra. Marta Abegón Novella).

Finalmente, la cuarta parte de este libro (IV: La jurisprudencia ambiental de los tribunales internacionales) comprende otros cinco capítulos dedicados al análisis del papel que desempeñan los tribunales internacionales en relación con la protección del medio ambiente. Estas jurisdicciones internacionales contribuyen, naturalmente, a la interpretación y aplicación del Derecho Internacional del Medio Ambiente, pero también han resultado esenciales en el avance y la consolidación de este cuerpo normativo, sobre todo a nivel regional. Como tribunal con competencia global y órgano judicial principal de las Naciones Unidas, la Corte Internacional de Justicia (Dra. Soledad Torrecuadrada García-Lozano) ha asistido al desarrollo de principios fundamentales del Derecho Internacional del Medio Ambiente, como los principios de prevención, el uso equitativo y razonable de los recursos compartidos o la evaluación del impacto ambiental. Asimismo, en una línea distinta y en calidad de tribunal especializado por razón de la materia, el Tribunal Internacional del Derecho del Mar (Dr. Miguel García

García-Revillo) ha sido especialmente activo en la supervisión del cumplimiento de las normas internacionales relacionadas con la protección de los océanos y los recursos marinos. Desde una perspectiva regional, el Tribunal de Justicia de la Unión Europea (Dra. Mar Campins Eritja) se ha ocupado de garantizar la correcta interpretación y aplicación del derecho ambiental de la Unión Europea por parte de los Estados miembros y las instituciones de la UE. Mención aparte merecen los tribunales internacionales vinculados con la protección de los derechos humanos. Así, esta cuarta parte termina con dos capítulos dedicados, respectivamente, al Tribunal Europeo de los Derechos Humanos (Dr. Enrique Martínez Pérez), cuya posición ha sido clara con respecto a la dimensión ambiental en el ejercicio de derechos fundamentales como la vida o a la integridad personal, y a la Corte Interamericana de Derechos Humanos (Dr. Gastón Medici Colombo), la cual ha desempeñado un papel pionero en relación con la interconexión entre la protección internacional del medio ambiente y la defensa de los derechos humanos.

La elaboración de una obra como la que se presenta ha exigido realizar determinadas decisiones metodológicas. En primer lugar, el propósito de este libro es, como se ha dicho, que constituya una herramienta adecuada para la enseñanza del Derecho Internacional del Medio Ambiente, principalmente en los estudios de Grado y Máster en la rama de Derecho, por lo que ha primado la claridad expositiva. Sin embargo, ello no ha sido óbice para que también se haya pretendido ofrecer una propuesta teórica en la exposición de este sector del ordenamiento jurídico internacional con una perspectiva crítica y propositiva. Por esta razón y atendiendo a su carácter dinámico, se han identificado las características estructurales de este cuerpo normativo internacional, tanto desde una perspectiva general como en cada una de las áreas temáticas que se abordan. Asimismo, se han intentado reflejar plenamente los grandes retos globales que enfrenta la comunidad internacional, como los del cambio climático o la pérdida de biodiversidad en regiones tropicales, huyendo, en la medida de lo posible, de un enfoque excesivamente eurocéntrico. En segundo lugar, aun cuando somos conscientes de que se producen múltiples conexiones entre sus capítulos, en aras a una lectura más ágil se ha optado por no incorporar llamadas expresas en cada uno de ellos. A buen seguro, los potenciales lectores y lectoras podrán percibir estas referencias cruzadas. En tercer lugar, por razones de rigor académico, pero también de utilidad práctica, se ha decidido incluir, al final de cada uno de los respectivos capítulos, las referencias completas de la bibliografía especializada citada en el texto, así como de la normativa internacional y de la jurisprudencia más relevante, que cuentan además con el enlace directo con el objetivo de facilitar su acceso. La obra incluye, además, dos anexos que recogen el conjunto de los tratados internacionales y de la jurisprudencia internacional citada, y un apartado de acrónimos, en los que se ha optado por el uso del acrónimo español, excepto en los casos en que es más habitual el anglosajón.

Finalmente, solo resta señalar que las contribuciones a esta obra han corrido a cargo de especialistas en Derecho Internacional del Medio Ambiente, procedentes de las universidades del sistema español. En este sentido, se ha valorado el hecho de que, por proceder de un contexto académico común, las contribuciones comparten en gran medida enfoques teóricos y metodológicos similares, lo que da mayor cohesión a este proyecto. A su vez, el resultado permite visibilizar, a nuestro parecer, la fortaleza de la academia española en un ámbito en el que suele ser muy frecuente y habitual, por razones obvias, el recurso a la doctrina anglosajona. En este sentido, creemos que este libro supone un fortalecimiento de la literatura académica sobre la materia producida en nuestro país.

Sin perjuicio de que la estructura interna y los contenidos de cada una de las contribuciones sean responsabilidad exclusiva de sus respectivos autores y autoras y puedan no reflejar necesariamente la posición de los editores, hemos intentado, con el mayor compromiso, garantizar la calidad y la coherencia del trabajo colectivo presentado. Esperamos que cada uno de los veintinueve capítulos de esta obra, disponibles en acceso abierto, resulten en un instrumento apropiado para lograr el objetivo perseguido y, a su vez, la obra constituya también una contribución relevante a la literatura científica por su rigor, claridad y coherencia. No solo pretende ser útil para las generaciones presentes y futuras de estudiantes de Derecho, sino también para todas las personas, especialistas o no en Derecho Internacional, interesadas en el análisis de las fortalezas y debilidades del Derecho Internacional del Medio Ambiente y en la comprensión de los retos que se presentan en el siglo XXI para la comunidad internacional y las generaciones venideras.

Para llevar a buen puerto este objetivo, ha sido esencial el apoyo financiero del Departament de Recerca i Universitats de la Generalitat de Catalunya, a través de los Grupos de Investigación Consolidados “Territorio, Ciudadanía y Sostenibilidad” (2021 SGR 00162) de la Universitat Rovira i Virgili y “Derecho Internacional y Derecho de la UE” (2021 SGR 00307) de la Universitat de Barcelona, así como del Centro de Estudios de Derecho Ambiental de Tarragona (CEDAT), de la Universitat Rovira i Virgili y de la Cátedra Jean Monnet de Derecho Ambiental de la UE de la Universitat de Barcelona.

Antoni Pigrau Solé
Universitat Rovira i Virgili

Mar Campins Eritja
Universitat de Barcelona

Tarragona y Barcelona, 3 de marzo de 2025

Notas Biográficas

MONTSERRAT ABAD CASTELOS

Catedrática de Derecho Internacional Público en la Universidad Carlos III de Madrid (UC3M). Actualmente es vicecanciller del Consejo Internacional de Derecho Ambiental (ICEL) y codirectora de su Secretaría General Internacional. Miembro del Centro de Estudios y Difusión del Derecho Internacional Humanitario (CEDIH, Cruz Roja Española) y antigua consejera técnica de la Asesoría Jurídica Internacional del Ministerio de Asuntos Exteriores y de Cooperación de España. Sus principales campos de interés han venido estando relacionados con distintos aspectos de los derechos humanos, así como de los ámbitos humanitario y medioambiental desde la perspectiva del Derecho Internacional Público. Miembro asociado del *Centre for European Law and Internationalisation* (CELI) de la *University of Leicester.* Miembro del *Environmental Security & Conflict Law Specialist Group* (WCEL-UICN). Cruz de Oficial de la Orden del Mérito Civil (MAEC, Res. 2015). Actualmente es co-IP del proyecto "Hacer las Paces con la Naturaleza y Hacer que la Naturaleza sea clave para la Paz" y coordinadora del proyecto PaxNatura ("Naturaleza, Conflicto y Cooperación: El Poder Transformador del Derecho sobre Actores, Espacios, Recursos, Conductas y Daños"), concedido por el Ministerio español de Ciencia, Innovación y Universidades (Ref. PID20224842022).

MARTA ABEGÓN NOVELLA

Profesora agregada de Derecho Internacional Público en la Universitat de Barcelona (UB). Se doctoró en Derecho por la Universitat Pompeu Fabra en 2005 y ha sido profesora e investigadora en esta misma universidad, en la Universitat Autónoma de Barcelona y en el CEI *International Affairs,* centro adscrito a la UB. Actualmente es investigadora asociada del grupo de investigación UMR-SENS de la *Université Paul Valéry* (Montpellier) y miembro del Centro de Estudios de Derecho Ambiental de Tarragona (CEDAT) de la Universitat Rovira i Virgili y del Grupo de Investigación Consolidado de Derecho Internacional y Derecho de la Unión Europea de la UB (2021 SGR 00307). Sus principales áreas de interés científico son el Derecho Internacional del Medio Ambiente y el Derecho del Mar, ámbitos en los que ha analizado cuestiones diversas que incluyen la aplicación de los tratados de protección del medio ambiente en tiempo de conflicto armado y la protección de zonas marinas fuera de la jurisdicción de los Estados.

SUSANA BORRÀS-PENTINAT

Profesora agregada de Derecho Internacional y Relaciones Internacionales en la Universitat Rovira i Virgili (URV). Máster en Derecho ambiental (2004), Doctorada en Derecho con mención de doctorado europeo y premio extraordinario de doctorado (2007) por la URV. Coordinadora del Máster Universitario en Derecho Ambiental de la URV. Investigadora del Centro de Estudios de Derecho Ambiental de Tarragona (CEDAT), del Grupo de Investigación en Derecho Ambiental, Ciudadanía y Sostenibilidad y del Instituto Universitario de Investigación en Sostenibilidad, Cambio Climático y Transición Energética de la URV. Investigadora postdoctoral Marie Skłodowska-Curie, Proyecto CLIMOVE (Migración Climática desde una perspectiva de género), en la *Universitá di Macerata.* Ha sido investigadora en diferentes centros de investigación sobre derecho ambiental: NATO *Committee on Challenges of Modern Society; Max Planck Institut für ausländisches öffentliches Recht und Völkerrecht; Center of International Environmental Law; Centre de Recherche of The Hague Academy of International Law and International Relations* y *Universidade Federal de Santa Catarina.* Experta en la Red de Naciones Unidas sobre Migraciones, la Red Sudamericana de Migraciones Ambientales, la Red Global para el Estudio de los Derechos Humanos y el Medio Ambiente y de la Plataforma Armonía con la Naturaleza de Naciones Unidas. Miembro de la Comisión Mundial de Derecho Ambiental de la UICN (WCEL) y representante española del WCEL en el Comité Español de la IUCN.

VALENTÍN BOU FRANCH

Catedrático de Derecho Internacional Público y Relaciones Internacionales en la Universidad de Valencia (UV). Ha desarrollado su actividad docente e investigadora en la UV. Tiene reconocidos cinco tramos consecutivos de investigación de excelencia (sexenios) (años: 1989-2018); el máximo legal permitido de seis tramos consecutivos de docencia de excelencia (quinquenios) (años: 1987-2016); y doce trienios consecutivos de antigüedad (años: 1987-2022). Sus principales líneas de investigación abarcan el régimen jurídico de la Antártida y del Océano Austral, el Derecho Internacional del Mar, el Derecho Internacional del Medio Ambiente, los procedimientos de solución de las controversias internacionales, la protección internacional del patrimonio cultural, el Derecho de la Unión Europea, el Derecho Internacional Penal y el Derecho Internacional de los Derechos Humanos. Su participación en Proyectos de investigación competitivos financiados con fondos públicos ha consistido en participar como investigador en siete Proyectos I+D+I financiados por la Unión Europea (tres veces como Investigador Principal); en once Proyectos I+D+I de ámbito estatal (cuatro veces como IP); y en diez Proyectos I+D+I de ámbito autonómico (siete veces como IP). Ha obtenido dos Ayudas para acciones especiales de I+D+I y tres Ayudas complementarias para Proyectos de I+D+I. También ha participado en diez Proyectos de innovación docente, la mitad de las veces como IP. Es autor de abundantes publicaciones en estas materias.

MAR CAMPINS ERITJA

Catedrática de Derecho Internacional Público en la Universitat de Barcelona (UB). Ha investigado sobre los avances jurídico-internacionales relacionados con la gestión de los residuos peligrosos, el cambio climático y las interacciones entre los diferentes regímenes jurídicos internacionales aplicables a la protección del medio ambiente. Ha participado en varios proyectos de investigación competitivos europeos y nacionales (en varios de ellos como IP), así como en numerosos congresos y eventos científicos. Ha publicado como autora múltiples trabajos en revistas especializadas y en obras colectivas, varias de las cuales también ha dirigido. Titular de dos Cátedras Jean Monnet (2017-2020 y 2020-2023). Miembro del Grupo de Investigación Consolidado de Derecho Internacional y Derecho de la Unión Europea de la UB (2021 SGR 00307) y del Centro de Estudios de Derecho Ambiental de Tarragona (CEDAT). Ha sido *Fulbright Scholar* en American University (USA) y profesora visitante en varias universidades (Italia, Reino Unido, Puerto Rico, Finlandia, USA y Canadá). Vicedecana de la Facultad de Derecho (2002-2004 y 2016-2021) y adjunta y vicerrectora de Política Internacional de la UB (2004-2008). Ha realizado actividades de aseguramiento de la calidad como miembro de los paneles de expertos de ENQA y de SIACES, así como del Programa de Evaluación Institucional de la EUA.

ANTONIO CARDESA SALZMANN

Senior Lecturer en la *University of Strathclyde* (Glasgow), donde trabaja desde 2016. Doctor en Derecho por la Universitat de Barcelona (2010). Fue investigador post-doctoral (2010-2013) e investigador Juan de la Cierva (2014-2016) en la Universitat Rovira i Virgili y el Centro de Estudios de Derecho Ambiental de Tarragona (CEDAT). Imparte docencia en Derecho Internacional Público y Derecho de la Unión Europea. Entre 2022 y 2025 dirigió el *LLM in Global Environmental Law & Governance* de la *University of Strathclyde*, que es uno de los programas de referencia en Derecho Internacional del Medio Ambiente en el Reino Unido. En línea con su investigación doctoral, ha publicado extensamente sobre la aplicación del Derecho Internacional del Medio Ambiente. En especial, ha publicado sobre los mecanismos de control del cumplimiento de tratados multilaterales medioambientales y su relación con el arreglo jurisdiccional de controversias. En la actualidad investiga sobre los desarrollos normativos propios de países del Sur Global en perspectiva comparada. En especial, estudia el fenómeno de la difusión de los denominados 'derechos de la naturaleza' y su posible contribución a una integración del Derecho Internacional Público contemporáneo.

ELENA CONDE PÉREZ

Profesora Titular de Derecho Internacional Público en la Universidad Complutense de Madrid (UCM). Tiene una amplia trayectoria en el ámbito académico y destaca por su formación sólida y prestigiosa internacionalmente. Es Doctora en Derecho por la UCM y ha recibido reconocimientos como el Premio Extraordinario de Doctorado y de Licenciatura. Como internacionalista, ha complementado su formación en reconocidos centros internacionales. Su experiencia docente es sobresaliente, con evaluaciones destacadas y participación en proyectos de innovación, incluye la dirección de numerosos trabajos de grado y máster, así como la tutoría de estudiantes internacionales en programas como el ERASMUS. En el ámbito investigador, ha liderado múltiples proyectos nacionales e internacionales y ha sido miembro de otros tantos. También destaca su liderazgo y su participación en grupos de investigación y publicaciones relevantes en su campo. También ha tenido un papel activo en la transferencia del conocimiento a través de medios de comunicación y asesorías externas. Además, ha desempeñado roles importantes en la actividad de gestión en la UCM y ha sido miembro de diversas asociaciones y comités internacionales, consolidando su impacto tanto en la academia como en la comunidad científica global.

JUSTO CORTI VARELA

Profesor Titular de Derecho Internacional Público y Relaciones Internacionales en la Universidad Nacional de Educación a Distancia (UNED). Doctor en Derecho por la Universidad Complutense de Madrid. Actualmente es IP del módulo *Jean Monnet* en Derecho Climático Europeo y del proyecto I+D del Plan Nacional ADAPTAR sobre migraciones climáticas. Sus líneas de investigación son el Derecho Europeo y el Derecho Internacional del Medio Ambiente y sus relaciones con el Derecho Internacional Económico y el de la protección de los Derechos Humanos. Fue investigador visitante de la *Université Paris Sorbonne* y del *University College London*, investigador post-doctoral del *Centre National de la Recherche Scientifique*, profesor invitado de la *Université Paris Nanterre*, e investigador invitado de la *Scoula Superiore Sant'Anna* (Pisa).

TERESA FAJARDO DEL CASTILLO

Profesora Titular de Derecho Internacional Público y Relaciones Internacionales en la Universidad de Granada. Titular de la Cátedra Jean Monnet Diplomacia del Clima de la Unión Europea, CLIMATE-CONNECTED. Imparte clases de Derecho Internacional Público en la Facultad de Derecho y de Derecho Internacional y Europeo del Medio Ambiente en la Facultad de Ciencias. Su investigación y su docencia siempre han estado vinculadas al Derecho Internacional y Europeo del Medio Ambiente y al Soft Law internacional y europeo y ha participado en proyectos y contratos europeos de investigación financiados por la Comisión Europea y el Parlamento Europeo y por los Estados miembros de la UE, en los que analizó la acción exterior de la UE en materia medioambiental y la aplicación de la Directiva sobre crimen ambiental. Actualmente investiga en varios proyectos e iniciativas interuniversitarias en los que aborda los delitos ambientales en el Derecho Internacional y Europeo y las obligaciones de los estados relativas al cambio climático en el marco de la litigación estratégica internacional. Es autora de múltiples publicaciones en estas materias.

ROSA M. FERNÁNDEZ EGEA

Profesora Titular de Derecho Internacional Público en la Universidad Autónoma de Madrid (UAM). Master en Derecho Comunitario Europeo y Doctora en Derecho por la misma universidad. Sus líneas de estudios e interés giran en torno al Derecho Internacional y Europeo del Medio Ambiente, la protección internacional de los Derechos Humanos y el Derecho Internacional Comercial. Ha investigado en varios centros europeos, tales como la Facultad de Derecho de la Universidad de Hamburgo, en la sede de la Organización Mundial del Comercio en Ginebra y en el Centro de Estudios e Investigación en Derecho Internacional y Relaciones Internacionales de la Academia de La Haya. Ha formado parte del equipo de investigación en un buen número de proyectos de investigación y cuenta con una extensa producción científica en materia de Derecho Internacional del Medio Ambiente. Es responsable de la Crónica de jurisprudencia internacional ambiental de la *Revista Catalana de Dret Ambiental*, Relatora Nacional de la *Climate Change Litigation Iniciative* (C2LI) para España y miembro del Observatorio Español de Políticas Ambientales (OPAM). Actualmente coordina la línea ambiental de la Clínica Jurídica de la Facultad de Derecho de la UAM.

ANA FERNÁNDEZ PÉREZ

Profesora Titular de Derecho Internacional Privado en la Universidad de Alcalá desde 2019. Tiene una sólida trayectoria en investigación sobre medioambiente, desarrollo sostenible y comercio internacional. Ha participado en diversos proyectos europeos, INTERREG IV del Caribe (2007-2013) y el Reglamento OHADAC de Arbitraje y Conciliación, enfocados en la sostenibilidad y la armonización normativa. Dirigió el proyecto JUSTOS que desarrolla los ODS desde el ámbito del Derecho privado. Ha sido evaluadora de proyectos de la Comisión Europea en migraciones (AMIF) y coordinadora de los Módulos Jean Monnet MORE UE (2019-2022) y EUPRILAW (2022-2025). En el ámbito arbitral, ha participado en disputas internacionales relacionadas con el medioambiente y la energía, como asistente de árbitro en el CIADI y la Cámara de Comercio Internacional (CCI) de París, y asesora en acciones de anulación de laudos CCI en cortes de apelación de París y Santo Domingo. Su producción científica incluye múltiples artículos, monografías y capítulos de libro, destacando *Derecho de la energía europeo y cambio climático* (Aranzadi, 2023). Su investigación se centra en derecho ambiental, arbitraje de inversiones en energía y sostenibilidad.

XAVIER FERNÁNDEZ PONS

Profesor Titular de Derecho Internacional Público en la Universitat de Barcelona (UB) desde 2001. Doctor en Derecho por la *Università di Bologna*, con tesis sobre las relaciones entre el sistema de solución de diferencias de la Organización Mundial del Comercio y las normas generales del ordenamiento jurídico internacional. Diploma del Centro de Investigación de la Academia de Derecho Internacional de La Haya. Miembro del Grupo de Investigación Consolidado sobre Derecho Internacional y Derecho de la Unión Europea de la UB (2021 SGR 00307). Investigador asociado del Centro de Estudios de Derecho Ambiental de Tarragona (CEDAT). Miembro de la Cátedra Jean Monnet sobre Derecho Ambiental de la Unión Europea de la UB (2017-2023). Participante en numerosos proyectos de investigación financiados por instituciones de la Unión Europea o nacionales. Profesor visitante en diversas universidades españolas y extranjeras, como la Universidad de Puerto Rico, la Facultad Latinoamericana de Ciencias Sociales en Buenos Aires, la Universidad Andina Simón Bolívar en Quito y la *Universidade de São Paulo*. Entre sus principales líneas de investigación y docencia destacan el arreglo pacífico de controversias internacionales, la responsabilidad internacional o la regulación del comercio internacional y sus relaciones con la protección del medio ambiente.

MIGUEL GARCÍA GARCÍA-REVILLO

Profesor Titular de Derecho Internacional Público y Relaciones Internacionales en la Universidad de Córdoba. Doctor por dicha universidad (2004), ha sido fundador y codirector de los Grupos de Interés en Derecho del Mar (*Law of the Sea Interest Group*) tanto de la *American Society of International Law (ASIL)* como de la *European Society of International Law (ESIL)*, así como Delegado de Organización y Comunicación de la *Association internationale du Droit de la mer (Assidmer)*. Investigador principal o miembro de proyectos de investigación y grupos de expertos nacionales e internacionales por más de 25 años, es autor de numerosas publicaciones sobre Derecho Internacional y Derecho de la Unión Europea y ha participado como conferenciante o ponente invitado en un amplio número de congresos y simposios en España y fuera de ella. Su libro *The Contentious and Advisory Jurisdiction of the International Tribunal for the Law of the Sea* (Brill-Nijhoff, Leiden, 2015) es una referencia a nivel internacional sobre la jurisdicción del Tribunal Internacional del Derecho del Mar. Además de su actividad científica y docente, ejerce como consultor en Derecho Internacional y Derecho de la Unión Europea para diversas entidades, tanto públicas como privadas.

ROSA GILES CARNERO

Profesora Titular de Derecho Internacional Público en la Universidad de Huelva. Doctora en Derecho por la Universidad de Sevilla. Investigadora Principal del Grupo de Investigación Derecho Público para la Gobernanza, y miembro del Centro de Investigación en Pensamiento Contemporáneo e Innovación para el Desarrollo Social de la Universidad de Huelva. Desde la lectura de su tesis doctoral sobre *Protección Internacional de la Atmósfera* en el año 2000, ha desarrollado una extensa línea de investigación sobre Derecho Internacional y Europeo del Medio Ambiente, a la que ha sumado su interés en el análisis del derecho antidiscriminatorio de género en Derecho Internacional Público y Derecho de la Unión Europea. Entre las publicaciones y conferencias impartidas en el ámbito de la línea de investigación en materia ambiental apuntada, destacan las relativas al análisis de los sistemas jurídicos internacional y europeo en materia de cambio climático. Sobre esta temática ha participado en diversos proyectos de investigación, nacionales e internacionales, así como en contratos de investigación, y ha dirigido un Módulo Jean Monnet. Actualmente es Directora de la Cátedra Externa de Innovación Social Aguas de Huelva, de la Universidad de Huelva

DANIEL IGLESIAS MÁRQUEZ

Profesor Ayudante Doctor de Derecho Internacional Público y Relaciones Internacionales en la Universidad de La Laguna. Investigador asociado del Centro de Estudios de Derecho Ambiental de Tarragona (CEDAT) de la Universitat Rovira i Virgili y del Instituto de Derechos Humanos y Empresas de la Universidad de Monterrey, México. Es miembro de diferentes asociaciones, como la *Global Network for Human Rights and the Environment*, la *Network on Business, Conflict and Human Rights*, la *Global Business and Human Rights Scholars Association*, del Consejo de la Academia Latinoamericana de Derechos Humanos y Empresas, del Comité sobre Empresas y Derechos Humanos de la *International Law Association* y de la "Red Empresas y Derechos Humanos. Incidencia especial en el extractivismo y los acaparamientos de tierra y agua". También es editor de sección de la *Revista Catalana de Derecho Ambiental*, miembro del Consejo Editorial de la *Revista Española de Empresas y Derechos Humanos* y de *Homa Publica - Revista Internacional de Direitos Humanos e Empresas*. Es codirector de la Colección científica "Estudios de Empresas, Derechos Humanos y Medio Ambiente" de la editorial Colex. Tiene experiencia laboral en organizaciones internacionales y de la sociedad civil, y ha publicado y participado en diversos trabajos de investigación relacionados con temas de derecho ambiental, derechos humanos y empresas, entre otros.

JOSÉ JUSTE RUIZ

Catedrático de Derecho Internacional en la Universidad de Valencia (Emérito). Como asesor de los Ministerios de Medio Ambiente y de Asuntos Exteriores ha participado en las negociaciones de varios convenios e instrumentos internacionales y en las Conferencias de las Partes de los principales acuerdos ambientales universales y regionales. Ha actuado como experto en diversas misiones para la FAO (República Dominicana, África del Sur, Uruguay y Brasil) y para la Unión Europea (Bolivia). Ha sido experto nacional destacado en el Servicio Jurídico de la Comisión Europea. Es Miembro de la lista de árbitros en cuestiones de medio ambiente de la Corte Permanente de Arbitraje de La Haya (desde 1 de marzo de 2002). Formó parte del grupo de expertos que elaboró el Protocolo Mediterráneo sobre Gestión Integrada de Zonas Costeras de 2006. Es Miembro del Comité de Cumplimiento del Convenio de Barcelona para la Protección del Medio Marino y la Región Costera del Mediterráneo y sus Protocolos. Es representante en España del *Centre International de Droit Comparé de l'environnement* (CIDCE). Autor del primer libro publicado en España sobre Derecho Internacional del Medio Ambiente (Madrid, McGraw-Hill, 1999) y de numerosos artículos en revistas y publicaciones especializadas nacionales y extranjeras.

ENRIQUE MARTÍNEZ PÉREZ

Catedrático de Derecho Internacional Público en la Universidad de Valladolid (UVA). Vicedecano de Innovación docente, calidad y transformación digital. Miembro del Grupo de Investigación Consolidado AGUDEMA (Agua, Derecho y Medio Ambiente) y del GIR "*Family Law and Human Rights*". Subdirector del Observatorio de Derechos Humanos y la Clínica Jurídica de la UVA. Participa en las Redes MARSAFENET y TIEMPO DE LOS DERECHOS. Reconocidos cinco quinquenios de docencia. Tres sexenios de investigación y un sexenio de transferencia por el CNEAI. Profesor invitado en distintas universidades extrajeras (Lisboa, *Roma Tre*, UNAM, UNIALFA, etc.). *Visiting Scholar* en la *University of Cambridge*. Participación en proyectos financiados de investigación obtenidos mediante procesos de concurrencia competitiva: proyecto internacional COST Action IS1105, tres proyectos europeos Jean Monnet financiados por la Unión Europea; ocho Proyectos I+D+I de ámbito estatal; diez Proyectos I+D+I ámbito autonómico (cinco veces como Investigador Principal). Diez contratos de investigación (tres como IP). Evaluador de la ANEP. Miembro de la comisión de evaluación del programa VERIFICA y MONITOR. *Referee* en distintas publicaciones científicas. Director de la colección de Derecho ambiental de la editorial Tirant lo Blanch.

GASTÓN MEDICI COLOMBO

Profesor Lector en la Universitat de Barcelona (UB). Investigador postdoctoral Juan de la Cierva (2022-2024) en la UB. Abogado por la Universidad Nacional de Rosario (Argentina, 2013) y Máster Universitario en Derecho Ambiental por la Universitat Rovira i Virgili (premio extraordinario, 2016). Doctor en Derecho con *cum laude*, mención internacional y premio extraordinario por la Universitat Rovira i Virgili (2021). Su tesis obtuvo el premio Josep Miquel Prats Canut del Centro de Estudios de Derecho Ambiental de Tarragona (CEDAT) a la mejor tesis doctoral en Derecho ambiental de universidades españolas en 2021. Investigador asociado al CEDAT. También se desempeña como Relator

Nacional para Argentina para el *Sabin Center for Climate Change Law* (Columbia University, Estados Unidos) y como editor de sección de la *Revista Catalana de Dret Ambiental.* Miembro del Grupo de Investigación Consolidado sobre Derecho Internacional y Derecho de la Unión Europea de la UB (2021 SGR 00307). Es autor de diversas publicaciones en revistas nacionales e internacionales indexadas, libros y capítulos de libros en las áreas de Derecho Ambiental, Derecho Internacional Público, Derechos Humanos, cambio climático, energía y acceso a la justicia.

LAURA MOVILLA PATEIRO

Profesora Contratada Doctora de Derecho Internacional Público y Relaciones Internacionales en la Universidade de Vigo. *Research Fellow* en la Secretaría Internacional del *International Council of Environmental Law* (ICEL). Su actividad investigadora se desarrolla principalmente en los ámbitos del Derecho Internacional del Medio Ambiente, el Derecho Internacional del Agua, el Derecho del Mar, la diversidad biológica y los recursos genéticos, la litigación ambiental y climática internacional, y el Derecho del espacio ultraterrestre. Es titular del módulo Jean Monnet "El Pacto Verde Europeo. Análisis y perspectivas". En el ámbito del Derecho Internacional del Agua cuenta con una amplia actividad docente, de asesoría, e investigadora, incluidas dos monografías: *El Derecho Internacional del Agua: los acuíferos transfronterizos,* J.M. Bosch, 2014; y *La dimensión normativa de la gobernanza internacional del agua dulce,* Tirant lo Blanch, 2021. Es miembro de la Comisión sobre Acuíferos Transfronterizos de la Asociación Internacional de Hidrogeólogos (IAH-AIH), del Comité Directivo del Grupo de Especialistas en Agua y Humedales de la Comisión Mundial de Derecho Ambiental (WCEL) de la IUCN, y del Consejo Editorial de *Water International* (ISSN: 0250-8060). Recibió el 2020 *Water Drop Award* de la *International Water Resources Association* (IWRA).

ESPERANZA ORIHUELA CALATAYUD

Catedrática de Derecho Internacional Público y Relaciones Internacionales en la Universidad de Murcia (2004). Su labor investigadora se ha centrado principalmente en los siguientes ámbitos del Derecho Internacional: Derecho del Mar, arreglo pacífico de las controversias, Derecho de tratados, Derecho Internacional Humanitario, Refugiados, Derecho Internacional Penal. Ha realizado estancias de investigación en la *Université Paris 1 Panthéon-Sorbonne* (2010), *University of Nottingham* (2011), *University of Oxford* (2018-2019) y en la Secretaría de la Corte Penal Internacional (2013). Es académica de Número de la Real Academia de Legislación y Jurisprudencia de la Región de Murcia desde 2016. Ha colaborado con la Asesoría Jurídica del Ministerio de Asuntos Exteriores y de Cooperación como experta en delimitación de espacios marinos y Derecho del Mar y actualmente es miembro del equipo de abogados de Venezuela ante la CIJ en el asunto del *Laudo arbitral de 3 de octubre de 1899 (Guyana c. Venezuela).*

ANTONI PIGRAU SOLÉ

Catedrático de Derecho Internacional Público en la Universitat Rovira i Virgili desde 1996. Doctor en Derecho por la Universitat de Barcelona. Profesor en la Universitat de Barcelona (1982-1992) y en la Universitat Rovira i Virgili, desde 1992. Director del Centro de Estudios de Derecho Ambiental de Tarragona (CEDAT) desde 2007. Director de la *Revista Catalana de Dret Ambiental.* Miembro del Grupo de investigación desde 2007 consolidado "Territorio, ciudadanía y sostenibilidad" (2021 SGR 00162), del que ha sido coordinador entre 2009 y 2021. Investigador del *Institut Universitari de Recerca en Sostenibilitat, Canvi Climàtic i Transició Energètica* (IU-RESCAT), de la URV. Miembro del *European Environmental Law Forum Advisory Board.* Miembro de la red Empresas y Derechos Humanos, de la Asociación Universitaria Iberoamericana de Postgrado. Ha sido investigador principal en 16 proyectos de investigación y ha participado como investigador en otros 5. Autor de más de 150 publicaciones científicas relativas, entre otros ámbitos, al Derecho Internacional del Medio Ambiente, los Derechos Humanos, el Derecho Internacional Humanitario y el Derecho Internacional Penal. Ha sido vicedecano (1992-1997) y decano (2015-2023) de la Facultad de Ciencias Jurídicas, y vicerrector (1997-2002) y secretario general (2002-2005) de la Universitat Rovira i Virgili.

XAVIER PONS RAFOLS

Catedrático de Derecho Internacional Público en la Universitat de Barcelona (UB). Ha participado en diversos proyectos de investigación financiados en vía competitiva y ha sido Investigador Principal de diversos proyectos financiados por el Ministerio de Economía y Competitividad y de Ciencia e Innovación. Ha actuado también como consultor internacional legal de la FAO y ha publicado en revistas especializadas numerosos artículos sobre Derecho Internacional Público, las Organizaciones Internacionales, particularmente las Naciones Unidas, y sobre Derecho Comunitario Europeo. Miembro del Grupo de Investigación Consolidado sobre Derecho Internacional y Derecho de la Unión Europea de la UB (2021 SGR 00307). Ha ejercido como evaluador de ANECA y AQU. Entre sus últimas publicaciones destacan "La COVID-19, la salud global y el Derecho Internacional: una primera aproximación de carácter institucional", "La guerra de Ucrania, las Naciones Unidas y el Derecho Internacional: algunas certezas sistémicas insostenibles", "Biología sintética y Derecho Internacional: débiles consensos ante desafíos inmensos" y "La guerra en Gaza y el conflicto palestino-israelí: un punto de inflexión en medio de un ciclo sin fin de violencia". En la UB ha ejercido responsabilidades de dirección y gestión como vicepresidente (2001-2002) y presidente de la División de Ciencias Jurídicas, Económicas y Sociales (2002-2003); secretario general de la Universidad (2005-2008); y decano de la Facultad de Derecho (2016-2023).

ÁNGEL RODRIGO HERNÁNDEZ

Profesor Titular de Derecho Internacional Público y Relaciones Internacionales en la Universitat Pompeu Fabra. Es Licenciado en Derecho en la Facultad de Derecho (1987) y Licenciado en Filología Hispánica en la Facultad de Filosofía y Letras de la Universidad de Zaragoza (1984) de la Universidad de Zaragoza. Ha sido *Visiting Fellow* en el *Lauterpacht Centre for International Law* de la *University of Cambridge* (UK) (curso 20012-2013). Sus principales publicaciones son: *Compendio de Derecho internacional público,* 12ª ed., con Oriol Casanovas, Madrid, Tecnos, 2024; *Casos y textos de Derecho internacional público,* 7ª ed., con Oriol Casanovas y La Rosa, Madrid, Tecnos, 2016; *El desafío del desarrollo sostenible. Los prin-*

cipios de Derecho internacional relativos al desarrollo sostenible, Madrid, Marcial Pons, 2015; *La gobernanza del interès públíco global*, con Núria Bouza y Caterina García (Dirs.) y Pablo Pareja (Coord.), Madrid, Tecnos, 2015; *Unidad y pluralismo en el Derecho internacional público y en la Comunidad internacional*, con C. García (eds.), Madrid, Tecnos, 2011; *Los límites del proyecto imperial. Estados Unidos y el orden internacional en el siglo XXI*, con C. García, Madrid, La Catarata, 2008; y *El imperio inviable. El orden internacional tras el conflicto de Irak*, con C. García Segura (eds.), Madrid, Tecnos, 2004.

SERGIO SALINAS ALCEGA

Catedrático de Derecho Internacional en la Universidad de Zaragoza. Doctor en Derecho (1998), Máster en Comunidades Europeas (1992), Certificado del Centro de Estudios e Investigaciones en Derecho Internacional y Relaciones Internacionales de la Academia de Derecho Internacional de La Haya (1998). Miembro del Grupo de investigación Agua, Derecho y Medio Ambiente. Las nuevas políticas sobre bienes públicos (AGUDEMA), de la Universidad de Zaragoza. Investigador visitante en la *University of London*, *Université Paris 1 (Panthéon-Sorbonne)* y *University of Strathclyde* (Glasgow). Profesor visitante en Universidades de Argentina, Brasil, Chile, Colombia, Costa Rica, Cuba, Ecuador, Francia, México y Rumania. Autor de monografías y artículos, con especial atención a la protección internacional de los derechos humanos, el Derecho Internacional ambiental, con especial atención al régimen jurídico-internacional de lucha contra el cambio climático, y el Derecho Internacional y Europeo de los cursos de agua transfronterizos.

BELÉN SÁNCHEZ RAMOS

Profesora Titular de Derecho Internacional Público y Relaciones Internacionales en la Universidade de Vigo. Miembro asociado del Instituto de Estudios Europeos "Salvador de Madariaga" de la Universidade da Coruña. Ha participado en más de treinta proyectos de investigación (estatales, autonómicos y europeos). Ha sido Titular del Módulo Europeo Jean Monnet "Relaciones Exteriores de la Unión Europea". Sus principales líneas de investigación son la acción exterior de la Unión Europea, la protección y seguridad marítima, los derechos humanos y el régimen jurídico-internacional de los recursos genéticos marinos.

JOSÉ MANUEL SOBRINO HEREDIA

Catedrático de Derecho Internacional Público en la Universidade da Coruña. Titular de una Cátedra Jean Monnet de Instituciones y Derecho de la UE. Doctor *Honoris Causa* por la *Universitatea Titu Maiorescu* (Bucarest) en 2015 y, actualmente, Vice-presidente primero de *l'Association Internationale du Droit de la Mer* (Francia). Ha sido Presidente de la Asociación Española de Profesores de Derecho Internacional y Relaciones Internacionales (AEPDIRI); antiguo Letrado (*Référendaire*) del Tribunal de Justícia de la Unión Europea; coordinador de tres Centros de Excelencia Jean Monnet (2000-2016); Director del Instituto Universitario de Estudios Europeos "Salvador de Madariaga" de la Universidade da Coruña. Profesor visitante en diversas universidades europeas y americanas. Autor de numerosos artículos y libros sobre el Derecho Internacional, el Derecho de la UE y el Derecho del Mar.

SOLEDAD TORRECUADRADA GARCÍA-LOZANO

Catedrática de Derecho Internacional Público y Relaciones Internacionales en la Universidad Autónoma de Madrid (UAM). En la actualidad es Vicerrectora de Personal Docente e Investigador en la UAM. Cuenta con cinco monografías como única autora, una en coautoría, ha editado cinco obras colectivas, cuatro de ellas en coedición, además de un centenar de trabajos de investigación publicados en obras colectivas o revistas científicas de reconocido prestigio nacional e internacional. Cuatro tramos de investigación evaluados positivamente por la ANECA. Es miembro del Consejo de Dirección del Instituto Universitario de Necesidades y Derechos de la Infancia y la Adolescencia (IUNDIA) creado entre UNICEF y la UAM, miembro de la Cátedra Unesco de Cultura de Paz y Derechos Humanos, Miembro fundador del Instituto Demospaz, Instituto de Derechos Humanos, Democracia, Cultura de Paz y no violencia (Fundación Cultura de Paz y la UAM), miembro del Consejo del Instituto Universitario de estudios de la mujer (UAM). También es miembro del Consejo editorial de la *Revista Peruana de Derecho Internacional*, del *Anuario Mexicano de Derecho Internacional* y del Comité científico de *Ordine Internazionale e diritti umani.*

PARTE I:

ASPECTOS GENERALES

Capítulo 1

LA PROTECCIÓN DEL MEDIO AMBIENTE EN EL MARCO DEL DERECHO INTERNACIONAL

JOSÉ JUSTE RUIZ[1]

1. INTRODUCCIÓN

Cuando en los años sesenta del pasado siglo las alarmas de los científicos comenzaron a alcanzar niveles preocupantes, los Estados emprendieron una acción concertada para proteger el medio ambiente en el marco del Derecho Internacional. El desarrollo de esta acción ha producido un sistema de normativo específico que ha adquirido carta de naturaleza con la denominación de Derecho Internacional del Medio Ambiente (Birnie *et al.*, 2009, p. 3). El sistema así creado constituye la rama más reciente del Derecho Internacional general, cuyos principales elementos estructurales comparte, aunque ha debido adaptarlos a las exigencias particulares del objeto regulado (el medio ambiente).

Este capítulo trata de presentar sucintamente los elementos básicos del marco jurídico internacional establecido, examinando sucesivamente: los problemas que afectan al medio ambiente mundial, la evolución de la acción internacional para dar respuesta a esos problemas, los rasgos característicos del sistema jurídico internacional establecido a tal efecto, los principios rectores del sistema y su capacidad para responder a los desafíos ambientales que se plantean en el Antropoceno.

Muchas de las cuestiones que aquí se abordan tienen un desarrollo específico en otros capítulos de este libro, a los que el lector deberá acudir para mayor información.

2. LOS PROBLEMAS INTERNACIONALES DEL MEDIO AMBIENTE

La Corte Internacional de Justicia (CIJ), en su opinión consultiva sobre la legalidad de la amenaza o el empleo de armas nucleares de 6 de julio de 1996,

---

1 Catedrático (Emérito) de Derecho Internacional. Universitat de València (jose.juste@uv.es). Todas las páginas webs mencionadas en este estudio han sido consultadas el 27 de noviembre de 2024. ORCID: https://orcid.org/0000-0002-8856-4251.

reconoció la realidad y la importancia del medio ambiente como plataforma de vida en el planeta, afirmando que:

> "el medio ambiente no es una abstracción sino el espacio en el que viven los seres humanos y del que depende la calidad de su vida y su salud, inclusive de las generaciones futuras" (CIJ 1996, párr. 29).

La Corte también afirmó que el medio ambiente está bajo amenaza constante y que el empleo de armas nucleares constituiría una catástrofe ambiental. La principal manifestación de los impactos que las actividades humanas producen en el medio ambiente se concreta en la figura de la "contaminación", pero hay también otras muchas causas antropogénicas del deterioro ambiental: la explotación intensiva de los recursos naturales, el cambio de uso de las tierras (deforestación, urbanización masiva), la pérdida de biodiversidad y las perturbaciones climáticas resultantes de las emisiones de gases a la atmósfera.

La preocupación que genera esta situación ha sido reconocida también por la CIJ en su Sentencia de 25 de septiembre de 1997, en el asunto relativo al *Proyecto Gabcikovo-Nagymaros* (Hungría c. Eslovaquia) en la que subrayó "la gran importancia que la Corte concede al respeto del medio ambiente, no solamente para los Estados sino para el conjunto de la humanidad" (CIJ 1997, párr. 53)[2].

2.1. Un mundo único pero compartimentado

La ciencia enseña que los distintos componentes del medio ambiente forman parte de un único ecosistema global (el sistema de la Tierra o *Earth System*) que tiene una dimensión planetaria y donde "todo está interrelacionado". Como sugiere la imagen del llamado síndrome de la mariposa, el vuelo de una mariposa en China puede producir un tifón en Texas.

Sin embargo, desde una perspectiva jurídica, este mundo que es ecológicamente único está jurídicamente compartimentado en numerosos espacios sometidos a la acción independiente de cada Estado, mientras que otros espacios del planeta no están sometidos a la soberanía o jurisdicción de ningún Estado: alta mar (AM), fondos marinos y oceánicos, atmósfera, espacio ultraterrestre, Antártida. El desamparo al que se ven a menudo abocados estos espacios sin dueño, a los que todos tienen acceso sin que nadie pueda defenderlos como propios, ha sido descrito como "la tragedia de los bienes comunes" (Harding 1968; Crowe 1969).

---

2 Las traducciones de la jurisprudencia que aparecen en este capítulo son del autor.

Los espacios bajo soberanía estatal y los situados fuera de la jurisdicción nacional conforman el ecosistema planetario y encierran riquezas naturales que son vitales para el futuro de la humanidad. Por ello resulta necesario que su tutela se organice de un modo colectivo, mediante una acción concertada de los Estados en el marco del Derecho Internacional.

2.2. Problemas ambientales transfronterizos y globales

Los problemas internacionales del medio ambiente se han manifestado en un primer momento por efecto de la llamada "contaminación transfronteriza", es decir, aquella que teniendo su origen en el territorio de un Estado proyecta sus efectos sobre Estados vecinos. La Sentencia arbitral de 1941 relativa al *asunto de la Fundición de Trail*, que enfrentó a los Estados Unidos y Canadá por las emisiones de gases sulfurosos que contaminaban el territorio estadounidense, afirmó ya que:

> "El Tribunal considera que... tanto según los principios de Derecho internacional, como según el Derecho de los Estados Unidos, ningún Estado tiene derecho a usar su territorio o a permitir el uso del mismo, de suerte que las emanaciones de humos causen un perjuicio en el territorio de otro Estado o a las propiedades de las personas que allí se encuentran, siempre que se trate de consecuencias graves, y el perjuicio sea demostrado por pruebas claras y convincentes" (TA 1941, p. 165).

Pronto se advirtió que los efectos de la contaminación no se limitaban a las relaciones de vecindad, sino que podían afectar a Estados situados a gran distancia o a zonas situadas fuera de la jurisdicción nacional. Existen también otros supuestos, calificados como "exportación de la contaminación" (Kiss 1981, p. 511), que generan riesgos de daños ambientales transfronterizos. Esta situación se produce, por ejemplo, por efecto del transporte internacional de substancias contaminantes, de los vertidos voluntarios de desechos para su evacuación en el mar, de los movimientos transfronterizos de desechos peligrosos o de la ubicación de las instalaciones contaminantes o peligrosas en países que se presentan como "paraísos de la contaminación". Además, con el paso del tiempo se ha hecho patente la existencia de ciertos problemas ambientales que tienen dimensiones globales, tanto por sus orígenes difusos (proceden de todas partes), como por sus efectos generalizados (afectan a todos los Estados). Tal es el caso, por ejemplo, de los procesos de deterioro de la atmósfera (lluvia ácida, disminución de la capa de ozono, cambio climático) que constituyen claros exponentes de la "mundialización de los problemas" ambientales (Kiss 1988).

Por último, los Estados han comprendido muy pronto que la desigual regulación nacional de las actividades económicas que afectan al medio ambiente puede tener consecuencias indeseables sobre el buen funcionamiento de los intercambios comerciales en el mercado mundial. Las exigencias legislativas de carácter ambiental pueden constituir una desventaja comparativa para las empresas nacionales frente a los productos de otros países cuya legislación ambiental sea menos exigente o simplemente no exista; las restricciones a la importación de productos potencialmente perjudiciales para el medio ambiente pueden constituir una barrera comercial encubierta; las ayudas estatales con fines ambientales pueden constituir subsidios incompatibles con las reglas que rigen el comercio internacional y constituir una forma de *dumping* ecológico... En un mundo caracterizado por la interdependencia económica, se hace necesario un mínimo de uniformidad en las legislaciones ambientales nacionales que afectan a los productos que se comercializan en el mercado mundial (Kiss 1981, pp. 509-511).

2.3. Los factores condicionantes de la cooperación internacional ambiental

La acción desarrollada por los Estados para intentar dar respuesta a los problemas ambientales internacionales está condicionada por una serie de factores que revisten una importancia particular.

El primer factor relevante es la necesidad de tomar en consideración los datos que proporciona la ciencia y la tecnología para establecer un diagnóstico preciso del problema ambiental de que se trate y de sus posibles vías de solución. Pero, en muchos casos, los conocimientos científicos sobre los impactos de las actividades humanas en el medio ambiente son todavía insuficientes, por lo que no resulta fácil determinar las medidas que deben adoptarse. Además, los conocimientos científicos y las tecnologías están desigualmente repartidos entre los Estados desarrollados y en desarrollo, por lo que debe incrementarse la cooperación internacional para mejorar los conocimientos y ampliar la transferencia de tecnologías ambientales a los países que lo necesitan.

El segundo factor condicionante de la acción internacional para responder a los problemas ambientales es el factor económico, es decir, el coste de las medidas de respuesta y su presumible impacto directo e indirecto sobre las economías nacionales. La particular sensibilidad que todos los Estados manifiestan frente a este factor se agrava al tomar en consideración el desigual nivel de desarrollo económico de los diferentes países, desarrollados (*Global North*) y en desarrollo (*Global South*). Por ello, toda acción internacional que no tome en cuenta las disparidades de desarrollo entre los Estados resultará, a la postre, no solo esencialmente injusta, sino también materialmente ineficaz. Para superar este escollo se ha establecido el principio de las responsabilidades "comunes pero diferenciadas" de los Estados que asigna a los más desarrollados una responsabilidad mayor.

El tercero de los factores en presencia, y sin duda no el menos importante, es el factor político. Los Estados adoptan a menudo posiciones condicionadas por alianzas políticas o por intereses particulares que no siempre responden a la mejor opción ambiental. La ausencia de la "acción benéfica de la reciprocidad", que tiene escaso margen de aplicación en el ámbito del medio ambiente (Kiss 1989a, p. 19)[3], debe compensarse con una mayor conciencia de la necesidad de cooperación basada en la idea de interés común. En efecto, por encima de los intereses individuales de cada Estado, imperan en ocasiones los intereses comunes de todos los Estados en la protección del patrimonio ecológico mundial, como un interés colectivo de la Comunidad internacional en su conjunto (Brown Weiss 1992, pp. 13-15). Como ha explicado, con razón, Orrego Vicuña: "La preocupación por el medio ambiente constituye un interés en el que coinciden los intereses de los Estados y el interés de la humanidad en su conjunto" (Orrego Vicuña 1992, p. 158).

Sin embargo, ante la generalizada pasividad de los gobernantes, que priorizan las actuaciones con resultados visibles a corto plazo, solo la presión conjunta de la opinión pública internacional y de los votantes en los países democráticos podrá conseguir movilizar las actuaciones de los Estados en el plano internacional. Así se podrá avanzar hacia el establecimiento de un nuevo orden ecológico internacional que aparece, cada vez más, como un objetivo tan deseable como necesario (Juste 2016).

3. LA ACCIÓN INTERNACIONAL PARA RESPONDER A LOS PROBLEMAS AMBIENTALES

Aunque la acción internacional en materia ambiental tiene algunos precedentes lejanos, su desarrollo contemporáneo comenzó a tomar cuerpo en los años setenta del pasado siglo bajo el impulso de la Organización de las Naciones Unidas (ONU). En su primera etapa, cuyos hitos pueden situarse en la Conferencia de Estocolmo de 1972 y la Conferencia de Río de 1992, esta acción tuvo como objetivo fundamental la protección del medio ambiente. Posteriormente la acción internacional ha derivado hacia la búsqueda del desarrollo sostenible, de acuerdo con las orientaciones de la Cumbre de Johannesburgo de 2002, de la Conferencia de Río de 2012, y de la Agenda 2030 para el desarrollo sostenible de 2015.

[3] El profesor Kiss ha explicado a este respecto que "en una sociedad internacional no institucionalizada la reciprocidad constituye una garantía esencial del respeto a la palabra dada, gracias al automatismo de la sanción que dicha reciprocidad comporta automáticamente" (*Ibid.*).

3.1. La acción internacional para la protección del medio ambiente

Por iniciativa de la ONU, en el año 1972 se celebró en Estocolmo la Conferencia mundial sobre el medio humano que sentó las bases de toda la acción desarrollada posteriormente en este ámbito.

El principal instrumento adoptado por la Conferencia es la Declaración de Estocolmo de 1972, que se compone de un preámbulo y 26 principios en los que se abordan las principales cuestiones ambientales que afectan al entorno mundial, sentando los criterios aplicables para su tratamiento a escala internacional y nacional (NU 1972a). En general, puede afirmarse que el diagnóstico realizado por la Declaración de Estocolmo es tan atinado como clarividente, y que su texto todavía hoy resulta admirable por la acertada orientación de la mayoría de sus propuestas, en un terreno tan novedoso como complejo. La Conferencia de Estocolmo adoptó también un Plan de Acción para el medio ambiente, compuesto de 109 recomendaciones relativas a los diversos sectores de actuación (NU 1972b).

Las directrices establecidas en la Conferencia de Estocolmo de 1972 no resultaron en absoluto letra muerta. sino que dieron lugar a importantes desarrollos tanto en el plano institucional como en el ámbito normativo. El 15 de diciembre de 1972, la Asamblea General estableció el Programa de las Naciones sobre el Medio Ambiente (PNUMA) con el encargo de proveer orientación a los otros organismos de la ONU y actuar como catalizador para el desarrollo de programas de cooperación internacional en materia ambiental (AGNU 1972). Asimismo, en los años siguientes a la Conferencia de Estocolmo se concluyeron numerosos convenios y otros instrumentos internacionales que fueron cubriendo progresivamente los diversos sectores del medio ambiente necesitados de protección.

La acción internacional frente a los problemas ambientales se relanzó en la Conferencia de las Naciones Unidas sobre medio ambiente y el desarrollo, celebrada en Río de Janeiro del 1 al 15 de junio de 1992 con la participación de ciento setenta y seis Estados, en muchos casos representados por sus Jefes de Estado o de Gobierno[4].

El instrumento central adoptado por la Conferencia es la Declaración de Río sobre el medio ambiente y el desarrollo, que contiene 27 principios orientados a conciliar la protección del medio ambiente con las exigencias del desarrollo económico y social (NU 1992a). La Declaración afirma que el "desarrollo sostenible" deberá constituir parte integrante del proceso de desarrollo y no podrá

[4] Siguiendo las orientaciones del informe que había presentado en 1987 la Comisión mundial sobre el medio ambiente y el desarrollo sobre "Nuestro futuro común" (informe Brundtland) (NU 1987), la Conferencia de Rio trató de disipar las reticencias de los países en desarrollo que temían que la acción internacional para la protección del medio ambiente pudiera constituir un freno para sus expectativas de desarrollo económico y social.

considerarse en forma aislada (Principio 4). El resto de sus disposiciones enuncian los ejes fundamentales de la acción a llevar a cabo a tal efecto, renovando los principios de la Declaración de Estocolmo para la protección del medio ambiente y añadiendo otros nuevos. Pese al cambio de enfoque introducido, la Declaración de Río mantiene una orientación eminentemente conservacionista (Viñuales 2015a, pp. 5-6) ya que la mayoría de sus principios tienen un contenido eminentemente ambiental.

La Conferencia de Río adoptó también otros instrumentos que completan su importante contribución a la consolidación del Derecho Internacional del Medio Ambiente: el Programa 21, que diseñó un plan de acción para integrar el medio ambiente y el desarrollo al encarar el siglo XXI, la Declaración de principios "no jurídicamente vinculantes" sobre los bosques, el Convenio marco de las Naciones Unidas sobre cambio climático y la Convención sobre la diversidad biológica (NU 1992b). En febrero de 1993 el Consejo Económico y Social (ECOSOC) creó como órgano subsidiario la Comisión sobre el Desarrollo Sostenible (CDS), formada por 53 Estados, con la misión de vigilar los progresos en la ejecución del Programa 21 y la integración del desarrollo sostenible en los distintos organismos de las Naciones Unidas (AGNU 1992; ECOSOC 1993a, 1993b).

3.2. La acción internacional para el desarrollo sostenible

Desde los últimos años del pasado siglo, la acción internacional se ha orientado progresivamente hacia la promoción del "desarrollo sostenible", evolución que se ha oficializado mediante una serie de conferencias convocadas por las Naciones Unidas con este objetivo específico.

En la sesión especial de la AGNU de 1997 sobre la ejecución del Programa 21 se decidió convocar una Cumbre mundial sobre el desarrollo sostenible que se celebró en Johannesburgo (Sudáfrica), del 26 de agosto al 4 de septiembre de 2002 (NU 2002). La Cumbre adoptó una Declaración política sobre el desarrollo sostenible y un Plan de aplicación de las decisiones de la Cumbre que establecen una nueva orientación de la acción internacional en la materia. La Declaración de Johannesburgo expresa la responsabilidad colectiva de promover y fortalecer el desarrollo económico, el desarrollo social y la protección ambiental, que son "pilares independientes y sinérgicos del desarrollo sostenible". Sin embargo, tanto el propio texto de la Declaración como el de su Plan de aplicación prestan una atención preponderante a la consecución de los objetivos económicos y sociales del desarrollo sostenible[5].

[5] Los 10 temas principales abordados en la Declaración de Johannesburgo son: la erradicación de la pobreza, la modificación de las modalidades insostenibles de consumo y producción, la

En el año 2012 se celebró en Río de Janeiro la Conferencia de las Naciones Unidas sobre el Desarrollo Sostenible (Río+20) (NU 2012). El documento final de la conferencia, cuya naturaleza jurídica es enigmática, se titula enfáticamente "El futuro que queremos" (AGNU 2012). En un ambiente internacional poco propicio, marcado por la crisis económica y la falta de voluntad política de los Estados de adquirir nuevos compromisos internacionales, los objetivos ambientales tuvieron en la Conferencia de Rio + 20 un recorrido escaso. Los principales elementos del debate fueron la promoción de la economía verde (que no se definió), la reforma del marco de gobernanza ambiental de las Naciones Unidas y las medidas financieras para contribuir al desarrollo sostenible. Sin embargo, la Conferencia prestó escasa atención al cambio climático y se limitó a reiterar los compromisos para detener la pérdida de biodiversidad, mantener y restaurar los niveles de las pesquerías en los océanos, seguir incrementando el acceso de las poblaciones al agua potable y hacer compatible el apoyo a la actividad minera con el impacto ambiental. En materia de gobernanza, la Conferencia de Río + 20 acordó fortalecer el papel del PNUMA y substituir la CDS por un Foro Político de Alto Nivel Sobre Desarrollo Sostenible (FPAN), que fue creado por la AGNU en el año 2013 (AGNU 2013). En definitiva, como ha señalado Viñuales, la Conferencia de Rio de 2012 se alejó todavía más del equilibrio entre los tres términos de la ecuación del desarrollo sostenible, convirtiendo el desarrollo económico y social en el principal objetivo (Viñuales 2015a, p. 8).

En el año 2015, la AGNU adoptó la Agenda 2030 para el Desarrollo Sostenible, que define los objetivos y las metas que deben guiar el proceso de desarrollo para "transformar nuestro mundo". En el contenido de la Agenda cabe apreciar un claro predominio de los objetivos económicos y sociales sobre los objetivos ambientales (AGNU 2015).

3.3. Desarrollo sostenible y sostenibilidad ambiental

El concepto de "desarrollo sostenible" constituye actualmente un paradigma universalmente reconocido y juega un papel central como guía de la acción de la ONU en la materia.

Los orígenes del concepto se sitúan en el informe de la Comisión mundial sobre el medio ambiente y el desarrollo de 1987, titulado "nuestro futuro común" (NU 1987). El informe asignó al nuevo concepto una dimensión eminentemente

protección y gestión de la base de recursos naturales del desarrollo económico y social, el desarrollo sostenible en un mundo en vías de globalización, la salud y el desarrollo sostenible, el desarrollo sostenible de los pequeños Estados insulares en desarrollo, el desarrollo sostenible para África, y otras iniciativas regionales.

ambiental al afirmar que "el desarrollo duradero" busca responder a "las limitaciones impuestas a la capacidad del medio ambiente para satisfacer las necesidades presentes y futuras" (NU 1987, p. 59). En el mismo sentido, en su sentencia de 1997 en el asunto del proyecto Gavcikovo-Nagymaros, la CIJ ha recordado que el concepto de "desarrollo sostenible" expresa la necesidad de reconciliar el desarrollo económico con la protección del medio ambiente (CIJ 1997, párr. 140).

Sin embargo, desde finales del pasado siglo, el concepto de desarrollo sostenible ha adquirido en el ámbito de las Naciones Unidas una proyección cada vez más más amplia y transversal, con arreglo a los objetivos establecidos en los principales instrumentos orientadores de la política general de la Organización y en las conferencias específicas sobre desarrollo sostenible. En efecto, aunque la declaración de Johannesburgo de 2002 mantuvo la teoría de los "tres pilares interdependientes y sinérgicos del desarrollo sostenible", lo cierto es que en la práctica las dimensiones económicas y sociales se han impuesto a las exigencias de protección del medio ambiente (Viñuales 2015a, p. 15). Por ello, algunos autores han advertido que esta deriva desarrollista entraña grandes peligros y que la teoría de los tres pilares iguales constituye probablemente un error:

> "Centrarse en tres pilares iguales es probablemente un error, dado que el medio ambiente no es un pilar igualitario, sino que es la base para el progreso económico y social ... Un reconocimiento más claro del papel potencial de la escasez medioambiental sugiere una respuesta más contundente que la encontrada en los conceptos de integración o desarrollo sostenible." (Hunter 2016, p. 5)

En resumen, aunque plausible en sí mismo, y desde luego mejor que el desarrollo insostenible, el concepto de desarrollo sostenible ha demostrado ser en realidad un falso paradigma ambiental. Como ha explicado la doctrina más crítica (Real Ferrer, 2012), el desarrollo sostenible se basa en premisas economicistas que priorizan el crecimiento económico, atendiendo también a su dimensión social, pero considera las exigencias ambientales como un límite (negativo) y no como un objetivo fundamental. Ello supone la errónea identificación del desarrollo sostenible (el instrumento) con la sostenibilidad ambiental (el objetivo).

4. EL SISTEMA DE DERECHO INTERNACIONAL DEL MEDIO AMBIENTE

En cuanto rama especializada del ordenamiento jurídico internacional, el Derecho internacional del Medio Ambiente (DIMA) comparte los principales elementos estructurales del Derecho Internacional general, que han debido ser adaptados a las necesidades específicas del sector.

4.1. Los rasgos originarios del Derecho Internacional del Medio Ambiente

El primero de los rasgos característicos del DIMA es su orientación funcional y preventiva, ya que su objetivo es que las actividades humanas y la explotación de los recursos naturales del planeta se lleven a cabo en un contexto de respeto al medio humano y protección del equilibrio ecológico. El carácter preventivo del DIMA ha sido subrayado unánimemente por la doctrina y confirmado por la jurisprudencia de la Corte Internacional de Justicia (CIJ) que, en la sentencia relativa al asunto *Gabcíkovo-Nagymaros*, afirmó:

> "La Corte no pierde de vista que, en el ámbito de la protección del medio ambiente, la vigilancia y la prevención se imponen en razón del carácter a menudo irreversible de los daños causados al medio ambiente y de los límites inherentes al propio mecanismo de reparación de este tipo de daños" (CIJ 1997, párr.140).

Partiendo de esta orientación, el DIMA presenta también otros rasgos estructurales distintivos. Por un lado, posee un carácter eminentemente administrativo, por estar ordenado a la gestión de los recursos ambientales conforme a pautas ecológicamente saludables, a menudo a través de la planificación (planes y programas). Por otro lado, el conjunto posee una naturaleza multidimensional, por integrar elementos científicos, económicos, políticos, éticos y jurídicos, con una clara dimensión pluridisciplinar. El DIMA reúne aspectos de Derecho Internacional Público y de Derecho Internacional Privado y ofrece el perfil de lo que algunos han denominado "Derecho transnacional" (Jessup 1941).

El DIMA ha mostrado también desde sus inicios una clara tendencia a la innovación, tanto en el plano normativo como en el de la gobernanza. Por una parte, se ha producido una clara apertura a la diversidad normativa (Juste, 2012), caracterizada no solo por la utilización combinada de normas obligatorias (*hard law*) y de normas no obligatorias (*soft law*) sino también por la emergencia de algunas normas imperativas con eficacia *erga omnes* (IDI 2005). Se ha configurado así un universo jurídico diversificado, en el que las normas se formulan a menudo en instrumentos jurídicos de carácter declarativo o programático que conviven con las reglas ya consolidadas, actuando a modo de "vasos comunicantes" (Kiss 1981, p. 527). Del mismo modo, se han establecido instrumentos de gobernanza y aplicación diversificados, introduciendo procedimientos innovadores de control. Entre estos cabe destacar el sistema de presentación de informes periódicos (*reporting system*) y los mecanismos de verificación del respeto de las obligaciones (*compliance procedures*) por los Comités de cumplimiento establecido en los acuerdos internacionales ambientales (Treves 2009).

Por otra parte, el DIMA ha mantenido desde sus inicios una clara apertura a la participación de actores no estatales, destacando el papel de las organizaciones no gubernamentales (ONG) representativas de la sociedad civil. Durante muchos años, estas ONG han venido participando como observadores en los trabajos de las instancias de las Naciones Unidas y en las Conferencias de las Partes (CoPs) de los convenios ambientales, aportando una contribución muy constructiva y eficaz.

Este flujo de elementos jurídicos innovadores que han caracterizado el DIMA en su época fundacional ha propiciado un desarrollo muy dinámico, marcado por una extraordinaria producción normativa para regular las distintas actividades que producían impactos negativos en el medio ambiente.

4.2. La evolución del Derecho Internacional del Medio Ambiente en el siglo XXI

Con el cambio de milenio, se ha producido una cierta desaceleración en la construcción del Derecho Internacional ambiental, motivada tanto por las nuevas orientaciones hacia el desarrollo sostenible como por algunos signos de ineficiencia del sistema. En efecto, la espectacular productividad normativa en sus treinta primeros años de existencia ha producido un efecto de congestión convencional (Hicks 1999) así como una excesiva sectorialización que ha llevado a una progresiva fragmentación. Como consecuencia de ello, el DIMA ha experimentado cambios importantes que lo sitúan entre la evolución y la involución (Juste 2020a y 2020b).

La acción normativa internacional ha experimentado en el presente siglo un claro decaimiento en el ritmo de celebración de nuevos tratados ambientales y un retorno a las posiciones voluntaristas. Los Estados, y en particular las grandes potencias mundiales, han mostrado una cierta preferencia por los procedimientos políticos de negociación continuada y han manifestado una clara tendencia a establecer normas y procedimientos de contextura cada vez más flexible (*ultra-soft law*). El Acuerdo de París sobre cambio climático de 2015 y su desarrollo en el marco de las CoPs climáticas constituye una clara muestra de estas tendencias.

La participación de actores no estatales ha experimentado también cambios importantes. Por una parte, ha aumentado el protagonismo de algunos de esos actores, como los pueblos indígenas, y se ha incrementado el papel de los organismos científicos acreditados en materias como la contaminación marina (*Grupo de Expertos sobre los Aspectos Científicos de la Protección del Medio Marino,* GSAMP), el cambio climático (*Grupo Intergubernamental de Expertos sobre el Cambio Climático,* IPCC) y la diversidad biológica (P*lataforma Intergubernamental Científico-normativa sobre Diversidad Biológica y Servicios de los Ecosistemas,* IPBES). La representación de otros sectores de la sociedad se ha oficializado en el marco de la ONU a través de los llamados “grupos principales” para el desarrollo sostenible, con una composición diversificada y un papel predominantemente político. Por otra parte, la participación de las ONG ha experimentado una clara regresión y su intervención en los foros internacionales se ha visto drásticamente reducida, cuando no directamente excluida. Un ejemplo de ello son las CoPs climáticas, en las que los "activistas" ambientales se concentran en las llamadas "zonas verdes", sin acceso a la "zona azul" reservada a los negociadores gubernamentales (Juste 2022, p. 33).

Por último, los Estados se han mostrado refractarios a la "constitucionalización" del DIMA, como demuestra el fracaso del intento de celebración de un "Pacto mundial por el medio ambiente" (Juste, 2019a y 2019b). La propuesta francesa al respecto fue aprobada por una resolución de la AGNU titulada "Hacia un Pacto mundial por el medio ambiente" de 10 de mayo de 2018 (con 143 votos a favor, 5 en contra y 7 abstenciones) (AGNU 2018)[6]. De acuerdo con lo previsto en la resolución, el Secretario General presentó en noviembre de 2018 un informe en el que subrayaba la inexistencia de un marco normativo general que establezca las normas y principios rectores del sistema y la existencia de importantes lagunas en un gran número de marcos sectoriales (NU 2018). El grupo intergubernamental creado para considerar el informe del Secretario General se reunió en tres periodos de sesiones entre enero y mayo de 2019, rechazando la celebración de un pacto internacional sobre el medio ambiente y ofreciendo a cambio la adopción de una mera declaración política conmemorativa de los 50 años de la creación del PNUMA (AGNU 2019). La AGNU endosó las conclusiones del grupo de trabajo y el órgano de gobierno del PNUMA adoptó el 4 de marzo de 2022 una declaración política conmemorativa de su creación sin apenas contenido jurídico (PNUMA 2022).

Los resultados de este proceso fallido muestran con claridad que los Estados no desean constitucionalizar los principios y normas fundamentales del DIMA (Bodansky 2009; Kotzé 2016) y prefieren mantener su configuración sectorial y fragmentada.

5. LOS PRINCIPIOS DEL DERECHO INTERNACIONAL DEL MEDIO AMBIENTE

El Derecho internacional ambiental se ordena en torno a unos principios rectores que se han ido configurando a lo largo de su evolución y actúan a modo de normas fundamentales del sistema. Aunque la naturaleza jurídica precisa de estos principios permanece indeterminada, todos ellos se caracterizan tanto por su "impacto normativo" como por su "relevancia jurisprudencial" (Viñuales 2015a, pp. 21-22). Actualmente, la vigencia de "todos los principios de Río" es sistemáti-

---

6 Votaron en contra: Estados Unidos, la Federación Rusa, Filipinas, Siria y Turquía. Se abstuvieron: Arabia Saudí, Bielorrusia, Irán, Malasia, Nicaragua, Nigeria, y Tayikistán.

camente reconocida como una cláusula de estilo en las resoluciones de la AGNU en materia ambiental.

5.1. Los principios de cooperación internacional y de responsabilidades comunes pero diferenciadas

El más general de los principios del DIMA es el que establece el deber de los Estados de proteger el medio ambiente y cooperar para su preservación, restauración y mejora.

La Declaración de Estocolmo de 1972 afirmaba ya en su Principio 24 que "todos los países, grandes o pequeños, deben ocuparse con espíritu de cooperación y en pie de igualdad de las cuestiones internacionales relativas a la protección y mejoramiento del medio". La obligación de cooperación mundial y regional se recoge en la Convención de las Naciones Unidas sobre el Derecho del Mar de 1982 (CNUDM, arts. 197-201) y constituye el fundamento explícito o implícito de todos los convenios y otros instrumentos de protección del medio ambiente. La Declaración de Río de 1992 ha mantenido en su principio 7 el deber de los Estados de cooperar "para conservar, proteger y restablecer la salud y la integridad del ecosistema de la Tierra", añadiendo que los Estados tienen "responsabilidades comunes pero diferenciadas" y asignando la "responsabilidad principal" a los países desarrollados.

Aunque el deber de cooperar se extiende a todos los ámbitos de la protección del medio ambiente, la Declaración señala en particular el deber de notificar inmediatamente los desastres naturales y emergencias ambientales y ayudar a los Estados afectados (principio 18).

5.2. El principio de prevención del daño ambiental transfronterizo

El principio de prevención del daño ambiental transfronterizo deriva de una regla básica de buena vecindad que traduce el brocardo romano *sic utere tuo ut alterum non laedeas,* convertido en pauta de comportamiento de los Estados en el terreno ambiental.

El principio de que se trata, que posee unos orígenes jurisprudenciales lejanos (TA, 1941), fue proclamada de un modo tajante por la Declaración de Estocolmo de 1972, cuyo Principio 21 afirma que los Estados tienen "la obligación de asegurar" que las actividades que se lleven a cabo dentro de su jurisdicción o bajo su control no perjudiquen al medio de otros Estados o de zonas situadas fuera de toda jurisdicción nacional" *(no-harm principle)*. La Declaración de Río ha reafirmado el principio de prevención del daño ambiental transfronterizo, en términos algo más matizados, en su Principio 2:

> "De conformidad con la Carta de las Naciones Unidas y los principios del Derecho internacional, los Estados tienen... la responsabilidad de velar por que las actividades realizadas dentro de su jurisdicción o bajo su control no causen daños al medio ambiente de otros Estados o de zonas que estén fuera de los límites de la jurisdicción nacional".

Considerado en un plano jurídico-teórico, el principio de prevención del daño ambiental transfronterizo inspira y vertebra el DIMA y constituye una obligación jurídicamente exigible, susceptible de generar responsabilidad en caso de violación. Sin embargo, la generalidad del principio y su dependencia del criterio de la "debida diligencia" hace difícil que su exigencia pueda resultar operativa en los diferentes casos concretos, en su infinita variedad. Ésta es la razón por la que el principio de prevención del daño ambiental transfronterizo ha debido concretarse en prescripciones más específicas que, alejándose de las prohibiciones absolutas, muchas veces de imposible verificación, formulen pautas de conducta más concretas mediante los llamados "eco-estandares" (Scharter 1992). Un ejemplo de ello puede verse en la propia Declaración de Río que establece que los Estados que planeen actividades que puedan tener efectos ambientales transfronterizos adversos deben informar, notificar previamente y consultar con los Estados potencialmente afectados (principio 19).

La Comisión de Derecho Internacional (CDI) adoptó en el año 2001 un Proyecto de artículos sobre prevención del daño transfronterizo resultante de actividades peligrosas que establece un procedimiento de autorización previa, basado en el intercambio de información y las consultas entre los Estados interesados, a fin de llegar a un resultado equitativo, con el objeto de minimizar los riesgos de causar un daño transfronterizo sensible (CDI 2001).

El principio de prevención del daño ambiental transfronterizo ha sido ampliamente reconocido por la jurisprudencia arbitral y judicial internacional, que ha examinado también su relación con el deber de diligencia (Viñuales 2015b, pp. 417-421). Como epítome de este reconocimiento judicial cabe citar la opinión consultiva de la CIJ sobre la legalidad de la amenaza o el empleo de armas nucleares de 1996 que afirmó que:

> "La existencia de la obligación general de que los Estados velen por que las actividades realizadas dentro de su jurisdicción o bajo su control no dañen al medio ambiente de otros Estados o zonas que estén fuera de su jurisdicción nacional forma parte ya del corpus de normas internacionales en materia de medio ambiente" (CIJ 1996, párr. 29).

5.3. *El principio de responsabilidad y reparación de daños ambientales transfronterizos*

Las reglas generales del Derecho Internacional relativos a la responsabilidad de los Estados y la obligación de reparar los daños causados a otros Estados rigen también en el terreno ambiental, aunque su aplicación efectiva en la práctica ha encontrado serias dificultades (Kiss 1981, pp. 518-522).

El Principio 22 de la Declaración de Estocolmo afirmó así que "los Estados deben cooperar para seguir desarrollando el Derecho Internacional en lo que se refiere a la responsabilidad y la indemnización de las víctimas de la contaminación y otros daños ambientales". Veinte años después, la Declaración de Río ha reiterado en su Principio 13 que:

> "los Estados deberán desarrollar la legislación nacional y cooperar asimismo de manera expedita y más decidida en la elaboración de nuevas leyes (sic) internacionales sobre responsabilidad e indemnización por los efectos adversos de los daños ambientales causados por las actividades realizadas dentro de su jurisdicción o bajo su control, en zonas situadas fuera de su jurisdicción".

El principio de responsabilidad y reparación de daños ambientales transfronterizos es comúnmente reconocido por los Estados, pero las dificultades técnicas del tema y las reticencias políticas que suscita han frenado su desarrollo por vía convencional. Pese a todo, se han celebrado algunos convenios sobre responsabilidad civil en sectores determinados (transporte marítimo, daños nucleares, desechos peligrosos, daños industriales, seguridad de la biotecnología) que establecen regímenes que asignan al operador la reparación de los daños ambientales causados.

En el ámbito jurisprudencial, el principio de que se trata ha tenido un recorrido escaso, dado que la escasez y la volatilidad de las reglas y el alto voltaje político del tema han disuadido a los Estados a acudir ante los tribunales internacionales. Cabe señalar, en todo caso, la opinión consultiva de la Cámara de Fondos Marinos del Tribunal Internacional de Derecho del Mar (TIDM) sobre la responsabilidad de los Estados que autorizan actividades en la Zona de 2011 y la sentencia de la CIJ sobre la compensación debida por Nicaragua por actividades dañosas para el medio ambiente en la zona fronteriza con Costa Rica de 2018, que incluso cuantifica el monto pecuniario de la reparación debida (CIJ 2018, parr. 80).

5.4. Los principios de precaución, de evaluación de impacto ambiental y de que quien contamina paga

Los principios reunidos en este epígrafe presentan como rasgo común su carácter procedimental, ya que establecen la metodología a seguir cuando se emprenden actividades susceptibles de generar riesgos ambientales o producir daños de contaminación.

5.4.1. El principio de precaución

La idea de precaución ha inspirado la evolución del pensamiento moderno en materia de riesgos ambientales. Aunque terminológicamente podría confundirse con el ya conocido enfoque de prevención, ambos conceptos se distinguen netamente entre sí. El objeto de la prevención es evitar que se produzcan aquellos daños cuya certeza está establecida científicamente (daños ciertos), mientras que la finalidad de la precaución es indicar las líneas de actuación a seguir cuando existen riesgos probables de daños ambientales graves o irreversibles, aunque no haya una certeza científica absoluta al respecto. La formulación más general del principio de precaución es la contenida en la Declaración de Río sobre medio ambiente y desarrollo de 1992, cuyo principio 15 afirma que:

> "Con el fin de proteger el medio ambiente, los Estados deberán aplicar ampliamente el criterio de precaución conforme a sus capacidades. Cuando haya peligro de un daño grave e irreversible, la falta de certeza científica absoluta no deberá utilizarse como razón para postergar la adopción de medidas eficaces en función de los costos para impedir la degradación del medio ambiente".

Pese a los debates recurrentes sobre su denominación como "principio" o como "criterio", el enfoque de precaución constituye un parámetro consolidado del pensamiento y la acción internacional ambiental que refleja el Derecho consuetudinario (Sands 1989, p. 213). El principio de que se trata ha recibido un amplio soporte en convenios ambientales relativos a materias tales como: aguas dulces, protección del medio marino, cambio climático, biodiversidad y biotecnología, gestión de los desechos y uso de productos químicos peligrosos.

La importancia del principio de precaución ha sido evocada por la jurisprudencia de la CIJ en varias sentencias[7] y por los órganos de solución de controversias de la Organización Mundial del Comercio. La Cámara de Fondos Marinos del TIDM, en su opinión consultiva sobre actividades en la Zona, ha afirmado que el reconocimiento del criterio de precaución en la práctica internacional "ha iniciado una tendencia hacia su proclamación como parte del Derecho internacional consuetudinario" (TIDM 2011, párr. 135).

5.4.2. El principio de evaluación de impacto ambiental

El principio que proclama el deber de evaluar los impactos negativos que las actividades programadas pueden tener sobre el medio ambiente no figura como

---

7 *Proyecto Gavcikovo-Nagymaros* (CIJ 1997 párrs. 112-113); *Plantas de celulosa en el rio Uruguay* (CIJ 2010 párr. 164).

tal en la Declaración de Estocolmo de 1972. Sin embargo, este principio se abrió paso en la CNUDM de 1982 (artículo 206), en los objetivos y principios del PNUMA sobre evaluación de impacto ambiental de 1987, en el Convenio de Spoo sobre evaluación de impacto ambiental en un contexto transfronterizo de 1991 y en el Protocolo del Tratado antártico sobre protección del medio ambiente de 1991. Como resultado de esta evolución el principio de evaluación de impacto ambiental se consagra en el Principio 17 de la Declaración de Río, que afirma que:

> "Deberá emprenderse una evaluación del impacto ambiental, en calidad de instrumento nacional, respecto de cualquier actividad propuesta que probablemente haya de producir un impacto negativo considerable en el medio ambiente y que esté sujeta a la decisión de una autoridad nacional competente".

El texto transcrito contempla la EIA como un "instrumento nacional", no porque el principio no se aplique a los posibles daños transfronterizos, sino porque el Estado promotor de la actividad proyectada tiene el control del procedimiento de evaluación y de la decisión final. El principio comprende todas las actividades que puedan causar impactos negativos considerables en el medio ambiente (locales o transfronterizos) y abarca la evaluación de planes y programas (evaluación de impacto estratégico).

El principio de evaluación de impacto ambiental ha sido reconocido por la CIJ en su sentencia relativa a las plantas de celulosa en el Río Uruguay en la que, aún sin precisar su forma, alcance y contenido concretos[8], ha afirmado que la evaluación previa del impacto ambiental de las actividades industriales que puedan tener efectos transfronterizos adversos "constituye actualmente un requisito de Derecho internacional general" (CIJ 2010, párr. 204).

La Cámara de Fondos Marinos del TIDM ha reiterado que este principio "constituye una obligación general de Derecho internacional consuetudinario" que se aplica también con respecto a las actividades que se realizan en áreas fuera de los límites de la jurisdicción nacional (TIDM 2011, párrs. 145-150).

5.4.3. El principio "quien contamina paga"

El principio "quien contamina paga" es el que más nos acerca al terreno de la economía, ciencia en la que tiene su origen y de la que han debido tomarlo

[8] El Acuerdo sobre la conservación y el uso sostenible de la biodiversidad marina de las zonas situadas fuera de la jurisdicción nacional de 19 de junio de 2023 (Acuerdo BBNJ), contiene en su parte IV una regulación muy extensa y detallada del procedimiento de evaluación de impacto ambiental, cuyos elementos principales pueden servir de modelo para definir la forma, el contenido y el alcance de la EIA.

los textos jurídicos internacionales (Smets 1993). El principio de que se trata fue introducido por la Organización para la Cooperación y el Desarrollo Económico (OCDE) en los años 60 del pasado siglo y ha guiado desde sus inicios la acción de la Unión Europea como un principio de su política en materia de medio ambiente (TFUE, art. 191.2).

Pese a su enunciado algo equívoco, se trata en rigor de un principio de "internalización" de los costes generados por los efectos negativos de la contaminación (y otros impactos ambientales), que deben ser soportados por quien realiza la actividad contaminante. El principio busca de este modo invertir la tendencia a la "externalización" de los costes en cuestión, evitando su transferencia hacia terceros que, sin ser causantes de la contaminación, tendrían sin embargo que pagar por ella. El principio de que se trata ha sido reconocido en el principio 16 de la Declaración de Río sobre medio ambiente y desarrollo:

> "Las autoridades nacionales deberían procurar fomentar la internalización de los costos ambientales y el uso de los instrumentos económicos, teniendo en cuenta el criterio de que el que contamina debería, en principio, cargar con los costos de la contaminación, teniendo debidamente en cuenta el interés público y sin distorsionar el comercio ni las inversiones internacionales".

La Declaración de Rio formula el principio de que quien contamina paga en términos particularmente blandos y con varias cautelas. Ello refleja las reticencias que este principio suscita fuera del continente europeo, frenando su reconocimiento como regla generalmente aplicable del Derecho Internacional consuetudinario (Sands 1995, p. 213). Sin embargo, el principio de que se trata ha adquirido progresivamente una mayor implantación en el ámbito convencional, inspirando los convenios sobre responsabilidad civil de los operadores y los regímenes internacionales sobre contaminación atmosférica (Schwartz, 2015, pp. 439-442). El principio quien contamina paga ha sido recogido expresamente en el Acuerdo sobre la Conservación y Uso Sostenible de la Biodiversidad Marina más allá de las Jurisdicciones Nacionales (Acuerdo BBNJ) de 23 de junio de 2023 (Artículo 7 a).

5.5. *El principio de participación pública*

Con antecedentes en algunas legislaciones nacionales, el principio de participación pública se ha incorporado al Derecho Internacional como una exigencia de democracia ambiental vinculada a la doctrina de los derechos humanos.

La Declaración de Estocolmo de 1972 afirmó el derecho fundamental de todos los seres humanos a un medio ambiente de calidad y la solemne obligación de protegerlo y mejorarlo (principio 1), pero sin mencionar expresamente el principio de la participación pública[9]. Sin embargo, en los años siguientes a la Conferencia de Estocolmo, la cuestión de los derechos de acceso fue abriéndose paso en la práctica internacional, especialmente mediante su recepción en los principios de conducta sobre recursos naturales compartidos adoptados por el PNUMA en 1978 (PNUMA 1978) y en la Carta mundial de la naturaleza de 1982 (AGNU 1982).

El principio de participación pública ha sido proclamado solemnemente en la Declaración de Río de 1992, cuyo principio 10 afirma que "el mejor medio de tratar las cuestiones ambientales es con la participación de todos los ciudadanos interesados en el nivel que corresponda". afirmando que:

> "En el plano nacional, toda persona deberá tener acceso adecuado a la información sobre el medio ambiente de que dispongan las autoridades públicas, incluida la información sobre los materiales y las actividades que ofrecen peligro en sus comunidades, así como la oportunidad de participar en los procesos de adopción de decisiones. Los Estados deberán facilitar y fomentar la sensibilización y participación del público poniendo la información a disposición de todos. Deberá proporcionarse acceso efectivo a los procedimientos judiciales y administrativos, entre estos el resarcimiento de daños y los recursos pertinentes".

El texto transcrito afirma que la aplicación del principio de participación pública deberá llevarse a cabo "en el plano nacional". El Convenio regional de Aarhus de 1998 sobre el acceso a la información, la participación del público y el acceso a la justicia en asuntos ambientales ha detallado el contenido de los derechos de participación y ha promovido la extensión de su aplicación al nivel internacional[10]. El principio de participación pública ha sido posteriormente desarrollado por el Comité de Cumplimiento del Convenio de Aarhus y por la jurisprudencia de los órganos de protección de los derechos humanos en Europa, en América y en África. La adopción del Acuerdo regional de Escazú sobre el acceso a la información, la participación pública y el acceso a la justicia en asuntos ambientales en América Latina y el Caribe el 4 de marzo de 2018, puede abrir

---

9 La Declaración de Estocolmo si menciona que "los medios de comunicación de masas deben difundir información de carácter educativo sobre la necesidad de protegerlo y mejorar el medio ambiente". El Plan de Acción para el medio humano adoptado por la Conferencia de Estocolmo se refiere en su recomendación 7 (a) a la capacitación y el acceso a la información y los medios pertinentes para garantizar a todos las mismas oportunidades de influir por sí mismos en el medio humano en que viven.

10 Siguiendo el mandato de su artículo 3,6, las Partes en el Convenio aprobaron en 2005 las directrices de Almaty para promover la aplicación de sus principios en los foros internacionales. Sin embargo, esta iniciativa ha tenido escaso recorrido en la práctica, no solo por las dificultades estructurales del sistema internacional sino también por las reticencias políticas que suscita entre los Estados

una nueva etapa hacia la internacionalización de los derechos de participación pública.

6. EL DERECHO INTERNACIONAL DEL MEDIO AMBIENTE ANTE LOS DESAFÍOS DEL ANTROPOCENO

En los últimos años, destacados científicos han denunciado los peligros que acechan a la humanidad como resultado de los desafíos ambientales del Antropoceno. Se ha afirmado así que, si se quiere evitar que los ecosistemas que sustentan la estabilidad del planeta alcancen un estadio de deterioro crítico, hace falta que las actividades humanas se mantengan dentro de unos límites que no superen los umbrales de resistencia del sistema de la Tierra[11].

Sobre la base de la teoría de los límites planetarios (*planetary boundaries*), se ha subrayado la necesidad de preservar la integridad y unidad del sistema de la Tierra y establecer un nuevo paradigma que permita abordar su tratamiento de manera integrada para adaptar nuestro sistema jurídico a la realidad física (Rockström 2009). Sin embargo, el Derecho Internacional del Medio Ambiente (DIMA) no está respondiendo de un modo satisfactorio a los nuevos desafíos planetarios y los planteamientos renovadores sobre la gobernanza de los ecosistemas se abren paso muy lentamente en los foros internacionales (Hey 2016, pp. 21-22).

Con todo, en el panorama jurídico actual, pueden detectarse algunos signos positivos de evolución del DIMA. Por una parte, se ha producido una irresistible emergencia de los derechos humanos ambientales (*environmental rights*) que ha llevado incluso a la proclamación del derecho humano a un medio ambiente limpio, saludable y sostenible por el Consejo de Derechos Humanos en 2021 (CDH 2021) y por la Asamblea General de la Organización de Naciones Unidas en 2022 (AGNU 2022). Asimismo, el avance de los conocimientos está llevando a la conclusión de que los sistemas ecológicos deben ser protegidos no solamente por sus servicios a los seres humanos sino por su contribución al mantenimiento de la unidad e integridad de la biosfera (Barreira y Magalhaes 2019). Desde esta perspectiva eco-céntrica, se ha abierto paso un progresivo reconocimiento de los derechos de la naturaleza (Boyd 2017) cuyos componentes esenciales no deberían ser tratados como un mero objeto sino como un sujeto jurídico cuyos

---

11 Se recuperan así las teorías avanzadas por James Lovelock en los años setenta del pasado siglo sobre la hipótesis de Gaia, según la cual la Tierra funciona como un complejo organismo vivo autorregulado en el que todos los elementos orgánicos e inorgánicos interactúan para mantener las condiciones aptas para la vida (Lovelock 1979).

derechos deberían tener un reconocimiento legal y ser susceptibles de protección judicial[12]. La Asamblea General viene adoptando desde 2009 una resolución anual sobre "armonía con la naturaleza" en la que se recogen las orientaciones para fomentar el "buen vivir" y encontrar soluciones holísticas a los problemas ambientales.

7. REFERENCIAS

7.1. Referencias doctrinales

Barreira, Ana; Magalhaes, Paulo (2019), "El principio de integridad y unidad del sistema terrestre", en Aguila, Yann. *et al.*, (Eds) *Principios de derecho ambiental y Agenda 2030,* Tirant lo Blanch, Valencia, 2019, pp. 405-421.

Birnie, Patricia; Boyle, Alan; Redgwell, Katherine (2009), *International Law & the Environment.* 3rd Edition, Oxford University Press, Oxford.

Bodansky, Daniel (2009), "Is There an International Environmental Constitution?" *Indiana Journal of Global Legal Studies.* vol. 16, núm. 2, pp. 565-584. http://dx.doi.org/10.2979/gls.2009.16.2.565.

Boyd, David (2017), *The Rights of Nature: A Legal Revolution that Could Save the World,* ECW Press, Toronto.

Brown Weiss, Edith (1992), "Global Environmental Change and International Law: The Introductory Framework", en Brown Weiss, Edith (Ed.). *Environmental Change and International Law.* United Nations University Press, Tokyo, pp. 3-38.

Crowe, Beryl E. (1999), "The Tragedy of the Commons Revisited", *Science,* New Series, vol. 166, núm. 3909 (Nov. 28, 1969), pp. 1103-1107. http://dx.doi.org/10.1126/science.166.3909.1103.

Ebbesson, Jonas (2015), "Principle 10. Public Participation", en Viñuales, Jorge E., (Editor), *The Rio Declaration on Environment and Development. A Commentary,* Oxford University Press. Oxford, pp. 287-309.

Harding, Garrett (1968), "The Tragedy of the Commons", *Science,* New Series, vol. 162, núm. 3859 (Dec. 13, 1968), pp.1243-1248.

Hey, Ellen (2016), *Advanced introduction to International Environmental Law, Edward* Elgar Publishing, Cheltenham. http://dx.doi.org/10.4337/9781781954584.

Hicks, Bethany L. (1999), "Treaty Congestion in International Environmental Law: The Need for Greater International Coordination", *University of Richmond Law Review,* vol. 32, núm. 5, pp. 1643-1674.

Hunter, David (2016), "Global Environmental Governance as we enter the Anthropocene", *Alternative Politics,* vol. 8, núm. 1, pp. 1-33.

Jessup, Philip (1956), *Transnational Law,* Yale University Press, New Haven.

Juste Ruiz, José (2012), "La estructura normativa del Derecho internacional ambiental: normas recomendatorias, normas obligatorias y normas imperativas", en Llanos Marrones, Hugo Ignacio,

[12] En España, la Ley 19/2022 de 30 de septiembre ha reconocido personalidad jurídica a la laguna del Mar Menor y su cuenca.

Picand Albónico, Eduardo (Eds). *Estudios de Derecho Internacional. Libro homenaje al profesor Hugo Llanos Mansilla*, Arbeledo Perrot; Thomson Reuters, Santiago de Chile, Tomo II, pp. 1037-1063.

Juste Ruiz, José (2016), "L'ordre public écologique en droit international de l'environnement", en Prieur, Michel (Dir.) *Hommage à un printemps environnemental*. Pulim. Limoges pp. 293-306.

Juste Ruiz, José (2018), "La gobernanza de los «global commons» como patrimonio colectivo en el Derecho internacional". *Anuario Español de Derecho internacional*, núm. 34, 2018, pp. 133-149. http://dx.doi.org/10.15581/010.34.133-149.

Juste Ruiz, José (2019a), "The process towards a Global Pact for the Environment: from legal ambition to political dilution", *Review of European Community and International Environmental Law - RECIEL* 2020, vol 29, pp. 479-490. http://dx.doi.org/10.1111/reel.12331.

Juste Ruiz, José (2019b), "Global Pact Negotiations: Building a Normative Framework for Ecological Sustainability in the Anthropocene", *Environmental Policy and Law*, vol. 50, núm. 1-2, 2020, pp. 35-46, http://dx.doi.org/10.3233/EPL-200198.

Juste Ruiz, José (2020a), "Il diritto internazionale ambientale tra evoluzione e involuzione", *Rivista Juridica dell'Ambiente, núm.* 3, 2020, pp. 479-494.

Juste Ruiz, José (2020b), "El derecho internacional ambiental entre la evolución y la involución", Tribuna, *Revista Aranzadi de Derecho Ambiental*, núm. 45, pp. 11-20.

Juste Ruiz, José (2022), "50 años del Derecho internacional ambiental: la participación de la sociedad civil", *Revista Catalana de Dret Ambiental*, vol. XIII, núm. 2, pp. 1-37. http://dx.doi.org/10.17345/rcda3477.

Kiss, Alexandre (1981), "L'état du droit de l'environnement en 1981: problèmes et solutions", *Journal de droit international*, núm.3, 1981, pp. 499-543.

Kiss, Alexandre (1988), "La protection de l'atmosphère: un exemple de la mondialisation des problèmes", *Annuaire Français de Droit International*, vol.34, pp. 701-708. http://dx.doi.org/10.3406/afdi.1988.2864.

Kiss, Alexandre (1989a), *Droit international de l'environnement*, Pedone, Paris, 1989.

Kiss, Alexandre (1989b), "Nouvelles tendances en droit international de l'environnement", *German Yearbook of International Law*, vol. 32, pp. 241-263.

Kotze, Louis J. (2016), *Global environmental constitutionalism in the Anthropocene*, Hart Publishing, Oxford.

Lovelock, James (1979), *Gaia: A New Look at Life on Earth*, Oxford University Press, Oxford.

Orrego Vicuña, Francisco (1992), "State Responsibility, Liability, and Remedial Measures under International Law: New Criteria for Environmental Protection", en E. Brown Weiss (1992) (Ed.) *Environmental Change and International Law*. United Nations University Press, Tokyo, pp. 124-158.

Rockström, Johan *et al.* (2009), "Planetary boundaries: exploring the safe operating space for humanity", *Ecology and Society*, vol.14, núm. 2, pp. 32. http://dx.doi.org/10.5751/ES-03180-140232.

Real Ferrer, Gabriel (2012), "Sostenibilidad, transnacionalidad y trasformaciones del Derecho". *Revista de Derecho Ambiental*, Abeledo Perrot, Buenos Aires, nº 32, pp. 65-82.

Sands, Philip, (1995), *Principles of International Environmental Law*, vol. 1, Manchester University Press, Manchester, 1995.

Schachter, Oscar (1991), *International Law in Theory and in Practice*, Martinus Nijhoff Publishers, La Haya, pp. 368-369. http://dx.doi.org/10.1163/9789004636286.

Schwartz, Priscilla (2015), "Principle 16, The polluter pays principle", en Viñuales, Jorge E. (Editor) (2015), *The Rio Declaration on Environment and Development. A Commentary*, Oxford University Press, Oxford, pp. 429-449.

Smets, Henri. (1993),"Le principe pollueur payeur, un principe économique érigé en principe de droit de l'environnement?", *Revue Générale de Droit International Public,* núm.2, pp. 339-364.

Treves, Tullio et al, (Eds.) (2009), *Non-Compliance Procedures and Mechanisms and the Effectiveness of International Environmental Agreements,* TMC Asser Press, The Hague. http://dx.doi.org/10.1007/978-90-6704-557-5.

Viñuales, Jorge E. (2015a), "The Rio Declaration on Environment and Development. Preliminary Study", en Viñuales, Jorge E., (Editor). *The Rio Declaration on Environment and Development. A Commentary,* Oxford University Press. Oxford, pp. 2-64.

Viñuales, Jorge E. (2015b), "Principle 15. Precaution", en Viñuales, Jorge E., (Editor). *The Rio Declaration on Environment and Development. A Commentary,* Oxford University Press. Oxford, pp. 403-428.

7.2. Referencias normativas

7.2.1. Tratados Internacionales

Convención de las Naciones Unidas sobre el Derecho del Mar, Montego Bay, 10 de diciembre de 1982; *BOE* núm. 39, 14 de febrero de 1997.

Convenio sobre evaluación de impacto ambiental en un contexto transfronterizo, Espoo, 25 de febrero de 1991; *BOE* núm. 261, 31 de octubre de 1997.

Protocolo al Tratado Antártico sobre Protección del Medio Ambiente y sus Anejos, Madrid, 4 de octubre de 1991; *BOE* núm. 42, 18 de febrero de 1998.

Tratado de Funcionamiento de la Unión Europea, 13 de diciembre de 2007. Versión consolidada en *DOUE* núm. C202, de 7 de junio de 2016.

Convenio sobre el acceso a la información, la participación del público en la adopción de decisiones y el acceso a la justicia en materia de medio ambiente, Aarhus, 25 de junio de 1998; entró en vigor el 29 de marzo de 2005. *BOE* núm. 40, de 16 de febrero de 2005.

Acuerdo de París, París, 12 de diciembre de 2015; BOE núm. 28, 2 de febrero de 2017.

Acuerdo Regional sobre el Acceso a la Información, la Participación Pública y el Acceso a la Justicia en Asuntos Ambientales en América Latina y el Caribe. Escazú, Costa Rica, 4 de marzo de 2018.

Acuerdo en el marco de la Convención de las Naciones Unidas sobre el Derecho del Mar relativo a la conservación y el uso sostenible de la diversidad biológica marina de las zonas situadas fuera de la jurisdicción nacional, 23 de junio de 2023; *DOUE* L 2024/1831, de 19 de julio de 2024.

7.2.2. Otros actos normativos internacionales

AGNU (1972), Resolución 2997 (XXVII), de 15 de diciembre de 1972, "Disposiciones institucionales y financieras para la cooperación internacional en lo relativo al medio ambiente".

AGNU (1982), Resolución 37/7, de 28 de octubre de 1982 "Carta mundial de la naturaleza".

AGNU (1992). Resolución 47/191, de 22 de diciembre de 1992, "Arreglos institucionales complementarios de la Conferencia de las Naciones Unidas sobre el Medio Ambiente y el Desarrollo".

AGNU (2012), Resolución 66/288, de 27 de julio de 2012, Anexo, "El futuro que queremos".

AGNU (2013), Resolución 67/290, de 9 de junio de 2013, "Formato y aspectos organizativos del foro político de alto nivel sobre el desarrollo sostenible".

AGNU (2015), Resolución 70/1, de 25 de septiembre de 2015, "Transformar nuestro mundo: la Agenda 2030 para el Desarrollo Sostenible".

AGNU (2018), Resolución 72/227, de 10 de mayo de 2018, "Hacia un Pacto Mundial por el Medio Ambiente".

AGNU (2019), Resolución 73/333, de 30 de agosto de 2019, "Seguimiento del informe del grupo de trabajo especial de composición abierta establecido en virtud de la resolución 72/227 de la Asamblea General".

AGNU (2022), Resolución 76/300, de 29 de julio de 2022, "El derecho humano a un medio ambiente limpio, saludable y sostenible".

CDH (2021), Resolución 48/13, de 8 octubre de 2021, "Resolución sobre el derecho humano a un medio ambiente limpio, saludable y sostenible".

ECOSOC (1993a), Decisión 1993/207, de 12 de febrero de 1993, "Establecimiento de la Comisión sobre el Desarrollo Sostenible".

ECOSOC (1993b), Decisión 1993/215, de 12 de febrero de 1993, "Arreglos de procedimiento para la Comisión sobre el desarrollo Sostenible".

NU (1972a), Informe de la Conferencia de las Naciones Unidas sobre el Medio Humano, Declaración de Estocolmo sobre el Medio Humano, Conferencia de las Naciones Unidas sobre el Medio Humano, Estocolmo, 5 a 16 de junio de 1972, Doc. A/CONF.48/14/Rev.1.

NU (1992a), Informe de la Conferencia de Naciones Unidas sobre el Medio Ambiente y el Desarrollo, Declaración de Río sobre el Medio Ambiente y el Desarrollo, Conferencia de las Naciones Unidas sobre el Medio Ambiente y el Desarrollo, Río de Janeiro, 3-14 de junio de 1992, Doc. A/CONF.151/26/Rev.l (Vol. I).

PNUMA (1978), Principios de conducta en el campo del medio ambiente para orientar a los Estados en la conservación y la explotación armoniosa de los recursos naturales compartidos por dos o más Estados, Decisión 6/14, de 19 de mayo de 1978.

PNUMA (2022), UNEP/EA.SS.1/4, de 8 de marzo de 2022, "Declaración política del periodo ordinario de sesiones de la Asamblea de las Naciones Unidas para el Medio Ambiente para conmemorar el 50º aniversario de la creación del Programa de las Naciones Unidas para el Medio Ambiente".

7.2.3. Actos normativos nacionales

España, Ley 19/2022 de 30 de septiembre para el reconocimiento de personalidad jurídica a la laguna del Mar Menor y su cuenca, *BOE* núm. 237, de 03/10/2022.

7.3. Referencias jurisprudenciales

7.3.1. Órganos jurisdiccionales internacionales

CIJ (1996), *Legality of the Threat or Use of Nuclear Weapons, Advisory Opinion, I.C.J. Reports 1996*, p. 226.

CIJ (1997), *Gabcikovo-Nagymaros Project (HungarylSlovakia), Judgment, I.C.J. Reports 1997*, p. 7.

CIJ (2010), *Pulp Mills on the River Uruguay (Argentina v. Uruguay), Judgment, I.C.J. Reports 2010*, p. 14.

CIJ (2018), *Certain Activities Carried Out by Nicaragua in the Border Area (Costa Rica v. Nicaragua), Compensation, Judgment, I.C.J. Reports 2018*, p. 15.

TIDM (2011), *Responsibilities and obligations of States sponsoring persons and entities with respect to activities in the Area, Advisory Opinion, 1 February 2011, ITLOS Reports 2011*, p. 10.

TA (1941), *Trail smelter case. (United States, Canada)*. April 16, 1938, and March 11, 1941, *RIAA*, Vol. III, pp. 1905-1982.

7.4. Referencias documentales

CDI (2001), "Proyecto de Artículos sobre prevención del daño transfronterizo resultante de actividades peligrosas"; "Informe de la CDI sobre la labor realizada en su 53° período de sesiones", AGNU, Documentos Oficiales, 56º período de sesiones, Suplemento n.º 10 y corrección, Doc. A/56/10 y Corr.1.

IDI (2005), Session de Cracovie - 2005; Les obligations et les droits *erga omnes* en droit international (Cinquième Commission, Rapporteur: M. Giorgio Gaja).

NU (1972b), Informe de la Conferencia de las Naciones Unidas sobre el medio humano, Estocolmo, 5 a 16 de junio de 1972, Doc. A/CONF 48/14, Rev. 1.

NU (1987), "Informe de la Comisión Mundial sobre el Medio Ambiente y el Desarrollo, Nota del Secretario General", Anexo. Doc. A/42/427, de 4 de agosto de 1987.

NU (1992b), Informe de la Conferencia de las Naciones Unidas sobre el Medio Ambiente y el Desarrollo. Río de Janeiro, 3 a 14 de junio de 1992, Anexo I, Doc. A/CONF/151/26.

NU (2002), Informe de la Cumbre Mundial sobre Desarrollo Sostenible. Declaración de Johannesburgo sobre el Desarrollo Sostenible, Johannesburgo (Sudáfrica), 26 de agosto - 4 de septiembre de 2002, Doc. A/CONF.199/20.

NU (2012), Informe de la Conferencia de las Naciones Unidas sobre desarrollo sostenible, Rio de Janeiro, Brasil, 20-22 de junio de 2012, Doc. A/CONF.216/L.1.

NU (2018) Informe del Secretario General, "Lagunas en el Derecho internacional del medio ambiente y los instrumentos relacionados con el medio ambiente: hacia un pacto mundial por el medio ambiente ". *Doc.* A/73/419, de 30 de noviembre de 2018.

Capítulo 2

EL CONOCIMIENTO CIENTÍFICO Y EL DERECHO INTERNACIONAL DEL MEDIO AMBIENTE: SU PAPEL EN LA LUCHA CONTRA EL CAMBIO CLIMÁTICO

TERESA FAJARDO DEL CASTILLO[1]

1. INTRODUCCIÓN

El gran maestro del Derecho Internacional del Medio Ambiente, A. Kiss, nos dio la clave para enlazar el conocimiento científico y el Derecho Internacional del Medio Ambiente (DIMA) al afirmar que "toda reglamentación que tiende a proteger el medio ambiente tiene su finalidad en el porvenir. Así la dimensión 'tiempo' desempeña un gran papel en el DIMA. Uno de los aspectos de este hecho es que el desarrollo de las normas debe tener en cuenta las posibilidades de evolución ya sea de las situaciones dadas, ya sea de nuestros conocimientos" (Kiss 1993). Por conocimientos, entenderíamos aquí la suma de los saberes científicos que contribuyen a la definición del interés común de la humanidad consistente en la preservación del medio ambiente. Estos conocimientos son los que permiten identificar actualmente las crisis planetarias del cambio climático, la pérdida de biodiversidad y la contaminación y, también, determinar el estado de conservación adecuado de las especies o el sistema climático adecuado para la vida en el planeta. Por su parte, la dimensión tiempo también nos lleva a afirmar que el conocimiento científico ha de valorarse en cada momento dado y que no es infalible y que crea incertidumbres antes que certezas, que también dejan una impronta en las normas internacionales y, en especial, en los principios generales del DIMA (Fajardo del Castillo 2018), tales como los principios de prevención y de precaución o la obligación de diligencia debida[2], a los que cabe sumar un

---

1 Profesora titular de Derecho Internacional Público y Relaciones Internacionales de la Universidad de Granada (fajardo@ugr.es). Este estudio ha sido realizado en el marco de la Cátedra Jean Monnet Diplomacia del Clima, CLIMATE-CONNECTED, financiada por la Comisión Europea. Todas las páginas webs mencionadas en este estudio han sido consultadas el 15 de enero de 2025. ORCID: https://orcid.org/0000-0001-8064-4620.

2 En este sentido José Esteve Pardo considera que "el derecho, los poderes públicos, los juristas, siguen fascinados por una ciencia que realizó descubrimientos espectaculares y que sigue

principio de cooperación internacional entre los Estados para compartir el conocimiento científico.

La evolución del conocimiento científico nos ha enfrentado también a nuestros errores y a la superación de lo que en el tiempo se habían establecido como logros científicos, que conocimientos posteriores pusieron en duda o revisaron para poner de manifiesto su impacto negativo en el medio natural y humano. El insecticida DDT que llevó a Rachel Carson a escribir su *Primavera Silenciosa* (Carson 1962), fue aclamado en su origen como un gran logro de la industria química, y del mismo modo fueron calificados los químicos perpetuos, siendo ahora reconocidos como un residuo imposible de eliminar y que pone en peligro a los seres vivos y a los ecosistemas en los que se acumulan y de cuya prohibición debiera haberse ocupado ya el tratado internacional en la materia[3]. Por ello, el conocimiento científico puede cumplir distintas funciones para el DIMA, en la medida en que es clave a la hora de identificar los problemas para cuya solución se propone la adopción de normas internacionales —como en el caso de las Convenciones marco sobre el Cambio Climático y la Biodiversidad, consideradas como respuestas a la hora de abordar el cambio climático y la pérdida de biodiversidad—; y luego, se convierte también en un acelerador de su desarrollo progresivo posterior gracias a las Conferencias de las Partes (CoPs) de estas convenciones. También el conocimiento científico nos ofrece indicadores y unidades de medida para cuantificar los resultados de su aplicación y cumplimiento, gracias al trabajo que desarrolla el Grupo Intergubernamental de Expertos sobre el Cambio Climático (IPCC)[4] y la Plataforma Intergubernamental sobre Diversidad Biológica y Servicios de los Ecosistemas (IPBES)[5] o las múltiples comisiones de Naciones Unidas y del Programa de las Naciones Unidas para el Medio ambiente (PNUMA) y los comités científicos de los distintos tratados medioambientales.

---

deslumbrando con sus avances, pero en la que ya no se encuentran las certezas de antaño. El derecho persiste en ir a buscar en la ciencia certidumbres, cuando lo que obtiene de ella son, como mucho, probabilidades. Se cierra así un círculo envolvente que se inicia cuando la ciencia, con sus avances, plantea incertidumbres que afectan a derechos y valores relevantes que ella no resuelve; son las instancias políticas o jurídicas las que han de decidir; pero éstas a su vez se remiten a la ciencia en la búsqueda de unas certezas que allí con frecuencia no encuentran, con el riesgo de que sea la tecnociencia organizada la que acabe dominando espacios de decisión con el déficit de legitimidad que de ello resulta” (Esteve Pardo 2009, p. 18).

3 Véase la Convención de Estocolmo sobre los Contaminantes Orgánicos Persistentes (COP) de 2001. En esta convención se establece la inclusión de nuevos COPs, que se sumarían a los 12 contemplados inicialmente, a propuesta del Comité de Revisión de los COPs de acuerdo con la información científica y técnica disponible.

4 Sus informes se encuentran disponibles en https://www.ipcc.ch/languages-2/spanish/

5 Por ejemplo, puede consultarse IPBES, *Summary for Policymakers of the Thematic Assessment Report on Invasive Alien Species and their Control of the Intergovernmental Science-Policy Platform on Biodiversity and Ecosystem Services*, IPBES Secretariat, Bonn, Alemania, 2023.

Todos estos informes —destacando los *Global Environment Outlooks* elaborados por el PNUMA[6]— son hoy una referencia necesaria a tener en cuenta por los Estados y las organizaciones internacionales en su toma de decisiones, tanto en los procesos normativos como en los procesos de adopción de políticas públicas globales y nacionales, aunque no constituyan un imperativo o un mandato, sólo una evidencia[7]. Desde este punto de vista, el conocimiento científico ha pasado a desempeñar un papel propio en el Estado de Derecho Ambiental, que marca de manera distintiva al DIMA desde el principio.

En la Declaración sobre el Medio Humano adoptada en la Conferencia de Estocolmo de las Naciones Unidas de 1972, ya se incorporó el Principio 18 que afirma que "como parte de su contribución al desarrollo económico y social, se debe utilizar la ciencia y la tecnología para descubrir, evitar y combatir los riesgos que amenazan el medio, para solucionar los problemas ambientales y para el bien de la Humanidad" (NU 1972). Medio siglo después de la Declaración de Estocolmo, los Estados han adoptado un Pacto de Futuro, en su Resolución 79/1 de la Asamblea General de las Naciones Unidas que fue adoptada por consenso, en el que han dejado constancia de la importancia del conocimiento científico para informar la toma de decisiones políticas, para formular políticas públicas y preservar los derechos de las generaciones futuras (AGNU 2024). Con él, los Estados asumen los resultados más nocivos derivados de la acción humana, si bien todavía abrigan la esperanza de que gracias al conocimiento científico se rectifique el curso del tiempo geológico en el que vivimos, el Antropoceno, y afirman que:

> "Asistimos en estos momentos a una profunda transformación mundial. Nos enfrentamos a crecientes riesgos catastróficos y existenciales, muchos de ellos causados por nuestras propias decisiones. Hay seres humanos que padecen terribles sufrimientos. Si no enderezamos el rumbo, corremos el riesgo de estar abocados a un futuro disfuncional en el que las crisis serán constantes.
>
> Así y todo, son momentos que también ofrecen esperanzas y oportunidades. La transformación que experimenta el mundo brinda la ocasión de renovarse y progresar tomando como base la humanidad que compartimos. Los avances del conocimiento,

---

[6] Tal y como se describe en su web, los *Global Environment Outlooks*, las 'Perspectivas del Medio Ambiente Mundial', son una serie de informes que revisan el estado del medio ambiente mundial, desde 1995, bajo el liderazgo del PNUMA. Se trata de un proceso global a escala regional, nacional y local en todo el mundo que proporciona una valoración del estado actual del medio ambiente, una evaluación de la eficacia de las políticas y medidas adoptadas para hacer frente a los problemas medioambientales y proyecciones de las tendencias medioambientales futuras, véase https://www.unep.org/geo/

[7] Véase por ejemplo PNUMA, *From Pollution to Solution: A Global Assessment of Marine Litter and Plastic Pollution*, de 21 de octubre de 2021 (PNUMA 2021), o el informe de próxima aparición de la Organización Meteorológica Internacional, *When Risks Become Reality: Extreme Weather in 2024* (OMM 2024).

la ciencia, la tecnología y la innovación podrían dar lugar a logros decisivos que abran la puerta a un futuro mejor y más sostenible para todos. En nuestra mano está decidir" (AGNU 2024).

Por ello, es necesario que el ser humano tome conciencia de la vulnerabilidad (Campins Eritja y Bentirou Mathlouthi 2022) que nuestra forma de ser y estar en el planeta ha generado y que afecta a todos y cada uno de los seres vivos, a su flora y a su fauna y a los ecosistemas y a sus elementos, en particular, al agua y al aire, a la tierra y al mar. Las crisis planetarias tienen su origen en nuestro modelo de desarrollo económico que se basa en actividades que causan daños al medio ambiente y que se consideran tolerables, según el conocimiento científico del momento. Son los Estados —a nivel internacional y nacional— los que determinan en última instancia el nivel de permisividad del daño que deberá soportar el medio ambiente, a causa de las actividades que son autorizadas por un permiso, que deberá ser actualizado conforme al mejor conocimiento científico disponible (Fuentes Osorio 2021). Estas actividades junto con las que intrínsecamente generan un riesgo y un daño potencial mayor, son las que en su día llevaron a Ulrich Beck a formular su teoría sobre la Sociedad del Riesgo, a partir de los modelos de producción y consumo que hoy sabemos que son insostenibles y conducen a problemas globales y a daños cuya reparación se socializa, porque no solo asumen su coste los actores económicos responsables sino que, junto a ellos, también lo hacen el Estado y el conjunto de la sociedad, a través de un marco normativo sectorial (Beck 1992). Sobre estos daños, nos ha advertido ya el conocimiento científico, lo que ha llevado a los Estados, a las organizaciones internacionales y a la sociedad civil internacional a proponer una acción normativa internacional, que no siempre alcanza la ambición que requieren sus metas.

Partiendo de estas reflexiones y situando su desarrollo, especialmente, en el marco normativo de la lucha contra el cambio climático, este capítulo abordará en su segundo apartado el papel de la ciencia como motor de los procedimientos normativos internacionales. En el tercer apartado, abordaremos el marco institucional para la integración del conocimiento científico en los procesos normativos internacionales y en los procesos de elaboración de las políticas públicas globales. En cuarto lugar, examinaremos el papel que desempeña el conocimiento científico en la responsabilidad internacional y en los medios de solución de diferencias en el ámbito medioambiental. En el último apartado, avanzaremos cómo el conocimiento científico puede contribuir a la definición de obligaciones *erga omnes*, relativas a la protección de un interés común de la humanidad vinculado al medio ambiente.

2. EL CONOCIMIENTO CIENTÍFICO COMO MOTOR DEL PROGRESO Y REFORMA DEL DERECHO INTERNACIONAL DEL MEDIO AMBIENTE

El conocimiento científico tiene una capacidad indudable para informar y alentar el desarrollo del DIMA, aunque no constituya en sí mismo un imperativo para la acción de los Estados y las organizaciones internacionales, que lo tienen en cuenta como motivación y evidencia, principalmente, en el marco del proceso de creación de normas internacionales: al iniciar el *iter* normativo para la adopción de nuevos instrumentos normativos de intensidad variable, reformarlos, derogarlos o controlar y promover su aplicación y cumplimiento. También se tiene en cuenta como un factor más a la hora de determinar las medidas que deben adoptarse para garantizar los objetivos medioambientales. No obstante, el conocimiento científico en su labor inspiradora del DIMA —y de otros regímenes normativos como el Derecho Internacional del Mar— se subordina no sólo a la soberanía de los Estados sino también a la lógica económica de las ganancias y pérdidas derivadas de actuar o de no hacerlo. Así, el conocimiento científico es relevante no sólo para los sujetos del Derecho Internacional, sino también para los actores de la sociedad civil internacional, para los que es, igualmente, una evidencia que les sirve para promover la regulación, o, por el contrario, para proponer la desregulación o la auto-regulación al margen de la acción normativa estatal, cuando ello sirve a sus intereses económicos, suscitando dudas en cuanto a la legitimidad del resultado[8].

Es esta lógica la que en última instancia hace que los Estados y las organizaciones internacionales elijan entre los distintos instrumentos normativos posibles en función de su intensidad normativa, ya sean tratados internacionales o *soft law* en sus múltiples manifestaciones, que luego han de ser objeto de propuesta y reforma a la luz del conocimiento científico más avanzado. Así, en la Convención Marco de Naciones Unidas sobre el Cambio Climático (CMNUCC), las Partes Contratantes reconocen que "las medidas necesarias para entender el cambio climático y hacerle frente, alcanzarán su máxima eficacia en los planos ambiental, social y económico si se basan en las consideraciones pertinentes de orden científico, técnico y económico y se reevaluarán continuamente a la luz de los nuevos descubrimientos en la materia" (CMNUCC, preámbulo, p. 2). Qué duda

---

8 Esteve Pardo afirma así que "vana resulta la afirmación unánime de que son las autoridades públicas legítimamente habilitadas para ello las que han de asumir el protagonismo decisorio, si luego sus decisiones se producen en un marco que es dominado y delimitado por determinados poderes económicos que impulsan la tecnociencia, sin legitimación de ningún tipo para influir de esa manera, y que tratan de acomodar a su conveniencia del marco decisorio de los poderes públicos" (Esteve Pardo 2009, p. 88).

cabe que la obligación de mitigación reconocida en las convenciones sobre el cambio climático es deudora del consenso científico alcanzado por el IPCC sobre la necesidad de evitar un incremento de la temperatura que supere el límite de 1.5°C para preservar la vida en el planeta (Giles Carnero 2021). De igual modo, su artículo 4.1. que establece los compromisos a asumir, afirma que:

> "Todas las Partes, teniendo en cuenta sus responsabilidades comunes pero diferenciadas y el carácter específico de sus prioridades nacionales y regionales de desarrollo, de sus objetivos y de sus circunstancias, deberán:
>
> g) Promover y apoyar con su cooperación la investigación científica, tecnológica, técnica, socioeconómica y de otra índole, la observación sistemática y el establecimiento de archivos de datos relativos al sistema climático, con el propósito de facilitar la comprensión de las causas, los efectos, la magnitud y la distribución cronológica del cambio climático, y de las consecuencias económicas y sociales de las distintas estrategias de respuesta y de reducir o eliminar los elementos de incertidumbre que aún subsisten al respecto;
>
> h) Promover y apoyar con su cooperación el intercambio pleno, abierto y oportuno de la información pertinente de orden científico, tecnológico, técnico, socioeconómico y jurídico sobre el sistema climático y el cambio climático, y sobre las consecuencias económicas y sociales de las distintas estrategias de respuesta".

Por lo que respecta a la configuración de las obligaciones de adaptación, en el Acuerdo de París, se especifica en su artículo 7.5 que:

> "5. Las Partes reconocen que la labor de adaptación debería llevarse a cabo mediante un enfoque que deje el control en manos de los países, responda a las cuestiones de género y sea participativo y del todo transparente, tomando en consideración a los grupos, comunidades y ecosistemas vulnerables, *y que dicha labor debería basarse e inspirarse en la mejor información científica disponible y, cuando corresponda, en los conocimientos tradicionales, los conocimientos de los pueblos indígenas y los sistemas de conocimientos locales,* con miras a integrar la adaptación en las políticas y medidas socioeconómicas y ambientales pertinentes, cuando sea el caso. (…)"

Estas obligaciones de adaptación también conllevan una obligación de cooperación entre las partes que conforme al artículo 7.7.c del Acuerdo de París debe llevar al "fortalecimiento de los conocimientos científicos sobre el clima, con inclusión de la investigación, la observación sistemática del sistema climático y los sistemas de alerta temprana, de un modo que aporte información a los servicios climáticos y apoye la adopción de decisiones".

Por todo ello, en el marco normativo del cambio climático, es necesario afirmar que el conocimiento científico ha contribuido a la formación de un 'consenso científico' de todos los Estados, que les permite acordar las metas a alcanzar y las políticas públicas globales y nacionales y los desarrollos normativos necesarios para darles cumplimiento. Este consenso científico se encuentra reflejado en los informes del IPCC. Así se ha constatado por el Tribunal Internacional sobre el Derecho del Mar (TIDM) en su *Opinión consultiva sobre las obligaciones de los Esta-*

dos sobre el cambio climático (Jiménez Pineda 2023) que considera que "En cuanto al cambio climático y la acidificación de los océanos, la mejor ciencia disponible se encuentra en los trabajos del IPCC, que reflejan el consenso científico"[9]. Además, el Tribunal reconoce que este consenso científico desempeña un papel particular en la concreción de las obligaciones y medidas que los Estados deben adoptar para combatir la contaminación marina derivada del cambio climático, aunque lo hace como un factor más que se suma al principio de precaución y a la obligación de diligencia debida como veremos a continuación.

En primer lugar, el TIDM considera el conocimiento científico como un factor a tener en cuenta a la hora de concretar las medidas derivadas de las obligaciones de la Convención de Naciones Unidas sobre el Derecho del Mar (CNUDM) ya que no puede considerarlo como un imperativo, una vez que constata que no hay acuerdo entre los Estados al respecto, lo que implica que *la ciencia no puede determinar por sí sola el contenido de las medidas necesarias*. Este ejercicio de valorar el papel del conocimiento científico a la hora de determinar medidas, lo lleva a cabo el Tribunal respecto al artículo 194 de la CNUDM, relativo a las medidas para prevenir, reducir y controlar la contaminación del medio marino, y cuyo apartado 1 establece que

> "los Estados adoptarán, individual o conjuntamente, según proceda, todas las medidas compatibles con esta Convención que sean necesarias para prevenir, reducir y controlar la contaminación del medio marino procedente de todas las fuentes y utilizarán a tal efecto los medios más apropiados de que dispongan, de conformidad con sus capacidades, y procurarán armonizar sus políticas a este respecto".

Pero,

> "El Tribunal observa que, si bien la mayoría de los participantes en el procedimiento están de acuerdo en que los Estados deben remitirse a la ciencia para determinar las medidas necesarias, hay desacuerdo entre ellos en cuanto a su papel exacto. A este respecto, se afirmó que los mejores criterios científicos disponibles exigen a los Estados, como mínimo, que adopten todas las medidas objetivamente necesarias para limitar el aumento medio de la temperatura mundial a no más de 1,5°C por encima de los niveles preindustriales, sin rebasamiento, teniendo en cuenta cualquier déficit actual de emisiones. También se afirmó que los Estados deben alcanzar un máximo mundial de emisiones de GEI lo antes posible y emprender una rápida reducción posterior de acuerdo con los mejores datos científicos disponibles. Sin embargo, otros participantes opinaron que, si

---

9 Añade, además, el TIDM que "[L]a mayoría de los participantes expresaron la opinión de que los informes del IPCC son evaluaciones autorizadas de los conocimientos científicos sobre el cambio climático y se refirieron a ellos en sus alegaciones en el presente procedimiento. En este sentido, el Tribunal considera que las evaluaciones del IPCC relativas a los riesgos relacionados con el clima y la mitigación del cambio climático merecen una consideración particular" (TIDM 2024, párr. 208). Las traducciones de la jurisprudencia que aparecen en este capítulo son de la autora.

> bien la mejor información científica disponible es un factor pertinente que los Estados deben tener en cuenta al evaluar las medidas necesarias con arreglo al párrafo 1 del artículo 194 de la Convención, no es el único factor pertinente que debe considerarse. Se argumentó a este respecto que la opinión de que las medidas necesarias deben tener por objeto limitar el aumento medio de la temperatura a 1,5°C por encima de los niveles preindustriales sería elevar la información científica a la categoría de obligación jurídica en virtud de la Convención, sin tener en cuenta los demás factores. Según este punto de vista, algunos de esos factores pueden apuntar en direcciones diferentes de otros, y un Estado debe sopesarlos en cualquier circunstancia particular." (TIDM 2024, párr. 211).

Es por ello que cuando interpreta el artículo 194.1 de la CNUDM, el TIDM lo hace aplicando el conocimiento científico sobre el cambio climático y el principio de integración sistémica, para remitirse a las convenciones sobre el cambio climático en virtud del artículo 31.3c de la Convención de Viena sobre el Derecho de los Tratados[10], para ampliar la definición de contaminación marina, y la obligación de combatirla cuando ésta tenga su origen en el cambio climático. Sin embargo, respecto a las medidas que los Estados deben adoptar para cumplir con esta obligación de combatir la contaminación marina, el Tribunal afirmará que el conocimiento científico no es el único referente a tener en cuenta[11]. A este respecto el TIDM también afirmará "que, para determinar las medidas necesarias, no se requiere certeza científica. A falta de tal certeza, los Estados deben aplicar el criterio de precaución al regular la contaminación marina por GEI antropogénicos. Aunque el enfoque de precaución no se menciona explícitamente en la Convención, dicho enfoque está implícito en la propia noción de contaminación del medio marino, que engloba los posibles efectos nocivos" (TIDM 2024, párr. 213). De esta manera, el TIDM se remite, por una parte, a la CMNUCC y al Acuerdo de París como ejemplo y referente a la hora de llevar a cabo el desarrollo progresivo de la CNUDM, y, por otra, también recurre a

---

10 Así, en un estudio previo, he considerado que: "*Lorsque la CNUDM a été adoptée en 1982, le changement climatique n'était pas encore perçu comme l'une des plus graves crises planétaires. Aujourd'hui, l'urgence qu'il représente appelle à une interprétation intégrée des différents régimes juridiques, en le considérant comme un axe systémique qui permet de les relier. À cet égard, l'avis consultatif du TIDM constitue la consécration du principe d'intégration systémique comme moyen d'éviter la fragmentation de l'ordre juridique international, dans la mesure où il permet d'interpréter les obligations de la Partie XII de la CNUDM à la lumière d'autres règles extérieures, conformément à l'article 31.3 c de la Convention de Vienne sur le droit des traités*" (Fajardo del Castillo 2024).

11 Así, el TIDM considera que "…en la determinación de las medidas necesarias para prevenir, reducir y controlar la contaminación marina por emisiones antropogénicas de GEI, la ciencia desempeña sin duda un papel crucial, ya que es clave para comprender las causas, los efectos y la dinámica de dicha contaminación y, por tanto, para dar una respuesta eficaz. Sin embargo, *esto no significa que la ciencia deba determinar por sí sola el contenido de las medidas necesarias.* En opinión del Tribunal, como se ha indicado anteriormente, existen otros factores relevantes que deben considerarse y sopesarse junto con la mejor ciencia disponible" (TIDM 2024, párr. 212, cursiva añadida por la autora).

los principios generales del DIMA —aunque los califique como criterios—, para afrontar la incertidumbre. Así, el resultado de su interpretación es una nueva definición de contaminación marina que va más allá de las limitaciones impuestas por la dimensión temporal de 1982 cuando se adoptó la CNUDM, lo que le lleva, en primer lugar, a añadir la contaminación resultante del cambio climático, y, en segundo, lugar, a incorporar el principio de precaución. Así, el Tribunal reconoce que el conocimiento científico sirve como un factor específico, junto con el principio de precaución —y también con la obligación de diligencia debida— para determinar las medidas necesarias para cumplir con la obligación de combatir la contaminación marina derivada del cambio climático. Además, es necesario señalar que el conocimiento científico tiene una estrecha relación con estos principios. Así, en el caso del principio de precaución, en el artículo 3.3 de la CMNUCC, cuando se concretan los principios que deben guiar a los Estados en su acción contra el cambio climático, se afirma que

> "las Partes deberían tomar medidas de precaución para prever, prevenir o reducir al mínimo las causas del cambio climático y mitigar sus efectos adversos. Cuando haya amenaza de daño grave o irreversible, no debería utilizarse la falta de total certidumbre científica como razón para posponer tales medidas, tomando en cuenta que las políticas y medidas para hacer frente al cambio climático deberían ser eficaces en función de los costes a fin de asegurar beneficios mundiales al menor coste posible (...)".

En el caso de la diligencia debida, el TIDM ya habría afirmado que este concepto "tiene un contenido variable", que "puede cambiar a lo largo del tiempo cuando las medidas que se consideran suficientemente diligentes en algún momento dejan de serlo a la luz, por ejemplo, de los nuevos conocimientos científicos o tecnológicos. Este concepto puede cambiar también en función de los riesgos que genera la actividad" (TIDM 2011, párr. 117).

Cabe esperar que la próxima opinión consultiva de la Corte Internacional de Justicia (CIJ) sobre las obligaciones de los Estados relativas al cambio climático (AGNU 2023) profundice en este vínculo entre conocimiento científico y concreción de las obligaciones internacionales, a través de la determinación de las medidas necesarias para alcanzar los objetivos previstos. Así, se ratificará que el papel que juega el conocimiento científico en el proceso de creación y desarrollo progresivo de las normas internacionales es uno de los rasgos distintivos del DIMA y del Estado de Derecho Ambiental, que requieren además que, en la fase posterior de aplicación y cumplimiento de sus normas, los Estados actúen de buena fe y de conformidad con el conocimiento científico más reciente y respetando los principios generales del DIMA. Para ello los instrumentos normativos tienen que poder desarrollarse de manera continua, en tanto que *pacto de contrahendo,* sujeto a un proceso normativo abierto que facilite la adaptación de las normas ambientales a los conocimientos científicos lo antes posible. Además, será necesario que se formule específicamente una obligación derivada del principio de cooperación internacional propio del régimen climático para que se afirme que el conocimiento científico se debe compartir a través de la cooperación internacional, gracias a la labor inapreciable de las Naciones Unidas que sirve como centro catalizador de la investigación global que permite el acceso a los descubrimientos y avances sobre los problemas mundiales del medio ambiente y sus posibles soluciones[12].

3. UN MARCO INSTITUCIONAL PARA EL CONOCIMIENTO CIENTÍFICO

A pesar de que los Estados se hayan opuesto a la creación de una organización internacional del medio ambiente por su potencial capacidad para limitar su soberanía, sí han permitido un proceso de institucionalización vinculada a los tratados internacionales del medio ambiente, con una configuración flexible, especializada y sectorial, en la que se ha dado cabida al conocimiento científico a través de distintas fórmulas que van desde la consulta a comités científicos, grupos de trabajo y expertos, hasta la atribución de distintas competencias a órganos científico-técnicos. Esta institucionalización, como en el caso del cambio climático, lleva al reconocimiento de funciones consultivas, normativas y ejecutivas que se ven reflejadas en los tratados medioambientales y en memorandos de entendimiento negociados por las organizaciones internacionales y por los órganos y comités científicos como es el caso del IPCC (Orangias 2023). Así, estos órganos se ven atribuidos un mandato para sentar las bases del conocimiento que ha de servir para proponer y adoptar nuevas normas y luego, para aplicarlas y evaluarlas, y, en su caso, reformarlas, después. Así, la incorporación del conocimiento científico en los procesos de creación de normas tanto en su origen como en los procesos posteriores para su reforma y actualización, requiere en primer lugar del pronunciamiento de los comités científicos competentes y, en segundo lugar, de la aceptación de los Estados que examinarán los informes científicos emitidos y sus propuestas, en el marco de las conferencias internacionales de negociación y en las CoPs. Ese sería el papel que habría desempeñado el IPCC en la adopción de la CMNUCC en 1992 y en la del Acuerdo de París en 2015 y, posteriormente,

12 Este principio ya se había formulado en el Principio 20 de la Declaración de Estocolmo de 1972 que dispuso —y su mandato sigue vigente hoy—. Más de cincuenta años después, se ha vuelto a consagrar en el Pacto del Futuro acordado por consenso por los Estados, que afirma que los estados aprovecharán "las oportunidades que ofrecen la ciencia, la tecnología y la innovación en beneficio de las personas y el planeta" y que reforzarán el papel de las Naciones Unidas en el apoyo a la cooperación internacional en materia de ciencia, tecnología e innovación.

en su desarrollo normativo y evaluación de resultados. Es por ello que en este apartado analizaremos el IPCC y la CoP de las convenciones sobre el cambio climático como los referentes institucionales, que pueden servir de modelo extrapolable a los demás instrumentos internacionales del DIMA, a la hora de incorporar el conocimiento científico en sus procesos normativos y de aplicación y cumplimiento de sus obligaciones.

Además, no puede olvidarse que en estos procesos normativos abiertos en los que los Estados adoptarán decisiones informadas, las CoPs también podrán consultar a los actores de la sociedad civil internacional para aportar legitimidad al denominado multilateralismo inclusivo (Fajardo del Castillo 2022). En estos casos, se confía en que las contribuciones que se hagan desde la ciencia sirvan para identificar y actualizar los objetivos y metas de las políticas, planes y estrategias y las reformas normativas que deban acompañarlas —tanto nacionales e internacionales. Pero no siempre se hará así o con la previsión necesaria, debido a que los Estados, a través de sus autoridades nacionales adoptan posiciones cortoplacistas, porque sus tiempos políticos son distintos a los que propone la ciencia para formular políticas de futuro, ya que para alcanzar los objetivos informados por la ciencia no son suficientes los cuatro años que ofrecen los procesos electorales en democracia. Por ejemplo, la reversión de los daños causados por el ser humano en el caso del sistema climático, requerirá un cambio del modelo económico durante los próximos doscientos años, lo que nos lleva a imaginar una sucesión ininterrumpida de las CoPs climáticas para la consecución de los objetivos, de acuerdo con el conocimiento científico emergente.

3.1. El Grupo Intergubernamental de Expertos sobre el Cambio Climático

Su figura se ha consagrado desde que fuera creado en 1988 por el PNUMA y la Organización Meteorológica Mundial (OMM) a través de un Memorando de entendimiento, que contó con el respaldo de la Asamblea General de las Naciones Unidas (AGNU 1988). El mandato que se le atribuyó entonces consistía en:

– evaluar la información científica disponible sobre el cambio climático,

– evaluar las repercusiones medioambientales y socioeconómicas del cambio climático,

– formular estrategias de respuesta para afrontar el reto del cambio climático (PNUMA 1989).

Aunque el IPCC sea anterior a la CMNUCC, su existencia está intrínsecamente ligada y su cooperación garantizada a través de un Memorando de Entendimiento específico que les une y que ha crecido para incorporar las funciones asociadas al Acuerdo de París (CMNU1996)[13]. El IPCC no sólo participó en la adopción de la CMNUCC, del Protocolo de Kioto y del Acuerdo de París, sino que colabora estrechamente con sus CoPs, como veremos a continuación. El IPCC también ha contribuido "a la creación de sistemas nacionales sostenibles de gestión de inventarios de gases de efecto invernadero, y a la comprensión y aplicación de las mejores prácticas pertinentes para el establecimiento de sistemas nacionales de medición, notificación y verificación"[14].

Ha sido gracias a sus informes que ha podido alcanzarse una visión de conjunto de los problemas relativos al cambio climático[15], a cuya formación han contribuido expertos independientes procedentes de todas las áreas geográficas del planeta. Por ello, el TIDM ha reconocido su capacidad para alcanzar el consenso científico, como ya hemos visto *supra*, gracias a sus informes periódicos en los que se suman todos los saberes sobre el cambio climático, reunidos gracias a las contribuciones de las Partes contratantes y a los institutos científicos implicados en el seguimiento de las medidas adoptadas para combatir el cambio climático. En esta lucha se requiere sumar los datos relativos al sistema climático de cada uno de los Estados Parte en la CMNUCC y en el Acuerdo de París, de manera que se llega a producir una ciencia cosmopolita como la bautizara Ulrick Beck, cuando refiriéndose al papel desempeñado por el IPCC, destacó que:

> "El propio sistema del IPCC representa una nueva forma de conectar los problemas. La ciencia cosmopolita se refiere a las fronteras nacionales y las trasciende, porque cada nación evalúa algo del informe. Hay una dimensión nacional en él y al mismo tiempo hay un nuevo tipo de institución - un *"parlamento mundial cosmopolita de la ciencia del clima"*, creando una especie de universalismo contextual que representa las muchas y diferentes voces nacionales y locales e incluyendo así el conocimiento local y nacional" (Beck 2016, p. 113).

Esta ciencia cosmopolita también contribuye a la definición de las políticas públicas internacionales, con un impacto global pero también regional. A nivel

---

13 Véase el *Memorandum of Understanding* (MOU) entre el IPCC y la CMNUCC, que ha sido renovado sucesivamente. La CMNUCC contribuye además a la financiación del IPCC a través de un fondo a tal efecto.

14 *Ibidem.*

15 Entre los resultados que debía alcanzar el IPCC, en el MOU de su creación se establece la elaboración de informes:
"(i) A report giving a comprehensive assessment of all available scientific information on climate change.
(ii) A report describing the impacts resulting from climate change on the environment and on a wide range of human activities and socio-economic systems.
(iii) A report detailing possible policy options and strategies for responding to climate change and the state-of-the-art in the formulation of such strategies and policy options.
(iv) Other reports as needed, to the governing bodies of UNEP and WMO and inputs to the Second World Climate Conference".

regional, la Unión Europea (UE) ha hecho un especial reconocimiento de las aportaciones del IPCC, que ha defendido que, dado que "el cambio climático es un interés común de la humanidad que implica la necesidad de una respuesta colectiva", sus objetivos en la lucha contra el cambio climático obedecen a "que existe una base científica, tal y como se desprende de los trabajos del IPCC, según la cual el cambio climático está inducido por las emisiones antropogénicas de gases de efecto invernadero (GEI) y es necesario reducir dichas emisiones hasta un nivel que permita mantener el aumento de la temperatura por debajo de un determinado límite en comparación con la época preindustrial" (UE 2024). Por ello, la UE sostiene que su política climática se basa en los mejores conocimientos científicos disponibles, incluidas las evaluaciones periódicas del IPCC, que han sido debidamente tenidas en cuenta en la preparación de la contribución voluntaria nacional actualizada de la Unión[16].

En 2024, el IPCC ha adoptado una revisión de su mandato para el siguiente ciclo de evaluación, con el fin de seguir respondiendo a las demandas que reciba de la CMNUCC y también para mejorar la colaboración con otras organizaciones internacionales e instituciones científicas. Para ello, "seguirá elaborando cada 5-7 años Informes de Evaluación (IE) exhaustivos, incluidos los aspectos regionales, junto con el proceso de revisión en tres fases, complementados por Informes Especiales" y utilizando *un Marco de decisión para informes especiales, informes metodológicos y documentos técnicos* (IPCC 2024), que como ya hemos apuntado constituye un modelo que pueden seguir no sólo los órganos creados en el marco de esta convención, sino también otros órganos e instituciones de los tratados internacionales del medio ambiente.

3.2. Las Conferencias de las Partes y el conocimiento científico

Las limitaciones de la presente institucionalización del régimen del DIMA se subsanan con un proceso normativo que permanece abierto, gracias a las instituciones vinculadas a los tratados internacionales del medio ambiente y, en particular, las Conferencias de las Partes (CoPs) que incorporan en sus mandatos la necesidad de actualizar los compromisos adquiridos a medida que evoluciona la

16 Así, señala que "*In the legal order of the European Union and its Member States, the European Climate Law has set a legally binding obligation to reach climate neutrality by 2050, and to reduce the European Union's net greenhouse gas (GHG) emissions by at least 55% by 2030. The 'Fit for 55' legislation, now fully adopted, has set the European Union securely on this pathway. As a further step, the European Commission has recommended that the European Union reduce its net GHG emissions by 90% by 2040 compared to 1990 levels, which is in line with recent scientific advice and the Union's commitments under the Paris Agreement.*" (UE 2024).

ciencia. En la CMNUCC se incorpora expresamente ese objetivo en su artículo 7.2. que establece que:

> "d) La Conferencia de las Partes examinará, en su primer período de sesiones, los incisos a) y b) [los planes y medidas de mitigación] para determinar si son adecuados. Ese examen se llevará a cabo a la luz de las informaciones y evaluaciones científicas más exactas de que se disponga sobre el cambio climático y sus repercusiones, así como de la información técnica, social y económica pertinente. Sobre la base de ese examen, la Conferencia de las Partes adoptará medidas apropiadas, que podrán consistir en la aprobación de enmiendas a los compromisos estipulados en los incisos a) y b). La Conferencia de las Partes, en su primer período de sesiones, también adoptará decisiones sobre criterios para la aplicación conjunta indicada en el inciso a). Se realizará un segundo examen de los incisos a) y b) a más tardar el 31 de diciembre de 1998, y luego otros a intervalos regulares determinados por la Conferencia de las Partes, hasta que se alcance el objetivo de la presente Convención".

Del mismo modo, el artículo 14.1 del Acuerdo de París dispone que "La Conferencia de las Partes en calidad de reunión de las Partes en el presente Acuerdo hará periódicamente un balance de la aplicación del presente Acuerdo para determinar el avance colectivo en el cumplimiento de su propósito y de sus objetivos a largo plazo ("el balance mundial"), y lo hará de manera global y facilitadora, examinando la mitigación, la adaptación, los medios de aplicación y el apoyo, y a la luz de la equidad y de la mejor información científica disponible". El primer Balance Mundial (*Global Stocktake*) que se realizó en 2023 en la CoP28 celebrada en Dubai, ha llevado a dar cumplimiento a este artículo 14.1, y a asumir nuevos compromisos, así:

> "[La CoP] se compromete a acelerar la acción en esta década crucial *sobre la base de la mejor información científica disponible*, reflejando la equidad y el principio de las responsabilidades comunes pero diferenciadas y las capacidades respectivas, a la luz de las diferentes circunstancias nacionales y en el contexto del desarrollo sostenible y de los esfuerzos por erradicar la pobreza" (CMNUCC 2023, cursiva añadida por la autora).

Este compromiso se traslada tanto a las obligaciones de mitigación como de adaptación a través de un "avance colectivo en el cumplimiento del propósito y los objetivos a largo plazo del Acuerdo de París, incluido el artículo 2, párrafo 1 a) a c), a la luz de la equidad y *de la mejor información científica disponible*, y orientación a las Partes para que actualicen y refuercen, del modo que determinen a nivel nacional, la acción y el apoyo", para lo que, en particular, la CoP:

> "Reafirma la naturaleza de las contribuciones determinadas a nivel nacional, que es la de ser establecidas por los propios países, y el artículo 4, párrafo 4, del Acuerdo de París, y alienta a las Partes a que, en sus próximas contribuciones determinadas a nivel nacional, presenten metas ambiciosas de reducción de las emisiones para el conjunto de la economía, que abarquen todos los gases de efecto invernadero, sectores y categorías, y que estén alineadas con el objetivo de limitar el calentamiento global a 1,5 ºC, *de conformidad con la información científica más reciente,* a la luz de las diferentes circunstancias nacionales." (CMNUCC 2023, cursiva añadida por la autora).

En el caso de la adaptación, en el Balance Mundial, la CoP también se remite al conocimiento científico a la hora de proponer las medidas concretas con las que alcanzarla porque "(...) la adaptación puede contribuir a mitigar los efectos y las pérdidas, en el marco de un enfoque participativo, que responda a las cuestiones de género y que esté controlado por los países, *sobre la base de la mejor información científica disponible*, así como de los conocimientos de los Pueblos Indígenas y los sistemas de conocimientos locales" (CMNUCC 2023).

3.3. Otros órganos relevantes

En el caso de la lucha contra el cambio climático, desde el diseño original de su estructura institucional en la CMNUCC, se crearon órganos responsables de incorporar el conocimiento científico en el proceso de aplicación y reforma de los tratados. Así, la CMNUCC dispone en su artículo 9 la creación de un "Órgano subsidiario de asesoramiento científico y tecnológico encargado de proporcionar a la Conferencia de las Partes y, según proceda, a sus demás órganos subsidiarios, información y asesoramiento oportunos sobre los aspectos científicos y tecnológicos relacionados con la Convención (...)". Tras la adopción del Acuerdo de París, el Órgano subsidiario de asesoramiento científico y tecnológico también lleva a cabo su asesoramiento. Además, este órgano, integrado por representantes de los gobiernos con competencia en este ámbito de especialización, presenta "regularmente informes a la Conferencia de las Partes sobre todos los aspectos de su labor"[17]. También se prevé en la Convención que la CoP amplie ulteriormente las funciones y el mandato de este órgano.

Por su parte, el Órgano Subsidiario de Ejecución, cuya misión es ayudar a la CoP en la evaluación y el examen del cumplimiento efectivo de la Convención, llevará a cabo bajo su dirección el examen de la información transmitida relati-

---

17 Su mandato se recoge en el apartado 2 del artículo 9 en el que se establece que "Bajo la dirección de la Conferencia de las Partes y apoyándose en los Órganos internacionales competentes existentes, este Órgano:

a) Proporcionará evaluaciones del estado de los conocimientos científicos relacionados con el cambio climático y sus efectos;

b) Preparará evaluaciones científicas sobre los efectos de las medidas adoptadas para la aplicación de la Convención;

c) Identificará las tecnologías y los conocimientos especializados que sean innovadores, eficientes y más avanzados y prestará asesoramiento sobre las formas de promover el desarrollo o de transferir dichas tecnologías;

d) Prestará asesoramiento sobre programas científicos, sobre cooperación internacional relativa a la investigación y la evolución del cambio climático, así como sobre medios de apoyar el desarrollo de las capacidades endógenas de los países en desarrollo; y

e) Responderá a las preguntas de carácter científico, técnico y metodológico que la Conferencia de las Partes y sus Órganos subsidiarios le planteen.

va a la aplicación, "a fiñ de evaluar en su conjunto los efectos agregados de las medidas adoptadas por las Partes *a la luz de las evaluaciones científicas más recientes relativas al cambio climático*"[18]. Así, en las últimas CoPs, las contribuciones de ambos órganos han sido claves para preparar el Balance Mundial del estado de aplicación y cumplimiento del Acuerdo de París.

4. LA RESPONSABILIDAD INTERNACIONAL Y EL CONOCIMIENTO CIENTÍFICO EN LA LITIGACIÓN CLIMÁTICA

El hecho de que el conocimiento científico se caracterice por su constante progreso nos debe llevar a asumir que de él resulten tanto certezas como incertidumbres, riesgos y daños que el DIMA debe abordar a través de sus normas primarias y secundarias. La dificultad que ello plantea ha llevado a que la institución jurídica de la responsabilidad internacional experimentara una adaptación dramática, a través del reconocimiento de normas primarias de prevención del daño medioambiental y normas secundarias para establecer regímenes sectoriales a través de los que abordar el daño transfronterizo causado por actividades lícitas peligrosas y de alto riesgo como la explotación de la energía nuclear[19], el lanzamiento de objetos espaciales[20] o ciertas actividades industriales[21]. Ello supone que los Estados han de regular el riesgo que se deriva tanto de sus actividades lícitas como ilícitas en marcos sectoriales diversos pero que comparten, preci-

---

18 De conformidad con el párrafo 1 del artículo 12 de la CMCC, las Partes han de comunicar:
a) Un inventario nacional, en la medida que lo permitan sus posibilidades, de las emisiones antropógenas por las fuentes y la absorción por los sumideros de todos los gases de efecto invernadero no controlados por el Protocolo de Montreal, utilizando metodologías comparables que promoverá y aprobará la Conferencia de las Partes;
b) Una descripción general de las medidas que ha adoptado o prevé adoptar para aplicar la Convención; y
c) Cualquier otra información que la Parte considere pertinente para el logro del objetivo de la Convención y apta para ser incluida en su comunicación, con inclusión de, si fuese factible, datos pertinentes para el cálculo de las tendencias de las emisiones mundiales.

19 Véase el Convenio de 29 de julio de 1960, sobre responsabilidad civil en materia de energía nuclear, bajo los auspicios de la Agencia de Energía Nuclear de la Organización para la Cooperación y el Desarrollo Económico (OCDE-NEA), modificado el 28 de enero de 1964, el 16 de noviembre de 1982 y el 12 de febrero de 2004 y el Convenio sobre responsabilidad civil por daños nucleares, bajo los auspicios del Organismo Internacional de Energía Atómica (OIEA), firmado en mayo de 1963 y modificado en agosto de 1997.

20 Convenio sobre la responsabilidad internacional por daños causados por objetos espaciales, hecho en Londres, Moscú y Washington, el 29 de marzo de 1972.

21 Véase el Convenio sobre los efectos transfronterizos de los accidentes industriales, hecho en Helsinki el 17 de marzo de 1992.

samente, los riesgos generados por la ciencia como una manifestación más de la acción del ser humano. Desde que, en 1978, se escindiera la responsabilidad internacional por las consecuencias perjudiciales de actos no prohibidos por el Derecho Internacional del régimen general de la responsabilidad internacional (Juste Ruiz 2005), la Comisión de Derecho Internacional (CDI) ha elaborado múltiples informes y propuestas en los que el conocimiento científico se tiene en cuenta para exponer riesgos, peligros e incertidumbres frente a los que los Estados deben actuar, a través de la prevención y la precaución, y, en su caso, a través de la reparación de los daños.

En el Proyecto de artículos sobre la prevención del daño transfronterizo resultante de actividades peligrosas, pero no prohibidas por el Derecho Internacional, —que muchos Estados y organizaciones internacionales reconocen como Derecho Internacional consuetudinario—, su artículo 3 dispone que "el Estado de origen adoptará todas las medidas apropiadas para prevenir un daño transfronterizo sensible o, en cualquier caso, para reducir al mínimo el riesgo de que se produzca". A este respecto, la CDI en sus comentarios a este artículo 3 va a puntualizar que el deber de prevención no implica una obligación de resultado consistente en evitar cualquier daño medioambiental significativo, sino que apunta a la necesidad de que los Estados actúen de acuerdo con un deber de diligencia debida y, además, estas obligaciones se modulan en función de las capacidades respectivas de los Estados. Sin embargo, concreta la CDI que

> "lo que se consideraría un nivel razonable de atención o diligencia debida puede cambiar con el tiempo; lo que podría considerarse un procedimiento, norma o regla apropiado y razonable en un momento dado, puede no ser considerado como tal en algún momento en el futuro. Por lo tanto, la diligencia debida para garantizar la seguridad exige *que el Estado se mantenga al corriente de los cambios tecnológicos y de los avances científicos*" (CDI 2001, párr. 11, p. 153 y 425).

El conocimiento científico también servirá para definir el carácter *significativo* y *sensible* del daño, en un momento determinado.

A raíz de la opinión consultiva solicitada por la Asamblea General de las Naciones Unidas sobre las obligaciones de los Estados relativas al cambio climático, la CIJ debe pronunciarse aún sobre su alcance y la naturaleza de dichas obligaciones, para determinar igualmente los aspectos relativos a la responsabilidad internacional de los Estados, que en su día no se abordaron en el Acuerdo de París, por la posición adoptada al respecto por los Estados Unidos y la UE (Fajardo del Castillo 2018). Hasta el momento, en las declaraciones presentadas por los Estados y las organizaciones internacionales se ha incidido en que las obligaciones de los Estados no son obligaciones de resultado sino obligaciones de conducta, con las que han de cumplir de acuerdo con los principios de precaución y de prevención y diligencia debida, conforme al conocimiento científico más reciente y en función de sus capacidades respectivas.

Por último, señalar que el conocimiento científico juega un papel cada vez más importante en la litigación climática estratégica internacional en tanto que evidencia y factor de determinación de las medidas a adoptar en cumplimiento de las obligaciones asumidas, como ya hemos señalado previamente. El conocimiento científico desempeña un papel cada vez más relevante en las argumentaciones realizadas en los procesos ante las jurisdicciones internacionales universales y regionales, y, por ello, será un objeto de estudio de gran interés en el futuro. A pesar de que la CIJ nunca llegó a conocer de casos que requiriesen del conocimiento de expertos en su formación de la Sala Verde, que finalmente suprimió, sí ha tenido en cuenta los informes presentados por expertos, para conformar los hechos subyacentes, por ejemplo, en la demanda de Australia contra Francia por los *Ensayos Nucleares en el Atolón del Mururoa* (CIJ 1996a)[22], aunque finalmente no se pronunciase sobre el fondo, al considerar que el asunto ya no tenía objeto tras asumir Francia el compromiso de no volver a realizar ensayos nucleares en superficie. Luego, en la opinión consultiva sobre la *Amenaza o el uso de armas nucleares*, la Corte descartó que tuviese que "redactar «escenarios», estudiar diversos tipos de armas nucleares y evaluar información tecnológica, estratégica y científica sumamente compleja y controvertida", y de manera decepcionante decidió sólo "abordar las cuestiones planteadas en todos sus aspectos aplicando las normas jurídicas pertinentes a la situación." (CIJ 1996b, párr. 15). Ahora, tras las opiniones consultivas solicitadas a la CIJ y al TIDM cabe esperar un cambio significativo en el reconocimiento del conocimiento científico. En el caso del TIDM, el principio de integración sistémica utilizado ha permitido ya una interpretación de la CNUDM que ha llevado a la actualización del concepto de contaminación marina a la luz del conocimiento científico.

5. NORMAS *ERGA OMNES* Y CONOCIMIENTO CIENTÍFICO

El conocimiento científico desempeña un papel fundamental en la caracterización del DIMA como un subsistema normativo con características propias,

---

22 La sentencia tiene en cuenta que: "*As the United Nations Scientific Committee on the Effects of Atomic Radiation has recorded in its successive reports to the General Assembly, the testing of nuclear devices in the atmosphere has entailed the release into the atmosphere, and the consequent dissipation in varying degrees throughout the world, of measurable quantities of radioactive matter. It is asserted by Australia that the French atmospheric tests have caused some fall-out of this kind to be deposited on Australian territory; France has maintained in particular that the radio-active matter produced by its tests has been so infinitesimal that it may be regarded as negligible, and that such fall-out on Australian territory does not constitute a danger to the health of the Australian population. These disputed points are clearly matters going to the merits of the case, and the Court must therefore refrain, for the reasons given above, from expressing any view on them*" (CIJ 1996a, párr. 18).

y, en especial, de las normas *erga omnes* que en él se han reconocido. Tomando como sector normativo de referencia las convenciones sobre el cambio climático, el conocimiento científico se encuentra en el origen de la acción colectiva que persigue la protección de un interés común de la humanidad. Desde entonces, el que ya es reconocido como un consenso científico sobre el cambio climático, se encuentra en el origen de la acción normativa y de su desarrollo a través de un proceso negociador abierto, un *pacto de contrahendo*, que actualiza las obligaciones *erga omnes* de los Estados en el seno de las CoPs, que también llevan a cabo la evaluación de los resultados alcanzados. Estos procesos de control y promoción del cumplimiento informados por el IPCC y por los órganos científicos de las convenciones sobre el clima han puesto de manifiesto en el Balance Mundial del clima que los Estados tienen que ir más allá de sus compromisos iniciales si se quiere revertir el cambio climático, teniendo en cuenta el conocimiento científico y sus capacidades respectivas para actuar en consecuencia. Sin embargo, el proceso de concreción de las medidas derivadas de las obligaciones *erga omnes* es un proceso complejo como demuestra el hecho de que los Estados sólo han alcanzado el consenso a la hora de preguntar sobre ellas a las jurisdicciones internacionales y reconocer la existencia de un consenso científico sobre la necesidad de preservar el sistema climático adecuado para garantizar la vida en la tierra.

Aunque el TIDM ha declarado que "la ciencia no puede determinar por sí sola el contenido de las medidas necesarias [para prevenir, reducir y controlar la contaminación del medio marino] ", lo cierto es que le reconoce un papel fundamental junto con los principios generales del DIMA —el principio de precaución y la obligación de diligencia debida y la cooperación internacional de los Estados y las organizaciones internacionales— para determinar las medidas necesarias para cumplir con la obligación *erga omnes* de combatir la contaminación marina derivada del cambio climático. Por todo ello, el conocimiento científico ha sido uno de los factores clave a la hora de dar forma a las obligaciones *erga omnes* en la lucha contra el cambio climático, situándolas en un plano temporal que exige que sean actualizadas por los Estados "sobre la base de la mejor información científica disponible, reflejando la equidad y el principio de las responsabilidades comunes pero diferenciadas y las capacidades respectivas, a la luz de las diferentes circunstancias nacionales y en el contexto del desarrollo sostenible y de los esfuerzos por erradicar la pobreza" (CMNUCC 2023). Cabe esperar que el conocimiento científico se invoque de la misma manera para el reconocimiento y consolidación de un derecho humano a un medio ambiente limpio, saludable y sostenible y de los derechos de la naturaleza, a cuya protección contribuirá tanto en los procesos normativos como en las acciones jurisdiccionales en las que se persiga su garantía (Epstein et al. 2023).

6. REFERENCIAS

6.1. Referencias doctrinales

Beck, Ulrich (1992), *Risk Society. Towards a New Modernity*, Sage Publications, Londres.

Beck, Ulrich, (2016), *The Metamorphosis of the World*, Polity Press, Cambridge.

Campins Eritja, Mar; Bentirou Mathlouthi, Rahma (coords.) (2022), *Understanding vulnerability in the context of climate change*, Atelier, Barcelona. http://dx.doi.org/10.71237/42t6O77n

Carson, Rachel (1962), *Silent Spring*, Houghton Mifflin, Nueva York.

Epstein, Yaffa *et al.* (2023), "Science and the Rights of Nature", *Science*, Vol. 380, Issue 6646, pp. 704-711.

Esteve Pardo, José (2009), *El desconcierto del Leviatán. Política y derecho ante las incertidumbres de la ciencia*, Marcial Pons, Madrid.

IPBES (2023), Summary for Policymakers of the Thematic Assessment Report on Invasive Alien Species and their Control of the Intergovernmental Science-Policy Platform on Biodiversity and Ecosystem Services, IPBES Secretariat, Bonn, Germany. https://doi.org/10.5281/zenodo.7430692

Kiss, Alexandre (1993), «Les traités-cadre une technique juridique caractéristique du droit international de l'environnement", *Annuaire Français de Droit International*, vol. 39, pp. 792-797.

Fajardo del Castillo, Teresa (2024), *La Protección del Medio Ambiente y el Desafío Climático. 50 años después de la Declaración de Estocolmo.* Dykinson, Madrid. http://dx.doi.org/10.14679/3230

Fajardo del Castillo, Teresa, (2022), "La sociedad civil internacional y el multilateralismo inclusivo en la CoP26 de Glasgow", *Anuario de la Facultad de Derecho de la Universidad Autónoma de Madrid*, núm. 26, Monográfico: Fernández Egea, Rosa María; Macía Morillo, Andrea (dirs.), *El derecho en la encrucijada: Los retos y oportunidades que plantea el cambio climático*, pp. 157-181.

Fajardo del Castillo, Teresa (2018a), "El acuerdo de París sobre el cambio climático: sus aportaciones al desarrollo progresivo del Derecho internacional y las consecuencias de la retirada de los Estados Unidos", *Revista Española de Derecho Internacional*, vol. 70, núm. 1, pp. 23-51. http://dx.doi.org/10.17103/redi.70.1.2018.1.01

Fajardo del Castillo, Teresa (2018b), "Environmental law principles and General principles of International Law", en Kramer, Ludwig y Orlando, Enmanuela (Eds.), *Principles of Environmental Law, Elgar Encyclopedia of Environmental Law*, Vol. VIII, 2018, pp. 38-51.

Fuentes Osorio, Juan (2021), *Delitos contra el medio ambiente*, Ad-hoc Argentina, Buenos Aires.

Giles Carnero, Rosa (2021), *El régimen jurídico internacional en materia de cambio climático: dinámica de avances y limitaciones*, Thomson Reuters Aranzadi, Pamplona.

Orangias, Joseph (2023), "The Nexus between International Law and Science. An Analysis of Scientific Expert Bodies in Multilateral Treaty-Making", *International Community Law Review*, vol. 25, pp. 60-93.

Jiménez Pineda, Eduardo (2023), "Hacia una Opinión consultiva sobre cambio climático: a propósito de la solicitud de Dictamen de la comisión de pequeños Estados insulares al Tribunal Internacional del Derecho del Mar", *Revista electrónica de estudios internacionales*, núm. 45, pp. 1-23.

Maljean-Dubois, Sandrine (2018), Les obligations de diligence dans la pratique: la protection de l'environnement, *Journée SFDI du Mans, Le standard de diligence et la responsabilité internationale*, 24 février 2017 - Pedone, París, pp. 145-162.

Navarro Batista, Nicolás (2001), *Sociedad civil y Medio ambiente en Europa*, Colex, Madrid.

Rodrigo Hernández, Ángel J. (2024), "Las obligaciones de diligencia debida y la soberanía responsable en materia de cambio climático", en Salinas Alcega, Sergio, *Iniciativas Normativas para Avanzar en la Transición Ecológica*, Tirant Lo Blanc, Valencia, pp. 72-122.

6.2. Referencias normativas

6.2.1. Tratados Internacionales

Convenio sobre responsabilidad civil en materia de energía nuclear, París, 29 de julio de 1960, modificado por el Protocolo adicional de 28 de enero de 1964, por el Protocolo de 16 de noviembre de 1982 y por el Protocolo de 12 de febrero de 2004, *BOE* núm. 281, de 22 de noviembre de 1975.

Convención sobre responsabilidad civil por daños nucleares, Viena, 21 de mayo de 1963; OIEA, INFCIRC/500, marzo de 1996.

Convención sobre el Derecho de los Tratados, Viena el 23 de mayo de 1969, *BOE* núm. 142, de 13 de junio de 1980.

Convenio sobre los efectos transfronterizos de los accidentes industriales, Helsinki, 17 de marzo de 1992, *BOE* núm. 61, de 11 de marzo de 2000.

Convenio sobre la responsabilidad internacional por daños causados por objetos espaciales, Londres, Moscú y Washington, 29 de marzo de 1972, *BOE* núm. 106, de 2 de mayo de 1980.

Convenio de Naciones Unidas sobre el Derecho del Mar, Montego Bay, 10 de diciembre de 1982, BOE núm. 39, de 14 de febrero de 1997.

Convenio Marco de las Naciones Unidas sobre el Cambio Climático, hecho en Nueva York el 9 de mayo de 1992, *BOE* núm. 27, de 1 de febrero de 1994.

Convenio sobre la Diversidad Biológica, Río de Janeiro, 5 de junio de 1992, *BOE* núm. 27, de 1 de febrero de 1994.

Protocolo de Kioto al Convenio Marco de las Naciones Unidas sobre el Cambio Climático, Kioto, 11 de diciembre de 1997, *BOE* núm. 33, de 8 de febrero de 2005.

Acuerdo de París, París, 12 de diciembre de 2015, *BOE* núm. 28, de 2 de febrero de 2017.

6.2.2. Otros actos normativos internacionales

AGNU (1988), Resolución 43/53, de 6 de diciembre de 1988, "Protección del clima mundial para las generaciones presentes y futuras".

AGNU (2023), Resolución 77/276, "Solicitud de opinión consultiva de la Corte Internacional de Justicia sobre las obligaciones de los Estados en relación con el cambio climático", de 29 de marzo de 202.

AGNU (2024), Resolución 79/1, "El Pacto para el Futuro".

NU (1972), Informe de la Conferencia de las Naciones Unidas sobre el Medio Humano Declaración de Estocolmo sobre el Medio Humano, Conferencia de las Naciones Unidas sobre el Medio Humano, Estocolmo, 5 a 16 de junio de 1972, Doc. A/CONF.48/14/Rev.1.

NU (1992), Informe de la Conferencia de Naciones Unidas sobre el Medio Ambiente y el Desarrollo, Declaración de Río sobre el Medio Ambiente y el Desarrollo, Conferencia de las Naciones Unidas sobre el Medio Ambiente y el Desarrollo, Río de Janeiro, 3-14 de junio de 1992, Doc. A/CONF.151/26/Rev.l (Vol. I).

6.3. Referencias jurisprudenciales

6.3.1. Órganos jurisdiccionales internacionales

CIJ, (1996a) *Nuclear Tests (Australia* v. *France), 1974, I.C.J. Reports 1974,* p. 253.

CIJ (1996b) Legality of the Threat or Use of Nuclear Weapons, Advisory Opinion, I.C.J. Reports 1996, p. 226.

TIDM (2011), *Responsibilities and obligations of States sponsoring persons and entities with respect to activities in the Area, Advisory Opinion, 1 February 2011, IRLOS Reports 2011,* p. 10.

TIDM (2024), *Request for an Advisory Opinion, Submitted by the Commission of Small Island States on Climate Change and International Law, 21 May 2024.*

6.4. Referencias documentales

CDI (2001), Proyecto de Artículos sobre prevención del daño transfronterizo resultante de actividades peligrosas"; "Informe de la CDI sobre la labor realizada en su 53° período de sesiones", AGNU, Documentos Oficiales, 56º período de sesiones, Suplemento n.º 10 y corrección (A/56/10 y Corr.1).

CMNUCC (1996), Note by the Secretariat. Scientific Assessments. Cooperation with the Intergovernmental Panel on Climate Change, 22 febrero 1996 (FCCC/SBSTA/1996/6.

CMNUCC (2023), Report of the Conference of the Parties serving as the meeting of the Parties to the Paris Agreement on its fifth session, held in the United Arab Emirates from 30 November to 13 December 2023, Doc. FCCC/PA/CMA/2023/16/Add.1.

IPCC (2024), Intergovernmental Panel on Climate Change, Decision IPCC/XLI-4 on the future work of the IPCC.

OMM (2024), World Weather Attribution-Organización Meteorológica Internacional, *When Risks Become Reality: Extreme Weather in 2024.*

PNUMA (1989), Memorandum of Understanding between UNEP and WMO on the IPCC, 14 de abril 1989.

PNUMA (2021), From Pollution to Solution: A global assessment of marine litter and plastic pollution, de 21 de octubre de 2021.

UE (2024), International Court of Justice, Obligations Of States In Respect Of Climate Change Request For Advisory Opinion, Written Comments of the European Union

Capítulo 3

LA CREACIÓN DE LAS NORMAS INTERNACIONALES AMBIENTALES

ÁNGEL J. RODRIGO HERNÁNDEZ[1]

1. INTRODUCCIÓN

Las normas internacionales ambientales pueden ser el resultado de los diversos procedimientos de creación de normas internacionales: los principios generales del derecho, la costumbre, los tratados internacionales, las resoluciones de las organizaciones internacionales o, en ocasiones, de las Conferencias de las Partes (CoPs) de los tratados ambientales. La creación de tales normas es más el resultado de la evolución del grado de preocupación existente en cada momento por los diferentes problemas ambientales que el producto de un programa normativo preestablecido de forma sistemática en la comunidad internacional.

La creación de normas internacionales ambientales, por razón de la materia que regulan y de las particularidades que tienen los procedimientos clásicos del Derecho Internacional, constituyen un régimen internacional general en el marco del sistema jurídico internacional. Tales normas están contribuyendo de forma decisiva a la evolución y refinamiento del ordenamiento jurídico internacional debido a su carácter innovador, a su dinamismo y a las soluciones que ofrecen.

Los distintos procedimientos de creación de normas internacionales ambientales no pueden ser examinados de forma aislada. Todos ellos interactúan "para formar un sistema regulatorio complejo que tiene que ser capaz de adaptarse, en ocasiones, a la rápida evolución tanto de la ciencia y las políticas como a las prioridades de los gobiernos que evolucionan y cambian" (Boyle 2022, p. 72) Las normas internacionales ambientales son un producto esencialmente legislativo en el que tienen especial importancia los textos negociados y escritos, sean tratados internacionales, resoluciones de las organizaciones internacionales o de las CoPs. Ahora bien, dichas normas son también "el producto de una interacción

---

[1] Profesor Titular de Derecho Internacional Público en la Universitat Pompeu Fabra (angel.rodrigo@upf.edu). Todas las páginas webs mencionadas en este estudio han sido consultadas el 8 de febrero de 2025. ORCID: https://orcid.org/0000-0002-2400-9531.

relativamente sutil de tratados multilaterales, *soft law* no obligatorio y derecho consuetudinario internacional" (Bodansky 2010).

Este capítulo se estructura en tres partes. En la primera se presentan las normas internacionales ambientales como un subsistema normativo dentro del Derecho Internacional Público que puede considerarse un régimen internacional general con importantes peculiaridades. En la segunda parte se analizan los procedimientos y las técnicas de creación de las normas internacionales ambientales. Entre ellos, tienen especial importancia relativa los tratados internacionales y el denominado *soft law*, en particular, el *soft law formal* por razón de la naturaleza no obligatoria de los instrumentos utilizados. Y, por último, se examinan algunas de las aportaciones más importantes que se están produciendo en materia de creación de normas internacionales ambientales. Tales aportaciones han convertido a este subsistema normativo en un innovador laboratorio jurídico que está contribuyendo al refinamiento del Derecho Internacional del Medio Ambiente (DIMA) y aun del propio sistema jurídico internacional.

2. LAS NORMAS INTERNACIONALES AMBIENTALES: UN RÉGIMEN INTERNACIONAL GENERAL

Las normas internacionales ambientales constituyen un subsistema normativo dentro del Derecho Internacional que, por razón de la materia que regulan, la protección internacional del medio ambiente, tiene importantes particularidades. Este subsistema normativo, que se puede considerar un régimen internacional general, se caracteriza por su finalidad, la protección es un interés público que en muchas ocasiones es global; por su autonomía relativa; por su estructura descentralizada; por su complejidad; y por su carácter dinámico.

2.1. La protección del medio ambiente como interés público global

La protección del medio ambiente constituye en la actualidad un interés general porque sus diferentes componentes forman un único ecosistema global y porque tales elementos permiten la existencia de la vida en el planeta y proporcionan bienes y recursos, en la mayoría de los casos gratuitos, a la humanidad (Juste Ruiz 2015, pp. 469-471). Esta protección ha sido calificada respecto a algunos de los problemas ambientales como una *preocupación común de la humanidad*.

2.2. Autonomía relativa

Las normas jurídicas internacionales que tienen por objeto la protección del medio ambiente no constituyen un ordenamiento jurídico propio, diferente y autónomo, sino que son, como ya se ha señalado, una rama del Derecho Internacional Público. Las consecuencias que de ello se derivan son que las fuentes, en especial los tratados, los mecanismos para la aplicación de las normas, los medios de solución de las controversias medioambientales y las reglas para la exigencia de responsabilidad internacional por daños al medioambiente son los del Derecho Internacional Público. Las normas internacionales ambientales se caracterizan también porque, en su gran mayoría, son de creación reciente, tienen un carácter innovador y están basadas, fundamentalmente, en textos negociados, sean tratados internacionales o bien diferentes tipos de instrumentos de *soft law.*

2.3. Estructura descentralizada

Este régimen tiene una estructura descentralizada tanto en el plano normativo como en el institucional. Es descentralizado normativamente porque es el resultado de la adopción fragmentaria y dispersa de las normas. Éstas se han creado para dar respuestas concretas a los problemas medioambientales a medida que éstos se iban planteando a los Estados y a la comunidad internacional. Asimismo, es un régimen descentralizado institucionalmente ya que, por un lado, las pocas instituciones medioambientales de carácter universal que existen, como es el caso del Programa de las Naciones Unidas para el Medio Ambiente (PNUMA), no tienen competencias para la creación y aplicación de las normas jurídicas; y, por otro lado, se han establecido una gran cantidad de instituciones internacionales, fundamentalmente las CoPs, que operan exclusivamente en el ámbito del tratado que las ha creado.

2.4. Complejidad

La complejidad del régimen internacional del medio ambiente se deriva, en primer lugar, del carácter multidimensional de los problemas ambientales, ya que en ellos se mezclan aspectos económicos, científicos, sociales y ambientales. En segundo lugar, la complejidad es el resultado de la interrelación entre los problemas ambientales como ocurre en el caso del cambio climático y la pérdida de biodiversidad. En tercer lugar, la complejidad está causada por la heterogeneidad de los actores que intervienen, unos de carácter intergubernamental (Estados y organizaciones internacionales) y otros de carácter no estatal como empresas, individuos, comunidades científicas y tecnológicas, sindicatos, comunidades indígenas y organizaciones no gubernamentales. Y, por último, la complejidad está causada por la incertidumbre científica sobre las consecuencias para el medio ambiente y la salud humana de muchas actividades, sustancias o desechos.

2.5. *Carácter dinámico*

Este carácter dinámico es la consecuencia de la enorme evolutividad tanto de los problemas ambientales como de las normas jurídicas que pretenden resolverlos. Este rasgo hace que los regímenes medioambientales sectoriales que regulan problemas concretos sean muy dinámicos ya que, si quieren ser mínimamente eficaces, se han de adaptar a la evolución de los problemas, al estado de los conocimientos científicos y al grado de compromiso de los Estados para hacerles frente.

La estructura que se repite en estos regímenes dinámicos es la siguiente: un tratado marco que, como se analiza más adelante, identifica el problema ambiental, establece la obligación general de cooperar, enuncia algunos principios básicos que han de presidir tal cooperación y crea algunas instituciones que permitan la continuidad del proceso negociador y del proceso normativo para desarrollar el régimen y adaptarlo a las circunstancias cambiantes; uno o varios protocolos que crean obligaciones específicas para los Estados con el fin de hacer frente al problema medioambiental; anexos que desarrollan y precisan obligaciones, definen conceptos, enumeran actividades, sustancias y desechos incluidos en el ámbito material o regulan mecanismos de solución de diferencias; y resoluciones de los órganos de gestión de los tratados que desarrollan, completan, precisan y adaptan los textos primarios a las nuevas necesidades.

3. LOS PROCEDIMIENTOS Y TÉCNICAS DE CREACIÓN DE LAS NORMAS INTERNACIONALES AMBIENTALES

Los procedimientos de creación de normas internacionales ambientales son los del Derecho Internacional: los principios generales del derecho, la costumbre y los tratados internacionales. Ahora bien, en este ámbito material tienen algunas peculiaridades. Una de ellas es la importancia cuantitativa y cualitativa que tienen las resoluciones de las organizaciones internacionales y de las CoPs de los tratados ambientales, que aquí se engloban bajo la expresión de *soft law*.

3.1. *Los principios del Derecho Internacional del Medio Ambiente*

La naturaleza jurídica de los principios del DIMA, como ya se ha apuntado en esta obra, permanece indeterminada. La incorporación de tales principios a este subsistema normativo se puede producir bien por la vía de los principios generales del Derecho Internacional Público o bien por medio de las normas consuetudinarias. La Comisión de Derecho Internacional (CDI) ha admitido, en sus trabajos sobre la codificación de las normas secundarias relativas a los principios generales del derecho, la posibilidad de que los principios generales del Derecho Internacional sea una fuente autónoma. Las razones que explican la posición de la CDI son que han sido aceptados por la jurisprudencia internacional, por la práctica interna y por una gran parte de la doctrina; porque el sistema jurídico internacional, como cualquier sistema jurídico, es capaz de generar sus propios principios generales; y porque nada en el artículo 38.1.*c*) limita los principios generales exclusivamente a los de los sistemas jurídicos nacionales (Vázquez-Bermúdez 2022, párrs. 27-33).

Este tipo de principios pueden tener también carácter sustantivo y procedimental. Así, entre los primeros, la jurisprudencia internacional ha reconocido, entre otros, en materia de protección del medio ambiente el principio *sic utere tuo ut alienum non laedas*, el principio de buena fe o el principio de prohibición del enriquecimiento injusto.

En este ámbito material, existe un conjunto de normas jurídicas generales fundamentales, a las que con frecuencia se hace referencia como principios de DIMA, que tienen por objeto la protección del medio ambiente, que desde el punto de vista normativo vertebran el régimen y que formalizan jurídicamente los valores y los intereses básicos de la comunidad internacional sobre la cuestión.

Las normas jurídicas pueden estar formuladas, si quiera de forma tendencial, como principios o como reglas. Los principios jurídicos tienen una formulación más general, tienen por objeto la protección jurídica de valores y de intereses, operan como guías que orientan la conducta de los destinatarios y deben ser aplicados como "mandatos de optimización" (Alexy 2007), esto es, no de forma disyuntiva sino en la mejor forma posible para conseguir los objetivos protegidos. Las reglas, por el contrario, tienen una formulación más específica, representan un desarrollo práctico de los principios y su aplicación opera de forma disyuntiva, son aplicables o no son aplicables a un supuesto de hecho concreto.

En este ámbito material interesa identificar los principios jurídicos básicos, es decir, las normas jurídicas generales fundamentales que tienen por objeto la protección del medio ambiente. Los principios de DIMA pueden ser bien de carácter sustantivo o bien de carácter procedimental.

Los principios sustantivos, algunos de los cuales ya se han examinado en esta obra, son el principio de cooperación internacional y de responsabilidades comunes pero diferenciadas, el principio de prevención del daño ambiental transfronterizo, el principio de responsabilidad y reparación ambientales transfronterizos, los principios de precaución, de evaluación de impacto ambiental y de quien contamina paga, y el principio de participación del público y de acceso a la información y a la justicia en materia ambiental.

Los principios de carácter procedimental dan origen a una serie de obligaciones procedimentales como son la obligación de informar, la obligación de notificar, la obligación de negociar, la obligación de consultar, etc. (Ph. Okowa 1996; y M. Koyano 2011). Estas obligaciones, como afirmó la CIJ en el asunto de las *plantas de celulosa en el río Uruguay*, suelen ser más concretas y precisas, tienen una existencia y funcionamiento independiente, aunque se complementan, ya que tienen un vínculo funcional con las obligaciones de fondo, pero los Estados las pueden cumplir o no de forma separada, según su contenido específico, y dan lugar a consecuencias particulares en el marco de cada tratado en el que operan (CIJ 2010, párrs. 77-78; Corte IDH 2017, párrs. 64 y 211-241).

Los principios del DIMA desempeñan un papel fundamental para suplementar o complementar las normas más específicas. Algunos se encuentran en tratados internacionales y otros en instrumentos de *soft law,* como es el caso de la Declaración de Estocolmo sobre el medio humano de 1972 (NU 1972) o, fundamentalmente, la Declaración de Río sobre el medio ambiente y el desarrollo de 1992 (NU 1992). Esta declaración, de enorme importancia simbólica y sustantiva, contiene los principios fundamentales del DIMA. Con el fin de reforzar su aplicación general, la Asamblea General de las Naciones Unidas, inició en 2018 un proceso que tenía como objetivo la adopción de un Pacto mundial por el medio ambiente que incluyera tales principios generales en la materia (AGNU 2018a; NU 2018). No obstante, las negociaciones subsiguientes han tenido como resultado la renuncia a la naturaleza convencional del Pacto y una nueva concepción que pasa por insistir en la mejora de la aplicación del derecho ambiental y por la adopción de una futura Declaración de principios respetuosa con la soberanía de los Estados (Fajardo del Castillo 2019, Juste Ruiz 2020).

3.2. Las normas consuetudinarias

Una segunda posibilidad para la incorporación de normas al ordenamiento jurídico internacional es por medio de su identificación como normas consuetudinarias. Para ello, como es bien sabido, es necesario identificar el elemento material, la práctica general, constante y uniforme, y el elemento espiritual (*opinio iuris*), la creencia de que la conducta seguida por los Estados se debe al convencimiento de la existencia de una obligación jurídica o un derecho (AGNU 2018b).

Esta fuente de Derecho Internacional tiene algunas ventajas y también algunos importantes inconvenientes. Entre las ventajas se pueden señalar su universalidad y su capacidad de adaptación. La gran mayoría de las normas consuetudinarias tienen carácter universal, es decir, que son aplicables a todos los Estados de la comunidad internacional. Este rasgo es muy importante en un ámbito como el de la protección del medio ambiente porque, si los problemas ambientales son globales, parece razonable que se les haga frente con normas que también tengan un ámbito de aplicación global. Y, además, el contenido de las normas consuetudinarias, por su propia naturaleza dado que son el resultado de la práctica de los Estados, tiene una mayor capacidad de adaptación a un entorno cambiante.

Ahora bien, las normas consuetudinarias también tienen importantes limitaciones. La primera es la incertidumbre sobre su existencia. El desafío consiste en la identificación de los dos elementos de la misma y, por tanto, en la prueba de su existencia. La segunda dificultad afecta a la determinación de su contenido. Es preciso determinar por inducción cuál es el contenido concreto de la norma consuetudinaria a partir de la práctica estatal de la que trae origen. La tercera limitación es que no son el resultado de un procedimiento formalizado sino de un proceso generado en la base social internacional que es difícil de controlar intencionalmente. Las normas consuetudinarias son más el resultado de la respuesta a necesidades existentes en dicha realidad que el resultado de una deliberación, un diseño o una voluntad deliberada y explícita de crearlas. Y, por último, las normas consuetudinarias son poco aptas para hacer frente a los desafíos técnicos, científicos y temporales que plantea la protección del medio ambiente. Como señaló la Corte Internacional de Justicia en el asunto de *la delimitación de la frontera marítima en el Golfo de Maine*, "por su propia naturaleza, no puede[n] proveer, en una materia como la del presente asunto, más que algunos principios jurídicos básicos que enuncian las directrices a seguir con vistas a un objetivo esencial. No cabe esperar que especifique también los criterios equitativos aplicables y los métodos prácticos y a menudo técnicos utilizables para alcanzar el objetivo en cuestión..." (CIJ 1984, párr.81)[2]. En suma, las normas consuetudinarias tienen una eficacia limitada para la protección de los diferentes elementos o problemas que integran o afectan al medio ambiente

3.3. Los tratados internacionales

Los tratados internacionales son el procedimiento de creación de normas internacionales ambientales que en la actualidad tiene más rendimiento porque, como se ha señalado, tales normas se basan en textos negociados. Los tratados internacionales de medio ambiente tienen también ventajas, limitaciones y características particulares.

2 Traducción del autor.

Los tratados internacionales proporcionan seguridad jurídica ya que son textos negociados y escritos, están abiertos a la negociación y adopción de todos los Estados, el lapso de tiempo necesario para ello relativamente corto y son el resultado de decisiones deliberadas de los Estados para hacer frente a los problemas o necesidades ambientales. Sus ventajas las convierten en la fuente más adecuada, importante y frecuente para la creación de normas internacionales ambientales.

Ahora bien, los tratados internacionales tienen también algunas limitaciones que se derivan, entre otros, de los principios estructurales del derecho de los tratados. Por un lado, los tratados sólo obligan a los Estados Parte (*pacta sunt servanda,* art. 26 Convención de Viena de Derecho de los Tratados, de 1969). Por ello, a pesar de la gravedad y extensión de los problemas ambientales, un tratado sólo obliga a aquellos Estados que hayan manifestado su consentimiento (*pacta tertiis,* art. 34 Convención de 1969). El resultado es que, a pesar del alcance global de algunos problemas ambientales, los tratados internacionales no obligan necesariamente a todos los Estados de la comunidad internacional.

Para hacer frente a algunas de éstas y otras limitaciones en la creación de normas internacionales ambientales se han desarrollado nuevas modalidades de tratados o de técnicas que facilitan su ampliación subjetiva, su aplicación íntegra y, en definitiva, su eficacia. Las normas internacionales ambientales se crean por medio de tratados internacionales de protección de intereses generales. Además, en ocasiones, pueden operar como tratados-marco o bien como 'tratados-paraguas' que dan cobertura a otros tratados posteriores.

3.3.1. Los tratados internacionales de protección de intereses generales

Este tipo de tratados son aquellos que tienen por objeto la protección de intereses colectivos de un grupo o generales de la comunidad internacional mediante la creación de normas de interés público que crean obligaciones colectivas, ya sean interdependientes o bien de estructura integral que tiene una vocación de universalidad (Rodrigo Hernández y Abegón Novella 2017, p. 170). Los tratados ambientales pertenecen a esta clase de tratados y se caracterizan por varios rasgos. El primero es que su objeto y fin es la regulación y protección de los diferentes componentes de la biosfera o de los problemas ambientales que les afectan.

La segunda característica es que son tratados normativos porque crean normas jurídicas internacionales de interés público. Las normas internacionales ambientales son normas de interés público de las cuales se pueden generar obligaciones interdependientes u obligaciones de estructura integral (obligaciones *erga omnes partes*) (Rodrigo Hernández 2025). La mayoría de estos tratados son lo que el Relator especial G. Fitzmaurice denominó 'tratados de naturaleza integral', en los que sus obligaciones son autónomas e independientes para cada una de las Partes y no se encuentran subordinadas al cumplimiento por los demás Estados Parte (Fitzmaurice 1958, párr. 91).

La tercera característica es su vocación de universalidad porque, por un lado, aspiran a la participación de todos los Estados en dichos tratados; y, por otro lado, por la ambición de las normas de interés público contenidas en tales tratados de tener alcance universal y ser aplicables a todos los Estados.

Una cuarta característica es la flexibilización en la participación en la negociación y su apertura. La elaboración de estos tratados ambientales está abierta a la participación del mayor número posible de Estados. Son, por tanto, multilaterales. Pero, además, están abiertos a la participación de nuevos Estados distintos de los originarios a lo largo de toda su vigencia.

La quinta característica es que incentivan la ampliación subjetiva de sus efectos no sólo respecto a terceros Estados que no son parte sino también respecto a los actores no estatales. Este tipo de tratados pueden producir efectos para terceros Estados (no derechos ni obligaciones) en la medida en la que el interés protegido, las obligaciones *erga omnes partes* creadas y su vocación de universalidad no pueden resultar indiferentes, ni siquiera neutrales, para ningún miembro de la comunidad internacional. Para ello, en ocasiones, se incluyen en tales tratados la obligación de promover la ratificación, la adhesión y el cumplimiento; se incorporan incentivos positivos y negativos para estimular su participación en el tratado (art. 4 del Protocolo de Montreal relativo a las sustancias que agotan la capa de ozono de 1987); o bien se otorga a los terceros Estados el estatuto de observador en la CoP. Además, la ampliación subjetiva de sus efectos se produce también en relación con los actores no estatales. Estos tratados, en ocasiones, incorporan elementos de inmediatez que pueden tener como destinatarios a organizaciones no gubernamentales, individuos o pueblos indígenas (Huesa Vinaixa 2015, p. 258).

La sexta característica es la ampliación territorial de los tratados ambientales más allá del territorio de los Estados Parte. La aplicación extraterritorial es una tendencia bien consolidada en la práctica estatal y en la jurisprudencia internacional en el caso de los tratados de protección de los derechos humanos. Ahora se empieza a defender y aplicar también para el caso de los tratados ambientales. Las distintas modalidades de mecanismos de ajuste en frontera de las emisiones de gases de efecto invernadero son un buen ejemplo.

La séptima característica consiste en la erosión del consentimiento de los Estados. La práctica internacional permite ejemplificar dicha erosión y afecta a varios aspectos del derecho de los tratados. Por un lado, en materia de creación de normas, la flexibilización se produce mediante la introducción de procedimientos simplificados de adopción, modificación y enmienda de algunos anexos y apéndices de los tratados ambientales que pueden producir efectos para todos los Estados Parte, aunque no hayan manifestado de forma expresa su consentimiento respecto de aquellos (Brunnée 2005, pp. 101-126). Por otro lado, en la mayoría de este tipo de tratados se excluye la posibilidad de formular reservas. Además, dado que en muchos casos las obligaciones creadas son de estructura integral, la posibilidad de modificar tales obligaciones mediante acuerdos *inter se* está limitada en el derecho de los tratados (art. 41.1.b/ii) (Fitzmaurice 1958, p. 29), a menos que supongan una protección reforzada o un *plus* en el esfuerzo por alcanzar el objeto y fin del mismo. Y, por último, debido a la especial naturaleza de este tipo de tratados, la violación grave del mismo no sería causa de su terminación o suspensión (art. 60 Convención de 1969).

En suma, a pesar de algunas limitaciones que se derivan de los principios básicos del derecho de los tratados, los tratados multilaterales ambientales son aún el mejor instrumento jurídico disponible para la creación de normas internacionales ambientales. Además, desde el punto de vista de la técnica jurídica, este tipo de tratados son excelentes herramientas para la innovación jurídica.

3.3.2. Los tratados-marco

La adopción de tratados internacionales ambientales, en muchas ocasiones, ha de superar importantes obstáculos de diverso tipo: la incertidumbre científica respecto al problema ambiental, la complejidad técnica, la falta de conciencia sobre la gravedad de los problemas, la diversidad de intereses en juego en una comunidad internacional cada vez más heterogénea, la escasa voluntad política de asumir obligaciones internacionales, etc. Una de las técnicas a la que los Estados negociadores recurren para resolver tales obstáculos es la de los tratados-marco. Este tipo de tratados permite una especie de negociación permanente y continuada que ayuda a hacer pedagogía tanto con los Estados como en relación a la opinión pública de los mismos (Kiss 1993).

Los tratados-marco se caracterizan porque identifican el problema ambiental (el cambio climático, la protección de un mar regional, la contaminación atmosférica, etc.); porque los Estados Parte asumen la obligación de cooperar para dar respuesta a dicho problema; porque enuncian los principios básicos aplicables en el ámbito material del mismo; y porque crean un órgano plenario, generalmente denominado CoP, que facilita la continuidad de la negociación internacional y del proceso de adopción de futuros protocolos, anexos y apéndices que incluyan normas convencionales con obligaciones internacionales más precisas que ayuden a abordar el problema ambiental y que permitan adaptarlas a las circunstancias cambiantes.

Se trata de una técnica convencional que facilita y estimula tanto la continuidad del proceso negociador como la del procedimiento de creación de nuevas normas convencionales que operan en el marco del susbsistema normativo que derivan del tratado-marco. Éste contiene los objetivos, los principios y las instituciones que vertebran dicho susbsistema. Se trata de un régimen que tiene una estructura concéntrica que gira alrededor del problema u objetivo que está en el origen, de unos principios u obligaciones básicas generales y de unas instituciones. Ello implica que sólo los Estados que son parte del tratado-marco pueden ser parte de los protocolos o de los acuerdos posteriores de desarrollo.

Algunos ejemplos de estos tratados-marco son el Convenio sobre la contaminación atmosférica transfronteriza a gran distancia de 1979, que ha sido desarrollo y completado por ocho protocolos sucesivos que han permitido reducir de forma muy significativa dicho problema ambiental en Europa. También es un buen ejemplo el de la Convención marco de las Naciones Unidas sobre el cambio climático de 1992, que ha sido completada por medio del Protocolo de Kioto de 1997 que crea obligaciones específicas de reducción de emisiones de gases de efecto invernadero (art. 3) y por el Acuerdo de París de 2015 que crea nuevas normas y obligaciones para hacer frente al problema del cambio climático. Asimismo, la Convención sobre el derecho de los usos de los cursos de agua internacionales para fines distintos de la navegación de 1997 es el tratado-marco en este ámbito. Identifica el objetivo y los principios generales en la materia y regula la relación con los 'acuerdos de curso de agua' específicos anteriores o posteriores a la misma que pudieran existir o adoptarse (art. 3).

3.3.3. Los acuerdos de implementación de tratados generales

Los acuerdos de implementación de tratados generales permiten la adaptación de éstos a nuevas necesidades y circunstancias, aunque no estuviera prevista la posibilidad de adopción de protocolos. Se trata de un tipo de tratados que regulan de forma más específica y detallada aspectos apenas regulados en el tratado general, que crean instituciones propias y diferentes de las del tratado general y de los cuales pueden ser parte Estados, aunque no lo sean del tratado general. Quizá el mejor ejemplo se encuentra en el Derecho del mar. La CNUDM de 1982 es un tratado general, un tratado 'paraguas' (Boyle 2022, p. 66), que no prevé la posibilidad de su desarrollo mediante protocolos pero que con frecuencia hace referencia a 'reglas y estándares internacionales aceptados generalmente' (arts. 210.4 y 211.1, entre otros) o bien a acuerdos regionales. Algunas de las disposiciones generales de dicha convención en materia de pesca en alta mar (AM) y de recursos genéticos marinos en AM han sido desarrolladas mediante sendos acuerdos de implementación: el Acuerdo sobre la conservación de las poblaciones de peces transzonales y las poblaciones de peces altamente migratorios, de 4 de agosto de 1995, y el Acuerdo relativo a la conservación y el uso sostenible de la diversidad biológica marina de las zonas situadas fuera de la jurisdicción nacional, de 19 de junio de 2023.

3.4. El *soft law*

Por último, en la creación de normas internacionales ambientales tiene gran relevancia cuantitativa y cualitativa el denominado *soft law*. Se trata de una noción tan importante e interesante como difícil de definir (Fajardo del Castillo, 2024, pp. 35-46).

3.4.1. Clases y funciones

Para ello, puede ayudar distinguir entre el instrumento y el contenido, entre *soft law formal* y *soft law material*. La primera acepción haría referencia a instrumentos de los que no se derivan obligaciones jurídicas como determinadas resoluciones de Organizaciones internacionales, declaraciones de principios, actas finales de conferencias diplomáticas, guías directrices, códigos de conducta o resoluciones de las CoPs de los tratados medioambientales. Y la segunda expresión haría referencia a las normas que tienen un contenido programático, son pautas orientativas, crean o diseñan metas u objetivos a conseguir con independencia de que estén contenidas en tratados internacionales o en instrumentos no vinculantes jurídicamente.

Los instrumentos de *soft law formal* pueden ser de tres tipos. El primero son los instrumentos de carácter intergubernamental porque han sido adoptados por los Estados como son, entre otros, los planes o programas de acción o las declaraciones finales de conferencias diplomáticas. Algunos de ejemplos más representativos son la Declaración de Estocolmo sobre el medio humano de 1972 (NU 1972), la Declaración de Río sobre medio ambiente y desarrollo (NU 1992) o la Declaración de Johannesburgo sobre el desarrollo sostenible de 2002 (NU 2002). El segundo está integrado por los centenares de resoluciones adoptadas por los órganos de organizaciones internacionales o por los órganos de gestión de los tratados ambientales, en especial, por las CoPs: recomendaciones, salvaguardias, códigos de conducta, guías directrices, proyectos de conclusiones, resoluciones de órganos de gestión de tratados, etc. Y el tercer tipo está formado por los instrumentos creados por diferentes actores no estatales en forma de estándares reguladores como es el caso, entre otros, de los adoptados por la International Organization of Standardization (ISO) o de las Directrices y Normativas adoptadas por la Asociación Internacional de Operadores Turísticos Antárticos (IAATO). Son normas que se encuentran en la 'penumbra del Derecho Internacional'. A este conjunto de instrumentos y normas se les podría denominar *soft law externo*. En muchas ocasiones, estos motivos formales que explican la normatividad atenuada se ven complementados también por argumentos de carácter sustantivo.

El *soft law externo* puede desempeñar varias funciones en el Derecho Internacional. En primer lugar, el *soft law externo* cumple algunas importantes funciones políticas ya que sirve para introducir en la agenda global aspiraciones de justicia social, reivindicaciones políticas o económicas de grupos de países más desfavorecidos, preocupaciones globales relativas al medio ambiente, etc. En segundo lugar, el *soft law externo* puede tener un gran rendimiento práctico que ayuda a alcanzar los objetivos pretendidos. Éste es el caso de aquellos estándares jurídicos contenidos en instrumentos de *soft law* que son susceptibles de generar efectos de red (*network effects*). Este tipo de efectos se producen cuando el valor de un estándar jurídico para un usuario se incrementa en la medida en la que el número de actores que usa el mismo estándar crece. Dado que "los estándares jurídicos son instrumentos que facilitan la interacción con un grupo más amplio, el valor inherente de un estándar jurídico como un medio para dicho fin se incrementa en la medida en la que otro actor emplea dicho estándar también" (Druzin 2017, p. 364). Y, por último, el *soft law externo* puede desempeñar también otras funciones, entre ellas, una función constitutiva de las identidades e intereses de los Estados miembro. La creación de las organizaciones internacionales y de CoPs y la participación de los Estados miembros o partes en ellas da lugar a una relación mutuamente constitutiva que produce una reconfiguración de las propias identidades de los actores participantes (Fiti Sinclair 2017).

3.4.2. Los efectos jurídicos del *soft law*

Los diferentes tipos de instrumentos jurídicos de *soft law formal* no pueden crear derechos ni obligaciones para los Estados ni para los demás actores no estatales dado que no son obligatorios por sí mismos. Ahora bien, ello no implica que en algunos casos no puedan producir efectos jurídicos.

En primer lugar, pueden tener importantes efectos jurídicos para la interpretación de algunas normas jurídicas internacionales o, incluso, para la creación de otras. En este sentido, las normas contenidas en instrumentos que no son jurídicamente vinculantes pueden ser el primer paso del proceso de negociación y adopción de tratados internacionales (los proyectos de tratados de la CDI son un buen ejemplo) o pueden constituir el elemento material o materiales de prueba de la *opinio iuris* en el proceso de creación de normas internacionales consuetudinarias.

En segundo lugar, los efectos jurídicos pueden ser el resultado de supuestos de obligatoriedad no programada de disposiciones contenidas en algunas resoluciones de organizaciones internacionales y en resoluciones de las CoPs creadas por los tratados internacionales ambientales. En la doctrina iusinternacionalista se ha hace referencia a este fenómeno con diversas expresiones: *law-making by subterfuge* (Álvarez 2005, p. 596), o *de facto law* (Brunnée 2005, p. 111).

Esta práctica que da como resultado la obligatoriedad no programada de disposiciones contenidas en resoluciones de organizaciones internacionales o de CoPs es el resultado de los siguientes elementos. Por un lado, se da en el marco de tratados constitutivos de organizaciones internacionales o de tratados ambientales que no prevén de forma expresa y con carácter general que tales resoluciones sean jurídicamente vinculantes, es decir, que sean obligatorias. Por otro lado, en la práctica institucional y cuasi institucional se pueden producir efectos jurídicos vinculantes, obligatorios, no programados o no previstos de forma expresa y formal. Y, por último, estos efectos, con independencia de la técnica jurídica concreta utilizada, se explican como consecuencia de las relaciones sistémicas que se producen entre el tratado constitutivo de la organización o el tratado ambiental y las diferentes resoluciones u otros actos que los desarrollan y completan o, incluso, son consecuencia de las relaciones sistémicas entre las resoluciones y otros actos normativos.

Algunos ejemplos de resoluciones de organizaciones internacionales de estos supuestos de obligatoriedad no programada son las resoluciones que integran el *Marco ambiental y social* del Banco Mundial (BIRD). Éste es una institución de naturaleza operacional y no tiene atribuida de forma expresa competencia normativa. No obstante, adoptó en 2016 un nuevo *Marco ambiental y social* integrado por una Declaración política y por diez estándares ambientales y sociales que contienen medidas de protección de grupos particulares (pueblos indígenas, comunidades locales, trabajadores, etc.), recursos naturales (bosques, hábitats naturales, etc.) o frente a determinados riesgos (reasentamientos, riesgos en impactos sociales y ambientales) (BIRD 2016)[3]. Estas resoluciones, en principio, sólo tienen efectos jurídicos internos y sólo son directamente obligatorias para el personal del BIRD. Sin embargo, pueden llegar a ser obligatorias para los Estados miembros que piden préstamos al BIRD por medio de dos pasos. El primero tiene la función de condición previa ya que tales Estados deben incluir los requisitos contenidos en los Estándares en su solicitud del préstamo. El segundo paso opera por medio del acuerdo de préstamo, cuya naturaleza jurídica es la de un tratado internacional entre el BIRD y el Estado, que debe incluir los estándares y las medidas ambientales y sociales concretas acordadas durante la preparación del proyecto (Jokubauskaite 2018; Dann y Rieger 2019). En suma, las resoluciones del BIRD, que son instrumentos de *soft law formal*, pueden ser obligatorias para los Estados miembros que solicitan préstamos como consecuencia de las relaciones sistémicas que se producen entre las distintas fuentes de derecho e instrumentos jurídicos que integran su subsistema normativo.

---

3 Este marco, adoptado en 2016, entró en vigor en 2017 y sustituyó a la primera generación de estándares que el Banco Mundial empezó a crear a partir de los años ochenta.

La obligatoriedad no programada es una tendencia cada vez más frecuente y consolidada en el caso de algunas resoluciones de las CoPs de los tratados ambientales. Algunos buenos ejemplos se pueden encontrar en las resoluciones de las CoPs del Protocolo de Kioto sobre el cambio climático y del Acuerdo de París. En el primer caso, las resoluciones metodológicas relativas a la creación de inventarios nacionales y a la presentación de informes se convierten en obligatorias para los Estados si quieren participar en los mecanismos de flexibilidad del cumplimiento. La explicación jurídica que justifica el efecto vinculante de tales resoluciones reside en las relaciones sistémicas entre las propias resoluciones. En el caso del Acuerdo de París, las reglas procedimentales relativas al funcionamiento y la utilización del registro público (decisión 5/CMA.1) y las relativas a los plazos comunes para la comunicación de las contribuciones determinadas a nivel nacional, contenidas en el *Rulebook* adoptado en la Conferencia de Katowice celebrada en diciembre de 2018 y en la propia decisión 1/CP.21 que adopta el texto del Acuerdo de París (párrs. 30 y 23 a 25), son obligatorias para las Partes por mor de los arts. 4.9, 4.10 y 4.12 del tratado[4].

4. UN INNOVADOR LABORATORIO JURÍDICO

Los retos ambientales, sociales, políticos, económicos y científicos que plantea la creación de normas internacionales ambientales han estimulado la creatividad de los juristas. Estos desafíos han convertido el DIMA en un innovador laboratorio jurídico que está contribuyendo al refinamiento de este ámbito material y también del propio sistema jurídico internacional. Algunas de las aportaciones más importantes son la creación de normas de interés público, la incorporación de la diferenciación en las normas internacionales ambientales, una ampliación de la gradación de la normatividad y nuevas técnicas regulatorias.

4.1. Las normas internacionales ambientales como normas de interés público

Las *normas de interés público* se pueden definir como aquellas normas jurídicas internacionales que tienen por objeto la regulación y protección bien de los intereses colectivos de un grupo de Estados o de personas o bien de los intereses

---

4 Las decisiones 5/CMA.1, de 15 de diciembre de 2018 y 6/CMA.1, también de 15 de diciembre de 2018, que, en principio, no tienen fuerza jurídica vinculante se convierten en obligatorias como consecuencia de las relaciones sistémicas que mantienen con la resolución 1/CP.21 de la CoP de la Convención marco sobre el cambio climático y con los arts. 4.9, 4.10 y 4.12 del Acuerdo de París. Vid. el texto en el doc. FCCC/PA/CMA/2018/Add.1, de 19 de marzo de 2019 (CMA 2018).

generales de la comunidad internacional (en definitiva, del interés público global), de las que se derivan obligaciones colectivas bien interdependientes o bien de estructura integral y que tienen una vocación de universalidad. Estas normas se pueden crear por medio de cualquiera de los procedimientos de creación de normas del ordenamiento jurídico internacional: por normas consuetudinarias, por principio generales de derecho, por tratados internacionales multilaterales, por resoluciones de organizaciones internacionales o por resoluciones de órganos de gestión de tratados multilaterales de protección de intereses generales (Rodrigo 2025).

Una buena parte de las normas internacionales ambientales son normas de interés público porque tienen por objeto, por un lado, la regulación y protección de intereses colectivos de un grupo de Estados, como puede ser la protección del medio marino de un mar regional o de un curso de agua internacional; y, por otro lado, también las que regulan y protegen valores e intereses generales de la comunidad internacional como son los distintos elementos de integran la biosfera o los problemas que afecta al medio ambiente (cambio climático, biodiversidad, medio marino, desechos, etc.). Estas normas de interés público ambiental pueden regular las diferentes manifestaciones del interés público global sean consideradas espacios y recursos comunes globales, bienes públicos globales o valores globales compartidos.

Las normas de interés público crean obligaciones colectivas bien de carácter interdependiente o bien de estructura integral que son debidas a todos los Estados destinatarios de las mismas, sean un grupo de Estados (obligaciones *erga omnes partes* derivadas de un tratado multilateral) o a toda la comunidad internacional en su conjunto (obligaciones *erga omnes* derivadas de normas de Derecho Internacional general). Estas obligaciones operan de manera integral y no se pueden descomponer en haces de relaciones bilaterales. Además, su cumplimiento no depende del cumplimiento de los demás, ya que no hay ningún tipo de reciprocidad. Es decir, el incumplimiento por un Estado no exime a los demás Estados de la obligación de cumplir. Por ello, su incumplimiento afecta a todos los destinatarios, sean un grupo de Estados o la comunidad internacional en su conjunto. Algunos ejemplos de este tipo de normas de las que se derivan obligaciones *erga omnes partes* son las contenidas en el art. 2 A del Protocolo de Montreal relativo a las sustancias que agotan la capa de ozono de 1987, la contenida en el art. 4.2 del Acuerdo de París sobre el cambio climático de 2015 o las contenidas en el art. 194 de la CNUDM de 1982.

Este tipo de normas, dado que su objeto es la regulación del interés público en materia de medio ambiente, tienen vocación de universalidad. Es decir, pretenden ser aplicables a todos los Estados. Esta característica se explica porque si muchos de los problemas ambientales tienen una dimensión global, parece razonable e incluso necesario que las normas jurídicas que los regulen tengan también la aspiración de ser universales. Ahora bien, esta vocación de universalidad es, en ocasiones, una confirmación (en el caso de aquellas normas de interés público que tengan el carácter de Derecho Internacional general) y, en otros casos, tan sólo una aspiración o una tendencia ya que en el ordenamiento jurídico internacional existen algunas reglas básicas o instituciones que pueden dificultarla. En el caso de las normas de interés público creadas por medio de tratados internacionales, dada la importancia que tiene el consentimiento de los Estados, uno de los principales obstáculos para la universalidad de sus normas es el principio *pacta tertiis* (art. 34 de la Convención de 1969), que impide establecer derechos y obligaciones para un tercer Estado sin su consentimiento. El caso del cambio climático es paradigmático.

4.2. La diferenciación en las normas internacionales ambientales

Las normas internacionales ambientales han dado respuesta a las diferentes situaciones, responsabilidades, capacidades y opciones de los Estados para hacer frente a los problemas ambientales incorporando diferentes grados de diferenciación en sus obligaciones y contenidos. En esta respuesta se pueden identificar normas absolutas o uniformes, normas diferenciales y normas contextuales (Magraw 1990).

Las *normas absolutas o uniformes* son aquéllas que crean una obligación que tiene el mismo contenido para todos los Estados Parte en el tratado sin distinción alguna por razón de los destinatarios ni del contexto de cada uno de ellos. El Acuerdo de París sobre el cambio climático de 2015 contiene algunos ejemplos de normas absolutas como es la norma que obliga a cada Parte a "comunicar una contribución nacional determinada a nivel nacional cada cinco años" (art. 4.9).

Las *normas diferenciales* son aquéllas que crean obligaciones diferentes para los Estados Parte en función de su distinta situación fáctica. La diferenciación puede consistir bien en un contenido presumiblemente más favorable para los Estados menos desarrollados o bien en establecer sólo la obligación para un grupo de los Estados Parte. Un buen número de las normas contenidas en el régimen del cambio climático son de este tipo. Así, entre otras, la norma contenida en el Protocolo de Kioto de 1997 que obliga tan sólo a los Estados incluidos en el anexo I a limitar o reducir sus emisiones de gases de efecto invernadero en un determinado porcentaje (art. 3.1 y 3.1*bis*); también la norma contenida en el Acuerdo de París de 2015 que obliga a los países desarrollados a "seguir encabezando los esfuerzos y adoptando metas absolutas de reducción de emisiones" (art. 4.4); o la norma del mismo tratado que obliga a los países desarrollados a "proporcionar recursos financieros a las Partes que son países en desarrollo para prestarles asistencia tanto en la mitigación como en la adaptación" (art. 9.1).

Las *normas contextuales* son aquéllas que crean las mismas obligaciones para todas las Partes de un tratado, pero en su determinación y en su aplicación se deben tener en cuenta las condiciones, posibilidades y circunstancias concretas de cada uno de ellas. Son una nueva modalidad de normas jurídicas internacionales que, por ejemplo, el Acuerdo de París ha incorporado en buen número, en especial en el ámbito de la mitigación. Algunos ejemplos, entre otros, son la norma que obliga cada Parte a "preparar, comunicar y mantener las sucesivas contribuciones determinadas a nivel nacional" (art. 4.2); y también la norma que obliga a todas las Partes a "esforzarse por formular y comunicar estrategias a largo plazo de desarrollo con bajas emisiones de gases de efecto invernadero [...] a la luz de las diferentes circunstancias nacionales" (art. 4.19).

4.3. La gradación de la autoridad jurídica: ordinaria, reforzada y atenuada

Una de las respuestas a los retos ambientales, sociales, políticos, económicos y científicos que plantea la protección internacional del medio ambiente ha sido la gradación de la autoridad jurídica de las normas ambientales. Así, por un lado, se pueden identificar normas con *autoridad jurídica ordinaria*, que son la mayoría de las normas internacionales ambientales ya que tienen carácter dispositivo.

Por otro lado, existe también un creciente número de normas que tienen una *autoridad normativa atenuada* a las que se les denomina, como ya se ha examinado, con la expresión de *soft law*. Esta normatividad atenuada puede ser por motivos formales (*soft law* externo) porque las normas estén enunciadas en instrumentos que no son vinculantes jurídicamente (recomendaciones, declaraciones finales, resoluciones de las CoPs, guías directrices, proyectos de conclusiones, estándares reguladores, etc.). Se trata de un tipo de instrumentos jurídicos que tienen una gran importancia para la protección del medio ambiente. La normatividad atenuada puede deberse también a motivos sustantivos (*legal soft law* o *soft law interno*) porque las normas jurídicas estén formuladas en términos vagos, ambiguos, muy generales, como objetivos o metas, es decir, con un reducido grado de prescriptividad. Esta expresión designa a las normas que tienen un contenido programático, son pautas orientativas, crean o diseñan metas u objetivos a conseguir con independencia de que estén contenidas en tratados internacionales o en instrumentos no vinculantes jurídicamente. La normatividad atenuada por motivos sustantivos, con independencia de los motivos que explican su uso, puede ser una opción complementaria, alternativa o, incluso, antagónica al *hard law* (Shaffer y Pollack 2010) porque ayuda a integrar, a compatibilizar y a ponderar objetivos igualmente valiosos para los Estados, para las organizaciones internacionales o las CoPs en las que se adoptan los actos o para la comunidad internacional como son: la universalidad de las normas generales de conducta, la ambición en la asunción de compromisos para regular el interés colectivo y la diferenciación entre las distintas situaciones de los Estados miembros. El Acuerdo de París sobre el cambio climático de 2015 es un buen ejemplo de *soft obligations*. Se trata de un fenómeno ambivalente cada vez más frecuente que contribuye a la *softness* en el Derecho Internacional y al mismo tiempo impulsa su desarrollo.

Y, por último, aunque en ocasiones se ha propuesto la existencia de alguna norma con autoridad normativa reforzada (la que prohibiría la contaminación grave y masiva del medio ambiente), ni la jurisprudencia internacional ni la CDI han reconocido aún alguna norma imperativa relativa a la protección del medio ambiente.

4.4. Las técnicas regulatorias

Los Estados, para hacer frente a los retos que suscita la protección del medio ambiente, han recurrido a diferentes técnicas regulatorias, algunas de ellas novedosas en el Derecho Internacional. Junto a la tradicional técnica de la regulación directa, han aparecido otras técnicas jurídicas que están basadas en incentivos económicos.

4.4.1. La regulación directa

La técnica legislativa denominada *regulación directa* consiste en la especificación en la norma jurídica de la conducta (permitida o prohibida, principalmente) que se le exige a una clase o categoría de destinatarios. En el caso de la protección del medio ambiente, la conducta regulada puede consistir en una reducción de las emisiones de diversas fuentes y a diferentes recursos naturales (aire, agua dulce, mar); en una limitación del total de desechos o emisiones; en la adopción de determinados estándares tecnológicos iguales para todos con independencia de su localización, etc. La conducta regulada por la norma (*mandato*) es objeto de supervisión, en cualesquiera de sus modalidades, para determinar el grado de cumplimiento (*control*). Las principales ventajas funcionales de esta técnica son la posibilidad de asegurar que la suma total de desechos o emisiones no excederá una determinada cantidad; la posibilidad de restringir la localización de actividades contaminantes; y la capacidad para controlar en el plano local los niveles de desechos o emisiones cuando éstos rebasan un determinado umbral (Stewart 2000, p. 179).

La regulación directa como técnica legislativa para la protección del medio ambiente tiene importantes inconvenientes: es uniforme y poco flexible; sus costes económicos son altos y además recaen sobre toda la sociedad con independencia del origen de la contaminación; exige una detallada planificación central de la actividad económica; desincentiva el uso eficiente de los recursos;

los estándares tecnológicos establecidos por las normas restringen la innovación tecnológica, exigen amplias burocracias para examinar las tecnologías elegidas y se aplican con mayor exigencia a las nuevas actividades que a las industrias ya existentes; generan una gran cantidad de problemas de interpretación, supervisión y aplicación.

4.4.2. La regulación jurídica basada en incentivos económicos

Para hacer frente a los inconvenientes derivados de la regulación directa (mandato-control), algunos autores (primero economistas y después también juristas) han propuesto la utilización de *incentivos económicos para conseguir objetivos medioambientales.* Los instrumentos económicos afectan a los costos y beneficios de las acciones alternativas abiertas a los agentes económicos a través del mecanismo del mercado con el objetico de condicionar su conducta de forma más beneficiosa para el medio ambiente. Este otorga precios a los recursos medioambientales escasos. Estos precios pueden ser corregidos mediante los instrumentos económicos ya que internalizan los costos de protección medioambiental.

Los instrumentos jurídicos de carácter económico pueden ser de distinto tipo: tasas e impuestos medioambientales, permisos negociables de emisión, sistemas de depósito-reembolso (*deposit-refund*), etiqueta ecológica, auditoría ecológica, incentivos fiscales, reducción o eliminación de subvenciones a actividades peligrosas medioambientalmente o de uso intensivo de recursos, ayuda financiera, acuerdos industriales o responsabilidad civil medioambiental (Rodrigo Hernández 2001, pp. 201-216).

La técnica legislativa basada en incentivos económicos no busca dictar la conducta de cada uno de los destinatarios, que, a veces, si éstos son particulares, pueden ser cientos de miles. En segundo lugar, impone un precio o coste económico sobre la conducta que crea contaminación o riesgo, dejando a cada empresa la decisión sobre el nivel exacto de control. Con el sistema de incentivos, la decisión sobre la cantidad y la modalidad del control de la contaminación recae sobre cada unidad individual. La principal diferencia entre la técnica de la regulación y los instrumentos jurídicos basados en incentivos económicos es que la primera limita, directa o indirectamente, la cantidad de residuos que cada actor puede generar; en cambio, la segunda técnica establece, directa o indirectamente, el precio que se debe pagar por cada unidad de desechos generados, pero deja a cada actor la libertad para decidir el nivel de desechos que genera (Stewart 2000, p. 174). Mediante la atribución de incentivos a los agentes individuales, la mejor opción privada puede hacerse coincidir con la mejor opción social, ya que aquéllos pueden usar su superior información para seleccionar los mejores medios para alcanzar las reducciones de emisiones asignadas o los objetivos medioambientales propuestos. Esta flexibilidad consigue las metas ambientales a un coste más bajo, el cual, a su vez, hace los fines más accesibles y más fáciles de establecer.

Los instrumentos jurídicos basados en incentivos económicos para la protección del medio ambiente pueden tener importantes ventajas: las administraciones no necesitan adquirir información detallada para determinar el nivel de control apropiado y deseable para cada planta o producto; facilita la flexibilidad en el control de la tecnología; no penaliza a los nuevos productos o plantas; proporciona a las empresas incentivos para recurrir a nuevos productos o técnicas de producción para reducir aún más el total de contaminación o riesgo que generan; pueden incrementar la responsabilidad (*accountability*) democrática de las decisiones políticas medioambientales; y pueden ser utilizados como una nueva fuente de ingresos.

No obstante, incluso los autores que defienden la extensión de los incentivos económicos reconocen los problemas y límites que tiene su aplicación para la protección del medio ambiente, entre otros: la dificultad de atribuir precios a valores como la salud humana o los recursos medioambientales; la necesidad, en ocasiones, de elecciones entre valores que no pueden basarse sólo en criterios económicos; su inadecuación para resolver determinados problemas medioambientales; e incluso las enormes dificultades que implica la puesta en marcha de algunos de estos instrumentos, como es el caso del comercio de permisos o derechos de emisión (Ackerman y Stewart 1988, pp. 188-198). La experiencia de los mecanismos de mercado en el régimen internacional del cambio climático es una buena muestra de tales limitaciones.

5. REFERENCIAS

5.1. Referencias doctrinales

Ackerman, Bruce A.; Stewart, Richard B. (1988), "Reforming Environmental Law: The Democratic Case for Market Incentives", *Columbia Journal of Environmental Law*, vol. 13, núm. 2, pp. 171-199. http://dx.doi.org/10.12660/rda.v272.2016.64295.

Alexy, Robert (2007), *Teoría de la argumentación jurídica. La teoría del discurso racional como teoría de la fundamentación jurídica*, 2ª ed., trad. Manuel ATIENZA e Isabel ESPEJO, Madrid, Centro de Estudios Políticos y Constitucionales, 2007 (1ª ed. en alemán de 1983).

Álvarez, José E. (2005), *International Organizations as Law-makers*, Oxford, Oxford University Press, 2005. http://dx.doi.org/10.1093/acprof:oso/9780198765639.001.0001.

Bodansky, Daniel (2010), *The Art and Craft of International Environmental Law*, Oxford, Oxford University Press. http://dx.doi.org/10.1093/oso/9780197672365.001.0001.

Boyle, Alan (2022), "International Law-making in an Environmental Context", *Recueil des Cours de l'Académie de Droit International*, vol. 427, pp. 51-108.

Brunnée, Jutta (2005), "Reweaving the Fabric of International Law? Patterns of Consent in Environmental Framework Agreements", en Rudiger Wolfrum y Volker Roben (eds.), *Developments of International Law in Treaty Making*, Berlin, Springer, pp. 101-126.

Dann, Philipp; Rieger, Michael (2019), "The World Bank's Environmental and Social Safeguards and the evolution of global order", *Leiden Journal of International Law*, vol. 32, pp. 537-559. http://dx.doi.org/10.1017/S0922156519000293.

Druzin, Bryan H. (2017), "Why does Soft Law Have any Power Anyway?", *Asian Journal of International Law*, vol. 7, pp. 361-178. http://dx.doi.org/10.1017/S2044251316000229.

Fajardo del Castillo, Teresa (2019), "Avances y retrocesos en la negociación del Pacto Mundial por el Medio Ambiente", *Actualidad Jurídica Ambiental*, núm. 95, pp. 8-52. http://dx.doi.org/10.56398/ajacieda.00137.

Fitzmaurice, Gerald (1958), *Tercer informe sobre el derecho de los tratados*, Comisión de Derecho Internacional, Doc. A/CN.4/115, de 18 de marzo de 1958; *Anuario de la CDI*, vol. II, 1958.

Fiti Sinclair, Guy (2017), *To Reform the World International Organizations and the Making of Modern States*, Oxford University Press, Oxford.

Huesa Vinaixa, Rosario (2015), "La protección del interés público global: Una nueva dimensión para las normas y obligaciones internacionales", en XXV Jornadas de la Asociación Española de Profesores de Derecho Internacional y Relaciones Internacionales. Barcelona, 19-20 de septiembre de 2013, en Nuria Bouza Vidal; Caterina García Segura; Ángel José Rodrigo Hernández; Pablo Pareja Alcaraz, (coord.), *La gobernanza del interés público global*, Madrid, Tecnos, pp. 253-286.

Jokubauskaite, Giedre (2018), "The Legal Nature of the World Bank Safeguards", *Verfassung in Recht und Übersee*, vol. 51, Nº 1, pp. 78-102. http://dx.doi.org/10.5771/0506-7286-2018-1-78.

Juste Ruiz, José (2015), «La protección del interés público global en materia de medio ambiente», en Nuria Bouza Vidal; Caterina García Segura; Ángel José Rodrigo Hernández; Pablo Pareja Alcaraz, (coord.), *La gobernanza del interés público global*, Madrid, Tecnos, pp. 469-471.

Juste Ruiz, José (2020), "The process towards a Global Pact for Environment: From legal ambition to political dilution", *RECIEL*, vol.29, núm.3, pp. 479-490. http://dx.doi.org/10.1111/reel.12331.

Kiss, Alexandre Charles (1993), «Les traités-cadres: Une technique juridique caractéristique du droit international de l'environnement», *Annuaire Français de Droit International*, vol. 39, pp. 792-797. http://dx.doi.org/10.3406/afdi.1993.3157.

Koyano, Mari (2011), "The Significance of Procedural Obligations in International Environmental Law: Sovereignty and International Co-operation", *Japanese Yearbook of International Law*, vol. 45, pp. 97-150

Magraw, Daniel Barstow (1990), "Legal Treatment of Developing Countries: Differential, Contextual, and Absolute Norms", *Colorado Journal of International Environmental Law and Policy*, vol. 1, pp. 69-99.

Okowa, Phoebe N. (1996), "Procedural Obligations in International Environmental Agreements", *British Yearbook of International Law*, vol. LXVII, pp. 275-336. http://dx.doi.org/10.1093/bybil/67.1.275.

Rodrigo Hernández, Ángel J.; Abegón Novella, Marta (2017), "Concepto y efectos de los tratados de protección de intereses generales de la comunidad internacional", *Revista Española de Derecho Internacional*, vol. 69, núm. 1, pp. 167-193. http://dx.doi.org/10.17103/redi.69.1.2017.1.06.

Rodrigo Hernández, Ángel J. (2025), "Las normas de interés público en el derecho internacional", *Cursos de Derecho internacional y Relaciones Internacionales de Vitoria-Gasteiz 2024*, Valencia, Tirant lo blanc.

Rodrigo Hernández, Ángel J. (2002), "Nuevas técnicas jurídicas para la aplicación de los tratados internacionales de medio ambiente", *Cursos de Derecho internacional y Relaciones Internacionales de Vitoria-Gasteiz 2001*, Madrid, Tecnos, pp. 155-243.

Shaffer, Gregory; Pollack, Mark A. (2010), "*Hard Law vs. Soft Law*: Alternatives, Complements, and Antagonists in International Governance", *Minnesota Law Review*, vol. 94, pp. 706-799.

Stewart, Richard B. (2000), «Economic Incentives for Environmental Protection: Opportunities and Obstacles», en: R.L. Revesz, Ph. Sands y R.B. Stewart (eds.), *Environmental Law, The Economy and Sustainable Development. The Unites States, the European Union and the International Community*, Cambridge, Cambridge University Press, pp. 171-244.

Vázquez-Bermúdez, Marcelo, *Tercer informe sobre los principios generales del derecho*, Comisión de Derecho Internacional, Doc. A/CN.4/753, de 18 de abril de 2022.

5.2. Referencias normativas

5.2.1. Tratados internacionales

Convenio de Viena sobre el Derecho de los Tratados, Viena, 23 de mayo de 1969; *BOE*, núm. 142, de 13 de junio de 1980.

Convenio sobre contaminación atmosférica transfronteriza a gran distancia, Ginebra, 13 de noviembre de 1979; *BOE* núm. 59, de 10 de marzo de 1983.

Convención de las Naciones Unidas sobre el Derecho del Mar, Montego Bay, 10 de diciembre de 1982; *BOE* núm. 39, 14 de febrero de 1997.

Convención Marco de las Naciones Unidas sobre el Cambio Climático; Nueva York, 9 de mayo de 1992; *BOE*, núm. 27, de 1 de febrero de 1994.

Acuerdo sobre la Aplicación de las Disposiciones de la Convención de las Naciones Unidas sobre el Derecho del Mar de 10 de diciembre de 1982 relativas a la Conservación y Ordenación de las Poblaciones de Pesca Transzonales y las Poblaciones de Peces Altamente Migratorios, Nueva York, 4 de agosto de 1995; *BOE* núm. 175, de 21 de julio de 2004.

Protocolo de Montreal, relativo a las sustancias que agotan la capa de ozono, Montreal, 16 de septiembre de 1987; *BOE* núm. 65, 17 de marzo de 1989.

Protocolo de Kioto al Convenio Marco de las Naciones Unidas sobre el Cambio Climático, Kioto, 11 de diciembre de 1997; *BOE*, núm. 33, de 8 de febrero de 2005.

Acuerdo de París sobre cambio climático, París, 12 de diciembre de 2015; *BOE* núm. 28, 2 de febrero de 2017.

Acuerdo en el marco de la Convención de las Naciones Unidas sobre el Derecho del Mar relativo a la conservación y el uso sostenible de la diversidad biológica marina de las zonas situadas fuera de la jurisdicción nacional, Nueva York, 19 de junio de 2023; *DOUE* L 2024/1831, de 19 de julio de 2024.

5.2.2. Otros actos normativos internacionales

AGNU (2018a), Resolución 72/277, de 10 de mayo de 2018, "Hacia un Pacto Mundial por el Medio Ambiente".

AGNU (2018b), Resolución 73/203, de 20 de diciembre de 2018, Proyecto de *Conclusiones sobre la identificación del derecho internacional consuetudinario*, aprobado en segunda lectura por la CDI en 2018, "Identificación del derecho internacional consuetudinario".

NU (1972), Informe de la Conferencia de las Naciones Unidas sobre el Medio Humano Declaración de Estocolmo sobre el Medio Humano, Conferencia de las Naciones Unidas sobre el Medio Humano, Estocolmo, 5 a 16 de junio de 1972, Doc. A/CONF.48/14/Rev.1.

NU (1992), Informe de la Conferencia de Naciones Unidas sobre el Medio Ambiente y el Desarrollo, Declaración de Río sobre el Medio Ambiente y el Desarrollo, Conferencia de las Naciones Unidas sobre el Medio Ambiente y el Desarrollo, Río de Janeiro, 3-14 de junio de 1992, Doc. A/CONF.151/26/Rev.l (Vol. I).

NU (2002), Informe de la Cumbre Mundial sobre Desarrollo Sostenible. Declaración de Johannesburgo sobre el Desarrollo Sostenible, Johannesburgo (Sudáfrica), 26 de agosto - 4 de septiembre de 2002, Doc. A/CONF.199/20.

5.3. Referencias jurisprudenciales

5.3.1. Órganos jurisdiccionales internacionales

Corte IDH (2017), *Medio ambiente y derechos humanos.* Opinión Consultiva OC-23/17 de 15 de noviembre de 2017. Serie A No. 23.

CIJ (1984), *Delimitation of the Maritime Boundary in the Gulf of Maine Area,* Judgment, 1. C.J. Reports 1984, p. 246.

CIJ (2010), *Pulp Mills on the River Uruguay (Argentina v. Uruguay), Judgment, I.C.J. Reports 2010,* p. 14.

5.4. Referencias documentales

BIRD (2016), *Banco Mundial. Marco ambiental y social.*

CMA (2018), "Informe de la Conferencia de las Partes en calidad de reunión de las Partes en el Acuerdo de París sobre la tercera parte de su primer período de sesiones, celebrada en Katowice del 2 al 15 de diciembre de 2018, Adición, Segunda parte - Medidas adoptadas por la Conferencia de las Partes en calidad de reunión de las Partes en el Acuerdo de París", Doc. FCCC/PA/CMA/2018/Add.1, de 19 de marzo de 2019.

NU (2018) Informe del Secretario General, "Lagunas en el Derecho internacional del medio ambiente y los instrumentos relacionados con el medio ambiente: hacia un pacto mundial por el medio ambiente". *Doc.* A/73/419, de 30 de noviembre de 2018.

Capítulo 4

EL CONTROL DE LA APLICACIÓN DEL DERECHO INTERNACIONAL DEL MEDIO AMBIENTE

ANTONIO CARDESA-SALZMANN[1]

1. INTRODUCCIÓN

El Derecho Internacional del Medio Ambiente (DIMA) es comúnmente definido como una rama del ordenamiento jurídico internacional, cuyo objeto es la protección del medio ambiente. No les falta razón, sin embargo, a quienes insisten en que resulta complicado aislar conceptualmente un grupo de normas jurídicas internacionales y subsumirlas en una rama específica del Derecho internacional, nítidamente diferenciada del resto del ordenamiento jurídico internacional. En este sentido, quienes se acogen a esta segunda perspectiva, prefieren hablar del Derecho Internacional Público (DIP) que se ocupa de la protección medioambiental (Boyle y Redgwell 2021).

Sea como fuere, el DIP comenzó a ocuparse de la protección ambiental de forma gradual, a través de la adaptación jurisprudencial de principios generales del Derecho (Boyle y Harrison 2013, p. 247). Típicamente, los manuales de DIMA (véase Juste Ruiz 1999) suelen comenzar con una referencia histórica al laudo arbitral en el *Asunto de la Fundición de Trail* (RIAA, 1941). En este caso, los árbitros se basaron en *sic utere tuo ut alienum non laedas* para formular lo que devendría el actual principio de prevención, auténtica piedra angular del DIP contemporáneo relacionado con la protección del medio ambiente. Actualmente, este principio se encuentra consagrado en el Principio 21 de la Declaración de Estocolmo (NU 1972) y el Principio 2 de la Declaración de Río (NU 1992). Los tratados multilaterales que dan forma al actual "Derecho ambiental global" (Yang y Percival 2009), como la Convención Marco de las Naciones Unidas sobre el Cambio Climático (CMNUCC) (1992), el Convenio sobre la Diversidad Biológica (CDB) (1992) o la Convención de las Naciones Unidas de Lucha contra la

1 *Senior Lecturer, Strathclyde Law School, University of Strathclyde.* Todas las páginas webs mencionadas en este estudio han sido consultadas el 29 de diciembre de 2024 (antonio.cardesa-salzmann@strath.ac.uk). ORCID: https://orcid.org/0000-0001-9472-7443.

Desertificación (1994), por nombrar algunos, también están articulados sobre el mismo.

En las últimas décadas, en efecto, la mejor comprensión científica de los impactos cumulativos de las sociedades humanas en los ecosistemas ha desencadenado un cambio más profundo en el DIP. En este proceso, las respuestas a cuestiones ambientales transfronterizas se han desplazado gradualmente desde los contextos políticos y jurídicos circunscritos a relaciones bilaterales de buena vecindad (tales como la utilización de masas de agua compartidas - ríos, acuíferos, lagos, etc.), hacia foros de cooperación multilateral. El multilateralismo, en efecto, se ha mostrado como el método más apto para abordar de forma más integrada los principales retos ambientales que se presentan a escala planetaria, tales como el cambio climático, la pérdida de diversidad biológica, la deforestación, o la desertificación (Azizi *et al.*, 2019).

De esta manera, el estrato pre-existente de principios generales de Derecho y obligaciones consuetudinarias recíprocas entre los Estados, relativas al uso sostenible de los recursos naturales compartidos, se ha ido complementado con un número significativo de tratados multilaterales regionales y universales, basados en el "interés común", el "desarrollo sostenible", y las "responsabilidades comunes pero diferenciadas" para la preservación de los ecosistemas a favor de las generaciones presentes y futuras (Rodrigo y Abegón, 2017). Aunque no es el único ámbito del DIP que ha experimentado tales avances, el DIMA es de hecho uno de los ejemplos más destacados de dicha tendencia, que Bruno Simma (1994) acuñó como la evolución del bilateralismo hacia la protección de los intereses comunes en el Derecho Internacional.

¿Cómo verificar la aplicación y controlar el cumplimiento de las normas de DIP bi— y multilateral que protegen el medio ambiente? Como sistema jurídico descentralizado, fundado en el principio de igualdad soberana de los Estados (CNU 1945, art. 2.1), el DIP se ha basado tradicionalmente en la reciprocidad —el *quid pro quo*— entre los derechos y las obligaciones asumidas por los Estados en sus relaciones jurídico-obligatorias (Simma 1972). La invocación de la responsabilidad del Estado (CDI 2001, art. 42), o la suspensión y terminación de los tratados internacionales por violación del tratado (Convenio de Viena sobre el Derecho de los Tratados 1969, art. 60) se articulan, en gran medida, sobre la reciprocidad.

No obstante, estos mecanismos plantean problemas estructurales cuando las obligaciones de cuyo control de aplicación se trata, carecen de una relación de reciprocidad clara entre los Estados. Este es, precisamente, el caso de las principales obligaciones asumidas por los Estados a través de la ratificación de tratados multilaterales que protegen intereses comunes, como puede ser el caso del Convenio de Viena sobre la Capa de Ozono (1985) y el Protocolo de Montreal sobre Sustancias que Agotan la Capa de Ozono (1987), o del CMNUCC, el Protocolo de Kioto (1997), y el Acuerdo de París (2016). En el marco de estos tratados multilaterales, las obligaciones asumidas por los Estados no se prestan a favor de un Estado o grupo de Estados específicos. Tampoco depende su ejecución de una contraprestación específica por parte de otro(s) Estado(s). Se trata, más bien, de obligaciones asumidas a favor del conjunto de los Estados de la comunidad internacional, o de la comunidad de Estados ratificantes del tratado multilateral: son obligaciones *erga omnes partes* (Cardesa-Salzmann 2011, pp. 32-38; 2012, pp. 108-111).

Si la responsabilidad del Estado por hecho internacionalmente ilícito y el Derecho de los Tratados plantean problemas para controlar la aplicación y el cumplimiento de obligaciones asumidas para la protección de intereses comunes, ¿qué función pueden desempeñar los tribunales internacionales en el ámbito del DIP relativo a la protección medioambiental?

Si se considera el papel catalizador de los tribunales internacionales en los orígenes de la protección del medio ambiente a través del DIP, ciertamente se podría haber esperado que este proceso de expansión del Derecho Internacional ambiental multilateral hubiese conducido a un aumento paralelo de la litigiosidad ambiental entre Estados. De hecho, después de la Conferencia de las Naciones Unidas sobre el Medio Ambiente y el Desarrollo de 1992, por ejemplo, la Corte Internacional de Justicia (CIJ) decidió crear una Sala de Asuntos Ambientales en virtud del artículo 26.1 de su Estatuto. Sin embargo, después de más de una década sin que se remitiera una sola controversia a la Sala, la CIJ finalmente decidió disolverla en 2006.

Este último ejemplo, sin embargo, no debe dar lugar al equívoco de que no ha habido ningún aumento. Asuntos contenciosos, tales como el asunto *Gabčíkovo-Nagymaros (Hungría c. Eslovaquia)* (CIJ 1997), *Plantas de Celulosa en el Río Uruguay (Argentina c. Uruguay)* (CIJ 2010), *Fumigaciones aéreas con herbicidas (Ecuador c. Colombia)*[2] (CIJ 2013b), el *Asunto de la Caza de Ballenas en el Antártico (Australia c. Japón, con intervención de Nueva Zelanda)*(CIJ 2014), el asunto relativo a compensación en *Ciertas actividades llevadas a cabo por Nicaragua en la zona fronteriza (Costa Rica c. Nicaragua*(CIJ 2018), o la *Controversia sobre el estatus y uso de las aguas del Silala (Bolivia c. Chile)*(CIJ 2022), son algunas de las controversias conocidas por la CIJ en asuntos calificables —de forma más o menos clara— como "ambientales".

Además de estos casos contenciosos, y aunque no sea de especial relevancia para el control de la aplicación y/o del cumplimiento del DIP, la CIJ también ha desempeñado una importante labor consultiva (CNU, art. 96). En el contexto del DIMA, es especialmente relevante su *Opinión consultiva sobre la legalidad de la*

---

2 Esta controversia fue eventualmente dirimida de forma extrajudicial y sobreseída por la Corte (CIJ, 2013b).

amenaza o el uso de armas nucleares (CIJ 1996). En las fechas en que se redacta este capítulo, además, la CIJ ha celebrado las audiencias para escuchar las alegaciones de los Estados y organizaciones internacionales sobre la opinión consultiva solicitada por la Asamblea General acerca de las obligaciones de los Estados relativas al cambio climático (AGNU 2023).

Además de los asuntos contenciosos y las opiniones consultivas dilucidadas ante la CIJ, también se han presentado controversias interestatales sobre cuestiones ambientales ante otros órganos jurisdiccionales internacionales, como el Tribunal Internacional del Derecho del Mar (TIDM), el Órgano de Solución de Diferencias de la Organización Mundial del Comercio (OMC) o tribunales arbitrales[3]. No obstante, si se compara con el aumento cuantitativo general de los litigios internacionales desde la década de 1990 (Romano 2000; Stephens 2009), el número —modesto— de controversias "ambientales" dilucidadas ante tribunales internacionales sugiere que los Estados son reacios a someter este tipo de casos a arreglo jurisdiccional, porque su complejidad y su resultado impredecible lo convierten en una empresa de alto riesgo.

En cierta medida, la complejidad a que se alude tiene que ver con características derivadas de los límites epistemológicos, algo difusos, del propio DIMA y, por consiguiente, de las "controversias internacionales ambientales". Si entendemos estas últimas como "conflictos de puntos de vista o de intereses entre dos o más Estados, que adoptan la forma de reivindicaciones específicas opuestas y se relacionan con una alteración antropogénica de un ecosistema, con efectos perjudiciales para la sociedad humana" (Romano 2000), la práctica demuestra que las controversias ambientales no se limitan al plano estricto del DIP y, por consiguiente, no involucran únicamente a Estados. Una aproximación sociológica a dichas controversias revela que éstas tienden a ser mucho más complejas, e implican o afectan a otro tipo de sujetos, que no son necesariamente sujetos de DIP, como personas privadas, ya sean empresas inversoras, individuos (víctimas de daños ambientales), miembros del público (ONG defensoras del medio ambiente), o pueblos indígenas y comunidades locales.

---

[3] Nótese, que esta afirmación se circunscribe a controversias interestatales, es decir, exclusivamente entre Estados. No incluye, por tanto, el creciente número de asuntos planteados por personas físicas ante tribunales regionales de derechos humanos, tales como el Tribunal Europeo de Derechos Humanos, la Corte Interamericana de Derechos Humanos, o la Corte Africana de los Derechos Humanos y de los Pueblos, en relación con vulneraciones de derechos humanos debidas a problemas ambientales. Tampoco incluye el espectacular aumento de demandas planteadas ante tribunales arbitrales por inversores internacionales (generalmente, empresas multinacionales) contra Estados receptores de inversiones, en relación con la afectación de sus inversiones, o de su rentabilidad, por políticas ambientales desplegadas en dichos Estados.

Además, la dimensión jurídico-ambiental de las pretensiones jurídicas de las partes en controversia rara vez es la única dimensión jurídica en juego. Así, en función de la base jurisdiccional de que dispongan, los tribunales internacionales deberán sopesar la aplicación de normas jurídicas internaciones que tengan por objeto la protección medioambiental, con otras —también relevantes para la controversia— que tengan por objeto, por ejemplo, la protección de derechos humanos, la protección de inversiones, el comercio internacional, o la lucha contra el crimen transnacional organizado. Por eso, las controversias ambientales interestatales no pueden concebirse como controversias que deban resolverse únicamente de conformidad con el DIMA (Boyle y Harrison 2013, p. 247). De hecho, el peso y el significado que las cuestiones jurídicas ambientales pueden asumir en una determinada controversia depende en gran medida de la base jurisdiccional de que disponga el tribunal internacional al que se acuda, así como de la forma que las partes contendientes deciden dar a la controversia en sí. Una decisión que, a su vez, suele responder a motivaciones políticas complejas que no se relacionan principalmente con la preservación de la integridad del medio ambiente y de los ecosistemas (Boyle y Harrison 2013, pp. 247-250).

De hecho, los Estados involucrados en controversias jurídicas complejas tienden a segmentar la controversia en diferentes fragmentos, en función de su caracterización y calificación en distintas ramas del DIP. De esta manera, pueden someter cada uno de los fragmentos de la controversia a aquellos tribunales internacionales con jurisdicción *ratione materiae* que puedan ser más favorables a sus pretensiones. En efecto, los fenómenos de la *cluster litigation* y del *forum shopping* son asiduos en la resolución de controversias ambientales internacionales (Harrison 2013, p. 505; Nollkaemper 2008).

En definitiva, estas reflexiones sobre la especificidad del DIMA y las "controversias ambientales" sugieren que esta ambigüedad y relatividad de normas jurídicas relacionadas de una manera u otra con la protección ambiental trasciende los estrictos confines del DIP. Aluden, de hecho, a la noción más amplia de Derecho transnacional (Mai, 2020) o —por usar un término más transgresor— de Derecho global (Cardesa-Salzmann y Cocciolo 2019; Kulovesi *et al.* 2019). Según hemos afirmado, las controversias jurídicas que tienen algún tipo de dimensión ambiental rara vez se basan en normas jurídicas de un solo sistema u ordenamiento jurídico, y requieren que los operadores jurídicos practiquen la "inter-legalidad", es decir, que busquen la solución de una controversia rehuyendo enfoques exclusivos y excluyentes, centrados únicamente en una sola dimensión jurídica del asunto. La "inter-legalidad" busca en todo momento apreciar la relevancia de todas las normatividades relevantes para el caso (Klabbers y Palombella 2019, p. 3). Las tendencias emergentes en litigios de interés público para promover agendas de políticas ambientales globales a nivel local, como la litigación climática (Sindico *et al.* 2021), subrayan la necesidad de superar la fragmentación de racionalidades y límites entre los regímenes jurídicos internacionales, y entre estos y los sistemas jurídicos nacionales, a través de la promoción de la convergencia mutua y la acomodación de divergencias entre dichos sistemas jurídicos (Walker, 2014, 2017).

Tras este planteamiento inicial sobre la relatividad intrínseca del "Derecho ambiental" —incluido el DIMA— y la complejidad de las "controversias ambientales", este capítulo se centrará en abordar las bases teóricas y doctrinales del control de la aplicación de los diferentes estratos del DIP relativo a la protección el medio ambiente. Para ello, en el apartado segundo se describirá la tendencia general en los tratados o acuerdos multilaterales ambientales (AMUMAs) hacia el establecimiento de mecanismos de gestión del cumplimiento. Éstos son procedimientos dirigidos a apoyar a los gobiernos y facilitar la implementación de obligaciones internacionales complejas a través de medidas específicas de asistencia. Se sostendrá que las características jurídicas estructurales de las obligaciones internacionales derivadas de los AMUMAs han fomentado esta transición hacia un modelo de control de la aplicación basado en el gerencialismo (*managerialism*). Este enfoque pragmático, persigue el objetivo de "evitar controversias", dados los límites del Derecho de los Tratados, la Responsabilidad del Estado por actos internacionalmente ilícitos, y el arreglo jurisdiccional de controversias, para adaptarse a las tendencias regulatorias emergentes en la gobernanza ambiental global. Sobre esta base, se evaluará brevemente el funcionamiento y la eficacia general de estos mecanismos de cumplimiento. Ello permitirá reflexionar en el apartado tercero sobre algunos de los recientes avances en la jurisprudencia de la CIJ que parecen abrir nuevas perspectivas para la litigación internacional de controversias sobre la aplicación e interpretación de tratados multilaterales que establecen obligaciones que protegen intereses comunes. El capítulo concluye con algunas reflexiones sobre las respectivas funciones y las posibles complementariedades entre la solución jurisdiccional de controversias ambientales y la gestión endógena del cumplimiento de tratados multilaterales ambientales en el contexto de la gobernanza ambiental global.

2. MECANISMOS DE CUMPLIMIENTO EN TRATADOS MULTILATERALES AMBIENTALES

Una de las citas más repetidas en la doctrina internacional es la afirmación de Louis Henkin según la cual "casi todas las naciones observan casi todos los principios del Derecho Internacional y casi todas sus obligaciones casi todo el tiempo" (Henkin 1979, p. 47). Sin dejar de ser cierta esta afirmación, es bien sabido que el Derecho ambiental —incluido el DIMA— sufre déficits sistémicos de implementación y cumplimiento, que son de naturaleza compleja y multicausal

(AGNU 2018). Su análisis trasciende del ámbito de este capítulo, pero están íntimamente ligados a los desequilibrios e inequidades que la comunidad internacional intenta abordar a través de la Agenda 2030 y los Objetivos del Desarrollo Sostenible (Cardesa-Salzmann y Pigrau 2017).

En este contexto, los AMUMAs han desarrollado un tipo *sui generis* de mecanismos de cumplimiento, diseñados específicamente para abordar cuestiones estructurales que afectan la implementación de los tratados multilaterales dentro de los confines del Derecho de los Tratados. Los mecanismos de cumplimiento a que se hace referencia están inspirados de un enfoque pragmático, gerencial, no contencioso, con un objetivo doble: (1) ofrecer apoyo a los Estados que no están satisfaciendo plenamente sus obligaciones para que vuelvan a la senda del cumplimiento, y (2) evitar el surgimiento de controversias jurídicas sobre la aplicación o interpretación de las disposiciones del tratado. En el siguiente apartado se analizan los debates doctrinales que acompañaron el surgimiento y desarrollo de estos mecanismos tan peculiares.

2.1. El giro al "gerencialismo" en el control de la aplicación del Derecho Internacional del Medio Ambiente

La doctrina que estudia la "eficacia" de los tratados multilaterales ha evaluado de forma crítica la idoneidad de los enfoques tradicionales de la aplicación del DIP, tales como la responsabilidad del Estado por hecho internacionalmente ilícito, o la suspensión y la terminación de un tratado por su incumplimiento, para atender a las características regulatorias específicas y a las necesidades de implementación de dichos tratados multilaterales (Chayes y Handler Chayes 1995; Ehrmann 2000; Rodrigo Hernández 2001; Ulfstein *et al.* 2007). Esta visión crítica se sustenta, por un lado, en las implicaciones jurídico-técnicas que tienen la naturaleza colectiva y no recíproca de las obligaciones que emanan de algunos de los AMUMAs. Por otro lado, se fundamenta en el ideario liberal e institucionalista de la escuela norteamericana de las relaciones internacionales, que ensalza la cooperación multilateral frente a la coerción.

2.1.1. Suspensión y terminación de tratados multilaterales por incumplimiento y responsabilidad del Estado: algunos problemas

En efecto, las obligaciones asumidas por los Estados en algunos de los AMUMAs más significativos, tales como el Protocolo de Montreal, el Protocolo de Kioto, o el Acuerdo de París, son asumidas en interés de la comunidad internacional, o —cuando menos— en interés de los Estados ratificantes. Son obligaciones *erga omnes partes*. Una de las implicaciones jurídico-técnicas de esta calificación es que resulta difícil, cuando no imposible, identificar a un Estado lesionado o especialmente afectado como consecuencia de su incumplimiento o violación (Cardesa-Salzmann 2011; 2012; Ehrmann 2000).

Esta característica de las obligaciones colectivas plantea la cuestión de la efectividad de los medios tradicionales del DIP para reaccionar ante el incumplimiento de las obligaciones que surgen de los tratados multilaterales (Fitzmaurice y Redgwell 2000, pp. 59-62; Koskenniemi 1992, p. 138). La suspensión o la terminación de las relaciones convencionales con cualquier Estado que haya violado las obligaciones esenciales del tratado multilateral (Convenio de Viena sobre el Derecho de los Tratados 1969, art. 60. 2 y 3) sería contraproducente para asegurar la eficacia de cualquiera de los AMUMAs antes aludidos, en la lucha contra la destrucción de la capa de ozono y la lucha contra el cambio climático. Igualmente, la invocación de la responsabilidad del Estado por acto internacionalmente ilícito (CDI 2001, art. 42) se reserva con carácter general al Estado lesionado o especialmente afectado como consecuencia del incumplimiento o violación. Los Estados Parte en un AMUMA que no han sido lesionados o especialmente afectados por el incumplimiento de otro Estado Parte sólo pueden reclamar el cese del hecho internacionalmente ilícito y garantías de no repetición, pero carecen de legitimidad para reclamar la reparación o adoptar contramedidas (CDI 2001, art. 48).

2.1.2. Planteamientos alternativos basados en la gestión del cumplimiento a través de la cooperación multilateral

En vista de estas dificultades, Abram Chayes y Antonia Handler Chayes (1995) abogaron por un enfoque alternativo, de corte pragmático y proactivo, basado en la gestión multilateral del cumplimiento. De ahí que estos autores sean considerados como padres de la escuela del "gerencialismo" (*managerialism*). Al trasladar esta línea de pensamiento específicamente a los AMUMAs, se basan en la complejidad y el dinamismo de los problemas ambientales abordados en cada uno de esos tratados multilaterales, para justificar la necesidad de anticipar y gestionar cualquier contingencia relativa a su aplicación y eficacia, dentro de la propia estructura institucional de cada tratado (Chayes *et al.* 1998). Dicho de otro modo, es preferible asegurar la efectividad del régimen convencional de un tratado multilateral, mostrando flexibilidad ante dificultades específicas e individualizadas de algunos Estados, antes que dilucidar responsabilidades jurídicas sobre daños ambientales ya acaecidos y de difícil reparación[4].

[4] El carácter "pragmático" del gerencialismo, sin embargo, ha sido duramente criticado por parte de la doctrina. Autores como Martti Koskenniemi o Jan Klabbers recelan de plantea-

Así, los defensores del gerencialismo también se apartan de las líneas de pensamiento más tradicionales en las relaciones internacionales, que consideran a los Estados como "maximizadores racionales de utilidad", es decir, que solo cumplen sus obligaciones si se ven sometidos a mecanismos coercitivos robustos capaces de imponer sanciones, cuyo coste supere el beneficio potencial del incumplimiento (Bodansky 2010, p. 236; Downs *et al.* 2000).

Frente a este argumento, los partidarios del gerencialismo sostienen que los gobiernos de Estados que ratifican un AMUMA participan en procesos complejos y abiertos de cooperación institucionalizada, basados en el principio de responsabilidades comunes pero diferenciadas. En estas circunstancias, sostienen que el incumplimiento no puede entenderse bajo paradigmas reduccionistas de maximización racional de la utilidad, sin incurrir en una simplificación excesiva. Por el contrario, argumentan los partidarios del gerencialismo que los complejos y heterogéneos compromisos políticos que subyacen a todo tratado multilateral, especialmente en los AMUMA de alcance universal, implican un alto grado de predisposición al cumplimiento por parte de los Estados ratificantes. Por ello, sugieren que cualquier problema que pudiese surgir en relación con la aplicación o el cumplimiento de los AMUMA requiere un enfoque más sutil y matizado. En lugar de coercer la aplicación a través de sanciones, sugieren la vía más pragmática de la promoción del cumplimiento mediante consultas y deliberaciones multilaterales, con el fin de preservar la integridad y la eficacia del régimen del tratado multilateral (Bodansky 2010, p. 236).

2.1.3. La plasmación del "gerencialismo" en los mecanismos de cumplimiento de tratados multilaterales ambientales

Los epígrafes anteriores resumen brevemente los principales argumentos desgranados desde mediados de la década de 1990 por la doctrina favorable a un enfoque gerencial para abordar el desafío de implementar y asegurar la eficacia del número cada vez mayor de AMUMAs (Ulfstein *et al.*, 2007, pp. 9-11). Estas opiniones proporcionaron el sustento doctrinal para enfoques innovadores para la gestión del cumplimiento en el marco de AMUMAs preexistentes. Así, por ejemplo, la Secretaría de la Convención sobre el Comercio Internacional de Especies Amenazadas de Fauna y Flora Silvestres (CITES, 1973), junto con el Comité Permanente y la Conferencia de las Partes (CoP) del tratado, idearon estrategias facilitadoras para ayudar a las Partes con dificultades en el cumplimiento a implementar plenamente el tratado (Sand 2013, pp. 251-252; Wettestad 2007).

---

mientos utilitaristas que conciben el cumplimiento de las obligaciones internacionales contraídas como susceptibles de negociación (Klabbers 2007, 2008; Koskenniemi 2007).

En última instancia, no obstante, los órganos convencionales de CITES, cuyas obligaciones convencionales no son de naturaleza *erga omnes partes*, pueden coercer el cumplimiento mediante la suspensión del comercio de especies CITES con las Partes que no cumplen con las obligaciones del tratado (CITES, art. XIV)[5].

La doctrina gerencialista influyó de forma más directa en la adopción de mecanismos nuevos y endógenos en los AMUMAs más recientes, como el procedimiento de incumplimiento del artículo 8 del Protocolo de Montreal. Como expresó el líder de la delegación de los Estados Unidos en las negociaciones del Protocolo, esta disposición se acordó en las últimas etapas de la negociación, dada la convicción generalizada de que la vigilancia y el cumplimiento de los compromisos de reducción y eliminación de CFCs y HCFCs eran absolutamente esenciales para el éxito del futuro régimen convencional, mientras que negociaciones arduas sobre detalles jurídicos de la cláusula de solución de controversias sólo retrasarían la adopción de medidas tan urgentes (Benedick 1998, p. 270).

Superadas algunas dificultades iniciales (Benedick 1998, pp. 276-286; Werksman 1996), el procedimiento de incumplimiento del Protocolo de Montreal adquirió rápidamente la andadura institucional necesaria para forjar un historial exitoso de promoción del cumplimiento de aquellas Partes que requerían algún tipo de apoyo técnico y/o financiero para cumplir satisfactoriamente sus compromisos. La singular efectividad del Protocolo de Montreal en revertir el gravísimo problema de la destrucción de la capa de ozono en la estratosfera —una de las escasísimas historias de éxito de la gobernanza ambiental global (Albrecht y Parker 2019)— se debe en gran medida a innovaciones institucionales y procedimentales como el procedimiento de incumplimiento.

Este logro condujo —con mayor o menor fortuna— a la reproducción de mecanismos de cumplimiento similares en la mayoría de AMUMAs regionales y universales adoptados con posterioridad (Cardesa-Salzmann, 2010, 2011, 2012)[6]. Entre los AMUMAs universales que incluyen tales mecanismos se encuentran:

- el Convenio de Basilea sobre el Movimiento Transfronterizo de los Desechos Peligrosos y su Eliminación (1989);
- el Convenio de Rotterdam sobre el Procedimiento de Consentimiento Fundamentado Previo Aplicable a Ciertos Plaguicidas y Productos Químicos Peligrosos Objeto de Comercio Internacional (1998);

[5] Aunque menos efectivas que en el caso de CITES, también fueron desarrolladas estrategias gerencialistas para la promoción del cumplimiento en el contexto del Convenio de Ramsar sobre Humedales de Importancia Internacional, de 2 de febrero de 1971 (Ferrajolo 2011).

[6] Existen mecanismos similares también en otros sectores de regulación jurídica internacional, conexos a la protección del medio ambiente, como los tratados constitutivos de organizaciones regionales de gestión de pesquerías (Cardesa-Salzmann, 2017).

- el Convenio de Estocolmo sobre contaminantes orgánicos persistentes (2001);
- el Protocolo de Cartagena sobre Seguridad de la Biotecnología (2000) y el Protocolo de Nagoya sobre Acceso y Participación en los Beneficios (2010);
- el Acuerdo de París (2015), que sustituirá al vigente en el Protocolo de Kioto (1997);
- el Tratado Internacional sobre los Recursos Fitogenéticos para la Alimentación y la Agricultura (2001);
- el Convenio de Minamata sobre el Mercurio (2013); y
- el Acuerdo en el marco de la Convención de las Naciones Unidas sobre el Derecho del Mar relativo a la conservación y el uso sostenible de la diversidad biológica marina de las zonas situadas fuera de la jurisdicción nacional (2023), que todavía no está en vigor.

Igualmente, la última versión del texto de negociación para un instrumento internacional jurídicamente vinculante sobre la contaminación por plásticos, incluso en el medio marino, contempla un mecanismo de estas características (PNUMA, 2024).

Los AMUMAs regionales también han fomentado la proliferación de mecanismos de cumplimiento, especialmente bajo la égida de la Comisión Económica para Europa de las Naciones Unidas (CEPE), donde el mecanismo de cumplimiento de la Convención de Aarhus sobre los derechos de acceso a la información, participación pública en la toma de decisiones y acceso a la justicia en asuntos ambientales (1998) ha establecido estándares sin precedentes, permitiendo a las organizaciones de la sociedad civil ambiental iniciar procedimientos contra los Estados Parte. El Acuerdo Regional sobre el Acceso a la Información, la Participación Pública y el Acceso a la Justicia en Asuntos Ambientales en América Latina y el Caribe (CEPAL, 2018), adoptado bajo la égida de la Comisión Económica para América Latina y el Caribe (CEPAL), también prevé un mecanismo de cumplimiento equivalente, "que garantice la participación significativa del público". Sin embargo, el foco principal de mis reflexiones en este capítulo se centrará en los mecanismos de cumplimiento en los AMUMAs universales.

2.2. La eficacia de los mecanismos de cumplimiento: una evaluación

Este apartado evalúa la eficacia de los mecanismos gerenciales de cumplimiento de las obligaciones que emanan de los AMUMAs. Dado el alcance de este capítulo, no se describen los aspectos institucionales y procedimentales de los mismos, que han sido abordados ampliamente en otras publicaciones (Borràs Pentinat 2013; Cardesa-Salzmann 2011).

2.2.1. Medidas de gestión del cumplimiento

La tramitación de los procedimientos incoados ante el Comité encargado del mecanismo de cumplimiento en un AMUMA conduce típicamente a la adopción de medidas *ad hoc* de apoyo técnico, financiero y/o tecnológico. Su finalidad consiste en permitir a un Estado Parte, que sufre dificultades en la implementación de dicho tratado, retornar al pleno cumplimiento o, al menos, a niveles aceptables de cumplimiento de sus obligaciones convencionales. La motivación última consiste en asegurar la eficacia del régimen a través de la consecución de los objetivos de protección medioambiental fijados en el tratado multilateral.

Dada la lógica administrativa y no contenciosa de estos mecanismos, las medidas diseñadas por los Comités son principalmente *ad hoc* —adaptadas a las necesidades específicas del Estado— y de naturaleza facilitadora. Por ejemplo, las medidas que suele adoptar el Comité de Aplicación del Protocolo de Montreal, consisten generalmente en la aprobación de proyectos de conversión industrial, con dotación presupuestaria específica a cargo del Fondo Multilateral para el Protocolo de Montreal, así como la transferencia conocimientos y de tecnologías relevantes, y que se ejecutan conforme a un plan plurianual bajo los auspicios de la Organización de Naciones Unidas para el Desarrollo Industrial (ONUDI), del Programa de Naciones Unidas para el Medio Ambiente (PNUMA), o del Programa de Naciones Unidas para el Desarrollo (PNUD), según los casos (Cardesa-Salzmann 2011, pp. 242-260).

Sólo los mecanismos de cumplimiento de dos AMUMAs, como el Protocolo de Montreal y el Protocolo de Kioto, prevén expresamente medidas de cumplimiento más contundentes, de naturaleza sancionadora. Así, por ejemplo, la lista indicativa de medidas incluidas en el procedimiento de incumplimiento del Protocolo de Montreal prevé (PNUMA 1992, p. 65):

A. Asistencia adecuada, incluida asistencia para la reunión y presentación de datos, asistencia técnica, transferencia de tecnología y asistencia financiera, transferencia de información y capacitación.

B. Formulación de advertencias.

C. Suspensión, de conformidad con las normas del Derecho Internacional aplicables a la suspensión de las disposiciones de un tratado, de derechos y privilegios concretos reconocidos en el Protocolo, tanto si están sujetos a un plazo como si no lo están, incluidos los derechos y privilegios relativos a racionalización industrial, producción, consumo, comercio, transferencia de tecnología, mecanismos financieros y arreglos institucionales.

El procedimiento de cumplimiento del Protocolo de Kioto incluye un gradiente mucho más detallado de consecuencias que pueden proponer, respectivamente, el Grupo de Facilitación y el Grupo de Control del Cumplimiento del

Comité de Cumplimiento (NU 2006, p. 124). Las medidas que puede proponer el Grupo de Control de Cumplimiento, a su vez, incluyen la suspensión de la elegibilidad de una Parte para participar en el comercio de emisiones (art. 17 Protocolo de Kioto), así como en el mecanismo de aplicación conjunta (art. 6) y en el mecanismo para un desarrollo limpio (art. 12), si el Grupo determina que una Parte no cumple uno o más de los requisitos de elegibilidad. Aún más, cuando el Grupo de Control del Cumplimiento determina que una Parte ha excedido la cantidad asignada de emisiones antropogénicas de gases de efecto invernadero con arreglo al Protocolo, las medidas de cumplimiento pueden llegar a implicar la "[d]educción, de la cantidad atribuida a la Parte para el segundo período de compromiso, de un número de toneladas igual a 1,3 veces la cantidad en toneladas de las emisiones excedentarias" (NU 2006, p. 125).

Sin embargo, con excepción de los dos ejemplos anteriores, las disposiciones reguladoras de los mecanismos de cumplimiento en otros AMUMAs universales se limitan expresamente a la adopción de medidas facilitadoras únicamente, y dejan la adopción de medidas de cumplimiento más duras a la discreción política de la COP. En este sentido, es preciso señalar el giro drástico que ha acaecido a este respecto en el Acuerdo de París en comparación con el Protocolo de Kioto. Así, en la medida en que el Acuerdo de París articula un régimen de *soft law* (Bodansky 2016; Rajamani 2016), el mecanismo de cumplimiento del Acuerdo de París pone el acento exclusivamente en "facilitar la implementación y promover el cumplimiento", evitando deliberadamente la terminología, así como los rasgos institucionales y procedimentales cuasi-judiciales de su predecesor en el Protocolo de Kioto (Voigt 2016).

La lógica de gestión pragmática del cumplimiento, y de evitación de controversias, propia de estos mecanismos, plantea la pregunta sobre la eficacia de estos, especialmente si se compara con el arreglo jurisdiccional de controversias. En este contexto, es importante recordar que los mecanismos de cumplimiento buscan "lograr una solución amistosa del problema, basada en el respeto a las disposiciones" del AMUMA subyacente (PNUMA 1992, p. 63), pero se aplican "sin perjuicio de las disposiciones del procedimiento de solución de controversias" previstas en el tratado (PNUMA 1992, p. 62). De hecho, el funcionamiento y la eficacia de estos mecanismos específicos de los tratados varía enormemente de un AMUMA a otro, dada la naturaleza *ad hoc* de los procedimientos. Sin embargo, una descripción detallada de su desempeño respectivo excedería el alcance de este capítulo.

Por ello, en lo que queda de este apartado, se evaluarán desde un punto de vista general la eficacia de los mecanismos de cumplimiento enumerados anteriormente en los AMUMAs universales. Los mecanismos de cumplimiento antes referidos desempeñan dos tipos de funciones de control (Cardesa-Salzmann 2011, cap. 4):

- un control general de la aplicación del régimen convencional, analizando de forma agregada las causas de posibles déficits en su aplicación y aportando formación y orientación a los Estados Parte para hacer frente a los mismos; y
- un control incidental, dilucidando cuestiones de cumplimiento específicas que se hayan presentado respecto de un Estado Parte.

Los mecanismos de cumplimiento de los AMUMAs mencionados han desarrollado todos ellos una intensa práctica institucional en el ejercicio del control general de la aplicación. Sin embargo, los únicos AMUMAs universales que han desempeñado funciones de control incidental en su práctica institucional son, de forma muy destacada, el del Protocolo de Montreal, además de los mecanismos del Protocolo de Kioto, el Convenio de Basilea, el Convenio de Rotterdam y el Protocolo de Cartagena. En el siguiente epígrafe se tratará de ilustrar las tendencias generales su funcionamiento y la eficacia en el ejercicio del control incidental.

2.2.2. Evaluación del funcionamiento y la eficacia de los mecanismos de cumplimiento en el control incidental

Desde esta perspectiva, la panorámica general de la práctica institucional sugiere que la mayoría de los casos presentados a los mecanismos de cumplimiento en los AMUMAs universales son cuestiones de cumplimiento de Estados en desarrollo (Klabbers 2007). Los casos relacionados con países con economías en transición a una economía de mercado o países desarrollados han sido menos frecuentes, aunque la práctica del Grupo de Control de Cumplimiento del Comité de Cumplimiento del Protocolo de Kioto se ha centrado precisamente en este último tipo de Estados (Cardesa-Salzmann 2022).

En consonancia con su lógica gerencial, el resultado típico del procedimiento de incumplimiento del Protocolo de Montreal es la prestación de asistencia técnica y financiera a medida para el Estado destinatario. Cuando se acuerdan medidas de asistencia, el Fondo Multilateral del Protocolo de Montreal y los organismos de ejecución encargados de la aplicación de la asistencia técnica y financiera ex ante a los países en desarrollo[7] (ONUDI, PNUMA y PNUD) adaptan sus políticas con respecto al Estado concernido, de conformidad con las recomendaciones del Comité de Aplicación, aprobadas por la Reunión de las Partes

---

7 En la terminología utilizada en el contexto del Protocolo de Montreal, éstas son las Partes que operan bajo el artículo 5 del Protocolo.

(MoP, en sus siglas en inglés)[8]. El Comité y la MoP mantienen bajo examen la evolución de la situación hasta que están convencidos de que el Estado ha recuperado unas perspectivas satisfactorias de cumplimiento y que no es necesario adoptar medidas adicionales. Únicamente se aplican medidas más enérgicas, como la emisión de advertencias, si la situación se prolonga en el tiempo y la Parte objeto de examen no proporciona pruebas de un compromiso suficiente para recuperar el cumplimiento (Cardesa-Salzmann 2011, p. 244).

Por otra parte, el Comité de Cumplimiento del Protocolo de Kioto nunca ha asignado ningún asunto a su Grupo de Facilitación, ni ha habido ninguna auto-remisión al mismo. A lo largo de la vigencia del Protocolo de Kioto, sólo ha habido un caso de presentación de Parte a Parte, efectuada en 2006 por Sudáfrica (como presidente del G77 y China) con respecto a 15 países desarrollados y países con economías en transición. Sin embargo, este asunto nunca prosperó, supuestamente debido a la falta de la mayoría necesaria en el Grupo para acordar su tramitación. Dejando de lado estos problemas anecdóticos, el Grupo de Facilitación ha sido extraordinariamente productivo. Su labor se ha centrado en funciones generales de examen de la aplicación del Protocolo, proporcionando asesoramiento y orientación a las Partes en su implementación. Sin embargo, como desarrollaré en breve, la principal actividad del Comité de Cumplimiento del Protocolo de Kioto ha sido realizada por su Grupo de Control del Cumplimiento.

Los mecanismos de cumplimiento del Convenio de Basilea, el Protocolo de Cartagena, y desde hace poco, el Convenio de Rotterdam, también han podido desarrollar una labor de promoción de la aplicación y del cumplimiento de sus respectivos regímenes convencionales. Inicialmente, la actividad de los Comités en relación con estos últimos AMUMAs se limitó a la evaluación general de la aplicación de los respectivos acuerdos. Establecido en 2003, el Comité para la Administración del Mecanismo para Promover la Aplicación y el Cumplimiento del Convenio de Basilea sólo recibió sus primeros casos de incumplimiento después de 2009. Una enmienda a sus disposiciones reguladoras también permitió al Comité de Cumplimiento del Protocolo de Cartagena desempeñar su papel facilitador en relación con casos específicos (Cardesa-Salzmann 2010). Es importante destacar que, a diferencia de los mecanismos de cumplimiento del Protocolo de Montreal y del Protocolo de Kioto, los casos de incumplimiento presentados a los mecanismos de cumplimiento del Convenio de Basilea, del Convenio de Rotterdam, y del Protocolo de Cartagena se limitan materialmente al control del cumplimiento de las obligaciones de presentación periódica de informes por

---

8 Según ha puesto de relieve Boisson de Chazournes (2006, pp. 284-286), la prestación de asistencia técnica y financiera a países con economías en transición se ha llevado a cabo, principalmente, a través del Fondo para el Medio Ambiente Mundial.

las Partes. En consecuencia, la asistencia financiera y técnica acordada en estos casos tiene por objeto desarrollar las capacidades nacionales únicamente a ese respecto (Cardesa-Salzmann 2022).

Entre los cuatro mecanismos de cumplimiento seleccionados para esta evaluación general, sólo los del Protocolo de Montreal y el Protocolo de Kioto están facultados adoptar medidas de cumplimiento de carácter sancionador. Un análisis de la práctica relativa a la adopción de "sanciones" en estos dos mecanismos revela un panorama dispar. Las decisiones singulares adoptadas a mediados de los años 1990 por la Reunión de las Partes del Protocolo de Montreal con respecto al incumplimiento de ciertos países con economías en transición, especialmente la relativa a la Federación de Rusia en 1995, fueron bastante controvertidas, debido a la severidad de las restricciones comerciales impuestas (Fitzmaurice 2009, p. 473; Werksman 1996). En retrospectiva, la contundencia de la reacción terminó en positivo, pero puso en entredicho la continuidad de la participación de países con economías en transición en el Protocolo de Montreal. Esta experiencia límite para la supervivencia del régimen del ozono condujo a un proceso de desarrollo regulatorio e institucional del Protocolo de Montreal que ha evitado hasta ahora recurrir nuevamente a este tipo de medidas sancionadoras (Benedick 1998, pp. 276-286).

Sin embargo, de acuerdo con las características cuasi-judiciales del mecanismo de cumplimiento del Protocolo de Kioto, la suspensión de derechos y privilegios ha sido un resultado algo más frecuente de las decisiones del Grupo de Control del Cumplimiento del Comité. Hasta le fecha, se ha suspendido transitoriamente a Grecia, Croacia, Bulgaria, Rumania, Lituania, Ucrania, Kazajstán (por dos veces) y Liechtenstein, de la participación en los mecanismos de implementación conjunta, de desarrollo limpio y de comercio de emisiones (arts. 6, 12 y 17 del Protocolo).

En conclusión, los mecanismos de cumplimiento aquí analizados muestran un grado variable de eficacia. Su enfoque gerencial tiende a promover el cumplimiento de las obligaciones centrales y/o procedimentales que emanan de los AMUMAs. De este modo, contribuyen a evitar el surgimiento de controversias jurídicas de mayor calado. Ello plantea la cuestión de si la solución jurisdiccional de controversias podría o debería desempeñar un papel más destacado en el velar por la aplicación y el desarrollo del DIP en el contexto de la gobernanza ambiental mundial (Viñuales 2023).

3. DESARROLLOS EN LA SOLUCIÓN JURISDICCIONAL DE CONTROVERSIAS INTERNACIONALES SOBRE OBLIGACIONES *ERGA OMNES PARTES*

En esta sección se abordan las cuestiones problemáticas en la resolución judicial internacional de controversias sobre la aplicación o interpretación de AMUMAs, destacando algunos avances, acaecidos en las últimas décadas, en relación con la legitimación para demandas colectivas y la intervención de terceros (de derecho).

Según se ha afirmado más arriba, la resolución judicial internacional de controversias ambientales ante la CIJ ha sido relativamente escasa. Las controversias ambientales que la CIJ ha dilucidado son, en su mayoría, controversias bilaterales relacionadas con recursos hídricos transfronterizos compartidos. Ciertamente, éste fue el caso en los asuntos relativos a *Gabčíkovo-Nagymaros*, las *Plantas de Celulosa en el Río Uruguay*, el aquífero de *Silala*, e incluso la compensación por daños ambientales en *Ciertas actividades llevadas a cabo por Nicaragua en la zona fronteriza.* De igual modo, el caso de las *Fumigaciones aéreas con herbicidas* tenía en su núcleo una controversia ambiental bilateral y transfronteriza, aunque con implicaciones jurídico-internacionales mucho más amplias. Mientras que las reclamaciones de las partes en *Gabčíkovo-Nagymaros* y *Plantas de Celulosa* se basaban principalmente (aunque no exclusivamente) en tratados bilaterales, las reclamaciones de compensación de Costa Rica contra Nicaragua en *Ciertas actividades*, así como las respectivas reclamaciones "ambientales" de Ecuador y Colombia en las *Fumigaciones aéreas con herbicidas*, así como las de Chile y Bolivia en el caso *Silala*, se basan en normas consuetudinarias internacionales.

Sin embargo, hasta el *Asunto de la caza de ballenas en el Antártico*, había una clamorosa ausencia de demandas articuladas sobre la base de tratados multilaterales. Ello explica que este último caso sea particularmente interesante para nuestros propósitos. Con anterioridad a la sentencia de la CIJ de marzo de 2014, la mayoría de la doctrina destacaba una serie de características estructurales que hacían de la CIJ un foro poco apto para dilucidar demandas basadas en la aplicación o interpretación de obligaciones de tratados multilaterales asumidas con el fin de proteger intereses comunes (Ohlhoff 2003, pp. 204-209). A continuación, se esbozarán algunas de estas dificultades estructurales. En particular, se aludirá a: (1) la cuestión acerca de la legitimación activa para someter controversias sobre tratados multilaterales a arreglo jurisdiccional, (2) el significado del *Asunto relativo a la caza de las ballenas en el Antártico*, y (3) la intervención de terceros Estados como coadyuvantes en controversias sobre tratados multilaterales.

3.1. Legitimación activa en controversias originadas en tratados multilaterales ambientales

En este apartado se aborda la problemática jurídica de la legitimación de un Estado Parte en un AMUMA para iniciar procedimientos contra otro Estado Parte por el incumplimiento de obligaciones *erga omnes partes*. En particular, se aludirá a dos tipos de cuestiones con respecto a este tipo de reclamaciones:

- la legitimación activa para someter una controversia sobre el cumplimiento y/o la interpretación de obligaciones *erga omnes partes*; y
- la eficacia jurídica de la sentencia para los Estados Parte en el AMUMA que no han sido parte en la controversia sometida a arreglo judicial, más allá de los efectos de la cosa juzgada *inter partes*.

La primera de estas cuestiones se refiere a la facultad de un Estado para arrogarse la facultad de reclamar el cumplimiento de una obligación, cuando ésta no le es debida específica ni exclusivamente a él, sobre la base de una relación convencional recíproca, y por cuyo incumplimiento no ha sufrido daños ambientales significativos. Esta fue una de las cuestiones abordadas por el Relator Especial James Crawford, que culminó en el texto del artículo 48 del Proyecto de Artículos sobre la responsabilidad del Estado por hechos internacionalmente ilícitos (CDI 2001, p. 134). En el comentario formulado al artículo 48, Crawford señaló expresamente que el reconocimiento que se hace de dicha facultad en el Proyecto de Artículos de 2001 no codificaba Derecho Internacional consuetudinario, sino que constituía una propuesta para el desarrollo progresivo del Derecho Internacional (CDI 2001, pp. 135-136).

Trasladar esta cuestión jurídica al ámbito de la solución jurisdiccional de controversias significa preguntarse si —contrariamente a lo que estableció la CIJ en su sentencia sobre el fondo de los *Asuntos del África Sudoccidental (Liberia y Etiopía c. Suráfrica)* (1966, p. 47)— cabe la acción popular (*actio popularis*) en el DIP. Hasta la sentencia dictada en *Cuestiones relativas a la obligación de juzgar o extraditar (Bélgica c. Senegal)*, la legitimación para iniciar procedimientos ante la CIJ sobre la base de una supuesta violación de obligaciones *erga omnes partes* no estaba clara. La doctrina destacaba las ambigüedades de los párrafos 33 y 34 de la sentencia de la CIJ en el *Asunto de la Barcelona Traction* (CIJ 1970, p. 32), que reconocían la existencia de obligaciones *erga omnes* en el Derecho Internacional, para enzarzarse en discrepancias interpretativas en cuanto a sus últimas implicaciones jurídicas, sin llegar a conclusiones significativas (Tams 2005, cap. 5).

La segunda cuestión, a su vez, hace referencia a la problemática relación entre el interés jurídico de cualquier Estado en el cumplimiento de las obligaciones *erga omnes* y la naturaleza consensual de la jurisdicción de los tribunales internacionales. El efecto de cosa juzgada *inter partes* de las sentencias de tribunales internacionales también se consideró un obstáculo importante para la sustanciación de acciones populares ante la CIJ (Ohlhoff 2003, pp. 167-176; Tams 2005, cap. 5), como se vio en la desestimación de las reclamaciones de Portugal contra Australia en el caso de *Timor Oriental* (CIJ, 1995). Este caso fue desestimado por la CIJ sobre la base de la regla del tercero indispensable, ya que la resolución de la controversia hubiese exigido la plena intervención de Indonesia, entonces fuerza de ocupación sobre el territorio no autónomo de Timor. Dado que la CIJ carecía de jurisdicción sobre Indonesia, su sentencia no hubiese desplegado efectos de cosa juzgada sobre una parte indispensable en la controversia. En efecto, la regla del tercero indispensable plantea, de hecho, una importante limitación jurisdiccional de la CIJ (y otros tribunales internacionales), para conocer de acciones populares sustanciadas como controversias relativas al cumplimiento y/o la interpretación de obligaciones *erga omnes*, o *erga omnes partes.*

Al margen de esta importante limitación jurisdiccional, no obstante, la propia CIJ finalmente aportó claridad a la cuestión de la legitimación activa para iniciar procedimientos sobre la base de obligaciones *erga omnes partes*, al reconocerla de forma expresa em *Cuestiones relativas a la obligación de juzgar o extraditar (Bélgica c. Senegal)* (2012, p. 450). La sentencia en el Asunto relativo a la caza de ballenas en el Antártico confirmó esta tendencia, ya que Australia —como Parte en el Convenio Internacional para la Regulación de la Caza de Ballenas (CIRCB 1946)— no tuvo que demostrar ningún interés especial en que Japón cumpliera con sus obligaciones en virtud del artículo VIII CIRCB. Al ser la primera controversia ambiental basada en el incumplimiento de obligaciones *erga omnes partes* que fue abordada por la CIJ, este caso claramente proporciona un precedente para futuras acciones populares ambientales ante la Corte.

3.2. Significado y alcance del asunto relativo a la caza de ballenas en el Antártico

No obstante, es importante precisar el verdadero alcance de este precedente, para contextualizar los respectivos ámbitos de aplicación de la resolución internacional y los mecanismos de cumplimiento en los AMUMAs. A estos efectos, es importante tener en cuenta que este caso histórico con toda seguridad nunca habría llegado a la CIJ, de haber existido un mecanismo de cumplimiento en el CIRCB (Boyle y Harrison, 2013, p. 260; Cedó Guivernau, 2014, pp. 172-173).

De hecho, el CIRCB fue concebido originariamente como un tratado de pesquerías, pero es considerado hoy en día como un tratado multilateral relacionado con la conservación y la explotación sostenible de las ballenas, especialmente desde la aprobación a principios de los años 80 de la moratoria de toda la caza comercial de ballenas y el establecimiento del Santuario del Océano Índico y el Santuario del Océano Austral.

No obstante, Japón, junto con otros pocos Estados, formuló una objeción a estas medidas. Dado el objeto y el propósito originales del CIRCB y el contexto histórico en el que se adoptó, el diseño institucional de la Comisión Ballenera Internacional (CBI) y los procedimientos de toma de decisiones para la adopción de enmiendas, el programa del CIRCB permite a cualquier Estado Parte optar por no participar en las enmiendas propuestas mediante la emisión de objeciones. Es preciso destacar, que estas características institucionales y procedimentales son muy diferentes de las de los actuales AMUMAs. Éstos, para preservar la integridad del régimen convencional, contienen cláusulas que prohíben la formulación de reservas al tratado. Al mismo tiempo, los procedimientos para la adopción de ajustes técnicos, enmiendas o protocolos adicionales tratan de garantizar la adhesión y ratificación más amplia posible por las Partes al tratado fundacional (Brunnée 2005; Röben 2000).

A diferencia de los actuales AMUMAs, que disponen de mecanismos de gestión pragmática del cumplimiento, la CBI carece claramente de un mandato con atribuciones que le permita la facilitación del cumplimiento a través de su gestión proactiva. La aplicación y el cumplimiento de las obligaciones convencionales que emanan del CIRCB quedan casi enteramente a la merced de las autoridades y los tribunales nacionales. En este sentido, no es de extrañar que algunos aboguen por el desmantelamiento de la CIRCB (Bridgewater *et al.* 2024).

Según se ha afirmado más arriba, los mecanismos de cumplimiento permiten un enfoque institucionalizado y cooperativo para abordar las cuestiones de cumplimiento, cuya solución se acuerda colectivamente a través del Comité de Cumplimiento y la CoP. Este enfoque cooperativo garantiza la preservación del equilibrio de intereses a menudo complejo y delicado acordado en la negociación de los AMUMAs. Por el contrario, el sometimiento de tales cuestiones de cumplimiento a la solución jurisdiccional de controversias ciertamente conlleva un eventual resultado jurídicamente vinculante para las Partes en litigio, dados los efectos de cosa juzgada *inter partes* de la sentencia.

Sin embargo, cuando se litiga sobre la aplicación y/o la interpretación de obligaciones *erga omnes partes*, la limitación de la cosa juzgada a las partes en el litigio implica que la sentencia será *res inter alia acta* para los demás Estados Parte en el AMUMA. Ello implica el nada desdeñable riesgo de que la sentencia, más que solucionar problemas de cumplimiento, desbarate los complejos equilibrios y compromisos multilaterales consagrados en el AMUMA, poniendo en entredicho la propia coherencia interna del régimen convencional. A este respecto, el *Asunto de la caza de las ballenas* también ha aportado importantes novedades, resucitando vías procesales que permiten que las otras Partes en el tratado hagan sus respectivas representaciones en los procedimientos.

3.3. La intervención de terceros sobre la base del artículo 63 del Estatuto de la Corte Internacional de Justicia

De hecho, los artículos 62 y 63 del Estatuto de la CIJ prevén la intervención de terceros como forma de dar cabida a las reclamaciones e intereses de terceros Estados que no están directamente involucrados en la controversia. Como lo destacó el Juez Cançado-Trindade en su Opinión Separada a la Orden que autoriza la intervención a Nueva Zelanda en el *Asunto de la caza de ballenas en el Antártico*, estas disposiciones contemplan vías para la intervención, no como parte en la controversia en sí, sino como terceros con un interés de naturaleza jurídica que puede verse afectado por la decisión en ese caso[9]. Sin embargo, la "intervención discrecional" del artículo 62 y la "intervención de pleno derecho" del artículo 63 difieren bastante entre sí (Chinkin 2012a; 2012b, pp. 1577-1578).

Profundizar en las diferencias y los respectivos ámbitos de aplicación de estas dos disposiciones del Estatuto de la CIJ excedería el alcance de este capítulo, y se han analizado detalladamente en la Opinión Separada del Juez Cançado-Trindade antes mencionada. Dada la importancia estructural de los tratados multilaterales en el DIMA actual, no obstante, la intervención de terceros sobre la base del artículo 63 del Estatuto de la CIJ abre de hecho una vía para acomodar los intereses colectivos y la integridad de los regímenes de AMUMAs de manera más efectiva en la solución de controversias entre partes.

Resulta de especial interés aquí el artículo 63.2 del Estatuto. Confiere el derecho de intervención en los procedimientos a cualquier parte de un tratado multilateral que no esté involucrada en la controversia, cuando el interés que persigue no es el resultado del caso, sino la interpretación jurídica que la CIJ pueda adoptar sobre las disposiciones del tratado multilateral sobre las que se articula la controversia.

Cuando un Estado decide ejercer este derecho de intervención en virtud del artículo 63.2, no obstante, la interpretación dada por la CIJ a las disposiciones relevantes del tratado multilateral (que no la sentencia en su conjunto) será jurídicamente vinculante para él. También es importante señalar que este derecho de intervención se basa exclusivamente en la pertenencia común al tratado pertinente y no requiere ninguna base jurisdiccional adicional (Chinkin 2012b, p. 1590). Dicho de otro modo, un Estado que no tenga reconocida la jurisdicción de la CIJ bajo ninguna de las modalidades contempladas en el artículo 36 del Estatuto, puede no obstante solicitar la intervención como tercero sobre la base

9 Existen disposiciones similares con respecto a los tribunales arbitrales y en el art. 32 del Estatuto del TIDM.

del artículo 63, por el mero hecho de ser parte en el tratado multilateral del cual trae causa la controversia.

Como demostró la intervención de Nueva Zelanda en el *Asunto de la caza de ballenas en el Antártico*, el artículo 63 confiere a las demás partes en el tratado multilateral una vía adecuada para aportar sus representaciones sobre las disposiciones objeto de la controversia, en aras del interés colectivo y de la integridad del propio régimen convencional. Las obligaciones asumidas por los Estados mediante tratados multilaterales, especialmente las de naturaleza *erga omnes partes*, no pertenecen en exclusividad a las partes en controversia, sino más bien a la totalidad de las partes. La intervención de pleno derecho prevista en el artículo 63 proporciona así un mecanismo para proteger el carácter objetivo de estas obligaciones, que, como bien señaló el juez Cançado-Trindade, "*they are implemented collectively, singling out the predominance of considerations of general interest (or even ordre public), transcending the individual interests of States parties*" (CIJ 2013a, p. 35).

Para concluir con este conjunto de reflexiones sobre la legitimación de las reclamaciones basadas en tratados multilaterales y la intervención de terceros, cabe esperar, junto con Cançado-Trindade, que la intervención concedida a Nueva Zelanda en el *Asunto de la caza de ballenas en el Antártico* sobre la base del artículo 63, junto con las intervenciones anteriores concedidas también sobre la base del artículo 62, signifique un alejamiento de las interpretaciones estrechas y excesivamente formalistas del pasado y una resurrección de la intervención de terceros para el futuro. La práctica reciente de la CIJ en *Alegaciones de genocidio bajo la Convención sobre la prevención y el castigo del crimen de genocidio (Ucrania c. Federación Rusa)*, con la intervención de 32 Estados coadyuvantes, apunta claramente en esta dirección.

Yendo aún más lejos, sería también deseable una interpretación más liberal del artículo 34, párrafos 2 y 3 del Estatuto, que establecen vías similares de intervención para organizaciones internacionales. Ello significaría una interpretación del Estatuto más acorde con la compleja realidad policéntrica del DIP contemporáneo (Dupuy 2012, p. 604).

Cualquiera que sea la actitud de la Corte en el futuro, coincidimos con Cançado-Trindade en afirmar que un espacio más destacado para la intervención de terceros ante la CIJ será fundamental para una solución jurisdiccional más eficaz de las controversias basadas en tratados multilaterales. Sin embargo, es preciso tener en cuenta que parece poco probable que la intervención de terceros, por sí sola, desvirtúe los incentivos que proporcionan los mecanismos de cumplimiento de AMUMAs para gestionar las cuestiones de cumplimiento mediante asistencia financiera y técnica *ad hoc.*

En este capítulo se han esbozado los desarrollos y rasgos principales de los métodos utilizados para verificar y controlar la aplicación y el cumplimiento del

Derecho Internacional contemporáneo. Dada la abrumadora importancia de los AMUMAs en el actual DIMA, se ha perfilado la paulatina consolidación de mecanismos de gestión del cumplimiento en dichos tratados multilaterales para controlar su aplicación. No obstante, el capítulo también ha abordado desarrollos recientes en la jurisprudencia de la CIJ, que abren la perspectiva a un papel más relevante para la solución jurisdiccional de controversias en el control de la aplicación del DIMA. Como ha afirmado recientemente Laura Pineschi (2024), ambos tipos de procedimiento —el gerencial y el jurisdiccional— tienen sus ventajas y desventajas. Los mecanismos de gestión del cumplimiento del TMA están llamados a seguir desempeñando el grueso de la labor del control de la aplicación del DIMA. No obstante, como sugiere Jorge Viñuales (2023), las propias limitaciones de estos mecanismos gerenciales quizás permitan presagiar un futuro rol más significativo para los tribunales internacionales.

4. REFERENCIAS

4.1. Referencias doctrinales

Albrecht, Frederike; Parker, Charles F. (2019), "Healing the Ozone Layer: The Montreal Protocol and the Lessons and Limits of a Global Governance Success Story", *Great Policy Successes*, pp. 304-322. https://doi.org/10.1093/OSO/9780198843719.003.0016

Azizi, Dona; Biermann, Frank; Kim, Rakhyun E. (2019), "Policy Integration for Sustainable Development through Multilateral Environmental Agreements", *Global Governance: A Review of Multilateralism and International Organizations*, vol. 25, núm. 3. https://doi.org/https://doi.org/10.1163/19426720-02503005

Benedick, Richard Elliot (1998), *Ozone Diplomacy. New Directions in Safeguarding the Planet* (2nd enlarg), Harvard University Press, Cambridge, Massachusetts.

Bodansky, Daniel (2010), *The Art and Craft of International Environmental Law*, Harvard University Press, Cambridge, Massachusetts.

Bodansky, Daniel (2016), The Paris Climate Change Agreement: A New Hope? *The American Journal of International Law*, vol. *110, núm.* 2, p. 288. https://doi.org/10.5305/amerjintelaw.110.2.0288

Boisson De Chazournes, Laurence (2006), "Technical and Financial Assistance and Compliance: the Interplay", en Beyerlin, U.; Stoll, Peter-Tobias; Wolfrum, Rüdiger (Eds.), *Ensuring Compliance with Multilateral Environmental Agreements. A Dialogue Between Practitioners and Academia*, p. 273, Martinus Nijhoff, Leiden.

Borràs Pentinat, Susana (2013), *El control internacional de los tratados multilaterales de protección del medio ambiente ¿apariencias o realidades?*, Tirant lo Blanch, Valencia.

Boyle, Alan; Harrison, James (2013), "Judicial Settlement of International Environmental Disputes: Current Problems", *Journal of International Dispute Settlement*, vol.4, núm. 2, pp. 245-276. https://doi.org/10.1093/jnlids/idt001

Boyle, Alan; Redgwell, Catherine (2021), *International Law and the Environment* (4th ed.), Oxford University Press, Oxford.

Bridgewater, Peter; Kim, Rakhyun E.; Blasiak, Robert; Sellheim, Nikolas (2024), "Dismantle 'zombie' wildlife protection conventions once their work is done", *Nature,* núm. 632, pp. 500-502. https://doi.org/10.1038/d41586-024-02604-1

Brunnée, Jutta (2005), "Reweaving the Fabric of International Law? Patterns of Consent in Environmental Framework Agreements", en Wolfrum, Rüdiger; Röben, Volker (Eds.), *Developments of International Law in Treaty Making, Beiträge zum ausländischen öffentlichen Recht und Völkerrecht,* núm. 177, p. 101, Springer, Cham.

Cardesa-Salzmann, Antonio (2010), "El procedimiento de no cumplimiento del Protocolo de Cartagena sobre Seguridad de la Biotecnología: ¿un mecanismo eficaz?", *Revista Electrónica de Estudios Internacionales,* vol. 20, pp. 1-28.

Cardesa-Salzmann, Antonio (2011), *El control internacional de la aplicación de los acuerdos ambientales universales,* Monografías jurídicas, Marcial Pons, Madrid.

Cardesa-Salzmann, Antonio (2012), "Constitutionalising secondary rules in global environmental regimes: Non-Compliance procedures and the enforcement of multilateral environmental agreements", *Journal of Environmental Law,* vol. 24, núm. 1. https://doi.org/10.1093/jel/eqr022

Cardesa-Salzmann, Antonio (2017), "Monitoring and Compliance Mechanisms", en Morgera, Elisa; Razzaque, Jona (Eds.), *Elgar Encyclopedia of Environmental Law: Biodiversity and Nature Protection Law:* vol. III, pp. 455-467), Edward Elgar Publishing, Cheltenham.

Cardesa-Salzmann, Antonio (2022), Reflections on International Environmental Adjudication: International Adjudication Versus Compliance Mechanisms in Multilateral Environmental Agreements, en *The Environment Through the Lens of International Courts and Tribunals,* pp. 581-615, T.M.C. Asser Press, The Hague. https://doi.org/10.1007/978-94-6265-507-2_19

Cardesa-Salzmann, Antonio; Cocciolo, Endrius (2019), "Global Governance, Sustainability and the Earth System: Critical Reflections on the Role of Global Law", *Transnational Environmental Law,* vol. 8, núm. 3, pp. 437-461. https://doi.org/10.1017/S2047102519000098

Cardesa-Salzmann, Antonio; Pigrau Solé, Antoni (2017). "La agenda 2030 y los objetivos para el desarrollo sostenible. Una mirada crítica sobre su aportación a la gobernanza global en términos de justicia distributiva y sostenibilidad ambiental", *Revista Española de Derecho Internacional,* vol. 69, núm.1, pp. 279-285. https://doi.org/10.17103/redi.69.1.2017.2.02

Cedó Guivernau, Alba (2014), *Whaling in the Antarctic en un Dret internacional ambiental en transició* [Treball Fi de Màster], Universitat Rovira i Virgili.

Chayes, Abram; Handler Chayes, Antonia (1995), *The New Sovereignty. Compliance with International Regulatory Agreements,* Harvard University Press, Cambridge, Massachusetts.

Chayes, Abram; Handler Chayes, Antonia; Mitchell, Ronald B. (1998), "Managing Compliance: A Comparative Perspective", en Brown Weiss, Edith; Jacobson, Harold K. (Eds.), *Engaging Countries. Strengthening Compliance with International Environmental Accords,* pp. 39-62, The MIT Press, Cambridge, Massachusetts.

Chinkin, Christine (2012a), "Article 62", en Zimmermann, Andreas; Tomuschat, Christian; Oellers-Frahm, Karin; Tams, Christian J. (Eds.), *The Statute of the International Court of Justice. A commentary* (2nd ed., pp. 1529-1572). Oxford University Press, Oxford.

Chinkin, Christine (2012b), "Article 63", en Zimmermann, Andreas; Tomuschat, Christian; Oellers-Frahm, Karin; Tams, Christian J. (Eds.), *The Statute of the International Court of Justice. A commentary,* 2nd ed., pp. 1573-1597, Oxford University Press, Oxford.

Downs, G. W.; Danish, K. W.; Barsoom, Peter N. (2000), "The Transformational Model of International Regime Design: Triumph of Hope or Experience?", *Columbia Journal of Transnational Law,* vol. 38, núm. 3, pp. 465-514.

Dupuy, Pierre-Marie (2012), "Article 34", en Zimmermann, Andreas; Tomuschat, Christian; Oellers-Frahm, Karin; Tams, Christian J. (Eds.), *The Statute of the International Court of Justice. A commentary,* 2nd ed., pp. 585-605, Oxford University Press, Oxford.

Ehrmann, Markus (2000), *Erfüllungskontrolle im Umweltvölkerrecht: Verfahren der Erfüllungskontrolle in der umweltvölkerrechtlichen Vertragspraxis,* Nomos, Baden-Baden.

Ferrajolo, Ornella (2011), "State Obligations and Non-Compliance in the Ramsar System", *Journal of International Wildlife Law y Policy,* vol. 14, núm. 3-4, pp. 243-260.

Fitzmaurice, Malgosia. (2009). "Non-Compliance Procedures and the Law of the Treaties", en Treves, Tullio; Tanzi, Attila; Pitea, Cesare; Ragni, Chiara; Pineschi, Laura, (Eds.), *Non-Compliance Procedures and Mechanisms and the Effectiveness of International Environmental Agreements,* pp. 453-481, T.M.C. Asser Press, The Hague.

Fitzmaurice, Malgosia; Redgwell, Catherine (2000), "Environmental Non-Compliance Procedures and International Law", *Netherlands Yearbook of International Law,* vol. 31, pp. 35-65.

Harrison, James (2013), "Reflections on the Role of International Courts and Tribunals in the Settlement of Environmental Disputes and the Development of International Environmental Law", *Journal of Environmental Law,* vol. 25, núm. 3, 501-514. https://doi.org/10.1093/jel/eqt018.

Henkin, Louis (1979), *How Nations Behave: Law and Foreign Policy* (2nd ed.). Columbia University Press, New York.

Juste Ruiz, José (1999), *Derecho internacional del medio ambiente.* McGraw-Hill, Madrid.

Klabbers, Jan (2007), "Compliance Procedures", en Bodansky, Daniel; Brunnée, Jutta; Hey, Ellen (Eds.), *The Oxford Handbook of International Environmental Law,* pp. 996-1009. Oxford University Press, Oxford.

Klabbers, Jan (2008), "The Commodification of International Law", en Ruiz Fabri, Hélène; Jouannet Emmanuelle; Tomkiewicz, Vincent (Eds.), *Select Proceedings of the European Society of International Law:* vol. 1, *2006,* p. 341. Hart Publishing, Oxford.

Klabbers, Jan; Palombella, Gianluigi (2019), "Introduction: Situating Inter-Legality", en Klabbers, Jan; Palombella, Gianluigi (Eds.), *The Challenge of Inter-Legality,* pp. 1-21. Cambridge University Press, Cambridge.

Koskenniemi, Martti (1992), "Breach of Treaty or Non-Compliance? Reflections on the Enforcement of the Montreal Protocol", *Yearbook of International Environmental Law,* vol.3, pp. 123-162.

Koskenniemi, Martti (2007), "Constitutionalism as Mindset: Reflections on Kantian Themes About International Law and Globalization", *Theoretical Inquiries in Law,* vol. 8, núm. 1, p. 9.

Kulovesi, Kati; Mehling, Michael; Morgera, Elisa (2019), "Global Environmental Law: Context and Theory, Challenge and Promise", *Transnational Environmental Law,* vol. 8, núm. 3, pp. 405-435. https://doi.org/10.1017/S2047102519000347

Mai, Laura (2020), "(Transnational) law for the Anthropocene: revisiting Jessup's move from 'what?' to 'how?'", *Transnational Legal Theory,* vol. 11, núm. 1-2, pp. 105-120. https://doi.org/10.1080/20414005.2020.1776551

Nollkaemper, Andre (2008), "Cluster-litigation in Cases of Transboundary Environmental Harm", en Faure, Michael; Ying, Song (Eds.), *China and International Environmental Liability. Legal Remedies for Transboundary Pollution,* p. 11, Edward Elgar Publishing, Cheltenham.

Ohlhoff, Stefan (2003), "Methoden der Konfliktbewältigung bei grenzüberschreitenden Umweltproblemen im Wandel. Überwindung der Grenzen herkömmlicher Streitbeilegung durch systeminterne Flexibilität und systemexterne Innovation", en *Beiträge zum ausländischen öffentlichen Recht und Völkerrecht,* vol. 153, Springer, Cham.

Pineschi, Laura (2024), "International Courts versus Compliance Mechanisms through the Lens of the *Gabčíkovo-Nagymaros* and *Bystroe Canal* Cases", en Voigt, Christina; Foster, Caroline (Eds.),

International Courts versus Non-Compliance Mechanisms, pp. 71-96; Cambridge University Press. https://doi.org/10.1017/9781009373913.007

Rajamani, Lavanya (2016), "Ambition and Differentiation in the 2015 Paris Agreement: Interpretative Possibilities and Underlying Politics", *International and Comparative Law Quarterly,* vol. 65, núm. 2, pp. 493-514. https://doi.org/10.1017/S0020589316000130

Röben, Volker, (2000), "Institutional Developments under Modern International Environmental Agreements", *Max-Planck Yearbook of United Nations Law,* vol. 4, pp. 363-443.

Rodrigo, Ángel J.; Abegón, Marta (2017), "El concepto y efectos de los tratados de protección de intereses generales de la comunidad internacional", *Revista Española de Derecho Internacional,* vol. 69, núm. 1, pp. 167-193. https://doi.org/10.17103/redi.69.1.2017.1.06

Rodrigo Hernández, Ángel J. (2001), "Nuevas técnicas jurídicas para la aplicación de los tratados internacionales de medio ambiente", *Cursos de Derecho Internacional y de Relaciones Internacionales de Vitoria-Gasteiz,* p. 153.

Romano, Cesare P.R. (2000), *The Peaceful Settlement of International Environmental Disputes: A Pragmatic Approach,* Kluwer Law International, Alphen aan den Rijn.

Sand, Peter H. (2013), "Enforcing CITES: The Rise and Fall of Trade Sanctions", *Review of European, Comparative y International Environmental Law,* vol. 22, núm. 3, pp. 251-263. https://doi.org/10.1111/reel.12037

Simma, Bruno (1972), *Das Reziprozitätselement im Zustandekommen völkerrechtlicher Verträge. Gedanken zu einem Bauprinzip der internationalen Rechtsbeziehungen,* Duncker y Humblot, Berlin.

Simma, Bruno (1994), "From Bilateralism to Community Interest in International Law", *Collected Courses of the Academy of International Law, vol.* 250, *The Hague,* pp. 229-384.

Sindico, Francesco; Mbengue, Makane Moïse; McKenzie, Kathryn (2021), "*Climate Change Litigation and the Individual: An Overview",* en Sindico, Francesco; Mbengue, Makane Moïse (eds), *Comparative Climate Change Litigation: Beyond the Usual Suspects. Ius Comparatum* - Global Studies in Comparative Law, vol 47, Springer, Cham. pp. 1-33. https://doi.org/10.1007/978-3-030-46882-8_1

Stephens, Tim (2009), "International Courts and Environmental Protection", en *Cambridge Studies in International and Comparative Law.* Cambridge University Press, Cambridge.

Tams, Christian (2005). *Enforcing Obligations Erga Omnes in International Law.* Cambridge University Press, Cambridge.

Ulfstein, Geir; Marauhn, Thilo; Zimmermann, Andreas (2007), *Making Treaties Work. Human Rights, Environment and Arms Control,* Cambridge University Press, Cambridge.

Viñuales, Jorge E. (2023), "Second Thoughts? The International Adjudication of Environmental Disputes 30 Years Later", *The Italian Review of International and Comparative Law,* vol. 3, núm. 2, pp. 227-237. https://doi.org/10.1163/27725650-03020004

Voigt, Chistina (2016), "The compliance and implementation mechanism of the Paris agreement", *Review of European, Comparative and International Environmental Law,* vol. 25, núm. 2, pp. 161-173. https://doi.org/10.1111/reel.12155

Walker, Neil (2014), *Intimations of Global Law,* Cambridge University Press, Cambridge.

Walker, Neil (2017), "The Gap between Global Law and Global Justice: A Preliminary Analysis", en Roughan, Nicole; Halpin, Andrew (Eds.), *In Pursuit of Pluralist Jurisprudence,* pp. 216-238, Cambridge University Press, Cambridge. https://doi.org/10.1017/9781316875056.010

Werksman, Jacob (1996), "Compliance and Transition: Russia's Non-Compliance Tests the Ozone Regime", *Zeitschrift für ausländisches öffentliches Recht und Völkerrecht,* vol. 56, núm. 3, pp. 750-773.

Wettestad, Jorgen (2008), "Monitoring and Verification", en Bodansky, Daniel; Brunnée, Jutta; Hey, Ellen (Eds.), *The Oxford Handbook of International Environmental Law,* pp. 974-994, Oxford University Press, Oxford.

Yang, Tseming; Percival, Robert V. (2009), "The Emergence of Global Environmental Law", *Ecology Law Quarterly,* vol. 36, núm. 4, p. 615.

4.2. Referencias normativas

4.2.1. Tratados internacionales

Convenio de Viena sobre el Derecho de los Tratados, Viena, 23 de mayo de 1969; *BOE,* núm. 142, de 13 de junio de 1980.

Convenio relativo a humedales de importancia internacional, especialmente como hábitat de aves acuáticas, Ramsar, 2 de febrero de 1971; *BOE,* núm. 199, de 20 de agosto de 1982.

Convenio sobre el comercio internacional de especies amenazadas de fauna y floras silvestres (CITES) de 1973, *BOE,* núm. 181, de 30 de julio de 1986.

Convenio de Viena para la protección de la capa de ozono, Viena, 22 de marzo de 1985; *BOE* núm. 275, de 16 de noviembre de 1988.

Protocolo de Montreal de 1987 relativo a las sustancias que agotan la capa de ozono, *BOE,* núm. 65, de 17 de marzo de 1989, *BOE,* núm. 274, de 15 de noviembre de 1989 y corrección de errores en *BOE,* núm. 51, de 28 de febrero de 1990.

Convenio de Basilea de 1989 sobre el control de los movimientos transfronterizos de los desechos peligrosos y su eliminación, *BOE* núm. 227, de 22 de septiembre de 1994.

Convención Marco de las Naciones Unidas sobre el Cambio Climático de 1992, *BOE,* núm 27, de 1 de febrero de 1994.

Protocolo de Kioto al Convenio Marco de las Naciones Unidas sobre el Cambio Climático, Kioto, 11 de diciembre de 1997; *BOE,* núm. 33, de 8 de febrero de 2005.

Convenio sobre la Diversidad Biológica, Río de Janeiro, 5 de junio de 1992; *BOE,* núm. 27, de 1 de febrero de 1994.

Convención de las Naciones Unidas de Lucha contra la Desertificación en los países afectados por sequía grave o desertificación, en particular en África, París, 17 de junio de 1994; *BOE* núm. 36, de 11 de febrero de 1997.

Protocolo de Cartagena sobre Seguridad de la Biotecnología, Montreal, 29 de enero de 2000, *BOE,* núm. 181, de 30 de julio de 2003.

Convenio de Aarhus sobre acceso a la información, la participación del público en la toma de decisiones y el acceso a la justicia en materia de medio ambiente, Aarhus, 25 de junio de 1998; *BOE,* núm. 40, de 16 de febrero de 2005.

Convenio de Rotterdam de 1998 sobre el procedimiento del consentimiento fundamentado previo aplicable a ciertos plaguicidas y productos químicos peligrosos objeto de comercio internacional, Rotterdam, 10 de septiembre de 1998; *BOE* núm.73, de 25 de marzo de 2004.

Convenio de Estocolmo sobre contaminantes orgánicos persistentes, Estocolmo el 22 de mayo de 2001; *BOE* núm. 151, de 23 de junio de 2004.

Tratado Internacional sobre los recursos fitogenéticos para la alimentación y la agricultura, Roma, 3 de noviembre de 2001, *BOE,* núm. 109, de 5 de mayo de 2004.

Protocolo de Nagoya sobre acceso a los recursos genéticos y participación justa y equitativa en los beneficios que se deriven de su utilización; Nagoya, 29 de octubre de 2010, *BOE*, núm. 202, de 20 de agosto de 2014.

Convenio de Minamata sobre el mercurio, Kumamoto, 10 de octubre de 2013; *BOE* núm. 25, de 29 de enero de 2022.

Acuerdo de París, París, 12 de diciembre de 2015; *BOE* núm. 28, 2 de febrero de 2017.

Acuerdo Regional sobre el Acceso a la Información, la Participación Pública y el Acceso a la Justicia en Asuntos Ambientales en América Latina y el Caribe, Escazú, 4 de marzo de 2018. CEPAL.

Acuerdo en el marco de la Convención de las Naciones Unidas sobre el Derecho del Mar relativo a la conservación y el uso sostenible de la diversidad biológica marina de las zonas situadas fuera de la jurisdicción nacional, Nueva York, 19 de junio de 2023; *DOUE*, L 2024/1831, de 19 de julio de 2024.

4.2.2. Otros actos normativos internacionales

AGNU (2023), Resolución 77/276, de 29 de marzo de 2023, “Solicitud de una opinión consultiva a la Corte Internacional de Justicia sobre las obligaciones de los Estados con respecto al cambio climático”.

NU (1972a), Informe de la Conferencia de las Naciones Unidas sobre el Medio Humano Declaración de Estocolmo sobre el Medio Humano, Conferencia de las Naciones Unidas sobre el Medio Humano, Estocolmo, 5 a 16 de junio de 1972, Doc. A/CONF.48/14/Rev.1.

NU (1992a), Informe de la Conferencia de Naciones Unidas sobre el Medio Ambiente y el Desarrollo, Declaración de Río sobre el Medio Ambiente y el Desarrollo, Conferencia de las Naciones Unidas sobre el Medio Ambiente y el Desarrollo, Río de Janeiro, 3-14 de junio de 1992, Doc. A/CONF.151/26/Rev.l (Vol. I).

4.3. Referencias jurisprudenciales

4.3.1. Órganos jurisdiccionales internacionales

CIJ (1966), *South West Africa, Second Phase, Judgment, I.C.J. Reports 1966, p. 6.*

CIJ (1970), *Barcelona Traction, Light and Power Company, Limited, Judgment, I.C.J. Reports 1970*, p. 3.

CIJ (1995), *East Timor (Portugal v. Australia), Judgment, I.C.J. Reports 1995*, p. 90.

CIJ (1996), *Legality of the Theat or Use of Nuclear Weapons, Advisory Opinion, I.C.J. Reports 1996*, p. 22.

CIJ (1997), *Gabčíkovo-Nagymaros Project (Hungary v. Slovakia), Judgment, I.C.J. Reports 1997*, p. 7

CIJ (2010), *Pulp Mills on the River Uruguay (Argentina v. Uruguay), Judgment, I.C.J. Reports 2010*, p. 14.

CIJ (2012), *Questions relating to the Obligation to Prosecute or Extradite (Belgium v. Senegal), Judgment, I.C.J. Reports 2012*, p. 422.

CIJ (2013a), *Whaling in the Antarctic (Australia v. Japan), Declaration of Intervention of New Zealand, Order of 6 February 2013, I.C.J. Reports 2013*, p. 3.

CIJ (2013b), *Aerial Herbicide Spraying (Ecuador v. Colombia), Order of 13 September 2013, I.C.J. Reports 2013*, p. 278.

CIJ (2014), *Whaling in the Antarctic (Australia v. Japan: New Zealand intervening), Judgment, I.C.J. Reports 2014*, p. 226.

CIJ (2018), *Certain Activities Carried Out by Nicaragua in the Border Area (Costa Rica v. Nicaragua), Compensation, Judgment, I.C.J. Reports 2018*, p. 15.

CIJ (2022), *Dispute over the Status and Use of the Waters of the Silala (Chile v. Bolivia), Judgment, I.C.J. Reports 2022*, p. 614.

TA (1941), *Trail smelter case. (United States, Canada)*, April 16, 1938, and March 11, 1941, *RIAA*, Vol. III, pp. 1905-1982.

4.4. Referencias documentales

Asamblea General (AGNU) (2018), "Lagunas en el derecho internacional del medio ambiente y los instrumentos relacionados con el medio ambiente: hacia un pacto mundial por el medio ambiente", Informe del Secretario General, Doc. A/73/419, 30 de noviembre de 2018.

Comisión de Derecho Internacional (CDI) (2001), "Informe de la Comisión de Derecho Internacional sobre la labor realizada en su 53.º período de sesiones (23 de abril a 1 de junio y 2 de julio a 10 de agosto de 2001)", Doc. UN Doc. A/56/10.

Comité Intergubernamental de Negociación para la elaboración de un instrumento internacional jurídicamente vinculante sobre la contaminación por plásticos, incluso en el medio marino (2024), "Documento oficioso en el que se recoge el proyecto de texto del Presidente del Comité", 29 de noviembre de 2024.

NU, CMNUCC (2006), Informe de la Conferencia de las Partes en calidad de Reunión de las Partes en el Protocolo de Kioto sobre su primer período de sesiones, celebrado en Montreal del 28 de noviembre al 10 de diciembre de 2005. "Adición. Segunda Parte: Medidas adoptadas por la Conferencia de las Partes en calidad de Reunión de las Partes en el Protocolo de Kioto en su primer período de sesiones", Doc. FCCC/KP/CMP/2005/8/Add.3, 30 de marzo de 2006.

PNUMA (1992), "Informe de la cuarta reunión de las Partes en el Protocolo de Montreal relativo a las sustancias que agotan la capa de ozono", Copenhague, 23 a 25 de noviembre de 1992, Doc. UNEP/OzL.Pro.4/15, 25 de noviembre de 1992.

Capítulo 5

LA RESPONSABILIDAD INTERNACIONAL DE LOS ESTADOS POR DAÑOS AL MEDIO AMBIENTE

ANTONI PIGRAU SOLÉ[1]

1. INTRODUCCIÓN

Conviene iniciar este capítulo con algunas precisiones. La primera de ellas es que la aplicación de las normas generales de Derecho Internacional de la responsabilidad derivada de un hecho ilícito internacional al ámbito ambiental presenta algunas dificultades, especialmente visibles en el contexto del cambio climático.

La segunda precisión, conexa con la anterior, es que, con independencia de las normas generales mencionadas, en el ámbito del derecho ambiental convencional, el incumplimiento de una obligación internacional no siempre se ha tratado desde la perspectiva de la responsabilidad internacional. Por el contrario, ha habido una tendencia a afrontar el incumplimiento de las obligaciones desde un enfoque facilitador, no contencioso y no punitivo, por lo menos desde la adopción del Protocolo de Montreal, de 1987 (Stephens 2009, p. 81). Este enfoque puede combinarse, o no, con mecanismos de presión para el cumplimiento obligatorio, presentes en el desarrollo del Art.18 del Protocolo de Kioto, pero no en el Acuerdo de París. Eso se debe a la escasa predisposición de los Estados a someter sus controversias ambientales a los mecanismos jurisdiccionales de arreglo, que comportan siempre la determinación de la eventual responsabilidad internacional, prefiriendo poner el acento en la promoción del cumplimiento y en la cooperación para ello.

La tercera precisión es que, de ordinario, los daños al medio ambiente son causados por la actividad empresarial, con independencia de la titularidad pública o privada de la misma. Por ello los Estados han preferido utilizar, en el ámbito convencional, los mecanismos de la responsabilidad civil para desplazar

[1] Catedrático de Derecho Internacional Público y Director del Centro de Estudios de Derecho Ambiental de Tarragona (CEDAT), Universidad Rovira i Virgili (antoni.pigrau@urv.cat) Todas las páginas webs mencionadas en este estudio han sido consultadas el 20 de noviembre de 2024. ORCID: https://orcid.org/0000-0001-5159-1566.

la responsabilidad al operador concreto, especialmente en ciertos ámbitos de mayor riesgo[2].

En este capítulo se tratarán, sucesivamente, las dificultades en la aplicación de las normas generales sobre la responsabilidad internacional al ámbito del medio ambiente en el apartado segundo; el tratamiento de la responsabilidad por daños transfronterizos en el plano convencional en el apartado tercero; el desarrollo de normas generales sobre la responsabilidad por daños ambientales transfronterizos, en los trabajos de la Comisión de Derecho Internacional (CDI), en el apartado cuarto y la responsabilidad internacional del Estado en relación con el cambio climático, en el apartado quinto.

2. LAS DIFICULTADES EN LA APLICACIÓN DE LAS NORMAS GENERALES SOBRE LA RESPONSABILIDAD INTERNACIONAL DEL ESTADO EN EL ÁMBITO DEL MEDIO AMBIENTE

Las normas generales aplicables a la responsabilidad internacional lo son también, lógicamente, al ámbito del medio ambiente. El origen de la responsabilidad internacional de los Estados en el ámbito del medio ambiente deriva, como regla general, de la existencia de un hecho ilícito internacional (Spinedi 1991).

De acuerdo con normas consuetudinarias bien establecidas, y codificadas en el Proyecto de Artículos sobre la responsabilidad del Estado por hechos internacionalmente ilícitos adoptado en 2001 por la CDI (CDI 2001a), la existencia de un hecho ilícito de un Estado requiere la posibilidad de atribución a un Estado de un hecho que no es conforme con lo que de dicho Estado exige una obligación internacional convencional, consuetudinaria o incluso derivada de un acto unilateral (CIJ 1974a, párr. 43; CIJ 1974b, párr. 46), que esté en vigor, salvo que se haya producido alguna circunstancia que excluya la ilicitud.

Por ejemplo, el art. 235 de la Convención de las Naciones Unidas sobre el Derecho del Mar (CNUDM), establece que: "Los Estados son responsables del cumplimiento de sus obligaciones internacionales relativas a la protección y pre-

---

2 Por otra parte, el régimen de responsabilidad civil determinado por los derechos nacionales también es susceptible de ser aplicado por daños causados por empresas en terceros países y así ha sido utilizado por las víctimas de daños ambientales, en algunos casos con éxito, en Reino Unido (casos Vedanta y Shell) o en Países Bajos (caso Shell). La reciente Directiva (UE) 2024/1760, de 13 de junio de 2024, sobre diligencia debida de las empresas en materia de sostenibilidad, abre esa posibilidad de manera general en relación con ciertos daños al medio ambiente y vulneraciones de derechos humanos, por parte de las empresas incluidas en su ámbito de aplicación (art.29).

servación del medio marino. Serán responsables de conformidad con el derecho internacional."

Como señaló en 1990 el Tribunal arbitral (TA) establecido para el asunto relativo al *Rainbow Warrior*, en derecho internacional, no se distingue entre la responsabilidad contractual y la extracontractual. En lo que concierne al origen de la obligación violada, existe un régimen general único de responsabilidad de los Estados (TA 1990, párr. 75; CIJ, 1997, párr. 47).

Según jurisprudencia constante de la Corte Permanente de Justicia Internacional (CPJI 1927), de su sucesora, la Corte Internacional de Justicia (CIJ 1949, p. 23) y de distintos tribunales arbitrales (por ejemplo, TA 1925a), un hecho ilícito de un Estado genera siempre su responsabilidad internacional y, como consecuencia principal —aparte, en su caso, de las obligaciones de cesar en el incumplimiento y de no repetirlo— una obligación de reparación de los daños y perjuicios causados.

La existencia de un daño en tanto que lesión de un derecho subjetivo, que es irrelevante desde el punto de vista del establecimiento de la existencia de un hecho ilícito, no lo es desde el punto de vista de la legitimidad para hacer efectiva la responsabilidad y, desde luego, tiene también su importancia en el momento de determinar el alcance de la reparación que procede (CPJI 1928).

No obstante, la aplicación al ámbito ambiental de algunas de las normas generales antes indicadas presenta considerables dificultades.

En cuanto al elemento objetivo del hecho ilícito internacional, esto es, la violación de una obligación internacional en vigor, con frecuencia es difícil afirmar que tal violación se ha producido. Y ello, no solamente por el hecho de que, con frecuencia, los daños al medio ambiente son resultado de actividades lícitas desde el punto de vista jurídico internacional, sino también por la ambigüedad en la formulación de las obligaciones y por tratarse en muchos casos de obligaciones de comportamiento. En efecto, es muy habitual que los textos jurídicos internacionales en materia de protección del medio ambiente incluyan obligaciones de tipo programático a veces redactadas en términos relativos. Procurar, fomentar, adoptar (medidas) o elaborar (políticas), son verbos frecuentemente utilizados y sujetos en ocasiones a matizaciones relativas a las posibilidades materiales, a disponibilidades técnicas o a costos razonables. Se trata, en su mayoría de obligaciones de comportamiento, cuyo cumplimiento se materializa en una actividad que no necesita llevar a un resultado concreto. Los propios Estados al adoptar este tipo de normas se aseguran un importante margen de discrecionalidad en su cumplimiento, lo que convierte la prueba del incumplimiento de normas de este tipo en un ejercicio difícil y poco habitual (Arbour, Lavallée y Trudeau 2012, p. 1036).

En cuanto a la atribución a un Estado del incumplimiento de la obligación que le atañe, el criterio que el Derecho Internacional ha consagrado es que el hecho —acción u omisión— debe haber sido realizado por un órgano del Estado. Así, solamente se considera hecho del Estado el comportamiento de una persona o de un grupo de personas si actúa, de hecho, por instrucciones o bajo la dirección o el control de ese Estado al observar ese comportamiento, o si esa persona o ese grupo de personas ejerce de hecho atribuciones del poder público en ausencia o en defecto de las autoridades oficiales y en circunstancias tales que requieren el ejercicio de esas atribuciones o, finalmente, si el Estado asume ese comportamiento como propio (CIJ 1980, párrs. 58 y 74). En otros supuestos no cabe atribuir al Estado hechos realizados por particulares, aunque sí, de manera conexa, cabe atribuir al Estado el incumplimiento de su propia obligación de prevención, vigilancia o control por parte de los órganos del Estado cuando dicho incumplimiento haya posibilitado la actuación ilegal de los particulares, o de persecución y castigo de los responsables (CIJ 1980, párrs. 64-67; TA 1925b); en otras palabras, cuando pueda apreciarse una negligencia en la obligación de controlar las actividades de los particulares sometidos a su jurisdicción. De hecho, la negligencia, o la falta de debida diligencia, suele aparecer como forma más habitual de violación en relación con las obligaciones de prevención, vigilancia y control, también en el ámbito ambiental.

El primer problema que suscita este limitado criterio de atribución al Estado de la responsabilidad estriba en que, en la mayoría de casos, los daños al medio ambiente están provocados por la actividad de particulares y no por actividades directas del Estado. El segundo está en la prueba de la negligencia de los órganos del Estado. Y ello porque implica lo que se ha denominado el *doble test* de la diligencia debida: es preciso probar la falta de diligencia debida por parte del particular que desarrolla la actividad que ha causado un perjuicio para el medio ambiente, cuando se trata de actividades autorizadas, y la falta de diligencia de los órganos del Estado en el control de la actividad del particular. Además, el interés compartido por los Estados para restringir la asunción de responsabilidades lleva también a un escaso interés en reclamar contra otros los posibles incumplimientos, cuando derivan de actividades de particulares.

Otra dificultad importante es el de la relación de causalidad y la identificación del Estado responsable del incumplimiento. En efecto, con frecuencia, la contaminación del aire, del suelo o del agua no se debe a una actuación aislada realizada por o desde un solo Estado, sino que es el resultado agregado de la actividad realizada por o desde distintos Estados, incluso de manera continuada durante largos períodos de tiempo. Los problemas que se plantean entonces son diversos y se suscitan con claridad en relación con el cambio climático, como se verá.

Otra cuestión compleja es la que se refiere a la valoración del daño causado (Fitzmaurice 2001, pp. 228 ss.). Cuando no es posible la reparación por restitución, las normas generales prevén la reparación por equivalencia, mediante indemnización (CDI 2001a. Art. 36.2). Pero la propia CDI admite las limitaciones de este planteamiento en el ámbito del medio ambiente. La Comisión se refiere a las indemnizaciones satisfechas por la URSS a Canadá en 1981 en el asunto de satélite soviético *Cosmos-954*, que se estrelló en territorio canadiense en enero de 1978, que incluía los gastos de localización, recuperación, eliminación y análisis de residuos radiactivos y la limpieza de las zonas afectadas, y a las indemnizaciones derivadas de las demandas relacionadas con la responsabilidad del Iraq resultante de la invasión y ocupación ilícitas de Kuwait, que incluyeron los daños al medio ambiente y la destrucción de recursos naturales. La Comisión señala que los pagos acordados, normalmente, han tenido como finalidad reembolsar al Estado lesionado los gastos efectuados para prevenir o poner remedio a la contaminación, o indemnizarlo por la pérdida de valor de los bienes afectados, pero no suelen cubrir los daños al medio ambiente que no pueden cuantificarse fácilmente, como la pérdida de valor paisajístico o de biodiversidad (Boyle 2022).

Finalmente queda la cuestión de la legitimación para reclamar por daños causados en espacios no sometidos a jurisdicción de un Estado. Cuando se producen daños a uno o más Estados, la legitimación del Estado perjudicado —directamente o a través del daño causado a los bienes de los particulares que en él residen— para hacer efectiva la responsabilidad no presenta problemas. Pero no es evidente la respuesta cuando el daño al medio ambiente se produce en espacios no sometidos a la jurisdicción de ningún Estado, como son la atmósfera o el alta mar.

3. LA RESPONSABILIDAD POR DAÑOS TRANSFRONTERIZOS EN LOS ACUERDOS MULTILATERALES SOBRE MEDIO AMBIENTE

El desarrollo de las normas internacionales convencionales en materia de medio ambiente en los últimos decenios ha generado un conjunto de regímenes relativos a diferentes ámbitos que suelen tener como núcleo uno o más convenios internacionales multilaterales, completados posteriormente por versiones enmendadas de los mismos o protocolos anexos. Un análisis de estos convenios muestra que el tratamiento otorgado en los mismos a la responsabilidad de los Estados ha sido muy limitado (Pisillo-Mazzeschi 1991, p. 18).

Frecuentemente, en los tratados ambientales, la única referencia a la responsabilidad ha sido una remisión genérica a la cooperación de las Partes para desarrollar normas al respecto que, en algunos casos, se han concretado en acuerdos posteriores, como es el caso del art. 12 del Convenio de Basilea de 1989, sobre el control de los movimientos transfronterizos de los desechos peligrosos y su eliminación o el art. 2. del Convenio de Helsinki sobre la protección y utilización de los cursos de agua transfronterizos y de los lagos internacionales, de 1992, en relación con los Protocolos de Basilea, de 1999, y de Kiev, de 2003, respectivamente.

La tendencia general mostrada por los Estados a evitar asumir la responsabilidad internacional por hechos ilícitos realizados por particulares que actúan en su territorio o bajo su jurisdicción ha influido en que, en ciertos casos específicos, determinados regímenes convencionales relativos a la realización de actividades no prohibidas, pero que conllevan un riesgo de producción de daños de gran magnitud, hayan previsto mecanismos de compensación por tales daños basados en una responsabilidad objetiva, aunque ha sido mucho más frecuente que hayan decidido trasladar las cuestiones de responsabilidad al ámbito de la responsabilidad civil del operador de la actividad dañosa.

En el caso de los daños derivados de las actividades llevadas a cabo en el espacio ultraterrestre, según la Convención de 1972 sobre la responsabilidad internacional por daños causados por objetos espaciales, el Estado de lanzamiento tiene la responsabilidad absoluta por los daños causados por el objeto espacial sobre aeronaves en vuelo o a su regreso a la superficie terrestre (art. II).

Mucho más frecuente ha sido que la responsabilidad no se atribuya directamente al Estado, sino que se derive hacia la entidad operadora de la actividad. Este criterio se ha adoptado en relación con ciertas actividades vinculadas a la energía nuclear y al transporte de hidrocarburos, sustancias y residuos peligrosos.

En estos tratados se establecen mecanismos de responsabilidad civil que regulan la compensación por daños que debe satisfacer quien opera la actividad causante de los mismos a los perjudicados, con independencia de que operadores y perjudicados sean particulares o Estados, lo que permite eludir los mecanismos de la responsabilidad internacional. No obstante, alguno de ellos no ha entrado todavía en vigor y otros probablemente no lo harán nunca.

De una manera general, se caracterizan por cuatro elementos: establecer una responsabilidad objetiva del operador combinada con una responsabilidad económicamente limitada; requerir que los operadores tengan contratos de seguro, adecuados a los mencionados límites; previsión de vías de compensación de daños alternativas, a través de diversos Fondos, y la prohibición de discriminación en relación con los procedimientos de compensación (Dupuy y Viñuales 2018, pp. 319-322).

De estos tratados, la mayoría tienen un alcance sectorial:

En el ámbito de la energía nuclear: bajo los auspicios de la OCDE, el Convenio de París de 1960 sobre responsabilidad civil en materia nuclear; y el Convenio complementario de Bruselas de 1963, además de los Protocolos de enmienda de ambos convenios, de 2004; y en el marco del Organismo Internacional de la Energía Atómica, la Convención de Viena sobre responsabilidad civil por daños nucleares, de 1963; el Protocolo común relativo a la aplicación del Convenio de

Viena y el Convenio de París, de 1988; el Protocolo de enmienda de la Convención de Viena, de 1997, la Convención sobre Indemnización Suplementaria por daños nucleares de 1997.

En el ámbito de los hidrocarburos y bajo los auspicios de la Organización Marítima Internacional: Convenio de Bruselas sobre responsabilidad civil por daños causados por la contaminación de las aguas del mar por hidrocarburos, de 1969; Convenio internacional sobre la constitución de un Fondo Internacional de indemnización por daños causados por la contaminación por hidrocarburos, de 1971; Protocolo correspondiente al convenio internacional sobre responsabilidad civil por daños causados por la contaminación de las aguas del mar por hidrocarburos, de 1976; Protocolo que modifica el Convenio Internacional sobre responsabilidad civil por daños causados por la contaminación por hidrocarburos de 1969, de 1992 y Protocolo que modifica el Convenio internacional de 1971 de constitución de un Fondo Internacional de indemnización por daños causados por la contaminación por hidrocarburos, de 1992 que, en la práctica, suponen la sustitución completa de los convenios enmendados para los Estados Parte en estos Protocolos. A los que se han añadido el Convenio Internacional sobre responsabilidad civil nacida de daños debidos a contaminación por hidrocarburos para combustible de los buques (Bunkers) de 2001 y el Protocolo relativo al Convenio Internacional sobre la constitución de un Fondo Internacional de Indemnización de daños debidos a contaminación por hidrocarburos, de 2003.

En el ámbito del transporte de mercancías peligrosas: Convenio relativo a la responsabilidad civil en la esfera del transporte marítimo de materiales nucleares, de 1971; Convenio internacional sobre responsabilidad e indemnización de daños en relación con el transporte marítimo de sustancias nocivas y potencialmente peligrosas, de 1996, que no entró en vigor, revisado por el Protocolo de 2010; Convención sobre responsabilidad civil por daños causados durante el transporte de mercancías peligrosas por carretera, ferrocarril o buques de transporte fluvial, de 1989, que tampoco ha entrado en vigor.

En el ámbito de los residuos peligrosos, el ya mencionado Protocolo de Basilea sobre responsabilidad e indemnización por daños resultantes de los movimientos transfronterizos de desechos peligrosos y su eliminación, adoptado en 1999.

En relación con los daños causados por los efectos transfronterizos de accidentes industriales en las aguas transfronterizas, el también mencionado Protocolo de Kiev de 2003 sobre responsabilidad civil e indemnización.

Y, en relación con los organismos modificados genéticamente el Protocolo de Nagoya-Kuala Lumpur de 2010, sobre responsabilidad y compensación, suplementario al Protocolo de Cartagena sobre seguridad de la biotecnología.

Finalmente, encontramos también un convenio de carácter general. Se trata de la Convención de Lugano de 1993, sobre la responsabilidad civil por daños resultantes de las actividades peligrosas para el medio ambiente, que no llegó a entrar en vigor. El fracaso de este texto fue uno de los motivos de la adopción, en el marco de la Unión Europea (UE), de la Directiva 2004/35/CE del Parlamento Europeo y del Consejo, de 21 de abril de 2004, sobre responsabilidad medioambiental (UE 2004).

En la práctica los instrumentos que articulan los mencionados regímenes de responsabilidad civil han tenido resultados muy desiguales: muestran grandes limitaciones para afrontar daños ambientales puros y, con frecuencia, no han sido ratificados por un número suficiente de Estados para entrar en vigor (Fitzmaurice 2007, p. 1031).

4. EL DESARROLLO DE NORMAS GENERALES SOBRE LA RESPONSABILIDAD POR DAÑOS AMBIENTALES TRANSFRONTERIZOS EN LOS TRABAJOS DE LA COMISIÓN DE DERECHO INTERNACIONAL

La necesidad de desarrollar las normas nacionales e internacionales en el ámbito de la responsabilidad por daños al medio ambiente ya se señala en la Declaración de Estocolmo, adoptada en la Conferencia de las Naciones Unidas sobre el Medio Humano, de 1972 (NU 1972, principios 13 y 22). La repetición del llamamiento, veinte años después, en la Declaración de Río (NU 1992) es indicador suficiente del escaso éxito del primero.

Para completar sus trabajos sobre la responsabilidad de los Estados por hechos ilícitos, la CDI empezó a ocuparse en 1978 de la "Responsabilidad internacional por las consecuencias perjudiciales de actos no prohibidos por el derecho internacional". Tras los trabajos, como relatores, de Robert Quentin-Baxter (1980-1984) y Julio Barboza (1985-1996), la CDI decidió, en 1997, separar los aspectos de "prevención" y "responsabilidad internacional", nombrando Relator Especial del primero a Pemmaraju Sreenivasa Rao, y más tarde, en 2002, también del segundo. En 2001 la Comisión aprobó el texto definitivo de un *Proyecto de artículos sobre prevención del daño transfronterizo resultante de actividades peligrosas* y lo sometió a la Asamblea General de las Naciones Unidas (AGNU), junto con la recomendación de que elaborase una convención basada en el Proyecto de Artículos sobre prevención del daño transfronterizo resultante de actividades peligrosas (CDI 2001b). La Comisión aprobó, en 2004, en primera lectura un *Proyecto de principios sobre la asignación de la pérdida en caso de daño transfronterizo resultante de actividades peligrosas* (CDI 2004) y, en 2006, aprobó en segunda lectura dicho texto, sometiéndolo a la AGNU, junto con la recomendación de que asumiera el Proyecto, mediante una resolución, e instara a los Estados a adoptar disposiciones en los ámbitos interno e internacional para aplicarlos (CDI 2006). La AGNU lo hizo mediante su resolución 61/36, de 4 de diciembre de 2006 (AGNU 2006).

4.1. La prevención de los daños: el Proyecto de Artículos sobre la prevención de los daños transfronterizos resultantes de actividades peligrosas

El principio básico, consolidado como norma consuetudinaria, obliga a todo Estado a asegurar que las actividades que se lleven a cabo dentro de su jurisdicción o bajo su control no causen daños ambientales transfronterizos.

Este principio supone una aplicación más de la máxima *sic utere tuo ut alienum non laedas*; formulado de manera general, por la CIJ en el *asunto del estrecho de Corfú* (CIJ 1949). En el *asunto del lago Lanoux* —un litigio que enfrentó a Francia y España sobre la utilización de las aguas de dicho lago— el TA, en su laudo de 1957, se refiere a la cuestión en los siguientes términos:

> "[…] *On aurait pu soutenir que les travaux auraient pour conséquence une pollution définitive des eaux du Carol, ou que les eaux restituées auraient une composition chimique ou une température, ou telle autre caractéristique pouvant porter préjudice aux intérêts espagnols. L'Espagne aurait alors pu prétendre qu'il était porté atteinte, contrairement à l'Acte additionnel, à ses droits. Ni le dossier, ni les débats de cette affaire ne portent la trace d'une telle allégation. […] Ainsi, en admettant qu'il existe un principe interdisant à l'Etat d'amont d'altérer les eaux d'un fleuve dans des conditions de nature à nuire gravement à l'Etat d'aval, un tel principe ne trouve pas son application à la présente espèce, puisqu'il a été admis par le Tribunal, à propos de la première question examinée plus haut, que le projet français n'altère pas les eaux du Carol.* […]" (TA 1957, párrs 6, 13).

Fue muy trascendente la formulación jurisprudencial del principio en el laudo arbitral de 1941 dictado en el *asunto de la Fundición de Trail*; un litigio entre Estados Unidos y Canadá relativo a la contaminación causada por las emisiones continuadas de dióxido de azufre, procedentes de una fundición de plomo y zinc situada en la zona canadiense, junto a la frontera en el Río Columbia. Las emisiones, iniciadas en 1896, se intensifican desde 1925, causando daños de diversos tipos en el Estado vecino de Washington. Tras diversas negociaciones e indemnizaciones parciales, en 1935 se acordó someter el asunto a un TA. En un primer laudo de 16 de abril de 1938 se estableció la obligación de Canadá de indemnizar a Estados Unidos por los daños causados durante el periodo comprendido entre 1 de enero de 1932 y 1 de octubre de 1937. Como consecuencia de una nueva reclamación de Estados Unidos, el 11 de marzo de 1941 se emitió un segundo laudo. En esta decisión se afirma que:

> "[…] *under the principles of international law, as well as of the law of the United States, no State has the right to use or permit the use of its territory in such a manner as to cause injury by fumes in or to the territory of another or the properties or persons the-*

> *rein, when the case is of serious consequence and the injury is established by clear and convincing evidence."* (TA 1941, p. 1965).

Aplicado al medio ambiente en general, la Declaración de 1972 (NU 1972, principio 21) dice que los Estados tienen "la obligación de asegurar que las actividades que se lleven a cabo dentro de su jurisdicción o bajo su control no perjudiquen el medio de otros Estados o de zonas situadas fuera de su jurisdicción nacional". El principio, con distintas formulaciones, se recoge en distintos textos aprobados, tanto por el *Institut de Droit International* (IDI 1911, 1961 y 1979) como por la *International Law Association* (ILA 1956, 1966, 1980, 1986, 1996 y 2004), en relación con el uso de los cursos de agua internacionales. Igualmente, se reproduce de nuevo en la Declaración de 1992 (NU 1992), que afirma que los Estados tienen "la responsabilidad de velar por que las actividades realizadas dentro de su jurisdicción o bajo su control no causen daños al medio ambiente de otros Estados o de zonas que estén fuera de los límites de la jurisdicción nacional".

También la CIJ, en su *Opinión consultiva sobre la legalidad de la amenaza o el uso de armas nucleares* de 1996, señaló que:

> "La existencia de la obligación general de los Estados de asegurar que las actividades que se realizan en su jurisdicción o bajo su control respeten el medio ambiente de los demás Estados o de áreas más allá de la jurisdicción nacionales forma parte del *corpus* de derecho internacional consuetudinario relativo al medio ambiente" (CIJ 1996, párr.29).

Esta afirmación ha sido confirmada por la Corte en decisiones posteriores (CIJ 2010, párr. 101, CIJ 2015, párr. 104).

El Proyecto de agosto de 2001 de la CDI se refiere a la prevención de los daños transfronterizos resultantes de actividades peligrosas y contiene diecinueve artículos. Se trata de actividades no prohibidas por el Derecho Internacional que entrañen el riesgo de causar un daño transfronterizo sensible a las personas, los bienes o el medio ambiente. Quedan fuera del objeto del texto los daños que sean completamente imprevisibles. El texto se centra en la obligación de prevenir, por oposición a la obligación de reparar, puesto que la reparación no siempre restablece la situación que existía antes de producirse el suceso o accidente.

En términos generales, el principio contiene una obligación de comportamiento: la de adoptar un conjunto de medidas dirigidas a prevenir la realización del daño; unas medidas que pueden identificarse con el concepto de *debida diligencia.*

El IDI, en su resolución de 1997, sobre la responsabilidad en Derecho Internacional por daños al medio ambiente, indica que cuando la obligación de vigilancia sirve de criterio para la aplicación de la responsabilidad por hecho ilícito, debería ser medida según normas objetivas relativas a la conducta que cabe esperar de un buen gobierno. Para la CDI, la obligación del Estado de adoptar medidas preventivas es claramente una obligación de diligencia debida, que no pretende garantizar la prevención total de daños sensibles, cuando no es posible lograrla. La Comisión considera también que la diligencia debida equivale al "grado de cuidado es el que se espera de un buen gobierno", lo que supone poseer un régimen jurídico y recursos suficientes para mantener un mecanismo administrativo adecuado para controlar las actividades, atendiendo al nivel de desarrollo económico y a los recursos disponibles en cada Estado, y a que el grado de cuidado necesario es proporcional al grado de riesgo de que se trate.

La responsabilidad, en consecuencia, parece limitada a supuestos de contaminación transfronteriza derivada de accidente, en que se pueda atribuir culpa al Estado bajo cuya jurisdicción o control se realiza la actividad, es decir en los que este Estado no haya tenido la debida diligencia para evitar la producción de tal accidente (*fault liability*)[3].

No obstante, no debería ser imprescindible el daño para que pueda hablarse de violación de la obligación de prevención, aunque este es un tema objeto de debate (CIJ 2010, CIJ 2015; Fitzmaurice 2001 p. 226 ss.; Brunnée 2019, pp. 138 ss.). Es posible violar la obligación por la mera generación de un riesgo de daño, cuando no se ejerce la debida diligencia. Aunque de ello no se derive una compensación.

Pero si no se puede probar la falta de diligencia debida, el Derecho Internacional no ofrece vía alguna a las víctimas de los daños, salvo en los regímenes particulares mencionados en que, por tratarse de la realización de actividades especialmente peligrosas, la obligación parece convertirse en una obligación de resultado. Pero no se puede afirmar la existencia de una norma general que establezca una responsabilidad absoluta (*strict liability*) por los daños causados por actividades de alto riesgo. Por el contrario, se ha justificado su excepcionalidad, confinada y fundamentada en tratados concretos, precisamente por la gravedad del daño que podría causarse en caso de un accidente en el curso de dichas actividades. A diferencia del supuesto general, en que la producción del daño que trataba de evitarse genera una prueba *iuris tantum* del incumplimiento de la obligación, que puede revertirse probando un comportamiento acorde con el concepto de debida diligencia, en este segundo supuesto, la producción del daño desencadena un mecanismo de responsabilidad absoluta.

El principio de prevención no comprende todo tipo de daño ambiental, sino solamente aquellos que sobrepasen un cierto umbral y que por tanto no sean perjuicios menores, inevitablemente derivados de unas normales relaciones de vecindad entre Estados. El carácter sensible o significativo del daño debe apreciarse en cada

---

[3] Como en el caso del incendio en la empresa Sandoz en Basilea, que provocó una grave contaminación del Rhin (Kiss, 1997, p. 719).

caso a la luz de las circunstancias pertinentes. La CDI utiliza el término *sensible*, como un término a medio camino entre *detectable* y *grave* o *sustancial*, con efectos perjudiciales que deben poder medirse con criterios reales y objetivos.

El Proyecto de Artículos articula dos obligaciones principales, establecidas en los artículos 3 y 4: la obligación de prevenir un daño transfronterizo sensible o, en todo caso, minimizar el riesgo de causarlo y la obligación de cooperar de buena fe con otros Estados y, según sea necesario, con la asistencia de organizaciones internacionales, para prevenir ese daño transfronterizo y minimizar el riesgo de causarlo.

El Proyecto especifica que las medidas a adoptar por los Estados comprenden las medidas legislativas, administrativas o de otra índole necesarias, incluido el establecimiento de mecanismos de vigilancia apropiados (art.5), y el establecimiento, en particular, de un sistema de autorización previa para la realización de las actividades que puedan causar daños transfronterizos sensibles (art.6), basado en una evaluación del impacto ambiental de la actividad (art.7).

Respecto de la cooperación interestatal, en caso de riesgo sensible, los Estados deben notificar e informar a los Estados potencialmente afectados sobre la actividad a desarrollar con carácter previo a la autorización (art.8). En caso de respuesta negativa, el Proyecto establece un sistema de consultas (art.9) entre los Estados interesados, para alcanzar soluciones aceptables respecto de las medidas que hayan de adoptarse para prevenir el daño transfronterizo o minimizar el riesgo de causarlo. El acuerdo debe basarse en un equilibrio equitativo de intereses (art.10), teniendo en cuenta todos los factores y circunstancias pertinentes en el caso concreto. En ausencia de acuerdo, el Estado de origen puede autorizar la actividad, aunque teniendo en cuenta los intereses del Estado potencialmente afectado.

El Proyecto prevé también un intercambio regular de información entre los Estados interesados (art.12) así como el deber de informar al público que pueda resultar afectado por la misma y de consultar su opinión (art.13). En este sentido se establece también una obligación de no discriminación en cuanto al acceso a la justicia (art.15), de tal manera que un Estado no discriminará por motivos de nacionalidad o residencia o de lugar en que pueda ocurrir el daño, al garantizar a las personas afectadas acceso a los procedimientos judiciales o de otra índole para que soliciten protección u otro remedio apropiado.

El Proyecto contempla también las situaciones de emergencia, para las cuales los Estados deben disponer de planes de contingencia en cooperación, cuando proceda, con el Estado que pueda resultar afectado y con las organizaciones internacionales competentes (art.16). En caso de producirse una emergencia, el Estado de origen deberá notificar sin demora al Estado potencialmente afectado y facilitarle toda la información disponible (art.17).

4.2. La responsabilidad por los daños: el Proyecto de Principios sobre la asignación de la pérdida en caso de daño transfronterizo resultante de actividades peligrosas

Este Proyecto, aprobado por la CDI en 2006, contiene un preámbulo y ocho principios, que se aplican a "las actividades no prohibidas por el derecho internacional que entrañen el riesgo de causar, por sus consecuencias físicas, un daño transfronterizo sensible", sin perjuicio del régimen de responsabilidad derivado de la comisión de hechos ilícitos.

Los rasgos más significativos del Proyecto son los siguientes:

- Sus objetivos son asegurar una indemnización pronta y adecuada a las personas naturales o jurídicas, incluidos los Estados, que sean víctimas de un daño transfronterizo y, a la vez, preservar y proteger el medio ambiente si se produce dicho daño.
- Se establece como umbral de daños, por encima del cual se activan las normas de responsabilidad, el de daño sensible causado a las personas, los bienes o el medio ambiente, por coherencia con el Proyecto de 2001.
- Se incluyen en el concepto de daño sensible: la muerte o lesiones corporales; las pérdidas o daños sufridos por los bienes, incluidos los que formen parte del patrimonio cultural; las pérdidas o daños resultantes del deterioro sufrido por el medio ambiente; los costos de las medidas razonables de restablecimiento de los bienes o del medio ambiente, incluidos los recursos naturales, y los costos de medidas razonables de respuesta.
- Se entiende por "daño transfronterizo" el daño causado en el territorio o en otros lugares bajo la jurisdicción o el control de un Estado distinto del Estado que no es el Estado de origen, lo que excluye los espacios no sometidos a jurisdicción estatal.
- El sistema que asegure la indemnización a las víctimas debe ser articulado por cada Estado, incluidas: la asignación de responsabilidad al explotador de la actividad o a otra persona o entidad, si es el caso; la exigencia de que el explotador establezca y mantenga garantías financieras para cubrir las reclamaciones de indemnización; la posibilidad de crear fondos nacionales financiados por las distintas ramas de actividad, y la previsión de recursos financieros adicionales, para los supuestos en que aún resulten insuficientes los recursos para la indemnización que proceda.
- En caso de incidentes que produzcan o puedan producir daños transfronterizos, se establecen obligaciones para el Estado de origen de pronta notificación y de consulta y cooperación con los Estados afectados para atenuar o eliminar dichos daños.

- Cada Estado debe asegurar que sus mecanismos administrativos y judiciales tengan la competencia necesaria y ofrezcan vías de recurso rápidas, adecuadas y eficaces a las víctimas a efectos de obtener la indemnización, que no sean discriminatorios por razón de nacionalidad y que incluyan el acceso a la información necesaria para utilizarlos.
- Finalmente, cada Estado debe adoptar las medidas legislativas, de reglamentación y administrativas necesarias para aplicar el Proyecto de principios, sin discriminación por motivo de nacionalidad, domicilio o residencia.

El Proyecto refuerza la tendencia a exonerar al Estado de la responsabilidad directa por los daños transfronterizos causados desde su territorio o por actividades realizadas bajo su jurisdicción o control y establece un modelo de responsabilidad civil de los operadores con vocación de ser internacionalmente aplicado (Beyerlin y Marauhn 2011, p. 368). Y ello, naturalmente, sin perjuicio de que quepa atribuir la responsabilidad al Estado por el incumplimiento de sus obligaciones de prevención y control de las actividades o de sus obligaciones de establecer el propio modelo de responsabilidad. Pero el Estado no responde por los daños causados por una actividad que haya autorizado siguiendo las reglas que en el Proyecto de 2001 se prevén.

La propuesta de la Comisión pretende orientar el desarrollo del derecho nacional e internacional en esta esfera, pero no afecta a los regímenes existentes de responsabilidad civil en el derecho nacional o en el Derecho Internacional Privado, ni a las normas generales de la responsabilidad de los Estados.

5. LA RESPONSABILIDAD INTERNACIONAL DEL ESTADO Y EL CAMBIO CLIMÁTICO

5.1. Hecho ilícito internacional y cambio climático

Como punto de partida hay que señalar que el régimen del cambio climático no incluye ningún marco específico para la responsabilidad (Cullet 2007), más allá de incorporar el mecanismo de Varsovia sobre pérdidas y daños, pero no hace inaplicables las normas consuetudinarias en la materia (Fajardo del Castillo 2018, pp. 43-44). Aunque, como se ha avanzado, el cambio climático ilustra perfectamente las dificultades para su aplicación.

En cuanto el elemento subjetivo del hecho ilícito, será atribuible al Estado cualquier hecho, acción u omisión, de cualquiera de sus órganos que sea contraria a una obligación internacional asumida y vigente para ese Estado, por ejemplo, la no adopción de la contribución determinada a nivel nacional o la no renovación de la misma, en relación con el Acuerdo de París, para un Estado Parte en el mismo. No obstante, la mayor parte de las emisiones de gases de efecto invernadero (GEI) han sido y son realizadas por particulares y por empresas (Heede 2014) que, salvo cuando se trate de empresas públicas, no tienen la condición de órganos del Estado y no son susceptibles de atribución de responsabilidad en el ámbito jurídico internacional.

Las obligaciones a que deben someterse las empresas en el desarrollo de sus actividades se establecen, de ordinario, mediante las leyes nacionales en relación con empresas que mantienen ciertos vínculos con el respectivo Estado[4], salvo en marcos institucionalizados de integración regional, como el que representa la UE. Si se hace desde el Derecho Internacional, son los Estados los responsables de trasladar dichas obligaciones a su ordenamiento interno, lo que remite a la responsabilidad por el incumplimiento de sus propias obligaciones en relación con el comportamiento de actores privados.

En cuanto a la identificación de obligaciones en vigor cuya vulneración pueda estar vinculada al comportamiento de los Estados en relación con el cambio climática, son varias las opciones, avaladas por la creciente jurisprudencia relativa a la litigación climática (Pigrau Solé 2021), a la espera de las opiniones consultivas de la CIJ (AGNU 2023), de la Corte Interamericana de Derechos Humanos (Corte IDH 2023) y de la Corte Africana de Derechos Humanos y de los Pueblos (Corte ADHP, 2025). Entre ellas: la obligación de reducción de emisiones de gases de efecto invernadero (Acuerdo de París, art. 4) o, en términos más generales, la obligación de proteger la atmósfera (CDI 2021, Directriz 3); la obligación, ya mencionada, de no causar daños al medio ambiente más allá de la jurisdicción nacional (ILA 2014, Art. 7a)[5]; la obligación de proteger los derechos humanos (Corte IDH 2017, párrs. 101 y 104h; TEDH 2024); y la obligación de regular y controlar la actividad de las empresas que operan bajo su jurisdicción o control, en relación con cualquiera de las anteriores (CDI 2021; CDI 2001a, arts. 5-7; TIDM 2011, párrs. 117-120, 217-222), coherente con lo previsto en los "Principios Rectores sobre las empresas y los derechos humanos" de las Naciones Unidas (principio 1) que, aunque puede entenderse como comprendida en la

---

[4] El lugar donde la empresa tiene su sede principal, está registrado realiza sus actividades económicas principales son los criterios más generalmente admitidos de vinculación (ILA 2012).

[5] La opinión consultiva del Tribunal Internacional de Derecho del Mar (TIDM) de 2024 ha conectado directamente esta obligación, vinculada a las emisiones de GEI, con las establecidas en el art. 194 de la Convención de 1982, relativo a las medidas para prevenir, reducir y controlar la contaminación del medio marino, en los arts. 207, 211 y 212, relativos, respectivamente, a la contaminación procedente de fuentes terrestres, a la contaminación causada por buques y a la contaminación desde la atmósfera o a través de ella, entre otras (TIDM 2024).

obligación de prevención, merece ser individualizada por su relevancia en este contexto (UN 2011).

5.2. La cuestión de la reparación

La litigación interestatal en el ámbito del cambio climático no necesariamente tiene que estar orientada a obtener una reparación. Puede dirigirse exclusivamente a evidenciar el incumplimiento de otro Estado para que éste rectifique sus políticas para cumplir con sus obligaciones internacionales. Por otra parte, como se ha indicado, la existencia de un daño no es imprescindible para la determinación de la existencia de un hecho ilícito en las obligaciones de comportamiento, como lo son las de debida diligencia, mientras que el daño está siempre presente en la vulneración de las obligaciones de resultado, propias de la protección de los derechos humanos. Por tanto, una demanda que no se oriente a la obtención de una reparación, sino a la cesación de una actividad dañosa, puede soslayar algunos de los problemas que presenta la cuestión de los daños.

Los daños generados por el cambio climático a un Estado concreto incluyen los daños directos como consecuencia, por ejemplo, de episodios climáticos extremos, junto a los daños permanentes, contra los que no cabe adaptación, como la pérdida de territorio terrestre, por ejemplo, en el caso de los pequeños países insulares en desarrollo (Pigrau Solé 2018a), pero también las inversiones en adaptación que deben realizar para evitar que otros daños se produzcan o se agraven, como por ejemplo los derivados de los desplazamientos de población. No es difícil, por tanto, demostrar la condición de Estado lesionado ante un tribunal internacional.

La consecuencia inmediata de la vulneración de una obligación internacional de carácter continuado, como podría ser la generada por una emisión excesiva de GEI durante un largo período, sería la obligación de cesar el comportamiento que constituye esa violación. No obstante, respecto del daño, de acuerdo con la CIJ, la reparación debería cubrir tanto los daños causados al medio ambiente como los perjuicios generados al Estado por su deterioro, cuando unos y otros se producen en el territorio de un mismo Estado (CIJ 2018, párr. 41). En nuestro caso el punto de partida debe ser también el de distinguir dos daños.

Respecto del causado a la atmósfera, de la misma manera que tenemos constancia de que son las emisiones de GEI acumuladas las causantes del cambio climático, una reducción acumulada equivalente podría facilitar la restauración ambiental y el retorno de la atmósfera a la situación preexistente. En cuanto al daño causado al Estado lesionado, la posibilidad de la restitución dependerá de los efectos concretos negativos que ha sufrido, que pueden afectar a su medio ambiente, a su economía, a sus infraestructuras o a los derechos de su población, o a una combinación de todos ellos y a los gastos realizados para afrontarlos o para prevenir nuevos daños, lo que con toda seguridad comportará también un componente de compensación en forma de indemnización (CIJ 2010, párr. 273).

Pero hay dos aspectos a tener en cuenta. El primero es la importancia de la restauración de la atmósfera en nuestro caso: la mitigación es la única solución a corto plazo y la restauración de la atmósfera es la única solución de fondo. El segundo, especialmente complejo en este contexto, es el establecimiento de la relación de causalidad entre las emisiones de uno o más Estados y el daño sufrido por uno o más Estados potencialmente demandantes, cuando se busca una reparación. En efecto, el calentamiento global no se debe a una actuación aislada realizada por o desde un solo Estado, sino que es el resultado agregado de la actividad realizada por todos los Estados, de manera continuada, durante un largo período de tiempo. ¿Cabe atribuir a un solo Estado o a un grupo de ellos el conjunto del daño sufrido? ¿Cómo atribuir a cada Estado su cuota de cambio climático y de daño causado? Estas cuestiones se plantean igualmente en el caso de que la base del litigio sea la vulneración de los derechos humanos como consecuencia del cambio climático y han contribuido al rechazo de algunas demandas en distintos foros[6].

Si bien la relación de causalidad general entre las emisiones de GEI y el cambio climático puede considerarse un hecho, el problema se plantea en cuanto a la identificación de una causalidad concreta entre las emisiones de un Estado determinado y el resultado de un daño concreto en otro Estado y, si ese fuera el estándar aplicable, sería de muy difícil, si no imposible solución. Pero ahora ya es posible calcular de manera fiable las emisiones de GEI a la atmosfera desde cada uno de los Estados, e incluso de cada una de las empresas (InfluenceMap 2024), en dichos Estados, tanto a lo largo del año, como de manera acumulativa. Y sabemos que esas emisiones, no solamente podrían causar, sino que causan daño, tanto mayor cuanto lo sea el volumen de las emisiones (Tol, Verheyen 2004, p. 112). Por tanto, la cuestión no es ya si existe una relación de causalidad entre las emisiones desde un Estado y un daño concreto en otro Estado, sino que las emisiones de un Estado han contribuido y contribuyen, de manera que puede ser más o menos significativa, en función de su volumen, para la producción del daño o del riesgo de daño en terceros Estados (Campbell-Durufle y Atapattu 2018).

Así, al argumento del daño recibido por un Estado específico, cabe añadir, en la línea de decisiones judiciales como las del caso *Urgenda* o el denominado

6 Por ejemplo, de la petición de la Conferencia Circumpolar Inuit presentada en 2005 ante la Comisión Interamericana de Derechos Humanos o la presentada en 2008 ante los tribunales federales de Estados Unidos por los habitantes de la población *Iñupiat* de Kivalina, en Alaska, contra 24 compañías petroleras y gasísticas.

Affaire du siècle, un argumento de causalidad basado en la contribución al cambio climático, generada por las emisiones de un Estado determinado que, si se trata de un país desarrollado, tiene una responsabilidad más intensa en el marco del principio de responsabilidades comunes pero diferenciadas, por su mayor contribución histórica al cambio climático (Okowa 2010, p. 313) y por los mayores recursos de los que dispone para revertirlo. Su contribución fáctica, aunque parcial, es demostrable e indiscutible.

De esta manera, con independencia de que la demanda se dirija o no a la obtención de un reparación, la responsabilidad del Estado demandado, en el sentido jurídico, dependerá del alcance de las medidas adoptadas para revertir el cambio climático, teniendo en cuenta el alcance de su contribución al mismo y el de los recursos y capacidades de que dispone para ello, incluido el análisis de su debida diligencia en la vigilancia de las actividades de los particulares, de acuerdo con los compromisos internacionales asumidos y vigentes para ese Estado. Pero, con carácter más general, ¿sería posible estimar con mayor flexibilidad el estándar de prueba en el plano internacional cuando se trata de daños al medio ambiente? Así parece apuntarlo la CIJ en el primer asunto en que ha tenido que evaluar daños al medio ambiente (CIJ 2018, párr.34; Maljean-Dubois 2021, pp. 24-25).

En este punto es oportuno hacer una mención a la relación entre las pruebas y la ciencia. Aunque hasta ahora la CIJ no ha hecho demasiado uso de la posibilidad de nombrar peritos independientes propios (Scovazzi 2014, pp. 14-15), van a ser necesarios en los litigios ambientales, como lo serían en litigios relativos al cambio climático. Esto puede ser relevante en cuanto, por ejemplo, a la apreciación de las circunstancias que excluyen la ilicitud, como la del estado de necesidad (CIJ 1997, párr. 52).

5.3. Los obstáculos procesales para hacer efectiva la responsabilidad

No existen tribunales internacionales específicos en la esfera del medio ambiente. Algunos órganos de solución de diferencias, en el marco de la Organización Mundial del Comercio o de la protección de inversiones, han sido bastante reacios a considerar la interacción del Derecho Internacional del Medio Ambiente (DIMA) con sus propios ámbitos de actuación. En cambio, sí se han suscitado con frecuencia cuestiones ambientales en el marco de los tribunales regionales de derechos humanos, por la conexión directa, en muchos casos, de esos derechos con un estado del medio ambiente sano, o en el marco del TIDM (Stephens 2009, pp. 61-62, 342-344; Dupuy y Viñuales 2018, pp. 300-309).

Igualmente, la CIJ ha ido abordando litigios relativos o conexos con el medio ambiente, y a este aspecto es conveniente dedicarle algún espacio, puesto que, entre las dificultades que plantea la responsabilidad de los Estados en relación con el cambio climático no son menores las que se derivan de la jurisprudencia de la CIJ en materia de jurisdicción contenciosa y que plantean, de nuevo, la conveniencia de la reforma de su Estatuto.

Entre los obstáculos, que se apuntarán brevemente, cabe destacar la legitimación para ejercer la acción, el requisito del consentimiento a la jurisdicción, la determinación de la existencia de una verdadera controversia y la posible afectación de terceros ausentes en el procedimiento.

En cuanto a legitimación hay que considerar las obligaciones *erga omnes*. Se trata de obligaciones de especial importancia, que se apartan de la lógica de la reciprocidad y se asumen frente al resto de Estados Parte en un mismo tratado internacional (*erga omnes partes*) o incluso frente a la comunidad internacional en su conjunto (*erga omnes*) (CIJ 1970, párrs. 33-34). El incumplimiento de una de esas obligaciones permite reaccionar a cualquier otro Estado (en el caso de las obligaciones *erga omnes*) o a cualquier otro Estado Parte en el tratado (en el de las obligaciones *erga omnes partes*) (CDI 2001a, arts. 33 y 48; IDI 2005; TIDM 2011, párr. 180; CIJ 2012, párrs 68-70; CIJ 2014; CIJ 2022, párrs. 106-108).

Aunque la existencia de una norma consuetudinaria que obligue a los Estados a proteger la atmósfera pueda suscitar dudas, parece claro, en cambio que las obligaciones de mitigación de emisiones de GEI asumidas en el marco del cambio climático por los Estados Parte en la CMNUCC y/o en el Acuerdo de París tienen la naturaleza de obligaciones *erga omnes partes*. La obligación de no causar daños al medio ambiente más allá de la jurisdicción nacional, tiene naturaleza consuetudinaria. Puede discutirse si se trata de una obligación *erga omnes*, pero en todo caso legitima la acción de respuesta de cualquier Estado que pueda sentirse lesionado por el incumplimiento de la obligación de prevención por parte de otro Estado. En relación con la obligación de los Estados de proteger los derechos humanos frente a los efectos del cambio climático, mencionada en el Preámbulo del Acuerdo de París, el Comité de Derechos Humanos ha afirmado el carácter *erga omnes* de las normas relativas a los derechos básicos de la persona humana (Cté. DH 2004, párr.2). Puesto que, de ordinario, la vulneración de la obligación de vigilancia de los actores privados irá vinculada a una de las anteriores, en ninguno de los supuestos analizados el *ius standi* debería ser un obstáculo insalvable para la litigación climática interestatal.

En segundo lugar, la existencia de una controversia es un requisito necesario para el establecimiento de la jurisdicción de la Corte en vía contenciosa. No obstante, desde el *asunto Mavrommatis* ante la Corte Permanente de Justicia Internacional (CPJI 2024) no se había discutido un caso por ese motivo hasta hace pocos años. Pero en 2016, la CIJ, por primera vez, rechazó las demandas de las Islas Marshall contra el Reino Unido, la India y Pakistán, en el asunto del desarme nuclear, afirmando la inexistencia de una controversia entre el Estado demandante y cada uno de los tres demandados (CIJ 2016ª, 2016b, 2016c). Lo relevante es que la Corte ignora cualquier análisis de la perspectiva multilateral del caso y cada una de las demandas es tratada como un asunto bilateral, independientemente del contexto histórico y del carácter claramente colectivo de la profunda disputa entre los pocos Estados poseedores de armas nucleares y la inmensa mayoría de Estados que no lo son, en torno al cumplimiento de las obligaciones derivadas del Tratado de no proliferación de las armas nucleares, de 1968 (Pigrau, 2018b, p. 141; Krisch, 2016). La concepción clásica de la responsabilidad que inspira el Estatuto de la CIJ, en cuanto a la jurisdicción contenciosa, explica los litigios siempre en clave bilateral (CIJ 1978, art.38.1). Es así tanto cuando hay varios Estados demandantes y un mismo Estado demandado, como en las demandas de 1973 de Australia y Nueva Zelanda contra Francia en relación con los ensayos nucleares franceses en el Pacífico, o cuando hay un solo Estado demandante y varios Estados demandados, como en las demandas de 1999 de la República Federativa de Yugoslavia (Serbia y Montenegro) contra diversos Estados miembros de la OTAN. El sistema establecido no contempla demandas conjuntas contra un mismo Estado demandado, ni demandas contra varios Estados, demandados de manera conjunta. Lo más parecido a ello es la petición de intervención de un tercer Estado en un procedimiento, prevista, por ejemplo, en los artículos 62 y 63 del Estatuto de la Corte y en los artículos 81 a 85 de su Reglamento y sometida a la decisión de la propia Corte (Pigrau 2018b, p. 138). La lectura en clave bilateral de una controversia sustancialmente multilateral es también posible en el caso del cambio climático, en el que la solución del problema de fondo no está en las manos de ninguno de los Estados, de manera individual (Okowa 2010, pp. 315-316). También ahí podría rechazarse la existencia de una controversia entre cualquier Estado demandante y un Estado concreto demandado, a no ser que se haya hecho evidente mediante suficientes actos públicos por parte del potencial demandante contra el potencial demandado.

En tercer lugar, encontramos el obstáculo de que, en Derecho Internacional, la jurisdicción de los tribunales internacionales se limita a aquellos supuestos en que ha sido aceptada expresamente por los Estados interesados. En el caso de la CIJ, su jurisdicción se extiende a todos los litigios que las partes le sometan y a todos los asuntos especialmente previstos en la Carta de las Naciones Unidas o en los tratados y convenciones vigentes (art.36 Estatuto), así como a los casos previstos en una declaración expresa del Estado de aceptación de dicha jurisdicción, o a aquellos en que tal consentimiento pueda deducirse de ciertos actos del Estado (*forum prorogatum*) (CIJ 2008, párrs. 60-62). Este requisito, propio de la estructura bilateral clásica de la relación de responsabilidad internacional, no ha sufrido erosión alguna a pesar de la aparición posterior de las nociones de obligaciones *erga omnes.* Así lo ha afirmado de manera contundente la propia CIJ: "*the Court considers that the erga omnes character of a norm and the rule of consent to jurisdiction are two different things*" (CIJ 1995, párr.29). La CIJ lo ha afirmado igualmente en relación con las normas imperativas de Derecho Internacional general (ius cogens) destinadas a la protección de los intereses esenciales de la comunidad internacional en su conjunto (CDI 2001a, arts. 40-41)[7]:

> *"The same applies to the relationship between peremptory norms of general international law (jus cogens) and the establishment of the Court's jurisdiction: the fact that a dispute relates to compliance with a norm having such a character [...] cannot of itself provide a basis for the jurisdiction of the Court to entertain that dispute. Under the Court's Statute that jurisdiction is always based on the consent of the parties."* (CIJ 2006, párr. 64.)

En consecuencia, a pesar de la gravedad de los efectos actuales del cambio climático y el riesgo futuro todavía más grave, y del interés esencial que el clima del planeta representa para la propia supervivencia de toda la Comunidad internacional, el principio del consentimiento es todavía un obstáculo insuperable para demandar ante un tribunal internacional y en particular ante la CIJ a un Estado que no haya aceptado su competencia, incluso si se tratara de uno de los que resultan ser los mayores responsables del cambio climático.

Un cuarto obstáculo a considerar, por último, es el de la afectación de terceros ausentes en el procedimiento. La CIJ no puede incorporar de manera forzosa a un Estado a un procedimiento abierto, del que pueda resultar responsable junto con otros. En litigios en los que la responsabilidad por una violación de una obligación internacional puede ser compartida por varios Estados, la Corte puede aplicar el criterio de que no cabe resolver la controversia por la ausencia en el procedimiento de otros Estados que pueden verse afectados por las consecuencias jurídicas de la decisión, según la línea jurisprudencial iniciada en 1954 (CIJ 1954). Esta posibilidad ha sido expresamente afirmada incluso en el caso de obligaciones *erga omnes*:

> *"Whatever the nature of the obligations invoked, the Court could not rule on the lawfulness of the conduct of a State when its judgment would imply an evaluation of the lawfulness of the conduct of another State which is not a party to the case. Where this is so, the Court cannot act, even if the right in question is a right erga omnes"* (CIJ 1995, párr. 29).

De esta manera el principio de consentimiento de la jurisdicción, antes mencionado, no solamente comporta que el Estado que no la ha aceptado no pueda ser demandado, sino que puede hacer imposible el pronunciamiento, en este caso de la CIJ, respecto de otros Estados demandados que sí hayan aceptado su

[7] Entre los ejemplos contenidos en el comentario al art. 40 está el de "una violación grave de una obligación esencial para la salvaguardia y la protección del medio humano, como las que prohíben la contaminación masiva de la atmósfera o de los (CDI 2001a).

jurisdicción, respecto de la vulneración de la misma obligación. Está claro que el cambio climático es resultado del comportamiento de los Estados a lo largo del tiempo, especialmente en los últimos dos siglos, y que su reversión requiere la actuación conjunta de todos los Estados, con especial intensidad por parte de quienes han tenido una mayor responsabilidad en la aparición del problema y tienen mayores medios para resolverlo. Y que no es posible atribuir a uno solo de ellos toda la responsabilidad. Pero eso no debería significar que no se pueda exigir a cada uno que cumpla con sus obligaciones ante un tribunal internacional, en la proporción que corresponda.

En definitiva, las normas procesales que regulan actualmente la jurisdicción del principal órgano judicial internacional y la jurisprudencia que las acompaña están, en algunos aspectos, claramente inadaptadas a las necesidades de protección jurídica de un interés esencial de la Comunidad internacional como lo es la continuidad de la vida en el Planeta.

6. REFERENCIAS

6.1. Referencias doctrinales

Arbour, Jean-Maurice; Lavallée, Sophie; Trudeau, Hélène (2012), *Droit International de l'Environnement,* 2e édition, Éditions Yvon Blais, Cowansville, Québec. http://dx.doi.org/10.14375/NP.9782807201835.

Barboza, Julio (1994), "International Liability for the Injurious Consequences of Acts Not Prohibited by International Law and Protection of the Environment", *Hague Academy, Collected Courses,* vol. 247, pp. 295-401.

Beyerlin, Ulrich; Marauhn, Thilo (2011), *International Environmental Law,* Hart Publishing, Oxford. http://dx.doi.org/10.5771/9783845265582.

Boyle, Alan E. (1990), "State responsibility and international liability for injurious consecuences of acts not prohibited by international law: a necessary distinction?", *International & Comparative Law Quarterly,* vol. 39, p. 1-26.

Boyle, Alan E. (2005), "Globalising Environmental Liability: The Interplay of National and International Law", *Journal of Environmental Law,* vol. 17, nº 1, pp. 3-26. http://dx.doi.org/10.1093/envlaw/eqi001.

Boyle, Alan (2002), "Reparation for Environmental Damage in International Law: Some Preliminar Problems", en Bowman, Michael, Boyle, Alan (eds.), *Environmental Damage in International and Comparative Law: Problems of Definition and Valuation,* Oxford University Press, Oxford, 2022, pp. 17-26. http://dx.doi.org/10.1093/acprof:oso/9780199255733.003.0002.

Brunnée, Jutta (2019), «Procedure and Substance in International Environmental Law», *Hague Academy, Collected Courses,* vol. 405, pp. 75-240. http://dx.doi.org/10.1163/9789004444386.

Campbell-Durufle, Christopher; Atapattu, Sumudu Anopama (2018), "The Inter-American Court's Environment and Human Rights Advisory Opinion: Implications for International Climate Law". *Climate Law,* Vol.8 (3-4), 2018, pp. 321-337. http://dx.doi.org/10.1163/18786561-00803012.

Cullet, Philippe, "Liability and Redress for Human-Induced Global Warming: Towards an International Regime", *Stanford Environmental Law Journal*, vol. 26, 2007, pp. 99-121.

Dupuy, Pierre Marie (1976), *La responsabilité internationale des états pour les dommages d'origine techmologique et industrielle*, Pedone, Paris.

Dupuy, Pierre-Marie; Viñuales, Jorge E. (2018), *International Environmental Law*, Cambridge University Press, Cambridge, Second edition, 3rd printing 2020. http://dx.doi.org/10.1017/9781108399821.

Fajardo del Castillo, Teresa (2018), "El acuerdo de París sobre el cambio climático: sus aportaciones al desarrollo progresivo del Derecho internacional y las consecuencias de la retirada de los Estados Unidos", *Revista Española de Derecho Internacional*, vol. 70/1, pp. 23-51. http://dx.doi.org/10.17103/redi.70.1.2018.1.01.

Fitzmaurice, Malgosia A. (2001), «International Protection of the Environment», *Hague Academy, Collected Courses*, vol. 293, pp. 9-488. http://dx.doi.org/10.1163/ej.9789041118554.009-488.1.

Fitzmaurice, Malgosia A. (2007), "International Responsibility and Liability", en *The Oxford Handbook of International Environmental Law*, Edited by Bodansky, Daniel, Brunnée, Jutta, Hey, Ellen, Oxford University Press, Oxford, 2007, Reprinted 2010, pp. 1010-1035. http://dx.doi.org/10.1093/oxfordhb/9780199552153.013.0044.

Heede, Richard (2014), "Tracing Anthropogenic Carbon Dioxide and Methane Emissions to Fossil Fuel and Cement Producers, 1854-2010", *Climatic Change*, 122: 229-241. DOI 10.1007/s10584-013-0986-y. http://dx.doi.org/10.1007/s10584-013-0986-y.

Juste Ruiz, José (1999), *Derecho Internacional del Medio Ambiente*, McGraw-Hill, Madrid.

Kiss, Alexandre (1987), "Tchernobâle ou la pollution accidentelle du Rhin par les produits chimiques", *Annuaire français de droit international*, vol. 33, pp. 719 y ss.

Krisch, N. (2016), 'Capitulation in The Hague: The Marshall Islands Cases', October 10, 2016, disponible en https://www.ejiltalk.org/capitulation-in-the-hague-the-marshall-islands-cases/.

Maljean-Dubois, Sandrine, "A quand un contentieux interétatique sur les changements climatiques?", *Questions of International Law, Zoom-out 85* (2021), pp. 17-28.

Okowa, Phoebe (2010), "Responsibility for Environmental Damage", en *Research Handbook on International Environmental Law*, Edited by Fitzmaurice, Malgosia; Ong, David M.; Merkouris, Panos, Edward Elgar Publishing, Cheltenham, UK / Northampton, MA, USA, 2010, pp. 303-319. http://dx.doi.org/10.4337/9781849807265.00026.

Orrego Vicuña, Francisco (1997), "La responsabilidad por daño al medio ambiente en el derecho internacional", *Cursos Euromediterráneos Bancaja de Derecho Internacional*, vol. I, pp. 277-314.

Pigrau Solé, Antoni (2018a), "Calentamiento global, elevación del nivel del mar y pequeños estados insulares y archipelágicos: un test de justicia climática", en Oanta, Gabriela (coord.), *El Derecho del mar y las personas y grupos vulnerables*, Bosch Editor, Barcelona, pp. 235-281. http://dx.doi.org/10.2307/j.ctvh1drdd.10.

Pigrau, Antoni (2018b), "Reflections on the effectiveness of peremptory norms and erga omnes obligations before international tribunals, regarding the request for an advisory opinion from the International Court of Justice on the Chagos Islands", *Questions of International Law, Zoom-out* 55, pp. 131-146.

Pigrau Solé, Antoni (2021), "Cambio climático y responsabilidad internacional del Estado", *Anuario de la Facultad de Derecho de la Universidad Autónoma de Madrid* (AFDUAM), vol. 26, pp. 45-80.

Pisillo-Mazzeschi, Riccardo, "Forms of International Responsibility for Environ, mental Harm", en Francioni, Francesco; Scovazzi, Tullio (eds.) (1991), *International Responsibility for Environmental harm*, Graham & Trotman, London, Reprinted 1993, pp. 15-35.

Scovazzi, Tullio (2001), "State Responsibility for Environmental Harm", *Yearbook of International Environmental Law*, vol. 12, pp. 43-67. http://dx.doi.org/10.1093/yiel/12.1.43.

Scovazzi, Tullio (2014), "Between law and science: Some considerations inspired by the Whaling in the Antarctic judgment", *Questions of International Law, Zoom-in* 14, Apr 19, 2014, pp. 13-30.

Spinedi, Marina, "Les conséquences juridiques d'un fait internationalement illicite causant un dommage à l'environnement", en Francioni, Francesco; Scovazzi, Tullio (eds.) (1991), *International Responsibility for Environmental harm*, Graham & Trotman, London, Reprinted 1993, pp. 75-124.

Stephens, Tim (2009), *International Courts and Environmental Protection*, Cambridge University Press, Cambridge. http://dx.doi.org/10.1017/CBO9780511576034.

Tol, Richard S.J; Verheyen, Roda (2004), "State responsibility and compensation for climate change damages—a legal and economic assessment", *Energy Policy* 32(9), pp. 1109-1130. http://dx.doi.org/10.1016/S0301-4215(03)00075-2.

Verheyen, Roda (2005), *Climate Change Damage and International Law: Prevention Duties and State Responsibility*, Martinus Nijhoff Publishers, Leiden/Boston. http://dx.doi.org/10.1163/9789047427407.

6.2. Referencias normativas

6.2.1. Tratados internacionales

Tratado Antártico, Washington, 1 de diciembre de 1959; *BOE* núm. 152, 26 de junio de 1982.

Convenio complementario al Convenio de París de 1960 sobre responsabilidad civil en el campo de la energía nuclear, Bruselas, 31 de enero de 1963; *BOE* núm. 281, 22 de noviembre de 1975.

Convención de Viena sobre responsabilidad civil por daños nucleares, Viena, 21 de mayo de 1963; OIEA, INFCIRC/500, marzo de 1996.

Tratado de no proliferación de las armas nucleares, Londres, Moscú y Washington, 1 de julio de 1968, *BOE* núm. 313, 31 de diciembre de 1987.

Convenio de Bruselas sobre responsabilidad civil por daños causados por la contaminación de las aguas del mar por hidrocarburos, Bruselas, 29 de noviembre de 1969; *BOE* núm. 58, 8 de marzo de 1976.

Convenio relativo a la responsabilidad civil en la esfera del transporte marítimo de materiales nucleares, Bruselas, 17 de diciembre de 1971; *BOE* núm. 199, 20 de agosto de 1975.

Convenio internacional sobre la constitución de un Fondo Internacional de indemnización por daños causados por la contaminación por hidrocarburos, Bruselas, 18 de diciembre de 1971; *BOE* núm. 60, 11 de marzo de 1982.

Convenio sobre la responsabilidad internacional por daños causados por objetos espaciales, Londres, Moscú, Washington, 29 de marzo de 1972; *BOE*, n.º 106, 2 de mayo de 1980.

Protocolo correspondiente al convenio internacional sobre responsabilidad civil por daños causados por la contaminación de las aguas del mar por hidrocarburos, Londres, 19 de noviembre de 1976; *BOE* núm. 30, 4 de febrero de 1982.

Convención de las Naciones Unidas sobre el Derecho del Mar, Montego Bay, 10 de diciembre de 1982; *BOE* núm. 39, 14.02.97.

Protocolo de Montreal, relativo a las sustancias que agotan la capa de ozono, Montreal, 16 de septiembre de 1987; *BOE* núm. 65, 17 de marzo de 1989.

Protocolo común relativo a la aplicación del Convenio de Viena y el Convenio de París, 21 de septiembre de 1988, OIEA, INFCIRC/402, mayo de 1992.

Convenio de Basilea, sobre el control de los movimientos transfronterizos de los desechos peligrosos y su eliminación, 22 de marzo de 1989; BOE núm. 227, 22.09.94.

Convención sobre responsabilidad civil por daños causados durante el transporte de mercancías peligrosas por carretera, ferrocarril o buques de transporte fluvial, Ginebra, 10 de octubre de 1989.

Protocolo al Tratado Antártico sobre Protección del Medio Ambiente y sus Anejos, Madrid, 4 de octubre de 1991; *BOE* núm. 42, 18 de febrero de 1998.

Convenio sobre los efectos transfronterizos de los accidentes industriales, Helsinki, 17 de marzo de 1992; *BOE* núm. 61, 11 de marzo de 2000.

Convenio sobre la protección y utilización de los cursos de agua transfronterizos y de los lagos internacionales, Helsinki, 17 de marzo de 1992; *BOE* núm. 81, 4 de abril de 2000.

Protocolo que modifica el Convenio internacional de 1971 de constitución de un Fondo Internacional de indemnización por daños causados por la contaminación por hidrocarburos, Londres, 27 de noviembre de 1992; *BOE* núm. 244, 11.10.1997.

Protocolo de 1992 que enmienda el Convenio Internacional sobre responsabilidad civil nacida de daños debidos a contaminación por hidrocarburos, Londres, 27 de noviembre de 1992; *BOE* núm. 225, 20 de septiembre de 1995.

Convention on Civil Liability for Damage Resulting from Activities Dangerous to the Environment, Lugano, 21.VI.1993, *Council of Europe European Treaty Series* - No. 150.

Protocolo de enmienda de la Convención de Viena sobre responsabilidad civil por daños nucleares, Viena, 12 de septiembre de 1997; OIEA, INFCIRC/566, julio de 1998.

Convención sobre Indemnización Suplementaria por daños nucleares, Viena, 12 de septiembre de 1997; OIEA, INFCIRC/567, julio de 1998.

Protocolo de Kioto al Convenio Marco de las Naciones Unidas sobre el Cambio Climático, Kioto, 11 de diciembre de 1997; *BOE* núm. 33, 8 de febrero de 2005.

Protocolo sobre responsabilidad e indemnización por daños, Basilea, 10 de diciembre de 1999.

Convenio Internacional sobre responsabilidad civil nacida de daños debidos a contaminación por hidrocarburos para combustible de los buques (Bunkers), Londres, 23 de marzo de 2001.

Protocolo relativo al Convenio Internacional sobre la constitución de un Fondo Internacional de Indemnización de daños debidos a contaminación por hidrocarburos, Londres, 16 de mayo de 2003; *BOE* núm. 28, de 2 de febrero de 2005; *BOE* núm. 43, 19 de febrero de 2008.

Protocolo sobre responsabilidad e indemnización por daños derivados de los efectos transfronterizos de los accidentes en aguas transfronterizas, complementario del Convenio sobre la protección y utilización de cursos de agua transfronterizos y lagos internacionales, de 1992, y de la Convención sobre los efectos transfronterizos de los accidentes industriales, de 1992, Kiev, 21 de mayo de 2003. ECE, Doc. ECE/MP.WAT/11-ECE/CP.TEIA/9.

Protocolo que modifica el Convenio de 29 de julio de 1960 sobre la responsabilidad civil en materia de energía nuclear, modificado por el Protocolo adicional de 28 de enero de 1964 y por el Protocolo de 16 de noviembre de 1982, 12 de febrero de 2004.

Protocolo que modifica al Convenio de 31 de enero de 1963 complementario al Convenio de parís de 29 de julio de 1960 sobre la responsabilidad civil en materia de energía nuclear, modificado por el protocolo adicional de 28 de enero de 1964 y por el Protocolo de 16 de noviembre de 1982, 12 de febrero de 2004.

Protocolo de 2010 relativo al Convenio internacional sobre responsabilidad e indemnización de daños en relación con el transporte marítimo de sustancias nocivas y potencialmente peligrosas, Londres, 30 de abril de 2010.

Protocolo de Nagoya-Kuala Lumpur sobre responsabilidad y compensación, suplementario al Protocolo de Cartagena sobre seguridad de la biotecnología, Nagoya, 15 de octubre de 2010; *BOE* núm. 17, 19 de enero de 2018.

Acuerdo de París, París, 12 de diciembre de 2015; *BOE* núm. 28, 2 de febrero de 2017.9999

6.2.2. Otros actos normativos internacionales

AGNU (2006), Resolución 61/36, de 4 de diciembre de 2006: "Asignación de la pérdida en caso de daño transfronterizo resultante de actividades peligrosas".

AGNU (2023), Resolución 77/276, de 29 de marzo de 2023, "Solicitud de una opinión consultiva a la Corte Internacional de Justícia sobre las obligaciones de los Estados en relación con el cambio climático"

CIJ (1978), Reglamento, adoptado el 14 de abril de 1978

NU (1972a), Informe de la Conferencia de las Naciones Unidas sobre el Medio Humano Declaración de Estocolmo sobre el Medio Humano, Conferencia de las Naciones Unidas sobre el Medio Humano, Estocolmo, 5 a 16 de junio de 1972, Doc. A/CONF.48/14/Rev.1.

NU (1992a), Informe de la Conferencia de Naciones Unidas sobre el Medio Ambiente y el Desarrollo, Declaración de Río sobre el Medio Ambiente y el Desarrollo, Conferencia de las Naciones Unidas sobre el Medio Ambiente y el Desarrollo, Río de Janeiro, 3-14 de junio de 1992, Doc. A/CONF.151/26/Rev.l (Vol. I).

NU (2011), Principios Rectores de las Naciones Unidas sobre empresas y derechos humanos. Asumidos por el Consejo de Derechos Humanos, mediante su Resolución 17/4, de 16 de junio de 2011.

UE (2004), Directiva 2004/35/CE del Parlamento Europeo y del Consejo, de 21 de abril de 2004, sobre responsabilidad medioambiental en relación con la prevención y reparación de daños medioambientales; DOUE núm. 143, de 30 de abril de 2004.

6.3. Referencias jurisprudenciales

6.3.1. Órganos jurisdiccionales internacionales

CIJ (1949), *Corfú Channel case, Judgment of April 9th, 1949, I.C. J. Reports 1949*, p. 4.

CIJ (1954), *Case of the monetary gold removed from Rome in 1943 (Preliminary Question), Judgment of June 15th, 1954: I.C. J. Reports 1954*, p. 19.

CIJ, (1970), *Barcelona Traction, Light and Power Company, Limited, Judgment, I.C.J. Reports 1970*, p. 3.

CIJ (1974a), *Nuclear Tests (Australia v. France), Judgment, I.C.J. Reports 1974*, p. 253.

CIJ, (1974b), *Nuclear Tests (New Zealand v. France), Judgment, I.C.J. Reports 1974*, p. 457.

CIJ (1980), *United States Diplomatic and Consular Staff in Teheran, Judgment, I.C.J. Reports 1980*, p. 3.

CIJ (1995), *East Timor (Portugal v. Australia), Judgment, I.C.J. Reports 1995*, p. 90.

CIJ (1996), *Legality of the Threat or Use of Nuclear Weapons, Advisory Opinion, I.C.J. Reports 1996*, p. 226.

CIJ (1997), *Gabcikovo-Nagymaros Project (Hungary v. Slovakia), Judgment, I.C.J. Reports 1997*, p. 7.

CIJ (2006), *Armed Activities on the Territory of the Congo (New Application: 2002) Democratic Republic of the Congo v. Rwanda), Jurisdiction and Admissibility, Judgment, I.C.J. Reports 2006*, p. 6.

CIJ (2008), *Certain Questions of Mutual Assistance in Criminal Matters (Djibouti v. France), Judgment, I.C.J. Reports 2008*, p. 177.

CIJ (2010), *Pulp Mills on the River Uruguay (Argentina v. Uruguay), Judgment, I.C.J. Reports 2010*, p. 14.

CIJ (2012), *Questions relating to the Obligation to Prosecute or Extradite (Belgium v. Senegal), Judgment, I.C.J. Reports 2012* (II), p. 422.

CIJ (2014), *Whaling in the Antarctic (Australia v. Japan: New Zealand intervening), Judgment, I.C.J. Reports 2014*, p. 226 (2014).

CIJ (2015), *Certain Activities Carried Out by Nicaragua in the Border Area (Costa Rica v. Nicaragua) and Construction of a Road in Costa Rica along the San Juan River (Nicaragua v. Costa Rica), Judgment, I.C.J. Reports 2015*, p. 665.

CIJ (2016a), *Obligations concerning Negotiations relating to Cessation of the Nuclear Arms Race and to Nuclear Disarmament (Marshall Islands v. India), Jurisdiction and Admissibility, Judgment, I.C.J. Reports 2016*, p. 255.

CIJ (2016b), *Obligations concerning Negotiations relating to Cessation of the Nuclear Arms Race and to Nuclear Disarmament (Marshall Islands v. Pakistan), Jurisdiction and Admissibility, Judgment, I.C.J. Reports 2016*, p. 552.

CIJ (2016c), *Obligations concerning Negotiations relating to Cessation of the Nuclear Arms Race and to Nuclear Disarmament (Marshall Islands v. United Kingdom), Preliminary Objections, Judgment, I.C.J. Reports 2016*, p. 833.

CIJ (2018), *Certain Activities Carried Out by Nicaragua in the Border Area (Costa Rica v. Nicaragua), Compensation, Judgment, I.C.J. Reports 2018*, p. 15.

CIJ (2022), *Application of the Convention on the Prevention and Punishment of the Crime of Genocide (The Gambia v. Myanmar), Preliminary Objections, Judgment, I.C.J. Reports 2022*, p. 477.

Corte ADHP (2025), *Request for an advisory opinion on the human rights obligations of African states in addressing the climate crisis.*

Corte IDH (1917), *Medio ambiente y derechos humanos.* Opinión Consultiva OC-23/17 de 15 de noviembre de 2017. Serie A No. 23.

CPJI (1927), *Arrêt n.° 8, Affaire relative a l'usine de Chorzow (demande en indemnité) (compétence)*, C.P.J.I., Série A, n.° 9.

CPJI (1928), Arrêt n.° 13, *Affaire relative a l'usine de Chorzow (demande en indemnité) (fond)*, C.P.J.I., Série A, n.° 17, 13 septembre 1928.

CPJI (1924), *Affaire des concessions Mavrommatis en Palestine*, C.P.J.I., Série A, n.° 2, 30 août 1924.

TA (1925a), *Affaire des biens britanniques au Maroc espagnol. Espagne contre Royaume-Uni.* La Haye, 1er mai 1925, *Reports of International Arbitral Awards*, Vol. II, pp. 615-742.

TA (1925b) *Laura M. B. Janes et al. (U.S.A.) v. United Mexican States*, 16 November 1925, *RIAA*, Vol. IV p. 82-98.

TA (1941), *Trail smelter case. (United States, Canada).* April 16, 1938, and March 11, 1941, *RIAA*, Vol. III, pp. 1905-1982.

TA (1957) *Affaire du lac Lanoux (Espagne, France)*, 16 November 1957, *RIAA*, Vol. XII pp. 281-317.

TA (1990), *Case concerning the difference between New Zealand and France concerning the interpretation or application of two agreements, concluded on 9 July 1986 between the two States and which related to the problems arising from the Rainbow Warrior Affair*, 30 April 1990, *RIAA*, Vol. XX, pp. 215-284.

TEDH (2024), *Verein Klimaseniorinnen Schweiz y otros c. Suiza* (GS), núm. 53600/20, 2024.

TIDM (2011), *Responsibilities and obligations of States with respect to activities in the Area, Advisory Opinion, 1 February 2011, ITLOS Reports 2011*, p. 10.

TIDM (2024), *Request for an Advisory Opinion Submitted by the Commission of Small Island States on Climate Change and International Law, Advisory Opinion, 21 May 2024.*

6.3.1. Tribunales nacionales

Estados Unidos, *Native Village of Kivalina v. ExxonMobil Corp.*, United States District Court for the Northern District Of California, Oakland Division, Case No: C 08-1138 SBA, Order Granting Defendants' Motions to Dismiss for Lack of Subject Matter Jurisdiction, September 30, 2009.

Francia, *Association Oxfam France, Association Notre Affaire à Tous, Fondation Pour La Nature et l'Homme, Association Greenpeace France, N°1904967, 1904968, 1904972, 1904976/4-1*, Tribunal Administratif de Paris, 4ème section - 1ère chambre, Audience du 14 janvier 2021. Lecture du 3 février 2021.

Países Bajos, *Urgenda Foundation et al. v. The State of the Netherlands (Ministry of Infrastructure and the Environment)*, The Hague District Court, Judgment, C/09/456689 HA ZA 13-1396, 24 June 2015.

Países Bajos, *Oguru, Efanga and MD v. Shell Petroleum N.V., Royal Dutch Shell PLC., Shell Petroleum Development Company of Nigeria LTD.*, The Hague Court of Appeal, Civil law division, Date of ruling: 29 January 2021. Case numbers: 200.126.804 (case a) + 200.126.834 (case b).

Reino Unido, *Vedanta Resources PLC and another (Appellants) v Lungowe and others (Respondents)*, [2019] UKSC 20; Case ID. UKSC 2017/0185.

Reino Unido, *Okpabi and others (Appellants) v Royal Dutch Shell Plc and another (Respondents)*, [2021] UKSC 3, Case ID: UKSC 2018/0068.

6.4. Referencias documentales

CDI (2001a), "Proyecto de Artículos sobre la responsabilidad del Estado por hechos internacionalmente ilícitos", adoptado por la CDI en su 53° período de sesiones (A/56/10) y anexado por la AGNU en su Resolución 56/83, de 12 de diciembre; Documentos Oficiales de la AGNU, 56 período de sesiones, Suplemento n.° 10 y correcciones (A/56/10 y Corr.1 y 2); "Informe de la CDI sobre la labor realizada en su 53° período de sesiones". El Proyecto está reproducido como anexo a la Res. 56/83 de la AGNU, de 12 de diciembre de 2001.

CDI (2001b), "Proyecto de Artículos sobre prevención del daño transfronterizo resultante de actividades peligrosas"; "Informe de la CDI sobre la labor realizada en su 53° período de sesiones", AGNU, Documentos Oficiales, 56° período de sesiones, Suplemento n.° 10 y corrección (A/56/10 y Corr.1).

CDI (2004), "Proyecto de principios sobre la asignación de la pérdida en caso de daño transfronterizo resultante de actividades peligrosas", Informe de la CDI, 56° período de sesiones; Doc. A/CN.4/L.662, 15 de julio.

CDI (2006), "Proyecto de principios sobre la asignación de la pérdida en caso de daño transfronterizo resultante de actividades peligrosas", Informe de la CDI, 58° período de sesiones; Doc. A/61/10, p. 120; anexado en Resolución 61/36 de la AGNU, de 4 de diciembre.

CDI (2021), "Proyecto de directrices sobre la protección de la atmósfera", Informe de la CDI, 72° período de sesiones, Doc, A/76/10, Nueva York, 2021, pp. 10-12.

Cté. DH (2004), Observación general No. 31 [80], "Naturaleza de la obligación jurídica general impuesta a los Estados Partes en el Pacto", Doc. CCPR/C/21/Rev.1/Add.13", 26 de mayo de 2004.

Corte IDH (2023), Solicitud de Opinión Consultiva sobre Emergencia Climática y Derechos Humanos a la Corte Interamericana de Derechos Humanos de la República de Colombia y la República de Chile, 9.1.2023.

IDI, (1998), Session de Strasbourg - 1997, La responsabilité en droit international en cas de dommages causés à l'environnement, (Huitième Commission, Rapporteur: M. Francisco Orrego Vicuña).

IDI (1911), Session de Madrid - 1911, Réglementation internationale de l'usage des cours d'eau internationaux en dehors de l'exercice du droit de navigation, (Rapporteurs: MM. Ludwig von Bar et Heinrich Harburger).

IDI (1961), Session de Salzbourg - 1961, Utilisation des eaux internationales non maritimes (en dehors de la navigation) (Neuvième Commission, Rapporteur: M. Juraj Andrassy).

IDI (1979), Session d'Athènes - 1979, La pollution des fleuves et des lacs et le droit international (Quinzième Commission, Rapporteur: M. Jean Salmon).

IDI (1987), Session du Caire - 1987, La pollution transfrontière de l'air (Vingtième Commission, Rapporteur: M. Geraldo E. do Nascimento e Silva).

IDI (1997), Session de de Strasbourg - 1997; La responsabilité en droit international en cas de dommages causés à l'environnement (Huitième Commission, Rapporteur: M. Francisco Orrego Vicuña).

IDI (2005), Session de Cracovie - 2005; Les obligations et les droits *erga omnes* en droit international (Cinquième Commission, Rapporteur: M. Giorgio Gaja).

ILA (1956), 47th Conference, Dubrovnic, Statement of Principles. Resolution of Dubrovnik, 1956.

ILA (1966), 52nd Conference, Helsinki, The Helsinki Rules on the Uses of Water of International Rivers, 1966.

ILA (1980), 59th Conference, Belgrade, Regulation of the Flow of Water of International Watercourses; Articles on the Relationship between Water, Other Natural Resources and the Environment, 1980.

ILA (1986), 62nd Conference, Seoul, Complementary Rules Applicable to International Water Resources, 1986.

ILA (1996), 67th Conference, Helsinki, Articles on Private Law Remedies for Transboundary Damage in International Watercourses, 1996.

ILA, (2002), 70th Conference, New Delhi, India, Sustainable Development. New Delhi Declaration of Principles of International Law Relating to Sustainable Development; Resolution 3/2002, 6 April 2002.

ILA (2004), 71st Conference, Berlin, Berlin Rules on Water Resources, 2004.

ILA (2012), 75th Conference Sofia, Resolution No 2 /2012, International Civil Litigation and the Interests of the Public. Adopta: *Sofia Guidelines on Best Practices for International Civil Litigation for Human Rights Violations.*

ILA (2014), 76th Conference, Washington D.C., Resolution 2/2014, Declaration of Legal Principles Relating to Climate Change, 2014.

InfluenceMap (2024), The Carbon Majors Database: Launch Report, April 2024.

The Inuit Circumpolar Conference (2005); Petition to the Inter American Commission on Human Rights seeking relief from Violations resulting from Global Warming caused by Acts and Omissions of The United States Submitted by Sheila Watt-Cloutier, with the Support of the Inuit Circumpolar Conference.

Capítulo 6

MARCO INSTITUCIONAL DE LAS NACIONES UNIDAS PARA LA PROTECCIÓN DEL MEDIO AMBIENTE

XAVIER PONS RAFOLS[1]

1. INTRODUCCIÓN

Este capítulo se ocupa del examen del marco institucional de las Naciones Unidas en relación con la protección del medio ambiente. Un marco institucional que se encuadra más ampliamente en lo que se conoce como sistema o familia de las Naciones Unidas y que agrupa diversas estructuras institucionales de diferente naturaleza jurídica. En este sentido, nos vamos a ocupar de los diferentes órganos —principales y subsidiarios— de las Naciones Unidas, así como de otras entidades —como los Organismos especializados— que también forman parte del sistema de las Naciones Unidas. Todas estas estructuras institucionales han auspiciado y han llevado a cabo tanto actividades de orientación general y compromiso político en relación con la protección internacional del medio ambiente como actividades de carácter normativo y de carácter operacional. Aunque en estas estructuras y procesos participan también actores no estatales —cuyo papel en la gobernanza ambiental se considera legítimo (NU 2018, párr. 84)—, nos limitaremos en este capítulo a la dimensión intergubernamental multilateral.

Como es sabido, la Carta de las Naciones Unidas (CNU) fue adoptada en 1945, al terminar la Segunda Guerra Mundial, en una época en el que las preocupaciones medioambientales no habían surgido todavía y eran otras las inquietudes internacionales del momento. No obstante, el hecho de que en la Carta no se mencionaran estas preocupaciones no ha impedido a las Naciones Unidas una labor protagónica en materia de protección del medio ambiente en los últimos cincuenta años. Esta labor se ha podido llevar a cabo por la generalidad, universalidad, intemporalidad e interdependencia de los propósitos de las Naciones Unidas, en particular en relación con el objetivo previsto en su art. 1 respecto de la realización de la cooperación intergubernamental en la solución de los

[1] Catedrático de Derecho Internacional Público de la Universitat de Barcelona (xpons@ub.edu). Todas las páginas web mencionadas en este estudio han sido consultadas el 30 de noviembre de 2024. ORCID: https://orcid.org/0000-0003-0856-8947.

problemas de carácter económico, social, cultural o humanitario y de otros problemas conexos (art. 1.3, así como art. 55 de la Carta). En su más amplio sentido y generalidad, entre estos problemas económicos y sociales y problemas conexos, se han situado los relacionados con el medio ambiente, aunque la Carta siga sin mencionarlos ni incorporar siquiera el concepto del medio ambiente.

En términos de arquitectura institucional, esta labor se ha llevado a cabo de una manera muy fragmentada y descentralizada, ya que sigue sin existir ni un órgano principal orientado exclusivamente al medio ambiente ni un Organismo especializado dedicado a esta materia. Como veremos, y aunque no lo haya conseguido plenamente —por falta de competencias y de voluntad política suficiente—, esta principal autoridad mundial en el sistema de las Naciones Unidas se sitúa en torno al Programa de las Naciones Unidas para el Medio Ambiente (PNUMA).

En todo caso, las actuaciones del sistema de las Naciones Unidas en materia de protección del medio ambiente han quedado en cierta medida opacadas por su más amplia actuación en relación con el desarrollo y, particularmente, desde finales de los años ochenta del siglo pasado, en relación con el desarrollo sostenible. Esta última noción, surgida en el informe presentado por la Comisión Mundial sobre Medio Ambiente y Desarrollo (NU 1987) y ampliamente expandida a partir de la Conferencia de Rio de Janeiro sobre Medio Ambiente y Desarrollo (NU 1993), responde al imperativo esencial de integrar el medio ambiente y el desarrollo, aunque ello implique ciertas dificultades en el establecimiento de prioridades ambientales (Viñuales 2015, pp. 4-9). En otras palabras, la noción del desarrollo sostenible, aunque de orígenes conservacionistas, se ha ido alejando de este origen para ir adoptando una orientación más desarrollista, de promoción del desarrollo económico y social (Juste Ruiz 2022, p. 9).

Con el objetivo de analizar el amplio marco institucional del sistema de las Naciones Unidas en relación con la protección del medio ambiente, este capítulo se estructura como sigue. Después de esta Introducción (1), se examina la estructura política principal de las Naciones Unidas con competencias en la materia, fundamentalmente la Asamblea General, el Consejo Económico y Social (ECOSOC) y el Foro Político de Alto Nivel sobre el Desarrollo Sostenible (FPAN) (2). El apartado siguiente se dedica al examen de otras estructuras institucionales del sistema de las Naciones Unidas que se ocupan de temas medioambientales, con una referencia especial al PNUMA y analizando algunos Organismos especializados y otras entidades, así como las secretarías y otras estructuras orgánicas derivadas de los acuerdos multilaterales sobre el medio ambiente (3). Por último, se aborda una reflexión general sobre la fragmentación de este marco institucional y, en general, sobre la fragmentación de la arquitectura institucional universal en relación con la protección del medio ambiente, así como sobre las iniciativas y estructuras de coordinación establecidas en el sistema de las Naciones Unidas (4).

2. LA ESTRUCTURA POLÍTICA PRINCIPAL DE LAS NACIONES UNIDAS Y LA PROTECCIÓN DEL MEDIO AMBIENTE

Promover la solución de los problemas económicos y sociales y de otros problemas conexos, así como promover el progreso y desarrollo económico y social, es una responsabilidad que la Carta atribuye a dos de sus órganos principales: la Asamblea General (AGNU) (2.1) y, bajo la autoridad de ésta (art. 60 de la Carta), al ECOSOC (2.2). Además, desde 2014 opera en esta esfera el FPAN, que sustituyó a la Comisión sobre el Desarrollo Sostenible (CDS) establecida en 1993 (2.3). Estas tres estructuras institucionales han llevado a cabo importantes procesos políticos multilaterales en la gobernanza internacional de la protección del medio ambiente.

2.1. La Asamblea General

La AGNU es el órgano principal de las Naciones Unidas en el que participan representantes de sus 193 Estados Miembros y constituye, por ello, el foro universal por excelencia. Se trata, por tanto, de un órgano plenamente representativo en el que cada Estado Miembro tiene un voto y en el que las decisiones sobre cuestiones importantes se toman por el voto de una mayoría de dos tercios de los miembros presentes y votantes, aunque está muy extendida su adopción por consenso. La AGNU se reúne por períodos de sesiones ordinarios, normalmente de setiembre a diciembre de cada año, pero estos períodos suelen tener continuación y, además, puede reunirse tanto en períodos de sesiones extraordinarios como en períodos de sesiones extraordinarios de emergencia. Funciona en sesiones plenarias y su labor se prepara en el seno de seis Comisiones principales, a las que también pueden asistir todos los Estados Miembros. Tal como se establece en la Carta, la AGNU tiene competencias genéricas y puede discutir cualesquier asunto o cuestión dentro de los límites de la Carta (art. 10 CNU).

Con esta perspectiva, su labor en materia de protección internacional del medio ambiente ha girado en torno a cuatro ejes principales. De un lado, la Asamblea General ha auspiciado numerosas conferencias internacionales, cumbres y reuniones de alto nivel —es decir, procesos políticos intergubernamentales— en los que se han planteado los principales objetivos en relación con la protección internacional del medio ambiente. Así, en 1968, advirtiendo de la "deterioración constante y acelerada de la calidad del medio humano", la AGNU decidió convocar una Conferencia de las Naciones Unidas sobre el Medio Humano (AGNU 1968), que se celebraría en Estocolmo en 1972. Además de la adopción de la *Declaración sobre el Medio Humano* y del *Plan de Acción sobre el Medio Humano* (NU 1973), de los resultados de la Conferencia se derivaría también, como veremos, la creación del PNUMA. A partir de la Conferencia de Estocolmo se desarrollará ampliamente, en poco más de cincuenta años, el Derecho Internacional del Medio Ambiente (DIMA) (Fernández Pons y Abegón Novella 2022; Fajardo del Castillo 2024).

Unos años después, la Asamblea General convocó la Conferencia de las Naciones Unidas sobre el Medio Ambiente y el Desarrollo, celebrada en Rio de Janeiro en 1992, que fue conocida como la Cumbre de la Tierra, y que constituyó un auténtico punto de inflexión en la protección internacional del medio ambiente. En la Conferencia de Río de Janeiro se adoptó la *Declaración sobre el Medio Ambiente y el Desarrollo*, el *Programa 21* y la *Declaración autorizada, sin fuerza jurídica obligatoria, de principios para un consenso mundial respecto de la ordenación, la conservación y el desarrollo sostenible de los bosques de todo tipo* (NU 1993).

La misma Asamblea General convocó en 1997 un período extraordinario de sesiones dedicado al medio ambiente, conocido como Cumbre para la Tierra+5, que propuso un *Plan para la ulterior ejecución del Programa 21* (AGNU 1997). En 2002, auspiciada también por la AGNU, se celebró en Johannesburgo la Cumbre Mundial sobre el Desarrollo Sostenible, que dio origen a un nuevo *Plan de Acción* (NU 2002). Diez años después, se celebró, de nuevo en Río de Janeiro, la Conferencia de las Naciones Unidas sobre el Desarrollo Sostenible —conocida como Río+20—, que adoptó un documento final titulado *El futuro que queremos* (NU 2012; AGNU 2012a). Entre tanto, se había celebrado, asimismo, la Cumbre Mundial 2005, que alumbró el importante *Documento Final* en el que, a los efectos que ahora interesa, se subrayó la promoción de "la integración de los tres componentes del desarrollo sostenible —desarrollo económico, desarrollo social y protección del medio ambiente— como pilares interdependientes que se refuerzan mutuamente" (AGNU 2005, párr. 48). Perspectiva integradora, ciertamente, pero que, como decíamos, desvirtúa y diluye en cierta medida el establecimiento de prioridades medioambientales.

En este orden de ideas, fue también la Asamblea General la que, en el año 2000, en el contexto de la Cumbre del Milenio (AGNU 2000), adoptó los ocho Objetivos de Desarrollo del Milenio (ODM) como hitos o propósitos acordados para alcanzar en el año 2015 (NU 2001). El limitado balance en relación con la consecución de estos ODM comportó que, en el año 2015, se adoptara la Agenda 2030, con los diecisiete Objetivos y las 169 Metas de los Objetivos de Desarrollo Sostenible (ODS). Estos ODS constituyen un auténtico plan de acción para erradicar la pobreza, proteger el planeta y asegurar la prosperidad para todos como parte de esta nueva agenda internacional que requiere de la cooperación multilateral (AGNU 2015), pero, en ellos, la protección del planeta acaba teniendo una importancia relativa (Juste Ruiz 2022, p. 11).

En este sentido, tanto la naturaleza de la Asamblea General y sus amplias competencias como el carácter central del paradigma del desarrollo sostenible han encubierto las dificultades para asumir más firmes compromisos en materia de protección internacional del medio ambiente, como sucedió con el frustrado *Pacto Mundial sobre el Medio Ambiente.* Esta iniciativa francesa llevó a la Asamblea General a decidir, en 2018, de un lado, pedir al Secretario General un informe técnico sobre las posibles lagunas en el DIMA; y, de otro lado, establecer un grupo de trabajo especial, de composición abierta, para examinar este informe y considerar opciones para abordar estas posibles lagunas y la viabilidad de un instrumento internacional al respecto, para lo que se podría convocar una conferencia intergubernamental (AGNU 2018a). Se trataba de una propuesta ciertamente ambiciosa, pero que en pocos meses acabaría frustrada (Fajardo del Castillo 2019; Juste Ruiz 2020, pp. 13-16; Pérez Salom 2024, pp. 298-300). Así, el Grupo de Trabajo especial acabó recomendando que fuera la Asamblea de las Naciones Unidas sobre el Medio Ambiente del PNUMA (ANUMA) —a la que nos referiremos más adelante— la que adoptara una declaración política (NU 2019), recomendación que fue recogida por la Asamblea General (AGNU 2019). Finalmente, la ANUMA adoptó, en 2022, una simple *Declaración Ministerial* que no tenía, en ningún caso, la significación y el valor del instrumento jurídico pretendido inicialmente (NU 2022a).

En esta línea de fracasos recientes de las Naciones Unidas puede mencionarse, asimismo, la conferencia internacional sobre el medio ambiente que, bajo el título "*Estocolmo+50: un planeta sano para la prosperidad de todos - nuestra responsabilidad, nuestra oportunidad*", fue auspiciada por la Asamblea General para conmemorar el cincuenta aniversario de la Conferencia de Estocolmo. Pese a su título, la reunión fue una nueva oportunidad perdida y pasó muy discretamente, sin ninguna novedad normativa o institucional relevante, limitándose su documento final a un resumen de las deliberaciones llevadas a cabo (NU 2022c).

El último estadio de los desarrollos derivados de grandes declaraciones y compromisos políticos de los Estados, adoptados al máximo nivel, lo ha constituido la celebración, en septiembre de 2024, de la Cumbre sobre el Futuro, que culminó con la aprobación de *El Pacto para el Futuro* (AGNU 2024). Como tantos otros documentos políticos, este Pacto incorpora también compromisos en materia de protección del medio ambiente, como los de reforzar las acciones internacionales para hacer frente al cambio climático o para restaurar, proteger, conservar y utilizar de forma sostenible el medio ambiente.

Si este es, sin ninguna duda, el eje principal de la actuación de la AGNU en materia de protección del medio ambiente debe indicarse también la continuada actividad en otros ejes o dimensiones. De un lado, con la adopción a lo largo de sus períodos de sesiones, y como parte de su labor habitual, de resoluciones y decisiones sobre cuestiones medioambientales, ya fuera sobre sectores materiales específicos o sobre áreas o poblaciones especialmente vulnerables. De otro lado, la Asamblea General también ha auspiciado conferencias internacionales con la finalidad de adoptar convenciones especificas en materia de medio ambiente.

Esta dimensión es muy amplia y son numerosas las convenciones ambientales adoptadas bajo los auspicios de las Naciones Unidas. Baste con indicar aquí que la elaboración de la Convención Marco del Cambio Climático y el Convenio sobre la Diversidad Biológica —que se abrieron a la firma en la Conferencia de Río de Janeiro de 1992— se llevó a cabo en el marco de diversos períodos de sesiones de los respectivos Comités de Negociación Intergubernamental reunidos en el seno de las Naciones Unidas, ya fuera en Nueva York, en el primer caso, o en Nairobi, en el segundo.

En Río de Janeiro también se aceleró la creación de otro Comité de Negociación Intergubernamental auspiciado por las Naciones Unidas para la adopción, en 1994, de la Convención de las Naciones Unidas de Lucha contra la Desertificación en los Países Afectados por Sequía Grave o Desertificación, en particular en África. El último desarrollo en esta esfera ha sido la reciente adopción del Acuerdo en el marco de la Convención de las Naciones Unidas sobre el Derecho del Mar relativo a la conservación y el uso sostenible de la diversidad biológica marina de las zonas situadas fuera de la jurisdicción nacional, adoptado finalmente el 19 de junio de 2023 en la continuación del quinto período de sesiones de la correspondiente Conferencia intergubernamental auspiciada por la Asamblea General (NU 2023).

Un último eje de la actuación de la Asamblea General en materia de protección internacional del medio ambiente es la del desarrollo organizativo en materia de medio ambiente. De un lado, porque se han establecido órganos subsidiarios relacionados directamente con la protección del medio ambiente, como el PNUMA, la CDS o el FPAN, a los que nos referiremos más adelante. De otro lado, porque otros órganos subsidiarios de la Asamblea General también se han ocupado, más indirectamente, de la protección del medio ambiente. En este último sentido, puede mencionarse a la Comisión de Derecho Internacional (CDI) que, en los últimos años, ha abordado la preparación de proyectos de artículos, principios, guías o directrices sobre aspectos relacionados con la protección del medio ambiente, contribuyendo así al desarrollo del DIMA; o al Consejo de Derechos Humanos que, en 2012, decidió el establecimiento de un relator especial sobre el derecho humano a un medio ambiente limpio, sano y sostenible, y que, desde entonces, presenta periódicamente informes sobre el ejercicio efectivo de este derecho (CDH 2012).

2.2. El Consejo Económico y Social

Tal como lo diseña la CNU, el ECOSOC puede hacer o iniciar estudios e informes con respecto a asuntos internacionales de carácter económico y social, y otros asuntos conexos, en su más amplio sentido, y formular recomendaciones sobre tales asuntos tanto a la Asamblea General como a los Estados Miembros y a los Organismos especializados a los que no referiremos posteriormente (art. 62 de la Carta). La composición del ECOSOC es más limitada, ya que está integrado por cincuenta y cuatro Estados Miembros, elegidos por la AGNU por períodos de tres años, con posibilidad de reelección y renovados por tercios anualmente (art. 61 CNU). Sus recomendaciones se adoptan por mayoría de los Estados Miembros presentes y votantes. Como hemos indicado, sus responsabilidades las ejerce bajo la autoridad de la Asamblea General, que es quien determina su enfoque temático.

Esta subordinación a la AGNU hace que, de un lado, su actividad y funciones resulten más secundarias y menos visibles y que, de otro lado, se acabe operando en la práctica una cierta repetición de contenidos —y de resoluciones— entre uno y otro órgano, atendiendo a la ausencia de una precisa delimitación de competencias. Gran parte de sus actividades se han centrado en los temas relacionados con el desarrollo y, más recientemente, en relación con el desarrollo sostenible y sus tres dimensiones: económica, social y ambiental. Reconociendo su función clave en la integración equilibrada de estas tres dimensiones, en *El Pacto para el Futuro* se reiteraba, de nuevo, el compromiso de los Estados Miembros para reforzar la labor del ECOSOC (NU 2024a, párr. 71).

En relación con el ECOSOC debe destacarse que, por su intermediación, las Naciones Unidas se relacionan con los Organismos especializados. Se trata de otras Organizaciones internacionales independientes, con sus propios tratados constitutivos, sus funciones y su estructura orgánica, pero que se vinculan con las Naciones Unidas, formando parte integrante del sistema de las Naciones Unidas. Además, resulta particularmente relevante la capacidad del ECOSOC para la creación de órganos subsidiarios, prevista específicamente en la misma CNU (art. 68 de la Carta). Nos estamos refiriendo, de un lado, a las muchas Comisiones orgánicas o funcionales creadas por el ECOSOC, entre ellas el Foro de las Naciones Unidas sobre los Bosques (FNUB); y, de otro lado, a las Comisiones Económicas Regionales.

El FNUB es un órgano intergubernamental subsidiario que tiene por objetivo promover la gestión, conservación y desarrollo sostenibles de los bosques de todo tipo y fortalecer el necesario compromiso político en materia forestal (ECOSOC 2000). Como no existe todavía ningún instrumento jurídicamente vinculante de carácter universal y general sobre los bosques, a propuesta del FNUB y por recomendación del ECOSOC, la Asamblea General pudo aprobar en 2007 el *Instrumento jurídicamente no vinculante sobre todos los tipos de bosques* (AGNU 2007), que complementa a la Declaración, también de *soft law*, adoptada en 1992.

Por lo que se refiere a la Comisiones económicas regionales, se trata de cinco Comisiones que reúnen sólo a los Estados Miembros de un determinado contexto regional: la Comisión Económica para África, la Comisión Económica para Europa, la Comisión Económica para América Latina y el Caribe, la Comisión

Económica y Social para Asia y el Pacífico y la Comisión Económica y Social para Asia Occidental. En la medida que se ocupan en un ámbito regional concreto de los asuntos económicos y sociales, han abordado también aspectos relacionados con la protección internacional del medio ambiente. La Comisión Económica para Europa, de manera particular, se ha caracterizado por haber impulsado y adoptado en su seno algunas de las convenciones ambientales que, posteriormente, han alcanzado un carácter universal.

Mención especial debe hacerse de la Comisión sobre el Desarrollo Sostenible (CDS), epítome de esta especial vinculación/dependencia entre el ECOSOC y la Asamblea General. En efecto, si bien la CDS era una comisión funcional u órgano subsidiario del ECOSOC y fue creada por este órgano, sus modalidades concretas de organización, así como su composición, fueron determinadas por la AGNU, de conformidad con los arreglos institucionales posteriores a la Conferencia de Río de Janeiro (NU 1993, Programa 21, párr. 38.11). En virtud de ello, la Asamblea General adoptó una resolución (AGNU 1992) en la que, recomendando al ECOSOC que estableciera esta Comisión de alto nivel, determinó, asimismo, el detalle de su organización, sus funciones y su composición, en parte como recomendación al ECOSOC y en parte como decisión respecto de este órgano. De conformidad con ello, el ECOSOC la estableció con carácter de Comisión orgánica o funcional y con las funciones descritas en la resolución de la Asamblea General. Estaba compuesta por 53 Estados elegidos por un período de tres años, con una distribución de puestos geográficamente equitativa (ECOSOC 1993). La creación de la Comisión permitió superar el dilema entre la potenciación del Programa de las Naciones Unidas para el Desarrollo (PNUD) —al que nos referiremos más adelante—, organismo con capacidad financiera, pero sin objetivos propios de protección ambiental o la asignación de nuevos cometidos al PNUMA, con objetivos ambientales, pero careciendo de potencial económico propio (Juste Ruiz 1999, p. 30).

En 1997, la Asamblea General evaluó los progresos realizados y reconoció que la CDS había sido un agente catalítico de nuevas medidas y compromisos en materia de desarrollo sostenible (AGNU 1997, párr. 16). No obstante, también reconoció que aún quedaba mucho por hacer y que era necesaria una mayor coherencia entre los distintos procesos y organizaciones intergubernamentales (AGNU 1997, párr. 117 y ss.). En definitiva, como en otras ocasiones, la eficacia y legitimidad de la Comisión iba disminuyendo a medida que se evidenciaba su incapacidad para llevar a la acción los compromisos políticos adoptados (Bernstein 2013, p. 5). Finalmente, en la Conferencia de las Naciones Unidas sobre el Desarrollo Sostenible de 2012 se decidió establecer un foro político de alto nivel de carácter intergubernamental y universal para reemplazar a la CDS (NU 2012).

2.3. El Foro Político de Alto Nivel sobre el Desarrollo Sostenible

La creación del FPAN es, junto a la reforma del PNUMA a la que nos referiremos en el apartado 3.1, una de las consecuencias institucionales más relevantes de la Cumbre Río+20. En la Cumbre se acordó "establecer un foro político de alto nivel de carácter intergubernamental y universal que aproveche los puntos fuertes, las experiencias, los recursos y las modalidades de participación inclusiva de la Comisión sobre el Desarrollo Sostenible, y que posteriormente reemplace a la Comisión" (AGNU 2012a, párr. 84 y ss.). El propósito era que este Foro pudiera proporcionar liderazgo político, orientación y recomendaciones para el desarrollo sostenible y para la mejor integración de las tres dimensiones de esta noción, evitando la coincidencia de tareas entre las distintas estructuras, órganos y entidades.

En seguimiento de este acuerdo, y a la luz del Informe del Secretario General sobre la experiencia adquirida por la CDS (NU 2013) la AGNU acordó el formato y los aspectos organizativos del FPAN y lo configuró de una manera doblemente híbrida (AGNU 2013b). De un lado, las reuniones del FPAN —la primera de las cuales tuvo lugar en 2014 (NU 2014)— serían de carácter anual y, en este caso, estarían auspiciadas por el ECOSOC, pero cada cuatro años se celebraría una reunión del Foro a nivel de Jefes de Estado y de Gobierno, que estaría auspiciada por la Asamblea General. De otro lado, el Foro, con su composición intergubernamental y universal, no sería estrictamente un órgano subsidiario ni de la AGNU ni del ECOSOC, pero se establecía que las reuniones celebradas bajo los auspicios de la Asamblea General se desarrollarían con arreglo al reglamento de las comisiones principales de la Asamblea y que las reuniones celebradas bajo los auspicios del ECOSOC se desarrollarían con arreglo al reglamento de las comisiones orgánicas del Consejo. Es decir, una institucionalidad también de carácter híbrido.

A este mandato general del FPAN y a estas características institucionales específicas se añadiría, en 2015 —con la adopción de los ODS—, el mandato de que el Foro desempeñase un papel central en la supervisión de los procesos mundiales de seguimiento y examen de la Agenda 2030 (Beisheim y Fritzsche 2022, p. 685), y realizase, a tal efecto, una labor coherente con la de la AGNU, el ECOSOC y otros órganos y foros competentes (AGNU 2015, párr. 47). En consecuencia, además de objetivos temáticos para el debate, se estableció una programación plurianual para un seguimiento de los distintos ODS y se acordó, asimismo, que las reuniones del Foro se basarían en un informe anual sobre la marcha de los ODS y en el Informe mundial sobre el desarrollo sostenible, de periodicidad cuadrienal (AGNU 2016). La labor del FPAN ha girado, desde entonces, en torno del impulso político al máximo nivel a favor del desarrollo sostenible y de los objetivos de desarrollo internacionalmente convenidos, como se expresó en la

Declaración política adoptada en 2023 en la última, hasta el momento, reunión del Foro a nivel de Jefes de Estado y de Gobierno (AGNU 2023).

En la evolución posterior del FPAN se constata, sin embargo, que el impulso político que se pretendía sigue sin ser suficiente y se visibiliza también un cierto solapamiento de funciones con la AGNU y con el ECOSOC. Así, en el año 2020, la Asamblea General, de una manera confusa, reconoció la función del ECOSOC en su calidad de principal órgano encargado de la coordinación, el examen de políticas, el diálogo sobre políticas y la formulación de recomendaciones sobre cuestiones de desarrollo económico y social, al mismo tiempo que reconocía también "el papel central y la eficacia y el carácter participativo del foro político de alto nivel sobre el desarrollo sostenible … realizando una labor coherente con la de la Asamblea, el Consejo y otros órganos y foros competentes" (AGNU 2020, párr. 1). En esta línea, la Asamblea General insistiría posteriormente en la idea de que el ECOSOC y el FPAN debían coordinarse estrechamente, subrayando, asimismo, el carácter de órgano principal del ECOSOC y el hecho de que el FPAN se celebraba bajo los auspicios de la Asamblea General y del ECOSOC (AGNU 2021, párr. 2 y 3).

En definitiva, la transformación de la CDS en un Foro político menos institucionalizado pero de participación universal y, aparentemente, con mayor nivel político, no ha conseguido finalmente los objetivos pretendidos en 2012 y las carencias y limitaciones de la CDS se han repetido en las actividades del FPAN. Además de no alcanzarse los objetivos políticos pretendidos, parece también que en el FPAN se ha acabado opacando la dimensión medioambiental.

3. LA PROTECCIÓN DEL MEDIO AMBIENTE EN OTRAS ESTRUCTURAS INSTITUCIONALES DEL SISTEMA DE LAS NACIONES UNIDAS

Más allá de la estructura política principal, el complejo entramado institucional del sistema de las Naciones Unidas nos lleva a analizar ahora otras estructuras institucionales con competencias en materia de medio ambiente. En primer lugar, nos ocuparemos específicamente del PNUMA (3.1). Seguidamente, abordaremos una somera revisión de la labor llevada a cabo por otras entidades del sistema de las Naciones Unidas (3.2). Finalmente, analizaremos las secretarías y las otras estructuras orgánicas establecidas en el marco de los acuerdos multilaterales sobre el medio ambiente (3.3).

3.1. El Programa de las Naciones Unidas para el Medio Ambiente

Ante la falta de otra instancia centralizada de mayor autoridad política, el PNUMA se ha convertido en el eje central de la gobernanza internacional del medio ambiente. Su creación fue la consecuencia institucional más evidente de la Conferencia de Estocolmo. Más concretamente, lo que hizo la Asamblea General, a recomendación del Secretario General (NU 1972), fue, de un lado, establecer un Consejo de Administración del PNUMA, compuesto de cincuenta y ocho miembros, elegidos por la Asamblea General por un período de tres años según una distribución geográfica equitativa que se establecía en la misma resolución; y, de otro lado, establecer una pequeña secretaría del medio ambiente dirigida por un Director Ejecutivo del PNUMA (AGNU 1972). Es decir, se operó el establecimiento de un órgano subsidiario de composición intergubernamental para actuar como órgano rector de un nuevo Programa de las Naciones Unidas con competencias ejecutivas, técnicas y financieras y que, con el tiempo, adquiriría una importante autonomía operacional en el marco de las Naciones Unidas.

A este doble entramado, político y ejecutivo, que constituye el PNUMA se le asignaron unas funciones consistentes, básicamente, en promover la cooperación internacional en relación con el medio ambiente y recomendar, cuando procediera, políticas al respecto; trazar las directrices generales para la dirección y coordinación de los programas relativos al medio ambiente dentro del sistema de las Naciones Unidas; así como tener continuamente bajo estudio las condiciones ambientales en todo el mundo (NU 1972b. párr. I.2). La sede del PNUMA se estableció en Nairobi y ha ido fijando sedes regionales y subregionales por todo el mundo, además de establecer el Comité de Representantes Permanentes como órgano subsidiario del Consejo de Administración, que se sigue reuniendo en los períodos entre sesiones y que ahora prepara las reuniones de la Asamblea de las Naciones Unidas sobre el Medio Ambiente.

La actividad del PNUMA en estos más de cincuenta años ha sido importante para hacer frente a los desafíos ambientales más urgentes en el marco del sistema de las Naciones Unidas, proporcionando análisis e información sobre problemas ambientales y liderando cambios transformadores para hacer frente a estos problemas, así como asistencia operativa, también a los Acuerdos medioambientales. Como veremos, el PNUMA desempeña las funciones de secretaría de numerosos de estos Acuerdos mediante memorándums de entendimiento con el correspondiente Acuerdo (Mee 2005, p. 246). Sin embargo, no puede afirmarse que el PNUMA haya sido particularmente efectivo en su tarea de dirección, coordinación y orientación política general, en parte también por la presencia de una estructura política principal en las Naciones Unidas. Se ha considerado, así, que el PNUMA es una "institución débil, mal financiada e ineficaz en el desempeño de sus funciones básicas" (NU 2006, párr. 37).

En todo caso, su función se reafirmó en el Programa 21, en donde se insistió en que era necesario que el PNUMA y su Consejo de Administración ampliasen y fortalecieran sus funciones respecto de la orientación normativa y la coordinación en la esfera del medio ambiente (NU 1993, Programa 21, párr. 38.21). Posteriormente, el Consejo de Administración del PNUMA adoptó la *Declaración de Nairobi sobre el papel y el mandato del Programa de las Naciones Unidas para el Medio Ambiente* en la que se indicaba que el PNUMA "ha sido y debe seguir siendo el principal órgano de las Naciones Unidas en la esfera del medio ambiente" y que la función del PNUMA era "ser la principal autoridad ambiental mundial que establezca las actividades mundiales en el pro del medio ambiente, promueva la aplicación coherente de los aspectos ambientales del desarrollo sostenible en el sistema de las Naciones Unidas y actúe como defensor autorizado del medio ambiente a nivel mundial" (NU 1997a, pp. 33-34). En este mismo sentido, también el Grupo de Alto Nivel sobre la coherencia en todo el sistema de las Naciones Unidas en las esferas del desarrollo, la asistencia humanitaria y la protección del medio ambiente establecido por el Secretario General recordaba que el PNUMA "debería tener verdadera autoridad para ser el pilar de la política ambiental de las Naciones Unidas", al mismo tiempo que se debería "fomentar la sinergia entre las organizaciones de las Naciones Unidas que se ocupan del medio ambiente y también la eficiencia y coordinación entre los acuerdos multilaterales sobre el medio ambiente" (NU 2006, p. 32).

En todo caso, con ocasión de la celebración de la Conferencia de las Naciones Unidas sobre el Desarrollo Sostenible de 2012, al mismo tiempo que se establecía el FPAN, se reiteró el compromiso de fortalecer la función del PNUMA como principal autoridad ambiental mundial acordándose, entre otros aspectos, la composición universal del Consejo de Administración del PNUMA (AGNU 2012a, párr. 89). En seguimiento de los resultados de esta Conferencia, la Asamblea General decidió establecer la composición universal del Consejo de Administración (AGNU 2012b, párr. 4b) y, poco después, a petición del mismo Consejo de Administración, decidió que el Consejo pasase a denominarse Asamblea de las Naciones Unidas sobre el Medio Ambiente (ANUMA) (AGNU 2013a, párr. 2).

La universalización de la composición del Consejo de Administración constituía una petición que había surgido desde hacía tiempo del propio PNUMA (Johnson 2012, p. 163) y que se había avalado también en la Cumbre Mundial sobre el Desarrollo Sostenible de 2002, aunque se reconocía entonces que era una "cuestión importante pero compleja" (NU 2002, Plan de acción, párr. 140d). La decisión no sería adoptada hasta 2012 coincidiendo con la creación del FPAN, también de composición universal. Es decir, se trasladó el mismo esquema por lo que a composición se refería, lo que, si bien aumentaba la participación, la transparencia y el alcance político de dicho Consejo de Administración (Pérez Salom 2024, pp. 295-296), lo solapaba con el mismo FPAN y, como hemos indicado, generaba distorsiones en relación con los dos órganos principales de las Naciones Unidas competentes en la materia, la Asamblea General, también de composición universal, y el ECOSOC (Fajardo del Castillo 2024, pp. 134-135).

En parte también, este simple fortalecimiento del PNUMA sirvió para poner fin al debate planteado en la Cumbre de Johannesburgo respecto de la creación de una hipotética Organización Mundial del Medio Ambiente (Aguila y de Bellis 2022, pp. 6-7), en la medida en que muchas de las opciones planteadas giraban en torno del PNUMA (Andresen 2001, p. 19; Meyer-Ohlendorf y Knigge 2007, pp. 126-127). En efecto, el debate institucional giraba fundamentalmente en torno a dos opciones principales de reforma de la gobernanza internacional ambiental: la de transformar el PNUMA en un Organismo especializado (Biermann 2007, p. 104); o la de potenciar el PNUMA sin cambiar su estatus de órgano subsidiario de la Asamblea General (Ivanova 2012, p. 566).

Desde entonces, la nueva ANUMA ha celebrado hasta seis períodos de sesiones, en los que ha aprobado numerosas resoluciones, así como algunas Declaraciones Ministeriales. Cabe destacar especialmente los desarrollos operados en 2022 cuando, de un lado, decidió establecer un comité intergubernamental de negociación para elaborar un futuro instrumento internacional jurídicamente vinculante sobre la contaminación por plásticos (PNUMA 2022, párr. 3); y, de otro lado, para conmemorar el cincuenta aniversario de la Conferencia de Estocolmo, adoptó una *Declaración Política* en la que se subrayaba, en lo que a las estructuras institucionales se refería, el papel de esta Asamblea "dentro del sistema de las Naciones Unidas como órgano decisorio intergubernamental de composición universal ... proporcionando una orientación política general y fortaleciendo la gobernanza ambiental internacional y la implementación de la agenda ambiental a nivel internacional" (NU 2022b, párr. 4-5).

No obstante, no parece que la composición universal del órgano rector del PNUMA haya generado una autoridad política centralizada y reconocida en materia de protección del medio ambiente, y sus períodos de sesiones pasan, en general, bastante desapercibidos. En este sentido, aunque se afirme que el PNUMA y su Asamblea constituyen la plataforma mundial principal para la acción de protección ambiental, no hay duda de que la falta de voluntad política de muchos Estados —algunos de ellos muy poderosos— influye determinantemente en su debilitada *auctoritas*. Como también influye en ello su escasa capacidad financiera y un cierto solapamiento y falta de coordinación entre los distintos órganos y estructuras institucionales de composición universal en el mismo marco de las Naciones Unidas. En definitiva, más que por su composición universal, esta autoridad centralizada se vislumbraría por las funciones que se otorgasen a la correspondiente estructura institucional y por el carácter obligatorio de las decisiones que tuviese la capacidad de adoptar.

3.2. Otras entidades del sistema de las Naciones Unidas

Desde la creación del PNUMA, muchas otras estructuras institucionales del sistema de las Naciones Unidas han ejercido competencias en materia de protección del medio ambiente, algunas incluso con una cierta institucionalidad organizativa. En realidad, atendiendo al carácter transversal del medio ambiente y a la necesidad de su abordaje omnicomprensivo, son numerosas las estructuras institucionales del sistema de las Naciones Unidas en cuyas agendas se ha situado la protección del medio ambiente. Algo que, siendo altamente positivo, puede resultar insuficiente y, además, genera más problemas de coordinación dentro del mismo sistema (Andresen 2001, p. 19). En este sentido, más allá del PNUMA, vamos a referirnos en este apartado a algunos de los Organismos especializados y al PNUD, que han tenido actuaciones relevantes o que han establecido específicas estructuras institucionales en materia de medio ambiente.

Como hemos señalado antes, los Organismos especializados son Organizaciones internacionales independientes, con su propio tratado constitutivo y con sus propias estructuras institucionales que, en virtud de lo dispuesto en los arts. 57 y 63 de la Carta, están vinculados con las Naciones Unidas y forman parte de su sistema a partir de acuerdos internacionales adoptados por la Asamblea General a propuesta del ECOSOC. Como se trata de Organizaciones con amplias atribuciones internacionales relativas a materias de carácter económico, social, cultural, educativo, sanitario, y otras conexas, muchos de ellos tienen conexión con los problemas medioambientales y competencias en esta materia, ya sea en el plano normativo, en el plano financiero o en el plano operacional sobre el terreno. De entre los 17 Organismos especializados existentes, prestaremos especial atención, en lo que ahora interesa, solo a algunos de ellos.

En relación con la Organización de las Naciones Unidas para la Agricultura y la Alimentación (FAO) es especialmente remarcable esta vinculación puesto que más allá de las funciones relacionadas con la alimentación y con la lucha contra el hambre, su actividad en relación con los temas de la agricultura incorpora directamente aspectos ambientales, no en vano en la misma Constitución de la FAO se establece que el término agricultura comprende también "la pesca, los productos del mar, los bosques y los productos primarios forestales" (art. 1.1 de la Constitución) (FAO 1945). Con esta perspectiva, además de la Conferencia de la FAO en la que participan todos los Estados Miembros y la Unión Europea —que es Organización miembro— y que adopta sus decisiones por mayoría de los votos emitidos, y del Consejo Ejecutivo en el que participan 49 Estados Miembros elegidos por la Conferencia, se prevé estatutariamente la existencia de un Comité Forestal y de un Comité de Pesca. Ambos órganos subsidiarios, de composición universal, son relevantes a nuestros efectos —igual que la Comisión de Recursos Genéticos para la Alimentación y la Agricultura, sin carácter estatutario y también de composición universal— por su directa vinculación con aspectos relacionados con la protección de la biodiversidad.

Por su parte, la Organización Meteorológica Mundial (OMM) es el Organismo especializado del sistema de las Naciones Unidas con autoridad técnica en todo lo concerniente al estado y el comportamiento de la atmósfera terrestre, su interacción con la tierra y los océanos, el tiempo y el clima que genera, y la consiguiente distribución de los recursos hídricos (OMM 1947). Su estructura orgánica está formada por el Congreso Meteorológico Mundial, de composición universal y que se reúne cada cuatro años, y el Consejo Ejecutivo, de composición restringida y técnica, con miembros elegidos por el Congreso Meteorológico. Las funciones de la OMM, especialmente en el ámbito del asesoramiento técnico especializado sobre el clima y el medio ambiente, han conllevado una intensa colaboración con otros organismos del sistema de las Naciones Unidas y, en especial, con las estructuras científicas derivadas de la Convención Marco sobre el Cambio Climático y de otros acuerdos medioambientales.

Respecto de la Organización Marítima Internacional (OMI) debe indicarse que consta de una Asamblea, que está compuesta por todos los Estados Miembros, y que se reúne una vez cada dos años, y de un Consejo en el que participan 40 Estados elegidos por la Asamblea de acuerdo con una distribución previamente establecida (OMI 1948). Forman parte también de la estructura de la OMI diversos Comités principales, entre ellos el Comité de Protección del Medio Marino (CPMM) compuesto por todos los Estados Miembros, facultado para examinar cualquier asunto relacionado con la prevención y el control de la contaminación marina causada por buques y la mitigación de los efectos de los daños que puedan producirse como consecuencia de operaciones y accidentes marítimos.

Finalmente, por lo que se refiere al Banco Internacional de Reconstrucción y Desarrollo (BIRD) o Banco Mundial, baste con indicar que sus funciones de financiar el desarrollo, promoviendo la inversión extranjera y facilitando préstamos o garantizando préstamos internacionales, se han orientado desde hace tiempo al desarrollo de los países en desarrollo y, por tanto, hacia el desarrollo sostenible. En su estructura orgánica existe una Junta de Gobernadores con representación de todos los Estados Miembros y un Directorio Ejecutivo (BIRD 1945). En la perspectiva de la financiación del desarrollo sostenible, el BIRD financia desde hace tiempo proyectos en relación con el medio ambiente como hacen otros bancos regionales multilaterales de desarrollo, lo que induce otro nivel de complejidad institucional y de falta de coordinación (NU 2006, párr. 37).

Además, el Banco Mundial estuvo en la creación, en 1989, del Fondo Mundial para el Medio Ambiente (FMAM o GEF, *Global Environment Facility* en inglés) y sigue siendo su depositario y le presta servicios administrativos. Este FMAM pasó a transformarse, después de la Conferencia de Río de Janeiro de 1992, en una entidad financiera internacional separada, con su propia estructura orgánica y su propio proceso de toma de decisiones, que actúa como mecanismo financiero para seis convenciones multilaterales medioambientales (Boisson de Chazournes 2005, pp. 193-195). Está organizado en una Asamblea en la que participan todos sus Estados Miembros y que se reúne cada cuatro años y en un Consejo que se reúne dos veces al año y que está formado por 32 Estados Miembros, distribuidos en 16 puestos para los países en desarrollo, 14 para los países desarrollados y 2 para las economías en transición (FMAM 1994). Cuenta además con un Grupo Asesor Científico y Tecnológico (STAP) y son 18 los Organismos asociados de ejecución, es decir, los Organismos especializados y otras entidades, del sistema de las Naciones Unidas o ajenas al mismo, que gestionan operacionalmente los proyectos financiados por el FMAM.

Finalmente, en relación con el PNUD debe indicarse que se creó en 1965, fusionando estructuras anteriores, con el objetivo de racionalizar las actividades y la coordinación de los diversos programas de cooperación técnica que se ejecutaban dentro del sistema de las Naciones Unidas (AGNU 1965). Como órgano rector de este Programa se estableció un Consejo de Administración compuesto por treinta y siete miembros, con un mandato de tres años, elegidos por el ECOSOC atendiendo a una representación equitativa, pero reservando diecinueve puestos para los países en desarrollo. En 1983 el Consejo de Administración del PNUD fue transformado, por decisión de la Asamblea General, en una Junta Ejecutiva (AGNU 1983). El objetivo fundamental y la capacidad financiera del PNUD se orientan hacia el desarrollo sostenible de los países en desarrollo, lo que comporta también un mandato de apoyar a los países en sus avances hacia vías de desarrollo con energías limpias y bajas emisiones de carbono, con un uso más sostenible de los recursos naturales y con una mayor resiliencia ante el cambio climático y las catástrofes. Específicamente, a nuestros efectos, el PNUD ha puesto en marcha diversos proyectos y programas medio ambientales (Asad et al. 2024), entre los que destaca el programa "Promesa Climática", con el que apoya a los Estados a los efectos de mejorar sus promesas climáticas o Contribuciones Determinadas a Nivel Nacional en virtud del Acuerdo de París, y desarrollar y aplicar políticas y estrategias climáticas más ambiciosas.

3.3. Las secretarías y otras estructuras orgánicas derivadas de los acuerdos multilaterales sobre el medio ambiente

Hemos indicado antes que, tanto en conferencias auspiciadas por las Naciones Unidas como desde otras conferencias y actuaciones internacionales, se han adoptado numerosos acuerdos multilaterales sobre el medio ambiente (AMUMAs), de gran importancia e hitos fundamentales en la protección ambiental a escala internacional. Esta red de AMUMAs se ha autoorganizado con una compleja estructura que, al mismo tiempo, ha fragmentado todavía más el sistema

(Kim 2013 p. 988). Como indicaba el Secretario General, la "plétora de acuerdos ambientales multilaterales y sus correspondientes mandatos no tienen en cuenta la unidad, interconexión e interdependencia del ecosistema del planeta" (NU 2018a, párr. 80).

En todo caso, esta fragmentación no ha comportado, estrictamente, la creación de Organizaciones internacionales propiamente dichas, aunque, en la práctica, estas estructuras operen como tales —como auténticos actores internacionales— tanto en su autonomía institucional y decisional como en su influencia internacional (Gehring y Spielmann 2023). Básicamente, el modelo más extendido es el de una conferencia de las Partes, como órgano supremo del sistema establecido en cada Acuerdo (*Conference of the Parties*, CoP), uno o varios órganos subsidiarios de carácter científico y técnico y una secretaria permanente encargada de la gestión y administración, configurando así una estructura institucional incipiente y confusa en términos jurídicos.

Estas secretarías, de manera permanente y con sus propias sedes, gestionan y dan apoyo administrativo a los órganos que establece el Acuerdo y facilitan la aplicación del mismo y de las decisiones de sus órganos. Como dijimos, en la mayoría de los AMUMAs se ha acordado que sea el PNUMA el que ejerza directamente las funciones de administración o secretaría actuando, así, como convocante, facilitador y asesor técnico de las reuniones y del Acuerdo (Fajardo del Castillo 2024, p. 129). De especial significación es la secretaria única atendida conjuntamente por el PNUMA y, en parte, por la FAO, para la administración y apoyo de tres de estos AMUMAs: el Convenio de Basilea sobre el Control de los Movimientos Transfronterizos de los Desechos Peligrosos y su Eliminación, el Convenio de Rotterdam sobre el procedimiento de consentimiento Fundamentado Previo Aplicable a ciertos Plaguicidas y Productos Químicos Peligrosos Objeto de Comercio Internacional y el Convenio de Estocolmo sobre Contaminantes Orgánicos Persistentes. Se trata de un ejemplo paradigmático del proceso de sinergias que se ha emprendido por las Conferencias de las Partes en estos tres Convenios que ha facilitado una mayor racionalización institucional (fusión de las secretarías, reuniones conjuntas de las CoPs) y administrativa (presupuestos sincronizados, auditorías conjuntas, normas de procedimiento y financieras conjuntas), así como una aplicación mucho más coordinada (Campins Eritja 2022, p. 43-53).

En las CoP participan todas las Partes y, en su caso, las Partes en los protocolos pertinentes derivados del Acuerdo, adoptando entonces en muchos casos la denominación Reunión de las Partes (MoP por *Meeting of the Parties*). En este sentido, normalmente, las CoPs del Acuerdo actúan también como Reunión de las Partes (MoP) en el correspondiente protocolo. La continuidad periódica de las distintas CoPs o CoP/MoP, y sus funciones como órgano supremo del correspondiente Acuerdo para su seguimiento y desarrollo, son características que las hacen próximas a lo que sería una reunión periódica —o período de sesiones— del órgano plenario de una Organización internacional. De tal forma que hay quien sostiene, incluso, que las CoPs estarían emergiendo como sujetos del Derecho Internacional (Rioseco y Rao 2024). A mayor abundamiento, en muchos casos, además de la correspondiente CoP, se han ido estableciendo órganos subsidiarios, algunos de carácter científico y técnico que facilitan la participación de la comunidad académica y científica en la elaboración de políticas y en el seguimiento del cumplimiento de los AMUMAs (NU 2018, párr. 84).

4. EL SISTEMA DE LAS NACIONES UNIDAS Y LA PROTECCIÓN INTERNACIONAL DEL MEDIO AMBIENTE: ENTRE LA FRAGMENTACIÓN Y LA COORDINACIÓN

A lo largo de estas páginas hemos abordado la multiplicación institucional presente en el sistema de las Naciones Unidas, donde son numerosos los órganos, programas y Organismos especializados que ejercen competencias en relación con el medio ambiente. Una similar impresión de variedad y dispersión se revela, en general, al aproximarse a los mecanismos institucionales que se han ido estableciendo, tanto en el plano universal como en el plano regional, de manera gradual, fragmentaria y reactiva, tanto con competencias genéricas como con competencias de carácter más específico (Pérez Salom 2024, p. 275; NU 2018, párr. 77). Esta fragmentación, con lo que implica de carencias de coordinación eficaz, constituye una debilidad estructural prácticamente consustancial a la misma dinámica de cómo, en poco más de cincuenta años, se han ido creando tanto las normas ambientales internacionales como las distintas estructuras institucionales.

Frente a esta dinámica se ha intentado en diversas ocasiones reforzar la coherencia del conjunto de actuaciones internacionales por la vía del establecimiento de una única Organización internacional universal en materia medioambiental, que pudiera aunar todos los esfuerzos internacionales y darles el valor añadido de la coherencia, la unidad y la finalidad conjunta. Esta hipotética Organización internacional universal u otro mecanismo orgánico alternativo se situaría en el marco institucional de las Naciones Unidas, con la naturaleza jurídica de un Organismo especializado o de un órgano principal dedicado al medio ambiente, lo que, además de aportar coherencia en el plano universal, permitiría también una mayor coordinación de toda la estructura institucional del sistema de las Naciones Unidas.

Como hemos visto, a principios de este siglo se planteó la posibilidad de creación de una Organización internacional dedicada exclusivamente a la protección del Medio Ambiente con diversas opciones propuestas (Charnovitz 2002;

Andresen 2001; Meyer-Ohlendorf y Knigge 2007; Pérez Salom 2024, pp. 286-293). El planteamiento era el de hacer frente a la fragmentación y configurar una auténtica autoridad mundial en la materia, con competencias normativas y funciones centralizadas y específicas que, además de permitir avances en la protección ambiental, pudiera operar también como estructura de coordinación de todas las instituciones y de todos los regímenes especiales en materia de medio ambiente. Esto podría llevarse a cabo, en una gradación de diferentes intensidades, con un modelo más de cooperación o bien con un modelo más centralizado o, incluso, con un modelo más jerarquizado y con capacidad normativa y decisional obligatoria (Biermann 2001, pp. 46-47).

En la Cumbre Mundial 2005 se planteó directamente que se debía "aumentar la eficiencia de las actividades del sistema de las Naciones Unidas relacionadas con el medio ambiente, mediante una coordinación mayor, una orientación y un asesoramiento normativos más eficaces" y, por ello, los jefes de Estado y de Gobierno convinieron en "estudiar la posibilidad de establecer un marco institucional más coherente para atender a esa necesidad, que incluya una estructura más integrada, sobre la base de las instituciones existentes y los instrumentos convenidos en el plano internacional, así como los órganos establecidos en virtud de tratados y los organismos especializados" (AGNU 2005, párr. 169). Pese a ello, como hemos indicado, después de la Conferencia de 2012 se planteó, simplemente, la sustitución de la CDS por el nuevo FPAN, con composición universal, y se fijó también la composición universal del órgano rector del PNUMA. Parece evidente que las importantes dificultades de voluntad política ante el temor a una limitación de la soberanía estatal (Fajardo del Castillo 2024, p. 126) y el mismo desarrollo ya tan fragmentado de la protección internacional del medio ambiente han convertido la creación de esta estructura única y centralizada en un paso que, quizás, ya es imposible. Lo que no debe obviar que el verdadero problema sigue residiendo en la falta de implementación a escala doméstica de las medidas internacionales de protección del medio ambiente (Andresen 2001, p. 24).

Una opción alternativa a la creación de una Organización internacional dedicada al medio ambiente ha sido la propuesta de creación de un órgano principal de las Naciones Unidas —del nivel político de la Asamblea General o el ECOSOC— con competencias en materia de medio ambiente. El planteamiento sería similar en el sentido de darle a esta nueva estructura institucional la autoridad política necesaria para avanzar en la protección internacional del medio ambiente y ofrecer la coherencia y coordinación necesaria. Entre las propuestas formuladas, sin por ello sustituir o transformar al ECOSOC, puede destacarse la que apuntó el Secretario General Kofi Annan, cuando en su Programa de Reforma de las Naciones Unidas de 1997, sugirió que el ya inoperativo Consejo de Administración Fiduciaria se reorganizase como "foro en que los Estados Miembros ejerzan su responsabilidad colectiva respecto de la integridad del medio ambiente mundial y de zonas comunes tales como los océanos, las atmósferas y el espacio ultraterrestre" (NU 1997b, párr. 85).

Es más, el actual Secretario General António Guterres ha sugerido recientemente, en su importante informe *Nuestra Agenda Común*, una derivada todavía más ambiciosa para reutilizar el Consejo de Administración Fiduciaria invitando a los Estados Miembros a que considerasen la posibilidad de que se convirtiera "en un órgano multipartito que aborde los nuevos retos que vayan surgiendo y que, especialmente, sea un foro deliberante que actúe en nombre de las generaciones venideras", asignándole como una de sus tareas la de "impartir asesoramiento y orientación sobre la gobernanza de los bienes comunes globales, el suministro de bienes públicos globales y la gestión de los riesgos públicos de alcance mundial a largo plazo" (NU 2021, párr. 125).

En cualquier caso, en términos de coordinación en el sistema de las Naciones Unidas deben apuntarse, finalmente, diferentes instancias de coordinación. De un lado, al máximo nivel, existe la Junta de los Jefes Ejecutivos del Sistema de las Naciones Unidas para la Coordinación, presidida por el Secretario General de las Naciones Unidas. La Junta, que se reúne dos veces al año, proporciona orientación, coordinación y dirección estratégica a todo el sistema de las Naciones Unidas. En lo que a nosotros interesa, puede destacarse en su labor que, por ejemplo, desde el año 2020, ha desarrollado un enfoque común para integrar la diversidad biológica y las soluciones basadas en la naturaleza para el desarrollo sostenible en la planificación y ejecución de políticas y programas de las Naciones Unidas (NU 2024).

De otro lado, en el año 2001, a partir de una resolución de la Asamblea General (AGNU 1999, párr. 5) empezó a funcionar el Grupo de Gestión Ambiental para estudiar el fortalecimiento de la coordinación interinstitucional y la coherencia entre los arreglos institucionales de los convenios internacionales. Presidido por la directora ejecutiva del PNUMA, el Grupo está compuesto por 51 entidades, Organismos especializados, programas y órganos del sistema de las Naciones Unidas, incluidas las secretarías de los AMUMAs. De manera parecida, existe también el Grupo de las Naciones Unidas para el Desarrollo Sostenible (UNSDG) que está presidido por la Vicesecretaria General de las Naciones Unidas en nombre del Secretario General y en el que el Administrador del PNUD actúa como vicepresidente del Grupo. El Grupo, que está compuesto por los jefes ejecutivos de Organismos especializados, órganos y programas del sistema de las Naciones Unidas —entre ellos el PNUMA—, opera como foro de coordinación en relación con el desarrollo sostenible y con las operaciones de desarrollo sobre el terreno (AGNU 2018b).

La existencia de estas instancias de coordinación demuestra que el diagnóstico sobre la necesaria coordinación está hecho —y desde hace mucho tiempo—, pero que el tratamiento sigue sin dar los resultados esperables. La coordinación a escala del sistema de las Naciones Unidas sigue siendo un reto inmenso y constituye, en gran medida, una ineficiencia estructural del propio sistema (González García 2005, pp. 249 y ss.). En este sentido, por ejemplo, la acción del Grupo de Gestión Ambiental ha demostrado poca eficacia y, desde una perspectiva más general, la "fragmentación institucional y la falta de coordinación son las dificultades más acuciantes en lo que respecta a la gobernanza ambiental a nivel internacional" (NU 2018, párr. 81). Lo cierto es que por más que desde la Secretaria se establezcan instancias de coordinación entre esta miríada de órganos, programas, fondos y Organismos especializados, la coherencia precisa también de la voluntad de los Estados participantes en los distintos órganos y entidades del sistema de la Naciones Unidas para evitar solapamientos o duplicidades y aprovechar complementariedades y sinergias, algo que no siempre está disponible políticamente o que, a veces, resulta interesadamente contradictorio (Pons Rafols 2007, p. 33). En términos más generales, se ha dicho, con cierta razón —y ya en 1983, aunque con un enfoque más amplio—, que, con el paso del tiempo y la aparición de más estructuras institucionales internacionales —como sucede también en el ámbito del medio ambiente—, la coordinación se acaba convirtiendo en una "misión imposible" (Lewin 1983), pero sigue siendo una misión absolutamente necesaria en relación con la protección internacional del medio ambiente.

5. REFERENCIAS

5.1. Referencias doctrinales

Aguila, Yann; De Bellis, Marie-Cecile (2022) "Un marciano en las Naciones Unidas o reflexiones ingenuas sobre la gobernanza medioambiental mundial", *Revista Catalana de Dret Ambiental*, vol. XIII, núm. 2, pp 1-33. http://dx.doi.org/10.17345/rcda3478.

Andresen, Steinar (2001), "Global Environmental Governance: UN Fragmentation and Co-ordination", en Schram Stokke, Olav; Thommessen, Øystein B. (eds.), *Yearbook of International Co-operation on Environment and Development 2001/2002*, Earthscan Publications, London, pp. 19-26.

Asad, Tasneen; Ahmed Moiz; Malik, Simrah; Ali Al Zarouni, Fatima (2024), "Assessing the Effectiveness of UNDPs Climate Action Initiatives at the Local Level: A Thematic Analysis of Implementations Strategies and Outcomes", *American Journal of Environment and Climate*, vol. 3, núm. 1, pp. 18-24. https://doi.org/10.54536/ajec.v3i2.2571

Beisheim, Marianne; Fritzsche, Felicitas (2022), "The UN High-Level Political Forum on Sustainable Development: An orchestrator, more or less?", *Global Policy*, vol. 13, pp. 683-693. https://doi.org/10.1111/1758-5899.13112

Bernstein, Steven (2013), *The role and place of the High-level Political Forum in strengthening the global institutional framework for sustainable development*, Munk School of Global Affairs, University of Toronto, Toronto.

Biermann, Franck (2007), "Reforming Global Environmental Governance: From UNEP towards a World Environment Organization", en Swart, Lydia; Perry, Estelle, *Global Environmental Governance. Perspectives on the Current Debate*, Center for UN Reform Education, New York, pp. 103-123.

Boisson de Chazournes, Laurence (2005), "The Global Environment Facility (GEF): a unique and crucial institution", *Review of European Community and International Environmental Law*, vol. 14, núm. 3, pp. 193-201. http://dx.doi.org/10.1111/j.1467-9388.2005.00441.x.

Campins Eritja, Mar (2022), "Basilea, Roterdam y Estocolmo: un régimen internacional permeable para la gestión de residuos peligrosos y productos químicos", *Revista Catalana de Dret Ambiental*, vol. XIII, Núm. 2, 1-60. http://dx.doi.org/10.17345/rcda3405.

Charnovitz, Steve, (2002), "A World Environmental Organization", *Columbia Journal of Environmental Law*, vol. 27, núm. 2, pp. 323-362.

Fajardo del Castillo, Teresa (2019), "Avances y retrocesos en la negociación del Pacto Mundial por el Medio Ambiente", *Actualidad Jurídica Ambiental*, núm. 95, noviembre, pp. 8-52. http://dx.doi.org/10.56398/ajacieda.00137.

Fajardo del Castillo, Teresa (2024), *La protección del medio ambiente y el desafío climático. 50 años después de la Declaración de Estocolmo*, Dykinson, Madrid. http://dx.doi.org/10.14679/3230.

Fernández Pons, Xavier; Abegón Novella, Marta (2022), "Estocolmo, 1972: Cincuenta años de Derecho internacional del medio ambiente", *Revista Catalana de Dret Ambiental*, vol. XIII, núm. 2, pp. 1-11. http://dx.doi.org/10.17345/rcda3462.

Gehring, Thomas; Spielmann, Linda (2023), "The treaty management organization established under the UNFCCC and the Paris Agreement: an international actor in its own right?", *International Environmental Agreements: Politics, Law and Economics*, vol. 23, pp. 235-252. http://dx.doi.org/10.1007/s10784-023-09611-z.

González García, Inmaculada (2005), *Naciones Unidas y la coordinación para el desarrollo*, Dykinson, Madrid.

Ivanova, Maria (2012), "Institutional design and UNEP reform: historical insights on form, function and financing", *International Affairs*, vol. 88, núm. 3, pp. 565-584. http://dx.doi.org/10.1111/j.1468-2346.2012.01089.x.

Johnson, Stanley (2012), *UNEP. The First 40 years. A Narrative*, UNEP, Nairobi.

Juste Ruiz, José (1999), *Derecho Internacional del Medio Ambiente*, McGraw Hill, Madrid.

Juste Ruiz, José (2020), "El Derecho Internacional Ambiental entre la evolución y la involución", *Revista Aranzadi de Derecho Ambiental*, vol. 45, pp. 11-20.

Juste Ruiz, José (2022), "50 años del Derecho Internacional ambiental: la participación de la sociedad civil", *Revista Catalana de Dret Ambiental*, vol. XIII, núm. 2, pp. 1-37. http://dx.doi.org/10.17345/rcda3477.

Kim, Rakhyun E. (2013), "The emergent network structure of the multilateral environmental agreement system", *Global Environmental Change*, vol. 23, núm. 5, pp. 980-991. http://dx.doi.org/10.1016/j.gloenvcha.2013.07.006.

Lewin, André (1983) "La coordination au sein des Nations Unies: mission impossible?", *Annuaire Français de Droit International*, 1983, pp. 9-22. http://dx.doi.org/10.3406/afdi.1983.2536.

Mee, Laurence D. (2005), "The Role of UNEP and UNDP in Multilateral Environmental Agreements", *International Environmental Agreements*, vol. 5, pp. 227-263. http://dx.doi.org/10.1007/s10784-005-3805-8.

Meyer-Ohlendorf, Nils; Knigge, Markus (2007), "A United Nations Environment Organization", in: Swart, Lydia and Perry, Estelle (eds.), *Global Environmental Governance. Perspectives on the Current Debate*, Center for UN Reform Education, New York, pp. 124-141.

Pons Rafols, Xavier (2007), "La necesaria coherencia del sistema de las Naciones Unidas", en Beneyto, José María; Becerril, Belén (Dirs.), *Una nueva Organización de las Naciones Unidas para el siglo XXI,* Instituto Universitario de Estudios Europeos, Madrid, pp. 17-34.

Pérez Salom, Roberto (2024), "Las Naciones Unidas y la reforma de la arquitectura institucional del Derecho Internacional del Medio Ambiente", *Revista Electrónica de Estudios Internacionales,* núm. 47, junio, pp. 273-306, https://doi.org/10.36151/reei.47.10

Rioseco, Sebastian; Rao, Tejas (2024), *CoPs as Emerging Subjects of International Law? Rethinking Legal Personality in Global Governance,* EJIL:Talk!, Bloc of the European Journal of International Law, 6 noviembre 2024.

Viñuales, Jorge E. (2015), "The Rio Declaration on Environment and Development. Preliminary Study", en Viñuales, Jorge E. (ed.) *The Rio Declaration on Environment and Development. A Commentary,* Oxford University Press, Oxford, pp. 2-64.

5.2. Referencias normativas

5.2.1. Tratados internacionales

Articles of Agreement of the International Monetary Fund and Articles of Agreement of the International Bank for Reconstruction and Development, de 27 de diciembre de 1945, *UNTS,* 1947, Vol. 2, pp. 39-205.

Constitución de la Organización de las Naciones Unidas para la Alimentación y la Agricultura, de 16 de octubre de 1945, *Textos fundamentales de la Organización de las Naciones Unidas para la Alimentación y la Agricultura,* Volúmenes I y II, FAO, Edición de 2017.

Fondo para el Medio Ambiente Mundial Reestructurado, 16 de marzo de 1994; *BOE* núm. 99, de 25 de abril de 1997.

Acuerdo en el marco de la Convención de las Naciones Unidas sobre el Derecho del Mar relativo a la conservación y el uso sostenible de la diversidad biológica marina de las zonas situadas fuera de la jurisdicción nacional, Nueva York, 19 de junio de 2023; DOUE L 2024/1831, de 19 de julio de 2024.

Convenio Constitutivo de la Organización Marítima Internacional, Ginebra, 6 de marzo de 1948; *BOE* núm. 59, de 10 de marzo de 1989.

Convenio de la Organización Meteorológica Mundial, Washington, 11 de octubre de 1947, con las enmiendas adoptadas en 1959, 1963, 1967, 1975 y 1979; *BOE* núm. 151, de 25 de junio de 1982.

5.2.2. Otros actos normativos internacionales

AGNU (1965), Resolución 2029 (XX), de 22 de noviembre de 1965, "Fusión del Fondo Especial y del Programa Ampliado de Asistencia Técnica en un Programa de las Naciones Unidas para el Desarrollo".

AGNU (1968), Resolución 2398 (XXIII), de 3 de diciembre de 1968, "Problemas del medio humano".

AGNU (1972), Resolución 2997 (XXVII), de 15 de diciembre de 1972, "Disposiciones institucionales y financieras para la cooperación internacional en lo relativo al medio ambiente".

AGNU (1983), Resolución 48/162, de 20 de diciembre de 1993, "Nuevas medidas para la reestructuración y la revitalización de las Naciones Unidas en las esferas económica y social y esferas conexas".

AGNU (1992), Resolución 47/191, de 22 de diciembre de 1992, "Arreglos institucionales complementarios de la Conferencia de las Naciones Unidas sobre el Medio Ambiente y el Desarrollo".

AGNU (1997), Resolución S-19/2, de 19 de septiembre de 1997, "Plan para la ulterior ejecución del Programa 21".

AGNU (1999), Resolución 53/242, de 28 de julio de 1999, "Informe del Secretario General sobre el medio ambiente y los asentamientos humanos".

AGNU (2000), Resolución 55/2, de 8 de setiembre de 2000, "Declaración del Milenio".

AGNU (2005), Resolución 60/1, de 16 de septiembre de 2005, "Documento Final de la Cumbre Mundial 2005".

AGNU (2007), Resolución 62/98, de 17 de diciembre de 2007, "Instrumento jurídicamente no vinculante sobre todos los tipos de bosques".

AGNU (2012a), Resolución 66/288, de 27 de julio de 2012, "El futuro que queremos".

AGNU (2012b), Resolución 67/213, de 21 de diciembre de 2012, "Informe del Consejo de Administración del Programa de las Naciones Unidas para el Medio Ambiente sobre su 12º período extraordinario de sesiones y la aplicación de la sección IV.C del documento final de la Conferencia de las Naciones Unidas sobre el Desarrollo Sostenible, titulada "El pilar ambiental en el contexto del desarrollo sostenible".

AGNU (2013a), Resolución 67/251, de 13 de marzo de 2013, "Cambio de la designación del Consejo de Administración del Programa de las Naciones Unidas para el Medio Ambiente".

AGNU (2013b), Resolución 67/290, de 9 de julio de 2013, "Formato y aspectos organizativos del foro político de alto nivel sobre el desarrollo sostenible".

AGNU (2015), Resolución 70/1, de 25 de septiembre de 2015, "Transformar nuestro mundo: la Agenda 2030 para el Desarrollo Sostenible".

AGNU (2016), Resolución 70/299, de 29 de julio de 2016, "Seguimiento y examen de la Agenda 2030 para el Desarrollo Sostenible a nivel mundial".

AGNU (2018a), Resolución 72/277, de 10 de mayo de 2018, "Hacia un Pacto Mundial por el Medio Ambiente".

AGNU (2018b), Resolución 72/279, de 31 de mayo de 2018, "Nuevo posicionamiento del sistema de las Naciones Unidas para el desarrollo en el contexto de la revisión cuadrienal amplia de la política relativa a las actividades operacionales del sistema de las Naciones Unidas para el desarrollo".

AGNU (2019), Resolución 73/333, de 30 de agosto de 2019, "Seguimiento del informe del grupo de trabajo especial de composición abierta establecido en virtud de la resolución 72/277 de la Asamblea General".

AGNU (2020), Resolución 74/298, de 12 de agosto de 2020, "Examen de la aplicación de las resoluciones de la Asamblea General 67/290, relativa al foro político de alto nivel sobre el desarrollo sostenible, 70/299, relativa al seguimiento y el examen de la Agenda 2030 para el Desarrollo Sostenible a nivel mundial, y 72/305, relativa al fortalecimiento del Consejo Económico y Social".

AGNU (2021), Resolución 75/290B, de 25 de junio de 2021, "Examen de la aplicación de la resolución 72/305 de la Asamblea General relativa al fortalecimiento del Consejo Económico y Social. Examen de la aplicación de las resoluciones de la Asamblea General 67/290, relativa al formato y los aspectos organizativos del foro político de alto nivel sobre el desarrollo sostenible, y 70/299, relativa al seguimiento y el examen de la Agenda 2030 para el Desarrollo Sostenible a nivel mundial. B Foro político de alto nivel sobre el desarrollo sostenible".

AGNU (2023), Resolución 78/1, de 29 de septiembre de 2023, "Declaración política del foro político de alto nivel sobre el desarrollo sostenibles celebrado bajo los auspicios de la Asamblea General".

AGNU (2024), Resolución 79/1, de 22 de septiembre de 2024, "El Pacto para el Futuro".

ECOSOC (1993a), Decisión 1993/207, de 12 de febrero de 1993, "Establecimiento de la Comisión sobre el Desarrollo Sostenible".

ECOSOC (2000), Resolución 2000/35, del Consejo Económico y Social, de 18 de octubre de 2000, "Informe del cuarto período de sesiones del Foro Intergubernamental sobre los bosques".

CDH (2012), Resolución A/HRC/RES/19/10, del Consejo de Derechos Humanos, de 22 de marzo de 2012, "Los derechos humanos y el medio ambiente".

PNUMA (2022), Resolución UNEP/EA.5/Res.14, de la Asamblea de las Naciones Unidas sobre el Medio Ambiente del Programa de las Naciones Unidas sobre el Medio Ambiente, de 2 de marzo de 2022, "Fin de la contaminación por plásticos: hacia un instrumento internacional jurídicamente vinculante".

5.3. Referencias documentales

NU (1972), "Conferencia de las Naciones Unidas sobre el Medio Humanos. Informe del Secretario General", Doc. A/8783, de 26 de septiembre de 1972.

NU (1973), "Informe de la Conferencia de las Naciones Unidas sobre el Medio Humano", Doc. A/CONF.48/14/Rev.1.

NU (1987), "Informe de la Comisión Mundial sobre el Medio Ambiente y el Desarrollo. Nota del Secretario General", Doc. A/42/427, de 4 de agosto de 1987.

NU (1993), "Informe de la Conferencia de las Naciones Unidas sobre el Medio Ambiente y el Desarrollo", Doc. A/CONF.151/26/Rev.l (Vol. I).

NU (1997a), "Programa de las Naciones Unidas para el Medio Ambiente. Informe del Consejo de Administración sobre la labor presentada en su 19º período de sesiones 27 de enero a 7 de febrero de 1997, 3 y 4 de abril de 1997", Doc. A/52/25 Suplemento Núm. 25.

NU (1997b), "Renovación de las Naciones Unidas: un Programa de Reforma. Informe del Secretario General", Doc. A/51/950, de 14 de julio de 1997.

NU (2001), "Guía general para la aplicación de la Declaración del Milenio. Informe del Secretario General", Documento A/56/326, de 6 de septiembre de 2001.

NU (2002), "Informe de la Cumbre Mundial sobre el Desarrollo Sostenible", Doc. A/CONF.199/20.

NU (2006), "Unidos en la acción. Informe del Grupo de Alto Nivel sobre la coherencia en todo el sistema de las Naciones Unidas en las esferas del desarrollo, la asistencia humanitaria y la protección del medio ambiente. Nota del Secretario General", Doc. A/61/583, de 20 de noviembre de 2006.

NU (2012), "Informe de la Conferencia de las Naciones Unidas sobre el Desarrollo Sostenible", Doc. A/CONF.216/16.

NU (2013), "Experiencia adquirida por la Comisión sobre el Desarrollo Sostenible. Informe del Secretario General", Doc. A/67/757, de 26 de febrero de 2013.

NU (2014), "Informe de la primera reunión del Foro Político de Alto Nivel sobre el Desarrollo Sostenible, celebrado bajo los auspicios del Consejo Económico y Social", Doc. E/HLPF/2014/2, de 15 de octubre de 2014.

NU (2018), "Lagunas en el derecho internacional del medio ambiente y los instrumentos relacionados con el medio ambiente: hacia un pacto mundial por el medio ambiente. Informe del Secretario General", Doc. A/73/419, de 30 de noviembre de 2018.

NU (2019), "Informe del Grupo de Trabajo especial de composición abierta establecido en virtud de la resolución 72/277 de la Asamblea General", Doc. A/AC.289/6/Rev.2, de 13 de junio de 2019.

NU (2021), "Nuestra Agenda Común. Informe del Secretario General", Doc. A/75/982, de 5 de agosto de 2021.

NU (2022a), "Declaración ministerial de la Asamblea de las Naciones Unidas sobre el Medio Ambiente del Programa de las Naciones Unidas para el Medio Ambiente en su quinto período de sesiones. Fortalecimiento de las medidas en favor de la naturaleza para alcanzar los Objetivos de Desarrollo Sostenible", Doc. UNEP/EA.5/HLS.1, de 7 de marzo de 2022.

NU (2022b), "Declaración política del período extraordinario de sesiones de la Asamblea de las Naciones Unidas sobre el Medio Ambiente para conmemorar el 50º aniversario de la creación del Programa de las Naciones Unidas para el Medio Ambiente", Doc. UNEP/EA.SS.1/4, 8 de marzo de 2022.

NU (2022c), "Estocolmo+50: un planeta sano para la prosperidad de todos - nuestra responsabilidad, nuestra oportunidad. Estocolmo, 2 y 3 de junio de 2022. Informe", Doc. A/CONF.238/9, de 1 de agosto de 2022.

NU (2024), "Un enfoque común para integrar la diversidad biológica y las soluciones basadas en la naturaleza para el desarrollo sostenible en la planificación y ejecución de políticas y programas de las Naciones Unidas. Adendum. Resumen de las deliberaciones", Doc. CEB/2021/1/Add.1, octubre de 2024.

Capítulo 7

LA AGENDA 2030, LOS OBJETIVOS DEL DESARROLLO SOSTENIBLE Y LA PROTECCIÓN DEL MEDIO AMBIENTE

VALENTÍN BOU FRANCH[1]

1. INTRODUCCIÓN

El 25 de septiembre de 2015 se aprobó la Resolución de la Asamblea General de la Organización de las Naciones Unidas 70/1, titulada "Transformar nuestro mundo: la Agenda 2030 para el Desarrollo Sostenible" (AGNU 2015b). Los nuevos Objetivos del Desarrollo Sostenible (ODS) de alcance mundial fueron acordados por los Jefes de Estado y de Gobierno y Altos Representantes, reunidos en la Sede de las Naciones Unidas en Nueva York, del 25 al 27 de septiembre de 2015.

Estas autoridades políticas fueron muy conscientes de la importancia del documento que estaban aprobando. Como señalaron en la Declaración que acompañó a este documento:

> "La presente Agenda tiene un alcance y una importancia sin precedentes. Todos los países la aceptan y se aplica a todos ellos, aunque teniendo en cuenta las diferentes realidades, capacidades y niveles de desarrollo de cada uno y respetando sus políticas y prioridades nacionales. Los presentes Objetivos y metas son universales y afectan al mundo entero, tanto a los países desarrollados como a los países en desarrollo, son de carácter integrado e indivisible y conjugan las tres dimensiones del desarrollo sostenible" (párr. 5).

Esta Resolución de la Asamblea General no señaló, en ningún momento, qué debe entenderse con la expresión "desarrollo sostenible". Es más, la Declaración indicó, también sin definirlos, cuáles son las tres dimensiones del desarrollo sostenible: "Los Objetivos y las metas son de carácter integrado e indivisible y conjugan las tres dimensiones del desarrollo sostenible: económica, social y ambiental" (Preámbulo, párr. 3); "Nos comprometemos a lograr el desarrollo sostenible en sus tres dimensiones —económica, social y ambiental— de forma

---

1 Catedrático de Derecho Internacional Público y Relaciones Internacionales. Universidad de Valencia (valentin.bou@uv.es). ORCID: https://orcid.org/0000-0002-4046-6337.

equilibrada e integrada" (párr. 2); "Los procesos de seguimiento y examen a todos los niveles se guiarán por los siguientes principios: vigilarán los progresos realizados en el cumplimiento de los Objetivos y metas universales, incluidos los medios de implementación, en todos los países, respetando su carácter universal, integrado e interrelacionado y las tres dimensiones del desarrollo sostenible" (párr. 72, b); etc.

Pese a esta cierta ambigüedad, lo que parece que sí queda claro es el deseo de que tanto "los Objetivos y las metas" del desarrollo sostenible, como sus "tres dimensiones", son de carácter integrado e indivisible, están interrelacionados y se perseguirán de forma equilibrada.

El objetivo del presente capítulo es analizar los ODS en su dimensión ambiental previstos en la Agenda 2030. Para ello, en primer lugar, analizaremos la importancia ponderada de la dimensión ambiental de los ODS. En segundo lugar, nos centraremos en el análisis de los tres ODS que tienen un carácter o dimensión estrictamente ambiental. Concluiremos con unas reflexiones finales acerca de la trascendencia que pueda tener la Agenda 2030 como plan de trabajo de la comunidad internacional para la evolución del Derecho Internacional del Medio Ambiente (DIMA).

2. LA IMPORTANCIA PONDERADA DE LA DIMENSIÓN AMBIENTAL DE LOS OBJETIVOS DEL DESARROLLO SOSTENIBLE

2.1. El origen del concepto del desarrollo sostenible

El origen del concepto del desarrollo sostenible se encuentra en el Informe de la Comisión Mundial sobre el Medio Ambiente y el Desarrollo de 1987, más conocido como "Informe *Brundtland*" (NU 1987). En este Informe se defendió la necesidad de armonizar las necesidades del desarrollo económico con la protección ambiental en torno al concepto de desarrollo sostenible o duradero, como única vía para garantizar la equidad *intra* generacional y la equidad *inter* generacional. En definitiva, se perseguía que el nuevo modelo de desarrollo fuera capaz de satisfacer las necesidades del presente sin comprometer la capacidad de las futuras generaciones para satisfacer las suyas propias. Muy probablemente, el párrafo más conocido del Informe *Brundtland* fue el siguiente

> "El desarrollo duradero es el desarrollo que satisface las necesidades de la generación presente sin comprometer la capacidad de las generaciones futuras para satisfacer sus propias necesidades. Encierra en sí dos conceptos fundamentales:
>
> * el concepto de "necesidades", en particular las necesidades esenciales de los pobres, a las que se debería otorgar prioridad preponderante;

* la idea de limitaciones impuestas por la capacidad del medio ambiente para satisfacer las necesidades presentes y futuras" (NU 1987, p. 57).

Es decir, en los orígenes del concepto del "desarrollo sostenible", tanto el desarrollo económico como la protección ambiental se encontraban en condiciones de igualdad. Ante las conclusiones del Informe *Brundtland*, la Asamblea General de las Naciones Unidas, en su Resolución 44/228, de 22 de diciembre de 1989 (AGNU 1989), convocó la Conferencia de las Naciones Unidas sobre Medio Ambiente y Desarrollo, que se celebró en Río de Janeiro en junio de 1992, convirtiéndose en uno de los hitos de la evolución del DIMA (Sands y Peel 2012, p. 47).

De los trabajos de esta Conferencia es pertinente destacar la Declaración de Río sobre el Medio Ambiente y el Desarrollo, que contiene 27 principios que establecen los criterios en cuya virtud deberían hacerse compatibles las exigencias del desarrollo con las de la protección del medio ambiente. En Río se adoptó una nueva Declaración de principios ambientales en la que se observa su armonización con las exigencias del desarrollo sostenible, aunque reteniendo su carácter ambientalista, basado en "la necesidad de reconciliar el desarrollo económico con la protección del medio ambiente" (Viñuales 2015, pp. 5-6 y 13).

La Conferencia de Río de 1992 introdujo así un cambio de rumbo en la acción internacional, reorientándola hacia la integración de la protección del medio ambiente y las necesidades de desarrollo. No obstante, como señala el Profesor Juste Ruiz, la Conferencia de Río de 1992 mantuvo las bases estructurales del DIMA como un sistema prescriptivo que define los derechos y obligaciones de los Estados en este ámbito (Juste, Castillo y Bou 2023, p. 501).

En la Conferencia de Río de 1992 también se adoptaron otros instrumentos de gran relevancia jurídica, como el "Programa 21", que "refleja un consenso mundial y un compromiso político al nivel más alto sobre el desarrollo y la cooperación en la esfera del medio ambiente" y que contenía un plan de acción para perseguir el desarrollo sostenible en los años siguientes (NU 1993, p. 10, párr. 3). Se adoptaron, además, una "Declaración autorizada, sin fuerza jurídica obligatoria, de principios para un consenso mundial respecto de la ordenación, la conservación y el desarrollo sostenible de los bosques de todo tipo" (NU 1993, pp. 7 y 462, respectivamente), así como la Convención marco sobre Cambio Climático (CMNUCC) y el Convenio sobre Diversidad Biológica (CDB).

2.2. *Hacia la minusvaloración progresiva de la dimensión ambiental del desarrollo sostenible*

La primera Cumbre Mundial sobre el Desarrollo Sostenible se celebró en Johannesburgo (Sudáfrica), del 26 de agosto al 4 de septiembre de 2002. En el

Informe final de esta Cumbre Mundial (NU 2002), consta que la Cumbre aprobó una Declaración Política y un Plan de Aplicación de las Decisiones en los que destacan con claridad los objetivos económicos y sociales sobre los puramente ambientales. La Declaración de Johannesburgo afirma así estar resuelta a aumentar rápidamente el acceso a los servicios básicos, como el suministro de agua potable, el saneamiento, una vivienda adecuada, la energía, la atención de la salud, la seguridad alimentaria y la protección de la biodiversidad, el mejoramiento de los recursos humanos, la educación y la capacitación a fin de erradicar para siempre el subdesarrollo. El Plan de Aplicación de las Decisiones de la Cumbre Mundial sobre el Desarrollo Sostenible se centra en diez actuaciones concretas concernientes a temas prioritarios de carácter económico y social. Pero, tanto en la Declaración como en el Plan de Acción de Johannesburgo, los aspectos relativos al pilar ambiental del desarrollo sostenible aparecen bastante desdibujados.

Del 20 al 22 de junio de 2012 se celebró en Río de Janeiro la Conferencia de las Naciones Unidas sobre el Desarrollo Sostenible (también conocida como "Río+20") "al nivel más alto posible". Su resultado más importante fue la adopción del documento final de esta Conferencia, titulado "El futuro que queremos" (NU 2012). Este Informe fue posteriormente asumido por la Asamblea General de las Naciones Unidas (AGNU) en su Resolución 62/288, de 11 de septiembre de 2022 (AGNU, 2012).

La Conferencia de Río+20 se refirió a algunos objetivos ambientales, reiterando los compromisos existentes, pero sin añadir nuevos objetivos. Entre los objetivos ambientales mencionados en el documento final de la Conferencia figuran: detener la pérdida de biodiversidad, mantener y restaurar los niveles de las pesquerías en los océanos, seguir incrementando el acceso de las poblaciones al agua potable, hacer compatible el apoyo a la actividad minera con el impacto ambiental. El texto se centró sobre todo en las dimensiones económicas del desarrollo sostenible y en los aspectos vinculados a la gobernanza institucional internacional, marcando el cambio definitivo hacia el predominio de las consideraciones de desarrollo económico y social sobre las exigencias de protección ambiental.

2.3. La coronación de la pérdida de importancia de la dimensión ambiental del desarrollo sostenible en la Agenda 2030

La Cumbre de Río+20 formuló en su documento final una serie de recomendaciones sobre los "Objetivos del desarrollo sostenible" (AGNU 2012, párrs. 245-251). Entre ellos, destaca que la Cumbre de Río+20

> "Resolv[iera] establecer un proceso intergubernamental inclusivo y transparente sobre los objetivos de desarrollo sostenible que esté abierto a todas las partes interesadas con el fin de formular objetivos mundiales de desarrollo sostenible, que deberá acordar la Asamblea General … El grupo de trabajo abierto presentará a la Asamblea en su sexagésimo octavo período de sesiones un informe que incluirá una propuesta de objetivos de desarrollo sostenible para que esta los examine y adopte las medidas adecuadas" (párr. 248).

En cumplimiento de este mandato, la AGNU adoptó el 25 de septiembre de 2015 la resolución 70/1, que define "los 17 Objetivos de Desarrollo Sostenible y las 169 metas" a alcanzar durante "los próximos 15 años" por la acción de la comunidad internacional" en la persecución del desarrollo sostenible (AGNU 2015b, Preámbulo, párr. 3).

La Agenda 2030 se configura en torno a cinco esferas de importancia crítica, a saber: las personas, el planeta, la prosperidad, la paz y las alianzas, insistiendo en la necesidad de integrar de un modo indivisible y conjugar las tres dimensiones del desarrollo sostenible: económica, social y ambiental. Respecto a la sostenibilidad ambiental, la Agenda afirma que:

> "Estamos decididos a proteger el planeta contra la degradación, incluso mediante el consumo y la producción sostenibles, la gestión sostenible de sus recursos naturales y medidas urgentes para hacer frente al cambio climático, de manera que pueda satisfacer las necesidades de las generaciones presentes y futuras".

Sin embargo, el contenido de la Agenda 2030 revela la existencia de un muy importante desequilibrio entre las diversas dimensiones de los Objetivos del Desarrollo Sostenible (ODS), ya que cabe apreciar un incremento desproporcionado de la importancia a favor de los objetivos económicos y sociales, en detrimento de los objetivos ambientales, que quedan reducidos a un espacio excesivamente residual. Entre los diecisiete ODS enunciados por la Agenda, sólo tres se refieren específicamente a aspectos ambientales, a saber: la adopción de medidas urgentes para combatir el cambio climático y sus efectos (objetivo 13); la conservación y utilización sostenible de los océanos, los mares y los recursos marinos (objetivo 14); y la protección, restablecimiento y uso sostenible de los ecosistemas terrestres y la lucha contra la degradación de las tierras y la pérdida de biodiversidad (objetivo 15).

En el texto de la Agenda 2030 se hacen 40 referencias concretas al medio ambiente, pero generalmente con un contenido meramente referencial o desiderativo que no expresa compromisos jurídicos firmes. Pensemos, por ejemplo, en un sector tradicional del DIMA, como es la protección del medio ambiente atmosférico, incluyendo tanto la protección de la capa de ozono, como la lucha contra la contaminación atmosférica transfronteriza a larga distancia. Cabe señalar que, por un lado, la Agenda 2030 no contiene ningún objetivo ni meta de desarrollo sostenible que mencione la necesidad de proteger la capa de ozono, ni tampoco la necesidad de luchar contra la contaminación atmosférica transfronteriza a larga distancia. Por otro lado, la Agenda 2030 sólo contiene una referencia muy breve a la atmosfera en la meta 12.4, en la que afirma sucintamente que:

> "De aquí a 2020, lograr la gestión ecológicamente racional de los productos químicos y de todos los desechos a lo largo de su ciclo de vida, de conformidad con los marcos internacionales convenidos, y reducir significativamente su liberación a la atmósfera, el agua y el suelo a fin de minimizar sus efectos adversos en la salud humana y el medio ambiente".

De hecho, la mención a la atmósfera parece más bien una referencia genérica que, desde luego, no crea ni persigue ningún compromiso jurídico ambiental nuevo y distinto a los ya existentes.

Además, con cierta frecuencia la Agenda 2030 se refiere explícitamente al desarrollo económico y social, excluyendo cualquier referencia al desarrollo ambiental, que también existe. Así, por ejemplo, "se insta encarecidamente a los Estados a que se abstengan de promulgar y aplicar unilateralmente medidas económicas, financieras o comerciales que no sean compatibles con el Derecho Internacional y la Carta de las Naciones Unidas y que impidan la plena consecución del desarrollo económico y social, particularmente en los países en desarrollo" (párr. 30); "reconocemos que el desarrollo social y económico depende de la gestión sostenible de los recursos naturales de nuestro planeta" (párr. 33); "reconocemos que cada país es el principal responsable de su propio desarrollo económico y social" (párr. 41); "reiteramos que cada país es el principal responsable de su propio desarrollo económico y social y que revisten suma importancia las políticas y las estrategias de desarrollo nacionales" (párr. 63), etc.

En este sentido, Cardesa Salzmann y Pigrau Solé (2017), han criticado la Agenda 2030, señalado que "el diagnóstico de los desafíos reales que afronta el planeta ... consiste en una extensa lista de retos que abarcan desde la pobreza, a las desigualdades, incluidas las de género, pasando por el desempleo, la escalada de los conflictos, el extremismo violento, el agotamiento de los recursos naturales, la desertificación o el cambio climático".

En resumen, como ha indicado Juste Ruiz, "aunque plausible en sí mismo, y desde luego mejor que el desarrollo insostenible, el concepto de desarrollo sostenible ha demostrado ser en realidad un falso paradigma ambiental" (Juste, Castillo y Bou 2023, p. 504). La irrupción, consolidación y entronización del paradigma del desarrollo sostenible puede haber contribuido al fortalecimiento del Derecho Internacional del Desarrollo, pero no ha contribuido al fortalecimiento del DIMA.

3. LOS OBJETIVOS AMBIENTALES DEL DESARROLLO SOSTENIBLE EN LA AGENDA 2023

3.1. Objetivo 13. Adoptar medidas urgentes para combatir el cambio climático y sus efectos

Un ejemplo muy evidente de la falta de preocupación real por la dimensión ambiental del desarrollo sostenible y de la generalidad o banalidad con la que la Agenda 2030 trata la dimensión ambiental del desarrollo sostenible lo constituye la redacción del objetivo 13 del desarrollo sostenible, que es del siguiente tenor:

> "13.1 Fortalecer la resiliencia y la capacidad de adaptación a los riesgos relacionados con el clima y los desastres naturales en todos los países
>
> 13.2 Incorporar medidas relativas al cambio climático en las políticas, estrategias y planes nacionales
>
> 13.3 Mejorar la educación, la sensibilización y la capacidad humana e institucional respecto de la mitigación del cambio climático, la adaptación a él, la reducción de sus efectos y la alerta temprana
>
> 13.a Cumplir el compromiso de los países desarrollados que son partes en la Convención Marco de las Naciones Unidas sobre el Cambio Climático de lograr para el año 2020 el objetivo de movilizar conjuntamente 100.000 millones de dólares anuales procedentes de todas las fuentes a fin de atender las necesidades de los países en desarrollo respecto de la adopción de medidas concretas de mitigación y la transparencia de su aplicación, y poner en pleno funcionamiento el Fondo Verde para el Clima capitalizándolo lo antes posible
>
> 13.b Promover mecanismos para aumentar la capacidad para la planificación y gestión eficaces en relación con el cambio climático en los países menos adelantados y los pequeños Estados insulares en desarrollo, haciendo particular hincapié en las mujeres, los jóvenes y las comunidades locales y marginadas".

Llama la atención que ni siquiera se mencionen las negociaciones internacionales que ya estaban muy avanzadas, y próximas a su conclusión, sobre un futuro tratado internacional de lucha contra el cambio climático. De hecho, el Acuerdo de París sobre cambio climático se adoptó el 12 de diciembre de 2015, es decir, apenas un mes y medio después de la aprobación de la Agenda 2030 (Zambrano González 2023). Esta laguna supone que el Acuerdo de París sobre cambio climático quedó fuera de los éxitos de la aplicación práctica de la Agenda 2030, al no estar cubierto por ninguno de los objetivos y metas de desarrollo sostenible previstas en la misma.

Llama aún más la atención el título de este objetivo concreto de desarrollo sostenible: "Adoptar medidas urgentes para combatir el cambio climático y sus efectos". Como demuestra el contenido de este objetivo 13 del desarrollo sostenible, la Agenda 2030 ha evitado concretar lo que se debería entender por "urgencia". De hecho, ni siquiera señala una sola medida que se pueda adoptar, aunque sea a título de ejemplo, para mitigar el cambio climático o para adaptarse a sus efectos. La meta 13.2, consistente en "incorporar medidas relativas al cambio climático en las políticas, estrategias y planes nacionales" merece dos comentarios críticos. En primer lugar, y dado el estado tan avanzado de las negociaciones del Acuerdo de París cuando se adoptó la Agenda 2030, resulta totalmente inexplicable la ausencia de cualquier mención o llamamiento a adoptar medidas para combatir el cambio climático y sus efectos a nivel internacional, limitando injustificadamente la adopción de "medidas relativas al cambio climático" únicamente "en las políticas, estrategias y planes nacionales". Es más, esta meta 13.2 parece innecesaria. Ya la CMNUCC de 1992, en su artículo 3.3 titulado "Principios", afirmaba que "las Partes deberían tomar medidas de precaución para prever, prevenir o reducir al mínimo las causas del cambio climático y mitigar sus efectos adversos", añadiendo en su artículo 4, titulado "Compromisos", que todas las Partes deberán tanto "formular, aplicar, publicar y actualizar regularmente programas nacionales y, según proceda, regionales, que contengan medidas orientadas a mitigar el cambio climático" (art. 4.1b)), como "cooperar en los preparativos para la adaptación a los impactos del cambio climático; desarrollar y elaborar planes apropiados e integrados" para ello (art. 4.1.e) (NU 1992). No parece, en definitiva, que en este punto la Agenda 2030 añada nada nuevo a lo ya existente desde hace más de dos décadas.

En segundo lugar, esta meta 13.2 de desarrollo sostenible parece incluso un ejercicio de cinismo, consistente en que la propia Organización de las Naciones Unidas pida a los Estados Miembros que hagan lo que la propia ONU no ha sabido concretar con ningún ejemplo de medida concreta relativa al cambio climático en la Agenda 2030. Esta previsión de la meta 13.2 de desarrollo sostenible parece indicar que la Agenda 2030, en este concreto ODS, prefiere la acción nacional a la internacional, es decir, prefiere o se decanta por el desarrollo del derecho ambiental en los ordenamientos jurídicos nacionales al desarrollo del DIMA.

En definitiva, pese a tratarse de un problema ambiental de primer nivel, que si no se ataja puede llegar a poner en jaque, incluso, la supervivencia del género humano, la Agenda 2030 no estableció ningún compromiso jurídico nuevo y preciso, distinto a los ya existentes, para combatir el cambio climático y sus efectos.

3.2. Objetivo 14. Conservar y utilizar sosteniblemente los océanos, los mares y los recursos marinos para el desarrollo sostenible

Mucho más elaborado, y también más extenso, es el contenido que describe las metas ambientales a conseguir en el objetivo 14 del desarrollo sostenible, donde se afirma lo siguiente:

> "14.1 De aquí a 2025, prevenir y reducir significativamente la contaminación marina de todo tipo, en particular la producida por actividades realizadas en tierra, incluidos los detritos marinos y la polución por nutrientes

14.2 De aquí a 2020, gestionar y proteger sosteniblemente los ecosistemas marinos y costeros para evitar efectos adversos importantes, incluso fortaleciendo su resiliencia, y adoptar medidas para restaurarlos a fin de restablecer la salud y la productividad de los océanos

14.3 Minimizar y abordar los efectos de la acidificación de los océanos, incluso mediante una mayor cooperación científica a todos los niveles

14.4 De aquí a 2020, reglamentar eficazmente la explotación pesquera y poner fin a la pesca excesiva, la pesca ilegal, no declarada y no reglamentada y las prácticas pesqueras destructivas, y aplicar planes de gestión con fundamento científico a fin de restablecer las poblaciones de peces en el plazo más breve posible, al menos alcanzando niveles que puedan producir el máximo rendimiento sostenible de acuerdo con sus características biológicas

14.5 De aquí a 2020, conservar al menos el 10% de las zonas costeras y marinas, de conformidad con las leyes nacionales y el derecho internacional y sobre la base de la mejor información científica disponible

14.6 De aquí a 2020, prohibir ciertas formas de subvenciones a la pesca que contribuyen a la sobrecapacidad y la pesca excesiva, eliminar las subvenciones que contribuyen a la pesca ilegal, no declarada y no reglamentada y abstenerse de introducir nuevas subvenciones de esa índole, reconociendo que la negociación sobre las subvenciones a la pesca en el marco de la Organización Mundial del Comercio debe incluir un trato especial y diferenciado, apropiado y efectivo para los países en desarrollo y los países menos adelantados

14.7 De aquí a 2030, aumentar los beneficios económicos que los pequeños Estados insulares en desarrollo y los países menos adelantados obtienen del uso sostenible de los recursos marinos, en particular mediante la gestión sostenible de la pesca, la acuicultura y el turismo

14.a Aumentar los conocimientos científicos, desarrollar la capacidad de investigación y transferir tecnología marina, teniendo en cuenta los Criterios y Directrices para la Transferencia de Tecnología Marina de la Comisión Oceanográfica Intergubernamental, a fin de mejorar la salud de los océanos y potenciar la contribución de la biodiversidad marina al desarrollo de los países en desarrollo, en particular los pequeños Estados insulares en desarrollo y los países menos adelantados

14.b Facilitar el acceso de los pescadores artesanales a los recursos marinos y los mercados

14.c Mejorar la conservación y el uso sostenible de los océanos y sus recursos aplicando el derecho internacional reflejado en la Convención de las Naciones Unidas sobre el Derecho del Mar, que constituye el marco jurídico para la conservación y la utilización sostenible de los océanos y sus recursos, como se recuerda en el párrafo 158 del documento "El futuro que queremos".

Una lectura detenida de todos estos párrafos lleva, no obstante, a la misma conclusión alcanzada con el objetivo anterior del desarrollo sostenible. Ninguna de las metas más concretas de desarrollo sostenible que se mencionan dentro de este objetivo supone novedad alguna respecto de lo que ya se estaba haciendo en otros foros internacionales, como pueden ser el Programa de las Naciones Unidas para el Medio Ambiente (PNUMA); la propia AGNU; la Organización de las Naciones Unidas para la Agricultura y la Alimentación (FAO); la Organización Mundial del Comercio (OMC); la Comisión Oceanográfica Intergubernamental (COI) de la Organización de las Naciones Unidas para la Educación, la Ciencia y la Cultura (UNESCO); la División de Asuntos Oceánicos y del Derecho del Mar (DOALOS) de la Oficina de Asuntos Jurídicos de las Naciones Unidas, que actúa como Secretaría de la Convención de las Naciones Unidas sobre el Derecho del Mar (CNUDM); en numerosos acuerdos regionales sobre protección ambiental del medio marino; etc.

También es muy llamativo, por su ausencia, que no se contenga en la Agenda 2030 ninguna mención al hecho de que apenas tres meses y medio antes de la adopción de esta Agenda 2030, la propia AGNU adoptara la Resolución 69/292, de 9 de junio de 2015, con la que se iniciaron los trabajos preparatorios para la "elaboración de un instrumento internacional jurídicamente vinculante en el marco de la CNUDM relativo a la conservación y el uso sostenible de la diversidad biológica marina de las zonas situadas fuera de la jurisdicción nacional" (AGNU 2015a). También en este caso, la falta de mención alguna a este problema en los objetivos y metas de desarrollo sostenible previstos en la Agenda 2030 significa que el Acuerdo de 19 de junio de 2023 en el marco de la Convención de las Naciones Unidas sobre el Derecho del Mar relativo a la conservación y el uso sostenible de la diversidad biológica marina de las zonas situadas fuera de la jurisdicción nacional (Acuerdo BBNJ), pese a su importancia de cara a perseguir el desarrollo sostenible (Carro Pitarch 2023), tampoco forma parte del acervo desarrollado para aplicar o implementar la Agenda 2030. Su adopción también se produjo al margen de la Agenda 2030. En este caso, la Agenda 2030 también se olvida de la importancia que puede tener la evolución del DIMA para la consecución de los objetivos del desarrollo sostenible.

3.3. *Objetivo 15. Proteger, restablecer y promover el uso sostenible de los ecosistemas terrestres, gestionar sosteniblemente los bosques, luchar contra la desertificación, detener e invertir la degradación de las tierras y detener la pérdida de biodiversidad*

También resulta elaborado y extenso el contenido que describe las metas ambientales a conseguir en el objetivo 15 del desarrollo sostenible, donde se afirma lo siguiente:

> "15.1 De aquí a 2020, asegurar la conservación, el restablecimiento y el uso sostenible de los ecosistemas terrestres y los ecosistemas interiores de agua dulce y sus servicios, en particular los bosques, los humedales, las montañas y las zonas áridas, en consonancia con las obligaciones contraídas en virtud de acuerdos internacionales
>
> 15.2 De aquí a 2020, promover la puesta en práctica de la gestión sostenible de todos los tipos de bosques, detener la deforestación, recuperar los bosques degradados y aumentar considerablemente la forestación y la reforestación a nivel mundial
>
> 15.3 De aquí a 2030, luchar contra la desertificación, rehabilitar las tierras y los suelos degradados, incluidas las tierras afectadas por la desertificación, la sequía y las inundaciones, y procurar lograr un mundo con efecto neutro en la degradación de las tierras

15.4 De aquí a 2030, asegurar la conservación de los ecosistemas montañosos, incluida su diversidad biológica, a fin de mejorar su capacidad de proporcionar beneficios esenciales para el desarrollo sostenible

15.5 Adoptar medidas urgentes y significativas para reducir la degradación de los hábitats naturales, detener la pérdida de biodiversidad y, de aquí a 2020, proteger las especies amenazadas y evitar su extinción

15.6 Promover la participación justa y equitativa en los beneficios derivados de la utilización de los recursos genéticos y promover el acceso adecuado a esos recursos, según lo convenido internacionalmente

15.7 Adoptar medidas urgentes para poner fin a la caza furtiva y el tráfico de especies protegidas de flora y fauna y abordar tanto la demanda como la oferta de productos ilegales de flora y fauna silvestres

15.8 De aquí a 2020, adoptar medidas para prevenir la introducción de especies exóticas invasoras y reducir significativamente sus efectos en los ecosistemas terrestres y acuáticos y controlar o erradicar las especies prioritarias

15.9 De aquí a 2020, integrar los valores de los ecosistemas y la biodiversidad en la planificación, los procesos de desarrollo, las estrategias de reducción de la pobreza y la contabilidad nacionales y locales

15.a Movilizar y aumentar significativamente los recursos financieros procedentes de todas las fuentes para conservar y utilizar de forma sostenible la biodiversidad y los ecosistemas

15.b Movilizar recursos considerables de todas las fuentes y a todos los niveles para financiar la gestión forestal sostenible y proporcionar incentivos adecuados a los países en desarrollo para que promuevan dicha gestión, en particular con miras a la conservación y la reforestación

15.c Aumentar el apoyo mundial a la lucha contra la caza furtiva y el tráfico de especies protegidas, incluso aumentando la capacidad de las comunidades locales para perseguir oportunidades de subsistencia sostenibles".

Una lectura detenida de estas metas concretas de desarrollo sostenible lleva a conclusiones parecidas a las ya alcanzadas respecto de los ODS números 13 y 14 previstos en la Agenda 2030. La generalidad en la definición de las metas de desarrollo sostenible es la regla general. No se define ningún compromiso ambiental concreto que se deba alcanzar antes del 2030. Menos aún se prevén nuevos compromisos ambientales que gocen de una dimensión jurídica internacional.

La falta de novedad u originalidad en los objetivos perseguidos por estas metas de desarrollo sostenible es la segunda característica a destacar. Todas las metas que constituyen el ODS número 15 ya estaban siendo perseguidas antes de la adopción de la Agenda 2030 por la acción de otros convenios internacionales o por la acción en otros foros internacionales.

Cabe recordar que, con anterioridad a la adopción de la Agenda 2030, ya estaban en vigor varios tratados internacionales cuyos objetivos se pueden identificar con estas metas "concretas" del desarrollo sostenible. Éste es el caso, a título de ejemplo, del CDB; el Protocolo sobre acceso a los recursos genéticos y participación justa y equitativa en los beneficios que se deriven de su utilización (Nagoya, 29 de octubre de 2010), al Convenio sobre la diversidad biológica; la

Convención de la Naciones Unidas de lucha contra la desertificación en los países afectados por sequía grave o desertificación, en particular en África (París, 7 de junio de 1994; el Convenio relativo a la conservación de la vida silvestre y del medio natural de Europa (Berna, 19 de septiembre de 1979); la Convención sobre el Comercio Internacional de Especies Amenazadas de Fauna y Flora Silvestres (Washington, 3 de marzo de 1973); la Convención relativa a los humedales de importancia internacional especialmente como hábitat de aves acuáticas (Ramsar, 2 de febrero de 1971); etc. (Bou Franch 1998).

Además, estas metas de desarrollo sostenible están siendo perseguidas en otros foros internacionales distintos, como el Programa de las Naciones Unidas para el Medio Ambiente (PNUMA); la propia Asamblea General de Naciones Unidas; la Organización de las Naciones Unidas para la Agricultura y la Alimentación (FAO); la Organización de las Naciones Unidas para la Educación, la Ciencia y la Cultura (UNESCO); así como en numerosas organizaciones internacionales de ámbito regional, entre las que destaca la Unión Europea (UE) y el Consejo de Europa (CdE).

4. REFLEXIONES FINALES SOBRE LA TRASCENDENCIA DE LA AGENDA 2030 PARA EL DERECHO INTERNACIONAL DEL MEDIO AMBIENTE

Una vez transcurrida casi una década desde la adopción de la Agenda 2030 es el momento propicio para realizar unas reflexiones finales acerca de la trascendencia que pueda tener la Agenda 2030 como agenda, programa o plan de trabajo de la comunidad internacional para la evolución del DIMA.

De las tres dimensiones —económica, social y ambiental— que, según la Agenda 2030, deben perseguir los objetivos del desarrollo sostenible, no cabe ninguna duda acerca de que se ha reducido al máximo la importancia de la dimensión ambiental. Sólo tres de los diecisiete ODS previstos en la Agenda 2030 responden a la necesidad de proteger la dimensión ambiental. La Agenda 2030 se centra casi exclusivamente en el logro y cumplimiento de las dimensiones económica y social del desarrollo sostenible, subordinando la importancia de la dimensión ambiental a la consecución de las otras dos dimensiones (económica y social) del desarrollo sostenible.

Ahora bien, si como hemos indicado la Agenda 2030 insiste en varias ocasiones en afirmar que las tres dimensiones del desarrollo sostenible son de carácter integrado e indivisible y están interrelacionadas, la minusvaloración de la dimensión ambiental y su subordinación al logro de las otras dos dimensiones (económica y social) del desarrollo sostenible cuestionan frontalmente que la

Agenda 2030 pueda ser el instrumento para lograr este objetivo. No es creíble en absoluto la afirmación de que la Agenda 2030 supone el compromiso de "lograr el desarrollo sostenible en sus tres dimensiones —económica, social y ambiental— *de forma equilibrada* e integrada" (AGNU 2015b, párr. 2).

El análisis individualizado realizado de los tres objetivos de desarrollo sostenible previstos en la Agenda 2030 que persiguen reforzar y desarrollar su dimensión ambiental, cuestionan aún más la relevancia de este instrumento para la evolución del DIMA. Los objetivos 13, 14 y 15 del desarrollo sostenible contenidos en la Agenda 2030 cuestionan aún más el posible impacto ambiental de la Agenda 2030. Estos tres objetivos de desarrollo sostenible con dimensión ambiental comparten dos características comunes. La primera característica consiste en la generalidad seguida en la definición de todas las metas de desarrollo sostenible que componen estos tres ODS. Respecto de la dimensión ambiental del desarrollo sostenible, en estos tres objetivos no se ha previsto alcanzar ningún compromiso concreto y, menos aún, de carácter jurídico internacional.

La segunda característica común que comparten los objetivos 13, 14 y 15 del desarrollo sostenible responde a la falta de novedad u originalidad en las metas de desarrollo sostenible perseguidas para lograr su dimensión ambiental. Todas las metas de desarrollo sostenible que se contienen en estos tres ODS están ya siendo perseguidas tanto en el ámbito de diversos tratados internacionales que componen el DIMA, o mediante la acción de la comunidad internacional que se desarrolla en otros foros internacionales distintos. El triste mensaje que se desprende de estas metas del desarrollo sostenible con dimensión ambiental para la comunidad internacional durante el período 2015-2030 es el de seguir haciendo lo mismo que ya se hace. La Agenda 2030 no va más allá.

La combinación de estas dos características, es decir, la generalidad en la definición de las metas de desarrollo sostenible con dimensión ambiental, junto a la falta de novedad u originalidad en las metas perseguidas, alejan a la Agenda 2030 de ser una auténtica agenda o programa de trabajo para perseguir y reforzar la consecución de la dimensión ambiental del desarrollo sostenible en el período 2015-2030.

No se puede sostener que la Agenda 2030 haya contribuido o incitado el desarrollo y evolución del DIMA entre los años 2015 y 2025, ni tampoco parece que lo vaya a hacer en el lustro 2026-2030. No obstante, ello no ha impedido que el DIMA haya seguido desarrollándose, si bien lo ha hecho al margen y con independencia de las metas de desarrollo sostenible de dimensión ambiental previstas en la Agenda 2030. Cabe recordar una vez más que los dos hitos jurídicos más importantes del DIMA que se han producido desde la adopción de la Agenda 2030, es decir, el Acuerdo de París de 2015 sobre cambio climático y el Acuerdo BBNJ, se celebraron sin estar incluidos en ninguna de las metas de desarrollo sostenible previstas en la Agenda 2030. Por lo tanto, al margen de esta Agenda, sigue siendo posible y real la evolución del DIMA.

5. REFERENCIAS

5.1. Referencias doctrinales

Bou Franch, Valentín (1998), "La conservación de la diversidad biológica", en Juste Ruiz, José (Dir.), *Derecho Internacional del Medio Ambiente,* Mc Graw Hill, Madrid, pp. 361-426.

Cardesa Salzmann, Antonio; Pigrau Solé, Antoni (2017), "La agenda 2030 y los objetivos para el desarrollo sostenible. Una mirada crítica sobre su aportación a la gobernanza global en términos de justicia distributiva y sostenibilidad ambiental", *Revista Española de Derecho Internacional,* vol. 69, núm. 1, 278-285.

Carro Pitarch, María (2023), "El "Acuerdo BBNJ": hacia un nuevo régimen para la conservación y el uso sostenible de la diversidad biológica marina en zonas fuera de la jurisdicción nacional", *Revista Española de Derecho Internacional,* vol. 75, núm. 2, 231-256.

Juste Ruiz, José; Castillo Daudí, Mirella; Bou Franch, Valentín (2023), *Lecciones de Derecho Internacional Público,* 4ª ed., Tirant lo Blanch, Valencia.

Sands, Philippe; Peel, Jacqueline (2012), *Principles of International Environmental Law,* Third edition, Cambridge University Press, Cambridge. http://dx.doi.org/10.1017/CBO9781139019842.

Viñuales, Jorge E. (ed.), (2015), *The Rio Declaration on Environment and Development. A Commentary,* Oxford University Press, Oxford.

Zambrano González, Karla (2023), *El desafío del cambio climático en el Derecho internacional y europeo,* Tirant lo Blanch, Valencia.

5.2. Referencias normativas

5.2.1. Tratados internacionales

Convenio relativo a humedales de importancia internacional, especialmente como hábitat de aves acuáticas, Ramsar, 2 de febrero de 1971; *BOE,* núm. 199, de 20 de agosto de 1982.

Convenio sobre el comercio internacional de especies amenazadas de fauna y flora silvestres (CITES); Washington, 3 de marzo de 1973; *BOE,* núm. 181, de 30 de julio de 1986. Enmendada en Bonn el 22 de junio de 1979 y Gaborone el 30 de abril de 1983.

Convenio relativo a la conservación de la vida silvestre y del medio natural en Europa, Berna, 19 de septiembre de 1979; *BOE* núm. 235, de 1 de octubre de 1986.

Convenio sobre la Diversidad Biológica; Río de Janeiro, 5 de junio de 1992; *BOE,* núm. 27, de 1 de febrero de 1994.

Convención Marco de las Naciones Unidas sobre el Cambio Climático; Nueva York, 9 de mayo de 1992; *BOE,* núm. 27, de 1 de febrero de 1994.

Convención de las Naciones Unidas de Lucha contra la Desertificación en los países afectados por sequía grave o desertificación, en particular en África, París, 17 de junio de 1994; *BOE* núm. 36, de 11 de febrero de 1997.

Protocolo de Nagoya sobre acceso a los recursos genéticos y participación justa y equitativa en los beneficios que se deriven de su utilización, Nagoya el 29 de octubre de 2010, *BOE*, núm. 202, de 20 de agosto de 2014.

Acuerdo de París, París, 12 de diciembre de 2015; *BOE* núm. 28, 2 de febrero de 2017.

Acuerdo en el marco de la Convención de las Naciones Unidas sobre el Derecho del Mar relativo a la conservación y el uso sostenible de la diversidad biológica marina de las zonas situadas fuera de la jurisdicción nacional, Nueva York, 19 de junio de 2023; *DOUE* L 2024/1831, de 19 de julio de 2024.

5.2.2. Otros actos normativos internacionales

AGNU (1989), Resolución 44/228, de 22 de diciembre de 1989, "Conferencia de las Naciones Unidas sobre el Medio Ambiente y el Desarrollo".

AGNU (2012), Resolución 66/288, de 11 de septiembre de 2012, "El futuro que queremos".

AGNU (2015a). Resolución 69/292, de 9 de junio de 2015, "Elaboración de un instrumento internacional jurídicamente vinculante en el marco de la Convención de las Naciones Unidas sobre el Derecho del Mar relativo a la conservación y el uso sostenible de la diversidad biológica marina de las zonas situadas fuera de la jurisdicción nacional".

AGNU (2015b), Resolución 70/1, de 25 de septiembre de 2015, "Transformar nuestro mundo: la Agenda 2030 para el Desarrollo Sostenible".

5.3. Referencias documentales

NU (1987), Informe de la Comisión Mundial sobre el Medio Ambiente y el Desarrollo "Nuestro futuro común". (Informe Brundtland) Doc. A/42/427, 4 de agosto de 1987.

NU (1992), Informe de la Conferencia de Naciones Unidas sobre el Medio Ambiente y el Desarrollo, Río de Janeiro, 3-14 de junio de 1992, Doc. A/CONF.151/26/Rev.l (Vol. I).

NU (2002), Informe de la Cumbre Mundial sobre Desarrollo Sostenible. Johannesburgo (Sudáfrica), 26 de agosto - 4 de septiembre de 2002, Doc. A/CONF.199/20.

NU (2012), El futuro que queremos. Documento final de Río+20 Conferencia de las Naciones Unidas sobre el Desarrollo Sostenible. Doc. A/CONF.216/L.1, 19 de junio de 2012.

PARTE II:

LA REGULACIÓN SECTORIAL

Capítulo 8

EL CAMBIO CLIMÁTICO

ROSA GILES CARNERO[1]

1. INTRODUCCIÓN

El cambio climático supone un proceso de escala planetaria con múltiples y diversas consecuencias, tanto en los ecosistemas naturales, como en las estructuras sociales y económicas. La comunidad científica ha señalado la incidencia de la actividad humana en el equilibrio atmosférico global, constatándose la alteración sustancial de los procesos climáticos naturales debido a las emisiones de gases contaminantes, y a la acción sobre sumideros naturales como bosques u océanos, que absorben y almacenan dióxido de carbono. El trabajo desarrollado por el Grupo Intergubernamental de Expertos sobre el Cambio Climático (IPCC, por sus siglas en inglés), ha sido decisivo en el progresivo conocimiento del proceso y las consecuencias de esta amenaza ambiental[2]. En los sucesivos informes del IPCC se ha advertido de la necesidad de implementar una actuación global, que permita evitar los efectos más adversos del cambio climático, así como adaptarse a aquellos que están en curso y resultan ya inevitables. Se ha señalado, por tanto, la urgencia de la mitigación de este proceso ambiental, lo que requiere actuar sobre las emisiones de gases de efecto invernadero y la situación de los sumideros; al tiempo que se ha señalado la conveniencia de implementar una actuación de adaptación a los efectos en marcha, facilitando que los ecosistemas y las estructuras sociales y económicas se acomoden progresivamente a este nuevo contexto ambiental.

---

[1] Profesora Titular de Derecho Internacional Público en la Universidad de Huelva (giles@uhu.es). Todas las páginas webs y datos mencionados en este estudio han sido consultados el 25 de noviembre de 2024. ORCID: https://orcid.org/0000-0003-3111-3174.

[2] El IPCC fue creado en 1988 por el Programa de las Naciones Unidas para el Medio Ambiente y la Organización Mundial Meteorológica, como órgano de las Naciones Unidas dedicado a evaluar el progreso del conocimiento científico sobre el cambio climático. Fue situado bajo la autoridad de la Asamblea General mediante su Resolución 43/53, de 6 de diciembre de 1988 (AGNU 1988). El IPCC compila y sistematiza el conocimiento científico en materia de cambio climático, de forma que queden expuestas con claridad las bases científicas y técnicas cuyo conocimiento resulta necesario para la adecuada toma de decisión en este ámbito. Con esta finalidad, el Primer Informe de Evaluación fue publicado en 1990, y el Sexto ha concluido con la publicación del Informe de Síntesis en 2023.

Dada la escala mundial del cambio climático, se requiere una respuesta jurídica basada en la cooperación internacional de los diferentes Estados que componen el complejo sistema internacional, y que son los que tendrán que comprometerse con acciones concretas ante este desafío compartido. Esta cooperación se ha desarrollado, primordialmente, en el seno del régimen jurídico que se inauguró con la Convención Marco de las Naciones Unidas sobre el Cambio Climático adoptada en 1992 (CMNUCC), y después de más de tres décadas ha pasado por diversos momentos de éxitos y bloqueos. La Convención se diseñó como un texto marco, cuyo desarrollo tendría que producirse a través de sucesivos instrumentos en los que se promoverían el diseño y la aceptación de obligaciones climáticas concretas. En 1997 se adoptó el Protocolo de Kioto, que supuso el primer tratado de desarrollo de la CMNUCC; mientras que, con la adopción del Acuerdo de París en 2015, se estableció una nueva etapa de la acción internacional en esta materia.

Mediante la conjunción de la CMNUCC, como tratado fundacional y general, y el Protocolo de Kioto y el Acuerdo de París, como instrumentos de desarrollo, se ha estructurado, por tanto, el régimen jurídico internacional en materia de cambio climático. Estos tres tratados se constituyen como las normas primarias del régimen, y establecen un extenso sistema institucional y de compromisos del que emana, a su vez, un amplio entramado de normas secundarias. La articulación e implementación de estas normas primarias y secundarias generan una gobernanza climática internacional compleja, configurando el principal espacio para la negociación e implementación de compromisos que debieran responder a la urgencia y la ambición que requiere enfrentar el proceso de cambio global en el clima. En este sentido, la Asamblea General de las Naciones Unidas (AGNU) ha reconocido la relevancia del régimen climático como el principal foro internacional sobre clima en su Agenda 2030 sobre Desarrollo Sostenible, adoptada mediante la Resolución 70/1, de 25 de septiembre de 2015 (AGNU 2015). La Acción por el Clima se incluyó como el Objetivo 13 de Desarrollo Sostenible, y se identificó expresamente a la CMNUCC como el espacio de negociación en el que desarrollar la cooperación internacional para alcanzar las metas fijadas.

Teniendo en cuenta lo señalado, el objetivo de este capítulo es exponer, de forma necesariamente concisa, los principales elementos que definen el régimen jurídico internacional sobre cambio climático, y que permiten entender el complejo entramado normativo e institucional que supone. Se incluye, con esta finalidad, un primer apartado sobre la evolución de este régimen jurídico internacional, en el que se realiza un recorrido por la adopción y el desarrollo de los tres tratados internacionales que conforman su estructura fundamental. En un segundo apartado, se señalan los principales compromisos adoptados por las Partes, tanto en el ámbito de la mitigación, como de la adaptación al cambio climático. En el tercer y último apartado, se introducen los principales órganos del sistema institucional del régimen jurídico internacional, los cuales conforman la estructura orgánica básica que facilita la implementación de la acción climática y la cooperación constante en esta materia.

2. LA EVOLUCIÓN DEL RÉGIMEN JURÍDICO INTERNACIONAL SOBRE CAMBIO CLIMÁTICO

La CMNUCC se adoptó el 9 de mayo de 1992, y entró en vigor el 21 de marzo de 1994, convirtiéndose en el primer tratado internacional diseñado como respuesta a este fenómeno ambiental. Con este instrumento se inauguró un régimen jurídico internacional caracterizado por un sistema de negociación flexible y dilatado en el tiempo, mediante el que promover el consenso frente a las reticencias de los Estados para actuar contundentemente ante el cambio climático. Se ha destacado la capacidad de este régimen jurídico para mantener abierto el dialogo internacional, aunque también se ha criticado su parálisis en diferentes momentos, y sobre todo sus límites para promover una acción internacional con la urgencia y la ambición que requiere esta amenaza ambiental (Giles Carnero 2021, p. 60). Pese a todo, puede destacarse que la CMNUCC ha recibido una amplia aceptación en el sistema internacional, y sigue siendo el principal foro en el que diseñar e implementar la respuesta climática internacional[3].

La Convención se diseñó como un instrumento marco, en el que se fijaron el objetivo y los principios de actuación, al tiempo que se recogió la estructura institucional básica del régimen jurídico internacional que promovía. En su artículo 2, la Convención incluyó como objetivo de la regulación que inauguraba "la estabilización de las concentraciones de gases de efecto invernadero en la atmósfera a un nivel que impida interferencias antropógenas peligrosas en el sistema climático". Los sucesivos informes del IPCC llevarían a la conclusión de que esta previsión se concreta en limitar el aumento medio de temperatura por debajo de los 2ºC con respecto a los niveles preindustriales, y preferentemente por debajo de los 1,5ºC. Se estableció así un objetivo global de límite de incremento de temperatura, a cuya consecución deben tender todas las acciones adoptadas.

Para alcanzar este objetivo común, la CMNUCC introdujo una aproximación a la obligación climática en la que se destacaba la necesidad de tener en cuenta las diferentes circunstancias de las Partes, de forma que el principio de responsabilidades comunes pero diferenciadas de los Estados fuera incorporado y de-

3 El número de Partes de la CMNUCC asciende a 198. En este número se incluye la Unión Europea conforme al artículo 22 de la Convención, que permite la pertenencia tanto de Estados como de organizaciones regionales de integración económica.

sarrollado en todo el proceso de evolución del régimen internacional. En este sentido, la Convención basó su sistema de compromisos en la diferenciación, prioritaria, entre Partes que eran países desarrollados y en vías de desarrollo, correspondiendo a las primeras el mayor esfuerzo en la acción climática. Las Partes consideradas desarrolladas quedaron identificadas en sus Anexos, estableciendo los listados que serían de aplicación en su implementación y la de los instrumentos posteriores[4]. La especial vulnerabilidad ambiental o socio-económica a los efectos del cambio climático fueron también señalados como factores para fundamentar una diferenciación que, en este caso, introdujese mayor flexibilidad y asistencia en el cumplimiento de los compromisos adquiridos.

En el proceso de negociación de la CMNUCC no se alcanzó el acuerdo necesario para incluir obligaciones cuantificadas de reducción de emisiones de efecto invernadero, o de actuación en sumideros, pese a lo cual cabe señalar que en este instrumento se introdujeron algunos compromisos particularmente relevantes para la acción climática. La Convención estableció una serie de obligaciones dirigidas a todas las Partes, entre las que se encontraban algunas con un importante impacto en el ámbito de la mitigación del cambio climático. En este sentido, puede destacarse que su artículo 4 incluyó la obligación de realizar inventarios nacionales de las emisiones, así como de la absorción por sumideros de todos los gases de efecto invernadero, lo que supuso una previsión concreta en el ámbito de la mitigación con un fundamental impacto práctico. Asimismo, resultó de interés para el desarrollo de las negociaciones posteriores el tratamiento amplio de la actuación en mitigación, con la referencia tanto a emisiones, como a sumideros y depósitos. Se introducía así una aproximación integradora al objeto del régimen climático, y específicamente, a los compromisos internacionales a desarrollar en materia de mitigación.

De acuerdo con su carácter de texto marco, la Convención debía ser el inicio de una actuación climática internacional que se desarrollaría a través de un proceso continuado de negociación, tanto en el seno de los órganos que establecía, particularmente, en la Conferencia de las Partes (CoP, por sus siglas en inglés), como sobre todo a través de la adopción de protocolos. Siguiendo estas previsiones, el 11 de diciembre de 1997 se adoptó el Protocolo de Kioto, entrando en vigor el 16 de febrero de 2005, y configurándose como el primer tratado con un sistema de obligaciones específicas y cuantitativas para la limitación y reducción de emisiones de gases de efecto invernadero. Los resultados del Protocolo

4 La Convención incluye dos Anexos, a través de los cuales se introdujo una nueva diferenciación entre países desarrollados y aquellos en transición a una economía de mercado. Estos listados fueron enmendados mediante la Decisión 4/CP.3 (CMNUCC 1997), y la Decisión 26/CP.7 de la CoP (CMNUCC 2001), pese a lo cual resulta obvio que en la actualidad no reflejan las nuevas situaciones de desarrollo e impacto emisor de las Partes.

de Kioto no fueron los esperados, mostrándose pronto importantes problemas en su diseño e implementación que incidieron en lo limitado de su impacto ambiental. No obstante, este tratado supuso una relevante experiencia para la negociación climática que ha condicionado su evolución posterior.

Uno de los grandes problemas que presentó el Protocolo de Kioto fue establecer un sistema de diferenciación del compromiso climático que destinó las obligaciones concretas de limitación y reducción de gases de efecto invernadero únicamente a las Partes que son países desarrollados. Al no haberse contemplado control alguno sobre las emisiones de los Estados en vías de desarrollo, se limitó su impacto ambiental. Asimismo, esta previsión conllevó que los Estados desarrollados fueron mostrando su recelo al tratado, retrasándose su entrada en vigor, y la adopción de periodos sucesivos de cumplimiento[5]. Los compromisos fijados por el Protocolo de Kioto tenían que implementarse en un primer periodo de cumplimiento, cuyo término quedó fijado en 2012. El siguiente periodo, de 2013 a 2020, tendría que ser negociado en el seno de la CoP en calidad de reunión de las Partes en el Protocolo de Kioto (CMP, por sus siglas en inglés), con suficiente antelación para evitar el vacío en el paso de un periodo a otro. La negociación del segundo periodo de cumplimiento del Protocolo de Kioto supuso uno de los mayores fracasos del régimen climático internacional, de forma que la Enmienda de Doha, que contenía las previsiones para este segundo mandato, no fue adoptada hasta 2012, y no entró en vigor hasta el 31 de diciembre de 2020[6].

La dificultad en la adopción de una nueva fase en el Protocolo de Kioto llevó a explorar otras aproximaciones que permitieran desbloquear las negociaciones, y avanzar en el dialogo y la aceptación de compromisos climáticos más ambiciosos. Una nueva etapa llegaría con la adopción del Acuerdo de París el 12 de diciembre de 2015, cuya entrada en vigor se produjo el 4 de noviembre de 2016. En este caso se puso en marcha un enfoque negociador que, desde el pragmatismo, pretendió potenciar el dialogo y la confianza mutua entre las Partes. La negociación llevada a cabo en la CoP se concretó en pedir a las Partes, como punto de partida, que elaborasen y presentasen las que serían sus contribuciones nacionales voluntarias al nuevo instrumento. Se pretendía así superar las reticencias de algunos

---

[5] Finalmente, el número de Partes en el Protocolo ascendió a 192, pero su entrada en vigor se retrasó ante la decisión de Estados Unidos de no dar su consentimiento a este instrumento. Conforme a su artículo 25, se requería una doble condición para la entrada en vigor: la prestación del consentimiento de, al menos, cincuenta y cinco Partes en la Convención; y que entre éstas se incluyeran Estados desarrollados cuyas emisiones totales representasen, al menos, el 55% del total de las emisiones de dióxido de carbono que serían objeto de limitación y reducción.

[6] El número de Partes en la Enmienda de Doha ascendió a 148. El artículo 2 de la Enmienda remite al 20 del Protocolo de Kioto para establecer el requerimiento de la aceptación de, por lo menos, tres cuartos de las Partes en el Protocolo para la entrada en vigor.

Estados a asumir el coste de un sistema de obligaciones climáticas previamente definido en el ámbito internacional, asegurándoles una amplia capacidad en el diseño de las acciones climáticas conforme a sus políticas nacionales. Esta nueva aproximación en la negociación tuvo un primer éxito inmediato, ya que permitió la adopción del Acuerdo de París, y que su entrada en vigor se produjera con una rapidez poco común de menos de un año desde su adopción[7]. Fue así posible abrir una nueva etapa del régimen climático con un tratado complejo, que introduce interesantes innovaciones en la regulación climática internacional, y cuyo análisis pormenorizado despertó un destacado interés en la doctrina internacionalista (Borràs y Villavicencio 2018; Klein *et al.* 2018).

La clave del sistema establecido en el Acuerdo de París es conseguir el objetivo de limitación de temperatura global gracias a la progresiva mejora de la ambición en cada Contribución Determinada en el Nivel Nacional (NDC, por sus siglas en inglés) de las Partes, que se presentan con una periodicidad quinquenal. En este modelo la diferenciación en el compromiso climático es el rasgo fundamental, ya que las NDCs se diseñan en cada sistema nacional atendiendo a las circunstancias particulares de cada Parte. De nuevo, aparece en el régimen climático la aplicación del principio de responsabilidades comunes pero diferenciadas, que en este caso va más allá de la dicotomía entre Estados desarrollados o en vías de desarrollo, para hacerse más compleja e individualizada (Giles Carnero 2018). Aunque el desbloqueo del proceso negociador conllevó un cierto optimismo, también surgieron dudas sobre la precisión jurídica del sistema, y el impacto ambiental efectivo que podría desplegar un sistema basado en el modelo de NDC fijada inicialmente de forma voluntaria (Salinas 2018, p. 69).

El resultado agregado de las primeras contribuciones anunciadas por los Estados quedó por debajo de lo que sería necesario para evitar los peores escenarios de cambio climático, y la solicitud de salida del tratado presentada en 2019 por Estados Unidos mostró lo inestable que puede ser el apoyo y el consenso en torno a la acción climática internacional[8]. Pese a estos reveses, debe destacarse que esta nueva aproximación a la negociación consiguió desbloquear el proceso de adopción de un nuevo instrumento (Bodansky 2016, 288-289), y posteriormente continuaron y avanzaron las negociaciones para la concreción e implementación del nuevo tratado en el seno de la CoP en calidad de reunión de las Partes en el

---

7 Actualmente, el Acuerdo de París cuenta con 195 Partes. Conforme a su artículo 21, para su entrada en vigor se requería un doble condicionante, de forma que era necesario que prestaran su consentimiento, al menos, cincuenta y cinco Partes en la Convención, y que sus emisiones estimadas representasen globalmente, al menos, un 55% del total de las emisiones de gases de efecto invernadero.

8 Estados Unidos regresó al Acuerdo de París en 2021, con la Presidencia Biden. La Presidencia Trump recientemente elegida ha anunciado una nueva retirada del tratado.

Acuerdo de París (CMA, por sus siglas en inglés) (Rajamani y Bodansky 2019). En la actualidad se continúa con esta misma línea de actuación, ya con los datos de una primera evaluación de sus resultados realizada en el balance mundial culminado en 2023. En la Decisión 1/CMA.5 de la CMA se incluyen las conclusiones del balance, que muestran importantes deficiencias en la aplicación del Acuerdo de París al no estar asegurando el impacto ambiental requerido (CMA 2023). Esta evaluación ha puesto de manifiesto, por tanto, lo limitado de la eficacia alcanzada, de forma que se ha realizado un nuevo llamamiento para revertir esta situación a través del incremento en la ambición de las segundas NDCs de las Partes que se presentarán en 2025.

3. LAS OBLIGACIONES CLIMÁTICAS ADOPTADAS EN EL RÉGIMEN JURÍDICO INTERNACIONAL

El régimen jurídico internacional en materia de cambio climático incluye una compleja y extensa red de compromisos, que se dirigen a promover su objetivo de limitar el incremento de la temperatura global del planeta. El fundamento de estos compromisos se encuentra, en primer término, en los tres tratados climáticos que constituyen las normas primarias del régimen internacional, y que han enunciado los aspectos esenciales de las obligaciones aceptadas por las Partes. Ahora bien, estas previsiones convencionales han requerido, en buena medida, una labor de precisión y desarrollo a través de las normas secundarias emanadas del organigrama institucional establecido por el régimen climático. En particular, la negociación desarrollada en el seno de la CoP ha permitido concretar buena parte de los elementos de unas obligaciones que quedaron enunciadas en los tratados, y que para su implementación requerían del posterior acuerdo en el órgano plenario en su composición para cada uno de los tratados.

El sistema de compromisos climáticos se ha ido concretando, por tanto, progresivamente, a medida que se alcanzaban los acuerdos necesarios en la adopción de los tratados de desarrollo de la CMNUCC, y en el seno de la negociación plenaria en la CoP en sus diversas formaciones. De forma general, pueden destacarse que este sistema se caracteriza por unos rasgos que han estado presentes a lo largo de toda la evolución del régimen internacional, y que en buena medida han sido apuntados en el epígrafe anterior. Por un lado, el objetivo ambiental se fija a escala planetaria, de forma que las actuaciones nacionales deben colaborar en alcanzar esa meta común y global. En segundo lugar, la obligación climática se diseña como diferenciada en función de las circunstancias y capacidades de cada Estado, en aplicación del principio de responsabilidades comunes pero diferenciadas de los Estados. Por último, cabe añadir un tercer aspecto que aún no ha sido destacado, como es la relevancia de los compromisos procedimentales para promover la implementación y la transparencia de las obligaciones sustantivas asumidas.

En los epígrafes siguientes, se incluye el análisis de las principales obligaciones que devienen para las Partes del régimen jurídico internacional en materia de cambio climático. Debido a la extensión de este capítulo no resulta posible un estudio pormenorizado del complejo entramado de compromisos establecidos, por lo que se va a proceder a señalar los principales rasgos de las obligaciones asumidas para la mitigación y la adaptación al cambio climático, considerando que son los dos ámbitos principales en los que se desarrolla la actuación climática internacional.

3.1. Las obligaciones internacionales en materia de mitigación del cambio climático

La adopción de unos compromisos de mitigación con los que evitar o frenar el cambio climático ha sido la tarea que ha ocupado, prioritariamente, la negociación internacional en esta materia desde su inicio a finales de los años ochenta del pasado siglo. La acción en mitigación era la que podía asegurar el mantenimiento del equilibrio atmosférico, aunque resultaba claro que sería difícil alcanzar los consensos necesarios para adoptar obligaciones internacionales estrictas, debido al esfuerzo que suponía para economías basadas en el uso de combustibles fósiles. Ya en el proceso de negociación de la CMNUCC se puso de manifiesto la complejidad de lograr acuerdos en los que se incluyeran obligaciones cuantificadas para la mitigación del cambio climático. Como ya se ha señalado en el epígrafe anterior, en este primer texto fue posible avanzar únicamente en algunos compromisos que promovían la acción climática nacional, y podían sentar las bases para futuros acuerdos, como fueron las obligaciones recogidas en su artículo 4 de elaborar, actualizar, y publicar inventarios nacionales de las emisiones, y de la absorción por sumideros de los gases de efecto invernadero no controlados por el régimen jurídico internacional de protección de la capa de ozono; así como de formular, actualizar, y publicar, programas nacionales y regionales con medidas destinadas a mitigar el cambio climático.

La CMNUCC también introdujo en el mismo precepto una obligación general de mitigación del cambio climático dirigida únicamente a las Partes países desarrollados, de forma que apuntó la tendencia que sería seguida por el Protocolo de Kioto de utilizar un modelo de regulación basado en obligaciones cuantificadas de limitación y reducción de determinadas emisiones de gases de efecto invernadero, fijadas en el ámbito internacional, y cuyos destinatarios eran únicamente las Partes con más capacidades. Concretamente, en el Protocolo de Kioto se estableció un objetivo global de reducir el total de las emisiones de los gases de efecto invernadero que incluía en su sistema de control, a un nivel no inferior al cinco por ciento de las calculadas para 1990, y teniendo que cumplirse esta previsión en el primer periodo de cumplimiento; fijada esta obligación de reducción de forma conjunta, se atribuyó una cuota concreta de reducción a cada Parte considerada desarrollada, facilitando en mayor medida el cumplimiento en función del Anexo en el que hubiera sido incluida.

La atribución de la obligación cuantificada de mitigación únicamente a las Partes consideradas desarrolladas supone la principal característica del modelo de actuación diseñado en el Protocolo de Kioto. Esto conllevó que, ante el mayor protagonismo como emisores que fueron adquiriendo los Estados en vías de desarrollo, resultó cada vez más ineficaz un sistema que no los incluía como destinatarios de obligaciones, generando, a su vez, mayor resistencia de las Partes desarrolladas. A esta limitación, se sumó que las acciones que incluía únicamente se dirigieron al control de determinadas emisiones de gases de efecto invernadero, lo que resultó insuficiente para desplegar la respuesta que la amenaza climática requería. Finalmente, las dificultades en la adopción de un segundo periodo de cumplimiento llevaron a abandonar el modelo de obligación cuantificada de mitigación que introdujo el Protocolo de Kioto, y a utilizar una aproximación diferente en el nuevo tratado climático que supuso el Acuerdo de París. Se produjo un cambio desde un enfoque *top-down*, en el que la obligación climática se definía en el ámbito internacional, a un enfoque *bottom-up*, en el que se diseñaría en los sistemas nacionales (Campins Eritja 2015, p. 6)

En el nuevo modelo introducido por el Acuerdo de París la diferenciación se hace más compleja, superándose la dicotomía entre Partes desarrolladas y en vías de desarrollo, para establecer un sistema en el que la obligación se ajuste a las variables capacidades y circunstancias de cada Estado. En este instrumento también se señaló que las Partes países desarrollados debían asumir una responsabilidad cualificada en la mitigación del cambio climático, pero se optó por un enfoque en el que se primaba la consideración de obligación común y particularizada, y se aseguraba a las Partes una amplia capacidad en el diseño de las acciones climáticas conforme a sus políticas nacionales. En suma, la base fundamental de la que parte el Acuerdo de París es la pertinencia de considerar un objetivo ambiental global como es que la temperatura del planeta no supere los 2° C, y preferiblemente quede por debajo de 1,5° C, de forma que los esfuerzos nacionales diferenciados deben agregarse para lograr esta meta común.

La clave del sistema para lograr este objetivo se incluye en el artículo 4 del Acuerdo de París, en el que se establece una obligación general para todas las Partes de preparar, comunicar, y mantener sucesivas NDCs. Una vez establecido este compromiso, se deja un amplio margen de discrecionalidad a las Partes para diseñar su acción de mitigación. El contenido sustantivo de la obligación no se precisa, por tanto, en el ámbito internacional, sino en cada sistema nacional, introduciéndose como requisito fundamental adicional el mandato de que cada NDCs sucesiva suponga una progresión en la ambición climática con respecto a la anterior. Este sistema se completa con una serie de previsiones procedimentales que se suman al modelo adoptado, de forma que los compromisos sustantivos y procedimentales se complementan (Brunnée 2020, p. 203). La obligación de presentación de las NDCs se estableció con un carácter periódico de cinco años, a lo que se sumó la obligación de comunicar las contribuciones en una forma que proporcione la información necesaria para su adecuada comprensión y valoración. Con este propósito, se previó que las comunicaciones se ajustarían a las orientaciones que fueran proporcionando primero la CoP, y después la CMA, así como su inclusión en un registro público gestionado por la Secretaría.

Mediante estas obligaciones procedimentales, dirigidas a unificar criterios metodológicos y a fomentar la transparencia, se pretende favorecer la valoración de la equivalencia de las obligaciones asumidas, su cumplimiento, y el incremento de la ambición climática en cada nueva comunicación, al tiempo que generar un clima de confianza y cooperación entre las Partes. Se pretende así la implementación de un modelo compromiso de mitigación climática con carácter progresivo, y que pueda ser evaluado y comparado en el seno del régimen internacional para poder avanzar en el objetivo común fijado. En este sentido, en el artículo 14 del Acuerdo de París se prevé la realización de un balance mundial quinquenal en el seno de CMA, en el que se evalúe la efectividad de la acción climática a largo plazo, y la eventual necesidad de mejora e incremento en su ambición. Como ya se ha apuntado, el primero de estos balances se realizó en 2023, arrojando una valoración negativa de los esfuerzos acumulados, y realizando, por tanto, una llamada a la mejora de las siguientes NDCs a presentar en 2025.

3.2. Las obligaciones internacionales en materia de adaptación al cambio climático

En el artículo 4 de la CMNUCC se incluyó una obligación general de cooperación internacional en materia de adaptación, señalándose que las Partes con mayor capacidad debían prestar ayuda financiera a las que son países en desarrollo particularmente vulnerables. También el Protocolo de Kioto hizo una pequeña alusión a la adaptación en su artículo 12, al prever que se podían dirigir fondos de uno de los mecanismos de cumplimiento que preveía para esta línea de actuación. Pese a estas previsiones iniciales, el ámbito de la adaptación no obtuvo una especial atención en los primeros años del régimen climático. La prioridad fue abordar la mitigación del proceso de cambio en el clima, de forma que la necesidad de adaptación se percibía, precisamente, como el fracaso en este esfuerzo. Lamentablemente, los sucesivos datos aportados por el IPCC mostraron que era preciso introducir medidas de adaptación ante un proceso ambiental que estaba en marcha, y cuyos efectos podían ya detectarse.

El impulso definitivo a una acción más ambiciosa en el ámbito de la adaptación llegó en 2010, con la adopción del Marco de Adaptación de Cancún a través de la Decisión 1/CP.16 de la CoP (CMNUCC 2010). Las Partes reconocieron la necesidad de la cooperación internacional para incrementar el potencial de adaptación al cambio climático, y acordaron el establecimiento del Comité de Adaptación con el objetivo de fomentar la actividad sistemática en este ámbito, y prestar apoyo tanto a las Partes como a la CoP. Tanto el Marco de Adaptación de Cancún, como el Comité de Adaptación, fueron integrados en el sistema del Acuerdo de París, en el que definitivamente se reconoció la necesidad de avanzar en la adaptación al cambio climático. En el artículo 2 de este nuevo instrumento del régimen climático, se actualizó su objetivo general incluyéndose el de "aumentar la capacidad de adaptación a los efectos adversos del cambio climático y promover la resiliencia al clima" (Fajardo del Castillo 2018, p. 26-27).

Al igual que en el área de la mitigación, también en adaptación se dimensiona el objetivo general a escala planetaria, de forma que se pretende una mejora global de la capacidad de ajuste a los efectos del cambio climático. En este ámbito se considera que la suma de los esfuerzos nacionales agregados redundará en una mejor capacidad de adaptación global, independientemente de que la acción concreta tenga que ajustarse a las condiciones de cada territorio. Ahora bien, aunque el Acuerdo de París incluyó un mandato para la adaptación con un alcance general, también distinguió entre Partes que son países desarrollados, y las que lo son en vías de desarrollo, para contabilizar y facilitar sus esfuerzos en este ámbito. Una vez más el principio de responsabilidades comunes pero diferenciadas fundamenta la diferenciación, reconociéndose que los Estados en vías de desarrollo se encuentran en peor situación para hacer frente a los efectos del cambio climático[9].

El Acuerdo de París introduce en su artículo 7 una obligación general de las Partes de planificar e implementar medidas de adaptación, generándose un compromiso de actuación que tendría que concretarse atendiendo a las particularidades y necesidades locales. Se considera, por tanto, que el sistema nacional es el principal espacio para diseñar las medidas de adaptación, en un enfoque que resulta coherente con una diversidad de necesidades y capacidades, pero también como solución pragmática ante la posición de Estados que no aceptarían un catálogo unitario de actuaciones diseñado en el marco del régimen internacional. No se estableció, por tanto, un contenido mínimo común que pudiera ser exigido en la actividad de adaptación. Como indicaciones generales, en el mismo precepto se incluyeron las referencias a la conveniencia de adoptar una metodología que valorase las actuaciones de adaptación a escala humana, y con perspectiva de género, al tiempo que estuviera basada en la mejor información

---

[9] El alcance más interesante de esta diferenciación se produce al posibilitar que, conforme a lo previsto en el art. 7, en relación a los Estados en vías de desarrollo las medidas de adaptación puedan tener cierta cabida en sus NDCs.

científica disponible, y tuviera en cuenta los conocimientos tradicionales, de los pueblos indígenas, y locales. De esta forma, se incluyó la indicación de que el encargo de planificación en adaptación tendría que basarse en los datos científicos y tecnológicos disponibles, al tiempo que respetar la diferenciación cultural y socioeconómica.

Las previsiones señaladas se completaron con la introducción de obligaciones procedimentales que, como en el ámbito de la mitigación, promueven la valoración y publicidad del cumplimiento del compromiso de adaptación. En el artículo 7 se señaló la obligación de presentar una comunicación sobre adaptación, que tendría que actualizarse periódicamente. Al tiempo que se señalaba que esta comunicación podía insertarse en diferentes procedimientos de información establecidos en el marco de la CMNUCC o en el Acuerdo de París, la CMA recibió el encargo de determinar el contenido básico que tendría que incluir. En este sentido, en la Decisión 9/CMA.1 se incluyeron en 2018 una serie de orientaciones sobre la información que tendría que comunicarse en materia de adaptación, respecto de la que en todo caso se señala la flexibilidad en cuanto al mecanismo de comunicación elegido o el documento utilizado (CMA 2018). Con este proceso trata de facilitarse la contabilidad del esfuerzo realizado por los Estados, completándose con la previsión de que estas comunicaciones se inscribirían en un registro público que lleve la Secretaría, de forma que se otorgue publicidad al esfuerzo en adaptación.

4. EL ORGANIGRAMA INSTITUCIONAL ESTABLECIDO EN EL RÉGIMEN JURÍDICO INTERNACIONAL SOBRE CAMBIO CLIMÁTICO

Como se ha puesto de manifiesto en los epígrafes anteriores, la variable voluntad de los Estados para comprometerse en la mitigación y la adaptación al cambio climático ha sido, y sigue siendo, la pieza clave para los avances y bloqueos en el régimen jurídico internacional en esta materia. No obstante, también cabe señalar que, a lo largo de su trayectoria de más de treinta años, en este régimen jurídico se ha generado una gobernanza climática global, que mantiene un foro de negociación constante mediante el que se favorece la adopción de normas secundarias con las que concretar y promover acuerdos climáticos. Para la estructuración de este sistema de gobernanza, se ha establecido un marco institucional que parte del organigrama básico diseñado en la CMNUCC.

Como instrumento inaugural del régimen climático, la Convención estableció los principales órganos del sistema, que serían comunes para este primer tratado y los sucesivos de desarrollo. El diseño institucional adoptado fue fruto de la preferencia de las Partes por un organigrama en el que se primaba la composición intergubernamental, y se incluía un alto grado de especialización técnica. Se estableció un sistema en el que se fomentaba mantener abiertas vías de diálogo institucional, al tiempo que mantener el control intergubernamental sobre todo el proceso de negociación e implementación de obligaciones climáticas. Las Partes también optaron por un esquema institucional reducido y flexible, en el que se parte de una estructura básica que se completa, en función de las circunstancias, con diferentes órganos subsidiarios de carácter *ad hoc* o especializados.

En esta estructura básica establecida en la CMNUCC se incluye a la CoP como pieza clave del sistema, con las principales competencias en el desarrollo e implementación del régimen climático internacional. Junto a este órgano plenario, se estableció una Secretaría con funciones administrativas, así como dos órganos de carácter técnico, el Órgano Subsidiario de Asesoramiento Científico y Tecnológico, y el Órgano Subsidiario de Ejecución. Estos cuatro órganos configuran el esquema institucional básico establecido por la Convención, confirmados como el organigrama común de referencia tanto por el Protocolo de Kioto como por el Acuerdo de París. Al establecerse unos órganos con competencias en los sucesivos tratados que integran el régimen climático internacional, se promueve la coherencia de actuación en toda su implementación y desarrollo. En los epígrafes siguientes se señalan los principales caracteres de estos cuatro órganos convencionales.

4.1. La Conferencia de las Partes

En la CMNUCC se previó el establecimiento de una CoP, a la que se calificó como órgano supremo del tratado. Las Partes siguieron, de esta forma, una práctica habitual en los regímenes ambientales internacionales, mediante la que se favorece una negociación y acción continuada en la materia regulada. En el primero de sus preceptos, tanto el Protocolo de Kioto, como el Acuerdo de París, precisaron que la CoP actuaría como reunión de las Partes de estos instrumentos. De esta forma, se reiteraba la previsión de la Convención respecto al establecimiento de un órgano plenario único, que actuaría con diferente composición en función del ámbito en el que ejerciera sus funciones[10]. Se evitaba así la concurrencia de órganos plenarios independientes en el régimen climático internacional, apostando por una aproximación que facilita la coherencia de actuación en la implementación, tanto del instrumento marco, como de todos aquellos que le sirvan de desarrollo. También en aras de promover la coherencia del sistema, se señaló que las Partes en la CMNUCC que no lo fueran en el Protocolo de Kioto

---

[10] En este sentido puede verse la conjunción de los artículos 7 de la CMNUCC; 13 del Protocolo de Kioto; y 16 del Acuerdo de París.

o en el Acuerdo de París, podrían participar como observadoras en los periodos de sesiones de la CMP y la CMA respectivamente.

Las sesiones ordinarias de este órgano plenario tienen la misma periodicidad para los tres tratados climáticos, fijándose anualmente salvo que se decidiera otra cosa en su seno. Respecto al sistema de votación en estas reuniones, se previó que cada Parte ostentaría un voto, con la precisión de que a las organizaciones regionales de integración económica le corresponderían un número de votos igual al de sus Estados miembros que sean Partes. En el Protocolo de Kioto y en el Acuerdo de París se señaló que las decisiones serían adoptadas únicamente por las Partes que lo sean en cada uno de esos instrumentos, lo que ya había sido avanzado por la Convención que había previsto que únicamente las Partes en un protocolo podrían adoptar decisiones en su ámbito de actuación.

La CoP recibió en la CMNUCC el mandato de aprobar su reglamento de funcionamiento, en el que se tendrían que incluir las mayorías necesarias para aprobar sus decisiones. Sin embargo, no ha sido posible lograr un acuerdo sobre este aspecto de la votación, y no se ha adoptado de forma definitiva un reglamento de funcionamiento. En la práctica, las decisiones se adoptan por consenso, y se aplica el borrador de reglamento que fue negociado en el primer periodo de sesiones, excluyéndose lo relativo al sistema de voto. Esta situación muestra la preferencia de las Partes por un sistema que salvaguarde su voluntad en la toma de decisiones, aún a costa de la dificultad que supone para avanzar en la implementación y el desarrollo de la acción climática internacional, y la complejidad jurídica que puede generar el consenso como pieza clave en la adopción de acuerdos (Ferrer Lloret 2006, 142).

En relación con las funciones que le han sido reconocidas, cabe destacar que en el artículo 7 de la CMNUCC se atribuye a la CoP el mandato de examinar "regularmente la aplicación de la Convención y de todo instrumento jurídico conexo", así como unas competencias amplias que le permiten tomar "las decisiones necesarias para promover la aplicación eficaz" de las previsiones contenidas en el texto. También en el Protocolo de Kioto se atribuyeron extensas competencias al órgano plenario, mientras que en el Acuerdo de París se incluyó una referencia general mediante la que se le otorga todas las funciones que resulten necesarias para la aplicación del tratado. Esta amplia atribución de competencias a la CoP es un rasgo característico de este tipo de órganos plenarios ambientales, que se sitúan como pieza clave de sistemas de institucionalización de la cooperación internacional y que llegan a presentar rasgos comunes con las atribuciones de las organizaciones internacionales.

Además de la definición amplia de sus funciones en los preceptos dedicados específicamente a la CoP, a lo largo de todo el texto de los tres tratados se incluyen referencias a los diferentes mandatos que se le atribuyen para la aplicación y el desarrollo de las obligaciones que contienen. Cabe recordar, como ya ha sido apuntado en los epígrafes anteriores, que tanto la CMNUCC, como el Protocolo de Kioto y el Acuerdo de París, se han caracterizado por enunciar una serie de previsiones que requerían para su implementación la concreción mediante las decisiones adoptadas en el seno de la CoP. La negociación en este órgano plenario supone, por tanto, una nueva fase de dialogo tras la adopción del tratado, de modo que se continúa la discusión sobre las previsiones que hubiesen quedado simplemente planteadas por falta de acuerdo en todos sus términos. En particular, en el seno de la CoP se da lugar a prácticas que impulsan una interpretación consensuada del tratado (Buga 2018, p. 342). El órgano plenario ejerce, por tanto, una función de desarrollo más que de mera implementación de los preceptos de los tratados, y a esto se une el desempeño de diferentes cometidos técnicos a través de los que se precisa el conocimiento y las metodologías que serán de aplicación común en el sistema internacional, y los sistemas nacionales.

Cabe destacar, por último, las competencias de la CoP para la extensión del organigrama del régimen climático. Como ha sido apuntado anteriormente, la estructura institucional básica establecida en la CMNUCC se ha ido completando, a través de los años, con la creación de diferentes órganos subsidiarios. A la vista de lo numeroso y complejo de las tareas que se le asignó, la CMNUCC dotó a la CoP de la capacidad para establecer los órganos subsidiarios que fueran necesarios. Similar previsión se realizó en el Protocolo de Kioto respecto a la CMP, y en el Acuerdo de París respecto a la CMA. El reconocimiento de esta capacidad ha permitido el desarrollo de un complejo organigrama a través del que se implementa e impulsa el régimen climático internacional.

Por un lado, a lo largo de la evolución de la acción normativa internacional, se han establecido diferentes grupos de trabajo *ad hoc* que prestaron asistencia a los órganos plenarios en el diseño de nuevos avances en los compromisos asumidos, y en cuyo seno se desplegó una intensa negociación con la que avanzar en la articulación de consensos entre las Partes. Por otro lado, se han sumado diferentes órganos subsidiarios especializados, cuya función es la implementación de determinadas provisiones de los tres tratados climáticos. Mediante el funcionamiento de estos órganos, se desarrolla una gestión internacional de carácter técnico, altamente especializada, y que promueve el dialogo y la cooperación entre el sistema internacional, los diferentes sistemas nacionales, y otras entidades internacionales y actores involucrados en la acción climática.

4.2. La Secretaría de la Convención Marco de las Naciones Unidas para el Cambio Climático

En el artículo 8 de la CMNUCC se previó el establecimiento de una Secretaría, y se enunciaron sus funciones principales. La CoP recibió el mandato de precisar la composición de este órgano, así como de adoptar las medidas necesarias para su funcionamiento. Siguiendo estas previsiones, la Secretaría se constituyó con una figura unipersonal a la cabeza, y con total independencia orgánica pese a mantener estrechos contactos con los diferentes órganos y organismos especializados del sistema de Naciones Unidas. Las Partes optaron, por lo tanto, por establecer una Secretaría para el cambio climático como órgano netamente convencional, que no recibiría ningún tipo de dirección procedente de la estructura de ninguna organización internacional preexistente. En la CMNUCC se había previsto que la Secretaría desempeñase sus funciones también en el marco de los sucesivos protocolos que se adoptasen, y así fue confirmado por el Protocolo de Kioto y el Acuerdo de París, de forma que se configura como el órgano administrativo de los tres tratados climáticos, y se convierte en una destacada figura orgánica en el sistema institucional básico del régimen climático internacional[11].

Atendiendo al texto de la CMNUCC, las funciones de la Secretaría son eminentemente administrativas. Entre sus tareas se incluyen las de organizar y prestar los servicios necesarios en las sesiones de la CoP, y de sus órganos subsidiarios; asegurar la coordinación con las secretarías de los demás órganos u organismos internacionales pertinentes; y elaborar los arreglos administrativos y contractuales que sean necesarios para el desempeño de sus funciones. No obstante, este órgano también asume tareas que, aunque mantienen su carácter eminentemente administrativo, resultan relevantes para incentivar y examinar el cumplimiento de los compromisos asumidos por las Partes. Como ejemplo, puede recordarse que la Secretaría recibe las diversas comunicaciones transmitidas por las Partes en cumplimiento de sus compromisos de información y transparencia, y en este ámbito se desarrolla un dialogo con los sistemas nacionales que puede traducirse en cierta asistencia en la tarea de organizar, y transmitir los datos requeridos.

Conforme a lo señalado, puede concluirse que la Secretaría se configura como el órgano que da soporte administrativo a todo el organigrama institucional establecido en el marco del régimen climático internacional, favoreciendo con esta labor la continuidad del dialogo, el desarrollo de conocimientos y metodologías comunes, y la transparencia en el cumplimiento de los compromisos adquiridos. La labor de la Secretaría resulta, por lo tanto, un aspecto clave en una gestión global cuyo éxito se basa en la agregación y mejora de los esfuerzos nacionales en mitigación y adaptación al cambio climático.

---

11 Así deviene de la conjunción de los artículos 8 de la CMNUCC; 14 del Protocolo de Kioto; y 17 del Acuerdo de París.

4.3. Los órganos subsidiarios de asesoramiento establecidos en la Convención Marco de Naciones Unidas para el Cambio Climático

La CMNUCC estableció dos órganos técnicos de asesoramiento para apoyar la labor de la CoP. El Órgano Subsidiario de Asesoramiento Científico y Tecnológico fue previsto en el artículo 9 del tratado marco; mientras que el Órgano Subsidiario de Ejecución se incluyó en el artículo 10. En ambos casos se trata de órganos permanentes, subsidiarios de la CoP, aunque de naturaleza convencional. Mientras que la misión del Órgano Subsidiario de Asesoramiento Científico y Tecnológico es la de proporcionar a la CoP información y orientación en las cuestiones científicas y tecnológicas relacionadas con este tratado; al Órgano Subsidiario de Ejecución se le atribuye la función de asistir al órgano plenario en la evaluación y el examen del cumplimiento efectivo de los tratados. A través del desarrollo de estas funciones, ambos órganos se han convertido en piezas claves con las que asegurar que las decisiones en el régimen climático tengan en cuenta el mejor conocimiento disponible, y se facilite a la CoP el asesoramiento técnico necesario para el desempeño de sus funciones.

La composición de ambos órganos es de carácter gubernamental, aunque se exige que sus miembros acrediten cualificación experta. Pese a que los mandatos de estos órganos son eminentemente técnicos, la negociación en torno a su composición fue controvertida, y no fue posible alcanzar un acuerdo para que fuera estrictamente especializada. La fórmula finalmente adoptada supone un compromiso entre las diferentes posturas de las Partes, de tal forma que los órganos pasaron a estar formados por representantes gubernamentales, pero con la exigencia de que tuvieran competencias en la esfera de actuación pertinente de forma que se asegure su especialización y cualificación. Con esta composición se les dotó de un carácter técnico, a la vez que mantiene una base de discusión política en la que las Partes manifiestan y contraponen sus diferentes intereses.

En el artículo 15 del Protocolo de Kioto y en el 18 del Acuerdo de París, se señaló que tanto el Órgano Subsidiario de Asesoramiento Científico y Tecnológico, como el Órgano Subsidiario de Ejecución, desplegarían sus competencias también en sus marcos de actuación. Las reglas de funcionamiento serían las mismas que las previstas en el ámbito de la CMNUCC, y las sesiones se celebrarían conjuntamente. Cuando estos órganos actúan bajo el mandato de los tratados de desarrollo, únicamente las Partes en estos instrumentos pueden adoptar las decisiones. No obstante, a las Partes en la CMNUCC, que no lo fueran en el Protocolo de Kioto o en el Acuerdo de París, se les permite participar como observadoras, de forma que se favorezca la cohesión en el funcionamiento de estos órganos subsidiarios en sus diversas composiciones. Ambos órganos de asesoramiento actúan, por lo tanto, en el ámbito de aplicación de los tres tratados que configuran el régimen jurídico internacional en materia de cambio climático. De esta forma, se asegura la coherencia de la información y el asesoramiento proporcionado a la CoP en sus diversas formaciones, al tiempo que no se multiplican unos órganos cuya composición requiere un alto grado de cualificación técnica.

5. REFERENCIAS

5.1. Referencias doctrinales

Bodansky, Daniel (2016), "The Paris Climate Change Agreement: A New Hope?", *American Journal of International Law*, vol. 110, núm. 2, pp. 288-319. http://dx.doi.org/10.5305/amerjintelaw.110.2.0288.

Borràs Pentinant, Susana; Villavicencio Calzadilla, Paula (eds.) (2018), *El Acuerdo de París sobre el cambio climático: ¿un acuerdo histórico o una oportunidad perdida?*, Aranzadi, Pamplona.

Brunnée, Jutta (2020), "Procedure and Substance in International Environmental Law", *Collected Courses of the Hague Academy of International Law / Recueil des cours de l'Académie de La Haye*, vol. 405, pp. 75-240. http://dx.doi.org/10.1163/9789004444386.

Buga, Irina (2018), *Modification of Treaties by Subsequent Practice*, Oxford University Press, Oxford.

Campins Eritja, Mar (2015), "De Kioto a París: ¿evolución o involución de las negociaciones internacionales sobre el cambio climático?", Instituto Español de Estudios Estratégicos, Documento de Opinión, núm. 61, pp. 1-19.

Fajardo Del Castillo, Teresa (2018), "El Acuerdo de París sobre el cambio climático: sus aportaciones al desarrollo progresivo del Derecho Internacional y las consecuencias de la retirada de los Estados Unidos", *Revista Española de Derecho Internacional*, vol. 70, núm. 1, pp. 23-51. http://dx.doi.org/10.17103/redi.70.1.2018.1.01.

Ferrer Lloret, Jaume (2006), *El consenso en el proceso de formación institucional de normas en el Derecho Internacional*, Atelier, Barcelona.

Giles Carnero, Rosa (2018), "La dimensión del principio de responsabilidades comunes pero diferenciadas de los Estados en el Acuerdo de París en materia de cambio climático", en Juste Ruiz, José; Bou Franch, Valentín; Pereira Coutinho, Francisco (dirs.), *Desarrollo Sostenible y Derecho Internacional*, Tirant lo Blanch, Valencia, pp. 97-109.

Giles Carnero, Rosa (2021), *El régimen jurídico internacional en materia de cambio climático: Dinámica de avances y limitaciones*, Aranzadi, Pamplona.

Klein, Daniel *et al.* (eds.) (2017), *The Paris Agreement on Climate Change. Analysis and Commentary*, Oxford University Press, Oxford.

Rajamani, Lavanya; Bodansky, Daniel (2019), "The Paris Rulebook: Balancing International Prescriptiveness with National Discretion", *International Comparative Law Quarterly*, vol. 68, pp. 1023-1040. http://dx.doi.org/10.1017/S0020589319000320.

Salinas Alcega, Sergio (2018), "El Acuerdo de París de diciembre de 2015: la sustitución del multilateralismo por la multipolaridad en la cooperación climática internacional", *Revista Española de Derecho Internacional*, vol. 70, núm. 1, pp. 53-76. http://dx.doi.org/10.17103/redi.70.1.2018.1.02.

5.2. Referencias normativas

5.2.1. Tratados internacionales

Convención Marco de las Naciones Unidas sobre el Cambio Climático; Nueva York, 9 de mayo de 1992; *BOE*, núm. 27, de 1 de febrero de 1994.

Protocolo de Kioto al Convenio Marco de las Naciones Unidas sobre el Cambio Climático, Kioto, 11 de diciembre de 1997; *BOE*, núm. 33, de 8 de febrero de 2005.

Enmienda de Doha al Protocolo de Kioto, adoptada el 8 de diciembre de 2012 en la 8º sesión de la Reunión de las Partes en el Protocolo de Kioto, celebrada en Doha (Qatar), del 26 de noviembre al 8 de diciembre de 2012.

Acuerdo de París, París, 12 de diciembre de 2015; *BOE* núm. 28, 2 de febrero de 2017.

5.2.2. Otros actos normativos internacionales

AGNU (1988), Resolución 43/53, de 6 de diciembre de 1988, "Protección del clima mundial para las generaciones presentes y futuras".

AGNU (2015), Resolución 70/1, de 25 de septiembre de 2015, "Transformar nuestro mundo: la Agenda 2030 sobre el Desarrollo Sostenible".

CMA (2018), Decisión 9/CMA.1, 15 de diciembre de 2018, "Orientaciones adicionales en relación con la comunicación sobre la adaptación, presentada por ejemplo como un componente de las contribuciones determinadas a nivel nacional, a que se hace referencia en el artículo 7, párrafos 10 y 11, del Acuerdo de París", Doc. FCCC/PA/CMA/2018/3/Add.1.

CMA (2023), Decisión 1/CMA.5, 13 de diciembre de 2023, "Resultado del primer balance mundial", Doc. FCCC/PA/CMA/2023/16/Add.1.

CMNUCC (1997), Decisión 4/CP.3, 11 de diciembre de 1997, "Inciso f) del párrafo 2 del artículo 4 de la Convención", Doc. FCCC/CP/1997/7/Add.1.

CMNUCC (2001), Decisión 26/CP.7, 9 de noviembre de 2001, "Enmienda de la lista del anexo II de la Convención", Doc. FCCC/CP/2001/13/Add.4.

CMNUCC (2010) Decisión 1/CP.16, 10 y 11 de diciembre de 2010, "Acuerdos de Cancún: resultado de la labor del Grupo de Trabajo Especial sobre la cooperación a largo plazo en el marco de la Convención", Doc. FCCC/CP/2010/7/Add.1.

5.3. Referencias documentales

IPCC (1992), *Cambio climático: Las Evaluaciones del IPCC de 1990 y 1992. Primer Informe de Evaluación del IPCC. Resumen General y los Resúmenes para Responsables de Políticas y Suplemento de 1992 del IPCC*, Organización Meteorológica Mundial y Programa de las Naciones Unidas para el Medio Ambiente

IPCC (2007), *Cambio climático 2007: Informe de síntesis. Contribución de los Grupos de trabajo I, II y III al Cuarto Informe de evaluación del Grupo Intergubernamental de Expertos sobre el Cambio Climático*, Organización Meteorológica Mundial y Programa de las Naciones Unidas para el Medio Ambiente

IPCC (2014), *Cambio climático 2014: Informe de síntesis*, Organización Meteorológica Mundial y Programa de las Naciones Unidas para el Medio Ambiente

IPCC (2023), *Cambio Climático 2023: Informe de síntesis,* Organización Meteorológica Mundial y Programa de las Naciones Unidas para el Medio Ambiente

Capítulo 9

LA PROTECCIÓN DE LA ATMÓSFERA

SERGIO SALINAS ALCEGA[1]

1. INTRODUCCIÓN

La atmósfera, recurso natural esencial para la vida, se compone de diversos gases cuya densidad varía en las distintas capas que la integran, concentrándose en su mayoría en la troposfera, que alcanza hasta los 10-12 kilómetros, y en la estratosfera, que se extiende hasta los 50 kilómetros[2]. Entre esos gases se incluyen el nitrógeno, que representa el 78% del volumen del aire, y el oxígeno, que supone un 21%, además de otros en proporciones menores, como el argón, el helio y gases de efecto invernadero como el dióxido de carbono y el ozono, así como vapor de agua en cantidades muy variables.

Esos gases presentes en la atmósfera se encuentran sometidos a un equilibrio natural complejo que se ha visto alterado durante décadas por emisiones antropógenas de otras sustancias, dando lugar a lo que se conoce como *contaminación atmosférica,* definida por el artículo 1.a) del Convenio de Ginebra, de 13 de noviembre de 1979, sobre la contaminación atmosférica transfronteriza a gran distancia (Convenio de Ginebra), como:

> "[...] la introducción en la atmósfera por el hombre, directa o indirectamente, de substancias o de energía que tengan una acción nociva de tal naturaleza que ponga en peligro la salud humana, dañe los recursos biológicos y los ecosistemas, deteriore los bienes materiales y afecte o dañe los valores recreativos y otros usos legítimos del medio ambiente".

La necesaria consideración de la atmósfera como un todo a los efectos de reaccionar frente a los impactos señalados[3], convierte al Derecho Internacional en

---

[1] Catedrático de Derecho Internacional Público en la Universidad de Zaragoza (ssalinas@unizar.es). Todas las páginas webs mencionadas en este estudio han sido consultadas el 25 de noviembre de 2024. ORCID: https://orcid.org/0000-0002-4194-6914.

[2] Para una descripción sintética de la atmósfera a los efectos de la comprensión de su marco jurídico internacional véase *Texto del proyecto de directrices sobre protección de la atmósfera, Informe de la Comisión de Derecho Internacional,* (CDI 2021, p. 21 y ss).

[3] La contaminación atmosférica no se adapta a las divisiones políticas del ser humano, ni se detiene en las fronteras, de manera que el impacto negativo de la emitida desde cualquier punto del planeta alcanza toda la atmósfera.

herramienta jurídica imprescindible para reaccionar de manera efectiva frente a los problemas de contaminación que la afectan, siendo el único ordenamiento capaz de poner en marcha un marco normativo adaptado a la naturaleza de este espacio. Un aspecto relevante a tener en consideración a este respecto es el de la evolución experimentada en relación con los fenómenos con impacto negativo en el buen estado de la atmósfera, que progresivamente han ido presentando una mayor extensión tanto de su marco geográfico como de sus causas. Esa evolución era ya descrita hace casi cuatro décadas, distinguiendo tres fases en la misma, cada una de ellas asociada a un problema atmosférico determinado (Kiss 1988, pp. 701 y ss.). En ese sentido se apuntaba al paso de un problema de alcance regional, como es el de la contaminación atmosférica transfronteriza a gran distancia, a otro de carácter global, tanto desde el punto de vista geográfico como desde el sustantivo, como es el cambio climático; y ello pasando por una fase intermedia, asociada al problema del deterioro de la capa de ozono, de alcance planetario, pero no de naturaleza global desde la perspectiva sustantiva. Eso ha conducido a una pluralidad de regímenes jurídicos específicos, que tratan de dar respuesta a cada uno de esos problemas atmosféricos.

En este capítulo se atenderá a los marcos jurídicos internacionales creados para responder a esos problemas, pero dejando fuera el relativo al cambio climático que, a la vista de su trascendencia y de la complejidad del régimen jurídico puesto en marcha para reaccionar frente al mismo, recibe atención en un capítulo específico. El apartado segundo se centra en la creación de un marco normativo internacional para la protección de la atmósfera, mientras que los apartados tercero y cuarto se dedican respectivamente a presentar el marco jurídico internacional relativo a la contaminación atmosférica a gran distancia y a la protección de la capa de ozono.

2. LA CREACIÓN DE UN MARCO NORMATIVO INTERNACIONAL PARA LA PROTECCIÓN DE LA ATMÓSFERA

Tal como se apuntaba en el apartado anterior la protección internacional de la atmósfera se ha articulado a través de distintos regímenes jurídicos sectoriales que atienden a problemas concretos. En esta parte se abordarán los relativos a la contaminación atmosférica transfronteriza a gran distancia y al deterioro de la capa de ozono. No obstante, antes de ese análisis específico de dichos regímenes internacionales dirigidos a la protección de la atmósfera es útil proceder a una aproximación general a los mismos, apuntando algunos elementos comunes.

2.1. Rasgos generales del marco jurídico internacional de protección de la atmósfera

La primera observación al respecto se centra en el ya mencionado carácter *ad hoc* de esos marcos normativos creados en Derecho Internacional, que responden a problemas específicos más que tomar en consideración la protección de la atmósfera de una perspectiva holística (Dupuy y Viñuales 2018, p. 147). No ha faltado algún intento de superar esa aproximación fragmentaria, pudiendo señalar como ejemplo más significativo el Proyecto de Directrices elaborado por la Comisión de Derecho Internacional (CDI 2021). Pero, como se verá más tarde, este Proyecto se ha visto lastrado por limitaciones que no permiten considerarlo como estableciendo un régimen jurídico-internacional omnicomprensivo de todos los aspectos relacionados con la protección de la atmósfera.

En cualquier caso, pueden identificarse una serie de hitos en el desarrollo de un marco normativo de protección de la atmósfera. Uno de esos primeros hitos es el laudo arbitral de 11 de marzo de 1941, en el asunto de la *Fundición de Trail* (TA 1941), relativo a la emisión de humos de una instalación, localizada en Canadá, con efectos negativos en Estados Unidos. Entre las aportaciones de ese pronunciamiento destaca la referencia a la prohibición, aplicable a cualquier Estado, de causar daños en el territorio de otros Estados, o permitir que éstos sean causados, como consecuencia de actividades desarrolladas en el propio. Esta prohibición, que se configura como principio central del Derecho Internacional del Medio Ambiente (DIMA), presenta especial relevancia en lo que respecta a la contaminación transfronteriza.

Los primeros antecedentes específicamente centrados en la protección de la atmósfera tienen lugar en el ámbito europeo, pudiendo citar a este respecto la Declaración de principios sobre el control de la contaminación del aire, incluida en la Recomendación (68) 4, de 8 de marzo de 1968, del Comité de Ministros del Consejo de Europa (CdE 1968), que proclama una serie de reglas que continúan siendo válidas, previendo la responsabilidad de quien lleve a cabo esa contaminación y apuntando a una regulación basada en el principio de prevención[4].

La constatación de evidencias en relación con el problema de la contaminación atmosférica transfronteriza a gran distancia, con la aparición de los problemas de lluvia ácida en Europa, sobre los que se volverá más adelante, condujo a la celebración de la Conferencia de las Naciones Unidas sobre el Medio Humano,

---

[4] En ese plano de la acción de otras Organizaciones internacionales cabe destacar los desarrollos llevados a cabo en el marco de la Organización para la Cooperación y el Desarrollo Económico (OCDE), pudiendo mencionar como una de las primeras muestras la Recomendación del Consejo sobre las medidas para un mayor control de la contaminación del aire (OCDE 1974).

en Estocolmo, en la que se adoptaba una Declaración, de 16 de junio de 1972 (UN 1972), que es calificada como un instrumento político movilizador y generador de expectativas normativas de gran alcance en el marco del DIMA (Fajardo del Castillo 2024, p. 18), y que en relación con la protección de la atmósfera pondrá en marcha el proceso de creación de sistemas de carácter sectorial, referidos a los sucesivos problemas atmosféricos que se van presentando, comenzando por el que suponía la lluvia ácida que dio lugar a la convocatoria de la propia Conferencia[5].

Esos sistemas sectoriales, incluyendo el relativo al cambio climático, presentan un modelo común basado en la adopción de un tratado marco que se va desarrollando posteriormente a través de distintas vías. A eso se añade la creación de un órgano que asume la gestión del sistema, ocupándose principalmente de las decisiones de desarrollo del mismo. Eso no obsta que puedan constatarse diferencias en aspectos como el de los instrumentos usados para el desarrollo de cada sistema, planteándose incluso cierta discrepancia entre lo recogido a este respecto en el correspondiente tratado marco y la acción posterior de ese órgano gestor. Ese es el caso del sistema que se ocupa de la contaminación atmosférica transfronteriza a gran distancia, puesto que mientras el Convenio de Ginebra, como se verá después, no contempla la adopción de Protocolos, el Órgano ejecutivo ha optado por esta vía, habiéndose adoptado hasta el momento 8.

La opción por ese modelo de un tratado marco desarrollado posteriormente, que por otra parte es común en el DIMA, se considera adecuada a la vista de los rasgos que presentan los problemas a los que se intenta hacer frente, en particular la incertidumbre científica y el avance progresivo de los conocimientos sobre los mismos. Estos rasgos obligan a dotar de flexibilidad a esos sistemas sectoriales además de integrar en su estructura institucional el conocimiento científico, permitiendo de esa manera un proceso continuo de actualización (Caron 1990, p. 723)[6].

---

5 Ello pese a que la protección de la atmósfera no fue objeto de atención específica en la citada Declaración, a diferencia de lo que ocurrió con la contaminación marina en el Principio 8 (Juste Ruiz 1999, p. 264). El primer texto internacional obligatorio dirigido a la protección de la atmósfera es el Convenio sobre la prohibición de utilizar técnicas de modificación ambiental con fines militares u otros fines hostiles, aprobado por la Asamblea General de las Naciones Unidas el 10 de diciembre de 1976, que no obstante no se circunscribe a la protección de la atmósfera, sino que la incluye, junto a la biótica, la litosfera, la hidrosfera y el espacio ultraterrestre, dentro del ámbito de aplicación de sus obligaciones.

6 Ejemplos de esa integración del conocimiento científico en la estructura institucional de los sistemas sectoriales objeto de estudio son, por ejemplo, el Grupo de Trabajo sobre los efectos, creado en el marco del Convenio de Ginebra para proporcionar información sobre el grado y la extensión geográfica de los impactos de los principales contaminantes del aire. E igualmente, en relación con el Convenio para la protección de la capa de ozono pueden mencionarse

Mención aparte en materia de protección atmosférica merece la legislación adoptada al respecto por la Unión Europea (UE), a la que por su extensión no es posible hacer una referencia completa en este capítulo, limitándonos a mencionar algunas de las disposiciones más relevantes vigentes en este momento. En ese sentido puede destacarse la Directiva 2008/50/CE del Parlamento Europeo y del Consejo, de 21 de mayo de 2008, relativa a la calidad del aire ambiente y a una atmósfera más limpia en Europa (UE 2008), por la que se establecen umbrales, valores límite y valores objetivo para evaluar distintos contaminantes (dióxido de sulfuro, dióxido de nitrógeno, plomo, ...), imponiendo a los Estados la obligación de adoptar planes de calidad del aire que permitan corregir los casos en que los niveles de contaminación de una zona determinada superen los umbrales establecidos. Otras disposiciones que pueden mencionarse son el Reglamento (CE) 1005/2009 del Parlamento Europeo y del Consejo, de 16 de septiembre de 2009, sobre las sustancias que agotan la capa de ozono (UE 2009) o la Directiva (UE) 2016/2284 del Parlamento Europeo y del Consejo, de 14 de diciembre de 2016, relativa a la reducción de las emisiones nacionales de determinados contaminantes atmosféricos (UE 2016).

2.2. *Un intento fallido de superar un enfoque fragmentario del marco jurídico internacional de protección de la atmósfera*

El Proyecto de Directrices aprobado por la CDI en 2021 era, como ya se señaló, un intento de responder a la dispersión del régimen jurídico-internacional de protección de la atmósfera. Sin embargo, diferentes circunstancias han conducido a la imposibilidad de lograr el ambicioso objetivo inicial de articular un marco que abordase de manera completa y sistemática el conjunto de problemas que plantea la protección de la atmósfera. Ello es consecuencia de la imposición al Relator Especial de una serie de limitaciones que restringen notablemente el alcance de ese Proyecto de Directrices y que han llevado a una evaluación no positiva del mismo por la doctrina, planteándose incluso dudas de que pueda jugar un papel significativo para guiar a los Estados (Attia 2022)[7].

Esas limitaciones se mencionan de forma expresa en la Directriz 2, que define el ámbito de aplicación del Proyecto dejando fuera cuestiones relacionadas con los Principios de quien contamina paga, precaución y responsabilidades comu-

---

los tres paneles de evaluación (científico, tecnológico y económico y de los efectos medioambientales) que proporcionan información a las Partes para la toma de decisiones.

7 En esa línea puede considerarse como una crítica implícita, y al mismo tiempo como una constatación del estadio actual de la situación, la afirmación según la cual, al menos por el momento, parece improbable que pueda alcanzarse un tratado global dirigido a la contaminación del aire (Rajamani y Peel 2021, p. 476).

nes pero diferenciadas. E igualmente se advierte que nada de lo dispuesto en el Proyecto de Directrices afecta al estatus del espacio aéreo con arreglo al Derecho Internacional ni a cuestiones relacionadas con el espacio ultraterrestre, incluida su delimitación. Igualmente se excluyen las cuestiones relacionadas con la responsabilidad de los Estados y sus nacionales, y la transferencia de fondos y tecnología a los países en desarrollo, incluidos los derechos de propiedad intelectual. A todo ello se añade la advertencia recogida en el Preámbulo del Proyecto de que su propósito no es interferir con negociaciones políticas relevantes ni imponer a los regímenes convencionales en vigor normas o principios que no figuren ya en ellos.

Respecto de los motivos que están detrás de esas limitaciones se apunta a la oposición tanto de varios miembros de la CDI como de varios Estados, en el marco de la Sexta Comisión de la Asamblea General de las Naciones Unidas, a la codificación de este ámbito del Derecho (Mayer 2019, p. 456 y ss.)[8]. E incluso se advierte de la notoria reticencia de la CDI a abordar áreas interdisciplinarias, dejando de lado proyectos multidisciplinares que involucran a otras ramas de la ciencia y la actividad humana por considerarlos demasiado técnicos y más adecuados para la discusión entre especialistas. Y a ello se suman las graves discrepancias políticas entre los Estados, con el rechazo de las superpotencias a que la CDI pueda interferir en cualquier negociación diplomática en curso o futura (Sand y Wiener 2016, p. 208 y ss.).

Dejando sentadas esas limitaciones el Proyecto de Directrices se apoya en la distinción que se lleva a cabo en la Directriz 2 entre *contaminación atmosférica* y *degradación atmosférica*. Tal como se señala en los comentarios al Proyecto de Directrices, el concepto de *contaminación atmosférica* aborda la contaminación atmosférica transfronteriza, mientras que el de *degradación atmosférica* hace alusión a los problemas atmosféricos a nivel mundial (CDI 2021, p. 22). Sin embargo, esa distinción es considerada innecesaria puesto que, sorprendentemente, el Proyecto de Directrices no distingue las reglas aplicables a cada uno de esos supuestos, pese a las particularidades que presenta el cumplimiento de las obligaciones incluidas en cada caso (Mayer 2019, p. 471).

En ese plano de las obligaciones el Proyecto de Directrices establece una de carácter genérico, referida a la protección de la atmósfera, que se define como una obligación de conducta, de *due diligence*, y que se concreta en otras obligaciones instrumentales, como las de llevar a cabo Evaluaciones de Impacto Ambiental o de cooperar.

8 A ese respecto de las reticencias de varios miembros de la CDI véase lo que señala el autor en p. 462 y ss.

3. LA CONTAMINACIÓN ATMOSFÉRICA TRANSFRONTERIZA A GRAN DISTANCIA

El primero de los grandes problemas de contaminación atmosférica de carácter internacional es el que se conoce como *lluvia ácida*, producida por la emisión a la atmósfera de sustancias contaminantes como dióxido de azufre, sulfato, óxidos de nitrógeno o compuestos orgánicos volátiles como los hidrocarburos, como consecuencia principalmente de la utilización de combustibles fósiles tanto en el transporte como en la actividad industrial, así como por la utilización de fertilizantes químicos en agricultura. Esas sustancias interaccionan con la humedad atmosférica para formar otras como ácido nítrico, ácido sulfuroso y ácido sulfúrico, que caen a la superficie por medio de las precipitaciones, principalmente el agua de lluvia, causando graves daños en los ecosistemas, las cosechas e incluso en edificios y otras infraestructuras.

Esos efectos comienzan a detectarse en los años cincuenta, disponiendo ya en los años sesenta de estudios que relacionan la emisión de esas sustancias desde ciertos Estados (Alemania, Inglaterra, Francia o Estados Unidos) y los efectos negativos que se producen en otros, principalmente en los países escandinavos o Canadá. Esa circunstancia llevaba a los Estados escandinavos, principales perjudicados como se ha dicho, a tratar de impulsar la puesta en marcha de mecanismos de reacción a nivel internacional, para lo que se convocaba en Estocolmo la Conferencia de las Naciones Unidas sobre el Medio Humano en 1972, si bien como ya se ha apuntado de la misma no surgiría ningún instrumento normativo para reaccionar contra este fenómeno.

3.1. La puesta en marcha de un sistema internacional de reacción frente a la contaminación atmosférica transfronteriza a gran distancia

El proceso de creación de un esquema de reacción internacional contra la contaminación atmosférica transfronteriza a gran distancia va dar un paso adelante con el fin de la división bipolar, en el marco de la Conferencia para la Seguridad y la Cooperación en Europa, en la que se plantea incluir la cuestión en el programa de trabajo de la Comisión Económica para Europa de las Naciones Unidas (CEPE). Es en este marco donde se produce la adopción por 32 Estados europeos y de Norteamérica, del Convenio de Ginebra ya apuntado, que entraba en vigor el 16 de marzo de 1983[9]. Este Convenio, considerado como el primer instrumento internacional de carácter multilateral que establece un marco normativo de protección de la atmósfera, presenta una naturaleza regional, limitado

9 En este momento son 51 las Partes del Convenio, incluyendo a la Unión Europea.

a Europa y Norteamérica. No obstante, ese alcance regional no ha impedido que haya sido considerado como modelo para tratados posteriores, tanto a nivel global, como los referidos a la protección de la capa de ozono o a la lucha contra el cambio climático, como en otras regiones del planeta, sirviendo como precedente a tomar en consideración para la puesta en marcha de sistemas de reacción frente a los problemas atmosféricos que presentan esas regiones (Sands *et al.* 2018, p. 261)[10].

Conforme a su naturaleza de tratado marco, el Convenio presenta un contenido obligacional escaso, centrándose principalmente en la inclusión de ciertas definiciones, como la de *contaminación atmosférica transfronteriza a gran distancia*, que en su artículo 1.b) se identifica como:

> "[...] la contaminación atmosférica cuya fuente física esté situada totalmente o en parte en una zona sometida a la jurisdicción nacional de un Estado que produzca efectos perjudiciales en una zona sometida a la jurisdicción de otro Estado a una distancia tal que generalmente no sea posible distinguir las aportaciones de las fuentes individuales o de grupos de fuentes de emisión".

Entre las obligaciones establecidas puede estimarse como principal la recogida en el artículo 2, cuyo tenor literal es calificado por algunos autores como prudente, al no establecer un nivel máximo de contaminación permitida (Beurier 2017, p. 299), o incluso como imponiendo un compromiso *soft*, al no ir acompañado ni por objetivos ni por calendario (Sands *et al.* 2018, p. 261)[11]. En efecto, de los términos en los que se expresa esa obligación resulta especialmente difícil extraer compromisos específicos y cuantificables de los Estados Parte, y su lenguaje ni siquiera pone de manifiesto la exigencia de una reacción inmediata frente a ese fenómeno. En concreto ese artículo señala que:

> "Las Partes Contratantes, teniendo en cuenta debidamente los hechos y problemas de que se trata, están decididas a proteger al hombre y su medio ambiente contra la contaminación atmosférica y se esforzarán por limitar y, en la medida posible, reducir gradualmente e impedir la contaminación atmosférica, incluida la contaminación atmosférica transfronteriza a gran distancia".

Esa obligación principal viene acompañada de, o es desarrollada por, otras de carácter instrumental, comenzando por la que establece el artículo 3 respecto de

---

10 Pudiendo mencionar a modo de ejemplo el Acuerdo de la Asociación de Naciones de Asia Sudoriental (ASEAN) sobre la contaminación por neblina transfronteriza, adoptado en Kuala Lumpur el 10 de junio de 2002, que en este momento reúne a 10 Estados de la región.

11 Además, se apunta que la referencia a que la fuente y el efecto adverso de la contaminación deben estar bajo la jurisdicción de un Estado excluye aquella contaminación que afecte únicamente al medio ambiente fuera de la jurisdicción nacional de cualquier Estado, como la AM (Dupuy y Viñuales 2018, p. 152).

la elaboración, sin demora justificada, de políticas y estrategias para combatir las descargas de contaminantes atmosféricos, identificando para ello obligaciones instrumentales de los Estados Parte como las relativas a intercambios de información, consultas y actividades de investigación y seguimiento. El artículo 6 extiende esta obligación a la elaboración, en el marco de esas políticas y estrategias, de sistemas de ordenación de la calidad del aire que incluyan medidas de control compatibles con un desarrollo equilibrado, recurriendo a la mejor tecnología disponible y económicamente aplicable y a las técnicas que no produzcan residuos.

Las obligaciones de intercambio de información y de consultas se desarrollan en los artículos 4 y 5 respectivamente. Además, la primera se concreta en el artículo 8, en el que se describe el contenido de la información a intercambiar, en el marco de la actividad del Órgano ejecutivo creado por el artículo 10. A ese respecto debe apuntarse que el apartado f) de ese artículo 8 incluye entre esa información la relativa a la extensión de los daños imputables a la contaminación atmosférica transfronteriza a gran distancia; si bien en nota al pie a esta referencia se excluye del ámbito del Convenio cualquier posible exigencia de responsabilidad de los Estados por esos daños[12].

En relación con la celebración de consultas se establece su celebración, en plazo próximo, entre la Parte afectada y aquella en cuya jurisdicción se hubiera generado o hubiera podido generarse esa contaminación atmosférica transfronteriza a gran distancia. Esta obligación de proceder a consultas es precisamente uno de los elementos destacables del Convenio que deben tenerse en cuenta a la hora de valorar su aportación. De esa manera, lo que en principio podría estimarse como una aportación modesta debe ponerse en contexto, tomando en consideración que el Convenio se pone en marcha con la división bipolar todavía existente. Y en ese sentido la obligación de llevar a cabo consultas, además de la creación de una infraestructura institucional para desarrollar las obligaciones establecidas, son los argumentos principales que se esgrimen para concluir que este Convenio representaba un paso significativo (Dupuy y Viñuales 2018, p. 151 y 152)[13].

Por otra parte, el artículo 9 plantea la necesidad de realizar el «Programa concertado de seguimiento y de evaluación del transporte a gran distancia de

---

12 Lo que se justifica por las dificultades para establecer nexos causales concretos y precisos entre emisión y daño, pero también por divergencias políticas, algo que es un elemento en común con los regímenes de protección de la capa de ozono o del cambio climático.

13 La consideración de la previsión de esa obligación legal de proceder a consultas como uno de los mayores logros del Convenio no obsta que se advierta que su eficacia queda debilitada por el uso de una terminología ambigua con términos como *riesgo significativo* o *aportación sustancial* (Juste Ruiz 1999, p. 269).

los contaminantes atmosféricos en Europa» (EMEP, *European Monitoring and Evaluation Program*), que asume la evaluación e información periódica sobre las emisiones, concentraciones y deposiciones de contaminantes del aire, la cantidad y la importancia de los flujos transfronterizos y los excesos relacionados con las cargas críticas y los niveles umbral. En la actualidad, participan en el Programa más de 200 estaciones de vigilancia en 40 países de la CEPE.

Un último aspecto destacable del Convenio es el ya apuntado de la puesta en marcha de una estructura institucional dirigida a la gestión del esquema de cooperación, compuesta por un Órgano ejecutivo y una Secretaría. El primero, contemplado en el artículo 10, se compone de representantes de la Partes y se reunirá al menos una vez al año, asumiendo como función principal la garantía del cumplimiento del Convenio. La Secretaría, cuya labor asume el Secretario ejecutivo de la CEPE, se encarga, conforme al artículo 11, de preparar las reuniones del Órgano ejecutivo y de transmitir a las Partes Contratantes la información recibida en aplicación del Convenio.

3.2. El desarrollo del Convenio a través de Protocolos

Por lo que respecta al desarrollo del sistema, el Convenio no contempla de forma expresa la adopción de Protocolos, sino que en su artículo 12 alude a la propuesta de enmiendas por cualquier Parte Contratante, que serán examinadas por el Órgano ejecutivo, adoptándose por consenso y entrando en vigor para las Partes que las hubieran aceptado. Sin embargo, la adopción de Protocolos ha sido el mecanismo elegido para desarrollar el contenido del Convenio, habiéndose adoptado hasta el momento 8, en los que se concreta el proceso continuo de evolución del sistema, que de esa forma se ajusta a las nuevas evidencias científicas al respecto. En síntesis, esos Protocolos operan de forma principal tanto una extensión de las sustancias objeto de control en el marco del Convenio como una anticipación de los plazos para su reducción o su eliminación. A continuación, se describe de forma sumaria el contenido de esos Protocolos:

– Protocolo de Ginebra, de 28 de septiembre de 1984[14], cuyo objetivo es garantizar la disponibilidad de recursos financieros suficientes para que el EMEP cumpla sus funciones, previendo un sistema de contribuciones tanto obligatorias como voluntarias, principalmente de las Partes Contratantes del Protocolo.

---

14 El Protocolo entraba en vigor el 28 de enero de 1988, y cuenta en la actualidad con 46 Partes Contratantes, incluida España que presentaba su adhesión el 11 de agosto de 1987.

– Protocolo de Helsinki, de 8 de julio de 1985[15], por el que las Partes Contratantes se comprometen a una reducción de las emisiones de azufre o de sus flujos transfronterizos en al menos un 30%, a más tardar en 1993 tomando como base para el cálculo el nivel de emisiones de 1980. Este Protocolo es considerado como el primer tratado internacional que incluye objetivos precisos y verificables en lo que se refiere a la lucha contra la contaminación del aire (Beurier 2017, p. 300).

– Protocolo de Sofía, de 31 de octubre de 1988[16], que establece que, a más tardar el 31 de diciembre de 1994, las emisiones de óxido de nitrógeno o sus flujos transfronterizos, no podrán exceder de las correspondientes a 1987 o a cualquier año anterior, siempre que las emisiones anuales o flujos transfronterizos de la Parte concernida correspondientes al periodo entre el 1 de enero de 1987 y el 1 de enero de 1996 no excedan los correspondientes a 1987. Entre las novedades de este Protocolo se destaca el recurso al concepto de *carga crítica*, entendido conforme al artículo 1.7 como:

> "[...] una estimación cuantitativa de la exposición a uno o más contaminantes por debajo de la cual no se producen efectos nocivos significativos sobre elementos sensibles específicos del medio ambiente según los conocimientos actuales".

El Protocolo era objeto de enmienda en 1996 en relación al anexo técnico sobre tecnologías de control de las emisiones de óxidos de nitrógeno de vehículos y máquinas todoterreno, buques y aeronaves.

– Protocolo de Ginebra, de 18 de diciembre de 1991[17], relativo a la lucha contra las emisiones de Contaminantes Orgánicos Volátiles (COVs) o sus flujos transfronterizos, que destaca por su flexibilidad, al ofrecer hasta tres opciones a las Partes, siendo la primera la reducción de esos COVs en al menos un 30% antes de 1999 tomando como referencia los niveles de emisiones de 1988, o cualquier otro nivel anual entre 1984 y 1990. El concepto de *carga crítica* es sustituido por el de *nivel crítico*, entendido de manera similar al anterior como, según el artículo 1.8, la concentración de esos COVs en la atmósfera por debajo de la cual, según el estado actual de los conocimientos, no se producen efectos nocivos directos sobre receptores tales como los seres humanos, los vegetales, los ecosistemas o los materiales.

---

[15] El Protocolo entraba en vigor el 2 de septiembre de 1987, y cuenta en la actualidad con 25 Partes Contratantes, entre las que no se encuentra España.

[16] El Protocolo entraba en vigor el 14 de febrero de 1991, y cuenta en la actualidad con 35 Partes Contratantes, incluida España que lo ratificaba el 4 de diciembre de 1990.

[17] El Protocolo entraba en vigor el 29 de septiembre de 1997, y cuenta en la actualidad con 24 Partes Contratantes, incluida España que lo ratificaba el 1 de febrero de 1994.

– Protocolo de Oslo, de 14 de junio de 1994[18], que sobre la base de la reducción de las emisiones de azufre que establece el Protocolo de Helsinki de 1985, incluye en su Anexo II niveles máximos y porcentajes de reducción de emisiones para cada Estado hasta 2010[19].

– Protocolo de Aarhus, de 24 de junio de 1998[20], que establece la reducción de las emisiones de los metales pesados incluidos en su Anexo I (Cadmio, Plomo y Mercurio) en relación con el nivel de las mismas en 1990 o cualquier otro año entre 1985 y 1995 especificado por una de las Partes en el momento de ratificar, aceptar, aprobar o adherirse al Protocolo. El Protocolo era objeto de enmienda el 13 de diciembre de 2012, para incluir controles más estrictos e introducir mayor flexibilidad para facilitar la adhesión de nuevas Partes, en particular países de Europa Oriental, Europa Sudoriental, el Cáucaso y Asia Central[21]. Este Protocolo servía de base para la adopción del Convenio de Minamata, de 10 de octubre de 2013, sobre el mercurio, que establece reglas más estrictas respecto de las emisiones y liberaciones antropógenas de mercurio y sus compuestos[22].

– Protocolo de Aarhus, de 24 de junio de 1998[23], que prevé la eliminación de la producción y utilización de los contaminantes orgánicos persistentes recogidos en su Anexo I y la limitación de los incluidos en el Anexo II. A eso se añade la reducción de las emisiones totales anuales de las sustancias incluidas en el Anexo III, a partir del nivel de emisión del año de referencia, establecido de conformidad con dicho Anexo, tomando medidas efectivas apropiadas en sus circunstancias particulares. Los Anexos del Protocolo ha sido objeto de enmienda mediante varias Decisiones adoptadas por las Partes, con el objeto de incluir nuevas sustancias.

---

18 El Protocolo entraba en vigor el 5 de agosto de 1998, y cuenta en la actualidad con 29 Partes Contratantes, incluida España que lo ratificaba el 7 de agosto de 1997.

19 Este Anexo II era objeto de ajuste en diciembre de 2007, para incluir la posibilidad de que un Estado incapaz de cumplir sus obligaciones un año determinado antes de 2005 debido a ciertas circunstancias (un invierno particularmente frío, un verano particularmente seco o una pérdida imprevista de capacidad de suministro de energía a nivel nacional o en un país vecino), pudiera promediar sus emisiones de ese año con las del anterior y el posterior, siempre que el nivel de emisión de ese año no supere en más de un 20% el techo de emisión de azufre.

20 El Protocolo entraba en vigor el 29 de diciembre de 2003, y cuenta en la actualidad con 35 Partes Contratantes, incluida España que lo ratificaba el 21 de septiembre de 2011.

21 La enmienda entraba en vigor el 8 de febrero de 2022, contando con la aceptación de 27 Partes Contratantes, entre las que se encuentra España que aceptaba la enmienda el 19 de marzo de 2018.

22 Este Convenio cuenta en la actualidad con 151 Partes Contratantes, entre las que se encuentra España, que lo ratificaba el 13 de diciembre de 2021.

23 El Protocolo entraba en vigor el 23 de octubre de 2003, y cuenta en la actualidad con 34 Partes Contratantes, incluida España que lo ratificaba el 15 de febrero de 2011.

– Protocolo de Gotemburgo, de 30 de noviembre de 1999[24], que implica un cambio de estrategia respecto de los anteriores, puesto que no se centra en ciertos tipos de sustancias contaminantes sino en abordar problemas específicos, dirigiéndose a la reducción de la acidificación, la eutrofización o la formación de ozono troposférico. Para ello establece límites máximos nacionales de emisiones para cada Parte para el período 2010-2020 en relación con cuatro contaminantes: azufre, óxidos de nitrógeno, compuestos orgánicos volátiles y amoniaco, así como valores límite estrictos para fuentes de emisión específicas (plantas de combustión, producción de electricidad, tintorería, automóviles y camiones, …) y exige que se utilicen las mejores técnicas disponibles para mantener bajas las emisiones. El Protocolo era objeto de enmienda el 4 de mayo de 2012 para, entre otras cuestiones, incluir compromisos nacionales de reducción de emisiones para 2020 en adelante, además de revisar varios de los Anexos técnicos actualizando los valores límites de emisión tanto para fuentes estacionarias como móviles, y profundizar los mecanismos de flexibilidad para facilitar la adhesión de nuevas Partes, principalmente países de Europa oriental y sudoriental, el Cáucaso y Asia central[25].

4. LA PROTECCIÓN DE LA CAPA DE OZONO

El ozono es una forma alotrópica del oxígeno que se encuentra en la atmósfera en todas sus capas, si bien su concentración más elevada se registra en el entorno de los 25 kilómetros de altura, en la estratosfera. El ozono presente en esa zona actúa como filtro de radiaciones nocivas, permitiendo el paso de otras como las radiaciones ultravioletas de onda larga, esenciales para la vida en la Tierra al permitir la fotosíntesis del reino vegetal. El ozono se encuentra en la atmósfera en un equilibrio dinámico, formándose y descomponiéndose por causas naturales, si bien ese equilibrio ha sido alterado por la emisión de origen humano de sustancias químicas como los clorofluorocarbonos (CFCs), utilizados como propelentes en aerosoles, en los circuitos de refrigeración y como disolventes industriales.

A mediados de los años setenta comenzaron a aparecer estudios científicos que ponían de manifiesto el impacto negativo de esos CFCs en la capa de ozono, y a mediados de los años ochenta se recabaron pruebas de la existencia de un agujero en la capa de ozono sobre la Antártida, con una reducción de su concen-

---

24 El Protocolo entraba en vigor el 17 de mayo de 2005, y cuenta en la actualidad con 32 Partes Contratantes, incluida España que lo ratificaba el 28 de enero de 2005.

25 Esa enmienda entraba en vigor el 7 de octubre de 2019, siendo aceptada por 31 Partes Contratantes, incluida España que la ratificaba el 18 de diciembre de 2017.

tración de en torno a un 50% en esa latitud. La consecuencia era un riesgo de exposición a un nivel elevado de radiaciones ultravioleta con efectos negativos tanto sobre la salud humana, con un incremento potencial de enfermedades como el cáncer, como para el medio ambiente.

4.1. *La creación de un marco jurídico internacional de lucha contra el deterioro de la capa de ozono*

Como resultado de los trabajos del Grupo *ad hoc* de expertos creados por el Programa de las Naciones Unidas para el Medio Ambiente (PNUMA), el 22 de marzo de 1985 se adoptaba el Convenio de Viena para la protección de la capa de ozono[26], que ponía en marcha un nuevo sistema sectorial de protección de la atmósfera que presenta alguna diferencia respecto del relativo al Convenio de Ginebra de 1979, como por ejemplo su alcance, puesto que frente a la naturaleza regional del precedente relativo a la contaminación atmosférica transfronteriza a gran distancia, éste es el primer tratado que afronta un problema atmosférico global. Este rasgo del problema frente al que se trata de reaccionar tiene su repercusión en el nivel de participación del Convenio, abierto a todos los Estados, siendo, junto con su Protocolo, los primeros tratados de la historia de las Naciones Unidas en recibir una ratificación universal (Sands *et al.* 2018, p. 278 y ss.). A ese rasgo característico se añade el de la incertidumbre respecto de la adecuada comprensión del nuevo problema, hasta el punto de que incluso una vez descubierto el agujero de la capa de ozono sobre la Antártida no se tenía absolutamente claro el nexo entre la emisión de CFCs y el deterioro de la capa de ozono (Dupuy y Viñuales (2018, pp. 158 y ss.).

Este nuevo sistema sigue el mismo modelo que el anterior, basándose en la adopción de un tratado marco, el citado Convenio de Viena, que es objeto de desarrollo posterior. De acuerdo con esa naturaleza el Convenio se limita a establecer mecanismos de cooperación, pero no impone obligaciones precisas en términos cuantitativos o de plazos para la reducción de las sustancias que afectan a la capa de ozono. Es decir que, como en el caso del Convenio de Ginebra de 1979, el Convenio de Viena no presenta un contenido obligacional intenso, incluyendo una obligación genérica en su artículo 2.1, según el cual:

> "Las Partes tomarán las medidas apropiadas, de conformidad con las disposiciones del presente Convenio y de los protocolos en vigor en que sean parte, para proteger la salud humana y el medio ambiente contra los efectos adversos resultantes o que pue-

---

26 El Convenio entraba en vigor el 22 de septiembre de 1988 y en la actualidad cuenta con 198 Partes Contratantes, entre las que se encuentra España que accedía al mismo el 25 de julio de 1988.

dan resultar de las actividades humanas que modifiquen o puedan modificar la capa de ozono".

Para lograr ese objetivo el mismo artículo 2 contempla una obligación de cooperación que se desdobla en varios planos: observación sistemática, investigación e intercambio de información, que se desarrolla en los artículos 3 a 5 del Convenio. A esas obligaciones se suma, en el apartado b) del mismo artículo 2, la adopción de las medidas legislativas y administrativas y la coordinación de las políticas adecuadas para controlar, limitar, reducir o prevenir las actividades humanas bajo su jurisdicción o control si se comprueba que tienen o pueden tener efecto en relación con la modificación de la capa de ozono.

El Convenio también contempla la creación de una estructura de dos órganos: una Conferencia de las Partes (CoP) y una Secretaría. La primera es identificada en el artículo 6 del Convenio como el órgano de gestión del mismo, recibiendo competencias en relación con el control de su aplicación, pero también para la creación de órganos auxiliares y cualquier posible modificación del mismo, respecto de la que a la posibilidad de enmiendas se añade ahora de manera expresa la adopción de Protocolos. Por su parte, la Secretaría, contemplada en el artículo 7, asume funciones administrativas, principalmente de apoyo a la CoP y de transmisión de información a las Partes contratantes, siendo desempeñada de forma interina por el PNUMA.

4.2. El desarrollo del marco jurídico internacional de reacción al deterioro de la capa de ozono: el Protocolo de Montreal y las enmiendas y ajustes

Como se decía anteriormente el Convenio de Viena sí contempla la adopción de Protocolos, competencia que su artículo 8 asigna a la CoP. Ese instrumento se ha utilizado en una sola ocasión, dando lugar al Protocolo de Montreal, de 16 de septiembre de 1987, relativo a las sustancias que agotan la capa de ozono[27]. El objeto de este Protocolo es la reducción del consumo y la producción de una serie de sustancias que originariamente se dividían en dos Grupos, reflejados ambos en el Anexo A del Protocolo: las incluidas en el Grupo I son CFCs y las del Grupo II son halones, si bien el abanico de sustancias cubiertas se ha ido ampliando mediante enmiendas, como se verá más tarde. En su artículo 2 se prevé una reducción escalonada de la producción y el consumo de determinados CFCs, hasta alcanzar un 50% a los 10 años desde su entrada en vigor, y la congelación de la

[27] Este Protocolo entraba en vigor el 1 de enero de 1989 y en la actualidad cuenta con 198 Partes Contratantes, entre las que se encuentra España que accedía al mismo el 16 de diciembre de 1988.

producción y el consumo de determinados halones, tomando como referencia los niveles calculados de 1986.

Además, el Protocolo incluye un reparto equitativo del esfuerzo que tiene diversas manifestaciones; por una parte, el apartado 8.a) del artículo 2 permite a los Estados que formen parte de Organizaciones de integración económica regional cumplir conjuntamente sus obligaciones, siempre que el total combinado de consumo de las sustancias controladas no supere los niveles establecidos en el Convenio. Por otra parte, se aplica un régimen particular a los países en desarrollo por su escasa contribución a la disminución de la capa de ozono dado su bajo nivel de consumo anual de las sustancias objeto de control. Ese régimen, establecido en el artículo 5, prevé el aplazamiento por diez años del cumplimiento de las medidas de control, además de imponer a las Partes del Protocolo facilitar el acceso de esos países a sustancias y tecnologías alternativas, así como a recursos financieros.

El Protocolo se extiende al control del comercio de las sustancias controladas con Estados que no sean Partes del mismo, prohibiendo en su artículo 4 la importación de esas sustancias a partir de 1 de enero de 1990 y su exportación a partir de 1 de febrero de 1993. A eso se añade la obligación que se recoge en el artículo 7 de que todos los Estados Parte comuniquen a la Secretaría del Convenio datos estadísticos anuales desde 1986 sobre su producción, exportaciones e importaciones de las sustancias controladas, tanto a o de otros Estados Parte como a o de los que no lo sean.

Pero, como se señalaba anteriormente, los Protocolos no son la única herramienta para dotar de flexibilidad al sistema, sino que a ella se añade la posibilidad de adoptar enmiendas, cuyo examen y aprobación se asigna, de conformidad con el artículo 11.4.h), a la Reunión de las Partes creada por el propio Protocolo. A eso se añade en el artículo 2.9 otro instrumento de flexibilización como es la posibilidad de llevar a cabo ajustes en relación con los valores estimados del potencial de agotamiento del ozono de las sustancias controladas, así como con la producción y el consumo de esas sustancias, cuya decisión se asigna igualmente a la Reunión de las Partes, tal como establece el artículo 11.4.b)[28].

A través de esos instrumentos se ha operado una transformación del sistema puesto en marcha por el Convenio, con aportaciones principales tanto en relación con el acortamiento de plazos para la reducción o eliminación de las sustancias controladas como para la adición de nuevas sustancias mediante la introducción de nuevos Anexos. A ese respecto debe mencionarse la inclusión

---

28 Se han adoptado enmiendas y/o ajustes en las Reuniones de las Partes de Londres (1990), Copenhague (1992), Viena (1995), Montreal (1997), Pekín (1999), Montreal (2007), Kigali (2016) y Quito (2018).

de un Anexo B, en el que se integran CFCs completamente halogenados, tetracloruro de carbono y metilcloroformo, y un Anexo C que incluye hidroclorofluorocarbonos (HCFCs), considerados como posibles sustitutos de los CFCs y que también son nocivos para la capa de ozono. A ellos se añaden los Anexos E y F que incluyen respectivamente el bromuro de metilo y los Hidrofluorocarbonos (HFCs). Además, por lo que respecta a los plazos para la eliminación de la producción o el consumo de todas esas sustancias cabe hacer una mención especial a las enmiendas introducidas en la Reunión de las Partes de Kigali, en la que se decidía poner fin progresivamente al uso de HFCs en las cadenas de frío y climatización, llegando a su supresión total en 2050 y previendo calendarios diferentes para Estados desarrollados y en desarrollo. Esta circunstancia presenta especial relevancia al poner de manifiesto la interconexión de los distintos problemas que presenta la protección de la atmósfera, puesto que esa decisión además de contribuir a proteger el ozono estratosférico permitiría evitar un calentamiento del planeta de 0,5 °C[29].

Además, las enmiendas han introducido cambios de otro tipo en el Protocolo, como la creación de instrumentos para incentivar la participación de países en desarrollo o la creación de un Comité de cumplimiento. Respecto de los instrumentos de incentivo a la participación puede destacarse la puesta en marcha, durante la Reunión de las Partes celebrada en Londres, de un Fondo Multilateral de Financiación, financiado por los Estados que no se beneficiaban de la moratoria del artículo 5 del Protocolo, es decir que no son países en desarrollo, dirigido a garantizarles los medios necesarios para el cumplimiento de las medidas de control previstas en el Protocolo.

A la vista de los resultados alcanzados el sistema creado para reaccionar frente al deterioro de la capa de ozono es un ejemplo de éxito en la cooperación internacional ambiental. Esa circunstancia era destacada recientemente por la Directora Ejecutiva del PNUMA, que subrayaba que la rapidez y eficacia de la reacción internacional ha conducido a que la capa de ozono esté en vías de regeneración, previéndose que se haya recuperado a mediados de este siglo (PNUMA 2019, p. v). Y de forma más precisa, y con una valoración aún más reciente, la Organización Meteorológica Mundial estima que, si se mantienen las políticas actuales, la capa de ozono recuperará los valores de 1980 hacia 2066 en la Antártida, hacia 2045 en el Ártico y hacia 2040 en el resto del mundo (Noticias ONU 2024).

---

29 Lo que ha llevado a calificar esa enmienda como un Protocolo al Protocolo de Montreal, dirigido directamente al cambio climático., además de concederle un peso simbólico importante al sugerir la preferencia de los Estados por regular esta materia bajo el Protocolo de Montreal antes que bajo el Protocolo de Kioto; a lo que se añade la percepción de la necesidad de confiar en varios tratados diferentes para organizar la respuesta al cambio climático (Dupuy y Viñuales 2018, p. 169).

5. REFERENCIAS

5.1. *Referencias doctrinales*

Attia, Islam (2024), *The Protection of the Atmosphere and the 'Regressive' Development of International Law*, EJIL:Talk!, November 1, 2022.

Beurier, Jean-Pierre (2017), *Droit international de l'environnement*, Pedone, París.

Caron, David D. (1990), "La protection de la couche d'ozone stratosphérique et la structure de l'activité normative internationales en matière d'environnement", *Annuaire Français de Droit International*, vol. XXXVI, pp. 705-726. http://dx.doi.org/10.3406/afdi.1990.2987.

Dupuy, Pierre-Marie y Viñuales, Jorge (2018), *International Environmental Law*, Cambridge University Press, Cambridge. http://dx.doi.org/10.1017/9781108399821.

Fajardo del Castillo, Teresa (2024), *La protección del medio ambiente y el desafío climático. 50 años después de la Declaración de Estocolmo*, Dyckinson, Madrid.

Juste Ruiz, José (1999), *Derecho internacional del medio ambiente*, McGraw-Hill, Madrid.

Kiss, Alexandre-Charles, (1988) "La protection de l'atmosphère: un exemple de la mondialisation del problèmes", *Annuaire Français de Droit International*, vol. XXXIV, pp. 701-708. http://dx.doi.org/10.3406/afdi.1988.2864.

Mayer, Benoit, (2019), "A Review of the International Law Commission's Guidelines of the Protection of the Atmosphere", *Melbourne Journal of International Law*, vol. 20, núm. 2, pp. 453-492.

Rajamani, Lavanya y Peel, Jacqueline (2021), *The Oxford Handbook of International Environmental Law*, 2ª edición, Oxford University Press, Oxford. http://dx.doi.org/10.1093/law/9780198849155.001.0001.

Sand, Peter H. & Wiener, Jonathan B. (2012), "Towards a New International Law of the Atmosphere?", *Goettingen Journal of International Law*, 4ª edición, Cambridge University Press, Cambridge.

Sands, Philippe, Pell, Jacqueline, Fabra, Adriana and Mackenzie, Ruth (2018), *Principles of International Environmental Law*, Cambridge University Press, Cambridge. http://dx.doi.org/10.1017/9781108355728.

5.2. *Referencias normativas*

5.2.1. Tratados internacionales

Convenio sobre la Prohibición de utilizar técnicas de modificación ambiental con fines militares u otros fines hostiles, aprobado en la Asamblea General de las Naciones Unidas el 10 de diciembre de 1976, *BOE* núm. 279, de 22 de noviembre de 1979.

Convenio sobre contaminación atmosférica transfronteriza a gran distancia, Ginebra, 13 de noviembre de 1979; *BOE* núm. 59, de 10 de marzo de 1983.

Protocolo del Convenio de 1979 sobre la contaminación atmosférica transfronteriza a gran distancia, relativo a la financiación a largo plazo del programa concertado de seguimiento continuo y evaluación del transporte a gran distancia de los contaminantes, Ginebra, de 28 de septiembre de 1984, *BOE* núm. 42, de 18 de febrero de 1988.

Convenio de Viena para la protección de la capa de ozono, Viena, 22 de marzo de 1985; *BOE* núm. 275, de 16 de noviembre de 1988.

Protocolo del Convenio de 1979 sobre la contaminación atmosférica transfronteriza a gran distancia, relativo a la reducción de las emisiones de azufre o de sus flujos transfronterizos de al menos un 30 por ciento, Helsinki, 8 de julio de 1985.

Protocolo de Montreal, relativo a las sustancias que agotan la capa de ozono, Montreal, 16 de septiembre de 1987; *BOE* núm. 65, 17 de marzo de 1989.

Protocolo al Convenio sobre la contaminación atmosférica transfronteriza de gran distancia, de 1979, relativo a la lucha contra las emisiones de óxido de nitrógeno o sus flujos transfronterizos, Sofía, 31 de octubre de 1988, *BOE* núm. 62, de 13 de marzo de 1991.

Protocolo del Convenio sobre contaminación atmosférica transfronteriza a larga distancia de 1979 relativo a la lucha contra las emisiones de compuestos orgánicos volátiles o sus flujos transfronterizos, Ginebra, 18 de noviembre de 1991, *BOE* núm. 225, de 19 de septiembre de 1997.

Protocolo al Convenio de 1979 sobre contaminación atmosférica transfronteriza a larga distancia, relativo a reducciones adicionales de las emisiones de azufre, Oslo, 14 de junio de 1994, *BOE* núm. 150, de 24 de junio de 1998.

Protocolo al Convenio de 1979 sobre contaminación atmosférica transfronteriza a gran distancia en materia de metales pesados, Aarhus, 24 de junio de 1998, *BOE* núm. 268, de 7 de noviembre de 2011 y enmienda de 13 de diciembre de 2012, *BOE* núm. 23, de 27 de enero de 2022.

Protocolo del Convenio de 1979 sobre la contaminación atmosférica transfronteriza a gran distancia provocada por contaminantes orgánicos persistentes, Aarhus, 24 de junio de 1998, *BOE* núm. 80, de 4 de abril de 2011.

Protocolo al Convenio de 1979 sobre contaminación atmosférica transfronteriza a larga distancia, relativo a la reducción de la acidificación, de la eutrofización y del ozono en la troposfera, Gotemburgo, 30 de noviembre de 1999, *BOE* núm. 87, de 12 de abril de 2005 y enmienda de 4 de mayo de 2012, *BOE* núm. 81, de 4 de abril de 2015.

Acuerdo de la ASEAN sobre la contaminación por neblina transfronteriza, Kuala Lumpur, Malaysia, 10 junio 2002.

Convenio de Minamata sobre el mercurio, Kumamoto, 10 de octubre de 2013; *BOE* núm. 25, de 29 de enero de 2022.

5.2.2. Otros actos normativos internacionales

CdE (1968), Recomendación (68) 4, de 8 de marzo de 1968, del Comité de Ministros del Consejo de Europa por la que se aprueba la Declaración de Principios sobre el control de la contaminación del aire

UE (2008), Directiva 2008/50/CE del Parlamento Europeo y del Consejo, de 21 de mayo de 2008, relativa a la calidad del aire ambiente y a una atmósfera más limpia en Europa, *DOUE* L 152, de 11 de junio de 2008

UE (2009) Reglamento (CE) 1005/2009 del Parlamento Europeo y del Consejo, de 16 de septiembre de 2009, sobre las sustancias que agotan la capa de ozono, *DOUE* L 286, de 31 de octubre de 2009.

UE (2016), Directiva (UE) 2016/2284 del Parlamento Europeo y del Consejo, de 14 de diciembre de 2016, relativa a la reducción de las emisiones nacionales de determinados contaminantes atmosféricos, *DOUE* L 344, de 17 de diciembre de 2016.

5.3. Referencias jurisprudenciales

5.3.1. Órganos jurisdiccionales internacionales

TA (1941), *Trail smelter case. (United States, Canada).* April 16, 1938, and March 11, 1941, *RIAA,* Vol. III, pp. 1905-1982

5.4. Referencias documentales

CDI (2021), "Proyecto de directrices sobre la protección de la atmósfera", Informe de la CDI, 72º período de sesiones, Doc, A/76/10, Nueva York, 2021, pp. 10-12.

Noticias ONU (2024), *Cambio climático: La capa de ozono sigue en vías de recuperación,* 16 Septiembre 2024.

OCDE (1974), *Recommendation of the Council on the Control of Air Pollution from Fossil Fuel Combustion,* C(74)219, de 14 de noviembre de 1974.

PNUMA (2019), *Manual del Convenio de Viena para la Protección de la Capa de Ozono (1985),* Duodécima edición (2019), Secretaría del Ozono, PNUMA.

Capítulo 10

LA PROTECCIÓN DE MARES Y OCÉANOS

ESPERANZA ORIHUELA CALATAYUD[1]

1. INTRODUCCIÓN

Si bien es cierto que durante siglos pudo mantenerse la idea de que el mar era una fuente inagotable de recursos y que en su inmensidad cabía cualquier desecho, desde la segunda mitad del siglo XX se está comprobando que no es así y que su capacidad para regenerar sus recursos naturales y para convertir los desechos en algo inocuo no es ilimitada.

La comunidad internacional lleva tiempo dotándose de mecanismos con los que procurar la protección de mares y océanos, pero el establecimiento de una gobernanza azul eficaz no se ha conseguido todavía. El deterioro del medio marino no deja de aumentar porque continuamente surgen nuevas formas de contaminación, de explotación de los recursos y de uso que generan daños en los océanos. La pérdida de la biodiversidad marina, la contaminación por plásticos, el cambio climático, la acidificación, la sobreexplotación y la pesca ilegal no declarada y no reglamentada son ejemplos evidentes de las amenazas a las que hay que dar respuesta.

El diseño de una gobernanza azul capaz de servir a la protección de los océanos y sus recursos no es tarea fácil por varias razones. En primer lugar, porque el medio a regular, aunque uno, es complejo en sí mismo y diverso en sus componentes y manifestaciones (Juste Ruiz 1999, p. 132). Además de aguas, suelo y subsuelo, existe una gran variedad de recursos. Cualquier daño que se produzca en uno de esos componentes afecta a los demás y la regulación que se establezca ha de seguir un enfoque ecosistémico

En segundo lugar, porque la gobernanza azul no puede obviar la parcelación que del mar hace el Derecho. La distinción entre espacios marinos sometidos a la soberanía o la jurisdicción de los Estados ribereños y espacios marinos situados más allá de la jurisdicción nacional condiciona la eficacia de cualquier gobernanza marina a la coordinación de las diferentes regulaciones establecidas en los diversos espacios marinos, lo que no siempre resulta fácil.

---

[1] Catedrática de Derecho Internacional Público en la Universidad de Murcia (eorihuel@um.es). Todas las páginas webs mencionadas en este capítulo han sido consultadas el 22 de noviembre de 2024. ORCID: https://orcid.org/0000-0002-8897-5421.

En tercer lugar, porque la regulación relativa a la protección del medio marino ha carecido de una planificación clara y se ha diseñado como respuesta a las amenazas que han ido surgiendo: contaminación, sobreexplotación, cambio climático, pérdida de la biodiversidad marina, etc. Ese carácter reactivo convierte sus normas no sólo en un régimen progresivo, abierto y en constante evolución, sino también en una regulación que suele mostrarse insuficiente.

En cuarto lugar, porque nos encontramos ante un reto en el que las normas del Derecho del Mar se complementan con las relativas a la protección del medio ambiente. Aunque los primeros pasos en materia de protección del medio marino vinieron de la mano del Derecho del Mar y de la lucha contra la contaminación producida por buques, la celebración de la Conferencia de Naciones Unidas sobre el Medio Humano en Estocolmo (1972) supuso un punto de inflexión en la forma de abordar la protección de los mares y océanos, convirtiéndola en cuestión inseparable de las normas del Derecho Internacional del Medio Ambiente (Orihuela Calatayud 2022, pp. 5-6).

La protección del medio marino se ha articulado en torno a dos grandes objetivos: el de la lucha contra la contaminación y el de la protección de sus recursos. En este capítulo vamos a analizar las medidas establecidas en esos dos grandes ámbitos con la finalidad de conseguir dicha protección, así como los retos a los que se enfrenta el Derecho Internacional para luchar contra las nuevas amenazas que comprometen la salud de los océanos. Ahora bien, antes de analizar las medidas establecidas en ambos pilares, resulta necesario efectuar un análisis general de la regulación establecida en la Convención de las Naciones Unidas sobre el Derecho del Mar (CNUDM), de 10 de diciembre de 1982.

2. LA PROTECCIÓN DE MARES Y OCÉANOS EN LA CONVENCIÓN DE LAS NACIONES UNIDAS SOBRE EL DERECHO DEL MAR

La preocupación por la protección del medio marino manifestada en Estocolmo[2] se trasladó a la Tercera Conferencia de las Naciones Unidas sobre el Derecho del Mar que desde 1973 a 1982 celebró once periodos de sesiones que condujeron a la adopción de la denominada Constitución de los Océanos. De conformidad con lo establecido en su art. 308, su entrada en vigor se produjo el 16 de noviembre de 1994[3].

---

2 Véase Principio 7 de la Declaración de la Conferencia de Naciones Unidas sobre el Medio Humano (NU 1972).

3 Para España la entrada en vigor se produjo el 14 de febrero de 1997.

Una de las peculiaridades de la CNUDM es su apertura a la participación de organizaciones internacionales con competencias en materias regidas por la Convención (art. 305.1. *f* y Anexo IX), lo que llevó a la Unión Europea (UE) a manifestar su consentimiento el 1 de abril de 1998. Su condición de parte tiene su repercusión en las políticas y normas de los Estados miembros y, por ello, en este capítulo haremos referencia a las principales decisiones y actuaciones de la UE relativas a la protección del medio marino.

En la Convención la protección de los mares y océanos se articula mediante una regulación fragmentada y abierta que, partiendo de la obligación general de protección y preservación del medio marino, ha de ser completada a través de la cooperación internacional.

2.1. Un marco general fragmentado, abierto e incompleto

La negociación relacionada con la protección y preservación del medio marino no fue tarea fácil por la existencia de intereses contrapuestos entre los negociadores. Frente a quienes patrocinaban una mayor protección del medio marino se encontraban las grandes potencias navales que pretendían evitar que la protección ambiental mermara la libertad de navegación. Además, los Estados ribereños querían poner fin tanto a la limitación de sus derechos en materia de uso y protección de los espacios situados más allá del mar territorial, como a la jurisdicción exclusiva de los Estados del pabellón en la alta mar (AM).

El consenso obtenido nos brindó una regulación compleja y fragmentada que nos obliga a analizar, no sólo la Parte XII de la Convención, sino también otras disposiciones ubicadas en la regulación de los diferentes espacios marinos y que se encuentran conectadas con la protección de mares y océanos[4].

La Parte XII constituye un marco normativo general para el desarrollo de la cooperación internacional, al tiempo que un esfuerzo de síntesis y sistematización de los compromisos precedentes, cuya aplicación queda a salvo en tanto que Derecho especial, siempre que sean compatibles con los principios y objetivos generales de la Convención (arts. 237 y 311) (Remiro Brotons 2010, p. 562).

Ahora bien, este marco general presenta lagunas y, como se desprende de lo establecido en el Preámbulo, las normas y principios de Derecho Internacional general seguirán rigiendo las materias no reguladas por la presente Convención. Un Derecho Internacional general que se nutre no sólo con normas consuetudi-

---

4 Otras disposiciones relacionadas con la protección del medio marino las encontramos en los arts. 19, 21, 60-68, 116-120, 123, 145, 147, 162, 165, 240, 242, 246 y 263, 266, 277 y de arreglo pacífico de controversias, arts. 290 y 297.

narias del Derecho del mar, sino también del DIMA y cuya relación con la Parte XII ha sido puesta de relieve por el Tribunal Internacional de Derecho del Mar (TIDM) en su opinión consultiva sobre el cambio climático y el Derecho Internacional en la que ha aplicado la CNUDM a una situación no prevista en sus disposiciones —la emisión de gases de efecto invernadero— y en la que ha puesto de relieve la importancia de la aplicación del principio de *interpretación coherente* (TIDM 2024, párrs. 131-136).

2.2. La obligación de proteger y preservar el medio marino y la cooperación internacional

Las disposiciones de la Parte XII establecen una *regulación* basada en la *obligación de todos los Estados de proteger y preservar el medio marino* (art. 192)[5]. Una obligación que forma parte del Derecho Internacional general y, por tanto, su oponibilidad traspasa el ámbito subjetivo de la CNUDM, cuya existencia condiciona el derecho de los Estados de explotar sus recursos naturales (art. 193).

Para hacer efectiva esta obligación general, la CNUDM se basa en la necesaria cooperación internacional para el establecimiento de reglas y estándares, así como de prácticas y procedimientos, ya sea directamente o por conducto las Organizaciones Internacionales competentes (art. 197). El deber de cooperar es un principio fundamental en la prevención y protección del medio marino al que, respecto de la lucha contra la contaminación, se ha referido la jurisprudencia internacional, tanto la del TIDM[6], como la de la Corte Internacional de Justicia (CIJ 2010 párr. 77).

La formulación que la CNUDM hace de este principio pone de manifiesto la flexibilidad con la que se puede hacer frente a la cooperación que, como demuestra la práctica, puede articularse mediante normas vinculantes o de *soft law* y que puede cumplirse directamente o por conducto de las Organizaciones Internacionales. Muestra de la puesta en marcha de esta cooperación internacional es el establecimiento de *mares regionales* (Boyle y Redgwell 2021, p. 514-522).

Ahora bien, para que sus resultados resulten eficaces la Convención advierte de la necesidad de que la cooperación se base en criterios científicos y compa-

---

5 Se trata de la primera vez en la que de manera explícita se menciona dicha obligación en un tratado multilateral. Obligación a la que se ha referido el TIDM en las decisiones dictadas en los asuntos *M/V "Louisa" (Saint Vincent and the Grenadines* v. *Kingdom of Spain),* (TIDM 2011a, párr. 76; *Dispute concerning Delimitation of the Maritime Boundary between Ghana and Côte d'Ivoire in the Atlantic Ocean (Ghana/Côte d'Ivoire), Provisional Measures* (TIDM 2015a párr. 69).

6 *The MOX Plant (Ireland v. United Kingdom)* (TIDM 2001 *párr. 82); Land Reclamation in and around the Straits of Johor (Malaysia v. Singpore)* (TIDM 2003 párr. 92) y *Request for Advisory Opinion submitted by the Sub-Regional Fisheries Commission,* (TIDM 2015b párr. 140).

tibles con la Convención (art. 201) que lógicamente serán el resultado de la promoción de estudios, la realización de programas de investigación científica, la participación en los mismos y el intercambio de información (art. 200).

Junto a ello, la CNUDM también advierte de la necesaria cooperación cuando el daño ya se ha producido, imponiendo a las Partes el deber de notificar daños inminentes o reales (art. 198) y, en caso de producirse, el de eliminar los efectos de la contaminación y prevenir o reducir al mínimo los daños (art. 199).

3. LA LUCHA CONTRA LA CONTAMINACIÓN

Antes de que el Derecho del Mar hiciera frente a la contaminación de mares u océanos, la comunidad internacional ya había conseguido algunos avances relacionados con una de las fuentes tradicionales de contaminación marina, la producida por los buques. La regulación establecida en la CNUDM amplió su radio de acción para incluir medidas relacionadas con la contaminación derivada de otras fuentes, pero su regulación debe ser completada y su interpretación y aplicación ajustarse a los nuevos desafíos que las actividades antgropogénicas plantean.

3.1. Los primeros pasos en la lucha contra la contaminación del medio marino

La lucha contra la contaminación constituyó la primera preocupación de la comunidad internacional en materia de protección y preservación del medio marino, ya que antes de que se dieran los primeros pasos relacionados con la lucha contra otras amenazas y daños al mar o que la atención se dirigiera a la protección del medio ambiente en general, ya se habían adoptado medidas para responder a la contaminación del mar producida por petroleros (Convenio contaminación por hidrocarburos, 1954)[7] y, más tarde, por buques en general (Convenio MARPOL 73/78)[8].

Desde mitad del siglo XX, los científicos fueron detectando cuáles eran los principales agentes contaminantes y las actividades que los producían y, desde entonces, el control, reducción y eliminación de la contaminación marina se convirtió en un problema importante para el Derecho del Mar.

---

7 El convenio estableció la prohibición de realizar descargas de hidrocarburos y mezclas oleaginosas en zonas próximas a las costas y en zonas prohibidas. Su poca eficacia determinó su sustitución por el Convenio MARPOL 73/78.

8 Este Convenio fue adoptado el 2 de noviembre de 1973 y ha sido enmendado en varias ocasiones. El texto vigente se conoce como MARPOL 73/78.

En la Primera Conferencia de las Naciones Unidas sobre el Derecho del Mar en la que se adoptaron los Convenios de Ginebra, las disposiciones relevantes se limitaron a establecer la obligación de todos los Estados de *tomar medidas para evitar la contaminación en alta mar por hidrocarburos o por inmersión de desechos radiactivos* (Convenio de Ginebra sobre la Alta Mar, arts. 24-25)[9].

Como ya se ha puesto de relieve, la Conferencia de Estocolmo no permaneció insensible a esta necesidad y en el principio 7 de la Declaración de Estocolmo advirtió de la necesidad de luchar contra la contaminación (NU 1972). Esta llamada a rebato tuvo su repercusión en la Tercera Conferencia de las Naciones Unidas sobre el Derecho del Mar y en la Parte XII de la CNUDM que, aunque no se limite a la lucha contra la contaminación, hace de su prevención, control y reducción el principal objeto de sus disposiciones.

3.2. La Convención de las Naciones Unidas sobre el Derecho del Mar y la lucha contra la contaminación marina

En desarrollo de la obligación general de proteger y preservar el medio marino, la Convención establece unas obligaciones generales directamente conectadas con la lucha contra la contaminación (arts. 194-196) y, además, dedica la sección 5 (arts. 207-212) a la protección de mares y océanos contra la contaminación en función de las distintas fuentes de contaminación —terrestre, de navegación, atmosférica, derivada de desechos o de actividades de explotación de los fondos marinos…—. En ella fija las bases de la acción con un planteamiento común en todos los casos basado en dos grandes ejes, por un lado, en el multilateralismo generalmente institucionalizado y, por otro, en el poder normativo de los Estados que, sobre las bases establecidas a través de esa cooperación internacional, han de establecer las leyes y reglamentos que hagan posible el cumplimiento de los compromisos internacionales relacionados con la protección del medio marino[10]. En el caso de los miembros de la UE dicha regulación habrá de tener en cuenta las directrices establecidas en el seno de la Unión.

---

9 Art. 24 Todo Estado está obligado a dictar disposiciones para evitar la contaminación de las aguas por hidrocarburos vertidos de los buques, desprendidos de las tuberías submarinas o producidos por la explotación y exploración del suelo y del subsuelo marinos, teniendo en cuenta las disposiciones de los convenios existentes en la materia.
Art. 25 1. Todo Estado está obligado a tomar medidas para evitar la contaminación del mar debida a la inmersión de desperdicios radiactivos, teniendo en cuenta las normas y reglamentaciones que puedan dictar los organismos internacionales competentes. 2. Todos los Estados están obligados a colaborar con los organismos internacionales competentes en la adopción de medidas para evitar la contaminación del mar y del espacio aéreo suprayacente resultante de cualesquiera actividades realizadas con sustancias radiactivas u otros agentes nocivos.

10 Así se establece en los artículos 208, 210, 211 y 212 de la CNUDM.

Por lo que respecta a las obligaciones generales recogidas en la sección 1 de la Parte XII de la CNUDM, el art. 194 prevé la adopción de medidas para prevenir, reducir y controlar la contaminación del medio marino[11] que se articula en torno a: 1) la obligación de adoptar, individual o colectivamente, todas las medidas compatibles con la Convención que sean necesarias para prevenir, reducir y controlar la contaminación del medio marino procedente de cualquier fuente (art. 194.1); 2) la de tomar todas las medidas necesarias para garantizar que las actividades bajo su jurisdicción o control se lleven a cabo de forma que no causen daño por contaminación a otros Estados y a su medio ambiente y, de producirse ese daño, que no se extienda más allá de las zonas en las que ejercen derechos soberanos (art. 194.2), y 3) la de adoptar las medidas necesarias para proteger y preservar los ecosistemas raros o frágiles, así como el hábitat de las especies y otras formas de vida marina diezmadas, amenazadas o en peligro (art. 194.5).

La primera de las obligaciones establecidas es reflejo de la necesaria cooperación que ha de existir entre los Estados para afrontar con eficacia la lucha contra la contaminación y que queda reflejada en el esfuerzo que se pide a los Estados para armonizar sus políticas (art. 194,1 *in fine*) y para no transferir daños o peligros de una zona a otra ni transformen un tipo de contaminación en otro (art. 195).

A la hora de determinar qué medidas serán necesarias, resulta evidente que los Estados habrán de tener en cuenta las mencionadas en el párrafo 3 del artículo 194 y, además, todas aquellas que resulten necesarias en virtud de los avances científicos o de la necesaria aplicación del *principio de precaución* (TIDM 2011b párr. 135; 2024, párr. 213). Ahora bien, su adopción se ha de efectuar utilizando los *medios más viables de que dispongan y en la medida de sus posibilidades* (art. 194.1); un criterio razonable de flexibilización del cumplimiento que nos transporta al *principio de las responsabilidades comunes pero diferenciadas* (TIDM 2024 párr. 229).

El párrafo 2 del art. 194 CNUDM prevé una obligación aplicable a supuestos en los que pueden producirse daños transfronterizos; una obligación que recuerda la responsabilidad de prevención del daño mencionada en el Principio 21 de Declaración de Estocolmo y el Principio 2 de la Declaración de Río. Se trata de una *obligación de diligencia debida* en palabras del TIDM (TIDM 2024 párr. 257).

La UE ha desarrollado desde principios del siglo XXI una importante labor en materia de protección del medio marino en las aguas bajo soberanía o jurisdicción de los Estados miembros. Su Directiva 2008/56/CE del Parlamento Europeo y del Consejo, de 17 de junio de 2008 (UE 2008), por la que se establece un marco de acción comunitaria para la política del medio marino, también co-

---

11 Definida en el art. 1.4 CNUDM de manera acorde a los previsto en la Declaración de Estocolmo.

nocida como Directiva marco sobre la estrategia marítima, obliga a los Estados a adoptar las medidas necesarias para lograr o mantener un buen estado medioambiental del medio marino (art. 1.1). Para ello los Estados han de diseñar con un enfoque ecosistémico sus propias estrategias marinas (art. 1.2 y 3) teniendo en cuenta las distintas regiones y subregiones existentes en que se integran las aguas de los Estados miembros (art. 4). Esta Directiva fue modificada por la Directiva (UE) 2017/ 845 de la Comisión, de 17 de mayo de 2017 (UE 2017), respecto de la lista de elementos a tomar en consideración a la hora de elaborar las estrategias marinas. La transposición de esta Directiva en España se hizo mediante la Ley 41/2010, de 29 de diciembre, de protección del medio marino y el Real Decreto 957/2018 de 27 de julio, por el que se modifica el anexo I de la citada ley.

3.3. Un marco regulador en cascada y flexible para las diversas fuentes de contaminación

La regulación establecida en la Sección 5 de la Parte XII pretende conseguir el establecimiento de un marco nacional e internacional que permita prevenir, reducir y controlar la contaminación del medio marino procedente de diversas fuentes —terrestres (art. 207)[12], derivadas de la explotación de fondos marinos, tanto situados bajo la jurisdicción del Estado ribereño (art. 208) como en la Zona (art. 209)[13], vertidos (art. 210)[14], buques (art. 211)[15], y la generada desde la atmósfera o a través de ella (art. 212)—.

Con independencia de las peculiaridades que algunas fuentes de contaminación plantean, la sección 5 prevé la obligación de los Estados de dictar leyes y re-

---

12 Una contaminación que proviene de los asentamientos humanos costeros y de actividades económicas como la agricultura, la ganadería, la minería, la industria o la producción de energía.

13 Las disposiciones de la CNUDM distinguen entre la contaminación derivada de las actividades realizadas en espacios sometidos a la jurisdicción nacional a la que se refieren los artículos 208 y 214 y la resultante de las actividades efectuadas en la Zona prevista en los artículos 219 y 215. En ambos casos se hace referencia al establecimiento de normas adecuadas para prevenir, reducir y controlar la contaminación del medio marino derivada de actividades de explotación de los fondos marinos; medidas que, tratándose de fondos situados bajo jurisdicción nacional, serán establecidas por los ribereños y que encontrándose en la ZIFMO habrá de tenerse en cuenta también las leyes y reglamentos que pueda establecer la Autoridad (art. 145 CNUDM).

14 Según el artículo 1.5 de la CNUDM, el vertido incluye, por un lado, la evacuación de desechos y otras materias efectuada desde buques, aeronaves, plataformas u otras construcciones en el mar, salvo que resulten de operaciones normales de los mismos o constituyan depósitos no relacionados con la evacuación y sean conformes con la Convención y, por otro, el hundimiento deliberado de buques, aeronaves, plataformas u otras construcciones en el mar.

15 Tanto la derivada de su normal explotación, como la relacionada con los accidentes que pueden sufrir los buques durante su travesía.

glamentos; de tomar las medidas necesarias y de procurar el establecimiento de reglas, estándares, prácticas y procedimientos con la finalidad de luchar contra la contaminación del medio marino teniendo en cuenta las medidas adoptadas internacionalmente.

La cooperación internacional a la que invita la CNUDM en la sección 5ª de la Parte XII ha dado sus mejores frutos desde la acción institucional. La labor de las organizaciones internacionales ha resultado vital en este aspecto y con sus iniciativas se han adoptado tanto tratados, como instrumentos de *soft law* que pueden actuar de acicate para el establecimiento de obligaciones internacionales.

Entre los tratados internacionales, cabe destacar la labor de la Organización Martima Internacional (OMI) respecto de la contaminación por buques que dio lugar a la adopción de tratados a los que ya se ha hecho referencia y aquellos relacionados con el establecimiento de condiciones para la construcción de buques con la finalidad de evitar accidentes, como es el caso del Convenio Internacional sobre las líneas de carga, de 5 de abril de 1966, o los que establecen normas relativas a la gente del mar[16], búsqueda y rescate[17] o facilitación del tráfico marítimo internacional[18]. A esta Organización universal hay que añadir la labor desarrollada por la UE que, en su política de transportes, ha adoptado numerosas medidas que de una u otra forma están conectadas con la protección del medio marino[19].

En el caso de la contaminación por vertidos el instrumento esencial es el Convenio sobre la prevención de la contaminación del mar por vertimiento de desechos y otras materias, conocido como Convenio de Londres, de 29 diciembre de 1972, enmendado en 1996 por el Protocolo, de 8 de noviembre de 1996, llamado a sucederle entre quienes sean parte en ambos convenios.

Dignos de mención son también los tratados auspiciados por la Organización de Aviación Civil Internacional (OACI) sobre aeronaves que inciden en la lucha contra la contaminación desde la atmósfera y a través de ella y, a nivel regional, el

---

16 Como es el caso del Convenio internacional para la seguridad de la vida humana en el mar (Convenio SOLAS), de 1 de noviembre de 1974.

17 Convenio internacional sobre búsqueda y salvamento marítimos, de 27 de abril de 1979, (Convenio SAR)

18 Convenio para facilitar el tráfico marítimo internacional, de 9 de abril de 1965.

19 Entre ellas cabe mencionar la Directiva 2005/35/CE del Parlamento Europeo y del Consejo de 7 de septiembre de 2005 relativa a la contaminación procedente de buques y a la introducción de sanciones, incluidas las sanciones penales, para las infracciones de contaminación (UE 2005); el Reglamento (UE) 530/2012 del Parlamento Europeo y del, de 13 de junio de 2012, relativo a la introducción acelerada de normas en materia de doble casco o de diseño equivalente para petroleros de casco único (UE 2012) y la Directiva 2013/30/UE del Parlamento Europeo y del Consejo, de 12 de junio de 2013, sobre seguridad de las operaciones relativas al petróleo y el gas mar adentro y que modifica la Directiva 2004/35/CE (UE 2013a).

Convenio de Ginebra, de noviembre de 1979 sobre contaminación atmosférica transfronteriza a gran distancia que ha sido completado por varios protocolos. A ellos hay que unir los avances que en la lucha contra la contaminación marina representan los tratados medioambientales emblemáticos: Convenio de Viena, de 22 de marzo de 1985, para la protección de la capa de ozono y su Protocolo de Montreal, de 16 de septiembre de 1987, relativo a las sustancias que agotan la capa de ozono y la Convención Marco de Naciones Unidas, de 9 de mayo de 1992, sobre el cambio climático (CMNUCC).

Siendo la contaminación telúrica una de las causas principales del deterioro marino, resulta llamativa la escasez de avances jurídicos obtenidos a nivel internacional, pues sólo se han establecido unas directrices con la finalidad de estimular y orientar la cooperación internacional y el establecimiento de normas nacionales[20]. La insuficiencia derivada de la falta de obligaciones jurídicas de alcance universal, más allá de las que puedan derivarse del Derecho Internacional general, hace que haya quienes consideran conveniente convocar una Conferencia para la conclusión de un instrumento obligatorio. Esa misma carencia determina la importancia de los avances en la cooperación regional, donde se han establecido normas relacionadas con regiones marítimas específicas[21], y la trascendencia que en este ámbito presenta la regulación nacional.

Mención especial merece el nuevo desafío planteado por los desechos plásticos que, sin olvidar las artes de pesca abandonadas, tienen un origen terrestre fundamentalmente. Como ocurre con el resto de la contaminación telúrica, las normas existentes resultan, a todas luces, insuficientes. A estas se han unido algunos pronunciamientos de la Asamblea General de Naciones Unidas (AGNU), el Parlamento Mundial sobre desechos marinos y la Estrategia de Honolulu que establecen un marco de acción para una cooperación intersectorial. Ahora bien, la situación de deterioro de los océanos como consecuencia de los desechos plásticos es tan alarmante que, además de estar presente en la meta 14.1 de los ODS, la Asamblea de las Naciones Unidas para el medio ambiente adoptó en 2022 una

---

20 Como las Directrices de Montreal, de 24 de mayo de 1985, para la protección del medio marino contra la contaminación de origen terrestre, revisadas por la Declaración de Washington, de 1 de noviembre de 1995, sobre la protección del medio marino frente a las actividades realizadas en tierra, para estimular a los Estados a establecer Programas de Acción Nacional tendentes a la protección de los mares contra la contaminación de origen terrestre. Con posterioridad se ha adoptado el Compromiso y la Estrategia de Honolulu sobre detritos marinos, de 25 de marzo de 2011.

21 Caso de las relacionadas con el Mar Báltico, el Atlántico Nordeste a través de la acción de la Convenio para la Protección del Medio Ambiente Marino del Atlántico del Nordeste, el Mar del Norte, el Mar Mediterráneo, el Mar Caribe, la zona de África del Este, el Océano Índico occidental, el Mar Rojo, el Golfo de Adén, la región de Kuwait y el sureste del Océano Pacífico.

resolución (ANUMA 2022) que lleva por título *Poner fin a la contaminación por plásticos: hacia un instrumento jurídicamente vinculante* y se creó un Comité Intergubernamental de Negociación con la finalidad de elaborar un tratado internacional sobre la contaminación por plástico, que se encuentra en un estado avanzado de negociación y que probablemente será objeto de atención en una conferencia intergubernamental a celebrar en 2025.

La UE está preparando un paquete de medidas que prohibirán los vertidos de aguas residuales y basuras. Por lo que respecta a la contaminación por plásticos la UE aprobó la Directiva (UE) 2019/904 del Parlamento Europeo y del Consejo de 5 de junio de 2019 relativa a la reducción del impacto de determinados productos de plástico en el medio ambiente (UE 2019a). Esta norma europea ha sido incorporada a nuestro ordenamiento jurídico mediante la Ley 7/2022, de 8 de abril, de residuos y suelos contaminados para una economía circular.

3.4. Los nuevos desafíos en materia de contaminación marina

La protección del medio marino contra la contaminación ha de afrontar nuevos retos derivados de los daños que día a día se derivan de las actividades antropogénicas. Una situación que, sin regulación específica en la CNUDM y otros textos internacionales, reclama una respuesta que evite que el deterioro y la destrucción de los océanos resulten inevitables. Entre ellos se encuentra el cambio climático, la acidificación y la contaminación acústica.

El cambio climático no recibió ninguna atención en la CNUDM, pero desde la década de los noventa del pasado siglo, los informes elaborados por el Grupo Intergubernamental de Expertos sobre el Cambio Climático han puesto de manifiesto que las emisiones de gases de efecto invernadero tienen efectos adversos en el medio marino, pues provocan un aumento de la temperatura de los mares, aceleran la subida del nivel del mar, la acidificación o la desoxigenación de los océanos. Pese a esta certidumbre, la atención que ciertos convenios medio ambientales han prestado a las consecuencias del cambio climático en los océanos ha sido limitada. Hemos tenido que esperar hasta 2023 para que el término cambio climático se haya incorporado a un convenio establecido en el marco de la CNUDM. Ese mismo año la OMI aprobó su Estrategia sobre la reducción de las emisiones de gases de efecto invernadero procedentes de los buques (OMI 2023).

Esta carencia de regulación llevó a la Comisión de pequeños Estados insulares a plantear al TIDM una opinión consultiva sobre *El cambio climático y el Derecho Internacional* (TIDM 2024) y, el 12 de abril de 2023, la AGNU (A/RES/77/276) ha hecho lo propio ante la Corte Internacional de Justicia para que ésta determine las obligaciones de los Estados en materia de cambio climático. En su decisión de 21 de mayo de 2024 el TIDM ha afirmado que las emisiones antropogénicas de GEI a la atmósfera constituyen contaminación del medio marino y que, en virtud de lo establecido en el art. 194.1 de la CNUDM, los Estados Parte tienen la obligación de adoptar todas las medidas necesarias para prevenir, reducir y controlar la contaminación marina causada por las emisiones antropogénicas de GEI y procurar armonizar sus políticas al respecto (TIDM 2024, párr. 441).

La acidificación de los océanos no es solo consecuencia de la absorción de CO2, sino que se ve favorecida también por los vertidos agrícolas, industriales y humanos de nitrógeno, fosfatos y la disolución de hidratos de metano que se encuentran en los sedimentos oceánicos profundos. Aunque algunos convenios sobre protección medioambiental pueden servir para actuar contra alguna de las causas, no todas cuentan con la posible aplicación de obligaciones convencionales, y por ello resultan aplicables las obligaciones generales recogidas en la CNUDM y el resto de normas del Derecho Internacional general.

Por lo que respecta a la contaminación acústica, resulta evidente que el ruido antropogénico constituye una forma de contaminación, ya que implica la introducción de energía en el mar con efectos nocivos y, pese a ello, sólo la OMI, en el ámbito universal, o la Unión Europea (UE) en el regional, se han hecho eco de esta realidad. Por lo que respecta a la primera y desde la década de los ochenta del pasado siglo, la OMI ha introducido ciertas reglamentaciones al amparo de la Convención Internacional para la Seguridad de la vida humana en el mar (Convenio SOLAS). Por lo que respecta a la UE su Directiva sobre la estrategia marina 2008/56/CE considera las condiciones acústicas como elemento a tener en cuenta a la hora de determinar el estado ambiental de las aguas y considera energía contaminante la derivada de las fuentes sonoras submarinas de origen humano (UE 2008).

Ahora bien, aunque la CNUDM no haga referencia a esta fuente de contaminación, la lucha contra la misma debe considerarse incluida dentro de las obligaciones generales recogidas en la Parte XII de su articulado. No en vano la AGNU, en su resolución 70/235, aprobada el 23 de diciembre de 2015 (AGNU 2015), ha considerado el ruido entre las amenazas de graves consecuencias para la vida marina, colocándolo a la misma altura que otros contaminantes como los derrames de petróleo o los detritos marinos (Aldaz Casanova 2021, p. 422).

4. LA PROTECCIÓN Y PRESERVACIÓN DE LOS RECURSOS MARINOS

El segundo gran pilar de la protección y preservación del medio marino es el de la protección de sus recursos cuyas medidas giran en torno a dos ejes fundamentales. Por un lado, la protección de los recursos pesqueros mediante el ejercicio de una pesca sostenible y, por otro, la protección del resto de la biodiversidad marina.

4.1. La búsqueda de la sostenibilidad pesquera

El Derecho Internacional empieza a ser realmente consciente de que los recursos marinos no son inagotables a mitad del siglo XX. El Convenio de Ginebra, de 29 de abril de 1958, denominado *sobre pesca y conservación de los recursos vivos del Alta Mar* (AM) hizo referencia en el segundo párrafo de su artículo 1 a la obligación que incumbe a los Estados de adoptar las medidas necesarias para la conservación de los recursos vivos del AM.

Con el paso de los años, esa preocupación por la conservación de los recursos vivos del mar fue en aumento y la aspiración de conseguir una explotación sostenible de los recursos del mar vino a unirse a las reivindicaciones relativas a la creación de la Zona Económica Exclusiva (ZEE), la ampliación de la plataforma continental para hacerla coincidir, al menos, con aquella y al reconocimiento de la jurisdicción del ribereño sobre la explotación de los recursos existentes en las aguas, suelo y subsuelo adyacentes a su mar territorial y hasta las doscientas millas. En el resto de mar (AM) la búsqueda de la sostenibilidad se ha basado en la introducción de limitaciones en el principio de la libertad de los mares, en particular, en la libertad de pesca y en el principio del sometimiento de los buques en AM a la jurisdicción exclusiva del Estado del pabellón. Ahora bien, en el establecimiento de estas medidas no se puede pasar por alto que los recursos marinos se mueven por mares y océanos sin reparar en la existencia de límites jurídicos.

4.1.1. La creación de las Zonas Económicas Exclusivas y la gestión de sus recursos

La CNUDM atribuye al Estado ribereño derechos soberanos para la exploración y explotación, conservación y administración de los recursos naturales tanto vivos como no vivos de la ZEE y de la Plataforma Continental (art. 56. 1.a) y jurisdicción con respecto a la protección y preservación del medio marino (art. 56.1.b.iii).

Consciente del carácter perecedero de los recursos naturales, la CNUDM reconoce al ribereño la posibilidad de establecer medidas que contribuyan a la sostenibilidad pesquera, como la determinación de la captura permisible de recursos vivos (art. 61), la determinación de su capacidad para explotar los recursos teniendo en cuenta el objetivo de su utilización óptima (art. 62.1 y 2) o el establecimiento de leyes y reglamentos en materia de conservación y administración de los recursos pesqueros (art. 62.4). Además, la Convención establece reglas particulares en relación con las especies altamente migratorias, las poblaciones anádromas y catádromas y los mamíferos marinos (arts. 64-67) que subrayan el principio de cooperación entre los Estados interesados, mediante tratados y organizaciones internacionales.

En la UE, la pesca es competencia exclusiva de la Unión, que tiene instaurada una Política Pesquera Común (PPC) cuya finalidad esencial se centra en la conservación y gestión de los recursos en las aguas bajo jurisdicción de los Estados miembros. Su marco jurídico actual, después de varias reformas (1992, 2002 y 2013) tiene como objetivo garantizar la sostenibilidad de la pesca de la UE desde los puntos de vista medioambiental, económico y social y se recoge en el Reglamento (UE) 1380/2013, de 11 de diciembre de 2013, sobre la política pesquera común (Reglamento de base) (UE 2013b) y el Reglamento (UE) 1379/2013, de 11 de diciembre de 2013, por el que se establece la organización común de mercados en el sector de los productos de la pesca y la acuicultura (UE 2013c).

La PPC tiene también por finalidad garantizar que las actividades de la pesca sean sostenibles ambientalmente y que su impacto negativo sea mínimo en el ecosistema marino, lo que implica alcanzar una tasa de pesca que no supere el rendimiento máximo sostenible (UE 2013b, art. 2). A su servicio se encuentra el Reglamento (UE) 2019/1241 sobre la conservación de los recursos pesqueros y la protección de los ecosistemas marinos (UE 2019b) con medidas técnicas que pueden establecerse con carácter común para todas las aguas de la UE o que resulten necesarias a las peculiaridades regionales de la pesca.

En la CNUDM, el control del cumplimiento de las medidas y restricciones establecidas, así como el establecimiento de sanciones corresponde al Estado ribereño, pero con ciertas condiciones y limitaciones, como la notificación inmediata al Estado del pabellón del apresamiento; la pronta liberación de los buques previa constitución de fianza u otra garantía, y la exclusión de las penas privativas de libertad como sanción. Además, el Estado del pabellón puede ejercer la jurisdicción sobre los buques que enarbolan su bandera o están matriculados en su país al ser de aplicación supletoria las disposiciones sobre AM.

En la UE, el control de la actividad pesquera ha sido concebido como competencia nacional y actualmente se encuentra regulado por el Reglamento (UE) 2023/2842, de 22 de noviembre (UE 2023), también conocido como Reglamento de control y obliga a los Estados miembros a establecer programas nacionales de control anuales o plurianuales que abarquen todas las normas de la PPC.

Junto a toda esta regulación europea, es necesario tener en cuenta que, como todas las actividades marítimas están interconectadas, la UE estableció, con un enfoque holístico, un marco político para todos los asuntos marítimos, la denominada Política Marítima Integrada (UE 2008)) que puede complementar aspectos del marco jurídico de la PPC, ya que uno de sus ámbitos es el del crecimiento azul y la economía azul.

4.1.2. La protección de los recursos vivos en Alta Mar

La necesidad de proteger los recursos marinos en AM se ha articulado en torno a dos tipos de limitaciones que afectan al principio de la libertad de los mares. Por un lado, limitaciones en la libertad de pesca y, por otro, restricciones sobre el principio de la jurisdicción exclusiva del Estado del pabellón. La base jurídica para el establecimiento de estas medidas se encuentra en los artículos 116 a 119 de la CNUDM en los que se prevé la *obligación de los Estados de establecer, unilateralmente o de acuerdo con otros Estados, medidas de conservación de los recursos sobre la base de datos científicos fidedignos.*

a) Las limitaciones de la libertad de pesca en Alta Mar

Mientras que en los espacios sometidos a la soberanía y jurisdicción del Estado ribereño es ese Estado el competente para establecer las medidas de protección que estime pertinentes de conformidad, claro está, con sus compromisos internacionales, en AM nos encontramos con un espacio al que resulta aplicable el principio de la libertad de los mares y en el que las restricciones pertinentes para proteger sus recursos van a ser consecuencia de la cooperación entre los Estados, bien multilateral o institucionalizada.

La situación de sobreexplotación y deterioro del mar llevó a la Organización de las Naciones Unidas y a dos de sus organismos especializados a tomar la iniciativa para adoptar acuerdos tendentes a mejorar las medidas de conservación de los recursos vivos del AM, en el caso de la Organización de las Naciones Unidas para la Alimentación y la Agricultura (FAO), y en aras del establecimiento de requisitos a los buques con la finalidad de mejorar su seguridad y hacer posible el control de sus actividades, en el caso de la OMI.

Bajo los auspicios de las NU se concluyó el Acuerdo sobre la aplicación de las disposiciones de la Convención de 1982 relativas a las poblaciones de peces transzonales y las poblaciones de peces altamente migratorios (Acuerdo de 1995) en vigor desde el 11 de diciembre de 2001 y al que han manifestado el consentimiento la UE y sus Estados Miembros. En virtud de lo establecido en su artículo 8.4, este Acuerdo favorece la conclusión de arreglos entre Estados interesados en una misma pesquería y ha provocado la creación de nuevas Organizaciones Regionales de Ordenación Pesquera (OROP) que gestionan zonas del mar cuya explotación reservan a sus miembros o a quienes se comprometan a respetar las obligaciones de conservación y ordenación establecidas por la Organización.

La actuación de la FAO ha resultado mucho más prolija y ha sido la Organización Internacional de ámbito universal que ha afrontado y liderado la lucha contra la sobreexplotación de los recursos vivos del AM utilizando *soft* y *hard law*. Su interés por la conservación de los recursos marinos coincidió prácticamente con la conexión que a principios de la década de los noventa se produce entre la protección del medio ambiente y la conservación de los océanos y sus recursos; momento en el que comienza a hablarse del desarrollo sostenible y con ello a adjetivarse la pesca de *responsable* o *sostenible*.

En 1995, la FAO aprobó un Código de conducta para la Pesca Responsable (FAO 1995) en el que se recogen una serie de principios y normas internacionales para la aplicación de buenas prácticas. Su finalidad, con el debido respeto del ecosistema y de la biodiversidad, consiste en conservar y asegurar la gestión y el desarrollo eficaces de los recursos acuáticos vivos. Pese a no ser jurídicamente obligatorio, el Código tuvo su relevancia en la creación de normas consuetudinarias, ya que muchas de las directrices establecidas en el mismo y sus principios forman parte del Derecho Internacional general.

Además, la FAO también se ha comprometido en la lucha contra determinadas prácticas pesqueras que comprometen su sostenibilidad, como es el caso de la pesca ilegal, no declarada y no reglamentada (INDNR). Bajo sus auspicios se concluyó en 1993 un Acuerdo para promover el cumplimiento de las medidas internacionales de conservación y ordenación por los buques de pesca en AM cuyo objetivo es mejorar la función del Estado del pabellón, evitar los cambios de pabellón que conducen a que los buques naveguen bajo pabellones de Estados que no pueden o no quieren controlar sus actividades y garantizar el control de las actividades de los buques a fin de asegurar el cumplimiento de las medidas internacionales de conservación y ordenación pesquera y, por tanto, que no llevan a cabo actividades que puedan poner en peligro su eficacia. A este convenio siguió el Plan de Acción Internacional para prevenir, desalentar y eliminar la pesca INDNR (FAO 2001), adoptado en 2001, cuya finalidad consiste en facilitar a los Estados medidas eficaces y de amplio alcance para que adecúen su conducta a las mismas o las utilicen a través de las OROP. Su idea fuerza estriba en la necesidad de que en la lucha contra la pesca INDNR se involucren tanto el Estado del pabellón, como el Estado de puerto, el ribereño o el Estado de comercialización y anima a sus miembros a establecer su propio plan de acción para hacer realidad los objetivos del Internacional.

Por su parte la OMI trabaja por la sostenibilidad pesquera a través del establecimiento de medidas de seguridad de los buques y ha introducido un sistema de identificación a través de un código de siete números insustituible como mecanismo de apoyo en la lucha contra la pesca INDNR pues, aunque su uso es voluntario para los pesqueros, hay Estados y organizaciones internacionales, como la Unión Europea, que lo imponen para faenar en sus aguas.

En los últimos años se ha venido estableciendo una relación entre la sobreexplotación de los recursos pesqueros, la pesca INDNR y las subvenciones a la pesca que ha vinculado la sostenibilidad pesquera con el comercio internacional y ha hecho entrar en juego a la OMC. Tras más de veinte años de debates, la OMC adoptó en 2022 el Acuerdo sobre subvenciones a la pesca que, aunque no elimina todas las subvenciones, supone un paso más en beneficio del objetivo de la sostenibilidad pesquera.

b) Las restricciones a la jurisdicción exclusiva del Estado del pabellón

Tradicionalmente y salvo limitadas excepciones, el régimen jurídico del AM ha estado basado en la jurisdicción exclusiva del Estado del pabellón sobre los buques que se encuentran en AM. Sin embargo, la necesidad de conseguir que la explotación de los recursos vivos del mar resulte sostenible ha roto esa exclusividad y ha provocado el reconocimiento de competencias a otros Estados sobre las actividades desarrolladas por los buques en aguas no sometidas a la jurisdicción de ningún Estado.

El Acuerdo sobre poblaciones de peces ONU 1995 en sus artículos 18 y 19 prevé un sistema de control obligatorio para el Estado del pabellón respecto de los buques que explotan las especies a las que se refiere el acuerdo y otro facultativo para el *Estado del puerto* que, en virtud de lo establecido en los artículos 20, 21 y 23, puede realizar controles sobre los buques que se encuentren en él. Además, el artículo 21 del Acuerdo permite el establecimiento, a través de las organizaciones de pesca, de controles en poder de cualquier miembro.

Junto a ello, la lucha contra la pesca INDNR ha puesto de manifiesto la importancia de la acción del Estado de puerto. El Comité de Pesquerías de la FAO adoptó en 2005 un Modelo de Sistema sobre las medidas del Estado rector del puerto destinadas a combatir la pesca INDNR (FAO 2005), cuyo objetivo era facilitar la aplicación de medidas eficaces por parte del Estado portuario para prevenir, desalentar y eliminar dicha práctica de manera coordinada con otros Estados y no solo unilateralmente como ocurría hasta el momento.

Ahora bien, siendo consciente la FAO de la conveniencia de contar con un texto jurídicamente vinculante, adoptó el Acuerdo, de 22 de noviembre de 2009, sobre las Medidas del Estado Rector del Puerto, que representa el primer tratado internacional centrado en la lucha contra la pesca INDNR. Su principal objetivo es eliminarla impidiendo la entrada y/o estadía de los buques que la practiquen en los puertos de los Estados Parte y la entrada en el mercado de los productos pesqueros capturados ilegalmente. Además, el establecimiento de un sistema de información sobre quienes practiquen este tipo de pesca que se va a compartir con otros Estados y con Organizaciones regionales de ordenación pesquera reduce la rentabilidad de la pesca INDNR y perjudica a los buques que la llevan a cabo. Pese a las limitaciones que aún presenta, el reconocimiento de derechos y obligaciones al Estado rector del puerto ha constituido el gran avance cosechado contra la pesca INDNR y, por ende, en pro de la sostenibilidad pesquera en el siglo XXI.

4.2. La protección y uso de la diversidad biológica marina más allá de la pesca

Más allá de su interés por la protección y preservación de los recursos pesqueros, la CNUDM, aunque lo haga de manera limitada (Tanaka 2023, p. 464) no se desentiende del resto de recursos vivos del mar y, por ello, favorece el establecimiento de una regulación relacionada con la explotación de los recursos biológicos del mar, protección de las especies marinas contra la contaminación y preservación de los ecosistemas raros o delicados así como el hábitat de las especies y otros organismos marinos en disminución, amenazados o en vías de extinción.

Para hacer realidad esta protección se han utilizado varios mecanismos como el establecimiento de medidas de protección de ciertas especies cuya adopción en algún caso es anterior a la propia Declaración de Estocolmo, las áreas marinas protegidas y otras medidas relacionadas con la protección de la biodiversidad que han venido de la mano del DIMA, en particular de la Convención sobre la Diversidad Biológica (CDB), de 5 de junio de 1992.

Las *áreas marinas protegidas* van dirigidas a preservar la capacidad de los ecosistemas marinos y a su regeneración (Salpin 2017, pp. 818-820). La noción de área marina protegida marca un cambio conceptual que nos lleva de una aproximación sectorial hacia otra ecosistémica. Las medidas de conservación tienen por objetivo proteger el funcionamiento de los ecosistemas teniendo en cuenta los impactos acumulados de las actividades sectoriales. Aplicadas primero en espacio terrestre, se han extendido al espacio marino sin atención a sus peculiaridades y diversidad jurídica.

El establecimiento de estas áreas no estaba previsto en la CNUDM, sino que están inspiradas en el Convenio de Ramsar, de 23 de noviembre de 1972, para la protección del patrimonio mundial cultural y natural y el Programa de Reservas de la Biosfera de la UNESCO de 1971 que prevén la puesta en marcha de redes mundiales de estructuras espaciales para la protección de la naturaleza. En la Conferencia de Rio se invitó a los Estados a su creación (Cap. 17 de la Agenda 21) y la CDB, en su artículo 8 a) y b) impone a las Partes su establecimiento. De aquí han surgido las zonas marinas costeras protegidas que son uno de los cinco ámbitos de acción establecidos por la Conferencia de Estados Parte de Yakarta.

Por último, cabe considerar también la conservación y utilización sostenible de la biodiversidad marina. La Convención de 1992 es el primer tratado internacional dedicado específicamente a la biodiversidad en su conjunto que adopta una aproximación ecosistémica de la preservación de la biodiversidad y de su uso sostenible marcando un cambio de paradigma en la protección de las especies, pues las contempla como elementos integrantes de una diversidad que hay que proteger también.

La necesidad de abordar la preservación de la biodiversidad marina en los espacios marinos situados fuera de la jurisdicción nacional y de solventar una de las lagunas de la Convención (Gil Gandía 2014, pp. 15-16) alentó la negociación en el marco de la CNUDM de un acuerdo sobre biodiversidad en zonas más allá de la jurisdicción nacional. Entre 2018 y 2023 la conferencia celebró cinco periodos de sesiones y el 19 de junio de 2023 adoptó el Acuerdo en el marco de la Convención de las Naciones Unidas sobre el Derecho del Mar relativo a la conservación y el uso sostenible de la diversidad biológica marina de las zonas situadas fuera de la jurisdicción nacional (Acuerdo BBNJ). Los principales elementos del acuerdo para hacer efectiva la protección de la diversidad biológica se encuentran en la creación de Áreas Marinas Protegidas y en la necesaria evaluación del impacto ambiental respecto de cualesquiera actividades que puedan tener efectos significativos en el medio marino.

La Unión Europea mantiene un compromiso de protección de la biodiversidad marina y tras la X Conferencia de las Partes del CDB, estableció una Estrategia sobre la biodiversidad hasta 2020 (UE 2011) y recientemente la Estrategia de la UE sobre la biodiversidad, de aquí a 2030. Reintegrar la naturaleza en nuestras vidas (UE 2022). Con esta última la UE pretende dar protección al 30% de la superficie terrestre y al 30% de la superficie marina de la UE mediante planes de conservación de los recursos pesqueros y la protección de los ecosistemas marinos. Además de estas estrategias, la PMI también se encuentra al servicio de su protección.

Ahora bien, aunque posiblemente la Unión Europea cuenta con un importante marco jurídico para la protección de la biodiversidad (García Ureta 2022, p. 13), ello no impide que se hayan detectado debilidades que comprometen su eficacia y exigen mejoras.

5. REFERENCIAS

5.1. Referencias doctrinales

Aldaz Casanova, Ana María (2021), "Posibilidades para combatir ruido oceánico desde el proyecto de instrumento internacional relativo a la conservación y el uso sostenible de lña biodiversidad marina en zonas más allá de la jurisdicción nacional", en Casado Raigon, Rafael; Martínez Pérez, Enrique (Dirs.); Jiménez Pineda, Eduardo (coord.), *La contribución de la Unión Europea a la protección de los recursos biológicos en espacios marinos de interés internacional,* Tirant lo Blanch, Valencia, pp. 417-432.

Boyle, Alan; Redgwell, Catherine (2021), *Birnie, Boyle and Redgwell's International Law and the Environment, (fourth ed.),* Oxford University Press, Oxford. http://dx.doi.org/10.1093/he/9780199594016.001.0001.

García Ureta, Agustín (2022), "La estrategia de biodiversidad de la Unión Europea 2030: entre la ambición y la realidad", en García Ureta, Agustín (Dir.) y Sarasibar Iriarte, Mirien (Coord.) *La estrategia de biodiversidad de la Unión Europea 2030. Aspectos jurídicos,* Marcial Pons, Madrid, pp. 13-44.

Gil Gandía, Carlos (2014), "Consideraciones generales sobre la cooperación en el acuerdo relativo a la conservación y el uso sostenible dre la diversidad biológica marina de las zonas situadas más allá de la jurisdicción nacional" en Palacios Moreno, Mario A., *Nuestro Océano Pacífico: concienciación sobre la protección de la biodiversidad marina,* UPACÍFICO, Guayaquil, pp. 14-24.

Juste Ruiz, José (1999), *Derecho Internacional del Medio ambiente,* Mc Graw Hill, Madrid.

Orihuela Calatayud, Esperanza (2022), "Estocolmo +50 y los océanos. Una gobernanza azul esquizoide necesitada de tratamiento urgente", *Revista Catalana de Dret Ambiental,* vol. 13-2, pp. 1-35. http://dx.doi.org/10.17345/rcda3394.

Remiro Brotons, Antonio (2010), *Derecho Internacional Curso General,* Tirant lo Blanch, Valencia.

Salpin, Charlotte (2017), "Chapitre 5: La protection de l'environnement marin", en Forteau, Mathias y Thouvenin, Jean Marc (Dir.), *Traité de Droit International de la Mer,* Pedone, París, pp. 787-836.

Tanaka, Yoshifumi (2023), *The International Law of the Sea,* 4ª ed., Cambrige University Press, Cambridge. http://dx.doi.org/10.1017/9781009025393.

5.2. Referencias normativas

5.2.1. Tratados internacionales

Convenio Internacional para prevenir la contaminación de las aguas del mar por hidrocarburos, Londres, 12 de mayo de 1954; *BOE* núm. 258, de 28 de octubre de 1967.

Convención sobre la Alta Mar, Ginebra, 29 de abril de 1958; *BOE* núm. 309, de 27 de diciembre de 1971).

Convención sobre pesca y conservación de los recursos vivos de la alta mar, Ginebra, 29 de abril de 1958;, *BOE* núm. 309, de 27 de diciembre de 1971.

Convenio para facilitar el tráfico marítimo internacional, Londres, 9 de abril de 1965; *BOE* núm. 231, de 26 de septiembre de 1973).

Convenio Internacional sobre las líneas de carga, Londres, 5 de abril de 1966; *BOE* núm. 192, de 10 de agosto de 1968.

Convenio relativo a humedales de importancia internacional, especialmente como hábitat de aves acuáticas, Ramsar, 2 de febrero de 1971; *BOE,* núm. 199, de 20 de agosto de 1982.

Convenio sobre la prevención de la contaminación del mar por vertimiento de desechos y otras materias, Londres, 29 diciembre de 1972, BOE núm. 269, de 10 noviembre 1975), enmendado en 1996 por el Protocolo, de 8 de noviembre de 1996, BOE núm. 77, de 31 de marzo de 2006).

Convenio MARPOL 73/78 - Convenio internacional para prevenir la contaminación por los buques, Londres, 2 de noviembre de 1973 y Protocolo, Londres, 17 de febrero de 1978; *BOE* núm. 249, de 17 de octubre de 1984.

Convenio SOLAS - Convenio internacional para la seguridad de la vida humana en el mar, de 1 de noviembre de 1974, enmendado en 1978; *BOE* núm. 144, de 16 de junio de 1980.

Convenio SAR - Convenio internacional sobre búsqueda y salvamento marítimos, Hamburgo, 27 de abril de 1979, *BOE* núm. 103, de 30 de abril de 1993.

Convenio sobre contaminación atmosférica transfronteriza a gran distancia, Ginebra, 13 de noviembre de 1979; *BOE* núm. 59, de 10 de marzo de 1983.

Convención de las Naciones Unidas sobre el Derecho del Mar, Montego Bay, 10 de diciembre de 1982; *BOE* núm. 39, de 14 de febrero de 1997.

Convenio de Viena para la protección de la capa de ozono, Viena, 22 de marzo de 1985; *BOE* núm. 275, de 16 de noviembre de 1988.

Acuerdo sobre la Aplicación de las Disposiciones de la Convención de las Naciones Unidas sobre el Derecho del Mar de 10 de diciembre de 1982 relativas a la Conservación y Ordenación de las Poblaciones de Pesca Transzonales y las Poblaciones de Peces Altamente Migratorios, Nueva York, 4 de diciembre de 1995; *BOE*, núm. 175, de 21 de julio de 2004).

Protocolo de Montreal, relativo a las sustancias que agotan la capa de ozono, Montreal, 16 de septiembre de 1987; *BOE* núm. 65, de 17 de marzo de 1989

Convenio sobre la Diversidad Biológica; Río de Janeiro, 5 de junio de 1992; *BOE* núm.27, de 1 de febrero de 1994.

Convención Marco de las Naciones Unidas sobre el Cambio Climático; Nueva York, 9 de mayo de 1992; *BOE* núm. 27, de 1 de febrero de 1994

Convenio OSPAR - Convenio para la Protección del Medio Ambiente Marino del Atlántico del Nordeste, París, 22 de septiembre de 1992; *BOE* núm. 150, de 24 de junio de 1998.

Acuerdo para promover el cumplimiento de las medidas internacionales de conservación y ordenación por los buques pesqueros que pescan en alta mar, Roma, noviembre de 1993. Decisión del Consejo de 25 de junio de 1996;, *DOCE* L 177, de 16 de julio de 1996.

Acuerdo sobre medidas del Estado rector del puerto destinadas a prevenir, desalentar y eliminar la pesca ilegal, no declarada y no reglamentada; Decisión del Consejo, de 20 de junio de 2011, *DOUE* L 191, de 22 de julio de 2011.

Protocolo de enmienda del Acuerdo de Marrakech por el que se establece la Organización Mundial del Comercio. Acuerdo sobre subvenciones a la pesca, Ginebra, 17 de junio de 2022; Decisión (UE) 2023/1116 del Consejo de 25 de mayo de 2023, *DOUE* núm. 148, de 8 de junio de 2023.

Acuerdo en el marco de la Convención de las Naciones Unidas sobre el Derecho del Mar relativo a la conservación y el uso sostenible de la diversidad biológica marina de las zonas situadas fuera de la jurisdicción nacional, Nueva York, 19 de junio de 2023;.

5.2.2. Otros actos normativos internacionales

AGNU (2015) Resolución 70/235, de 23 de diciembre de 2015, "Los Océanos y el Derecho del Mar".

ANUMA (2022) Resolución 5/14, de 2 de marzo de 2022 "Poner fin a la contaminación por plásticos: hacia un instrumento jurídicamente vinculante", PNUMA/EA.5/L.23/Rev.1.

FAO (1995), Resolución 4/95, de 31 de octubre de 1995 "Código de conducta para la Pesca Responsable".

FAO (2001), *Plan de Acción Internacional para prevenir, desalentar y eliminar la pesca INDNR*, Roma, 2001.

NU (1972), Informe de la Conferencia de las Naciones Unidas sobre el Medio Humano Declaración de Estocolmo sobre el Medio Humano, Conferencia de las Naciones Unidas sobre el Medio Humano, Estocolmo, 5 a 16 de junio de 1972, Doc. A/CONF.48/14/Rev.1.

UE (2005), Directiva 2005/35/CE del Parlamento Europeo y del Consejo de 7 de septiembre de 2005 relativa a la contaminación procedente de buques y a la introducción de sanciones, incluidas las sanciones penales, para las infracciones de contaminación, *DOUE* L 255, de 30 de septiembre de 2005.

UE (2008), Directiva 2008/56/CE del Parlamento y del Consejo, de 17 de junio de 2008, por la que se establece un marco de acción comunitaria para la política del medio marino (Directiva marco sobre la estrategia marina), *DOUE* L 164, de 25 de junio de 2008).

UE (2012), Reglamento (UE) 530/2012 del Parlamento Europeo y del, de 13 de junio de 2012, relativo a la introducción acelerada de normas en materia de doble casco o de diseño equivalente para petroleros de casco único, *DOUE* L 172, de 30 de junio de 2012).

UE (2013a), Directiva 2013/30/UE del Parlamento Europeo y del Consejo, de 12 de junio de 2013, sobre seguridad de las operaciones relativas al petróleo y el gas mar adentro y que modifica la Directiva 2004/35/CE, *DOUE* L 178, de 28 de junio de 2013).

UE (2013b), Reglamento (UE) 1380/2013, de 11 de diciembre de 2013, sobre la política pesquera común (Reglamento de base), *DOUE* L 354, de 28 de diciembre de 2013.

UE (2013c), Reglamento (UE) 1379/2013, de 11 de diciembre de 2013, por el que se establece la organización común de mercados en el sector de los productos de la pesca y la acuicultura, *DOUE* L 354, de 28 de diciembre de 2013.

UE (2017), Directiva (UE) 2017/845 de la Comisión, de 17 de mayo de 2017, por la que se modifica la Directiva 2008/56/CE del Parlamento Europeo y del Consejo en lo que se refiere a las listas indicativas de elementos que deben tomarse en consideración a la hora de elaborar estrategias marinas, *DOUE* L 125, de 17 de mayo de 2017.

UE (2019a), Directiva (UE) 2019/904 del Parlamento Europeo y del Consejo de 5 de junio de 2019 relativa a la reducción del impacto de determinados productos de plástico en el medio ambiente, *DOUE* L 155, de 12 de junio de 2019).

UE (2019b) Reglamento (UE) 2019/1241 del Parlamento Europeo y del Consejo, de 20 de junio de 2019, sobre la conservación de los recursos pesqueros y la protección de los ecosistemas marinos con medidas técnicas, y por el que se modifican los Reglamentos (CE) nº 1967/2006 y (CE) nº 1224/2009 del Consejo y los Reglamentos (UE) nº 1380/2013, (UE) 2016/1139, (UE) 2018/973, (UE) 2019/472 y (UE) 2019/1022 del Parlamento Europeo y del Consejo, y por el que se derogan los Reglamentos (CE) nº 894/97, (CE) nº 850/98, (CE) nº 2549/2000, (CE) nº 254/2002, (CE) nº 812/2004 y (CE) nº 2187/2005 del Consejo, *DOUE* L 198, de 25 de julio de 2019.

UE (2023), Reglamento (UE) 2023/2842, de 22 de noviembre de 2023, por el que se modifica el Reglamento (CE) nº1224/2009 del Consejo, y se modifican los Reglamentos (CE) nº 1967/2006 y (CE) 1005/2008 del Consejo y los Reglamentos (UE) 2016/1139, (UE) 2017/2403 y (UE) 2019/473 del Parlamento Europeo y del Consejo en lo que respecta al control de la pesca, *DOUE* L, de 20 diciembre 2023.

5.2.3. Actos normativos nacionales

España, Ley 41/2010, de 29 de diciembre, de protección del medio marino, *BOE* núm. 317, de 30 de diciembre de 2010.

España, Real Decreto 957/2018, de 27 de julio, por el que se modifica el anexo I de la ley 41/2010 de protección del medio marino, *BOE* núm. 213, de 3 de septiembre de 2018.

España, Ley 7/2022, de 8 de abril, de residuos y suelos contaminados para una economía circular, *BOE* núm. 85, de 9 de abril de 2022.

5.3. Referencias jurisprudenciales

5.3.1. Órganos jurisdiccionales internacionales

CIJ (2010), *Pulp Mills on the River Uruguay (Argentina v. Uruguay), Judgment, I.C.J. Reports 2010,* p. 14.

TIDM (2001), *The MOX Plant (Ireland v. United Kingdom),* Order of 13 November 2001, *ITLOS Reports* 2001, p. 89.

TIDM (2003), *Land Reclamation in and around the Straits of Johor (Malaysia v. Singpore),* Order of 10 September 2003, *ITLOS Reports,* 2003, p. 4.

TIDM (2011a), *M/V "Louisa" (Saint Vincent and the Grenadines v. Kingdom of Spain),* Order of 12 January 2011, *ITLOS Reports* 2011, p. 83.

TIDM (2011b), *Responsibilities and obligations of States with respect to activities in the Area,* Advisory Opinion, 1 February 2011, *ITLOS Reports 2011,* p. 10.

TIDM (2015a), *Dispute concerning Delimitation of the Maritime Boundary between Ghana and Côte d'Ivoire in the Atlantic Ocean (Ghana/Côte d'Ivoire),* Order of 25 April 2015, *ITLOS Reports 2015,* p. 122.

TIDM (2015b), *Request for Advisory Opinion submitted by the Sub-Regional Fisheries Commission,* Advisory Opinion, 2 April 2015, *ITLOS Reports 2015,* p. 4.

TIDM (2024), *Request for Advisory Opinion submitted by the Commission of Small Island States on Climate Change and International Law,* Advisory Opinion 24 May 2024.

5.4. Referencias documentales

UE (2011), Comisión Europea, Comunicación de la Comisión al Parlamento Europeo, al Consejo, al Comité Económico y Social Europeo y al Comité de las Regiones: *Estrategia de la UE sobre la biodiversidad hasta 2020: nuestro seguro de vida y capital natural,* COM(2011) 244 final de 3 de mayo de 2011.

UE (2022) Comisión Europea, Comunicación de la Comisión al Parlamento Europeo, al Consejo, al Comité Económico y Social Europeo y al Comité de las Regiones, *Estrategia de la UE sobre la biodiversidad de aquí a 2030 Reintegrar la naturaleza en nuestras vidas*, COM(2020) 380 final.

Capítulo 11

LA PROTECCIÓN DE LA BIODIVERSIDAD

SUSANA BORRÀS-PENTINAT[1]

1. INTRODUCCIÓN

La "biodiversidad" o "diversidad biológica" es un término que hace referencia a la "variabilidad de organismos vivos de cualquier fuente, incluidos, entre otras cosas, los ecosistemas terrestres y marinos y otros ecosistemas acuáticos y los complejos ecológicos de los que forman parte; comprende la diversidad dentro de cada especie, entre las especies y de los ecosistemas" (CDB, art. 2). En su conjunto, "biodiversidad" incluye el número de genes, especies, organismos individuales de una especie determinada y comunidades biológicas dentro de un área geográfica definida, que va desde el ecosistema más pequeño hasta la biosfera global. Así, una comunidad biológica es un grupo interactivo de varias especies en un lugar común (Greiber *et al.* 2013). Desde esta perspectiva es muy importante entender que los recursos naturales aportan diferentes perspectivas en su gestión y conservación, y por ello su diversidad debe mantenerse y protegerse. Por tanto, la protección de la biodiversidad comprende tanto la protección de los recursos —organismos y ecosistemas— como de su contribución a la vida en la Tierra (Rayfuse 2008).

En efecto, la biodiversidad, los recursos biológicos y los servicios ecosistémicos son esenciales para el bienestar humano: proporcionan seguridad alimentaria, salud, aire y agua limpios, medios de subsistencia y desarrollo económico. A pesar de su valor y relevancia, la interacción del crecimiento poblacional, el desarrollo socioeconómico y el progreso científico y tecnológico aumenta la presión sobre estos recursos, causando su deterioro. Las amenazas específicas para los recursos de biodiversidad incluyen la extinción, la degradación, la sobreexplotación, la contaminación, el cambio climático y la presencia de especies invasoras (PNUMA 2024). El riesgo de extinción de especies, la pérdida de hábitats naturales, la presencia de especies invasoras, el acceso indiscriminado y no regulado

---

[1] Profesora agregada de Derecho Internacional Público y Relaciones Internacionales en la Universitat Rovira i Virgili (susana.borras@urv.cat). Todas las páginas web mencionadas en este estudio han sido consultadas el 3 de octubre de 2024. ORCID: https://orcid.org/0000-0002-8264-1252.

a los recursos genéticos y la degradación de las áreas protegidas son algunos de los indicadores que generan más preocupación.

La actual situación de pérdida de biodiversidad describe la disminución del número, la variabilidad genética y la variedad de las especies y las comunidades biológicas de una zona determinada. La Plataforma Intergubernamental Científico-Normativa sobre Diversidad Biológica y Servicios de los Ecosistemas (IPBES 2019) publicó el Informe de Evaluación Global en 2019, en el que proporciona una evidencia irrefutable sobre el rápido deterioro de la biodiversidad en el mundo: la actividad humana es responsable de la alteración de aproximadamente tres cuartas partes del medio ambiente terrestre y alrededor del 66% del medio ambiente marino. Además, se informa como más de un tercio de la superficie terrestre del mundo y casi el 75% de los recursos de agua dulce se destinan a la producción agrícola o ganadera. El IPBES también alerta de que alrededor de 1 millón de especies de animales y vegetales están en peligro de extinción (IPBES 2019). Esta situación ha provocado que desde Naciones Unidas (NU) entienda la pérdida de biodiversidad como una de las tres grandes crisis, que afectan al planeta, junto con el cambio climático y la contaminación (PNUMA 2021).

El "Informe Planeta Vivo" de 2020 publicado por el Fondo Mundial para la Naturaleza (WWF 2020), en colaboración con la Sociedad Zoológica de Londres, corrobora la situación de declive de la naturaleza. Según este Informe, desde 1970, las poblaciones de mamíferos, aves, peces, reptiles y anfibios han disminuido en un promedio de un 68% y gran parte de esta pérdida se atribuye a la destrucción del hábitat debido a la agricultura o la tala insostenible. Además, se espera que el cambio climático, que no ha sido el mayor detonante de la pérdida de biodiversidad hasta ahora, se convierta en la principal causa en las próximas décadas (WWF 2020). En su edición de 2024, se constata como en los últimos 50 años (1970-2020), el tamaño medio de las poblaciones de fauna silvestre analizadas se ha reducido en un 73%, y los descensos más rápidos se han observado en América Latina y el Caribe, con un descenso del 95 %, seguidos de África (76 %) y Asia y el Pacífico (60 %). Los descensos han sido menos dramáticos en Europa y Asia Central (35 %) y Norteamérica (39 %) (WWF 2024). En 2024, la Lista Roja de Especies Amenazadas de la Unión Internacional para la Conservación de la Naturaleza constataba que más de 46.300 especies están bajo amenaza de extinción. Es decir, el 28% del total de las especies evaluadas hasta hoy están amenazadas (IUCN 2024).

La importancia de la biodiversidad y su fragilidad a nivel mundial ha requerido la cooperación internacional para procurar su protección y su conservación. Durante las últimas décadas, se han adoptado normas para hacer frente a los retos de la extinción de especies, la conservación y el uso sostenible de la biodiversidad, la conservación y el uso sostenible de los humedales, entre otras cuestiones, y para proteger los beneficios que estos recursos proporcionan a las personas.

Más recientemente, los Objetivos de Desarrollo Sostenible (ODS) establecieron específicamente dos objetivos para proteger la vida bajo el agua (ODS14) y la vida en la tierra (ODS15), para proteger la biodiversidad marina costera y terrestre (AGNU 2015).

En este orden de ideas, el presente capítulo analiza, precisamente, la protección de la biodiversidad a través del Derecho Internacional del Medio Ambiente (DIMA), realizando un recorrido general por los principales tratados internacionales en la materia, pero centrando la atención, particularmente, en el instrumento jurídico internacional más importante: el Convenio sobre Diversidad Biológica (CDB). Así, se examinan sus principales objetivos y sus desarrollos posteriores, impulsados por las diferentes Conferencias de las Partes (CoPs) que se han ido sucediendo desde su adopción, permitiendo la proliferación de protocolos y metas estratégicas de actuación en relación a la protección de la biodiversidad, con el fin de revertir su situación de pérdida y extinción. En este sentido, de las 16 CoPs celebradas hasta el momento se destacarán las más relevantes, que han propiciado los principales avances hasta el momento en el fomento de un "Derecho internacional de la biodiversidad" (Maljean-Dubois 2021).

2. LA PROTECCIÓN DE LA BIODIVERSIDAD A TRAVÉS DEL DESARROLLO DEL DERECHO INTERNACIONAL DEL MEDIO AMBIENTE

La preocupación ante la acelerada pérdida de biodiversidad, junto con el reconocimiento de su importancia para el sustento de la vida, han generado un abundante corpus jurídico a nivel internacional, que no siempre se ha caracterizado por una visión integral de la protección y conservación, ni tampoco por la protección de su valor intrínseco y ecológico. En realidad, este ámbito de regulación internacional ha venido caracterizándose por su intervención reactiva, no preventiva, del abordaje de los problemas más acuciantes, que afectaban a diferentes especies y/o ecosistemas en un determinado momento. El resultado es un ámbito de regulación internacional caracterizado por su alta especialización, pero, a su vez, también por su fragmentación. Esto no ha sido un impedimento para que también haya sido considerado como un excelente laboratorio para estudiar la evolución actual del Derecho Internacional contemporáneo, en particular la institucionalización de la cooperación, el desarrollo del derecho derivado, la articulación entre normas consuetudinarias y convencionales y los mecanismos innovadores de control y de asistencia a los Estados (Maljean-Dubois 2024).

Los primeros instrumentos jurídicos internacionales en materia ambiental se centraron en la conservación de la fauna, es decir, la pesca, las aves y las focas y, en menor medida, la protección de ríos y mares (Juste Ruiz 1999). Así, los primeros tratados se destinaron a proteger sólo unas pocas especies que se consideraban recursos valiosos para el ser humano, o para proteger la salud humana: el Convenio de París para la protección de las aves útiles a la agricultura, 1902; el Tratado para la conservación de las focas peleteras, Washington, 1911 y el Convenio para la regulación de la caza de la ballena, 1931 (Juste Ruiz 1999).

En 1933, se adoptó el Convenio relativo a la conservación de la fauna y la flora en su estado natural, que pretendía promover el establecimiento de parques y reservas naturales, proteger las zonas forestales, salvaguardar determinadas especies de fauna silvestre y regular los tipos de caza y el tráfico de trofeos (Juste Ruiz 1999). También fue significativa en esta primera etapa de desarrollo de la protección utilitarista de la biodiversidad, casos de arbitraje internacional como fue el *Pacific Fur Seal Arbitration* de 1893 (TA 1893), un conflicto entre Estados Unidos y el Reino Unido en relación con la protección de las focas peleteras en el Mar de Bering. Este laudo establecía normas para la "adecuada protección y preservación" de las focas peleteras fuera de los límites jurisdiccionales (Juste Ruiz 1999). En este caso se rechazó cualquier alegación de que los Estados tuvieran derecho a reclamar jurisdicción promulgando medidas relacionadas con la conservación de los recursos vivos fuera de su jurisdicción, aunque ello supusiera la extinción de la especie.

Estos primeros intentos de proteger diferentes elementos de la biodiversidad, aunque con ciertas limitaciones, impulsaron en años siguientes la adopción de instrumentos programáticos, que permitieron un desarrollo posterior de normas jurídicas convencionales en materia de protección de la biodiversidad.

Uno de los documentos más importantes, fue la Declaración de Estocolmo sobre el medio humano de 1972 (NU 1972), que inaugura el surgimiento del DIMA contemporáneo. En relación a la protección de la biodiversidad, el principio 2 de esta Declaración establece que

> "Los recursos naturales de la tierra, incluidos, el aire, el agua, la tierra, la flora y la fauna y especialmente muestras representativas de los ecosistemas naturales, deben preservarse en beneficio de las generaciones presentes y futuras mediante una cuidadosa planificación u ordenación, según convenga".

Asimismo, en el Principio 4 se añadía la responsabilidad del ser humano de preservar y administrar el patrimonio de la flora y fauna silvestres y su hábitat por el grave peligro que enfrentan y la importancia de conservar la Naturaleza, incluida la flora y fauna silvestres.

La Declaración de Estocolmo fue, sin duda alguna, un instrumento catalizador para, que a partir de entonces, como indica el profesor Juste Ruiz (1999), se adoptaran una serie de tratados internacionales sobre biodiversidad, dirigidos a proteger las zonas y especies de fauna y flora, como son el Convenio de Ramsar sobre los humedales de interés internacional de 1971, el Convenio sobre la Conservación de las Focas Antárticas de 1972 en el marco del Sistema del Tratado Antártico (CCAS), el Convenio de Washington sobre el comercio internacional de especies de flora y fauna silvestres de 1973 (CITES), el Acuerdo sobre la Conservación de los Osos Polares de 1973, el Convenio de Berna relativo a la conservación de la vida silvestre y del medio natural en Europa de 1979, el Convenio sobre las Especies Migratorias de 1979 y el Convenio de Canberra de 1980 para la Conservación de los Recursos Vivos Marinos Antárticos o el Convenio de los Alpes de 1991.

De todos estos instrumentos multilaterales, merece la pena mencionar el Convenio de Ramsar, que se dirige a la conservación y el uso racional de los humedales mediante acciones a escala internacional, nacional y local, como contribución al logro de un desarrollo sostenible. Con este objetivo, las Partes se comprometen a: trabajar por el uso racional de los humedales; designar humedales adecuados para una lista de Humedales de Importancia Internacional (sitios Ramsar) y garantizar su gestión eficaz; y cooperar internacionalmente en materia de humedales transfronterizos, sistemas de humedales compartidos y especies compartidas.

Por su parte, CITES garantiza que el comercio internacional de especímenes de animales y plantas silvestres en peligro de extinción no amenace su supervivencia. Por este motivo, se establecen determinados controles para la exportación, importación y reexportación de especies identificadas como amenazadas, que se contienen en tres apéndices con diferentes regulaciones comerciales: el Apéndice I incluye especies amenazadas de extinción, cuyo comercio sólo se permite en circunstancias excepcionales; el Apéndice II comprende especies no necesariamente amenazadas de extinción, pero cuyo comercio debe controlarse; y el Apéndice III contiene especies que están protegidas en al menos un país, que ha pedido ayuda a otras Partes en la CITES para controlar el comercio. Y el Convenio sobre las Especies Migratorias proporciona una plataforma mundial para la conservación y el uso sostenible de las especies migratorias y sus hábitats. Reúne a los Estados por los que pasan los animales migratorios y establece mecanismos internacionales para la conservación coordinada en toda su área de distribución. En este sentido, se espera que las Partes: proporcionen protección inmediata a todas las especies migratorias en peligro (Apéndice I); trabajen en la adopción de acuerdos para la conservación y gestión de las especies migratorias cuyo estado de conservación sea desfavorable (Apéndice II); y promover, cooperar y apoyar la investigación relativa a las especies migratorias.

Todos estos instrumentos jurídicos constituyeron el núcleo inicial de la cooperación y del Derecho Internacional para la conservación de la biodiversidad, estableciendo medidas específicas para regular la conservación, definir el uso sostenible, reducir la amenaza de extinción y garantizar los beneficios que la biodiversidad aporta a la humanidad (Burhenne-Guilmin y Casey-Lefkowitz 1992, pp. 43 ss).

En la década de los ochenta se producen avances significativos en la protección de la biodiversidad, a través de una serie de instrumentos que inciden en la necesidad de procurar una protección menos fragmentada de la biodiversidad. Así se adoptó la Carta Mundial de la Naturaleza por la Asamblea General el 28 de octubre de 1982 (AGNU 1982), que hace hincapié en la relación entre el destino de la humanidad y la Naturaleza, reconociendo en su preámbulo que "la humanidad es parte de la naturaleza y la vida depende del funcionamiento ininterrumpido de los sistemas naturales que aseguran el suministro de energía y nutrientes". La Carta señala que las necesidades humanas sólo pueden satisfacerse si los sistemas naturales funcionan adecuadamente. Además, establece que la conservación de los recursos naturales se reconocerá como una parte importante de la planificación y ejecución del desarrollo económico y social, y que la Carta se integrará en la legislación y la práctica de los Estados miembros. Este instrumento de la ONU ha sido aclamado por su enfoque ecocéntrico de la protección y conservación del medio ambiente y por destacar los derechos de la Naturaleza por separado de los de los seres humanos al reconocer que "toda forma de vida es única y merece respeto independientemente de su valor para el hombre" (AGNU 1982).

En 1988, el Programa de las Naciones Unidas para el Medio Ambiente (PNUMA) convocó un Grupo Especial de Expertos sobre la Diversidad Biológica, con el objeto de explorar la necesidad de un convenio internacional sobre la diversidad biológica. Así, en mayo de 1989, el PNUMA estableció un Grupo de Trabajo *Ad hoc* de expertos jurídicos y técnicos. Los expertos debieron tomar en consideración "la necesidad de compartir los costos y los beneficios entre los países desarrollados y los países en desarrollo" así como "los medios y la modalidad para apoyar las innovaciones de las comunidades, locales" (Hermitte 1993, pp. 844-870). En febrero de 1991, el Grupo de trabajo *Ad hoc* ya recibía la denominación del Comité Intergubernamental de Negociación. Sus trabajos culminaron el 22 de mayo de 1992 en la Conferencia de Nairobi, donde se aprobó el texto acordado del Convenio sobre la Diversidad Biológica (McConnell 1996; Chandler 1993, p. 141). En la celebración, en Río de Janeiro, Brasil, de la Conferencia de las NU sobre Medio Ambiente y Desarrollo, también conocida como la "Cumbre de la Tierra" (NU, 1992), el concepto de biodiversidad fue fundamental y los gobiernos reafirmaron la necesidad de equilibrar las políticas de medio ambiente y desarrollo (Shine y Kohona 1992, p. 307), garantizando la protección de los recursos nacionales y su explotación soberana dentro de los países. Uno de los documentos resultantes, la Agenda 21, centró su enfoque de la biodiversidad en su conservación y uso sostenible, reconociendo que no se limitaba a especies o recursos, sino que incluía la variabilidad de genes especies, poblaciones y ecosistemas. Esta Conferencia también reconoció el valor y los beneficios sostenibles que la biodiversidad tendría para generaciones presentes y futuras y se identificaron cuatro amenazas fundamentales para la biodiversidad: la destrucción del hábitat, la sobreexplotación, la contaminación y la introducción inadecuada de plantas y animales foráneos. Además, se firmaron dos acuerdos jurídicamente vinculantes de gran importancia ambiental: el Convenio Marco de las NU sobre el Cambio Climático y el CDB, siendo este último, el único tratado ambiental multilateral, que se centra en la conservación y el uso sostenible de la biodiversidad, abordando todos los aspectos de la diversidad biológica: recursos genéticos, ecosistemas y especies (McConnell 1996).

En la Conferencia de Río también se adoptó una "Declaración autorizada, sin fuerza jurídica obligatoria, de principios para un consenso mundial respecto de la ordenación, la conservación y el desarrollo sostenible de los bosques de todo tipo" (Principios de Río sobre los Bosques) (ONU 1992c) y condujo a la posterior negociación del Convenio sobre la Desertificación (1994).

El CDB ganó rápidamente una aceptación generalizada y más de 150 gobiernos firmaron el documento en el marco de la Conferencia en Río de Janeiro (McConnell 1996). Sin duda, el CDB marca un punto de inflexión ya que adopta un enfoque más global e integral de la protección de la biodiversidad. En efecto, en su preámbulo se afirma que "la conservación de la diversidad biológica es interés común de toda la humanidad" y destaca "la importancia y la necesidad de promover la cooperación internacional, regional y mundial entre los Estados y las organizaciones intergubernamentales y el sector no gubernamental para la conservación de la diversidad biológica y la utilización sostenible de sus componentes".

Desde su adopción en 1992, las Partes en el Convenio se reúnen como "Conferencia de las Partes" (CoP), que es el órgano supremo del Convenio y que promueve su aplicación a través de las decisiones que se adoptan en su seno. Desde el año 2000 se reúnen cada dos años. Esto ha permitido un desarrollo progresivo del régimen internacional de la diversidad biológica. El CDB fue adoptado en Nairobi el 22 de mayo de 1992 y abierto a la firma en Río de Janeiro el 5 de junio de 1992; entró en vigor el 29 de diciembre de 1993 y actualmente cuenta con 193 países que lo han ratificado. Posteriormente, en desarrollo del Convenio se adoptaron, el 29 de enero de 2000, el Protocolo de Cartagena sobre seguridad biológica; el 15 de octubre de 2010, el Protocolo de Nagoya-Kuala Lumpur sobre Responsabilidad y Compensación suplementario al Protocolo de Cartagena, y el Protocolo de Nagoya sobre acceso a los recursos genéticos y participación justa y equitativa en los beneficios que se deriven de su utilización al Convenio sobre la

Diversidad Biológica (ABS-CDB), el 29 de octubre de 2010, que entró en vigor el 12 de octubre de 2014.

Veinte años después, en 2012, la Cumbre Río+20 ofreció un enfoque global de la conservación de la biodiversidad, incluyendo en su declaración a la biodiversidad terrestre y marina, y la conexión de estos recursos a actividades económicas como la agricultura y el turismo. Además, la Declaración de Río+20 reforzó la importancia de la conservación basada en en zonas geográficas específicas (AGNU 2012, párr. 177).

Con la adopción de la Agenda 2030 y los ODS, se mantuvo este enfoque, a través de los ODS 14 y 15, que se centran en los objetivos para gestionar de forma sostenible los ecosistemas marinos y costeros; regular la captura y la sobrepesca; conservar las zonas costeras y marinas; garantizar la conservación, restauración y uso sostenible de los ecosistemas; y tomar medidas para acabar con la caza furtiva y el tráfico de especies protegidas, entre otros objetivos (AGNU 2015).

Aunque el CDB puede considerarse un convenio marco, por su alcance material y subjetivo[2], cada uno de los acuerdos multilaterales mencionados anteriormente abordan un componente importante de la protección de la biodiversidad bajo el objetivo común de su conservación y uso sostenible, si bien cada tratado internacional tiene también sus propias implicaciones jurídicas, políticas y prácticas. Por este motivo, en 2012 el entonces consejo de gobierno de ONU Medio Ambiente reconoció la necesidad de mejorar la cooperación y las sinergias a escala nacional y regional. Desde entonces, ONU Medio Ambiente ha llevado a cabo diversas actividades para debatir y elaborar opciones sobre posibles formas de "mejorar las sinergias en la aplicación de los convenios relacionados con la biodiversidad" (PNUMA 2012).

En todo caso y dada la importancia global que reviste el CDB y sus Protocolos en la construcción de este "Derecho internacional de la Biodiversidad" (Maljean-Dubois 2021), a continuación, se procede a analizar con mayor detalle su contenido, por ser, como ya se ha mencionado, el marco jurídico centralizador de la protección de la biodiversidad a nivel internacional.

---

[2] Hasta la fecha, 196 países y la Unión Europea han firmado el Convenio sobre la Diversidad Biológica, lo que refleja un compromiso global con la conservación y el uso sostenible de la diversidad biológica y el reparto justo y equitativo de los beneficios derivados de los recursos genéticos.

3. EL MARCO JURÍDICO GENERAL DE PROTECCIÓN DE LA BIODIVERSIDAD: EL CONVENIO SOBRE DIVERSIDAD BIOLÓGICA DE 1992

Como ya se ha mencionado, el CDB es el primer acuerdo mundial integral que aborda todos los aspectos de la diversidad biológica desde una perspectiva ecosistémica y se considera un convenio marco sobre el cual potenciar la coordinación con los demás acuerdos internacionales, con el fin de lograr una protección integral de la diversidad biológica. Además, su importancia radica en que reconoce que la diversidad biológica es un componente vital del sistema de la Tierra y es esencial para el bienestar humano. De ahí que sea de especial interés ahondar en su contenido.

3.1. Los objetivos y las principales obligaciones de protección de la biodiversidad

De acuerdo con el artículo 1, los objetivos del CDB son la conservación de la diversidad biológica, la utilización sostenible de sus componentes y el reparto justo y equitativo en los beneficios que se deriven de la utilización de los recursos genéticos, mediante, entre otras cosas, un acceso adecuado a esos recursos y una transferencia apropiada de las tecnologías pertinentes, teniendo en cuenta todos los derechos sobre esos recursos y esas tecnologías, así como una financiación apropiada y la promoción de la cooperación internacional para la conservación de la diversidad biológica y el uso sostenible de sus componentes.

El CDB define biodiversidad como "la variabilidad de organismos vivos de cualquier fuente, incluidos, entre otras cosas, los ecosistemas terrestres y marinos y otros ecosistemas acuáticos y los complejos ecológicos de los que forman parte; comprende la diversidad dentro de cada especie, entre las especies y de los ecosistemas." (Art. 2). En este sentido, el Convenio abarca todos los ecosistemas, especies y recursos genéticos respetando la soberanía de las Partes, a pesar de reconocer, por primera vez, a nivel internacional que la conservación de la diversidad biológica es una preocupación común para la humanidad y forma parte del proceso de desarrollo (Bowman y Redgwell 1996; Maljean-Dubois 2021). El instrumento recuerda que los recursos naturales no son infinitos y establece una nueva filosofía para el siglo XXI, a saber, la de la utilización sostenible. Si bien las medidas de conservación en el pasado apuntaban a proteger especies y hábitats particulares, el Convenio reconoce que los ecosistemas, las especies y los genes deben utilizarse en beneficio de la humanidad. Con todo, ello debe hacerse de manera y a un ritmo que no afecte a largo plazo la diversidad biológica, presuponiendo que los intereses humanos no pueden preponderar sobre los naturales, rompiendo con una lógica pasada de dominación y sobreexplotación.

Así, el CDB adopta un concepto integral de la biodiversidad. El concepto de biodiversidad involucra aspectos culturales, políticos y económicos, no sólo biológicos, destacando el resguardo a los conocimientos y las prácticas de las comunidades indígenas y locales para la conservación de la diversidad y el respeto a sus decisiones (Cittadino 2019, pp. 67-173; Maljean-Dubois 2021). Biodiversidad, pues, según el CDB, debería reunir los tres elementos de la sostenibilidad: el ambiental, que es la protección y conservación de la diversidad biológica; el social, que es la protección de los aspectos y conocimientos culturales y tradicionales que recaen sobre la biodiversidad; y el económico, la distribución justa y equitativa de beneficios derivados de su utilización correcta. En esta línea se reconoce la importancia de integrar la conservación y el uso sostenible de la diversidad biológica en las políticas sectoriales y transversales, así como en la toma de decisiones a nivel nacional e internacional.

Para la consecución del principal fin del CDB se prevén medidas e incentivos para la conservación y utilización sostenible de la diversidad biológica, determinando los nexos entre las medidas tradicionales de conservación y la meta económica de utilizar de forma sostenible los recursos biológicos, estableciendo el acceso reglamentado a los recursos genéticos y los principios para la distribución justa y equitativa de los beneficios resultantes del uso de recursos genéticos. De la misma forma, abarca la rápida expansión en el ámbito de la biotecnología, abordando los temas de desarrollo y transferencia de tecnologías, la distribución de beneficios y la seguridad de las biotecnologías modernas.

Así, los aspectos jurídicos centrales del Convenio son: la protección de los conocimientos tradicionales de las comunidades indígenas y locales asociados a la biodiversidad (art. 8j); la regulación del acceso a los recursos genéticos y el reparto de beneficios derivados de su utilización (conocido como ABS, *Access and Benefit Sharing*; art. 15) (Pérez Salom 1997, pp. 371-406).

Respecto al conocimiento, las innovaciones y las prácticas de pueblos indígenas y comunidades locales, el CDB refuerza su protección estatal, mediante la aceptación de límites ambientales a la explotación ambiental y consagrando el enfoque cautelar, estableciendo garantías para el acceso a los recursos genéticos naturales y el derecho a una "distribución justa y equitativa" entre empresas y países (Mugabe *et al.* 1997). El CDB, por lo tanto, es el primer tratado internacional en acometer la conexión entre el uso y la conservación de la diversidad biológica, y los conocimientos, las innovaciones y las prácticas de los pueblos indígenas y las comunidades tradicionales, los cuales representando tan solo el 5% de la población mundial custodian el 80% del mundo natural, ocupando únicamente el 20% de la superficie terrestre (Sobrevila 2008).

A pesar de este reconocimiento, el CDB afirma el principio de la soberanía nacional sobre los recursos naturales (ONU 1962). Los derechos soberanos de los Estados sobre sus recursos naturales se reconocen y mencionan en el Preámbulo y en el texto (artículos 3 y 15.1). El artículo 3 establece que, de conformidad con la Carta de las NU (1945) y los principios del Derecho Internacional, los Estados tienen el derecho soberano de explotar sus propios recursos, es decir, que no estamos ante recursos considerados de libre disposición, de acuerdo con lo establecido en el artículo 15.1, que menciona que: "en reconocimiento de los derechos soberanos de los Estados sobre sus recursos naturales, la facultad de regular el acceso a los recursos genéticos incumbe a los gobiernos nacionales y está sometida a la legislación nacional" (Bragdon 1992, pp. 381-392). De conformidad pues con el CDB, la facultad de regular el acceso a los recursos genéticos emana de los derechos soberanos de los Estados, sin comprometer el principio de soberanía nacional sobre los recursos genéticos. Otra cuestión es el hecho de que el ejercicio de estos derechos tropiece con dificultades especiales (en particular en lo que se refiere a la posible no-exclusividad de los derechos soberanos y a la dificultad de controlar el acceso a los recursos genéticos) (Bragdon 1992, pp. 381-392). Cabe observar también que el CDB impone algunos límites jurídicos a los derechos soberanos. En efecto, el hincapié puesto en la soberanía nacional resulta compensado por el reconocimiento de que la conservación de la diversidad biológica es un interés común de toda la humanidad (Preámbulo) y por la obligación de cada Parte Contratante de "...crear condiciones para facilitar a otras Partes Contratantes el acceso a los recursos genéticos y no imponer restricciones contrarias a los objetivos del presente Convenio" (art. 15.2). Así, el CDB añade que "cuando se conceda acceso, este será en condiciones mutuamente convenidas..." (art. 15.4), vinculando el concepto de consentimiento fundamentado previo (CFP) (art. 15.5) y la participación en los beneficios (art. 15.7). Estas condiciones de acceso a los recursos genéticos y de reparto los beneficios derivados de su uso (consentimiento informado previo, términos mutuamente acordados; reparto de beneficios), se abordan en el artículo 15 del CDB, con otros relacionados con el acceso y transferencia de tecnologías (art.16.3) y el manejo y distribución de los beneficios de la biotecnología (art. 19).

Respecto a la segunda cuestión relevante, que aborda el CDB en su artículo 15.7, es la necesidad de garantizar una distribución justa y equitativa de los beneficios derivados del uso sostenible[3] de los recursos biológicos (Glowka *et al.* 1994; Pérez Salom 2002, pp. 44 y ss)[4]. Esta distribución, como se ha mencionado anteriormente, sería tanto entre países como dentro de los países, donde

---

[3] La utilización sostenible es definida en el Art. 2 del Convenio como: "... la utilización de los componentes de la diversidad biológica de un modo y a un ritmo que no ocasione la disminución a largo plazo de la diversidad biológica, con lo cual se mantienen las posibilidades de ésta de satisfacer las necesidades y las aspiraciones de las generaciones actuales y futuras."

[4] De acuerdo con este precepto, las Partes Contratantes deben tomar las medidas legislativas, administrativas o de política "para compartir en forma justa y equitativa los resultados de las actividades de investigación y desarrollo y los beneficios derivados de la utilización comercial

se debían garantizar los derechos de los pueblos indígenas y las comunidades locales (Cittadino 2019, pp. 67-173), así como su consentimiento informado previo. Además, el artículo 8(j) afirma que estos conocimientos tradicionales deben respetarse, preservarse y mantenerse, promoverse con la aprobación y participación de quienes los poseen y que los beneficios derivados de la utilización de esos conocimientos deben compartirse equitativamente[5] (Posey 1996, pp. 6-45).

Adicionalmente a estas cuestiones, el CDB impone a las Partes obligaciones de adoptar medidas para la identificación y seguimiento de los componentes de la diversidad biológica, la conservación *in situ* y *ex situ* y la evaluación del impacto ambiental de sus proyectos, así como para la reducción al mínimo de todo impacto adverso. Para ello, se introducen principios de cooperación como el reparto justo y equitativo, en condiciones mutuamente acordadas de los resultados de las actividades de investigación y desarrollo y de los beneficios derivados de la utilización comercial y de otra índole de los recursos genéticos con la Parte que aporta esos recursos; el de aseguramiento y/o facilitación del acceso a las tecnologías pertinentes para la conservación y utilización sostenible de la diversidad biológica, particularmente a favor de los países en desarrollo; el de participación efectiva en las actividades de investigación; el de acceso prioritario en condiciones justas y equitativas a los resultados y beneficios derivados de las biotecnologías basadas en recursos genéticos aportados por esas Partes; y, finalmente, el de aportación de recursos financieros a los países en desarrollo.

Además, los países signatarios del CDB se comprometen a intercambiar información científica y técnica relevante para la conservación de la diversidad biológica, a promover la educación y la sensibilización pública sobre la importancia de la diversidad biológica, y a fomentar la participación pública en la toma de decisiones relacionadas con la conservación de la diversidad biológica.

Las medidas de aplicación del CDB se centran en la elaboración de estrategias, planes o programas nacionales para la conservación y la utilización sostenible de la diversidad biológica, a integrar consideraciones relativas a la diversidad biológica en la toma de decisiones en todos los sectores y a proporcionar finan-

---

y de otra índole de los recursos genéticos con la Parte Contratante que aporta esos recursos. Esa participación se llevará a cabo en condiciones mutuamente acordadas".

5 El artículo 8.j) del CDB establece que cada Parte contratante "Con arreglo a su legislación nacional, respetará, preservará y mantendrá los conocimientos, las innovaciones y las prácticas de las comunidades indígenas y locales que entrañen estilos tradicionales de vida pertinentes para la conservación y la utilización sostenible de la diversidad biológica y promoverá su aplicación más amplia, con la aprobación y la participación de quienes posean esos conocimientos, innovaciones y prácticas, y fomentará que los beneficios derivados de la utilización de esos conocimientos, innovaciones y prácticas se compartan equitativamente".

ciación para apoyar la implementación de las medidas necesarias para alcanzar los objetivos del convenio.

Si bien la implementación práctica del CDB constituye un desafío importante, los instrumentos políticos creados por el CDB incluyen: Programas de trabajo temáticos del Convenio, que abarcan siete biomasas principales; Programas de trabajo sobre transferencia de tecnología, espacios protegidos y clasificación de organismos (taxonomía); y Principios y directrices sobre cuestiones de interés para todos los ámbitos temáticos como el seguimiento de la biodiversidad, evaluación de impactos, incentivos y especies exóticas invasoras.

3.2. Estructura institucional

La estructura institucional del CDB es la que generalmente integran los tratados internacionales del medio ambiente: se compone de la CoP, la Secretaría, el órgano subsidiario de asesoramiento científico, técnico y tecnológico, el Órgano Subsidiario de Implementación (SBI), los Grupos de Trabajo y el mecanismo financiero interino (FMAM).

La CoP (art. 23) es el máximo órgano rector del CDB, que reúne, bianualmente, a los representantes de todas las Partes y algunos observadores, incluidas las ONGs. La CoP dirige, supervisa y decide sobre el proceso de instrumentación y desarrollo futuro del CDB, mediante el análisis y discusión de los temas de la agenda del CDB y con el asesoramiento del Órgano subsidiario de asesoramiento científico, técnico y tecnológico. En concreto, la CoP examina el progreso y la aplicación del CDB y, con ese fin: establece la forma y los intervalos para transmitir la información que deberá presentarse de acuerdo con las disposiciones del CDB y examina esa información, así como los informes presentados por cualquier órgano subsidiario; examina el asesoramiento científico, técnico y tecnológico sobre la diversidad biológica; examina y adopta, según proceda, protocolos; examina y adopta enmiendas al CDB y a sus anexos; examina las enmiendas a todos los protocolos, así como a todos los anexos de los mismos y, si así se decide, recomienda su adopción a las Partes; examina y adopta anexos adicionales al CDB, establece los órganos subsidiarios, especialmente de asesoramiento científico y técnico, que se consideren necesarios; entra en contacto, por medio de la Secretaría, con los órganos ejecutivos de los convenios que traten cuestiones reguladas en el CDB, con miras a cooperar con ellos; y examina y toma las demás medidas necesarias para la consecución de los objetivos del Convenio.

La CoP también actúa como reunión de las Partes en sus Protocolos (denominada MoP). Las Partes en el CDB que no sean Partes en los Protocolos pueden participar en calidad de observadores en las deliberaciones de las reuniones de la MoP. La MoP examina periódicamente la aplicación de los Protocolos y adopta, con arreglo a su mandato, las decisiones que sean necesarias para promover su aplicación efectiva.

La CoP del CDB designó al PNUMA para desempeñar las funciones de Secretaría ejecutiva en el ámbito del Convenio[6]. La Secretaría, prevista en el artículo 24 del CDB, lleva a cabo las siguientes funciones: organizar las reuniones de la CoP y prestar los servicios necesarios; desempeñar las funciones que se le asignen en los protocolos; preparar informes acerca de las actividades que desarrolle en virtud del CDB, para presentarlos a la CoP; asegurar la coordinación necesaria con otros órganos internacionales pertinentes y, en particular, concertar los arreglos que puedan ser necesarios para el desempeño eficaz de sus funciones; y desempeñar las demás funciones que determine la CoP. La Secretaría del CDB también actúa como secretaría de los Protocolos y, por lo tanto, las funciones de la secretaría se aplicarán *mutatis mutandis* a los Protocolos.

El Órgano subsidiario de asesoramiento científico, técnico y tecnológico proporciona a la CoP y a sus otros órganos subsidiarios, asesoramiento sobre la aplicación del Convenio (art. 25). Está integrado por representantes de los gobiernos con competencia en el campo de especialización pertinente y observadores, incluyendo las ONGs y es de carácter multidisciplinario. Sus funciones son las de presentar regularmente informes a la CoP, proporcionar evaluaciones científicas y técnicas del estado de la diversidad biológica; preparar evaluaciones científicas y técnicas de los efectos de las medidas adoptadas; identificar las tecnologías y los conocimientos especializados que sean innovadores, eficientes y más avanzados relacionados con la conservación y la utilización sostenible de la diversidad biológica; prestar asesoramiento sobre los programas científicos y de cooperación internacional en materia de investigación y desarrollo en relación con la conservación y la utilización sostenible de la diversidad biológica; y responder a las preguntas de carácter científico, técnico, tecnológico y metodológico que le planteen la CoP y sus órganos subsidiarios.

El Órgano Subsidiario de Implementación (SBI) se creó durante la CoP 12 a través de la decisión XII/26, sustituyendo al Grupo de Trabajo especial de composición abierta sobre la revisión de la aplicación del Convenio. Su función principal es de carácter político y financiero, con el fin de proporcionar apoyo a la CoP y a sus Protocolos a fin de evaluar la aplicación del Convenio.

Los grupos de trabajo en el ámbito del CDB son: Grupo de trabajo sobre el artículo 8 j) y el Grupo de trabajo especial de composición abierta sobre áreas protegidas. El primero fue creado en 1998, en la CoP 4 y en la CoP 5 de 2000, se adoptó un programa de trabajo para aplicar los compromisos del artículo 8 j)

6 Anteriormente, la sede del Secretariado del Convenio sobre diversidad biológica se encontraba en Ginebra (Suiza), pero en 1996 la sede se desplazó a Montreal (Canadá).

del Convenio para mejorar la función y la participación de los pueblos indígenas y las comunidades locales en el logro de los objetivos del Convenio (Cittadino 2019, pp. 67-173). El segundo Grupo fue creado en la CoP 7, celebrada en Kuala Lumpur en 2004, mediante la decisión VII/28 que estableció un programa de trabajo sobre áreas protegidas y un Grupo de trabajo especial de composición abierta, para apoyar y revisar la aplicación del programa de trabajo. El mandato de este Grupo consiste en: Explorar las opciones de cooperación para el establecimiento de áreas protegidas marinas en zonas marinas fuera de los límites de la jurisdicción nacional; explorar opciones para movilizar con urgencia por recursos financieros; contribuir al desarrollo de una "carpeta de instrumentos" para la identificación, designación, gestión, vigilancia y evaluación de los sistemas nacionales y regionales de áreas protegidas, incluidas las redes ecológicas, los corredores ecológicos, las zonas intermedias; considerar los informes de las Partes, organizaciones académicas y científicas, sociedad civil y otros acerca del progreso logrado en la aplicación del programa de trabajo sobre áreas protegidas y hacer recomendaciones en este sentido a la CoP (Ekardt, *et. al.* 2023).

Toda esta estructura institucional se completa con un mecanismo financiero que provee de recursos a las Partes que sean países en desarrollo para facilitar la aplicación del CDB (art. 21). Además, se establece que los países desarrollados deben proporcionar recursos financieros nuevos y adicionales para que los países en desarrollo puedan cubrir los costos de la aplicación del CDB y beneficiarse de la misma (art. 20). En este sentido, se incluyen principalmente cuatro tipos de disposiciones financieras: i) apoyo nacional financiero e incentivos; ii) recursos financieros nuevos y adicionales por mediación del mecanismo financiero; iii) financiación por canales bilaterales, regionales y otros multilaterales; y iv) financiación por parte del sector privado.

Finalmente, el Artículo 39 designa de manera interina al Fondo para el Medio Ambiente Mundial (FMAM o GEF, por sus siglas en inglés) para gestionar el mecanismo financiero del CDB. Hasta el momento, el FMAM sigue operando bajo la autoridad y supervisión de la CoP (Wells 1994: 69-97). Los proyectos del FMAM son operados por las Partes contratantes del CDB, así como por las agencias implementadoras del FMAM: el Programa de las NU para el Desarrollo (PNUD), el PNUMA y el BIRD (Wells 1994: 69-97).

4. EL DESARROLLO POSTERIOR DEL CONVENIO SOBRE DIVERSIDAD BIOLÓGICA: HITOS Y COMPROMISOS

Desde la adopción del CDB, y a lo largo de los años posteriores, el Convenio ha evolucionado para abordar las nuevas amenazas y desafíos sobre la protección de la biodiversidad, generados, principalmente, por las actividades humanas.

Mediante la celebración de las distintas CoPs, se ha facilitado tanto la aprobación de las diferentes líneas estratégicas para la conservación de la biodiversidad, así como la adopción de sucesivos protocolos, con el fin de desarrollar los objetivos del CDB.

Así, el historial de celebración de las CoPs del CDB, ha permitido, desde 1994 hasta la actualidad, abordar la pérdida de biodiversidad a nivel global y promover acciones concretas para su conservación y uso sostenible. A los efectos de este análisis, se procede a destacar los hitos más importantes en la historia de estas CoPs en tres etapas, que conducen al horizonte estratégico para 2030.

4.1. Primera etapa (1994-2000): el Protocolo de Cartagena sobre seguridad de la biotecnología

Las primeras CoPs, en concreto, la CoP 1 (1994), celebrada en Nassau (Bahamas) y la CoP 2 (1995), en Yakarta (Indonesia) establecieron las bases de implementación del CDB y la identificación de pasos a seguir para la conservación y el uso sostenible de la biodiversidad. Además, en la CoP 2 se creó el FMAM, para apoyar proyectos de conservación de la biodiversidad en países en desarrollo y se adoptó la "Declaración de Yakarta sobre biología marina y costera", con el fin de tomar medidas inmediatas para la conservación y el uso sostenible de la biodiversidad de los océanos.

Las dos siguientes CoPs se centraron en el desarrollo del Convenio. En la CoP 3 (1996 - Buenos Aires, Argentina) se planteó la adopción de un nuevo protocolo para abordar la transferencia, manipulación y uso seguros de organismos genéticamente modificados. Esto incluyó medidas para la conservación de variedades de cultivos, la diversificación de cultivos y la promoción de prácticas agrícolas sostenibles. Y en la CoP 4 (1998 - Bratislava, Eslovaquia) se iniciaron los trabajos para la adopción de un Plan Estratégico para el CDB y la identificación de medidas para aumentar la financiación y la cooperación internacional. Así, se acordaron las líneas estratégicas del Plan de Acción del Protocolo y se adoptaron directrices sobre áreas protegidas.

La COP 5 (2000), celebrada en Nairobi (Kenia), destacó por la adopción del Protocolo de Cartagena sobre Seguridad de la Biotecnología (PC), el 29 de enero de 2000, que entraría en vigor el 11 de septiembre de 2003, con el objetivo de proteger la biodiversidad y la salud humana de los posibles riesgos asociados con los organismos vivos modificados resultantes de la biotecnología moderna (Kinderlerer 2008; BCH-CBD 2018). De acuerdo con el artículo 27 del PC, posteriormente se adoptó el Protocolo Suplementario de Nagoya-Kuala Lumpur sobre Responsabilidad y Compensación el 15 de octubre de 2010 en la CoP-MoP 5, celebrada en Japón en octubre de 2010 (Martínez Pérez 2022). En esta misma CoP, se adoptó, además, el Plan Estratégico del Protocolo de Cartagena que marca los objetivos estratégicos y programa plurianual para la década 2010-2020 y establece las áreas focales y sus objetivos operacionales. El Protocolo Suplementario, que entró en vigor el 5 de marzo de 2018 y, que en la actualidad cuenta con 41 Partes, tiene como cometido complementar al Protocolo de Cartagena para proporcionar reglas internacionales y procedimientos sobre acciones de responsabilidad y compensación respecto al daño a la biodiversidad que pudiera resultar de organismos vivos modificados.

4.2. Segunda etapa (2001-2010): el Plan Estratégico del Convenio sobre Diversidad Biológica para el período 2002-2010 y las Directrices de Bonn

Diez años después de que se abriera a la firma el CDB, en la Cumbre Mundial sobre el Desarrollo Sostenible, celebrada en Johannesburgo en 2002, se acordó la negociación de un futuro "régimen internacional sobre la distribución justa y equitativa de los beneficios" conforme al CDB (ONU 2002)[7]. Fue en abril de ese mismo año, en la CoP 6 del CDB, celebrada en La Haya, Países Bajos, cuando en virtud de la Decisión VI/24 ("Acceso y distribución de beneficios en relación con los recursos genéticos" o ABS) se estableció un documento de partida para articular este régimen internacional mediante las llamadas "Directrices de Bonn sobre acceso a los recursos genéticos y distribución justa y equitativa de los beneficios provenientes de su utilización" (CDB 2002; Pérez Salom 2002). Asimismo, se formuló el "Plan Estratégico 2002-2010" (Decisión VI/26) para frenar de forma eficaz la pérdida de la diversidad biológica y para asegurar la continuidad de su aprovechamiento por medio de la conservación y utilización sostenible de sus componentes y de la participación equitativa en los beneficios que se derivan del uso de los recursos genéticos.

La determinación inicial de los derechos y obligaciones, relacionados con el objetivo del CDB sobre el acceso a los recursos genéticos y participación justa y equitativa en los beneficios derivados de la utilización de la biodiversidad, fueron desarrollados en las "Directrices de Bonn", un instrumento voluntario, que se centra en los siguientes objetivos: contribuir a la conservación y utilización sostenible de la diversidad biológica; proporcionar un marco transparente para facilitar el acceso a los recursos genéticos y asegurar la distribución justa y equitativa de los beneficios; informar; promover la transferencia adecuada y efectiva de la

[7] Entre las acciones mencionadas en el párrafo 42 del Plan de Implementación de Johannesburgo se incluye la negociación, en el marco del CDB y teniendo en cuenta las Directrices de Bonn, de un régimen internacional para promover y proteger la justa y equitativa distribución de los beneficios resultantes de la utilización de los recursos genéticos.

tecnología apropiada a los países proveedores, a los interesados y a las comunidades indígenas y locales; reconocer y protegen los conocimientos, innovaciones y prácticas de las comunidades indígenas y locales (Cittadino 2019, pp. 67-173); contribuir a la mitigación de la pobreza y la seguridad de los alimentos, la salud humana y la integridad cultural, y no impedir la investigación taxonómica, según lo especificado en la Iniciativa mundial sobre taxonomía (Hall 2022, pp. 112-140).

Además, en esta CoP 6 las Partes adoptaron el "Programa de Trabajo para la Diversidad Biológica de los Bosques", un compromiso clave para la protección de los ecosistemas forestales, especialmente aquellos en zonas tropicales y la "Estrategia Global para la Conservación de las Plantas", que estableció metas concretas para la preservación de las especies vegetales.

Dos años después, y haciéndose eco de este mandato inicial, la CoP 7 (febrero de 2004), aprobó la Decisión VII/19 para negociar un régimen internacional de acceso a los recursos genéticos y reparto de beneficios, que comenzó a desarrollarse en Bangkok (Tailandia) en marzo de 2005 y que continuó en febrero de 2006 en Granada (España) (PNUMA 2005 y 2006). Posteriormente, en las CoPs 8 y 9 celebradas, en marzo de 2006, en Curitiba (Brasil) y en Bonn (Alemania), en mayo 2008, respectivamente, siguieron las negociaciones. Y en la CoP 9 se ultimaron las negociaciones de este nuevo régimen internacional sobre el acceso a los recursos genéticos y de participación justa y equitativa en los beneficios derivados de su utilización, que fue, finalmente, adoptado, de acuerdo con la Decisión IX/35, en la décima reunión de la CoP, celebrada en Nagoya (Japón), del 18 al 29 de octubre de 2010 (Concha Machuca 2020), el mismo año en que se declaró el "Año Internacional de la Biodiversidad" (AGNU 2006).

4.3. *Tercera etapa (2011-2014): El Protocolo de Nagoya y el Plan Estratégico para la Diversidad Biológica 2011-2020 (las Metas de Aichí para la diversidad biológica)*

En la CoP 10 se aprobó el Protocolo de Nagoya ABS-CDB y también se adoptó para el período 2011-2020 un Plan Estratégico para la Diversidad Biológica revisado y actualizado, que incluye las Metas de Aichi para la Diversidad Biológica (CDB 2010). Como se ha mencionado anteriormente, en este momento también se adopta el Protocolo de Nagoya-Kuala Lumpur sobre responsabilidad y compensación suplementario al Protocolo de Cartagena de 2010.

Con la aprobación del Protocolo ABS-CDB, se desarrolla el tercer objetivo del CDB, es decir, el acceso a recursos genéticos y la participación justa y equitativa en los beneficios provenientes de su utilización. En vigor desde el 12 de octubre de 2014 y con 142 Estados Parte (ABS-CDB 2024), este Protocolo es, sin duda, un gran avance en el régimen internacional de protección de la diversidad biológica para enfrentar las prácticas tan generalizadas como la llamada "biopiratería" (Neimark 2017). El objetivo principal es asegurar "... la participación justa y equitativa en los beneficios que se deriven de la utilización de los recursos genéticos, contribuyendo a la conservación de la diversidad biológica y la utilización sostenible de sus componentes". Con esta nueva regulación se desarrollan las disposiciones del CDB (art. 15) estableciendo un marco jurídico que determina cómo los usuarios de recursos genéticos y/o conocimientos tradicionales asociados a los recursos genéticos (como pueden ser, por ejemplo, los investigadores y las empresas comerciales) podrán tener acceso a esos recursos y conocimientos (Buck y Hamilton 2011, pp. 47-61), mediante un consentimiento fundamentado previo/aprobación y participación de las comunidades indígenas y locales, y a garantizar la participación en los beneficios derivados de la utilización de los recursos y conocimientos, comprometiéndose, por tanto, a luchar en su jurisdicción contra la biopiratería (Greiber *et al.* 2013).

El ámbito de aplicación del Protocolo se extiende a los recursos genéticos y a los conocimientos tradicionales asociados a éstos comprendidos en el CDB y a los beneficios que se deriven de su utilización (monetarios o no monetarios, determinados en su Anexo), que se compartirán de manera justa y equitativa con la Parte proveedora de dichos recursos o, si procede, con las comunidades indígenas y locales que son titulares de dichos recursos o conocimientos tradicionales asociados (Nijar 2011; Martín-Crespo 2006, pp. 52-58).

La finalidad de esta regulación es tener una mayor transparencia posible en los sectores que utilizan recursos genéticos y en una más fluida y constante transferencia de beneficios a los países proveedores, contribuyendo así a la conservación de la diversidad biológica, la utilización sostenible de sus componentes y a la reducción de la pobreza (Greiber *et al.* 2013; Nijar 2011), para apoyar, en definitiva, los objetivos del CDB (Buck y Hamilton 2011, pp. 47-61).

El Plan Estratégico para la Diversidad Biológica 2011-2020, adoptado mediante la Decisión X/2, constituye un marco general sobre la diversidad biológica, no solo para los convenios relacionados con la diversidad biológica, sino para todo el sistema de las NU y todos los otros asociados comprometidos con la gestión y el desarrollo de políticas en materia de diversidad biológica. Este Plan incluía las Metas de Aichi, 20 objetivos agrupados en cinco objetivos estratégicos para cumplirse en el 2020, con el principal propósito de detener la pérdida de la naturaleza (Zazzarini *et al.* 2021, pp. 140-162). En concreto, se mencionaba la necesidad de

> "... detener la pérdida de diversidad biológica a fin de asegurar que, para 2020, los ecosistemas sean resilientes y sigan suministrando servicios esenciales, asegurando de este modo la variedad de la vida del planeta y contribuyendo al bienestar humano y a la erradicación de la pobreza...".

Así, las Metas Aichi (CDB 2010) buscaban principalmente: 1. Mitigar las causas por las cuales se está perdiendo la biodiversidad desde los ámbitos sociales y políticos; 2. Reducir las presiones que enfrenta y promover la utilización sostenible de los recursos naturales; 3. Mejorar la situación de la biodiversidad a través del cuidado de sus ecosistemas; 4. Optimizar los beneficios que la naturaleza nos brinda (aire limpio, agua dulce, alimentos); y 5. Aumentar el conocimiento que las personas tienen sobre esta.

Como se puede observar, las Metas de Aichi trascendían la mera protección de la diversidad biológica y trataban aspectos del desarrollo sostenible. Abarcaban diversos aspectos, desde la reducción de las presiones directas sobre la diversidad biológica y la integración de la naturaleza en los distintos sectores, hasta la promoción del uso sostenible y la participación de todos en los beneficios derivados de la utilización de la biodiversidad y los servicios ecosistémicos (Zazzarini *et al.* 2021, pp. 155).

No obstante, habiendo transcurrido 10 años desde su adopción, se evidenció que ninguno de los objetivos se alcanzó completamente. Así lo constató el *Global Biodiversity Outlook* (que, tras realizar un informe periódico para evaluar el grado de cumplimientos de dichas Metas, presenta un panorama desalentador y describe ocho grandes transformaciones necesarias para frenar la decadencia de la biodiversidad (Carr et al. 2020; Di Marco, et al. 2016, pp. 189-95; CDB 2020). En este informe, la Secretaría del CDB señalaba que "la diversidad biológica disminuye a un ritmo sin precedentes y las presiones que causan esta disminución se intensifican", lo que a su vez va contra los esfuerzos para hacer frente a la crisis climática. Según este informe, sólo seis de los 20 objetivos se cumplieron parcialmente para 2020, a saber: la identificación y priorización de especies exóticas invasoras para controlar y erradicar las especies prioritarias; la designación como áreas protegidas de al menos el 17% de las zonas terrestres y el 10% de las zonas marítimas y costeras; la entrada en vigor y en funcionamiento conforme a la legislación nacional del Protocolo de Nagoya; la elaboración de una estrategia y un plan de acción nacionales en materia de diversidad biológica "eficaces, participativos y actualizados"; los avances en conocimientos y las tecnologías sobre la diversidad biológica, sus valores y funcionamiento, su estado y tendencias y las consecuencias de su pérdida; y la movilización de recursos financieros para aplicar de manera efectiva este mismo Plan Estratégico para la Diversidad Biológica 2011-2020. En este sentido, el informe subraya la urgente necesidad de actuar para frenar y poner fin a más pérdidas, y destaca ejemplos de medidas comprobadas disponibles para ayudar a lograr la visión consensuada del mundo: "Vivir en armonía con la naturaleza" para 2050 (Maljean-Dubois 2021).

Con este resultado, las Partes en la CoP 13, celebrada en Cancún (México) en 2016, se centraron en integrar la biodiversidad en sectores productivos, incluyendo la agricultura, pesca, silvicultura y turismo. También se impulsó la "Declaración de Cancún" para conservar los ecosistemas y la biodiversidad para asegurar el desarrollo sostenible, alineando los objetivos de conservación con las actividades económicas para minimizar los impactos negativos en la biodiversidad (Maljean-Dubois 2021).

La CoP 14, celebrada en Egipto, en Sharm el-Sheij, del 14 al 29 de noviembre de 2018, bajo el tema: "Invertir en biodiversidad para las personas y el planeta", se propuso revisar estas metas con el fin de proteger la biodiversidad para después de 2020 (Zazzarini *et al.* 2021, pp. 140-162) y la negociación de un acuerdo global de biodiversidad post 2020 para adoptarse en la siguiente CoP 15.

5. EL MARCO MUNDIAL PARA LA BIODIVERSIDAD DESPUÉS DE 2020: "VIVIR EN ARMONÍA CON LA NATURALEZA" PARA 2050

El Marco Global de Biodiversidad Post-2020 (CDB 2022) o también llamado Marco Mundial de Biodiversidad de Kunming-Montreal fue adoptado en la CoP 15 en Montreal, Canadá, el 19 de diciembre de 2022 (Campins Eritja y Fajardo del Castillo 2021; Fajardo del Castillo, 2021, pp. 15-34), después de cuatro largos años de negociaciones. En esta CoP además del Marco Mundial de Biodiversidad, se adoptó un paquete de decisiones que incluye: el Marco de Seguimiento para el Marco Mundial de Biodiversidad de Kunming-Montreal; los Mecanismos para la planificación, el seguimiento, la presentación de informes y la revisión; la Movilización de recursos; la Creación y desarrollo de capacidad y cooperación científica y técnica; y los Avances sobre el uso de información digital sobre secuencias de recursos genéticos (Fajardo del Castillo, 2022).

El Marco Mundial de Biodiversidad de Kunming-Montreal es especialmente innovador, en la medida que contiene visiones plurales de la Naturaleza, reconociendo la visión ecocéntrica de los pueblos indígenas, cuando afirma que:

> "La naturaleza representa los diferentes conceptos de las distintas personas, incluidos la biodiversidad, los ecosistemas, la Madre Tierra, y los sistemas de vida. Las contribuciones de la naturaleza a las personas también representan diferentes conceptos, tales como los bienes y servicios de los ecosistemas y los dones de la naturaleza" (CDB 2022).

Además, el Marco establece una visión transformadora para guiar y apoyar a los países en materia de biodiversidad mediante 4 objetivos y 23 metas, representando un compromiso global integral para conservar, restaurar y usar de forma sostenible la biodiversidad (Ekardt *et al.* 2023, p. 80; Friedman 2022, pp. 1475-1484).

Los cuatro objetivos del Marco Mundial de Biodiversidad establecen la dirección y las prioridades para los próximos años en materia de biodiversidad con una visión amplia y ambiciosa de largo plazo para 2050. Estos son: el Objetivo A, orientado a aumentar y reestablecer la integridad, conectividad y resiliencia de los ecosistemas; a detener la extinción inducida por los seres humanos, reduciendo en una décima parte el ritmo y riesgo de extinción de todas las especies; y a mantener la diversidad genética de las especies salvaguardando su potencial de adaptación; el Objetivo B, que se refiere a usar y gestionar sustentablemente la biodiversidad y las contribuciones que hace la naturaleza a las personas, manteniendo y valorando los servicios de los ecosistemas, apoyando así el desarrollo sustentable para beneficiar las generaciones actuales y futuros; el Objetivo C, relacionado con el tercer objetivo del Convenio, se centra en el reparto justo y equitativo de los beneficios monetarios y no monetarios de la utilización de los recursos genéticos, de la información de secuencias digitales sobre los recursos genéticos y de los conocimientos tradicionales asociados a los recursos genéticos, particularmente cuando corresponda a los pueblos indígenas y comunidades locales; y el Objetivo D define la importancia de los medios para una implementación adecuada y plena del Marco Mundial de Biodiversidad, incluidos los recursos financieros, la creación de capacidades, la cooperación técnica y científica, y el acceso a tecnología, así como su transferencia (CDB 2022).

Las 23 metas del Marco Mundial de Biodiversidad son específicas y orientadas a la acción urgente hacia 2030, contribuyendo a alcanzar los objetivos orientados a resultados para 2050. Así los Estados Parte en el CDB se han comprometido a la conservación efectiva del 30% de las zonas terrestres, de aguas continentales, zonas costeres y océanos; a una restauración completa o en proceso de al menos el 30% de los ecosistemas degradados y a "acercar a cero" la pérdida de áreas de gran importancia para la biodiversidad, incluidos los ecosistemas de gran integridad ecológica, es decir, con elevada biodiversidad; y reducir a la mitad el exceso de nutrientes y el riesgo general que plantean los plaguicidas y los productos químicos altamente peligrosos (CDB 2022). En este sentido, el marco global no solamente establece la necesidad de proteger la biodiversidad existente, sino que hay que poner énfasis en la restauración de la naturaleza y, sobre todo, identifica la necesidad de reducir el impacto de los agentes de cambio que están detrás de su erosión (especies invasoras, polución, uso insostenible de la biodiversidad, etc.) (CDB 2022).

Además, las metas contemplan movilizar para finales de esta década al menos 200.000 millones de dólares cada año en financiación nacional e internacional, tanto dinero público como privado, relacionado con la biodiversidad. Además, los "países desarrollados" han firmado dar al menos 20.000 millones de dólares anuales en "flujos financieros internacionales" hacia los países menos ricos y subir esa cifra a 30.000 millones de dólares cada año para 2030. Reducir a la mitad la llegada y el establecimiento de especies potencialmente invasoras y erradicarlas y controlarlas en islas y otros lugares prioritarios es otro objetivo. El desperdicio alimentario también está entre lo acordado y los países firmantes aspiran a reducirlo a la mitad para finales de la década (CDB 2022).

La CoP 16, celebrada del 21 de octubre al 1 de noviembre de 2024 en Cali (Colombia) con el lema "Paz con la naturaleza" (PNUMA 2021), se centró en la aplicación de los ambiciosos objetivos del Marco mundial y sus 23 metas para 2030. Tras dos semanas de negociaciones, la COP acordó establecer un órgano subsidiario que incluirá a los pueblos indígenas en futuras decisiones sobre la conservación de la naturaleza, un desarrollo que se suma a un creciente movimiento para reconocer el papel de los descendientes de algunos de los habitantes originarios de las regiones en la protección de la tierra y de acción para el cambio climático (CDB 2024).

Con esta decisión reconoce y protege, por primera vez, los sistemas de conocimiento tradicional de los pueblos indígenas y las comunidades locales para el beneficio de la gestión de la biodiversidad global y nacional y fortalece la representación, la coordinación, la toma de decisiones inclusiva y crea un espacio para el diálogo con las Partes de la CoP. Así, se parte del convencimiento que reforzando los derechos de los pueblos indígenas se puede contribuir a una mayor protección y conservación de la biodiversidad, propiciando una mayor efectividad del CDB (Koh, Ituarte-Lima y Hahn 2022: 39-67). Asimismo, se acordó obligar a las grandes corporaciones a compartir los beneficios financieros en materia de investigación cuando utilicen recursos genéticos naturales (CDB 2024).

Otra decisión relevante de la CoP ha sido la relacionada con las 'áreas marinas ecológicamente o biológicamente significativas' como aspecto transcendental para implementar el Marco Global de Biodiversidad para el océano (CDB, 2024). El lema de "Paz con la naturaleza" ya apunta a una tendencia cada vez más demandada que es la de introducir una visión más ecocéntrica en la protección de la naturaleza (Abad Castelos, 2022, pp. 21-63), con el fin de lograr una vida en armonía con la naturaleza (Abad Castelos, 2021, pp. 269-296). Quizás en los próximos años sea posible.

6. IMPACTO GLOBAL DEL CONVENIO SOBRE DIVERSIDAD BIOLÓGICA SOBRE LA CONSERVACIÓN Y PROTECCIÓN DE LA BIODIVERSIDAD

En general, el CDB ha tenido un impacto significativo a nivel global, tejiendo una red para la protección y conservación de la vida en la Tierra, que contribuye a la preservación de la biodiversidad para las generaciones futuras (Maljean-Dubois 2024). Este resultado se ha logrado con la puesta en marcha de acciones significativas, que se han centrado en la identificación y protección de áreas críticas para la conservación de la biodiversidad, in situ y ex situ. Por ejemplo, la creación de áreas protegidas, que abarcan desde reservas naturales hasta parques nacionales, desempeña un papel crucial en la preservación in situ de la biodiversidad, ya sea de ecosistemas frágiles, como de la protección de especies en peligro de extinción. O también, mediante los avances en la conservación ex situ, a través de los de jardines botánicos y otras instituciones dedicadas a la preservación de la naturaleza.

El CDB también ha fomentado la utilización sostenible de los recursos naturales, la promoción de la participación y el conocimiento de las comunidades locales, y el impulso a la investigación y la cooperación científica para la conservación de la diversidad biológica. Todas estas acciones han sido fundamentales para la implementación de estrategias y proyectos que buscan la conservación de la biodiversidad a nivel mundial, promoviendo un enfoque integral, involucrando a gobiernos, organizaciones no gubernamentales y la sociedad en general. Además, se han establecido mecanismos para la movilización de recursos financieros y tecnológicos que apoyen las medidas de conservación y uso sostenible de la diversidad biológica, lo que ha permitido avanzar en la protección de ecosistemas críticos y especies en peligro de extinción, al promover la adopción de programas de monitoreo y seguimiento de especies amenazadas y de medidas concretas para su protección y recuperación.

Estas acciones han permitido desarrollar estrategias y planes de acción a nivel nacional e internacional para enfrentar la pérdida de biodiversidad y la degradación de los ecosistemas. Así, el CDB ha tenido un impacto significativo en la formulación de políticas ambientales a nivel nacional, al promover la integración de la conservación de la biodiversidad en las agendas gubernamentales y en la toma de decisiones en materia ambiental. El resultado es que los países han fortalecido sus marcos jurídicos para la protección de la diversidad biológica, incorporando principios de conservación, uso sostenible y distribución justa y equitativa de los beneficios derivados de los recursos genéticos. Además, el Convenio ha fomentado la creación de programas y proyectos nacionales para la conservación de la biodiversidad, así como la promoción de la educación ambiental y la sensibilización pública sobre la importancia de la protección de la vida silvestre y los ecosistemas (Ekardt et. al 2023).

No obstante, la biodiversidad sigue enfrentando importantes desafíos, derivados del desarrollo económico, como son la explotación de recursos naturales, la expansión urbana, la agricultura y ganadería intensivas, la deforestación y la industrialización. Otro desafío reside en la misma implementación del CDB por los Estados Parte, pues algunos enfrentan dificultades para el logro de las metas y objetivos establecidos en el marco del Convenio. Acciones como el control de las actividades relacionadas con la protección de la biodiversidad, la implementación de estrategias, así como la transparencia, la rendición de cuentas, el intercambio de información y la cooperación son fundamentales para el logro de los objetivos en materia de biodiversidad.

Finalmente, hay que apuntar la necesidad de lograr la complementariedad entre el Convenio sobre la Diversidad Biológica y el Acuerdo de París sobre cambio climático en la protección del medio ambiente y la promoción de la sostenibilidad a nivel global, puesto que ambos reconocen la importancia de abordar de manera integral y colaborativa los retos ambientales que enfrenta la humanidad, y la necesidad de promover acciones coordinadas a nivel internacional para garantizar un futuro sostenible para las generaciones futuras. Los efectos irreversibles del cambio climático antropogénico tienen un impacto significativo en la pérdida de biodiversidad y a su vez, la acelerada destrucción de ecosistemas y la extinción de especies representan una amenaza para la estabilización del calentamiento global.

La próxima década será clave no solo para detener la pérdida de biodiversidad, promover la restauración de los ecosistemas degradados y lograr un uso sostenible de los recursos naturales, sino también una oportunidad, quizás la última, para a garantizar la vida en el planeta Tierra.

7. REFERENCIAS

7.1. Referencias doctrinales

Abad Castelos, Montserrat (2021), "Transformar la relación de la naturaleza exige optimizar la herramienta del Derecho Internacional", en Fernández Liesa, Carlos, López-Jacoíste Díaz, Eugenia (dirs.) y Urbaneja Cillán, Jorge (coord.), *Nuevas dimensiones del desarrollo sostenible y derechos económicos, sociales y culturales*, Thomson Reuters Aranzadi, Cizur Menor.

Abad Castelos, Montserrat (2022), "Hacer las paces con la naturaleza y hacer que la naturaleza sea clave para la paz", en Soroeta Liceras, Juan; Otaegui Aizpurúa, Idoia; de Castro Ruano, José Luis (Dirs.), *Cursos de Derecho Internacional y Relaciones Internacionales de Vitoria-Gasteiz 2021*, Tirant Lo Blanch, Valencia, pp. 21-63.

Bowman, Michael; Redgwell, Catherine (eds.) (1996), *International Law and the Conservation of Biological Diversity*, London, The Hague, Boston.

Bragdon, Susan H. (1992), "National sovereignty and global environmental responsability: Can the tension be reconciled for the conservation of biological diversity?", *Harvard International Law Journal*, vol. 33, núm. 2, pp. 381-392.

Buck, Matthias; Hamilton, Clare (2011), "The Nagoya Protocol on Access to Genetic Resources and the Fair and Equitable Sharing of Benefits Arising from Their Utilization to the Convention on Biological Diversity", *Review of European Community and International Environmental Law*, vol. 20, núm. 1, pp. 47-61. http://dx.doi.org/10.1111/j.1467-9388.2011.00703.x.

Burhenne-Guilmin, Françoise; Casey-Lefkowitz, Susan (1992), "The Convention on Biological Diversity: A Hard Won Global Achievement", *Yearbook of International Environmental Law, vol.3, núm.1*, pp. 43-59. http://dx.doi.org/10.1093/yiel/3.1.43.

Campins Eritja, Mar; Fajardo Del Castillo, Teresa (eds.) (2021), *Biological Diversity and International Law. Challenges for the Post 2020 Scenario*, Springer, Cham.

Carr, Hannah, *et al.* (2020), "The Aichi Biodiversity Targets: achievements for marine conservation and priorities beyond 2020". *PeerJ* 8:e9743. http://dx.doi.org/10.7717/peerj.9743.

Cittadino, Federica (2019), "Incorporating Indigenous Rights into the CBD: an Interpretative Approach", en *Incorporating Indigenous Rights in the International Regime on Biodiversity Protection*, Brill / Nijhoff, Leiden, pp. 67-173. http://dx.doi.org/10.1163/9789004364400_004.

Concha Machuca, Roberto (2020), "El protocolo de Nagoya y los acuerdos para el acceso a los recursos genéticos y la participación justa y equitativa en los beneficios que se deriven de su utilización: una propuesta discutida", *Revista Brasileira de Políticas Públicas*, vol. 10, núm. 3.

Chandler, Melinda (1993), "The Biodiversity Convention: Selected Issues of Interest to the International Lawyer", *Colorado Journal of International Law and Policy*, vol.4, núm. 1, pp. 140-175.

Di Marco, Moreno, *et al.* (2016), "Synergies and trade-offs in achieving global biodiversity targets", *Conservation Biology*, vol.30, núm. 1, pp. 189-195. http://dx.doi.org/10.1111/cobi.12559.

Ekardt, Felix. *et. al.* (2023), "Legally binding and ambitious biodiversity protection under the CBD, the global biodiversity framework, and human rights law", *Environmental Sciences Europe*, vol.35. http://dx.doi.org/10.1186/s12302-023-00786-5.

Fajardo del Castillo, Teresa (2022), "Biodiversidad y civilización ecológica en el aniversario de la Declaración de Estocolmo sobre el medio humano". *Revista Catalana de Dret Ambiental*, vol. 13, núm. 2. http://dx.doi.org/10.17345/rcda3416.

Fajardo del Castillo, Teresa (2021), "Principles and Approaches in the Convention on Biological Diversity and Other Biodiversity-Related Conventions in the Post-2020 Scenario", en Campins Eritja, Mar; Fajardo Del Castillo, Teresa (ed.), *Biological Diversity and International Law. Challenges for the Post-2020 Scenario*, Springer Verlag, Cham, pp. XX. http://dx.doi.org/10.1007/978-3-030-72961-5_2.

Friedman, Kim, et al. (2022), "The CBD Post-2020 biodiversity framework: People's place within the rest of nature", *People and Nature*, vol. 4, núm. 6, pp. 1475-1484.

Glowka, Lyle, *et al.* (1994), "Guía para el Convenio sobre Diversidad Biológica", UICN Artículo No. 30, sobre *Política Legal y Ambiental.*

Greiber, Thomas *et al.* (2013), *Guía explicativa del Protocolo de Nagoya sobre Acceso y Participación en los Beneficios.* Unión Internacional para la Conservación de la Naturaleza y Recursos Naturales, UICN.

Hall, Ingrid (2022), "Unmaking the Nature/Culture Divide: The Ontological Diplomacy of Indigenous Peoples and Local Communities at the CBD" en Girard, Fabien; Hall, Ingrid; Frison, Christine (eds.), *Biocultural Rights, Indigenous Peoples and Local Communities.* Routledge, London, pp. 112-140.

Hermitte, Marie-Angèle (1993), "La Convention sur la diversité biologique", en *Annuaire Français de Droit International*, vol. 38, pp. 844-870. http://dx.doi.org/10.3406/afdi.1992.3098.

Juste Ruiz, José (1999), *Derecho Internacional del Medio Ambiente*, McGraw-Hill, Madrid.

Kinderlerer, Julian (2008), "The Cartagena protocol on biosafety", *Collection of biosafety reviews*, vol. 4, pp. 12-65.

Koh, Niak Sian; Ituarte-Lima, Claudia; Hahn, Thomas (2022), "Mind the compliance gap: how insights from international human rights mechanisms can help to implement the convention on biological diversity", *Transnational Environmental Law*, vol. 11, núm.1: 39-67. http://dx.doi.org/10.1017/S2047102521000169.

Maljean-Dubois, Sandrine (2021), "Le droit international de la biodiversité", *Les livres de poche de l'Académie de droit international de la Haye,* Brill / Nijhoff, Leiden. http://dx.doi.org/10.1163/9789004462885.

Maljean-Dubois, Sandrine (2024), *International Biodiversity Law,* The Hague Academy Special Editions, Brill / Nijhoff, Leiden.

Martín-Crespo, Maite (2006), "La regulación del acceso a los recursos genéticos y el reparto de beneficios en el marco del Convenio sobre Diversidad Biológica. Un enfoque diferente", en *Ambienta,* marzo 2006, pp. 52-58.

Martínez Pérez, Enrique J. (2022), "Protocolo de Nagoya-Kuala Lumpur sobre responsabilidad y compensación suplementario al Protocolo de Cartagena sobre seguridad de la biotecnología, de 15 de octubre de 2010" *Actualidad Jurídica Ambiental,* 6 abril 2011.

McConnell, Fiona (1996), *The Biodiversity Convention: A Negotiating History.* London, The Hague, Boston: Kluwer Law International. http://dx.doi.org/10.5771/0506-7286-1997-3-403.

Mugabe, John *et al.* (1997), *Access to Genetic Resources. Strategies for Sharing Benefits,* Nairobi, Kenya: ACTS Press; Washington, DC: World Resources Institute.

Neimark, Benjamin D. (2017), "Bioprospecting and biopiracy", *The International Encyclopedia of Geography: People, the Earth, Environment and Technology,* Wiley, Hoboken, New Jersey. http://dx.doi.org/10.1002/9781118786352.wbieg0587.

Nijar, Gurdial S. (2011), *The Nagoya Protocol on Access and Benefit Sharing of Genetic Resources: Analysis and Implementation Options for Developing Countries.* Research Papers No. 36. Geneva: South Centre.

Pérez Salom, José R. (1997), "El Derecho Internacional y el estatuto de los recursos genéticos", *Anuario de Derecho Internacional,* nº. 13, pp. 371-406. http://dx.doi.org/10.15581/010.13.28541.

Pérez Salom, José R. (2002), *Recursos genéticos, biotecnología y Derecho Internacional. La distribución justa y equitativa de beneficios en el Convenio sobre Biodiversidad,* ed. Aranzadi, Madrid, pp. 44 y ss.

Posey, Darrell A. (1996), "Protecting indigenous peoples' rights to biodiversity", en *Environment: Science and Policy for Sustainable Development,* vol. 38, núm. 8, pp. 6-45. http://dx.doi.org/10.1080/00139157.1996.9930990.

Rayfuse, Rosemary (2008), "Biological Resources", en D. Bodansky, J. Brunnée, E. Hey (Eds.), *The Oxford Handbook of International Environmental Law,* Oxford University Press, pp. 362-393. http://dx.doi.org/10.1093/oxfordhb/9780199552153.013.0016.

Shine, Clare; Kohona, Palitha T.B. (1992), "The Convention on Biological Diversity: Bridging the Gap between Conservation and Development", en *RECIEL,* nº. 1, pp. 307 y ss. http://dx.doi.org/10.1111/j.1467-9388.1992.tb00047.x.

Sobrevila, Claudia (2008), *The Role of Indigenous Peoples in Biodiversity Conservation the Natural but Often Forgotten Partners,* The International Bank for Reconstruction and Development, World Bank, Washington D.C.

Wells, Michael. P. (1994), "The Global Environment facility and prospects for biodiversity conservation", *International Environmental Affairs,* vol. 6, pp. 69-97.

Zazzarini, Susana B., *et al.* (2021), "La biodiversidad después de Aichi: debates en torno al marco global posterior a 2020", *Difusiones,* vol. 20, no 20, p. 140-162.

7.2. *Referencias normativas*

7.2.1. Tratados internacionales

Carta de las Naciones Unidas y Estatuto de la Corte Internacional de Justicia, 24 de octubre de 1945; *BOE*, núm. 275, de 16 de noviembre de 1990.

Convenio relativo a humedales de importancia internacional, especialmente como hábitat de aves acuáticas, Ramsar, 2 de febrero de 1971; *BOE*, núm. 199, de 20 de agosto de 1982.

Convención de Londres para la protección de las focas de la Antártida, Londres, 1 junio 1972 (*ILM*, vol. 11, p. 251, 1972).

Convenio sobre el comercio internacional de especies amenazadas de fauna y flora silvestres (CITES); Washington, 3 de marzo de 1973; *BOE*, núm. 181, de 30 de julio de 1986. Enmendada en Bonn el 22 de junio de 1979 y Gaborone el 30 de abril de 1983.

Acuerdo sobre la Conservación de los Osos Polares, Oslo, 15 de noviembre de 1973; *UNTS*, vol. 2898, p. 243.

Convención sobre la conservación de las especies migratorias de animales silvestres, Bonn, 23 de junio de 1979 (*BOE*, núm. 259, de 29 de octubre de 1985).

Convenio relativo a la conservación de la vida silvestre y del medio natural en Europa, Berna, 19 de septiembre de 1979; *BOE* núm. 235, de 1 de octubre de 1986.

Convención sobre la conservación de los recursos vivos marinos antárticos, Camberra, 20 de mayo de 1980; *BOE* núm. 45, de 22 de febrero de 1995.

Convención sobre la protección de los Alpes, Salzburgo, 7 de noviembre de 1991 (*ILM* vol.31, núm.4, p. 767, 1992).

Convenio sobre la Diversidad Biológica; Río de Janeiro, 5 de junio de 1992; *BOE*, núm. 27, de 1 de febrero de 1994.

Convención de las Naciones Unidas de Lucha contra la Desertificación en los países afectados por sequía grave o desertificación, en particular en África, París, 17 de junio de 1994; *BOE* núm. 36, de 11 de febrero de 1997.

Protocolo de Cartagena sobre Seguridad de la Biotecnología, de 2000, *BOE*, núm. 181, de 30 de julio de 2003.

Protocolo de Nagoya-Kuala Lumpur sobre responsabilidad y compensación, suplementario al Protocolo de Cartagena sobre seguridad de la biotecnología, Nagoya, 15 de octubre de 2010; *BOE* núm. 17, 19 de enero de 2018.

7.2.2. Otros actos normativos internacionales

AGNU (1962), Resolución 1803 (XVII) "Soberanía permanente sobre los recursos naturales" (XXIII), de 14 de diciembre de 1962.

AGNU (1982), Resolución 37/7 "Carta Mundial de la Naturaleza", de 28 de octubre de 1982.

AGNU (2006), Resolución 61/203, "Año Internacional de la Diversidad Biológica, 2010", de 20 de diciembre de 2006.

AGNU (2012), Resolución 66/288 "El futuro que queremos", de 27 de julio de 2012. Documento final de la Conferencia de las Naciones Unidas sobre el Desarrollo Sostenible, Río de Janeiro del 20 al 22 de junio de 2012.

AGNU (2015), Resolución 70/1 "Transformar nuestro mundo: la Agenda 2030 para el Desarrollo Sostenible", de 25 de septiembre de 2015.

CDB (2002). Decisión VI/24 A. "Directrices de Bonn sobre Acceso a los Recursos Genéticos y Participación Justa y Equitativa en los Beneficios Provenientes de su Utilización". Doc. UNEP/CBD/COP/6/20, anexo I, Montreal: Secretaría del Convenio sobre la Diversidad Biológica.

CDB (2004), Decisión BS-I/7, "Establecimiento de procedimientos y mecanismos de cumplimiento en virtud del Protocolo de Cartagena sobre seguridad de la biotecnología", Primera Reunión de la Conferencia de las Partes en el Convenio sobre la Diversidad Biológica que actúa como Reunión de las Partes en el Protocolo de Cartagena sobre seguridad de la biotecnología, celebrada en Kuala Lumpur, del 23 al 27 de febrero de 2004.

CDB (2010), Decisión X/2 "El Plan Estratégico para la Diversidad Biológica 2011-2020 y las Metas de Aichi para la Diversidad Biológica", Doc. UNEP/CBD/COP/DEC/X/2, 27 de octubre de 2010, Décima reunión de la Conferencia de las Partes en el Convenio sobre la Diversidad Biológica, Nagoya, Japón, 18-29 octubre 2010.

CDB (2022), Decisión 15/4, "Marco Mundial de Biodiversidad de Kunming-Montreal", Conferencia de las Partes en el Convenio sobre la Diversidad Biológica, 15ª reunión - Parte II, *Montreal (Canadá), 7 a 19 de diciembre de 2022*

NU (1972), Declaración de Estocolmo sobre el medio humano, en Informe de la Conferencia de las Naciones Unidas sobre el Medio Humano, Estocolmo, 5 a 16 de junio de 1972, Doc. A/CONF.48/14/Rev.1.

NU (1992b), "Declaracion autorizada, sin fuerza juridica obligatoria, de principios para un consenso mundial respecto de la ordenacion, la conservacion y el desarrollo sostenible de los bosques de todo tipo", Doc. A/CONF.151/26 (Vol. III), 14 de agosto de 1992.

7.3. Referencias jurisprudenciales

7.3.1. Órganos jurisdiccionales internacionales

TA (1893) *Award between the United States and the United Kingdom relating to the rights of jurisdiction of United States in the Bering's sea and the preservation of fur seals. Decision of 15 August 1893*, RIAA vol. XXVIII, pp. 263-276.

7.4. Referencias documentales

ABS-CDB (2024), Parties to the Nagoya Protocol. Disponible en: https://www.cbd.int/abs/nagoya-protocol/signatories

BCH-CBD (2018), Parties to the Cartagena Protocol and its Supplementary Protocol on Liability and Redress. Disponible en: http://bch.cbd.int/protocol/parties

CDB (2020), Secretaría del Convenio sobre la Diversidad Biológica, *Perspectiva Mundial sobre la Diversidad Biológica 5*. Disponible en línea en: www.cbd.int/GBO5.

CDB (2024), Meeting documents, Sixteenth meeting of the Conference of the Parties to the Convention on Biological Diversity 21 October-1 November 2024 - Cali, Colombia.

IPBES (2019), *Global assessment report on biodiversity and ecosystem services of the Intergovernmental Science-Policy Platform on Biodiversity and Ecosystem Services.* E. S. Brondizio, J. Settele, S. Díaz, and H. T. Ngo (editors). IPBES secretariat, Bonn, Germany. 1148 pages.

IUCN (2024), *The IUCN Red List of Threatened Species.* Version 2024. Disponible en:

NU (1992a), Informe de la Conferencia de las Naciones Unidas sobre el Medio Ambiente y el Desarrollo, Río de Janeiro, 3 a 14 de junio de 1992; Doc. A/CONF.151/26 (Vol. I).

NU (2002), Informe de la Cumbre Mundial sobre el Desarrollo Sostenible, Johannesburgo (Sudáfrica), 26 de agosto a 4 de septiembre de 2002, UN Doc. A/CONF.199/20.

PNUMA (2005), Informe sobre las Reuniones del Grupo de Trabajo Especial de Composición Abierta sobre Acceso a los Recursos Genéticos y Distribución de Beneficios: Bangkok, Tailandia, 14 al 18 de febrero de 2005 (UNEP/CBD/COP/8/5)

PNUMA (2006), Informe sobre las Reuniones del Grupo de Trabajo Especial de Composición Abierta sobre Acceso a los Recursos Genéticos y Distribución de Beneficios: Granada, España, 30 de enero al 3 de febrero de 2006 (UNEP/CBD/WG-ABS/4/L.1).

PNUMA (2012), International environmental governance: Report of the Executive Director. Nairobi, Kenya, United Nations (UNEP/GCSS.XII/3).

PNUMA (2021), *Making Peace with Nature.*

PNUMA (2024), *Global Environmental Outlook 7*, United Nations, Nairobi.

WWF (2020). *Informe Planeta Vivo 2020: Revertir la curva de la pérdida de biodiversidad.* Resumen. Almond, R.E.A., Grooten M. y Petersen, T. (Eds). WWF, Gland, Suiza.

WWF (2024). *Informe Planeta Vivo 2024. Un sistema en peligro.* WWF, Gland, Suiza.

Capítulo 12

LA PROTECCIÓN DE LOS CURSOS DE AGUA INTERNACIONALES

LAURA MOVILLA PATEIRO[1]

1. INTRODUCCIÓN

El agua dulce es un recurso vital para la humanidad y el conjunto el planeta, que conecta y sustenta los ecosistemas terrestres, de agua dulce y marinos a través del ciclo hidrológico. Su protección se hace cada vez más necesaria en un contexto de creciente crisis hídrica y en el que, al ritmo actual, no se lograrán los Objetivos de Desarrollo Sostenible (ODS) y metas relacionados con el agua para 2030 (NU 2023a). Además, el aumento de los fenómenos climáticos extremos y de la variabilidad del clima y el crecimiento y el consumo insostenibles, aumentan la gravedad y la frecuencia de los desastres y riesgos relacionados con el agua, exacerban la degradación ambiental, incrementan la temperatura del agua y la pérdida de ecosistemas, afectando profundamente a las economías, las sociedades y el medio ambiente (NU 2023b, párr. 5).

El 60% de las reservas mundiales de agua dulce son transfronterizas y se encuentran compartidas por alrededor de 153 países (CEPE, UNESCO y UN-Water 2024), en cuyo territorio se sitúan algunas de las aproximadamente 300 cuencas fluviales internacionales que existen en el planeta (McCracken y Wolf 2019) o alguno de los 468 acuíferos y sistemas acuíferos transfronterizos identificados hasta el momento (IGRAC 2021). Estas masas de aguas transfronterizas son reguladas por el denominado "derecho de los cursos de agua internacionales". En este capítulo vamos a examinar cómo se ha desarrollado en él su protección, muy influenciada por el Derecho Internacional del medio ambiente. Para ello, empezaremos analizando el concepto de curso de agua internacional. A continuación, nos acercaremos a la evolución y principales fuentes del derecho de los cursos de agua internacionales. Pasaremos entonces a examinar el fenómeno de la "ecologización", tanto de los tratados como del Derecho Internacional con-

---

1 Profesora Contratada Doctora (acreditada a titular) de Derecho Internacional Público en la Universidade de Vigo (lauramovilla@uvigo.es). Todas las páginas webs mencionadas en este estudio han sido consultadas el 14 de abril de 2025. ORCID: https://orcid.org/0000-0001-6411-9957.

suetudinario en ese ámbito, prestando especial atención a las obligaciones de protección y preservación de los cursos de agua internacionales. Terminaremos haciendo referencia a cómo otros instrumentos procedentes de otros sectores del ordenamiento jurídico internacional contribuyen también a la configuración de esas obligaciones.

2. LOS CURSOS DE AGUA INTERNACIONALES

En términos simples podemos definir un curso de agua internacional como una masa de agua dulce que transcurre por dos o más Estados. No es la única denominación que podemos encontrar de este recurso natural, pero sí una de las más utilizadas en el ámbito del Derecho Internaciona. Sobre todo, debido a su empleo por la Convención de las Naciones Unidas sobre el Derecho de los usos de los cursos de agua internacionales para fines distintos de la navegación, de 1997 (en adelante, la "Convención de 1997"), que, como veremos, es fruto del trabajo de codificación y desarrollo progresivo llevado a cabo sobre este tema por la Comisión de Derecho Internacional (CDI). Esta denominación da nombre también a la forma habitual de referirse al sector del ordenamiento jurídico internacional que se ocupa de este recurso como "el derecho de los cursos de agua internacionales".

La Convención de 1997 define a un "curso de agua" como "un sistema de aguas de superficie y subterráneas que, en virtud de su relación física, constituyen un conjunto unitario y normalmente fluyen a una desembocadura común". Esta definición muestra cómo se ha ido expandiendo el ámbito de aplicación de este sector del ordenamiento jurídico internacional, pasándose del concepto inicial más estricto de río internacional —acuñado en el Acta Final del Congreso de Viena de 1815—, a nociones más amplias y predominantes en la actualidad como las de curso de agua o cuenca internacionales. Estas últimas nociones abarcan también a los afluentes y a las aguas subterráneas relacionadas con ese cuerpo de agua, y la de cuenca suele incluir también al elemento terrestre, y cada vez más, también a los ecosistemas relacionados (Movilla Pateiro 2021, p. 28). Esta evolución es consecuencia tanto de un mejor conocimiento del funcionamiento de los sistemas hídricos, como de una mayor preocupación por la calidad del agua y otras cuestiones ambientales (Aura y Larios De Medrano 2023, pp. 429-430).

A su vez, la Convención de 1997 define un "curso de agua *internacional*" como "un curso de agua algunas de cuyas partes se encuentran en Estados distintos". Otros instrumentos jurídicos utilizan a veces otros adjetivos, como "compartido" o "transfronterizo", pero suelen hacerlo con la misma finalidad con la que la Convención de 1997 usa el de "internacional": indicar que ese cuerpo de agua dulce atraviesa la frontera de dos o más Estados, o que sirve —en todo o en parte— de frontera entre ellos.

En todo caso, debe tenerse en cuenta que conceptos como río internacional, cuenca de drenaje, cuenca hidrográfica, cuenca hidrológica, curso de agua, aguas transfronterizas, o recursos hídricos compartidos son usados habitualmente en la práctica estatal indistintamente y sin hacer claras distinciones entre ellos (Salinas Alcega 2009, p. 572). Por ello, no parece existir así una noción consuetudinaria general o universal de lo que se consideran recursos hídricos compartidos entre dos o más Estados (Aura y Larios de Medrano 2023, p. 426) más allá de su definición en relación con la frontera de dos más Estados. La propia Corte Internacional de Justicia (CIJ), de momento, tampoco ha ido más allá de referirse de forma genérica a ellos como "un recurso compartido sobre el que los Estados ribereños tienen un derecho común" (CIJ 2022, párr. 96)[2].

En las últimas décadas se ha empezado también a prestar especial atención a las aguas subterráneas transfronterizas, incluidas las no relacionadas con aguas superficiales, y que han sido tradicionalmente olvidadas por el derecho de los cursos de agua internacionales. Estas aguas han empezado así a ser objeto de regulación específica, tanto ellas solas como conjuntamente con la formación geológica que la contienen, es decir, el acuífero transfronterizo en su conjunto[3].

3. EL DERECHO DE LOS CURSOS DE AGUA INTERNACIONALES

El derecho de los cursos de agua internacionales puede definirse como el conjunto de normas internacionales que establecen los derechos y obligaciones de los Estados en orden al uso, conservación y aprovechamiento de dichas aguas (Abellán Honrubia 2013, p. 582). Examinaremos a continuación su evolución y principales fuentes.

3.1. Evolución

En sus inicios, estas normas se centraron sobre todo en la regulación de los usos de los cursos de agua internacionales para la navegación fluvial. Sin embar-

---

2 Traducción de la autora.

3 En este sentido, el art. 2 del Proyecto de artículos de la CDI sobre el derecho de los acuíferos transfronterizos, de 2008, define a un acuífero como "una formación geológica permeable portadora de agua, situada sobre una capa menos permeable, y el agua contenida en la zona saturada de la formación", que será trasfronterizo cuando "algunas de cuyas partes se encuentran en Estados distintos".

go, su objeto se ha expandido hasta hacer de su núcleo principal en la actualidad prácticamente cualquier otro uso de los cursos de agua internacionales —como la pesca, el riego, el abastecimiento de servicios de agua y saneamiento, la generación de energía hidroeléctrica, usos recreativos, etc.—, referidos en su conjunto como "usos distintos a la navegación fluvial". Su objetivo principal es evitar y resolver conflictos entre los Estados co-ribereños sobre el uso, la gestión, distribución y protección de esas aguas, así como proporcionar herramientas para la cooperación transfronteriza.

Este sector del ordenamiento jurídico internacional inició su desarrollo dentro de la lógica conceptual y normativa del Derecho Internacional de los espacios, ocupándose, sobre todo, de la configuración de la soberanía y de los derechos y obligaciones de los Estados ribereños.

Al mismo tiempo, la concepción de esa soberanía que los Estados ribereños tienen sobre los cursos de agua internacionales situados en su territorio ha evolucionado hasta llegar a su configuración actual como una soberanía limitada, que reconoce simultáneamente y trata de conciliar los derechos tanto de los Estados de aguas arriba como de los Estados de aguas abajo (Rieu-Clarke 2012, p. 104). A este respecto, debe tenerse en cuenta que el núcleo de las tensiones entre los Estados ribereños de un curso de agua internacional suele responder principalmente a la situación geopolítica particular que se deriva de situarse aguas arriba o aguas abajo. Las zonas situadas aguas abajo tienden a desarrollarse antes en términos económicos y de uso de los cursos de agua internacionales, suelen tener poblaciones más numerosas y desarrollan frecuentemente una fuerte dependencia de los cursos de agua internacionales compartidos. Por el contrario, las zonas situadas aguas arriba suelen desarrollar sus recursos hídricos más tarde que sus vecinos situados aguas abajo. Esta situación tiene el potencial de dar lugar a conflictos, sobre todo cuando el Estado aguas arriba comienza a explotar la parte del curso de agua internacional dentro de su territorio, dando lugar a contaminación o a la reducción de la cantidad de agua que llega a los Estados de aguas abajo (McCaffrey 2022, pp. 381-392). Por su parte, los Estados de aguas abajo pueden, sobre todo, dificultar usos futuros al reclamar como derechos adquiridos sus usos anteriores del curso de agua internacional (Salman 2010, p. 351).

Para llegar a la concepción actual limitada de la soberanía de los Estados ribereños hubo que superar dos teorías previas, extremas y antagónicas: la teoría de la soberanía territorial absoluta, y la teoría de la integridad territorial absoluta. La primera de ellas, más favorable a los intereses aguas arriba, permitiría un uso ilimitado de las aguas de un curso de agua internacional dentro de las fronteras de un Estado, con independencia de las consecuencias que ello pudiera tener más allá de ellas. En virtud de la segunda, un Estado no podría utilizar un curso de agua internacional si se alterase el curso, el caudal, el volumen o la calidad de sus aguas en el Estado ribereño, favoreciendo en principio a los Estados de aguas abajo, que recibirían intacto el flujo de agua procedente de los de aguas arriba y tendrían un consiguiente derecho de veto sobre cualquier tipo de actuación que quisiesen emprender aquellos (McCaffrey 2019, pp. 99-125).

Al contrario, las limitaciones a las que hoy se entiende que está sometida la soberanía de los Estados ribereños y que permiten conciliar los intereses de todos ellos vienen dadas por los regímenes convencionales que establecen entre ellos y las normas consuetudinarias que se han ido consolidando en este ámbito.

Un paso más en la concepción limitada de la soberanía limitada lo constituye la noción de la comunidad de intereses que existiría entre los Estados que comparten un determinado curso de agua internacional, quienes lo gestionan como una única unidad y, en consecuencia, las fronteras territoriales se vuelven menos relevantes. Su existencia ha sido reconocida por la Corte Permanente de Justicia Internacional en relación con la navegación (CPJI 1929, párrs. 27-28) y por la CIJ en relación con los usos distintos de la navegación, considerando, además, que se ha visto fortalecida por el desarrollo moderno del Derecho Internacional, como lo evidencia la adopción de la propia Convención de 1997 (CIJ 1997, párr. 85; CIJ 2022, párr. 96).

En las últimas décadas, el derecho de los cursos de agua internacionales también ha evolucionado a través de su interacción con otros regímenes jurídicos internacionales y, sobre todo, con los referidos al medio ambiente, el desarrollo sostenible, y los derechos humanos, de los que va a incorporar muchos de sus elementos (Movilla Pateiro y Eckstein 2025).

3.2. Fuentes

La fuente más importante en la gobernanza transfronteriza del agua dulce la constituyen los tratados sobre cursos de agua específicos que los Estados que los comparten han diseñado para la regulación de sus usos, su gestión conjunta y/o su protección. Por ejemplo, en la actualidad, el Convenio sobre cooperación para la protección y el aprovechamiento sostenible de las aguas de las cuencas hidrográficas hispano-portuguesas, hecho *ad referendum* en Albufeira el 30 de noviembre de 1998, regula las cuencas hidrográficas compartidas entre España y Portugal.

Al mismo tiempo, el carácter único de cada curso de agua internacional, junto a su importancia vital y estratégica, ha dificultado históricamente tanto el desarrollo de normas generales aplicables en este ámbito como la adopción de convenciones con vocación de universalidad[4]. No obstante, en la actualidad, se han

4 Aunque hubo dos intentos de codificación sectorial del derecho de los cursos de agua internacionales a principios del siglo XX, no tuvieron demasiado éxito. La Convención sobre el

consolidado un conjunto de normas consuetudinarias internacionales básicas y existen dos convenciones con vocación de universalidad sobre los cursos de agua internacionales: la ya referida Convención de las Naciones Unidas de 1997, y el Convenio sobre la Protección y Utilización de los Cursos de Agua Transfronterizos y de los Lagos Internacionales, de 1992, de la Comisión Económica de las Naciones Unidas para Europa (Convenio del agua de la CEPE).

En este contexto debe subrayarse también la labor codificadora y de estudio en materia de aguas transfronterizas llevado a cabo por asociaciones científicas como el *Institut de Droit International* (IDI) o la *International Law Association* (ILA). Destacan en especial las Reglas de Helsinki sobre el uso de las aguas de los ríos internacionales, adoptadas por la ILA en 1966 (ILA 1966, p. 477), con anterioridad a la codificación llevada a cabo por la propia CDI, y que han tenido un considerable impacto en la práctica estatal (Movilla Pateiro 2021, pp. 335-345).

3.2.1. Los tratados sobre cursos de agua internacionales

El tratado más antiguo en esta materia sobre el que se tiene constancia es el que se concluyó entre las antiguas ciudades-estado mesopotámicas de Umma y Lagash en torno al Río Tigris, aproximadamente en el año 3100 a.C. Desde entonces, su número se ha incrementado exponencialmente, habiéndose celebrado cientos de ellos, especialmente desde el siglo XIX (FAO, 1984; Giordano *et al*, 2014) y han evolucionado en cuanto a su objeto y contenido a lo largo de los años (Movilla Pateiro 2021, pp. 47-61).

Actualmente, en el contexto de la Agenda 2030 (AGNU 2015), el indicador 6.5.2, que mide la "proporción de la superficie de cuencas transfronterizas con un arreglo operacional para la cooperación en la esfera del agua"[5] está permitiendo obtener más información sobre la cantidad y calidad de los instrumentos de cooperación transfronterizas sobre cursos de agua internacionales[6], al mismo tiempo que se estima que influirá en la mejora de esta cooperación a medida

régimen de las vías navegables de interés internacional y su Estatuto, adoptados en Barcelona en 1921, fueron ratificados solo por una veintena de Estados. La Convención relativa al aprovechamiento de las fuerzas hidráulicas que interesan a más de un Estado, adoptada en Ginebra en 1923, contó con apenas una decena de Estados Parte.

5 Indicador diseñado para medir la meta 6.5: "implementar la gestión integrada de los recursos hídricos a todos los niveles, incluso mediante la cooperación transfronteriza, según proceda, para 2030" (AGNU 2017).

6 De conformidad con el tercer informe de progreso sobre este indicador, sólo 43 de los 153 Estados miembros de las Naciones Unidas que comparten aguas transfronterizas tienen el 90% o más de estas aguas cubiertas por acuerdos de cooperación que son operativos, y más de 20 países carecen de tales acuerdos (CEPE, UNESCO and UN-Water 2024).

que los Estados desarrollen arreglos operativos para cumplir con esta meta (McCracken and Meyer, 2018). En el marco de este indicador, un arreglo se define como cualquier "tratado o cualquier otro tipo de acuerdo o instrumento", y se establecen como requisitos para poder calificarlo como "operativo": 1) la existencia de un órgano o mecanismo conjunto; 2) la celebración de reuniones con una frecuencia mínima anual entre los países ribereños; 3) el establecimiento de un plan de gestión conjunta o coordinada del agua o que se hayan definido objetivos conjuntos; y 4) el intercambio de datos e información con una frecuencia mínima anual.

Respecto a los organismos o mecanismos conjuntos, se ha demostrado que, cuando existen, las relaciones entre los Estados ribereños suelen ser de mayor cooperación (Wolf 2002, p. 4). Estas instituciones se encuentran entre las más antiguas y longevas en el ámbito internacional, entre cuyos ejemplos tempranos pueden citarse la Comisión sobre el Río Rin establecida en el Congreso de Viena de 1815, la Comisión del Danubio creada en 1878, o la Comisión Internacional de fronteras y aguas establecida entre Estados Unidos y México en 1889 (McIntyre 2023, p. 141). En la actualidad estos organismos presentan una gran heterogeneidad, y de forma paralela al desarrollo del derecho de los cursos de agua internacionales, han ampliado también sus competencias espaciales, pasando de ocuparse de ríos o lagos a cuencas en toda su extensión. Sus funciones también se han diversificado y ya no son exclusivamente técnicas y relacionadas con la navegación, sino que también se refieren a otros usos y a la protección ambiental de esas cuencas, incluyendo labores de coordinación, ejecución e, incluso, de resolución de controversias. Han ido ganado, asimismo, autonomía funcional, decisoria e institucional, llegando, en ocasiones, a tener personalidad jurídica internacional (Sohnle 2002, pp. 53-74).

La principal razón por la que los tratados específicos han constituido y siguen constituyendo la fuente primordial de regulación de este recurso es que permiten a los Estados reflejar y adaptarse a las características únicas —hidrogeológicas, geográficas, ecológicas, climáticas, políticas, sociales, económicas, demográficas, etc.— que presenta cada curso de agua internacional. En todo caso, debe tenerse en cuenta que la gobernanza de los cursos de agua internacionales basada en estos instrumentos presenta ciertas limitaciones: no todos los cursos de agua internacionales cuentan con un tratado que los regule; no todos los Estados ribereños de un determinado curso de agua son parte de esos tratados particulares; y esos tratados pueden presentar limitaciones en relación con su contenido e implementación (en detalle: Movilla Pateiro 2021, pp. 53-58). También pueden existir deficiencias de financiación y capacidades, desajustes entre los marcos jurídicos y normativos nacionales y transfronterizos, falta de colaboración más allá del sector hídrico, o relaciones de poder asimétricas que dificulten la aplicación eficaz de este tipo de tratados (NU 2023c, párr. 11).

De ahí la relevancia que tiene también en la actualidad el derecho consuetudinario y la existencia de dos convenciones con vocación de universalidad —calificadas habitualmente como "globales"—, que complementan esa regulación convencional bilateral y multilateral.

3.2.2. Las dos convenciones "globales" y el Proyecto de artículos de la Comisión de Derecho Internacional sobre el derecho de los acuíferos transfronterizos

La Convención de 1997 tiene su origen en los trabajos de la CDI sobre este tema, iniciados en 1974. Tras dos décadas y tensos y controvertidos debates (en detalle: Eckstein 2020), la CDI adoptó en 1994 definitivamente en segunda lectura un proyecto de 33 artículos. Sobre su base, la Asamblea General de las Naciones Unidas (AGNU) adoptó la Convención el 21 de mayo de 1997 por 103 votos a favor, 3 en contra y 27 abstenciones. Hubo que esperar hasta el 17 de agosto de 2014 para que entrase en vigor, tras alcanzar su trigésima quinta ratificación. Solo 5 Estados más han accedido a ella desde entonces, de modo que cuenta únicamente con 40 Estados Parte en la actualidad, incluida España[7]. Aunque su número de Estados Parte no es todavía demasiado relevante, se considera que ha hecho cristalizar el carácter consuetudinario de muchas de sus disposiciones, al haberlas recogido en un momento en que ya existían o estaban en una fase muy avanzada de su formación (Aura y Larios de Medrano 2008, p. 127).

La Convención de 1997 no abarca las aguas subterráneas no relacionadas con aguas superficiales ni contiene disposiciones que tengan en cuenta sus características especiales, por lo que la CDI adoptó también en 1994 una breve resolución sobre las aguas subterráneas confinadas transfronterizas (CDI 1994, p. 144). En ella se manifestó a favor de que las normas de la Convención de 1997 se les aplicasen también a esas aguas y la necesidad de realizar esfuerzos continuados para elaborar normas específicas para ellas. Finalmente, en 2002 se iniciaron los trabajos de la CDI sobre el tema de los "recursos naturales compartidos entre Estados", que dieron lugar en 2008 al Proyecto de artículos sobre el derecho de los acuíferos transfronterizos. Se decidió, por tanto, diseñar un marco jurídico aplicable tanto a las aguas subterráneas como a la formación geológica que las contiene, que está ampliamente basado en las disposiciones de la Convención de 1997, ajustándolas a las características particulares de los acuíferos. Fue anexado por la Resolución 63/124 de la AGNU de 11 de diciembre de 2008, y, desde

7 Otros tres Estados —Paraguay, Venezuela y Yemen— también la han firmado, pero no ratificado todavía. Véase: https://treaties.un.org/Pages/ViewDetails.aspx?src=TREATY&mtdsg_no=XXVII-12&chapter=27&clang=_en

entonces, este tema sigue en la agenda de trabajo de este órgano, que continúa recomendándole periódicamente a los Estados el uso de este Proyecto de artículos como orientación para la elaboración de acuerdos y arreglos bilaterales o regionales sobre acuíferos transfronterizos específicos (Movilla Pateiro 2014; Eckstein 2017; Sindico 2020).

Por su parte, el Convenio del agua de la CEPE fue adoptado y abierto a su firma por los Estados miembros de esa comisión durante su reunión en Helsinki el 17 de marzo de 1992. Entró en vigor en 1996 y, desde entonces, ha influenciado numerosos tratados particulares sobre cuencas europeas (CEPE 2022). En 2013 se abrió a su ratificación por cualquier Estado miembro de las Naciones Unidas y su número de partes ha ido aumentando progresivamente, contando en la actualidad con 55 Estados —incluida España— y una Organización Internacional —la UE—[8]. Tiene dos protocolos: uno sobre agua y salud, adoptado en 1999 y en vigor desde 2005, y otro sobre responsabilidad civil, de 2003, y que no se encuentra todavía en vigor.

Parece existir consenso respecto a que el contenido de este Convenio y el de la Convención de 1997 no resultaría contradictorio sino complementario, y a que la principal diferencia entre ambas se encuentra, sobre todo, en el grado en el que una y otra detallan distintos aspectos (Tanzi 2000). Casi una treintena de Estados son ya parte de ambos y se aboga por su ratificación conjunta desde distintos foros (UN-Water 2020).

3.2.3. El derecho consuetudinario de los cursos de agua internacionales

A pesar del particularismo intrínseco al régimen jurídico internacional de los cursos de agua internacionales (Pigrau Solé 1994), en la actualidad existe un consenso bastante generalizado en torno a la existencia de ciertas normas básicas que gozarían de carácter consuetudinario en relación con los usos distintos de la navegación fluvial, que también ha sido reconocido por la jurisprudencia internacional. Estas normas fueron recogidas en la Convención de 1997 —especialmente en su Parte II, bajo el título de "Principios Generales"—, contribuyendo a la cristalización de su carácter consuetudinario. Se trata, por un lado, de las obligaciones sustantivas de la utilización equitativa y razonable, de la prohibición de causar daños sensibles, y de la obligación general de cooperar. Estas obligaciones sustantivas van acompañadas de obligaciones procesales más estrictas y específicas: las de cooperar, notificar y consultar, que facilitan su implementación y resultan un complemento importante de las primeras, especialmente cuando

---

[8] Véase: https://treaties.un.org/Pages/ViewDetails.aspx?src=TREATY&mtdsg_no=XXVII-5&chapter=27&clang=_en

el recurso compartido sólo puede protegerse a través de una estrecha y continua cooperación entre los Estados ribereños (CIJ 2022, párrs. 100-101). Todas ellas se encuentran íntimamente interrelacionadas, se apoyan mutuamente, y hay que sumarles la irrupción cada vez con más peso de las obligaciones de protección, preservación y uso sostenible de los cursos de agua internacionales, tanto en la propia configuración e interpretación de las citadas normas consuetudinarias, como de forma autónoma.

4. LA "ECOLOGIZACIÓN" DEL DERECHO DE LOS CURSOS DE AGUA INTERNACIONALES

El desarrollo del Derecho Internacional del Medio Ambiente (DIMA) en las últimas décadas también ha dejado ver sus efectos de forma notable en el derecho de los cursos de agua internacionales, de modo que sus principios se han ido infiltrando poco a poco en las disposiciones de los tratados sobre cursos de agua internacionales y en su interpretación, y en los principios y normas consuetudinarias aplicables a la gobernanza de los cursos de agua internacionales. Ello ha ocasionado que este sector del ordenamiento jurídico internacional haya evolucionado de la lógica del Derecho Internacional de los espacios en la que se desarrolló inicialmente —centrada sobre todo en cuestiones relacionadas con la soberanía y los derechos de los Estados co-ribereños—, hacia la del DIMA, más preocupado por la protección y preservación de este recurso, sus ecosistemas y el mantenimiento de los servicios ecosistémicos esenciales que proporcionan (Movilla Pateiro 2022). Esta "ecologización" se ha hecho patente también en el hecho de que las controversias internacionales más recientes en torno a cursos de agua internacionales sustanciadas ante la CIJ o tribunales arbitrales internacionales tienen que ver mayoritariamente con cuestiones ambientales.

4.1. En los tratados sobre cursos de agua internacionales y su interpretación

Desde sobre todo los años sesenta del siglo pasado, puede observarse como empezaron a emerger tanto las consideraciones ambientales en el contenido de los tratados sobre los cursos de agua internacionales, como tratados específicos sobre control y prevención de su contaminación. Desde entonces, tanto en los tratados de nueva creación como a través de la actualización de los existentes, ha ido aumentando su contenido normativo relacionado con la protección, preservación y uso sostenible de los cursos de agua internacionales y de los ecosistemas relacionados (Mbengue y Odili 2018).

A ello hay que sumarle, además, la interpretación evolutiva que se ha ido haciendo de ellos por la jurisprudencia internacional en disputas relacionadas con cursos de agua internacionales, en las que se han interpretado las disposiciones de los tratados aplicables a la controversia a la luz del desarrollo de los principios del DIMA. Así, en el caso *Gabčíkovo-Nagymaros*, la CIJ consideró que varios artículos del tratado relativo a la construcción y el funcionamiento de ese sistema de presas sobre el tramo fronterizo del Danubio entre Hungría y Eslovaquia, de 1977, contenían obligaciones generales de velar por la calidad de las aguas y de proteger la naturaleza que permitían la aplicación de estándares ambientales actuales (CIJ 1997, párrs. 112 y 140). En el caso relativo a las papeleras sobre el río Uruguay, la CIJ interpretó el art. 41 del Estatuto sobre el ese río, de 1975, relativo a la obligación de proteger y preservar su medio acuático, a la luz de la obligación de llevar a cabo una evaluación del impacto ambiental. Esta obligación no estaba prevista en el Estatuto, pero la CIJ la consideró existente en el Derecho Internacional general en los casos en los que existe un riesgo de que la actividad industrial propuesta pueda tener un impacto ambiental en un contexto transfronterizo, y en particular, en un recurso compartido (CIJ 2010, párr. 204). Por su parte, en el contexto de la controversia en torno al río Kishenganga, entre la India y Paquistán, el tribunal arbitral reafirmó también que los principios del DIMA debían tenerse en cuenta incluso cuando se interpretan tratados celebrados antes del desarrollo de ese corpus jurídico. Por ello concluyó que también debía interpretar y aplicar el Tratado del Indo, de 1960, a la luz de los principios internacionales consuetudinarios para la protección del medio ambiente vigentes en la actualidad (TA 2013, párr. 452).

Respecto a las dos convenciones globales, la Convención de 1997, además de contener artículos específicos sobre la protección y preservación de los cursos de agua internacionales, el resto de sus principales disposiciones son interpretadas también cada vez con más intensidad a la luz de los desarrollos del DIMA. A su vez, el objeto principal del Convenio sobre el agua de la CEPE es, precisamente, la prevención, control y reducción de todo impacto transfronterizo. Además, posee la mayor parte de las características de los modernos tratados ambientales multilaterales: a diferencia de la Convención de 1997, cuenta con protocolos más específicos, posee una estructura institucional en cuyo marco se han adoptado un gran número de instrumentos jurídicos para apoyar su implementación, y cuenta con un sistema de informes y un comité para la implementación como mecanismos para la supervisión de su cumplimiento.

4.2. En el Derecho Internacional consuetudinario

En el estado actual de desarrollo del Derecho Internacional consuetudinario de los cursos de agua internacionales resulta complejo —si no imposible—, separar las normas destinadas a la protección y preservación de los cursos de agua internacionales de otras que inicialmente pudiesen tener otros fines. Exploraremos a continuación el contenido de este Derecho Internacional consuetudinario usando como referencia la Convención de 1997 y su interpretación por la jurisprudencia internacional.

4.2.1. La utilización equitativa y razonable

La utilización y participación equitativas y razonables reflejan la necesidad de conciliar los diversos intereses de los Estados ribereños en un contexto transfronterizo y, en particular, en el uso de un recurso natural compartido (CIJ 2010, párr. 177). La mayor parte de la doctrina la considera la piedra angular del derecho de los cursos de agua internacionales. La CIJ ha calificado a la participación justa y equitativa de "derecho básico" (CIJ 1997, párr. 85) y matizado que implica tanto un derecho como una obligación para todos los Estados ribereños de cursos de agua internacionales, de modo que tienen derecho a una distribución equitativa y razonable de sus recursos, y están obligados a no sobrepasar ese derecho privando a otros Estados ribereños del mismo (CIJ 2022, párr. 97).

Estas obligaciones se recogen en el art. 5 de la Convención de 1997, el cual establecía ya como uno de los objetivos de la utilización equitativa y razonable "el propósito de lograr la utilización óptima y sostenible y el disfrute máximo compatibles con la protección adecuada del curso de agua, teniendo en cuenta los intereses de los Estados del curso de agua de que se trate". Además, especifica que esa participación incluye, tanto el derecho de utilizar el curso de agua, como la obligación de cooperar en su *protección* y aprovechamiento. De este modo, el uso sostenible se ha ido convirtiendo en una parte integrante de la utilización equitativa y razonable. La CIJ ha indicado también que la utilización equitativa y razonable no puede ser tal si los intereses del otro Estado ribereño en el recurso compartido y su protección ambiental no son tenidos en cuenta (CIJ 2010, párr. 177).

A continuación, el art. 6 de la Convención de 1997 proporciona un listado de factores y circunstancias pertinentes, no exhaustivo, que puede tenerse en cuenta a la hora de determinar la utilización equitativa y razonable de un curso de agua internacional. El peso que se asigne a cada factor dependerá de su importancia en comparación con la de otros factores pertinentes, se examinarán conjuntamente todos ellos, y se llegará a una conclusión sobre la base de ese conjunto. La CIJ ha observado que esos factores no deben aplicarse de manera abstracta o estática, sino comparando las situaciones de los Estados interesados y su utilización del curso de agua en un momento dado (CIJ 2022, párr. 98). En el listado de factores se incluyen expresamente los ecológicos, así como la protección, el aprovechamiento y la economía en la utilización de los recursos hídricos del curso de agua y el costo de las medidas adoptadas al efecto[9].

De conformidad con el art. 10 de la misma Convención, salvo acuerdo o costumbre en contrario, ningún uso de un curso de agua internacional tiene prioridad sobre otros usos, y, en caso de conflicto entre varios de ellos, este se resolverá sobre la base de la utilización equitativa y la prohibición de causar daños sensibles, teniendo especialmente en cuenta la satisfacción de las necesidades humanas vitales.

4.2.2. La obligación de no causar daños sensibles

El art. 7.1. de la Convención de 1997 indica que los Estados de un curso de agua internacional, al utilizarlo en sus territorios, adoptarán todas las medidas apropiadas para impedir que se causen daños sensibles a otros Estados del curso de agua. Se configura, por lo tanto, como una obligación de debida diligencia, es decir, de conducta y no de resultado. El umbral que la desencadena es el riesgo de que se produzca un daño sensible, es decir, un deterioro real, algún tipo de impacto perjudicial sobre el medio ambiente o el desarrollo socioeconómico del estado perjudicado, que sea más que meramente perceptible o trivial, pero que puede ser inferior a severo o sustancial (Rieu-Clarke *et al.* 2012, p. 1209).

Se trata de una plasmación en el ámbito concreto del derecho de los cursos de agua internacionales de la obligación básica que los Estados tienen bajo el Derecho Internacional general de no permitir que su territorio sea utilizado para actos contrarios a los derechos de otros Estados, y que se vuelve todavía más relevante en el contexto de los recursos compartidos (CIJ 2022, párr. 99). Refleja así uno de los principios fundamentales del DIMA, formulado, entre otros, en el emblemático Principio 21 de la Declaración de Estocolmo sobre el medio humano, de 1972, y ampliamente reconocido por la jurisprudencia internacional. Además, interpretado conforme a otros desarrollos ambientales y los artículos sobre protección y preservación de los cursos de agua contenidos en la Parte IV de la propia Convención de 1997, no cabe duda de que hoy este daño abarca también los daños ambientales en sentido amplio, incluidos los producidos a los servicios ecosistémicos (CIJ 2018; McIntyre 2023, pp. 73 y 88).

---

[9] Art. 6.1, apartados a) y f).

4.2.3. La obligación general de cooperar

El art. 8 de la Convención de 1997 recoge la obligación general de cooperar, que subyace a todas las demás normas en este ámbito, y que se manifiesta de forma especial en las obligaciones procedimentales de notificación y consulta, y en otras acciones como la indicada en el art. 9 de la Convención, relativa al intercambio regular de datos e información. Para facilitar su realización se sugiere la posibilidad de establecer comisiones o mecanismos conjuntos. Los fines de esa cooperación son lograr una utilización óptima y una *protección* adecuada de un curso de agua internacional, ya que los Estados pueden gestionar a través de ella conjuntamente los riesgos de daños al medio ambiente creados por los planes iniciados por uno u otro de ellos, a fin de prevenir los daños en cuestión, mediante la implementación tanto de las obligaciones procedimentales como sustantivas (CIJ 2010, párr. 77).

4.2.4. Las obligaciones de notificación y consulta

De acuerdo con el art. 12 de la Convención de 1997, un Estado del curso de agua, antes de ejecutar o permitir la ejecución de las medidas proyectadas que puedan causar un efecto perjudicial sensible a otros Estados del curso de agua, lo notificará oportunamente a esos Estados. El umbral que desencadena esta obligación es el riesgo de un *efecto perjudicial sensible,* y, por lo tanto, es menor que el del daño sensible referido en el art. 7 (CDI 1994, p. 119). La CDI consideró a esta disposición derecho consuetudinario internacional (CDI 1994, pp. 119-121). A su vez, la CIJ ha afirmado que su contenido se corresponde en gran medida con su propia jurisprudencia sobre las obligaciones procedimentales que incumben a los Estados en virtud del Derecho Internacional consuetudinario en materia de daños transfronterizos, incluida la gestión de recursos compartidos (CIJ 2022, párrs. 111 y 114). La CIJ había determinado con anterioridad también los pasos y el enfoque que debe adoptar un Estado que proyecta emprender una actividad sobre o en torno a un recurso compartido que pueda tener un efecto transfronterizo significativo: a) en primer lugar, se debe hacer una evaluación preliminar sobre si existe un riesgo de daño sensible; b) si dicha evaluación preliminar indica que existe tal riesgo, el Estado está obligado a realizar una evaluación de impacto ambiental; c) si la evaluación de impacto confirma que existe un riesgo de daño transfronterizo significativo, se activa la obligación de notificar y consultar (CIJ 2015, párr. 104).

Al contrario, la CIJ ha considerado que ninguna práctica estatal o autoridad judicial sugeriría el carácter consuetudinario del art. 11 de la Convención de 1997 (CIJ 2022, pp. 111-112), cuyo umbral de desencadenamiento es mucho más bajo, pues se refiere al intercambio de información, consulta, y si es necesario, negociación, sobre los posibles efectos de las medidas proyectadas, es decir, sobre cualquier posible efecto de estas, sea perjudicial o beneficioso. No obstante, la CIJ sí ha invitado a los Estados ribereños a tener presente la necesidad de llevar a cabo consultas de forma continuada, con un espíritu de cooperación, a fin de garantizar el respeto de sus respectivos derechos y la *protección y preservación* del curso de agua y su medio ambiente (CIJ 2022, párr. 129, Movilla Pateiro 2024, pp. 177-180).

En todo caso, atendiendo también a la jurisprudencia de la CIJ, si la infracción de obligaciones procedimentales no provoca un daño material en la práctica, no suele conllevar una reparación significativa (CIJ 2010, párr. 177; CIJ 2015, párr. 224).

4.2.5. La evaluación del impacto ambiental

El ya referido art. 12 de la Convención de 1997 establece que la notificación de las medidas proyectas en caso de riesgo de un efecto perjudicial sensible irá acompañada de los datos técnicos y la información disponibles, incluidos los resultados de una evaluación de los efectos ambientales, para que los Estados a los que se haga la notificación puedan evaluar sus posibles efectos. La jurisprudencia de la CIJ ha confirmado el carácter consuetudinario de llevar a cabo en esos casos una evaluación ambiental, tanto previa como durante toda la vida del proyecto, cuyo contenido debe determinarse a la luz de las circunstancias específicas de cada caso. También ha indicado su encaje en la secuencia procedimental a seguir ya referida en el apartado anterior en relación con las obligaciones de notificación y consulta (CIJ 2010, párrs. 204-205; CIJ 2015, párrs. 104 y 158).

4.2.6. La protección y preservación de los cursos de agua internacionales

Del examen que ya hemos realizado de las normas consuetudinarias básicas del derecho de los cursos de agua internacionales como la utilización equitativa y razonable, la prohibición de causar daños sensibles, o la obligación general de cooperar, puede afirmarse que la protección y preservación se encuentran ya implícitas en su configuración. Aunque no resulta del todo clara la relación exacta de esas obligaciones con las específicas de protección y preservación de los cursos de agua internacionales —recogidas en la Parte IV de la Convención de 1997, —y que en todo caso se complementan entre sí—, lo que resulta obvio es que estas últimas se han ido consolidando rápidamente en la práctica estatal reciente. Se trata, fundamentalmente, de la obligación general de prevención, reducción y control de la contaminación, y de la protección y preservación de los ecosistemas,

De este modo, el art. 21 establece la obligación general de prevención, reducción y control de la contaminación de un curso de agua internacional que pueda causar daños sensibles a otros Estados del curso de agua o a su medio ambiente, incluso a la salud o la seguridad humanas, a la utilización de las aguas con cualquier fin útil o a los recursos vivos del curso de agua. La CDI la ha descrito como una concreción de los principios generales de la utilización equitativa y razonable y, sobre todo, de la prohibición de causar daños sensibles, y se ha referido a la extensa y duradera práctica estatal existente que respalda esta obligación (CDI 1994, pp. 130 y 132).

A su vez, de conformidad con el art. 20 de la Convención de 1997, los Estados ribereños protegerán y preservarán, individual y cuando proceda, conjuntamente, los ecosistemas de los cursos de agua internacionales. La "protección" entra en juego en relación con un riesgo grave de daño, mientras que la "preservación" se aplicaría en particular a los ecosistemas que se hallan en su situación prístina o incólume, que deben ser protegidos para que mantengan en lo posible su estado natural (CDI 1994, p. 127). La CDI consideró a esta disposición una manifestación específica del requisito del art. 5 de usar y desarrollar un curso de agua internacional de manera consistente con una protección adecuada del mismo, que incluye el deber de proteger esos ecosistemas de una amenaza significativa de daño y de la que también se encuentran numerosos precedentes en la práctica de los Estados y en las actividades de las organizaciones internacionales (CDI 1994, pp. 127-129)[10]. Además, esta obligación se completa con las contenidas en sus arts. 22 y 23 de la misma Convención de 1997, referidos, respectivamente, a la prohibición de introducción de especies extrañas o nuevas y a la protección del medio marino.

Con posterioridad a la adopción de la Convención de 1997, ha seguido aumentando el conocimiento científico sobre las cuencas y los ecosistemas, desarrollándose la noción de servicios ecosistémicos (entre otros: PNUMA 2003 y 2005) e influyendo notablemente los desarrollos llevados a cabo en otros marcos jurídicos como el del Convenio sobre la diversidad biológica (CDB), de 1992, o la Convención Ramsar sobre los humedales, de 1971. En el ámbito del Convenio del agua de la CEPE —pionero también en la preocupación por la conservación

---

[10] El proyecto de artículos de la CDI de 2008 sobre el derecho de los acuíferos transfronterizos también contiene un importante enfoque ecosistémico: incluye a la función desempeñada por el acuífero en el ecosistema relacionado entre los factores pertinentes en una utilización equitativa y razonable (art. 5.1.i); una disposición destinada a proteger y preservar los ecosistemas que estén situados en los acuíferos transfronterizos o dependan de los mismos (art. 10); y establece la obligación para los Estados en cuyo territorio se encuentre una zona de recarga o descarga del acuífero de cooperar con los Estados del acuífero para proteger tanto el acuífero como a los ecosistemas relacionados (art. 11).

y restauración de los ecosistemas[11] y en el desarrollo del nexo agua-alimentación-energía-ecosistemas (CEPE 2018), se han adoptado, por ejemplo, recomendaciones sobre el pago de los servicios ecosistémicos en la gestión integrada de los recursos hídricos (CEPE 2007).

La propia CIJ ha reconocido la relevancia de los bienes y servicios proporcionados por la naturaleza en el contexto del reconocimiento de la solicitud de Costa Rica de compensación por las actividades ilícitas llevadas a cabo por Nicaragua en relación con la construcción de canales de dragado en la zona de Isla Portillos, en las inmediaciones del río San Juan. La CIJ consideró que otorgar compensación por daños causados al medio ambiente en sí mismo, además de los gastos en los que haya incurrido el Estado por la consecuencia de ese daño, resultaba consistente con los principios del Derecho Internacional que gobiernan las consecuencias de los actos ilícitos internacionales, incluido el principio de reparación íntegra. De este modo, estimó que el daño ambiental y el consecuente deterioro o pérdida de la capacidad del medio ambiente de proporcionar bienes y servicios, resulta compensable bajo el Derecho Internacional, y puede incluir la indemnización del deterioro o pérdida de los bienes y servicios ambientales en el periodo previo a la recuperación y el pago por la restauración del medio ambiente (CIJ 2018, párrs. 41-43).

Otro elemento íntimamente relacionado con los enfoques ecosistémicos es el mantenimiento de los llamados caudales ambientales o ecológicos, que han sido definidos desde el punto de vista científico como los flujos de agua, el momento de aplicación y la calidad del agua precisos para mantener los ecosistemas de agua dulce y de los estuarios, así como los medios de subsistencia y bienestar de las personas que dependen de tales ecosistemas (AAVV, 2007). En el ámbito jurídico internacional, no existe todavía un concepto o regulación específica de este tipo de caudales, si bien estaría emergiendo una práctica al respecto (Boisson de Chazournes 2021, pp. 29-32). Uno de sus reconocimientos más relevantes se produjo en el contexto del arbitraje sobre el río Kishenganga, en el que se interpretó que los principios y normas asentados y relativos, entre otras, a la prevención del daño transfronterizo, la gestión sostenible de los recursos naturales, y la obligación de llevar a cabo una evaluación ambiental, asegurarían un mínimo de caudal ambiental de un curso de agua internacional aguas abajo, y, en ese caso concreto, en el contexto de la construcción de un proyecto hidroeléctrico (TA 2013, párrs. 450-454).

Más allá del enfoque ecosistémico, han ido emergiendo planteamientos jurídicos que intentan reflejar de otra manera el paso de un paradigma tradicional antropocéntrico de la protección del medio ambiente hacia otros más ecocéntri-

---

[11] En especial: arts. 2.2.b, 2.2.d, o 31.i del Convenio del agua de la CEPE.

cos o biocéntricos. De este modo, algunos sistemas jurídicos nacionales han empezado a reconocer y desarrollar a nivel constitucional, normativo y jurisprudencial los denominados "derechos de la tierra" o "jurisprudencia de la tierra", que reflejan una relación del ser humano con la naturaleza que se refuerza mutuamente, frente al tradicional sometimiento y explotación de la naturaleza por la humanidad (Cullinan 2021). En relación con cursos de agua, ya se han producido reconocimientos de la personalidad jurídica de alguno de ellos en el derecho y la jurisprudencia interna de algunos Estados (entre otros: O'Donnell 2019). En contextos trasfronterizos se plantearían desafíos adicionales, relacionados, entre otros, con su conciliación con la soberanía estatal, con principios como la soberanía permanente sobre los recursos naturales, y la limitada gama de sujetos que se reconocen en el ordenamiento jurídico internacional. El tiempo dirá si estos planteamientos ecocéntricos acaban permeando y con qué fuerza en el derecho de los cursos de agua internacionales. En todo caso, es muy posible que su influencia, al menos, refuerce las obligaciones de protección y preservación de los ecosistemas (Movilla Pateiro 2022, p 31).

Sin duda, el mayor desafío para la protección y preservación de los cursos de agua internacionales y sus ecosistemas es el cambio climático, que hace que el ciclo hidrológico sea más irregular y aumenta, por lo tanto, la incertidumbre en la gestión de los recursos hídricos. Entre otras cuestiones, se hace necesario una gestión adaptativa o flexible de los cursos de agua internacionales, que se traduce jurídicamente en la necesidad que los tratados sobre cursos de agua internacionales sean también capaces de adaptarse a las condiciones cambiantes a las que se exponen (McCaffrey 2022, p. 384). Además, los efectos del cambio climático también deberán tenerse en cuenta en la interpretación del Derecho Internacional consuetudinario aplicable a este recurso, en cuyo desarrollo jugarán, probablemente, un papel muy relevante[12].

5. LA PROTECCIÓN DE LOS CURSOS DE AGUA INTERNACIONALES EN OTROS INSTRUMENTOS JURÍDICOS INTERNACIONALES

El carácter esencial del agua dulce para el planeta y su estrecha relación con otras cuestiones ambientales se manifiesta también en su presencia cada vez más frecuente, entre otros, en los instrumentos jurídicos emanados de las grandes conferencias ambientales internacionales (en detalle: Movilla Pateiro 2021, pp.

[12] Nótese que el art. 6 de la Convención de 1997 ya había incluido a los factores climáticos entre los factores pertinentes que pueden tenerse en cuenta en el contexto de la determinación de la utilización equitativa y razonable (apartado 1.a).

248-253). Asimismo, muy diversos tratados ambientales multilaterales resultan aplicables a diversos aspectos del agua dulce desde sus respectivos enfoques (NU 2018, párr. 51): la protección de los humedales, la lucha contra la desertificación, la lucha contra el cambio climático, la protección y preservación de la diversidad biológica, o la lucha contra determinados tipos de contaminación (en detalle: Movilla Pateiro 2021, pp. 102-112; Magraw y Udomritthiruj, 2019).

También influyen en la protección de los recursos hídricos transfronterizos compromisos voluntarios como los objetivos de la Agenda 2030, —donde dentro del ODS 6, dedicado a "garantizar la disponibilidad y la gestión sostenible del agua y el saneamiento para todos", se incluyen metas directamente relacionados con la lucha contra la contaminación de las aguas, su uso eficiente y sostenible, o la protección y restablecimiento de los ecosistemas relacionados —; el Marco Mundial de Biodiversidad de Kunming-Montreal, adoptado en 2022 (CDB 2022); o la Agenda Global para la Acción, adoptada en el marco de la Conferencia de las Naciones Unidas sobre el Agua celebrada en 2023, y que reúne los nuevos compromisos voluntarios de los Estados y de otros actores interesados destinados a alcanzar el ODS 6 y otros objetivos y metas relacionados con el agua[13].

El derecho de los cursos de agua internacionales se ha visto influido también por desarrollos en el ámbito del Derecho Internacional de los Derechos Humanos (DIDH). De forma paralela a la consolidación de una especial consideración de las necesidades humanas vitales en caso de conflictos entre varios usos de los cursos de agua internacionales, se ha ido configurando también, especialmente dentro del sistema de protección de los derechos humanos de las Naciones Unidas, los derechos humanos al agua y al saneamiento (AGNU 2010), cuya garantía no puede separarse de la protección del recurso, tanto a nivel nacional como transfronterizo. Ya es posible encontrar, además, menciones expresas al derecho al agua en algunos tratados internacionales sobre cursos de agua específicos. El desarrollo de un derecho humano a un medio ambiente limpio, saludable y sostenible (AGNU 2022) también resulta especialmente relevante en relación con la protección y preservación de los cursos de agua internacionales. Otros derechos ambientales como los relativos al acceso a la información, la información pública y el acceso a la justicia ambiental aparecen también cada vez más frecuentemente en tratados sobre cursos de agua internacionales, como en el Protocolo sobre agua y salud de 1999 al Convenio del agua de la CEPE (en detalle: Movilla Pateiro y Eckstein 2025, pp. 29-32).

Este tratamiento del agua dulce por parte de otros instrumentos jurídicos tiene el potencial de impulsar, reforzar, complementar, ayudar a interpretar y aplicar el derecho de los cursos de agua internacionales, y, especialmente, las

13 Compromisos accesibles en: https://sdgs.un.org/partnerships/action-networks/water

disposiciones relativas a su protección y preservación. Incluso, cuando se trata de objetivos voluntarios que, como los ODS o el Marco Mundial de biodiversidad, cuentan con un proceso de control de cumplimiento a través de indicadores, que pueden compensar la falta a veces de requerimientos específicos o de mecanismos efectivos de aplicación de instrumentos jurídicos vinculantes en el marco del derecho de los cursos de agua internacionales (McIntyre 2023, p. 196).

6. REFERENCIAS

6.1. Referencias doctrinales

Abellán Honrubia, Victoria (2013), "Capítulo XXIII: Los espacios de interés internacional (II): los cursos de agua internacionales", en Diez de Velasco, Manuel, *Instituciones de Derecho Internacional Público,* 18ª ed., Tecnos, Madrid, pp. 579-598.

Aura y Larios de Medrano, Adela M. (2023), "Las cuencas hidrográficas hispano-portuguesas", en Fernández Prieto, Marta, *Derecho y agua en el Horizonte 2030,* Aranzadi, Madrid, pp. 425-440.

Aura y Larios de Medrano, Adela M. (2008), *La regulación internacional del agua dulce. Práctica española,* Thomson Aranzadi, Navarra.

Magraw, Daniel Barstow; Udomritthiruj, Patsorn (2019), "Water and Multilateral Environmental Agreements: An Incomplete Jigsaw Puzzle", en McCaffrey, Stephen C., *et al.,* (eds.), *Research Handbook on International Water Law,* Edward Elgar Publishing, pp. 166-185. https://dx.doi.org/10.4337/9781785368080.00023.

Boisson de Chazournes, Laurence (2021), *Fresh water in International Law,* 2nd ed., Oxford University Press, Oxford. http://dx.doi.org/10.1093/oso/9780198863427.001.0001.

Cullinan, Cormac (2021), "Earth Jurisprudence", en Rajamani, Lavanya, and Peel, Jacqueline (eds.), *The Oxford Handbook of International Environmental Law,* 2nd ed., Oxford University Press, pp. 233-248. http://dx.doi.org/10.1093/law/9780198849155.003.0014.

Eckstein, Gabriel (2020), "The Status of the UN Watercourses Convention: Does it still hold water?", *International Journal of Water Resources Development,* vol. 36, núm. 2-3, pp. 429-461. http://dx.doi.org/10.1080/07900627.2019.1690979.

Eckstein, Gabriel, *et al.* (2010), *The Greening of Water Law. Managing Freshwater Resources for People and the Environment,* United Nations Environmental Programme, Nairobi, pp. 30-33.

Eckstein, Gabriel (2017), *The International Law of Transboundary Groundwater Resources,* Earthscan, London. http://dx.doi.org/10.4324/9781315731216.

Giordano, Mark *et al.* (2014), "A review of the evolution and state of transboundary freshwater treaties", *International Environmental Agreements,* vol. 14, núm. 3, pp. 245-258. http://dx.doi.org/10.1007/s10784-013-9211-8.

Mbengue, Makane Moïse; Odili, Nwamaka (2018), "The environmental management of water resources: what impact on the characterization of fresh water in international law?", en Tignino, Mara; Bréthaut, Christian (eds.), *Research Handbook on Freshwater Law and International Relations,* Edward Elgar Publishing, Cheltenham, pp. 68-95. http://dx.doi.org/10.4337/9781785360695.00014.

McCaffrey, Stephen C. (2022), "The evolution of the law of international watercourses", *Collected Courses of The Hague Academy of International Law*, vol. 426, pp. 241-384. https://dx.doi.org/10.1093/law/9780198736929.001.0001.

McCaffrey, Stephen C. (2019), *The law of international watercourses*, 3rd ed., Oxford University Press, Oxford.

McCracken, Melissa & Meyer, Chloé (2018), "Monitoring of Transboundary Water Cooperation: Review of Sustainable Development Goal Indicator 6.5.2 Methodology", *Journal of Hydrology*, vol. 563, pp. 1-12. http://dx.doi.org/10.1016/j.jhydrol.2018.05.013.

McCracken, Melissa; Wolf, Aaron T. (2019), "Updating the Register of International River Basins of the world", *International Journal of Water resources development*, vol. 35, núm. 5, pp. 732-782. https://dx.doi.org/10.1080/07900627.2019.1572497.

McIntyre, Owen (2023), *Advanced Introduction to International Water Law*, Edward Elgar Publishing, Cheltenham. http://dx.doi.org/10.4337/9781802206715.

Movilla Pateiro, Laura (2024), "Análisis y reflexiones sobre la ¿resolución? de la controversia sobre el estatus y el uso de las aguas del Silala por la Corte Internacional de Justicia", *Revista Española de Derecho Internacional*, vol. 76, núm.1, pp. 153-193. https://dx.doi.org/10.36151/REDI.76.1.6.

Movilla Pateiro, Laura (2022), "La progresiva ecologización del derecho internacional de los cursos de agua. Manifestaciones convencionales, jurisprudenciales y consuetudinarias", *Revista Catalana de Dret Ambiental*, vol. 13, núm. 2. http://dx.doi.org/10.17345/rcda3402.

Movilla Pateiro, Laura (2021), *La dimensión normativa de la gobernanza internacional del agua dulce*, Tirant lo Blanch, Valencia.

Movilla Pateiro, Laura (2014), *El Derecho Internacional del Agua: los acuíferos transfronterizos*, Bosch Editor, Barcelona.

Movilla Pateiro, Laura; Eckstein, Gabriel (2025), "An Historical Overview of the Evolution and Broadening of International Water Law", en Eckstein, Gabriel (ed.), *World Scientific Handbook of Transboundary Water*, World Scientific Publishing, Singapur, pp. 9-40. https://dx.doi.org/10.1142/9789811291364_0002.

O' Donnell, Erin (2019), *Legal rights for rivers. Competition, collaboration and water governance*, Routledge, London. https://dx.doi.org/10.4324/9780429469053.

Pigrau Solé, Antoni (1994), *Generalidad y particularismo en el derecho de los usos de los cursos de agua internacionales: en torno al proyecto de artículos de la Comisión de Derecho Internacional*, J.M. Bosch, Barcelona.

Rieu-Clarke, Alistair, *et al.* (2012), *UN Watercourses convention. User´s guide*, IHP-HELP Centre for water Law, Policy and Science, University of Dundee.

Salinas Alcega, Sergio (2009), "La cuenca hidrográfica en la convención sobre el derecho de los usos de los cursos de agua internacionales para fines distintos de la navegación, de 21 de mayo de 1997", en Embid Irujo, Antonio; Kölling, Mario (Coords.), *Gestión del agua y descentralización política: Conferencia Internacional de Gestión del Agua en Países Federales y Semejantes a los Federales*, Zaragoza, 9-11 de julio de 2008, Aranzadi, pp. 546-577.

Salman M.A. Salman (2010), "Downstream riparians can also harm upstream riparians: the concept of foreclosure of future uses", *Water International*, vol. 35, núm. 4, pp. 350-364. http://dx.doi.org/10.1080/02508060.2010.508160.

Sindico, Francesco (2020), *International Law and Transboundary Aquifers*, Edward Elgar Publishing, Cheltenham. http://dx.doi.org/10.4337/9781788117630.

Sohnle, Jochen (2022), "La gestion des conflits sur l´eau par les commissions fluviales", en Jeanclos, Yves (dir.), *Actes du Colloque de Strasbourg. Les politiques de l'eau au XXIe siècle*, Tome 2, Cipres, Paris, pp. 53-74.

6.2. *Referencias normativas*

6.2.1. Tratados internacionales

Convenio relativo a humedales de importancia internacional, especialmente como hábitat de aves acuáticas, Ramsar, 2 de febrero de 1971; *BOE*, núm. 199, de 20 de agosto de 1982.

Convenio sobre la protección y utilización de los cursos de agua transfronterizos y de los lagos internacionales, Helsinki, 17 de marzo de 1992; *BOE* núm. 81, 4 de abril de 2000.

Convenio sobre la diversidad biológica, de 1992; *BOE*, núm. 27, de 1 de febrero de 1994.

Convención sobre el derecho de los usos de los cursos de agua internacionales para fines distintos de la navegación, Nueva York, 21 de mayo de 1997, *BOE* núm. 161, de 3 de julio de 2014.

Convenio sobre cooperación para la protección y el aprovechamiento sostenible de las aguas de las cuencas hidrográficas hispano-portuguesas, hecho "ad referendum" en Albufeira el 30 de noviembre de 1998; *BOE* núm. 37, de 12 de febrero de 2000.

Protocolo sobre el agua y la salud al Convenio de 1992 sobre la protección y utilización de los cursos de agua transfronterizos y de los lagos internacionales, hecho en Londres 17 de junio de 1999; *BOE* núm. 284, de 25 de noviembre de 2009.

Protocolo sobre responsabilidad e indemnización por daños derivados de los efectos transfronterizos de los accidentes en aguas transfronterizas, complementario del Convenio sobre la protección y utilización de cursos de agua transfronterizos y lagos internacionales, de 1992, y de la Convención sobre los efectos transfronterizos de los accidentes industriales, de 1992, Kiev, 21 de mayo de 2003. ECE, Doc. ECE/MP.WAT/11-ECE/CP.TEIA/9.

6.2.2. Otros actos normativos internacionales

AGNU (2008), Resolución 63/124, de 11 de diciembre de 2008, "El derecho de los acuíferos transfronterizos".

AGNU (2010), Resolución 64/292, de 28 de julio de 2010, "El derecho humano al agua y el saneamiento".

AGNU (2015), Resolución 70/1, de 25 de septiembre de 2015, "Transformar nuestro mundo: la Agenda 2030 para el Desarrollo Sostenible".

AGNU (2017), Resolución 71/313, de 6 de julio de 2017, "Labor de la Comisión de Estadística en relación con la Agenda 2030 para el Desarrollo Sostenible".

AGNU (2022), Resolución 76/300, de 28 de julio de 2022, "El derecho humano a un medio ambiente limpio, saludable y sostenible".

CDB (2022) Decisión 15/4 adoptada por la Conferencia de las Partes en el Convenio sobre la diversidad biológica, de 19 de diciembre de 2022, "Marco Mundial de Biodiversidad de Kunming-Montreal", Doc. CBD/COP/DEC/15/4.

6.3. *Referencias jurisprudenciales*

6.3.1. Órganos jurisdiccionales internacionales

CIJ (1997), *Gabcikovo-Nagymaros Project (Hungary v. Slovakia), Judgment, I.C.J. Reports 1997*, p. 7.

CIJ (2010), *Pulp Mills on the River Uruguay (Argentina v. Uruguay), Judgment, I.C.J. Reports 2010*, p. 14.

CIJ (2015), *Certain Activities Carried Out by Nicaragua in the Border Area (Costa Rica v. Nicaragua) and Construction of a Road in Costa Rica along the San Juan River (Nicaragua v. Costa Rica), Judgment, I.C.J. Reports 2015*, p. 665.

CIJ (2018), *Certain Activities Carried Out by Nicaragua in the Border Area (Costa Rica v. Nicaragua), Compensation, Judgment, I.C.J. Reports 2018*, p. 15.

CIJ (2022), *Dispute over the Status and Use of the Waters of the Silala (Chile v. Bolivia)*, Judgment, I.C.J. Reports 2022, p. 614.

CPJI (1929), *Case Relating to the Territorial Jurisdiction of the International Commission of the Oder River*, Judgment of September 10th, PCIJ., Series A, nº 23, 1929.

TA (2013), Permanent Court of Arbitration, *Indus Waters Kishenganga Arbitration (Pakistan v. India)*, Partial Award, 18 February 2013.

6.4. Referencias documentales

AAVV (2007), *Declaración de Brisbane*, 10º Simposio Internacional de Ríos y Conferencia Internacional de Caudales Ecológicos, Brisbane, Australia, del 3 al 6 de septiembre de 2007.

CDI (1994), *Anuario de la Comisión de Derecho Internacional*, 1994, vol. II, 2ª parte, Doc. A/CN.4/SER.A/1994/Add.l (Part 2).

CEPE (2018), *A nexus approach to transboundary cooperation: The experience of the Water Convention*, United Nations, New York and Geneva.

CEPE (2022), *La Convención del Agua: 30 años de impacto y de logros sobre el terreno, Naciones Unidas*, Ginebra.

CEPE, UNESCO and UN-Water (2024), *Progress on Transboundary Water Cooperation: Mid-term status of SDG Indicator 6.5.2, with a special focus on Climate Change.*

FAO (1984), *Systematic Index of International Water Resources Treaties, Declarations, Acts and Cases by Basin*, FAO legislative study, Rome, n º34, vol. II.

IGRAC (2021), *Transboundary Aquifers of the World* (map). Edition 2021. Scale 1: 50 000 000. Delft, Netherlands.

ILA (1966), "The Helsinki Rules on the Uses of the Waters of International Rivers", *Report of the fifty-second conference*, Helsinki.

NU (2018), "Lagunas en el derecho internacional del medio ambiente y los instrumentos relacionados con el medio ambiente: hacia un pacto mundial por el medio ambiente", Informe del Secretario General, 30 de Noviembre de 2018, Doc. A/73/419.

NU (2023a), *Informe de los Objetivos de Desarrollo Sostenible 2023*, Naciones Unidas.

NU (2023b), Diálogo interactivo 3: "Agua para el clima, la resiliencia y el medio ambiente: de la fuente al mar, biodiversidad, clima, resiliencia y reducción del riesgo de desastres", Documento conceptual preparado por la Secretaría, Conferencia de las Naciones Unidas sobre el Examen Amplio de Mitad de Período del Logro de los Objetivos del Decenio Internacional para la Acción "Agua para el Desarrollo Sostenible" (2018-2028), Nueva York, 22 a 24 de marzo de 2023, Doc. A/CONF.240/2023/6.

NU (2023c), Diálogo interactivo 4: "Agua para la cooperación: cooperación transfronteriza e internacional en materia de agua, cooperación intersectorial, incluida la cooperación científica, y el agua en toda la Agenda 2030 para el Desarrollo Sostenible (metas de los Objetivos de Desarrollo Sostenible 6.5 y 6.b y Objetivos 16 y 17)", Documento conceptual preparado por la Secretaría, Conferencia de las Naciones Unidas sobre el Examen Amplio de Mitad de Período del Logro de los Objetivos del Decenio Internacional para la Acción "Agua para el Desarrollo Sostenible" (2018-2028), Nueva York, 22 a 24 de marzo de 2023, A/CONF.240/2023/7.

PNUMA (2003), *Ecosystems and Human Well-being: A Framework for assessment*, Island Press.

PNUMA (2005), *Ecosystems and human well-being, vol. 1: Current state and trends; findings of the Condition and Trends,* Working Group of the Millennium Ecosystem Assessment, Island Press.

TANZI, Attila (2000), *The relationship between the 1992 UN/ECE Convention on the protection and use of transboundary watercourses and international lakes and the 1997 UN Convention on the law of the non-navigational uses of international watercourses.* Report of the UN/ECE Task Force on Legal and Administrative Aspects, Geneva, February 2000.

UN-Water (2020), *The United Nations global water conventions: Fostering sustainable development and peace,* United Nations, Geneva.

Wolf, Aaron T. (2002), *Atlas of International Freshwater Agreements,* United Nations Environment Programme, Food and Agriculture Organization of the United Nations, Hertfordshire, U.K., UNEP/Earthprint.

Capítulo 13

LA GESTIÓN DE RESIDUOS Y SUSTANCIAS TÓXICAS Y PELIGROSAS

MAR CAMPINS ERITJA[1]

1. INTRODUCCIÓN

Como parte de la triple crisis planetaria, la contaminación química antropogénica ha recibido menos atención que la que se ha suscitado tradicionalmente la pérdida de la biodiversidad y el cambio climático (Paveley 2009, p. 188; Wang *et al.* 2019, p. 88). Sin embargo, los riesgos que conlleva son, hoy en día, evidentes y está bien documentado que la exposición a estos materiales puede tener una incidencia negativa en el medio ambiente y la salud humana. Esta amenaza ya se advirtió, con una visión anticipadora, en la Declaración de Estocolmo sobre el Medio Humano de 1972 (NU 1972), así como en la Declaración de Río de Janeiro de 1992 sobre el Medio Ambiente y el Desarrollo (NU 1992).

A pesar de contar con un amplio marco jurídico, los esfuerzos de la comunidad internacional para reducir el impacto de los residuos peligrosos y los productos químicos parecen haber sido, hasta ahora, insuficientes. Sin perjuicio de los múltiples tratados regionales existentes[2] o de que esta materia pueda abordarse desde otros sectores[3], el núcleo de la normativa internacional lo forman cinco

---

1 Catedrática de Derecho Internacional Público en la Universitat de Barcelona (mcampins@ub.edu). Todas las páginas web mencionadas en este capítulo han sido consultadas el 30 de noviembre de 2024. ORCID: https://orcid.org/0000-0002-8841-9695.

2 Por ejemplo, Convención sobre la prohibición de importación de todo tipo de residuos en África y para el control de los movimientos transfronterizos de los residuos generados en África (1991); Acuerdo Centroamericano sobre movimientos transfronterizos de desechos peligrosos (1993); Convención sobre la prohibición de importar a los países del Foro Insular desechos peligrosos y radioactivos y sobre el control de los movimientos transfronterizos y la gestión de los desechos peligrosos en la región del Pacífico Meridional (1995), Acuerdo sobre la vigilancia de los traslados transfronterizos de desechos peligrosos y otros desechos entre los miembros de la Comunidad de Estados Independientes (1996).

3 Por ejemplo, la gestión de la contaminación marina: Convenio de Londres sobre la prevención de la contaminación del mar por vertido de desechos y otras materias (1972), Convenio de Oslo para la prevención de la contaminación del mar por vertido desde buques y aeronaves (1972), Convenio para prevenir la contaminación por los buques (MARPOL) (1973/1978), Convenio para la protección del Mar Mediterráneo contra la contaminación (1976/1996),

convenios internacionales, tres de los cuales presentan una clara interacción. Se trata del Convenio de Basilea de 1989 sobre el control de los movimientos transfronterizos de los desechos peligrosos y su eliminación (Convenio de Basilea), ratificado por 190 Estados y la Unión Europea (UE); el Convenio de Rotterdam de 1998 sobre el procedimiento del consentimiento fundamentado previo aplicable a ciertos plaguicidas y productos químicos peligrosos objeto de comercio internacional (Convenio de Rotterdam), ratificado por 165 Estados y la UE; y el Convenio de Estocolmo de 2001 sobre contaminantes orgánicos persistentes (COPs) (Convenio de Estocolmo), ratificado por 185 Estados y la UE. A ellos deben sumarse el Convenio de Minamata de 2013 sobre el mercurio (Convenio de Minamata), ratificado por 150 Estados y la UE y, aunque de manera más tangencial y fuera del ámbito de este capítulo por tratarse en el relativo a la contaminación atmosférica, el Protocolo de Montreal de 1987 sobre las sustancias que agotan la capa de ozono (Protocolo de Montreal), ratificado por 197 Estados y la UE.

El objetivo de este capítulo es presentar el marco jurídico internacional para mitigar este tipo de contaminación antropogénica, con atención especial al alcance de las obligaciones que disponen los tratados internacionales que se ocupan de la gestión de los residuos y de los productos químicos[4]. En este contexto, los apartados segundo y tercero de este trabajo presentan el ámbito de aplicación, los objetivos y las obligaciones principales que establecen estos tratados internacionales. Seguidamente, el apartado cuarto analiza algunas de las limitaciones de estos instrumentos internacionales, destacando la fragmentación normativa que complica la gestión coherente de estos materiales, las insuficiencias del procedimiento del consentimiento fundamentado previo, la existencia de acuerdos paralelos que permiten a los Estados flexibilizar los compromisos asumidos y las dificultades para añadir nuevos residuos y químicos a las listas de los convenios, debido a los largos procesos y la falta de consenso.

Convenio de Helsinki para la protección del Mar Báltico (1974/1992), Convenio sobre la protección del medio ambiente marino del Atlántico Nordeste (1992).

4 Una versión más detallada y extensa de algunos de los aspectos tratados en este capítulo fue publicada por la autora con el título "Basilea, Roterdam y Estocolmo: un régimen internacional permeable para la gestión de residuos peligrosos y productos químicos", *Revista Catalana de Dret Ambiental,* vol. 13, nº 2 (2022), pp. 1-60.

2. EL ÁMBITO DE APLICACIÓN DE LOS INSTRUMENTOS INTERNACIONALES EN MATERIA DE GESTIÓN DE RESIDUOS Y PRODUCTOS QUÍMICOS

En lo que se refiere a su ámbito de aplicación, valga señalar que, con la excepción del Convenio de Minamata, ninguno de los instrumentos internacionales mencionados ofrece un enfoque global, ni en cuanto a las sustancias o materiales a los que se aplican, ni con respecto al conjunto de las operaciones cubiertas por estos tratados. Por ejemplo, si bien los tres Convenios de Basilea, Rotterdam y Estocolmo (Convenios BRS) cubren los COPs, solo el Convenio de Basilea y el Convenio de Rotterdam se aplican a los pesticidas; el Convenio de Basilea afecta además a algunas sustancias que agotan la capa de ozono reguladas por el Protocolo de Montreal y a los residuos de mercurio regulados por el Convenio de Minamata, sustancia que también se encuentra entre los metales y metaloides incluidos en el Convenio de Rotterdam. Asimismo, son dispares las fases del ciclo de vida que cubren estos tratados. El Convenio de Basilea solo afecta a la valorización y la eliminación cuando los residuos son objeto de un traslado transfronterizo, mientras que el Convenio de Rotterdam solo regula el comercio internacional de los productos químicos y los plaguicidas. En cambio, el Convenio de Estocolmo regula la producción, el transporte y almacenamiento, el comercio y el uso de los COPs, siendo el Convenio de Minamata el único que ofrece realmente un sistema de gestión integral a lo largo del ciclo de vida (Wang *et al.* 2019, p. 44).

2.1. El ámbito de aplicación del Convenio de Basilea

Los residuos abarcan un espectro muy amplio de materiales que se destinan a desecho, siendo irrelevante su tamaño y escala. El art. 2 del Convenio de Basilea los define como "sustancias u objetos a cuya eliminación se procede, se propone proceder o se está obligado a proceder en virtud de lo dispuesto en la legislación nacional". Comprende, por tanto, todo aquello que se obtiene a la vez que el producto principal y que su poseedor destina voluntaria u obligatoriamente al abandono, mediante una remisión al foro nacional.

A partir de ahí, el Convenio establece los criterios para determinar si un residuo es un residuo peligroso: en primer lugar, el residuo debe poseer al menos una de las características de peligrosidad enumeradas en el Anexo III. En segundo lugar, lo son los residuos incluidos en el Anexo I si presentan alguna de las características enumeradas en el Anexo III; y finalmente, aquellos que no estén incluidos en el Anexo I pero que hayan sido clasificados como peligrosos por alguno de los Estados Parte. Otros materiales solo se contemplan en el Anexo II, bajo la calificación de "otros residuos" que merecen especial atención, cuando contienen materiales considerados peligrosos. Este es el caso de los residuos domésticos y los residuos procedentes de su incineración, a los que recientemente se han sumado los residuos plásticos, omnipresentes en el medio ambiente y los residuos eléctricos y electrónicos, otro de los flujos de residuos de más rápido crecimiento (Forty 2020; WHO 2020; Secretariats BRS 2021; Geeraerts, Illes y Schweizer 2015). Asimismo, el Anexo IX recoge aquellos residuos que no se consideran inicialmente peligrosos, a menos que contengan materiales del Anexo I y presenten alguna de las características de peligrosidad del Anexo III.

Un aspecto que destacar es la inclusión en su ámbito de aplicación de los residuos plásticos y los residuos eléctricos y electrónicos, dos plagas de nuestra época (Carlini y Kleine 2018, p. 237; Zimmermann 2021, p. 368). Con respecto a los residuos plásticos, el punto de inflexión se produjo en 2019 con la denominada "enmienda noruega" (PNUMA 2019) que modificó los Anexos II, VIII y IX. Estos exigen ahora la aplicación del procedimiento del consentimiento fundamentado previo (CFP) a los movimientos de residuos plásticos peligrosos y las mezclas de residuos que contienen componentes peligrosos y prohíbe su exportación a los países no pertenecientes a la Organización para la Cooperación y el Desarrollo Económico (OCDE). Por otro lado, la gestión de los residuos eléctricos y electrónicos también se contemplaba en el Convenio de Basilea de manera parcial e insatisfactoria. La "enmienda Ghana-Suiza" de 2022 (PNUMA 2022b) ha facilitado su inclusión en el Anexo VIII cuando contengan o estén contaminados con alguna de las sustancias del Anexo I, en la medida en que presenten alguna de las características de peligrosidad del Anexo III, así como la prohibición de su traslado transfronterizo a partir de 2025 a menos que se lleve a cabo bajo notificación del país exportador y mediante el CFP del país importador. Con ambas enmiendas, las Partes del Convenio de Basilea deben controlar de manera más eficaz el comercio internacional de estos residuos e impulsar su manejo ambientalmente racional.

2.2. El ámbito de aplicación del Convenio de Rotterdam

Las sustancias que caen dentro del ámbito de aplicación del Convenio de Rotterdam son, de acuerdo con su art. 3, los productos químicos y las formulaciones plaguicidas extremadamente peligrosas. El tratado define el concepto de productos químicos en su art. 2.d como "toda sustancia, sola o en forma de mezcla o preparación, ya sea fabricada u obtenida de la naturaleza, excluidos los organismos vivos" y distingue dos categorías, los plaguicidas y los productos químicos industriales. Por formulaciones plaguicidas extremadamente peligrosas se entienden los productos químicos formulados "para su uso como plaguicida que produzca efectos graves para la salud o el medio ambiente observables en un período de tiempo corto tras exposición simple o múltiple, en sus condiciones de uso".

La inclusión de los plaguicidas es importante para prevenir el conocido "círculo del veneno", que se produce cuando ciertos productos se fabrican en un Estado en el que su uso está prohibido o severamente restringido y se exportan al extranjero. Los países importadores los utilizan en la producción agrícola de productos que luego se exportan de nuevo al país de donde proceden los plaguicidas y, de este modo, acaban en la mesa de su población (Weird y Schapiro 1981). Este es un efecto en el que insiste el informe de 2021 del Parlamento Europeo, que destaca como los países en desarrollo destinatarios de las exportaciones de estos plaguicidas cuyo uso está prohibido en muchos de los Estados miembros de la UE, son también el punto de origen más importante de los productos agroalimentarios importados por la UE (European Parliament 2021, p. 32).

La inclusión de estos productos en el Anexo III del Convenio dependerá de que sus usos hayan sido totalmente prohibidos (art. 2.b) o severamente restringidos (art. 2.c) mediante una medida reglamentaria nacional de dos o más Estados Parte (art. 5). Es este elemento lo que determina la sujeción de los movimientos transfronterizos que se realicen al procedimiento del CFP. Asimismo, el Convenio también puede aplicarse a las sustancias no incluidas en el Anexo III que hayan sido prohibidas o restringidas unilateralmente (art. 12), previa notificación a la Secretaría por parte del Estado.

2.3. El ámbito de aplicación del Convenio de Estocolmo

El Convenio de Estocolmo se aplica a los COPs, que se utilizan como plaguicidas, sirven a múltiples fines industriales y pueden emitirse de manera no deliberada con la combustión y los procesos industriales. El preámbulo del Convenio identifica estas sustancias con aquellas que "tienen propiedades tóxicas, son resistentes a la degradación, se bioacumulan y son transportados por el aire, el agua y las especies migratorias a través de las fronteras internacionales y depositados lejos del lugar de su liberación, acumulándose en ecosistemas terrestres y acuáticos". Estas características definen los cuatro criterios que más adelante se explicitan en su Anexo D para determinar que estamos en presencia de un COP: persistencia, bioacumulación, potencial de transporte a media distancia en el medio ambiente y efectos adversos. Se trata de sustancias altamente peligrosas para la salud humana y el medio ambiente debido al riesgo de bioacumulación que presentan en los tejidos animales y humanos, especialmente en la parte alta de la cadena alimentaria y por su movilidad, se produzca ésta de modo natural a través de la atmósfera o debido a los flujos del comercio multilateral. Asimismo, el denominado "efecto saltamontes", por el que estas sustancias se mueven a saltos debido a las variaciones del clima y la temperatura, ha permitido que se concentren en zonas, como el Ártico, en las que no hay actividad industrial que los produzca (Yoder 2003, p. 117; AMAP 2014).

Si bien el Convenio se centra en doce de los COPs más peligrosos (los denominados "*dirty 12*")[5], ordena la prohibición y la eliminación progresiva de una serie más amplia, presentes habitualmente en la producción de bienes manufacturados, incluidos los plásticos que contienen COPs en forma de aditivos. El Convenio divide estas sustancias en tres categorías (arts. 3 y 5): los plaguicidas (por ejemplo, el DDT, el hexaclorobenceno o el lindano), los productos químicos industriales (por ejemplo, el ácido perfluorooctanoico (PFOS) o los bifenilos policlorados (PCB) y los subproductos que se liberan de manera no intencionada (por ejemplo, las dioxinas y los furanos). A partir de ahí, distribuye estas sustancias en tres Anexos: En el Anexo A figuran actualmente 12 productos químicos y 16 plaguicidas cuya producción y utilización intencionada está prohibida; el Anexo B recoge 2 plaguicidas, uno de ellos también utilizado como producto químico industrial, cuya producción y uso intencionado está severamente restringido; por último, el Anexo C menciona 7 productos químicos industriales, respecto de los que se exige a las Partes que adopten medidas para reducir o eliminar la liberación no intencional.

2.4. *El ámbito de aplicación del Convenio de Minamata*

A diferencia de los otros tratados, el Convenio de Minamata es aplicable a una única sustancia, el mercurio. Conforme a su art. 3, su ámbito de aplicación comprende "las mezclas de mercurio con otras sustancias, incluidas las aleaciones de mercurio, que tengan una concentración de mercurio de al menos 95% por peso;" y los compuestos de mercurio, esto es, el "cloruro de mercurio o calomelanos, óxido de mercurio, sulfato de mercurio, nitrato de mercurio, mineral de cinabrio y sulfuro de mercurio". Igualmente, afecta a determinados productos que contienen mercurio, como termómetros, pilas, o cosméticos, así como a determinados procesos industriales, por ejemplo, la minería artesanal y a pequeña escala del oro (arts. 4, 5 y 6). En cambio, excluye de su ámbito de aplicación las cantidades de mercurio o compuestos de mercurio que se utilicen para investigaciones a nivel de laboratorio o como patrón de referencia, así como las cantidades traza naturalmente presentes de mercurio o compuestos de mercurio en productos distintos del mercurio.

---

5 9 plaguicidas: aldrina, clordano, DDT, dieldrina, endrina, heptacloro, mirex y toxafeno; 2 productos químicos industriales: hexaclorobenceno, que también se utiliza como plaguicida y los bifenilos policlorados (PCB); y dos subproductos químicos de liberación no intencional: dioxinas y furanos.

3. LOS OBJETIVOS Y LAS OBLIGACIONES PARA LAS PARTES EN LOS ACUERDOS INTERNACIONALES EN MATERIA DE GESTIÓN DE RESIDUOS Y PRODUCTOS QUÍMICOS

Conjuntamente, estos convenios internacionales ofrecen un marco común para la gestión de las sustancias químicas y los residuos peligrosos. Comparten el objetivo de proteger la salud humana y el medio ambiente y contienen elementos vinculados con la gestión del ciclo de vida de los materiales cubiertos por cada uno de ellos. Sin embargo, es importante notar que se trata de instrumentos cuyo establecimiento ha estado sujeto, tradicionalmente, a un enfoque reactivo y poco sistemático (Kummer Peiry 2021, p. 446) y que, en la práctica, ni se regulan todos los residuos y productos químicos, ni se abordan de manera global todas las fases en que estas sustancias están activas. Aunque comparten un propósito similar, difieren en sus enfoques normativos, lo que pone de relieve las dificultades de articular un cuerpo legislativo completo y coherente.

3.1. Los objetivos y las obligaciones de las Partes del Convenio de Basilea

El objetivo principal que persigue el Convenio de Basilea es garantizar una gestión adecuada de los residuos peligrosos y otros desechos cuando son objeto de operaciones que implican su traslado transfronterizo. El Convenio no pretende la eliminación de estos movimientos, sino que persigue, de acuerdo con su art. 2, que esta actividad se lleve a cabo mediante su manejo ambientalmente racional, un concepto clave que se explicita en sus arts. 2.8 y 4 y que conlleva la adopción de "todas las medidas posibles para garantizar que los desechos peligrosos y otros desechos se manejen de manera que queden protegidos el medio ambiente y la salud humana contra los efectos nocivos que puedan derivarse de tales desechos".

Para ello articula un régimen de supervisión de sus movimientos transfronterizos. En particular, el Convenio reconoce el derecho soberano de todo Estado Parte a prohibir la entrada o la eliminación de los residuos en su territorio y recoge el principio del CFP. De este modo, conforme a sus arts. 6 y 7, todo movimiento transfronterizo está sujeto a la notificación previa por escrito por parte del país exportador y al consentimiento previo por escrito por parte del país importador. Exige también de los Estados Parte que prevengan y castiguen el tráfico ilícito de residuos peligrosos (art. 9). Además, el art. 4 impone una serie de limitaciones a la exportación de estos residuos[6]. Así, prohíbe las exportaciones

---

[6] Que debe conjugarse con la Decisión de la OCDE adoptada en 1992 y modificada en 2001, sobre el control de los movimientos transfronterizos de residuos destinados a operaciones de

al Sur del paralelo 60° del hemisferio Sur, las exportaciones entre Estados Parte "que hayan prohibido la importación de esos desechos", cuando éstos no den su consentimiento por escrito o si existen motivos "para creer que tales desechos no serán sometidos a un manejo ambientalmente racional" y las importaciones y exportaciones desde o hacia Estados no Parte en el Convenio. Sin embargo, interesa avanzar que el art. 11 del Convenio flexibiliza algunas de estas limitaciones al permitir la conclusión de acuerdos bilaterales y multilaterales con Estados, Parte o no del Convenio, para reglamentar el tráfico internacional de residuos, un aspecto al que nos referimos más adelante.

Además, la enmienda del Convenio en 1994 (PNUMA 1995) introdujo un nuevo art. 4A que prohibía a los países desarrollados exportar residuos peligrosos a los países en desarrollo a partir del momento de su entrada en vigor, en diciembre de 2019. De todos modos, la enmienda de 1994 permite los movimientos de residuos entre los Estados Parte miembros de la OCDE, así como los movimientos entre los países en desarrollo o desde éstos hacia los Estados Parte miembros de la OCDE, por lo que, actualmente, el efecto de esta disposición es limitado. Por un lado, además de la ausencia de Estados Unidos como Parte en el Convenio, la enmienda no fue ratificada por algunos importantes países exportadores como Australia, Canadá, la Federación Rusa o Japón. Por otro lado, hoy en día el comercio de residuos ya no está tan dominado por la dinámica Norte-Sur y mayoritariamente se realiza entre países desarrollados (Yang 2020, p. 723). A su vez, países como China o India están importando y exportando entre ellos cantidades cada vez mayores de residuos para su reciclaje y recuperación (Yang 2020, p. 727), pero estos traslados no se ven afectados por la enmienda porque se consideran países en desarrollo en el marco del Convenio.

Asimismo, cabe señalar, en relación con los movimientos transfronterizos de residuos plásticos, eléctricos o electrónicos, que el Convenio de Basilea sigue dejando una puerta abierta para su realización sin el preceptivo CFP del país importador. Por un lado, conforme a los Anexos II y IX no es necesario el CFP para los movimientos de residuos plásticos "que se destinen al reciclado de manera ambientalmente racional y apenas estén contaminados ni contengan otros tipos de desechos", bastando su notificación al país importador. El problema es que, más allá de las Directrices y guías técnicas elaboradas en el seno del Convenio (PNUMA 2002a), esta determinación queda absolutamente en manos de los Estados Parte y, especialmente, de las empresas que realizan las exportaciones.

valorización (OCDE 2001). Este sistema se basa actualmente en las dos listas que se incorporaron en 1998 al Convenio de Basilea: la Lista A (anexo VIII del Convenio) y la Lista B (anexo IX del Convenio), complementadas cada una de ellas con la inclusión de algunos residuos procedentes del sistema de listados anterior, que no se encuentran recogidos en las listas del Convenio de Basilea.

Aunque la enmienda supone un importante avance, no resuelve las limitaciones de este instrumento para hacer frente al desafío de la contaminación por plásticos (Cocchini 2024, p. 22), por lo que la Asamblea de las Naciones Unidas para el Medio Ambiente adoptó en 2022 la Resolución 5/14 sobre la elaboración de un instrumento internacional jurídicamente vinculante sobre la contaminación por plásticos, incluso en el medio marino (PNUMA 2022a), que se encuentra actualmente en proceso de negociación (NU 2024). Por otro lado, en relación con los residuos eléctricos y electrónicos, el Anexo II exime del procedimiento del CFP a los residuos que se pre-procesan en el país exportador hasta convertirlos en concentrados no peligrosos. Esto afecta claramente a los denominados "productos reparables" o reutilizables, que quedan sujetos a un mínimo control (Puckett 2022). En estas situaciones, si se declaran por los operadores económicos implicados como productos reparables o reutilizables para eludir las disposiciones del Convenio de Basilea, es muy difícil establecer su naturaleza como residuos peligrosos cuyo movimiento transfronterizo está sujeto al procedimiento del CFP.

3.2. Los objetivos y las obligaciones de las Partes del Convenio de Rotterdam

El Convenio de Rotterdam tiene como objetivo, de acuerdo con su art. 1, "promover la responsabilidad compartida y los esfuerzos conjuntos de las Partes en la esfera del comercio internacional de ciertos productos químicos peligrosos". Para ello, facilita "el intercambio de información acerca de sus características, estableciendo un proceso nacional de adopción de decisiones sobre su importación y exportación y difundiendo esas decisiones a las Partes."

Para el logro de esta finalidad, el Convenio proporciona un mecanismo para el intercambio obligatorio de información que permite a las Partes tomar decisiones informadas. Dispone la exigencia de la notificación previa por escrito por parte del país exportador y el consentimiento fundamentado previo (CFP) por escrito por parte del país importador para ciertos productos químicos cuando son objeto de comercio internacional, mientras que con respecto a otros basta la notificación. Así, el Convenio prohíbe la exportación de cualquier producto químico incluido en su Anexo III (productos "prohibidos" o "severamente restringidos" por dos o más Partes por razones sanitarias o ambientales), a menos que conste el CFP del país importador (arts. 5, 10 y 11). Por otro lado, el art. 12 del Convenio prevé un procedimiento de simple notificación para los productos químicos que no están recogidos en el Anexo III, pero que han sido prohibidos o severamente restringidos por algún Estado Parte. Además, el Convenio de Rotterdam contiene algunas exenciones, con un alcance limitado, que permiten a los Estados Parte obviar la aplicación del procedimiento del CFP del país importador cuando la concentración del producto no alcanza el umbral establecido en el Convenio. Éstas se refieren principalmente a tres sustancias recogidas en el

Anexo III como formulaciones extremadamente peligrosas que se utilizan en la agricultura como fungicidas e insecticidas para el control de plagas.

A diferencia de los Convenios de Basilea, Estocolmo y Minamata, no establece principios de gestión ni restricciones a la importación y exportación de productos químicos y plaguicidas que son objeto de comercialización, ni una prohibición expresa de comercializar estos productos con Estados no Parte en el Convenio. Tampoco limita el derecho a exportarlos hacia aquellos Estados que no hayan notificado a la Secretaría del Convenio su oposición a otorgar el consentimiento para estas importaciones. Impone únicamente una obligación de carácter procedimental para su traslado transfronterizo, la de sujetar este movimiento al procedimiento del CFP. Por otro lado, hay que avanzar que el Convenio no delimita los usos específicos a los que pueden dedicarse los productos severamente restringidos, más allá de señalar que su finalidad es proteger la salud humana o el medio ambiente, por lo que ésta es una apreciación que queda en manos de cada una de las Partes. Todas ellas constituyen limitaciones importantes para la regulación internacional completa del comercio de sustancias peligrosas y plaguicidas (Emory 2000, p. 54; Pallemaerts 2003, pp. 441 y 582; McDorman 2004, p. 188). De hecho, a pesar de que su art. 15 permite a las Partes aplicar medidas más estrictas, entre las que podrían contarse la prohibición de exportación de plaguicidas prohibidos en el territorio de Estado, esta prohibición solo puede concretarse a partir de la entrada en vigor de la enmienda de 1994 del Convenio de Basilea, y ello solo si concurren tres circunstancias: los productos químicos están también incluidos en el Anexo I de este último tratado o poseen alguna característica de peligro recogida en su Anexo III; éstos productos químicos se destinan a las operaciones de recuperación o eliminación de su Anexo IV y; estos productos químicos proceden los países desarrollados del Anexo VII que han ratificado la enmienda y se dirigen hacia los países en desarrollo.

3.3. Los objetivos y las obligaciones de las Partes del Convenio de Estocolmo

El Convenio de Estocolmo responde a la preocupación pública sobre los graves peligros que presentan los COPs, siendo su objetivo principal, conforme a su art. 1, la protección de la salud humana y el medio ambiente. Debe notarse que esta disposición fundamenta estas obligaciones en el principio de precaución que, presente también en los otros convenios de manera implícita, se recoge en esta ocasión de forma expresa. Su inclusión en la parte dispositiva del tratado fue objeto de un debate considerable durante las negociaciones del Convenio (Yoder 2003, pp. 126 y 144; Karlaganis *et al.* 2001, p. 219; Godduhn y Duffy 2003, p. 348) y constituyó, en su momento, un elemento muy significativo en pro de la protección del medio ambiente a nivel mundial, especialmente en lo que afectaba a la inclusión futura de nuevas sustancias químicas para su regulación (Yoder 2003, p. 154; Garnett, Van Calster 2021, p. 166; Wang *et al.* 2022, p. 2942).

Para el logro de este objetivo, el art. 3 ordena a la Partes la adopción de medidas para reducir o eliminar la liberación intencional de los COPs y dispone, en particular, la prohibición o eliminación de la "producción y utilización de los productos químicos enumerados en el anexo A" y la restricción de la "producción y utilización de los productos químicos incluidos en el anexo B", que pueden seguir usándose para determinados propósitos que el Convenio considera aceptables. Además, su art. 5 requiere la adopción de las medidas necesarias para reducir o eliminar la liberación no intencional de los productos químicos incluidos en el Anexo C. El Convenio exige el uso de técnicas de gestión ambientalmente racionales para la liberación intencional (art. 6), mientras que para la reducción de las emisiones de aquellos que se producen de forma no intencional, es esencial el recurso a las mejores técnicas disponibles (art. 5).

En este contexto y conforme al art. 3, la importación de las sustancias incluidas en los Anexos A y B solo puede producirse cuando su eliminación se realice de manera ambientalmente racional y se destine a un uso permitido por el Estado importador; mientras que su exportación solo es posible, mediante la aplicación del procedimiento del CFP, cuando existe una exención específica para su producción o uso y se destina "[a] una Parte que tiene autorización para utilizar ese producto químico en virtud del anexo A o anexo B" o "[a] un Estado que no es Parte en el presente Convenio, que haya otorgado una certificación anual a la Parte exportadora", en la que se garantice que se evitarán o minimizarán las liberaciones de estas sustancias en el medio ambiente, que los productos químicos se eliminarán de forma respetuosa con el medio ambiente y que se respetarán las disposiciones del Anexo B.

Sin embargo, el Convenio no establece un procedimiento específico para el comercio internacional de estos productos y se remite únicamente a la aplicación del procedimiento del CFP tal y como se configura en los Convenios de Basilea y de Rotterdam. En este caso, como en el anterior, la enmienda del Convenio de Basilea en 1994 tendría también el efecto de la prohibición de la exportación de estas sustancias desde los países desarrollados hacia los países en desarrollo cuando se destinan a operaciones de recuperación y eliminación. Pero en cambio, se excluye el procedimiento del CFP para los movimientos transfronterizos en el caso de las sustancias no producidas intencionalmente que aparecen listadas en el Anexo C, ya que éstas solo se sujetan a la existencia de las mejores técnicas disponibles y las mejores prácticas medioambientales para reducir o eliminar las emisiones.

Por otro lado, como sucede con el Convenio de Basilea, el Convenio de Estocolmo prevé la posibilidad de excluir la aplicación de las disposiciones convencionales con respecto a la producción y uso de ciertos productos químicos. Su art. 4 permite que una Parte pueda solicitar una exención para seguir produciendo o utilizando sustancias incluidas en los Anexos A y B que están, en principio, prohibidas o severamente restringidas. Estas exenciones, que pueden ser adoptadas por la Conferencia de las Partes (CoP) por un periodo de cinco años y que se incorporan a un Registro establecido a tal efecto, están motivadas por una "razón específica" o porque la sustancia en cuestión sirve para un "propósito aceptable". Tan solo se requiere que la Parte que solicita la exención justifique "su necesidad continua de registrar dicha exención", pero no se indican los motivos, algo que tampoco hacen otras disposiciones del Convenio ni ha detallado la Secretaría (Garnett y Van Calster 2021, p. 169). Actualmente, están vigentes dos exenciones que responden a "propósitos aceptables" y que afectan a la producción y uso del DDT, que se permite para el control de vectores de enfermedades como el paludismo y a la producción y uso de varias sustancias para el control de plagas de insectos en la actividad agrícola. En cambio, las exenciones por "razones específicas" son más numerosas. Así, siguen vigentes exenciones para la producción y uso de varias sustancias incluidas en sus Anexos A y B, todas tóxicas y varias de ellas COPs, que se utilizan en diversas aplicaciones industriales como retardantes de llama, pesticidas, aditivos en plásticos o tratamiento de superficies.

3.4. Los objetivos y las obligaciones de las Partes del Convenio de Minamata

El Convenio de Minamata persigue, de acuerdo con su art. 1, la protección de la salud humana y el medio ambiente frente a las emisiones y liberaciones antropógenas de mercurio y compuestos de mercurio. El Convenio toma como base los Convenios BRS, por lo que su estructura es bastante similar, pero, a diferencia de estos, es el único que en realidad ofrece un sistema de gestión integral a lo largo del ciclo de vida, regulando casi todos los aspectos de la gestión el mercurio.

De una parte, establece la reducción de las emisiones y la liberación de mercurio procedente de procesos industriales y de la gestión de los residuos (arts. 8 y 9). Para ello prohíbe la extracción de mercurio que no se estuviera realizando en el territorio del Estado Parte en la fecha de entrada en vigor (2017) y establece un periodo de 15 años para aquellas extracciones que se estuvieran produciendo en aquel momento (art. 3). Dispone la eliminación progresiva del uso de mercurio en determinados productos, como pilas, termómetros, barómetros, cosméticos y lámparas fluorescentes (art. 4) y en procesos, especialmente la minería a nivel artesanal y a pequeña escala del oro (art. 5), además del almacenamiento provisional ambientalmente racional y la gestión segura de los residuos de mercurio (art. 10). Asimismo, restringe los movimientos trasfronterizos de mercurio y de los productos que contengan mercurio, ya que solo permite su exportación hacia Estados Parte o no Parte, cuando existe el CFP y se dan tres condiciones: que su traslado esté permitido en el Estado importador, que su almacenamiento provisional sea ambientalmente racional y que existan medidas para garantizar la protección de la salud humana y el medio ambiente. Por tanto, en la misma línea del Convenio de Estocolmo, aborda todo el ciclo de vida del mercurio, incluyendo su extracción, comercio, uso en productos y procesos, emisiones y liberación y gestión de los residuos.

4. LAS LIMITACIONES DE LOS INSTRUMENTOS INTERNACIONALES EN MATERIA DE GESTIÓN DE RESIDUOS Y PRODUCTOS QUÍMICOS

Los instrumentos internacionales aplicables a este sector dejan algunas puertas entreabiertas que permiten escapar de la aplicación rigurosa de la letra y el espíritu de sus disposiciones. Este apartado examina cuatro aspectos que constituyen posibles limitaciones a su capacidad operativa, con respecto de la fragmentación normativa e institucional existente en este sector, la aplicación del procedimiento del CFP, la posibilidad de establecer un régimen paralelo más flexible o las dificultades para desplegar adecuadamente los procedimientos para la inclusión de nuevos productos químicos, especialmente cuando se encuentran activos en el mercado.

4.1. La fragmentación normativa e institucional en materia de gestión de residuos peligrosos y productos químicos

La fragmentación normativa e institucional de los marcos normativos sectoriales ambientales constituye uno de los principales déficits del Derecho Internacional del Medio Ambiente (DIMA). Este reto ya se había percibido tempranamente con respecto de la regulación internacional sobre residuos peligrosos y productos químicos. A finales de los años noventa se debatió en el seno del PNUMA la posibilidad de elaborar un convenio marco que abordara la gestión de diferentes sustancias, incluidos los productos químicos y los residuos, una opción que acabó decayendo por la oposición de la mayoría de los Estados (Kummer Peiry 2021, p. 449; Perrez 2006, p. 247). Frente a este fracaso, se inició la búsqueda de nuevas fórmulas para facilitar la agrupación y vinculación de este tipo de acuerdos, más allá de su cercanía temática.

Una primera respuesta vino también de la mano del PNUMA, que desarrolló en 2006 el Enfoque Estratégico para la Gestión de Productos Químicos a Nivel Internacional (SAICM) (PNUMA 2007, p. 16). El SAICM tan solo cuenta con una secretaría muy modesta y recursos financieros limitados para desarrollar sus actividades, pero aborda la gestión de los productos químicos a lo largo de su ciclo de vida por medio de un enfoque integral e intersectorial. De acuerdo con su texto fundacional, sin embargo, esta iniciativa "no es un instrumento jurídicamente vinculante", siendo su objetivo el de promover la cooperación voluntaria entre los múltiples actores públicos y privados que intervienen en este sector, pero sin establecer obligaciones substantivas (PNUMA/OMS 2006, p. 10). Tampoco ha resuelto el tratamiento excesivamente fragmentado de estos materiales, en función de si se ubican en el mundo de los residuos o en el de los productos químicos, ni las lagunas existentes en el seguimiento de determinadas sustancias especialmente preocupantes por sus efectos en el medio ambiente y la salud pública.

Desde las instituciones internacionales se siguió trabajando para encontrar un enfoque más coherente y global, que habría de resultar, finalmente, en la vinculación formal de los Convenios BRS (PNUMA 2010). Llama la atención que la iniciativa no se extendiera al Convenio de Minamata de 2013 sobre el mercurio, cuyas negociaciones se produjeron en paralelo con este proceso (Kummer Peiry 2021, p. 450)[7]. Con esta iniciativa se persigue reconducir la fragmentación normativa e institucional mediante la integración de elementos organizativos de carácter institucional (que pueden agruparse para reducir el esfuerzo administrativo, los costes y mejorar la fertilización cruzada entre los diferentes instrumentos) y elementos funcionales (que pueden conectarse en torno a las funciones relativas a la adopción de decisiones, la aplicación y la realización de actividades de apoyo como la creación de capacidades y la transferencia de recursos) (Von Moltke 2006; Oberthür 2002). Las CoPs conjuntas de los Convenios BRS (denominadas TripleCoP) que se han realizado hasta ahora han servido para examinar algunas de estas cuestiones comunes. Sin embargo, también han evidenciado los retos relacionados, principalmente con la salvaguarda de la autonomía jurídica y la independencia de cada uno de estos tres instrumentos. En cualquier caso, el proceso de sinergia entre los Convenios BRS, un experimento en sí mismo (Allan, Downy y Templeton 2018, p. 558), constituye hasta ahora la iniciativa más relevante para reforzar la integración de acuerdos multilaterales ambientales (Campins Eritja 2022), que puede aprovecharse para otros grupos de tratados "temáticos" ambientales.

---

7 Asimismo, de esta iniciativa se excluyó el Protocolo de Montreal, debido a que, al contar con un funcionamiento ya muy consolidado y unos recursos financieros importantes, el atractivo para agruparse con otros convenios sobre residuos y productos químicos resultaba limitado (Liu y Middleton 2017, p. 906)

4.2. El alcance del procedimiento del consentimiento fundamentado previo

Los tres Convenios BRS, así como el Convenio de Minamata recurren al procedimiento del CFP como principal mecanismo de control del comercio internacional de los flujos de residuos peligrosos y productos químicos. De una parte, los Convenios de Basilea, Estocolmo y Minamata introducen este procedimiento para controlar los movimientos transfronterizos de determinados materiales. De la otra, el despliegue de dicho procedimiento en el comercio internacional de ciertos productos químicos es el objetivo del Convenio de Rotterdam. Aunque lo utilizan de maneras diferentes, el propósito es el mismo: garantizar que los países puedan tomar una decisión informada sobre la importación de sustancias potencialmente peligrosas (Kummer Peiry 2021, p. 446).

En la práctica, el procedimiento del CFP ofrece a los Estados importadores la oportunidad de aceptar o rechazar estos materiales. Su correcta ejecución depende de que cada Estado pueda considerar y evaluar los riesgos potenciales y, de este modo, adoptar una decisión informada con respecto de su importación (Nagai 2004, p. 32). Esto solo sucede si el país de importación dispone de información completa sobre la naturaleza de los residuos peligrosos o de las sustancias químicas, sobre el método más adecuado para su eliminación o su gestión desde el punto de vista ambiental y sobre el tipo de impactos que pueden producirse. Sin embargo, son muchos los problemas que conlleva su puesta en práctica en los países exportadores, importadores o de tránsito. Entre otros, pueden mencionarse la falta de conocimiento o experiencia por parte de las autoridades competentes, la existencia de distintas definiciones de estos materiales y de códigos arancelarios diferentes, el coste y la duración del proceso administrativo, que en ocasiones puede llevar varios meses, incluso años, o la inmovilización de capital por las garantías financieras para los exportadores.

Probablemente, el mayor problema es que el procedimiento del CFP presupone una "información perfecta" en una relación comercial que se supone entre iguales, lo que en muchas ocasiones no sucede (Cox 2010, p. 280). Existen centenares de casos (EJAtlas) que muestran como el procedimiento del CFP, por sí sólo, no garantiza un control suficiente sobre el flujo transfronterizo de estos materiales, especialmente cuando alguna de las Partes que intervienen son países en desarrollo.

Cabe recordar, en este sentido, que el preámbulo del Convenio de Basilea menciona explícitamente las "limitadas capacidades de los países en desarrollo para gestionar los desechos peligrosos y otros desechos" y "la necesidad de promover la transferencia de tecnología para la gestión racional de los desechos peligrosos y otros desechos producidos localmente, en particular a los países en desarrollo", pero luego solo requiere "la confirmación de la existencia de un contrato entre el exportador y el eliminador en el que se especifique la gestión ambientalmente racional de los residuos en cuestión" (art. 6.3.b). Asimismo, el Convenio de Rotterdam requiere que, teniendo en cuenta las necesidades de los países en desarrollo, las Partes cooperen "en la promoción de la asistencia técnica para el desarrollo de la infraestructura y la capacidad necesarias para el manejo de los productos químicos a efectos de la aplicación del presente Convenio" (art. 16), pero solo exige que la exportación de determinados productos se sujete a ciertos "requisitos de etiquetado que aseguren la presencia de información adecuada con respecto a los riesgos y/o los peligros para la salud humana o el medio ambiente" (art. 13.2). Los Convenios de Estocolmo (arts. 12, 13 y 14) y Minamata (arts. 13 y 14) son los únicos en disponer la asistencia técnica específica a las Partes que son países en desarrollo, especialmente los pequeños Estados insulares en desarrollo o países menos adelantados, y prever de manera expresa la prestación del apoyo económico necesario mediante mecanismos financieros específicos. Sin perjuicio del desarrollo de iniciativas como la *Green Customs Initiative* en 2001 (PNUMA 2008), la ausencia de un mecanismo financiero para promover la transferencia de tecnología y la creación de capacidades tanto en el Convenio de Basilea como en el Convenio de Rotterdam, constituye una importante limitación para mejorar la plena aplicación del procedimiento del CFP en los países en desarrollo, ya que éste pierde su razón de ser si el Estado importador carece de la capacidad necesaria para valorar y formar adecuadamente su decisión con respecto de los materiales importados (Victor 1998, p. 254). Como señalan Sagar y Van Deveer, la inclusión en los tratados ambientales de una referencia a las necesidades de los países en desarrollo y a la creación de capacidades, a efectos únicamente de inventario, no tiene ningún sentido si no se acompaña de medidas precisas para instituir y reforzar las políticas públicas de gestión ambiental a medio y largo plazo en estos países (Sagar y Van Deveer 2005).

4.3. La existencia de un régimen paralelo mediante acuerdos bilaterales y multilaterales

El art. 11 del Convenio de Basilea confiere a los Estados Parte la facultad de concluir acuerdos multilaterales o bilaterales para el traslado transfronterizo de residuos con otros Estados, Parte o no del Convenio, que les permiten sustraerse de la aplicación de la prohibición de exportación de residuos peligrosos, a condición de que las disposiciones aplicables en el territorio del país importador no sean menos ambientalmente racionales que las previstas en el Convenio y éste no haya prohibido expresamente las importaciones de residuos.

Hasta ahora, se han notificado a la Secretaría del Convenio un número considerable de acuerdos multilaterales o regionales. Los ejemplos más notorios son, de una parte, el Reglamento (CE) 1013/2006 del Parlamento Europeo y del Consejo, de 14 de junio de 2006, relativo a los traslados de residuos (UE 2006), que prohíbe las exportaciones de residuos destinados a la eliminación a países de fuera de la UE, salvo a países de la Asociación Europea de Libre Comercio (AELC) que sean Parte en el Convenio de Basilea y las exportaciones con destino a la valorización hacia países que no son miembros de la OCDE. De otra parte, también cabe destacar la Decisión del Consejo de la OCDE de 2001 sobre el control de los movimientos transfronterizos de desechos destinados a operaciones de recuperación (OCDE 2001), que establece dos procedimientos para los traslados de residuos destinados a su valorización, diferenciando entre los residuos que no presentan un riesgo para la salud humana y el medio ambiente y no están por tanto sujetos a ningún control adicional y los residuos que presentan el suficiente riesgo para justificar un control más estricto. Como acuerdos de carácter bilateral se han notificado a la Secretaría del Convenio diversos tratados entre Alemania, Austria, Finlandia, Francia, los Países Bajos, Italia, España, Canadá, Australia, la Federación Rusa o Arabia Saudita y diversos países en África, América Latina, Asia, Europa del Este o en los Balcanes, además de los que tienen estos países con Estados Unidos, que no es Parte en el Convenio[8].

La obligación de garantizar esta gestión ambientalmente racional compete principalmente al Estado exportador: por un lado, no puede autorizar el traslado si tiene alguna razón para sospechar que el Estado de importación no garantiza suficientemente la gestión ambientalmente racional de los residuos, lo que suele suceder en varios países en desarrollo que no disponen del marco legal y administrativo necesario y que evidencian grandes carencias técnicas al respecto; por otro lado, el Estado de exportación no puede transferir esta obligación a los Estados de tránsito afectados por el traslado. Sin embargo y a falta de la determinación de una instancia internacional competente para pronunciarse sobre esta cuestión, el juicio de la compatibilidad de los acuerdos que se conciertan en virtud del art. 11 del Convenio constituye por ahora, una prerrogativa de los Estados Parte en el mismo.

La entrada en vigor de la enmienda de 1994 afecta también este derecho a concertar arreglos o acuerdos conforme el art. 11, ya que excluye del ámbito de aplicación de esta disposición los acuerdos sobre traslado de residuos concluidos con países no miembros de la OCDE. No afecta, en cambio, a las exportaciones de residuos peligrosos hacia Estados miembros de la OCDE, Partes o no en el Convenio. De modo que la situación puede reconducirse a dos regímenes parcialmente distintos: por un lado, los Estados Parte que han ratificado la enmienda podrán celebrar dichos acuerdos únicamente con Estados, Parte o no en el Convenio, pero miembros de la OCDE; mientras que por otro lado, los Estados Parte que no han ratificado la enmienda y se rigen por el Convenio no enmenda-

8 En relación con estos acuerdos, véase http://archive.basel.int/article11/bilateral.html.

do podrán seguir concertando acuerdos sobre el movimiento transfronterizo de residuos con Estados, Parte o no en el mismo, independientemente de que éstos sean o no miembros de la OCDE.

4.4. Las dificultades para la inclusión de nuevos residuos y productos químicos

La inclusión de nuevos residuos peligrosos o de nuevos productos químicos en estos instrumentos internacionales se produce normalmente mediante complejos procedimientos para la enmienda de sus anexos, un procedimiento en el que participan las CoPs, así como determinados órganos especializados. En el caso del Convenio de Basilea, por ejemplo, el Grupo de Trabajo de Composición Abierta (PNUMA 2002b) es el órgano subsidiario que tiene la función de asistir y asesorar a la CoP. Entre otras cuestiones, se ocupa de revisar las solicitudes de modificación de las listas de residuos contenidas en los anexos del Convenio, junto con el Grupo de Trabajo de Expertos sobre la Revisión de los Anexos. En el Convenio de Estocolmo es el Comité de Examen de los Contaminantes Orgánicos Persistentes quien se ocupa de evaluar la información disponible en las propuestas de inclusión de nuevos productos químicos y revisarla sobre la base de los criterios establecidos en los Anexos D, E y F del Convenio. En el Convenio de Rotterdam, el Comité de Examen de Productos Químicos se encarga de evaluar qué sustancias deben someterse al procedimiento del CFP, proponiendo la inclusión de nuevos productos en el Anexo III sobre la base de los criterios recogidos en el Anexo II (c).

En los Convenios de Basilea, Estocolmo y Minamata, las enmiendas a estos instrumentos se adoptan por la CoP mediante consenso o, "[U]na vez agotados todos los esfuerzos por lograr un consenso sin que se haya llegado a un acuerdo (...), por mayoría de tres cuartos de las Partes presentes y votantes". El mismo procedimiento se aplica a las enmiendas de sus anexos. Las primeras entran en vigor respecto de las Partes que las hayan aceptado una vez ratificadas por tres cuartos de las Partes, mientras que las segundas entran en vigor transcurrido un periodo de tiempo que puede variar entre seis meses y un año, para todas las Partes a menos que se hayan opuesto expresamente para sustraerse a su aplicación (art. 17 y 18 Convenio de Basilea, art. 21 y 22 Convenio de Estocolmo y art. 26 y 27 Convenio de Minamata).

La situación es más complicada en el Convenio de Rotterdam. Por un lado, conforme a los arts. 5 y 6 del Convenio, el inicio del proceso para la inclusión de un nuevo producto químico en el Anexo III es diferente al procedimiento para incorporar una formulación plaguicida extremadamente peligrosa. En el primer caso, se requiere que dos Partes que representen a distintas regiones decidan de forma independiente prohibir o restringir severamente el uso de la sustancia (art. 5.5), mientras que, en el segundo, basta que un país en desarrollo, Parte en el Convenio, inicie el procedimiento para añadir la formulación plaguicida y tiene un proceso más corto (art. 6.1).

Por otro lado, el art. 22, aplicable a las enmiendas de los anexos del Convenio, dispone que para la inclusión de nuevas sustancias en el Anexo III, "[L]a Conferencia de las Partes adoptará por consenso sus decisiones sobre su aprobación". La exigencia de que las propuestas del Comité de Examen de Productos Químicos deban ser aprobadas por consenso por la CoP (art. 5.6, 6.5 y 21.5.b) resulta en un obstáculo muy importante ya que impide con mucha frecuencia la inclusión de nuevos productos y su sujeción al procedimiento del CFP. En el fondo, evidencia la dificultad que encuentran los Estados en la adopción de decisiones políticas en un contexto de incertidumbre científica, especialmente cuando debe combinarse este conocimiento científico limitado con importantes intereses de los actores privados dominantes en el sector industrial y agrícola (Kinniburgh *et al.* 2022, p. 12). En la práctica, algunos países que siguen produciendo, utilizando y exportando sustancias cuya incorporación en el Anexo III se ha propuesto bloquean desde hace años este procedimiento porque lo perciben como una prohibición *de facto* a su comercialización. Por esta razón, otros Estados cuestionan la exigencia del consenso ya que pone en riesgo la efectividad del Convenio con respecto al control de productos químicos peligrosos que se encuentran activos en el mercado. En esta línea, un grupo de Estados (PNUMA 2017a) promovió en 2017 la enmienda del art. 22 para permitir la inclusión de nuevas sustancias en el Anexo III con una mayoría de tres cuartas Partes, una vez agotados los esfuerzos para lograr el consenso (PNUMA 2017b). La oposición de varios Estados, algunos porque temían perder su derecho de veto y otros porque querían evitar que esta mayoría pudiera convertirse en la norma (Allan, Downie y Templeton 2018, p. 568), condenó esta iniciativa al fracaso, retirándose la propuesta en 2019 (PNUMA 2017c, PNUMA 2018). De haber salido adelante, el planteamiento habría sido similar al que se aplica de forma general para la adopción de enmiendas al texto del Convenio y al que se utiliza para la aprobación de enmiendas a los anexos de los Convenios de Basilea, Estocolmo y Minamata.

5. REFERENCIAS

5.1. Referencias doctrinales

Allan, Jane Iris; Downie, David; Templeton, Jessica (2018), "Experimenting with TripleCOPs: Productive innovation or counterproductive complexity?", *International Environmental Agreements: Politics, Law and Economics*, vol. 18, pp. 557-572. http://dx.doi.org/10.1007/s10784-018-9404-2.

Campins Eritja, Mar (2022), "Basilea, Roterdam y Estocolmo: un régimen internacional permeable para la gestión de residuos peligrosos y productos químicos", *Revista Catalana de Dret Ambiental*, vol. 13, núm. 2, pp. 1-60. http://dx.doi.org/10.17345/rcda3405.

Carlini, Giulia; Kleine, Konstantin (2018), "Advancing the International Regulation of Plastic Pollution beyond the United Nations Environment Assembly Resolution on Marine Litter and Microplastics", *Review of European, Comparative and International Environmental Law,* vol. 27, núm. 3, pp. 234-244. http://dx.doi.org/10.1111/reel.12258.

Cocchini, Andrea (2024), "La batalla contra la contaminación plástica desde el derecho internacional público: ¿puede el futuro tratado ayudar a ganarla?", *Actualidad Jurídica Ambiental,* núm. 144, pp. 1-53. http://dx.doi.org/10.56398/ajacieda.00366.

Cox, Gary (2010), "The Trafigura Case and the System of Prior Informed Consent Under the Basel Convention. A Broken System?", *Law, Environment and Development Journal,* vol 6, núm. 3, pp. 263-283.

Temper, Leah; del Bene, Daniela; Martínez Alier, Joan (2015), Mapping the frontiers and front lines of global environmental justice: the EJAtlas. *Journal of Political Ecology,* vol. 2, pp. 255-278. http://dx.doi.org/10.2458/v22i1.21108.

Emory, Richard W. (2000) "Probing the Protections in the Rotterdam Convention on Prior Informed Consent", *Yearbook of the Colorado Journal of International Environmental Law and Policy,* vol. 12, pp. 47-69.

Forti, Vanessa *et al.* (2020), *The Global E-waste Monitor 2020: Quantities, Flows and the Circular Economy Potential,* UN University,

Garnett, Kathleen; Van Calster, Geert (2021), "The Concept of Essential Use: A Novel Approach to Regulating Chemicals in the European Union", *Transnational Environmental Law,* vol. 10, núm. 1, pp. 159-187. http://dx.doi.org/10.1017/S2047102521000042.

Godduhn, Anna; Duffy, Lawrence K. (2003), "Multi-generation health risks of persistent organic pollution in the far north: use of the precautionary approach in the Stockholm Convention", *Environmental Science & Policy,* vol. 6, pp. 341-353. http://dx.doi.org/10.1016/S1462-9011(03)00061-3.

IISD (2014), *A Brief Historical IISD, Perspective on International Progress in the Sound Management of Chemicals and Wastes,*

Illes, Andrea; Geeraerts, Kristof; Schweizer, Jean-Pierre (2015), *Illegal shipment of e-waste from the EU: A case study on illegal e-waste export from the EU to China. A study compiled as part of the EFFACE project.* IEEP, London.

Karlaganis, Georg; Marioni, Renato; Sieber, Ivo; Weber, Andreas (2001), "The Elaboration of the 'Stockholm Convention' on Persistent Organic Pollutants (POPs): A Negotiation Process Fraught with Obstacles and Opportunities", *Environmental Science & Pollution Research,* vol. 8, núm. 3, pp. 216-221. http://dx.doi.org/10.1007/BF02987393.

Kinniburgh, Fiona; Selin, Henrik; Selin, Noelle; Schreurs, Miranda (2022), "When private governance impedes multilateralism: The case of international pesticide governance", *Regulation & Governance,* pp. 1-24. http://dx.doi.org/10.1111/rego.12463.

Kummer Peiry, Katharina (2021), "International chemicals and waste management", en Fitzmaurice, Malgosia; Brus, Marcel; Merkouris, Panos; Rydberg, Agnes, *Research Handbook on International Environmental Law,* Edward Elgar, Cheltenham, pp. 441-458. http://dx.doi.org/10.4337/9781786439710.00029.

Liu, Ning; Middleton, Carl (2017), "Regional clustering of chemicals and waste multilateral environmental agreements to improve enforcement", *International Environmental Agreements,* vol. 17, pp. 899-919. http://dx.doi.org/10.1007/s10784-017-9372-y.

McDorman, Ted L. (2004), "The Rotterdam Convention on the Prior Informed Consent Procedure for Certain Hazardous Chemicals and Pesticides in International Trade: Some Legal Notes",

Review of European, Comparative & International Environmental Law, vol. 13, núm. 2, pp. 187-200. http://dx.doi.org/10.1111/j.1467-9388.2004.00396.x.

Nagai, Massa (2004), "National Implementation of the International Prior Informed Consent Procedures Concerning Hazardous Chemicals and Wastes", *Sustainable Development Law and Policy*, vol. 4, núm. 2, pp. 29-34.

Oberthür, Sebastian (2002), "Clustering of multilateral environmental agreements: Potentials and limitations", *International Environmental Agreements: Politics, Law and Economics*, vol. 2, pp. 317-340.

Pallemaerts, Marc (2003), *Toxics and Transnational Law: International and European Regulation of Toxic Substances as Legal Symbolism*, Hart Publishing, Oxford.

Paveley, Rebecca (2009), "Closer Cooperation, not Merger", *Environmental Policy and Law*, vol 39, núm. 4-5, pp. 188-189.

Perrez, Franz Xaver (2006), "The Strategic Approach to International Chemicals Management: Lost Opportunity or Foundation for a Brave New World?", *Review of European, Comparative and International Environmental Law*, vol. 15, núm. 3, pp. 245-257. http://doi.org/10.1111/j.1467-9388.2006.00528.x

Puckett, Jim (2022), "Delegates and Environmentalists Celebrate New Global Restrictions on e-Waste Trade. Still one electronics dumping loophole remains to be closed", Basel Action Network.

Roch, Philippe; Perrez, Franz Xaver (2005), "International Environmental Governance: The Strive Towards a Comprehensive, Coherent, Effective and Efficient International Environmental Regime", *Colorado Journal of International Environmental Law and Policy*, vol. 16, núm. 1, pp. 1-25.

Sagar, Ambuj; Van Deveer, Stacy D. (2005), "Capacity Development for the Environment: Broadening the Scope", *Global Environmental Politics*, vol. 5, núm. 3, pp. 14-22. http://dx.doi.org/10.1162/1526380054794844.

Tuncak, Baskut; Ditz, Daryl (2013), *Paths to Global Chemical Safety: The 2020 Goal and Beyond*, Report to the Swedish Society for Nature Conservation, Center for International Environmental Law, Stockholm.

Victor, David G. (1998), "Learning by Doing in the Nonbinding International Regime to Manage Trade in Hazardous Chemicals and Pesticides" en Victor, David G.; Raustiala, Kal; Skolnikoff, Eugene B. (Eds)., *The Implementation and Effectiveness of International Environmental Commitments. Theory and Practice*, International Institute for Applied Systems Analysis, MIT Press, Cambridge, pp. 221-282.

Von Moltke, Konrad (2006), *On clustering international environmental agreements*, en Winter, Gerd (ed), *Multilevel Governance of Global Environmental Change*, Cambrige University Press, Cambridge, pp. 409-429. http://dx.doi.org/10.1017/CBO9780511720888.017.

Wang, Zhanyun; Summerson, Iona; Lai, Adelene; Boucher, Justin; Scheringer, Martin (2019), *Strengthening the Science-Policy. Interface in International Chemicals Governance: A Mapping and Gap Analysis*, International Panel on Chemical Pollution (IPCP).

Wang, Zhanyun, *et al.* (2022), "Enhancing Scientific Support for the Stockholm Convention's Implementation: An Analysis of Policy Needs for Scientific Evidence", *Environmental Science & Technology*, vol. 56, pp. 2936-2949. http://dx.doi.org/10.1021/acs.est.1c06120.

Weird, David; Schapiro, Mark (1981), *Circle of Poison: Pesticides and People in a Hungry World*, Food First Books-Institute for Food & Development Policy, Oakland.

Widawsky, Lisa (2008), "In My Backyard: How Enabling Hazardous Waste Trade to Developing Nations Can Improve the Basel Convention's Ability to Achieve Environmental Justice", *Environmental Law*, vol. 38, núm. 2, pp. 577-626.

Yang, Shiming (2020), "Trade for the environment: Transboundary hazardous waste movements after the Basel Convention", *Review of Policy Research*, vol. 37, núm. 5, pp. 713-738. http://dx.doi.org/10.1111/ropr.12386.

Yoder, Andrew J., (2003) "Lessons from Stockholm: Evaluating the Global Convention on Persistent Organic Pollutants", *Indiana Journal of Global Legal Studies*; vol. 10, núm. 2, pp. 113-156. http://dx.doi.org/10.2979/gls.2003.10.2.113.

Zimmermann, Rahel (2021), "The World Health Organization as actor in international environmental law? An analysis by example of the global waste challenge", *Review of European, Comparative and International Environmental Law*, vol. 30, núm. 3, pp. 363-374. http://dx.doi.org/10.1111/reel.12415.

5.2. Referencias normativas

5.2.1. Tratados internacionales

Convenio sobre la prevención de la contaminación del mar por vertimiento de desechos y otras materias, Londres, 29 diciembre de 1972, BOE núm. 269, de 10 noviembre 1975, enmendado en 1996 por el Protocolo, de 8 de noviembre de 1996; BOE núm. 77, de 31 de marzo de 2006).

Convenio para la Prevención de la Contaminación Marina Provocada por Vertidos desde Buques y Aeronaves, Oslo, 15 de febrero de 1972, *BO*E núm. 99, de 25 de abril de 1974.

Convenio MARPOL 73/78, Convenio internacional para prevenir la contaminación por los buques, Londres, 2 de noviembre de 1973 y Protocolo, Londres, 17 de febrero de 1978; *BOE* núm. 249, de 17 de octubre de 1984.

Convenio sobre protección del medio marino de la zona del mar Báltico (Convenio de Helsinki Revisado - 1992), Helsinki, 22 de marzo 1974, modificada el 9 de abril de 1992, *DOCE* L 73, de 16 de marzo de 1994.

Protocolo de Montreal, relativo a las sustancias que agotan la capa de ozono, Montreal, 16 de septiembre de 1987; *BOE* núm. 65, 17 de marzo de 1989.

Convenio de Basilea, sobre el control de los movimientos transfronterizos de los desechos peligrosos y su eliminación, 22 de marzo de 1989; BOE núm. 227, 22.09.94.

Bamako Convention on the Ban of the Import into Africa and the Control of Transboundary Movement and Management of Hazardous Wastes within Africa, 30 January 1991, *UNTS*, vol. 2101, p. 177.

Convenio OSPAR - Convenio para la Protección del Medio Ambiente Marino del Atlántico del Nordeste, París, 22 de septiembre de 1992; *BOE* núm. 150, de 24 de junio de 1998.

Acuerdo Centroamericano sobre movimientos transfronterizos de desechos peligrosos, XIII Cumbre de Presidentes del Istmo Centroamericano, Panama 9, 10 y 11, diciembre 1992.

Convention to ban the importation into Forum island countries of hazardous and radioactive wastes and to control the transboundary movement and management of hazardous wastes within the South Pacific Region (Waigani Convention), 16 September 1995, *UNTS*, vol. 2161, p. 91.

Agreement On The Control Of Transboundary Shipments Of Hazardous And Other Wastes Between States Members Of The Commonwealth Of Independent States, of April 12, 1996 (traducción no oficial), http://www.eco-portal.kz/modules.php?name=News&

Protocolo de 1996 relativo al Convenio sobre la prevención de la contaminación del mar por vertimiento de desechos y otras materias, Londres, 7 de noviembre de 1996, *BOE* núm. 77, de 31 de marzo de 2006.

Convenio de Rotterdam de 1998 sobre el procedimiento del consentimiento fundamentado previo aplicable a ciertos plaguicidas y productos químicos peligrosos objeto de comercio internacional, Rotterdam, 10 de septiembre de 1998; *BOE* núm.73, de 25 de marzo de 2004.

Convenio de Estocolmo sobre contaminantes orgánicos persistentes, Estocolmo el 22 de mayo de 2001; *BOE* núm. 151, de 23 de junio de 2004.

Convenio de Minamata sobre el mercurio, Kumamoto, 10 de octubre de 2013; *BOE* núm. 25, de 29 de enero de 2022.

5.2.2. Otros actos normativos internacionales

OCDE (2001), Decisión C(92)39 final y Decisión del Consejo relativo al Control de los Movimientos Transfronterizos de los Residuos destinados a las Operaciones de Valorización, Doc. C(2001)107/Final

NU (1972), Informe de la Conferencia de las Naciones Unidas sobre el Medio Humano Declaración de Estocolmo sobre el Medio Humano, Conferencia de las Naciones Unidas sobre el Medio Humano, Estocolmo, 5 a 16 de junio de 1972, Doc. A/CONF.48/14/Rev.1.

NU (1992), Informe de la Conferencia de Naciones Unidas sobre el Medio Ambiente y el Desarrollo, Declaración de Río sobre el Medio Ambiente y el Desarrollo, Conferencia de las Naciones Unidas sobre el Medio Ambiente y el Desarrollo, Río de Janeiro, 3-14 de junio de 1992, Doc. A/CONF.151/26/Rev.l (Vol. I).

PNUMA (1995), Decisions adopted by the Third meeting of the Conference of the Parties to the Basel Convention, UNEP/CHW.3/35.

PNUMA (2019), Enmiendas de los anexos II, VIII y IX del Convenio de Basilea, Doc. UNEP/ CHW/COP.14/BC/14/12.

PNUMA (2022a) Resolución aprobada por la Asamblea de las Naciones Unidas sobre el Medio Ambiente el 2 de marzo de 2022 5/14. Fin de la contaminación por plásticos: hacia un instrumento internacional jurídicamente vinculante, UNEP/EA.5/Res.14.

PNUMA (2022b), Enmiendas de los anexos II, VIII y IX del Convenio de Basilea, Doc. UNEP/ CHW/COP15/BC-15/18.

UE (2006), Reglamento (CE) 1013/2006 del Parlamento Europeo y del Consejo, de 14 de junio de 2006, relativo a los traslados de residuos, *DOUE* L 190, 12.7.2006.

5.3. Referencias documentales

Arctic Monitoring and Assessment Programme (AMAP) (2014), *Trends in Stockholm Convention Persistent Organic Pollutants (POPs) in Arctic air, human media and biota,* AMAP Technical Report No. 7.

European Parliament (2021), *The use of pesticides in developing countries and their impact on health and the right to food,* Policy Department for External Relations, J2021, p. 32.

Europol (2019,) *Trash worth millions of euros. From trash to treasure: the growing illegal waste trafficking market.*

NU (2024), Recopilación del proyecto de texto del instrumento internacional jurídicamente vinculante sobre la contaminación por plásticos, incluso en el medio marino, Doc. UNEP/PP/ INC.5/4.

PNUMA (2002a), Technical Guidelines for the Identification and Environmentally Sound Management of Plastic Wastes and for their Disposal. Note by the Secretariat, UNEP/CHW.6/21.

PNUMA (2002b), Report of the Conference of the Parties to the Basel Convention on the control of transboundary movements of hazardous wastes and their disposal. VI/36. Institutional arrangements, Doc. UNEP/CHW/COP.6/BC/VI/36.

PNUMA/OMS (2006), *Enfoque Estratégico para la gestión de productos químicos a nivel internacional. Textos acerca del SAICM y resoluciones de la Conferencia Internacional sobre gestión de los productos químicos.*

PNUMA (2007), Informe sobre las deliberaciones del Consejo de Administración/Foro Ambiental Mundial a nivel Ministerial en su 24o período de sesiones, Doc. UNEP/GC/24/12.

PNUMA (2008), *Green Custom Guide to Multilateral Environmental Agreements,* UNEP.

PNUMA (2010), Informe de las reuniones extraordinarias simultáneas de las conferencias de las Partes en los convenios de Basilea, Estocolmo y Rotterdam, Doc. UNEP/FAO/CHW/RC/POPS/EXCOPS.1/8.

PNUMA (2017a), Labor en el periodo entre reuniones relativa al proceso de inclusión de productos químicos en el anexo III del Convenio de Rotterdam Enmienda del Convenio de Rotterdam (artículo 21). Propuesta de modificación de los artículos 7, 10, 11 y 22 del Convenio y, Doc. UNEP/FAO/RC/COP.8/16/Add.1.

PNUMA (2017b), Explanatory notes from the Parties proposing the amendments to Articles 16 and 22 of the Rotterdam Convention, Doc. UNEP/FAO/RC/COP.8/INF/40.

PNUMA (2017c), Report of the Conference of the Parties to the Rotterdam Convention on the Prior Informed Consent Procedure for Certain Hazardous Chemicals and Pesticides in International Trade on the work of its eighth meeting, Doc. UNEP/FAO/RC/COP.8/27.

PNUMA (2018), Fomento de la eficacia del Convenio de Rotterdam. Propuestas de enmienda de los artículos 16 y 22 del Convenio de Rotterdam. Nota de la Secretaría, Doc. UNEP/FAO/RC/COP.9/13/Add.1.

Secretariats of the Basel, Rotterdam, Stockholm Conventions and the Minamata Convention on Mercury (2021), *Chemicals, Wastes and Climate Change. Interlinkages and Potential for Coordinated Action.*

WHO (2020), "Global E-waste Surging: Up 21 Per Cent in 5 Years".

Capítulo 14

LA GESTIÓN SOSTENIBLE DE LOS RECURSOS NATURALES (PESCA, BOSQUES, MINERALES)

JOSÉ MANUEL SOBRINO HEREDIA[1]

1. INTRODUCCIÓN

La Tierra nos proporciona una serie de recursos generados por la propia naturaleza sin la intervención del hombre, son los recursos naturales. Numerosas son las definiciones que se dan de los mismos, pero con carácter general los podemos calificar como todo componente o producto de la naturaleza susceptible de ser aprovechado por el ser humano para la satisfacción de sus necesidades biológicas o para desarrollar determinadas actividades económicas. Entre ellos, encontramos aquellos recursos que serán objeto del presente capítulo: los recursos pesqueros, los recursos forestales y los recursos mineros.

La explotación de estos recursos genera riqueza y desarrollo económico. Pero, su sobreexplotación puede provocar un impacto negativo en los propios recursos llevándolos hacia su agotamiento y, también, hacia el deterioro del ecosistema y la biodiversidad. Esta amenaza se ve agravada como consecuencia del incremento demográfico y de la miseria endémica que padece una parte de la población mundial, y, también, por el impacto que los adelantos tecnológicos tienen en la utilización de estos recursos al incorporar procedimientos intensivos de explotación que ponen en peligro las reservas y la capacidad de regeneración de numerosos recursos naturales.

Los recursos naturales son capturados, extraídos, explotados y transformados en productos y bienes, transportados a otros lugares del mundo y, antes o después, liberados al medio natural en forma de residuos o emisiones. En el caso de ciertos recursos no renovables, incluidos numerosos metales y minerales para la construcción, el suministro está asegurado y no habría motivos de alarma a corto o medio plazo, siempre y cuando se racionalice su explotación y se busquen nuevos yacimientos. Para muchos recursos renovables, como la pesca o los bosques,

[1] Catedrático de Derecho Internacional Público en la Universidade da Coruña (j.sobrino@udc.es). Todas las páginas webs mencionadas en este estudio han sido consultadas el 30 de noviembre de 2024. ORCID: https://orcid.org/0000-0002-6457-6012.

el reto más importante es garantizar su sostenibilidad, posibilitando su regeneración y salvaguardando las capacidades reproductivas de los ecosistemas.

En este capítulo, tras una presentación general sobre los recursos naturales, nos centraremos en el examen de los recursos pesqueros, los recursos forestales y los recursos minerales.

2. LOS RECURSOS NATURALES: ASPECTOS GENERALES

La distribución de los recursos naturales en el mundo es el resultado de procesos naturales complejos y muy dilatados en el tiempo, de ahí que algunos países tengan recursos y otros no, así como que algunas zonas del planeta sean más ricas en recursos que otras. Esta desigualdad, fruto del azar de la naturaleza, unido a la existencia de un entorno económico y social en el que las disparidades de desarrollo entre los Estados no cesan de incrementarse, ha llevado a que muchos países hagan de la explotación de los recursos naturales localizados en sus territorios un elemento esencial para su desarrollo. De este modo, ven tales recursos, preferentemente, desde el punto de vista económico como una riqueza natural, objeto de apropiación y de intercambio económico, reivindicando la soberanía permanente sobre ellos (Rosenberg 1983; Zambrano 2009; Bungenberg y Hobe 2015).

Ahora bien, la explotación soberana de estos recursos naturales, reconocida por el Derecho Internacional y corolario económico del derecho a la libre determinación (AGNU 1962), no puede ser absolutamente discrecional, sino que debe equilibrarse con la responsabilidad de velar porque su uso no cause daño ni al medio ambiente de otros Estados ni al medio ambiente en general ni incida negativamente sobre el sistema climático que hace posible la vida en nuestro planeta (NU 1972, principio 21). Ello plantea la cuestión de la gestión de estos recursos, esto es la o las maneras en que se debería administrar el acceso, explotación y suministro de los mismos por los Estados en cuyos territorios se encuentren. Y, también, de aquellos que no se encuentran en zonas bajo la jurisdicción de ningún Estado, como el alta mar (AM), la Zona Internacional de los Fondos Marinos y Oceánicos (ZIFMO) o el espacio ultraterrestre.

Atenta a esta cuestión, la Comunidad internacional viene esforzándose desde hace años por establecer, de forma progresiva y continuada, mecanismos, instituciones y normas internacionales que favorecen la protección, uso responsable y sostenible de estos recursos, mediante la aplicación de prácticas sostenibles de explotación, la creación de zonas protegidas o la regulación de las actividades extractivas. No obstante, el constante e indiscriminado incremento en la explotación de muchos de estos recursos es una evidencia incuestionable, como, también lo son los efectos negativos que causa y que pueden conducir a crisis económicas y medioambientales.

Ello explica la multiplicación de foros y debates políticos que acompaña la gestión de los recursos naturales desde de la Cumbre de Río de Janeiro de 1992. De este modo, y en su estela, se ha adoptado un gran número de convenios, declaraciones, planes y programas referidos a la necesaria protección de los diferentes recursos naturales, a través de los cuales se ha regulado, con mayor o menor eficacia jurídica, las actividades humanas relacionadas con ellos. Algunos marcos intergubernamentales, como el Convenio sobre la Diversidad Biológica (CDB) o la Convención Marco de las Naciones Unidas sobre el Cambio Climático (CMNUCC) y el Acuerdo de París, son de amplio alcance, mientras que otros se refieren a recursos específicos (Convenio de Minamata sobre el Mercurio, 2013) o a una zona geográfica concreta (Convención sobre la Conservación de los Recursos Vivos Marinos Antárticos, CAMLR), o, en fin, a un recurso en particular (la Convención de Nueva York sobre especies transzonales y altamente migratoria de 1985). De este modo, un amplio abanico de leyes nacionales (Ley 42/2007, de 13 de diciembre, del Patrimonio Natural y de la Biodiversidad), acuerdos intergubernamentales, como los citados, resoluciones de Organizaciones internacionales universales (AGNU 2015) o regionales (TFUE art. 191.1; Convención sobre la Conservación de la Naturaleza y los Recursos Naturales de la Unión Africana de 1968, revisada en 2003), declaraciones de grandes cumbres multilaterales (NU 2002), mecanismos de certificación, códigos de conducta de las empresas y asociaciones de múltiples partes interesadas (Sobrino y Bürguin 2020) crean una compleja red de normas que afectan a las formas en que se utilizan los recursos naturales y se distribuyen los beneficios derivados de ellos.

Ahora bien, no todos los recursos naturales se ven afectados de igual forma por la explotación humana. Dependerá de su naturaleza, de la posibilidad de renovarse o no, de su inagotabilidad o, al contrario, del peligro de su agotamiento o desaparición. En relación con ello, podemos avanzar distintas clasificaciones de los recursos naturales. De esta manera, una primera clasificación es aquella en la que se tiene en cuenta si el recurso natural es o ha sido un ser vivo (recursos bióticos) o no (recursos abióticos). En cambio, si el criterio es el hecho de la posibilidad de volverlos a utilizar o no, entonces nos encontraremos con recursos naturales reutilizables o no reutilizables. Finalmente, por la disponibilidad de los recursos, en el tiempo, su tasa de generación y su ritmo de uso o consumo, podemos distinguir los recursos naturales renovables y los recursos naturales no renovables, que es la que vamos a utilizar respecto de los recursos pesqueros, forestales y minerales.

Así, los recursos renovables (pesqueros y forestales), se caracterizan por su inagotabilidad y capacidad de regeneración. Son recursos permanentes pues su existencia no se ve amenazada por el uso continuo. En ellos el ritmo de restauración o regeneración supera la tasa de consumo. Si se mantiene el equilibrio entre utilización y renovación se garantizaría que estos recursos puedan satisfacer las necesidades presentes sin comprometer la capacidad de las generaciones futuras para cubrir sus propias demandas. No obstante, el ritmo de explotación de estos recursos es tal que la deforestación, la desertización y el agotamiento de las pesquerías marinas afectan a la generalidad de los continentes y océanos.

Los recursos naturales no renovables son materiales distribuidos irregularmente por la Tierra en una serie de depósitos limitados y con un ritmo de regeneración que, a veces, es inferior a las tasas de extracción o explotación actuales. En consecuencia, los recursos no renovables suelen considerarse finitos y su consumo irreversible. Su carácter agotable o limitado precisa que se adecue su tasa de consumo a sus reservas. Los minerales metálicos y otros minerales son recursos no renovables ya que no pueden reponerse en un plazo humano previsible.

3. LA GESTIÓN SOSTENIBLE DE LOS RECURSOS PESQUEROS

Los recursos pesqueros son recursos de naturaleza biótica, renovables, pero agotables que se encuentran en los ecosistemas acuáticos (marinos y continentales). Estos recursos desempeñan una función vital para la seguridad alimentaria, la nutrición y los medios de subsistencia a nivel mundial, también son una fuente de empleo considerable. En los últimos años la pesca de captura ha fluctuado entre los 86 y los 94 millones de toneladas al año, de los cuales alrededor de 80 millones de toneladas fueron capturados en zonas marinas y 11 millones de toneladas en aguas continentales (FAO 2024a). A ello se añade la producción acuícola, que desde 2022 supera la pesca de captura en producción de animales acuáticos, con 94,4 de millones de toneladas, lo que representa el 51% del total mundial (FAO 2024a), siendo los países asiáticos, en particular, China, Indonesia y la India, los mayores productores. Estos recursos son aprovechados por el hombre de forma diversa, a través de la pesca (industrial, artesanal o deportiva), del marisqueo o de la acuicultura.

3.1. Unos recursos naturales renovables pero agotables

Los recursos pesqueros son recursos renovables, pero también agotables si no se explotan debidamente. Son renovables en el sentido de que las poblaciones acuáticas vivas pueden reproducirse y regenerarse en el tiempo, de manera que los ecosistemas marinos pueden seguir produciendo recursos pesqueros. Ahora bien, si la cantidad de captura excede de la capacidad natural de regeneración de las especies, o si se pesca de manera destructiva sin tener en cuenta los ciclos biológicos y la biodiversidad del ecosistema, las poblaciones de estas especies pueden disminuir considerablemente o incluso colapsar conduciendo a su extinción general o local.

La producción pesquera y acuícola es objeto de una intensa comercialización internacional en la que participan prácticamente la totalidad de países y territorios del mundo, convirtiendo al mercado de estos productos en uno de los más internacionalizados y dinámicos mercados que existen en la actualidad, a ello se une el hecho de que el consumo de productos de la pesca y la acuicultura no cesa de aumentar en prácticamente todos los continentes. Estos recursos pesqueros contribuyen de manera decisiva a la seguridad alimentaria y nutricional de muchas poblaciones en el mundo, mitigan la pobreza e impulsan el desarrollo económico.

Pero, esta producción se enfrenta a desafíos importantes derivados del cambio climático. En particular, el aumento de la temperatura del agua, está afectando gravemente los ecosistemas marinos, alterando los patrones de distribución de las especies desplazándolas hacía aguas más frías y dañando la productividad de las pesquerías en ciertas regiones. Otras presiones proceden de actividades humanas, como la sobrepesca (de las especies comercialmente más interesantes), la masificación de las zonas costeras y la contaminación (desechos plásticos, productos químicos y metales pesados), el incremento del transporte marítimo, etc. La conjunción de todas o algunas de estas presiones, acaba afectando a las poblaciones de peces y a los hábitats marinos y de agua dulce, y tienen consecuencias para la biodiversidad y la producción de pescado para consumo humano y otros usos.

Estos desafíos hacen de la gestión sostenible de los recursos pesqueros una pieza clave para mantener el equilibrio entre la explotación de los recursos, las necesidades humanas y la capacidad de los ecosistemas marinos para regenerarse (Penas Lado 2016). Esta gestión se viene impulsando gracias a un esfuerzo de regulación concretado en tratados multilaterales, resoluciones de organizaciones internacionales y medidas nacionales, de distinto calado jurídico, a la que nos referiremos más adelante. Algunas de las medidas recogidas en esta regulación persiguen favorecer la gestión responsable y sostenible de las actividades pesquera y acuícolas, mediante el establecimiento de cuotas de pesca, la creación de áreas marítimas protegidas (AMP), el establecimiento de vedas temporales para permitir que las poblaciones de peces tengan tiempo para reproducirse, la introducción de tallas mínimas, el desarrollo de las capacidades nacionales para combatir la pesca INDNR, el etiquetado de los productos pesqueros, el uso de tecnologías de pesca más selectivas incluida la inteligencia artificial (Fernandes-Salvador *et al.* 2022)]. Otras, buscan reforzar la cooperación pesquera internacional a través de acuerdos internacionales o la creación de organizaciones internacionales de pesca, por ejemplo, los muy numerosos acuerdos internacionales de pesca concluidos por la UE (Sobrino Heredia y Oanta 2015) y las, también, numerosas Organizaciones Regionales de Ordenación Pesquera (OROP), presentes en muchas zonas marítimas del AM (Vázquez Gómez 2002). Otras, en fin, busca introducir un enfoque ecosistémico en las actividades pesqueras, teniendo en cuenta las interacciones entre las especies, la salud del hábitat y los efectos sobre el medio ambiente (Sobrino Heredia, Lopez Veiga y Rey Aneiros 2010).

3.2. Unos recursos naturalmente interrelacionados, pero jurídicamente compartimentados

Durante siglos las actividades pesqueras en los mares y océanos se articularon en torno a dos espacios: el mar territorial y el AM. En el mar territorial los Estados ribereños ejercían soberanía, reservando a sus nacionales el ejercicio de la pesca. Más allá del mismo, y cubriendo todas las aguas restantes, se extendía la AM cuyos recursos pesqueros podían ser libremente extraídos por todos los Estados, recayendo la regulación de la pesca, con carácter exclusivo, sobre el Estado del pabellón. Fue, al abrigo de este régimen jurídico, claramente favorable a la libertad de pesca e inspirado en la idea de la inagotabilidad de los recursos, que se fueron formando importantes flotas pesqueras. Estas flotas a partir de los años 50 del pasado siglo empezaron a introducir métodos industriales de explotación de los recursos pesqueros. Algunos países, ante la escasez de pesca en sus costas, se inclinaron por la pesca de altura y gran altura, surgiendo las flotas de pesca industrial a distancia cada vez más eficaces gracias a los avances en la tecnología pesquera. En cambio, otros Estados ribereños favorecidos por la naturaleza pasaron a reivindicar el control sobre los abundantes recursos pesqueros situados en aguas más o menos cerca de sus costas y sobre amplias plataformas continentales ricas en vida marina. Pronto se escenificó la confrontación entre los Estados ribereños con recursos pesqueros y los países con flota a distancia. Este conflicto ha estado presente en el cambio del régimen jurídico del mar producido en la segunda mitad del pasado siglo que condujo a una territorialización de los mares y océanos y a una compartimentación jurídica de los mismos y de los recursos naturales en ellos situados (Vignes, Cataldi y Casado Raigón 2000).

El epicentro actual de la regulación jurídica de la gestión de los recursos pesqueros es la Convención de las Naciones Unidas sobre el Derecho del Mar (CNUDM) de 1982 y en vigor desde 1994. Con el transcurso del tiempo fue haciéndose necesario adoptar acuerdos específicos para regular determinados aspectos relacionados directa o indirectamente con los recursos pesqueros que precisaban ser esclarecidos o completados. De este modo, se adoptaron, entre otros: el Acuerdo de 1995 sobre la Aplicación de las Disposiciones de la Convención de 1982, relativas a la Conservación y Ordenación de las Poblaciones de Peces Transzonales y las Poblaciones de Peces Altamente Migratorias; El Acuerdo de la FAO de 1993 para promover la aplicación de las medidas internacionales de Conservación y ordenación por los buques pesqueros que pescan en AM; el Código de conducta para una pesca responsable (FAO 1995); el Plan de acción de la FAO para prevenir, desalentar y eliminar la pesca INDNR (FAO 2001); el Acuerdo de la FAO sobre medidas del Estado rector del puerto destinadas a prevenir, desalentar y eliminar la pesca INDNR en 2009; las Directrices voluntarias para la actuación del Estado de pabellón para combatir la pesca INDNR (FAO 2014); el Acuerdo relativo a la conservación y el uso sostenible de la diversidad biológica marina de las zonas situadas fuera de la jurisdicción nacional de 2023; y el Acuerdo sobre Subvenciones a la Pesca de la OMC, de 2023.

La principal consecuencia de este proceso de transformación del Derecho del mar ha sido la fragmentación jurídica de los mares y océanos y de los recursos pesqueros que en ellos se encuentran (Sobrino Heredia 2014). Por otro lado, este proceso ha llevado a que, a día de hoy, el 90% de los recursos pesqueros y sus posibilidades de captura se encuentren bajo la jurisdicción nacional de los Estados ribereños. El hecho de que muchos de ellos sean países en desarrollo y de que no tengan medios suficientes para vigilar y controlar sus espacios marino ha posibilitado el desarrollo de actividades de pesca INDNR.

Esta fragmentación jurídica se observa en los regímenes jurídicos diferenciados que afectan a los recursos pesqueros. Así, si estos se encuentran en las aguas territoriales de un Estado ribereño, esto es, las aguas interiores y el mar territorial, los Estados ribereños van a disfrutar de la plena soberanía sobre los recursos pesqueros, pudiendo reservar las actividades pesqueras y el aprovechamiento de otros recursos económicos a sus nacionales y a su flota. Es, en estos espacios, donde se concentra la mayor parte de la pesca artesanal de los países costeros de la que dependen directamente muchas comunidades humanas. La normativa pesquera internacional influye, en mayor medida, en la regulación de las actividades pesqueras en los espacios marítimos más internacionalizados, como la Zona Económica Exclusiva (ZEE), en ella el Estado ribereño tiene derechos soberanos para la exploración, explotación, conservación y ordenación de los recursos pesqueros (CNUDM, art. 56). Mientras que el acceso de otros Estados a esos recursos se articula de la siguiente manera en torno al excedente (lo que resta cuando el Estado ribereño no tenga capacidad para explotar toda la captura permisible, CNUDM, art. 62.2). La existencia de excedentes posibilita la negociación de acuerdos de pesca con Estados con flota a distancia lo que les permite proseguir con sus actividades pesqueras.

El control del Estado ribereño sobre los recursos pesqueros finaliza allí donde acaba su ZEE, pues más allá comienza el AM, donde rige el principio de libertad de pesca. En este sentido el art. 116 de la CNUDM consagra el derecho general que tiene todo Estado a que sus nacionales se dediquen a la pesca en AM. Ahora bien, la libertad de pesca no es un derecho absoluto, sino que está limitada por dos obligaciones que pesan sobre todos los países: los Estados deben tomar medidas respecto a sus nacionales para evitar la depredación de los recursos naturales, y los Estados deben cooperar entre ellos con ese mismo fin (CNUDM, art.118). Fruto de ello ha sido la creación y multiplicación de OROP, algunas de las cuales gestionan todas las poblaciones de peces que se encuentran en una zona concreta (Organización de Pesquerías del Atlántico Noroeste, Comisión de Pesca del Atlántico Nororiental, Comisión para la Conservación de Recursos Vivos Marinos Antárticos) y otras tienen por objeto especies altamente migratorias, especialmente túnidos (Comisión Internacional para la Conservación del Atún Atlántico).

Por otro lado, la existencia de zonas grises en la legislación internacional de los mares y océanos ha posibilitado la proliferación de ciertas actividades pesqueras muy perjudiciales para la conservación y gestión de los recursos pesqueros. Se trata de pescas calificadas como ilegales, no declaradas o no reglamentadas al no cumplir con las medidas de conservación y ordenación aplicables en AM y en las aguas jurisdiccionales de los Estados ribereños. Estas actividades pesqueras ilegales menoscaban los esfuerzos de conservación y ordenación de las poblaciones de peces y actúa en particular en detrimento de las medidas de ordenación y conservación pesquera de las OROP en AM, afectan negativamente al sector pesquero cuyas actividades se desarrollan bajo el marco jurídico y económico de una administración responsable, perjudican la seguridad marítima porque se produce en un marco no regulado, en el que no se ofrecen garantías laborales ni de seguridad a los tripulantes a bordo de buques pesqueros que evaden las normas mínimas laborales y de seguridad de la vida humana en el mar (Oanta 2015).

4. LA GESTIÓN SOSTENIBLE DE LOS RECURSOS FORESTALES

Los recursos forestales son recursos naturales bióticos, renovables, pero pueden ser agotables. Estos recursos que se encuentran, esencialmente, en los bosques son fundamentales para la sostenibilidad de la vida humana y la biodiversidad planetaria, no solo por ser fuente de productos materiales y energía, sino también por las funciones esenciales que cumplen para el equilibrio ecológico del planeta. En efecto, los bosques que cubren el 31% de la superficie terrestre total (FAO 2024b), albergan el 80% de la biodiversidad del planeta, actúan como sumideros de dióxido de carbono, liberan oxígeno a la atmósfera, proporcionan la infraestructura orgánica de numerosas y diversas formas de vida y son la fuente de ingresos y medio de subsistencia de comunidades humanas.

Los bosques, uno de los ecosistemas más importantes y complejos del planeta (Cazzolla Gatti *et al.* 2024), están enfrentando múltiples amenazas derivadas, directa o indirectamente, de la actividad humana, como la deforestación, la desertificación, los incendios, la explotación minera, la contaminación, el cambio climático, la sobreexplotación de recurso forestales, la fragmentación de los hábitats, la degradación del medio ambiente, y la propagación de especies exóticas invasoras. Ante estas amenazas se han venido tomando una serie de iniciativas, de diverso alcance jurídico, dirigidas a promover el uso sostenible de los recursos forestales que garanticen su preservación para las generaciones futuras (Pons Rafols 2004).

4.1. Unos recursos renovables pero agotables

Los recursos forestales son aquellos bienes y servicios que nos proporcionan los ecosistemas boscosos, y juegan un papel fundamental en el equilibrio ecológico y en el bienestar humano. A lo largo de la historia, los bosques han sido fuente de recursos materiales, energéticos y alimenticios. En los bosques se explotan recursos madereros derivados de los árboles y plantas lechosas de los bosques. Estos incluyen la madera, la leña, la corteza, las fibras vegetales, la resina y otros productos derivados que pueden ser utilizados en la construcción, la industria, la fabricación de papel y otros productos, así como combustibles. También, se explotan otros recursos, como alimentos (frutas, bayas, nueces, setas, raíces comestibles, miel y otros productos de la fauna y flora forestal), medicamentos y productos medicinales, comercio de fauna y flora, etc. Además, los bosques proporcionan servicios esenciales para la vida del planeta pues intervienen en la regulación climática (actuando como sumideros de carbono, absorbiendo grandes cantidades de CO2), en el ciclo del agua (a través de la transpiración y la evapotranspiración, procesos que influyen en el ciclo del agua, la generación de lluvias y la calidad de los recursos hídricos), en la conservación de la biodiversidad (son el hábitat de muchas especies terrestres de flora y fauna) y protegen los suelos (evitando su erosión, contribuyendo a la estabilidad de los ecosistemas y la calidad de los suelos agrícolas).

Los bosques, como decíamos, cubren una porción considerable de la superficie terrestre de nuestro planeta. La mayor parte se encuentra en los trópicos, seguidos de las regiones climáticas boreal, templada y subtropical. Más de la mitad (54 %) de los bosques del mundo se encuentra en solo cinco países: Federación de Rusia, Brasil, Canadá, Estados Unidos de América y China (en orden descendente, por superficie). En diez países se concentran dos tercios de la superficie forestal mundial, entre los que también se encuentran Australia, la República Democrática del Congo, Indonesia, el Perú y la India (en orden descendente). Se calcula que 420 millones de hectáreas de bosques se convirtieron a otros usos de la tierra entre 1990 y 2020.Y, aunque, según la FAO, la pérdida neta de bosques ha tendido a ralentizarse en los últimos años, la deforestación continua (FAO 2024b). Esta situación se agrava por el hecho de que la demanda mundial de recursos forestales aumenta constantemente a medida que crece la población mundial, mientras que estos mismos recursos se agotan por las razones anteriormente expuestas. Evidentemente, esta situación no se da de igual manera en todos los bosques [bosques tropicales que se encuentran en las zonas cercanas al ecuador (Smouts 2001), manglares (FAO 2023), bosques templados, bosques subalpinos y alpinos, bosques boreales].

Es crucial que la explotación de estos bosques y de los recursos forestales se realice de manera sostenible, respetando los ciclos naturales de los ecosistemas y garantizando que las generaciones futuras puedan beneficiarse de estos recursos (Gadow, *et al.* 2000). Pero, a pesar de su importancia, los bosques y los recursos forestales se enfrentan a una serie de amenazas que ponen en peligro su sostenibilidad. Uno de los principales desafíos es el de la deforestación, esto es, el proceso de destrucción de los bosques y su conversión en otros tipos de uso, como la agricultura, la ganadería o la urbanización. La expansión de la agricultura, la ganadería, la urbanización y la tala ilegal son algunas de las actividades humanas que más contribuyen a la deforestación (Humphreys 2006).

Los incendios forestales son otra grave amenaza para los bosques. Los incendios forestales incontrolados pueden tener importantes repercusiones negativas a escala local, nacional y mundial. Su frecuencia e intensidad está aumentando, sobre todo debido al cambio climático y al cambio del uso de la tierra. En muchas ocasiones, los incendios son provocados por actividades humanas, ya sea para despejar terrenos para la agricultura o como resultado de prácticas de quema inadecuadas

La sobreexplotación de los recursos naturales es otra de las amenazas graves para los bosques y los ecosistemas. La explotación de los recursos forestales sin una gestión adecuada, las talas ilegales, pueden llevar al agotamiento de estos, impidiendo la regeneración de los bosques y afectado el equilibrio ecológico. La minería es otra actividad humana que representa una amenaza significativa para los bosques y los recursos naturales, especialmente en áreas tropicales donde pueden provocar la destrucción de vastas áreas de bosques, la polución del agua y la pérdida de biodiversidad, como veremos más adelante. Las emisiones industriales, el uso de pesticidas y fertilizantes en la agricultura, y la acumulación de residuos plásticos están afectando gravemente los ecosistemas. Las alteraciones en los patrones de precipitación y el aumento de las temperaturas pueden generar sequías prolongadas, afectando la disponibilidad de agua en las regiones boscosas. Además, el cambio climático está haciendo que los bosques sean más vulnerables a las especies invasoras, a las plagas de insectos y a los patógenos de enfermedades lo que puede reducir el crecimiento y la supervivencia de los árboles, la calidad de la madera y la prestación de servicios ecosistémicos como el almacenamiento de carbono.

4.2. Unos instrumentos internacionales más propositivos que jurídicamente vinculantes

Lograr una gestión sostenible de los recursos forestales implica necesariamente un marco jurídico internacional que establezca una visión común del futuro de los bosques del mundo. Ahora bien, aunque la salud de los bosques y los recursos forestales parezcan ser una prioridad de la agenda política internacional y son objeto de numerosos debates, lo cierto es que, hasta la fecha, han permanecido al margen de cualquier instrumento jurídico internacional vinculante específicamente destinado a la conservación y la gestión sostenible de los bosques (Doumbé-Billé 2004)

La ausencia de un convenio internacional sobre los bosques y los recursos forestales, ha llevado a acudir a toda una gama de convenios, declaraciones y resoluciones internacionales que contribuyen indirectamente a la regulación de los bosques a través de la protección y conservación de la naturaleza. Los primeros pasos se dieron con el Plan de Acción fruto de la Conferencia de Estocolmo sobre medio ambiente de 1972 que se ocupa brevemente de este tema y, bajo el título "Conservación y gestión forestal", trata de la explotación de los bosques y de la necesidad de emprender estudios e investigaciones sobre, entre otras cosas, la gestión de los bosques tropicales. También, prevé la organización de un seguimiento permanente sobre el estado general de los bosques en todo el mundo. En esta línea, la Declaración de Río de 1992 recoge dos principios que se relacionan con los bosques: el Principio 10 sobre reforzar el derecho de las comunidades y ciudadanos a participar en la toma de decisiones sobre la gestión de los recursos naturales, incluyendo los bosques. Y el Principio 12 relativo a promover la reducción de la deforestación y el uso sostenible de los recursos forestales como parte integral del desarrollo sostenible (NU 1992a).

Durante la Conferencia de Río se examinaron, también, diversas cuestiones relacionadas con los bosques, pero las discrepancias entre países industrializados y en desarrollo, condujeron a que un proyecto de convenio internacional sobre los bosques fuese abandonado y sustituido por la adopción de una declaración de principios no vinculante sobre los bosques, titulada "Declaración autorizada, sin fuerza jurídica obligatoria, de principios para un consenso mundial respecto de la ordenación, la conservación y el desarrollo sostenible de los bosques de todo tipo" (NU 1992b). Es, como su nombre indica, jurídicamente no vinculante, presentándose como una serie de principios sobre la gestión sostenible de los bosques, que recoge un consenso inicial mundial sobre la gestión, conservación y uso sostenible de todo tipo de bosques.

Diez años después, la Cumbre Mundial sobre el Desarrollo Sostenible de Johannesburgo (2002), tampoco significó nuevos progresos sustanciales, pues, aunque su Plan de Aplicación reconoce que la gestión sostenible de los bosques es esencial, dado su papel clave en la lucha contra la pobreza, en la conservación de la diversidad biológica, en la mejora de la seguridad alimentaria y en una energía barata, lo cierto es que ningún mecanismo convencional fue previsto. Con un carácter igualmente propositivo fueron apareciendo otros textos, así, la Asamblea General de las NU adoptó en 2008, un "Instrumento no vinculante sobre todos los tipos de bosques" (AGNU 2008). Por su parte, el Comité Económico y Social (ECOSOC), mediante una resolución de 2000 estableció el llamado Acuerdo internacional de los bosques (ECOSOC 2000), prorrogándolo, mediante una resolución de 2015, hasta 2030 (ECOSOC 2015), y asimismo, presentó, en 2017, un Plan estratégico de las Naciones Unidas para los bosques 2017-2030 (ECOSOC 2017). Esencialmente, estos textos contienen principios de gestión en forma de consejos.

Por otro lado, muchos de los actuales tratados internacionales medioambientales contienen disposiciones encaminadas a regular ciertas actividades relativas a los bosques. Este es el caso, por ejemplo, de la CDB de 1992 que, en relación con los bosques, insta a los países a adoptar medidas para la conservación de los ecosistemas forestales, especialmente aquellos que albergan una gran diversidad biológica. En el desarrollo de esta Convención y en el marco de las Conferencias de los Estados Parte (CoPs) se han adoptado distintas resoluciones sobre bosques y recursos naturales, como fue el caso de la decisión sobre Diversidad biológica forestal adoptada durante la CoP 9 (CDB 2008).

También, la CMNUCC, de 1992, reconoce el papel esencial de los bosques en la regulación del clima debido a su capacidad para capturar y almacenar carbono. En este marco, se han desarrollado mecanismos específicos para integrar a los bosques en la lucha contra el cambio climático. Así, el mecanismo conocido como REDD+ (Reducción de Emisiones por Deforestación y Degradación Forestal), busca incentivar a los países en desarrollo a conservar sus bosques mediante compensaciones económicas por los esfuerzos realizados en la reducción de la deforestación y la mejora de la gestión forestal. O, el mecanismo de mercado de carbono, que pretende que los países puedan generar créditos de carbono por actividades de conservación forestal y reforestación, lo que fomenta la financiación internacional para proyectos de conservación.

Asimismo, la Convención de las Naciones Unidas de Lucha contra la Desertificación de 1992, que persigue luchar contra la desertificación, mitigar los efectos de la sequía y contribuir al desarrollo sostenible, subraya como la gestión sostenible de los bosques es una importante medida correctiva para luchar contra la desertificación. Esta consideración la sustenta en el vínculo entre bosques y desertificación, ya que las causas de la deforestación y la desertificación suelen ser a menudo similares, al tiempo que los bosques cumplen funciones que contribuyen a mitigar los efectos de la sequía y a prevenir la desertificación, en particular ayudando a estabilizar el suelo.

Desde otra perspectiva, cabe referirse también, a la Declaración de las Naciones Unidas sobre los Derechos de los Pueblos Indígenas, adoptada en 2007 (AGNU 2007), donde se reconoce los derechos de los pueblos indígenas a la propiedad de sus tierras y recursos, incluyendo los bosques. Al respecto conviene recordar que los pueblos indígenas han sido guardianes tradicionales de los bosques, y su conocimiento ancestral sobre la gestión sostenible de estos recursos es fundamental para la conservación de los ecosistemas forestales y, viceversa, los bosques son esenciales por lo que se refiere al patrimonio cultural inmaterial de los mismos (Mensi 2023).

Junto a estos textos internacionales, encontramos, por un lado, otras declaraciones e iniciativas internacionales y regionales sobre los bosques, que han dado lugar a una especie de régimen internacional no formalizado y dinámico relativo a los bosques, y, por otro lado, ciertos convenios y acuerdos internacionales relativos al medio ambiente que, aunque no se ocupen de esta cuestión de manera directa si lo hacen de forma indirecta. Así, y por lo que se refiere a estas iniciativas y declaraciones, cabe referirse a título ilustrativo, a la Iniciativa "aplicación de leyes, gobernanza y comercio forestales" (FLEGT en sus siglas en inglés) de la UE dirigida a combatir la tala ilegal y promover el comercio de madera de origen legal, que busca mejorar la gobernanza y la aplicación de leyes forestales en los países en desarrollo, promoviendo la comercialización de productos forestales que cumplen con normas de sostenibilidad y legalidad (CE 2003). También existen convenios de conservación de la naturaleza, convenios regionales y subregionales que indirectamente se refieren al estado de los bosques, como, por ejemplo: el Convenio sobre la Conservación de la Vida Silvestre y los Hábitats Naturales de Europa; el Convenio Africano sobre la Conservación de la Naturaleza y los Recursos Naturales, adoptado en Argel el 15 de septiembre de 1968, el Tratado sobre la gestión y la conservación natural y el desarrollo de las plantaciones forestales adoptado en Ciudad de Guatemala en 1993, o el Tratado sobre la conservación y la administración duradera de los ecosistemas forestales del África Central e instituyendo la Comisión de los Bosques del África Central, concluido en Brazzaville en 2005.

Todo ello, ha favorecido la creación de un denso tejido institucional en estos ámbitos, donde proliferan foros, organismos y organizaciones que examinan el estado de los bosques, como atestiguan, el Foro de Naciones Unidas sobre los Bosques (FNUB) creado en 2000 por el ECOSOC, con el mandato de promover la ordenación, la conservación y el desarrollo sostenible de todos los tipos de bosques y facilitar la cooperación en materia forestal. Está compuesto por los Estados miembros de las NU y está abierto a representantes de ONGs medioambientales, así como a organizaciones que representan a los pueblos indígenas y al sector forestal. Su labor se enfoca a la coordinación de acciones y proyectos en el marco de las organizaciones universales, comenzando por las del sistema de las NU, buscando sinergias y evitando duplicidades. Es, además, responsable de garantizar y coordinar la aplicación de la gestión sostenible de los bosques a escala nacional, regional y mundial, contribuyendo en particular a la conservación y el uso sostenible de la diversidad biológica de los bosques. Así como impulsar el Plan Estratégico para los Bosques de NU. El FNUB, junto con la Asociación de Colaboración en materia de Bosques (ACB) establecida para apoyar su trabajo, forman la estructura institucional internacional actual respecto de los bosques.

Además de estos organismos internacionales hay que destacar el papel central que ocupa la FAO en el establecimiento de directrices e instrumentos para la gestión sostenible de los bosques, y en la promoción de prácticas que buscan equilibrar la explotación de los recursos con la conservación ecológica. Entre sus iniciativas más destacadas se encuentran: El Marco para la Gestión Sostenible de los Bosques (un conjunto de directrices que abogan por la gestión integrada y sostenible de los recursos forestales) y los Criterios e Indicadores para la Gestión Forestal Sostenible (un sistema de evaluación que permite a los países monitorear sus prácticas forestales y hacer ajustes necesarios para cumplir con los estándares internacionales). La FAO coordina, también, la aplicación del Código Modelo de la FAO de Prácticas de Aprovechamiento Forestal, que establece principios y directrices para la gestión sostenible de los recursos forestales. En el seno de la FAO corresponde al Comité Forestal de FAO (COFO), desde 1972 el desarrollo de instrumentos sobre gestión forestal en colaboración con los gobiernos, organizaciones internacionales y la sociedad civil para promover políticas y prácticas que favorezcan la gestión sostenible de los bosques.

Finalmente, habría que destacar la labor, de la Organización Internacional de las Maderas Tropicales (ITTO), de la que forman parte países productores y consumidores, que en conjunto representan alrededor del 90% del comercio mundial de maderas tropicales y poseen más del 80% de los bosques tropicales del mundo. Se trata de una organización intergubernamental que promueve la gestión forestal sostenible de los bosques tropicales y la comercialización de productos de madera aprovechados legalmente, habiéndose adoptado, en su marco el Convenio internacional de las maderas tropicales de 2006.

5. LOS RECURSOS MINERALES

Los recursos minerales, son recursos naturales abióticos y no renovables. Estos recursos son concentraciones naturales de elementos metálicos, no metálicos y minerales, así como de rocas que se encuentran en la corteza terrestre o sobre la misma. Una vez extraídos pueden servir de materia prima para numerosos y muy diversos procesos industriales. Este tipo de materiales pueden ser muy distintos entre sí, pero tienen en común su método de extracción: la minería.

La minería es la actividad económica que representa la extracción y procesamiento de las sustancias minerales de interés económico. Esta actividad, una de más antiguas de la humanidad, va a variar en función del tipo de mineral que se está extrayendo y del lugar donde se encuentre el mineral. Atendiendo a ello, nos encontramos con dos grandes tipos de minas, las de superficie y las subterráneas, dependiendo de la concentración del mineral y su distancia a la superficie. Las minas de superficie incluyen minas a cielo abierto (que extraen mineral metálico como el cobre), minas de tiras, (que extraen capas horizontales de mineral o roca), y minas de placer (que extraen oro o diamantes dragando el sedimento de ríos y playas). Las minas subterráneas se utilizan cuando el mineral es demasiado profundo para la minería de superficie, y precisa de una red de túneles para acceder y extraer el mineral. En la mayoría de las leyes mineras nacionales se distingue entre la minería a gran escala y la minería artesanal y a pequeña escala. La minería a gran escala es la que realizan las empresas mineras y requiere grandes inversiones y un alto nivel de mecanización. Estas empresas suelen explotar los yacimientos hasta que se agote el mineral o el metal que hay en ellos. La minería artesanal o a pequeña escala se lleva a cabo a través de actividades mineras, tanto formales como informales, realizadas, con herramientas escasamente mecanizadas y, frecuentemente, por mineros no profesionales que trabajan para subsistir. Tanto una actividad minera como la otra pueden ser legales o ilegales, como tendremos la ocasión de ver más adelante.

Los minerales y los metales son esenciales para la producción de la mayoría de los bienes y servicios y, por lo tanto, para casi todos los sectores de actividad de nuestra economía. Su explotación permite satisfacer muy diversas necesidades respecto, por ejemplo, la vivienda (edificios, infraestructuras, energía, etc.), la alimentación (fertilizantes), la movilidad (metales comunes, metales de alta tecnología, etc.) o las comunicaciones (metales para la electrónica, tierras raras, etc.). Pero, dado el tipo de actividades que acompañan su extracción y producción, también, pueden provocar un daño ecológico, una alteración de ecosistemas y un impacto negativo en el aire, el suelo, el agua, las especies y sobre la salud y los derechos sociales de las personas que habitan o se encuentran en la zona donde estas se desarrollan.

5.1. Unos recursos naturales no renovables y con impacto en el medio ambiente

Los recursos minerales son recursos no renovables, esto es su explotación indiscriminada puede llevar al agotamiento de sus reservas, por lo que, una explotación sostenible de los mismos, precisa que la cantidad que se utiliza de ellos pueda ser reemplazada por su equivalente en nuevos recursos. Algunos minerales se emplean prácticamente tal como se extraen, sin modificaciones, por ejemplo, el azufre, el talco o la sal. Mientras que otros, deben ser sometidos a diversos procesos para obtener el producto deseado, como el hierro, cobre, aluminio o el estaño. La cantidad que de ellos se usan vienen a reflejar su escasez y su valor. Las tierras raras son muy valiosas puesto que aparecen en pocos lugares y a concentraciones muy bajas. Sin embargo, los metales más comunes generalmente nos llegan procedentes de minerales con concentraciones mucho más altas.

Ante la demanda creciente de muchos de estos productos y frente al riego de que pudieran agotarse, se observa cómo, por un lado, se está acudiendo a medidas dirigidas a reducir su consumo, a optimizar su extracción y producción a través de avances tecnológicos que permiten un mejor aprovechamiento que en el pasado; por otro lado, a buscar nuevos yacimientos gracias a la mejora de las técnicas de prospección y extracción que están posibilitando la explotación de reservas que, hasta ahora, eran desconocidas o no accesibles, como sucede, por ejemplo, con los recursos minerales que se encuentran en la ZIFMO. También, se asiste a un incremento de los procesos de reciclaje de estos minerales con la idea de reducir la dependencia de la minería primaria, constatándose como el reciclaje de metales es un proceso cada vez más utilizado y sobre cada vez mayor número de metales dentro de estrategias de economía circular (De La Torre 2018).

En todo caso, y pese a una mayor eficiencia en el uso de los recursos, incluyendo la economía circular, el uso de materias primas minerales se estima que se duplicará en 2060 (+110%). En el caso de los metales, las previsiones apuntan a un incremento del +150%, pasando de 8.000 a 20.000 millones de toneladas en 2060 (OCDE 2019). Además, la disponibilidad de las materias primas necesarias para la transición energética supondrá nuevos desafíos para la seguridad de suministro de un sistema energético basado en fuentes de energías renovables (IEA 2021). Ello provoca que, algunos metales, como el litio, el cobalto, el níquel y las tierras raras, se hayan convertido en estratégicos por su papel central en las tecnologías de transición energética (Degeorges 2021; Kalantzakos 2017).

En efecto, en la actualidad, la producción de muchos de los minerales necesarios para la transición energética está más concentrada que la de hidrocarburos. Para elementos como el litio, cobalto y tierras raras, los tres principales productores del mundo controlan más de las tres cuartas partes de la producción mundial. El nivel de concentración es aún mayor para las operaciones de procesamiento, donde China tiene una fuerte presencia en todos los ámbitos (35% para el níquel, del 50% al 70% para el litio y el cobalto, y 90% para las tierras raras) (IRENA 2022). Esta situación del mercado genera una paradoja, la de vivir en un mundo de energías renovables que necesitan materias primas no renovables para ser explotadas (Pitron 2019).

Por otra parte, la minería y el procesamiento del mineral suelen tener repercusiones ambientales que, en ocasiones, pueden ser graves y duraderas si no se gestionan adecuadamente, en particular, en aquellos países cuya legislación en materia de protección del medio ambiente y la seguridad y salud de las personas es escasa. Estas repercusiones pueden perdurar en el tiempo, más allá de la duración de las operaciones de extracción de minerales. De este modo, las minas de superficie pueden crear grandes fosas en el suelo, así como voluminosas acumulaciones de sobrecarga y relaves que mueven o eliminan grandes cantidades de tierra, flora y fauna, pueden contaminar el aire y el agua, y afectar negativamente, también, al entorno y al paisaje. El principal problema ambiental con la minería subterránea, además de afectar a los acuíferos y generar hundimientos, es el de crear un entorno laboral peligroso en el que trabajan los mineros, causado principalmente por derrumbes y enfermedades pulmonares debido a la inhalación prolongada de partículas de polvo. Por otro lado, la extracción, producción y utilización de varios de estos recursos minerales pueden ser tóxicas, por ejemplo, el amianto, el radio, el uranio, el plomo, el mercurio o el cadmio. A veces, los accidentes y las catástrofes nos avisan de las graves consecuencias de las actividades mineras sobre el medio ambiente, como ocurrió en el pasado con accidentes como, por ejemplo, los de Stava (1985), Aznalcóllar (1998), Baia Mare y Baia Rosa (2000), Polley (2014) o Brumadinho (2019).

Además, las actividades mineras pueden afectar negativamente a las poblaciones que habitan en los lugares en que se realizan, por ejemplo, provocando el desplazamiento de comunidades enteras afectando su modo de vida y cultura, ocasionando la pérdida del patrimonio cultural inmaterial de pueblos indígenas, generando conflictos sociales, disputas sobre los derechos de la tierra y la minería entre las comunidades locales, los gobiernos y las empresas mineras. O, incluso, provocando interminables guerras civiles, al proporcionar ingresos a los grupos enfrentados, como ilustra el control de los yacimientos aluviales de diamantes (los llamados "diamantes de sangre") o de las minas de metales estratégicos en ciertas zonas de África, sin que iniciativas internacionales como el llamado "proceso Kimberley" hayan logrado frenarlos (Bruffaerts 2015).

En este contexto, cabe mencionar los efectos de la minería ilegal, en particular en países con recursos naturales abundantes, pero, en muchos casos, incapaces de protegerlos (falta de control, regulaciones inexistentes o inaplicadas). Lo que puede llevar a una explotación insostenible de los mismos y a la degradación ambiental. Esta práctica implica la extracción de recursos minerales sin los permisos y regulaciones correspondientes, lo que genera graves consecuencias tanto a nivel ambiental como social. Estas operaciones mineras puedes ser llevadas a cabo por una persona, física o jurídica, o un grupo de personas, sin cumplir los requisitos de la legislación o los reglamentos administrativos aplicables que rigen esas actividades; o pueden realizarse en zonas en las que está prohibido realizar tales actividades o utilizando equipo, artefactos o sustancias químicas prohibidos (UNODC 2023). Quienes se dedican a ella suelen utilizar equipo, artefactos y sustancias químicas peligrosos para el medio ambiente, lo cual no solo pone en riesgo su propia salud, sino que también causa graves daños ambientales. Las comunidades que dependen de la minería ilegal, en particular los pueblos indígenas, se enfrentan a la explotación laboral y muchas veces son víctimas de trata de personas y violencia. Además, contribuye a intensificar y mantener, como decía, los conflictos violentos, pero, también, el crimen organizado transnacional y, en algunos casos, las organizaciones terroristas (AGNU 2020).

5.2. Un marco regulatorio internacional sectorizado o indirecto

La gestión de los recursos mineros se caracteriza, por un lado, por la existencia de una multitud de reglas y normas, tanto nacionales como internacionales, que combinan aspectos jurídicos, medioambientales, técnicos y económicos, que tienen en cuenta la participación de diversos actores públicos, privados y de la sociedad civil. Y, por otro lado, por la ausencia de un tratado internacional que abarque globalmente la gestión de dichos recursos.

De este modo, y atendiendo al principio de soberanía permanente sobre sus recursos naturales, los Estados tienen el derecho y la responsabilidad de legislar sobre las actividades mineras que se realizan dentro de sus fronteras y regularlas. Por lo general el fundamento jurídico de la actividad minera se fija en la constitución nacional, además de en las leyes sobre minería. En la constitución suelen establecerse los principios generales relacionados con los recursos minerales, mientras que las leyes y los reglamentos sobre minería suelen ofrecer información específica sobre los derechos y responsabilidades de los operadores de las minas relacionados con todos los aspectos de su explotación, desde la exploración hasta la clausura. (Bastida 2021).

Por lo que se refiere a la normativa internacional, aunque en el Derecho Internacional aparecen pocas referencias específicas a la minería, en el Derecho Internacional del Medio Ambiente (DIMA) existen diversos instrumentos que son relevantes para la regulación ambiental del sector minero, entre los que se encuentran tratados sobre gestión de residuos, contaminación de las aguas, conservación de la naturaleza y biodiversidad.

Como excepción a este tratamiento indirecto, hay que destacar un tratado internacional que, si está relacionado directamente con el sector minero, es el Convenio de Minamata sobre el Mercurio de 2013 que promueve la reducción y la eliminación progresiva de las liberaciones antropogénicas de mercurio. Se centra en minimizar el mercurio que se libera como consecuencia de actividades humanas, no el que existe o se libera de forma natural. Para ello, el convenio abarca y establece obligaciones sobre todo el ciclo de vida de este metal pesado. Este Convenio aborda directamente la contaminación por mercurio causada por la extracción de oro artesanal y en pequeña escala en su art. 7, en virtud del cual los Estados Parte en los que se utiliza mercurio deben adoptar medidas para reducir al mínimo su uso y, cuando sea viable, ponerle fin.

Pero, lo más habitual, es encontrar tratados e instrumentos internacionales que indirectamente y en sectores distintos, se refieren a aspectos relacionados con la gestión de los recursos mineros. Este sería el caso del Tratado sobre los principios que rigen las actividades de los Estados en la exploración y el uso del espacio ultraterrestre (1967), el Acuerdo que rige las actividades de los Estados en la Luna y otros cuerpos celestes (1984) y los Acuerdos Artemisa sobre cooperación civil en la exploración de la luna y otros cuerpos celestes (2020) que constituye un marco jurídico relativo a la minería espacial, estableciendo, grosso modo, que los recursos obtenidos en el espacio no son propiedad de ningún país (Movilla Pateiro 2021). En relación con los espacios marinos hay que mencionar la Convención de las Naciones Unidas sobre el Derecho del Mar (1982) que reglamenta la utilización y conservación de los recursos marinos y submarinos y, en el marco de esta función, regula las actividades mineras en el lecho y subsuelo marino, como la exploración y explotación de los nódulos polimetálicos (Tassin Campanella 2024).

También, se puede destacar la Declaración de Rio sobre el Medio Ambiente y el Desarrollo (NU 1992a) que busca promover el desarrollo sostenible, uniendo el progreso económico y la protección ambiental estableciendo para ello principios para la explotación de los recursos naturales de manera que se respete el medio ambiente, aplicables a la minería. Igualmente, se puede incluir el CDB que, entre sus objetivos, recoge el de proteger la biodiversidad y asegurar que la explotación de los recursos naturales, incluyendo los minerales, se haga de manera sostenible. Estableciendo, al respecto, directrices para la conservación de los ecosistemas que pueden verse afectados por la minería. Asimismo, cabe referirse al Acuerdo de París sobre el Cambio Climático que, aunque no aborda específicamente la minería, exige a los países firmantes que reduzcan sus emisiones de gases de efecto invernadero, lo que puede afectar a las prácticas mineras, sobre todo en la gestión de los metales utilizados en las tecnologías verdes. Y, dentro de esta enumeración se puede incluir, igualmente, el Pacto Global o Global Compact, de las Naciones Unidas (NU 2000), destinado, entre otras cosas, a promover el comportamiento responsable de las empresas en cuestiones sociales y ambientales. De manera que las empresas mineras que se adhieren a este pacto se comprometen a operar de manera ética y sostenible.

Además de estos instrumentos internacionales hay otros que se refieren a cuestiones concretas, por ejemplo, el Convenio de Basilea sobre el Control de los Movimientos Transfronterizos de los Desechos Peligrosos y su Eliminación (1989) entre los que se encuentran los de origen mineral, somete las transferencias de desechos peligrosos a requisitos de protección como la notificación, el consentimiento fundamentado previo (CFP) y el establecimiento de instalaciones adecuadas de eliminación para el manejo ambientalmente racional de los desechos peligrosos y otros desechos. La cuestión relacionada con el impacto de las actividades mineras en el agua dulce que puede contaminarla debido al vertido de aguas residuales y el relave, así como a la lixiviación de la roca de desecho, son indirectamente tratada en el Convenio sobre la Protección y Utilización de los Cursos de Agua Transfronterizos y de los Lagos Internacionales (Helsinki, 1992) que promueve la cooperación para la protección y la gestión sostenible de las aguas transfronterizas superficiales y subterráneas.

La Convención para la Protección del Patrimonio Mundial Cultural y Natural (1972), es relevante en lo que respecta a proteger los sitios del patrimonio cultural frente a la minería, en particular, la ilegal. Mientras que el Convenio 169 de la Organización Internacional del Trabajo (OIT) sobre Pueblos Indígenas y Tribales (1989) busca garantizar los derechos de los pueblos indígenas sobre sus territorios y recursos naturales, incluyendo los minerales. Finalmente, y por lo que se refiere a la actuación de las empresas para obtener los recursos minerales, cabe referirse, a los Principios Rectores de las Naciones Unidas sobre las Empresas y los Derechos Humanos (CDH 2011), la Declaración Tripartita de Principios sobre las Empresas Multinacionales y la Política Social de la OIT (OIT 1977), las Líneas Directrices de la OCDE para Empresas Multinacionales, adoptadas en 1976 y revisadas en diversas ocasiones (OCDE 2023) y la Guía de la OCDE sobre diligencia debida para una conducta empresarial responsable (OCDE 2018), instrumentos que establecen la responsabilidad de las empresas de cumplir con el deber de diligencia dentro de su cadena de valor cuando realizan actividades económicas o comerciales, entre las que se encuentra las relacionadas con la extracción, producción y comercialización de los recursos minerales.

En definitiva, ante la ausencia de una convención multilateral que regule en su globalidad los recursos minerales, habrá que acudir a una muy dispersa normativa de diverso valor jurídico que trata de aspectos concretos de estos recursos o que de manera tangencial les afectan.

6. REFERENCIAS

6.1. Referencias doctrinales

Bastida, Ana Elizabeth (2021), *The Law and Governance of Mining and Minerals*, Hart Publishing, London, 2021. http://dx.doi.org/10.5040/9781474201223.

Bruffaerts, Lauren (2015), "A diamantine struggle: redefining conflict diamonds in the Kimberley Process", *International Affairs*, vol. 91, núm. 5, 2015, pp. 1085-1101. http://dx.doi.org/10.1111/1468-2346.12399.

Bungenberg, Marc; Hobe, Stephan (Eds.) (2015), *Permanent Sovereignty over Natural Resources*, Springer, Champ, 2015. http://dx.doi.org/10.1007/978-3-319-15738-2.

Cazzolla Gatti, Roberto *et al.* (2024), "The numbers of tree species on Earth", *Proceeding of National Academy of Sciences,* vol. 119, núm. 6. http://dx.doi.org/10.1073/pnas.2115329119.

De La Torre Palacios, Luis (2018), "El reto de la tecnología y los recursos minerales: la realidad de un progreso sostenible para el siglo XXI", *Economía industrial,* núm. 408, pp. 127-140.

Degeorges, Damien (2021), *Terres rares: enjeu géopolitique du XXIe siècle: Chine - États-Unis - Europe - Japon - Groenland,* L'Harmattan, Paris.

Doumbé-Billé, Stéphane (2004), « Le cadre juridique international relatif aux forêts - Etat de développement », Fromageau, J.; Cornu, M., *Le droit de la forêt au XXIème siècle,* l'Harmattan, Paris.

Fernandes-Salvador, José A.; Oanta, Gabriela A., et al. (2022), *Research for PECH Committee - Artificial Intelligence and the fisheries sector,* European Parliament, Policy Department for Structural and Cohesion Policies, Brussels.

Gadow, Klaus von, T.; Pukkala, Timo; Tome, Margarida (Dirs.) (2000), *Sustainable Forest Management,* Springer Netherlands, Dordrecht.

Humphreys, David (2006), *Deforestation and the crisis of global governance,* Earthscan Publication Limited, London,

Kalantzakos, Sophia (2017), *China and the geopolitics of Rare Earths,* Oxford University Press, Oxford. http://dx.doi.org/10.1093/oso/9780190670931.001.0001.

Mensi, Andrea (2023), *Indigenous Peoples, Natural Resources and Permanent Sovereignty,* Martinus Nijhoff, Leiden. http://dx.doi.org/10.1163/9789004523999.

Movilla Pateiro, Laura (2021), "¿Hacia un cambio de paradigma en el Derecho del espacio ultraterrestre? Los Acuerdos Artemisa", *Revista Española de Derecho Internacional,* vol. 72, núm. 2, pp. 285-310. http://dx.doi.org/10.17103/redi.73.2.2021.1b.04.

Oanta, Gabriela A. (2015), "News Steps in the Control of Illegal, Unreported and Unregulated Fishing", en Koch, H.-K., *et al.* (Eds.), *Legal regimes for Environmental Protection: Governance for Climate Change and Ocean Resources,* Ed. Brill/Nijhoff, Leiden/Boston, pp. 229-257. http://dx.doi.org/10.1163/9789004302839_014.

Penas Lado, Ernesto (2016), *The Common Fisheries Policy: The Quest for Sustainability,* Wiley-Blackwell, Oxford.

Pitron, Guillaume (2019), *La guerra de los metales raros: La cara oculta de la transición energética y digital,* Ediciones Península, Planeta, Barcelona.

Pons Rafols, Xavier (2004), *El régimen forestal internacional,* Ministerio de Ciencia y Tecnología, Madrid.

Rosenberg, Dominique (1983), *Le principe de souveraineté des États sur leurs ressources naturelles,* Paris, LGDJ.

Sobrino Heredia, José Manuel (2014), "La tensión entre la gobernanza zonal y la gobernanza global en la conservación y gestión de los recursos pesqueros", Sobrino Heredia, J. M. (Dir.), *La contribution de la Convention des Nations Unies sur le Droit de la mer à la bonne gouvernance des mer et océans,* 2 vols. Ed. Scientifica, Napoli.

Sobrino Heredia, José Manuel; López Veiga, Enrique César; Rey Aneiros, Adela (2010), *La integración del enfoque ecosistémico en la política pesquera común de la Unión Europea,* Ed. Tirant, Valencia.

Sobrino Heredia, José Manuel; Bürguin, Annina Cristina (2016), *La colaboración multi-actores en la cooperación al desarrollo en el sector de la pesca,* Ed. Rep. Noroeste e IUEE (ISBN 978-84-16294-40-4), A Coruña.

Sobrino Heredia; Oanta, Gabriela A. (2015), "The sustainable fisheries partnership agreements of the European Union and the objectives of the Common Fisheries Policy: fisheries and/or development?" *Spanish Yearbook of International Law,* vol.19, pp. 61-85.

Smouts, Marie-Claude (2001), *Forêts tropicales jungle internationale. Les revers d'une écopolitique mondiale*, Presses de Sciences-Po, Paris.

Tassin Campanella, Virginie (Ed.) (2024), *Routledge Handbook of Seabed Mining and the Law of the Sea*, Routledge, London.

Vázquez Gómez, Eva Mª (2002), *Las organizaciones internacionales de ordenación pesquera: la cooperación para la conservación y la gestión de los recursos vivos del alta mar*, Consejería de Agricultura y Pesca, Sevilla.

Vignes, Daniel; Cataldi, Giuseppe; Casado Raigón, Rafael (2000), *Le Droit International de la Pêche Maritime*, Bruylant, Bruxelles.

Zambrano, Valentina (2009), *Il principio di Sovranità Permanente dei Popoli sulle Risorse Naturali tra vecchie e Nuove Violazioni*, Milano, Giuffrè.

6.2. Referencias normativas

6.2.1. Tratados internacionales

Tratado sobre los principios que rigen las actividades de los Estados en la exploración y el uso del espacio ultraterrestre, 27 de enero de 1967; *BOE* núm. 30, de 4 de febrero de 1969.

Convenio relativo a humedales de importancia internacional, especialmente como hábitat de aves acuáticas, Ramsar, 2 de febrero de 1971; *BOE*, núm. 199, de 20 de agosto de 1982.

Convención para la Protección del Patrimonio Mundial Cultural y Natural, París, 23 de noviembre de 1972; *BOE* núm. 156, de 1 de julio de 1982.

Convenio sobre el comercio internacional de especies amenazadas de fauna y floras silvestres (CITES) de 1973; *BOE*, núm. 181, de 30 de julio de 1986. Enmendada en Bonn el 22 de junio de 1979 y Gaborone el 30 de abril de 1983.

Convenio relativo a la conservación de la vida silvestre y del medio natural en Europa, Berna, 19 de septiembre de 1979; *BOE* núm. 235, de 1 de octubre de 1986.

Acuerdo que debe regir las Actividades de los Estados en la Luna y otros Cuerpos Celestes, AGNU, Resolución 34/68, de 5 de diciembre de 1979.

Convención sobre la conservación de los recursos vivos marinos antárticos, Camberra, 20 de mayo de 1980; *BOE* núm. 125, de 25 de mayo de 1985.

Convención de las Naciones Unidas sobre el Derecho del Mar, Montego Bay, 10 de diciembre de 1982; *BOE* núm. 39, 14.02.97.

Convenio de Basilea de 1989 sobre el control de los movimientos transfronterizos de los desechos peligrosos y su eliminación; *BOE* núm. 227, de 22 de septiembre de 1994.

Convenio núm. 169 de la Organización Internacional del Trabajo (OIT) sobre pueblos indígenas y tribales, Ginebra, 27 de junio de 1989; *BOE*, núm. 58, de 8 de marzo de 2007

Convenio sobre la Protección y Utilización de los Cursos de Agua Transfronterizos y de los Lagos Internacionales, Helsinki, 17 de marzo de 1992; *BOE*, núm. 81, de 4 de abril de 2000.

Convenio sobre la Diversidad Biológica; Río de Janeiro, 5 de junio de 1992; *BOE*, núm. 27, de 1 de febrero de 1994.

Convención Marco de las Naciones Unidas sobre el Cambio Climático; Nueva York, 9 de mayo de 1992; *BOE*, núm. 27, de 1 de febrero de 1994.

Convenio regional para el manejo y conservación de los ecosistemas naturales forestales y el desarrollo de plantaciones forestales, Guatemala, 29 de octubre de 1993.

Acuerdo para promover el cumplimiento de las medidas internacionales de conservación y ordenación por los buques pesqueros que pescan en alta mar, Roma, noviembre de 1993. Decisión del Consejo de 25 de junio de 1996; *DO L* 177 de 16.7.1996.

Convención de las Naciones Unidas de Lucha contra la Desertificación en los países afectados por sequía grave o desertificación, en particular en África, París, 17 de junio de 1994; *BOE* núm. 36, de 11 de febrero de 1997.

Acuerdo sobre la Aplicación de las Disposiciones de la Convención de las Naciones Unidas sobre el Derecho del Mar de 10 de diciembre de 1982 relativas a la Conservación y Ordenación de las Poblaciones de Pesca Transzonales y las Poblaciones de Peces Altamente Migratorios, Nueva York, 4 de diciembre de 1995; *BOE* núm. 175, de 21 de julio de 2004.

Convenio Africano sobre la Conservación de la Naturaleza y los Recursos Naturales (revisado), Maputo, 11 de julio de 2003

Tratado sobre la conservación y la administración duradera de los ecosistemas forestales del África Central e instituyendo la Comisión de los Bosques del África Central, Brazzaville, 5 de febrero de 2005.

Convenio internacional de las maderas tropicales, Ginebra, 27 de enero de 2006; *BOE* núm. 51, de 29 de febrero de 2012.

Acuerdo sobre medidas del Estado rector del puerto destinadas a prevenir, desalentar y eliminar la pesca ilegal, no declarada y no reglamentada, Roma, 22 de noviembre de 2009, Decisión del Consejo, de 20 de junio de 2011, *DOUE* núm. 191, de 22 de julio de 2011.

Convenio de Minamata sobre el mercurio, Kumamoto, 10 de octubre de 2013; *BOE* núm. 25, de 29 de enero de 2022.

Acuerdo de París, París, 12 de diciembre de 2015; *BOE* núm. 28, 2 de febrero de 2017.

Acuerdos Artemisa sobre cooperación civil en la exploración de la luna y otros cuerpos celestes para usos pacíficos, 13 de octubre de 2020.

Protocolo de enmienda del Acuerdo de Marrakech por el que se establece la Organización Mundial del Comercio. Acuerdo sobre subvenciones a la pesca, Ginebra, 17 de junio de 2022; Decisión (UE) 2023/1116 del Consejo de 25 de mayo de 2023, *DOUE* L 148, de 8 de junio de 2023.

Acuerdo en el marco de la Convención de las Naciones Unidas sobre el Derecho del Mar relativo a la conservación y el uso sostenible de la diversidad biológica marina de las zonas situadas fuera de la jurisdicción nacional, Nueva York, 19 de junio de 2023; *DOUE* núm. 1962, de 19 de julio de 2024.

6.2.2. Otros actos normativos internacionales

AGNU (1962), Resolución 1803 (XVII), de 14 de diciembre de 1962, "Soberanía permanente sobre los recursos naturales".

AGNU (1982), Resolución 37/7, de 28 de octubre de 1982, "Carta Mundial de la Naturaleza".

AGNU (2007), Resolución 61/295, de 13 de septiembre de 2007, "Declaración de las Naciones Unidas sobre los Derechos de los Pueblos Indígenas".

AGNU (2008), Resolución A/RES/62/98, de 31 de enero de 2008, "Instrumento jurídicamente no vinculante sobre todos los tipos de bosques".

AGNU (2015), Resolución 70/1, de 21 de octubre de 2015, "Transformar nuestro mundo: la Agenda 2030 para el Desarrollo Sostenible".

AGNU (2020), Resolución 75/196, de 16 de diciembre de 2020, “Fortalecimiento del programa de las Naciones Unidas en materia de prevención del delito y justicia penal, en particular de su capacidad de cooperación técnica”.

CE (2003) Comunicación de la Comisión al Consejo y al Parlamento Europeo: Aplicación de las leyes, gobernanza y comercio forestales (FLEGT). Propuesta de Plan de Acción de la Unión Europea, COM (2003) 251 final, 21 de mayo de 2003

CDB (2008) Decisión IX/5 de la Conferencia de las Partes en el Convenio sobre la Diversidad Biológica, de 9 de octubre de 2008, “Diversidad biológica forestal”.

CDB (2022) Decisión 15/4 de la Conferencia de las Partes en el Convenio sobre la Diversidad Biológica, de 19 de diciembre de 2022, “Marco Mundial de Biodiversidad de Kunning-Montreal”.

CDH (2011) Principios Rectores de las Naciones Unidas sobre las Empresas y los Derechos Humanos, 16 de junio de 2011, Naciones Unidas, Oficina del Alto Comisionado, Nueva York, 2011.

ECOSOC (2000), Resolución 2000/35, de 18 de octubre de 2000, “Informe del cuarto período de sesiones del Foro Intergubernamental sobre los Bosques”.

ECOSOC (2015) Resolución 2015/33, de 22 de julio de 2015, “Acuerdo internacional sobre los bosques después de 2015”.

ECOSOC (2017), Resolución 2017/4, de 7 de julio de 2017, “Plan estratégico de las Naciones Unidas para los bosques 2017-2030 y programa de trabajo cuadrienal del Foro de las Naciones Unidas sobre los Bosques para el período 2017-2020”.

FAO (1995), Resolución 4/95 de la Conferencia de la FAO, de 31 de octubre de 1995, “Código de conducta para una pesca responsable”.

FAO (1996), Código Modelo de la FAO de Prácticas de Aprovechamiento Forestal.

FAO (2001) Plan de acción internacional para prevenir, desalentar y eliminar la pesca ilegal, no declarada y no reglamentada, adoptado por el Comité de Pesca de la FAO, el 2 de marzo de 2001.

FAO (2014), Directrices voluntarias para la actuación del Estado de pabellón, adoptadas por el Comité de Pesca de la FAO en junio de 2014.

NU (1972), Naciones Unidas, Declaración de la Conferencia de las Naciones Unidas sobre el Medio Humano

NU (1992a), Naciones Unidas, Declaración de Río de Janeiro sobre Medio Ambiente y Desarrollo.

NU (1992b), “Declaracion autorizada, sin fuerza juridica obligatoria, de principios para un consenso mundial respecto de la ordenacion, la conservacion y el desarrollo sostenible de los bosques de todo tipo”, Doc. A/CONF.151/26 (Vol. III), 14 de agosto de 1992.

NU (2000), Naciones Unidas, Pacto Global.

NU (2002), Naciones Unidas, Declaración de Johannesburgo sobre el Desarrollo Sostenible, Johannesburgo, 4 de septiembre de 2002.

OCDE (2023), Líneas Directrices de la OCDE para Empresas Multinacionales sobre Conducta Empresarial Responsable, OECD Publishing, Paris. https://doi.org/10.1787/7abea681-es.

OIT (1977), Declaración Tripartita de los principios sobre las Empresas Multinacionales y la Política Social de la OIT, adoptada en la Reunión 204 de noviembre de 1997 y revisada en sucesivas reuniones, Texto refundido, OIT, Ginebra, 2022.

6.2.3. Actos normativos nacionales

España, Ley 42/2007, de 13 de diciembre, del Patrimonio Natural y de la Biodiversidad

6.3. Referencias documentales

International Energy Agency (IEA), (2021), *World Energy Outlook (WEO)* 2021.

FAO (2023), *The World's Mangroves 2000-2020,* FAO, Rome. https://doi.org/10.4060/cc7044en.

FAO (2024a), *El estado mundial de la pesca y la acuicultura 2024. La transformación azul en acción,* FAO, Roma. https://doi.org/10.4060/cd0683es.

FAO (2024b), *El estado de los bosques en el mundo 2024: Innovaciones en el sector forestal para lograr un futuro más sostenible,* FAO, Roma. https://doi.org/10.4060/cd1211es.

International Renewable Energy Agency (IRENA*)* (2022), *World Energy Transitions Outlook 2022: 1.5C Pathway,* Abu Dhabi, 2022.

OCDE (2018), Guía de la OCDE de Debida Diligencia para una Conducta Empresarial Responsable.

OCDE (2019), Global Material Resources Outlook to 2060: Economic Drivers and Environmental Consequences, OECD Publishing, Paris. https://doi.org/10.1787/9789264307452-en

UNODC (2023), *Respuestas a la minería ilegal y el tráfico de metales y minerales. Guía sobre buenas prácticas legislativas,* Oficina de las Naciones Unidas contra la Droga y el Delito, Oficina de las Naciones Unidas Viena, Viena.

Capítulo 15

LA PROTECCIÓN AMBIENTAL DE LOS ESPACIOS POLARES

ELENA CONDE PÉREZ[1]

1. INTRODUCCIÓN

El título de esta contribución es engañoso, porque da la idea de unidad. Nada más lejos de la realidad, tanto en lo que se refiere a las aracterísticas de ambas regiones, como en lo que respecta a sus respectivos regímenes jurídicos.

El Ártico y la Antártida, pese a compartir características como su localización remota, climas extremos y biodiversidad única, presentan notables diferencias en su naturaleza y gobernanza. La Antártida, un continente helado sin población permanente, está regulada de manera unitaria por el Sistema del Tratado Antártico (STA), que establece normas uniformes de protección ambiental. En contraste, el Ártico, una región marina semicerrada habitada por comunidades humanas, incluidas poblaciones indígenas, carece de un marco regulatorio integral, reflejando la diversidad geográfica y política de la región. Su gobernanza está fragmentada, combinando jurisdicciones nacionales y áreas más allá de estas.

Ambas regiones desempeñan roles fundamentales en el equilibrio climático global. La Antártida regula temperaturas, controla la subida del nivel del mar y es crucial para la biodiversidad marina, mientras que el Ártico, como termómetro del cambio climático, influye en los patrones climáticos y sustenta una biodiversidad vulnerable. Sin embargo, el cambio climático representa un riesgo crítico para ambos espacios, acelerando su transformación y aumentando la necesidad de su conservación.

El cambio climático, un complejo fenómeno con múltiples manifestaciones que como autora de esta contribución considero una situación con origen prin-

[1] Profesora Titular de Derecho Internacional Público en la Universidad Complutense de Madrid (acreditada a catedrática por la ANECA). Investigadora adscrita al ICEI. Todas las páginas web mencionadas en este estudio han sido consultadas por última vez el 29 de noviembre de 2024. Esta publicación se adscribe al Proyecto de investigación fundamental Vacíos normativos y desarrollo progresivo de la Agenda 2030 y del principio de sostenibilidad. Especial relevancia para España. Referencia: PID2022-1383339OB-I00 (2023-2026), Universidad Carlos III de Madrid. ORCID: https://orcid.org/0000-0003-1950-6063.

cipalmente antropogénico, está en la base de los grandes riesgos medioambientales que afrontan hoy día los dos espacios polares y, con ellos, el planeta entero.

Estas premisas son el sustento en el que se apoya esta contribución, que analizará por separado cada una de las zonas polares, pero con un común hilo argumental, que comprende: en los apartados segundo y cuarto, los principales desafíos medioambientales que enfrenta cada una de las zonas polares; en los apartados tercero y quinto, los marcos normativos para su protección, con especial atención a los instrumentos y mecanismos específicos, tanto para el Ártico como para la Antártida, y las estrategias para su protección[2], concluyendo el análisis en el apartado sexto con una evaluación de los mecanismos de protección y sus desafíos futuros.

2. PRINCIPALES AMENAZAS AMBIENTALES EN EL ÁRTICO

Según informaciones científicas actualizadas, el Ártico se calienta cuatro veces más rápido (Rantanen 2022) que el resto del planeta debido a la "amplificación ártica"[3], causando el derretimiento acelerado del hielo marino y alterando ecosistemas locales y patrones climáticos globales (Dodds y Smith 2023). Esta pérdida de hielo abre nuevas rutas navegables y facilita el acceso a recursos naturales, incrementando tanto el interés económico como los riesgos medioambientales en la región. Además, el Ártico es especialmente vulnerable a los contaminantes orgánicos persistentes (COPs), metales pesados y plásticos, que afectan tanto a los ecosistemas como a las comunidades indígenas que dependen de recursos marinos contaminados para su alimentación (Koivurova 2021).

La explotación de petróleo, gas y minerales se vuelve más accesible con la retirada del hielo (Geological Survey 2009; Kryvorotov 2022), pero plantea graves riesgos ecológicos, contradiciendo los esfuerzos globales para reducir emisiones de carbono. Los ecosistemas árticos, hogar de especies únicas como osos pola-

---

[2] A efectos de esta contribución, consideramos que una estrategia de protección medioambiental es un conjunto de planes, guías, objetivos y acciones específicas que persiguen un enfoque práctico y objetivos a corto, mediano y largo plazo, involucrando por lo general a una multiplicidad de actores —gubernamentales, privados, académicos, comunidades locales…. Así, la estrategia es concebida como un mecanismo que se suele incluir en un marco normativo, pero no tiene carácter vinculante por sí sola. El marco normativo, a estos efectos, es el conjunto de normas —internas o internacionales— que establecen las obligaciones jurídicas y los estándares que Estados, empresas y ciudadanos, deben cumplir en materia ambiental.

[3] El derretimiento del hielo marino ártico provoca, a su vez, la subida del nivel del mar, amenazando las zonas costeras del mundo. Por su parte, los cambios en el hielo marino, afectan a las corrientes oceánicas y contribuyen a que se produzcan fenómenos climáticos extremos en zonas templadas.

res y narvales, enfrentan amenazas de extinción debido al cambio climático, la sobrepesca y la llegada de especies invasoras. La pesca industrial en áreas recién accesibles supone un desafío a la sostenibilidad y a las comunidades locales dependientes de estos recursos.

Las comunidades indígenas, cuya subsistencia está en equilibrio con el medio ambiente, se ven afectadas por el cambio climático, la contaminación y las actividades extractivas, que alteran su modo de vida y aumentan las desigualdades económicas (Conde Pérez 2023).

El cambio climático ha hecho del Ártico un punto de interés geopolítico de primer orden. Diversos países pugnan por el control de las nuevas rutas oceánicas abiertas y ello plantea preocupaciones medioambientales, dado que las ingentes actividades militares y comerciales amplifican los potenciales accidentes, contaminación e impactos en los ecosistemas (Conde Pérez 2014).

Todo ello impacta a nivel socioeconómico y geoestratégico, lo que, a su vez, tiene repercusión en los consensos necesarios para construir marcos reguladores sólidos que afronten los gravísimos problemas medioambientales de la región.

3. MARCOS NORMATIVOS PARA LA PROTECCIÓN DEL ÁRTICO

Como se ha señalado en la introducción de este estudio, el marco regulador de protección medioambiental ártico es complejo y amplio, tanto de carácter *hard law* como *soft law* (Gladun 2015; Nowlan 2001; Manero Salvador 2018). Además, concentra no sólo regulaciones regionales a diversos niveles, que incluyen, en gran parte del Ártico circumpolar —Estados árticos miembros de la Unión Europea (UE) y Estados árticos partes del Acuerdo sobre el Espacio Económico Europeo (EEE)—, la extensa regulación medioambiental de la UE, sino también normas de carácter general o universal y otras de carácter estatal e incluso local. Por otra parte, no hay que olvidar la cada vez más demandada participación de las poblaciones indígenas y sus conocimientos tradicionales —incluso a través de la denominada *science diplomacy*[4] (Bertelsen 2020; Rachold 2023)— en la regulación sostenible de la región ártica.

Sirva este párrafo de *disclaimer* respecto del contenido que a continuación sigue, que se centrará en las regulaciones —tanto *hard* como *soft law*, pero incidiendo en las primeras— específicas para la región ártica.

---

[4] Se entiende por diplomacia científica el conjunto de intercambios formales e informales entre científicos, organizaciones, comunidades, especialmente locales a través del conocimiento tradicional.

3.1. *El hard law*

3.1.1. Marcos universales y regionales con particular interés en su aplicación al Ártico

Aunque cada vez más frecuentes, dada la especificidad de los problemas medioambientales que afronta la región, los instrumentos específicos para la misma, no son abundantes. Así, el marco jurídico para la protección medioambiental del Ártico depende en gran medida de instrumentos generales y sectoriales de carácter regional o universal (Conde Pérez 2015).

Dejando al margen otros instrumentos generales, como los relativos al cambio climático, dado que el Ártico se encuentra significativamente afectado por los COPs debido a procesos como el "efecto saltamontes", que concentra estas sustancias en la cadena alimenticia polar[5], la Convención de Estocolmo (2001) y sus protocolos asociados han sido fundamentales en la regulación de estos contaminantes, promoviendo un enfoque internacional liderado, en parte, por el Consejo Circumpolar Inuit[6].

Pero de entre todos los marcos normativos universales, destaca especialmente por la preeminencia de espacios marinos en el Ártico, la Convención de las Naciones Unidas sobre el Derecho del Mar (CNUDM) que regula la protección del medio marino ártico mediante su Parte XII, complementada por los tratados relativos a la protección del medio ambiente marino adoptados en el seno de la Organización Marítima Internacional (OMI)[7] de entre los cuales, por su

---

5 Los COPs son sustancias químicas orgánicas de origen sintético. Por sus características de resistencia a la degradación y bioacumulación poseen elevada permanencia en el ambiente, pudiendo transportarse a grandes distancias, llegando incluso a regiones donde nunca se han usado o producido.

6 El Consejo Circumpolar Inuit es una organización internacional que representa a los pueblos inuit en cuatro países árticos: Canadá, Groenlandia (Dinamarca), Alaska (Estados Unidos) y Chukotka (Rusia). Su misión es proteger los derechos, la cultura y las tierras de los inuit, al mismo tiempo que promueve la sostenibilidad en sus territorios. Es un foro destacado para abordar cuestiones que afectan a los inuit, como los efectos del cambio climático, la soberanía alimentaria y la protección del medio ambiente. El Consejo Circumpolar Inuit, dio una gran visibilidad a los efectos de los COPs en la cadena alimenticia inuit, promoviendo la adopción del Convenio de Estocolmo, que ha reconocido los desafíos específicos del Ártico, incluyendo la necesidad de medidas internacionales efectivas para mitigar la contaminación que afecta a las regiones polares y sus habitantes.

7 Es el caso del Convenio internacional para prevenir la contaminación por los buques (MARPOL 73/78), y sus protocolos; el Convenio sobre la prevención de la contaminación del mar por vertido de desechos y otras materias, 1972 y su Protocolo, de 1996 y el Convenio internacional sobre cooperación, preparación y lucha contra la contaminación por hidrocarburos (OPRC, 1995) y su Protocolo sobre sustancias nocivas y potencialmente peligrosas (HNS, 2000).

aplicabilidad a las zonas polares y por su vocación de universalidad, destaca la adopción en el seno de la OMI del Código Internacional para los buques que operan en aguas polares o Código Polar, 2015. El Código Polar es un conjunto de regulaciones y directrices internacionales para la navegación marítima en áreas polares, con especiales previsiones relativas a la protección del singular entorno de las regiones polares y sus ecosistemas y entró en vigor el 1 de enero de 2017 (Conde Pérez 2023).

También en el plano de la CNUDM es preciso mencionar el art. 234, conocido como la "excepción canadiense", que permite a los Estados costeros adoptar y hacer cumplir leyes y regulaciones para la prevención, reducción y control de la contaminación marina causada por buques en áreas cubiertas por hielo durante la mayor parte del año. Estas regulaciones pueden aplicarse dentro de la Zona Económica Exclusiva (ZEE) y siempre que la presencia de hielo severo haga especialmente vulnerable el medio ambiente marino. Inspirado en la legislación canadiense al efecto de 1970 (Huebert 2001), ha servido para justificar la legislación de este país de 2012 y reivindicar como aguas interiores las del Paso Noroeste. Asimismo, Rusia aplica el art. 234 en su vasta extensión del Ártico mediante un marco normativo y un andamiaje administrativo centrado en la Ruta Marítima del Norte, que busca, más que la protección medioambiental, armar una estrategia económica y comercial clave, ya que busca consolidar el control sobre esta ruta clave.

Otro instrumento centrado en un ámbito regional concreto, el medio marino del Atlántico Nordeste, es la Convención para la Protección del Medio Ambiente Marino del Atlántico del Nordeste (Convención OSPAR), adoptada en 1992, que aborda problemas ambientales que van desde la contaminación hasta la conservación de la biodiversidad marina. Aunque no fue diseñada específicamente para el Ártico, su aplicación en áreas árticas del Atlántico Norte, como los mares de Groenlandia y Noruega, es de vital importancia dada la creciente presión medioambiental sobre esta región.

El enfoque de la Convención OSPAR se basa en tres pilares fundamentales: la reducción de la contaminación marina, la conservación de ecosistemas y biodiversidad, y la promoción del uso sostenible del océano. En el Ártico Atlántico, OSPAR enfrenta retos específicos, derivados principalmente de la sensibilidad ambiental de la región y el impacto del cambio climático y el desarrollo ingente de actividades económicas.

En términos de conservación, la red de Áreas Marinas Protegidas (AMP) bajo OSPAR incluye zonas del Ártico Atlántico, enfocándose en preservar hábitats como corales de aguas frías y lechos de esponjas, y en proteger especies clave como el bacalao ártico y mamíferos marinos[8]. Complementariamente, sus planes de acción para la biodiversidad buscan mitigar los impactos de la pesca y otras actividades humanas.

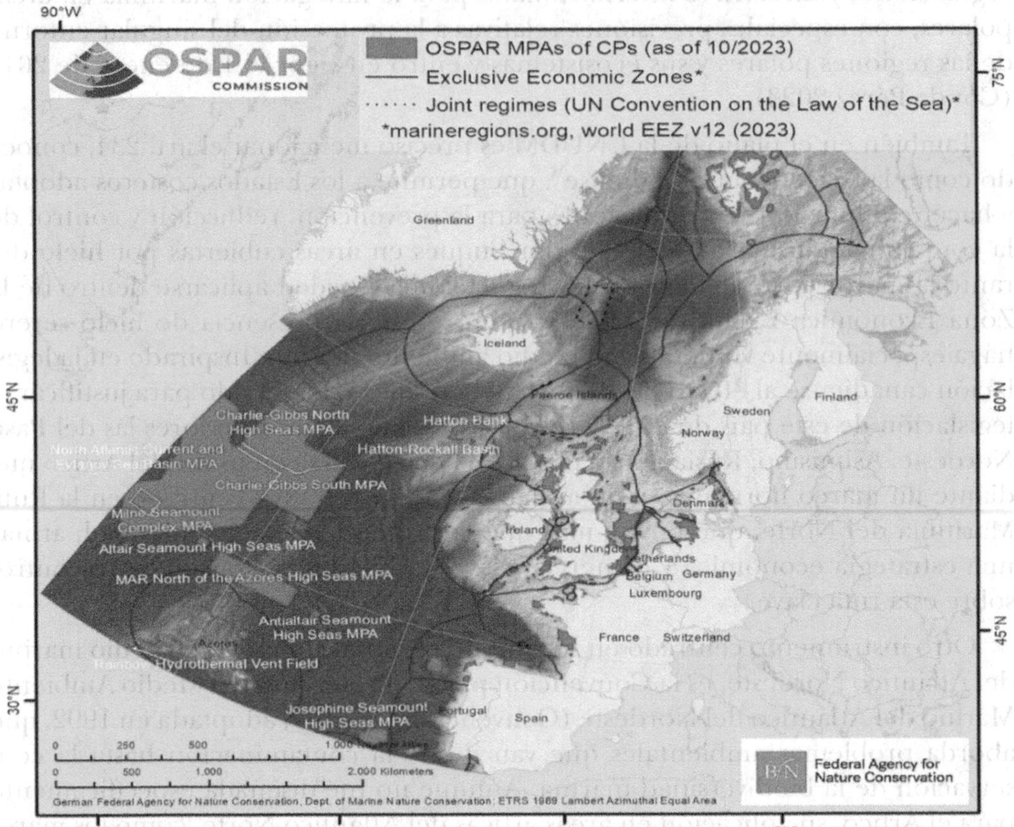

The OSPAR network of MPAs as of 1 October 2023. Fuente: https://oap.ospar.org/en/ospar-assessments/committee-assessments/biodiversity-committee/status-ospar-network-marine-protected-areas/assessment-sheets-mpa/mpa-status-2023/

---

8 La Estrategia para el Medio Ambiente del Atlántico Nordeste 2030 (Comisión OSPAR 2021) es el mecanismo mediante el cual se implementa el Convenio OSPAR durante el período 2020-2030. Su implementación forma parte del cumplimiento de los Objetivos de Desarrollo Sostenible de las Naciones Unidas (ODS) en el marco de la Agenda 2030. Un total de 581 AMPs están situadas dentro de las aguas nacionales de las Partes Contratantes. La mayoría de los sitios han sido designados en aguas territoriales (cobertura del 21,0% bajo las AMP de OSPAR), mientras que en las ZEE la cobertura es mucho menor (2,9% bajo las AMP de OSPAR). La zona marítima de OSPAR más allá de los límites de las ZEE nacionales contiene 11 AMP de OSPAR, cubriendo el 19,5% de esta área. Ver, https://oap.ospar.org/en/ospar-assessments/committee-assessments/biodiversity-committee/status-ospar-network-marine-protected-areas/assessment-sheets-mpa/mpa-status-2023/

3.1.2. Instrumentos regionales para la protección de la biodiversidad y los hábitats árticos

Aunque no son abundantes los marcos regulatorios específicos para la región ártica, su progresivo deterioro y los riesgos medioambientales derivados de la explotación de sus recursos, han propiciado el desarrollo de aquéllos.

Particularmente relevante fue la adopción del Acuerdo Internacional para la Conservación de los Osos Polares y su Hábitat (1973). Este acuerdo fue impulsado por los cinco países árticos donde habitan los osos polares: Estados Unidos, Canadá, Noruega, Dinamarca (en representación de Groenlandia) y la —entonces— Unión Soviética. La preocupación por el declive de las poblaciones de osos polares debido a la caza excesiva motivó la creación de este tratado, cuyo objetivo es proteger y conservar esta especie y su hábitat en la región. El tratado prohíbe la caza comercial de osos polares, limitando su captura únicamente para fines científicos o culturales por parte de comunidades indígenas que dependen de la caza para su sustento. Es, asimismo, un ejercicio temprano de incorporación de la investigación científica en la regulación internacional y, a pesar de que en 1973 existía aún una escasa preocupación por la contaminación o el cambio climático, este tratado ha sido una importante base para abordar estos problemas, que afectan de forma significativa a las poblaciones de osos polares. El Tratado de Conservación del Oso Polar de 1973 simboliza un momento único de colaboración internacional, especialmente notable por su éxito en medio de las tensiones globales de la Guerra Fría. Estableció un marco que ha inspirado la conservación internacional y demostró que la política puede trascender las divisiones cuando se trata de abordar problemas ambientales urgentes. Sin embargo, se cierne un oscuro futuro sobre la mera supervivencia como especie de este animal, a consecuencia de la pérdida de su hábitat, basado en el hielo marino y el incremento de las actividades humanas en el Ártico (Clarke 2013).

También el marco de la protección de la biodiversidad, basándose en la propia CNUDM (arts. 116-119 y 123) y el Acuerdo sobre la aplicación de las disposiciones de la Convención de las Naciones Unidas sobre el Derecho del Mar de 10 de diciembre de 1982 relativas a la conservación y ordenación de las poblaciones de peces transzonales y las poblaciones de peces altamente migratorios, de 1995, ha sido singularmente relevante la adopción, tras un largo proceso de negociación y análisis de los informes científicos sobre la cuestión, del Acuerdo para Prevenir la Pesca No Regulada en Alta Mar en el Océano Ártico Central de 2018 (CAOFA) que ha representado un hito importante en la gestión y protección de los recursos pesqueros en el Ártico, implementando un enfoque precautorio para proteger la región del Ártico Central de actividades pesqueras no reguladas, promoviendo la investigación científica para entender el ecosistema del Ártico

Central antes de permitir cualquier actividad pesquera a gran escala[9] (Molenaar 2024).

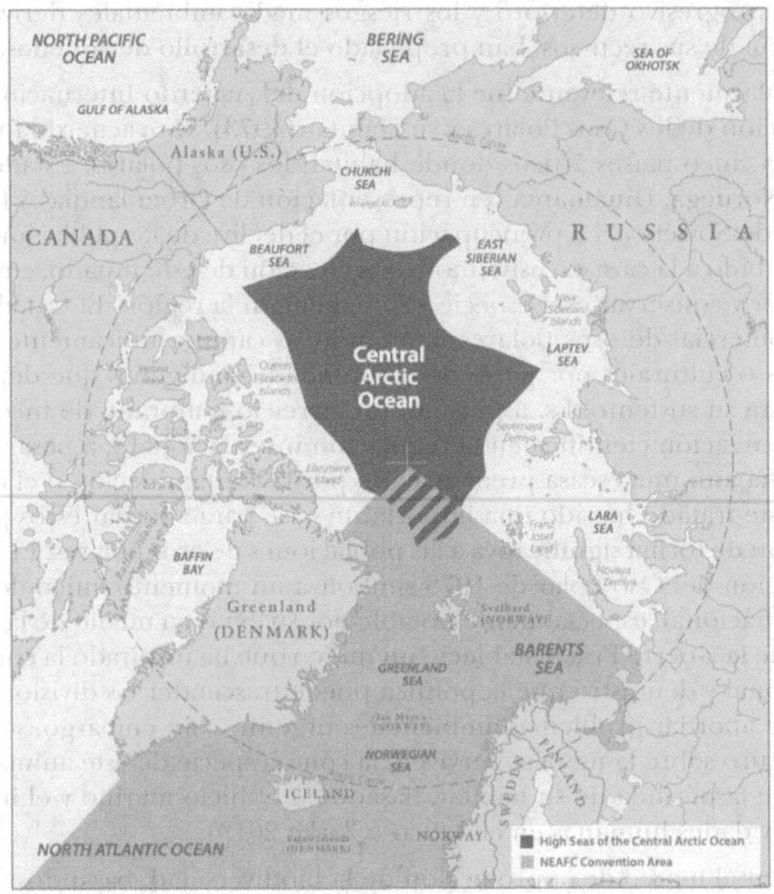

FIGURE 1: CAOFA agreement area (High Seas of the Central Arctic Ocean) and NEAFC's convention area showing their overlap in stripes. Based on Arctic Portal map.

Fuente: WWF; https://www.arcticwwf.org/newsroom/features/the-central-arctic-ocean-fisheries-agreement-what-it-is-is-not-and-might-be/

El Acuerdo de 2018, en vigor desde 2021, es significativo por varios motivos: porque, basándose en un enfoque precautorio, antepone la conservación y el

[9] Las disposiciones clave incluyen: prohibición de pesca comercial, promoción de la investigación científica, creación de un Comité Científico Conjunto y desarrollo de un Marco Regulatorio Internacional basado en datos científicos, en un enfoque precautorio y tendente a la sostenibilidad.

conocimiento científico a la explotación de un área con una biodiversidad única y frágil y porque incluye en su articulado el conocimiento tradicional de las poblaciones indígenas del Ártico y las hace partícipes de su implementación. El hecho de haber incluido en un esfuerzo de cooperación a Estados u organizaciones, como la UE, no árticos, demuestra una voluntad compartida. Ahora bien, este acuerdo afronta importantes retos, siendo el principal de ellos el riesgo de que, al ser renovable cada cinco años, algunos Estados presionen por levantar la moratoria, alentados por estudios científicos prometedores sobre las poblaciones de peces.

3.2. La labor ambiental del Consejo Ártico: del soft law al hard law

La combinación de al menos dos factores relevantes —el deshielo en las relaciones Este-Oeste a consecuencia de la *Glasnost* y el reconocimiento del impacto medioambiental en la región de determinados acontecimientos, como el cambio climático, determinaron una colaboración fructífera entre Estados árticos, más allá de diferencias ideológicas y en pos de un fin común: la protección medioambiental de la región. Lanzada la iniciativa en el célebre discurso del Presidente ruso M. Gobachov pronunciado en Múrmansk (1 de octubre de 1987) a favor de establecer una "zona de paz" y tender puentes para solucionar problemas comunes, como el medioambiental, esta preocupación desembocó en la adopción de la Estrategia para la Protección Ambiental del Ártico (AEPS) en 1991 (Consejo Ártico 1991). Fue un acuerdo histórico que buscaba proteger el medio ambiente del Ártico mediante la colaboración y el intercambio de información científica.

La AEPS sirvió para sentar las bases de lo que hoy es el Consejo Ártico, que se fundó en 1996, a través de la Declaración de Ottawa (Consejo Ártico 1996), como un foro político con el fin de fomentar la cooperación, coordinación e interacción entre los Estados árticos "en cualquier ámbito del común interés del espacio ártico", lo que incluye, ciertamente, una variada gama de cuestiones, si bien una nota al art. 1 de la Declaración señala "el Consejo Ártico no tratará de cuestiones relacionadas con la seguridad militar", algo que, y aunque éste no sea el lugar para debatirlo, ha quedado en cierto modo en entredicho tras la decisión de pausar la cooperación con Rusia en el Consejo Ártico tras su agresión a Ucrania el 23 de febrero de 2022.

La creación del Consejo Ártico permitió institucionalizar y ampliar los objetivos de la AEPS, proporcionando un foro permanente para el diálogo y la cooperación (Consejo Ártico 2013b) en la región, al menos, así ha sido hasta el 23 de febrero de 2022 (Conde Pérez 2022). Desde el origen, para ganar la adhesión de los Estados Unidos, el Consejo Ártico ha funcionado como un foro político cuyas principales funciones han sido la protección medioambiental y el desarrollo sostenible, operando sobre la base del consenso y la peculiar y progresiva interacción de instrumentos *hard law* —relativos a la aplicación indirecta de tratados internacionales en el espacio ártico, así como la adopción de tres instrumentos bajo el paraguas del foro— y mecanismos de *soft law* basados en detalladas guías que de hecho influyen en los desarrollos legislativos nacionales e internacionales.

En este marco y bajo una peculiarísima estructura (Conde Pérez 2015) que incluso integra a las comunidades indígenas como seis Participantes Permanentes, reconociéndoles un papel muy relevante en la definición de las prioridades científicas y medioambientales de la región, el Consejo Ártico ha revelado su eficiencia a lo largo del tiempo.

La orientación eminentemente ambiental se refleja en la estructura del Consejo, que incluye seis grupos de trabajo centrados en temas medioambientales y de sostenibilidad —Programa de Acción sobre Contaminantes Árticos (ACAP); Grupo de Evaluación y Supervisión del Ártico (AMAP)[10]; Grupo de Acción para la Conservación de la Flora y Fauna del Ártico (CAFF)[11]; Grupo de Prevención, Preparación y Respuesta ante Emergencias (EPPR)[12] y Grupo de Protección del Medio Marino (PAME)[13]— así como algunos Grupos de Expertos[14] y *task forces* cuando son necesarias[15].

La forma de trabajo del Consejo Ártico se centra en tres principales ámbitos:

- La generación de conocimiento sobre la región —incluyendo el conocimiento local y tradicional de las poblaciones indígenas— en cooperación con organizaciones o foros internacionales. En este sentido, el Consejo Ártico, a través del Grupo AMAP, ha establecido programas para reducir

---

10 Este grupo se enfoca en monitorear y evaluar el impacto de los contaminantes y el cambio climático en el Ártico. Los informes del AMAP han sido fundamentales para comprender los niveles de contaminantes como metales pesados, bifenilos policlorados (PCB), y otros tóxicos en el ecosistema ártico.

11 CAFF se centra en la biodiversidad del Ártico y ha desarrollado estrategias para conservar especies clave y hábitats importantes, colaborando con organizaciones como la Unión Internacional para la Conservación de la Naturaleza (UICN) y generando bases de datos sobre biodiversidad y amenazas.

12 EPPR trabaja en la preparación y respuesta a emergencias ambientales, especialmente relacionadas con derrames de petróleo, que representan un riesgo significativo debido a la actividad petrolera en la región.

13 PAME aborda la protección de los ecosistemas marinos del Ártico, desarrollando estrategias para minimizar la contaminación marina, especialmente de hidrocarburos, y promover prácticas sostenibles en el transporte y la pesca.

14 Grupo de Expertos sobre Carbono Negro (desde 2015) y Metano y Grupo de Expertos sobre Gestión Ecosistémica (2001-2013).

15 Las *task forces* son creadas en las reuniones ministeriales para trabajar sobre una base *ad hoc*: temas concretos y tiempo limitado.

contaminantes específicos, como los COPs y el mercurio. Asimismo, mediante el Grupo de trabajo CAFF, el Consejo Ártico ha implementado estrategias de conservación y monitoreo de especies vulnerables en la región. Este grupo de trabajo se dedica a recopilar datos sobre especies en peligro, crear áreas protegidas y establecer redes de monitoreo que permiten evaluar la salud de los ecosistemas árticos y tomar medidas de conservación efectivas. En este marco, destaca también el muy relevante *Arctic Climate Impact Assessment* de 2004 (Consejo Ártico 2004), una de las primeras en documentar los efectos del cambio climático en el Ártico, una completísima evaluación en la que participaron más de 300 científicos, expertos y representantes de las comunidades indígenas. El informe fue producido por AMAP, CAFF y el International Arctic Science Committee (IASC).

- La elaboración de recomendaciones que han influido en regulaciones que trascienden la región: en 2002, el Informe sobre COPs elaborado por AMAP, contribuyó a las negociaciones que condujeron a la adopción de la Convención de Estocolmo. En 2009, se publicó el Informe de Evaluación de Navegación Marítima por el Ártico, elaborado por PAME (Consejo Ártico 2009), cuyas recomendaciones sobre navegación segura en aguas árticas tuvieron un impacto decisivo en la adopción del denominado Código Polar por parte de la OMI. El Informe sobre Biodiversidad Ártica (Consejo Ártico 2013a) llevó al reconocimiento de dicha diversidad por el Convenio sobre Diversidad Biológica (CDB).
- La puesta en marcha de estrategias de acción en urgencias medioambientales, como el impacto del carbono negro y el metano, lo que determinó la adopción del Marco de Acción del Consejo Ártico para la Reducción de las Emisiones de Carbono y Metano, adoptado por el Consejo de Ministros del Consejo Ártico en Abril de 2015 (Consejo Ártico 2015). En el mismo sentido, la creación de una Red de Áreas Marítimas Protegidas (AMP) del Ártico, que incluye tanto territorios terrestres como marinos y tiene el objetivo de proteger ecosistemas frágiles, mantener la biodiversidad y proporcionar zonas seguras para especies en peligro de extinción ha sido promovida por CAFF. En el mismo sentido, PAME ha promovido junto con instrumentos y mecanismos internacionales, una Red de AMP panárticas, compuesta por redes individuales de AMP de los Estados árticos y otras medidas de conservación cuyo objetivo es proteger y restaurar la biodiversidad marina, la función de los ecosistemas y las características naturales especiales, y preservar los recursos culturales, el patrimonio y recursos de subsistencia para las generaciones presentes y futuras.

No obstante, pese a haber sido caracterizado eminentemente como un foro que sirve a la *decision-shaping* más que a la *decision-making* (Valerieva Yaneva 2025), eminentemente volcado en el *soft law* más que en el *hard law,* desde el año 2011 se observa un tránsito hacia este último, pues hasta en tres ocasiones los 8 Estados árticos han concluido tres tratados internacionales, dos de ellos sin duda con relevancia para la protección medioambiental de la región, bajo los auspicios del Consejo Ártico.

El Acuerdo sobre Preparación y Respuesta ante la Contaminación por Hidrocarburos (2013) se centra en la coordinación internacional para mitigar los daños ambientales causados por derrames de petróleo en esta región. Establece protocolos de respuesta rápida, intercambio de información y recursos entre los Estados árticos, promoviendo la preparación frente a emergencias ambientales. Sin embargo, su alcance es limitado, ya que no aborda la prevención de actividades que entrañen riesgos ni otros tipos de contaminación que no sean los vertidos de crudo. Así, si bien no se puede negar su utilidad para reducir el impacto inmediato de vertidos, su eficacia depende del cumplimiento y la capacidad operativa de los países involucrados.

Por su parte, el Acuerdo para Promover la Cooperación Científica en el Ártico (2017) fomenta la investigación colaborativa entre los Estados árticos y facilita el acceso a datos y recursos en la región. Este acuerdo permite generar conocimiento sobre los efectos del cambio climático y la biodiversidad ártica, sirviendo como base para decisiones informadas y políticas sostenibles. Así, aunque no implementa medidas concretas de protección ambiental, contribuye indirectamente al fortalecimiento de la gestión sostenible del Ártico. Un aspecto fundamental de este acuerdo es que busca fomentar la colaboración científica entre los Estados árticos y los *stakeholders* árticos. Así, incluye disposiciones específicas para integrar y reconocer el conocimiento tradicional de las poblaciones indígenas del Ártico, reflejando su papel esencial en la comprensión de los ecosistemas y los impactos del cambio climático y siendo tributario de su tradicional y muy relevante papel en la propia gestación y funcionamiento del Consejo Ártico[16].

Estos avances son sin duda relevantes en la consolidación del Consejo Ártico como foro político principal en la región. Ahora bien, la decisión de siete de los ocho miembros del Consejo Ártico de pausar su cooperación con Rusia tras la agresión a Ucrania en 2022, refleja cómo los conflictos geopolíticos pueden influir negativamente en la gobernanza medioambiental: la exclusión de Rusia,

---

16 La participación de los pueblos indígenas es un aspecto único y crucial en las políticas de protección ambiental del Consejo Ártico. Estas comunidades no solo contribuyen con sus perspectivas y conocimientos, sino que también viven en contacto directo con el entorno ártico y dependen de sus recursos. A través de organizaciones como el Consejo Circumpolar Inuit y el Consejo Sami, los pueblos indígenas tienen voz en la planificación y ejecución de iniciativas ambientales. Este enfoque garantiza que las políticas de conservación respeten y se adapten a sus modos de vida tradicionales y que se integre el conocimiento ecológico indígena en las decisiones medioambientales.

que posee aproximadamente el 50% del territorio ártico y una gran parte de su población y recursos, ha reducido significativamente la capacidad del Consejo para funcionar de manera efectiva.

La interrupción de esta cooperación tiene múltiples implicaciones. Por un lado, debilita la capacidad del Consejo para implementar proyectos ambientales y científicos cruciales, como el monitoreo del cambio climático y la regulación de actividades económicas en el Ártico. Por otro, refuerza las tensiones entre las potencias, creando un vacío que podría ser llenado por iniciativas unilaterales o acuerdos bilaterales menos inclusivos. Además, la falta de diálogo podría exacerbar problemas como la explotación no regulada de recursos, el aumento de actividades militares y la pesca ilegal, comprometiendo la sostenibilidad de la región. Este caso subraya cómo la geopolítica no sólo interfiere en la protección del medio ambiente, sino que también amenaza la estabilidad de acuerdos internacionales destinados a preservar ecosistemas vitales como es el caso de los árticos.

3.3. La interacción de sistemas de gobernanza para promover estrategias: especial referencia a las Áreas Marinas Protegidas en el Ártico

La gobernanza del Ártico enfrenta el reto de coordinar múltiples regímenes internacionales, así la creación de Áreas Marinas Protegidas (AMP) en el Ártico, como estrategia clave de protección, se fundamenta y se sirve de diversos instrumentos internacionales y del trabajo de foros y organismos especializados que promueven su desarrollo y gestión.

La CNUDM constituye el marco jurídico principal, al establecer las bases para la conservación del medio marino en las ZEE y en alta mar (AM), reconociendo la importancia de preservar ecosistemas vulnerables. Asimismo, el Convenio sobre la Diversidad Biológica (CDB) de 1992 refuerza estos objetivos al establecer metas globales de conservación, como la protección del 30% de los océanos para 2030[17] y alentar la creación de redes de AMP que salvaguarden la biodiversidad del Ártico. Abundando en todo ello, los Objetivos de Desarrollo Sostenible

---

17 En diciembre de 2022, las Partes del CDB acordaron conservar el 30% de la tierra y los mares de la Tierra para 2030. Este compromiso se conoce como Meta 3 y es uno de los 4 objetivos y 23 metas para hacer frente a la crisis mundial de la naturaleza en el marco del Marco Mundial de Biodiversidad de Kunming-Montreal (CDB 2022). Con este objetivo, las Partes del CDB se comprometieron a conservar la naturaleza a través de áreas protegidas y conservadas, incluidas aquellas que permiten el uso sostenible de los recursos, reconociendo los territorios indígenas y tradicionales. El *Informe Planeta Protegido 2024* es la primera evaluación oficial del progreso mundial en todos los elementos de la Meta 3 desde que se adoptó el Marco en 2022. https://www.unep.org/es/noticias-y-reportajes/comunicado-de-prensa/el-mundo-debe-actuar-mas-rapido-para-proteger-el-30-del

(ODS) de las Naciones Unidas, particularmente el ODS 14 sobre la vida submarina, refuerzan la importancia de las AMP como herramientas esenciales para garantizar la sostenibilidad ambiental en el Ártico.

Por su parte, la OMI también contribuye significativamente, al declarar zonas del Ártico como "zonas marítimas particularmente sensibles", lo que permite implementar medidas de protección ambiental específicas para mitigar impactos de la navegación y la contaminación.

En términos de promoción, el Consejo Ártico desempeña un papel central como foro intergubernamental que facilita la cooperación entre los ocho estados árticos y las comunidades indígenas, elaborando directrices sobre conservación marina mediante sus grupos de trabajo, como el PAME, como más atrás se ha visto. Adicionalmente, la Comisión OSPAR, aunque enfocada en el Atlántico Noreste, tiene relevancia en las zonas árticas bajo su jurisdicción y fomenta la protección de la biodiversidad marina mediante AMP (Campins Eritja 2019).

Además, la reciente adopción en el seno de las Naciones Unidas del Acuerdo sobre la Conservación y Uso Sostenible de la Biodiversidad Marina más allá de las Jurisdicciones Nacionales (Acuerdo BBNJ) de 2023 introduce un marco innovador para la conservación y el uso sostenible de la biodiversidad marina en áreas fuera de la jurisdicción nacional, un aspecto relevante para los mares árticos en AM. Este instrumento refuerza la cooperación internacional en la creación de AMP, el reparto de beneficios derivados de los recursos genéticos marinos y la evaluación de impacto ambiental. Por otro lado, se ha discutido en la doctrina (Dusik y Molenaar 2025) y en Organizaciones No Gubernamentales (ONGs) encargadas de la protección medioambiental, como el *World Wildlife Fund* (WWF), la superposición del CAOFA con el Acuerdo BBNJ, siendo este último instrumento crucial para la consecución del objetivo de conseguir que un 30% de los océanos del mundo estén protegidos bajo el Marco Global para la Biodiversidad Kunming-Montreal 2022 (CDB 2022).

4. PRINCIPALES PROBLEMAS AMBIENTALES EN LA ANTÁRTIDA

La Antártida, el continente más frío y aislado del planeta, enfrenta una serie de desafíos ambientales que amenazan no sólo su frágil ecosistema, sino también, como se ha señalado, su papel fundamental en la regulación del clima global.

El cambio climático es uno de los factores más significativos que afectan a la Antártida. La región ha experimentado un aumento considerable en las temperaturas, especialmente en la Península Antártica, una de las áreas de mayor calentamiento en la Tierra. Este incremento de temperatura tiene consecuencias en cadena pues afecta a los hábitats de especies tanto marinas como terrestres y causa la disminución de especies adaptadas a temperaturas extremas; por otra parte, acelera el deshielo de glaciares y plataformas de hielo, contribuyendo al aumento del nivel del mar; ello a su vez determina una mayor acidificación del océano, que afecta a la vida marina, especialmente a organismos como el krill, un pequeño crustáceo que representa un eslabón fundamental en la cadena alimentaria de la región. La disminución de las poblaciones de krill podría tener un efecto en cascada sobre especies como ballenas, focas y aves marinas.

La sobrepesca y la pesca ilegal en la Antártida representan amenazas significativas para los ecosistemas marinos del Océano Austral. Esta región alberga especies únicas —krill antártico y merluza negra— adaptadas a las duras condiciones y cuya pérdida o disminución impactaría a numerosas especies que dependen de ellas, lo que podría causar desequilibrios en todo el ecosistema marino de la Antártida.

La presencia humana está, por tanto, en la base de los cambios que enfrentan las regiones polares, prueba de ello es que el turismo hacia la Antártida ha crecido considerablemente en las últimas décadas, con miles de personas visitando el continente cada año, lo que aumenta los riesgos ambientales pues las actividades turísticas pueden alterar el comportamiento de la fauna y flora locales, además de introducir contaminación y el riesgo de especies invasoras. Éstas, transportadas accidentalmente en equipos o vehículos, que representa una amenaza seria para las especies locales. Estas nuevas especies pueden alterar el equilibrio ecológico, ya que las especies antárticas no tienen defensas contra los competidores recién introducidos.

5. EL SISTEMA DEL TRATADO ANTÁRTICO Y LA PROTECCIÓN AMBIENTAL

A diferencia de la diversidad normativa que caracteriza al Ártico, la Antártida se rige por un sistema de unidad normativa consolidado en el Sistema del Tratado Antártico (STA), uno de los ejemplos más destacados de gobernanza en un espacio internacional. Este marco normativo, concebido en un contexto de tensiones geopolíticas y científicas durante la Guerra Fría, ha garantizado la protección del continente como un territorio dedicado exclusivamente a la paz y la ciencia, promoviendo la cooperación internacional y la protección ambiental (Ferrada Walker 2012).

El STA se formalizó con la adopción del Tratado Antártico (TAnt) en 1959, en respuesta a dos preocupaciones principales: evitar que la Guerra Fría se extendiera al continente antártico y consolidar los avances científicos del Año Geofísico Internacional (1957-1958). Este Tratado establece disposiciones clave que incluyen la congelación de reclamaciones territoriales[18] (art. IV), el uso pacífico del continente y su desnuclearización (arts. I y V), la libertad científica y el intercambio de resultados (arts. II y III), y un compromiso progresivo con la protección ambiental, particularmente reforzado con la adopción del Protocolo sobre Medio Ambiente Antártico en 1991. Este último prohíbe la explotación de recursos minerales y establece directrices estrictas para la conservación ambiental.

El STA comprende el TAnt, sus protocolos y convenciones conexas, así como las medidas adoptadas en las Reuniones Consultivas del Tratado Antártico (RCTA). Este sistema se caracteriza por la toma de decisiones mediante consultas y consenso entre los 29 Estados con estatus consultivo, mientras que los 28 Estados con estatus no consultivo actúan como observadores. Además, establece un régimen de control y verificación a través de inspecciones periódicas para supervisar el cumplimiento de las disposiciones ambientales y operativas. Las medidas adoptadas en las RCTA son jurídicamente vinculantes, mientras que las resoluciones y decisiones tienen un carácter exhortatorio (Weber 2014).

Con el tiempo, el STA ha evolucionado para abordar nuevos desafíos ambientales, científicos y geoestratégicos. Entre los instrumentos adoptados se encuentran la Convención sobre la Conservación de las Focas Antárticas (CCAS, 1972) y la Convención para la Conservación de los Recursos Vivos Marinos Antárticos (CAMLR, 1980), ambas enfocadas en proteger los ecosistemas y la biodiversidad del océano Austral. Asimismo, el Protocolo de Madrid (1991) ha consolidado la protección ambiental como una prioridad central del sistema. Aunque las convenciones son acuerdos independientes, el Protocolo de Madrid está intrínsecamente vinculado al STA, ya que solo pueden ser partes sus miembros y su ámbito de aplicación coincide con el del Tratado.

En su conjunto, el STA representa un modelo de gobernanza internacional basado en la cooperación pacífica, el respeto por la ciencia y un creciente compromiso con la protección ambiental. En esta contribución se prestará especial atención a los instrumentos y estrategias derivados del STA para la protección medioambiental del continente y el Océano Austral.

---

[18] Desde su descubrimiento por países occidentales, siete Estados reclamantes (Argentina, Australia, Chile, Francia, Nueva Zelanda, Noruega y Reino Unido) han declarado soberanía sobre partes de la Antártida. Sin embargo, el TAnt, firmado en 1959 durante los años álgidos de la Guerra Fría, suspendió estas reclamaciones, dedicando el continente y sus mares circundantes exclusivamente a la paz y la ciencia. Este acuerdo evitó la militarización de la región y estableció un modelo único de gobernanza internacional.

5.1. La regulación de los recursos biológicos marinos antárticos: una confluencia de instrumentos internacionales hacia la creación de Áreas Marinas Protegidas

La sobreexplotación de especies ha sido uno de los motores principales detrás de la acción internacional ambiental en la Antártida. Desde los primeros esfuerzos por explorar y apropiarse del continente, especies como pingüinos, focas y ballenas fueron explotadas hasta casi extinguirse, lo que llevó a la adopción de acuerdos internacionales para regular su uso de manera más sostenible. Posteriormente, el krill antártico, una especie clave en la cadena alimenticia de muchas especies de la región, se convirtió en un recurso codiciado, cuya sobreexplotación tendría consecuencias devastadoras para el ecosistema antártico. Desde los años 70, la explotación comercial de peces también ha llevado al agotamiento de ciertas poblaciones, siendo la merluza negra antártica y la merluza negra patagónica objetivos frecuentes de pesca ilegal debido a su alto valor en el mercado internacional.

Actualmente, la pesca es la única actividad extractiva a gran escala permitida en la Antártida, regulada por un entramado de instrumentos internacionales. Entre ellos destacan la CNUDM, el CDB y el Acuerdo de Naciones Unidas sobre Poblaciones de Peces Transzonales. Sin embargo, es la CAMLR, la *lex specialis* aplicable a la región. Este instrumento se originó ante la preocupación por el impacto de la creciente pesca de krill en el ecosistema antártico y adopta un enfoque ecosistémico, considerando las interacciones entre los recursos vivos y su entorno físico.

Bajo este prisma, la CAMLR busca equilibrar la conservación con el uso racional de los recursos marinos, permitiendo actividades extractivas bajo estrictas medidas de gestión basadas en evidencia científica. Este enfoque incluye la creación de AMPs, como las establecidas en las islas Orcadas del Sur (2009) y el Mar de Ross (2017), esta última la mayor AMP del planeta con 2,06 millones de kilómetros cuadrados. Sin embargo, los intentos recientes de establecer nuevas AMP en áreas como la Antártida Oriental, el Mar de Weddell y la Península Antártica, han encontrado obstáculos geopolíticos. China y Rusia han liderado la oposición, alegando interferencias con actividades pesqueras presentes y futuras, dudas sobre los planes de investigación y monitorización, y la falta de consenso sobre la definición de AMP dentro de la CAMLR. Dado que las decisiones de la Comisión para la Conservación de los Recursos Vivos Marinos Antárticos (CCAMLR) se toman por consenso, la oposición de un solo miembro actúa como un veto[19].

---

19 Los motivos alegados por los Estados Parte en la CCAMLR para oponerse a la creación de nuevas AMP han sido: 1. Interferencia con las pesquerías, tanto presentes como futuras, in-

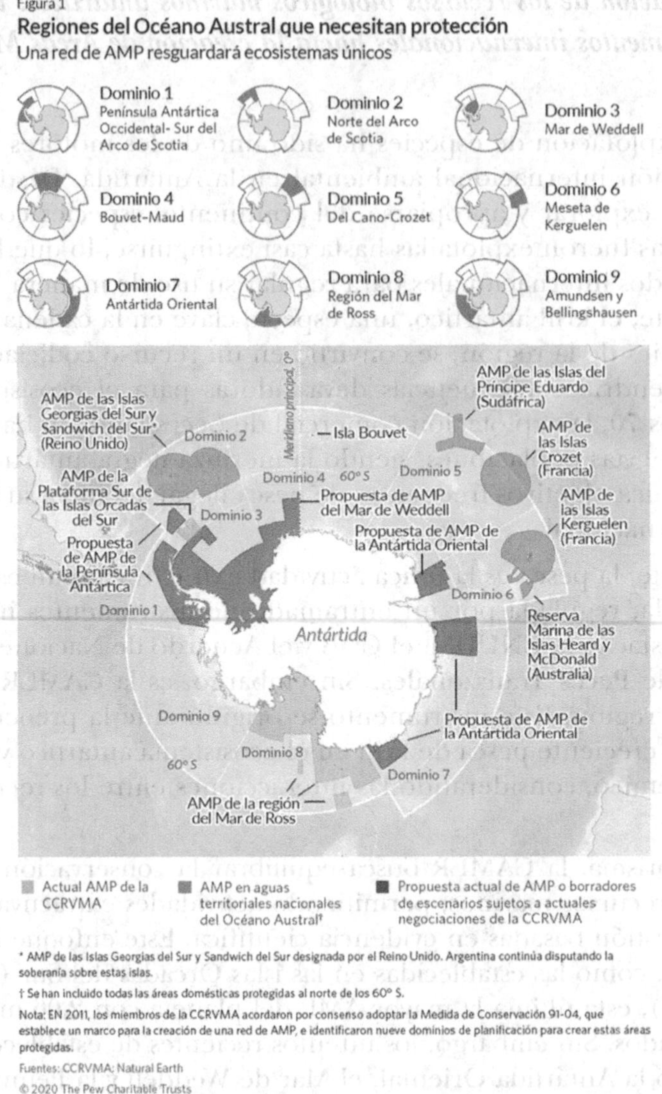

Nota: EN 2011, los miembros de la CCRVMA acordaron por consenso adoptar la Medida de Conservación 91-04, que establece un marco para la creación de una red de AMP, e identificaron nueve dominios de planificación para crear estas áreas protegidas.

Fuentes: CCRVMA; Natural Earth

Fuente: https://www.pewtrusts.org/es/research-and-analysis/issue-briefs/2020/10/the-need-for-a-network-of-marine-protected-areas-in-the-southern-ocean

cluidas las preocupaciones sobre los límites de las AMP y el gran tamaño de éstas. 2. Duración de la designación de AMP (téngase en cuenta que la duración del AMP en el Mar de Ross es de 35 años desde 2017). 3. Suficiencia de los planes de investigación y seguimiento. 4. Suficiencia de la ciencia con respecto a las amenazas y los objetivos de conservación. Además de estas cuatro preocupaciones, Rusia, Ucrania y China incluso han cuestionado la capacidad de la CCAMLR para designar AMP, dado que la CCAMLR nunca ha aprobado una definición de lo que constituye un AMP (Conde Pérez 2019).

La CAMLR, además de su alcance geográfico que incluye la Convergencia Antártica —una zona no cubierta por el TAnt[20]—, establece sinergias con otros marcos internacionales como el CDB y la CNUDM. Sin embargo, la interacción entre estos instrumentos jurídicos ha generado tensiones, particularmente respecto a las disposiciones de la CNUDM sobre ZEE y plataformas continentales extendidas. Aunque el art. IV del TAnt congela las reclamaciones territoriales, algunos países, como Australia, Francia y el Reino Unido, han realizado declaraciones unilaterales sobre ZEE en áreas antárticas, generando conflictos diplomáticos (Conde Pérez 2019).

A pesar de estas complejidades, la CAMLR ha demostrado ser un marco eficaz para la gestión sostenible del ecosistema marino antártico, combinando ciencia, cooperación internacional y un enfoque ecosistémico. Este modelo único destaca no solo por su capacidad de adaptación a desafíos emergentes, sino también por su papel en la promoción de un equilibrio entre la explotación racional y la conservación ambiental en uno de los entornos más frágiles y estratégicamente importantes del planeta (Scott 2013).

Finalmente, la interacción entre la CAMLR y el Acuerdo BBNJ plantea retos cruciales, como la evitación de innecesarias duplicaciones: CAMLR regula la conservación y manejo sostenible de los recursos vivos marinos en el Océano Austral, incluyendo la creación AMP y el establecimiento de límites de captura de pesca. Por su parte, el Acuerdo BBNJ establece un marco global para la protección y uso sostenible de la biodiversidad en áreas fuera de la jurisdicción nacional, abordando la conservación, el acceso y reparto de beneficios de recursos genéticos marinos, y la creación de AMPs. Ambas iniciativas comparten principios como el manejo ecosistémico y el enfoque precautorio, lo que abre oportunidades de sinergia, pero también plantea retos en la coordinación de competencias y la armonización de esfuerzos regulatorios. Un desafío significativo es la superposición geográfica y temática, especialmente en la gestión de AMPs y en los procedimientos de evaluación de impacto ambiental, donde el Acuerdo BBNJ reconoce explícitamente en su art.5.2[21] la autoridad de la CAMLR en su

[20] El art. VI del TAnt dispone: "Las disposiciones del presente Tratado se aplicarán a la región situada al sur de los 60° de latitud Sur, incluidas todas las barreras de hielo; pero nada en el presente Tratado perjudicará o afectará en modo alguno los derechos o el ejercicio de los derechos de cualquier Estado conforme al Derecho Internacional en lo relativo a la AM dentro de esa región." La convergencia antártica, usada por CAMLR es, en cambio un límite natural: es una línea que rodea a la Antártida, donde las aguas frías del Océano Glacial Antártico que fluyen hacia el norte se hunden bajo las aguas relativamente tibias de la zona subantártica.

[21] "2. El presente Acuerdo se interpretará y aplicará de manera que no vaya en detrimento de los instrumentos y marcos jurídicos pertinentes ni los órganos mundiales, regionales, subregionales y sectoriales competentes y promueva la coherencia y la coordinación con esos instrumentos, marcos y órganos."

área de aplicación para evitar duplicidades y conflictos normativos. Asimismo, la regulación del acceso a recursos genéticos marinos bajo el Acuerdo BBNJ podría generar tensiones con el régimen establecido por la CAMLR, especialmente si estos recursos provienen del Océano Austral. Sin embargo, esta interacción también ofrece oportunidades, como el intercambio de conocimientos científicos, la estandarización de criterios para la conservación marina y el fortalecimiento de capacidades a nivel global. Si se logra una coordinación efectiva, estas iniciativas podrían complementarse para reforzar la conservación de la biodiversidad marina tanto en el ámbito regional como global, contribuyendo a la sostenibilidad de los ecosistemas oceánicos. (Gardiner 2020; Haward,2021; Jingpeng y Xiaohan 2024).

5.2. El Protocolo sobre Medio Ambiente Antártico: avances y desafíos actuales

Entre los componentes más destacados del STA se encuentra el Protocolo sobre Protección Ambiental al TAnt, conocido como Protocolo de Madrid (1991). Este instrumento es el reflejo de una evolución del sistema hacia la conservación y protección del medioambiente antártico, estableciendo la región como una reserva natural dedicada a la paz y la ciencia (art. 2) y prohíbe indefinidamente la explotación mineral, salvo para fines científicos.

El Protocolo, que entró en vigor en 1998, consta de varios artículos operativos y seis anexos que regulan aspectos clave, tales como: Evaluación de Impacto Ambiental (EIA)[22] (Anexo I); conservación de la fauna y flora antártica (Anexo II); gestión de residuos (Anexo III); prevención de contaminación marina (Anexo IV); protección y gestión de áreas (Anexo V); responsabilidad por emergencias ambientales (Anexo VI, aún no entrado en vigor[23]).

La implementación del Protocolo está supervisada por el Comité para la Protección del Medio Ambiente (CEP), que actúa como órgano asesor en la aplicación de las disposiciones ambientales. Este comité colabora estrechamente con las RCTA y otros organismos del STA, como la CCAMLR. Las decisiones del CEP

22 Las EIA han sido reconocidas como herramientas clave en el derecho ambiental. El Protocolo las clasifica en tres niveles (preliminar, inicial y global), dependiendo del impacto esperado de las actividades humanas. Este sistema ha asegurado que las actividades en la Antártida se planifiquen con un enfoque precautorio, aunque todavía existen desafíos para uniformar su aplicación entre los Estados.

23 A pesar del compromiso de negociar un régimen de responsabilidad por daños ambientales, los avances han sido limitados. El Anexo VI, adoptado en 2005 para abordar emergencias ambientales, aún no ha entrado en vigor, evidenciando la dificultad de lograr consensos entre los Estados Parte.

han sido cruciales para fortalecer la evaluación de impacto ambiental, regular el turismo y adoptar medidas de conservación (Ferrada Walker 2019).

El Protocolo de Madrid interactúa con otros tratados del STA, como el TAnt, que proporciona el marco general de cooperación, y la CAMLR, cuyo enfoque ecosistémico complementa los objetivos de conservación del Protocolo. Además, su perspectiva precautoria se refuerza mediante acuerdos internacionales como la CDB y los ODS de la ONU, en particular el ODS 14 sobre la vida submarina.

El establecimiento de 76 Zonas Antárticas Especialmente Protegidas (ZAEP)[24] y de 6 Zonas Antárticas Especialmente Administradas (ZAEA) ha sido una estrategia que refleja el compromiso con la conservación de ecosistemas únicos y frágiles, aunque su gestión sigue siendo un reto debido a las disparidades en los procedimientos de implementación nacional (McIvor 2019).

No obstante, la implementación del Protocolo enfrenta desafíos. Aunque fomenta la investigación científica, carece de herramientas específicas para enfrentar los impactos del cambio climático. El creciente turismo y el interés por explorar recursos genéticos marinos plantean riesgos adicionales. A pesar de que el Protocolo regula estas actividades de manera indirecta, es necesario establecer normativas más claras para prevenir impactos significativos. La falta de entrada en vigor del Anexo VI, relativo a responsabilidades por emergencias ambientales, debilita el régimen de gobernanza. Además, las disputas entre los Estados Parte sobre la creación de nuevas AMP subrayan la necesidad de mejorar la cooperación internacional (Ferrada Walker 2019).

Pero sin duda, el desafío más relevante que enfrenta el Protocolo de Medio Ambiente Antártico está vinculado al cumplimiento de los 50 años de su entrada en vigor, en 2048. Este hito marca una posible apertura para la revisión del régimen de protección ambiental de la Antártida, incluyendo la prohibición de actividades de explotación minera establecida en el art. 7 del Protocolo. El art. 25.5 del mismo documento establece que, a partir de esa fecha, las Partes pueden modificar o enmendar el tratado bajo ciertas condiciones procesales estrictas y amplias mayorías y el art. 7 dispone que se requeriría la adopción previa y por consenso (o por mayoría, según interpretaciones del art. 25.5) de un régimen jurídico obligatorio para regular la actividad minera. Pero no es imposible.

El principal reto asociado a esta posible revisión radica en las tensiones entre los intereses de protección ambiental y las crecientes presiones económicas y estratégicas por explotar recursos minerales en la Antártida. Además, la revisión

---

24 Las ZAEP son sitios con destacados valores ambientales, científicos, históricos, estéticos o de espacios naturales, cualquiera sea la combinación de esos valores, o la investigación científica en curso o prevista que garantice la protección adicional debida a dichos valores o los riesgos de los impactos antropogénicos sobre estos valores (McIvor 2019).

del régimen se complicará por las dinámicas geopolíticas contemporáneas. Países con capacidades científicas avanzadas, como China, Rusia y Corea del Sur, han mostrado interés en las investigaciones relacionadas con los recursos minerales antárticos.

El año 2048 representa, pues un punto crítico para el Protocolo de Medio Ambiente Antártico. Asegurar la permanencia de la prohibición de la minería requerirá un fortalecimiento del marco normativo, un consenso político renovado y una reafirmación de los compromisos internacionales con la conservación de la Antártida frente a las presiones económicas y geopolíticas.

6. GRANDES DESAFÍOS PARA LA PROTECCIÓN AMBIENTAL DE LOS ESPACIOS POLARES

A modo de reflexión final, los sistemas de protección medioambiental de los espacios polares enfrentan retos significativos que requieren un análisis crítico y holístico para garantizar su eficacia en un contexto global cada vez más complejo.

En el caso del Ártico, la minería submarina —el gobierno noruego fue el primer país en autorizar y regular la minería submarina en 2023— emerge como un desafío de gran relevancia acrecentada por los reclamos de plataforma continental extendida y dadas sus posibles repercusiones ambientales, aún no completamente entendidas, pero potencialmente devastadoras para los frágiles ecosistemas marinos. Paralelamente, es fundamental integrar a las poblaciones locales en los procesos de toma de decisiones, especialmente cuando estas afectan directamente sus territorios y modos de vida. En proyectos vinculados a la transición energética, esta inclusión resulta esencial para equilibrar las metas de sostenibilidad global con las necesidades y derechos de las comunidades indígenas y locales, que son depositarias de un conocimiento ancestral clave para el manejo de estos espacios (Sarkki *et al.* 2022). Además, el turismo, en constante expansión, añade una capa de presión que no sólo aumenta los riesgos de degradación ambiental, sino que también pone a prueba los marcos normativos existentes, diseñados para contextos de menor impacto humano. La dinámica geopolítica y su enfoque económico de los recursos polares, subraya la importancia de fortalecer las instituciones internacionales para evitar que los intereses de corto plazo comprometan la viabilidad a largo plazo de estos ecosistemas.

En la Antártida, el STA se encuentra en un punto crucial que demanda una revisión profunda de su efectividad y resiliencia frente a desafíos emergentes. La fecha de 2048 es particularmente relevante, ya que marca la posibilidad de revisar el régimen de protección ambiental, incluyendo la prohibición de la minería. Esta revisión tiene el potencial de reconfigurar el equilibrio actual entre la conservación y las actividades humanas en la región. Aunque la minería está actualmente prohibida, los intereses económicos y estratégicos de ciertos Estados podrían ejercer presión para modificar este marco. Además, el crecimiento acelerado del turismo plantea una amenaza directa a los objetivos del STA, que incluyen la paz, la ciencia y la protección ambiental. Las actividades turísticas, en muchas ocasiones poco reguladas, generan impactos acumulativos que ponen en riesgo la integridad del ecosistema antártico y plantean preguntas sobre la compatibilidad de estas actividades con la visión del continente como una reserva natural.

Ante estos desafíos, tanto en el Ártico como en la Antártida, se requiere una respuesta que trascienda los enfoques fragmentados. Es imprescindible adoptar una visión integrada que considere las dimensiones sociales, ambientales, económicas y geopolíticas de manera equilibrada. En el caso del Ártico, esto incluye reforzar la gobernanza regional y global para manejar los intereses en conflicto, mientras que en la Antártida, es necesario asegurar que las disposiciones del STA sean fortalecidas en lugar de debilitadas en futuros procesos de revisión. Sin un fortalecimiento de los mecanismos normativos y un liderazgo político enfocado en el largo plazo, los sistemas de protección polar podrían no resistir las presiones del siglo XXI.

7. REFERENCIAS

7.1. Referencias doctrinales

Bertelsen, Rasmus G. (2019), "Science Diplomacy and the Arctic" en Hoogensen Gjørv, Gunhild; Lanteigne, Marc; Sam-Aggrey, Horatio (eds.), *Routledge Handbook of Arctic Security*, Routledge, London, pp. 234-245. http://dx.doi.org/10.4324/9781315265797-20.

Campins Eritja, Mar (2019), "Los espacios marítimos protegidos en el océano Ártico", *Revista Catalana de Dret Ambiental*, vol. 10, núm. 2. http://dx.doi.org/10.17345/rcda2719.

Clarke, Douglas A. *et al.*(2013), "Polar Bears and CITES: A rejoinder to Parsons and Cornick", *Marine Policy* vol. 38, pp. 365-368. http://dx.doi.org/10.1016/j.marpol.2012.06.014.

Conde Pérez, Elena (2015), "Geopolítica del Ártico: el Derecho Internacional ante los retos del cambio climático en la región", *Cursos de Derecho Internacional y Relaciones Internacionales de Vitoria-Gasteiz 2014*, Thomson Reuters Aranzadi, Cizur Menor, pp. 99-159. https://www.ehu.eus/es/web/cursosderechointernacionalvitoria/-/geopolitica-del-artico-el-derecho-internacional-ante-los-retos-del-cambio-climatico-en-la-region.

Conde Pérez, Elena (2021), "The protection of marine biological resources in polar areas. Environmental issues at stake: The European Union's position in Antarctica" en Casado Raigón, Rafael; Martínez Pérez, Enrique, (dirs), *La contribución de la Unión Europea a la protección de los recursos biológicos en espacios marinos de interés internacional*, Tirant Lo Blanch, Valencia, pp. 505-530.

Conde Pérez, Elena (2022), "La política ártica de la Unión Europea en perspectiva geopolítica: de la cooperación pacífica a las rupturas árticas (2017-2022)", *Revista Española de Derecho Internacional,* vol. 74, núm.2, pp. 129-156.

Conde Pérez, Elena (2023), "Derecho, geopolítica y sociedades árticas", *Cuaderno de Estrategia 218. El Ártico: la región para la colaboración (o las disputas),* Instituto Español de Estudios Estratégicos (IEEE). Ministerio de Defensa, pp. 17-50.

Dodds, Klaus; Smith, Jen Rose (2023), "Against decline? The geographies and temporalities of the cryosphere", *Geographical Journal* vol. 189, núm. 3, pp. 388-397, http://dx.doi.org/10.1111/geoj.12481.

Dusik, Jan; Molenaar, Erik, J. (2025), "Current and Projected Pressures on Arctic Biodiversity and Possible Governance Responses" en Conde, Elena; Wood-Donnelly, Corine, *Routledge Handbook of Arctic Governance,* Routledge, New York, pp. 411-429, http://dx.doi.org/10.4324/9781003371885-28.

Ferrada Walker, Luis. V. (2012), "Evolución del sistema del Tratado Antártico: desde su génesis geoestratégica a sus preocupaciones ambientalistas", *Revista de Derecho,* vol. 18, Universidad de San Sebastián (Chile), pp. 131-151.

Ferrada Walker, Luis. V. (2019), "Desafíos y logros del Protocolo al Tratado Antártico sobre Protección del Medioambiente a 20 años de su entrada en vigor", *Revista Estudios Hemisféricos y Polares,* vol.10, núm.1, pp. 1-20.

Gardiner, Natasha B. (2020), "Marine protected areas in the Southern Ocean: Is the Antarctic Treaty System ready to co-exist with a new United Nations instrument for areas beyond national jurisdiction?", *Marine Policy,* vol. 122. http://dx.doi.org/10.1016/j.marpol.2020.104212.

Geological Survey (2009), *Circum— Arctic Resource Appraisal: Estimates Undiscovered Oil and Gas North of the Arctic Circle.*

Gladun, Elena (2015), "Environmental protection of the arctic region: effective mechanisms of legal regulation", *Russian Law Journal,* vol. 3, núm. 1, pp. 92-109. http://dx.doi.org/10.17589/2309-8678-2015-3-1-92-109.

Haward, Marcus (2021), "Biodiversity in Areas Beyond National Jurisdiction (BBNJ): the Commission for the Conservation of Antarctic Marine Living Resources (CCAMLR) and the United Nations BBNJ Agreement" University Of Tasmania, Journal contribution. http://dx.doi.org/10.1080/2154896X.2021.1984658.

Hemmings, Alan D. (2010), "Does Bioprospecting Risk Moral Hazard for Science in the Antarctic Treaty System?", *Ethics in Science and Environmental Politics,* vol. 10, pp. 5-12. http://dx.doi.org/10.3354/esep00103.

Huebert, Robert (2001), "Article 234 and Marine Pollution Jurisdiction in the Arctic", en Oude Elferink, Alex G; Rothwel, Donald R., *The Law of the Sea and Polar Maritime Delimitation and Jurisdiction,* Martinus Nijhoff, The Hague, pp. 249-262. http://dx.doi.org/10.1163/9789004482029_023.

Jinpeng Wang; Xiaohan, Sun (2024), "Interplays between the BBNJ Agreement and the Antarctic Treaty System on the Southern Ocean bioprospecting", *Marine Policy,* vol. 169, 106338. https://doi.org/10.1016/j.marpol.2024.

Koivurova, Timo *et al.* (2021), *Overview of European Union actions in the Arctic and their impact,* Final Report, June 2021.

Krivorotov, Andrey (2022), "The Quest for the Ultimate Resources: Oil, Gas, and Coal", en Finger, Matthias; Rekvig, Gunnar. (eds.), *Global Arctic. An Introduction to the Multifaceted Dynamics of the Arctic,* Springer, Cham, pp. 257-278. http://dx.doi.org/10.1007/978-3-030-81253-9_13.

Manero Salvador, Ana (2018), "La protección Ambiental del Ártico y la Agenda 2030" *Actualidad Jurídica Ambiental*, núm. 77, pp. 4-34. https://www.actualidadjuridicaambiental.com/wp-content/uploads/2018/02/2018_03_01_Manero_Proteccion-Artico-Agenda-2030.pdf

Molenaar, Erik, J. (2024), "The Central Arctic Ocean Fisheries Agreement and Arctic Indigenous peoples", *Marine Policy*, vol. 164, 106160. http://dx.doi.org/10.1016/j.marpol.2024.106160.

McIvor, Ewan *et al.* (2019), "Zonas especialmente protegidas y gestionadas de la Antártida", *Antarctic Environmental Portal*.

Nowlan, Linda (2001), *Arctic Legal Regime for Environmental Protection*, IUCN Environmental Policy and Law Paper, vol. 44.

Nymand Larsen, Joan; Fondahl, Gail (eds.) (2014), *Arctic human development report: Regional processes and global linkages 2014*, Nordic Council of Ministers, Copenahguen.

Rachold, Volker (2023), "Science Diplomacy in the Polar Regions" German Arctic Office, Alfred Wegener Institute, Helmholtz Centre for Polar and Marine Research.

Rantanen, Mika *et al.* (2022), "The Arctic has warmed nearly four times faster than the globe since 1979", *Commun Earth Environ*, vol. 3, 168. http://dx.doi.org/10.1038/s43247-022-00498-3.

Sarkki, Simo; *et al.* (2022), "Embracing Policy Paradoxes: EU's Just Transition Fund and the Aim 'To Leave No One Behind". *International Environmental Agreements: Politics, Law and Economics*, vol. 22, núm. 4, pp. 761-7925. http://dx.doi.org/10.1007/s10784-022-09584-5.

Scott, Karen N. (2013), "Marine Protected Areas in the Southern Ocean", en Molenaar, Erik; Oude Elferink, Alex G; Rothwell, Donald, eds. *Interaction between Global and Regional Regimes*, Martinus Nijhoff Publishers, The Netherlands, pp. 113-137.

Valerieva Yaneva, Zhaklin, (2025) "The Arctic Council: Advocating for cooperation in times of emerging threats" en Conde, Elena; Wood-Donnelly, Corine (eds.), *Routledge Handbook of Arctic Governance*, Routledge, New York, pp. 94-107. http://dx.doi.org/10.4324/9781003371885-7

Weber, Melissa (2014), "Power Politics in the Antarctic Treaty System", en Stephens, Tim; VanderZwaag, David L. (eds.), *Polar Oceans Governance in an Era of Environmental Change. New Horizons in Environmental and Energy Law*, Edward Elgar, Cheltenham/Northampton, pp. 88-90. http://dx.doi.org/10.4337/9781781955451.00014.

Young, Oran (2013), "If an Arctic Ocean treaty is not the solution, what is the alternative?", *Polar Record*, vol. 47, núm. 4, pp. 327-334. http://dx.doi.org/10.1017/S0032247410000677.

7.2. Referencias normativas

7.2.1. Tratados internacionales

Tratado Antártico, Washington, 1 de diciembre de 1959; *BOE* núm. 152, 26 de junio de 1982.

Convención de Londres para la protección de las focas de la Antártida, Londres, 1 junio 1972 (*ILM*, vol. 11, p. 251, 1972).

Acuerdo sobre la Conservación de los Osos Polares, Oslo, 15 de noviembre de 1973; *UNTS*, vol. 2898, p. 243.

Convenio MARPOL 73/78, Convenio internacional para prevenir la contaminación por los buques, Londres, 2 de noviembre de 1973 y Protocolo, Londres, 17 de febrero de 1978; *BOE* núm. 249, de 17 de octubre de 1984.

Convención sobre la conservación de los recursos vivos marinos antárticos, Camberra, 20 de mayo de 1980; *BOE* núm. 1255, de 25 de mayo de 1985.

Convención de las Naciones Unidas sobre el Derecho del Mar, Montego Bay, 10 de diciembre de 1982; *BOE* núm. 39, 14 de febrero de 1997.

Convenio Internacional sobre cooperación, preparación y lucha contra la Contaminación por Hidrocarburos, Londres, 30 de noviembre de 1990, *BOE* núm. 133, de 5 de junio de 1995.

Protocolo al Tratado Antártico sobre Protección del Medio Ambiente y sus Anejos, Madrid, 4 de octubre de 1991; *BOE* núm. 42, 18 de febrero de 1998.

Acuerdo sobre el Espacio Economico Europeo entre las Comunidades Europeas y sus Estados miembros, por una parte, y la República de Austria, la República de Finlandia, la República de Islandia, el Principado de Liechtenstein, el Reino de Noruega, el Reino de Suecia y la Confederación Suiza, por otra parte, de 2 de mayo 1992, *DOCE L 1 de 3 de enero de 1994*.

Convenio sobre la Diversidad Biológica; Río de Janeiro, 5 de junio de 1992; *BOE*, núm. 27, de 1 de febrero de 1994.

Convenio OSPAR - Convenio para la Protección del Medio Ambiente Marino del Atlántico del Nordeste, París, 22 de septiembre de 1992; *BOE* núm. 150, de 24 de junio de 1998.

Acuerdo sobre la Aplicación de las Disposiciones de la Convención de las Naciones Unidas sobre el Derecho del Mar de 10 de diciembre de 1982 relativas a la Conservación y Ordenación de las Poblaciones de Pesca Transzonales y las Poblaciones de Peces Altamente Migratorios, Nueva York, 4 de agosto de 1995; *BOE* núm. 175, de 21 de julio de 2004.

Protocolo de 1996 relativo al Convenio sobre la prevención de la contaminación del mar por vertimiento de desechos y otras materias, Londres, 7 de noviembre de 1996, *BOE* núm. 77, de 31 de marzo de 2006.

Protocolo sobre Cooperación, Preparación y Lucha Contra los Sucesos de Contaminación por Sustancias Nocivas y Potencialmente Peligrosas, Londres, 15 de marzo de 2000, *BOE* núm. 201, de 23 de agosto de 2006.

Convenio de Estocolmo sobre contaminantes orgánicos persistentes, Estocolmo el 22 de mayo de 2001; *BOE* núm. 151, de 23 de junio de 2004.

Agreement on Cooperation on Marine Oil Pollution Preparedness and Response in the Arctic, 15 May 2013, Arctic Council, Kiruna Ministerial meeting.

Código Internacional para los buques que operen en aguas polares (Código Polar) (Texto refundido del Código polar que figura en los anexos de las Resoluciones MSC.385(94) y MEPC.264(68), Londres, 21 de noviembre de 2014 y 15 de mayo de 2015, *BOE* núm. 107, de 5 de mayo de 2017.

Agreement on Enhancing International Arctic Scientific Cooperation, 11 May 2017, Arctic Council, Fairbanks Ministerial meeting.

Acuerdo para impedir la pesca no reglamentada en alta mar en el Océano Ártico central de 3 de octubre de 2018, *DOUE* L 73, de 15 de marzo de 2019.

Acuerdo en el marco de la Convención de las Naciones Unidas sobre el Derecho del Mar relativo a la conservación y el uso sostenible de la diversidad biológica marina de las zonas situadas fuera de la jurisdicción nacional, Nueva York, 19 de junio de 2023; *DOUE* L 2024/1831, de 19 de julio de 2024.

7.2.2. Otros actos normativos internacionales

Consejo Ártico (1996), Declaration on the establishment of the Arctic Council.

CDB (2022), Decision adopted by the Conference of the Parties to the Convention on Biological Diversity. Kunming-Montreal Global Biodiversity Framework. Doc. CBD/COP/DEC/15/4, 19 December, 2022.

7.3. Referencias documentales

Comisión OSPAR (2021), North-East Atlantic Environment Strategy 2030, OSPAR Commission, Cascais, 1 octubre 2021.

Consejo Ártico (1991), Arctic Environmental Protection Strategy, Rovaniemi, Finland, 14 June 1991.

Consejo Ártico (2004), Arctic Climate Impact Assessment, ACIA Overview report, AMAP, Cambridge University Press.

Consejo Ártico (2009), Arctic Marine Shipping Assessment 2009 Report, PAME.

Consejo Ártico (2013a), Arctic Biodiversity Report, Arctic Council Secretariat, 2013.

Consejo Ártico (2013b), Vision for the Arctic. Future vision for the Arctic decided upon by the Arctic States together with the six permanent Arctic Indigenous People's Organizations within the Arctic Council, in Kiruna, Sweden, on the 15th of May 2013.

Consejo Ártico (2015), Enhanced Black Carbon and Methane Emissions Reductions. An Arctic Council Framework for Action, Iqaluuit 2015 SAO Report to Ministers, 2015.

PARTE III:

CONEXIONES CON OTROS REGÍMENES INTERNACIONALES

Capítulo 16

MEDIO AMBIENTE Y DERECHOS HUMANOS

ANTONI PIGRAU SOLÉ[1]

1. INTRODUCCIÓN

El Derecho Internacional de los Derechos Humanos (DIDH) se desarrolló después de la segunda guerra mundial, aunque con avances anteriores en aspectos como la trata de esclavos, la protección de las minorías, en el marco de la Sociedad de Naciones, o el desarrollo de los derechos asociados al trabajo, desde la Organización Internacional del Trabajo, ambas creadas en 1919. Además del desarrollo del Derecho Internacional Humanitario (DIH) aplicable a los conflictos armados, desde la creación del Comité Internacional de la Cruz Roja, en 1863.

La experiencia de las dos guerras mundiales introduce dos ideas clave: el Estado puede convertirse en el principal violador de derechos humanos y existe una conexión entre los derechos humanos y las causas que amenazan la paz. La Carta de las Naciones Unidas parte del presupuesto de que la protección de los derechos humanos debe garantizarse en el marco del Estado, que determina, mediante sus propias leyes, el contenido material de los derechos y sus mecanismos de garantía. Pero los derechos humanos dejan de ser una materia exclusiva de la jurisdicción interna (Carrillo Salcedo 2001, pp. 37-38) y la propia CNU atribuye a la ONU competencias concretas, especialmente de desarrollo normativo y de promoción de su cumplimiento.

La Declaración Universal de Derechos Humanos (DUDH), proclamada por la Asamblea General en 1948 (AGNU, 1948), es el primer catálogo de derechos humanos, formulado en un foro internacional y con vocación universal. Presupone la existencia de una sociedad democrática en la que puedan ejercerse los derechos reconocidos (Abellán Honrubia 1999, p. 213). Aunque es un catálogo de derechos sin mecanismos de garantía y es un texto jurídico no vinculante en principio, ha sido un documento con un impacto moral, político y jurídico trascendental, que se ha proyectado en múltiples textos convencionales y en las Constituciones y leyes nacionales (Pons Ráfols 1998).

---

[1] Catedrático de Derecho Internacional Público y Director del Centre de Estudios de Derecho Ambiental de Tarragona (CEDAT), Universitat Rovira i Virgili (antoni.pigrau@urv.cat). Todas las páginas webs mencionadas en este estudio han sido consultadas el 1 de diciembre de 2024. ORCID: https://orcid.org/0000-0001-5159-1566.

En 1966 la AGNU adoptó el Pacto Internacional de Derechos Civiles y Políticos (PIDCP) y el Pacto Internacional de Derechos Económicos, Sociales y Culturales (PIDESC) (AGNU, 1966): dos textos separados como única manera de resolver las discrepancias sobre la presencia e importancia de los derechos económicos, sociales y culturales, promovidos desde el bloque del Este, frente a la preeminente de los derechos civiles y políticos, defendida por el bloque occidental mayoritario. Se consagran así ambas categorías de derechos, aunque con distinto alcance de las obligaciones resultantes y también distintos mecanismos de garantía.

El DIDH se ha articulado en torno a un conjunto de instrumentos jurídicos y a otro conjunto de mecanismos de protección.

Entre los instrumentos jurídicos cabe distinguir dos categorías, en función de su carácter no vinculante o vinculante. Los primeros incluyen, entre otros, las Declaraciones, como la mencionada DUDH, los programas de acción, o los documentos de Principios impulsados por la ONU en relación con diversos aspectos como, por ejemplo, los Principios Rectores de las Naciones Unidas sobre empresas y derechos humanos (CDH, 2011). Los instrumentos vinculantes son los tratados internacionales. Suelen distinguirse, por su ámbito material, entre tratados generales o específicos y, por su ámbito geográfico, en tratados de ámbito universal o regional. Los tratados generales de ámbito universal son los Pactos mencionados de 1966, mientras los tratados específicos de ámbito universal son numerosos, en relación, entre otros, con los refugiados, la discriminación racial, la discriminación contra la mujer, la tortura, los migrantes, la desaparición forzada o los derechos del niño. En el ámbito regional, los principales tratados de ámbito general son la Convención Europea para la protección de los derechos humanos y las libertades fundamentales (CEDH) (1950), la Convención Americana de derechos humanos (CADH) (1969), la Carta Africana de los derechos humanos y de los pueblos (1981), con sus diversos protocolos adicionales y la Carta Árabe de Derechos Humanos (2004). Junto a ellos existen tratados sobre derechos específicos en los distintos ámbitos geográficos[2].

En cuanto a los mecanismos de control, se suele distinguir asimismo entre los de ámbito universal y los de ámbito regional, así como entre mecanismos judiciales y no judiciales. En el ámbito universal existen dos tipos de mecanismos de control de derechos humanos, todos ellos de carácter no judicial: los creados en virtud de tratados y los creados a partir de la CNU. Los primeros son los Comités encargados de la supervisión, de hasta ahora diez tratados internacionales, inclui-

[2] Puede consultarse la recopilación de los textos de estos y otros instrumentos de derechos humanos en la página web de la Oficina del Alto Comisionado de las Naciones Unidas para los Derechos Humanos; https://www.ohchr.org/es/instruments-listings.

dos los Pactos de 1966. A partir de la CNU se ha creado el Consejo de Derechos Humanos (CDH), que sustituyó a la antigua Comisión de Derechos Humanos (Com. DH) en 2006, que puede llevar a cabo investigaciones, que realiza el Examen Periódico Universal de los miembros de la ONU, y que, a su vez, ha creado nuevos procedimientos especiales, órganos unipersonales o colegiados de expertos asignados a mandatos temáticos o de país[3]. No existe en el ámbito universal ningún tribunal de derechos humanos, más allá de la competencia general de la Corte Internacional de Justicia (CIJ), en el marco de su Estatuto. La Corte Penal Internacional (CPI), puede actuar contra individuos que hayan cometido ciertos crímenes de especial gravedad, relacionados con los derechos humanos, pero no supervisa el cumplimiento de las obligaciones estatales.

En el ámbito regional encontramos, en cambio, órganos de control de carácter judicial, derivados siempre de un tratado, y órganos no judiciales, derivados de un tratado específico o de decisiones de las diversas organizaciones internacionales, a partir de su tratado fundacional. Los tribunales existentes son el Tribunal Europeo de Derechos Humanos (TEDH), la Corte Interamericana de Derechos Humanos (Corte IDH) y la Corte Africana de Derechos Humanos y de los Pueblos. Los principales órganos de control de carácter no judicial son la Comisión Interamericana de Derechos Humanos (Com. IDH), la Comisión Africana de Derechos Humanos y de los Pueblos (Com. ADHP) y la Comisión Intergubernamental sobre derechos humanos de la Asociación de Naciones de Asia Sudoriental (ASEAN).

En el Derecho Internacional del Medio Ambiente (DIMA) se reproduce esta estructura de instrumentos vinculantes y no vinculantes, en los ámbitos universal y regional. En cambio, los mecanismos de protección específicos, básicamente en forma de comités de expertos que verifican su cumplimiento, derivan de pocos tratados internacionales concretos. Al no haber tampoco mecanismos judiciales de protección internacional del medio ambiente, el recurso a los tribunales y a otros órganos internacionales de control no judicial del ámbito de los derechos humanos ha sido y es utilizado, a menudo, para proteger el medio ambiente.

El objeto de este capítulo es analizar las interacciones entre el DIDH y el DIMA, cuya formación y desarrollo es mucho más reciente, con un origen comúnmente referido a la Conferencia de Estocolmo sobre el medio humano, de 1972, aunque con numerosos antecedentes, y cuyo grado de institucionalización es mucho menor.

Para ello se presentarán, en primer lugar, las conexiones entre medio ambiente y derechos humanos (2). A continuación, se tratará la problemática específica de la protección de las personas defensoras del medio ambiente (PDA), que

---

3 https://www.ohchr.org/es/instruments-and-mechanisms.

parte de la constatación de su gran vulnerabilidad y que ha dado lugar, en los últimos años, a normas específicas para su protección (3). Finalmente, en el siguiente apartado, se presentará, brevemente, la cuestión de la crítica al enfoque de derechos humanos, desde planteamientos ecocéntricos y la formulación de los derechos de la naturaleza (4).

2. LAS CONEXIONES ENTRE MEDIO AMBIENTE Y DERECHOS HUMANOS

La Conferencia de Estocolmo representa la introducción en la agenda política internacional de los problemas ambientales, ya antes denunciados desde la ciencia (Carson 1962; Commoner 1966, 1971; Meadows *et al.* 1972). La Declaración de Estocolmo ya apunta la relación entre medio ambiente y derechos humano: "El hombre tiene el derecho fundamental a la libertad, la igualdad y el disfrute de condiciones de vida adecuadas en un medio de calidad tal que le permita llevar una vida digna y gozar de bienestar [...]" (NU 1972)

La interacción entre el medio ambiente y los derechos humanos ha experimentado, desde entonces, un proceso progresivo de reconocimiento tanto en el ámbito de los ordenamientos nacionales como en el Derecho Internacional, impulsado por la proliferación de tratados y otros instrumentos jurídicos internacionales y la actividad de los mecanismos internacionales de protección de los derechos humanos (Com. DH 1990; PNUMA 2012; PNUMA-CIEL 2014; Corte IDH 2017b; CdE 2022).

Son indicadores de esta evolución la creación, por el CDH, junto a los procedimientos especiales de la anterior Com. DH, sobre las implicaciones para los derechos humanos de la gestión y eliminación ecológicamente racionales de las sustancias y los desechos peligrosos (desde 1995) y sobre el derecho a la alimentación (desde 2000), de otros nuevos, sobre los derechos al agua potable y al saneamiento (CDH 2008a), sobre la cuestión "de las obligaciones de derechos humanos relacionadas con el disfrute de un medio ambiente sin riesgos, limpio, saludable y sostenible", (CDH 2012) y, más recientemente, "sobre la promoción y protección de los derechos humanos en el contexto del cambio climático" (CDH 2021b).

Esta interacción se refleja en los dos primeros de los *Principios Marco sobre los derechos humanos y el medio ambiente*:

> "Los Estados deben garantizar un medio ambiente sin riesgos, limpio, saludable y sostenible con el fin de respetar, proteger y hacer efectivos los derechos humanos.
>
> Los Estados deben respetar, proteger y hacer efectivos los derechos humanos con el fin de garantizar un medio ambiente sin riesgos, limpio, saludable y sostenible." (Knox 2018)

Cabe distinguir tres esferas de conexión entre el medio ambiente y los derechos humanos. En primer lugar, una conexión material, consistente en el reconocimiento del impacto de los daños al medio ambiente sobre el goce de los derechos humanos (2.1). En segundo lugar, una conexión que denominaremos jurídico-formal, consistente en el reconocimiento del medio ambiente como derecho humano, tanto en el plano interno de los Estados, como en el internacional (2.2). En tercer lugar, una conexión jurídico-instrumental, consistente en que la protección y defensa efectiva del medio ambiente requiere el ejercicio de distintos derechos humanos (2.3).

2.1. La conexión material: el medio ambiente como requisito para el goce de los derechos humanos

Un medio ambiente deteriorado afecta al ejercicio de los derechos humanos (Atapattu y Schapper 2019, 110-122). Los órganos internacionales de protección de los derechos humanos han apreciado ese efecto en relación con algunos derechos civiles como el derecho a la vida (TEDH 2004, 2008; Cté. DH 2019), a la vida privada (TEDH 1994, 2005), o a la propiedad (TEDH 2004, 2008, 2018) o algunos de los derechos económicos y sociales, como el derecho a la salud (Com. DH 2003), al agua (Cté. DESC 2003), a la alimentación (Ziegler 2007) o el derecho a la vivienda (Farha 2019).

Específicamente, en relación con los pueblos indígenas, y gracias a su propia acción política (Barsh 2007), se ha ido constatando la relación especial que existe entre el medio ambiente, su cosmovisión cultural propia y ciertos derechos colectivos como son el de la propiedad sobre sus tierras y sobre los recursos naturales:

> "Los indígenas por el hecho de su propia existencia tienen derecho a vivir libremente en sus propios territorios; la estrecha relación que los indígenas mantienen con la tierra debe de ser reconocida y comprendida como la base fundamental de sus culturas, su vida espiritual, su integridad y su supervivencia económica." (AGNU 2007, art.26) (También: OIT 1989, arts 13, 15; Corte IDH 2001, párrs. 149-151; 2005a, párr.154; 2006, párr.120; 2012, párrs. 212-220; Com. ADHP 2009; Cté. DH 1994, párr.7; Cté. DESC 2010, párr. 36; Com. IDH 2009; Borràs Pentinat 2013; Pigrau Solé y Borràs Pentinat 2013).

El cambio climático ha introducido un nuevo elemento de conexión material entre el medio ambiente y los derechos humanos (CDH, 2008b), en este caso por la afectación simultánea de distintos derechos y por la amenaza global sobre la vida misma del Planeta. En particular a partir de 1988, en los informes del Grupo Intergubernamental de Expertos sobre el Cambio Climático[4] se han analizado sus causas, los factores de vulnerabilidad y sus impactos.

---

4 Disponibles en https://www.ipcc.ch/.

El número de eventos extremos relacionados con el clima, como sequías, inundaciones e incendios, se ha incrementado en las últimas décadas. La afectación a los derechos humanos es un hecho (vida, salud, alimentación, vivienda, agua y saneamiento, desarrollo) en muchos Estados, y dentro de ellos, el cambio climático agrava las desigualdades y la exclusión ya existentes y aumenta las vulnerabilidades (Atapattu y Schapper 2019, pp. 249-262).

Un factor clave de injusticia ambiental radica en el hecho de que los países más afectados por el cambio climático son los menos responsables de las emisiones que han causado el problema y, en cambio, los que disfrutan de más altos niveles de vida, son los que menos sufren sus consecuencias directas[5]. La injusticia se agrava en función de la riqueza de las personas: el 1% más rico del planeta (cerca de 75 millones de personas) es responsable del 16% de las emisiones de carbono, tanto como el 66% más pobre (5.000 millones de persones) (Oxfam 2024). Por eso el enfoque clásico de que es un mismo Estado el responsable de proteger los derechos humanos ponderando los riesgos y los beneficios que generan sus decisiones, no se ajusta a la dinámica del cambio climático, esencialmente transfronteriza, que exige un enfoque de justicia climática (Atapattu y Schapper 2019, pp. 223-225).

Uno de los impactos más graves es el desplazamiento de personas. El riesgo que corren las personas desplazadas es similar al que corren los migrantes en situaciones de vulnerabilidad que no tienen acceso a vías de migración seguras, asequibles y regulares, pero su situación se agrava por cuanto no existe un marco legal de protección de las personas desplazadas por causas ambientales o climáticas (Rosignoli 2022).

Los datos muestran una falta de respuesta suficiente al cambio climático por parte de los Estados que más han contribuido al mismo y que tienen mayores recursos para mitigarlo y revertirlo, a pesar de sus compromisos internacionales, en particular, derivados del Acuerdo de París de 2015 (CMNUCC 2021; PNUMA 2023). Eso ha generado en los últimos años una oleada sin precedentes de litigios climáticos, de los que una buena parte se dirigen contra la insuficiente acción de los gobiernos[6]; y muchos de ellos se fundamentan en el impacto del cambio climático sobre los derechos humanos (De Vilchez Moragues 2022, pp. 228-284).

---

5 Mientras la aportación de los 100 países con menos emisiones no llega al 3% del total, los 10 mayores emisores de gases de efecto invernadero aportan más de dos tercios de las emisiones mundiales; https://www.wri.org/insights/interactive-chart-shows-changes-worlds-top-10-emitters.

6 Se han documentado 2.180 casos en 65 países (la mayoría en Estados Unidos) o en tribunales regionales o internacionales u órganos cuasi-judiciales o de arbitraje a 31.12.22 (Burger y Tigre 2023).

Aunque la mayoría de ellos se ha suscitado en los tribunales nacionales, el TEDH, en el caso *Verein Klimaseniorinnen Schweiz y otros c. Suiza* (TEDH 2024), concluyó, en 2024, que hubo graves deficiencias en el proceso de establecimiento del marco normativo nacional pertinente por parte de las autoridades suizas, y que el Estado, al no cumplir sus objetivos de reducción de las emisiones de gases de efecto invernadero, vulneró el derecho de las demandantes a la vida privada y familiar.

Igualmente, por la vía de las opiniones consultivas el cambio climático se ha suscitado ante tres tribunales internacionales: el Tribunal Internacional de Derecho del Mar (TIDM); la Corte IDH[7] y la CIJ (AGNU 2023). La primera de ellas, la única emitida hasta ahora, constata que las emisiones de gases de efecto invernadero son también contaminación del medio marino, a los efectos de la Convención de Naciones Unidas sobre el Derecho del Mar de 1982 y que los Estados Partes tienen la obligación específica de adoptar todas las medidas necesarias para prevenir, reducir y controlar la contaminación marina causada por las emisiones antropogénicas de GEI y así como la de proteger y preservar el medio marino de los efectos del cambio climático y la acidificación de los océanos y de restaurar los hábitats y los ecosistemas dañados (TIDM 2024).

2.2. Las conexiones jurídico-formales: el reconocimiento de un derecho al medio ambiente

El derecho al medio ambiente ha sido reconocido tanto en el plano de los derechos internos, como en el Derecho Internacional, en el ámbito regional y en el ámbito universal. Se ha considerado que dicho reconocimiento comporta una mayor protección para el medio ambiente, por cuanto la categoría de derecho humano facilita una mayor protección jurídica, su reconocimiento constitucional le proporciona una mayor jerarquía normativa frente a otros intereses o valores y, en el plano internacional, los mecanismos de protección de los derechos humanos están mucho más desarrollados que los de protección del medio ambiente (Shelton 2011, 265-266).

Desde 1972, la mayoría de los Estados han incorporado a su Constitución referencias al medio ambiente y, con frecuencia, lo configuran como un derecho humano, en sus vertientes individual y colectiva, añadiendo una cualidad específica del medio ambiente, utilizando expresiones como seguro, sano o limpio (Jeffords 2011; Boyd 2012). En este sentido, la Constitución Española de 1978 esta-

7 *Solicitud de Opinión Consultiva sobre Emergencia Climática y Derechos Humanos a la Corte Interamericana de Derechos Humanos de la República de Colombia y la República de Chile, 9.1.2023.* final 2024.

blece que "Todos tienen el derecho a disfrutar de un medio ambiente adecuado para el desarrollo de la persona, así como el deber de conservarlo." (Art. 45.1)

El derecho al medio ambiente ha sido también acogido, entre otros textos (ASEAN, 2012, párr.28), en algunos instrumentos convencionales en el ámbito regional. En el marco de la Organización de Estados Americanos (OEA), el "Protocolo Adicional a la Convención Americana sobre Derechos Humanos en materia de Derechos Económicos, Sociales y Culturales (A-52)", de 1988, dispone que: "Toda persona tiene derecho a vivir en un medio ambiente sano y a contar con servicios públicos básicos." (Art. 11.1). En el marco de la Unión Africana (UA), el art. 24 de la Carta Africana de Derechos Humanos y de los Pueblos, de 1981, igualmente reconoce que: "*All peoples shall have the right to a general satisfactory environment favorable to their development.*" En el mismo sentido, ahora en el marco de la Liga de Estados Árabes, el art. 38 de la Carta Árabe de Derechos Humanos, de 2004:

> *"Every person has the right to an adequate standard of living for himself and his family, which ensures their well-being and a decent life, including food, clothing, housing, services and the right to a healthy environment. [...]"*

El derecho al medio ambiente ha sido reconocido en el ámbito universal mucho más recientemente y solamente a través de resoluciones. Primeramente, mediante la Resolución 48/13, del CDH (CDH 2021a) y, después, por parte de la AGNU, mediante la Resolución 76/300 (AGNU 2022). Ambas reconocen "el derecho a un medio ambiente limpio, saludable y sostenible como un derecho humano".

2.3. La conexión jurídico-instrumental: derechos para proteger el medio ambiente[8]

La manera más eficaz de llevar a cabo la protección del medio ambiente es convirtiendo a las personas en guardianas del medio ambiente. Pero para ello es preciso que se trate de personas informadas sobre la realidad ambiental y sobre los medios disponibles para ejercer una vigilancia y una defensa activa del medio ambiente. Como se ha señalado, "se trata de derechos cuyo libre ejercicio hace que las políticas sean más transparentes, estén mejor fundamentadas y sean más adecuadas" (Knox 2012, párr.25).

Distintas categorías de derechos son fundamentales tanto para la defensa de otros derechos humanos como para la defensa del medio ambiente, aunque de ello no se deriva una identidad completa entre la lógica de la defensa de los derechos humanos y la lógica de la defensa del medio ambiente (Anaya 2000). Se

8 Hay una versión anterior y más extensa de los apartados 2.3 y 3 (Pigrau 2022).

mencionarán, en primer lugar, algunos derechos civiles; en segundo lugar, los derechos procedimentales con contenido específicamente ambiental y, en tercer lugar, los derechos específicos de participación para los pueblos indígenas.

2.3.1. Derechos civiles

Algunos de los derechos civiles, reconocidos en la DUDH y en el PIDCP, son muy relevantes para la defensa de otros derechos humanos y del medio ambiente, empezando por el derecho a la vida y a la integridad y libertad personal (Com. IDH 2006; Cté. DH 2019).

Se trata básicamente de las libertades de expresión, de asociación y de reunión pacíficas y del derecho a derecho a un recurso judicial efectivo contra actos que violen esos derechos, reconocidos ya en la DUDH y que, en la mayor parte de los Estados, están protegidos constitucionalmente (OEA 2001; Knox 2018, p. 10).

En relación con la libertad de expresión, el PIDCP, en su Art.19 precisa que "comprende la libertad de buscar, recibir y difundir informaciones e ideas de toda índole, sin consideración de fronteras, ya sea oralmente, por escrito o en forma impresa o artística, o por cualquier otro procedimiento de su elección". El Art.21 reconoce el derecho de reunión pacífica y el Art. 22 reconoce el derecho de toda persona a asociarse libremente con otras. Esos derechos podrán ser sometido a restricciones previstas por la ley que sean necesarias en una sociedad democrática, en interés de la seguridad nacional, de la seguridad pública o del orden público, o para proteger los derechos y libertades de los demás.

Respecto de la libertad de expresión, el Cté. DH considera que el artículo 19 enuncia "un derecho de acceso a la información en poder de los organismos públicos", que comprende los registros de que disponga el organismo público u otras entidades que ejerzan funciones públicas (Cté. DH 2011, párrs. 4, 11, 18).

En lo que se refiere a la libertad de reunión, que incluye las que tienen como objeto manifestaciones o protestas, el Comité ha destacado que permite a las personas expresarse colectivamente y participar en la configuración de sus sociedades, facilitando una solución inclusiva, participativa y pacífica de las diferencias (Cté. DH 2020, párr. 1).

Las restricciones al derecho de reunión deben adoptarse con la máxima contención y de manera justificada:

> "La imposición de cualquier restricción se debería guiar por el objetivo de facilitar el derecho, en vez de intentar limitarlo innecesaria y desproporcionadamente. Las restricciones no deben ser discriminatorias, comprometer la esencia del derecho o tener por objeto desalentar la participación en las reuniones o provocar un efecto disuasorio." (Cté. DH 2020, párr. 36).

Finalmente, el párrafo 3 del Art.2 del PIDCP garantiza que toda persona cuyos derechos o libertades reconocidos hayan sido violados "podrá interponer un recurso efectivo, aun cuando tal violación hubiera sido cometida por personas que actuaban en ejercicio de sus funciones oficiales", ante una autoridad competente.

A estos derechos hay que añadir, de manera, más específica, el derecho a la defensa de los derechos humanos, que está en la base de la *Declaración de las Naciones Unidas sobre el derecho y el deber de los individuos, los grupos y las instituciones de promover y proteger los derechos humanos y las libertades fundamentales universalmente reconocidos* (AGNU 1998). La Declaración reconoce la categoría de las personas defensoras de derechos humanos, que incluye a las PDA, al tiempo que se las considera personas especialmente vulnerables; pero también legitima su actividad al reconocerla como el ejercicio de un derecho (art.1) que, a su vez, precisa de otros derechos para llevarse a cabo de manera adecuada, que incluyen los derechos civiles básicos antes mencionados (Art.5)

En su Art. 12, la Declaración afirma el derecho a la protesta de toda persona, individual o colectivamente, participando en actividades pacíficas contra las violaciones de los derechos humanos y las libertades fundamentales. Que se complementa con la obligación del Estado de garantizar la protección de toda persona frente a toda violencia, amenaza o represalia, resultante del ejercicio legítimo de los derechos reconocidos.

2.3.2. Derechos procedimentales ambientales

Como se ha avanzado, existen derechos de carácter procedimental que, aunque pueden estar subsumidos de manera directa o indirecta en determinados derechos civiles y políticos, han recibido una formulación específica en relación con el ámbito del medio ambiente y se recogen en distintos instrumentos internacionales: el derecho de acceso a la información ambiental, el derecho a participar en la adopción de decisiones ambientales y el acceso a la justicia en el ámbito ambiental.

El primero de los instrumentos que plantea los tres derechos, de manera interrelacionada, es la Declaración de Río de Janeiro, sobre medio ambiente y desarrollo, de 1992, en su Principio 10 (Naciones Unidas 1992). Estos derechos han sido reafirmados en distintos textos posteriores sin carácter vinculante, como la Declaración "El futuro que queremos", de 2012; han sido reconocidos en el plano jurisprudencial (Corte IDH 2017b, pp. 85-95); recogidos en los mencionados "Principios Marco sobre los derechos humanos y el medio ambiente" (Principios 7, 9 y 10); y finalmente reconocidos en el plano convencional en dos tratados internacionales de ámbito regional.

El primero de ellos fue el Convenio sobre el acceso a la información, la participación del público en la adopción de decisiones y el acceso a la justicia en materia de medio ambiente, adoptado en el marco de la Comisión Económica para Europa de la ONU, en Aarhus, en 1998 (Pigrau Solé, Borràs Pentinat y González Bondia *et al.* 2008; Varios autores, 2018). El segundo, veinte años después, ha sido el Acuerdo Regional sobre el Acceso a la Información, la Participación Pública y el Acceso a la Justicia en Asuntos Ambientales en América Latina y el Caribe, negociada en el seno de la Comisión Económica para América Latina y el Caribe de la ONU y adoptada en Escazú, Costa Rica, en 2018. (Médici Colombo 2018; Prieur y Sozzo 2020; Bárcena, Torres y Muñoz Ávila 2021). La situación en el marco de la ASEAN está mucho menos avanzada en este campo (PNUMA 2021).

Más allá de los tres derechos indicados, el Relator especial del CDH, John Knox, ha argumentado, conectando acceso a la información y participación, la existencia de una obligación del Estado de realizar evaluaciones del impacto ambiental de los proyectos, como otra obligación general de carácter procedimental, en el ámbito ambiental (Knox 2013, párrs. 30-35). Se trata de una obligación, por otra parte, que la jurisprudencia ha afirmado en el plano interestatal (CIJ 2010, párr. 204; CPA 2005, párr. 59; TIDM 2011, párr.215; CPA 2013, párrs. 450-452; CIJ 2015, párr. 104; CDI 2001, p. 156).

2.3.3. Derechos específicos de participación de los pueblos indígenas

El derecho a la participación tiene, en el caso de los pueblos indígenas, tres componentes esenciales, más allá de la no discriminación en los procesos de toma de decisiones en los asuntos que les afectan (Corte IDH 2005b): el derecho al acceso a la información, el derecho a la consulta y el derecho al consentimiento. El derecho de acceso a la información es un prerrequisito para el ejercicio del derecho a la consulta y el derecho al consentimiento, que se califica explícitamente como previo, libre e informado; y el derecho al consentimiento constituye una versión más exigente del derecho a la consulta.

El derecho a la participación está reconocido tanto en el Convenio 169 de la OIT, que establece el derecho de los pueblos indígenas a participar en la formulación, aplicación y evaluación de los planes de desarrollo nacionales y regionales que puedan afectarles (artículo 7) y en la utilización, gestión y conservación de los recursos naturales (artículo 15), como en la Declaración de las Naciones Unidas sobre los derechos de los pueblos indígenas (AG, 2007), que recoge su derecho a participar en la vida política, económica, social cultural del Estado (artículo 5) y en la adopción de decisiones sobre cuestiones que puedan afectar a sus derechos (artículo 18), entre otras referencias.

El derecho de consulta también aparece en ambos textos. En el Convenio 169, se establece de manera general en el artículo 6, y, más concretamente, entre otros casos, la consulta es el procedimiento obligatorio para cualquier restricción de los derechos sobre la tierra y los recursos: en los casos en que el Estado conserve la propiedad de los minerales o los recursos del subsuelo u otros recursos, los gobiernos deberán consultar a los pueblos interesados "antes de emprender o autorizar cualquier programa de exploración o explotación de los recursos en sus tierras" (Art. 15); y "al considerar su capacidad de enajenar o transferir de otro modo sus derechos sobre sus tierras fuera de sus comunidades" (art. 17). Por su parte, la Declaración de 2007 (AGNU 2007) se refiere a la obligación de adoptar ciertas medidas "en consulta con los pueblos indígenas" en varias disposiciones (Art. 15.2; Art. 17.2; Art. 36.2 y Art. 38). Pero, en algunos casos, la Declaración de 2007 menciona expresamente que la consulta debe realizarse para obtener el consentimiento libre, previo e informado de los pueblos indígenas (AGNU 2007). Este es el caso del artículo 19, sobre la adopción y aplicación de medidas legislativas o administrativas que puedan afectarles. Y el artículo 32, sobre el derecho de esos pueblos a identificar y establecer prioridades y estrategias para el desarrollo y la utilización de sus tierras o territorios y otros recursos. Igualmente, en una formulación diferente pero equivalente, en el artículo 30, sobre las actividades militares en tierras o territorios indígenas.

Las referencias a "llegar a un acuerdo" u "obtener el consentimiento" y el uso de la frase "libre, previa e informada" ilustran la forma en que debe realizarse la consulta, pero no otorgan a la comunidad indígena un derecho de veto absoluto sobre la adopción de la medida. La consulta debe realizarse a través de procedimientos culturalmente adecuados (Corte IDH 2007, párr. 130; 2012, párrs. 201-202). Además, debe ser un proceso público cuya responsabilidad recae en el Estado en cuestión y no puede delegarse en otros actores, como las empresas privadas (Com. IDH 2009, párr. 291). La Corte IDH afirmó en 2012 que el deber de consulta, además de ser una norma convencional, es también un principio general del Derecho Internacional (Corte IDH 2012, párr. 164; 2014a, párr.155).

No obstante, existen situaciones en las que se requiere el consentimiento para adoptar determinadas medidas. Se trata, en primer lugar, del art. 16 del Convenio n°169, que dispone que los pueblos indígenas no deberán ser trasladados de las tierras que ocupan y que cuando "excepcionalmente el traslado y la reubicación de esos pueblos se consideren necesarios, sólo deberán efectuarse con su consentimiento, dado libremente y con pleno conocimiento de causa". Igualmente son pertinentes los arts. 10, sobre el desplazamiento; 11, sobre la privación de los bienes culturales, intelectuales, religiosos y espirituales; y 29, sobre el almacenamiento o la eliminación de materiales peligrosos en las tierras o territorios de los pueblos indígenas de la Declaración de 2007 (AGNU 2007), en los que se exige el consentimiento libre, previo e informado.

En el caso del Pueblo *Saramaka* contra Surinam, la Corte IDH, en cuanto a la consulta, señaló cuatro aspectos clave: información, libertad, antes de la decisión y buena fe. Añadió que "en el caso de proyectos de desarrollo o inversión a gran escala con un impacto significativo en el territorio de los saramakas", el Estado tiene el deber "de obtener su consentimiento libre, previo e informado, de acuerdo con sus costumbres y tradiciones" (Corte IDH, 2007). Se añade así un nuevo supuesto en que el consentimiento sería una condición *sine qua non* para adoptar las medidas propuestas (Stavenhagen 2003, párr. 66; Cté. DESC 2010, párr.37)·

En su sentencia de 2010 sobre el desplazamiento forzoso de la comunidad *Endorois* en Kenia, la Com. ADHP, afirmó el derecho al consentimiento libre, previo e informado, tanto en relación con su desalojo de sus tierras ancestrales como con la ejecución de proyectos de desarrollo de tierras (Com. ADHP 2009, párrs. 226, 291).

Según el Mecanismo de Expertos sobre los Derechos de los Pueblos Indígenas, el derecho al consentimiento libre, previo e informado forma parte del derecho a la autodeterminación de dichos pueblos (MEDPI 2010, párr.41).

Por otra parte, en el caso del Pueblo *Saramaka*, la Corte IDH introdujo, el asunto del estudio de impacto ambiental (Corte IDH 2007, párr. 129) y, en su sentencia de interpretación, señala que los estudios previos de impacto social y ambiental deben realizarse conforme a los estándares internacionales y buenas prácticas al respecto, y que "deben respetar las tradiciones y cultura del pueblo Saramaka". Para la Corte "[...] la obligación del Estado de supervisar los EISAs coincide con su deber de garantizar la efectiva participación del pueblo Saramaka en el proceso de otorgamiento de concesiones." (Corte IDH 2008, párr. 41)

3. LA PROTECCIÓN DE LAS PERSONAS DEFENSORAS AMBIENTALES

El preámbulo de la Declaración de Estocolmo, de 1972, ya menciona que "la defensa y el mejoramiento del medio humano para las generaciones presentes y futuras se ha convertido en meta imperiosa de la humanidad". Son muchísimas las personas, grupos y asociaciones que se implican en la defensa del medio ambiente en todo el mundo. Con la enorme e incesante expansión del consumo de recursos y materiales, esa actividad de defensa se ha ido convirtiendo en una actividad de alto riesgo.

3.1. La vulnerabilidad de las Personas Defensoras Ambientales

Los riesgos que enfrentan las PDA son esencialmente los mismos que enfrentan todas las personas defensoras de derechos humanos (PDDH). Para evidenciarlos, ha sido fundamental la documentación y la denuncia de la sociedad civil a través, entre otras[9], de numerosas organizaciones sociales, como *Peace Brigades International*[10], *International Service for Human Rights*[11], Global Witness[12], *Protection International*[13] y *Front Line Defenders*[14],

Los datos facilitados por los movimientos sociales y las ONGs han sido corroborados por los órganos de control de los derechos humanos, de manera que la situación de las PDDH, ha llegado a la agenda política internacional y ha configurado a las PDA como una subcategoría específica de PDDH. El término defensor de derechos humanos, en el ámbito de las Naciones Unidas, incluye a toda persona que, de manera individual o conjuntamente con otras, actúa para promover o proteger los derechos humanos, de forma pacífica[15].

Las PDA no son un colectivo homogéneo. Llegan a él por conexión con su actividad profesional y sus propios compromisos sociales o, en la mayoría de casos, por azar, al oponerse o liderar la oposición a algún proyecto económico que afecta de alguna manera a los derechos individuales o colectivos de personas y comunidades.

En 2011, tanto la Relatora Especial sobre la situación de las PDDH (Sekaggya 2011, párrs. 64-92 y 123-126), como la Com. IDH, incluyeron a las PDA entre los

---

[9] Naturalmente, aparte de cientos de organizaciones locales, las grandes organizaciones no gubernamentales de derechos humanos, como Amnistía Internacional (https://www.amnesty.org/), Human Rights Watch (https://www.hrw.org) o la Federación Internacional de Derechos Humanos (https://www.fidh.org), se ocupan también de las PDDH.

[10] PBI (https://www.peacebrigades.org/) es una organización que trabaja para la protección de los derechos humanos y la promoción de la resolución de conflictos a través de la no violencia. Fue creada en 1981.

[11] ISHR (https://www.ishr.ch/) se estableció en 1984, como organización no gubernamental, para apoyar a los defensores de los derechos humanos y abogar por leyes e instituciones de derechos humanos más fuertes y efectivas.

[12] Global Witness (https://www.globalwitness.org/) se funda en 1993 y pone su foco de actuación en los vínculos entre los recursos naturales, el conflicto y la corrupción.

[13] Protection International (https://www.protectioninternational.org) es una organización que apoya a las PDDH en los foros internacionales y en el desarrollo de sus estrategias de seguridad y de protección. Empezó a trabajar en 1998, a partir de la oficina de Bruselas, para la Unión Europea, de PBI.

[14] Front Line Defenders (https://www.frontlinedefenders.org/) fue fundada en Dublín, en 2001, con la misión de proteger a las PDDH que se encuentren en riesgo.

[15] https://www.ohchr.org/es/special-procedures/sr-human-rights-defenders/about-human-rights-defenders.

grupos de defensoras y defensores en especial situación de riesgo (Com. IDH 2011, párrs. 308-324).

En 2023, en la modalidad más grave de los ataques, por lo menos, 196 personas fueron asesinadas en defensa del medio ambiente, 166 de ellas en América Latina y casi la mitad eran afrodescendientes o indígenas (Global Witness 2024; Front Line Defenders 2024. Puesto que América Latina es la región donde los ataques han adquirido, regularmente, mayor gravedad, la Com. IDH empezó a ocuparse del tema en 1988 y ha promovido el debate en el seno de la OEA. En diciembre de 2001, la Secretaría Ejecutiva de la OEA decidió establecer una Unidad de Defensoras y Defensores de Derechos Humanos y en marzo de 2011, la Com. IDH decidió crear una Relatoría sobre la situación de las PDDH. Según la Comisión, los ataques están dirigidos "a causar temor generalizado y, por consiguiente, desanimar a las demás defensoras y defensores de derechos humanos, así como a atemorizar y silenciar las denuncias, reclamos y reivindicaciones de las víctimas de derechos humanos, alimentando la impunidad e impidiendo la plena realización del Estado de derecho y la democracia" (Com. IDH 2006, párr. 140).

El crecimiento de los ataques es paralelo al de la demanda de recursos materiales y nuevos minerales, asociados a la evolución tecnológica y a la transición energética (Montalván Zambrano y Wences Simón 2024), pero también de la demanda de tierras para la agroindustria o los agrocombustibles. La mayor competencia entre las empresas por el acceso a dichos recursos ha ido expandiendo la frontera extractiva penetrando en espacios que antes no habían sido objeto de explotación y afectando cada vez más a las formas de vida tradicionales de numerosas comunidades y especialmente aquellas que habían logrado proteger hasta ahora su entorno ambiental (Gudynas 2009; Acosta 2012; Svampa 2019).

Esta tendencia ha provocado un crecimiento continuado de la conflictividad por los recursos naturales y el control de tierras. De acuerdo con el Atlas de la Justicia Ambiental (https://ejatlas.org/), un proyecto en permanente construcción y por tanto incompleto, están documentados 4.212 conflictos socioambientales, a 30 de noviembre de 2024 (Temper *et al.* 2018; Scheidel *et al* 2020).

Su análisis muestra la existencia de patrones comunes, en muy distintas regiones del mundo. Parten del intento de imposición de un proyecto económico, impulsado por una o más empresas, incluidas eventualmente filiales de empresas trasnacionales, con apoyo gubernamental local, regional o nacional. Se produce en cualquier sector de la economía, pero los impactos son superiores en los ámbitos de la extracción de minerales, gas o petróleo, deforestación y acaparamiento de tierras para la expansión agroindustrial o ganadera, turismo, proyectos hidroeléctricos o grandes obras de infraestructura. Suele imponerse en nombre de un "interés general" superior al de la comunidad afectada, que es tachada de insolidaria, de ignorante o de estar en contra del progreso.

A veces el proyecto se hace respetando la legislación aplicable pero también pueden haberse obviado algunos aspectos, como sucede a menudo con las evaluaciones independientes de impacto social y ambiental o la consulta de las comunidades afectadas. Se trata, normalmente de un proyecto que no responde a una demanda desde las comunidades en cuyo territorio se va a desplegar, que ha sido decidido lejos de ellas y sin contar previamente con su opinión, y que no solamente no representará un beneficio directo para ellas, sino que puede generar un perjuicio directo en forma de amenaza a su forma de vida o a su identidad cultural, por la invasión de sus tierras, la presión para que las abandonen o el desplazamiento forzado de la población, o por la amenaza de contaminación del aire, el suelo y el agua, que repercutirá en la salud de las personas, animales y plantas.

Si hay oposición de las comunidades afectadas, o de parte de ellas, se combinan diversas estrategias de presión por parte de los promotores, como ofertas de algún tipo de compensación colectiva, como la construcción de algún equipamiento, o individual, a personas con capacidad de liderazgo que puedan introducir una división en la comunidad o el paso a las coacciones o amenazas para que cese la oposición, que son la antesala de la represión a través de la policía o incluso el ejército y de los ataques directos a las personas defensoras más significadas, para apartarlas de la primera línea de acción y quebrar así la oposición.

La represión de la protesta comporta la vulneración de los derechos civiles y políticos de las personas como el derecho a la vida o a la integridad física, o las libertades de expresión, reunión, asociación y manifestación, en el momento en que los promotores pasan a considerar que la imposición del proyecto solamente podrá hacerse por la fuerza. Y en estos contextos es cuando se producen la mayor parte de los ataques a las PDA.

La solidez y el compromiso de la institucionalidad democrática de un país es la principal defensa contra esta realidad. Por ello, la presencia y la gravedad del problema varía de Estado a Estado, e incluso puede variar en las distintas unidades subestatales.

La Com. IDH ha formulado una tipología de las agresiones a las personas defensoras de derechos humanos, aplicables plenamente a las PDA (Com. IDH 2011, Cap.II). Van desde las amenazas directas a la persona defensora o a sus familiares, pasando por la difusión de noticias falsas destinadas a erosionar la imagen o el prestigio social o profesional, el ataque a la vivienda o a las propiedades, robos, allanamientos o destrucción de locales, equipos y documentos, las agresiones físicas a la persona o a sus familiares, la estigmatización de la persona frente a su propia familia o frente a la comunidad, los secuestros o las torturas, hasta llegar al asesinato de la persona o de sus familiares.

Las mujeres defensoras, particularmente activas en la defensa de la tierra y el medio ambiente, sufren una doble vulnerabilidad, en tanto que defensoras y en tanto que mujeres y se ven sometidas a modalidades específicas de estigmatización y violencia. Por razones culturales o sociales, las mujeres defensoras pueden estar sometidas a la crítica de sus propias familias o comunidades, o a otras presiones derivadas de su condición de madres o de personas que tienen a su cargo el cuidado de otras personas, o a las agresiones de naturaleza sexual, mucho más frecuentes que en el caso de los hombres (Forst 2019; Tran *et al.* 2020).

De particular gravedad es la criminalización de las PDA (Com. IDH, 2015). Esta práctica comporta, necesariamente, una desviación de poder de funcionarios del Estado que colaboran en operaciones de señalamiento y desprestigio público, o en la imputación de delitos inexistentes, basados en pruebas o testimonios falsos o en interpretaciones abusivas del derecho vigente, por ejemplo, con una extensión injustificada del concepto de terrorismo, de desórdenes públicos o de rebelión. Las PDA así señaladas o acusadas deben, cuando menos, pasar a un segundo plano en la actividad política y, si son juzgadas y condenadas a penas de prisión, quedan eliminadas temporalmente, a veces por largos períodos, del escenario de la protesta (Com. IDH 2011, párr. 324)· La criminalización de las protestas sociales y de las PDA es una tendencia creciente en todo el mundo y se extiende a muchos países formalmente democráticos, en todos los continentes (De Luis Romero y García Moreno 2022; CEPE 2020).

El perfil de los agresores es muy variado, incluyendo la participación, según los casos, de personal al servicio de la empresa promotora del proyecto (desde directivos a servicios de seguridad privados), personas vinculadas a grupos del crimen organizado, miembros de las fuerzas de policía o de las fuerzas armadas (actuando de acuerdo con órdenes de sus superiores o actuando por encargo de terceros), fiscales, jueces, responsables políticos e incluso miembros de las propias comunidades a las que pertenece la persona defensora agredida.

Uno de los problemas principales para la identificación de los agresores, en un enorme número de casos, es el predominio de la impunidad. Son muy numerosos los casos en los que los Estados no emprenden investigaciones eficaces, o llevan a cabo investigaciones que se prolongan durante largos períodos sin resultado alguno u obstaculizan las investigaciones o en los que la investigación se cierra con la condena de la persona a la que se atribuye la autoría material del hecho, sin ir más allá en la cadena de responsabilidades. Y, a menudo, cuando se obtienen resultados favorables a las víctimas, las decisiones judiciales no llegan a aplicarse de manera completa o son objeto de medidas específicas para atenuarlas por parte de los responsables políticos.

3.2. Instrumentos y mecanismos de protección de las Personas Defensoras de Derechos Humanos y de las Personas Defensoras Ambientales

En general, el marco internacional de protección de las PDDH y las PDA se ha basado en normas no vinculantes. La protección de las personas defensoras entró en la agenda internacional gracias a la asunción de que la defensa de los derechos humanos constituye un derecho en sí misma, mediante la mencionada Declaración de 1998. Y uno de sus efectos ha sido el de ofrecer cobertura jurídica para otros instrumentos posteriores, tanto en el plano internacional como en el nacional.

Con posterioridad a la Declaración se han adoptado algunos textos no vinculantes, dirigidos a reconocer y a promover la protección de las PDDH. Igualmente se han creado mecanismos específicos de protección en el plano universal y en el plano regional.

Entre los primeros cabe señalar los siguientes: la Declaración de Kigali de la Conferencia Ministerial sobre Derechos Humanos de la UA (UA 2003); las Directrices de la Unión Europea sobre los defensores de los derechos humanos, adoptadas por el Consejo de la Unión Europea en 2004, revisadas en 2006 y 2008 (UE 2008); la Declaración sobre los defensores de los derechos humanos del Comité de Ministros del Consejo de Europa (CdE 2008); o las Directrices sobre la Protección de los Defensores de los derechos humanos, de la OSCE (OSCE 2014). Entre los mecanismos de protección hay que mencionar la figura del relator especial sobre la situación de los defensores de los derechos humanos, creadas por la Comisión de Derechos Humanos (Com. DH 2000); por la Com. ADHP (Com. ADHP 2004), y por la Com. IDH, en 2011 (Meza Flores 2015, pp. 24-32).

En particular, la Com. ADHP puede utilizar las medidas provisionales para esta protección, al igual que la Com. IDH sus medidas cautelares. Además, algunos casos de violación de derechos humanos que afectan a defensores de derechos humanos han llegado también a la Corte IDH, que ha adoptado medidas provisionales para proteger a personas defensoras y a comunidades en situación de riesgo y ha dictado diversas sentencias para concederles una reparación (Pigrau y Borràs 2015), o al TEDH (TEDH 2022).

Por otra parte, en el marco del Convenio de Aarhus se creó el Mecanismo de respuesta rápida para la protección de defensores ambientales (desde 2021) y se ha activado la figura del Relator especial sobre defensores ambientales, en junio de 2022.

Todos estos instrumentos han facilitado un tránsito gradual del *soft law* al *hard law*, materializado, por primera vez, en el Art.9 del Acuerdo de Escazú, de 2018, que enuncia, en relación con "los defensores de los derechos humanos en asuntos ambientales", tres obligaciones principales, que resumen las necesidades de protección de las PDA: la de garantizar "un entorno seguro y propicio en el que las personas, grupos y organizaciones que promueven y defienden los derechos humanos en asuntos ambientales puedan actuar sin amenazas, restricciones e inseguridad"; la de adoptar "las medidas adecuadas y efectivas para reconocer, proteger y promover todos los derechos de los defensores de los derechos humanos en asuntos ambientales", y la de tomar "medidas apropiadas, efectivas y oportunas para prevenir, investigar y sancionar ataques, amenazas o intimidaciones que los defensores de los derechos humanos en asuntos ambientales puedan sufrir" en el ejercicio de sus derechos. Las sucesivas reuniones de la Conferencia de las Partes en el Acuerdo han puesto en marcha diversas medidas de desarrollo de esta protección.

Por otra parte, la protección de las PDA se ha suscitado igualmente en las negociaciones que se llevan a cabo en Ginebra en el marco del Grupo de trabajo intergubernamental creado por el CDH, que tiene el mandato de elaborar un tratado sobre las empresas y los derechos humanos (CDH 2014; Guamán y Moreno 2017). La última versión revisada del borrador del tratado incluye una disposición relativa a las PDA (CDH 2023).

También hay que mencionar dos directivas de la Unión Europea, de 2024: la relativa a la protección de las personas que se implican en la participación pública frente a pretensiones manifiestamente infundadas o acciones judiciales abusivas (UE 2024a) y la relativa a la diligencia debida de las empresas en materia de sostenibilidad, que reconoce a las PDDH la posibilidad de presentar reclamaciones ante las empresas y, con ciertas condiciones la condición de partes interesadas, a efectos de esa Directiva (UE 2024b).

Por último, la impunidad generalizada choca con la gravedad de las violaciones. En algunos casos, pueden ser caracterizadas como crímenes contra la humanidad (asesinato, tortura, violación, persecución o desaparición forzada) reconocidos en el Derecho Internacional consuetudinario y en el Estatuto de la CPI. En este sentido, la Fiscalía de la CPI anunció, en 2015, que prestaría especial atención al enjuiciamiento de los delitos que se cometan mediante o que tengan como resultado la destrucción del medio ambiente, la explotación ilegal de recursos naturales o el despojo ilegal de tierras (CPI 2016, párr.7).

Uno de los valores de la Declaración de 1998 sobre las PDDH es que legitima y alienta a los Estados a desplegarla en sus ordenamientos nacionales. Dada la gravedad de la situación en América Latina, ya en su primer informe al respecto, de 2006, la Com. IDH recomendó a los Estados americanos, entre otras medidas, poner en práctica una política global de protección de los defensores de derechos humanos (Com. IDH 2006, párr. 342.5). En su informe de 2011, la Com. IDH enunció los cuatro componentes que deberían tener dichas políticas globales de protección:

> "a) adoptar políticas públicas, normativas o de cualquier naturaleza para favorecer que los defensores realicen libremente sus actividades; b) abstenerse de imponer obstáculos administrativos, legislativos, y de cualquier índole que dificulten su labor; c) proteger a defensoras y defensores cuando son objeto de amenazas a su vida e integridad personal; y d) investigar las violaciones cometidas contra defensores y defensoras de derechos humanos combatiendo la impunidad." (Com. IDH 2011, párr. 479)

Efectivamente, en distintos países latinoamericanos, como Brasil, México, Colombia, Honduras, Perú o Ecuador (Carvalho, De Marchi Pereira de Souza y Mendonça Dias 2016)[16], se han activado, gradualmente, mecanismos de protección de las PDDH, que incluyen a las PDA. No obstante, tienen alcances y medios muy desiguales y se centran, casi exclusivamente en el componente de protección (Pigrau Solé 2020).

Desde los propios foros de personas defensoras se ha criticado el enfoque, excesivamente reactivo y centrado en la protección física individual, de los mecanismos nacionales de protección, con escasa atención a los aspectos colectivos y de prevención, a las especificidades de las personas defensoras y a la interseccionalidad de las vulnerabilidades, y con graves limitaciones de personal cualificado y de recursos económicos y materiales (Forst 2016; CEDAT 2019; Pigrau Solé 2020).

Ante esas limitaciones, la Comisión formuló un nuevo informe en 2017, en el que detalla un conjunto de estándares para los mecanismos nacionales de protección, incluidos los recursos financieros y humanos necesarios, el análisis de riesgo flexible e individualizado; o los enfoques diferenciados para grupos en especial vulnerabilidad (Com. IDH 2017, 143-178, Corte DH 2013, párrs. 243-244; 2014b, párr. 263; 2017a, párr. 223).

En definitiva, para la preservación del medio ambiente es imprescindible su defensa activa sobre el terreno y, para garantizar esa actividad de defensa, es necesario defender a las PDA y garantizarles sus derechos. Se trata, pues, de poner la protección de las PDA en el centro de las estrategias de protección del medio ambiente (Bille Larsen *et al.* 2021).

---

16 Los instrumentos más relevantes están disponibles en <https://observatoriop10.cepal.org/es/search-results/type/policy_instrument/field_topic/21>.

4. LA CRÍTICA AL ENFOQUE DE DERECHOS HUMANOS DESDE EL ECOCENTRISMO: LOS DERECHOS DE LA NATURALEZA

4.1. La crisis de un modelo de relación entre los seres humanos y la naturaleza

Estamos en un escenario de crisis ecológica que es resultado de los efectos estructurales del modelo cultural, económico, social, político y jurídico generado por la modernidad occidental.

Este modelo se ha construido históricamente, en la etapa que ya se identifica como *Antropoceno* (Crutzen y Stoermer 2000; Steffen, Crutzen, Mc Neill 2007), que sería la era geológica posterior al holoceno, caracterizada por un impacto sin precedentes de la actividad humana sobre el Planeta, y cuyo inicio se identifica con el proceso de industrialización. El modelo tiene distintos fundamentos (Jaria Manzano 2011, 50-71), entre los cuales están el paradigma de la dominación de la naturaleza por parte de los humanos, con la presunción de la existencia de recursos ilimitados donde el problema principal que se plantea es solamente el de la manera más adecuada para hacerlos disponibles (Dunlap 2001) y la confianza absoluta en que el desarrollo científico y tecnológico será capaz de resolver cualquier problema que la humanidad pueda afrontar en relación con el medio ambiente, como motor presuntamente neutral de un progreso lineal equiparado a crecimiento económico indefinido. En el origen del modelo ocupa un lugar central el período de dominación colonial por parte de las potencias europeas, al servicio de la cual se construyó una buena parte del Derecho Internacional (Mickelson 2000, 55-60, Anghie 2004, 32-114).

Los efectos del modelo se han agudizado en las últimas décadas, gracias al desajuste progresivo entre los marcos institucionales del poder (los Estados y las organizaciones intergubernamentales) y sus estructuras reales (líquidas y globales) y a los avances tecnológicos vinculados a la producción, que han ido elevando la presión sobre los recursos naturales y la generación constante de sustancias y residuos tóxicos a extremos insostenibles, favoreciendo todo ello una distribución cada vez menos equitativa de los beneficios y las cargas derivados de la relación entre procesos de reproducción social, sociedad y naturaleza (el metabolismo social global) y sobrepasando, en muchos casos, los límites del Planeta (Rockström *et al.* 2009). Una dinámica que la necesaria transición energética para enfrentar el cambio climático puede, paradójicamente, agravar. Según el seguimiento que lleva a cabo, desde 2009, el *Stockolm Resilience Centre* se han superado ya 6 de los 9 límites del Planeta, siendo solamente uno de ellos el cambio climático (Richardson *et al.* 2023). Se trata de un modelo cuya viabilidad indefinida no es posible.

4.2. *Antropocentrismo y ecocentrismo. El desarrollo jurídico de los derechos de la naturaleza*

El derecho del medio ambiente se ha construido, como el derecho en general, sobre la base de una concepción antropocéntrica, que valora el medio ambiente en la medida en que los humanos lo necesitamos para satisfacer nuestras necesidades de todo tipo. La Conferencia de Estocolmo de 1972, ya fue convocada bajo el título de *Conferencia de las Naciones Unidas sobre el medio humano*, y en su Declaración se afirmaba de manera inequívoca que "los dos aspectos del medio humano, el natural y el artificial, son esenciales para el bienestar del hombre y para el goce de los derechos humanos fundamentales, incluso el derecho a la vida misma" (NU 1972).

En el actual contexto de crisis ambiental, incluso desde una perspectiva antropocéntrica, resulta evidente la necesidad de respetar las fronteras de la sostenibilidad del planeta como condición previa para el goce de todos los derechos humanos individuales y colectivos de las generaciones presentes y futuras y para el establecimiento de cualquier modelo de desarrollo viable. Y, sin embargo, ese enfoque no ha sido capaz de obtener los resultados esperados (Montalván-Zambrano 2024, p. 63).

Frente a esta corriente principal, e influenciadas a menudo por las cosmovisiones de los pueblos indígenas o por distintas tradiciones religiosas o sociales, se han desarrollado distintas construcciones teóricas que defienden un derecho ecocéntrico o ecológico. Entre ellas, destaca la de los derechos de la naturaleza, que parten del reconocimiento de un valor intrínseco a sus distintos componentes, entre los cuales estarían las distintas especies, incluidos los humanos. La naturaleza se considera como un sujeto de derechos, mientras que los seres humanos tienen la autoridad legal y la responsabilidad de hacer cumplir estos derechos en nombre de ella.

Los derechos de la naturaleza han empezado a ganar terreno al materializarse, en distintos países, por vía normativa o jurisprudencial. Las dificultades que existen en muchos países para que se apliquen las normas ambientales ya existentes han reforzado esta tendencia.

En el plano constitucional, las constituciones de Ecuador, de 28 de septiembre de 2008, y de Bolivia, de 25 de enero de 2009, propugnaron un cambio en la relación entre sociedad y naturaleza y, con ello, un modelo de desarrollo que, aparentemente, intentaba superar las limitaciones y los fracasos del paradigma moderno, tanto político como económico, en crisis, entre otras cosas, por los efectos de la acción humana sobre el entorno. Estas constituciones adoptan valores y principios provenientes del ámbito indígena para tratar de formular una propuesta política que quiere separarse de los patrones clásicos de la Ilustración occidental, para proponer un modelo particular de relación entre el ser humano y la naturaleza (Aparicio Wilhelmi 2013). Esto se concreta, en el caso de Ecuador, en un articulado original en el Derecho comparado, en la medida en que la misma naturaleza se convierte en sujeto de derechos (artículo 10). La Constitución del Estado Plurinacional de Bolivia de 2009 se refiere en su preámbulo a la Madre Tierra y sus derechos se han desarrollado en la Ley de Derechos de la Madre Tierra de 2010 y en la Ley Marco de la Madre Tierra y Desarrollo Integral para Vivir Bien de 2012.

Un hito especialmente significativo de este camino ha sido la Declaración Universal de los Derechos de la Madre Tierra (2010), promovida por distintos movimientos sociales, que proclama que:

> "La Madre Tierra y todos los seres que la componen tienen los siguientes derechos inherentes:
>
> a. Derecho a la vida y a existir;
>
> b. Derecho a ser respetada;
>
> c. Derecho a la regeneración de su biocapacidad y continuación de sus ciclos y procesos vitales libres de alteraciones humanas;
>
> d. Derecho a mantener su identidad e integridad como seres diferenciados, autoregulados e interrelacionados;
>
> e. Derecho al agua como fuente de vida;
>
> f. Derecho al aire limpio;
>
> g. Derecho a la salud integral;
>
> h. Derecho a estar libre de contaminación, polución y desechos tóxicos o radioactivos;
>
> i. Derecho a no ser alterada genéticamente y modificada en su estructura amenazando su integridad o funcionamiento vital y saludable;
>
> j. Derecho a una restauración plena y pronta por las violaciones a los derechos reconocidos en esta Declaración causados por las actividades humanas."

En el plano infraconstitucional, se han adoptado distintas normas de distinto rango destinadas a otorgar personalidad jurídica a ríos o a montañas, en distintos países. Cabe citar entre las primeras los casos del parque nacional *Te Urewera,* en Nueva Zelanda (2014) o la Constitución del Estado de Guerrero, en México, enmendada (2014); y entre las más recientes el reconocimiento de la Naturaleza como sujeto de derecho en Panamá (2022), o de la Naturaleza, la biodiversidad y las especies endémicas y nativas, en el Estado de México, en México (2024) o, entre nosotros, el reconocimiento de personalidad jurídica a la laguna del Mar Menor y su cuenca (2022).

En el ámbito judicial las decisiones son también numerosas. Entre las primeras la de la Corte Constitucional de Colombia, en la que reconoce el Río Atrato como sujeto de derecho (2016); o la de la Uttarakhand High Court, en la India, que reconoce el estatuto entidades humanas vivientes a los ríos Ganga y Yamuna (2017). Entre las más recientes, la de la Corte Constitucional del Ecuador relativo al Río Monjas (2022) o la de la Corte Superior de Justicia Loreto, en Perú, que declara al río Marañón como titular de derechos (2024).

Este proceso se ha proyectado en el seno de las Naciones Unidas, en el que, en 2009, a propuesta de Bolivia, se iniciaron negociaciones intergubernamentales sobre los principios de *Armonía con la Naturaleza.* En ese contexto la Asamblea General ha ido auspiciando un diálogo sobre el tema y aprobando anualmente resoluciones al respecto a partir de sucesivos informes del secretario general[17].

Finalmente merece ser mencionada la creación, en 2015, desde los movimientos sociales agrupados en la *Global Alliance for the Rights of Nature,* del Tribunal Internacional de los Derechos de la Naturaleza, como tribunal de opinión[18].

5. REFERENCIAS

5.1. Referencias doctrinales

Abellán Honrubia, Victoria (1999), "La aportación de las Naciones Unidas a la internacionalización del derecho a la justicia", en *Los Derechos Humanos en un mundo dividido,* Instituto de Derechos Humanos, Universidad de Deusto, Bilbao.

Acosta, Alberto (2012), "Extractivismo y neoextractivismo: dos caras de la misma maldición", 25 julio 2012. Ecoportal.

Anaya, S. James (2000), "Environmentalism, Human Rights and Indigenous Peoples: A Tale of Converging and Diverging Interests", *Buffalo Environmental Law Journal,* Fall 1999/Spring 2000, vol. 7, pp. 1-12.

Anghie, Anthony (2004), *Imperialism, Sovereignty and the Making of International Law,* Cambridge University Press, Cambridge. http://dx.doi.org/10.1017/CBO9780511614262.

Aparicio Wilhelmi, Marco (2013), "El constitucionalismo de la crisis ecológica. Derechos y naturaleza en las constituciones de Ecuador y Bolivia" en Pigrau Solé, Antoni (Ed.), *Pueblos indígenas, diversidad cultural y justícia ambiental. Un estudio de las nuevas constituciones de Bolivia y Ecuador,* Tirant lo blanch, Valencia, pp. 459-524.

Atapattu, Sumudu; Schapper, Andrea (2019), *Human Rights and the Environment. Key Issues,* Routledge, Oxon-New York.

Bárcena, Alicia; Torres, Valeria; Muñoz Ávila, Lina (eds.) (2021), *El Acuerdo de Escazú sobre democracia ambiental y su relación con la Agenda 2030 para el Desarrollo Sostenible,* CEPAL / Universidad del Rosario, Bogotá.

Barsh, Russel Lawrence (2007), "Indigenous Peoples", en Bodansky, Daniel, Brunée, Jutta, Hey, Ellen (eds.), *The Oxford Handbook of International Environmental Law,* Oxford University Press, Oxford. Reprinted 2010, pp. 829-852. http://dx.doi.org/10.1093/oxfordhb/9780199552153.013.0036.

Bille Larsen, Peter *et al.* (2021), "Understanding and responding to the environmental human rights defenders crisis: The case for conservation action", *Conservation Letters,* 2021; 14:e12777. http://dx.doi.org/10.1111/conl.12777.

17 Toda la documentación generada puede consultarse en http://www.harmonywithnatureun.org/.

18 https://www.garn.org/rights-of-nature-tribunal/.

Borràs Pentinat, Susana (2013), "Pueblos indígenas y medio ambiente", en Pigrau Solé, Antoni (Ed.), *Pueblos indígenas, diversidad cultural y justícia ambiental. Un estudio de las nuevas constituciones de Bolivia y Ecuador*, Tirant lo blanch, Valencia, pp. 114-134.

Boyd, David Richard (2012), *The Environmental Rights Revolution: A Global Study of Constitutions, Human Rights, and the Environment*, UBC Press, Vancouver, Toronto. http://dx.doi.org/10.59962/9780774821629.

Burger, Michael & Tigre, Maria Antonia (2023), *Global Climate Litigation Report: 2023 Status Review*, Sabin Center for Climate Change Law, Columbia Law School & United Nations Environment Programme, 2023.

Carrillo Salcedo, Juan Antonio (2001), *Soberanía de los Estados y derechos humanos en Derecho internacional contemporáneo*, Tecnos, 2ª ed., Madrid.

Carson, Rachel (1962), *Silent Spring*, Houghton Mifflin Company. Boston-New York.

Carvalho, Sandra; de Marchi Pereira de Souza, Alice; Mendonça Dias, Rafael (2016), "Políticas de protección a defensores/as de derechos humanos", *Sur - Revista Internacional de Derechos Humanos*, vol. 13 núm. 23, pp. 175-184.

Dunlap, Riley E., (2001), "La sociología medioambiental y el nuevo paradigma medioambiental", *Sistema: revista de ciencias sociales*, núm. 162-163, pp. 11-32.

Commoner, Barry (1966), *Science and Survival*, Viking, New York.

Commoner, Barry (1971), *The Closing Circle: Nature, Man, and Technology*, Alfred A. Knopff, New York.

Crutzen, Paul J.; Stoermer, Eugene F., "The 'Anthropocene'" (2000), Global Change Newsletter, nº41, pp. 17-18.

De Vilchez Moragues, Pau (2022), *Climate in Court. Defining State Obligations on Global Warming Through Domestic Climate Litigation*, Edward Elgar Publishing, Cheltenham.

Forst, Michel (2016), "Fortalecimiento de la protección de defensores y defensoras de derechos humanos —los mecanismos de protección y las buenas prácticas—", prólogo, en González Pérez, Luis Raúl (Coord.), *En defensa de periodistas y defensores de derechos humanos en riesgo*, CNDH México / Tirant lo blanch, Ciudad de México.

Guamán, Adoración y Moreno, Gabriel (2017), *El fin de la impunidad. La lucha por un instrumento vinculante sobre empresas transnacionales y derechos humanos*, Icaria editorial, Barcelona.

Gudynas, Eduardo, "Diez tesis urgentes sobre el nuevo extractivismo. Contextos y demandas bajo el progresismo sudamericano actual", en Varios Autores, *Extractivismo, Política y Sociedad*, CAAP (Centro Andino de Acción Popular) y CLAES (Centro Latino Americano de Ecología Social); Quito, Ecuador, noviembre 2009, pp. 187-225.

Jaria i Manzano, Jordi (2011) *La cuestión ambiental y la transformación de lo público*, Tirant lo Blanch, Valencia.

Jeffords, Christopher (2011), "Constitutional Environmental Human Rights: A Descriptive Analysis of 142 National Constitutions" *Economic Rights Working Papers 16*, University of Connecticut, Human Rights Institute.

Meadows, Donella H.; Meadows, Dennis L.; Randers, Jorgen; Behrens III, William W. (1972), *The Limits to Growth*, Universe Books, New York.

Médici Colombo, Gastón (2018), "El Acuerdo Escazú: La implementación del Principio 10 de Río en América Latina y el Caribe", *Revista Catalana de Dret Ambiental*, vol. IX núm. 1, pp. 1-66. http://dx.doi.org/10.17345/rcda2412.

Meza Flores, Jorge Humberto (2015), *El derecho a defender los derechos: La protección a defensoras y defensores de derechos humanos en el Sistema Interamericano*, CNDH, México, Tercera Reimpresión.

Mickelson, Karen (2000), "South, North, International Environmental Law and International Environmental Lawyers", *Yearbook of International Environmental Law,* vol.11, pp. 52-81. http://dx.doi.org/10.1093/yiel/11.1.52.

Montalván-Zambrano, Digno (2024), "El derecho ecológico frente a los límites del derecho antropocéntrico", *Revista de Estudios Políticos,* 204, pp. 61-93. http://dx.doi.org/10.18042/cepc/rep.204.02.

Montalván Zambrano, Digno José; Wences Simon, María Isabel (2024), "Transición energética y litio: nuevos "comunes" y otros extractivismos", *Oñati socio-legal series,* vol. 14, núm. 2, pp. 416-446. http://dx.doi.org/10.35295/osls.iisl.1765.

Pigrau Solé, Antoni; Borràs Pentinat, Susana; González Bondia, Alfonso *et al.* (2008), *Acceso a la información, participación pública y acceso a la justicia en materia de medio ambiente: Diez años del Convenio de Aarhus,* Atelier, Barcelona.

Pigrau Solé, Antoni; Borràs Pentinat, Susana (2013), "Medio ambiente y derechos de los pueblos indígenas en el sistema interamericano de derechos humanos", en Pigrau Solé, Antoni (Ed.), *Pueblos indígenas, diversidad cultural y justicia ambiental. Un estudio de las nuevas constituciones de Bolivia y Ecuador,* Tirant lo blanch, Valencia, pp, 169-183.

Pigrau Solé, Antoni; Borràs Pentinat, Susana (2015), "Environmental Defenders: The Green Peaceful Resistance", in *Ecological Systems Integrity. Governance, Law and Human Rights.* Ed. by Laura Westra, Janice Gray, Vasiliki Karageorgou. Routledge, London, 2015, pp. 256-271.

Pigrau Solé, Antoni (2020), "Mecanismos nacionales de protección de las personas defensoras de derechos humanos y del medio ambiente en América Latina. Especial referencia al caso de México." *Actualidad Jurídica Ambiental,* núm. especial 102/2, junio 2020, pp. 426-455.

Pigrau Solé, Antoni (2022), "Derechos humanos para defender el medio ambiente y a las personas que lo defienden", *Revista Catalana de Dret Ambiental,* Vol. XIII Núm. 2, pp. 1-53. http://dx.doi.org/10.17345/rcda3400.

Pons Ràfols, Xavier (coord.) (1998), *La Declaración Universal de Derechos Humanos. Comentario artículo por artículo,* Asociación para la Naciones Unidas en España, Icaria - Antrazyt, Barcelona.

Prieur, Michel; Sozzo, Gonzalo; Nápoli, Andrés (Eds.) (2020), *Acuerdo de Escazú. Hacia la democracia ambiental en América Latina y el Caribe,* Universidad Nacional del Litoral, Santa Fe.

Richardson, Katherine *et al.* (2023), "Earth beyond six of nine planetary boundaries", *Science Advances,* vol.9, núm. 37. http://dx.doi.org/10.1126/sciadv.adh2458.

Rockström, Johan, et.al. (2009). "Planetary boundaries: exploring the safe operating space for humanity", *Ecology and Society,* vol. 14, núm. 2, art32. http://dx.doi.org/10.5751/ES-03180-140232.

Rosignoli, Francesca (2022), *Environmental justice for climate refugees,* Routledge, New York and London. http://dx.doi.org/10.4324/9781003102632-5.

Scheidel, Arnim *et al.* (2020), "Environmental conflicts and defenders: A global overview" *Global Environmental Change,* vol. 63, July 2020. http://dx.doi.org/10.1016/j.gloenvcha.2020.102104.

Shelton, Dinah (2010), "Human rights and the environment: substantive rights" en *Research Handbook on International Environmental Law,* Edited by Fitzmaurice, Malgosia; Ong, David M.; Merkouris, Panos, Edward Elgar Publishing, Cheltenham, UK / Northampton, MA, USA, pp. 265-283. http://dx.doi.org/10.4337/9781849807265.00023.

Steffen, Will, Crutzen, Paul Jozef, Mc Neill, John (2009), "The Anthropocene: Are Humans Now Overwhelming the Great Forces of Nature?", *Ambio A Journal of the Human Environment,* Dec 2007; vol. 36, 8; pp. 614-621. http://dx.doi.org/10.1579/0044-7447(2007)36%5B614:TAAHNO%5D2.0.CO;2.

Svampa, Maristella (2019), *Las fronteras del neoextractivismo en América Latina. Conflictos socioambientales, giro ecoterritorial y nuevas dependencias,* CALAS, Bielefeld University Press, Bielefeld. <https://doi.org/10.14361/9783839445266>.

Temper, Leah *et al.* (2018), "The Global Environmental Justice Atlas (EJAtlas): ecological distribution conflicts as forces for sustainability", *Sustainability Science* (2018), vol. 13, pp. 573-584. http://dx.doi.org/10.1007/s11625-018-0563-4.

Tran, Dalena; Martínez-Alier, Joan; Navas, Gretel; Mingorría, Sara (2020); "Gendered geographies of violence: a multiple case study analysis of murdered women environmental defenders", *Journal of Political Ecology,* vol. 27, 2020, pp. 1189-1212. http://dx.doi.org/10.2458/v27i1.23760.

Varios Autores (2018), "Acceso a la información, participación pública y acceso a la justicia en materia de medio ambiente: Veinte años del Convenio de Aarhus", monográfico de la *Revista Catalana de Dret Ambiental,* vol. 9, núm 1.

5.2. Referencias normativas

5.2.1. Tratados internacionales

African Charter on Human and Peoples' Rights, June 01, 1981.

Convención de Naciones Unidas sobre el Derecho del Mar, Montego Bay 1982; *BOE* núm. 39, de 14 de febrero de 1997.

Protocolo Adicional a la Convención Americana sobre Derechos Humanos en materia de Derechos Económicos, Sociales y Culturales, San Salvador, 17 de noviembre de 1988;

Convenio Nº 169 de la OIT sobre pueblos indígenas y tribales en países independientes, 27 de junio de 1989, arts. 13 y 15; *BOE* núm. 58, de 8 de marzo de 2007.

Convenio sobre el acceso a la información, la participación del público en la adopción de decisiones y el acceso a la justicia en materia de medio ambiente, Aarhus, 25 de junio de 1998; *BOE* núm. 40, de 16 de febrero de 2005, 2161 UNTS p. 447.

Arab Charter on Human Rights, May 22, 2004.

Acuerdo Regional sobre el Acceso a la Información, la Participación Pública y el Acceso a la Justicia en Asuntos Ambientales en América Latina y el Caribe. Escazú, Costa Rica, 4 de marzo de 2018.

5.2.2. Otros actos normativos internacionales

AGNU (1948), Resolución 217 (III), "Carta Internacional de los Derechos del Hombre", 10 de diciembre de 1948.

AGNU (1966), Resolución 2200 (XXI), "Pacto Internacional de Derechos Económicos, Sociales y Culturales, Pacto Internacional de Derechos Civiles y Políticos y Protocolo Facultativo del Pacto Internacional de Derechos Civiles y Políticos", 16 de diciembre de 1966.

AGNU (1998), Declaración de las Naciones Unidas sobre el derecho y el deber de los individuos, los grupos y las instituciones de promover y proteger los derechos humanos y las libertades fundamentales universalmente reconocidos, de 1998 Anexo a la Resolución 53/144, 9 de diciembre de 1998.

AGNU (2007), Declaración de las Naciones Unidas sobre los derechos de los pueblos indígenas, Resolución 61/295 AGNU, 13 de septiembre de 2007.

AGNU (2022), Resolución 76/300, "El derecho humano a un medio ambiente limpio, saludable y sostenible", 28 de julio de 2022.

AGNU (2023), Resolución 77/276, "Solicitud de una opinión consultiva a la Corte Internacional de Justícia sobre las obligaciones de los Estados en relación con el cambio climático", 29 de marzo de 2023.

ASEAN (2012, ASEAN Human Rights Declaration, November 18, 2012.

CdE (2008), Declaration of the Committee of Ministers on Council of Europe action to improve the protection of human rights defenders and promote their activities (Adopted by the Committee of Ministers on 6 February 2008 at the 1017th meeting of the Ministers' Deputies).

CDH (2008a), Resolución 7/22, "Los derechos humanos y el acceso al agua potable y el saneamiento", 28 de marzo de 2008.

CDH (2008b), Resolución 7/23, "Los derechos humanos y el cambio climático", 28 de marzo de 2008.

CDH (2011), Principios Rectores de las Naciones Unidas sobre empresas y derechos humanos, 2011. Asumidos por el Consejo de Derechos Humanos, mediante su Resolución 17/4, de 16 de junio de 2011.

CDH (2012), Resolución 19/10: "Los derechos humanos y el medio ambiente"; 20 de marzo de 2012.

CDH (2014), Resolución 26/9, "Elaboración de un instrumento internacional jurídicamente vinculante sobre las empresas transnacionales y otras empresas con respecto a los derechos humanos", 26 de junio de 2014.

CDH (2021a), Resolución 48/13, "El derecho humano a un medio ambiente limpio, saludable y sostenible", 8 de octubre de 2021.

CDH (2021b), Resolución 48/14, "Mandato del Relator Especial sobre la promoción y la protección de los derechos humanos en el contexto del cambio climático", 8 de octubre de 2021.

Com. ADHP (2004), ACHPR/Res.69(XXXV)03, "Resolution on the Protection of Human Rights Defenders in Africa", 4th June 2004.

Com. DH (1990), Resolución 1990/41, "Los derechos humanos y el medio ambiente", 6 de marzo de 1990, Comisión de Derechos Humanos.

Com. DH (2000), Resolución 2000/61, "Defensores de los derechos humanos", 26 de abril de 2000.

Com. DH (2003), Resolución 2003/20 "Efectos nocivos para los derechos humanos del traslado y vertido ilícitos de productos y residuos tóxicos y peligrosos", 22 de abril de 2003.

NU (1972), Informe de la Conferencia de las Naciones Unidas sobre el Medio Humano Declaración de Estocolmo sobre el Medio Humano, Conferencia de las Naciones Unidas sobre el Medio Humano, Estocolmo, 5 a 16 de junio de 1972, Doc. A/CONF.48/14/Rev.1.

NU (1992), Informe de la Conferencia de Naciones Unidas sobre el Medio Ambiente y el Desarrollo, Declaración de Río sobre el Medio Ambiente y el Desarrollo, Conferencia de las Naciones Unidas sobre el Medio Ambiente y el Desarrollo, Río de Janeiro, 3-14 de junio de 1992, Doc. A/CONF.151/26/Rev.l (Vol. I).

NU (2012), Declaración "El futuro que queremos", Conferencia de las Naciones Unidas sobre el Desarrollo Sostenible Río +20, de junio de 2012; Doc. A/CONF.216/L.1, 19 de junio de 2012.

OEA (2001), AG/RES. 1819 (XXXI-O/01), "Derechos humanos y medio ambiente", 5 de junio de 2001.

OSCE (2014), "Directrices sobre la Protección de los Defensores de los derechos humanos", Organization for Security and Co-operation in Europe, 10 junio 2014.

UA (2003), Kigali Declaration, The 1st African Union (AU) Ministerial Conference on Human Rights in Africa, 8 May 2003, Kigali, Rwanda;

UE (2028), Consejo de la Unión Europea, "Garantizar la protección - Directrices de la Unión Europea sobre los defensores de los derechos humanos"; Bruselas, 10 de junio de 2009 (24.06), 16332/2/08, REV 2; PESC 1562; COHOM 138.

UE (2024a), Directiva (UE) 2024/1069 del Parlamento Europeo y del Consejo, de 11 de abril de 2024, relativa a la protección de las personas que se implican en la participación pública frente a pretensiones manifiestamente infundadas o acciones judiciales abusivas («demandas estratégicas contra la participación pública»); «DOUE» núm. 1069, de 16 de abril de 2024.

UE (2024b), Directiva (UE) 2024/1760 del Parlamento Europeo y del Consejo, de 13 de junio de 2024, sobre diligencia debida de las empresas en materia de sostenibilidad y por la que se modifican la Directiva (UE) 2019/1937 y el Reglamento (UE) 2023/2859, «DOUE» núm. 1760, de 5 de julio de 2024.

5.2.3. Actos normativos nacionales

Bolivia, Constitución Política del Estado, de 25 de enero de 2009

Bolivia, Ley de Derechos de la Madre Tierra, Ley 071, 21 de diciembre de 2010; Gaceta Oficial del Estado Plurinacional de Bolivia, 22 de diciembre de 2010.

Bolivia, Ley Marco de la Madre Tierra y Desarrollo Integral para Vivir Bien. Ley Nº 300, de 15 de octubre de 2012, *Gaceta Oficial del Estado Plurinacional de Bolivia*, 15 de octubre de 2012.

Ecuador, Constitución de la Republica del Ecuador 2008, de 28 de septiembre de 2008.

España, Ley 19/2022, de 30 de septiembre, para el reconocimiento de personalidad jurídica a la laguna del Mar Menor y su cuenca, *BOE* núm. 237, de 3 de octubre de 2022.

México, Constitución política del Estado libre y soberano de Guerrero (enmendada), 2014.

México, Constitución Política del Estado Libre y Soberano de México, reforma arts. 5 y 18, 2024.

Nueva Zelanda, Te Urewera Act 2014, Public Act 2014 No 51.

Panamá, Ley que reconoce los derechos de la Naturaleza y las obligaciones del Estado relacionadas con estos derechos (Ley No. 287), *Gaceta Oficial, República de Panamá*, jueves 24 de febrero de 2022, N°29484-A.

5.3. Referencias jurisprudenciales

5.3.1. Órganos jurisdiccionales internacionales

CIJ (2010), *Pulp Mills on the River Uruguay (Argentina v. Uruguay), Judgment*, I.C.J. Reports 2010, p. 14.

CIJ (2015), *Certain Activities Carried Out by Nicaragua in the Border Area (Costa Rica v. Nicaragua) and Construction of a Road in Costa Rica along the San Juan River (Nicaragua v. Costa Rica), Judgment*, I.C.J. Reports 2015, p. 665.

Corte IDH (2001), *Caso de la Comunidad Mayagna (Sumo) Awas Tingni Vs. Nicaragua. Fondo, Reparaciones y Costas.* Sentencia de 31 de agosto de 2001. Serie C No. 79.

Corte IDH (2005a), *Caso Comunidad Indígena Yakye Axa Vs. Paraguay. Fondo, Reparaciones y Costas.* Sentencia de 17 de junio de 2005. Serie C No. 125.

Corte IDH (2005b), *Caso Yatama Vs. Nicaragua. Excepciones Preliminares, Fondo, Reparaciones y Costas.* Sentencia de 23 de junio de 2005. Serie C No. 127.

Corte IDH (2006), *Caso Comunidad Indígena Sawhoyamaxa Vs. Paraguay. Fondo, Reparaciones y Costas.* Sentencia de 29 de marzo de 2006. Serie C No. 146.

Corte IDH (2007), *Caso del Pueblo Saramaka Vs. Surinam. Excepciones Preliminares, Fondo, Reparaciones y Costas.* Sentencia de 28 de noviembre de 2007. Serie C No. 172.

Corte IDH (2008), *Caso del Pueblo Saramaka Vs. Surinam. Interpretación de la Sentencia de Excepciones Preliminares, Fondo, Reparaciones y Costas.* Sentencia de 12 de agosto de 2008. Serie C No. 185.

Corte IDH (2012), *Caso Pueblo Indígena Kichwa de Sarayaku Vs. Ecuador. Fondo y Reparaciones.* Sentencia de 27 de junio de 2012. Serie C No. 245.

Corte IDH (2013). *Caso Luna López Vs. Honduras. Fondo, Reparaciones y Costas.* Sentencia de 10 de octubre de 2013. Serie C No. 269.

Corte IDH (2014a), *Caso Norín Catrimán y otros (Dirigentes, Miembros y Activista del Pueblo Indígena Mapuche) Vs. Chile. Fondo, Reparaciones y Costas.* Sentencia de 29 de mayo de 2014. Serie C No. 279.

Corte IDH (2014b), *Caso Defensor de Derechos Humanos y otros Vs. Guatemala. Excepciones Preliminares, Fondo, Reparaciones y Costas.* Sentencia de 28 de agosto de 2014. Serie C No. 283.

Corte IDH (2017a). *Caso Acosta y otros Vs. Nicaragua. Excepciones Preliminares, Fondo, Reparaciones y Costas.* Sentencia de 25 de marzo de 2017. Serie C No. 334.

Corte IDH (2017b), *Medio ambiente y derechos humanos.* Opinión Consultiva OC-23/17 de 15 de noviembre de 2017. Serie A No. 23.

CPA (2007), *Arbitration Regarding the Iron Rhine ("Ijzeren Rijn") Railway between the Kingdom of Belgium and the Kingdom of the Netherlands,* Award, 24 May 2005, PCA Award Series (2007).

CPA (2013), *Indus Waters Kishenganga Arbitration, (Pakistan v. India), Partial Award,* 18 February 2013.

TEDH (1994), *López Ostra c. España,* núm. 16798/90), 1994.

TEDH (2004), *Öneryıldız c. Turquía* (GS), núm. 48939/99), 2004.

TEDH (2005), *Taşkin y otros c. Turquía,* núm. 46117/99), 2005.

TEDH (2008), Budayeva y otros c. Rusia, núms. 15339/02, 21166/02, 20058/02, 11673/02 y 15343/02, 2008.

TEDH (2018), *Dimitar Yordanov c. Bulgaria,* núm. 3401/09), 2018.

TEDH (2022), *Ecodefence y otros c. Rusia,* núms. 9988/13 y 60 otros, 2022.

TEDH (2024), *Verein Klimaseniorinnen Schweiz y otros c. Suiza* (GS), núm. 53600/20, 2024.

TIDM (2011), *Responsibilities and obligations of States sponsoring persons and entities with respect to activities in the Area,* Advisory Opinion, 1 February 2011, ITLOS Reports 2011, p. 10.

TIDM (2024), ITLOS, 21 May 2024, Request for an *Advisory Opinion submitted by the Commission of Small Island States on Climate Change and International Law,* Advisory Opinion.

5.3.2. Otros órganos internacionales de control

CDH (2023), Updated draft legally binding instrument, Doc. Igwg-9th-updated-draf-lbi.

Com. ADHP (2009), Centre for Minority Rights Development (Kenya) and Minority Rights Group International on behalf of Endorois Welfare Council v. Kenya, Communication No 276/2003, 25 November 2009.

Cté. DESC (2003), Observación general Nº15. "El derecho al agua (artículos 11 y 12 PIDESC)", UN, Doc. E/C.12/2002/11, 20 de enero de 2003.

Cté. DESC (2010) Observación general Nº21. "Derecho de toda persona a participar en la vida cultural (artículo 15, párrafo 1 a), del Pacto Internacional de Derechos Económicos, Sociales y Culturales"; NU, Doc. E/C.12/GC/21/Rev.1, 17 de mayo de 2010.

Cté. DH (1994), "Comentario general 23 (50) al artículo 27", NU, Doc. CCPR/C/21/Rev.1/Add.5, 26 de abril de 1994.

Cté. DH (2011), "Observación general Nº34. Artículo 19. Libertad de opinión y libertad de expresión", NU, Doc. CCPR/C/GC/37, 12 de septiembre de 2011.

Cté. DH (2019), Observación general núm. 36, "Artículo 6: derecho a la vida", NU, Doc. CCPR/C/GC/36, 3 de septiembre de 2019.

Cté. DH (2020) "Observación general núm. 37 (2020), relativa al derecho de reunión pacífica (artículo 21)", NU, Doc. CCPR/C/GC/37, 17 de septiembre de 2020.

Farha, Leilani (2019) "Directrices para la Aplicación del Derecho a una Vivienda Adecuada. Informe de la Relatora Especial sobre una vivienda adecuada como elemento integrante del derecho a un nivel de vida adecuado y sobre el derecho de no discriminación a este respecto"; Doc. A/HRC/43/43, 26 de diciembre de 2019.

Forst, Michel (2019), CDH, "Situación de las defensoras de los derechos humanos. Informe del Relator Especial sobre la situación de los defensores de los derechos humanos", Doc. A/HRC/40/60, 10 de enero de 2019.

Knox, John H. (2012), "Informe del Experto independiente sobre la cuestión de las obligaciones de derechos humanos relacionadas con el disfrute de un medio ambiente sin riesgos, limpio, saludable y sostenible. Informe preliminar", NU, Doc. A/HRC/22/43, 24 de diciembre de 2012.

Knox, John H. (2013), "Informe del Experto independiente sobre la cuestión de las obligaciones de derechos humanos relacionadas con el disfrute de un medio ambiente sin riesgos, limpio, saludable y sostenible. Informe de recopilación", Doc. A/HRC/25/53, 30 de diciembre de 2013.

Knox, John H. (2018), "Informe del Relator Especial sobre la cuestión de las obligaciones de derechos humanos relacionadas con el disfrute de un medio ambiente sin riesgos, limpio, saludable y sostenible"; Doc. A/HRC/37/59, 24 de enero de 2018.

MEDPI (2010), "Informe sobre la marcha del estudio sobre los pueblos indígenas y el derecho a participar en la adopción de decisiones. Informe del Mecanismo de expertos sobre los derechos de los pueblos indígenas", Doc. A/HRC/15/35, 23 de agosto de 2010.

Sekaggya, Margaret (2011), "Informe de Margaret Sekaggya, Relatora Especial sobre la situación de los defensores de los derechos humanos"; Doc. A/HRC/19/55, 21 de diciembre de 2011.

Stavenhagen, Rodolfo (2003), "Informe del Relator Especial sobre la situación de los derechos humanos y las libertades fundamentales de los indígenas, Rodolfo Stavenhagen, presentado de conformidad con la resolución 2002/65 de la Comisión", Doc. E/CN.4/2003/90, 21 de enero de 2003.

Ziegler, Jean (2007), "Los derechos económicos, sociales y culturales. El derecho a la alimentación", Informe del Relator Especial sobre el derecho a la alimentación, Jean Ziegler, Doc. A/62/289, 22 de agosto de 2007.

5.3.3. Tribunales nacionales

Colombia, República de Colombia, Corte Constitucional, Sala Sexta de Revisión, T-622 de 2016, 10 de noviembre de 2016.

Ecuador, Corte Constitucional del Ecuador, Sentencia No. 2167-21-EP/22 (El Río Monjas), 19 de enero de 2022.

India, In The High Court of Uttarakhand at Nainital, - Mohammed Salim v State of Uttarakhand and others, Writ Petition (PIL) No.126 of 2014, March 20, 2017.

Perú, Corte Superior de Justicia Loreto, Juzgado Mixto-Nauta I, Expediente: 00010-2022-0-1901-JM-CI-01, Acción de amparo, Resolución número catorce; Nauta, ocho de marzo del año dos mil veinticuatro.

5.4. Referencias documentales

CdE (2022), Selected international legal materials and cases Manual on Human Rights and the Environment (3rd edition). Principles emerging from the case law of the European Court on Human Rights and the conclusions and decisions of the European Committee of Social Rights, February 2022.

CDI (2001), "Proyecto de artículos sobre la prevención de los daños transfronterizos resultantes de actividades peligrosas", Anuario de la Comisión de Derecho Internacional 2001, Volumen II, Segunda Parte, pp. 156 ss. Doc. A/CN.4/SER.A/2001/Add.1 (Part 2).

CEDAT - Centre d'Estudis de Dret Ambiental de Tarragona (2019), "Defender en América Latina. Seminario internacional sobre la situación de las personas defensores de derechos humanos, de la tierra y del medio ambiente"; *Institut Català Internacional per la Pau*, Barcelona, Documents 16/2019.

CEPE - (2020), "Information note on the situation regarding environmental defenders in Parties to the Aarhus Convention from 2017 to date. Prepared by the secretariat"; CEPE, Working Group of the Parties, Twenty-fourth meeting, Geneva, 1-3 July 2020, Doc. AC/WGP-24/Inf.16.

CMNUCC - (2021), "Contribuciones determinadas a nivel nacional presentadas en virtud del Acuerdo de París. Informe de síntesis revisado presentado por la secretaría". Doc. FCCC/PA/CMA/2021/8/Rev.1, 25 de octubre de 2021.

Com. IDH (2006), "Informe sobre la situación de las defensoras y defensores de los derechos humanos en las Américas", OEA/Ser.L/V/II.124, Doc. 5 rev.1, 7 marzo 2006.

Com. IDH (2009), "Derechos de los pueblos indígenas y tribales sobre sus tierras ancestrales y recursos naturales. Normas y jurisprudencia del Sistema Interamericano de Derechos Humanos", OEA/Ser.L/V/II, doc. 56/09, 30 de diciembre de 2009.

Com. IDH (2011), "Segundo informe sobre la situación de las defensoras y los defensores de derechos humanos en las Américas", OEA/Ser.L/V/II. Doc. 66, 31 diciembre 2011.

Com. IDH (2015), "Criminalización de la labor de las defensoras y los defensores de derechos humanos", OEA/Ser.L/V/II. Doc. 49/15, 31 diciembre 2015.

Com. IDH (2017), "Hacia una política integral de protección a personas defensoras de derechos humanos", OEA/Ser.L/V/II. Doc. 207/17, 29 diciembre 2017.

CPI (2016), International Criminal Court, The Office of the Prosecutor, "Policy paper on case selection and prioritization", 15 September 2016.

De Luis Romero, Elena; García Moreno, Paloma, Amenazas y barreras para la defensa del medio ambiente en el Estado español, Amigos de la Tierra, 2022.

Front Line Defenders (2024), "Front Line Defenders Global Analysis 2023-2024".

Global Witness (2024), "Voces silenciadas. La violencia contra las personas defensoras de la tierra y el medioambiente", Septiembre 2024.

Oxfam International (2024), "Carbon inequality kills".

PNUMA - United Nations Environment Programme (2012). Human Rights and the Environment Rio+20: Joint Report OHCHR and UNEP.

PNUMA-CIEL (2014), UNEP Compendium on Human Rights and the Environment, UNEP.

PNUMA (2021), An Assessment of Access to Information, Public Participation and Access to Justice in Environmental Decision-making in Asia-Pacific - Technical Briefing Paper prepared for Expert Meeting on Human Rights and the Environment.

PNUMA (2023), Emissions Gap Report 2023: Broken Record - Temperatures hit new highs, yet world fails to cut emissions (again). Nairobi. https://doi.org/10.59117/20.500.11822/43922.

The First Peoples' World Conference on Climate Change and the Rights of Mother Earth, Declaración Universal de los Derechos de la Madre Tierra (2010), Cochabamba, Bolivia, 20-22 April 2010.

Capítulo 17

MEDIO AMBIENTE Y ACCESO A LA INFORMACIÓN, PARTICIPACIÓN PÚBLICA Y ACCESO A LA JUSTICIA

ROSA M. FERNÁNDEZ EGEA[1]

1. INTRODUCCIÓN

El Derecho Internacional del Medio Ambiente (DIMA) ha evolucionado significativamente, reconociendo progresivamente la importancia de la participación pública, el acceso a la información y el acceso a la justicia como pilares fundamentales para la protección ambiental.

La Carta Mundial de las Naciones Unidas para la Naturaleza de 1982 establecía ya en Principio 23 que "toda persona, de conformidad con la legislación nacional, tendrá la oportunidad de participar, individual o colectivamente, en el proceso de preparación de las decisiones que conciernan directamente a su medio ambiente y, cuando éste haya sido objeto de daño o deterioro, podrá ejercer los recursos necesarios para obtener una indemnización" (AGNU, 1982).

La importancia de la consideración de estos principios a nivel internacional la encontramos en la Declaración de Río sobre el Medio Ambiente y el Desarrollo, fruto de la Conferencia sobre Medio Ambiente que tuvo lugar en Río de Janeiro en 1992 (NU 1992)[2]. En particular, su principio número 10 establece que:

> "El mejor modo de tratar las cuestiones ambientales es con la participación de todos los ciudadanos interesados, en el nivel que corresponda. En el plano nacional, toda persona deberá tener acceso adecuado a la información sobre el medio ambiente de que dispongan las autoridades públicas, incluida la información sobre los materiales y las actividades que encierran peligro en sus comunidades, así como la oportunidad de participar en los procesos de adopción de decisiones. Los estados deberán facilitar y fomentar la sensibilización y la participación de la población poniendo la información a disposición de todos. Deberá proporcionarse acceso efectivo a los procedimientos judiciales y administrativos, entre éstos el resarcimiento de daños y los recursos pertinentes."

[1] Profesora Titular de Derecho Internacional Público (rosamaria.fernández@uam.es). Todas las páginas webs mencionadas en este estudio han sido consultadas el 30 de noviembre de 2024. ORCID: https://orcid.org/0000-0001-7187-8919.

[2] También puede verse un precedente en el preámbulo de la Declaración de Estocolmo sobre el Medio Humano de 1972 (NU 1972) (Salazar 2019).

En este párrafo se condensan lo que ha de entenderse por los principios de información, participación y acceso a la justica en cuestiones ambientales.

Efectivamente, el acceso a la información ambiental es fundamental para que los ciudadanos y a las organizaciones no gubernamentales (ONGs) puedan participar de manera informada en los procesos de toma de decisiones ambientales y para que puedan supervisar y evaluar las acciones de las autoridades públicas que les afecten. Por su parte, la participación pública en la gobernanza ambiental asegura que las decisiones reflejen una amplia gama de intereses y conocimientos. Una participación efectiva puede mejorar la calidad de las decisiones ambientales, aumentar la legitimidad y aceptación de las políticas. Ambos derechos también tienen como efecto mejorar la conciencia pública sobre los problemas ambientales. Una sociedad bien informada tomará mejores decisiones y tendrá un criterio más sólido para controlar la labor pública y privada de las diferentes autoridades, instituciones públicas, pero también agentes sociales y empresariales.

Por su parte, el derecho de acceso a la justicia se refiere fundamentalmente a la capacidad de los individuos y las comunidades para acudir a tribunales y otros órganos competentes para obtener reparación por daños ambientales o para exigir el cumplimiento de las normativas ambientales. Resulta particularmente relevante en contextos donde el medio ambiente está amenazado por actividades industriales, proyectos de desarrollo y la falta de cumplimiento de las normativas ambientales. Al proporcionar acceso a mecanismos legales, se fortalece la capacidad de la ciudadanía para hacer valer sus derechos, supervisar la implementación de las políticas ambientales y garantizar que se respeten las normas de protección ambiental. Este derecho subraya el compromiso con la transparencia en la toma de decisiones, la justicia y la responsabilidad, elementos esenciales para un desarrollo sostenible inclusivo y participativo.

Tales principios se han recogido posteriormente en numerosos tratados y legislaciones nacionales e internacionales, destacando la necesidad de involucrar a la sociedad civil en la gobernanza ambiental. No obstante, no ha sido hasta el Convenio sobre el acceso a la información, la participación del público en la toma de decisiones y el acceso a la justicia en materia de medio ambiente de 1998 (Convenio de Aarhus), cuando se realiza una apuesta clara y contundente por estos principios, reconociéndolos como derechos ambientales de carácter procesal, al menos en el ámbito europeo.

En el presente capítulo se analizarán los tres "pilares básicos" desde una perspectiva del Derecho Internacional, abordando, en el apartado segundo, su especial tratamiento por el Convenio de Aarhus, pero sin desatender otros instrumentos internacionales que también los promueven por ser elementos esenciales para garantizar una democracia participativa medioambiental, aspecto al que se dedica el apartado tercero. Para finalizar, en el apartado cuarto se planteará la vinculación con el derecho a un medio ambiente saludable, así como con otros derechos humanos, en el contexto de la protección ambiental ofrecida por los regímenes regionales de protección de derechos humanos.

2. LA REGULACIÓN DEL CONVENIO DE AARHUS SOBRE ACCESO A LA INFORMACIÓN, LA PARTICIPACIÓN DEL PÚBLICO EN LA TOMA DE DECISIONES Y EL ACCESO A LA JUSTICIA EN MATERIA DE MEDIO AMBIENTE

El Convenio de Aarhus representa un hito en la gobernanza ambiental al establecer un marco jurídico que combina el acceso a la información, la participación pública en la toma de decisiones y el acceso a la justicia en cuestiones ambientales. En este epígrafe se explorarán los tres pilares fundamentales que sustentan el Convenio de Aarhus y sus implicaciones en la protección del entorno y en la promoción de una ciudadanía ambiental activa. Asimismo, se abordan las medidas adoptadas por la UE para implementar y armonizar estas disposiciones, identificando las fortalezas y limitaciones en su aplicación, particularmente en el ámbito del acceso a la justicia.

2.1. El Convenio de Aarhus: cuestiones generales

El Convenio sobre acceso a la información, la participación del público en la toma de decisiones y el acceso a la justicia en materia de medio ambiente fue adoptado en Aarhus (Dinamarca) el 25 de junio de 1998, en el marco de la Comisión Económica para Europa de Naciones Unidas y entró en vigor el 30 de octubre de 2001. Cuenta con casi medio centenar de Estados Parte, en su mayoría países europeos[3], entre los que se encuentran todos los Estados miembros de la Unión Europea (UE), así como la propia UE desde 2005.

La UE jugó un papel importante en su gestación (González Bondía 2008, pp. 85-89) y lo recogió en su ordenamiento a través de la adopción del Reglamento (CE) 1367/2006 del Parlamento Europeo y del Consejo, relativo a la aplicación de las disposiciones del Convenio de Aarhus relativas al acceso a la información, la participación del público en la toma de decisiones y el acceso a la justicia en materia de medio ambiente a las instituciones y organismos comunitarios (UE

[3] España firmó el acuerdo en 2004, y ha incorporado sus compromisos en la Ley 27/2006, de 18 de julio, por la que se regulan los derechos de acceso a la información, de participación pública y de acceso a la justicia en materia de medio ambiente, en vigor desde el 20 de julio de 2006.

2006). Además, la UE ha armonizado las legislaciones de los Estados miembros en lo que concierne a dos de los tres pilares básicos del Convenio de Aarhus (acceso a la información y participación pública), como veremos. Por lo que concierne al tercer pilar, han existido sucesivas propuestas e intentos para regularla en el seno de la UE, pero siempre ha encontrado resistencia de sus Estados miembros, por lo que se carece de una regulación armonizada al respecto (Ruíz de Apocada 2018).

Tal y como establece su artículo 1, el Convenio de Aarhus tiene el propósito de "contribuir a proteger el derecho de cada persona, de las generaciones presentes y futuras, a vivir en un medio ambiente que permita garantizar su salud y su bienestar". Con dicho fin, los Estados Parte deberán garantizar el derecho a la participación pública en los procesos de toma de decisiones ambientales, el acceso a la información ambiental y el acceso a la justicia en caso de violaciones a estos derechos.

El Acuerdo de Aarhus establece en su artículo 3 una serie de obligaciones generales que tienen por finalidad que los miembros del público puedan ejercer los tres derechos ambientales procesales (Hey 201, p. 19). Además de la obligación genérica de adoptar las medidas legislativas y reglamentarias que den cumplimiento al Convenio (art. 3.1), también se prevé proporcionar asistencia y orientación al público para que pueda disfrutar de estos derechos (art.3.2), sin ser discriminado por motivos de ciudadanía, nacionalidad o residencia (lugar de la sede social, en el caso de las personas jurídicas) (art. 3.9) y con la garantía de que no se las persiga o penalice por hacerlo (art. 3.8). También se establece la necesidad de adoptar medidas de reconocimiento y apoyo a las organizaciones que protegen el medio ambiente (art. 3.7), así como de promover la educación y la sensibilización ambiental (art. 3.3). Las obligaciones del artículo 3, a diferencia del resto de regulaciones previstas en el Convenio, se exigen a "cualquier organismo o institución del Estado, incluidos los que actúen en el ejercicio de funciones judiciales o legislativas".

El Convenio de Aarhus cuenta también con su propio sistema de control de cumplimiento, previsto en el artículo 15 del Convenio, estableciéndose en 2002 un órgano cuasi judicial, el Comité de control de cumplimiento (ACCC)[4], cuya tarea principal es la de vigilar y facilitar el cumplimiento del Convenio, a través de la formulación de recomendaciones (Pigrau Solé y Borràs Pentinat 2008, p. 50). Las propias partes en el Convenio pueden presentar solicitudes (*submissions)*

---

4 Se compone actualmente de nueve miembros, que ejercen sus funciones a título personal y con independencia, sin que puedan representar los intereses de los Estados de los que son nacionales. Tienen un mandato de tres años con posibilidad de ser reelegidos por otro mandato más, y su labor no está retribuida.

en relación con el incumplimiento de otros Estados Parte, o bien que sean referidas por la Secretaría del Convenio (*referrals*). Pero lo que verdaderamente distingue este procedimiento de cumplimiento del recogido en otros acuerdos multilaterales de medio ambiente (AMUMA) es la posibilidad de que el "público"[5] pueda someter "comunicaciones" denunciando los incumplimientos de las Partes, que se ha convertido en la vía principal de casos sometidos al conocimiento del Comité (Hey 2018, p. 8). En este sentido, se asemeja al sistema de control de cumplimiento de los comités de Naciones Unidas que salvaguardan los derechos humanos.

2.2. Los tres pilares del Convenio de Aarhus

A continuación, se tratarán los tres "pilares" del Convenio de Aarhus: el acceso a la información, la participación pública y el acceso a la justica.

2.2.1. Pilar I: acceso a la información ambiental (arts. 4 y 5)

El acceso a la información ambiental se recoge en el artículo 4 del Convenio de Aarhus y consiste en el derecho a conocer y comprender la información relacionada con el estado del medio ambiente, los riesgos ambientales y las decisiones gubernamentales que pueden afectar a su entorno. De los tres pilares del Convenio de Aarhus, es el que ha tenido el mayor éxito aplicativo (Krämer 2018).

El derecho a la información ambiental se caracteriza por ser un derecho de naturaleza procesal, con un contenido muy amplio por cuanto exige una serie de actuaciones por parte de las autoridades y organismos públicos que comporte el aporte de información sobre la calidad ambiental, el tipo de medidas que se adoptan, así como los permisos y requisitos necesarios para obtenerlos.

No se trata solo de un derecho procesal en sí mismo, sino que también constituye un derecho instrumental en la medida en que asiste a otros derechos ambientales, y muy particularmente al derecho de participación pública en materia ambiental. De hecho, el acceso a la información ambiental es el paso previo a la participación pública en materia de medio ambiente, pues esta no tendría lugar de no estar el público informado sobre la actividad que se va a llevar a cabo y su posible impacto sobre el medio ambiente (Ebbesson 2009b, p. 3). Incluso tam-

5 Al igual que acontece respecto de los tres derechos procedimentales que recoge el Acuerdo de Aarhus, se emplea una noción muy amplia de lo que se considera por "público", admitiendo comunicaciones no solo de particulares, sino también asociaciones, grupos de personas, ONG, etc.

bién se prevé en el marco del derecho al acceso a la justicia por cuanto se tiene derecho a ser informado de los procedimientos y recursos existentes cuando los particulares consideren que sus derechos se han visto trastocados en relación con alguna cuestión ambiental. Por este motivo, es un derecho que se puede ejercer de manera continua y constante.

El artículo 4 del Convenio de Aarhus contempla el derecho del "público" a que las "autoridades públicas" pongan a disposición las informaciones sobre medio ambiente que se les soliciten. En este sentido, es necesario remitirse al artículo 2 del Convenio, donde se establece qué ha de entenderse por "público", "autoridades públicas" e "informaciones sobre el medio ambiente".

Por "público" debemos entender "una o varias personas físicas o jurídicas y, de conformidad con la legislación o los usos nacionales, sus asociaciones, organizaciones o grupos (art. 2.4). La noción de "autoridades públicas" también es amplia al abarcar: (i) instituciones gubernamentales a todos los niveles; (ii) "personas físicas o jurídicas que desempeñan funciones administrativas públicas con arreglo al Derecho nacional"; (iii) "cualquier otra persona física o jurídica que tenga responsabilidades o funciones públicas, o que preste servicios públicos" bajo el control de cualquiera de las primeras; y (iv) las instituciones de la UE (art. 2.2). Sin embargo, a diferencia de lo que acontece respecto de las obligaciones generales del artículo 3, a efectos de este derecho quedan excluidas aquellas autoridades o instituciones que actúan en ejercicio de competencia judiciales y legislativas. Por lo tanto, es un derecho exigido, en un primer momento, a las autoridades administrativas y gubernamentales.

En relación con qué ha de entenderse por "informaciones sobre el medio ambiente", también contamos con una definición amplia al incluirse información relacionada con el estado de los elementos del entorno; los factores y actividades o medidas que afectan al medio ambiente, el análisis económico y las hipótesis utilizadas en la toma de decisiones; así como al estado de la salud y la seguridad humanas, las condiciones de vida humana, los sitios culturales y las estructuras construidas (art. 2.3). He aquí el amplio contenido del derecho al que nos referíamos antes.

Es importante aclarar que la información ambiental se aporta a petición de los particulares, por lo que no se ha de proporcionar de oficio (sin perjuicio de lo establecido en el artículo 5 del Convenio —*véase infra*—). Ahora bien, la legitimación para solicitar dicha información es amplia y flexible, sin que se requiera tener un "interés particular" (art. 4.1)[6]. Para la entrega de la información y la documentación requerida, las autoridades cuentan con el plazo de un mes (art.

6 El precepto establece "público" y no "público interesado" como se prevé en el art. 6, respecto del derecho de acceso a la información ambiental.

4.2), pudiendo exigir el cobro de una cantidad en concepto de gestión por los gastos ocasionados por facilitar la información, pero cuyo monto debe ser "razonable" y previamente conocido por el público (art. 4.8).

El propio artículo 4 establece una serie de causas tasadas para denegar la información requerida, como la seguridad nacional, el secreto comercial o la confidencialidad de datos personales (apartados 3 y 4). Las causas deben interpretarse de manera estricta, y presentarse por escrito con la suficiente motivación al contestar a la solicitud de información. Las autoridades están obligadas a informar sobre los medios de recursos contra decisiones administrativas o judiciales en el ámbito ambiental en el caso de denegación de la información (art. 4.7), vinculando así este primer pilar del Convenio de Aarhus, con el tercero: el acceso a la justicia.

El Convenio de Aarhus no sólo garantiza el acceso del público a la información ambiental, sino que también se preocupa por establecer medios para recolectar y difundir la información pertinente. Así, el artículo 5 requiere de las autoridades públicas que mantengan y actualicen la información ambiental. Los datos tienen que contener no sólo el estado del medio ambiente (por ejemplo, mediante registros de contaminación[7]), sino que también tienen que dar cuenta de las normas nacionales e internacionales adoptadas y vigentes, así como de los informes explicativos sobre la gestión realizada. Y tienen que ponerse a disposición del público de manera transparente, a través de listas públicas y bases de datos electrónicos.

Las prescripciones del Acuerdo de Aarhus en relación con el derecho de acceso a la información ambiental se han visto trasladadas en la Unión Europea a través de la Directiva 2003/4/CE sobre el acceso del público a la información ambiental, que establece obligaciones para los Estados miembros de facilitar el acceso a la información ambiental (UE 2003) y por el Reglamento (CE) 1049/2001 del Consejo, relativo al acceso del público a los documentos del Parlamento Europeo, del Consejo y de la Comisión (UE 2001).

2.2.2. Pilar II: participación pública en los asuntos ambientales (arts. 6, 7 y 8)

El derecho a la participación pública en los asuntos ambientales es uno de los principios fundamentales del derecho ambiental moderno. Se basa en la idea de que la ciudadanía no solo debe ser informada sobre las decisiones que afectan al medio ambiente, sino también tener la oportunidad de influir en dichas decisio-

---

7 Un exponente de este mandato ha sido la adopción del Protocolo de registro de emisión y transferencia de contaminantes del Convenio de Aarhus, adoptado en Kiev el 21 de mayo de 2003, en vigor desde el 8 de octubre de 2009.

nes. Además, se trata de asegurar que su participación sea efectiva y significativa, permitiendo influir en decisiones como la planificación de infraestructuras, la construcción de industrias o la gestión de recursos naturales.

A diferencia de los otros dos pilares del Convenio de Aarhus, el derecho de participación en los asuntos ambientales se regula en varios artículos al contemplarse la participación pública en diversos escenarios: (a) participación en decisiones específicas; (b) participación en planes, programas y políticas; y (c) participación en la elaboración de la normativa. A continuación, se expondrán las peculiaridades de cada uno.

a) Participación en decisiones específicas (art. 6)

El artículo 6.1 del Convenio de Aarhus establece los derechos de la ciudadanía a participar en los procesos de toma de decisiones respecto a actividades que puedan tener un impacto significativo en el medio ambiente. Estas actividades se enumeran en el Anexo I del Convenio (p.ej. grandes plantas industriales, proyectos de infraestructura), pero también cabe respecto de actividades no recogidas en el Anexo I, pero que puedan tener un "efecto significativo en el medio ambiente" (art. 6.1.b).

A diferencia del artículo 4, que sólo se refiere a "público", en el marco del artículo 6 la participación prevista es del "público interesado", entendido este como "el público afectado o que pueda verse afectado por la toma de decisiones en materia de medio ambiente, o que tenga interés en ella", en el que se incluyen las ONGs que promuevan la protección del medio ambiente y cumplan los requisitos establecidos en la legislación nacional (art. 6.5).

Como actuación previa a la participación del público, es importante aportar la información pertinente en un procedimiento de concesión de permisos. Así, los apartados 2 y 6 del artículo 6 establecen que las autoridades deben informar al público, de manera oportuna y adecuada, sobre la propuesta de la actividad, su naturaleza, las descripciones del lugar, los posibles impactos ambientales (incluidos las evaluaciones de impacto ambiental e informe de expertos), así como las medidas para prevenir o reducir esos efectos. La información también debe incluir detalles sobre los procedimientos de participación, la autoridad pública responsable y los plazos relevantes, señalando los motivos por los que se puede denegar la información, que deben interpretarse de manera restrictiva[8]. La información se debe poner a disposición del público interesado en una fase tem-

---

[8] En ciertos casos, como cuando se trata de emergencias o información confidencial (ej., seguridad nacional o secretos comerciales), pueden aplicarse excepciones a estas normas, aunque deben estar justificadas y ser limitadas.

prana del procedimiento de toma de decisiones (art. 6.2), así como durante el mismo (art. 6.6). Esto pone de manifiesto, como hemos señalado, el carácter continuo del derecho de acceso a la información.

Por lo que concierne al procedimiento de participación pública en sí, los plazos previstos han de ser razonables (art. 6.3) y debe tener lugar en una fase temprana del procedimiento de toma de decisiones, es decir, "cuando todas las opciones y soluciones sean aún posibles y cuando el público pueda ejercer una influencia real" (art. 6.4). En este sentido, no basta con permitir la participación pública en el marco de la fase de evaluación de impacto ambiental, sino que se deben tener en cuenta los resultados de la participación pública en todas las fases de la adopción de decisiones (ACCC 2010).

Los comentarios y opiniones del público deben ser recopilados y tenidos en cuenta antes de que se tome la decisión final (art. 6.7). Para poder compartir si la decisión final refleja la consideración de los comentarios y sugerencias proporcionadas por el público, deberá incluir explicaciones sobre cómo se tuvieron en cuenta estas contribuciones en la decisión adoptada (art. 6.8). Ello, no obstante, no significa que el "público interesado" tenga un derecho de veto del proyecto (Hey 2018, p. 30).

Una vez tomada la decisión, el público debe ser informado de manera adecuada (art. 6.9). La notificación debe incluir el texto de la decisión, los motivos y consideraciones en los que se basó, y las medidas previstas para mitigar los impactos negativos.

b) Participación en planes, programas y políticas (art. 7)

El artículo 7 del Convenio de Aarhus prevé la participación pública en la formulación de "planes y programas" relacionados con el medio ambiente, utilizando procesos abiertos y accesibles. Así, este artículo amplía el derecho de participación más allá de proyectos específicos, abarcando decisiones estratégicas de mayor alcance que afectan al entorno.

Al igual que lo especificado en el artículo 6, en el artículo 7 también se establece la obligación previa de informar al público. Las autoridades deben proporcionar información adecuada sobre los planes, programas o políticas en desarrollo, así como sobre los procedimientos disponibles para participar en estas "políticas ambientales".

Para garantizar una "participación efectiva" del público, no sólo hay que notificarlo con suficiente antelación, sino garantizar que los procedimientos deben ser inclusivos, permitiendo que todos los grupos interesados, incluidas las organizaciones de la sociedad civil, presenten sus comentarios y sugerencias. Los

Estados deben adoptar medidas para facilitar la participación del público, considerando la posibilidad de proporcionar asistencia técnica o legal si es necesario.

Las opiniones y comentarios del público deben ser considerados de manera "seria y transparente" durante la toma de decisiones. El proceso debe demostrar que las contribuciones del público se han tenido en cuenta al desarrollar planes y programas ambientales.

El artículo 7 subraya que las disposiciones para la participación pública deben ser coherentes con la legislación nacional y las obligaciones internacionales de los Estados Parte. Los países pueden establecer sus propios procedimientos específicos, siempre que se alineen con los principios del convenio y aseguren una participación significativa.

c) Participación en la elaboración de la normativa (art. 8)

El artículo 8 del Convenio de Aarhus se centra en la participación del público en la "preparación de normas, reglamentos y otras disposiciones legales" que puedan tener efectos significativos sobre el medio ambiente. Este artículo reconoce que las decisiones regulatorias pueden tener efectos importantes sobre el medio ambiente y la salud pública, por lo que la inclusión de las opiniones del público es esencial para una gobernanza transparente y eficaz.

Igual que para los dos supuestos anteriores, el paso previo a la participación es que las autoridades proporcionen al público información adecuada y completa sobre el contenido y el propósito de las disposiciones propuestas. Esta información debe ser accesible para que todos los interesados puedan entender el impacto potencial de las normas en desarrollo.

Y también el artículo 8 subraya la importancia de ofrecer "oportunidades reales" para que el público presente comentarios, sugerencias y observaciones sobre las normas y regulaciones propuestas, garantizando una "participación inclusiva" de las diversas opiniones. El proceso de revisión debe ser transparente, la decisión final puede no coincidir con todas las opiniones recibidas, se espera que las autoridades expliquen cómo se han integrado las aportaciones relevantes o las razones para no hacerlo. Ahora bien, el artículo 8 permite cierta flexibilidad para que cada Estado Parte adapte los procedimientos de participación pública según su marco legal y administrativo, siempre que se cumplan los principios básicos de transparencia y acceso efectivo.

En el marco de la UE, la participación pública en los asuntos ambientales se garantiza a través de la armonización efectuada por la Directiva 2003/35/CE, que implementa las disposiciones del Convenio de Aarhus (UE 2003). Esta normativa obliga a los Estados miembros a garantizar la participación pública en la elaboración de ciertos planes y programas ambientales. La Directiva también establece procedimientos para la participación del público en proyectos que puedan tener un impacto significativo en el medio ambiente.

2.2.3. Pilar III: el derecho de acceso a la justicia en los asuntos ambientales (art. 9)

El derecho de acceso a la justicia en asuntos ambientales es un componente esencial para garantizar la protección efectiva de los derechos ambientales ya que permite a la ciudadanía, a las ONGs o a los grupos vulnerables impugnar decisiones y acciones que violen las normativas ambientales y sus derechos, así como exigir la reparación de daños.

La regulación de este tercer pilar se recoge en el artículo 9, que garantiza el acceso a procedimientos judiciales y administrativos en dos escenarios diferenciados. El primero es el previsto para hacer efectivos los derechos ya referidos del acceso a la información ambiental y de la participación pública en asuntos ambientales. El segundo es más amplio al abarcar cualquier asunto ambiental.

a) Garantía de los derechos procedimentales de participación ambiental

En primer lugar, el artículo 9 recoge el acceso a la justicia, que es un derecho fundamental para hacer efectivos los otros dos anteriores, permitiendo que las personas puedan impugnar aquellas decisiones que vulneren sus derechos en virtud de los artículos 4 y 6 del Convenio. La ciudadanía tiene derecho a que un tribunal u otro organismo imparcial e independiente revise la denegación de acceso a la información ambiental (art. 9.1), así como el derecho a impugnar decisiones sobre proyectos y actividades que afecten al medio ambiente si se considera que no se ha respetado el derecho de participación pública establecido en el Convenio (art. 9.2).

Esta revisión debe estar disponible para cualquier persona u organización que tenga un interés legítimo o que pueda considerarse afectada, fomentando un control efectivo de las decisiones ambientales. Por ejemplo, se afirmará que se tiene interés legítimo cuando haya participado en un procedimiento de autorización, basado en el artículo 6. Sin embargo, dicha participación no puede considerarse como una condición previa para impugnar una decisión de autorización en virtud del artículo 9 del Convenio (ACCC 2012, p. 68).

b) Derecho general de acceso a la justicia ambiental

El artículo 9 también incluye en su apartado 3 un derecho general de acceso a la justicia en caso de vulneración de las "disposiciones del derecho medioambiental nacional". Así, la ciudadanía tendrá derecho de recurrir ante un tribunal para impugnar los actos y omisiones de las autoridades públicas o de agentes privados (particulares) para hacerles cumplir las normativas de protección ambiental nacionales y exigir responsabilidades. Se trata, por tanto, de un precepto invocable para infracciones tanto de naturaleza procedimental como sustantiva de la legislación nacional relacionada con el medio ambiente (ACCC 2008a, p. 123).

Los procedimientos de revisión deberán ofrecer "recursos suficientes y efectivos" así como "objetivos, equitativos y rápidos", a ser posible gratuitos o poco onerosos, garantizando que las personas puedan defender sus derechos (art. 9.4). Con dicho fin, los Estados deberán hacer todo lo posible para eliminar las barreras al acceso a la justicia, garantizando que los procedimientos legales sean accesibles para todos, incluidos los grupos vulnerables. Las decisiones judiciales son vinculantes para las autoridades públicas y deben estar disponibles y accesibles para todas las personas interesadas.

El artículo alienta a los Estados Parte a adoptar medidas para "informar al público" sobre sus derechos de acceso a la justicia y para facilitar el ejercicio de estos derechos (art. 9.5). De nuevo en este punto, aparece una conexión entre los diferentes pilares del Convenio de Aarhus (el derecho de acceso a la información y el derecho de acceso a la justicia).

En cuanto a la legitimación activa para acceder a la justicia en virtud de este artículo, el apartado 3 se refiere a "los miembros del público que reúnan los eventuales criterios previstos por su derecho interno". Esta disposición es particularmente importante para las ONGs, que suelen desempeñar un papel clave en la vigilancia del cumplimiento de la legislación ambiental. Si bien el Convenio no impone un sistema de acción popular, que permita a cualquier persona impugnar cualquier decisión, acto u omisión en materia de medio ambiente, esta cláusula no puede suponer la introducción o mantenimiento de criterios tan estrictos que prohíban efectivamente a las ONGs ambientalistas impugnar actos u omisiones que contravengan la legislación nacional relativa al medio ambiente (ACCC 2005, p. 35).

Recordemos que, de los tres pilares del Convenio de Aarhus, el acceso a la justicia ambiental ha sido el único en el que no se ha procedido a una armonización completa en la UE[9]. Esto ha brindado al Tribunal de Justicia de la Unión Europea (TJUE) la oportunidad de aclarar el alcance del derecho de acceso a la

9 Aunque sí cabe mencionar algunos actos donde se contempla este derecho, como, por ejemplo, en el artículo 11 de la Directiva 2011/92/UE sobre la evaluación de las repercusiones de determinados proyectos públicos y privados en el medio ambiente (UE 2011) incluye disposiciones sobre el acceso a la justicia.

justicia recogido en el Convenio, en aquellos casos en los que estaba en juego la aplicación del Derecho ambiental de la UE por parte de los Estados miembros (Ruiz de Apocada 2018). De hecho, el TJUE cuenta ya con una jurisprudencia de gran calado en la que obliga a los Estados a reconocer una amplia legitimación activa en casos ambientales.

Efectivamente, a pesar de que el artículo 9.3 del Convenio de Aarhus carece de eficacia directa, tal y como afirmó el propio TJUE en el asunto *Oso pardo* (TJUE 2011, párr. 45), ello no le ha impedido invocarlo para obligar a los Estados miembros a reconocer *locus standi* las ONGs ecologistas, aun en contra de la normativa nacional que lo impedía (TJUE 2011). En opinión del TJUE, tal solución se impone como consecuencia de aplicar el principio de interpretación conforme exigible a los Estados miembros, así como para no restar de eficacia al Derecho ambiental de la UE. Ahora bien, estos argumentos no parecen suficientes para justificar lo que en la práctica ha supuesto el reconocimiento de un cierto efecto (in)directo del artículo 9.3 (Fajardo del Castillo 2013). Menos problemático ha resultado ser la invocación del derecho a la tutela judicial efectiva, recogido en la Carta de Derechos Fundamentales de la UE, y que sí goza de eficacia directa, para llegar al mismo resultado de desplazar la norma nacional que impide a las ONGs tener legitimación activa para impugnar un acto, omisión o normativa nacional contraria al Derecho europeo ambiental (TJUE 2022; Ruíz de Apocada 2022).

Sin embargo, en relación con la legitimación de los particulares y las ONGs para impugnar los actos y omisiones de las instituciones y órganos de la propia UE, el panorama es "sumamente restringido" (González Bondia 2008, p. 107). Efectivamente, el artículo 263 del Tratado de Funcionamiento de la UE (TFUE), exige que los particulares (y ONGs) deban probar una afectación directa en el caso de querer impugnar un acto reglamentario y una afectación directa e individual si se trata de un acto legislativo. Es jurisprudencia asentada del TJUE aplicar la "doctrina Plaumann", según la cual, las personas distintas de aquellas destinatarias de una decisión solo pueden alegar que les concierne individualmente si dicha decisión les afecta debido a determinados atributos que les son propios o debido a circunstancias que las distingue individualmente como si fueran destinatarias de la medida (TJUE 1963). Esto tiene como resultado la gran dificultad de los particulares para impugnar actos normativos en el marco del recurso de anulación. Es más, en el caso de las ONGs ambientales supone una imposibilidad práctica de impugnar, en la medida en que el "interés directo" exige que el demandante se vea afectado en su posición jurídica por las medidas ambientales que se quieren impugnar, lo que es poco probable cuando actúan en el interés general de proteger el medio ambiente.

El TJUE también ha planteado problemas a la hora de que se puedan impugnar actos legislativos, que considera exceden del ámbito de aplicación del artículo 9.3 del Convenio de Aarhus (TJUE 2015). Esta jurisprudencia restrictiva se explica por el hecho de que un desarrollo futuro y extendido a otros sectores distintos del ambiental, por ejemplo, el del comercio exterior, podría ser muy problemático (Fajardo del Castillo 2015).

En cualquier caso, la jurisprudencia del TJUE que limita el acceso a la justicia para cuestionar la legalidad de los actos ambientales de sus Instituciones plantea serias dudas de compatibilidad con el 9.3 del Convenio (Hey 2018, pp. 38-42). A raíz de esta constatación por parte del Comité de cumplimiento del Convenio de Aarhus (ACCC 2008b), el Reglamento (CE) 1367/2006 del Parlamento Europeo y del Consejo fue modificado por el Reglamento (UE) 2021/1767 del Parlamento Europeo y del Consejo, de 6 de octubre (UE 2021), con objeto de mejorar el control público de los actos de la Unión en consonancia con el Convenio de Aarhus. No obstante, habida cuenta los últimos pronunciamientos del TJUE, muchas limitaciones aún persisten.

3. RELEVANCIA Y VIRTUALIDAD DE LOS DERECHOS PROCEDIMENTALES: ¿EXISTE UNA DEMOCRACIA PARTICIPATIVA INTERNACIONAL AMBIENTAL?

El reconocimiento de los derechos procedimentales estudiados constituye un elemento esencial en la promoción de la democracia participativa ambiental. Estos derechos no solo refuerzan la transparencia y la inclusión en la gobernanza ambiental, sino que también aseguran que las decisiones sobre el entorno se adopten considerando las preocupaciones y contribuciones de la ciudadanía. Aunque estos derechos han alcanzado una sólida implementación a nivel regional en Europa, gracias al Convenio de Aarhus y su armonización en el Derecho de la UE, los desafíos persisten, especialmente en contextos donde la cultura participativa y la conciencia ecológica son limitadas.

A nivel internacional, diversos AMUMAs han incorporado, aunque de manera desigual, obligaciones relacionadas con estos derechos procedimentales. El reconocimiento explícito de un derecho de acceso a la información ambiental, a la participación pública o a la justicia, sigue siendo incipiente en el Derecho Internacional general. En este epígrafe se exploran la evolución, alcance y limitaciones de estos derechos tanto en el ámbito regional como internacional, evaluando su impacto en la consolidación de una gobernanza ambiental más inclusiva y efectiva.

3.1. Los derechos procedimentales como garantía de la puesta en práctica de la democracia participativa ambiental, a nivel regional

Los derechos de acceso a la información ambiental y participación pública en los asuntos ambientales son derechos esenciales para la transparencia y la participación pública en la gobernanza ambiental, así como para adoptar un enfoque democrático en la toma de decisiones ambientales (Prieur 1999, p. 9). Efectivamente, no solo fortalecen la gobernanza ambiental, sino que también aseguran la legitimidad y la protección efectiva del medio ambiente al involucrar a la sociedad civil en la toma de decisiones. La sociedad civil, incluidas las ONGs y los movimientos sociales, juega un papel crucial en la promoción y defensa de estos derechos. La presión y el activismo de la sociedad civil han sido fundamentales para la adopción y la implementación efectiva de normativas ambientales más estrictas y transparentes.

En Europa, como ya hemos comprobado, tanto el derecho de acceso a la información ambiental como el derecho a la participación del público en asuntos ambientales son derechos que se encuentran garantizados por el Convenio de Aarhus y por el Derecho de la UE que lo recoge y armoniza. Estas normativas obligan a las autoridades públicas a poner a disposición del público la información ambiental relevante, precisa y actualizada, así como a facilitar la participación pública en los procesos de toma de decisiones ambientales. Esto incluye la obligación de informar al público en una fase temprana del proceso decisional, proporcionar la información necesaria para que el público pueda participar de manera efectiva, y considerar las opiniones y preocupaciones del público en la decisión final.

Con casi treinta años de andadura del Convenio de Aarhus, puede afirmarse que se ha avanzado en la democracia ambiental en Europa, pero todavía tiene mucho camino que recorrer en algunos países europeos donde su "espíritu" no constituye una realidad efectiva (Casado Casado 2018). Ello se debe a que no existe aún una verdadera cultura participativa y de transparencia, ni se garantiza suficientemente el acceso a la justicia en cuestiones ambientales (*ibid.*). Otra razón es la falta de concienciación ecológica existente todavía en algunas sociedades europeas, pues de nada sirve habilitar cauces de participación si la propia ciudadanía no se encuentra comprometida con la protección ambiental (Lozano Cutanda 2023, p. 122). Por este motivo también en estos instrumentos regionales se insiste en la necesidad de impulsar la conciencia ambiental, junto con los derechos procesales referidos.

La necesidad de garantizar los derechos procedimentales que lleven a una democracia participativa ambiental parece real cuando el ejemplo del Convenio de Aarhus se ha emulado en otras regiones. Este ha sido el caso en ámbito americano, en el que 24 Estados adoptaron 4 de marzo de 2018 el Acuerdo Regional sobre el Acceso a la información, la Participación Pública y el Acceso a la Justicia en Asuntos Ambientales en América Latina y el Caribe (Acuerdo de Escazú), bajo los auspicios de la Comisión Económica para América Latina y el Caribe (CEPAL). Se encuentra en vigor desde el 22 de abril de 2021.

Este acuerdo, como también hace su homólogo europeo, busca fortalecer la participación pública, el acceso a la información y la justicia ambiental. Así, su artículo 5 establece que los Estados Parte "garantizarán el acceso público a la información ambiental de manera oportuna, clara y comprensible, respetando el principio de máxima divulgación". Y en su artículo 7 determina que los Estados Parte deben asegurar "mecanismos adecuados y efectivos para la participación del público en los procesos de toma de decisiones ambientales".

Pero el Acuerdo de Escazú también aborda desafíos específicos y que lo diferencian de su homólogo europeo, al ser el primer tratado internacional que reconoce explícitamente la protección de los defensores de derechos humanos en asuntos ambientales e introduce principios esenciales del Derecho ambiental como son los principios de prevención, precaución, no regresión, progresividad e igualdad intergeneracional, en el marco de los derechos reconocidos (Medici Colombo 2018). Todavía es pronto para hacer un diagnóstico sobre su éxito aplicativo.

Al margen de estos dos regímenes regionales (el europeo y el americano), cabe preguntarse si estos derechos se encuentran reconocidos de manera amplia en el ordenamiento jurídico internacional y cuál es su naturaleza jurídica. ¿Existe una obligación de los Estados a reconocer un derecho de acceso a la información ambiental y un derecho a permitir la participación del público en asuntos ambientales y un derecho al acceso a la justicia?

Actualmente todavía no se puede afirmar que exista una norma general de Derecho Internacional (ni siquiera de DIMA) que establezca la obligación de los Estados y organizaciones internacionales aportar información ambiental al público o establecer los medios necesarios para que los ciudadanos y ciudadanas participen en la toma de decisiones ambientales[10]. No obstante, este tipo de obligaciones sí está presente en algunos AMUMA, como pasamos a examinar.

---

10 No nos referimos aquí a las obligaciones de notificación, consultas y cooperación en casos de riesgos y daños para el medio ambiente, que existen a nivel internacional entre los Estados y cuya naturaleza consuetudinaria ha sido afirmada por los más importantes tribunales internacionales como en los pronunciamientos de la Corte Internacional de Justicia en los asuntos *Gabcikovo-Nagymaros* y *Fábrica de Papel* (CIJ 1997; 2010), así como en la *Opinión Consultiva sobre medio ambiente y derechos humanos* de la Corte Interamericana de Derechos Humanos (Corte IDH 2017).

3.2. Reconocimiento de los derechos procesales en el ordenamiento internacional

La mayor parte de AMUMA tienen como parte obligacional esencial la de aportar información ambiental a las Partes en el acuerdo, con objeto de alcanzar los objetivos de protección ambiental deseados. En algunos casos, ese intercambio de información constituye incluso el núcleo duro obligacional del propio acuerdo. Así sucede cuando, por ejemplo, se trata de autorizar la importación de ciertos organismos (Protocolo de Cartagena sobre seguridad de la Biotecnología de 2000) o de algunas sustancias tóxicas (Convenio de Basilea sobre el control de los movimientos transfronterizos de los desechos peligrosos y su eliminación de 1989, el Convenio de Rotterdam sobre el control de los movimientos transfronterizos de los desechos peligrosos y su eliminación de 1998 o el Convenio de Estocolmo sobre contaminantes orgánicos persistentes de 2001). El propio Acuerdo de París sobre cambio climático de 2015, ha convertido el reporte de información ambiental, que comporta información muy variada y que será publicada y de libre acceso al público, en uno de los contenidos obligacionales más robustos del Acuerdo (arts. 4 y 7).

No obstante, la obligación de aportar dicha información suele ser respecto de las otras Partes, y no tanto para el público, sin perjuicio de que se prevea cada vez más la difusión de dicha información al público. Interesa, por tanto, comprobar si existen AMUMAs en los que se reconozca un derecho del público a obtener la información ambiental pertinente, así como a participar en la toma de decisiones que les afecten. En este sentido, sí que existen AMUMAs que reconocen la importancia de aportar información ambiental y de que los Estados proporcionen mecanismos para la participación de las Partes interesadas, a la vez que promueven la transparencia y la responsabilidad en la implantación de sus objetivos.

En un primer grupo de AMUMAs, estas previsiones son más bien genéricas y vagas. Así sucede con la Convención Marco de Naciones Unidas sobre Cambio Climático de 1992, que establece que las Partes están obligadas a promover y facilitar el acceso público a la información sobre el cambio climático y sus efectos, así como a promover la participación pública en materia de cambio climático (arts. 4 y 6). También el Convenio sobre Biodiversidad de 1992 prevé la participación pública en el marco de la evaluación del impacto ambiental exigible para reducir los impactos adversos sobre la biodiversidad (art. 14.1.a).

Otro grupo de AMUMAs posteriores, establecen obligaciones más concretas. El Protocolo de Cartagena sobre Seguridad de la Biotecnología de 2000 determina que los Estados "procurarán asegurar que la concienciación y educación del público incluya el acceso a la información sobre organismos vivos modificados identificados de conformidad con el presente Protocolo que puedan ser importados (art. 23.b), y que "celebrarán consultas con el público en el proceso de adopción de decisiones en relación con organismos vivos modificados y darán a conocer al público los resultados de esas decisiones" (art. 23.2).

La Convención de Naciones Unidas para la lucha contra la desertificación de 1994 establece la obligación de los Estados Parte de "promover la sensibilización y facilitar la participación de las poblaciones locales, especialmente de las mujeres y los jóvenes, con el apoyo de las organizaciones no gubernamentales, en los esfuerzos por combatir la desertificación y mitigar los efectos de la sequía" (art. 5.d); y que "asegurarán la participación efectiva a nivel local, nacional y regional de las organizaciones no gubernamentales y las poblaciones locales, tanto de mujeres como de hombres, especialmente de los usuarios de los recursos, incluidos los agricultores y pastores y sus organizaciones representativas, en la planificación de políticas, la adopción de decisiones, la ejecución y la revisión de los programas de acción nacionales" (arts. 10.2.f);

El Convenio de Estocolmo sobre contaminantes orgánicos persistentes de 2001 prevé "la comunicación al público de toda la información disponible sobre los contaminantes orgánicos persistentes" (art. 10.b), así como "la participación del público en el tratamiento del tema de los contaminantes orgánicos persistentes y sus efectos para la salud y el medio ambiente y en la elaboración de respuestas adecuadas" (art. 10.1.d).

También puede encontrarse en algunos instrumentos generales una obligación de las autoridades de informar y reportar información ambiental, incluso poder realizar comentarios. Así, la Convención de Espoo sobre la evaluación de impactos ambientales transfronterizos de 1991 recoge en su artículo 2 la obligación de las Partes de tomar las medidas pertinentes para informar al "público" de las zonas que pudieran estar afectadas por un impacto transfronterizo perjudicial importante, así como permitir su participación en el procedimiento de evaluación del impacto ambiental[11]. Por su parte, el artículo 13 del Proyecto de artículos de la Comisión de Derecho Internacional (CDI) sobre la prevención del daño transfronterizo resultante de actividades peligrosas prevé la obligación de los Estados en informar al público sobre los riesgos y daños que pueden comportar ciertas actividades peligrosas, que muchas veces producen efectos sobre el medio ambiente, a la vez que prevé la participación pública.

Cada vez es más frecuente la obligación de los Estados de garantizar que las poblaciones más vulnerables, como, por ejemplo, los pueblos originarios o indígenas, sean informados sobre los proyectos y actuaciones que podrían realizarse en sus territorios ancestrales o pudieran afectar a su modo de vida y tradiciones culturales.

---

11 *Véase* también las obligaciones de notificación (art. 3) y preparación de documentación sobre evaluación del impacto ambiental (art.4), en las que expresamente se recogen obligaciones de informar y recabar las observaciones del público afectado.

El derecho de los pueblos indígenas a participar en la toma de decisiones ambientales se establece en el Convenio núm. 169 (1989) de la Organización International del Trabajo (OIT), que prevé la celebración de consultas con los pueblos tribales e indígenas y el establecimiento de medios para que estos pueblos puedan participar libremente en todos los niveles de la toma de decisiones, así como en el uso, la gestión y la conservación de los recursos naturales (arts. 6 y 15).

No obstante, el derecho de información y participación de los pueblos indígenas ha encontrado una protección más efectiva y eficaz en el marco del Sistema Interamericano de Derechos Humanos, como se verá más adelante.

El hecho de que los derechos de acceso a la información ambiental y de participación pública se prevea en todos estos instrumentos multilaterales, aunque sea de forma más o menos vaga, implica que podría considerarse la existencia de normas de Derecho Internacional general con este contenido, al menos en *statu nasciendi* (Ebbesson 2009c, p. 28).

El derecho de acceso a la justicia en asuntos ambientales también tiene una transcendencia práctica en la consagración de la democracia participativa ambiental. De hecho, puede incluso considerarse que es una forma de participación en la toma de decisiones si cuando se acude ante los tribunales es para modificar las políticas ambientales de los Estados por ser insuficientes o poco ambiciosas (litigación estratégica).

Pero es difícil encontrar su reconocimiento en los diversos AMUMA y menos aún que estos acuerdos reconozcan directamente a los particulares una vía de acceso a la justicia para hacer cumplir sus prescripciones. La consideración del derecho de acceso a la justicia en casos ambientales internacionales, por tanto, debemos buscarla en aquellos ámbitos en los que los particulares tienen legitimación activa ante los tribunales internacionales. Este es el caso de los sistemas regionales de protección de derechos humanos, que se aborda en el siguiente epígrafe.

4. LA VINCULACIÓN DE LOS DERECHOS DE ACCESO A LA INFORMACIÓN, PARTICIPACIÓN PÚBLICA Y ACCESO A LA JUSTICIA CON EL DERECHO A UN MEDIO AMBIENTE SANO Y CON OTROS DERECHOS HUMANOS: SU PROTECCIÓN A TRAVÉS DE LOS SISTEMAS REGIONALES DE PROTECCIÓN DE DERECHOS HUMANOS

Los derechos de acceso a la información, participación pública y acceso a la justicia en casos ambientales son derechos que se encuentran íntimamente relacionados con el derecho a un medio ambiente sano (Jaria i Manzano 2008, p. 133).

De hecho, se puede considerar que estos derechos forman parte del elenco de derechos que conforman el derecho a un medio ambiente sano, al menos, en lo que comporta la dimensión procesal del mismo. Así se ha reconocido por el Consejo de Derechos Humanos (CDH, 2021, preámbulo) y por la propia Asamblea de Naciones Unida en su Resolución 76/300:

> "Reconociendo que el ejercicio de los derechos humanos, entre ellos los derechos a buscar, recibir y difundir información y a participar efectivamente en la dirección de los asuntos gubernamentales y públicos, así como el derecho a un recurso efectivo, es fundamental para la protección de un medio ambiente limpio, saludable y sostenible" (AGNU 2022: preámbulo)

El artículo 1 del Convenio de Aarhus establece expresamente que son derechos que tienen como objetivo "contribuir a proteger el derecho de cada persona, de las generaciones presentes y futuras, a vivir en un medio ambiente que permita garantizar su salud y su bienestar". Lo que para algunos constituye un objetivo, más que un derecho justiciable (Hey 2028, p. 18), supone para otros autores el reconocimiento de un derecho humano al medio ambiente (Peñalver Cabré 2014, p. 2334). En el caso del Acuerdo de Escazú el reconocimiento es más claro y directo al establecer su artículo 4, apartado 1: "Cada Parte garantizará el derecho de toda persona a vivir en un medio ambiente sano, así como cualquier otro derecho humano universalmente reconocido que esté relacionado".

Ahora bien, a la hora de considerar la justiciabilidad de estos derechos procesales, tenemos que acudir a las jurisdicciones de los tribunales regionales de derechos humanos, que se han en cargado de establecer los estándares mínimos de los derechos de acceso a la información, participación pública y acceso a la justicia. Veamos algunos ejemplos.

En el marco del Consejo de Europa, en Convención Europea para la protección de los derechos humanos y las libertades fundamentales (CEDH) de 1950 no encontramos los derechos procesales ambientales como tales (tampoco el derecho a un medio ambiente sano), si bien el Tribunal Europeo de Derechos Humanos (TEDH) ha tenido ocasión de pronunciarse sobre estos derechos procesales al determinar la vulneración de otros derechos en él contenidos.

Pudiera pensarse que la vía normal para hacerlo es a través del derecho a la libertad de expresión (art. 10, para el acceso a la información ambiental), la participación del público en los asuntos políticos (para la participación del público en asuntos ambientales) o el derecho a la justicia (art. 13, para el acceso a la justicia en casos ambientales), pero ha sido, en particular, a través del derecho a la familia y a la vida privada, recogido en el artículo 8 CEDH.

En una jurisprudencia ya asentada, el TEDH ha reconocido que garantizar el derecho de acceso a la información ambiental, la participación del público en la toma de decisiones ambientales y el acceso a la justicia en casos ambientales, son elementos esenciales para determinar si los Estados han superado el margen de apreciación con la consiguiente vulneración del artículo 8 CEDH. Así, en el asunto *Guerra y otros c. Italia* (TEDH 1998), el TEDH concluyó que la falta de información sobre riesgos ambientales graves violaba el derecho de los demandantes a la vida privada y familiar bajo el art. 8 CEDH. En los asuntos *Taşkin et al c. Turquía* (TEDH 2004, párr. 119) y *Dubetska et al. c. Ucrania,* (TEDH, 2011, párr. 143), el TEDH afirmó el derecho de los particulares a recurrir ante los tribunales contra las decisiones, actos u omisiones en materia de medio ambiente cuando consideren que sus intereses o comentarios no han tenido suficiente peso en el proceso de toma de decisiones. En el asunto *Tătar c. Rumania,* el TEDH sostuvo que las autoridades rumanas no habían proporcionado acceso efectivo a la justicia a los demandantes que sufrían los efectos de la contaminación industrial. Este caso subraya la importancia de mecanismos efectivos de remedio para las violaciones ambientales (TEDH 2009).

Con mucha frecuencia, además, el TEDH se ha remitido al Convenio de Aarhus para apoyar estas decisiones (TEDH 2009, párr. 118; 2011b, párr. 69 y 72; 2012, párr. 107; 2023, párr. 125). Así ha sido en su reciente pronunciamiento de 9 de abril de 2024 en el asunto *KlimaSeniorinnen,* en el que el TEDH, a la hora de constatar si existió vulneración del artículo 8 CEDH, afirmó la necesidad de que se pusiera a disposición del público toda la información pertinente, incluidos los estudios que recojan las implicaciones climáticas y riesgos para los derechos fundamentales de ciertas actividades, así como permitir que aquellos sectores de la población especialmente afectados por los riesgos, puedan participar en la toma de decisiones (TEDH 2024).

En el Sistema Interamericano de Derechos Humanos, la Corte IDH ha afirmado en su *Opinión consultiva sobre medio ambiente y derechos humanos* que el derecho a un medio ambiente sano debe considerarse incluido entre los derechos protegidos por la Convención Americana de Derechos Humanos (CADH) (Corte IDH 2017, párr. 57)[12]. Además, la Convención recoge los derechos de acceso a la información (art. 13), de participación de los ciudadanos en la dirección de los asuntos públicos (art. 23.1a) y acceso a la justicia (arts. 8 y 25). En este sentido, la Corte IDH ha afirmado en su Opinión Consultiva que estas obligaciones estatales de procedimiento son importantes para garantizar los derechos a la vida y a la

[12] En el art. 11 del Protocolo Adicional sobre derechos económicos, sociales y culturales de 1988, reconoce el derecho a vivir en un medio ambiente sano y a contar con servicios públicos básicos y que los Estados Parte deben promover la protección, preservación y mejoramiento del medio ambiente. Este derecho se inserta en la CADH de 1969, a través de su art. 26.

integridad personal en el contexto de la protección del medio ambiente (Corte IDH 2017, párr. 241).

En su jurisdicción contenciosa, la Corte IDH también ha reconocido la importancia del acceso a la información en el contexto de los derechos humanos y el medio ambiente, determinando que el acceso a la información es un derecho fundamental en una sociedad democrática, y su ejercicio es crucial para la protección del medio ambiente (Corte IDH 2006). Es más, en el asunto *Habitantes de la Oroya*, la Corte ha afirmado que supone una vulneración del derecho a un medio ambiente sano de los habitantes que habían sido expuestos a contaminación masiva del aire, agua y suelo producida durante décadas por las actividades minero-metalúrgicas, entre otras razones por no haberse respetado los derechos procedimentales de acceso a la información, a la participación en la toma de decisiones, ni haberse dado la protección judicial para exigir estos derechos (Corte IDH 2023).

La Comisión Interamericana de Derechos Humanos determinó en el asunto *Comunidad Indígena Maya del Distrito de Toledo c. Belice* en 2004, que el hecho de no haber proporcionado una consulta efectiva y no haber recabado el consentimiento informado del pueblo maya en relación con unas concesiones madereras y petroleras que afectaron gravemente el medio ambiente de sus tierras, constituyó una vulneración del derecho de propiedad, recogido en el artículo 23 del Convenio Interamericano de Derechos Humanos (Com. IDH, 2004).

La Corte Interamericana de Derechos Humanos (Corte IDH) ha tenido ocasión de pronunciarse al respecto en casos posteriores también en relación con los pueblos indígenas. En el caso *Pueblo Indígena Kichwa de Sarayaku c. Ecuador*, determinó que el Estado ecuatoriano había violado el derecho a la consulta y a la información de la comunidad indígena afectada por actividades de exploración petrolera. La Corte estableció que el Estado tenía la obligación de notificar a la comunidad sobre cualquier actividad que pudiera afectar su entorno y garantizar su participación informada en la toma de decisiones (Corte IDH 2012).

En el caso *Comunidad Garífuna de Punta Piedra y sus miembros c. Honduras*, la Corte IDH sostuvo que el acceso a la información ambiental es crucial para la protección de los derechos territoriales y ambientales de las comunidades indígenas. La Corte determinó que el Estado hondureño había incumplido su obligación de proporcionar información adecuada y oportuna a la comunidad Garífuna sobre actividades que podían afectar su territorio y su entorno (Corte IDH 2015 y 2023).

Por último, en el continente africano, la Comisión Africana de derechos del hombre y de los pueblos, con motivo del asunto *el Centro de Acción por los Derechos Sociales y Económicos y el Centro de Derechos Económicos y Sociales c. Nigeria* (2001), determinó que el derecho a un "medio ambiente general satisfactorio favorable a su desarrollo", en virtud del artículo 24 de la Carta Africana de Derechos Humanos y de los Pueblos de 1981, incluye el deber del Estado de proporcionar información pertinente, así como oportunidades significativas para que las personas sean escuchadas y participen en la decisiones de desarrollo que afectan a sus comunidades (Comisión Africana 2001, p. 53).

Por todo lo anterior, la virtualidad de los derechos procesales ambientales es innegable a la hora de proteger el medio ambiente a través de la salvaguarda de los derechos humanos, y ello, a pesar de no hacerlo siempre en el marco del derecho a un medio ambiente sano. El creciente reconocimiento de la interconexión entre los derechos humanos y el medio ambiente ofrece nuevas oportunidades para fortalecer estos derechos procesales. Un buen empuje en este camino sería el reconocimiento a un derecho humano a un medio ambiente sano exigible ante las autoridades nacionales e invocable ante tribunales regionales tan importantes como el TEDH.

5. REFERENCIAS

5.1. Referencias doctrinales

Casado Casado, Lucía (2018), "Acceso a la información, participación pública y acceso a la justicia en materia de medio ambiente: veinte años del Convenio de Aarhus", *Revista Catalana de Dret Ambiental,* vol. 9, núm.1. http://dx.doi.org/10.17345/rcda2430.

Ebbesson, Jonas (2009a), "Access to Justice in Environmental Matters", Max Planck Encyclopedia of Public International Law [MPEPIL].

Ebbesson, Jonas (2009b), "Access to Information on Environmental Matters", Max Planck Encyclopedia of Public International Law [MPEPIL].

Ebbesson, Jonas (2009c), "Public Participation in Environmental Matters", Max Planck Encyclopedia of Public International Law [MPEPIL].

Fajardo del Castillo, Teresa (2013), "Avances y retrocesos en materia de acuerdos mixtos y de acceso a la justicia para la protección del medio ambiente a la luz de la sentencia del Tribunal de Justicia de 8 de marzo de 2011 en el asunto Oso Pardo", *Revista General de Derecho Europeo,* núm. 29, pp. 1-27.

Fajardo del Castillo, Teresa (2015), "El TJUE niega el derecho de las ONGs a controlar la legalidad de los actos de las instituciones europeas conforme al Convenio de Aarhus. Comentario de la sentencia del Tribunal de Justicia (Gran Sala) de 13 de enero de 2015, asuntos acumulados c-404/12 y c-405/12 p, Consejo y Comisión/Stichting Natuur en Milieu y Pesticide Action Network Europe", *Revista de Derecho Comunitario Europeo,* vol. 51, pp. 647-668.

González Bondia, Alfonso (2008), "La regulación comunitaria europea del acceso a la información, la participación pública y el acceso a la justicia en materia de medio ambiente en sus Estados miembros", en Pigrau Solé, A. (dir.), *Acceso a la información, participación pública y acceso a la justicia en materia de medio ambiente: diez años del Convenio de Aarhus,* Atelier, Barcelona, pp. 85-118.

Jaría i Manzano, Jordi (2008), "El fundamento constitucional de los derechos de participación en materia de medio ambiente y su desarrollo en la Ley 27/2006", en Pigrau Solé, A. (dir.), *Acceso a la información, participación pública y acceso a la justicia en materia de medio ambiente: diez años del Convenio de Aarhus,* Atelier, Barcelona, pp. 119-147.

Krämer, Ludwig (2018), "Citizens rights and administrations' duties in environmental matters: 20 years of the Aarhus Convention", *Revista Catalana de Dret Ambiental,* vol. 9, núm.1. http://dx.doi.org/10.17345/rcda2408.

Hey, Ellen (2018), "Compliance Procedure: Aarhus Convention", Max Planck Encyclopedia of International [MPEPIL].

Lozano Cutanda, Blanca (2023), *Derecho ambiental y climático,* Dykinson, Madrid (2 ed.).

Medici Colombo, Gastón (2018), "El Acuerdo Escazú: La implementación del Principio 10 de Río en América Latina y el Caribe", *Revista Catalana de Dret Ambiental,* vol. 9, núm.1. http://dx.doi.org/10.17345/rcda2412.

Peñalver i Cabré, Alexandre (2014), "El derecho humano al medio ambiente y su protección efectiva", *Revista Vasca de Administración Pública,* núm. 99-100, pp. 2333-2357. http://dx.doi.org/10.47623/ivap-rvap.99.100.2014.101.

Pigrau i Solé, Antoni; Borràs Pentinat, Susana (2008), "Diez años del convenio de Aarhus sobre el acceso a la información, la participación y el acceso a la justicia en materia de medio ambiente", en Pigrau Solé, A. (dir.), *Acceso a la información, participación pública y acceso a la justicia en materia de medio ambiente: diez años del Convenio de Aarhus,* Atelier, Barcelona, pp. 21-84.

Prieur, Michel (1999), "La Convention d'Aarhus, instrument universel de la démocratie environnementale", *Revue juridique de l'environnement,* núm. especial, pp. 9-29.

Ruiz de Apodaca Espinosa, Ángel María (2018), "El acceso a la justicia ambiental a nivel comunitario y en España veinte años después del Convenio de Aarhus", *Revista Catalana de Dret Ambiental,* vol. 9, núm.1. http://dx.doi.org/10.17345/rcda2410.

Ruiz de Apodaca Espinosa, Ángel María (2022), "Sentencia del Tribunal de Justicia (Gran Sala), de 8 de noviembre de 2022, por la que se resuelve la cuestión prejudicial en relación con la interpretación del artículo 9.3 del Convenio de Aarhus y con el Reglamento 715/2007/UE, sobre la homologación de vehículos de motor en lo referente a las emisiones", *Actualidad Jurídica Ambiental,* núm. 129, pp. 100-104.

Salazar Ortuño, Eduardo (2019), *El acceso a la justicia ambiental a partir del convenio de Aarhus. Justicia ambiental de la transición ecológica,* Thomson Reuters, Aranzadi, Madrid.

5.2. Referencias normativas

5.2.1. Tratados internacionales

Convenio para la Protección de los Derechos humanos y las Libertades Fundamentales, Roma, 4 de noviembre de 1950, enmendado por los Protocolos adicionales números 3 y 5, de 6 de mayo de 1963 y 20 de enero de 1966, *BOE* núm. 243, de 10 de octubre de 1979.

Convención Americana de Derechos Humanos, San José, 22 de noviembre de 1969. *Serie sobre Tratados OEA* núm. 36 - Reg. ONU 27/08/1979 núm. 17955

Carta africana de Derechos Humanos y de los Pueblos, Banjul, 27 junio de 1981, OAU Doc. CAB/LEG/67/3 rev. 5, 21 I.L.M. 58 (1982)

Protocolo Adicional sobre derechos económicos, sociales y culturales, San Salvador, 17 de noviembre de 1988. *Serie sobre Tratados OEA* núm. 69.

Convenio de Basilea, sobre el control de los movimientos transfronterizos de los desechos peligrosos y su eliminación, 22 de marzo de 1989; BOE núm. 227, 22.09.94.

Convenio núm. 169 de la Organización Internacional del Trabajo (OIT) sobre pueblos indígenas y tribales, Ginebra, 27 de junio de 1989; *BOE*, núm. 58, de 8 de marzo de 2007.

Convenio sobre evaluación de impacto ambiental en un contexto transfronterizo, Espoo, 25 de febrero de 1991; *BOE* núm. 261, 31 de octubre de 1997.

Convención Marco de las Naciones Unidas sobre el Cambio Climático; Nueva York, 9 de mayo de 1992; *BOE*, núm. 27, de 1 de febrero de 1994.

Convenio sobre la Diversidad Biológica; Río de Janeiro, 5 de junio de 1992; *BOE*, núm. 27, de 1 de febrero de 1994.

Convención de las Naciones Unidas de Lucha contra la Desertificación en los países afectados por sequía grave o desertificación, en particular en África, París, 17 de junio de 1994; *BOE* núm. 36, de 11 de febrero de 1997.

Convenio de Rotterdam de 1998 sobre el procedimiento del consentimiento fundamentado previo aplicable a ciertos plaguicidas y productos químicos peligrosos objeto de comercio internacional, Rotterdam, 10 de septiembre de 1998; *BOE* núm.73, de 25 de marzo de 2004.

Convenio de Aarhus sobre acceso a la información, la participación del público en la toma de decisiones y el acceso a la justicia en materia de medio ambiente, Aarhus, 25 de junio de 1998; *BOE*, núm. 40, de 16 de febrero de 2005.

Protocolo de Cartagena sobre Seguridad de la Biotecnología, Montreal, 29 de enero de 2000, *BOE*, núm. 181, de 30 de julio de 2003.

Convenio de Estocolmo sobre contaminantes orgánicos persistentes, Estocolmo el 22 de mayo de 2001; *BOE* núm. 151, de 23 de junio de 2004.

Protocolo sobre Registros de Emisiones y Transferencias de Contaminantes del Convenio de Aarhus, Kiev, 21 de mayo de 2003, *BOE* núm. 285, de 26 de noviembre 2009.

Tratado de Funcionamiento de la Unión Europea, 13 de diciembre de 2007. Versión consolidada en *DOUE* C 202, de 7 de junio de 2016.

Acuerdo de París sobre cambio climático, París, 12 de diciembre de 2015; *BOE* núm. 28, 2 de febrero de 2017.

Acuerdo Regional sobre el Acceso a la Información, la Participación Pública y el Acceso a la Justicia en Asuntos Ambientales en América Latina y el Caribe, Escazú, 4 de marzo de 2018. CEPAL.

5.2.2. Otros actos normativos internacionales

AGNU (1982), Resolución 37/7, de 28 de octubre de 1982, "Carta Mundial de la Naturaleza", Doc. Doc. ONU A/RES/37/7,

AGNU (2022), Resolución 76/300, "El derecho humano a un medio ambiente limpio, saludable y sostenible", 28 de julio de 2022.

CDH (2021), Resolución 48/13, "El derecho humano a un medio ambiente limpio, saludable y sostenible", 8 de octubre de 2021.

NU (1972), Informe de la Conferencia de las Naciones Unidas sobre el Medio Humano Declaración de Estocolmo sobre el Medio Humano, Conferencia de las Naciones Unidas sobre el Medio Humano, Estocolmo, 5 a 16 de junio de 1972, Doc. A/CONF.48/14/Rev.1.

NU (1992), Informe de la Conferencia de Naciones Unidas sobre el Medio Ambiente y el Desarrollo, Declaración de Río sobre el Medio Ambiente y el Desarrollo, Conferencia de las Naciones

Unidas sobre el Medio Ambiente y el Desarrollo, Río de Janeiro, 3-14 de junio de 1992, Doc. A/CONF.151/26/Rev.l (Vol. I).

UE (2001), Reglamento (CE) 1049/2001 del Parlamento Europeo y de Consejo de 30 de mayo, relativo al acceso del público a los documentos del Parlamento Europeo, del Consejo y de la Comisión, *DOCE* L 145 de 31de mayo de 2001.

UE (2003), Directiva 2003/4/CE del Parlamento Europeo y del Consejo, de 28 de enero, relativa al acceso del público a la información medioambiental y por la que se deroga la Directiva 90/313/CEE del Consejo, *DOCE* L 41, de 14 de febrero de 2003.

UE (2006), Reglamento (CE) 1367/2006 del Parlamento Europeo y del Consejo de 6 de septiembre, relativo a la aplicación de las disposiciones del Convenio de Aarhus sobre al acceso a la información, la participación del público en la toma de decisiones y el acceso a la justicia en materia de medio ambiente a las instituciones y organismos comunitarios, *DOCE* L 264 de 25 de septiembre de 2006.

UE (2011), Directiva 2011/92/UE del Parlamento Europeo y del Consejo, de 13 de diciembre, relativa a la evaluación de las repercusiones de determinados proyectos públicos y privados sobre el medio ambiente, *DOUE* L 26 de 28 de enero de 2012.

UE (2021), Reglamento (UE) 2021/1767 del Parlamento Europeo y del Consejo, de 6 de octubre, por el que se modifica el Reglamento (CE) núm. 1367/2006 relativo a la aplicación, a las instituciones y a los organismos comunitarios, de las disposiciones del Convenio de A, *DOUE* L 356 de 8 de octubre de 2021.

5.2.3. Actos normativos nacionales

España, Ley 27/2006, de 18 de julio, por la que se regulan los derechos de acceso a la información, de participación pública y de acceso a la justicia en materia de medio ambiente, *BOE* núm. 171 de 19/07/2006

5.3. Referencias jurisprudenciales

5.3.1. Órganos jurisdiccionales internacionales

CIJ (1997), *Gabcikovo-Nagymaros Project (HungarylSlovakia), Judgment, I.C.J. Reports 1997*, p. 7.

CIJ (2010), *Pulp Mills on the River Uruguay (Argentina v. Uruguay), Judgment, I.C.J. Reports 2010*, p. 14.

Corte IDH (2012), *Pueblo Indígena Kichwa de Sarayaku vs. Ecuador.* Sentencia de 27 de junio de 2012. Serie C No. 245.

Corte IDH (2015), *Comunidad Garífuna de Punta Piedra y sus miembros c. Honduras.* Sentencia de 8 de octubre de 2015. Serie C No. 304.

Corte IDH (2017), Medio ambiente y derechos humanos. Opinión Consultiva OC-23/17 de 15 de noviembre de 2017. Serie A No. 23.

Corte IDH (2023), *Comunidad Garífuna de Punta Piedra y sus miembros c. Honduras.* Sentencia de 29 de agosto de 2023. Serie C No. 496.

Corte IDH (2023), *Caso Habitantes de La Oroya vs. Perú. Excepciones Preliminares, Fondo, Reparaciones y Costas.* Sentencia de 27 de noviembre de 2023. Serie C No. 511.

TEDH (1998), *Guerra y otros v. Italia* (GS), núm. 14967/89, 1998.

TEDH (2004), *Taşkin et al c. Turquía,* núm. 46117/99, 2004.

TEDH (2009), *Tătar c. Rumania* (dec.), núm. 67021/01, 2009.

TEDH (2011a), *Dubetska et al. c. Ucrania,* núm. 30499/03, 2011.

TEDH (2011b), *Grimkovskaya c. Ucrania,* núm. 38182/03, 2011.

TEDH(2012), *Di Sarno et al. c. Italia,* núm. 30765/08, 2012.

TEDH (2023), *Locascia et al. c. Italia,* núm. 35648/10, 2023.

TEDH (2024), *Verein KlimaSeniorinnen et al c. Suiza* (GS), núm. 53600/20, 2024.

TJUE (1963), Sentencia de 15 de julio de 1963, *Plaumann,* C-25-62, ECLI:EU:C:1963:17.

TJUE (2011), Sentencia de 8 de marzo de 2011, *Lesoochranárske zoskupenie VLK v. Ministerstvo životného prostredia Slovenskej republiky,* C-240/09, ECLI:EU:C:2011:125.

TJUE (2015), Sentencia 13 de enero de 2015, *Consejo y Comisión/Stichting Natuur en Milieu y Pesticide Action Network Europe,* C-/12P y C-405/12P, ECLI:EU:C:2015:5.

TJUE (2022), Sentencia de la Gran Sala de 8 de noviembre de 2022, *Deutsche Umwelthilfe,* C-873/19, ECLI:EU:C:2022:857.

5.3.2. Otros órganos internacionales de control

ACCC (2005), Comité de Control de Cumplimiento del Convenio de Aarhus ACCC/C/2005/11 (Bélgica).

ACCC (2008a), Comité de Control de Cumplimiento del Convenio de Aarhus, ACCC/C/2008/33 (Reino Unido).

ACCC (2008b), Comité de Control de Cumplimiento del Convenio de Aarhus, ACCC/C/2008/32 (Partes I y II) (Unión Europea).

ACCC (2010), Comité de Control de Cumplimiento del Convenio de Aarhus, ACCC/C/C/2010/50 (República Checa).

ACCC (2012), Comité de Control de Cumplimiento del Convenio de Aarhus, ACCC/C/2012/76 (Bulgaria).

Com. IDH (2004), Informe núm. 40/04 de la Comisión Interamericana de Derechos Humanos, Caso *Comunidades Indígenas Mayas del Distrito de Toledo c. Belice,* de 12 de octubre de 2004.

Comisión Africana de Derechos del Hombre y de los Pueblos, caso *Social and Economic Rights Action Center & the Center for Economic and Social Rights v. Nigeria,* Comunicación núm. 155/96 de 27 octubre de 2001

5.4. Referencias documentales

CDI (2001), “Proyecto de Artículos sobre prevención del daño transfronterizo resultante de actividades peligrosas”; “Informe de la CDI sobre la labor realizada en su 53° período de sesiones”, AGNU, Documentos Oficiales, 56° período de sesiones, Suplemento n.° 10 y corrección (A/56/10 y Corr.1).

Decisión I/7 sobre Revisión del cumplimiento, adoptado en la primera reunión de las Partes en el Convenio de Aarhus, octubre 2002 Doc. ECE/MP.PP/2/Add.8.

Capítulo 18

MEDIO AMBIENTE Y MARCO INTERNACIONAL DE EMPRESAS Y DERECHOS HUMANOS

DANIEL IGLESIAS MÁRQUEZ[1]

1. INTRODUCCIÓN

El informe titulado "Las empresas, los límites planetarios y el derecho a un medio ambiente limpio, saludable y sostenible", del Relator Especial sobre la cuestión de las obligaciones de derechos humanos relacionadas con el disfrute de un medio ambiente sin riesgos, limpio, saludable y sostenible, es concluyente al señalar que los modelos económicos y empresariales actuales se basan en la explotación de las personas y la naturaleza. En este contexto, destaca con firmeza que:

> "las grandes empresas son las principales responsables de esta guerra contra la naturaleza, ya que contaminan el aire, el agua y el suelo, provocan y agravan la crisis climática, destruyen la biodiversidad y los ecosistemas, producen y comercializan alimentos nocivos para la salud que no son sostenibles y liberan sustancias tóxicas que envenenan a los seres humanos, la fauna y flora silvestres y los ecosistemas" (Boyd 2024, párr. 1).

Lo anterior se sustenta en evidencia contundente como, por ejemplo, el hecho de que veinticinco productores de combustibles fósiles generaron más de la mitad de las emisiones industriales mundiales de gases de efecto invernadero (GEI) entre 1988 y 2015 (Griffin 2017). De igual manera, el acelerado incremento en la producción de plásticos por parte de las empresas genera residuos que terminan en el medio ambiente, ocasionando un impacto negativo sobre la fauna y la flora silvestre, así como la contaminación del aire, el agua y los alimentos. Los monocultivos de las empresas del sector agroindustrial han causado la pérdida de biodiversidad, contaminación del agua, deterioro de la calidad del aire y pérdida de fuentes de alimentos. Estos impactos negativos de las actividades empresariales han contribuido a superar ya al menos seis límites planetarios (cambio climático, pérdida de biodiversidad, alteración del agua dulce, defores-

[1] Profesor Ayudante Doctor de Derecho Internacional Público y Relaciones Internacionales en la Universidad de La Laguna (diglesim@ull.edu.es). Todas las páginas webs mencionadas en este estudio han sido consultadas el 30 de noviembre de 2024. ORCID: https://orcid.org/0000-0003-2759-3064.

tación, uso excesivo de fertilizantes, contaminación química sintética) y están a punto de rebasar un séptimo (acidificación de los océanos). Por tanto, se puede afirmar que la crisis ambiental y climática actual, que amenaza el disfrute de los derechos humanos, está impulsada en gran medida por el sector privado.

A pesar del impacto adverso que las actividades empresariales generan sobre el medio ambiente, estas también pueden desempeñar un papel clave en el avance hacia un futuro ambientalmente sostenible. Por ello, la capacidad de las empresas de influir —de manera positiva o negativa— en el medio ambiente ha sido tema de debate en foros y organizaciones internacionales. En este sentido, la Resolución 44/228 de 1989 de la Asamblea General de Naciones Unidas ya destacaba que:

> "las grandes empresas industriales, incluidas las empresas transnacionales, frecuentemente poseen un caudal escaso de conocimientos técnicos para la preservación y el mejoramiento del medio ambiente, realizan actividades en sectores que tienen efectos sobre el medio ambiente y, en esa medida, tienen responsabilidades especiales y que, en ese contexto, es necesario alentar y movilizar esfuerzos para proteger y mejorar el medio ambiente en todos los países" (AGNU 1989, párr. 10).

La Declaración de Estocolmo sobre el Medio Humano de 1972 (NU 1972) reconoce en su preámbulo que los ciudadanos y comunidades, *empresas* e instituciones, en todos los planos, deben aceptar las responsabilidades que les incumben y que deben participa equitativamente en la labor común encaminada a la mejora del medio humano. En 1992, durante la Conferencia de las Naciones Unidas sobre el Medio Ambiente y el Desarrollo, celebrada en Río de Janeiro, se aprobó la Agenda 21 (NU 1992). El capítulo 30 trataba específicamente el rol de las empresas en la protección del medio ambiente y establecía una serie de recomendaciones concretas que debían implementar en sus operaciones. La Declaración de Johannesburgo sobre el Desarrollo Sostenible, adoptada en la Cumbre de 2002 (NU 2002), subrayó dos deberes clave para las empresas con el fin de alcanzar un desarrollo respetuoso con el medio ambiente: contribuir al desarrollo de comunidades equitativas y sostenibles a través de sus actividades, y asumir plena responsabilidad por sus actos en un entorno regulatorio transparente y estable.

A la luz de esta coyuntura, el presente capítulo tiene un doble objetivo. En primer lugar, analizar el papel de las empresas en el marco del Derecho Internacional del Medio Ambiente (DIMA). Y, en segundo lugar, examinar la interrelación y complementariedad entre el régimen internacional del medio ambiente y el de empresas y derechos humanos, como catalizador de estándares de conducta empresarial en materia ambiental. Para ello, este capítulo explora, en el apartado segundo, el estatus de las empresas dentro del marco del DIMA. El apartado tercero analiza el impacto de las normas internacionales en las actividades empresariales y cómo estas influyen en la configuración del régimen internacional ambiental. Finalmente, el apartado cuarto evalúa en qué medida los instrumentos e iniciativas en el ámbito de empresas y derechos humanos han articulado estándares de conducta empresarial ambiental que se alinean con los principios y acuerdos del régimen internacional del medio ambiente.

2. LAS EMPRESAS EN EL DERECHO INTERNACIONAL DEL MEDIO AMBIENTE

El estatus de las empresas en el Derecho Internacional ha sido objeto de debate desde la segunda mitad del siglo XX, especialmente cuando se comenzaron a poner en evidencia los graves impactos de sus actividades sobre los derechos humanos y el medio ambiente (Iglesias Márquez 2019; Álvarez 2011). A pesar de su considerable capacidad para influir en el desarrollo de las relaciones internacionales y en diversos foros globales, las empresas siguen siendo consideradas objetos, y no sujetos, del régimen internacional. Esta estricta distinción entre sujeto y objeto mantiene el enfoque estatocéntrico de la subjetividad internacional y limita la imposición de obligaciones directas a otros actores no estatales en virtud del Derecho Internacional.

Bajo este paradigma estatocéntrico, el DIMA no impone obligaciones directas ni establece compromisos vinculantes para las empresas (Muchlinski 2014), a pesar de que sus actividades contribuyen de manera significativa a la actual crisis ambiental y climática global. En cambio, algunos de los principales tratados y acuerdos multilaterales en materia de medio ambiente se centran en los impactos de las empresas y, por ello, disponen que los Estados deben adoptar las medidas nacionales necesarias para regular y controlar las actividades empresariales que se desarrollen dentro de su territorio o bajo su jurisdicción (Kiss y Shelton 2004). En este sentido, el DIMA ha contribuido a la creación de estándares ambientales aplicables de manera indirecta a las actividades de las empresas mediante la intervención estatal.

Los impactos ambientales de las actividades de las empresas son, por tanto, un tema esencial en el DIMA (Fuchs y Knebel 2024). Por ello, las empresas ocupan un papel central en la política ambiental a nivel global. Estos actores no estatales influyen directa e indirectamente en la formulación de tratados y acuerdos ambientales multilaterales. Aunque estos instrumentos están dirigidos a los Estados Parte, también inciden en su comportamiento respecto a la prevención y reparación de impactos ambientales negativos derivados de sus actividades, a través de su implementación y aplicación posterior por los Estados. Los siguientes epígrafes exploran la influencia de las empresas en las negociaciones internacionales ambientales, así como algunos de los principales regímenes del DIMA que tienen como objetivo regular determinadas actividades empresariales.

2.1. La influencia de las empresas en el Derecho Internacional del Medio Ambiente

Los intereses de las empresas en el contenido del DIMA son tan significativos que por ello participan activamente en su formulación. Las normas internacionales de protección ambiental pueden, en algunos casos, representar desventajas competitivas o incrementar los costos operacionales para las empresas. Por este motivo, participan estratégicamente en las negociaciones internacionales en materia de medio ambiente, de manera directa (asistiendo a las negociaciones) o indirecta (ejerciendo presión sobre los gobiernos) (O'Neill 2009).

Los foros internacionales en materia de medio ambiente han facilitado la participación directa de las empresas y de las organizaciones empresariales que promueven y defienden los intereses de diversos sectores en el proceso de creación de normas y políticas internacionales. Las empresas, a través de varias organizaciones empresariales como el Consejo Empresarial Mundial para el Desarrollo Sostenible o la Cámara de Comercio Internacional, han tenido una presencia destacada en varias cumbres ambientales (Tienhaara 2022).

La participación directa de las empresas y de las organizaciones empresariales en estos foros y negociaciones internacionales ha hecho posible su implicación en el diseño y la configuración de las normas del DIMA. Las negociaciones climáticas en el marco de las Naciones Unidas, por ejemplo, han estado marcadas por una notable influencia de los intereses de grandes empresas (Nasiritousi, Hjerpe y Linnér 2016). De acuerdo con el art. 7.6 de la Convención Marco de las Naciones Unidas sobre el Cambio Climático (CMNUCC), las empresas, ya sea a través de organizaciones empresariales o de manera individual, han logrado un estatus de observadores, permitiéndoles ejercer una influencia en la diplomacia multilateral de las Naciones Unidas. Desde la adopción del Acuerdo de París, empresas como *ExxonMobil, Shell, Chevron, BP* y *Total* han destinado considerables sumas a campañas que relativizan la urgencia del cambio climático y a actividades de cabildeo orientadas a promover la expansión de sus operaciones. Estas acciones han obstaculizado el progreso hacia el desarrollo de políticas efectivas para cumplir con los objetivos establecidos en el régimen internacional del cambio climático (Influence Map 2019).

Por otro lado, cabe destacar que la influencia indirecta de las empresas en el ámbito del DIMA se manifiesta a través de la presión ejercida sobre los Estados. En este contexto, las empresas no solo proporcionan información y asesoramiento técnico a los gobiernos, sino que en ocasiones llegan a integrar las delegaciones gubernamentales en las negociaciones ambientales. Un ejemplo de esta dinámica es el caso de la lluvia ácida, donde las empresas del sector automotriz en Europa desempeñaron un papel crucial en la configuración de las posiciones gubernamentales respecto a la reducción de las emisiones de óxidos de nitrógeno.

2.2. Las actividades empresariales como objeto del Derecho Internacional del Medio Ambiente

Si bien las obligaciones directas de las empresas en el Derecho Internacional son limitadas y controvertidas, este ordenamiento regula la conducta empresarial de manera indirecta al imponer a los Estados la obligación de promulgar y hacer cumplir estándares internacionales a través de normas aplicables a las empresas y otros actores no estatales (Joseph 2000). Es decir, bajo el marco del Derecho Internacional contemporáneo, se espera que los Estados prevengan —y reparen— los impactos negativos que puedan ser causados por las empresas, imponiendo a estas obligaciones legales a nivel nacional en aspectos como el trato a sus empleados, la protección del medio ambiente y la salvaguardia de los consumidores, entre otros (Karavias 2013; Vázquez 2005).

En línea con lo anterior, las normas internacionales del medio ambiente que vinculan directamente a los Estados generan, a su vez, obligaciones indirectas para las empresas. Estas obligaciones están orientadas a la prevención y reparación de los impactos ambientales derivados de sus actividades o de sus cadenas globales de valor. La implementación de tratados y acuerdos ambientales multilaterales exige la adopción de medidas nacionales que sean aplicables de manera directa a las empresas, por lo tanto, las normas internacionales en materia ambiental ejercen una influencia indirecta sobre la conducta de las empresas, dado que muchas tienen efectos en la extracción de recursos, la producción, las emisiones y el transporte de bienes y servicios del mercado global.

El Convenio de Estocolmo de 2001 sobre contaminantes orgánicos persistentes (COP) ordena la adopción de medidas de control para que los Estados Parte eliminen la producción, uso, exportación e importación de COP, y restrinjan el empleo de determinados productos químicos con el fin de proteger la salud humana y el medio ambiente. Como consecuencia de la implementación a nivel nacional de este convenio, las empresas deberán llevar a cabo una serie de adaptaciones en sus operaciones y procesos productivos. Por ejemplo, en la industria química, las empresas deben reformular plaguicidas para eliminar compuestos prohibidos como el DDT. Asimismo, en la industria textil, la eliminación de productos químicos que contengan COP requiere el rediseño de los procesos de producción hacia opciones más sostenibles. Además, en la industria del reciclaje, las empresas deben implementar tecnologías que eviten la liberación de COP durante el tratamiento de residuos electrónicos, lo que implica inversiones adicionales en infraestructura. Estas exigencias reflejan el impacto del convenio en las operaciones de las empresas, promoviendo un enfoque más sostenible y responsable en la gestión de productos y procesos.

Incluso el objetivo del Acuerdo de París de limitar el aumento de la temperatura global a menos de 2°C en comparación con los niveles preindustriales tiene efectos para las actividades empresariales. Este compromiso por parte de los Estados Parte ha dado lugar a regulaciones climáticas y energéticas en varias jurisdicciones que pueden incluir controles de emisiones, requisitos de mejora en la eficiencia energética, promoción de energías renovables, divulgación de información sobre emisiones de GEI y reducción de la huella de carbono (Benjamin 2021).

Por lo tanto, las normas internacionales del medio ambiente, en su configuración actual, establecen disposiciones que inciden en la conducta empresarial, regulando predominantemente a estos actores no estatales de manera indirecta a través de la acción estatal. No obstante, en el contexto de la globalización económica, la experiencia ha evidenciado importantes limitaciones en la regulación y el control ambiental de las empresas por parte de los Estados, especialmente en lo que concierne a grandes empresas transnacionales cuyas operaciones abarcan múltiples jurisdicciones y cuyo poder económico, social y político a menudo supera al de mucho Estados (Morgera 2020).

Muchos Estados del Sur Global, que actúan como países anfitriones de empresas transnacionales del Norte Global, se enfrentan a obstáculos que limitan la aplicación efectiva y el cumplimiento de la legislación ambiental en el contexto de las actividades empresariales. Entre estos desafíos se encuentran las restricciones en los recursos financieros y humanos disponibles para el control y supervisión de las empresas, así como problemas de corrupción que pueden dar lugar a regulaciones laxas o a una implementación deficiente de las mismas. Asimismo, el poder de estas empresas transnacionales puede influir en las decisiones de los Estados, favoreciendo intereses corporativos a expensas del medio ambiente (Iglesias Márquez 2019a).

Por otra parte, los Estados del Norte Global, como sedes de diversas empresas transnacionales, tienen la capacidad de regular y supervisar la conducta ambiental de sus actividades en el extranjero. Esto se basa en la premisa de que los Estados del Norte Global tienen un deber hacia la sociedad internacional de ejercer control sobre las empresas transnacionales, dado que cuentan con recursos más efectivos para llevar a cabo dicha supervisión (Morgera 2020). El Derecho Internacional contemporáneo no prohíbe el ejercicio de la jurisdicción extraterritorial de los Estados para regular y hacer efectiva la responsabilidad de las empresas domiciliadas o registradas en su territorio o bajo su control, siempre que haya una base jurisdiccional reconocida. No obstante, algunos Estados son reticentes, ya que se asume que esta práctica puede crear distorsiones y desventajas competitivas en el mercado global.

Las limitaciones que enfrentan los Estados para cumplir con sus obligaciones y compromisos internacionales en el ámbito de las actividades empresariales han impulsado y reforzado la propuesta de imponer obligaciones directas a las empresas en virtud del Derecho Internacional (López Latorre 2020). De hecho, con frecuencia se señala que ciertos instrumentos del DIMA ya contemplan la imposición de obligaciones directas a las empresas (Morgera 2020; Ratner 2008; Jägers 2002), siendo los regímenes internacionales de responsabilidad civil por actividades de especial riesgo un claro ejemplo, ya que establecen la obligación de las empresas de no causar contaminación. Entre estos instrumentos se incluyen el Convenio de París de 1960 sobre Responsabilidad Civil en Materia de Energía Nuclear, el Convenio de Bruselas de 1962 sobre la Responsabilidad de los Operadores de Buques Nucleares, el Convenio de Viena de 1963 sobre Responsabilidad Civil por Daños Nucleares, el Convenio Internacional de 1969 sobre Responsabilidad Civil por Daños causados por Contaminación con Hidrocarburos y su Protocolo de 1984, el Convenio de Bruselas de 1971 relativo a la Responsabilidad Civil en el Ámbito del Transporte Marítimo de Material Nuclear, y el Convenio de 1976 sobre Responsabilidad Civil por Daños Causados por Contaminación con Hidrocarburos Derivados de la Exploración y Explotación de los Recursos Minerales del Lecho Marino. No obstante, estos regímenes internacionales de responsabilidad civil promueven la armonización internacional de estándares mínimos de responsabilidad en la legislación nacional.

Estos regímenes ponen en práctica el principio de quien contamina paga, ya que, por lo general, optan por la responsabilidad objetiva y limitada del operador, con la responsabilidad del Estado como una opción residual. Este enfoque canaliza la responsabilidad hacia el contaminador (operador o propietario), independientemente de su culpa, bajo el supuesto de que la parte con mayor control efectivo del riesgo en el momento del accidente debe ser la principal responsable. Así, el Convenio de París de 1960 atribuye la responsabilidad objetiva por daños al operador de una instalación nuclear (art. 3). De igual manera, el Convenio de Bruselas de 1969 introduce en el derecho interno de cada Estado Parte un régimen de responsabilidad limitada y objetiva sobre el propietario del barco que haya causado daños por contaminación.

Aunque los regímenes internacionales de responsabilidad civil evidencian una creciente disposición por parte de los Estados para imponer responsabilidades directas a las empresas, estos siguen estando profundamente influenciados por el paradigma tradicional del Derecho Internacional (Ratner 2001). Estos tratados siguen operando a través del derecho interno para hacer efectivas las obligaciones sobre los operadores privados (Karavias 2013). Asimismo, cabe destacar que la baja tasa de ratificación y la falta de entrada en vigor de varios tratados de responsabilidad civil evidencian la reticencia de los Estados a asumir las implicaciones financieras que los esquemas de responsabilidad conllevan tanto para los presupuestos públicos como para las entidades privadas, incluido el sector asegurador (Orrego Vicuña 2002).

3. EL MARCO INTERNACIONAL DE EMPRESAS Y DERECHOS HUMANOS

En la década de 1970 emergió el debate sobre el impacto de las empresas transnacionales en los derechos humanos y el medio ambiente, así como en la necesidad de desarrollar estándares internacionales para regular la conducta empresarial. Este debate, que trasciende los foros ambientales internacionales, se inscribe en el contexto de un nuevo orden económico internacional (AGNU 1974), el cual fue objeto de discusión en la Asamblea General de las Naciones Unidas y que surge a raíz de la preocupación expresada por los nuevos países independientes en la década de 1960. Estos Estados manifestaron su inquietud por la falta de equilibrio y su limitada participación en la determinación de la economía mundial, así como su temor al creciente poder e influencia de las grandes empresas transnacionales.

En este contexto, el Consejo Económico y Social (ECOSOC) de las Naciones Unidas adoptó en 1972 la Resolución 1721, titulada "Los efectos de las corporaciones multinacionales en el proceso de desarrollo y en las relaciones internacionales" (ECOSOC 1972), en la que, citando el Estudio Económico Mundial de 1971 reconocía que:

> "si bien estas empresas son frecuentemente agentes eficaces de la transmisión de tecnología y de capital a los países en desarrollo, su papel a menudo se observa con temor ya que su tamaño y poder pueden exceder a toda la economía completa del país huésped. La comunidad internacional aún tiene que formular una política positiva y establecer un mecanismo eficaz para hacer frente a los problemas que plantean de las actividades de esas empresas" (ECOSOC 1972, pp. 3-4).

Asimismo, la Resolución 1721 solicitaba al Secretario General de las Naciones Unidas que estableciera un Grupo de Personas Eminentes, que se reunió en varias ocasiones en 1973 y 1974 y realizó consultas con representantes de empresas, gobiernos, organizaciones intergubernamentales, sindicatos, academia y organizaciones de la sociedad civil. Tras las consultas, elaboró su informe final titulado "El Impacto de las Corporaciones Multinacionales en el Proceso de Desarrollo y en las Relaciones Internacionales", que propuso el desarrollo de un código de conducta para las empresas multinacionales, argumentando que, aunque tales códigos carecen de carácter vinculante, funcionan como instrumentos de persuasión moral, potenciados por la autoridad de las organizaciones internacionales y el respaldo de la opinión pública.

De manera paralela, fuera del marco de las Naciones Unidas[2], la Organización para la Cooperación y el Desarrollo Económicos (OCDE) y la Organización Internacional del Trabajo (OIT) adoptaron en 1976 y 1977, respectivamente, un conjunto de normas no vinculantes que establecían estándares de conducta para las empresas transnacionales (Ruggie 2007). En 1977, la adopción de los Principios Globales de Sullivan, que delineaba el rol de las empresas en la lucha contra el apartheid en Sudáfrica, marcó un avance significativo. Estos antecedentes constituyen los orígenes y cimientos del marco internacional de empresas y derechos humanos, que ha experimentado una importante evolución a lo largo de más de cinco décadas.

En el desarrollo del marco internacional de empresas y derechos humanos, la atención y el enfoque sobre los impactos ambientales derivados de las actividades empresariales ha ido variando a lo largo de los años. La presencia del medio ambiente en este régimen internacional no solo se debe a que la contribución de las empresas a la actual crisis ambiental y climática, sino también a la innegable relación entre el medio ambiente y los derechos humanos. La degradación ambiental causada por el desarrollo de actividades empresariales incide directamente en el disfrute efectivo de los derechos humanos, que requieren, como condición necesaria para su ejercicio, un entorno natural adecuado.

---

2 En el contexto de las Naciones Unidas, Deva señala que el desarrollo de estándares de conducta empresarial enfocados en el respeto de los derechos humanos y la protección del medio ambiente ha evolucionado a través de cuatro fases distintas, cada una con un enfoque específico. La primera fase, que abarcó aproximadamente dos décadas (1974-1992), estuvo marcada por un intenso debate centrado en la dicotomía "derechos versus responsabilidades". Mientras los países en desarrollo abogaban por la imposición de obligaciones a las empresas transnacionales, los países desarrollados priorizaban la garantía de derechos de trato equitativo para dichas empresas en los estados anfitriones. Durante la segunda fase (1998-2004), el discurso se enfocó en la distinción entre regulaciones "voluntarias" y "vinculantes". La tercera fase estuvo caracterizada por el mandato del Representante Especial del Secretario General sobre derechos humanos y empresas transnacionales, el cual se extendió durante seis años (2005-2011) y culminó con la aprobación unánime de los Principios Rectores sobre Empresas y Derechos Humanos por parte del Consejo de Derechos Humanos (CDH) en junio de 2011. Finalmente, la cuarta fase comenzó en junio de 2014, cuando el CDH adoptó una resolución para establecer un grupo de trabajo intergubernamental abierto con el mandato de elaborar un instrumento internacional jurídicamente vinculante que regule, en el marco del Derecho Internacional de los Derechos Humanos, las actividades de las empresas transnacionales y otras entidades empresariales (Deva 2020).

4. EL MEDIO AMBIENTE EN LOS INSTRUMENTOS E INICIATIVAS DEL MARCO INTERNACIONAL DE EMPRESAS Y DERECHOS HUMANOS

A lo largo de la evolución del marco internacional de empresas y derechos humanos, diversos actores, incluyendo los Estados, organizaciones internacionales, empresas y organizaciones de la sociedad civil, han adoptado y desarrollado una variedad de instrumentos e iniciativas, tanto de carácter público como privado o mixto. Estos desarrollos, como las Líneas Directrices de la OCDE para Empresas Multinacionales sobre Conducta Empresarial Responsable (OCDE 2023), la Declaración Tripartita de Principios sobre las Empresas Multinacionales y la Política Social de la OIT (OIT 2022), el Pacto Mundial de las Naciones Unidas (NU 2000), los Principios Rectores sobre las Empresas y los Derechos Humanos (CDH 2011), los Principios para la Inversión Responsable (PRI 2005), y los Derechos del Niño y Principios Empresariales (UNICEF 2012), entre otros, tienen como objetivo fundamental promover el respeto por los derechos humanos y la protección del medio ambiente en el marco de las actividades de las empresas y en sus cadenas globales de valor. En los siguientes epígrafes, se analizará la dimensión ambiental de algunos de los principales instrumentos e iniciativas dentro del marco internacional de empresas y derechos humanos, así como la influencia del DIMA en estos desarrollos.

4.1. Las Líneas Directrices de la Organización para la Cooperación y el Desarrollo Económico para Empresas Multinacionales sobre Conducta Empresarial Responsable

En 1976, los Estados miembros de la OCDE adoptaron las Líneas Directrices para Empresas Multinacionales en el marco de la Declaración sobre Inversión Internacional y Empresas Multinacionales (OCDE 2023). Estas directrices constituyen recomendaciones no vinculantes emitidas por los gobiernos a las empresas, con el objetivo de abordar los impactos negativos que las actividades empresariales pueden tener sobre las personas, el medio ambiente y la sociedad. Se configuran como un instrumento de gobernanza corporativa que busca promover la conducta empresarial responsable. Su alcance es amplio y contiene estándares de conducta relacionados con los derechos humanos; el empleo y las relaciones laborales; el medio ambiente; el soborno y otras formas de corrupción; la protección del consumidor; la ciencia, la tecnología y la innovación; la competencia; y la fiscalidad.

A lo largo del tiempo, las Líneas Directrices han experimentado diversas modificaciones (en 1979, 1982, 1984, 1991, 2000, 2011 y 2023), con el fin de ajustarse a las crecientes demandas del contexto socioeconómico en el que se implementan. En este sentido, la dimensión ambiental de este instrumento ha aumentado y se ha fortalecido progresivamente con las últimas actualizaciones. En 1991, a pesar de la considerable oposición del sector privado, se incorporó una sección dedicada a la protección ambiental en las Líneas Directrices. Esta sección fue posteriormente revisada en el año 2000, incorporando recomendaciones actualizadas en consonancia con las propuestas de las organizaciones no gubernamentales. Dichas modificaciones respondieron a la insuficiente implementación por parte de los Estados de la Declaración de Río sobre Medio Ambiente y Desarrollo (NU 1992), así como de otros tratados internacionales relacionados con el medio ambiente. En esta revisión, la sección perdió la referencia específica a la "protección", pasando a denominarse "Capítulo VI. Medio Ambiente", aunque se mantuvo el énfasis en la sostenibilidad y la responsabilidad ambiental (Huner 2000). A partir de las modificaciones introducidas en 2011, las Líneas Directrices también incorporan recomendaciones específicas relacionadas con el cambio climático. Finalmente, la última modificación realizada en 2023 incorporó recomendaciones para que las empresas se alineen con los objetivos internacionalmente acordados en materia de cambio climático y biodiversidad.

El Capítulo sobre Medio Ambiente reconoce que, si bien ciertos acuerdos internacionales establecen objetivos comunes para los gobiernos, a menudo carecen de disposiciones detalladas sobre las responsabilidades específicas de las empresas en relación con dichos objetivos. Así, las Líneas Directrices buscan integrar en sus recomendaciones los principios y objetivos contenidos en la Declaración de Río sobre el Medio Ambiente y el Desarrollo, la Agenda 21 y la Agenda 2030 de las Naciones Unidas para el Desarrollo Sostenible. Además, se alinean con la CMNUCC, el Acuerdo de París, el Convenio sobre la Diversidad Biológica (CDB), el Marco Global de Biodiversidad de Kunming-Montreal (CDB 2022), así como con las convenciones regionales relevantes sobre el acceso a la información, la participación pública y la justicia en asuntos ambientales, con la Convención de las Naciones Unidas de Lucha contra la Desertificación, y con los acuerdos ambientales regionales pertinentes. Al respecto, es importante destacar que las Líneas Directrices no reinterpretan los instrumentos internacionales de protección del medio ambiente existentes ni crean nuevos compromisos. Su propósito es únicamente ofrecer recomendaciones sobre cómo estos instrumentos deberían ser implementados en el contexto de las actividades empresariales.

La premisa fundamental del Capítulo sobre Medio Ambiente establece que las empresas deben actuar de manera proactiva y con la mayor antelación posible para prevenir impactos ambientales adversos. Para ello, deben implementar y mantener un sistema de gestión ambiental que abarque todas sus operaciones, productos y servicios a lo largo de su ciclo de vida; realizar procesos de participación significativa con las partes interesadas que puedan verse afectadas por dichos impactos; mantener planes de contingencia para prevenir, mitigar y controlar posibles daños ambientales; proporcionar educación y formación adecuada a sus trabajadores en temas ambientales; y, además, contribuir al desarrollo de políticas públicas sostenibles y responsables con el medio ambiente.

Cabe destacar la dimensión climática de este instrumento, que representa un avance en la materia, ya que es el primero dentro del marco internacional de empresas y derechos humanos en asignar un rol esencial a las empresas para su contribución a la neutralidad de carbono y al desarrollo de una economía resiliente al clima. Esta participación empresarial es indispensable para lograr los objetivos internacionales establecidos en relación con la mitigación y adaptación al cambio climático. Para ello, recomienda que las empresas se aseguren de que sus emisiones de GEI sean coherentes con los objetivos de reducción de la temperatura acordados internacionalmente y basados en la mejor ciencia disponible, incluso según lo evaluado por el Grupo Intergubernamental de Expertos sobre el Cambio Climático (IPCC). Asimismo, de manera innovadora, sugieren que los objetivos de mitigación de las empresas deben tener una base científica, incluir objetivos de reducción de GEI absolutos y, cuando corresponda, basados en la intensidad, y tener en cuenta las emisiones de GEI de alcance 1, 2 y, en la medida de lo posible sobre la base de la mejor información disponible, las emisiones de alcance 3.

Las Líneas Directrices incluyen un mecanismo de reclamación no judicial diseñado para abordar y resolver casos o quejas relacionadas con el presunto incumplimiento de sus disposiciones por parte de una empresa. Este proceso se lleva a cabo ante un Punto Nacional de Contacto (PNC), establecido por los Estados adheridos a la Declaración sobre Inversión Internacional y Empresas Multinacionales, cuyas funciones principales son: promover el conocimiento y la adopción de las Líneas Directrices, así como contribuir a la resolución de las cuestiones que surjan en relación con su implementación en casos específicos. Los PNC se encargan de evaluar las quejas presentadas por Estados, trabajadores, partes interesadas e incluso sociedad civil. En los casos que ameriten un análisis más detallado, los PNC ofrecen buenos oficios a las partes involucradas, con el objetivo de mediar y resolver las cuestiones derivadas de la falta de implementación de las Líneas Directrices. Si las partes no logran llegar a un acuerdo, el proceso concluye con la emisión de una declaración no vinculante sobre el presunto incumplimiento de las directrices.

Es importante destacar la extensa experiencia de los PNC en casos de incumplimiento del Capítulo de Medio Ambiente (Iglesias Márquez 2017). De hecho, desde 2018, se ha observado un aumento significativo en el número de quejas relacionadas con los impactos climáticos de las empresas presentadas ante diversos PNC. Estos casos se agrupan en torno a tres cuestiones clave: la responsabilidad de reducir las emisiones de GEI, tanto directas como indirectas; el *greenwashing* y la difusión de información engañosa; y la transición justa. En la queja presentada por *Oxfam Novib, Greenpeace, BankTrack* y *Friends of the Earth Netherlands* contra *ING Bank* ante el PNC de los Países Bajos en 2017, el informe final del proceso de instancia específica destacó que la observancia de las Líneas Directrices requiere que las empresas establezcan objetivos concretos para gestionar sus impactos de acuerdo con las políticas nacionales y los compromisos internacionales en materia ambiental. En consecuencia, se sugirió a *ING Bank* que formulara objetivos específicos de reducción de emisiones para sus servicios financieros, alineados con el Acuerdo de París (NCP 2019).

La dimensión ambiental y climática reforzada en las Líneas Directrices permite un mayor escrutinio sobre las acciones de las empresas para abordar los impactos ambientales negativos derivados de sus actividades y cadenas globales de valor. Sin embargo, este instrumento sigue presentando un considerable margen de mejora. Además, se ha argumentado que las Líneas Directrices representan una estrategia de los países del Norte Global para establecer su propio marco regulador sobre las actividades de las transnacionales, eludiendo así la imposición de sanciones legales a estas empresas. Las limitaciones inherentes a su naturaleza no coercitiva, junto con los desafíos asociados a su mecanismo de reclamación no judicial, hacen difícil considerar su efectividad como un instrumento adecuado para fomentar estándares de conducta empresarial responsable (Černič 2008).

4.2. El Pacto Mundial de las Naciones Unidas

El Pacto Mundial de las Naciones Unidas fue presentado en 1999 durante el Foro Económico Mundial de Davos, y lanzado oficialmente en el año 2000 como una iniciativa voluntaria de cooperación entre el sector privado y las Naciones Unidas (NU 2000). Esta iniciativa constituyó una primera respuesta institucional a la ausencia de un instrumento que orientara a las empresas en el desarrollo y promoción de una gestión empresarial global basada en principios éticos y valores compartidos.

En la actualidad, más de 20.000 empresas de más de 160 países forman parte de esta iniciativa global. Para que una empresa se adhiera voluntariamente al Pacto Mundial, su directora o director ejecutivo debe remitir una carta al Secretario General de las Naciones Unidas, expresando su compromiso con el Pacto Mundial y sus diez principios, la participación en alianzas que promuevan los objetivos amplios de las Naciones Unidas, y la entrega anual de una Comunicación de Progreso.

El Pacto Mundial está compuesto por diez principios divididos en cuatro categorías: derechos humanos, derechos laborales, medio ambiente y anticorrupción. Los diez principios se derivan de documentos previamente acordados a nivel internacional por la Naciones Unidas, como la Declaración Universal de los

Derechos Humanos (AGNU 1948), la Declaración de la OIT sobre los principios y derechos fundamentales en el trabajo (OIT 1998), la Declaración de Río sobre el Medio Ambiente y el Desarrollo (NU 1992), y la Convención de las Naciones Unidas contra la Corrupción.

Los principios del Pacto establecen estándares de conducta ambiental basados en el marco internacional para la protección del medio ambiente. Esto supone que los principios del DIMA, como el principio de precaución, pueden aplicarse directamente a las empresas que se adhieren al Pacto Mundial. El Principio 7 establece que las empresas deben adoptar un enfoque precautorio en sus operaciones que beneficie al medio ambiente. Este principio está vinculado al Principio 15 de la Declaración de Río, que establece que cuando existan amenazas de daños graves o irreversibles, la falta de certeza científica plena no debe utilizarse como razón para posponer medidas rentables que prevengan la degradación ambiental. Para las empresas implica la adopción de medidas anticipadas y económicamente viables para prevenir daños ambientales irreversibles. Se espera por tanto que las empresas lleven a cabo evaluaciones exhaustivas de sus impactos y riesgos ambientales, inviertan en métodos de producción sostenibles y en investigación, y desarrollen productos respetuosos con el medio ambiente.

El Principio 8, por su parte, señala que las empresas deben fomentar iniciativas que promuevan una mayor responsabilidad ambiental. Este principio se inspira en el Capítulo 30 de la Agenda 21, que busca fortalecer el papel del comercio y la industria en el desarrollo sostenible. En este contexto, se destaca la importancia de las empresas en la producción sostenible, promoviendo prácticas de producción más limpias y eficientes. Esto implica un uso eficaz de los recursos mediante la innovación en sistemas de gestión ambiental, el intercambio de experiencias en gestión, el desarrollo de mercados y el acceso a conocimientos tecnológicos, así como la promoción de la investigación y de sistemas de ordenación ambiental.

Por último, el Principio 9 refuerza la necesidad de emplear tecnologías más respetuosas con el medio ambiente en las actividades empresariales. Este principio se fundamenta en el Capítulo 34 de la Agenda 21, que se centra en la transferencia de tecnología ecológicamente racional, la cooperación y el fortalecimiento de capacidades. Entre los beneficios del uso de estas tecnologías se incluyen la reducción de la contaminación, el uso eficiente de los recursos naturales y una mayor capacidad para reciclar y reutilizar los residuos generados en los procesos de producción.

El Pacto Mundial establece un mecanismo de seguimiento para evaluar el cumplimiento de los principios, que se materializa en una comunicación de progreso ("*Communication on Progress*") que las empresas deben presentar anualmente. Esta comunicación tiene como objetivo evidenciar los esfuerzos realizados por las empresas en la implementación de los principios en sus actividades. La falta de esta comunicación conlleva diversas consecuencias, que pueden resultar en la clasificación de la empresa como no comunicante o inactiva. En los casos más extremos, podría llevar a la eliminación de la empresa de la lista de participantes del Pacto, que se encuentra disponible en su página web.

A pesar de los objetivos loables del Pacto Mundial, esta iniciativa ha sido objeto de diversas críticas, principalmente debido a la generalidad y vaguedad de sus principios. El lenguaje utilizado en dichos principios es tan amplio que permite a las empresas eludirlos o cumplir con ellos sin realizar acciones significativas en pro de los derechos humanos o los estándares ambientales (Deva 2006). Además, ha sido objeto de discusión por su enfoque filantrópico, la ausencia de un mecanismo de sanción efectivo y la posibilidad de facilitar prácticas de *greenwashing*, ya que permite a las empresas mejorar su reputación sin la necesidad de implementar adecuadamente los principios ambientales establecidos en el Pacto (Hernández Zubizarreta 2009).

4.3. Los Principios Rectores sobre las empresas y los derechos humanos

En 2011, el Consejo de Derechos Humanos (CDH) adoptó por unanimidad los Principios Rectores sobre las empresas y los derechos humanos de las Naciones Unidas (en adelante, Principios Rectores) (CDH 2011). Este instrumento constituyó un hito en la evolución de la agenda y del marco internacional de empresas y derechos humanos al establecer un sistema interrelacionado de obligaciones para los Estados y responsabilidades para las empresas, orientado a la prevención y reparación de los abusos a los derechos humanos derivados de las actividades empresariales.

Los Principios Rectores han logrado un amplio consenso en cuanto a la responsabilidad de todas las empresas, sean transnacionales o de cualquier otra índole, independientemente de su tamaño, sector, ubicación, propiedad o estructura, de respetar los derechos humanos. Esta responsabilidad implica que las empresas deben abstenerse de vulnerar los derechos humanos de terceros y abordar las consecuencias negativas que puedan surgir en este ámbito. Es decir, las empresas deben realizar sus actividades de tal manera que no interfieran ni tengan consecuencias negativas para el disfrute de los derechos humanos. La responsabilidad de respetar los derechos humanos se distingue de la responsabilidad legal derivada del incumplimiento normativo, trascendiendo el ámbito de las obligaciones jurídicas tradicionales. En otras palabras, no constituye una obligación impuesta de manera directa y general a las empresas por el Derecho Internacional de los Derechos Humanos (DIDH).

De acuerdo con el Pilar II de los Principios Rectores, esta responsabilidad empresarial es independiente y complementaria a la capacidad o voluntad de los

Estados de cumplir sus propias obligaciones de derechos humanos y no reduce esas obligaciones. El mecanismo establecido en los Principios Rectores para que las empresas implementen y cumplan con su responsabilidad de respetar los derechos humanos es la diligencia debida en materia de derechos humanos. Este proceso, de carácter continúo y dinámico, permite a las empresas identificar, prevenir, mitigar y rendir cuentas sobre cómo abordan los impactos de sus actividades y relaciones comerciales en los derechos humanos[3].

El alcance de la responsabilidad de respetar los derechos humanos está delimitado en el Principio 12 de los Principios Rectores, que establece una serie de instrumentos internacionales como referencia mínima para la actuación empresarial. Entre estos se incluyen los derechos consagrados en la Carta Internacional de Derechos Humanos y los principios fundamentales reconocidos en la Declaración de la OIT sobre los principios y derechos fundamentales en el trabajo. Además, las empresas deben respetar los derechos de grupos particularmente vulnerables. En contextos de conflicto armado, las empresas están obligadas a cumplir con las normas del Derecho Internacional Humanitario. Sin embargo, cabe señalar que este principio no hace referencia explícita al respeto de las normas internacionales en materia de medio ambiente. Por lo tanto, los Principios Rectores evidencian una laguna importante, dado que no reconocen la protección del medio ambiente ni la responsabilidad de prevenir y mitigar el cambio climático como estándares adicionales que las empresas deben considerar en su actuación (Iglesias Márquez 2019a).

A pesar de que los Principios Rectores no incluyen referencias explícitas al medio ambiente o al clima, en su primera década de existencia ha emergido una implementación progresiva y holística de este marco, que ha delineado su dimensión ambiental y climática (Iglesias Márquez 2020). Tal como se expone en los párrafos siguientes, la implementación a través de políticas públicas y desarrollos normativos por parte de los Estados ha facilitado la integración de la protección del medio ambiente y del clima como elementos inherentes a la responsabilidad de respetar los derechos humanos. Esta interpretación ha sido reconocida también por algunos tribunales nacionales.

Los planes de acción nacionales (PAN) sobre empresas y derechos humanos, como instrumentos de política pública, han constituido para los Estados una hoja de ruta para materializar el respeto de los derechos humanos en el ámbito empresarial (Cantú Rivera 2019). A la fecha de redacción del presente capítulo, se han adoptado poco más de treinta PAN, principalmente en Europa, y otros distribuidos de forma relativamente equitativa entre América Latina, Asia y África. El análisis de los PAN revela que algunos hacen referencia a normas internacionales

---

3 Véase, Principio 17 de los Principios Rectores.

de protección ambiental e incluso incluyen secciones u objetivos específicos dedicados a la cuestión ambiental (Pigrau Solé 2024).

Sin pretender ser exhaustivo, se puede señalar, por ejemplo, el PAN italiano de 2018 que se articula en torno a seis prioridades, entre las cuales destaca la promoción de la protección y sostenibilidad ambiental. A través de este instrumento, el gobierno italiano establece la expectativa de que las empresas cumplan con toda la legislación nacional, incluida la relativa a la protección del medio ambiente. El PAN de Noruega de 2015 sostiene que la promoción de los derechos humanos está vinculada a la protección del medio ambiente y al clima. En un sentido similar, el PAN de Francia de 2017 contiene un gran número de referencias al medio ambiente y al cambio climático en las medidas para la implementación de los Principios Rectores. El PAN de Japón de 2020 establece entre sus objetivos que los derechos humanos abarcan la consideración del impacto de la degradación ambiental. El PAN de Kenia de 2021 establece la conexión entre los derechos humanos y el uso sostenible de la tierra, así como con un medio ambiente sostenible. Este enfoque se centra especialmente en cuestiones de contaminación y en la calidad del aire, la tierra y el agua, así como en la pérdida de biodiversidad. El medio ambiente tiene un papel destacado en este Plan. A pesar de la importancia de los PAN para la implementación de los Principios Rectores a nivel nacional, no se puede obviar que la gran mayoría de estos instrumentos han presentado hasta el día de hoy un alcance limitado, ya que suelen centrarse en lo que se ha hecho o se está haciendo, sin abordar de manera efectiva las proyecciones futuras. Además, las acciones concretas y los compromisos de reformas legislativas son poco frecuentes (AGNU 2014).

El escaso compromiso de las empresas para llevar a cabo procesos de diligencia debida en derechos humanos de manera voluntaria ha impulsado la tendencia de los Estados a recurrir a instrumentos normativos que obliguen a las empresas a abordar sus impactos adversos sobre los derechos humanos y el medio ambiente, conforme al Pilar II de los Principios Rectores. En este contexto, algunos países europeos, como Alemania, Francia y Noruega, han adoptado leyes de diligencia debida obligatoria en de derechos humanos. Estas leyes, ya sea de manera implícita o a través de su implementación, han incorporado una dimensión ambiental en los procesos de diligencia debida. La Ley francesa del deber de vigilancia de las sociedades empresariales matrices de 2017 impone la obligación a las de empresas de identificar los riesgos y prevenir violaciones graves de derechos humanos y libertades fundamentales y daños a la salud, a la seguridad de las personas y *al medio ambiente*, que sean resultado de las actividades de la empresa y de las entidades que controla, directamente o indirectamente, así como de las actividades de los subcontratistas o proveedores con los que mantenga una relación comercial estable (art. L. 225-102-4.-I del Código de Comercio francés). El amplio alcance material de la ley francesa no solo abarca los impactos ambientales derivados de las actividades y relaciones comerciales de las empresas, sino que su aplicación ha fomentado también la dimensión climática de la responsabilidad de respetar los derechos humanos. Esto se evidencia en la interposición de diversos litigios climáticos contra las empresas, fundamentados en esta legislación (Iglesias Márquez 2022).

De manera similar, la Ley alemana de diligencia debida empresarial en las cadenas de suministro de 2021 abarca tanto los derechos humanos como los impactos ambientales. La legislación contempla cualquier daño al medio ambiente, incluyendo la contaminación del suelo, agua o aire, que afecte significativamente la salud humana y el entorno natural, crucial para la preservación y producción de alimentos. Asimismo, incluye situaciones que nieguen a los individuos el acceso a agua potable segura y limpia, así como a instalaciones sanitarias. La ley también reconoce la violación de los derechos de las comunidades indígenas y locales, tales como el desalojo o la adquisición ilegal de tierras y aguas de las cuales dependen para su subsistencia. Los riesgos ambientales se definen como aquellas acciones que infringen tratados ambientales internacionales específicos de los cuales Alemania es parte. Con un alcance más limitado, la Ley noruega de Transparencia de 2021 cubre los impactos adversos en los derechos humanos fundamentales y las condiciones de trabajo dignas. Aunque la ley no hace referencia explícita a los impactos ambientales fuera de la salud y la seguridad en el lugar de trabajo, existe la posibilidad de que estos se incluyan si afectan negativamente los derechos humanos fundamentales o las condiciones de trabajo dignas (Krajewski, Tonstad y Wohltmann 2021).

En 2024, se adoptó la Directiva sobre diligencia debida de las empresas en materia de sostenibilidad (UE 2014), convirtiéndose en el primer instrumento regional de alcance general en la materia. En virtud de la transposición de la Directiva, las empresas deberán detectar y evaluar los efectos adversos reales o potenciales en los derechos humanos *y el medio ambiente.* De acuerdo con la Directiva, se entiende por "efecto adverso para el medio ambiente" como las consecuencias adversas para el medio ambiente derivadas de la infracción de las prohibiciones y obligaciones incluidas en normas internacionales de medio ambiente enumeradas en el Anexo, teniendo en cuenta la legislación nacional relacionada con las disposiciones de dichos instrumentos internacionales, entre los que se encuentran el CDB de 1992, la Convención sobre el comercio internacional de especies amenazadas de fauna y flora silvestres de 1973, el Convenio de Minamata sobre el Mercurio de 2013, el Convenio de Estocolmo sobre COP de 2001, el Convenio de Rotterdam sobre el Procedimiento de Consentimiento Fundamentado Previo aplicable a Ciertos Plaguicidas y Productos Químicos Peligrosos objeto de Comercio Internacional de 1998, el Protocolo de Montreal de 1987, el Convenio de Basilea sobre el Control de los Movimientos Transfronterizos de los

Desechos Peligrosos y su Eliminación de 1989, el Convenio MARPOL y la Convención de las Naciones Unidas sobre el Derecho del Mar de 1982 (CNUDM).

Aunque resulta positivo que se consideren diversas normas internacionales de medio ambiente, la lista no es exhaustiva omitiendo varios instrumentos. Además, la Directiva se limita a referirse a disposiciones específicas de los tratados ambientales, en lugar de abarcarlos en su totalidad, lo que restringe la cobertura de los impactos ambientales. Por ejemplo, solo hace referencia a la obligación de evitar o reducir al mínimo los efectos adversos para la diversidad biológica contenida en el art. 10 CDB. En consecuencia, se excluyen otras disposiciones relevantes de estos instrumentos, lo que limita su alcance integral.

Otro aspecto relevante es la disposición del art. 22 de la Directiva, que establece que los Estados miembros deben asegurar que las empresas adopten y pongan en marcha un plan de transición para la mitigación del cambio climático que tenga como objetivo asegurar, mediante los mayores esfuerzos posibles, que el modelo de negocio y la estrategia de la empresa sean compatibles con la transición hacia una economía sostenible y con la limitación del calentamiento global a 1,5°C, en línea con el Acuerdo de París. Este plan deberá contener objetivos con plazos definidos relacionados con el cambio climático, una explicación y cuantificación de las inversiones y financiamiento que apoyan la implementación del plan de transición y una descripción del rol de los órganos administrativos, de gestión y de supervisión con respecto al plan. Aunque esta disposición fomenta la acción climática empresarial, es importante señalar que el plan de mitigación no se incluye dentro de las obligaciones de diligencia debida que las empresas deben cumplir, ni conlleva ningún tipo de responsabilidad legal por su incumplimiento o falta de implementación.

Finalmente, cabe señalar que los tribunales nacionales también han reforzado la dimensión ambiental y climática de la responsabilidad de las empresas de respetar los derechos humanos contenida en los Principios Rectores. La sentencia del caso *Milieudefensie et al. v. Royal Dutch Shell plc* (Rechtbank Den Haag 2021) en los Países Bajos señala que dicha responsabilidad conlleva, entre otros deberes, el compromiso de las empresas de implementar medidas concretas para reducir sus emisiones de GEI, en concordancia con los objetivos establecidos en el régimen internacional del cambio climático. Este tipo de decisiones judiciales contribuye a ampliar y profundizar el contenido, el alcance y la práctica de la debida diligencia en materia de derechos humanos (Iglesias Márquez 2023).

4.4. El (proceso del) Tratado sobre las empresas y los derechos humanos

En 2014, el CDH de las Naciones Unidas adoptó la Resolución 26/9 que establece un grupo de trabajo intergubernamental (GTI) de composición abierta sobre las empresas transnacionales y otras empresas con respecto a los derechos humanos (CDH 2014), cuyo mandato es elaborar un instrumento jurídicamente vinculante para regular las actividades de las empresas transnacionales y otras empresas en el DIDH (Iglesias Márquez 2019b). Entre 2015 hasta finales de 2024, el GTI se ha reunido en diez ocasiones para la elaboración y negociación de dicho instrumento, que representa otro esfuerzo por adoptar un marco vinculante en esta materia. Durante este período, se han publicado al menos cinco versiones del borrador del futuro instrumento.

El antecedente más próximo a este proceso de elaboración de un instrumento no voluntario y de alcance universal en la materia son las Normas de las Naciones Unidas sobre Responsabilidades de las Empresas Transnacionales y otras Empresas Comerciales en la esfera de los Derechos Humanos. Estas representaron un importante esfuerzo por imponer obligaciones directas a las empresas en virtud del DIDH. Las Normas contenían una obligación general y seis obligaciones específicas derivadas de diferentes textos internacionales. Dentro de las obligaciones específicas, la Sección G señalaba que las empresas debían:

> "[realizar] sus actividades de conformidad con las leyes, los reglamentos, las prácticas administrativas y las políticas nacionales relativos a la conservación del medio ambiente de los países en que realicen sus actividades, *así como de conformidad con los acuerdos, principios, objetivos, responsabilidades y normas internacionales pertinentes relacionados con el medio ambiente* y los derechos humanos, la salud pública y la seguridad, la bioética y el principio de precaución y, en general, realizarán sus actividades de forma que contribuyan al logro del objetivo más amplio del desarrollo sostenible" (Com. DH 2003).

Las Normas fueron abandonadas en 2005 debido a la falta de apoyo político tanto por parte de los Estados como de las empresas, que expresaron profundas reservas y subrayaron que estas Normas no debían desviarse del enfoque estatocéntrico del Derecho Internacional Público.

El futuro tratado en la materia se aleja de la imposición de obligaciones para las empresas. Para asegurar un mayor apoyo por parte de los Estados, contempla obligaciones indirectas de prevención que requieren la intervención del Estado para materializarlas. Por consiguiente, uno de los objetivos del futuro instrumento, que se ha delineado a lo largo de las negociaciones, es clarificar y facilitar la implementación efectiva de la obligación de los Estados de respetar, proteger y promover los derechos humanos en el contexto de las actividades empresariales, particularmente aquellas de carácter transnacional, así como la responsabilidad jurídica de las empresas en este ámbito.

En relación con la dimensión ambiental del futuro tratado, esta ha suscitado diversas opiniones durante las sesiones del GTI (Sebastián de Erice Aranda e Iglesias Márquez 2022). En este sentido, "algunas delegaciones consideraron que las referencias al medio ambiente y a los derechos ambientales iban más allá del mandato del grupo de trabajo; por otro lado, muchas organizaciones no gubernamentales argumentaron que era importante mantener, e incluso reforzar, esas disposiciones" (CDH 2021, párr. 16). En consecuencia, las referencias al medio ambiente y a las normas internacionales pertinentes han sido limitadas en el contenido del futuro tratado.

Al respecto, algunos Estados han propuesto que se incluya una referencia a ciertos instrumentos internacionales de medio ambiente en el preámbulo del tratado; sin embargo, estas propuestas aún no han sido incorporadas. En el preámbulo del Tercer Borrador Revisado de 2021 (CDH 2022) se reconoce de manera expresa que todas las empresas tienen la capacidad de fomentar el desarrollo sostenible a través de un aumento en la productividad, el crecimiento económico inclusivo y la creación de empleo, respetando, entre otros, los estándares del medio ambiente y del clima, de conformidad con las normas y acuerdos internacionales pertinentes. No obstante, este reconocimiento no se recoge en el Borrador actualizado de 2023.

Asimismo, en el Borrador Revisado de 2021 se define "abuso de derechos humanos" como "cualquier daño directo o indirecto en el contexto de las actividades empresariales, a través de actos u omisiones, contra cualquier persona o grupo de personas, que impida el pleno disfrute de los derechos humanos y libertades fundamentales reconocidos internacionalmente, *incluido el derecho a un medio ambiente seguro, limpio, saludable y sostenible*". Esta definición es coherente con el reconocimiento por parte de las Naciones Unidas del derecho humano a un medio ambiente. Sin embargo, la referencia a este derecho en el Borrador actualizado de 2023 también ha sido eliminada en la definición de "abuso de derechos humanos".

En línea con lo anterior, en varias versiones del borrador del futuro instrumento se había mantenido un enfoque holístico de la responsabilidad de respetar los derechos humanos, que incluía la consideración de los impactos al medio ambiente en los procesos de diligencia debida. La disposición de prevención establecía que los Estados Parte deben garantizar que las medidas de diligencia debida en derechos humanos emprendidas por las empresas incluyan la realización y publicación de evaluaciones periódicas sobre los impactos ambientales y del cambio climático a lo largo de sus operaciones. Asimismo, deben informar públicamente y de manera periódica sobre asuntos no financieros, incluyendo información sobre el medio ambiente y los estándares sobre el cambio climático, a lo largo de sus operaciones y sus relaciones comerciales. Estas disposiciones tampoco han sido incluidas en el Borrador actualizado de 2023.

Finalmente, es importante destacar que, de manera progresiva, se ha logrado el reconocimiento e inclusión de disposiciones relacionadas con las personas defensoras del medio ambiente, quienes juegan un papel crucial en la prevención y reparación de los impactos negativos ocasionados por las empresas. No obstante, su situación de vulnerabilidad y los ataques que enfrentan, frecuentemente asociados a dichas actividades, se han agravado de manera considerable (Iglesias Márquez 2023). En este sentido, la disposición sobre la protección de las víctimas en el Borrador actualizado de 2023, en línea con el Acuerdo de Escazú, estipula que los Estados Parte adoptarán medidas adecuadas y efectivas para garantizar un entorno seguro y propicio para las personas, grupos y organizaciones que promueven y defienden los derechos humanos y el medio ambiente, de manera que puedan ejercer sus derechos humanos sin amenazas, intimidación, violencia, inseguridad, acoso o represalias.

5. REFERENCIAS

5.1. Referencias doctrinales

Alvarez, Jose E. (2011), "Are Corporations Subjects of International Law?", *Santa Clara Journal of International Law*, vol. 9, núm. 1, pp. 1-36.

Benjamin, Lisa (2021), *Companies and Climate Change: Theory and Law in the United Kingdom*, Cambridge University Press, Cambridge. http://dx.doi.org/10.1017/9781108689243.

Boyd, David R. (2012), *The Environmental Rights Revolution: A Global Study of Constitutions, Human Rights, and the Environment*, UBC Press, Vancouver, Toronto. http://dx.doi.org/10.59962/9780774821629.

Cantú Rivera, Humberto (2019), "National Action Plans on Business and Human Rights: Progress or Mirage?", *Business and Human Rights Journal*, vol. 4, núm. 2, pp. 213-237. http://dx.doi.org/10.1017/bhj.2018.33.

Černič, Jernej Letnar (2008), "Corporate Responsibility for Human Rights: A Critical Analysis of the OECD Guidelines for Multinational Enterprises", *Hanse Law Review*, vol. 14, núm. 1, pp. 71-100.

Deva, Surya (2006), "Global Compact: A Critique of the UN's "Public-Private" Partnership for Promoting Corporate Citizenship", *Syracuse Journal of International Law and Commerce*, vol. 34, pp. 107-151.

Deva, Surya (2020), "From business or human rights to business and human rights: what next?", en Deva, Sury; Birchall, David (eds.), *Research Handbook on Human Rights and Business*, Edward Elgar Publishing, Cheltenham, UK, pp. 1-21. http://dx.doi.org/10.4337/9781786436405.00005.

Fuchs, Doris y Knebel, Bastian (2021), "Business and corporations", en Morin, Jean-Frederic; Orsini, Amandine (eds.), *Essential Concepts of Global Environmental Governance*, Routledge, Nueva York, pp. 27-29. http://dx.doi.org/10.4324/9780367816681-12.

Griffin, Paul (2017), *The Carbon Majors Database. CDP Carbon Majors Report 2017*, CDP UK, Londres.

Hernández Zubizarreta, Juan (2009), "¿Lex mercatoria o derechos humanos? Los sistemas de control de las empresas transnacionales", en Hernández Zubizarreta, Juan y Ramiro, Pedro (eds.), *El negocio de la responsabilidad. Crítica de la Responsabilidad Social Corporativo de las empresas transnacionales*, Icaria, Barcelona, pp. 13-46.

Huner, Jan (2000), "The Multilateral Agreement on Investment and the Review of the OECD Guidelines for Multinational Enterprises", en Kamminga, Menno T.; Zia-Zarifi, Saman (eds.), *Liabi-*

lity of Multinational Corporations under International Law, Kluwer Law International, La Haya, pp. 197-205. http://dx.doi.org/10.1163/9789004482678_008.

Iglesias Márquez, Daniel (2017), *La regulación de las empresas transnacionales domiciliadas en la Unión Europea en relación con sus estándares de comportamiento y su responsabilidad por los daños ambientales causados en terceros Estados*, tesis doctoral, Universitat Rovira i Virgili.

Iglesias Márquez, Daniel (2019), "Las obligaciones de las empresas en virtud del Derecho Internacional. Retos y oportunidades en materia de empresas y derechos humanos", en Abelló Galvis, Ricardo; Arévalo Ramírez, Walter (eds.), *Derechos Humanos y empresas y Sistema Interamericano de Derechos Humanos. Reflexiones y diálogos*, Editorial Universidad del Rosario, Bogotá, pp. 67-104.

Iglesias Márquez, Daniel (2019a), "Las obligaciones de los Estados de prevenir y remediar violaciones de derechos humanos cometidas por empresas en el contexto del medio ambiente", en Márquez Carrasco, María del Carmen; Iglesias Márquez, Daniel; Domínguez Díaz, Francisco Antonio (eds), *El I Plan de Acción Nacional sobre empresas y derechos humanos de España: evaluación, seguimiento y propuestas de revisión*, Editorial Aranzadi, Navarra, pp. 193-214.

Iglesias Márquez, Daniel (2019b), "Hacia la adopción de un tratado sobre empresas y derechos humanos: viejos debates, nuevas oportunidades", *Revista Deusto de derechos humanos*, núm. 4, pp. 145-176. http://dx.doi.org/10.18543/djhr-4-2019pp145-176.

Iglesias Márquez, Daniel (2020), "Empresas, derechos humanos y el régimen internacional del cambio climático: la configuración de las obligaciones climáticas para las empresas", *Anuario Mexicano de Derecho Internacional*, núm. 20, pp. 85-134. http://dx.doi.org/10.22201/iij.24487872e.2020.20.14472.

Iglesias Márquez, Daniel (2022), "Litigación climática, derechos humanos y responsabilidad empresarial: precedentes y tendencias", en Zamora Cabot, Javier Francisco; Sales Pallarés, Lorena; Marullo, Maria Chiara (dirs.), *La lucha en clave judicial frente al cambio climático*, Thomson Reuters Aranzadi, Navarra, pp. 185-212.

Iglesias Márquez, Daniel (2023), "La protección de las personas defensoras en el marco internacional de empresas y derechos humanos", en Zamora Cabot, Francisco Javier; Reguart Segarra, Núria; Marullo, Maria Chiar; Sales Pallarés, Lorena (dirs.), *Empresas transnacionales, derechos humanos y cadenas de valor: nuevos desafíos*, Colex, Coruña, pp. 333-358.

Iglesias Márquez, Daniel (2023), "Milieudefensie & otros v. Royal dutch shell plc: la delimitación de la responsabilidad empresarial de respetar los derechos humanos en tiempos de crisis climática", en Pirgau Solé, Antoni; Iglesias Márquez, Daniel (eds.), *Litigación en materia de empresas y derechos humanos: estudio de casos*, Tirant lo Blanch, Valencia, pp. 153-184.

Influence Map (2019), *Big Oil's Real Agenda on Climate Change*, Influence Map, Londres.

Jägers, Nicola (2002), *Corporate Human Rights Obligations: In Search of Accountability*, Intersentia, Antwerp,

Joseph, Sara (2000), "An Overview of the Human Rights Accountability of Multinational Enterprises", en Kamminga, Menno T. y Zia-Zarifi, Saman (eds.), *Liability of Multinational Corporations under International Law*, Kluwer Law International, La Haya, pp. 75-93. http://dx.doi.org/10.1163/9789004482678_004.

Karavias, Markos (2013), *Corporate Obligations under International Law*, Oxford Academic, Oxford. http://dx.doi.org/10.1093/acprof:oso/9780199674381.001.0001.

Kiss, Alexandre; Shelton, Dinah (2004), *International environmental law*, Transnational Publishers, Nueva York.

López Latorre, Andrés Felipe (2020), "In Defence of Direct Obligations for Businesses Under International Human Rights Law", *Business and Human Rights Journal*, vol. 5, núm. 1, pp. 56-83. http://dx.doi.org/10.1017/bhj.2019.27.

Morgera, Elisa (2020), *Corporate Environmental Accountability in International Law*, Oxford University Press, Oxford. http://dx.doi.org/10.1093/oso/9780198738046.001.0001.

Muchlinski, Peter (2014), "Corporations in international law", *Max Planck Encyclopedias of International Law.*

Nasiritousi, Naghmeh; Hjerpe, Mattias; Linnér, Björn-Ola (2016), "The Roles of Non-State Actors in Climate Change Governance: Understanding Agency through Governance Profiles", *International Environmental Agreements: Politics, Law and Economics,* vol. 16, núm. 1, pp. 109-126. http://dx.doi.org/10.1007/s10784-014-9243-8.

O'Neill, Kate (2009), *The Environment and International Relations,* Cambridge University Press, Cambridge.

Orrego Vicuña, Francisco (2002), "Current Trends in Responsibility and Liability for Environmental Harm under International Law", en Koufa, Kalliopi (ed.), *Protection of the Environment for the New Millennium,* Sakkoulas Publications, Atenas.

Pigrau Solé, Antoni (2024), "Empresas, derechos humanos y medio ambiente, tras 12 años desde la adopción de los principios rectores de las Naciones Unidas", en Anglés Hernández, Marisol; Palomino Guerrero, Margarita (coords.), *Nexos entre derecho energético y derecho ambiental: empresas y derechos humanos,* Universidad Nacional Autónoma de México, Instituto de Investigaciones Jurídicas, México, pp. 3-28.

Ratner, Steven R. (2001), "Corporations and Human Rights: A Theory of Legal Responsibility", *Yale Law Journal,* vol. 111, núm. 3, pp. 443-545. http://dx.doi.org/10.2307/797542.

Ratner, Steven R. (2008), "Business", en Bodansky, Daniel; Brunnée, Jutta; Hey, Ellen (eds.), *The Oxford Handbook of International Environmental Law,* Oxford University Press, Oxford, pp. 807-828. http://dx.doi.org/10.1093/oxfordhb/9780199552153.013.0035.

Ruggie, John Gerard (2007), "Business and Human Rights: The Evolving International Agenda", *Corporate Social Responsibility Initiative, Working Paper No. 31.* Cambridge, MA, John F. Kennedy School of Government, Harvard University. http://dx.doi.org/10.2139/ssrn.976547.

Sebastián de Erice Aranda, Lucas; Iglesias Márquez, Daniel (2022), "Empresas transnacionales y el derecho humano a un medioambiente sano: perspectiva ambiental de las propuestas normativas de conducta empresarial responsable", *Nullius: Revista de pensamiento crítico en el ámbito de Derecho,* vol. 3, núm. 2, pp. 131-156. http://dx.doi.org/10.33936/revistaderechos.v3i2.4588.

Tienhaara, Kyla (2022), "Corporations: business and industrial influence", en Harris, Paul G. (ed.), *Routledge Handbook of Global Environmental Politics,* Routledge, Nueva York.

Vázquez, Carlos Manuel (2005), "Direct vs. Indirect Obligations of Corporations under International Law", *Columbia Journal of Transnational Law,* vol. 43, núm. 3, pp. 928-959.

Ward, Halina (2001), "Towards a New Convention on Corporate Accountability? Some Lessons from the Thor Chemicals and Cape PLC Cases", *Yearbook of International Environmental Law,* vol. 12, núm. 1, pp. 105-143. http://dx.doi.org/10.1093/yiel/12.1.105.

5.2. Referencias normativas

5.2.1. Tratados internacionales

Convenio sobre responsabilidad civil en materia de energía nuclear, París, 29 de julio de 1960, modificado por el Protocolo adicional de 28 de enero de 1964, por el Protocolo de 16 de noviembre de 1982 y por el Protocolo de 12 de febrero de 2004, *BOE* núm. 281, de 22 de noviembre de 1975.

Convenio de Bruselas de 1962 sobre la Responsabilidad de los Explotadores de Buques Nucleares y Protocolo adicional, Bruselas, 25 de mayo 1962.

Convención sobre responsabilidad civil por daños nucleares, Viena, 21 de mayo de 1963; OIEA, INFCIRC/500, marzo de 1996.

Convenio de Bruselas sobre responsabilidad civil por daños causados por la contaminación de las aguas del mar por hidrocarburos, Bruselas, 29 de noviembre de 1969; *BOE* núm. 58, 8 de marzo de 1976.

Convenio relativo a la responsabilidad civil en la esfera del transporte marítimo de materiales nucleares, Bruselas, 17 de diciembre de 1971; *BOE* núm. 199, 20 de agosto de 1975.

Convenio sobre el comercio internacional de especies amenazadas de fauna y flora silvestres (CITES); Washington, 3 de marzo de 1973; *BOE*, núm. 181, de 30 de julio de 1986. Enmendada en Bonn el 22 de junio de 1979 y Gaborone el 30 de abril de 1983.

Convenio de 1976 sobre Responsabilidad Civil por Daños Causados por Contaminación con Hidrocarburos Derivada de la Exploración y Explotación de los Recursos Minerales del Lecho Marino, Londres, 17 de diciembre de 1976, 16 *ILM* 1451 (1977).

Protocolo correspondiente al convenio internacional sobre responsabilidad civil por daños causados por la contaminación de las aguas del mar por hidrocarburos, Londres, 19 de noviembre de 1976; *BOE* núm. 30, 4 de febrero de 1982.

Convenio MARPOL 73/78, Convenio internacional para prevenir la contaminación por los buques, Londres, 2 de noviembre de 1973 y Protocolo, Londres, 17 de febrero de 1978; *BOE* núm. 249, de 17 de octubre de 1984.

Convención de las Naciones Unidas sobre el Derecho del Mar, Montego Bay, 10 de diciembre de 1982; *BOE* núm. 39, 14 de febrero de 1997.

Protocolo de Montreal, relativo a las sustancias que agotan la capa de ozono, Montreal, 16 de septiembre de 1987; *BOE* núm. 65, 17 de marzo de 1989.

Convenio de Basilea, sobre el control de los movimientos transfronterizos de los desechos peligrosos y su eliminación, 22 de marzo de 1989; BOE núm. 227, 22 de septiembre de 1994.

Convención Marco de las Naciones Unidas sobre el Cambio Climático; Nueva York, 9 de mayo de 1992; *BOE*, núm. 27, de 1 de febrero de 1994.

Convenio sobre la Diversidad Biológica; Río de Janeiro, 5 de junio de 1992; *BOE*, núm. 27, de 1 de febrero de 1994.

Convención de las Naciones Unidas de Lucha contra la Desertificación en los países afectados por sequía grave o desertificación, en particular en África, París, 17 de junio de 1994; *BOE* núm. 36, de 11 de febrero de 1997.

Convenio de Rotterdam de 1998 sobre el procedimiento del consentimiento fundamentado previo aplicable a ciertos plaguicidas y productos químicos peligrosos objeto de comercio internacional, Rotterdam, 10 de septiembre de 1998; *BOE* núm.73, de 25 de marzo de 2004.

Convenio de Estocolmo sobre contaminantes orgánicos persistentes, Estocolmo el 22 de mayo de 2001; *BOE* núm. 151, de 23 de junio de 2004.

Convención de las Naciones Unidas contra la Corrupción, Nueva York, de 31 de octubre 2003, *BOE* núm. 171, de 19 de julio 2006.

Convenio de Minamata sobre el mercurio, Kumamoto, 10 de octubre de 2013; *BOE* núm. 25, de 29 de enero de 2022.

Acuerdo de París sobre cambio climático, París, 12 de diciembre de 2015; *BOE* núm. 28, 2 de febrero de 2017.

Acuerdo Regional sobre el Acceso a la Información, la Participación Pública y el Acceso a la Justicia en Asuntos Ambientales en América Latina y el Caribe, Escazú, 4 de marzo de 2018. CEPAL.

5.2.2. Otros actos normativos internacionales

AGNU (1948), Resolución 217 (III), "Carta Internacional de los Derechos del Hombre", 10 de diciembre de 1948.

AGNU (1974), Resolución 3201 (S-VI), "Declaración del Establecimiento de un Nuevo Orden Internacional", 1 de mayo 1974.

AGNU (1989), Resolución 44/228, "Conferencia de las Naciones Unidas sobre el Medio Ambiente y el Desarrollo", 22 diciembre 1989.

AGNU (2024), Resolución 79/1, "El Pacto para el Futuro", 22 de septiembre 2024.

CDH (2011), Principios Rectores de las Naciones Unidas sobre empresas y derechos humanos, 2011. Asumidos por el Consejo de Derechos Humanos, mediante su Resolución 17/4, 16 de junio de 2011.

CDH (2014), Resolución 26/9, "Elaboración de un instrumento internacional jurídicamente vinculante sobre las empresas transnacionales y otras empresas con respecto a los derechos humanos", 26 de junio de 2014.

Com.DH (2003), Normas sobre las responsabilidades de las empresas transnacionales y otras empresas comerciales en la esfera de los derechos humanos, 26 de agosto de 2003, Doc. ONU E/CN.4/Sub.2/2003/12/Rev.2.

ECOSOC (1972), Resolución 1721, "Los efectos de las corporaciones multinacionales en el proceso de desarrollo y en las relaciones internacionales", Doc. E/5500/Rev. 1/ ST/ESA/6.

OIT (1998), Declaración de la OIT sobre los principios y derechos fundamentales en el trabajo, adoptada en la 86ª reunión de la Conferencia Internacional del Trabajo (1998) y enmendada en la 110ª reunión (2022).

OIT (2022), Declaración Tripartita de Principios sobre las Empresas Multinacionales y la Política Social, adoptada en su 204ª reunión (noviembre de 1977) y enmendada en sus 279ª (noviembre 2000), 295ª (marzo 2006), 329ª (marzo 2017) y 346ª (noviembre 2022) reuniones, sexta edición, 2022.

NU (1972), Informe de la Conferencia de las Naciones Unidas sobre el Medio Humano Declaración de Estocolmo sobre el Medio Humano, Conferencia de las Naciones Unidas sobre el Medio Humano, Estocolmo, 5 a 16 de junio de 1972, Doc. A/CONF.48/14/Rev.1.

NU (1992), Informe de la Conferencia de Naciones Unidas sobre el Medio Ambiente y el Desarrollo, Declaración de Río sobre el Medio Ambiente y el Desarrollo, Conferencia de las Naciones Unidas sobre el Medio Ambiente y el Desarrollo, Río de Janeiro, 3-14 de junio de 1992, Doc. A/CONF.151/26/Rev.l (Vol. I).

NU (2002), Informe de la Cumbre Mundial sobre el Desarrollo Sostenible Johannesburgo (Sudáfrica), 26 de agosto a 4 de septiembre de 2002, Declaración de Johannesburgo sobre el Desarrollo Sostenible, adoptada en la Cumbre de 2002, Doc. A/CONF/199/20.

UE (2024), Directiva (UE) 2024/1760 del Parlamento Europeo y del Consejo, de 13 de junio de 2024, sobre diligencia debida de las empresas en materia de sostenibilidad y por la que se modifican la Directiva (UE) 2019/1937 y el Reglamento (UE) 2023/285, *DOUE* L 1760, de 5 de julio de 2024

5.2.3. Actos normativos nacionales

Alemania, Ley sobre el deber de diligencia empresarial en las cadenas de suministro, Bundesgesetzblatt Jahrgang 2021 Teil I Nr. 46, de 22 de julio de 2021.

Francia, Ley nº 2017-399 de 27 de marzo de 2017 sobre el deber de diligencia de las sociedades matrices y las sociedades ordenantes., JORF n°0074, de 28 marzo de 2017.

Noruega, Ley nº 42, relativa a la transparencia de las empresas y el trabajo sobre los derechos humanos fundamentales y las condiciones de trabajo dignas, *de 21 de junio de 2024*

5.3. Referencias jurisprudenciales

5.3.1. Otros órganos internacionales de control

Boyd, David (2024), "Informe del Relator Especial sobre la cuestión de las obligaciones de derechos humanos relacionadas con el disfrute de un medio ambiente sin riesgos, limpio, saludable y sostenible", Doc. A/HRC/55/43, 2 de enero 2024.

NCP (2019), National Contact Point for the OECD Guidelines for Multinational Entreprises, *Case of Oxfam Novib, Greenpeace NL, BankTrack and Friends of the Earth (Netherlands) versus the ING*, NCP Final Statement notification 4 NGOs vs ING.

5.3.2. Tribunales nacionales

Países Bajos, Rechtbank Den Haag (2021), District Court of the Hague, Milieudefensie et al. v. Royal Dutch Shell plc. C/09/571932/HA ZA 19-379, 26 May 2021 (Judgment).

5.4. Referencias documentales

AGNU (2014), "Informe del Grupo de Trabajo sobre la cuestión de los derechos humanos y las empresas transnacionales y otras empresas", 5 de agosto 2014, Doc. A/69/263.

CDH (2021), "Informe sobre el séptimo período de sesiones del grupo de trabajo intergubernamental de composición abierta sobre las empresas transnacionales y otras empresas con respecto a los derechos humanos", 29 diciembre 2021, Doc. A/HRC/49/65.

CDH (2022), "Texto del 3er proyecto revisado de instrumento jurídicamente vinculante con las propuestas textuales presentadas por los Estados durante el 7º período de sesiones del Grupo de Trabajo Intergubernamental de Composición Abierta sobre las Empresas Transnacionales y otras Empresas Comerciales en la Esfera de los Derechos Humanos", 28 de febrero 2022, Doc. A/HRC/49/65/Add.1.

CDB (2022), Decisión adoptada por la Conferencia de las Partes en el Convenio sobre la Diversidad Biológica, "Marco Global de Biodiversidad de Kunming-Montreal", 19 de diciembre 2022, Doc. CBD/COP/DEC/15/4.

OCDE (2023), Líneas Directrices de la OCDE para Empresas Multinacionales sobre Conducta Empresarial Responsable, edición de 2023, Doc. OECD-LEGAL-0144.

NU (2000), Secretario General de Unidas, Naciones Unidas, Pacto Mundial de Naciones 2000.

PRI (2005), Principios para la Inversión Responsable de Naciones Unidas, PNUMA-UN Global Compact.

UNICEF (2012); UNICEF, Save the Children, Pacto Mundial de Naciones Unidas, Derechos del Niño y Principios Empresariales, 12 de marzo de 2012.

Capítulo 19

MEDIO AMBIENTE Y COMERCIO INTERNACIONAL

XAVIER FERNÁNDEZ PONS[1]

1. INTRODUCCIÓN

Las relaciones entre la protección del medio ambiente y la liberalización del comercio a escala mundial son complejas y se pueden plantear desde diversos puntos de vista. Desde una perspectiva librecambista suele argumentarse que la liberalización del comercio permite un uso más eficiente de los recursos mundiales, disminuye el coste de productos necesarios para el reciclaje o la transición energética (como los paneles solares o los aerogeneradores) y fomenta el desarrollo económico de los países, que puede acabar favoreciendo mejores políticas ambientales (Van den Bossche 2008, p. 615). En cambio, desde un prisma ambientalista preocupa especialmente que, en un contexto de apertura y globalización de los mercados, ciertos países mantengan unos bajos requisitos ambientales en sus procesos y métodos de producción (PPMs) para reducir costes, aumentar sus exportaciones y fomentar la instalación de industrias en su territorio, propiciando en otros países, a su vez, una menor ambición en sus políticas ambientales o incluso su regresión o *race to the bottom* (Woods 2006).

En teoría, según planteamientos neokantianos defensores de un constitucionalismo cosmopolita, la protección del medio ambiente y la liberalización del comercio podrían conciliarse bien bajo un adecuado marco institucional y normativo global, que conjugase la apertura de los mercados con la efectiva imposición de exigencias ambientales (Petersmann 2013, p. 90). Sin embargo, el sistema jurídico internacional se ha venido caracterizando por una acusada fragmentación y un desequilibrio entre sus diversos regímenes especializados.

Tradicionalmente, el sistema multilateral de comercio, impulsado inicialmente por el Acuerdo General sobre Aranceles Aduaneros y Comercio (GATT) de 1947 y regido por la Organización Mundial del Comercio (OMC) desde 1995, ha centrado sus esfuerzos en la liberalización del comercio de productos y servicios

---

[1] Profesor Titular de Derecho Internacional Público en la Universitat de Barcelona (xavierfernandez@ub.edu). Todas las páginas web mencionadas en este estudio han sido consultadas el 14 de noviembre de 2024. ORCID: https://orcid.org/0000-0003-1372-2742.

a escala mundial (entre países con prioridades, legislaciones y prácticas muy distintas) y sólo se ha venido ocupando tangencialmente de cuestiones ambientales (Juste Ruiz 2003; Fernández Pons 2003; Fernández Egea 2008; Vranes 2009; Van Calster y Prévost 2013).

En particular, el sistema multilateral de comercio se adentra ocasionalmente en cuestiones ambientales en el marco de sus mecanismos para la solución de diferencias, cuando un litigio se refiere a medidas ambientales relacionadas con el comercio (TREMs) y se cuestiona su compatibilidad con las normas comerciales multilaterales.

Interesa precisar aquí que las TREMs consisten en restricciones comerciales u otras medidas que inciden en el comercio (como tributos, reglamentos técnicos, etiquetados, subvenciones...) adoptadas por los Estados u organizaciones como la Unión Europea (UE) invocando como fin la protección del medio ambiente. Las TREMs pueden ser de diversos tipos:

a) Por un lado, en función de su base jurídica, hay: medidas adoptadas en aplicación de un acuerdo multilateral sobre medio ambiente (AMUMA), que en algunos casos incluyen previsiones comerciales, como la Convención sobre Comercio Internacional de Especies Amenazadas de Fauna y Flora Silvestres firmada en Washington en 1973; o medidas adoptadas unilateralmente por un Estado (u organizaciones como la UE) basándose en su propia regulación interna, como la prohibición de ciertos pesticidas dañinos para las abejas y otros polinizadores en la UE (Storck *et al.* 2017).

b) Por otro lado, en función de su objeto, tales medidas pueden referirse: a un producto en cuanto tal (por ejemplo, medidas para prevenir la introducción de especies exóticas que amenazan ecosistemas, hábitats o especies autóctonas); o a PPMs, que pueden ser, a su vez, de dos subtipos: *product-related* (pr-PPMs), que dejan traza en el producto final, como una regulación sobre el límite máximo de residuos de plaguicidas en frutas y verduras; o *non-product-related* (npr-PPMs), que inciden en el medio ambiente sin reflejarse en las características físicas del producto final, como una prohibición de importar atún pescado con métodos que causen la muerte accidental de delfines o la imposición de un pago en frontera en función de las emisiones de carbono generadas durante la producción de acero importado.

Las TREMs adoptadas aplicando explícitas previsiones comerciales de un AMUMA no acostumbran a generar disputas comerciales, particularmente si todos los países afectados han consentido tales acuerdos (Yeater y Vásquez 2001, p. 271). Las TREMs más controvertidas suelen ser las unilaterales sobre npr-PPMs, que acostumbran a ser percibidas, particularmente por países en desarrollo afectados por las mismas, como formas de proteccionismo verde o de indebida injerencia extraterritorial, recordando que, según el Principio 12 de la Declaración de Río de Janeiro sobre el Medio Ambiente y el Desarrollo de 1992, se "debería evitar tomar medidas unilaterales para solucionar los problemas ambientales que se producen fuera de la jurisdicción del país importador" y que las "medidas destinadas a tratar los problemas ambientales transfronterizos o mundiales deberían, en la medida de lo posible, basarse en un consenso internacional" (NU 1992). Sin perjuicio de ello, los países más avanzados están haciendo un creciente uso de este polémico tipo de TREMs, cuyas condiciones para ser compatibles con las normas comerciales multilaterales son muy debatidas entre la doctrina (Conrad 2011; Cooreman 2017; Maggio 2017; Sifonios 2018).

Este capítulo examinará, sucintamente, cómo ha ido evolucionando la consideración del medio ambiente en la regulación del comercio internacional a escala mundial. A tal fin y tras esta introducción: el apartado segundo examinará cómo se planteó la cuestión del medio ambiente en los orígenes del sistema multilateral de comercio; el apartado tercero se ocupará de los polémicos asuntos *Atún-Delfines* planteados bajo el antiguo sistema del GATT de 1947; el apartado cuarto evaluará cómo abordaron la cuestión ambiental los Acuerdos de Marrakech de 1994, que llevaron a la creación de la OMC; el apartado quinto se referirá a algunas diferencias sobre TREMs examinadas bajo la vigente OMC, prestando una especial atención al asunto *Estados Unidos - Camarones*, que es uno de los mayores hitos en la búsqueda de una conciliación entre comercio y medio ambiente por vía interpretativa; el apartado sexto aludirá a las negociaciones y los debates sobre aspectos ambientales que se han venido impulsando en el marco de la OMC y su Ronda de Doha; el apartado séptimo se dedicará a las crecientes previsiones sobre medio ambiente incluidas en acuerdos comerciales preferenciales, como los celebrados por la UE con terceros países.

2. EL MEDIO AMBIENTE EN LOS ORÍGENES DEL SISTEMA MULTILATERAL DE COMERCIO

Cuando se adoptó el GATT de 1947, en el contexto de la postguerra mundial, las cuestiones ambientales todavía eran muy poco relevantes en la agenda internacional. El preámbulo de dicho tratado reflejó una concepción del desarrollo extractivista y productivista, previendo que el comercio internacional debería tender a "la utilización completa de los recursos mundiales y al acrecentamiento de la producción y de los intercambios de productos" (GATT).

En el texto del GATT de 1947 no se incluyó ninguna explícita mención al medio ambiente. Sus principios básicos se centraron en el acceso a los mercados (incluyendo la prohibición general de restricciones cuantitativas a las importaciones en su art. XI) y en la no discriminación entre productos similares (en virtud de los principios de trato general de la nación más favorecida, en su art. I, y de trato nacional en materia de tributación y reglamentación interiores, en su art. III). El análisis de la similitud entre productos se focalizó, principalmente, en sus características físicas y usos comerciales, soslayando posibles distinciones basadas en npr-PPMs (GATT 1970, párr. 18).

Las excepciones contempladas en el GATT de 1947 reconocieron que una Parte Contratante podía justificar medidas incompatibles con los principios básicos para atender a ciertos fines legítimos, que, pese a no referirse explícitamente a la protección del medio ambiente, podrían acabar amparando ciertas medidas adoptadas por motivos ambientales. Así, dentro del art. XX, titulado "Excepciones generales", se cubrieron, en particular: medidas "necesarias para la protección de la salud o la vida de las personas y la preservación de los vegetales" (apdo. b), pensadas esencialmente para justificar medidas de cuarentena u otras medidas sanitarias o fitosanitarias tendentes a limitar o impedir el acceso dentro del territorio de una Parte Contratante de productos nocivos o que puedan transmitir enfermedades, como la peste porcina o la fiebre aftosa; y medidas "relativas a la conservación de los recursos naturales agotables" (apdo. g), que, de entrada, parecían vincularse fundamentalmente a la conservación de recursos naturales no renovables, como los minerales y los hidrocarburos. El tenor de estas previsiones no dejaba claro si únicamente se referían a cuestiones relativas al producto final (por ejemplo, sobre la toxicidad de un ingrediente) o si también podrían llegar a justificar medidas sobre npr-PPMs, siendo incierto el alcance territorial de tales excepciones (Fernández Egea 2008, pp. 238-241). Además, el art. XX también requirió cumplir con las condiciones previstas en su cláusula introductoria (encabezamiento o *chapeau*), previendo que las medidas en litigio no deben aplicarse en forma que constituyan "un medio de discriminación arbitrario o injustificable entre los países en que prevalezcan las mismas condiciones, o una restricción encubierta al comercio internacional", que son unos términos de compleja interpretación.

En 1971, coincidiendo con la preparación de la Conferencia de Estocolmo sobre el Medio Ambiente Humano de 1972, el entonces Director General del GATT de 1947 estableció un grupo sobre Medidas Ambientales y Comercio Internacional (EMIT), pero sus actividades fueron muy poco significativas (Nordström y Vaughan 1999, pp. 67-72).

En la Ronda de Tokio (1973-1979) se adoptó un primer Acuerdo sobre Obstáculos Técnicos al Comercio (AOTC) de 1979, donde se reconoció que las especificaciones técnicas de los productos podían adoptarse, entre otros legítimos motivos, para la protección del "medio ambiente" (art. 2.2), pero se precisó que las especificaciones técnicas se referían a "las características requeridas de un producto, tales como los niveles de calidad, las propiedades evidenciadas durante su empleo, la seguridad, las dimensiones" (Anexo 1.1), sin aludir a npr-PPMs.

3. LOS PRIMEROS ASUNTOS *ATÚN-DELFINES*

A principios de los años noventa, ya en las postrimerías del sistema del GATT de 1947, se plantearon unos primeros asuntos sobre una TREM unilateral basada en npr-PPMs, aludidos habitualmente como asuntos *Atún-Delfines*. El primer asunto, planteado por México contra los Estados Unidos y conocido como *Estados Unidos - Atún (México)*, concluyó con un informe de un Grupo Especial distribuido en septiembre de 1991, que evidenció una acentuada reluctancia del sistema del GATT de 1947 a una posible justificación de dicho tipo de medidas (GATT 1991). Interesa recordar, seguidamente, algunos de los aspectos más relevantes de tal asunto.

En noviembre de 1990, México solicitó la celebración de consultas con los Estados Unidos con respecto a las restricciones a la importación de atún y productos del atún que estos últimos habían establecido invocando la protección de los delfines. Los Estados Unidos habían observado que en ciertas zonas marinas, particularmente en áreas tropicales del océano Pacífico, suelen convivir en un mismo hábitat atunes y delfines. En tales circunstancias, cuando el atún es capturado con redes de cerco, se puede causar la muerte accidental de numerosos delfines. Los Estados Unidos impusieron a los buques bajo su jurisdicción el uso de ciertos procedimientos para eliminar o reducir tales muertes accidentales de delfines. Paralelamente, los Estados Unidos establecieron una prohibición de importaciones de atún y productos del atún originarios de otros países que, en parecidas circunstancias, no adoptasen un régimen de ese estilo, lo que afectó especialmente a México.

En su reclamación, México alegó que tales restricciones estadounidenses eran incompatibles con algunos principios básicos del GATT de 1947, como el principio de eliminación general de las restricciones cuantitativas, recogido en el art. XI, y el principio de trato nacional en materia de reglamentaciones interiores del art. III:4, alegando que el atún capturado por buques mexicanos y el atún capturado por buques estadounidenses son productos similares y que "las medidas que regulaban un producto no podían hacer jurídicamente una discriminación entre productos nacionales e importados sobre la sola base del proceso de producción" (GATT 1991, párr. 3.16). Los Estados Unidos trataron de justificar sus restricciones alegando las excepciones generales del art. XX contenidas en sus indicados apdos. b) y g), pero México replicó que el apdo. b) "no es de aplicación a una medida impuesta para proteger la vida y la salud de los animales fuera de la jurisdicción de la Parte Contratante que la adopta" y que el apdo. g) "no puede aplicarse de manera extrajurisdiccional" (GATT 1991, párrs. 5.24 y 5.30).

El Grupo Especial acogió, en gran medida, los argumentos de México y dio un notable peso a la interpretación histórica del GATT de 1947, refiriéndose reiteradamente a sus *travaux préparatoires*. El Grupo Especial concluyó que las restricciones a las importaciones de atún impuestas por los Estados Unidos eran incompatibles con el principio de eliminación general de las restricciones cuantitativas del art. XI y no podían quedar justificadas bajo el art. XX b), observando que las preocupaciones de los redactores de este precepto "se centraban en la utilización de las medidas sanitarias para salvaguardar la vida o la salud de las personas, de los animales y de las plantas dentro de la jurisdicción del país importador"; ni bajo el art. XX g), que "tiene por objeto permitir a las Partes Contratantes adoptar medidas comerciales primordialmente encaminadas a hacer efectivas las restricciones de la producción o del consumo dentro de su jurisdicción", rechazando la "interpretación extrajurisdiccional" propuesta por los Estados Unidos para conservar recursos naturales agotables situados en el extranjero (GATT 1991, párrs. 5.26, 5.31 y 5.32). Según el Grupo Especial, los problemas ambientales extrajurisdiccionales se tenían que afrontar "mediante la negociación de acuerdos de cooperación internacional" (GATT 1991, párr. 5.28), dejando sin respuesta qué hacer si tales negociaciones acababan siendo infructuosas. Con esta interpretación del Grupo Especial parecía cerrarse secamente la puerta a una posible justificación de TREMs unilaterales sobre npr-PPMs, dada la proyección extraterritorial de las mismas. Los Estados Unidos se mostraron muy contrariados con este informe e impidieron su adopción.

En marzo de 1992, poco después de la distribución del comentado informe, la entonces llamada Comunidad Económica Europea (CEE) o Comunidades Europeas (CE) presentó otra reclamación contra los Estados Unidos sobre esta misma cuestión, dando lugar al asunto *Estados Unidos - Atún (CEE)*. En este caso, la CEE reclamó contra las restricciones que los Estados Unidos también impusieron a la importación de atún que procediera de países intermediarios (como, por ejemplo, España o Italia) que se abastecían de atún originario de países (como México) carentes de medidas para impedir la muerte accidental de delfines como las estadounidenses.

El Grupo Especial distribuyó su informe en junio de 1994 (GATT 1994). Este nuevo informe llegó, sustancialmente, a un mismo resultado que en el previo asunto planteado por México. El Grupo Especial concluyó que las restricciones estadounidenses eran incompatibles con principios básicos del GATT de 1947 y no podían justificarse bajo ninguna de sus excepciones. En este asunto, el Grupo Especial puso un especial énfasis en que las excepciones generales del art. XX se tenían que interpretar "estrictamente" y no podían permitir que un país estableciera unilateralmente "medidas comerciales para obligar a otras Partes Contratantes a modificar sus políticas dentro de su jurisdicción, incluidas sus políticas de conservación", pues ello menoscabaría gravemente "el derecho de acceso a los mercados" (GATT 1994, párr. 5.26). Según esto, tales cuestiones tendrían que abordarse necesariamente mediante la cooperación internacional. Los Estados

Unidos también impidieron que este otro informe fuese adoptado por las Partes Contratantes del antiguo sistema del GATT de 1947.

Entre los ambientalistas abundaron las críticas a los informes sobre tales asuntos *Atún-Delfines*, que vieron como un claro ejemplo de la escasa sensibilidad ambiental del entonces vigente sistema multilateral de comercio, que anteponía la liberalización del acceso a los mercados a la conservación de ciertas especies y otros retos ambientales globales, señalando la imperiosa necesidad de "enverdecerlo" (Esty 1994).

4. EL MEDIO AMBIENTE EN LOS ACUERDOS DE MARRAKECH DE 1994

Las negociaciones comerciales multilaterales de la Ronda Uruguay (1986-1994) se realizaron en un contexto internacional muy favorable a la globalización económica y a la expansión y el fortalecimiento del sistema multilateral de comercio. Tales negociaciones culminaron con los Acuerdos de Marrakech, firmados el 15 de abril de 1994, que entraron en vigor el 1 de enero de 1995 y crearon la vigente OMC.

En el preámbulo del Acuerdo de Marrakech por el que se estableció la OMC (Acuerdo sobre la OMC) se incluyó una explícita mención al desarrollo sostenible y al medio ambiente. Así, en contraste con el citado preámbulo del GATT de 1947 que se refería a "la utilización completa de los recursos mundiales", este nuevo preámbulo alude a "la utilización óptima de los recursos mundiales de conformidad con el objetivo de un desarrollo sostenible y procurando proteger y preservar el medio ambiente". Hay que tener en cuenta que, muy poco antes, la Cumbre de Río de 1992 había consolidado a escala mundial la noción de desarrollo sostenible y difícilmente podría haberse prescindido de esas genéricas alusiones. Ahora bien, las referencias al desarrollo sostenible y al medio ambiente en el resto de los Acuerdos de Marrakech son escasas, como evidencian los siguientes ejemplos.

El GATT de 1947 fue reemplazado formalmente por el GATT de 1994, pero su texto casi no cambió, siendo llamativo que la redacción de las excepciones generales en su art. XX se haya mantenido igual, sin incorporar ninguna explícita referencia al medio ambiente, la biodiversidad o el cambio climático ni clarificar la espinosa cuestión del alcance territorial o jurisdiccional de sus diversos apartados.

El Acuerdo General sobre el Comercio de Servicios (AGCS) incluyó una previsión sobre excepciones generales en su art. XIV, que se limitó, esencialmente, a reproducir las previsiones del clásico art. XX del GATT de 1947 y de 1994, con la criticable ausencia de un apartado sobre medidas relativas a la conservación de recursos naturales agotables.

El nuevo AOTC mantiene escuetas referencias a la protección del medio ambiente. En las definiciones contenidas en el Anexo 1.1 y el Anexo 1.2, prevé, en una primera frase, que las especificaciones técnicas (concretadas en reglamentos técnicos, cuya observancia es obligatoria, o en *standards*, cuya observancia no es obligatoria) pueden referirse, con carácter general, a "las características de un producto o los procesos y métodos de producción con ellas relacionados", expresión equivalente a pr-PPMs. En una segunda frase, que se refiere, entre otras, a las prescripciones en materia de "etiquetado", prevé que éstas pueden aplicarse a "un producto, proceso o método de producción", sin precisar, en este caso, si cubre únicamente pr-PPMs (como en la citada definición general de la primera frase) o también puede cubrir un etiquetado sobre npr-PPMs, interpretación que facilitaría la admisión de etiquetados informando sobre la sostenibilidad de los procesos o métodos de producción bajo el AOTC, pero que, de entrada, fue muy controvertida (Fernández Pons y Baroncini 2004, pp. 142-146).

El Acuerdo sobre Medidas Sanitarias y Fitosanitarias (AMSF) se refiere a medidas para proteger la salud y la vida de las personas y de los animales o para preservar los vegetales "en el territorio del Miembro" de los riesgos resultantes de la entrada, radicación o propagación de plagas, enfermedades, aditivos, contaminantes, toxinas, etc. (Anexo A.1). El AMSF contempla, pues, medidas de protección territoriales y no se ocupa de medidas sobre npr-PPMs, que tienen un alcance extraterritorial.

El plurilateral Acuerdo sobre Contratación Pública (ACP) de 1994, celebrado principalmente entre economías avanzadas, no incorporó en su texto original, sorprendentemente, ninguna referencia explícita al medio ambiente ni a una contratación pública sostenible.

Las escasas alusiones de los Acuerdos de Marrakech a cuestiones ambientales fueron compensadas, en alguna medida, con la Decisión Ministerial de Marrakech sobre Comercio y Medio Ambiente, que llevó a la creación del Comité sobre Comercio y Medio Ambiente (CCMA) de la OMC (Ronda Uruguay 1994). La agenda del CCMA es amplia y ha venido manteniendo cuantiosos debates para tratar de conciliar el comercio internacional con la protección del medio ambiente, abordando cuestiones como las relaciones entre la OMC y los AMUMA, los tributos para fines ambientales, las exportaciones de productos prohibidos a nivel doméstico o el etiquetado ecológico (Gabler 2010; Sinha 2013). En el CCMA se han identificado diversos temas sobre comercio y medio ambiente sobre los que interesaría tener unas previsiones jurídicas más claras dentro del sistema multilateral de comercio, pero el CCMA no tiene poderes decisorios propios y la concreción jurídica de su labor depende de las negociaciones y el consenso entre los Miembros de la OMC, que, como se detallará más adelante, han acabado dando, hasta la fecha, pocos frutos.

5. DIFERENCIAS SOBRE COMERCIO Y MEDIO AMBIENTE EN LA ORGANIZACIÓN MUNDIAL DEL COMERCIO

Ante las parcas previsiones de los Acuerdos de Marrakech sobre medio ambiente y el limitado alcance de la labor del CCMA, es comprensible el destacado rol que han venido teniendo el sistema de solución de diferencias de la OMC y sus órganos resolutorios (Grupos Especiales y Órgano de Apelación) a la hora de interpretar la compatibilidad de ciertas TREMs con las vigentes normas de la OMC.

Bajo el sistema de solución de diferencias de la OMC se han venido planteando diversos casos sobre comercio y medio ambiente, principalmente vinculados, en ocasiones, con cuestiones sanitarias (como, por ejemplo, los asuntos *Brasil - Neumáticos recauchutados, CE - Amianto, CE - Productos biotecnológicos y Estados Unidos - Gasolina*) o de bienestar animal (como el asunto *CE - Productos derivados de las focas*) y que han sido ampliamente analizados por la doctrina (Marceau y Wyatt 2013; Cosbey y Mavroidis 2014; Trachtman 2017; Gomula 2021).

Por razones de espacio, este apartado se focalizará en algunos asuntos sobre TREMs adoptadas unilateralmente y basadas en npr-PPMs para la conservación extraterritorial de recursos naturales agotables, por tratarse de medidas especialmente controvertidas. La disputa más relevante de este tipo es el asunto *Estados Unidos - Camarones,* que es visto como un hito sistémico en la interpretación de las normas comerciales multilaterales (Yavitz 2001; Howse 2002). Cumple pues referirse, en primer lugar, a este caso. Sucesivamente, se aludirá a otros asuntos que han seguido su senda.

5.1. Asunto Estados Unidos - Camarones

Los hechos de este caso se parecen mucho a los de los comentados asuntos *Atún-Delfines* planteados bajo el GATT de 1947. También es conocido como asunto *Camarones-Tortugas,* se refiere a una restricción comercial unilateral basada en npr-PPMs y permite observar la nueva aproximación del Órgano de Apelación de la OMC a la cuestión.

Las partes reclamantes fueron cuatro países (India, Malasia, Pakistán y Tailandia) que, en octubre de 1996, solicitaron consultas con los Estados Unidos sobre la prohibición que habían impuesto a la importación de camarones y productos del camarón originarios de tales países asiáticos (OMC 1996). Los Estados Unidos observaron que los camarones y las tortugas marinas coexisten en ciertas aguas y que la pesca de los camarones mediante redes suele comportar la muerte accidental de tortugas marinas, siendo especies silvestres en peligro de extinción. Los Estados Unidos impusieron, dentro de su jurisdicción, el uso de unos filtros para evitar tales capturas accidentales de tortugas, llamados *turtle excluder devices* (TEDs). Los Estados Unidos constataron que en otros países no se utilizan tales TEDs y decidieron prohibir la importación de camarones originarios de esos países, alegando que así contribuían a la conservación de las tortugas marinas en el mundo. Los países asiáticos afectados alegaron que esta prohibición era contraria a principios básicos del vigente GATT de 1994. Los Estados Unidos fundamentaron su defensa, principalmente, en la excepción general del art. XX g) del GATT de 1994, alegando que se trataba de una medida "relativa a la conservación de los recursos naturales agotables".

El Grupo Especial, en su informe distribuido en mayo de 1998, rechazó los argumentos de los Estados Unidos y mantuvo una línea de interpretación muy parecida a la de los previos asuntos *Atún-Delfines*, mostrándose totalmente contrario a que un Miembro adoptase medidas comerciales unilaterales para inducir a otros a "modificar sus políticas dentro de su jurisdicción, incluidas sus políticas de conservación" (OMC 1998a, párr. 7.46).

Sin embargo, el Órgano de Apelación, en su informe distribuido en octubre de 1998, asumió gran parte de los argumentos estadounidenses (OMC 1998b). Observó que las previsiones del GATT de 1994 deben ser interpretadas a la luz del preámbulo del Acuerdo sobre la OMC, que alude expresamente, como se ha visto, al "objetivo de un desarrollo sostenible" (OMC 1998b, párr. 129). Interpretó que la noción "recursos naturales agotables" no sólo se refiere, como pretendían las partes reclamantes, a recursos inertes no renovables y también incluye recursos vivos y renovables, como las tortugas marinas, teniendo en cuenta explícitamente la Declaración de Río de 1992 y otros instrumentos internacionales ambientales (OMC 1998b, párrs. 130-132).

Con respecto a la controvertida cuestión de si el apdo. g) puede cubrir medidas para la protección de recursos naturales agotables con un alcance extraterritorial, el Órgano de Apelación no quiso entrar en la cuestión de si hay una limitación jurisdiccional implícita en dicho precepto, pero encontró una salida casuística a la cuestión, observando que "las tortugas marinas son animales altamente migratorios" y advirtiendo que "en las circunstancias específicas del caso que nos ocupa, existe un vínculo suficiente entre las poblaciones migratorias y marinas amenazadas del caso y los Estados Unidos" (OMC 1998b, párr. 133). Esta referencia al "vínculo suficiente" abría la puerta a la posible justificación de restricciones comerciales unilaterales basadas en npr-PPMs.

Sin perjuicio de todos estos avances, el indicado informe del Órgano de Apelación de 1998 acabó concluyendo que la forma en que los Estados Unidos habían aplicado esta restricción no cumplía con las condiciones requeridas por la citada cláusula introductoria o *chapeau* del art. XX. En concreto, el Órgano de Apelación estimó que, en la aplicación de la medida estadounidense, se incurría en discriminaciones injustificables o arbitrarias por, entre otros motivos: requerir, de forma muy rígida e inflexible, el uso de TEDs como los usados en los Estados Unidos, sin contemplar adecuadamente otros posibles métodos con una efectividad comparable; y haberse adoptado, pese a su objetivo de conservar recursos naturales situados fuera de la jurisdicción estadounidense, sin hacer un previo esfuerzo de cooperación con los países asiáticos, situación que contrastaba con las negociaciones llevadas a cabo por los Estados Unidos con otros países interesados del continente americano (OMC 1998b, párrs. 165-186).

Tras este informe, los Estados Unidos mejoraron diversos aspectos de su medida, aplicándola de un modo más flexible (admitiendo métodos alternativos al empleo de TEDs con una eficacia comparable) y trataron de cooperar con los países asiáticos al respecto. Todos los países reclamantes ajustaron la pesca del camarón a los nuevos planteamientos estadounidenses, salvo Malasia, que se negó a cooperar y siguió permitiendo técnicas para la pesca de camarones que conllevaban la muerte accidental de tortugas marinas. Los Estados Unidos levantaron la prohibición a la importación de camarones originarios de India, Pakistán y Tailandia, pero la mantuvieron para Malasia. En octubre de 2000, Malasia alegó que los Estados Unidos no habían cumplido con lo determinado desde la OMC y solicitó, de conformidad con los procedimientos sobre el cumplimiento previstos en el art. 21.5 del Entendimiento sobre Solución de Diferencias (ESD), que la cuestión debía ser remitida al Grupo Especial original (OMC 2000).

Sobre esta reclamación de Malasia, tanto el informe del Grupo Especial, distribuido en junio de 2001 (OMC 2001a), como el informe del Órgano de Apelación, distribuido en octubre de 2001 (OMC 2001b), concluyeron que la persistente prohibición estadounidense a la importación de camarones de Malasia era plenamente compatible con el GATT de 1994, pues, aunque la medida fuese contraria a ciertos principios básicos, quedaba amparada bajo el apdo. g) de su art. XX y ya respetaba todas las condiciones de su *chapeau*.

En suma, el caso *Estados Unidos - Camarones* acabó evidenciando que las normas de la OMC pueden llegar a admitir restricciones comerciales basadas en npr-PPMs y adoptadas unilateralmente por un Miembro para la conservación de recursos naturales situados más allá de su territorio, si previamente ha hecho serios esfuerzos de cooperación y cumple con otras condiciones del *chapeau* (Charnovitz 2002).

5.2. Asunto Estados Unidos - Atún II (México)

Los hechos del asunto *Estados Unidos - Atún II (México)* conectan con los de los asuntos *Atún-Delfines* planteados bajo el antiguo sistema del GATT de 1947, pero esta nueva reclamación de México, que solicitó consultas con los Estados Unidos en octubre de 2008, se refiere exclusivamente al etiquetado *dolphin safe* (OMC 2008). Dicho etiquetado estadounidense se basa en npr-PPMs, pues informa a los consumidores de que el atún ha sido pescado con métodos que evitan la muerte accidental de delfines. México no impugnó la existencia de dicho etiquetado en cuanto tal, pero cuestionó por qué la normativa estadounidense exigía mayores requisitos para otorgar tal etiquetado al atún pescado en el océano Pacífico Tropical Oriental, que es donde habitualmente faenan la mayoría de los atuneros mexicanos, que al atún pescado en otras áreas marinas.

Los informes sobre este asunto del Grupo Especial (OMC 2011) y del Órgano de Apelación (OMC 2012), se dedicaron a examinar, en particular, el etiquetado *dolphin safe* bajo el AOTC, que contiene previsiones específicas sobre etiquetado. Como se ha visto, el alcance de la definición de "reglamento técnico" del Anexo 1.1 del AOTC en cuanto a prescripciones sobre etiquetado no quedaba claro, dándose interpretaciones amplias, partidarias de que cubriría cualquier tipo de PPM, y otras interpretaciones restrictivas, sosteniendo que únicamente cubriría pr-PPMs. En este asunto, los órganos resolutorios de la OMC han asumido una interpretación amplia, facilitando que posibles etiquetados que informen sobre npr-PPMs, como los relativos a la madera o el papel procedentes de fuentes sostenibles o mostrando la huella ecológica de los productos, puedan ser considerados compatibles con las normas de la OMC (Appleton 2015).

Ahora bien, que un etiquetado sobre npr-PPMs quede cubierto bajo las definiciones del AOTC no significa que ya esté plenamente justificado, pues obviamente tendrá que cumplir con las diversas previsiones del propio AOTC, como las relativas a la no discriminación, la transparencia y la armonización. Así, en este caso, el Órgano de Apelación concluyó, en su informe de 2012, que el etiquetado *dolphin safe* era incompatible con el art. 2.1 del AOTC, pues el mayor nivel de exigencia para la pesca del atún en el Pacífico Tropical Oriental en comparación con otras áreas marinas no estaba bien fundamentado (OMC 2012, párrs. 298, 299 y 407).

A continuación, los Estados Unidos introdujeron sucesivas reformas en su normativa sobre el etiquetado *dolphin safe*, incrementando los requisitos para la pesca del atún en otras áreas marinas y, finalmente, tras sucesivos informes sobre el cumplimiento, el Órgano de Apelación concluyó, en un informe distribuido en diciembre de 2018, que la vigente regulación del etiquetado *dolphin safe* ya es plenamente compatible con las normas de la OMC (OMC 2018, párrs. 7.2, 7.10 y 7.14).

5.3. Asunto UE y determinados Estados miembros - Aceite de palma (Malasia)

Aunque, como se ha visto, las TREMs unilaterales sobre npr-PPMs se han referido, tradicionalmente, a la protección de especies silvestres de fauna marina, en los últimos años están aprobándose (particularmente por la UE) algunas medidas de ese tipo contra el cambio climático, que se refieren a otras externalidades negativas para el medio ambiente resultantes del proceso de producción en los países de origen, teniendo en cuenta la huella de carbono o la deforestación (Fajardo del Castillo 2021, pp. 152-161; Dobson 2023).

Tales medidas son muy polémicas y una de ellas ya ha dado lugar a un informe de un Grupo Especial sobre el asunto *UE y determinados Estados miembros - Aceite de palma (Malasia)*, que fue distribuido en marzo de 2024, no fue recurrido por ninguna de las partes y ha sido adoptado por el Órgano de Solución de Diferencias (OSD) el 26 de abril de 2024 (OMC 2024a). Interesa precisar que otro asunto muy parecido fue planteado contra la UE por Indonesia, pero, al cierre del presente escrito, el Grupo Especial todavía no ha distribuido su informe debido a la reiterada suspensión de sus trabajos que ha ido solicitando Indonesia (OMC 2024b). Por tal motivo, este epígrafe se ciñe a la reclamación presentada por Malasia.

La medida en litigio se refiere a ciertos aspectos de la normativa de la UE para el fomento de energías renovables, que tratan de favorecer el consumo de aquellos biocombustibles que se puedan considerar sostenibles y figuran en la Directiva (UE) 2018/2001 sobre energía renovable (UE 2018) y el Reglamento Delegado (UE) 2019/807 (UE 2019). Según esta normativa, para determinar si un biocombustible es sostenible debe tenerse en cuenta el riesgo de que su producción conlleve un cambio indirecto del uso de la tierra (CIUT). Ello tiene lugar cuando dedicar tierras al cultivo de una materia prima para la producción de biocombustibles (como la colza, la palma aceitera, la soja o el girasol) conlleva una expansión de las tierras agrícolas a costa de tierras con elevadas reservas de carbono, como son los bosques, los humedales y las turberas, aumentando las emisiones de gases de efecto invernadero (GEI). La UE calculó que la única materia prima con riesgo elevado de CIUT es la palma aceitera, cuyo cultivo se ha expandido mucho (especialmente en algunos países tropicales) para la producción de biodiésel de aceite de palma.

Los dos principales productores de aceite de palma a escala mundial, Indonesia y Malasia, consideraron que la UE estaría discriminando indebidamente al biodiésel de aceite de palma, al denegarle generalmente la calificación de biocombustible sostenible y excluirlo de las medidas para fomentar el uso de energías renovables, y presentaron sendas reclamaciones ante la OMC.

El citado informe del Grupo Especial sobre la reclamación presentada por Malasia ha examinado la medida en litigio a la luz, entre otras previsiones de la

OMC, de los principios básicos y las excepciones del GATT de 1994. Al respecto, ha considerado, de entrada, que la medida es incompatible con los principios de no discriminación entre productos similares, entendiendo que el biocombustible producido a partir del aceite de palma es un producto similar al biocombustible extraído del aceite de colza y del aceite de soja, pues sus propiedades físicas y usos finales se parecen mucho, sin dar relevancia en este punto a que el biocombustible de aceite de palma pueda tener una mayor vinculación con cambios (directos o indirectos) de los usos de la tierra (OMC 2024a, párrs. 7.988 y 7.1024).

El Grupo Especial ha considerado que la medida en litigio sí puede ampararse, provisionalmente, bajo el apdo. g) del art. XX, estimando que las medidas destinadas a restringir el consumo de biocombustibles con un elevado riesgo de CIUT guardan relación con la conservación de un "recurso natural agotable", como son "las tierras con elevadas reservas de carbono (bosques, humedales y turberas)" (OMC 2024a, párr. 7.1076).

Con respecto al alcance extraterritorial de la medida, el Grupo Especial ha llegado a afirmar que los objetivos legítimos establecidos en los apdos. b) y g) del art. XX no tienen "ninguna limitación jurisdiccional o territorial inherente" (párr. 7.311). En cualquier caso, el Grupo Especial estima que la UE tiene un "vínculo suficiente" para tomar una medida basándose en perjuicios ambientales derivados de cambios del uso de la tierra que pueden tener lugar en muy diversos países. El informe constata que ello se relaciona con las emisiones de GEI, "que están vinculadas al cambio climático" y "el cambio climático es un fenómeno de carácter inherentemente mundial", observando que la medida en litigio no pretende regular las emisiones de GEI fuera de la UE, sino limitar la "demanda de la UE" de aquellos biocombustibles cuya producción puede conllevar más riesgos para la conservación de bosques y otras tierras con elevadas reservas de carbono (OMC 2024a, párrs. 7.314 y 7.315).

Hasta aquí, el informe del Grupo Especial es muy favorable a la UE, pero, al examinar la medida en litigio bajo el *chapeau* del art. XX, el Grupo Especial ha concluido que la UE ha incurrido en discriminaciones arbitrarias o injustificables entre países en que prevalecen las mismas condiciones porque "no realizó un examen oportuno de los datos utilizados para determinar qué biocombustibles son biocombustibles con riesgo elevado de CIUT" y porque "hay deficiencias en el diseño y la aplicación de los criterios y el procedimiento de certificación de bajo riesgo de CIUT" (OMC 2024a, párrs. 7.1097 y 7.1099).

Pese a que la medida en litigio no haya superado este último escollo, entre la doctrina se considera que este informe supone una victoria de fondo para la UE (Baldon, Braoudakis y Beghin 2024; Norris 2024). Así, al margen de las deficiencias de carácter procedimental detectadas, se reconoce que un Miembro de la OMC puede, mediante una medida unilateral, condicionar la comercialización de un determinado producto en su mercado en función de perjuicios ambientales (como la expansión de tierras agrícolas en detrimento de bosques y otros sumideros de carbono) originados en otros países y aunque no dejen una traza física en el producto final.

5.4. Balance

Los asuntos recién comentados evidencian cómo los órganos resolutorios de la OMC, rompiendo con los planteamientos de los primeros asuntos *Atún-Delfines* examinados bajo el GATT de 1947, se han ido mostrando favorables a la admisión de TREMs unilaterales sobre npr-PPMs. Mediante una interpretación evolutiva, atenta al objetivo de un desarrollo sostenible incluido en preámbulo del Acuerdo sobre la OMC y a diversos instrumentos internacionales sobre medio ambiente, tales órganos resolutorios han asumido una noción amplia de recursos naturales agotables y han admitido medidas con un alcance extraterritorial si se constata un "vínculo suficiente" entre el Miembro regulador y las actividades reguladas.

En cualquier caso, la interpretación del *chapeau* del art. XX del GATT de 1994 (en particular, de su exigencia de que las medidas en litigio no incurran en "discriminación arbitraria o injustificable entre los países en que prevalezcan las mismas condiciones") sigue planteando complejos interrogantes.

Por ejemplo, algunas TREMs unilaterales sobre npr-PPMs aprobadas por la UE implementando el Pacto Verde Europeo, como el Mecanismo de Ajuste en Frontera por Carbono (MAFC) o la nueva normativa contra la importación de mercancías (como el cacao, el café, la madera o la soja y derivados) cuya producción esté asociada a deforestaciones recientes, siguen suscitando discusiones entre los Miembros de la OMC y la doctrina, particularmente con respecto a si se cumplen las condiciones del *chapeau* (UE 2023a, UE 2023b). Centrándonos en el MAFC, la UE sostiene que la imposición de un pago en frontera a las importaciones de ciertos productos (como el acero, el aluminio o el cemento) por las emisiones de carbono liberadas en su proceso de producción, con un importe equivalente al de los derechos de emisión adquiridos por los productores dentro de la propia UE, supone dar un trato equivalente a todos los operadores implicados. Sin embargo, desde el punto de vista de los países en desarrollo y menos adelantados, se alega que no debería darse un mismo trato a productos originarios de tales países, teniendo en cuenta el principio de responsabilidades comunes pero diferenciadas recogido, particularmente, en la citada Declaración de Río de 1992 (Principio 7) y en el régimen mundial contra el cambio climático (Marín Durán 2023; Leonelli 2023; Fernández Pons 2024). La actual jurisprudencia de la OMC no ofrece una respuesta clara al respecto y, al cierre de este escrito, no se ha llegado a presentar una reclamación formal ante el sistema de solución diferencias de la OMC sobre el MAFC.

En suma, tratar de enverdecer el sistema multilateral de comercio mediante la interpretación de los órganos resolutorios de la OMC tiene muchas limitaciones. Es una vía reactiva y casuística, pues la interpretación se hace con respecto a las concretas medidas adoptadas por un Miembro e impugnadas por otro y en función de sus respectivas argumentaciones. Las interpretaciones no siempre son claras y, en ocasiones, es muy incierta su posible extrapolación a supuestos análogos o parecidos. Además, el actual bloqueo por los Estados Unidos del nombramiento de miembros del Órgano de Apelación, que no puede ocuparse de nuevos recursos desde el 11 de diciembre de 2019, dificulta la consolidación de nueva jurisprudencia en la OMC (Vidigal 2019). La vía interpretativa no es, pues, suficiente para lograr una buena integración de aspectos ambientales en las normas de la OMC, siendo necesario complementarla con negociaciones y otras iniciativas, a las que se hará referencia a continuación.

6. NEGOCIACIONES Y DEBATES EN LA ORGANIZACIÓN MUNDIAL DEL COMERCIO SOBRE ASPECTOS AMBIENTALES

En la agenda de las negociaciones comerciales multilaterales de la OMC llevadas a cabo bajo la Ronda de Doha, iniciada en 2001 y todavía no culminada, figuran diversos temas vinculados con el medio ambiente, como: las relaciones entre las vigentes normas de la OMC y las obligaciones comerciales específicas establecidas en algunos AMUMA; el etiquetado ecológico; y la eliminación o reducción de barreras arancelarias y no arancelarias a servicios y bienes ambientales (OMC 2001c, párrs. 31-33). Sin embargo, estas negociaciones, como la Ronda de Doha en general, han venido dando muy escasos resultados hasta ahora, evidenciando las dificultades para concretar grandes consensos mundiales en un contexto de creciente rivalidad multipolar.

Un caso concreto donde las negociaciones en la OMC sí pueden considerarse exitosas ha sido el de la revisión de su ya citado acuerdo relativo a la contratación pública (ACP) de 1994, debiendo subrayarse que se trata de un acuerdo plurilateral, del que únicamente son partes, principalmente, economías avanzadas, lo que facilitó la consecución del consenso. Como se ha avanzado, el texto del originario ACP de 1994 no incluía explícitas referencias al medio ambiente ni a la sostenibilidad. En 2012 se logró, gracias al impulso de la UE y de los Estados Unidos presididos por Barack Obama, adoptar una nueva versión del ACP, que entró en vigor el 6 de abril de 2014. El nuevo ACP de 2012 incluye diversas previsiones sobre aspectos ambientales en la contratación pública, contemplando expresamente, al definir la noción de "especificaciones técnicas", requisitos en una licitación pública sobre un producto o servicio relativos, entre otros aspectos, a "los procesos y métodos para su producción o suministro" (art. I:u:ii). Ello permite dar una explícita cobertura jurídica internacional a las crecientes normas estatales y de la UE que están promoviendo una contratación pública verde y sostenible.

Lamentablemente, en otras cuestiones a negociar entre todos los Miembros de la OMC, los resultados han sido hasta ahora muy pocos. La cuestión ambiental ya prevista en la originaria agenda de la Ronda de Doha y en la que se ha ido avanzando más es la relativa a las subvenciones a la pesca, que en muchas ocasiones pueden contribuir a la sobreexplotación de recursos pesqueros. Tales negociaciones han sido explícitamente respaldadas por la Organización de las Naciones Unidas (ONU) en su Agenda 2030 y los correspondientes Objetivos de Desarrollo Sostenible (ODS), dentro del ODS 14 relativo a la vida submarina y, concretamente, en su meta 14.6 (NU 2015).

El 17 de junio de 2022 se logró adoptar el llamado Acuerdo sobre Subvenciones a la Pesca. Este tratado ha sido presentado por la OMC como un hito "histórico" por varios motivos, como: dar cumplimiento a una de las metas de los ODS; ser el segundo acuerdo multilateral adoptado en la OMC desde su creación (circunstancia que no deja de ser un síntoma de la escasa capacidad de renovación normativa que ha venido teniendo esta institución); y ser "el primer acuerdo de la OMC que se centra en el medio ambiente" (OMC 2022). Ciertamente, si la aproximación tradicional del sistema multilateral de comercio a las subvenciones se ha focalizado en sus efectos distorsionadores para el comercio internacional, este nuevo tratado se centra en la sostenibilidad de la pesca a escala mundial, prohibiendo con carácter general las subvenciones que contribuyen a la pesca ilegal, no declarada y no reglamentada (INDNR) y las subvenciones respecto de las poblaciones sobreexplotadas.

Ahora bien, la propia Declaración Ministerial que adoptó este nuevo tratado explicita que las negociaciones deben proseguir para elaborar disciplinas adicionales sobre ciertas formas de subvenciones a la pesca que contribuyen a la sobrecapacidad y la sobrepesca, evidenciando que dicho tratado se adoptó dejando importantes cuestiones pendientes y su art. 12 prevé que "si no se adoptan disciplinas completas en el plazo de cuatro años desde la entrada en vigor del presente Acuerdo, y a menos que el Consejo General decida otra cosa, el presente Acuerdo se dará por terminado de forma inmediata". Se está, pues, ante un tratado "incompleto" y sujeto a una singular condición resolutoria (McDaniel y Murtazashvili 2023).

6.1. Debates Estructurados sobre el Comercio y la Sostenibilidad Ambiental

Además de las cuestiones que ya están siendo objeto de negociaciones en sentido estricto, la UE y otros Miembros están impulsando últimamente nuevas iniciativas sobre cuestiones ambientales a debatir (y, eventualmente, negociar) en el marco de la OMC. El 17 de noviembre de 2020, 50 Miembros de la OMC (incluyendo a la UE y sus Estados miembros) distribuyeron una comunicación (OMC 2020a), con la que pusieron en marcha los llamados Debates Estructurados sobre el Comercio y la Sostenibilidad Ambiental (DECSA), que tratan de complementar los trabajos del indicado CCMA y de otros comités y órganos pertinentes de la OMC. Los DECSA están abiertos a todos los Miembros de la OMC y también al diálogo con partes interesadas externas, con inclusión de la comunidad empresarial, la sociedad civil, organizaciones internacionales e instituciones académicas.

Con vistas a la Duodécima Conferencia Ministerial de la OMC, celebrada en Ginebra del 30 de noviembre al 3 de diciembre de 2021, los patrocinadores de los DECSA distribuyeron una Comunicación Ministerial sobre Comercio y Sostenibilidad Ambiental, adoptando una "Hoja de Ruta" donde se identificaron diversos temas sobre los que interesaría debatir y compilar las mejores prácticas, como, por ejemplo, en materia de medidas climáticas relacionadas con el comercio, bienes y servicios ambientales o economía circular (OMC 2021a).

En conjunto, los DECSA están promoviendo el intercambio de valiosa información y relevantes debates en el marco de la OMC, contando con aportaciones de múltiples y diversos implicados, pero es todavía muy incierto cuál podrá acabar siendo su aportación efectiva, más allá de la elaboración de compilaciones o inventarios y de genéricas comunicaciones o declaraciones.

6.2. *Otras iniciativas sobre plásticos y subvenciones a los combustibles fósiles*

Además de los DECSA, otras dos iniciativas ambientales de similar naturaleza también están siendo impulsadas en el marco de la OMC por diversos grupos de Miembros. Una de ellas, que se inició, al igual que los DECSA, en noviembre de 2020, es denominada Diálogo sobre la Contaminación Producida por los Plásticos y el Comercio de Plásticos Ambientalmente Sostenible y suele ser designada, abreviadamente, como el Diálogo sobre la Contaminación por Plásticos. Esta iniciativa se propuso "iniciar un diálogo abierto e informal" sobre tal cuestión, observando que el "aumento de los costos ambientales, sanitarios y económicos de la contaminación producida por los plásticos es un motivo de preocupación que todos los países y regiones, grandes y pequeños, desarrollados y en desarrollo, comparten cada vez en mayor medida" y alentando a participar a todos los Miembros de la OMC (OMC 2020b). En una Comunicación Ministerial del Diálogo sobre la Contaminación por Plásticos, de febrero de 2024, se han aportado detalladas recopilaciones sobre buenas prácticas y se han apoyado explícitamente los avances que se están realizando contra la contaminación por plásticos en otros foros internacionales, particularmente en el marco de la ONU (OMC 2024c).

La otra iniciativa se llama Reforma de las Subvenciones a los Combustibles Fósiles (RSCF) y se puso en marcha, sin perjuicio de previos esfuerzos, en diciembre de 2021, con una Comunicación Ministerial copatrocinada por un grupo de Miembros de la OMC (OMC 2021b). Actualmente, la RSCF tiene un único coordinador (Nueva Zelandia) y cuenta con copatrocinadores como la UE y sus Estados miembros, pero no figuran países tan destacados como, por ejemplo, China, Estados Unidos, India, Japón o Rusia. El bajo número de copatrocinadores puede entenderse por tratarse de una iniciativa que, aunque se limita esencialmente a fomentar el diálogo entre Miembros de la OMC, se centra en un aspecto que sigue generando muchos disensos, pues las subvenciones a los combustibles fósiles, que repercuten muy negativamente en el cambio climático y el proceso de transición energética, continúan siendo muy cuantiosas en numerosos países, que las conceden alegando diversos motivos económicos y sociales (Van Asselt 2023, p. 192).

7. EL MEDIO AMBIENTE EN ACUERDOS COMERCIALES PREFERENCIALES

El sistema multilateral de comercio, actualmente encabezado por la OMC, siempre ha coexistido con tratados o acuerdos comerciales preferenciales, que usualmente han consistido en uniones aduaneras o zonas de libre comercio. Ahora bien, los escasos resultados alcanzados hasta la fecha en las negociaciones de la Ronda de Doha parecen haber propiciado, en los últimos años, una gran proliferación de acuerdos comerciales preferenciales, que han sido impulsados, particularmente, por las mayores economías con aquellos países que se muestran más afines a las mismas. Estos recientes acuerdos comerciales preferenciales se caracterizan por sus amplios contenidos (mercancías, servicios, propiedad intelectual, inversión, contratación pública, etc.) y suelen contener, particularmente si son liderados por economías avanzadas, numerosas previsiones ambientales, incluyendo preceptos sobre no regresión de las políticas ambientales, explícitas remisiones a AMUMA y compromisos sobre cambio climático, biodiversidad o gestión sostenible de recursos pesqueros y forestales (Ortino 2024). Ello supone un cambio de modelo en la regulación del comercio internacional y contribuye a una mejor integración del medio ambiente en sus normas (Vidigal y Claussen 2024).

En particular, la UE ha impulsado una ambiciosa agenda de negociaciones con terceros países, que vienen incluyendo sistemáticamente un capítulo titulado “Comercio y desarrollo sostenible” (ComDS), con numerosas previsiones sociolaborales y ambientales. Así, frente a la tradicional focalización del sistema multilateral de comercio en el *free trade* y sus parcas referencias a cuestiones sociales y ambientales, los nuevos acuerdos comerciales preferenciales impulsados por la UE tienen una visión holística.

Ahora bien, los capítulos ComDS no deben quedarse, obviamente, en genéricas previsiones, siendo necesario precisarlas y garantizar su efectiva aplicación en la práctica. Un aspecto especialmente relevante en los acuerdos comerciales preferenciales impulsados por la UE consiste en la sistemática realización de las llamadas evaluaciones de impacto de la sostenibilidad (EIS), examinando el impacto del acuerdo en diversas dimensiones del desarrollo sostenible tanto de cara a su negociación como de su ulterior aplicación (Comisión Europea 2016).

Los indicados capítulos ComDS también suscitan críticas desde diversos puntos de vista. Algunos se quejan, por ejemplo, de los crecientes requerimientos ambientales de la UE, considerándolos muestras de un nuevo "proteccionismo regulatorio", que querría "teñir de verde" todo (Riaboi 2020). En cambio, otros lamentan las debilidades de los capítulos ComDS, como el hecho de que hayan tendido a incluir un mecanismo de solución de diferencias propio y más suave que los mecanismos establecidos para garantizar otros capítulos de los acuerdos comerciales preferenciales (Hradilová y Svoboda 2018; Martínez San Millán 2020).

Para tratar de evaluar la efectividad de los capítulos ComDS, la UE viene incluyendo, dentro de su seguimiento periódico de la implementación de sus acuerdos comerciales preferenciales, un monitoreo específico de tales capítulos. En febrero de 2018, la Comisión Europea ya identificó "15 concrete and practicable actions" para tratar de hacer unos capítulos ComDS más efectivos (Comisión Europea 2018).

Posteriormente, la Comisión Europea ha tratado de impulsar mejoras en el diseño y el monitoreo de los capítulos ComDS. Con ese propósito, la Comisión Europea inició unas consultas públicas y, en mayo de 2021, solicitó un estudio independiente, que encargó a la *London School of Economics and Political Science* (LSE Consulting), para comparar las previsiones sobre comercio y desarrollo sostenible incluidas en diversos acuerdos comerciales preferenciales impulsados por la UE y por otras economías avanzadas (como Australia, Canadá, Estados Unidos, Japón, Nueva Zelandia o Suiza) e identificar las mejores prácticas. La versión final de este informe se publicó en febrero de 2022 (LSE Consulting 2022).

A la luz de dicho informe y de otras consultas, la Comisión Europea presentó, en junio de 2022, una comunicación titulada "El poder de las asociaciones comerciales: juntos por un crecimiento económico ecológico y justo", con la que se concretan diversas mejoras a introducir en las previsiones sobre comercio y desarrollo sostenible en sus acuerdos comerciales preferenciales (Comisión Europea 2022). Se prevé, en particular, fortalecer los mecanismos de diálogo y supervisión (promoviendo una participación más activa en los mismos de la sociedad civil) e incluir la posibilidad de sanciones comerciales como último recurso en supuestos de violaciones graves de compromisos centrales en materia de comercio y desarrollo sostenible.

Por tanto, parece clara la voluntad de la UE de ir fortaleciendo los contenidos y las garantías de los indicados capítulos ComDS, que ya ha tenido una primera plasmación en el acuerdo firmado en 2023 con Nueva Zelanda, que entró en vigor el 1 de mayo de 2024 y que sujeta su capítulo ComDS a las previsiones generales sobre solución de diferencias, incluyendo la posible aplicación de "sanciones comerciales" en caso de incumplimiento (UE 2024).

En cualquier caso, alcanzar compromisos de este estilo con una economía tan avanzada como la neozelandesa parece mucho más fácil que hacerlo con países emergentes o en desarrollo, como en las actuales negociaciones impulsadas por la UE con la India o Indonesia, pues son países "aún muy dependientes de los bajos costes laborales y medioambientales para ganar competitividad en los mercados internacionales" (Martínez San Millán 2023, p. 207).

En suma, frente al notable inmovilismo normativo de la OMC, contrasta la nueva aproximación a las relaciones entre comercio y medio ambiente adoptada en recientes acuerdos comerciales preferenciales. Una futura actualización de la OMC podría inspirarse en dicho modelo. En tal sentido, la Comisión Europea incluyó, en una comunicación de febrero de 2021, un anexo titulado "Reforma de la OMC: hacia un sistema multilateral de comercio sostenible y eficaz" (Comisión Europea 2021). Asimismo, en enero de 2024, se presentó una ambiciosa propuesta de carácter doctrinal para impulsar "*a sustainable global trade system*" (Remaking Trade for a Sustainable Future 2024). Sin embargo, el actual contexto mundial, con crecientes tensiones entre grandes potencias y un acusado rebrote del proteccionismo, no parece propicio para consensuar una profunda reforma del sistema multilateral de comercio.

8. REFERENCIAS

8.1. Referencias doctrinales

Appleton, Arthur E. (2015), "Product labelling: What has the Appellate Body wrought?", *Bridges Trade BioRes*, vol. 9, núm. 8, pp. 4-5.

Baldon, Clémentine; Braoudakis, Nikos; Beghin, Oscar (2024), "EU-Malaysia palm oil dispute: WTO confirms legitimacy of environmental regulation but cautions on its concrete implementation", *Baldon Avocats.*

Charnovitz, Steve (2002), "The law of environmental PPMs in the WTO: Debunking the myth of illegality", *Yale Journal of International Law*, vol. 27, núm. 1, pp. 59-110. http://dx.doi.org/10.1142/9789814513258_0012.

Conrad, Christiane R. (2011), *Processes and production methods (PPMs) in WTO law: Interfacing trade and social goals,* Cambridge University Press, Cambridge. http://dx.doi.org/10.1017/CBO9780511807398.

Cooreman, Barbara (2017), *Global environmental protection through trade: A systematic approach to extraterritoriality,* Edward Elgar, Chelthenham.

Cosbey, Aaron; Mavroidis, Petros C. (2014), "Heavy fuel: Trade and environment in the GATT/WTO case law", *Review of European Community and International Environmental Law,* vol. 23, núm. 3, pp. 288-301. http://dx.doi.org/10.1111/reel.12089.

Dobson, Natalie (2023), "Climate protection versus trade: Dilemmas for the EU", en Rayner, Tim; Szulecki, Kacper; Jordan, Andrew J.; Oberthür, Sebastian (eds.), *Handbook on European Union climate change policy and politics,* Edward Elgar, Cheltenham, pp. 367-382. http://dx.doi.org/10.4337/9781789906981.00040.

Esty, Daniel C. (1994), *Greening the GATT: Trade, environment and the future,* The Institute for International Economics, Washington DC.

Fajardo del Castillo, Teresa (2021), *La diplomacia del clima de la Unión Europea: la acción exterior sobre cambio climático y el Pacto Verde Mundial,* Editorial Reus, Madrid.

Fernández Egea, Rosa María (2008), *Comercio de mercancías y protección del medio ambiente en la OMC,* Marcial Pons, Madrid.

Fernández Pons, Xavier (2003), "Ambiente e liberalizzazione degli scambi", en Rossi, Lucia Serena (ed.), *Commercio internazionale sostenibile? WTO e Unione Europea,* Il Mulino, Bolonia, pp. 165-187.

Fernández Pons, Xavier (2024), "Conditioning access to the European Union market on carbon footprint: the Carbon Border Adjustment Mechanism", en Campins Eritja, Mar; Fernández Pons, Xavier (eds.), *Deploying the European Green Deal: Protecting the environment beyond the EU borders,* Routledge, Abingdon, pp. 16-33.

Fernández Pons, Xavier; Baroncini, Elisa (2004), "The WTO context for sustainability labelling and certification", en Campins Eritja, Mar (ed.), *Sustainability labelling and certification,* Marcial Pons, Madrid, pp. 125-167.

Gabler, Melissa (2010), "Norms, institutions and social learning: An explanation for weak policy integration in the WTO's Committee on Trade and Environment", *Global Environmental Politics,* vol. 10, núm. 2, pp. 80-117. http://dx.doi.org/10.1162/glep.2010.10.2.80.

Gomula, Joanna (2021), "Environmental disputes in the WTO", en Fitzmaurice, Malgosia; Ong, David M.; Merkouris, Panos (eds.), *Research handbook on international environmental law,* 2ª ed., Edward Elgar, Cheltenham, pp. 259-292. http://dx.doi.org/10.4337/9781786439710.00020.

Howse, Robert (2002), "The Appellate Body rulings in the *Shrimp/Turtle* case: A new legal baseline for the trade and environment debate", *Columbia Journal of Environmental Law,* vol. 27, núm. 2, pp. 489-519.

Hradilová, Katerina; Svoboda, Ondrej (2018), "Sustainable development chapters in the EU free trade agreements: Searching for effectiveness", *Journal of World Trade,* vol. 52, núm. 6, pp. 1019-1042. http://dx.doi.org/10.54648/TRAD2018044.

Juste Ruiz, José (2003), "Protección del medio ambiente y comercio internacional", *Cursos Euromediterráneos Bancaja de Derecho Internacional,* vol. VII, pp. 341-456.

Leonelli, Giulia Claudia (2023), "Anti-deforestation npr-PPMs and carbon border measures: Thinking about the *chapeau* of Article XX GATT in times of climate crisis", *Journal of International Economic Law,* vol. 26, núm. 3, pp. 416-434. http://dx.doi.org/10.1093/jiel/jgad016.

Maggio, Amber Rose (2017), *Environmental policy, non-product related process and production methods and the law of the World Trade Organization,* Springer, Cham. http://dx.doi.org/10.1007/978-3-319-61155-6.

Marceau, Gabrielle; Wyatt, Julian (2013), "The WTO's efforts to balance economic development and environmental protection: A short review of Appellate Body jurisprudence", *Latin American Journal of International Trade Law*, vol. 1, núm. 1, pp. 291-314.

Marín Durán, Gracia (2023), "Securing compatibility of carbon border adjustments with the multilateral climate and trade regimes", *International and Comparative Law Quarterly*, vol. 72, núm. 1, pp. 73-103. http://dx.doi.org/10.1017/S0020589322000501.

Martínez San Millán, Carmen (2020), "Hacia una efectiva implementación de los capítulos de comercio y desarrollo sostenible de los acuerdos de libre comercio de la Unión Europea", *Revista de Estudios Europeos*, núm. 75, pp. 72-85.

Martínez San Millán, Carmen (2023), "Cambio de rumbo en la política comercial común de la Unión Europea: de la promoción a la condición", *Revista de Derecho Comunitario Europeo*, vol. 76, pp. 185-211. http://dx.doi.org/10.18042/cepc/rdce.76.06.

McDaniel, Christine A.; Murtazashvili, Ilia (2023), "Beyond adoption: Closing the gaps in the WTO Fisheries Subsidies Agreement", *Future Fisheries Management Issue Brief Series*, pp. 1-8, http://dx.doi.org/10.2139/ssrn.4668181

Nordström, Hakan; Vaughan, Scott (1999), *Trade and Environment*, OMC, Ginebra.

Norris, Josephine (2024), "Trade and environment back in the spotlight: Measuring-up the EU's rules on biofuels —WTO Panel report in *EU— Palm Oil* (DS600)", *Legal Issues of Economic Integration*, vol. 51, núm. 2, pp. 195-226. http://dx.doi.org/10.54648/LEIE2024007.

Ortino, Federico (2024), "International trade law and sustainable development: A complex and evolving relationship", en Marrella, Fabrizio; Mastellone, Carlo (eds.), *International business contracts and sustainability*, Pacini Giuridica, Pisa, pp. 39-60.

Petersmann, Ernst-Ulrich (2013), "Human rights require cosmopolitan constitutionalism and cosmopolitan law for democratic governance of public goods", *Contemporary Readings in Law and Social Justice*, vol. 5, núm. 2, pp. 90-119. http://dx.doi.org/10.2139/ssrn.2293944.

Riaboi, Jorge (2020), "El rechazo del *lobby* verde al acuerdo entre la UE y el Mercosur", *El Economista*, 3 de febrero de 2020.

Sifonios, David (2018), *Environmental process and production methods (PPMs) in WTO law*, Springer, Cham. http://dx.doi.org/10.1007/978-3-319-65726-4.

Sinha, Manisha (2013), "An evaluation of the WTO Committee on Trade and Environment", *Journal of World Trade*, vol. 47, núm. 6, pp. 1285-1322. http://dx.doi.org/10.54648/TRAD2013043.

Storck, Veronika; Karpouzas, Dimitrios G.; Martin-Laurent, Fabrice (2017), "Towards a better pesticide policy for the European Union", *Science of the Total Environment*, vol. 575, pp. 1027-1033. http://dx.doi.org/10.1016/j.scitotenv.2016.09.167.

Trachtman, Joel P. (2017), "WTO trade and environment jurisprudence: Avoiding environmental catastrophe", *Harvard International Law Journal*, vol. 58, núm. 2, pp. 273-309.

Van Asselt, Harro (2023), "The SDGs and fossil fuel subsidy reform", *International Environmental Agreements: Politics, Law and Economics*, vol. 23, núm. 2, pp. 191-197. http://dx.doi.org/10.1007/s10784-023-09601-1.

Van Calster, Geert; Prévost, Denise (eds.) (2013), *Research handbook on environment, health and the WTO*, Edward Elgar, Cheltenham. http://dx.doi.org/10.4337/9781781006146.

Van den Bossche, Peter (2008), *The law and policy of the World Trade Organization: Text, cases and materials*, 2ª ed., Cambridge University Press, Cambridge. http://dx.doi.org/10.1017/CBO9780511818394.

Vidigal, Geraldo (2019), "Living without the Appellate Body: Multilateral, bilateral and plurilateral solutions to the WTO dispute settlement crisis", *The Journal of World Investment and Trade*, vol. 20, núm. 6, pp. 862-890. http://dx.doi.org/10.1163/22119000-12340160.

Vidigal, Geraldo; Claussen, Kathleen (eds.) (2024), *The sustainability revolution in international trade agreements,* Oxford University Press, Oxford. http://dx.doi.org/10.1093/9780191994470.001.0001.

Vranes, Erich (2009), *Trade and the environment: Fundamental issues in international law, WTO law and legal theory,* Oxford University Press, Oxford. http://dx.doi.org/10.1093/acprof:oso/9780199562787.001.0001.

Woods, Neal D. (2006), "Interstate competition and environmental regulation: A test of the race-to-the-bottom thesis", *Social Science Quarterly,* vol. 87, núm.1, pp. 174-189. http://dx.doi.org/10.1111/j.0038-4941.2006.00375.x.

Yavitz, Laura (2001), "The WTO and the environment: The *Shrimp* case that created a new world order", *Journal of Natural Resources and Environmental Law,* vol. 16, núm. 3, pp. 203-255.

Yeater, Marceil; Vásquez, Juan (2001), "Demystifying the relationship between CITES and the WTO", *Review of European, Comparative and International Law,* vol. 10, núm. 3, pp. 271-276. http://dx.doi.org/10.1111/1467-9388.00286.

8.2. Referencias normativas

8.2.1. Tratados internacionales

GATT de 1947 (s.f.), Acuerdo General sobre Aranceles Aduaneros y Comercio (GATT) de 1947.

Convenio sobre el comercio internacional de especies amenazadas de fauna y flora silvestres (CITES); Washington, 3 de marzo de 1973; enmendado en Bonn el 22 de junio de 1979 y Gaborone el 30 de abril de 1983. *BOE,* núm. 181, de 30 de julio de 1986.

Acuerdo sobre Obstáculos Técnicos al Comercio, Ginebra, 12 de abril de 1979, *DOCE* L 71, de 17 de marzo de 1980.

Acuerdos de Marrakech, 15 de abril de 1994. Incluyen los siguientes acuerdos citados en el texto: Acuerdo sobre la OMC; Anexo 1A, Acuerdo General sobre Aranceles Aduaneros y Comercio (GATT) de 1994, Acuerdo sobre Obstáculos Técnicos al Comercio (AOTC) de 1994 y Acuerdo sobre Medidas Sanitarias y Fitosanitarias (AMSF); Anexo 1B, Acuerdo General sobre el Comercio de Servicios (AGCS).

Acuerdo sobre Contratación Pública, 30 de marzo de 2012, OMC.

Protocolo de enmienda del Acuerdo de Marrakech por el que se establece la Organización Mundial del Comercio. Acuerdo sobre subvenciones a la pesca, Ginebra, 17 de junio de 2022; Decisión (UE) 2023/1116 del Consejo de 25 de mayo de 2023, *DOUE* L 148, de 8 de junio de 2023.

Comercio de Servicios (AGCS); Anexo 2, Entendimiento sobre la Solución de Diferencias (ESD); Anexo 4, Acuerdo sobre Contratación Pública (ACP) de 1994.

8.2.2. Otros actos normativos internacionales

NU (1992), Informe de la Conferencia de Naciones Unidas sobre el Medio Ambiente y el Desarrollo, Declaración de Río sobre el Medio Ambiente y el Desarrollo, Conferencia de las Naciones Unidas sobre el Medio Ambiente y el Desarrollo, Río de Janeiro, 3-14 de junio de 1992, Doc. A/CONF.151/26/Rev.l (Vol. I).

NU (2015), Resolución 70/1, "Transformar nuestro mundo: la Agenda 2030 para el desarrollo sostenible", 25 de septiembre de 2015

OMC (2001c), Declaración Ministerial de la OMC, aprobada en Doha el 14 de noviembre de 2001, Doc. WT/MIN(01)/DEC1.

Ronda Uruguay (1994), Decisión sobre Comercio y Medio Ambiente, Marrakech, 15 de abril de 1994.

UE (2018), Directiva (UE) 2018/2001 del Parlamento Europeo y del Consejo, de 11 de diciembre de 2018, relativa al fomento del uso de energía procedente de fuentes renovables, *DOUE*, L 328, 21 de diciembre de 2018.

UE (2019), Reglamento Delegado (UE) 2019/807 de la Comisión, de 13 de marzo de 2019, por el que se completa la Directiva (UE) 2018/2001 del Parlamento Europeo y del Consejo en lo que respecta a la determinación de las materias primas con riesgo elevado de provocar un cambio indirecto del uso de la tierra de cuya superficie de producción se observa una expansión significativa a tierras con elevadas reservas de carbono y la certificación de los biocarburantes, los biolíquidos y los combustibles de biomasa con bajo riesgo de provocar un cambio indirecto del uso de la tierra, *DOUE*, L 133, 25 de mayo de 2019.

UE (2023a), Reglamento (UE) 2023/956 del Parlamento Europeo y del Consejo, de 10 de mayo de 2023, por el que se establece un Mecanismo de Ajuste en Frontera por Carbono, *DOUE*, L 130, 16 de mayo de 2023.

UE (2023b), Reglamento (UE) 2023/1115 del Parlamento Europeo y del Consejo, de 31 de mayo de 2023, relativo a la comercialización en el mercado de la Unión y a la exportación desde la Unión de determinadas materias primas y productos asociados a la deforestación y la degradación forestal, y por el que se deroga el Reglamento (UE) 995/2010, *DOUE*, L 150, 9 de junio de 2023.

UE (2024), Acuerdo de Libre Comercio entre la Unión Europea y Nueva Zelanda, *DOUE* L 2024/866, 25 de marzo de 2024.

8.3. Referencias jurisprudenciales

8.3.1. Órganos jurisdiccionales internacionales

GATT de 1947 (1991), *Estados Unidos - Atún (México)*, Informe del Grupo Especial, DS21/R, 3 de septiembre de 1991.

GATT de 1947 (1994), *Estados Unidos - Atún (CEE)*, Informe del Grupo Especial, DS29/R, 16 de junio de 1994.

OMC (1996), *Estados Unidos - Camarones*, Solicitud de celebración de consultas presentada por India, Malasia, Pakistán y Tailandia, WT/DS58/1, 14 de octubre de 1996.

OMC (1998a), *Estados Unidos - Camarones*, Informe del Grupo Especial, WT/DS58/R, 15 de mayo de 1998.

OMC (1998b), *Estados Unidos - Camarones*, Informe del Órgano de Apelación, WT/DS58/AB/R, 12 de octubre de 1998.

OMC (2000), *Estados Unidos - Camarones*, Recurso de Malasia al art. 21.5 del ESD, WT/DS58/17, 13 de octubre de 2000.

OMC (2001a), *Estados Unidos - Camarones*, Informe del Grupo Especial del art. 21.5 del ESD (Malasia), WT/DS58/RW, 15 de junio de 2001.

OMC (2001b), *Estados Unidos - Camarones*, Informe del Órgano de Apelación del art. 21.5 del ESD (Malasia), WT/DS58/AB/RW, 22 de octubre de 2001.

OMC (2008), *Estados Unidos - Atún II (México)*, Solicitud de celebración de consultas presentada por México, WT/DS381/1, 28 de octubre de 2008.

OMC (2011), *Estados Unidos - Atún II (México)*, Informe del Grupo Especial, WT/DS381/R, 15 de septiembre de 2011.

OMC (2012), *Estados Unidos - Atún II (México)*, Informe del Órgano de Apelación, WT/DS381/AB/R, 16 de mayo de 2012.

OMC (2018), *Estados Unidos - Atún II (México)*, Informe del Órgano de Apelación del art. 21.5 del ESD (Estados Unidos), WT/DS381/AB/RW/USA, 14 de diciembre de 2018.

OMC (2024a), *UE y determinados Estados miembros - Aceite de palma (Malasia)*, Informe del Grupo Especial, WT/DS600/R, 5 de marzo de 2024.

OMC (2024b), *UE - Aceite de palma (Indonesia)*, Suspensión de los trabajos del Grupo Especial, WT/DS593/17, 11 de noviembre de 2024.

8.4. Referencias documentales

Comisión Europea (2016), Handbook for trade sustainability impact assessment, 2ª ed., Oficina de Publicaciones de la UE, Luxemburgo.

Comisión Europea (2018), Feedback and way forward on improving the implementation and enforcement of Trade and Sustainable Development Chapters in EU free trade agreements. Non-paper of the Commission services, 26 de febrero de 2018.

Comisión Europea (2021), Revisión de la política comercial: una política comercial abierta, sostenible y firme, COM(2021) 66 final, 18 de febrero de 2021, anexo.

Comisión Europea (2022), El poder de las asociaciones comerciales: juntos por un crecimiento económico ecológico y justo, COM(2022) 409 final, 22 de junio de 2022.

GATT de 1947 (1970), Report by the Working Party on border tax adjustments, L/3464, 20 de noviembre de 1970.

LSE Consulting (2022), Comparative analysis of trade and sustainable development provisions in free trade agreements, LSE, Londres.

OMC (2020a), Comunicación sobre comercio y sostenibilidad ambiental, WT/CTE/W/249, 17 de noviembre de 2020.

OMC (2020b), Diálogo informal en la OMC sobre la contaminación producida por los plásticos y el comercio de plásticos ambientalmente sostenible, WT/CTE/W/250, 15 de diciembre de 2020.

OMC (2021a), Comunicación Ministerial sobre el comercio y la sostenibilidad ambiental, WT/MIN(21)/6, 15 de noviembre de 2021.

OMC (2021b), Comunicación Ministerial sobre las subvenciones a los combustibles fósiles, WT/MIN(21)/9, 3 de diciembre de 2021.

OMC (2022), El Acuerdo sobre Subvenciones a la Pesca de la OMC - De qué sirve y próximos pasos, Hoja informativa de la División de Normas, Secretaría de la OMC.

OMC (2024c), Comunicación Ministerial sobre la contaminación producida por los plásticos y el comercio de plásticos ambientalmente sostenible, WT/MIN(24)/14, 23 de febrero de 2024.

Remaking Trade for a Sustainable Future (2024), Villars Framework for a Sustainable Global Trade System: Version 2.0, enero de 2024.

Capítulo 20

MEDIO AMBIENTE Y PROTECCIÓN INTERNACIONAL DE INVERSIONES EXTRANJERAS

ANA FERNÁNDEZ PÉREZ[1]

1. INTRODUCCIÓN

El presente capítulo examina la interacción entre la protección internacional de las inversiones extranjeras directas (IED) y las crecientes demandas globales en sostenibilidad y protección ambiental, con énfasis en el cambio climático. En un marco donde las IED son clave tanto para el desarrollo económico como para la transición hacia economías sostenibles, los fundamentos del régimen internacional de inversiones, inicialmente diseñados para proporcionar seguridad jurídica a los inversores deben incluir consideraciones de interés público, especialmente medioambientales, aspectos analizados en el apartado segundo. Así, en los apartados tercero y cuarto se aborda cómo los tratados bilaterales de inversión (TBIs) y acuerdos multilaterales como el Tratado sobre la Carta de la Energía (TCE) enfrentan las tensiones entre proteger inversiones y satisfacer las urgencias climáticas. También se discute cómo tratados de inversiones recientes integran disposiciones sobre desarrollo sostenible y responsabilidad social corporativa. Finalmente, el apartado quinto reflexiona sobre la cooperación internacional y los foros multilaterales como espacios esenciales para diseñar un marco de inversión equilibrado que garantice tanto la atracción de IED necesarias para financiar la transición energética como políticas públicas eficaces contra el cambio climático. El capítulo ofrece un análisis exhaustivo de los retos y oportunidades en la intersección entre el Derecho Internacional de Inversiones y el cambio climático, proponiendo un marco conceptual y práctico para que las inversiones sean un motor para la sostenibilidad.

[1] Profesora de Derecho Internacional Privado de la Universidad de Alcalá (a.fernandezperez@uah.es). Todas las páginas web mencionadas en este estudio han sido consultadas por última vez el 28 de noviembre de 2024. ORCID: https://orcid.org/0000-0003-0476-4932.

2. LA PROMOCIÓN Y PROTECCIÓN DE INVERSIONES

En un mundo globalizado, las IED desempeñan un papel esencial en el desarrollo económico, facilitando la transferencia de capital, tecnología y empleo entre países. En el presente apartado analizaremos la conceptualización de la inversión y el inversor, destacando la amplitud de activos protegidos bajo tratados internacionales de inversión, y diferenciando entre inversiones directas y de cartera según su naturaleza y objetivos, explorando la interacción entre el interés público y la protección de las inversiones, y cómo los Estados equilibran su soberanía regulatoria con las garantías legales necesarias para atraer capital extranjero.

2.1. Concepto de inversión

El concepto de inversor, en principio, es claro y amplio. Bajo el marco de los tratados bilaterales de inversión, se considera inversor tanto a las personas físicas de nacionalidad extranjera como a las personas jurídicas constituidas conforme a la legislación de otro Estado entendiéndose de manera inclusiva, abarcando una amplia variedad de activos. Entre estos se incluyen derechos de propiedad sobre bienes muebles e inmuebles, empresas, acciones, participaciones, bonos, préstamos, concesiones, licencias y diversos derechos de propiedad intelectual. El concepto de inversión extranjera, a su vez, se desglosa en dos categorías principales: IED e inversiones de cartera.

i) Inversiones extranjeras directas (IED): Las IED se caracterizan por la adquisición de propiedad o participaciones significativas en una empresa por parte del inversor extranjero, lo que otorga control o influencia directa en su gestión, implicando un compromiso a largo plazo, ya que el inversor no solo participa en la dirección de la empresa, sino que también asume o comparte los riesgos asociados al negocio.

ii) Inversiones de cartera: Por el contrario, las inversiones de cartera no buscan establecer un control ni una relación a largo plazo con la empresa receptora. En este caso, el objetivo principal es la obtención de un rendimiento financiero, por lo que el inversor no adquiere propiedad ni ejerce influencia significativa en la gestión. Ejemplos de este tipo de inversión incluyen participaciones en fondos, préstamos, o la compra de acciones sin derecho a intervención en la administración.

El tipo de inversión tiene importantes implicaciones sobre el alcance de la protección legal aplicable. Los mecanismos de protección, ya sean establecidos en el Derecho Internacional consuetudinario, tratados internacionales o legislaciones nacionales, varían significativamente en función de la naturaleza de la inversión (Álvarez 2009).

La inversión desempeña un papel fundamental en el desarrollo económico de los países. Por un lado, es el motor que permite la creación y sostenibilidad de empresas; por otro, es clave para la generación y mantenimiento de empleo, lo que contribuye significativamente a la reducción de la pobreza. En un escenario de globalización, una porción considerable de estas inversiones proviene del extranjero, o, en el caso de la Unión Europea (UE), de países terceros. A pesar de la disminución de los flujos de IED a nivel mundial desde 2013, estos se mantienen en niveles elevados. Sin embargo, este aumento también ha traído consigo un incremento en los litigios relacionados con inversiones, especialmente en sectores sensibles como el energético.

Los flujos de IED generan una variedad de efectos tanto positivos como negativos en los países involucrados, lo que impide calificarlos de manera absoluta como beneficiosos o perjudiciales. Su impacto depende de factores como el volumen, el propósito y el tipo de inversión. Por ejemplo, las IED orientadas a la obtención de recursos o activos estratégicos suelen proporcionar beneficios limitados a los países receptores. En contraste, las IED que buscan acceso a mercados o eficiencia pueden impulsar de manera significativa el crecimiento económico y el desarrollo de estas naciones[2] y también se debe considerar que ciertas estrategias empresariales, aunque legítimas, podrían ser objeto de crítica por sus implicaciones éticas o sociales (Jones 2005).

Es evidente que los inversores internacionales buscan garantías de un trato justo y protección jurídica sólida al operar en el extranjero, abarcando desde la prevención de cualquier tipo de discriminación hasta la garantía de compensación justa en casos de expropiación (Tita 2010)[3]. En un mundo donde la seguridad jurídica es un pilar esencial para fomentar la inversión, el diseño de marcos legales y mecanismos de protección claros y efectivos resulta indispensable para atraer y mantener flujos de inversión extranjera.

---

[2] Por ejemplo, las repercusiones negativas que las IED pueden tener en el mercado laboral de los países de origen, mientras que las IED que buscan recursos, mercado y eficiencia pueden tener repercusiones negativas en el mercado laboral de los países de origen.

[3] Los inversores comprenden las ventajas de invertir en mercados emergentes y también son conscientes de la importancia crítica de abordar los riesgos políticos que pueden acompañar a una inversión en un entorno no probado. La *Multilateral Investment Guarantee Agency* (MIGA) ayuda a los inversionistas y prestamistas a hacer frente a estos riesgos asegurando los proyectos elegibles contra pérdidas relacionadas con: Restricciones a la transferencia de divisas Expropiación Guerra y disturbios civiles Incumplimiento de contrato Incumplimiento de obligaciones financieras soberanas Elegibilidad. La MIGA asegura las inversiones transfronterizas que incluyen nuevas inversiones, así como inversiones asociadas con la expansión, modernización o reestructuración financiera de proyectos existentes, o cuando el inversionista demuestre tanto los beneficios del proyecto para el desarrollo como un compromiso a largo plazo con el mismo.

2.2. *El interés público y las inversiones extranjeras*

En el ámbito del Derecho Internacional de Inversiones, la protección de los intereses públicos se vincula directamente con el núcleo de la soberanía estatal que se traduce en la facultad de los Estados para controlar o restringir el acceso de los inversores extranjeros a sus mercados, suspender obligaciones sustantivas del Derecho Internacional o justificar el incumplimiento de ciertos compromisos en aras de la defensa del interés público. Inicialmente, el concepto de "seguridad pública" se centraba en cuestiones como la seguridad militar, la integridad territorial y la protección contra el terrorismo o el espionaje. Sin embargo, en las últimas décadas, su alcance se ha ampliado para incluir situaciones como graves crisis financieras que puedan amenazar la estabilidad y seguridad de un Estado o cuestiones medioambientales. Esta evolución también se refleja en los acuerdos internacionales de inversión (AII), que suelen incluir excepciones para preservar la salud pública, el orden público y la paz y seguridad internacionales. Un ejemplo significativo de esta ampliación conceptual ocurrió durante la crisis financiera y económica de 2007-2008. Varios tribunales arbitrales aceptaron, al menos en principio, que una crisis de tal magnitud podía representar una amenaza para la seguridad estatal. Sin embargo, hasta la fecha, el alcance concreto del concepto de "seguridad pública" en el Derecho Internacional de las Inversiones sigue siendo ambiguo, lo que ha llevado a decisiones arbitrales inconsistentes y a una falta de claridad en su aplicación.

Por otro lado, las limitaciones a la soberanía estatal, combinadas con interpretaciones divergentes de las disposiciones contenidas en los AII, han generado un aumento de las críticas. Tanto desde sectores políticos, como de la sociedad civil y el ámbito académico, se cuestiona cada vez más la legitimidad y efectividad del actual régimen internacional de inversiones, abogando por reformas que equilibren la protección de los inversores con los intereses públicos esenciales de los Estados.

3. LOS TRATADOS DE PROTECCIÓN DE INVERSIONES

En el ámbito del Derecho Internacional, los Estados conservan la soberanía para regular la admisión de inversiones extranjeras en sus territorios, pudiendo optar por restringirlas, denegarlas o permitirlas plenamente[4]. Una vez admitida

[4] En el asunto *Chorzów* la Corte Permanente de Justicia Internacional (CPJI) manifestó que "*The essential principle contained in the actual notion of an illegal act [...] is that reparation must, as far as possible, wipe out all the consequences of the illegal act and reestablish the situation which would, in all probability, have existed if that act had not been committed. Restitution in kind, or, if this is not possible,*

una inversión, surge el debate sobre el nivel de protección que debe garantizarse al inversor extranjero. En este marco, las nacionalizaciones, que pueden implicar sectores enteros de la economía, como el petrolero, plantean importantes cuestiones jurídicas. Si bien se reconoce el derecho de los Estados a expropiar bienes extranjeros, el Derecho Internacional establece ciertas condiciones para que estas medidas sean legales. La expropiación debe responder a un fin público o de utilidad pública, no ser discriminatoria y estar acompañada de una indemnización inmediata, adecuada y efectiva que requiere que la compensación refleje el valor íntegro o de mercado del bien expropiado, sea en divisas convertibles o valores negociables, y no esté sujeta a restricciones cambiarias. En relación con la evaluación de si una medida cumple con un fin público, esta suele quedar en manos del Estado que la adopta, aunque se presume la ilegalidad si responde exclusivamente a intereses privados. Asimismo, se considera discriminatoria cualquier medida que establezca un trato desigual sin justificación objetiva.

El régimen de los acuerdos internacionales de inversión ha experimentado un desarrollo continuo, impulsando una diversidad de tratados bilaterales que han tendido a estandarizar las normativas sobre protección de inversiones en el Derecho Internacional (Talus 2014). Este proceso de estandarización encontró un punto clave en la década de 1980, coincidiendo con el auge de las tendencias liberalizadoras en los mercados internacionales y en un escenario de creciente globalización. En ese periodo, muchos países en desarrollo abrieron sus economías para aprovechar las oportunidades económicas derivadas de la inversión extranjera, lo que también impactó significativamente en algunos mercados, especialmente los energéticos reflejándose en el aumento de precios y volúmenes en los mercados de derivados energéticos, junto con una intensificación de la mercantilización. Tales circunstancias hicieron necesario normalizar los acuerdos contractuales relacionados con el comercio de la energía, adaptándolos a las nuevas exigencias de los mercados globales. Como resultado, surgieron mercados energéticos meramente hipotéticos (primero en el petróleo, en la segunda mitad de los años ochenta) con contratos de futuros y derivados financieros, además de los mercados de energías físicas que ya existían de forma exclusiva. Posteriormente surgieron los desarrollos regionales en el gas, además de la expansión de los esquemas de comercio al contado en los mercados de este producto. Así pues, la creación de unas normas mínimas de corte multilateral se justificó en aquella etapa del desarrollo económico en la que la comunidad de TBIs se había hecho bastante numerosa, por un lado, y bastante heterogénea,

---

payment of a sum corresponding to the value which a restitution in kind would bear; the award, if need be, of damages for loss sustained which would not be covered by restitution in kind or payment in place of it - such are the principles which should serve to determine the amount of compensation due for an act contrary to international law" (CPJI 1928).

por otro. En ese momento, los instrumentos multilaterales empezaron a ponerse en marcha y se convirtieron en una práctica habitual (Konoplyanik 2014). En los trabajos preparatorios de la Organización Mundial de Comercio (OMC), emergió una tendencia hacia la multilateralización del Derecho de las Inversiones, reflejada en el intento de incorporar un "Acuerdo Multilateral de Inversiones" (AMI) (Crespo 2000) en su marco normativo. Paralelamente, el Derecho Internacional comenzó a otorgar mayor importancia a la cuestión ambiental, lo que derivó en un aumento significativo de convenios multilaterales, especialmente tras la catástrofe nuclear de Chernóbil en 1986[5] (Bielecki 2003). El AMI, diseñado en los años noventa, pretendía establecer un marco amplio para la inversión internacional que garantizara la liberalización de los regímenes de inversión, la protección de los inversores y la existencia de procedimientos eficaces de resolución de disputas. Sin embargo, este proyecto no llegó a materializarse debido a diferencias entre los países participantes, que incluyeron tanto a miembros de la Organización para la Cooperación y el Desarrollo Económicos (OCDE) como a economías en desarrollo. Por el contrario, el TCE firmado por 52 países establece un esquema multilateral para las inversiones extranjeras en la industria de la energía cubriendo todos los aspectos de las actividades relativas a la energía incluyendo extracción, refinamiento, almacenamiento, producción, transporte, comercio, tránsito, inversión y venta (art. 1 ECT).

Pero la cuestión medioambiental ha tenido más relevancia a partir de los acuerdos internacionales de inversión firmados entre enero de 2018 y diciembre de 2020 que evidencian una evolución constante en el lenguaje utilizado en los tratados, con un énfasis creciente en la protección y expansión de la autonomía reguladora de los Estados donde se refleja una tendencia clara a priorizar el interés público, incorporando consideraciones relacionadas con el medio ambiente, la salud y la responsabilidad social corporativa. El derecho a regular se ha consolidado como un objetivo central, articulado mediante un amplio catálogo de medidas que incluyen desde disposiciones específicas sobre la responsabilidad social empresarial, orientadas a garantizar prácticas sostenibles y éticas, hasta mecanismos que regulan las inversiones a través de medidas fiscales y estrategias diseñadas para prevenir y combatir la corrupción. Existe, por tanto, un compromiso de los Estados con una regulación equilibrada que proteja tanto los intereses de los inversores como los valores fundamentales del interés público (Baltag *et al.* 2023). En este orden de cosas, para responder adecuadamente a los desa-

---

5 La creciente preocupación por la seguridad de algunas centrales nucleares y las emisiones de la generadas por ellas han dado lugar recientemente a normativas en algunos países que pretenden restringir o incluso prohibir el comercio de electricidad que suelen referirse a las normas de seguridad y medioambientales aceptadas internacionalmente como criterios de referencia.

fíos actuales, el texto revisado de TCE debería alinearse con las tendencias más recientes en la elaboración de tratados de inversión —capítulos de inversión de los Tratados de Libre Comercio (TLC) de la UE y el Modelo de TBI de los Países Bajos de 2019 (TBI 2019)— y atender a los objetivos climáticos internacionales. Este último instrumento reserva la Sección 3ª a la regulación del "Desarrollo sostenible" (art. 6)[6] y a la "Responsabilidad social de las empresas" (art. 7). En estos casos, el Derecho Internacional de las Inversiones ha servido como herramienta jurídica para proteger los intereses económicos de las empresas que apuestan por las energías limpias. No obstante, las modificaciones o derogaciones de medidas de mitigación del cambio climático adoptadas por los Estados receptores de las inversiones pueden, a su vez, responder a objetivos fundamentales, entre ellos la protección de derechos humanos.

La existencia de un tratado de protección de inversiones proporciona al inversor un mecanismo alternativo más seguro y predecible. En estos tratados se incluye a menudo la posibilidad de resolver disputas a través del arbitraje inversor-Estado, cuyo mecanismo permite al inversor presentar directamente sus reclamaciones ante tribunales arbitrales independientes, evitando la dependencia de los sistemas judiciales locales y las negociaciones diplomáticas. Pero en la actualidad se requiere que dichos tratados comiencen a interpretarse desde un punto de vista medioambiental, especialmente como fin público.

Los tratados de protección de inversiones han sido, históricamente, un pilar fundamental para otorgar garantías a los inversores de que sus inversiones directas en otros países estarán protegidas frente a riesgos políticos y administrativos (Weil 2001). Sin embargo, estas garantías solo se otorgan si el país receptor ofrece un nivel adecuado de protección jurídica, lo cual queda asegurado por el marco del tratado y puede quedar en entredicho si esa protección abarca también el plano climático.

4. IMPULSO DE LA INVERSIÓN *VERSUS* CONSIDERACIONES AMBIENTALES

En un escenario marcado por la transición energética y los compromisos climáticos, los Estados enfrentan el desafío de equilibrar la atracción de IED con la

6 Su párrafo 6º se refiere a los instrumentos internacionales reguladores de la materia: "*Within the scope and application of this Agreement, the Contracting Parties reaffirm their obligations under the multilateral agreements in the field of environmental protection, labor standards and the protection of human rights to which they are party, such as the Paris Agreement, the fundamental ILO Conventions and the Universal Declaration of Human Rights. Furthermore, each Contracting Party shall continue to make sustained efforts towards ratifying the fundamental ILO Conventions that it has not yet ratified*".

implementación de políticas destinadas a proteger el medio ambiente. En este apartado analizaremos cómo los tratados internacionales de inversión y los marcos legales nacionales se adaptan, o deben adaptarse, para abordar esta dualidad explorando cuestiones como la incorporación de cláusulas medioambientales en acuerdos de inversión, las tensiones entre estabilidad jurídica y flexibilidad regulatoria, y el papel esencial de las inversiones en energías renovables para alcanzar los objetivos climáticos globales.

4.1. Interacción entre inversión internacional y medio ambiente

La UE, consciente de estos retos, ha prestado especial atención a las iniciativas desarrolladas en el marco de la OCDE (Gaukrodger 2021), en particular su proyecto sobre el futuro de los acuerdos de inversión que busca adaptar los instrumentos de inversión a las exigencias del desarrollo sostenible y los nuevos desafíos globales. Si bien el Derecho de las inversiones y la jurisprudencia derivada han comenzado a reflejar una orientación más integradora hacia las políticas medioambientales y los derechos humanos, no debería ser problemático incorporar de manera más explícita los objetivos climáticos dentro de este marco (Van Aaken y Broude 2022).

Entre los avances más relevantes se encuentra la Recomendación sobre las características de la inversión extranjera directa para un desarrollo sostenible, elaborada por el Comité de Inversiones de la OCDE y adoptada por los ministros de la organización el 10 de junio de 2022 (OCDE 2022a) que incluye, además, un conjunto de herramientas políticas (*FDI Qualities Policy Toolkit*) (OCDE 2022b) y un marco de indicadores diseñados para evaluar y promover los beneficios de las inversiones extranjeras directas en consonancia con los objetivos del desarrollo sostenible.

El cumplimiento de los compromisos del Acuerdo de París, así como el logro de las metas climáticas globales, requieren de una financiación sustancial. En este sentido, las políticas y los acuerdos institucionales desempeñan un papel esencial. La Recomendación de la OCDE incorpora principios políticos clave de alto nivel que orientan la acción hacia el aprovechamiento del potencial de la inversión extranjera directa, garantizando que esta contribución sea efectiva en términos económicos, sociales y medioambientales proporcionando un marco claro para maximizar los beneficios de las inversiones extranjeras, al tiempo que facilita la transición hacia un modelo energético sostenible y alineado con los desafíos climáticos actuales.

El Protocolo de Kioto otorga al sector privado un papel destacado en la implementación de sus mecanismos, un protagonismo que se mantiene en la actualidad (Silveira Andrade y Puppim de Oliveira 2015). No obstante, existe cierta incertidumbre respecto los riesgos asociados a los cambios normativos inherentes a las políticas diseñadas para fomentar la transición hacia fuentes de energía renovables, mejorar la eficiencia energética y aplicar mecanismos flexibles previstos por el Protocolo de Kioto[7]. Por ello, es esencial analizar hasta qué punto las normas de protección contempladas en el Derecho Internacional de las Inversiones proporcionan un marco adecuado para resguardar a los inversores frente a estas incertidumbres regulatorias. Sin embargo, este análisis también debe considerar un interrogante clave: ¿podrían estas mismas normas representar un obstáculo para la implementación de políticas climáticas nacionales? Esta doble perspectiva plantea una tensión fundamental entre la estabilidad que buscan los inversores y la flexibilidad regulatoria que requieren los Estados para cumplir con sus compromisos climáticos. La resolución de esta tensión será determinante no solo para el éxito de las políticas climáticas, sino también para la creación de un entorno propicio que permita movilizar inversiones esenciales para la transición energética global (Boute 2009).

La relación entre la inversión internacional y el desarrollo sostenible se manifiesta en una multiplicidad de dimensiones, tales como la responsabilidad medioambiental de las empresas multinacionales, el alcance y límites de las cláusulas de protección de las inversiones, la intervención de partes no contendientes en los procedimientos arbitrales, la operatividad de cláusulas de emergencia o necesidad, y el tratamiento específico que reciben cuestiones medioambientales en el marco de los litigios sobre inversiones extranjeras (Viñuales 2010; 2019). Bajo estas condiciones, surge un vasto potencial de inversión en sectores clave como los mercados de carbono (Miles 2008), las fuentes de energía renovables y las tecnologías de bajas emisiones. No obstante, este potencial se enfrenta al riesgo de que el régimen jurídico internacional de las inversiones actúe como un obstáculo para la implementación de medidas destinadas a la mitigación del cambio climático.

La necesidad de una reforma estructural del Derecho Internacional de las Inversiones para abordar los desafíos ambientales del siglo XXI resulta evidente y debería contemplar la inclusión de disposiciones específicas en los acuerdos internacionales de inversión que favorezcan la transición hacia economías con bajas emisiones de carbono (Miles 2014). Aunque el cambio climático no ha sido, hasta ahora, un eje central en los litigios internacionales sobre comercio e inversión, sus efectos ya se hacen sentir en estos regímenes jurídicos, configurando nuevas dinámicas y tensiones normativas.

---

7 Para alcanzar los objetivos de reducción fijados de la forma más rentable posible, el Protocolo de Kioto ofrece no sólo reducciones a nivel nacional, sino también la posibilidad de cumplir su compromiso en el extranjero a través de "mecanismos flexibles" (comercio de derechos de emisión, Mecanismo de Desarrollo Limpio —MDL, Aplicación Conjunta— AC).

El atractivo de las IED depende, en gran medida, de la capacidad de los Estados receptores para garantizar a los inversores extranjeros un cumplimiento adecuado de las normas de protección contenidas en los TIBs que, aunque útiles, plantean dilemas significativos: por un lado, pueden restringir la capacidad de los gobiernos para adoptar medidas contra el cambio climático; por otro, pueden incluir excepciones ambientales que, aunque bienintencionadas, generan incertidumbre en su interpretación y aplicación en casos relacionados con regulaciones ambientales. Si bien existe un consenso generalizado sobre la necesidad de una transición gradual hacia fuentes de energía más limpias, la producción de petróleo y gas sigue desempeñando un papel clave en la matriz energética global a corto y medio plazo, subrayando la importancia de atraer IED para financiar inversiones en energía sostenible y tecnología energética limpia. Sin embargo, los recientes retrocesos en los flujos de IED están generando serios impactos, incluyendo el encarecimiento de la energía, una mayor presión sobre la demanda interna y el alza en los precios de los alimentos, lo que a su vez puede desencadenar inestabilidad política y endurecimiento de las condiciones financieras. Las políticas adoptadas por los Estados receptores de inversión para facilitar la transición energética, particularmente aquellas dirigidas a desincentivar o eliminar gradualmente inversiones en combustibles fósiles, pueden derivar en reclamaciones por supuesta violación de normas de protección de las IED establecidas en los TIBs. Este riesgo de responsabilidad internacional puede, paradójicamente, desincentivar a los Estados a implementar políticas ambientales ambiciosas, incluso cuando estén obligados a hacerlo por compromisos internacionales en materia de desarrollo sostenible o lucha contra el cambio climático.

No obstante, queda claro que los TIBs y el TCE son insuficientes por sí mismos para ofrecer una protección integral a las inversiones ni para resolver eficazmente las controversias medioambientales. Aunque en sus primeros años estos mecanismos funcionaron de manera razonablemente equilibrada para inversores y Estados receptores (Hobér y Dahlquist 2013; Toweill 2014), actualmente enfrentan profundas críticas (Abbas 2018) debido a su falta de adaptabilidad a los nuevos retos globales, particularmente en el ámbito medioambiental y energético (Böckstiegel 2015) que demanda un replanteamiento sustancial del sistema para alinearlo con las prioridades globales de sostenibilidad y transición energética.

La necesidad de abordar el cambio climático demanda un replanteamiento de la relación histórica entre la inversión extranjera y los combustibles fósiles, alineando más estrechamente las leyes de inversión con los objetivos de la transición energética, lo que implica que los futuros acuerdos de protección de inversiones prioricen la protección frente a expropiaciones directas y la igualdad de trato para los inversores nacionales y extranjeros, sin obstaculizar el derecho de los Estados a legislar en beneficio del bien común. Además, se propone reforzar la participación democrática a través de la actuación activa de los comités mixtos que suelen formar parte de estos acuerdos. De igual manera, resulta esencial que los capítulos de sostenibilidad contemplen consecuencias efectivas ante el incumplimiento de normas climáticas, sociales y medioambientales, otorgándoles el mismo nivel de importancia que a los compromisos económicos[8] (Van Aaken 2023).

4.2. Previsiones ambientales en los tratados de inversión

Los acuerdos internacionales de inversión históricamente se han redactado sin considerar las preocupaciones medioambientales, incluyendo aquellas relacionadas con el cambio climático lo que desatiende un problema que, con el tiempo, ha sido reconocido como un interés prioritario de la comunidad internacional. Sin embargo, el Derecho Internacional de Inversiones ha respondido con lentitud a esta transformación. Mientras que el cambio climático se erige como un desafío global, muchos inversores aún priorizan el rendimiento económico sobre la acción climática, lo que resalta la necesidad de que los Estados y el régimen internacional de inversiones desempeñen un papel esencial para abordar este problema.

Una perspectiva que podría catalizar este cambio sería permitir que los Estados justifiquen posibles violaciones a sus obligaciones bajo tratados de inversión cuando actúen para cumplir con normas climáticas internacionales (Liew 2021). Aunque el cambio climático y las inversiones extranjeras directas se regulan actualmente en marcos jurídicos separados, están profundamente interconectados, particularmente porque tanto los Estados como los TBIs suelen reconocer la supremacía del Derecho Internacional en controversias de inversión (Dolsak 2001; Dolšak y Prakash 2018).

Sin embargo, los avances hacia una integración efectiva de las preocupaciones climáticas en el régimen de inversiones son desiguales. Por ejemplo, el Modelo de TBI de Estados Unidos de 2004 (TBI 2004)[9] (Schwebel 2005; Gagné y Morin 2006; Vandevelde 2009) menciona que las partes deben perseguir sus objetivos "de manera coherente con la protección del medio ambiente". Aunque esta mención refleja una toma de conciencia, no incluye disposiciones concre-

---

8 Los cambios se deberán centrarse en tres áreas temáticas sustantivas, que plantean inmensos desafíos al sistema en su estado actual, a saber, el cambio climático, la seguridad nacional y las obligaciones de los inversores.

9 Doce años después de la entrada en vigor del Tratado de Libre Comercio de América del Norte (TLCAN), la política estadounidense de protección de las inversiones extranjeras evolucionó como muestra el modelo de tratado bilateral de inversión (TBI) de 2004. Aunque la mayoría de las disposiciones son similares a las del TLCAN pueden identificarse algunas diferencias, tanto de fondo como de procedimiento.

tas sobre el cambio climático y, además, no es una práctica generalizada en los acuerdos internacionales de inversión.

Algunos tratados recientes han comenzado a adoptar una perspectiva más explícita. El ECT, por ejemplo, menciona en su preámbulo acuerdos medioambientales internacionales relacionados con la energía, como el Convenio Marco de las Naciones Unidas sobre el Cambio Climático (CMNUCC). Sin embargo, estas referencias suelen ser declarativas y carecen de mecanismos efectivos para garantizar el cumplimiento de los objetivos climáticos. La magnitud de la crisis climática exige respuestas contundentes y urgentes, en un plano donde el Derecho de las Inversiones y el Derecho del Medio Ambiente no siempre han avanzado en consonancia, como lo demuestra la actual crisis de reforma del ECT. En este sentido, las medidas intensivas de mitigación hacia la descarbonización, impulsadas por la Conferencia de las Partes (CoP) 26 celebrada en Glasgow en 2021, subrayan la necesidad de alinear estos marcos jurídicos (NU 2021). En una era donde el cambio climático representa la prioridad más apremiante para el futuro del planeta, una versión revisada del TCE podría jugar un papel vital en la transición energética desde los combustibles fósiles hacia fuentes renovables y limpias.

Un avance significativo es el Modelo de TBI de los Países Bajos de 2019 (TBI 2019), que no solo incluye el desarrollo sostenible en su preámbulo, sino que dedica un artículo específico a este tema. En este marco, las partes reafirmaron sus compromisos con acuerdos internacionales clave, como el Acuerdo de París, las normas laborales de la Organización Internacional del Trabajo (OIT) y los derechos humanos establecidos en la Declaración Universal de Derechos Humanos (AGNU 1948). Además, se comprometen a continuar ratificando acuerdos pendientes, marcando un estándar progresista para futuros tratados[10]. Por otro lado, el Acuerdo Económico y Comercial Global (CETA) entre Canadá y la UE y sus Estados miembros de 2016 (UE 2016), que entró en vigor con carácter

10 Por otra parte, el art. 7 hace referencia a las normas internacionales sobre la responsabilidad de las empresas que también exigen que un inversor extranjero actúe de conformidad con los convenios que contienen referencias a la protección del medio ambiente: "Las Partes Contratantes reafirman la importancia de que cada Parte Contratante aliente a los inversores que operen en su territorio o estén sujetos a su jurisdicción a incorporar voluntariamente en sus políticas internas aquellas normas, directrices y principios de responsabilidad social corporativa internacionalmente reconocidos que hayan sido respaldados o cuenten con el apoyo de esa Parte, como las Líneas Directrices de la OCDE para Empresas Multinacionales, los Principios Rectores de las Naciones Unidas sobre las Empresas y los Derechos Humanos, revisión 2011, y la Recomendación CM/REC (2016) del Comité de Ministros a los Estados miembros sobre derechos humanos y empresas".

provisional el 21 de septiembre de 2017, también representa un paso adelante[11]. Su capítulo 8 sobre inversiones incluye disposiciones que, aunque limitadas, reflejan un potencial para integrar objetivos de protección medioambiental en los acuerdos de inversión (Grosbon 2019).

A pesar de estos avances, el marco de los tratados de inversión todavía carece de una visión integral y contundente para proteger el medio ambiente, los derechos humanos y combatir el cambio climático. A medida que se desarrolla la práctica de tratados de inversión más "equilibrados", se espera que las futuras generaciones de acuerdos incluyan declaraciones y mecanismos más robustos en torno a estos temas, consolidando un compromiso global hacia un desarrollo sostenible. Aunque el reconocimiento de las normas sobre cambio climático como justificación en controversias de inversión aún está en una fase emergente, la jurisprudencia reciente refleja un cambio significativo en esta dirección. Los casos *Burlington v. Ecuador* (CIADI 2018) y *Urbaser v. Argentina* (CIADI 2016) han señalado un avance al otorgar mayor peso a los intereses de la comunidad internacional, reflejados en instrumentos normativos ajenos al ámbito de las inversiones cuyos fallos sugieren un cambio de actitud tanto de los tribunales como de los Estados, marcando una tendencia positiva hacia la incorporación del cambio climático como un elemento prioritario, incluso por encima de la tradicional protección de las inversiones.

5. SOLUCIÓN DE CONTROVERSIAS CLIMÁTICAS EN MATERIA DE INVERSIONES

Con la transición energética y los compromisos climáticos globales como prioridades, los conflictos entre Estados e inversores extranjeros se han intensificado, especialmente cuando las medidas medioambientales impactan intereses económicos protegidos por tratados de inversión. Los mecanismos de resolución de disputas, como el arbitraje inversor-Estado, permiten abordar estas controversias en un marco jurídico neutral y especializado.

5.1. Demandas climáticas en materia de inversiones

Los TBIs y AIIs contienen disposiciones clave diseñadas para resolver disputas entre los inversionistas extranjeros y los Estados anfitriones que son esenciales

[11] El acuerdo no entrará plena y definitivamente en vigor hasta que todos los Estados miembros de la UE hayan ratificado el Acuerdo. La Comisión colaborará con los Estados miembros de la UE y con Canadá para garantizar que su aplicación sea adecuada y eficaz.

para brindar confianza a los inversionistas al ofrecer mecanismos claros y predecibles para resolver conflictos. Las cláusulas especifican qué tipos de disputas pueden someterse a resolución limitándose a conflictos relacionados con vulneraciones del tratado, como expropiación, trato injusto, discriminación o falta de protección plena y seguridad. Por lo general, existen varias opciones para resolver controversias, dependiendo del tratado: a) Negociación y Consulta: fase previa incluida en muchos tratados que requieren que las Partes intenten resolver la disputa de manera amistosa antes de recurrir a otros mecanismos fijándose un período de tiempo, 3 o 6 meses, para intentar llegar a un acuerdo negociado. b) Arbitraje de inversiones: ante órganos neutrales y especializados en disputas de inversión. c) Tribunales Nacionales: en algunos tratados, se permite que los inversionistas elijan resolver disputas en los tribunales nacionales del Estado anfitrión. Sin embargo, esto es menos común debido a la percepción de falta de independencia o imparcialidad.

Cuando las medidas medioambientales adoptadas por un Estado receptor restrinjan los intereses de un inversor extranjero, las disputas que genera suelen resolverse a través de arbitrajes de inversión argumentando que tales medidas constituyen una violación de las obligaciones establecidas en los tratados de inversión. La litigiosidad relacionada con los efectos de las inversiones ha ganado una gran relevancia en los últimos años, ejemplificada por el caso *Chevron/Ecuador* (CPA 2009; 2011)[12]. Este caso destacó el creciente conflicto entre la protección de la inversión extranjera y la protección del medio ambiente, evidenciando tensiones inherentes a estos dos objetivos. Las controversias vinculadas al medio ambiente pueden incluir reclamaciones planteadas por inversores en combustibles fósiles afectados por políticas destinadas a reducir las emisiones de carbono; pero también es previsible que las IED en proyectos centrados en la reducción de emisiones se conviertan en una fuente adicional de disputas bajo TBIs, en caso de que los Estados receptores incumplan sus obligaciones de trato conforme a dichos instrumentos (Abid 2021).

Los litigios nacionales sobre el cambio climático están proliferando a nivel global, alcanzando un estatus de fenómeno transnacional de creciente relevancia (Kahl y Weller 2021). En este sentido, el Acuerdo de París se consolida como el eje central de la gobernanza climática internacional, ofreciendo un marco normativo esencial para las políticas estatales y las decisiones judiciales relacionadas con el cambio climático (Wegener 2020). Aunque durante décadas, los conflictos medioambientales se han identificado como una amenaza a la paz y la seguridad internacionales, las jurisdicciones nacionales han demostrado ser ineficaces

---

[12] El proyecto de exploración y extracción de petróleo de Chevron y TexPet en la región amazónica de Ecuador suscitó a una larga controversia sobre supuestos daños ambientales y sociales, que ha dado lugar a dos casos de arbitraje de inversiones (CPA 2011; CPA 2009).

para abordar disputas relacionadas con los efectos transfronterizos perjudiciales. A su vez, el Derecho Internacional del Medio Ambiente y las instituciones internacionales de resolución de conflictos existentes han mostrado limitaciones significativas[13], particularmente al no ofrecer acceso directo a organizaciones no gubernamentales, grupos de interés o individuos, cuyas deficiencias se han manifestado con frecuencia en los tratados ambientales multilaterales, donde, aunque se incluyen cláusulas de resolución de controversias, estas, rara vez establecen procesos específicos para abordar disputas medioambientales ante tribunales nacionales (Romano 2000). Por ello, la creciente necesidad de desarrollar una arquitectura económica sostenible ha expandido significativamente el marco de relaciones jurídicas complejas entre actores públicos y privados, aumentando también las posibilidades de recurrir a mecanismos flexibles de resolución de conflictos, como el arbitraje.

A consecuencia de las disposiciones contenidas en los tratados de inversión el arbitraje de inversiones ejerce una influencia significativa en el sector, complementando los litigios ante tribunales internacionales y nacionales que surgen en este ámbito. El notable incremento en el número de casos presentados bajo el amparo de los TIBs no ha pasado desapercibido para la opinión pública, particularmente debido a la relevancia de las controversias planteadas y las destacadas sumas de dinero involucradas (Obadia 2002). Además, la transición energética con la finalidad de protección del medio ambiente que los Estados buscan implementar ha situado la protección de las inversiones en el centro de corrientes conflictivas, principalmente desde dos perspectivas. Por un lado, las políticas de los Estados receptores de inversión, orientadas a la transición energética y que incluyen la eliminación progresiva o finalización de las inversiones en combustibles fósiles han generado reclamaciones por violación de las disposiciones de los tratados de inversión. Por otro lado, la atracción de inversiones para financiar la energía sostenible y la tecnología necesaria para lograrla ha generado conflictos derivados de la falta de equilibrio entre la garantía de protección a la inversión y la necesidad de implementar una transición energética rápida y eficiente (Abid 2021). Los argumentos más comunes en este tipo de demandas incluyen desde supuestos incumplimientos por parte del Estado receptor de la inversión en su obligación de garantizar un trato justo y equitativo a los inversores extranjeros, hasta la protección frente a medidas de obstrucción, nacionalización, expropiación o cualquier otra medida discriminatoria. Un área que ya ha visto una consi-

---

13 De esta circunstancia se hizo eco la Resolución 44/228 de la Asamblea General de las Naciones Unidas sobre la Conferencia de las Naciones Unidas sobre el Medio Ambiente y el Desarrollo (1989) al declarar que uno de sus principales objetivos era “evaluar la capacidad del sistema de las Naciones Unidas para ayudar a prevenir y resolver controversias en la esfera del medio ambiente y recomendar medidas en esta esfera”.

derable conflictividad es el sector energético (Fernández Pérez 2014), particularmente en el ámbito de la extracción de materias primas, un sector que requiere altos niveles de capital[14].

En las demandas planteadas bajo tratados bilaterales o multilaterales de protección de inversiones, como el Tratado sobre la ECT, la referencia al cambio climático ha adquirido creciente relevancia (Miles 2010; Boute 2012; Sullivan y Kirsey 2017). De hecho, el arbitraje en tratados de inversión se ha convertido en una herramienta clave para resolver controversias relacionadas con el cambio climático, ya que, hasta hace poco, los inversores extranjeros no habían impugnado ante tribunales arbitrales las medidas adoptadas en relación con el cambio climático[15] (Fernández Pérez 2016). Este fenómeno ha sido facilitado en gran parte por la actuación de centros administradores como el CIADI, que han contribuido a la expansión de este tipo de arbitraje (Miles y Lawry-White 2019). Aunque existan crítica respecto a que los tribunales arbitrales no sean las sedes más adecuadas para resolver estas controversias, dada la inclusión de las disposiciones que establecen el arbitraje como método de resolución de disputas inversor-Estado, es necesario examinar el arbitraje de inversión como una herramienta complementaria que puede contribuir a la aplicación de la legislación medioambiental en las disputas entre Estados y actores no estatales.

Un ejemplo relevante de cómo las obligaciones relacionadas con el desarrollo sostenible podrían influir en el marco del arbitraje internacional de inversiones es su potencial para justificar medidas expropiatorias adoptadas por los Estados. En primer lugar, el cumplimiento de tratados internacionales sobre cambio climático podría legitimar una expropiación al demostrar que la medida está orientada a cumplir compromisos internacionales. En segundo lugar, estas obligaciones podrían servir de base para que un tribunal arbitral reconozca que la medida del Estado constituye una regulación legítima, amparada por la doctrina de los poderes de policía, y por tanto, no compensable. Por último, el cambio climático podría ser un factor determinante para que un Estado demuestre que

---

14 La protección de las inversiones también puede intervenir a favor de las inversiones de protección del clima: Los Estados han confiado durante mucho tiempo en la inversión privada en este campo, que —como en el ámbito de las energías renovables— se estimula mediante subvenciones estatales o garantías de compra; el "Acuerdo Verde Europeo" presentado por la Comisión de la UE también se basa en gran medida en la inversión privada (Comisión Europea 2019).

15 Existe, sin embargo, una preocupación por el hecho de que la mayoría de los tratados de inversión no obligan a los árbitros a que tomen en cuenta los acuerdos internacionales sobre cambio climático al momento de decidir los casos. Así se puso de manifiesto en la Conferencia de la OCDE sobre los Tratados de Inversión y las Políticas de Cambio Climático, de 10 mayo 2022 https://www.oecd.org/investment/conference-investment-treaties.htm.

dos inversores no se encuentran en "circunstancias similares", invalidando así reclamos de discriminación (Martini 2017).

5.2. El arbitraje como herramienta clave para la resolución de controversias ambientales

Como foro neutral que permite a las partes designar árbitros con experiencia especializada, el arbitraje se encuentra en una posición privilegiada para desempeñar un papel destacado en la resolución de disputas relacionadas con el cambio climático y la sostenibilidad (Nino 2021) cuyas disputas surgen frecuentemente en contextos como relaciones contractuales, tratados de inversión o incluso obligaciones entre Estados. Es por ello que el arbitraje está llamado a consolidarse como un mecanismo clave para la aplicación del Derecho Internacional climático[16] (Viñuales 2012).

El arbitraje inversor-Estado o arbitraje de inversiones recogido en los tratados de protección de inversiones fue introducido en la década de 1980 como un medio para despolitizar las disputas relacionadas con inversiones que permite al inversor cuestionar la legalidad de las medidas adoptadas por el Estado receptor ante un tribunal arbitral con base en los compromisos asumidos en el tratado de protección de inversiones. Los TBIs así como el TCE especifican las normas de arbitraje aplicables a la solución de controversias en materia de inversión, las cuales suelen estar reguladas por instituciones reconocidas como la Comisión de las Naciones Unidas para el Derecho Mercantil Internacional (CNUDMI), el Centro Internacional de Arreglo de Diferencias Relativas a Inversiones (CIADI), la Cámara de Comercio Internacional (CCInt), Corte Permanente de Arbitraje (CPA) o el Instituto de Arbitraje de la Cámara de Comercio de Estocolmo (SCC). El sistema refuerza la confianza de los inversores en el marco jurídico internacional, promoviendo la inversión extranjera directa y proporcionando un medio eficiente y neutral para la resolución de disputas. Sin embargo, su implementación y alcance continúan siendo objeto de debate, especialmente en lo que

---

16 En el marco de las demandas de los tratados de inversión, es probable que el cambio climático aparezca cada vez más. Aunque la solución de controversias inversor-Estado (ISDS) ha sido objeto de inquietud pública en los últimos años, también puede ofrecer un mecanismo neutral y eficaz de resolución de controversias, incluso en el ámbito del cambio climático. Por ejemplo, los inversores en energías renovables han tratado de recurrir a este mecanismo en demandas contra España, Italia y la República Checa (entre otros) para impugnar los cambios introducidos por esos Estados en los regímenes de incentivos, que habían sido diseñados para atraer inversiones en energías renovables (y en los que se basaron esas decisiones de inversión).

respecta al equilibrio entre la soberanía estatal y la protección de los derechos de los inversores.

En el ámbito de la CPA, se creó en el año 2000 un comité presidido por el profesor Philippe Sands con el objetivo de redactar un conjunto de reglas específicas para la resolución de controversias relacionadas con el medio ambiente y los recursos naturales que culminó con la aprobación del Reglamento para la Resolución de Controversias Relacionadas con el Medio Ambiente y/o los Recursos Naturales (CPA 2001) en una reunión extraordinaria celebrada el 19 de junio de 2001 (Meshel 2015; Kiss 2003; Kröner, 2010; Blanc Altemir 2003; Vespa 2003). Un año después, en 2002, el Consejo Administrativo de la CPA adoptó por consenso un marco adicional para abordar estas disputas: el Reglamento Facultativo para la Conciliación de Controversias Relacionadas con los Recursos Naturales y/o el Medio Ambiente[17] (CPA 2002) (Fernández Pérez, 2022).

De manera complementaria, destaca una iniciativa impulsada en 2017 por el *Center for International Legal Cooperation*, que culminó con la publicación en 2019 de las *Hague Rules on Business and Human Rights Arbitration* (CILC 2019) que ofrecen un conjunto de criterios y directrices específicamente diseñados para el desarrollo del arbitraje internacional en marcos donde las disputas tienen un impacto significativo en los derechos humanos (Kessedjian 2021). Ambos marcos normativos reflejan el compromiso de las instituciones internacionales por adaptar los procedimientos arbitrales a las particularidades de las controversias medioambientales y de derechos humanos, proporcionando herramientas específicas para abordar estos desafíos en un entorno jurídico cada vez más complejo y multidisciplinario.

Hasta la fecha, el arbitraje de inversiones ha emergido principalmente a través de demandas presentadas por inversores en energías renovables, quienes han impugnado cambios regulatorios que supuestamente afectan negativamente sus inversiones. En las demandas suscitadas al amparo de los tratados, bilaterales o multilaterales de protección de inversiones, la referencia al cambio climático aparece cada vez con mayor frecuencia (Miles 2010; Boute 2012; Sullivan y Kirsey

---

17 Al igual que el Reglamento de Arbitraje, el Reglamento de Conciliación puede ser utilizado por las partes privadas, por otras entidades de derecho nacional o internacional, por organizaciones internacionales y por los Estados si todas las partes están de acuerdo en utilizarlo. Las partes pueden elegir a los conciliadores de la Lista de Árbitros de la CPA constituida conforme al Reglamento de Arbitraje, o a los miembros de la CPA, y pueden elegir a los peritos de la Lista de Expertos Científicos y Técnicos de la CPA constituida conforme al Reglamento de Arbitraje (Reglamento de Conciliación, Introducción). Por último, el Reglamento de Conciliación contiene recomendaciones al conciliador o conciliadores destinadas a facilitar la resolución de las controversias medioambientales, como sugerencias para la creación de un comité que supervise la aplicación de un acuerdo de conciliación (art. 12 del Reglamento de Conciliación).

2017) y puede afirmarse que el arbitraje inserto en los tratados de inversión se ha convertido en un instrumento esencial en la resolución de las controversias relacionadas con el medio ambiente, pues hasta hace poco, los inversores extranjeros no habían impugnado las medidas relacionadas con el cambio climático ante los tribunales de arbitraje (Fernández Pérez 2016) ante determinados centros administradores como el CIADI, o la SCC que ahora han contribuido a esta expansión (Miles y Lawry-White 2019).

En respuesta a las críticas sobre la opacidad de los procesos arbitrales, durante la última década tanto los Estados como los inversores han impulsado reformas para hacer estos procedimientos más accesibles y transparentes. La transparencia y la publicidad han cobrado especial relevancia en este tipo de controversias, dada la implicación de importantes intereses públicos en las disputas entre inversores y Estados. Aunque el arbitraje no cuenta con un sistema oficial de precedentes vinculantes, es cada vez más frecuente que los tribunales arbitrales se vean influenciados por laudos ampliamente aceptados o que reiteran argumentos consolidados en casos similares.

Los tribunales arbitrales, aunque no están vinculados formalmente por el principio del *stare decisis* —es decir, no están obligados a seguir la jurisprudencia de otros tribunales arbitrales—, tienen una tendencia hacia la consideración y cita de laudos previos. Especialmente en el marco del Convenio del CIADI y los TBIs (Rigo Sureda 2009), ha surgido una jurisprudencia arbitral que, si bien no es uniforme, está marcadamente interconectada. Este fenómeno también se refleja en las decisiones basadas en el Capítulo XI del antiguo TLCAN, que han contribuido a la creación de una especie de *lex mercatoria*, una jurisprudencia transnacional no vinculante pero influyente (Kozawa 2002).

Esta interconexión se traduce en una práctica moderna en la que los tribunales arbitrales de inversión estudian cuidadosamente laudos anteriores, discuten sus fundamentos y, con frecuencia, los adoptan o critican reforzando la percepción de coherencia y consistencia en el razonamiento arbitral. Sin embargo, la falta de unanimidad en las decisiones plantea desafíos importantes, especialmente cuando se trata de equilibrar la necesidad de un marco de inversión estable y predecible con el derecho soberano de los Estados a regular, en particular en áreas medioambientales (Villagrasa Rozas 2018; Requena Casanova 2019).

Un ejemplo destacado de esta evolución lo proporciona el CIADI, que en 2006 modificó sus reglas para exigir la publicación inmediata de extractos de laudos y permitir la presentación de escritos *amicus curiae* (Kessedjian 2006; Stern 2007; Knahr 2007) por terceras partes. Posteriormente, en 2022, tras un complejo proceso en el que participó la UE, el CIADI adoptó nuevas reformas que han actualizado y modernizado sus reglas de arbitraje y conciliación y que introducen varias innovaciones clave: a) Reducción de tiempo y costos: Se establecen plazos obligatorios para dictar órdenes y laudos, haciendo los procedimientos más ágiles[18]. b) Arbitraje acelerado: Nuevas reglas permiten, si las partes lo acuerdan, reducir a la mitad los tiempos de resolución de los casos. c) Mediación y determinación de hechos: La incorporación de mecanismos para facilitar resoluciones negociadas entre las partes, y para realizar evaluaciones imparciales de los hechos relacionados con una inversión, ambos utilizables como procedimientos independientes o complementarios al arbitraje, no solo mejoran la eficiencia y accesibilidad del arbitraje, sino que refuerzan su potencial como herramienta esencial para enfrentar los desafíos complejos del cambio climático y las controversias en torno a la sostenibilidad global (Nanteuil 2022).

5.3. El arbitraje de inversiones en la protección del medio ambiente: retos y oportunidades

La protección del medio ambiente ocupa un lugar central y multifacético en los arbitrajes entre inversores y Estados (Joubin-Bret 2016), desempeñando distintos roles según el contexto del caso. Puede ser invocada por los Estados receptores como fundamento de defensa frente a las reclamaciones de los inversores, utilizada como base para reconvenciones estatales contra los propios inversores, o incluso presentada como argumento independiente en demandas de inversores contra los Estados. Sin embargo, su efectividad ante los tribunales arbitrales depende en gran medida de cómo se articule y evalúe en cada caso.

Cuando la protección medioambiental se plantea como un elemento sustantivo principal, introduce una serie de desafíos técnicos y jurídicos para los tribunales arbitrales que incluyen la valoración y credibilidad de las pruebas científicas presentadas, la determinación del nivel de diligencia y precaución que se espera tanto de los Estados como de los inversores, y la interacción entre las obligacio-

---

[18] Estas reglas, en vigor desde el 1 junio 2022, reglas prevén: a) Acceso más amplio a las reglas y servicios de resolución de disputas del CIADI. Se han modificado los requisitos jurisdiccionales en virtud del Mecanismo Complementario del CIADI, proporcionando a los Estados e inversores acceso al arbitraje y la conciliación del Mecanismo Complementario cuando una o ambas partes contendientes no sean un Estado Contratante del CIADI. Las Organizaciones Regionales de Integración Económica, como la UE, también pueden ser parte en los procedimientos en virtud de las Reglas del Mecanismo Complementario enmendadas; b) Mayor transparencia. Las reglas de arbitraje actualizadas del CIADI mejorarán aún más el acceso público a las órdenes y laudos del CIADI, lo que beneficia la coherencia legal en la toma de decisiones del tribunal. Al mismo tiempo, las reglas ayudan a las partes a identificar información confidencial y especifican que la información personal protegida no puede divulgarse públicamente. c) Divulgación de fondos de terceros. Por primera vez, las reglas de arbitraje del CIADI abordan el financiamiento de terceros. Las partes contendientes tienen la obligación continua de divulgar el financiamiento de terceros, incluido el nombre y la dirección del financiador, para evitar conflictos de intereses que puedan surgir de dichos acuerdos de financiamiento (CIADI 2022).

nes internacionales de los Estados en materia medioambiental y los compromisos adquiridos en tratados de inversión. Abordar estas cuestiones exige que los tribunales adopten una perspectiva interdisciplinaria, integrando conocimientos científicos, normativas regulatorias y principios jurídicos.

Aunque el arbitraje entre inversores y Estados no debe considerarse como el foro principal para garantizar la protección del medio ambiente, tampoco puede relegarse a un papel secundario o irrelevante. Por el contrario, estos tribunales poseen la capacidad —y la responsabilidad— de emitir decisiones fundamentadas y competentes que reflejen tanto los avances científicos como las preocupaciones regulatorias y los objetivos medioambientales legítimos que no solo fortalece su credibilidad, sino que también subraya su relevancia en la interacción entre inversión y sostenibilidad.

La jurisprudencia arbitral ha demostrado que el arbitraje entre inversores y Estados puede ser un mecanismo eficaz para tratar disputas que involucren cuestiones medioambientales. Los casos resueltos evidencian la capacidad de los tribunales para adoptar metodologías científicas, integradoras y fundamentadas en el análisis experto que permite una resolución más precisa de las controversias, respondiendo de manera equilibrada a las preocupaciones de los Estados receptores y los inversores en un marco de creciente atención global hacia la protección medioambiental. En este sentido, el arbitraje, cuando se dota de las herramientas adecuadas, tiene el potencial de evolucionar hacia un mecanismo clave para reconciliar las demandas legítimas de la inversión con los imperativos medioambientales, contribuyendo así a un marco jurídico más equilibrado y sostenible.

En el marco del TCE, las controversias relacionadas con inversiones en energías renovables han cuestionado la tradicional protección que los tratados de inversión ofrecían a los inversores. Aunque en algunos casos la interpretación de las normas de inversión ha resultado favorable para los inversores, no se puede descartar que otros laudos conduzcan a conclusiones menos favorables generando una percepción creciente de que el arbitraje de inversiones no proporciona la seguridad normativa necesaria para inversiones en energías renovables, y subrayando la necesidad de reformas profundas en el proceso arbitral. En el caso del TCE, estas reformas deben enfocarse en lograr una mayor previsibilidad, especialmente en la interacción con compromisos climáticos como el Acuerdo de París.

En este panorama, la colisión entre el régimen de inversiones y las medidas de protección climática seguirá siendo un desafío jurídico y político, exigiendo soluciones que reconozcan tanto la necesidad de fomentar un entorno atractivo para las inversiones como el imperativo de combatir el cambio climático de manera efectiva y urgente (Selivanova 2018).

6. REFERENCIAS

6.1. Referencias bibliográficas

Abbas, Brian (2018), "International Arbitration Rules and Their Effect on Energy Sector Disputes", *International Trade & Bussine. Law Rev*iew, vol. 21, pp. 63 ss.

Abid, Yosra (2021), "FDI protection and energy transition: are ISDS adjudicators equipped with the needed legal devices to ease the transition?", *American Review of International Arbitration.*, vol. 32, nº 1, pp. 75-118.

Álvarez, José (2009), "The Public International Law Regime governing international investment", *Recueil de cours,* vol. 344, pp. 193-541.

Baltag, Crina; Joshi, Riddhi; Duggal, Kabir (2023), "Recent Trends in Investment Arbitration on the Right to Regulate, Environment, Health and Corporate Social Responsibility: Too Much or Too Little?", *ICSID Review.* http://dx.doi.org/10.1093/icsidreview/siac031.

Bielecki, Janusz (2003), "Environment-related restrictions to electricity trade", *Journal of energy & natural resources law,* vol. 21, núm. 4, pp. 413-427. http://dx.doi.org/10.1080/02646811.2003.11433343.

Blanc Altemir, Antonio (2003), "Reglamento facultativo de la Corte Permanente de Arbitraje para el arbitraje de las controversias relativas a los recursos naturales y/o al medio ambiente", *Revista Española de Derecho Internacional,* vol. LV, núm. 1, pp. 506-511.

Böckstiegel, Karl-Heinz (2015), "The Future of International Investment Law - Substantive Protection and Dispute Settlement", en Bungenberg, Marc; Griebel, Jorn; Hobe, Stephan; Reinisch, August (eds.), *International investment law,* C.H. Beck, Múnich, pp. 1863-1872. http://dx.doi.org/10.5771/9783845258997-1912.

Boute, Anatole (2009), "The Potential Contribution of International Investment Protection Law to Combat Climate Change", *Journal of energy & natural resources law,* vol. 27, núm. 3, pp. 333-376. http://dx.doi.org/10.1080/02646811.2009.11435220

Boute, Anatole (2012), "Combating Climate Change through Investment Arbitration", *Fordham International Law Journal,* vol. 35, núm.3, pp. 613-664.

Crespo Hernández, Ana (2000), *El Acuerdo Multilateral de Inversiones: ¿crisis de un modelo de globalización?,* Eurolex, Madrid.

Dolsak Nives (2001), "Mitigating global climate change: Why are some countries more committed than others?", *Policy Studies ournal.,* vol. 29, núm. 3, pp. 414-436. http://dx.doi.org/10.1111/j.1541-0072.2001.tb02102.x.

Dolšak, Nives; Prakash, Aseem (2018) "The Politics of Climate Change Adaptation", *Annual Review of Environment and Resources,* vol. 43, pp. 317-341.

Fernández Pérez, Ana (2014), "Los contenciosos arbitrales contra España al amparo del Tratado sobre la Carta de la Energía y la necesaria defensa del Estado", *Arbitraje,* vol. 7, núm. 2, pp. 369-397.

Fernández Pérez, Ana (2016), "La necesaria adaptación de los acuerdos internacionales de inversiones y del arbitraje de inversiones al 'desarrollo sostenible'", en B. Larraz Iribas; A. Fernández Pérez (eds), *Desarrollo sostenible en el siglo XXI: economía, sociedad y medio ambiente,* Iprolex, Madrid, pp. 87-123.

Fernández Pérez, Ana (2022), "El arbitraje como foro de resolución de controversias en los contenciosos relacionados con el cambio climático", *Cuadernos de Derecho transnacional,* vol. 14, núm. 2, pp. 456-492, esp. pp. 476-480. http://dx.doi.org/10.20318/cdt.2022.7191.

Gagné Gilbert; Morin, Jean Frederic (2006), "The Evolving American Policy on Investment Protection: Evidence from Recent FTAs and the 2004 Model BIT Get access Arrow", *Journal of Intternational Economic La*w, vol. 9, núm. 2, pp. 357-382.

Gaukrodger, David (2021), "The Future of Investment Treaties", OECD Working Papers on International Investment 2021/03.

Grosbon, Sophie (2019),"Investissements et changements climatiques: le chapitre 8 de l´Accord économique et commercial global (AECG/CETA) face aux impératifs de transition énergétique", *Journal de droit int*ernational, vol. 146, núm. 2, pp. 365-389.

Hobér, Kaj; Dahlquist, Joel (2013), "International Investment Protection Regimes in the Energy Sector", *German Yearbook of International La*w, vol. 56, 2013, pp. 149-183.

Jones, Geoffrey (2005), *Multinationals and Global Capitalism,* Oxford University Press, Oxford. http://dx.doi.org/10.1093/0199272093.001.0001.

Joubin-Bret, Anna (2016), "Protecting the Investor and Protecting the Environment: Conflicting Objectives in International Investment Agreements", en Levashova, Yulia (ed), *Bridging the Gap between international investment law and the environment,* Eleven International Publishing, La Haya, pp. 31-51.

Kahl, Wolfgang; Weller, Marc Philippe (2021), *Climate change litigation,* Múnich, Beck / Hart / Nomos, Munich. http://dx.doi.org/10.5040/9781509948741.

Kessedjian, Catherine (2006), "De quelques pistes pour l'encadrement procédural de l'intervention des amici curiae", *European journal of law reform,* vol. 8, pp. 29-111.

Kessedjian, Catherine (2021), "The Hague Rules on Business and Human Rights Arbitration ou comment l'arbitrage et la médiation peuvent renforcer le respect des droits de l'homme par les entreprises", *Journal de drot international,* vol. 148, núm. 1, pp. 71-88.

Kiss, Alexandre Charles (2003), "Environmental Disputes and the Permanent Court of Arbitration", *HagueYearbook of International aw.,* vol. 16, pp. 41-46. http://dx.doi.org/10.1163/9789047413912_004.

Knahr, Christina (2007), "Transparency, Third Party Participation and Access to Documents in International Investment Arbitration", *Arbitration International,* vol. 23, núm. 2, pp. 327-355. http://dx.doi.org/10.1093/arbitration/23.2.327.

Konoplyanik, Andrey (2014), "Multilateral and Bilateral Energy Investment Treaties: Do We Need a Global Solution?: the Energy Charter Treaty as an Objective Result of the Evolution of International Energy Markets and Instruments of Investment Protection and Stimulation", en Talus, Kim (ed), *Research handbook on international energy law,* Edward Elgar, Cheltenham pp. 79-123. http://dx.doi.org/10.4337/9781781002209.00013.

Kozawa, Sumio *et al.*(2002), "Depoliticization of international dispute settlement: a comparison of the dispute settlement provisions of the WTO and the Energy Charter Treaty", *The journal of world investment,* vol. 3, núm. 5, pp. 793-829

Kröner, C.M.J. (2010), "The Work of the Permanent Court of Arbitration in the Field of Environmental Dispute Resolution", *International Conference on Global Environmental Governance,* Rome, Ministry of Foreign Affairs, 20-21 May 2010, pp. 277-282.

Liew, Marcus (2021), "Compliance with Climate Change Standards as a Justification to Violations on International Investment Treaty Obligations— An Analysis", *ITA in Review, The Journal of the Institute for Transnational Arbitration,* vol. 3, núm. 2, pp. 43-77.

Martini, Camille (2017), "Balancing Investors' Rights with Environmental Protection in International Investment Arbitration", *The International Lawyer,* vol. 50, núm. 3, pp. 529-584.

Meshel, Tamar (2015), "Optional Rules for Arbitration of Disputes Relating to Natural Resources and/or the Environment: Permanent Court of Arbitration (PCA)", *Max Planck Encyclopedias of*

International Law, Oxford Public International Law, Oxford University Press, Oxford. http://dx.doi.org/10.2139/ssrn.3426459.

Miles, Kate (2008), "International Investment Law and Climate Change: Issues in the Transition to a Low Carbon World", *Society of International Economic Law* (SIEL) Inaugural Conference 2008, Working Paper No. 27/08. http://dx.doi.org/10.2139/ssrn.1154588.

Miles, Kate (2010), "Arbitrating Climate Change: Regulatory Regimes and Investor-State Disputes", *Climate Law,* vol. I, núm. 1, pp. 63-92. http://dx.doi.org/10.1163/CL-2010-004.

Miles, Kate (2014), "Climate change: trading, investing and the interaction of law, science and technology", *Science and technology in international economic law: balancing competing interests,* Routledge, London, pp. 155-182.

Miles, Wendy; Lawry-White, Merryl (2019), "Arbitral Institutions and the Enforcement of Climate Change Obligations for the Benefit of TBIs Stakeholders: The Role of ICSID", *ICSID Rev.-FILJ,* vol. 34, núm. 1, pp. 1-31.

Nanteuil, Arnaud de (2022), "Le nouveau règlement d'arbitrage du CIRDI= Reform of ICSID arbitration rules", *Revue de droit des affaires internationales,* núm. 5, pp. 557-560.

Nino, Michele (2021), "Arbitraje internacional y cambio climático", en Zamora, Javier; Sales, Lorena; Marullo, Chiara (dirs), *Aspectos destacados en la lucha frente al cambio climático,* Cizur Menor, Aranzadi Thomson Reuterspp. 1-18.

Obadia, Eloïse (2002), "ICSID, Investment Treaties and Arbitration: Current and Emerging Issues", *Investment Treaties and Arbitration* (G. Kaufmann-Kohler y B. Stucki, eds.), ASA Special Series, nº 19 (Association Suisse de l'Arbitrage), pp. 67-77.

Requena Casanova, Millán (2019), "Los arbitrajes de inversiones contra España por los recortes a las energías renovables: ¿cambio de tendencia en la saga de arbitrajes o fin de etapa tras la sentencia *Achmea*?", *Revista Aranzadi de Derecho ambiental,* núm. 42, pp. 71-108.

Rigo Sureda, Andrés (2009), "Precedent in Investment Treaty Arbitration", en Binder, Christina; Kriebaum, Ursula; Reinisch, August; Wittich, Stephan (eds.), *International Investment Law for the 21st Century: Essays in Honour of Christoph Schreuer,* Oxford University Press, Oxford, pp. 830-842.

Romano, Cesare (2000), *The Peaceful Settlement of International Environmental Disputes: A Pragmatic Approach,* Kluwer Law International, La Haya, pp. 41 y 44.

Schwebel, Stephen (2005), "The United States 2004 Model Bilateral Investment Treaty: an Exercise in the Regressive Development of International Law", *Global reflections on international law, commerce and dispute resolution. Liber amicorum in honour of Robert Briner,* International Chamber of Commerce (ICC), Paris, pp. 815-823. http://dx.doi.org/10.1017/CBO9780511793912.014.

Selivanova, Yulia (2018), "Changes in Renewables Support Policy and Investment Protection under the Energy Charter Treaty: Analysis of Jurisprudence and Outlook for the Current Arbitration Cases", *ICSID Rev.-FILJ,* vol. 33, núm. 2, pp. 433-455. http://dx.doi.org/10.1093/icsidreview/siy010.

Silveira Andrade, José Celio; Puppim de Oliveira, José Antonio (2015), "The Role of the Private Sector in Global Climate and Energy Governance", *Journal of Business Ethics,* vol. 130, núm.2, pp. 375-387.

Stern, Brigitte (2007), "Un petit pas de plus: l'instalation de la société civile dans l'arbitrage CIRDI entre Etat et investisseur", *Revue de l'aritrag.,* núm. 1, pp. 3-43.

Sullivan, Jeffrey; Kirsey, Valeriya (2017), "Environmental Policies: A Shield or a Sword in Investment Arbitration?", *The Journal of World Investment & Trade,* vol. 18, núm. 1, pp. 100-130. http://dx.doi.org/10.1163/22119000-12340032.

Talus, Kim (ed.) (2014), *Research Handbook on International Energy Law,* Edward Elgar Publishing, Cheltenham. http://dx.doi.org/10.4337/9781781002209.

Tita, Alberto (2010), "Investment Insurance in International Law: a Restatement on the Regime of Foreign Investment", *The Journal of World Investment & trade*, vol. 11, núm.º 4, pp. 651-663. http://dx.doi.org/10.1163/221190010X00275.

Toweill, Teale (2014), "Controlling Access to FDI - An Alternative Approach to Energy Sector Investment Protection", *Investment treaty arbitration and international law*, vol. 7, Huntington, NY, JurisNet, pp. 35-67.

van Aaken, Anne; Broude, Tomer (2022), "Ways of Reforming International Investment Agreements to Make them More Compatible with Climate Change Goals", *Investment Treaties and Climate Change OECD Public Consultation*, pp. 1-8.

van Aaken, Anne (2023), "Investment Law in the Twenty-First Century: Things Will Have to Change in Order to Remain the Same Get access Arrow", *Journal of International Economic Law*, voil 26, núm. 1.

Vandevelde, Kenneth (2009), "A Comparison of the 2004 and 1994 U. S. Model BITs: Rebalancing Investor and Host Country Interests", *Yearbook of International Investment Law & Policy*, vol. 2008-2009, pp. 283-315.

Vespa, Matthew (2003), "An Alternative to an International Environmental Court? The PCA's Optional Arbitration Rules for Natural Resources and/or the Environment", *The Law and Practice of International Courts and Tribunals*, vol. 2, pp. 295-331.

Villagrasa Rozas, Maria del Mar (2018), "Algunas consideraciones sobre la compatibilidad de los laudos arbitrales en materia de energías renovables y el Derecho UE", *Revista Aragonesa de Administración Pública*, Número Extra 19, (Ejemplar dedicado a: Mecanismos económicos y de mercado para la protección ambiental), pp. 415-449;

Viñuales, Jorge (2010), "Foreign Investment and the Environment in International Law: an Ambiguous Relationship", *British Yearbook of International aw.*, vol. 80, pp. 244-332. http://dx.doi.org/10.1093/bybil/80.1.244.

Viñuales, Jorge (2012), *Foreign Investment and the Environment in International Law*, Cambridge University Press, Cambridge. http://dx.doi.org/10.1017/CBO9780511902567.

Viñuales, Jorge (2019), "Foreign investment and the environment in international law: current trends", *Research handbook on environment and investment law*, Edward Elgar Publishing, Cheltenham, pp. 12-37. http://dx.doi.org/10.4337/9781784714635.00007.

Wegener, Lennart (2020), "Can the Paris Agreement Help Climate Change Litigation and Vice Versa?", *Transnational Environmental Law*, vol. 9, núm.1, pp. 1-20. http://dx.doi.org/10.1017/S2047102519000396.

Weil, Prosper (2000), "The State, the foreign investor, and international law: the no longer stormy relationship of a ménage à trois", *ICSID Rev.-FILJ*, vol. 15, núm. 2, pp. 401-416. http://dx.doi.org/10.1093/icsidreview/15.2.401.

6.2. Referencias normativas

6.2.1. Tratados internacionales

Convención Marco de las Naciones Unidas sobre el Cambio Climático; Nueva York, 9 de mayo de 1992; *BOE*, núm. 27, de 1 de febrero de 1994.

Tratado sobre la Carta de la Energía, de 17 de diciembre de 1994, *BOE* núm. 117, de 17 de mayo de 1995.

Protocolo de Kioto al Convenio Marco de las Naciones Unidas sobre el Cambio Climático, Kioto, 11 de diciembre de 1997; *BOE*, núm. 33, de 8 de febrero de 2005.

Acuerdo de París sobre cambio climático, París, 12 de diciembre de 2015; *BOE* núm. 28, 2 de febrero de 2017.

6.2.2. Otros actos normativos internacionales

AGNU (1948), Resolución 217 (III), "Carta Internacional de los Derechos del Hombre", 10 de diciembre de 1948.

CPA (2001), Reglamento para la Resolución de Controversias Relacionadas con el Medio Ambiente y/o los Recursos Naturales,

CPA (2002), Reglamento Facultativo para la Conciliación de Controversias Relacionadas con los Recursos Naturales y/o el Medio Ambiente

UE (2016) Acuerdo Económico y Comercial Global (CETA) entre Canadá, por una parte, y la Unión Europea y sus Estados miembros, por otra, *DOUE* L 11 de 14.1.2017,

6.3. Referencias jurisprudenciales

6.3.1. Órganos jurisdiccionales internacionales

CIADI (2016), *Urbaser S.A. and Consorcio de Aguas Bilbao Bizkaia, Bilbao Biskaia Ur Partzuergoa v. The Argentine Republic,* ICSID Case No. ARB/07/26, laudo arbitral, 8 diciembre 2016.

CIADI (2018), *Burlington Resources Inc. v. Republic of Ecuador,* ICSID Case No. ARB/08/5, Decisión sobre reconsideración y laudo, 7 febrero 2018.

CPA (2009), *Chevron Corporation y Texaco Petroleum Corporation / Ecuador (II),* PCA Caso nº 2009-23.

CPA (2011), *Chevron Corporation y Texaco Petroleum Company / Ecuador,* PCA Caso nº 34877, Laudo Final, 31 agosto 2011.

CPJI (1928), *Case Concerning the Factory at Chorzów,* PCIJ Rep, Series A, No. 17, Judgment, 13 September1928).

6.4. Referencias documentales

CILC (2019), *Center for International Legal Cooperation, Hague Rules on Business and Human Rights Arbitration* (CILC 2019).

Comisión Europea (2019), "El Pacto Verde Europeo", COM(2019) 640 final, 11 de diciembre de 2019.

OCDE (2002a), Recomendación sobre las características de la inversión extranjera directa para un desarrollo sostenible, Doc. OECD/LEGAL/0476

OCDE (2022b), *FDI Qualities Policy Toolkit,* FDI Qualities Policy Toolkit, OECD Publishing, Paris

NU (2021), Informe de la Conferencia de las Partes sobre su 26º período de sesiones, celebrado en Glasgow del 31 de octubre al 13 de noviembre de 2021, 8 de marzo 2022, Doc. FCCC/CP/2021/12

TBI (2004), Modelo de TBI de Estados Unidos de 2004, Treaty Between the Government of the United States of America and the Government of [Country] Concerning the Encouragement and Reciprocal Protection of Investment, 2004.

TBI (2019), Modelo de TBI de los Países Bajos, Netherlands Model Investment Agreement, de 22 de marzo de 2019.

Capítulo 21

MEDIO AMBIENTE Y ENERGÍA

MONTSERRAT ABAD CASTELOS[1]

1. INTRODUCCIÓN

La energía y el medio ambiente son cuestiones fundamentales, sobre todo para el futuro de nuestro planeta, e intrínsecamente relacionadas ambas con el desarrollo sostenible, los derechos humanos y la cooperación global. Para empezar, la forma en que producimos y consumimos energía impacta significativamente en el clima, cuya estabilización es un desafío existencial para la Tierra y una de las tres grandes emergencias ambientales planetarias, junto con las crisis de la biodiversidad y de la contaminación (PNUMA 2021). Estas tres crisis amenazan no solo la vida de las sociedades humanas, sino de la mayoría de los ecosistemas y especies que habitan en ellos. La energía guarda relación con las tres emergencias, mientras el Derecho Internacional constituye una de las herramientas esenciales con potencial para moldear el futuro.

Los desafíos que deben afrontarse desde las políticas y el Derecho de la Energía van más allá de los problemas ecológicos, pese al desafío colosal que estos suponen, puesto que nunca deben dejar de enfocarse también los otros dos ángulos cruciales de lo que se conoce como el *trilema energético*, que encapsula los tres retos fundamentales existentes: la seguridad energética, es decir, garantizar un suministro de energía confiable e ininterrumpido a fin de satisfacer las demandas actuales y futuras; la disponibilidad o equidad, con el objeto de proporcionar energía para todos; y la sostenibilidad ambiental, a fin de reducir los impactos ecológicos, en particular las emisiones de gases de efecto invernadero (GEI), para mitigar el cambio climático (Consejo Mundial de la Energía 2024).

Aunque este capítulo se centra en el ángulo ambiental de la energía, no pueden ignorarse los otros dos, por su interdependencia. Por ejemplo, aumentar el uso de combustibles fósiles para mejorar la seguridad energética afecta la sostenibilidad ambiental, y la falta de acceso universal a la energía impacta nega-

---

[1] Catedrática de Derecho Internacional Público, Universidad Carlos III de Madrid (mabad@der-pu.uc3m.es). Todas las páginas web mencionadas han sido consultadas por última vez el 11 de abril 2025. El presente trabajo se enmarca en el Proyecto de Investigación *Hacer las Paces con la Naturaleza y Hacer que la Naturaleza sea clave para la Paz* (Ref.: PID2022-142484NB-C21). ORCID: https://orcid.org/0000-0001-8987-4836

tivamente en los derechos humanos y el medio ambiente. En 2024, unos 2.100 millones de personas seguían usando combustibles y tecnologías contaminantes para cocinar, lo que deteriora la calidad del aire en sus hogares[2] y causa millones de muertes anuales[3]. Además, en muchas zonas, recoger leña requiere hasta 40 horas semanales, con consecuencias de género que afectan a la educación y perpetúan la discriminación de mujeres y niñas (Alda-Vidal *et al.* 2023). Dado lo anterior, cualquier acercamiento, sea político-diplomático o doctrinal, debe ser lo más integral posible, incluso si se centra en lo ecológico, para no ignorar una parte vital de la realidad.

En las siguientes páginas se abordará, a través del apartado segundo, la interfaz energía-medio ambiente, destacando sus aspectos normativos comunes en el contexto actual. Luego, en el apartado tercero, se analizarán los principales actores y agencias internacionales involucrados en su gobernanza. Seguidamente, el apartado cuarto examinará el contenido material del Derecho aplicable. Más adelante, en el apartado quinto se explorará su relación con otros regímenes, como el climático y los derechos humanos, así como el papel de las empresas. Finalmente, en el apartado sexto se presentarán las principales tendencias y perspectivas en la materia a la luz de la práctica.

2. LA INTERFAZ JURÍDICA ENERGÍA-MEDIO AMBIENTE EN EL ESCENARIO GEOPOLÍTICO ACTUAL

2.1. La interconexión entre los sectores normativos de la energía, el medio ambiente y el clima

Dado que el Derecho Internacional de la Energía regula los derechos y deberes relacionados con los recursos energéticos—tanto fósiles (carbón, petróleo o gas) como renovables—y con las partes interesadas a lo largo de todo el ciclo energético, desde la extracción hasta la gestión de residuos (Viñuales 2022), mantiene una estrecha interconexión con el Derecho Ambiental. Ambas disciplinas comparten una misma interfaz, ya que convergen en la gestión de recursos naturales y en la interdependencia entre Derecho y política, donde la voluntad

---

2 Localizadas en el Sur Global, si bien los umbrales más bajos de accesibilidad a la energía eléctrica se dan en el África subsahariana, que concentra más del 80% de la población mundial sin electricidad, donde se cocina con fuegos abiertos o cocinas con fugas alimentadas con queroseno, biomasa (leña, desechos agrícolas o excrementos de animales) o carbón (OMS, 2024).

3 En 2020 fallecieron 3,2 millones de personas, entre ellas 237.000 niños menores de 5 años, según información disponible en el sitio web de la OMS.

de los Estados resulta crucial para el avance de las políticas públicas. Sin embargo, la falta de dicha voluntad a menudo frena los progresos jurídicos necesarios.

Otro rasgo común entre el Derecho de la Energía y el Derecho del Medio Ambiente es su carácter interdisciplinar, ya que, además de su vinculación con la política, están estrechamente relacionados con la economía, la geografía, las relaciones internacionales, las ciencias ambientales, la física, la biología y la ingeniería. En este sentido, ambos cuerpos normativos requieren del conocimiento científico para guiar su desarrollo y evolución (Ghaleigh 2016). Asimismo, comparten el objetivo de transformar la conducta social e individual, con un alto potencial para lograrlo (Heffron 2021).

De igual manera, estas características también se extienden al Derecho del clima, cuyo reconocimiento como disciplina autónoma es cada vez mayor (Mayer 2018; Peeters 2019). De hecho, el Derecho climático, con su agenda transformadora (Romppanen y Huhta 2023), constituye un punto de convergencia central entre el Derecho de la Energía y el Derecho Ambiental, lo que demuestra la profunda interconexión entre estos tres ámbitos normativos.

2.2. Transición ecológica y transición energética: intersecciones y diferencias

La transición ecológica se ha convertido en un objetivo definitorio de nuestro tiempo, dentro del cual se inserta la transición energética. Aunque ambas comparten objetivos, difieren en su enfoque específico.

Mientras que ambas buscan combatir la degradación ambiental, promover la sostenibilidad y mitigar el cambio climático, abarcan dimensiones y estrategias distintas. Por una parte, la transición ecológica supone una transformación sistémica que abarca diversos sectores como la conservación de la biodiversidad, el control de la contaminación, el uso sostenible del suelo y la preservación de ecosistemas. Por otra parte, la transición energética, en cambio, se centra en la reconversión del sistema energético, promoviendo el abandono de los combustibles fósiles—todavía predominantes—en favor de fuentes renovables y de bajas emisiones. Para acelerarla, junto a las infraestructuras físicas, las políticas y la regulación, debe priorizarse la capacidad humana e institucional (La Camera 2024).

Además, mientras que la transición ecológica tiene implicaciones jurídicas transversales al abarcar sectores como la agricultura, el desarrollo urbano y el turismo (Cournil *et al.* 2024), la transición energética impacta más directamente en los mercados energéticos, el desarrollo tecnológico y la transformación económica dentro de la industria energética (Huhta 2022), sin perjuicio de que debe implicar a toda la sociedad.

2.3. Innovación tecnológica y su papel en la transición energética

Los avances tecnológicos desempeñan un papel crucial en la transición energética mientras el Derecho Internacional comienza a abordar algunos desafíos regulatorios que plantean estas innovaciones. Así, en el ámbito de los combustibles fósiles, la captura y almacenamiento de carbono están remodelando el panorama energético. Por lo que se refiere a las energías renovables, estas avanzan con rapidez gracias a innovaciones como la energía solar fotovoltaica avanzada; la energía eólica flotante; el almacenamiento de energía a gran escala; o las redes eléctricas inteligentes, que integran energías renovables en los sistemas eléctricos. El hidrógeno también es un elemento clave. Si bien no es una fuente de energía, sino un portador (que puede producirse tanto a partir de fuentes fósiles como renovables), el hidrógeno verde ha cobrado especial relevancia debido a su menor impacto ambiental.

Asimismo, la inteligencia artificial (IA) podría acelerar la transición energética al optimizar el uso de recursos, mejorar la toma de decisiones informadas y facilitar el comercio internacional de energías limpias (IRENA 2019; Bennett y Spencer 2024). Sin embargo, su impacto previsto es más limitado en los países de ingresos bajos y medianos-bajos (NU 2024a).

Más allá de los desafíos supuestos por la integración de nuevas tecnologías en el sistema energético global, los países en desarrollo enfrentan barreras económicas y tecnológicas adicionales. La inversión en energías renovables sigue concentrada en un grupo reducido de naciones, lo que subraya la necesidad de fortalecer la cooperación internacional para canalizar financiación hacia el Sur Global (IRENA 2024a). De lo contrario, la transición energética avanzará a ritmos desiguales en lugar de ser un proceso verdaderamente global. En este contexto, China destaca por la rapidez de su expansión, impulsada por su enorme potencial y fuertes inversiones: en 2023, duplicó su capacidad anual de energías renovables y, en 2024, representaba la mitad de la nueva capacidad global (La Camera 2024).

2.4. La transición energética en un contexto geopolítico convulso e incierto

La transición energética se encuentra en una "coyuntura crítica", donde las decisiones de ciertos actores clave definirán el camino a seguir, consolidando una senda institucional sobre otras posibles (Hailes y Viñuales 2023). A las dificultades inherentes al sector energético se suman las complejidades del escenario geopolítico actual, sin precedentes en muchos sentidos desde la Segunda Guerra Mundial. En efecto, el panorama internacional se caracteriza por factores que obstaculizan, o incluso imposibilitan, la cooperación necesaria para avanzar hacia un sistema energético sostenible a escala global. Su evolución puede determinar el éxito o el estancamiento de la transición energética en las próximas décadas. Cabe citar los siguientes.

En primer lugar, deben tenerse en cuenta movimientos de largo alcance, como el retroceso del multilateralismo, el avance del autoritarismo o las brechas en la polarización entre Occidente, Oriente y el Sur Globales, que agravan los problemas relativos al cumplimiento del Derecho internacional, inclusive la crisis del denominado *orden internacional basado en reglas*, comprometiendo la cooperación global (Ikenberry 2024; AIE 2024b). A ello se suma que la voluntad política se ha tornado aún más volátil con la llegada de la nueva Administración Trump, cuyas decisiones regresivas, entre las que se encuentran la retirada del Acuerdo de París, el impulso a una política energética centrada en los combustibles fósiles y la reactivación de la industria del carbón, impiden la coordinación necesaria para una transición energética efectiva y coherente. En suma, todo indica que estamos viviendo momentos críticos en la política que tendrán un impacto duradero en la historia y el ordenamiento jurídico internacional.

En segundo lugar, las energías fósiles, más vulnerables que las renovables a las fluctuaciones geopolíticas y del mercado, se ven especialmente afectadas por la creciente tensión internacional. Un claro ejemplo fue la invasión de Ucrania por Rusia, que ralentizó de inmediato la descarbonización, puesto que la interrupción del suministro de gas y petróleo ruso a Europa forzó el recurso a fuentes más contaminantes, como el carbón (AIE 2022; Escribano y Lázaro 2024; Sánchez Ortega 2023). Además, las acciones militares de Israel en Gaza e Irán, además de violar normas *erga omnes*, podrían afectar la estabilidad energética global, pues se trata de una región clave en la seguridad energética, debido a la presencia de rutas estratégicas como el Estrecho de Ormuz y el Canal de Suez. Cualquier escalada en las acciones militares podría generar impactos ecológicos y económicos a gran escala.

Y, en tercer lugar, el fenómeno de la creciente competencia por los minerales críticos alberga elementos de incertidumbre en cuanto a su posible evolución. Estos minerales son esenciales para el funcionamiento de las economías modernas, debido a su papel clave en tecnologías e infraestructuras avanzadas (Steyn 2024), en particular se presentan como la llave para la transición ecológica (también para la digital y la defensa). Se trata de minerales como el cobalto, litio, níquel, cobre y tierras raras, cuya extracción y control generan nuevas dependencias y rivalidades en las relaciones internacionales[4]. Así, el enfrenta-

[4] Así China domina el procesamiento del litio, níquel, cobalto y las tierras raras y litio. Además, controla la producción de las tierras raras. En la producción de los otros minerales críticos destacan otros países: Chile y Perú, en el cobre; Indonesia, en el Níquel; la República Democrática del Congo, en el cobalto; Australia y Chile, en el litio (AIE 2024a).

miento entre EE.UU. y China se intensifica, ya que China domina la producción de componentes para energías renovables, mientras que EE. UU. busca desafiar este dominio (Foro Económico Mundial 2021-22; Niblett 2024). El presidente estadounidense Trump ha llegado incluso a amenazar con la anexión de Groenlandia, presumiblemente teniendo en cuenta su vasto potencial en tierras raras y otros recursos estratégicos. Una acción que, al margen de cual pueda ser su desenlace, refleja cómo el control de estos recursos clave puede generar más focos de tensión internacional, con implicaciones tanto en la gobernanza ambiental como en la estabilidad de las relaciones internacionales. Paralelamente, la Unión Europea (UE) busca consolidar su autonomía estratégica en este entorno, a la vez que reacciona con rapidez ante las señales de alejamiento de Estados Unidos.

3. LA GOBERNANZA EN LA CONVERGENCIA ENERGÍA-MEDIO AMBIENTE: ACTORES CLAVE Y LÍNEAS DE ACTUACIÓN

3.1. Actores con un enfoque multidimensional más allá del sector energético

El rol del Estado es fundamental en el campo de la energía desde la perspectiva del Derecho Internacional, dado que la escala nacional es la referencia principal para actuar en relación con la transición energética, con la notable excepción de la UE (Hailes y Viñuales 2023). El papel estatal es además multifacético, pues, a los Estados corresponde, entre otras funciones, ser los principales sujetos negociadores de los acuerdos sobre energía, a la vez que los responsables de promover su aplicación; garantizar la seguridad energética y la protección ambiental; y conducir relaciones comerciales adecuadas en cualquier contexto, incluso en situaciones tan extremas como un conflicto armado (piénsese en el tránsito ininterrumpido de gas ruso a través de territorio ucraniano durante la guerra entre ambos países hasta la expiración del término inicialmente previsto). En adición a ello, no se puede desconocer el papel especialmente relevante que juegan ciertos Estados por diversas razones, como su condición de potencias energéticas (por ejemplo, los casos de Estados Unidos, Rusia o China) o los Pequeños Estados Insulares en Desarrollo, incluyendo casos representativos como Vanuatu, que lideran esfuerzos dirigidos a la defensa de derechos colectivos frente a los impactos del cambio climático.

No cabe soslayar que la interfaz energía-medio ambiente está sujeta a una gobernanza multinivel, que va desde lo internacional universal a lo local. Los mecanismos de gobernanza engloban así tanto a actores y elementos gubernamentales como no gubernamentales, que operan en el ámbito político, jurídico, económico y social. Y donde, además, para asegurar una transición energética justa, debe garantizarse un espacio suficiente a la sociedad civil (Martín-Ortega

2023). Este marco subjetivo plural se caracteriza por una falta de coordinación global clara, así como por la fragmentación. Este último es un rasgo distintivo que, lógicamente, se reflejará a su vez en la normativa y estándares sobre la materia. Ciertamente, más allá de los Estados, hay multitud de actores, entre los que destacan una serie de entidades internacionales que desempeñan un papel crucial en la promoción e implementación de las políticas en este marco, que a la fuerza exige cooperación. Cuando esta no concurre, la fragmentación existente provoca un efecto distorsionador en la gobernanza internacional de la energía (Meyer 2013). Otros rasgos distintivos son que la mayoría de las agencias implicadas no tienen capacidad para adoptar decisiones de carácter vinculante (otra vez con la notable excepción de la UE) y solo dos organizaciones con competencias en la materia tienen un espectro de membresía con vocación universal (el Organismo Internacional de Energía Atómica y la Agencia Internacional de Energías Renovables).

Comencemos esta visión panorámica con el Programa de las Naciones Unidas para el Medio Ambiente (PNUMA), el cual, en su condición de coordinador global en asuntos ambientales, debería ser uno de los referentes principales. No obstante, su labor se limita a brindar un apoyo técnico y científico que incluye un frente de actuación en materia de energía. Pueden destacarse sus programas para la transición hacia economías verdes, así como sus guías e informes específicos en materia de energía a través de cuatro ejes: ciudades; acción climática; eficiencia de los recursos; y transporte. A pesar de que el PNUMA es sin duda influyente, se enfrenta a grandes desafíos de raíz que atañen a las limitaciones relacionadas con la propia configuración de su mandato y con su capacidad de liderazgo, debido en este último caso a que el alcance de sus recursos humanos y financieros se sitúa por debajo de la ambición de sus fines (Ivanova 2021).

Por su parte, el Panel Intergubernamental sobre Cambio Climático (IPCC) es una piedra angular de los esfuerzos globales en esta materia, con un trabajo que influye decisivamente en las políticas energéticas, además de las ambientales, en todo el mundo. Desde una perspectiva de Derecho Internacional, sus hallazgos científicos guían el desarrollo de multitud de instrumentos jurídicos relevantes aquí al margen de su vinculatoriedad. En el cumplimiento de su función crucial de contribuir a alinear ciencia, política y Derecho muestra el vínculo crítico entre los sistemas energéticos y la mitigación del cambio climático, por ejemplo cuando subraya la necesidad de eliminar gradualmente los combustibles fósiles, expandir el despliegue de energías renovables y mejorar la eficiencia energética (IPCC 2018) o cuando indica que no deberían añadirse infraestructuras de energías fósiles nuevas, cuando las ya existentes conducen a exceder del límite de 1,5 º C previsto para el incremento de la temperatura (IPCC 2022). A pesar de su importancia, el IPCC no está libre de problemas, como es el caso de los que se derivan de su enfoque basado en el consenso (De Pryck 2023).

El Banco Mundial desempeña un papel clave en la intersección entre energía y medio ambiente, especialmente en los países en desarrollo. Según su sitio web, la energía es "el núcleo del desarrollo, posibilita inversiones, innovaciones y nuevas industrias que impulsan el empleo, el crecimiento inclusivo y la prosperidad compartida en un planeta más habitable", añadiendo que "se debe ampliar el acceso a la energía y, al mismo tiempo, cumplir con los objetivos climáticos mediante inversiones en eficiencia energética y energías renovables que reduzcan gradualmente los combustibles fósiles" (BIRD 2024). En línea con estos objetivos, el Banco impulsa el acceso a la energía y la promoción de renovables dentro de su apoyo a la sostenibilidad ambiental. Ha comprometido inversiones sustanciales en regiones desatendidas, destinando 20 mil millones de dólares para llevar electricidad a 250 millones de personas en el África subsahariana para 2030, priorizando proyectos solares fuera de la red. También ha lanzado un Mecanismo para una Minería Climáticamente Inteligente, el primer fondo para respaldar la extracción y el procesamiento sostenibles de minerales y metales clave en tecnologías limpias y baterías de almacenamiento (BIRD 2019). Si bien ha logrado avances en el apoyo a la energía sostenible, enfrenta críticas por una desproporción en la financiación de proyectos vinculados a energías fósiles (CIEL 2023).

Esta panorámica de agencias relevantes estaría incompleta sin incluir a la Organización Marítima Internacional (OMI) y la Organización de Aviación Civil Internacional (OACI), dada la notable expansión de sus mandatos y el carácter estratégico de sus sectores. Así, junto a las estrategias lanzadas por la OMI en 2018 y 2023 para reducir las emisiones totales de GEI en la navegación internacional (OMI 2023b), destacan medidas como la adopción del Índice de Eficiencia Energética de Buques Existentes (EEXI) y el Indicador de Intensidad de Carbono (CII) en 2021, que buscan reducir el consumo de combustible y mejorar la eficiencia energética de los buques, representando pasos cruciales para mitigar el impacto ambiental marítimo (OMI 2023a). Por su parte, la OACI es clave en la transición hacia sistemas energéticos más sostenibles, ya que el carácter global de la aviación exige gobernanza multinivel y coordinación internacional. En este marco, su iniciativa relativa a un Esquema de Compensación y Reducción de Carbono para la Aviación Internacional (OACI 2021) busca limitar el impacto ambiental del crecimiento de la aviación mediante medidas de compensación y promoción de combustibles sostenibles, aunque enfrenta significativos desafíos en su implementación (AIE 2024b).

Por último, debe hacerse siquiera una mención al papel vanguardista de la UE en la promoción de la transición energética, dada su condición negociadora y parte en tratados sobre clima y energía, en el marco de sus competencias compartidas con los Estados miembros. Su enfoque combina regulación interna ambiciosa, cooperación internacional y diplomacia climática, impulsando estándares globales en la materia. Su labor en la promoción de las energías renovables es destacable, sobre todo a partir del Paquete Europeo sobre Clima y Energía 2020, conjunto de medidas que, buscando una actuación normativa transversal para alcanzar los conocidos objetivos 20-20-20 en 2020 (es decir, reducir las emisiones de GEI, con respecto a 1990; incrementar las energías renovables; y mejorar la eficiencia energética, todo ello en un 20 %), también buscaba persuadir a terceros países de la firme apuesta europea a favor del sistema establecido en el Protocolo de Kioto (Giles Carnero 2022). Trayectoria que continuó en el marco del Acuerdo de París a través de normativas posteriores, consolidándose como referente internacional en el marco de la gobernanza ambiental. En este sentido, debe reseñarse la estrategia lanzada a través del Pacto Verde (Comisión Europea 2019), que incluye paquetes legislativos como el *Fit for 55*, que eleva el objetivo de energías renovables al 45% para 2030, aumentando las metas previstas bajo la Directiva de Energías Renovables de 2018 (UE 2018) y. promoviendo sobre todo la energía solar y la eólica. En 2024, las energías renovables generaron el 47% de la electricidad en la UE, y la solar superó al carbón por primera vez. Aunque el marco jurídico es sólido y la financiación significativa, persisten desafíos como elevar la ambición en renovables y eficiencia energética, combatir la pobreza energética y mejorar la coordinación entre la UE y sus Estados miembros. (UE 2024).

3.2. Organizaciones especializadas en energía

3.2.1. La Agencia Internacional de la Energía

La Agencia Internacional de la Energía (AIE), fundada en 1974 en el seno de la Organización para la Cooperación y el Desarrollo Económico (OCDE) como respuesta a la crisis del petróleo, se ha consolidado como un organismo clave en la formulación de políticas energéticas globales, aunque su membresía sigue siendo limitada: cuenta con 31 países miembros, todos de la OCDE, y 13 países asociados, incluidos Brasil, China, India e Indonesia[5]. Su misión original se centraba en la seguridad energética y la estabilidad del mercado petrolero, pero en las últimas décadas ha ampliado su enfoque para incluir la sostenibilidad ambiental y la lucha contra el cambio climático. Su mandato actual se articula en torno a las tres "Es": *energy security, economic development* y *environmental protection* (Park 2023). Esta expansión se refleja en su creciente énfasis en las energías renovables y la eficiencia energética como pilares de un futuro sostenible.

Uno de sus principales instrumentos en esta línea es el informe anual *World Energy Outlook*, que no solo ofrece proyecciones sobre producción y consumo de

5 Véase AIE, "Membership", en su sitio web.

energía, sino que también analiza sus implicaciones ambientales. Así, la AIE no solo actúa como proveedora de datos, sino también como un actor influyente en la promoción de políticas que favorecen la reducción de emisiones de GEI y la transición justa, asegurando que el cambio hacia un sistema energético sostenible no deje a nadie atrás.

No obstante, pese a sus esfuerzos declarados por reducir las emisiones de carbono, la AIE ha recibido críticas que cuestionan el alcance de sus medidas. Estas se centran en tres frentes principales: primero, su tendencia a priorizar el acceso asequible a la energía sobre las preocupaciones ambientales, al seguir promoviendo la explotación de combustibles fósiles (Beer 2019); segundo, su falta de diversidad e inclusividad en la toma de decisiones, al no representar adecuadamente las realidades socioeconómicas de los Estados en desarrollo, los más afectados por el cambio climático (Van de Graaf 2012); y tercero, sus deficiencias en materia de transparencia, pues, aunque proporciona abundante información sobre energía, esta suele carecer de la desagregación necesaria para ser plenamente comprensible tanto para los responsables de políticas como para el público en general (Bordoff y McNally 2024).

3.2.2. La Agencia Internacional de Energías Renovables

La Agencia Internacional de Energías Renovables (IRENA) se diferencia de la AIE por ser una organización intergubernamental más reciente (creada en 2009), con vocación universal (170 miembros en 2024) y centrada exclusivamente en las energías renovables. Inicialmente, su creación no fue bien recibida por la AIE, que temía una fragmentación en la gobernanza energética (Park 2023). Sin embargo, esas reticencias dieron paso a una cooperación cada vez más estrecha entre ambas.

El mandato de IRENA busca promover la adopción y el uso sostenible de todas las formas de energía renovable, como bioenergía, geotérmica, hidroeléctrica, oceánica, solar y eólica, con el objetivo de fomentar el desarrollo sostenible, mejorar el acceso a la energía, garantizar la seguridad energética y estimular el crecimiento económico con bajas emisiones de carbono (arts. II y III de su Estatuto). El hecho de que IRENA tenga su sede en Abu Dabi, centro de la mayor provincia petrolera del mundo, sorprendió a algunas delegaciones occidentales que impulsaron su creación. Sin embargo, se ha interpretado como una *bendición encubierta,* pues su ubicación podría facilitar la penetración de su mandato en regiones con menor conciencia ambiental (Overland y Reischl 2018).

IRENA ha desempeñado un papel clave en la promoción de las energías renovables a nivel global. Entre sus principales logros destacan la elaboración de hojas de ruta y planes de acción que guían a los países en la integración de energías limpias. También ha sido fundamental en la recopilación y difusión de datos, con su publicación anual *Renewable Energy Statistics*, que proporciona información actualizada sobre capacidad instalada, producción y consumo, facilitando la toma de decisiones informadas (IRENA 2024b). Además, ha desarrollado recursos educativos y técnicos para apoyar la implementación de tecnologías renovables y ha promovido la cooperación internacional mediante acuerdos con diversas organizaciones, como el Organismo Internacional de Energía Atómica (OIEA) y la AIE.

No obstante, a pesar de sus avances en la transición hacia un futuro energético sostenible, IRENA enfrenta el reto de lograr un impacto verdaderamente universal (Mengi-Dincer et al. 2021), especialmente en el Sur Global, donde muchas legislaciones ambientales siguen siendo débiles y carecen de mecanismos eficaces para proteger los ecosistemas frente a la expansión de proyectos de energías renovables.

3.2.3. El Organismo Internacional de la Energía Atómica

El Organismo Internacional de Energía Atómica (OIEA), organismo especializado de las Naciones Unidas, ha visto evolucionar su mandato desde su creación en Viena en 1957, cuando se estableció para promover el uso pacífico de la energía nuclear. Actualmente, con 180 miembros a noviembre de 2024, su misión abarca no solo la seguridad energética, sino también la integración de la energía nuclear como un pilar en las estrategias globales para la gestión sostenible de la energía y la mitigación del cambio climático (sitio web del OIEA; Davies 2022). Para ello, el OIEA establece estándares internacionales de seguridad a través de la *Safety Standards Series*, que recoge mejores prácticas para la operación de instalaciones nucleares, incluyendo la protección radiológica y ambiental.

La existencia del OIEA representa una ventaja comparativa, ya que ningún otro tipo de energía cuenta con una organización específica homóloga. Entre sus logros clave, destaca el desarrollo de normas de seguridad integrales, que no solo garantizan el funcionamiento seguro de las plantas nucleares, sino que también contribuyen a la protección ambiental y la prevención de accidentes, facilitando así el desarrollo de esta tecnología en países en desarrollo. Su labor acompaña una evolución tecnológica constante, incluyendo el avance de plantas nucleares flotantes. Sin embargo, la energía nuclear sigue siendo objeto de controversia. Si bien es una fuente baja en emisiones de carbono, crucial para combatir el cambio climático, persisten desafíos significativos en términos de riesgo de accidentes, gestión de residuos y costes elevados.

La ocupación de instalaciones nucleares ucranianas por parte de fuerzas rusas tras la agresión iniciada por Rusia, en febrero de 2022, ha puesto en riesgo la integridad de infraestructuras críticas de forma inédita. Cualquier ataque podría suponer una violación de las normas del Derecho Internacional Humanitario (DIH) y Penal que prohíben causar daños extensos, duraderos y graves al medio ambiente en situación de conflicto armado (arts. 35.3 y 55 del Protocolo Adicional I a los Convenios de Ginebra; art. 8.2.b.iv) del Estatuto de la Corte Penal Internacional; y normas consuetudinarias de DIH). En concreto, fuerzas rusas ocuparon la central de Chernóbil (entre el 24 de febrero y el 31 de marzo de 2022) y la de Zaporiyia (tras marzo de 2022, que continúa bajo control de Rusia). El OIEA ha venido desempeñando desde entonces un papel crucial en la supervisión de la seguridad nuclear en Ucrania, desarrollando un programa integral de asistencia, que incluye la presencia permanente de personal del organismo allí para evaluar y mitigar riesgos (OIEA 2024). Una acción sin precedentes, pero necesaria para garantizar la seguridad en medio del conflicto, en coherencia con la inquietante situación, que podría tener consecuencias catastróficas.

4. EL MARCO NORMATIVO INTERNACIONAL DE LA ENERGÍA: ¿UN FUTURO SOSTENIBLE, ACCESIBLE Y LIMPIO PARA TODOS?

4.1. Cuestiones generales y lagunas en la regulación

La intersección entre energía, medio ambiente y clima presenta un marco jurídico disperso, donde los objetivos de cada sector solo se integran parcialmente. Dado que el Derecho de la Energía, en sentido estricto, carece de una convención marco de alcance universal (al igual que el DIMA), su regulación adolece de fragmentación. En este contexto, los principios jurídicos que rigen la relación entre estos tres sectores normativos adquieren una relevancia especial. Entre ellos destacan los principios de desarrollo sostenible, precaución, prevención, quien contamina, paga, equidad inter— e intrageneracional, participación y cooperación internacional. Sin embargo, dado que el grado de normatividad de estos principios varía, su inclusión en un Pacto Mundial por el Medio Ambiente podría contribuir a una mayor previsibilidad y seguridad jurídica en este ámbito (NU 2018). En todo caso, estos principios ya han desempeñado un papel clave en la resolución de controversias internacionales en materia energético-ambiental.

A pesar de la importancia del Derecho Internacional en la transición energética, su impacto práctico sigue limitado por la falta de una visión sistémica e integrada del desarrollo sostenible (Rodrigo Hernández 2022; Soininen et al. 2021). Es necesario reconocer que el Derecho es un sistema complejo: no solo puede facilitar la transición hacia la sostenibilidad en conjunto con otras políticas, sino que también puede reforzar el régimen basado en combustibles fósiles (Hailes y Viñuales 2023). Por ello, resulta fundamental analizar cómo el marco jurídico puede orientar, ralentizar o acelerar la transición energética, promoviendo así un debate más informado sobre las modificaciones normativas necesarias (Soininen *et al.* 2021). Asimismo, se deben examinar las fronteras entre ética y Derecho en el sector energético (Heffron 2023), dado el impacto de las decisiones energéticas en la sociedad y la necesidad de reforzar la transparencia, la justicia ambiental y la responsabilidad de los distintos actores.

En la misma línea, la regulación internacional de la IA aplicada a la energía sigue rezagada. Es fundamental establecer marcos jurídicos que aborden aspectos clave como la equidad en el acceso, la ciberseguridad y la protección de datos, especialmente en mercados energéticos globalizados, como ha señalado el Órgano Asesor de Alto Nivel sobre Inteligencia Artificial de las Naciones Unidas (NU 2024a).

Paralelamente, la energía solar basada en el espacio y la explotación de recursos extraterrestres están emergiendo como nuevas alternativas. Empresas como AstroForge, una *startup* estadounidense, buscan desarrollar minería espacial en asteroides, mientras que el Programa Artemisa de la NASA contempla la utilización de estos recursos para producir combustibles y materiales destinados a infraestructuras espaciales. Sin embargo, el Tratado sobre el Espacio Ultraterrestre de 1967 no regula específicamente la explotación de estos recursos, a diferencia del Acuerdo sobre la Luna, que carece de respaldo significativo debido a su escasa ratificación por parte de los Estados con capacidad espacial (Movilla Pateiro 2021; Domínguez-Expósito 2023). Por ello, se hace urgente expandir la normativa internacional en esta materia, garantizando la sostenibilidad y evitando la militarización del espacio.

Finalmente, el reconocimiento del ecocidio como crimen internacional podría transformar la gobernanza ambiental al permitir la persecución penal de actores responsables de daños ecológicos graves. Esto implicaría el establecimiento de límites más estrictos para la industria y las compañías energéticas, entre otras, a la vez que fomentaría prácticas sostenibles. Hasta el momento, estos avances han ocurrido principalmente en el ámbito nacional, con la excepción de la UE, en cuyo marco, aunque no se haya tipificado explícitamente el ecocidio, se ha fortalecido la protección ambiental mediante el Derecho penal, como refleja la Directiva adoptada en 2024.

4.2. Los tratados

Aunque integrar energía y medio ambiente en el Derecho Internacional convencional es difícil, sobre todo por la falta de voluntad política para adoptar tratados universales, existen acuerdos vinculantes que imponen obligaciones a los Estados. Algunos se analizarán más adelante, pero deben mencionarse aquí dos: la Convención sobre la Diversidad Biológica (CDB) de 1992 y el Convenio de Basilea de 1989. La CDB establece límites, especialmente en la conservación de áreas protegidas, que deben considerarse al desarrollar infraestructuras energéticas. El Convenio de Basilea, por su parte, fomenta una gestión responsable de los residuos de la industria energética.

4.2.1. Desde la perspectiva del clima

Los tres tratados internacionales más relevantes en esta materia son la Convención Marco de las Naciones Unidas sobre el Cambio Climático de 1992 (CMNUCC), el Protocolo de Kioto de 1997 y el Acuerdo de París de 2015, los cuales, aunque no regulan directamente la energía, tienen implicaciones determinantes en este ámbito.

La CMNUCC, si bien no estableció mandatos específicos sobre tipos de energía, sentó las bases para una reestructuración de los modelos energéticos nacionales (Brook *et al.* 2016). Sus contribuciones clave incluyen el reconocimiento del vínculo entre las emisiones de GEI y el sector energético, lo cual sin duda ayudó a situar las políticas energéticas en el centro del debate climático; la cimentación de las bases para mejorar la eficiencia energética como forma crucial de reducir emisiones, lo cual supuso el primer impulso jurídico para legislaciones nacionales con estándares más estrictos para edificios, transporte o la industria; y, por último, la promoción del desarrollo y la transferencia de energías más limpias.

El Protocolo de Kioto profundizó estos avances al introducir los tres conocidos mecanismos de flexibilidad, que tienen un fuerte impacto en la energía. En primer lugar, el comercio de emisiones incentivó la inversión en tecnologías limpias dentro de los mercados de carbono. En segundo lugar, el Mecanismo de Desarrollo Limpio (MDL) promovió la financiación para proyectos de reducción de emisiones en países en desarrollo con el foco puesto en las energías renovables y la eficiencia energética. Y, en tercer lugar, la Implementación Conjunta (JI) permitió a países con compromisos de reducción de emisiones cooperar en proyectos de energía baja en carbono, obteniendo créditos de emisión transferibles para cumplir sus metas climáticas de manera más flexible y eficiente. Además, la exigencia de cumplir con los objetivos de reducción impulsó la investigación y el desarrollo tecnológico en diversas áreas, como la captura y almacenamiento de carbono y las energías renovables. No obstante, la principal deficiencia del Protocolo de Kioto radicó en su incapacidad para abordar de manera efectiva las emisiones globales del sector energético, debido a la exclusión de las principales economías en desarrollo de los compromisos vinculantes, lo que redujo su impacto en la transición hacia sistemas energéticos de bajas emisiones de carbono (Grubb 2004).

Por último, el Acuerdo de París introdujo importantes novedades con respecto a la CMNUCC y el Protocolo de Kioto, con un enfoque centrado en dos aspectos clave. Por un lado, al establecer por primera vez objetivos específicos de temperatura para limitar el calentamiento global (art. 2), impone a los países la obligación de formular y revisar periódicamente sus compromisos nacionales. En este contexto, las Contribuciones Determinadas en el Nivel Nacional (NDCs) incluyen metas en materia de energía. Por otro lado, a diferencia del Protocolo de Kioto, que solo imponía reducciones de emisiones a los países desarrollados, el Acuerdo de París establece un marco universal, involucrando también a los países en desarrollo. Esto implica compromisos más amplios en áreas clave como la transición energética.

Además, mientras la CMNUCC ya reconocía la necesidad de adaptación, el Acuerdo de París fortalece el vínculo entre mitigación y adaptación, lo que conlleva la obligación de desarrollar sistemas energéticos resilientes capaces de afrontar los impactos del cambio climático. Entre las medidas necesarias se encuentran la modernización de redes eléctricas y la integración de tecnologías avanzadas para gestionar eventos climáticos extremos (Magnan *et al.* 2016). Asimismo, el establecimiento de compromisos financieros más claros, tanto para la mitigación como para la adaptación, ha impulsado mayores flujos de inversión hacia energías renovables y tecnologías de bajas emisiones. En paralelo, las disposiciones del Acuerdo de París sobre la revisión periódica de los compromisos están llamadas a desempeñar un papel clave en la aceleración de estas acciones. No obstante, sería deseable que futuros acuerdos establecieran umbrales por categoría de acción, en particular para energías renovables y eficiencia energética, con revisiones periódicas. Esto contribuiría a mejorar la gobernanza energética, especialmente en los países en desarrollo (Berrich *et al.* 2024). Sería importante que medidas así pudieran estar cubiertas por los mecanismos para facilitar la implementación y el cumplimiento del Acuerdo, que ya han marcado un cambio de paradigma al priorizar enfoques facilitadores y proactivos sobre los punitivos (Foster y Voigt 2024). Esto, a su vez, reforzaría su impacto en la intersección entre clima y energía.

4.2.2. El Tratado de la Carta de la Energía

Adoptado en 1994 tras el fin de la Guerra Fría, el Tratado de la Carta de la Energía (TCE) fue concebido para integrar los sectores energéticos de la antigua Unión Soviética y Europa del Este en el mercado global. Su propósito era establecer un entorno estable y transparente que facilitara las inversiones y el comercio de energía, promoviendo así la seguridad energética y el desarrollo económico, mediante un mercado energético abierto y competitivo. Aunque el tratado incluye alguna disposición ambiental, como la obligación de las Partes de minimizar los impactos ecológicos en la exploración y producción de energía (art. 19), su contenido ha quedado obsoleto frente a la evolución de los compromisos climáticos internacionales. Al igual que otros tratados de inversión antiguos, el TCE se ha convertido en un obstáculo para las políticas de transición energética. En particular, su mecanismo de solución de controversias entre inversores y Estados ha sido criticado por permitir que las empresas impugnen políticas nacionales dirigidas a la protección ambiental y la reducción de emisiones, lo que resulta incompatible con los objetivos climáticos internacionales (Japari 2024).

A pesar de varios intentos de reforma, hasta la fecha no se ha logrado un consenso entre los más de 50 Estados Parte para actualizar sus disposiciones, dado que sus posiciones parecen irreconciliables. En consecuencia, la opción más viable parece su terminación definitiva (Voon 2019).

La crisis del tratado se ha reflejado en acontecimientos recientes, evidenciando una reconfiguración de su membresía. En mayo de 2024, la UE acordó por unanimidad su retirada, alegando que el TCE sigue protegiendo inversiones en combustibles fósiles y socavando los esfuerzos contra el cambio climático (Comisión Europea 2024). Esta decisión siguió a las salidas previas de varios de sus Estados miembros, incluidos Alemania, España, Francia, Países Bajos y Polonia.

No obstante, persisten desafíos jurídicos, como la controvertida "cláusula de caducidad" (art. 47), que extiende la protección de las inversiones existentes durante 20 años tras la retirada de un Estado, lo que permite el planteamiento de nuevos litigios y prolonga la incertidumbre sobre su impacto en la acción climática (Klabbers 2022).

4.2.3. Los tratados e instrumentos de Derecho del Mar

También debe mencionarse la Convención de las Naciones Unidas sobre el Derecho del Mar (CNUDM) de 1982, en cuanto es el principal marco jurídico para las actividades de exploración y extracción de hidrocarburos, así como para las instalaciones de energía renovable en el mar, que impone a los Estados obligaciones para proteger y preservar el medio marino. Asimismo, el Acuerdo de 1994 relativo a la aplicación de la Parte XI de la Convención regula la exploración y explotación de recursos en la Zona internacional de los fondos marinos, más allá de las jurisdicciones nacionales, junto con los reglamentos de la Autoridad Internacional de los Fondos Marinos (AIFM) sobre Explotación de Recursos Minerales (Código Minero).

4.3. Los Objetivos de Desarrollo Sostenible y otras iniciativas de soft law

En el marco ofrecido por la Agenda 2030 para lograr el desarrollo sostenible destacan los Objetivos de Desarrollo Sostenible (ODS) 7 y 13, referidos respectivamente a la Energía Asequible y No Contaminante, y a la Acción por el Clima. El ODS 7 busca "garantizar el acceso a una energía asequible, fiable, sostenible y moderna para todos". Sus metas incluyen aumentar la proporción de energía renovable, mejorar la eficiencia energética y expandir la infraestructura para energía sostenible. Por su parte, el ODS 13 se centra en "adoptar medidas urgentes para combatir el cambio climático y sus efectos", complementando el ODS 7 al abordar las consecuencias ambientales de la producción y el consumo de energía. Deben tenerse en cuenta además otros ODS de contenido primordialmente ambiental, como el ODS 14 (conservación y utilización sostenible de los océanos, los mares y los recursos marinos) y el ODS 15 (ecosistemas terrestres, los bosques, la lucha contra la desertificación y la degradación de las tierras y la pérdida de biodiversidad).

Con frecuencia se destaca certeramente la centralidad del ODS 7, pues, además de su nexo directo con el ODS 13, tiene un carácter transversal que se irradia sobre otros objetivos (NU 2022a), no solo sobre los ambientales, sino también sobre el ODS 16, que persigue promover sociedades pacíficas e inclusivas. No debe olvidarse en ese sentido el vínculo existente entre los recursos energéticos y numerosos conflictos, y por tanto también con la paz, la cual es primordial para hacer progresar el Estado de Derecho Ambiental (PNUMA 2019). Deben trascenderse los compartimentos estancos y apuntarse a una visión ecológica holística, en coherencia con el propio prisma integral de la Agenda 2030. Se entiende bien por ello que los proyectos de energía estén llamados a tener importancia en el marco de una emergente "construcción de paz ambiental" (Ide, Bruch *et al.* 2022). Entre otras innumerables muestras encajables aquí, puede citarse la Iniciativa de la Cuenca del Nilo, que tiene un considerable componente energético debido a su enfoque en proyectos hidroeléctricos de gran escala, como la Gran Represa Renacimiento Etíope, que implica principalmente a Etiopía, Sudán y Egipto. Pese a todo, los objetivos buscados por los ODS no han dado resultados plenamente satisfactorios hasta la fecha, en cuanto evaluaciones autorizadas muestran que, a pesar de algunos avances, el ritmo actual no es adecuado para alcanzar ninguno de ellos para 2030, inclusive el ODS7 (AIE, IRENA, NU, Banco Mundial y OMS, 2024).

La búsqueda global de la sostenibilidad ha situado los desafíos interconectados de la energía y la gobernanza ambiental en el centro de iniciativas como "Energía Sostenible para Todos" (SEforALL 2011) y el "Compromiso Mundial por el Acceso a la Refrigeración" (NU 2023). Estas iniciativas operan dentro de un marco que fomenta la colaboración público-privada para garantizar un acceso equitativo a los recursos y mitigar el cambio climático, reflejando a su vez el principio de Responsabilidades Comunes pero Diferenciadas. Lanzada por las Naciones Unidas en 2011, *SEforALL* busca garantizar el acceso universal a servicios energéticos modernos, duplicar la tasa global de mejora en eficiencia energética y aumentar la participación de las energías renovables en la matriz energética mundial para 2030. Por su parte, el "Compromiso Mundial por el Acceso a la Refrigeración", lanzado en diciembre de 2023 durante la COP28 en Dubái, busca soluciones sostenibles para esta carencia, reconociendo su papel clave en la eficiencia energética y la mitigación del cambio climático, más allá de la salud pública.

Además de estas iniciativas, es relevante considerar otras, como las guías sobre minería sostenible, particularmente en relación con metales críticos, a las que se hará referencia en el apartado siguiente.

5. ENERGÍA, SOSTENIBILIDAD Y DERECHOS HUMANOS: INTERACCIONES Y RESPONSABILIDAD CORPORATIVA

A medida que la demanda de energía aumenta debido al crecimiento económico y de la población, se intensifican los desafíos globales que trascienden la perspectiva ecológica. Además de los problemas climáticos, la extracción de recursos energéticos, la deforestación para actividades mineras y las actividades industriales que contaminan el aire y el agua o degradan los ecosistemas contribuyen significativamente a la destrucción ambiental, incluidos los derrames de petróleo. Los proyectos energéticos a menudo también impactan los territorios ancestrales de los pueblos indígenas. Instrumentos como el Convenio 169 de la Organización Internacional del Trabajo (OIT) y la Declaración de la ONU sobre los Derechos de los Pueblos Indígenas destacan la importancia de garantizar el consentimiento libre, previo e informado. El Derecho de los derechos humanos, en general, ofrece un marco indispensable para afrontar no solo proyectos energéticos, sino también políticas energético-climáticas, y reclamar reparación, como se anticipó en la doctrina (Boyd 2012; Cardesa-Salzmann 2012; Pigrau 2012) y ha confirmado la jurisprudencia.

Debe añadirse en cualquier caso que no solo las energías fósiles dan lugar a desastres ambientales, pues también proyectos ligados a energías renovables han demostrado ser lesivos[6], como ciertos proyectos hidroeléctricos, que además provocan el desalojo de la población local, inclusive comunidades indígenas, con

6 Solo entre 2010 y 2020 se registraron más de 200 denuncias de repercusiones negativas sobre los derechos humanos relacionadas con proyectos de energías renovables, de las cuales el

violación de distintos derechos fundamentales (Tignino y Jara 2024). Además, el extractivismo no se limita a los hidrocarburos, sino que abarca también los minerales críticos indispensables para un futuro sostenible (PNUMA 2024). Su extracción y producción suelen implicar violaciones graves de derechos humanos, explotación laboral —incluido el trabajo infantil— y daños ambientales significativos, en contextos frecuentemente asociados a conflictos armados. Ejemplo de ello son las condiciones extremas en las minas de cobalto de la República Democrática del Congo. De ahí que, siguiendo la pista de los diamantes, se haya acuñado el concepto de "metales de sangre" o se hable de la "nueva maldición de los recursos naturales" (Arezki y Van Der Ploeg 2024). Así, el colonialismo verde y sus impactos constituyen uno de los mayores desafíos para la transición energética global, a fin de evitar que se siga dando la paradoja de que los minerales destinados a asegurar un futuro sostenible se extraigan bajo reglas decimonónicas.

En esta línea, varias iniciativas recientes han surgido en el marco de las Naciones Unidas. En 2022, se creó un Grupo de Trabajo para Transformar las Industrias Extractivas para el Desarrollo Sostenible, con el objetivo de coordinar esfuerzos en este sector y servir de centro de información sobre buenas prácticas, además de proporcionar asesoramiento político y asistencia técnica (NU 2022b). Por su parte, el Foro Intergubernamental sobre Minería, Minerales, Metales y Desarrollo Sostenible (IGF) lanzó una Guía Marco de Políticas Mineras, con disposiciones específicas sobre la minería artesanal (IGF 2023). Además, la Oficina de las Naciones Unidas contra la Droga y el Delito (UNODC) publicó una Guía sobre Buenas Prácticas Legislativas en relación con la Minería Ilegal y el Tráfico de Metales y Minerales (UNODC 2023). Finalmente, el Panel del secretario general sobre Minerales Esenciales para la Transición Energética acordó una serie de principios y recomendaciones para impulsar inversiones ecológicas a lo largo de toda la cadena de valor de los minerales críticos, a fin de fomentar la confianza, la justicia y la equidad (NU 2024b).

Se espera que estos avances ayuden a frenar violaciones como las mencionadas antes y contribuyan a la sostenibilidad mediante estrategias como la investigación en materiales alternativos[7], el fomento de la minería responsable para equilibrar demanda y sostenibilidad (Olawuyi 2024) así como la promoción del reciclaje y la economía circular. Esta última, además de reducir la necesidad de extracción, puede prevenir el desecho masivo de tecnologías inservibles en los vertederos del Sur Global (Ross 2022).

44% se atribuyeron a los sectores eólico y solar (Business & Human Rights Resource Centre, 2021).

[7] Con propiedades similares, como por ejemplo las baterías de sodio.

En este marco, el concepto de "transición justa", basado en la necesidad de proteger a las comunidades afectadas, cobra especial relevancia. Aunque el concepto no formaba parte inicialmente de las obligaciones jurídicas previstas en el Acuerdo de París (pues solo aparece en el Preámbulo), ha evolucionado hasta convertirse en un principio rector, influyendo en los marcos nacionales en donde se han adoptado medidas sustantivas y procedimentales vinculantes (Johansson 2023). De manera complementaria, la "justicia energética" permite identificar desigualdades en el acceso a los recursos y en la distribución de beneficios y cargas, orientando el desarrollo de procesos para corregirlas. Se trata de una agenda que impulsa evaluaciones críticas y soluciones normativas (Jenkins *et al.* 2016), y que sin duda alberga un componente ambiental.

Si bien la privatización del sector energético ha fomentado la innovación y el desarrollo de infraestructuras, también ha generado preocupación por su impacto ambiental y su contribución al cambio climático. Asimismo, han surgido casos de corrupción en empresas energéticas, puertas giratorias y fenómenos como la denominada "captura corporativa", donde intereses privados ejercen una influencia excesiva sobre regulaciones y políticas, a menudo en detrimento del interés público. Estas prácticas, en muchos casos, siguen desafiando las normas y su aplicación (Empower 2024).

Aunque la asignación de responsabilidad a las empresas transnacionales para respetar el medio ambiente y los derechos humanos cuenta con una trayectoria significativa en el Derecho Internacional, su implementación efectiva sigue enfrentando numerosos desafíos (Campins Eritja 2022). En otros lugares de esta obra se examinan casos de grandes desastres ecológicos que suponen crímenes medioambientales, entre otros, los casos *Chevron vs. Ecuador* o los causados por compañías como Shell en el Delta del Níger. El avance del Derecho en distintos frentes normativos, como, entre otros, las Evaluaciones de Impacto Ambiental (EIA), el desarrollo del Acuerdo de París o la normativa sobre diligencia debida corporativa resultan clave para garantizar que las compañías energéticas deban atenerse a límites más claros y se vean compelidas a ofrecer reparación.

6. LA APLICACIÓN DE UN DERECHO ENERGÉTICO-AMBIENTAL EN MOVIMIENTO: JURISPRUDENCIA, DESAFÍOS Y PERSPECTIVAS EMERGENTES

La intersección entre la gobernanza energética y ambiental, incluido el clima, constituye un ámbito clave en el Derecho Internacional y en los ordenamientos internos, caracterizado por complejas controversias ante órganos internacionales y nacionales. Los temas abordados incluyen las implicaciones y límites de la soberanía sobre recursos naturales compartidos con potencial energético, las repercusiones ambientales y en derechos humanos de proyectos energéticos y la mitigación del cambio climático, directamente vinculada con las políticas energéticas. Se trata de un área dinámica y heterogénea, donde el creciente acervo de casos emblemáticos destaca por su diversidad en cuanto a los actores involucrados, las ramas del Derecho invocadas y los fundamentos jurídicos empleados. Aun así, es posible identificar ciertas líneas evolutivas y tendencias emergentes, reconociendo su interconexión y solapamiento parcial, que giran en torno a los apartados que se desarrollan a continuación.

1. *Precaución, diligencia debida y evaluaciones de impacto ambiental como principios esenciales también en relación con las actividades relativas a la energía.* Como no podía ser de otro modo, estos principios medioambientales se proyectan enteramente sobre el ámbito energético, y han sido destacados por la jurisprudencia en relación con distintas actividades, incluyendo la extractiva, también con respecto al entorno marino, como en la opinión consultiva del Tribunal Internacional de Derecho del Mar (TIDM) sobre *responsabilidades y obligaciones de los Estados patrocinadores de personas y entidades con respecto a las actividades en la Zona internacional de los fondos marinos.* El Tribunal recordó entonces que los Estados deben respetar tales principios también en actividades de minería en aguas profundas (TIDM 2011, párrs. 131-163).

2. *El cambio climático como eje estratégico de la jurisprudencia energético-ambiental.* La lucha contra el cambio climático, motor normativo bajo la CMNUCC y el Acuerdo de París, impulsa litigios estratégicos que buscan influir en políticas energéticas y climáticas, fomentar el debate público (Setzer y Birnes 2020) y promover sistemas energéticos bajos en carbono. Ejemplos de esta tendencia incluyen el caso *Friends of the Irish Environment v. Ireland* (2020), donde la Corte Suprema de Irlanda declaró insuficiente el Plan Nacional de Mitigación del Clima, obligando al gobierno a revisar sus políticas energéticas conforme al Acuerdo de París, o el caso *Urgenda Foundation v. Netherlands* (2015, 2019), en el que el Tribunal Supremo de los Países Bajos ordenó al gobierno reducir sus emisiones de gases de efecto invernadero en al menos un 25% para 2020, destacándose así la incidencia de la litigación en la transición energética y la obligación estatal de adoptar medidas eficaces contra el cambio climático.

En este contexto, las opiniones consultivas del TIDM, la Corte Internacional de Justicia y la Corte Interamericana de Derechos Humanos sobre las obligaciones estatales frente al cambio climático funcionarán como una "brújula autoritativa", integrando las obligaciones jurídicas internacionales en el marco dinámico de normas, procesos e instituciones que regulan las transacciones energéticas (Hailes y Viñuales 2023). Es de destacar el contenido del único pronunciamiento de los tres habido hasta la fecha: el del TIDM, como respuesta a la solicitud presentada por la Comisión de Pequeños Estados Insulares sobre el Cambio Climático y el Derecho Internacional en relación con el medio marino, que destaca que los Estados Parte deben vigilar no solo los efectos de sus propias actividades, sino también los de aquellas que han permitido, incluidas por tanto las de otros Estados y actores, como las empresas energéticas (TIDM 2024).

3. *Responsabilidad de las empresas energéticas en el marco de la justicia climática.* En los últimos años, han aumentado las demandas contra empresas energéticas por su responsabilidad en el cambio climático, aunque con una evolución no siempre lineal, como muestra *Milieudefensie et al. v. Royal Dutch Shell.* Inicialmente, el Tribunal de Distrito de La Haya (2021) ordenó a Shell reducir sus emisiones en un 45% para 2030, pero el Tribunal de Apelación de La Haya (2024) revocó la sentencia, concluyendo que la empresa no está obligada a cumplir un objetivo específico, aunque sigue teniendo responsabilidad en la reducción de emisiones. Si bien este fallo otorga mayor flexibilidad a las empresas en la transición energética, la responsabilidad corporativa sigue ganando peso en los tribunales, influyendo en estrategias empresariales y presionando por regulaciones más estrictas en la industria.

4. *Conflictos entre energía, medio ambiente e inversiones.* El Derecho de Inversiones es un ámbito clave donde confluyen conflictos entre energía y medio ambiente. Mecanismos como el ISDS del Tratado de la Carta de la Energía exponen tensiones entre la regulación ambiental y la protección de inversiones, evidenciando un sesgo que favorece a empresas multinacionales y, a menudo, socava objetivos ambientales. Este antagonismo se evidencia en asuntos como *Chevron Corp. v. Ecuador.* Si bien los tratados más recientes incluyen excepciones ambientales para equilibrar estos intereses, persisten críticas hacia regulaciones y decisiones arbitrales que ignoran el interés público, y se muestra cómo hay margen para paliar esas antinomias (Nedeva 2024).

5. *Transición a energías renovables y desafíos jurídicos asociados.* Como punto de partida, puede recordarse el asunto *Gabcikovo-Nagymaros* (CIJ 1997), en el que la CIJ examinó el impacto de un complejo hidroeléctrico en el Danubio, diseñado para generar energía limpia, pero que podría provocar daños en ecosistemas esenciales. En este caso, la Corte subrayó la necesidad de equilibrar el crecimiento económico, incluyendo por tanto las infraestructuras energéticas, con las obligaciones ambientales, reforzando así el principio del principio de desarrollo sostenible en la gestión de recursos compartidos. Asimismo, el caso *Ålands Vindkraft AB v. Energimyndigheten* (TJUE 2014) es gráfico para observar la presencia de *aparentes contradicciones* entre el sector energético y ambiental, que los operadores jurídicos deben resolver. Así, en este caso, el Tribunal de Justicia de la Unión Europea (TJUE) sostuvo que los subsidios nacionales a energías renovables podían restringir la libre circulación de mercancías, pero eran compatibles con el Derecho de la UE al ser una medida legítima de protección ambiental.

Sin perjuicio de lo anterior, hay que tener en cuenta que, en la práctica, el desarrollo de las energías renovables también ha generado controversias relacionadas con el uso de la tierra, graves impactos ambientales y la gobernanza de los recursos críticos, como se indica a continuación.

5.1. *Energías renovables y conflictos por el uso de la tierra.* Este tipo de disputas han aumentado, especialmente en torno a parques eólicos, solares e hidroeléctricos, que requieren grandes extensiones de tierra y pueden generar tensiones con comunidades locales, afectar hábitats naturales y entrar en conflicto con actividades tradicionales como la agricultura y la ganadería. También son frecuentes los conflictos con comunidades indígenas. Un ejemplo es *Belén v. Argentina* (2019), donde comunidades indígenas impugnaron la instalación de un parque solar en Jujuy (noroeste del país), alegando que fue aprobado sin una consulta previa adecuada e invadía territorios ancestrales protegidos. La Corte Suprema argentina determinó que el proyecto vulneraba el derecho a la consulta previa, libre e informada, conforme al Convenio 169 de la OIT, enfatizando la necesidad de respetar sus territorios y garantizar su participación en decisiones que los afecten.

5.2. *Energías renovables e impactos ambientales.* Los proyectos hidroeléctricos en particular han sido objeto de litigios por su impacto en los ecosistemas y el desplazamiento de comunidades. Un caso emblemático es el conflicto en torno a la represa Belo Monte, en Brasil, aún bajo consideración de la Corte IDH. Este megaproyecto viene enfrentando múltiples demandas debido a sus graves efectos en la biodiversidad y las comunidades indígenas del Amazonas. En 2011, la Comisión Interamericana de Derechos Humanos emitió medidas cautelares instando al Estado brasileño a garantizar los derechos de los pueblos indígenas afectados. Además, se cuestionó la insuficiencia de las evaluaciones de impacto ambiental previas a la aprobación del proyecto, subrayando la obligación de los Estados de realizar estudios exhaustivos (Corte IDH 2025).

5.3. *Diferencias con respecto a los recursos estratégicos.* El crecimiento de la demanda de minerales críticos ha dado lugar a múltiples disputas, comenzando por el caso *China - Medidas relativas a la exportación de tierras raras, tungsteno y molibdeno* (OMC 2014). Es un caso paradigmático para observar cómo las regulaciones ambientales pueden utilizarse estratégicamente para controlar el acceso a minerales esenciales. China restringió la exportación de estos recursos bajo el argumento de razones ambientales, pero la OMC falló en su contra, considerando que la medida violaba las normas del comercio internacional.

Como se destacó en el apartado relativo al contexto geopolítico, es previsible un aumento de las controversias sobre la titularidad, exploración y explotación de estos recursos. Por ello, es clave empoderar a los países en desarrollo para que aprovechen sus recursos minerales y retengan más valor económico, constituyendo la base de una estrategia de diversificación que impulse la equidad y estabilidad global, como ha reiterado el director general de IRENA (La Camera 2024).

6. *Diferencias sobre el papel de la energía nuclear en la transición energética.* Hay un intenso debate jurídico en torno a la energía nuclear. Mientras algunos Estados la consideran un pilar esencial para la descarbonización (por ejemplo, Francia o India), otros la rechazan alegando los riesgos implicados, así como los desafíos que plantea la gestión de residuos (por ejemplo, Alemania, Austria o Noruega). Un buen ejemplo de estas tensiones es el caso *Austria c. Comisión Europea* ante el TJUE, que examinó la compatibilidad de los subsidios a la energía nuclear con el Derecho ambiental de la UE, reflejando las divergencias en la regulación y el reconocimiento de esta fuente de energía dentro del marco normativo europeo (TJUE 2020).

7. *Nexo Energía-Medio Ambiente-Derechos Humanos y avances emergentes.* Numerosas comunidades y organizaciones recurren a la justicia para exigir responsabilidad a empresas mineras y energéticas por daños ambientales y violaciones de derechos humanos. Entre los casos destacables, en *Comunidad Indígena de La Oroya v. Perú*, se denunciaron graves impactos ambientales y daños a la salud debidos a la minería de metales. La Corte IDH declaró responsable al Estado peruano al respecto en 2023 (Corte IDH 2023). En el caso *Doe et al. v. Apple Inc., Alphabet Inc., Dell Technologies Inc., Microsoft Corporation, and Tesla Inc.* (2019), se acusó a grandes tecnológicas en Estados Unidos de beneficiarse de condiciones laborales inhumanas, incluido trabajo infantil, en la cadena de suministro de cobalto en la República Democrática del Congo. Aunque desestimada en primera instancia, en 2024 la Corte de Apelaciones del Distrito de Columbia reconoció la validez de las reclamaciones por daños, pero mantuvo la desestimación por no cumplir con los requisitos legales necesarios.

El derecho a un medio ambiente limpio, saludable y sostenible, reconocido universalmente por las Naciones Unidas (AGNU 2022), tiene potencial para desplegar su incidencia normativa en el ámbito que aquí nos ocupa. La Corte IDH ya había sentado un precedente relevante en esta materia con su Opinión Consultiva sobre *Medio Ambiente y Derechos Humanos* (Corte IDH 2017), que presumiblemente se desarrollará en relación con proyectos energéticos susceptibles de tener impactos ecológicos, sea con energías fósiles o renovables.

7. REFERENCIAS

7.1. Referencias doctrinales

Alda-Vidal, Cecilia *et al* (2023), "Gender imaginaries in energy transitions: How professionals construct and envision gender equity in energy access in the Global South", *World Development*, Vol. 168, pp. 1-15. http://dx.doi.org/10.1016/j.worlddev.2023.106258.

Arezki, Rabah; Van Der Ploeg, Frederick (2024), *The new curse of critical minerals*, Centre for Economic Policy Research.

Beer, Mitchell (2019), "IEA Drives Fossil Growth, Climate Breakdown with Latest World Energy Outlook", *The Energy Mix.*

Bennett, Simon; Spencer, Thomas (2024), "How will artificial intelligence transform energy innovation?", IEA.

Berrich, Olfa *et al.* (2024), "Renewable Energy Transition and the Paris Agreement: How Governance Quality Makes a Difference?", *Energies,* Vol. 17, pp. 1-18. http://dx.doi.org/10.3390/en17174238.

Bordoff, Jason; Mcnally, Robert (2024), "Recapping a (Respectful) Dialogue About IEA Analysis", Center on Global Energy Policy, Columbia SIPA.

Boyd, David R. (2012), *The Environmental Rights Revolution: A Global Study of Constitutions, Human Rights, and the Environment,* UBC Press, Vancouver - Toronto. http://dx.doi.org/10.59962/9780774821629.

Brook, Barry W. *et al.* (2016), "Energy research within the UNFCCC: a proposal to guard against ongoing climate-deadlock", *Climate Policy,* Vol. 16, pp. 803-813. http://dx.doi.org/10.1080/14693062.2015.1037820.

Campins Eritja, Mar, (2022) "Cambio climático y sujetos responsables en el ámbito internacional: las incertidumbres acerca de la responsabilidad de las empresas transnacionales", *Anuario de la Facultad de Derecho de la Universidad Autónoma de Madrid,* Núm. 26 (*El Derecho en la encrucijada: Los retos y oportunidades que plantea el cambio climático* / coord. Rosa María Fernández Egea), pp. 81-133.

Cardesa-Salzmann, Antonio (2012), "Reflections on the suitability of a human rights approach in the context of the climate change regime", en Giles Carnero, Rosa (coord.), *Cambio Climático, Energía y Derecho internacional: Perspectivas de Futuro,* Thomson Reuters Aranzadi, 2012, pp. 169-178.

Cournil, Christel; Martin-Chenut, Kathia; Perrruso, Camilla (2024), "Taking the Ecological Transition Seriously: The Need for Changes in Law and Institutions", *Handbook of Labor, Human Resources and Population Economics,* Zimmermann, Klaus (editor), Springer, Cham, pp. 1-25. http://dx.doi.org/10.1007/978-3-319-57365-6_246-1.

Davies, Anna (2022), *The Role of Nuclear Energy in the Global Energy Transition,* The Oxford Institute for Energy Studies, 2022.

De Pryck, Kari (2023), "Why the IPCC Can't Escape Climate Politics", *Green European Journal.*

Domínguez-Expósito, Christian (2023), "La explotación de los recursos naturales del espacio ultraterrestre y sus cuerpos celestes a la luz del artículo II del Tratado del Espacio (1967)", *Revista Electronica de Estudios Internacionales,* núm. 46, pp. 91 y ss.

Escribano, Gonzalo; Lázaro Touza, Lara (2024), *La diplomacia energética y climática de la nueva Comisión Europea,* Elcano Policy Paper.

Foster, Caroline; Voigt, Christina (2024), "Non-Compliance Mechanismsor International Courts: How to Increase Treaty Compliance?", en Voigt, Christina; Foster, Caroline (eds.), *International Courts versus Non-compliance mechanisms. Comparative Advantages in Strengthening Treaty Implementation,* Cambridge University Press, Cambridge, pp. 3-11.

Ghaleigh, Navraj Singh (2016), "Science and Climate Change Law - The Role of the IPCC in International Decision-Making", en Gray, Kevin; Tarasofsky, Richard; Carlane, Cinnamon (eds), *The Oxford Handbook of International Climate Change Law,* Oxford University Press, Oxford, pp. 3-25. http://dx.doi.org/10.1093/law/9780199684601.003.0003.

Giles Carnero, Rosa (2022), "El papel de la Unión Europea en la acción ante el cambio climático", *Anuario de la Facultad de Derecho de la Universidad Autónoma de Madrid,* núm. 26, pp. 135-156.

Grubb, Michael (2004), "Kioto and the Future of International Climate Change Responses: From Here to Where?", *International Review for Environmental Strategies,* Vol. 5, pp. 15-38.

Hailes, Oliver; Viñuales, Jorge (2023), "The Energy transition at a critical juncture", *Journal of International Economic Law,* 2023, Vol. 26, pp. 627-648. http://dx.doi.org/10.1093/jiel/jgad045.

Heffron, Raphael J. (2021), *Energy Law: An Introduction,* Second Edition, Springer, London, New York. http://dx.doi.org/10.1007/978-3-319-14191-6.

Heffron, Raphael J. (2023), "Energy law for the next generation, towards 2030 to 2050", *Journal of Energy & Natural Resources Law,* Vol. 41, núm. 2, pp. 131-139. http://dx.doi.org/10.1080/02646811.2023.2190688.

Huhta, Kaisa (2022), "The contribution of energy law to the energy transition and energy research", Global Environmental Change, Vol. 73, pp. 1-5. http://dx.doi.org/10.1016/j.gloenvcha.2021.102454.

Ide, Tobias; Bruch, Carl; *et al.* (2021), "The past and future(s) of environmental peacebuilding", *International Affairs,* Vol.97, núm. 1, pp. 1-16. http://dx.doi.org/10.1093/ia/iiaa177.

Ikenberry, John Gilford (2024), "Three Worlds: the West, East and South and the competition to shape global order", International Affairs, Vol. 100, núm. 1, pp. 121-138. http://dx.doi.org/10.1093/ia/iiad284.

Ivanova, Maria (2021), *The Untold Story of the World's LeadingEnvironmentalInstitution: UNEP*al Fifty, The MIT Press, Cambridge, Massachusetts. http://dx.doi.org/10.7551/mitpress/12373.001.0001.

Japari, Brian (2023), "The Energy Charter Treaty: Reform or Retreat?", *Columbia Journal of Transnational Law. The Bulletin.*

Jenkins, Kirsten *et al.* (2016), "Energy justice: A conceptual review", *Energy Research & Social Science,* Vol. 11, pp. 174-182. http://dx.doi.org/10.1016/j.erss.2015.10.004.

Johansson, Vilja (2023), "Just Transition as an Evolving Concept in International Climate Law", *Journal of Environmental Law,* Vol. 35, núm. 2, pp. 229-249. http://dx.doi.org/10.1093/jel/eqad017.

Klabbers, Jan (2022), "A Moral Holiday: Withdrawal from the Energy Charter Treaty"La Camera, Francesco (2024), "Entrevista con el director general de la Agencia Internacional de Energías Renovables (IRENA)", *Energía y Geoestrategia 2024,* pp. 35-42.

Magnan, Alexandre et al. (2016), "Addressing the risk of maladaptation to climate change", WIREs Climate Change, Vol. 7, pp. 646-665. https://doi.org/10.1002/wcc.409

Martin-Ortega, Olga et al. (2023), "Enabling a just energy transition: The crucial role of corporate accountability in the EU Critical Raw Materials Act", Business & Human Rights Resource Centre.

Mayer, Benoit (2018), *The International Law on Climate Change,* Cambridge University Press, Cambridge. http://dx.doi.org/10.1017/9781108304368.

Mengi-Dincer, H. *et al* (2021), "Evaluating the International Renewable Energy Agency through the lens of social constructivism", *Renewable and Sustainable Energy Reviews,* Vol. 152. https://doi.org/10.1016/j.rser.2021.111705

Meyer, Timothy L. (2013), "The Architecture of International Energy Governance", *University of Georgia School of Law Research Paper Series, Paper No. 2013-13,* 106, American Society of International Law Proceedings, pp. 1-6. http://dx.doi.org/10.5305/procannmeetasil.106.0389.

Movilla Pateiro, Laura (2021), "¿Hacia un cambio de paradigma en el Derecho del espacio ultraterrestre?: Los Acuerdos Artemisa", *Revista Española de Derecho Internacional,* Vol. 73, núm. 2, pp. 285-310.

Niblett, Robin (2024), *La nueva Guerra Fría. Cómo la disputa entre EE.UU. y China dará forma a nuestro siglo*, RBA.

Olawuyi, Damilola S. *et al* (2024), *Net Zero and Natural Resources Law: Sovereignty, Security, and Solidarity in the Clean Energy Transition*, Oxford University Press, Oxford. http://dx.doi.org/10.1093/9780198925033.001.0001.

Overland, Indra; Reischl, Gunilla (2018), "A place in the Sun? IRENA's position in the global energy governance landscape", *International Environmental Agreements: Politics, Law and Economics*, Springer, Vol. 18, pp. 335-350. https://doi.org/10.1007/s10784-018-9388-y.

Park, Patricia (2023), *International Law for Energy and the Environment*, CRC Press, Third Edition, Boca Raton. http://dx.doi.org/10.1201/9781003398721.

Peeters, Marjan (2019), "EU Climate Law: Largely Uncharted Legal Territory", *Climate Law*, Vol. 9, pp. 137-147. http://dx.doi.org/10.1163/18786561-00901008.

Pigrau Solé, Antoni (2012), "Derechos humanos, Justicia Ambiental y Cambio Climático", en Giles Carnero, Rosa (coord.), *Cambio Climático, Energía y Derecho internacional: Perspectivas de Futuro*, Thomson Reuters Aranzadi, Madrid, pp. 473-477.

Rodrigo Hernández, Ángel J. (2022), "Las relaciones sistémicas entre el desarrollo sostenible y el Derecho internacional del medio ambiente: entre la dilución y la reformulación", *Revista Catalana de Dret* Ambiental, Vol. XIII, pp. 1-44. http://dx.doi.org/10.17345/rcda3401.

Romppanen, Seita; Huhta, Kaisa (2023), "The interface between EU climate and energy law", *Maastricht Journal of European and Comparative Law*, Vol. 30, núm. 1, pp. 45-62. http://dx.doi.org/10.1177/1023263X231159976.

Ross, G. Webster (2022) "Injustice Within Renewable Energy Life Cycles: Can IRENA Offer a Solution?", *IdeaFest: Interdisciplinary Journal of Creative Works and Research from Cal Poly Humboldt*: Vol. 6, Article 8.

Sánchez Ortega, Antonio José (2024), "Seguridad energética: Concepto y su impacto en las relaciones internacionales", en Castro Ruano, Jose Luís de; Otaegui, Idoia; Soroeta, Juan, *Cursos de derecho internacional y relaciones internacionales de Vitoria-Gasteiz 2023*, pp. 287-326.

Setzer, Joanna; Byrnes, Rebecca (2020), Global Trends in Climate Change Litigation: 2020 Snapshot—Policy, Grantham Research Institute on Climate Change and the Environment and Centre for Climate Change Economics and Policy, London School of Economics and Political Science, London.

Soininen, Niko *et al* (2021), "A brake or an accelerator? The role of law in sustainability transitions", Environmental Innovation and Societal Transitions, Vol. 41, pp. 71-73. http://dx.doi.org/10.1016/j.eist.2021.09.012.

Steyn, Elizabeth A. (2024), "A de-risking toolkit for legal practitioners: the core critical and strategic minerals compendium", *Journal of Energy and Natural Resources Law*, Vol. 42, pp. 511-591. http://dx.doi.org/10.1080/02646811.2024.2399409.

Tignino, Mara; Jara, Diego (2024), "Human rights law in the development of hydropower projects in transboundary context", *Frontiers in Climate*, Vol. 6, pp. 1-6. https://doi.org/10.3389/fclim.2024.1280239.

Van De Graaf, Thijs (2012), "Obsolete or resurgent? The International Energy Agency in a changing global landscape", *Energy Policy*, Vol. 48, pp. 233-241. http://dx.doi.org/10.1016/j.enpol.2012.05.012.

Viñuales, Jorge (2022), *The International Law of Energy*, Cambridge Studies in International and Comparative Law, Cambridge University Press, Cambridge. http://dx.doi.org/10.1017/9781108235273.004.

Voon, Tania (2019), "Modernización del Tratado sobre la Carta de la Energía: ¿Por qué no terminarlo?", *Investment Treaty News,* IISD.

7.2. Referencias normativas

7.2.1. Tratados internacionales

Convención de las Naciones Unidas sobre el Derecho del Mar, Montego Bay, 10 de diciembre de 1982; *BOE* núm. 39, 14 de febrero de 1997.

Convenio de Basilea, sobre el control de los movimientos transfronterizos de los desechos peligrosos y su eliminación, 22 de marzo de 1989; BOE núm. 227, 22 de septiembre de 1994.

Convenio núm. 169 de la Organización Internacional del Trabajo (OIT) sobre pueblos indígenas y tribales, Ginebra, 27 de junio de 1989; *BOE,* núm. 58, de 8 de marzo de 2007.

Convención Marco de las Naciones Unidas sobre el Cambio Climático; Nueva York, 9 de mayo de 1992; *BOE,* núm. 27, de 1 de febrero de 1994.

Convenio sobre la Diversidad Biológica; Río de Janeiro, 5 de junio de 1992; *BOE,* núm. 27, de 1 de febrero de 1994.

Acuerdo de 1994 relativo a la aplicación de la Parte XI de la Convención de Naciones Unidas sobre el Derecho del Mar, Nueva York, 28 de julio de 1994, *BOE* núm. 38, de 13 de febrero de 1997.

Tratado sobre la Carta de la Energía, de 17 de diciembre de 1994, *BOE* núm. 117, de 17 de mayo de 1995

Protocolo de Kioto al Convenio Marco de las Naciones Unidas sobre el Cambio Climático, Kioto, 11 de diciembre de 1997; *BOE,* núm. 33, de 8 de febrero de 2005.

Acuerdo de París sobre cambio climático, París, 12 de diciembre de 2015; *BOE* núm. 28, 2 de febrero de 2017.

Estatuto de la Agencia Internacional de Energías Renovables (IRENA), Bonn, 26 de enero de 2009, *BOE* núm. 75, de 29 de marzo de 2011.

7.2.2. Otros actos normativos internacionales

AGNU (2015), Resolución 70/1 "Transformar nuestro mundo: la Agenda 2030 para el Desarrollo Sostenible", 25 de septiembre de 2015.

AGNU (2022), Resolución 76/300, "El derecho humano a un medio ambiente limpio, saludable y sostenible", 28 de julio de 2022

UE (2018), Directiva (UE) 2018/2001 del Parlamento Europeo y del Consejo de 11 de diciembre de 2018 relativa al fomento del uso de energía procedente de fuentes renovables, *DOUE* L 328, de 21 de diciembre de 2018.

UE (2024), Directiva (UE) 2024/1203 del Parlamento Europeo y del Consejo relativas a la protección del medio ambiente mediante el Derecho penal y por la que se sustituyen las Directivas 2008/99/CE y 2009/123/CE, *DOUE* L 2024/1203, de 30 de abril 2024.

7.3. Referencias jurisprudenciales

7.3.1. Órganos jurisdiccionales internacionales

CIJ (1997), *Gabcikovo-Nagymaros Project (Hungary/Slovakia), Judgment, I.C.J. Reports 1997*, p. 7.

Corte IDH (2017), *Medio ambiente y derechos humanos.* Opinión Consultiva OC-23/17 de 15 de noviembre de 2017. Serie A No. 23.

Corte IDH (2023), *Caso Habitantes de La Oroya vs. Perú. Excepciones Preliminares, Fondo, Reparaciones y Costas.* Sentencia de 27 de noviembre de 2023. Serie C No. 511.

Corte IDH (2025), Asunto sobre la represa Belo Monte (Brasil), aún pendiente de resolución judicial.

CPA (2018), *Chevron Corporation and Texaco Petroleum Company v. The Republic of Ecuador*, Caso No. 2009-23, Laudo final de 30 de agosto de 2018.

OMC (2014), *China - Medidas relativas a la exportación de tierras raras, tungsteno y molibdeno*, Informe del Grupo Especial, WT/DS431/R, WT/DS432/R, WT/DS433/R, 26 de marzo de 2014.

TIDM (2011), *Responsibilities and obligations of States sponsoring persons and entities with respect to activities in the Area, Advisory Opinion, 1 February 2011, IRLOS Reports 2011*, p. 10.

TIDM (2024), *Request for an Advisory Opinion, Submitted by the Commission of Small Island States on Climate Change and International Law, 21 May 2024.*

TJUE (2014), Sentencia de 1 de julio de 2014, *Alands Vindkraft AB v. Energimyndighten*, C-573/12, ECLI:EU:C:2014:2037.

TJUE (2020), Sentencia de 22 de septiembre de 2020, *Austria c. Comisión*, C-594/18P, ECLI:EU:C:2020:742.

7.3.2. Tribunales nacionales

Argentina, Corte Suprema de Justicia de la Nación Argentina, *Comunidad Aborigen de Santuario de Tres Pozos y otras c/ Provincia de Jujuy y otros s/ amparo ambiental*, Expediente CSJ 2637/2019 (Originario), Sentencia de 28 de marzo de 2023.

Estados Unidos, Asunto Doe et al. v. Apple Inc., Alphabet Inc., Dell Technologies Inc., Microsoft Corporation, and Tesla, Inc., Tribunal de Distrito de los Estados Unidos para el Distrito de Columbia (2019) (Núm. caso 1:19-cv-03737 [CJN]). Decisión desestimatoria de 2-11-2021, confirmada en apelación en marzo de 2024.

Irlanda, Corte Suprema de Irlanda, Sentencia de 31 de julio de 2020, *Friends of the Irish Environment CLG v. The Government of Ireland & Ors.*, [2020] IESC 49.

Países Bajos, Corte Suprema de los Países Bajos, Sentencia de 26 de mayo de 2021, *Milieudefensie et al. v. Royal Dutch Shell*, ECLI:NL: RBDHA:2021:5339.

Países Bajos, Corte Suprema de los Países Bajos, Sentencia de 20 de diciembre de 2019, *Stichting Urgenda contra el Estado de los Países Bajos*, ECLI:NL:HR:2019:2007.

7.4. Referencias documentales

AIE (2022), *World Energy Investment 2022.*

AIE (2024a), *Global Critical Minerals Outlook 2024.*

AIE (2024b), *World Energy Outlook 2024.*

AIE, IRENA, NU, Banco Mundial y OMS (2024), *Tracking SDG7 2024.*

BIRD (2019), *The Growing Role of Minerals and Metals for a Low Carbon Future.*

BIRD (2024), *Mission 300 Connecting 300 Million People to Electricity.*

Business & Human Rights Resource Centre (2021), *Renewable Energy & Human Rights Benchmark: Key findings from the Wind & Solar sectors*

CIEL (2023), *Harnessing public finance potential to create renewable energy economies. Methodology to assess World Bank Group progress in supporting the transition to sustainable, renewable economies.* Center For International Environmental Law

Comisión Europea (2019), El Pacto Verde Europeo, COM(2019)640 final, de 11 de diciembre de 2019.

Comisión Europea (2024), EU notifies exit from Energy Charter Treaty and puts an end to intra-EU arbitration proceedings (comunicado de prensa, 28 de junio de 2024).

Consejo Mundial de la Energía (2024), *World Energy Trilemma 2024: Evolving with Resilience and Justice*

Corte IDH (2023), Solicitud de Opinión Consultiva sobre Emergencia Climática y Derechos Humanos a la Corte Interamericana de Derechos Humanos de la República de Colombia y la República de Chile, 9 de enero de 2023.

EMPOWER (2024), *Corporate Capture of the State: Obstacles to and Opportunities for Strategic Action. A summary of key findings, with a focus on the Global South and the Energy Transition.*

Foro Económico Mundial (2021-22), *Annual Report 2021-2022.*

IGF (2023), *Guía Marco de Políticas Mineras,* Intergovernmental Forum on Mining, Minerals, Metals and Sustainable Development.

IPCC (2018) Special Report Global Warming of 1.5 °C, Intergovernmental Panel on Climate Change (IPCC), Cambridge University Press. https//doi.org/10.1017/9781009157940.

IPCC (2022), Sixth Assessment Report of the Intergovernmental Panel on Climate Change 2021, Cambridge University Press. doi:10.1017/9781009157896.

IRENA (2019), *Artificial Intelligence and Big Data.*

IRENA (2024a), *World Energy Transitions. Outlook 2024.*

IRENA (2024b), *Renewable Energy Statistics.*

NU (2018), Informe sobre Lagunas en el Derecho internacional del medio ambiente y los instrumentos relacionados con el medio ambiente: hacia un pacto mundial por el medio ambiente; Doc. A/73/419

NU (2022a), *Addressing Energy's linkages with other SDGs*, Policy Briefs in Support of the High Level Political Forum 2022.

NU (2022b), Grupo de Trabajo para Transformar las Industrias Extractivas para el Desarrollo Sostenible (*The Working Group on Transforming the Extractive Industries for Sustainable Development*) (2025), "Overview".

NU (2023), Compromiso Mundial por el Acceso a la Refrigeración, 6 de diciembre de 2023.

NU (2024a), Órgano Asesor de Alto Nivel sobre Inteligencia Artificial, *Gobernanza de la Inteligencia Artificial en beneficio de la Humanidad. Informe Final*

NU (2024b), Panel del SGNU sobre minerales esenciales para la transición energética, *Principles to Guide Critical Energy Transition Minerals towards Equity and Justice*

OACI (2021), Carbon Offsetting and Reduction Scheme for International Aviation (CORSIA)

OIEA (2024), *Nuclear Safety, Security and Safeguards in Ukraine.*

OMI (2023a), EEXI and CII - ship carbon intensity and rating system

OMI (2023b), "IMO's work to cut GHG emissions from ships".

OMS (2024), *Contaminación del aire doméstico.*

PNUMA (2019), Environmental Rule of Law. First Global Report.

PNUMA (2021) *Hacer las paces con la naturaleza: un plan científico para abordar la triple emergencia del clima, la biodiversidad y la contaminación* (resumen ejecutivo en español e informe completo en inglés).

PNUMA (2024), *Critical Transitions. Circularity, equity, and responsibility in the quest for energy transition minerals.*

PNUMA (2024). *Global Resources Outlook 2024: Invertir la tendencia Trayectorias hacia un planeta habitable a medida que aumenta la utilización de los recursos: Resumen para los responsables de formular políticas.*

UNODC (2023), *Respuesta a la Minería Ilegal y el Tráfico de Metales y Minerales: Guía sobre Buenas Prácticas Legislativas.*

SEforALL (2011), Sustainable Energy for All.

Capítulo 22

MEDIO AMBIENTE Y SALUD PÚBLICA

JUSTO CORTI VARELA[1]

1. INTRODUCCIÓN

Según el último estudio global de la Organización Mundial de la Salud (OMS), el 24% del total de muertes (y el 28% de las muertes entre niños menores de 5 años) se deben a causas medioambientales evitables (OMS 2016). Evitar estas muertes constituye un objetivo de la política de salud pública[2], a nivel colectivo, y un derecho a la salud humana[3], a título individual. Consideramos ambas como dos caras de una misma moneda y, por lo tanto, parte del objeto de este capítulo, por lo que a veces nos referiremos a la salud pública o a la salud humana según se trate de políticas públicas o del derecho (fundamental) a la salud. Ambas podrían considerarse, desde la perspectiva internacional, elementos de la salud global (Pons Rafols 2020).

El Derecho Internacional del Medio Ambiente (DIMA) y el *Global Health Law* están profundamente interconectados, ya que ambos abordan la protección y promoción del bienestar humano y la conservación del entorno natural donde éste se desarrolla (Toebes *et.al* 2024, p. 3). La evolución del DIMA ha sido impulsada por la creciente conciencia sobre los impactos ambientales en la salud humana y la necesidad de una cooperación global para enfrentar estos desafíos (Lozano Cutanda 2023, pp. 35-41). Incluso puede afirmarse que, en algunos supuestos, el medio ambiente, como rama material más joven del Derecho Internacional, se ha apoyado en el Derecho Internacional de la Salud para adentrarse en los catálogos de Derechos Humanos, crear políticas medioambientales en ins-

---

1 Profesor titular de Derecho Internacional Público en la Universidad Nacional de Educación a Distancia (jcorti@der.uned.es). Todas las páginas webs mencionadas en este estudio han sido consultadas el 14 de diciembre de 2024. ORCID: https://orcid.org/0000-0001-7055-8462.

2 Consideramos salud pública como "*An organized activity of society to promote, protect, improve, and —when necessary— restore the health of individuals, specified groups, or the entire population. It is a combination of sciences, skills and values that function through collective societal activities and involve programmes, services and institutions aimed at protecting and improving the health of all people.*" (OMS 2021a, p. 27)

3 Según la Constitución de la OMS (1946) "es un estado de completo bienestar físico, mental y social, y no solamente la ausencia de afecciones o enfermedades", y el Glosario de la OMS de 2021 agrega que dicho estado es un "*fundamental human right*" (OMS 2021a, p. 3).

tituciones sanitarias (ante la carencia de organizaciones internacionales propias) e incluso promover la cooperación internacional ante desafíos compartidos.

En otros casos, el derecho de la salud, a la inversa, ha recibido principios del derecho medioambiental[4], como el de precaución, tal como ocurrió en la jurisprudencia europea para resolver en el asunto de las vacas locas (TJUE 1998), paso ineludible para ser reconocido como principio general del derecho comunitario (Comisión Europea 2000).

Si nos centramos en la protección de la salud de las personas, el derecho a un ambiente sano es un derecho fundamental reconocido por el Derecho Internacional. Los Estados tienen la responsabilidad de garantizar que las actividades bajo su jurisdicción no causen daños al medio ambiente que puedan afectar la salud de las personas de su propio Estado, de otros Estados o de áreas comunes. Su violación puede acarrear responsabilidad internacional (Pigrau i Solé 2022).

Ante la ausencia de una institución específica, la OMS ha desempeñado un papel crucial en la implementación de políticas sanitarias globales que consideran los factores ambientales. Las Directrices mundiales de la OMS sobre la calidad del aire (OMS 2021b) son un ejemplo destacado de estos esfuerzos, ya que establecen niveles recomendados de contaminantes clave para proteger la salud humana y, a la vez, mitigar el cambio climático, promoviendo la reducción de emisiones y el monitoreo continuo de la calidad del aire. Estas regulaciones establecen mecanismos de vigilancia y respuesta para mantener la seguridad sanitaria global, lo que incluye la protección del medio ambiente.

La cooperación internacional a través de convenios sectoriales[5] es esencial para enfrentar problemas globales de salud pública y medio ambiente, que están interconectados y a menudo se exacerban mutuamente. Para abordar eficazmente las crisis sanitarias como pandemias y su relación con la crisis climática, se requiere una gobernanza global inclusiva que involucre a gobiernos nacionales, organizaciones internacionales y la sociedad civil (OMS 2021c). La cooperación y la regulación jurídicas en ambos campos son fundamentales para establecer estándares globales que aseguren el respeto y la protección de los derechos hu-

---

4 Si bien esta afirmación es la opinión mayoritaria, sería matizable ya que el principio de precaución antes de ser incorporado en los años 60 y 70 del siglo XX en la legislación medioambiental nacional de algunos países europeos para luchar contra la lluvia acida fue parte de la legislación americana contra los productos cancerígenos (Cláusula Delaney).

5 Por ejemplo, la Convención de Basilea de 1989 sobre control transfronterizo y la eliminación de los residuos peligrosos (art. 1); la Convención de Estocolmo de 2001 sobre Contaminantes Orgánicos Persistentes (art. 1); la Convención de Minamata de 2013 sobre los efectos adversos del mercurio (art. 1), la Convención Marco de las Naciones Unidas sobre el Cambio Climático de 1992 (art. 2 y 12) o la Convención sobre la Diversidad Biológica de 1992 (art. 1 y 6), entre otros.

manos, como el derecho a la salud y a un ambiente sano, garantizando así un desarrollo sostenible y equitativo para todas las personas.

En el campo del comercio internacional, las relaciones entre medio ambiente y salud han sido objeto de creciente atención. La Organización Mundial del Comercio (OMC), continuadora del GATT, ha desempeñado un rol significativo en este ámbito. Los Acuerdos de 1994 incluyen disposiciones que permiten a los países adoptar medidas para proteger la salud humana y el medio ambiente, siempre que estas medidas no sean una restricción disfrazada al comercio. Además, la OMC ha promovido prácticas comerciales sostenibles a través de iniciativas como el Acuerdo sobre la Aplicación de Medidas Sanitarias y Fitosanitarias (Acuerdo AMSF, art. 3), que permite a los Estados adoptar medidas basadas en principios científicos para proteger la salud pública y el medio ambiente sin crear barreras comerciales innecesarias, lo que ha posibilitado resolver asuntos donde se mezclaban cuestiones medioambientales y de salud pública ante el Órgano de Solución de Diferencias de la OMC, por ejemplo el de las carnes hormonadas (OMC 1998a), el de los atunes y delfines (OMC 2012) o el de los productos biotecnológicos (OMC 2006)[6]. En definitiva, las relaciones entre el DIMA y la salud pública constituye una disciplina vital que requiere la colaboración continua y el compromiso de la comunidad internacional. La interacción entre el Derecho Internacional, salud y medio ambiente es fundamental para establecer estándares globales y asegurar que todas las personas tengan acceso a servicios de salud de calidad y a niveles adecuados de protección medioambiental. Los mecanismos de gobernanza y los acuerdos internacionales son herramientas esenciales para promover la salud global y responder eficazmente a los desafíos ambientales, en particular la emergencia climática. La cooperación internacional y la regulación jurídica son indispensables para enfrentar los retos de salud pública global y protección del medio ambiente, y garantizar el bienestar de todas las personas, independientemente de su ubicación geográfica o situación económica.

La visión transversal medio ambiente - salud pública, particularmente después de la pandemia del Covid-19, trasciende los dos aspectos y se extiende a áreas consolidadas del Derecho Internacional, como las cuestiones de desarrollo, o a otras más incipientes, como la protección de los animales (Peters 2021). Por ello no es de extrañar que el *One Health Approach* del cuatripartito de la Organización

[6] En el marco del OMC se han dado otros asuntos en donde se mezclan argumentos medioambientales y de salud pública más allá del *Codex Alimentarius*, como el de los camarones y las tortugas marinas (OMC 1998b), el de los Asbestos (OMC 2001) o el de los neumáticos recauchutados (OMC 2007). En los tres, particularmente en el último, el elemento esencial era demostrar que a través de la medida propuesta que interrelacionaba salud, medio ambiente y comercio, no se intentaba generar una discriminación arbitraria o injustificada (Fernández Pons 2019).

para la Alimentación y la Agricultura (FAO), el Programa de Naciones Unidas para el Medio Ambiente (PNUMA), la Organización Mundial para la Salud Animal (OMSA) y la OMS plantee la necesidad de trabajar en conjunto como el único modo de impedir futuras pandemias y asegurar la sostenibilidad de nuestro planeta (FAO *et.al*, 2022).

A continuación, abordaremos estas relaciones desde tres perspectivas. En primer lugar, la perspectiva de la protección internacional de los derechos humanos. En segundo término, la perspectiva institucional, con los trabajos de la OMS que, a falta de una organización internacional del medio ambiente, es la única organización internacional susceptible de abordar estas cuestiones. Finalmente, los principales avances sectoriales, en donde la lucha contra el cambio climático merece un tratamiento especial diferenciado.

2. EL DERECHO A UN MEDIO AMBIENTE SALUDABLE Y EL DERECHO HUMANO A LA SALUD

El derecho a un medio ambiente saludable es mucho más amplio que el derecho humano a la salud, por supuesto, aunque también se puede afirmar que sus elementos lo incluyen tanto de forma directa como indirectamente. Según el Relator Especial de la Organización de Naciones Unidas (ONU) sobre la cuestión de las obligaciones de derechos humanos relacionadas con el disfrute de un medio ambiente sin riesgos, limpio, saludable y sostenible, este derecho incluye entre sus componentes el aire puro, un clima seguro, el acceso a agua potable y a un saneamiento adecuado, alimentos sanos y producidos de manera sostenible, entornos no tóxicos en los que vivir, trabajar, estudiar y jugar, y una biodiversidad y ecosistemas sanos (NU 2018). No puede negarse que estos elementos son requisitos indispensables para gozar de un estándar adecuado de salud pública.

Desde una perspectiva histórica, el derecho a la salud en sentido lato (incluyendo el derecho humano a la salud, a la salud pública, y a la atención sanitaria[7]) fue introducido dentro del catálogo de derechos económicos y sociales en las constituciones modernas, particularmente a partir de la segunda guerra mundial, aunque hay antecedentes en la Constitución de Weimar de 1919 (art. 161)[8].

---

[7] Dejamos de lado las referencias a la policía sanitaria, o el mantenimiento de hospitales, hospicios, casas de expósitos y establecimiento de beneficencia (pero sin reconocer realmente un derecho general para toda la población) que se incluía en las constituciones liberales de finales del siglo XVIII y particularmente del s. XIX, como la propia constitución de Cádiz (1812), art. 131, 321, 323 y 335.

[8] "Para atender a la conservación de la salud y de la capacidad para el trabajo, a la protección de la maternidad y a la previsión de las consecuencias económicas de la vejez, la enfermedad

Un paso significativo en el reconocimiento de este derecho fue su inclusión en la Constitución de la OMS de 1946 (preámbulo, párr. 3)[9] y en la Declaración Universal de los Derechos Humanos (AGNU 1948, art. 25.1)[10].

Como parte de este derecho a la salud, en tanto que desarrollo de las políticas de higiene propias del siglo XIX, se ha derivado el de tener un medioambiente saludable. Este desarrollo se produce incluso antes de que se generalizara la necesidad de proteger el medio humano. Así, el Pacto Internacional de Derechos Económicos, Sociales y Culturales (AGNU 1966) afirma en su art. 12:

> "1. Los Estados Parte en el presente Pacto reconocen el derecho de toda persona al disfrute del más alto nivel posible de salud física y mental.
>
> 2. Entre las medidas que deberán adoptar los Estados Parte en el Pacto a fin de asegurar la plena efectividad de este derecho, figurarán las necesarias para: (...)
>
> b) El mejoramiento en todos sus aspectos de la higiene del trabajo y del medio ambiente;"[11]

En 1972, la Declaración de Estocolmo (NU 1972) reconoce abiertamente el daño que produce la degradación del medio ambiente sobre la salud física, mental y social (proclamación 3)[12] y afirma el derecho a un medio ambiente que permita llevar una vida digna y gozar de bienestar (principio 1)[13] lo que presupone unos niveles adecuados de salud.

---

y las vicisitudes de la vida, el Imperio creará un amplio sistema de seguros, con el concurso efectivo de los interesados." (Constitución de Weimar 1919). En la actualidad 97 constituciones mencionan el derecho a un medio ambiente saludable de forma explícita, 26 de África; 17 de América; 16 de Asia, 22 de Europa y 1 de Oceanía (NU 2018, Anexo II).

9 "El goce del grado máximo de salud que se pueda lograr es uno de los derechos fundamentales de todo ser humano sin distinción de raza, religión, ideología política o condición económica o social."

10 "Toda persona tiene derecho a un nivel de vida adecuado que le asegure, así como a su familia, la salud y el bienestar, y en especial la alimentación, el vestido, la vivienda, la asistencia médica y los servicios sociales necesarios; tiene asimismo derecho a los seguros en caso de desempleo, enfermedad, invalidez, viudez, vejez u otros casos de pérdida de sus medios de subsistencia por circunstancias independientes de su voluntad."

11 Para un comentario sobre el derecho a la salud en el Pacto, ver Comité DESC 2000, párr. 15.

12 "A nuestro alrededor vemos multiplicarse las pruebas del daño causado por el hombre en muchas regiones de la tierra, niveles peligrosos de contaminación del agua, del aire, de la tierra y de los seres vivos; grandes trastornos del equilibrio ecológico de la biosfera; destrucción y agotamiento de recursos insustituibles y graves deficiencias, nocivas para la salud física, mental y social del hombre, en el medio ambiente por él creado. Especialmente en aquel en que vive y trabaja."

13 También obliga a los Estados, en el principio 7, a tomar todas las medidas posibles para impedir la contaminación de los mares por sustancias que puedan poner en peligro, entre otros, la salud del hombre.

A partir de finales de los años 80 del siglo XX, la relación entre medioambiente y salud, a través de del derecho a un medio ambiente saludable, comienza a incluirse en el catálogo de Derechos Humanos en algunos documentos internacionales, por ejemplo, la Convención Americana sobre Derechos Humanos (CADH) (art. 11)[14], o la Convención sobre los Derechos del Niño (art. 24)[15]. Sin embargo, algunos de los más importantes, como el Convenio Europeo de Derechos Humanos (CEDH), o la Carta de Derechos Fundamentales de la UE, siguen sin mencionarlos explícitamente.

Respecto al primero, sin embargo, la jurisprudencia del Tribunal Europeo de Derechos Humanos (TEDH) ha enmendado el silencio interpretando el art. 8 del CEDH (vida privada y familiar) en el sentido de que incluye el derecho a un medio ambiente saludable, en la mayoría de los casos, a través de una afectación a la salud de las personas. Primero reconociendo que los gases de una planta depuradora que podían afectar la salud cabían dentro del precepto (TEDH 1994, párr. 51). Luego, afirmando que una contaminación medioambiental severa en los hogares que pudiese afectar la salud, también estaba comprendida (TEDH 1998, párr. 60). Esta relación entre contaminación, salud y afectación a la vida privada y familiar se consolidó en la jurisprudencia posterior, en los asuntos *Hatton c. Reino Unido* (TEDH 2003, párr. 96); *Di Sarno c. Italia* (TEDH 2012a, párr. 104); *Cordella c. Italia* (TEDH 2019, párrs. 93-94); *Locascia c. Italia* (TEDH 2023, párr. 131) a través de un requisito de causalidad (para invocarla) y una doble obligación de los Estados (para justificar su cumplimiento). A los afectados se les exige una *actual interference*, es decir, una relación directa e inmediata entre el daño medioambiental alegado, la afectación a la salud, y la afectación a la vida privada y familiar (TEDH 2010, párr. 66; TEDH 2012b, párr. 187; TEDH 2024, párr. 437). Y los Estados pueden justificar su cumplimiento si demuestran haber cumplido una doble obligación: sustancial de diligencia debida, incluyendo haber considerado todos los intereses implicados (TEDH 2005, párr. 128; TEDH 2019, párr. 161; TEDH 2023, párr. 148); y otra procedimental, es decir, haber facilitado a los afectados información que les permitiese evaluar el riesgo que corrían (TEDH 1998, párr. 60; TEDH 2012as, párr. 113, TEDH 2023, párr. 152).

---

14 "Derecho a un medio ambiente sano: 1. Toda persona tiene derecho a vivir en un medio ambiente sano y a contar con servicios públicos básicos. 2. Los Estados Parte promoverán la protección, preservación y mejoramiento del medio ambiente."

15 "1. Los Estados Parte reconocen el derecho del niño al disfrute del más alto nivel posible de salud (…). 2. Los Estados Parte asegurarán la plena aplicación de este derecho y, en particular, adoptarán las medidas apropiadas para: (…) c) Combatir las enfermedades y la malnutrición en el marco de la atención primaria de la salud mediante, entre otras cosas, la aplicación de la tecnología disponible y el suministro de alimentos nutritivos adecuados y agua potable salubre, teniendo en cuenta los peligros y riesgos de contaminación del medio ambiente;"

Recientemente la jurisprudencia también ha abierto la posibilidad de que un daño medioambiental que afectase la salud de las personas pudiese evaluarse a la luz del art. 2 del Convenio (derecho a la vida). En el asunto *Verein Klimaseniorinnen c. Suiza*, al analizar la alegación de que las personas mayores sufren las olas de calor de una forma más intensa que el resto de la población, se sometieron los hechos al test habitual del art. 2, es decir, que la vida de la persona haya sido sometida a un riesgo real e inminente (TEDH 2024, párr. 59-62). Este test, como reconoce el TEDH, es muy restrictivo y difícilmente se aplicaría salvo en casos donde la actividad medioambientalmente dañina es por sí misma muy riesgosa para la salud, o bien la víctima ha sufrido daños que casi la llevan a la muerte, lo cual no era el caso.

Por su parte, la jurisprudencia de la Corte Interamericana de Derechos Humanos (Corte IDH) ha reconocido específicamente el derecho a un medio ambiente sano dentro del derecho a un desarrollo progresivo (Convención Americana sobre Derechos Humanos, CADH, art. 26) dada la obligación de los Estados de alcanzar el "desarrollo integral" de sus pueblos (Corte IDH 2017, párr. 57; Corte IDH 2020, párr. 202). Esta interpretación completaría el reconocimiento específico a un medio ambiente sano del art. 11 del Protocolo de San Salvador. Al igual que el TEDH, la Corte IDH somete el cumplimiento de este derecho a requisitos procedimentales (acceso a la información, participación política y acceso a la justicia; Corte IDH 2017, párr. 212) y sustantivos (según el componente afectado, por ejemplo, aire, el agua, el alimento, el ecosistema, el clima; Corte IDH 2023, párr. 118). Sin embargo, la Corte IDH ha dado un paso más y, sobre la base del derecho a un medio ambiente sano, ha reconocido la protección del medio ambiente de forma autónoma, independientemente de si hay o no afectación individual (a la salud) de las personas (Corte IDH 2017, párrs. 59, 62 y 64; Corte IDH 2020, párr. 203), acercándose a un reconocimiento de los derechos de la naturaleza (Borràs Pentinat 2020; 2024). Esta ampliación no ha impedido profundizar en las relaciones entre medio ambiente y salud, declarando la responsabilidad del Estado (y sometiéndole la obligación de costear los tratamientos médicos por el daño resultante) cuando no haya tomado medidas para impedir la contaminación ni proveer una atención sanitaria adecuada para reducir el riesgo significativo de contraer enfermedades ligados a dicha contaminación ambiental (Corte IDH 2023, párrs. 214, 218).

Volviendo al marco europeo, el Comité Europeo de Derechos Sociales (CEDS), ha colmado la laguna de la Carta Social Europea respecto al medioambiente afirmando que su protección se encontraría subsumido en el art. 11 de la Carta donde se protege el derecho a la salud (CEDS 2006, párrs. 195-198).

Teniendo en cuenta estos antecedentes, llama la atención que el desarrollo del derecho a un medio ambiente sano en el sistema universal de protección de los Derechos Humanos, en particular en las resoluciones de la Asamblea General (AGNU 1990, 2022), del Consejo de Derechos Humanos (CDH 2021) o de los informes de los Relatores Especiales sobre la cuestión de las obligaciones de derechos humanos relacionadas con el disfrute de un medio ambiente sin riesgos, limpio, saludable y sostenible (NU 2018) no llegue a vincularlo, al menos de forma explícita, con el derecho a la salud.

Esta ausencia es llamativa cuando desde la perspectiva del DIMA sí que se mencionan expresamente a la salud y su interrelación con el medioambiente, comenzando por los trabajos del PNUMA a partir de la Conferencia de Estocolmo, en particular en su Informe sobre el Medio Ambiente y el Desarrollo (PNUMA 1987), el principio 1 de la Declaración de Rio sobre el Medio Ambiente y el Desarrollo (NU 1992), el art. 1 de la Convención Marco de las Naciones Unidas sobre el Cambio Climático (CMNUCC) de 1992, el preámbulo del Convenio sobre Diversidad Biológica de 1992, hasta el art. 1 del Convenio de Aarhus de 1998, o el art. 1.c, 6.5 y 6.12 del Acuerdo de Escazú de 2018, además de los convenios sectoriales que trataremos más adelante.

En definitiva, la protección de la salud y del medio ambiente confluyen en el derecho a un medio ambiente sano, que puede interpretarse tanto como un derecho medioambiental, como un derecho socio-económico, o incluso uno ligado al propio derecho fundamental de protección de la vida, según el punto de vista (y el grado de afectación) con que se lo mire.

3. LA VERTIENTE INSTITUCIONAL: LA ORGANIZACIÓN MUNDIAL DE LA SALUD COMO DEFENSORA DE LA SALUD PÚBLICA AMBIENTAL

Ante la ausencia de una organización mundial del medio ambiente, las interrelaciones entre medio ambiente y salud pública, en particular a través de la promoción de la salud pública ambiental, se han venido desarrollando en el marco institucional desde la OMS, vector natural de la cooperación sanitaria internacional (Torrecuadrada García-Lozano 2021) y de sus oficinas regionales, como la Organización Panamericana de la Salud.

Los antecedentes de este marco institucional se encuentran en las Conferencias Sanitarias Internacionales del siglo XIX[16] donde se debatieron medidas internacionales estandarizadas de cuarentena frente a epidemias (principalmente

[16] Paris 1851 y 1859, Constantinopla 1866, Viena 1874, Washington 1881, Roma 1885, Venecia 1892, Dresden 1893, y en 1894 Paris nuevamente.

cólera)[17] que la rápida urbanización (y consiguiente hacinamiento y disminución de la calidad de vida en clave de salud ambiental) y el proceso de industrialización e internacionalización del comercio estaban provocando (Markel 2013). En una época en donde los conocimientos científicos no estaban consolidados[18] no es de extrañar que muchos afirmaran que estas enfermedades, sin distinción, eran "*purely epidemic disease*", es decir, en palabras de los delegados médicos austríaco Ménis y británico Sutherland, los contagios masivos entre enfermos y sanos se realizaban "*under the influence of certain atmospheric, climatic, and soil conditions, to which filth was often added, the whole forming an epidemic constitution*" (Howard-Jones 1975, p. 12). Esta dimensión de salud ambiental se consolidó en la Tercera Conferencia en Constantinopla (1866) donde la discusión se dividió en dos vertientes, la del estado del conocimiento científico, y la de las vías de prevención, entre las que se encontraban las medidas clásicas de higiene basada en el acceso al agua potable, la desinfección y la recogida de excrementos (Hillemand y Ségal 2013, p. 40). A pesar de estas iniciativas, los avances de las conferencias sanitarias internacionales del siglo XIX fueron más bien escasas. Funcionaron como un foro de intercambio de información, pero carecieron de acuerdos concretos (Howard-Jones 1975). Sin embargo, estos intercambios pusieron de relieve el carácter internacional de ciertos problemas de salud, principalmente epidemiológicos, los cuales, si bien todavía no se podían tratar por medios farmacológicos, sí que se podían modular a través de medidas de "higiene internacional"[19] que hoy podrían calificarse de salud ambiental.

Estas medidas se concretaron mucho en el ámbito americano. La Organización Panamericana de la Salud, en su texto fundacional (OEA 1902), incluyó entre sus objetivos la lucha contra enfermedades, como la fiebre amarilla, la malaria, el dengue, el cólera, el tifus y la tuberculosis, a través de medidas que pueden calificarse de salud pública ambiental, tales como el mejoramiento del acceso al agua corriente, el tratamiento de residuos, el control de la proliferación de mosquitos transmisores de enfermedades y la mejora de la calidad del aire (OEA 1902, planes de trabajo 6 y 8). En la segunda Conferencia (OEA 1905) se emitió una resolución con medidas contra la fiebre amarilla que incluía, como apéndice, las "Ordenanzas de la Junta Superior de Sanidad de la Isla de Cuba pa-

---

[17] También preocupaban los brotes de fiebre amarilla, peste bubónica, viruela y tifus.

[18] La relación entre el cólera y el agua contaminada con materia fecal se confirmó por primera vez dos años antes de la primera conferencia (Howard-Jones 1975, p. 12)

[19] Por ejemplo, un miembro destacado de la delegación francesa en esas conferencias fue Adrian Proust (1834-1903), que publicó en 1873 su libro sobre higiene internacional (Proust 1873).

ra el Régimen Sanitario de los Ayuntamientos de la República"[20]. Éstos sirvieron de modelo e inspiración para el resto de los países, siendo un antecedente del intercambio de estándares que luego promocionaría la OMS y la FAO a través de los diferentes comités conjuntos, como el de Nutrición (FAO/OMS 1949) o, a partir de 1962, el *Codex Alimentarius* (Davies 1970).

Volviendo al ámbito internacional, los trabajos de las Conferencias Sanitarias desembocaron en la creación de la Oficina Internacional de Higiene Pública, acordada en Roma en 1907 y con sede en Paris, organización internacional que primero se incorporó al sistema de *Organisation d'Hygiène* de la Sociedad de Naciones y a partir de 1946 se disolvió para integrarse en la OMS en 1948.

A diferencia de sus predecesores, las primeras décadas de la OMS coincidieron con importantes avances científicos en materia bacteriológica y farmacológica, por lo que no es de extrañar que la organización centrara su atención en las grandes campañas de vacunación, promoción de antibióticos y erradicación de enfermedades; y menos en cuestiones de prevención, entre las que se encontraba la salud ambiental que poco a poco fueron dejados de lado. Esta estrategia farmacológica llevó a una *revolución en la salud* que permitió aumentar la esperanza de vida entre 30 y 40 años, pero a los albores del cambio de siglo comenzaba a dar signos de agotamiento (OMS 1999). Por ello en el año 2000 la OMS encargó un estudio global sobre factores de riesgos para la salud, en donde se cuantificaron por primera vez los riesgos ambientales, entre los que se incluía la falta de acceso a agua segura, infraestructura sanitaria e higiene[21]; contaminación del aire en

---

20 Las ordenanzas, de 635 artículos, incluyen elementos muy precisos sobre salud ambiental, entre otros, sobre abastecimiento de agua (capítulo I), la prohibición de uso de colorantes alimenticios que incluyan plomo, antimonio, cobre, cromo, arsénico o mercurio (art. 70), la calidad de luz y aire de vaquerías (art. 120 y 130), ventilación, drenaje y saneamiento de edificios destinados a habitación (capítulo II, en particular el art. 151 donde califica de dotación de limpieza y salubridad indispensable para la habitabilidad el acceso al agua, ventilación, luz, evacuación de aguas residuales y excretas), las condiciones de luz y ventilación de fábricas y talleres (art. 255), la reglamentación sobre depósitos, establecimientos industriales insalubres, incómodos y peligrosos (capítulo IX), los mataderos (capítulo X) y los mercados (capítulo XI). Especial atención merece el capítulo XII (arts. 364-372) sobre "basuras e inmundicias" que regula la extracción, la recogida, los "muladares" o vertederos y los "hornos crematorios de basuras e inmundicias", el servicio público de aguas sucias, entre otros (OEA, 1905).

21 La OMS venía trabajando sobre la materia en colaboración con UNICEF desde comienzos de 1990 a través del *WHO/UNICEF Joint Monitoring Programme for Water Supply, Sanitation and Hygiene (JMP)*. Si bien la metodología y la línea de base estadística es de 1990 (OMS/UNICEF 1992) los datos disponibles son a partir del año 2000 para viviendas, 2018 para escuelas y 2019 para establecimientos sanitarios (OMS/UNICEF 2022). Anteriormente, la OMS había formado parte de la iniciativa *International Drinking Water Supply and Sanitation Decade* (IDWSSD)" (1981-1990) impulsada por la Conferencia de Naciones Unidas sobre el Agua (Mar del Plata, 1977) que a su vez se basaba en las recomendaciones de la Primera Conferencia de Naciones Unidas para los Asentamientos Urbanos - *Habitat* I, en Vancouver en 1976. Así, la IDWSSD

espacios urbanos, humo en viviendas por combustión, exposición al plomo, el cambio climático (OMS 2002, pp. 67-72). La salud ambiental había regresado. El primer estudio específico de la OMS sobre salud ambiental se presentó cuatro años más tarde (OMS 2006) y se acordó actualizarlo cada diez años, siendo el último informe disponible el de 2016 (OMS 2016). Si bien el acceso al agua potable, la falta de infraestructura de saneamiento y el control medioambiental de los mosquitos como vectores de enfermedades siguen siendo responsable de un gran número de muertes (por enfermedades diarreicas, 57 millones y malaria, 23 millones), nuevos riesgos ambientales relacionados con la contaminación del aire —como las infecciones respiratorias (52 millones), cánceres (49 millones) o enfermedades cardiovasculares (119 millones), en ambos casos, por exposiciones a químicos— están impactando cada vez más en la salud pública. La cuantificación realizada por la OMS en este informe demuestra que factores de edad (en perjuicio de niños menores de 5 años y adultos mayores) y nivel de desarrollo económico de los países (en perjuicio de países de ingresos medios y bajos) impactan negativamente en las enfermedades ambientales. Y lo que es más preocupante, a diferencia de otros factores, las muertes por factores ambientales prácticamente no se han reducido desde 2002 (OMS 2016, p. 86-93).

No todos los riesgos ambientales impactan igual sobre la salud. En general, los riesgos ambientales tradicionales, como la mala calidad del agua, el saneamiento deficiente y el uso de combustibles no limpios, tienden a mejorar con la reducción de la pobreza. Estos también representan los mayores riesgos para las enfermedades infecciosas. Pero, por otro lado, los riesgos modernos, como la contaminación del aire ambiente y el uso inseguro de productos químicos, tienden a aumentar en los países que experimentan un rápido desarrollo, desgraciadamente antes de que se logre establecer un control eficaz, normalmente durante la transición hacia sociedades de altos ingresos. Paralelamente, emergen riesgos nuevos que no distinguen de niveles de desarrollo, como por ejemplo, el cambio climático (OMS 2016, p. 93).

Respecto a esto último, es decir, el cambio climático, la OMS impulsó en la COP26 (OMS 2021c) la *Alliance for Transformative Action on Climate Change and Health* (ATACH). Sus dos objetivos son: fortalecer la resiliencia climática de los sistemas de salud, y reducir las emisiones. Para ello, la OMS impulsa la ATACH (OMS 2022) que no es otra cosa que una plataforma para la coordinación, el in-

---

se enmarcaba más en el Programa de Naciones Unidas para el Desarrollo (PNUD) que, en la OMS, ya que a esta última le interesaba la cuestión más bien como un complemento de su *Primary Health Care Innitiative* (O'Rourke 1992, p. 1929). Sin perjuicio de ello, el informe final de la OMS sobre IDWSSD hizo hincapié en la carencia de datos fiables sobre el estado real de la implementación de los servicios de agua y saneamiento, lo que motivó el inicio del JMP (OMS/UNICEF 1992).

tercambio de conocimientos y mejores prácticas, la creación de redes de apoyo y el control del progreso alcanzado entre los Estados parte de la alianza[22].

En definitiva, la salud medioambiental y climática en la actualidad es una parte primordial del trabajo de la OMS. La última estrategia global aprobada por la Asamblea General de la OMS sobre salud, medio ambiente y cambio climático (OMS 2020) fija objetivos, que se alinean perfectamente con los de la Agenda 2030, demostrando la coordinación entre agencias de la ONU. Así, se sigue un enfoque holístico donde salud, el medio ambiente y la equidad se interconectan. Al interconectar el desarrollo socioeconómico con la protección ambiental, la salud y el bienestar, se proporciona un apoyo integral para abordar los determinantes de la salud al mismo tiempo que se definen políticas relevantes o se toman decisiones clave. Es decir, de manera preventiva y sostenible, en lugar de tratar repetidamente con impactos adversos y desigualdades. Así, el compromiso con patrones sostenibles de consumo y producción y la lucha contra el uso indebido de los recursos naturales y la generación masiva de desechos debería permitir la realización de actividades económicas más sostenibles y el progreso en bienes globales y transfronterizos para la salud, como el aire limpio y un clima estable.

Todas estas cuestiones forman parte de la cooperación sectorial en materia de medio ambiente, algunas con clara incidencia en la salud pública, que es desarrollada directamente por los Estados y que analizaremos a continuación.

4. LA COOPERACIÓN SECTORIAL EN MATERIA DE MEDIO AMBIENTE Y SALUD PÚBLICA

La intersección entre medio ambiente y salud pública tiene especial incidencia en la cooperación sectorial, en particular en acuerdos que en principio pueden calificarse de tratados medioambientales, pero donde la repercusión sobre la salud es palpable, sea expresamente o de forma soslayada.

Así, por ejemplo, encontramos tratados sobre conservación de hábitats o de especies amenazadas que no mencionan la salud humana en su texto originario, como por ejemplo la Convención de Ramsar de 1971, la Convención CITES de 1973 o la Convención sobre Diversidad Biológica de 1992, aunque sí la incluyen en sus desarrollos, en particular en relación con la prevención de aparición de enfermedades zoonóticas (Ramsar 2008; CITES 2022; CDB 2010).

22 Actualmente 93 países forman parte de la red.

Hay dos sectores en donde la cooperación internacional ha plasmado de forma más clara la relación entre medio ambiente y salud pública, la relativa a la protección de la calidad del aire y la atmósfera; y la de control de sustancias químicas y desechos.

4.1. Salud en relación con la calidad del aire y la protección de la atmósfera, incluida la lucha contra el cambio climático

El aire y la atmósfera, como elementos esenciales para la vida, mantienen una estrecha relación con la salud humana ya que cualquier alteración repercute, de una u otra manera, en el equilibrio físico y psíquico con el que identificamos la salud. Dado el carácter intrínsecamente transfronterizo de ambos medios, su regulación internacional es, a menudo, un medio de garantizar el mantenimiento de dicho equilibrio.

Así, el Protocolo de Montreal de 1987 relativo a las sustancias que agotan la capa de ozono constituye uno de los pocos ejemplos de un tratado bicéfalo donde medio ambiente y salud humana constituyen elementos esenciales en su creación. Las Sustancias que Agotan la capa de Ozono (SAO) que prohíbe el Protocolo son responsables del adelgazamiento de dicha capa protectora de la atmósfera y, por lo tanto, de una sobreexposición a rayos ultravioleta que puede derivar en cánceres de piel, fotodermatosis o enfermedades oculares como cataratas (Madronich *et al.* 2024). La reducción en la liberación de dichos gases, además, habría contribuido a la lucha contra el cambio climático ya que muchos de ellos tienen también un gran efecto invernadero. Se calcula que los SAO son responsables de un 30% del calentamiento en zonas árticas entre 1955 y 2005 (Sigmond *et al.* 2023). El éxito en la implementación y cumplimiento del protocolo permite ser optimistas, ya que se calcula que la capa de ozono volverá a niveles previos a 1980 en 2045 (para el Ártico) y en 2066 (para la Antártida), y que se habría evitado un calentamiento medio adicional de 1°C de no haberse adoptado medidas (OMM 2022).

Por su parte, la CMNUCC incluye en la definición de "efectos adversos del cambio climático" (art. 1) los efectos nocivos significativos en el funcionamiento de la salud, entre otros[23]. Esta mención se ha desarrollado a través de informes. De este modo el Panel Intergubernamental sobre Cambio Climático (IPCC) ha publicado informes que abordan la relación entre el cambio climático y la salud pública, por ejemplo, el Cuarto Informe de Evaluación sobre "Impactos, Adap-

[23] Los dos principales acuerdos internacionales derivados del CMNUCC, el Protocolo de Kioto y el Acuerdo de Paris (salvo este último a través de una mención incidental en el preámbulo) no tratan directamente la relación entre el cambio climático y la salud pública.

tación y Vulnerabilidad" (IPCC 2007), donde identifica al sector de la salud pública entre los siete sectores que requieren adaptación y desarrolla medidas al respecto; o el más reciente Sexto Informe de Evaluación sobre "Impactos, Adaptación y Vulnerabilidad" (IPCC 2022) donde recomienda incluir la salud pública en los planes nacionales de adaptación como lo han hecho, entre otros, España (MITECO 2020), Kenia (Ministry of Environment and Natural Resources 2016) o la India, esta última, con un plan nacional específico para Cambio Climático y Salud Humana (Ministry of Health & Family Welfare 2018). Sin embargo, probablemente el más específico de estos informes del IPCC es el informe especial "Cambio Climático y Salud" elaborado por la OMS, cuya última edición fue presentada en la Conferencia de las Partes (CoP) 29 de Bakú (OMS 2024). Este informe centra su atención en fortalecer los sistemas de salud para que sean resilientes ante los desafíos del cambio climático; la necesidad de modelar tanto ciudades como ecosistemas para que se pueda acceder a agua, saneamiento, higiene, aire limpio, tierra productiva y alimentos sostenibles; y eliminar los subsidios a los combustibles fósiles, cuya utilización contribuye al cambio climático, pero también tiene probados efectos negativos sobre la salud de las personas, tanto por la contaminación que generan en su producción y transporte, como por los efectos negativos en la calidad del aire producto de los gases de su combustión.

En este último sentido, no existe un tratado específico que garantice unos niveles adecuados de calidad del aire. Se cuenta, sin embargo, con las directrices que la OMS publica desde 1987 (inicialmente a través de su Oficina Europea) y que en su última edición cubre materia particulada (MP2,5 y MP10), ozono, dióxido de nitrógeno, dióxido de azufre y monóxido de carbono (OMS 2021b). A pesar de no ser vinculantes, estos niveles máximos recomendados cuentan con el apoyo de la Resolución WHA68.8 "Salud y medio ambiente: impacto sanitario de la contaminación del aire" de la Asamblea Mundial de la Salud, aprobada por los 194 Estados miembros de la organización (OMS 2015). En la UE han sido incorporadas a través de la reciente Directiva (UE) 2024/2881 sobre la calidad del aire ambiente y a una atmósfera más limpia en Europa, cuyo total desarrollo se prevé para 2030 (UE 2024).

Cuando la falta de control sobre la calidad del aire llega a niveles tan altos que afecta no sólo al Estado donde se genera la contaminación, sino que trasciende las fronteras, nos podemos encontrar ante una situación de contaminación transfronteriza que, potencialmente, conlleva litigios internacionales implicando medio ambiente y salud. En los primeros casos en que hay registro no se fijó dicha conexión. Por ejemplo, el asunto *Trail Smelter* (TA 1941), a pesar de tratarse de una clara contaminación transfronteriza de un producto irritante para las vías respiratorias (dióxido de azufre), curiosamente no se alegaron problemas de salud pública sino daños económicos sobre bosques y terrenos agrícolas. Posteriormente llegaron ante la Corte Internacional de Justicia (CIJ) dos asuntos donde sí se alegaron argumentos de salud pública en materia de contaminación atmosférica transfronteriza, el de las *Pruebas Nucleares* (CIJ 1974)[24] y el de *Fábrica de Papel* (CIJ 2010), aunque en ninguno de los dos casos se llegó a probar el daño sobre la salud, lo que demuestra la dificultad en establecer el nexo causal.

De ahí la importancia en concretar un marco regulatorio a través de tratados como lo hace, por ejemplo, el Convenio de Ginebra de 1979 sobre la Contaminación Atmosférica a Larga Distancia. Este texto, auspiciado por la Comisión Económica de las Naciones Unidas para Europa (CEPE)[25] incluye 8 Protocolos en donde se desarrollan límites de emisiones para gases y metales pesados, y un sistema de monitoreo para garantizar su cumplimiento. En su art. 1, al definir contaminación atmosférica, menciona expresamente la afectación nociva a la salud humana como criterio para indicar si una sustancia (o energía) nociva para la naturaleza puede ser considerada contaminante, lo que demuestra la interacción entre medio ambiente y salud pública en la materia. De forma similar, el Convenio de Espoo de 1991 sobre evaluación del impacto en el medio ambiente en un contexto transfronterizo, define impacto como cualquier efecto causado por una actividad propuesta sobre el medio ambiente y, especialmente, sobre la salud y seguridad humanas, entre otros (art.1. vii).

Mucho más explícito es el Acuerdo de Kuala Lumpur de 2002 sobre la contaminación transfronteriza derivada de la calima (*haze pollution).* Auspiciado por la Asociación de Naciones de Asia Sudoriental (ASEAN), el acuerdo reconoce la responsabilidad de los Estados por actividades que dañen el medio ambiente y la salud pública más allá de sus fronteras (art. 3.1); establece la obligación de evaluar los riesgos sobre el medio ambiente y la salud a través de centros de monitoreo nacionales coordinados por un centro común de la ASEAN (art. 8.3); y fomenta la cooperación preventiva (art. 10.1) y técnica (art. 16.1), en particular para disminuir la quema de pasturas y bosques causante de las neblinas y humos tóxicos, en donde los riesgos ambientales y de salud pública van a la par.

Finalmente es importante indicar que la Comisión de Derecho Internacional (CDI) en su proyecto de directrices sobre la protección de la atmósfera entiende por contaminación y degradación atmosférica la afectación "que pongan en peligro la vida y la salud humanas y el medio ambiente natural de la Tierra" (CDI 2021, directriz I) en ese orden, lo que demuestra el carácter indisoluble de las

---

[24] Sin embargo, este caso abrió la posibilidad de otros asuntos ante la CIJ donde se debatieron temas medioambientales fundándose, entre otros factores, en la afectación a la salud (Rodrigo Hernández 1998).

[25] Ratificado por 51 Estados, en su mayoría europeos, aunque también lo han hecho Estados Unidos y Canadá, y como sucesores de la Unión Soviética, algunos de Asia central.

relaciones entre el derecho a la vida, a la salud y al medio ambiente, en particular cuando el medio protegido es la atmósfera.

4.2. Sustancias químicas y desechos, incluidos los contaminantes alimentarios

Si en el caso de la contaminación del aire y la atmósfera, incluido el cambio climático, la incidencia ambiental es mucho más clara que los efectos sobre la salud pública, y por lo tanto ésta última tardó más tiempo en evidenciarse, en el caso de las sustancias químicas y desechos puede decirse que la situación es inversa. En este caso el impacto sobre la salud pública siempre estuvo claro, y de hecho produjo las primeras actuaciones. En cambio, sus efectos sobre el medio ambiente han sido posteriores y derivados.

El primer texto de importancia que trata de prevenir la contaminación por desechos y protege el medio ambiente y la salud humana con igual rango de importancia, tiene que ver con los desechos vertidos al mar, sea desde buques o mediante emisarios (desde tierra). Tanto el Convenio de Londres de 1972 (art. I), como el Convenio de Paris de 1974 (art. I), ambos auspiciados por la Organización Marítima Internacional (OMI), definen el concepto de desecho u otra sustancia contaminante arrojada al mar —y por lo tanto delimitan su objeto—, como cualquier sustancia que cree riesgos a la salud humana, dañe a la vida marina, o afecte o interfiera otros usos legítimos del mar (en este orden). Esta fórmula se repite con leves variantes en los convenios relativos al Atlántico Norte, es decir el Convenio de Oslo de 1972 (art. 1) y su versión actual, el Convenio OSPAR de 1992 (art. I.d); así como en los acuerdos del Mediterráneo adoptados bajo los auspicios del PNUMA y la entonces Comunidad Económica Europea a través del Plan de Acción para la Protección y el Desarrollo de la Cuenca del Mediterráneo (PAM), en concreto el Convenio de Barcelona de 1976 (art. 2.a).

Así, la afectación a la salud humana se convierte en un requisito para definir el ámbito de aplicación de estos tratados internacionales cuyo objeto principal era la protección medioambiental de los mares. En cuanto a la casuística, como nos encontramos ante vertidos voluntarios (y no accidentales), los casos de aplicación no han sido tan numerosos. Merecen mención los efectos que tuvo el Convenio de Londres al prohibir los vertidos de material radiactivo a las fosas del Atlántico Norte, práctica habitual por parte de varios países europeos, principalmente el Reino Unido, en el período entre 1949 y1982. A pesar de que dicho Convenio entró en vigor en 1975, durante muchos años el Organismo Internacional de la Energía Atómica (OIEA) —por remisión del Convenio— autorizaba el vertido si se trataba de residuos radiactivos de baja intensidad y se seguían sus recomendaciones (OIEA 1978). Sin embargo, ante la creciente información sobre los efectos a largo plazo de dichos vertidos sobre la salud, en 1983 se decidió fomentar una moratoria voluntaria, y finalmente se prohibió totalmente los vertidos a través del Convenio OSPAR de 1992 y de una enmienda del sistema de Londres en 1993. El debate se reavivó recientemente a raíz de la liberación del agua de la central nuclear de Fukushima realizada por Japón en 2023. La medida fue contestada tanto ante los tribunales japoneses como en los foros de discusión de la OMI sobre la base del Convenio de Londres, sin que se haya tomado hasta la actualidad una decisión definitiva, en particular por la dificultad de demostrar los peligros para la salud humana que el vertido de agua radiactiva (pero tratada) pudiese tener (Nishikawa y Hesselman 2024).

En relación con el comercio internacional de residuos, una década más tarde de los convenios de Londres y de París, y bajo los auspicios del PNUMA, el primer Programa de Montevideo para el Desarrollo y Revisión Periódica del Derecho Ambiental (1981-1990) desarrolló las Directrices de El Cairo sobre Desechos Peligrosos (PNUMA 1985) en donde los motivos de salud son mencionados a la par (e incluso en primer lugar) que los medioambientales. Estas Directrices se concretaron en la Convención de Basilea de 1989, cuyo fin principal, además de asegurar la protección de la salud humana y el medio ambiente, es impedir el traslado no autorizado de desechos peligrosos, incluyendo residuos industriales, químicos y otros materiales que pueden ser tóxicos, explosivos, inflamables o corrosivos (Campins Eritja 2022). Al fijar un sistema de regulación, pero no una prohibición, la Convención de Basilea no ha impedido el traslado de dichos residuos a países del Sur Global. Esta es la razón por la que algunas regiones, en particular en el continente africano, han desarrollado sus contenidos en acuerdos regionales como el Convenio de Bamako de 1998, el cual directamente prohíbe la introducción en África de desechos peligrosos. Este acuerdo no impidió, sin embargo, que la empresa Trafigura (con sede en Ginebra) enviara en 2006, en el carguero *Probo Koala*, 500 toneladas de productos tóxicos desde Ámsterdam (Holanda) a Abidján (Costa de Marfil, Parte de la Convención de Bamako). Éstos terminaron en diferentes vertederos en este último país (Ognibene 2007), produciendo entre su población problemas respiratorios y otros síntomas de intoxicación que se tradujeron en al menos 15 muertes, 69 hospitalizaciones y 34.408 casos confirmados de personas afectadas (Bratspines 2018, p. 447). Lo cual confirma la relación estrecha entre vertido de desechos químicos y problemas de salud y la necesidad de mejorar el cumplimiento de los acuerdos internacionales.

Complementario con la Convención de Basilea, el Convenio de Rotterdam de 1998 regula el comercio de plaguicidas y otros productos químicos similares peligrosos que son objeto de comercio internacional. Como indica su art. 1, su objeto es promover la responsabilidad compartida en la esfera del comercio internacional de ciertos productos químicos peligrosos a fin de proteger la salud humana y el medio ambiente frente a posibles daños. Una vez más, salud humana y medio ambiente se protegen conjuntamente, aunque esta vez a través de un instrumento de intercambio de información. El mecanismo más importante del convenio es el procedimiento de Consentimiento Fundamentado Previo (CFP) que expide la parte importadora y que es imprescindible para introducir un producto enumerado en el Anexo III del Convenio. Y dichos productos sólo se podrán introducir en el Anexo III si el comité de examen del Convenio confirma, a través de una evaluación de datos científicos, que es necesario para proteger la salud humana o el medio ambiente (Anexo II, a).

No ya orientado al comercio, sino directamente a la disminución de la producción de productos químicos, también aunando la protección de la salud humana y el medio ambiente, tenemos al Convenio de Estocolmo sobre Contaminantes Orgánicos Persistentes de 2001. Y en el marco del PNUMA, orientado a un producto químico en concreto, regulándose su producción, su comercio, impidiendo su liberación y gestionando los residuos al final de su ciclo, tenemos la Convención de Minamata sobre el Mercurio de 2013, cuyo desarrollo se realiza a través de cooperación internacional en el marco de la OMS, donde una vez más se reconoce la interacción entre medio ambiente y salud pública (OMS 2014, párr. 2.4).

La colaboración internacional no siempre llega a concretarse en un acuerdo internacional, sino que se fragua a través de cooperación técnico-científica, cuyos resultados más palpables son las guías y recomendaciones que, sin ser obligatorias, suelen tener una aceptación generalizada y un alto nivel de cumplimiento. En este sentido tiene especial relevancia la cooperación OMS/FAO[26] en relación con productos químicos que se introducen a través del medio ambiente en la cadena alimentaria y afectan, a través de su consumo, la salud de las personas. Así en 2001 la Comisión del *Codex Alimentarius* elaboró el Código de buenas prácticas para reducir la contaminación de alimentos con sustancias químicas (FAO/OMS 2001) que completa la Norma general para los contaminantes y toxinas presentes en alimentos y piensos, publicada por primera vez en 1995 pero cuya última actualización data de 2023 (FAO/OMS 2023), sin perjuicio de otras recomendaciones sobre productos y sustancias concretas[27].

---

[26] Esta se realiza a través del *Codex Alimentarius*, que es una comisión mixta FAO/OMS donde representantes de todos los Estados miembros de las dos organizaciones debaten y acuerdas códigos, directrices y recomendaciones sobre seguridad alimentaria que van desde la forma en que se producen los alimentos (agricultura) cómo se transforman (industria agroalimentaria) y cómo se transportan, distribuyen y preparan para su consumo. En relación con contaminantes ambientales químicos, los dos comités más importantes del Codex son el Comité del Codex sobre Contaminantes de los Alimentos y el Comité Mixto FAO/OMS de Expertos en Aditivos Alimentarios.

[27] Arsénico (CXC 77-2017), micotoxinas (CXC 78-2017), ésteres en aceites (CXC 79-2019), cadmio (CXC 81-2022), otros contaminantes sin un marco reguladore específico (CXG 92-2019).

5. REFERENCIAS

5.1. Referencias doctrinales

Borràs Pentinat, Susana (2020), "Los derechos de la Naturaleza en Europa: hacia nuevos planteamientos transformadores de la protección ambiental", *Revista de Derecho Comunitario Europeo,* vol. 24, núm. 65, pp. 79-120.

Borràs Pentinat, Susana (2024), "Desafíos jurídicos en el reconocimiento de los derechos de la Naturaleza en Europa: desaprendiendo la capitalización de la vida", *Revista de estudios políticos,* núm. 204 (Ejemplar dedicado a: La Política y el Derecho en la encrucijada ecológica), pp. 213-239.

Bratspies, Rebecca (2018), "Corrupt at Its Core: How Law Failed the Victims of Waste Dumping in Côte d'Ivoire", *Columbia Journal of Enviromental Law,* vol. 43, núm. 2, pp. 417-473. http://dx.doi.org/10.2139/ssrn.3174424.

Campins Eritja, Mar (2022), "Basilea, Roterdam y Estocolmo: un régimen internacional permeable para la gestión de residuos peligrosos y productos químicos", *Revista Catalana de Dret Ambiental,* vol. 13, núm. 2. http://dx.doi.org/10.17345/rcda3405.

Davies, J.H.V. (1970), "The Codex Alimentarius", *Journal of the Association of Public Analysis,* vol. 8, pp. 53-67.

Fernández-Pons, Xavier (2024), "The Dispute on Brazilian Measures Affecting Imports of Retreaded Tyres at the WTO: An Exemplary Intersection of Trade, Health and Environment", en Negri, Stefania (ed.), *Environmental Health in International and EU Law: Current Challenges and Legal Responses,* Routledge, Londres, pp. 59-74. http://dx.doi.org/10.4324/9780429354694-4.

Hillemand, Bernard; Ségal Alain (2013), "Les six Conférences sanitaires internationales de 1851 à 1885 prémices de l'organisation mondiale de la santé", *Histoire Des Sciences Medicales,* —vol. XLVII, núm. 1, pp. 37-43.

Howard-Jones, Norman (1975), "The scientific background of the International Sanitary Conferences (1851-1938)", *History of International Public Health,* vol. 1, Organización Mundial de la Salud, Ginebra.

Lozano Cutanda, Blanca (2023), *Derecho Ambiental y Climático,* 1ª edición, Dykinson, Madrid.

Madronich, S.; Bernhard, G.H.; Neale, P.J.; Heikkilä, A.; Andersen, M.S.; Andrady, A.L.; Aucamp, P.J.; Bais, A.F.; Banaszak, A.T.; Barnes, P.J.; Bornman, J.F., (2024), "Continuing benefits of the Montreal Protocol and protection of the stratospheric ozone layer for human health and the environment", *Photochemical & Photobiological Sciences,* vol. 23, pp. 1087-1115. http://dx.doi.org/10.1007/s43630-024-00577-8.

Markel, Howard (2013), "WHO: Past, Present and Future - Worldly approaches to global health: 1851 to the present", *Public Health,* vol. 128, núm. 2, pp. 124-128.

Nishikawa, Grace; Hesselman, Marlies (2024), "Fukushima Nuclear Waste Water Disputes Continued: International Law in Japanese Court?", *EJIL Talk,* 16 de enero de 2024.

O'Rourke, E. (1992), "The international drinking water supply and sanitation decade: dogmatic means to a debatable end", *Water Science and Technology,* vol. 26, núms. 7-8. pp. 1929-1939. http://dx.doi.org/10.2166/wst.1992.0638.

Ognibene, L., (2007), "Dumping of Toxic Waste in Cote d'Ivoire-The International Framework" *Environmental Policy and Law,* vol. 37, núm. 1, pp. 31-34.

Peters, Anne (2021), *Animals in International Law,* Brill - Academia de Derecho Internacional de La Haya, La Haya. http://dx.doi.org/10.1163/9789004466258.

Pigrau i Solé, Antoni (2022), "Cambio climático y responsabilidad internacional del Estado", en Fernández Egea, Rosa María; Macía Morillo, Andrea (coords.), "El derecho en la encrucijada: Los retos y oportunidades que plantea el cambio climático", *Anuario de la Facultad de Derecho de la Universidad Autónoma de Madrid*, núm. 26, pp. 45-80.

Pons Rafols, Xavier (2020), "La COVID-19, la salud global y el Derecho internacional: una primera aproximación de carácter institucional", *Revista electrónica de estudios internacionales*, núm. 39. http://dx.doi.org/10.17103/reei.39.06.

Proust, Adrian (1873) *Essai sur l'Hygiène International et ses applications contre la pest, la fivre jaune et le cholera asiatique*", Masson Éditeur, Libraire de l'academie de Medecine. Paris.

Rodrigo Hernández, Ángel José (1998), "La aportación del asunto Gabcikovo-Nagymaros al Derecho internacional del medio ambiente", *Anuario Español de Derecho Internacional*, núm. 14, pp. 769-807. http://dx.doi.org/10.15581/010.14.28522.

Sigmond, Michael; Polvani, Lorenzo M.; Fyfe, J.C.; Smith, Cristopher; Cole, J.N.S.; England, Mark (2023), "Large contribution of ozone-depleting substances to global and Arctic warming in the late 20th century", *Geophysical Research Letters*, vol. 50, núm. 5, pp. 1-9. http://dx.doi.org/10.1029/2022GL100563.

Toebes, Brigit; Negri, Stefania; Ó Cathaoir, Katharina; Villarreal, Pedro A. (2024), "Editorial: The new Journal of Global Health Law: cracking the foundations of the field" *Journal of Global Health Law*, vol. 1, núm. 1, pp. 1-7.

Torrecuadrada García-Lozano, Soledad (2021) "Cooperación sanitaria internacional (OMS)", *Anuario de la Facultad de Derecho de la Universidad Autónoma de Madrid*, vol. 1, pp. 427-442.

5.2. Referencias normativas

5.2.1. Tratados internacionales

Constitución de la Organización Mundial de la Salud, Nueva York, 22 de julio de 1946, *BOE* núm. 116, de 15 de mayo de 1973.

Convención Americana de Derechos Humanos, San José, 22 de noviembre de 1969. *Serie sobre Tratados OEA* núm. 36 - Reg. ONU 27/08/1979 núm. 17955.

Convenio relativo a humedales de importancia internacional, especialmente como hábitat de aves acuáticas, Ramsar, 2 de febrero de 1971; *BOE*, núm. 199, de 20 de agosto de 1982.

Convenio para la Prevención de la Contaminación Marina Provocada por Vertidos desde Buques y Aeronaves, Oslo, 15 de febrero de 1972, *BOE* núm. 99, de 25 de abril de 1974.

Convenio sobre la prevención de la contaminación del mar por vertimiento de desechos y otras materias, Londres, 29 diciembre de 1972, *BOE* núm. 269, de 10 noviembre 1975), enmendado en 1996 por el Protocolo, de 8 de noviembre de 1996; BOE núm. 77, de 31 de marzo de 2006).

Convenio sobre el comercio internacional de especies amenazadas de fauna y flora silvestres (CITES); Washington, 3 de marzo de 1973; *BOE*, núm. 181, de 30 de julio de 1986. Enmendada en Bonn el 22 de junio de 1979 y Gaborone el 30 de abril de 1983.

Carta Social Europea (revisada), Estrasburgo, 3 de mayo de 1976, *BOE* núm. 139, de 11 de junio de 2021.

Convenio para la prevención de la contaminación marina de origen terrestre, París, 4 de junio de 1974, *BOE* núm. 18, de 21 de enero de 1981.

Convenio para la protección del mar Mediterráneo contra la contaminación y Protocolos anejos, Barcelona, 16 febrero de 1976, *BOE* núm.44, de 21 de febrero de 1978.

Convenio sobre contaminación atmosférica transfronteriza a gran distancia, Ginebra, 13 de noviembre de 1979; *BOE* núm. 59, de 10 de marzo de 1983.

Carta africana de Derechos Humanos y de los Pueblos, Banjul, 27 junio de 1981, OAU Doc. CAB/LEG/67/3 rev. 5, 21 I.L.M. 58 (1982).

Protocolo de Montreal, relativo a las sustancias que agotan la capa de ozono, Montreal, 16 de septiembre de 1987; *BOE* núm. 65, 17 de marzo de 1989.

Protocolo Adicional sobre derechos económicos, sociales y culturales, San Salvador, 17 de noviembre de 1988. *Serie sobre Tratados OEA* núm. 69.

Convenio de Basilea, sobre el control de los movimientos transfronterizos de los desechos peligrosos y su eliminación, 22 de marzo de 1989; BOE núm. 227, 22 de septiembre de 1994.

Convención sobre los Derechos del Niño, adoptada por la Asamblea General de las Naciones Unidas, 20 de noviembre de 1989, *BOE* núm. 313, de 31 de diciembre de 1990.

Convenio sobre evaluación de impacto ambiental en un contexto transfronterizo, Espoo, 25 de febrero de 1991; *BOE* núm. 261, 31 de octubre de 1997.

Bamako Convention on the Ban of the Import into Africa and the Control of Transboundary Movement and Management of Hazardous Wastes within Africa, 30 January 1991, *UNTS*, vol. 2101, p. 177.

Convenio sobre la Diversidad Biológica; Río de Janeiro, 5 de junio de 1992; *BOE*, núm. 27, de 1 de febrero de 1994.

Convención Marco de las Naciones Unidas sobre el Cambio Climático; Nueva York, 9 de mayo de 1992; *BOE*, núm. 27, de 1 de febrero de 1994.

Convenio OSPAR - Convenio para la Protección del Medio Ambiente Marino del Atlántico del Nordeste, París, 22 de septiembre de 1992; *BOE* núm. 150, de 24 de junio de 1998.

Acuerdo sobre la Aplicación de Medidas Sanitarias y Fitosanitarias, Marrakech, 15 de abril de 1994, OMC.

Convenio de Aarhus sobre acceso a la información, la participación del público en la toma de decisiones y el acceso a la justicia en materia de medio ambiente, Aarhus, 25 de junio de 1998; *BOE*, núm. 40, de 16 de febrero de 2005.

Convenio de Rotterdam de 1998 sobre el procedimiento del consentimiento fundamentado previo aplicable a ciertos plaguicidas y productos químicos peligrosos objeto de comercio internacional, Rotterdam, 10 de septiembre de 1998; *BOE* núm.73, de 25 de marzo de 2004.

Convenio de Estocolmo sobre contaminantes orgánicos persistentes, Estocolmo el 22 de mayo de 2001; *BOE* núm. 151, de 23 de junio de 2004.

Acuerdo de la ASEAN sobre la contaminación por neblina transfronteriza, Kuala Lumpur, Malaysia, 10 junio 2002.

Convenio de Minamata sobre el mercurio, Kumamoto, 10 de octubre de 2013; *BOE* núm. 25, de 29 de enero de 2022.

Acuerdo Regional sobre el Acceso a la Información, la Participación Pública y el Acceso a la Justicia en Asuntos Ambientales en América Latina y el Caribe, Escazú, 4 de marzo de 2018. CEPAL.

5.2.2. Otros actos normativos internacionales

AGNU (1948), Resolución 217 A (III), de 10 de diciembre de 1948, "Declaración Universal de los Derechos Humanos".

AGNU (1966), Resolución 220 A (XXI), de 16 de diciembre de 1966, "Pacto Internacional de Derechos Económicos, Sociales y Culturales".

AGNU (1990), Resolución 45/94, de 14 de diciembre de 1990, "Necesidad de asegurar un medio ambiente sano para el bienestar de las personas".

AGNU (2022) Resolución 76/300, de 28 de julio de 2022, "El derecho a un medio ambiente limpio, saludable y sostenible".

OEA (1902) Resoluciones de la Convención Sanitaria Internacional de las Repúblicas Americanas (Primera Conferencia Sanitaria Panamericana), adoptadas del 2-4 de diciembre de 1902, Washington (EEUU).

OEA (1905) Ordenanzas para el régimen sanitario de los Ayuntamientos de la República, Unión Internacional de las Repúblicas Americanas, Washington, Doc. CPS2/3.

NU (1972), Informe de la Conferencia de las Naciones Unidas sobre el Medio Humano Declaración de Estocolmo sobre el Medio Humano, Conferencia de las Naciones Unidas sobre el Medio Humano, Estocolmo, 5 a 16 de junio de 1972, Doc. A/CONF.48/14/Rev.1.

NU (1992), Informe de la Conferencia de Naciones Unidas sobre el Medio Ambiente y el Desarrollo, Declaración de Río sobre el Medio Ambiente y el Desarrollo, Conferencia de las Naciones Unidas sobre el Medio Ambiente y el Desarrollo, Río de Janeiro, 3-14 de junio de 1992, Doc. A/CONF.151/26/Rev.l (Vol. I).

UE (2024), Directiva (UE) 2024/2881 del Parlamento Europeo y del Consejo, de 23 de octubre de 2024, sobre la calidad del aire ambiente y a una atmósfera más limpia en Europa, *DOUE* núm. 2881, de 20 de noviembre de 2024.

5.2.3. Actos normativos nacionales

Alemania, Constitución del *Reich* alemán adoptada en Weimar el 11 de agosto de 1919. Traducción al castellano en Bühler, Ottmar; Jellinek, Walter; Mortati, Costantino (2010) *La Constitución de Weimar: Texto de la Constitución alemana de 11 de agosto de 1919*, Tecnos, Madrid.

España, Constitución Política de la Monarquía Española promulgada en Cádiz el 19 de marzo de 1812.

5.3. Referencias jurisprudenciales

5.3.1. Órganos jurisdiccionales internacionales

TA (1941), Trail smelter case. (United States, Canada). April 16, 1938, and March 11, 1941, *RIAA*, Vol. III, pp. 1905-1982

CIJ (1974), Nuclear Tests (Australia v. France), Judgment, ICJ Reports 1974, p. 253.

CIJ (2010), *Pulp Mills on the River Uruguay (Argentina v. Uruguay), Judgment, I.C.J. Reports 2010*, p. 14.

Corte IDH (2017), Medio ambiente y derechos humanos. Opinión Consultiva OC-23/17 de 15 de noviembre de 2017. Serie A No. 23.

Corte IDH (2020), *Comunidades Indígenas Miembros de la Asociación Lhaka Honhat (Nuestra Tierra) vs. Argentina*, Sentencia de 6 de febrero de 2020. Serie C No. 400.

Corte IDH (2023), *Caso Habitantes de La Oroya vs. Perú. Excepciones Preliminares, Fondo, Reparaciones y Costas*. Sentencia de 27 de noviembre de 2023. Serie C No. 511.

OMC (1998a), *Comunidades Europeas - Medidas relativas a la carne y los productos cárnicos (hormonas)*, WT/DS26/AB/R, WT/DS48/AB/R, de 13 de febrero de 1998.

OMC (1998b), *Estados Unidos - Camarones*, Informe del Órgano de Apelación, WT/DS58/AB/R, 12 de octubre de 1998.

OMC (2001), *Comunidad Europea - Medidas que afectan al amianto y los productos que contienen amianto*, Informe del Órgano de Apelación, WT/DS135/AB/R, 5 de abril de 2001.

OMC (2006), Informes del Grupo Especial, *Comunidades Europeas - Medidas que afectan a la aprobación y comercialización de productos biotecnológicos*, WT/DS291/R, WT/DS292/R, WT/DS293/R, 21 de noviembre de 2006.

OMC (2007), *Brasil - Medidas que afectan a las importaciones de neumáticos recauchutados*, Informe del Grupo Especial, WT/DS332/AB/R, de 3 de diciembre de 2007.

OMC (2012), *Estados Unidos - Atún II (México)*, Informe del Órgano de Apelación, WT/DS381/AB/R, 16 de mayo de 2012.

TEDH (1994), *López Ostra c. España*, núm. 16798/90, 1994.

TEDH (1998), *Guerra y otros c. Italia* (GS), núm. 14967/89, 1998.

TEDH (2003), *Hatton y otros c. Reino Unido* (GS), núm. 36022/97, 2003.

TEDH (2005), *Fadeyeva c. Rusia*, núm. 55723/00, 2005.

TEDH (2010), *Atanasov c. Bulgaria*, núm. 12853/03, 2010.

TEDH (2012a), *Di Sarno y otros c. Italia*, núm. 30765/08, 2012.

TEDH (2012b), *Hardy & Maile c. Reino Unido*, núm. 31965/07, 2012.

TEDH (2019), *Cordella y otros c. Italia*, núms. 54414/13 y 54264/15, 2019.

TEDH (2023), *Locascia y otros c. Italia*, núm. 35648/10, 2023.

TEDH (2024), *Verein Klimaseniorinnen y otros c. Suiza* (GS), núm. 53600/20, 2024.

TJUE (1998), Sentencia de 5 de mayo de 1998, *Reino Unido c. Comisión de las Comunidades Europeas*, C-157/96 y C-180/96, ECLI:EU:C:1998:192.

5.3.2. Otros órganos internacionales de control

CEDS (2006), *Marangopoulos Foundation for Human Rights (MFHR) c. Grecia*. Decisión sobre el fondo de 6 de diciembre de 2006. Queja núm. 30/2005.

NU (2018) Informe del Relator Especial sobre las obligaciones de derechos humanos relacionadas con el disfrute de un medio ambiente seguro, limpio, saludable y sostenible, de 19 de julio de 2018, A/73/188.

5.4. Referencias documentales

CDB (2010), Decisión X/2, "Plan Estratégico para la Diversidad Biológica 2011-2020 y las Metas de Aichi para la Diversidad Biológica" adoptado en la 10ª Reunión del Convenio sobre Diversidad Biológica, 18-29 octubre 2010, Nagoya (Japón).

CDH (2021) Propuesta de Resolución "El derecho a un medio ambiente limpio, saludable y sostenible", de 28 de octubre de 2021, Doc. A/76/53/Add.1.

CDI (2021), "Proyecto de directrices sobre la protección de la atmósfera", Informe de la CDI, 72º período de sesiones, Doc, A/76/10, Nueva York, 2021, pp. 10-12

CITES (2022), Borrador de Decisión CITES CoP19 Com. II. 6 "Role of CITES in reducing risk of future zoonotic disease emergence associated with international wildlife trade", adoptada en la 9ª Reunión de la Convención CITES en Panamá, 14-25 noviembre 2022.

CDH (2020) Right to a healthy environment: good practices, Doc. A/HRC/43/53, 30 de diciembre de 2019.

CDI (2021) Proyecto de directrices sobre la protección de la atmósfera, aprobados por la Comisión de Derecho Internacional en segunda lectura, 2021; en Informe de la CDI, 72º período de sesiones, del 26 de abril al 4 de junio y del 5 de julio al 6 de agosto de 2021, Nueva York, Doc, A/76/10.

Comité DESC (2000) Observación General núm. 14: El derecho al disfrute del más alto de nivel posible de salud (artículo 12 del Pacto Internacional de Derechos Económicos, Sociales y Culturales), Comité de Derechos Económicos, Sociales y Culturales.

Comisión Europea (2000) "El recurso al principio de precaución", COM (2000) 1 final, de 2 de febrero de 2000.

FAO, PNUMA, OMS, OMSA (2022) One Health Joint Plan of Action (2022-2026). Working together for the health of humans, animals, plants and the environment.

FAO/OMS (1949) Joint FAO/WHO Expert Committee on Nutrition, Report of the first session. *WHO Technical Report Series* vol. 16.

FAO/OMS (2001) Código de prácticas sobre medidas aplicables en el origen para reducir la contaminación de los alimentos con sustancias químicas, *Codex Alimentarius.*

FAO/OMS (2023) Norma general para los contaminantes y las toxinas presentes en los alimentos y piensos, *Codex Alimentarius.*

IPCC (2007) Climate Change 2007: Impacts, Adaptation and Vulnerability. Contribution of Working Group II to the Fourth Assessment, Informe del Panel Intergubernamental sobre Cambio Cliimático, Cambridge University Press, Cambridge.

IPCC (2022) Climate Change 2022: Impacts, Adaptation and Vulnerability. Contribution of Working Group II to the Sixth Assessment, Informe del Panel Intergubernamental sobre Cambio Climático, Cambridge University Press, Cambridge.

Ministry of Environment and Natural Resources (2016) Kenya National Adaptation Plan: 2015-2030, Ministerio de Medio Ambiente y Recursos Naturales, Gobierno de Kenia, Nairobi.

Ministry of Health & Family Welfare (2018) National Action Plan for Climate Change & Human Health, Ministerio de Salud y Bienestar Familiar, Gobierno de la India, Nueva Delhi.

MITECO (2020) Plan Nacional de Adaptación al Cambio Climático 2021-2030 (PNACC), Ministerio para Transición Ecológica y el Reto Demográfico, Gobierno de España. Catálogo de Publicaciones de la Administración General del Estado, Madrid.

OIEA (1978) The Definition Required by Annex I, Paragraph 6 to the Convention, and the Recommendations Required by Annex II, Section D, Agencia Internacional de la Energía Atómica, Doc. NFCIRC/205/Add.1/Rev.1 (1978).

OMM (2022) Scientific Assessment of Ozone Depletion: 2022, *GAW Report núm. 278.*

OMS (1992) The International Drinking Water Supply and Sanitation: end of decade review (⊠as at December 1990).

OMS (1999) World Health Report 1999: Making a difference.

OMS (2002) World Health Report 2002: Reducing Risks, Promoting Healthy Life.

OMS (2006) Preventing disease through healthy environments: Towards an estimate of the environmental burden of disease.

OMS (2014) Repercusiones de la exposición al mercurio y a los compuestos mercuriales en la salud pública: la función de la OMS y de los ministerios de salud pública en la aplicación del Convenio de Minamata, aprobadas en la 67.ª Asamblea Mundial de la Salud el 24 de mayo de 2014, Organización Mundial de la Salud, Ginebra.

OMS (2015). Resolución WHA 68.8. Salud y medio ambiente: impacto sanitario de la contaminación del aire, aprobadas en la 68.ª Asamblea Mundial de la Salud del 18 al 26 de mayo de 2015, Organización Mundial de la Salud, Ginebra.

OMS (2016) Preventing disease through healthy environments A global assessment of the burden of disease from environmental risks.

OMS (2020) WHO global strategy on health, environment and climate change: the transformation needed to improve lives and well-being sustainably through healthy environments" aprobada en la 72ª Asamblea Mundial de la Salud en mayo de 2019, Organización Mundial de la Salud, Ginebra.

OMS (2021a) Health promotion glossary of terms 2021.

OMS (2021b) Directrices mundiales de la OMS sobre la calidad del aire.

OMS (2021c) COP26 special report on climate change and health: the health argument for climate action.

OMS (2022) Final Terms of Reference of the Alliance for Transformative Action on Climate and Health (ATACH).

OMS (2024) COP29 special report on climate change and health: Health is the argument for climate action.

OMS/UNICEF (1978) Declaración de Alma Ata sobre Atención Primaria de Salud. Conferencia Internacional sobre Atención Primaria de Salud co-patrocinada por la Organización Mundial para la Salud y Fondo de Naciones Unidas para la Infancia, celebrada del 6 al 12 de septiembre de 1978 en Alma Ata (URSS).

OMS/UNICEF (1992) Water Supply and Sanitation Sector Monitoring Report 1990 (Baseline Year), Consejo Colaborativo de Abastecimiento de Agua y Saneamiento, Organización Mundial de la Salud, Fondo de las Naciones Unidas para la Infancia, Ginebra.

OMS/UNICEF (2022) Progresos en materia de agua para consumo, saneamiento e higiene en los hogares (2000-2020), Programa conjunto de Monitoreo del Abastecimiento del Agua, el saneamiento y la higiene, Organización Mundial de la Salud, Fondo de las Naciones Unidas para la Infancia, Ginebra.

PNUMA (1985) Cairo Guidelines and Principles for the Environmentally Sound Management of Hazardous Wastes, aprobadas por el Consejo de Gobierno del PNUMA el 17 de junio de 1987, Programa de Naciones Unidas para el Medio Ambiente, Nairobi.

PNUMA (1987) Informe de la Comisión Mundial sobre el Medio Ambiente y el Desarrollo: Nuestro futuro común, nota del Director Ejecutivo, de 14 de abril de 1987. UNEP/GC/14/13.

Ramsar (2008), Resolución Ramsar X.23 "Humedales y salud y bienestar humanos" adoptada en la 10ª Reunión de la Convención Ramsar, 28 de octubre al 4 de noviembre de 2008, Changwon.

Capítulo 23

BIOTECNOLOGÍA Y MEDIO AMBIENTE

BELÉN SÁNCHEZ RAMOS[1]

1. INTRODUCCIÓN

En este capítulo estudiaremos como el Derecho Internacional del Medio Ambiente (DIMA) ha respondido a los retos que plantea el desarrollo de la biotecnología moderna. Si bien es cierto que la biotecnología puede contribuir a la conservación de la diversidad biológica, también puede generar el efecto contrario, es decir, producir efectos adversos sobre ésta. Es desde esa perspectiva, la de la bioseguridad, desde la que abordaremos el estudio de los principales instrumentos jurídicos internacionales en la materia. Para ello, en el primer apartado analizaremos tres instrumentos jurídicos: el Convenio sobre la Diversidad Biológica, el Protocolo de Cartagena sobre Bioseguridad y el Protocolo de Nagoya-Kuala Lumpur sobre responsabilidad y compensación. En el segundo apartado nos acercaremos al acceso a los recursos genéticos y la transferencia de tecnología de la mano del Convenio sobre Diversidad Biológica y el Protocolo de Nagoya sobre acceso a los recursos genéticos, en la medida en la que la utilización de dichos recursos es imprescindible para el desarrollo de la biotecnología.

2. BIOTECNOLOGÍA, BIOSEGURIDAD Y RESPONSABILIDAD

En este apartado abordaremos las principales cuestiones que plantea el desarrollo de la biotecnología: desde la propia noción de biotecnología a las cuestiones de bioseguridad, esto es, cómo abordar los riesgos que puede comportar el movimiento transfronterizo de organismos vivos modificados (OVMs), para, finalmente, abordar las cuestiones de responsabilidad.

---

[1] Profesora Titular de Derecho Internacional Público y Relaciones Internacionales en la Universidad de Vigo (bsanchez@uvigo.gal). Todas las páginas webs mencionadas en este estudio han sido consultadas el 17 de noviembre de 2024. ORCID: https://orcid.org/0000-0002-5737-8464.

2.1. *El Convenio sobre la Diversidad Biológica*

El Convenio sobre la Diversidad Biológica (CDB) es el primer instrumento jurídico internacional que aborda, aunque tímidamente, algunas cuestiones relativas a la gestión de la biotecnología[2] estrechamente vinculadas a los tres objetivos del Convenio esto es, la conservación de la diversidad biológica[3], la utilización sostenible de sus componentes (art. 10), y la participación justa y equitativa en los beneficios que se deriven de su utilización (Redwell 2005, p. 551). A pesar de la adopción del Protocolo de Cartagena sobre Seguridad de la Biotecnología (PC), las disposiciones del CDB no han perdido interés debido no sólo al carácter complementario del Protocolo, sino también porque el CDB, con una participación cuasi-universal[4], configura el paquete —aunque mínimo— de obligaciones en este marco desde la perspectiva internacional (Beck 2022, p. 205). Son básicamente dos las disposiciones que se consagran a la gestión de la biotecnología, el art. 8.g) y el art. 19, que pasamos a analizar brevemente.

2.1.1. Conservación in situ y bioseguridad

El art. 8, que aborda la conservación in situ de los ecosistemas y hábitats naturales, dispone en su apartado g) que las Partes contratantes establecerán o mantendrán

> "medios para regular, administrar o controlar los riesgos derivados de la utilización y liberación de organismos vivos modificados como resultado de la biotecnología que es probable que tengan repercusiones ambientales adversas que puedan afectar a la conservación y utilización sostenible de la diversidad biológica, tendiendo también en cuenta los riesgos para la salud humana".

Lo primero que cabe apuntar es que, ni la citada disposición ni ninguna otra del CDB ofrece una definición de OVM (Glowka *et al.* 1994, p. 45; Eritja 2019b, p.

---

2 En este sentido hay que destacar que la Conferencia de Naciones Unidas sobre medio ambiente y desarrollo de 1992 ha constituido un paso fundamental en la interacción entre el Derecho Internacional y la biotecnología por dos motivos fundamentales: la adopción de la Declaración sobre el medio ambiente y desarrollo, de 14 de junio de 1992, dado que muchos de sus principios son fundamentales a la hora de abordar las cuestiones sobre seguridad, así como porque el Programa de Acción o Agenda 21 consagra el capítulo 16.1 a la biotecnología, concretamente a "la gestión ecológicamente racional de la biotecnología", estableciendo que la biotecnología moderna puede contribuir a la mejora de la seguridad alimentaria, la salud y la protección del medio ambiente.

3 El CDB aborda tanto la conservación *in situ* como *ex situ*, tal y como se establece en sus arts. 10 y 11.

4 El CDB cuenta con 196 Partes (195 Estados —entre los que se encuentra España—, y una Organización Internacional, la Unión Europea).

708). Sin embargo, el art. 2 sí nos ofrece una definición de biotecnología como toda aplicación tecnológica que utilice sistemas biológicos y organismos vivos o sus derivados para la creación o modificación de productos o procesos para usos específicos. Consecuentemente su ámbito de aplicación comprende todos los OVMs, mientras que el PC se circunscribe, exclusivamente, a aquellos OVMs que se deriven de la biotecnología moderna— tal y como veremos—. En segundo lugar, en consonancia con el art. 4 CDB, su ámbito jurisdiccional no se limita a los riesgos que se puedan producir en las zonas situadas bajo jurisdicción nacional de un Estado Parte, sino también a las zonas fuera de su jurisdicción, siempre y cuando las actividades se hayan desarrollado en zonas bajo su jurisdicción o control. En tercer lugar, estamos ante una disposición que tiene una dimensión interna, en tanto en cuanto, se refiere a actividades —utilización y liberación— que se producen en zonas que se encuentran bajo la jurisdicción de un Estado Parte. En cuarto lugar, no estamos ante una obligación taxativa, sino que, al igual que ocurre en otros Tratados ambientales, las medidas sólo se adoptarán "en la medida de lo posible". En quinto y último lugar, se articula en torno al principio de precaución (Herdegen 2023, pp. 113-117), por lo que, para poder determinar esos posibles efectos adversos es imprescindible arbitrar procedimientos para evaluar el impacto ambiental de las actividades desarrolladas bajo zonas de su jurisdicción o control[5].

2.1.2. Gestión de la biotecnología

El art. 19 aborda tres cuestiones vinculadas a la gestión de la biotecnología: 1) la participación en actividades de biotecnología y la participación en los beneficios por parte de aquellos Estados que hayan aportado recursos genéticos (art. 19.1 y 2); 2) la adopción, en su caso, de un Protocolo sobre bioseguridad (art. 19.3); y 3) el movimiento transfronterizo de OVMs entre las Partes en el CDB (art. 19.4). Dado que las dos primeras cuestiones serán objeto de análisis en los siguientes epígrafes, nos centraremos, brevemente, en la tercera de las cuestiones, esto es, el movimiento transfronterizo de OVMs. Conforme al art. 19.4, dicho movimiento transfronterizo gravita en torno a la obligación de información, esto es, cuando una Parte Contratante o una persona natural o jurídica que se encuentre bajo su jurisdicción quiera proporcionar un OVM a otra parte, deberá transmitir información tanto sobre todas las medidas internas que haya adoptado la Parte exportadora, como sobre los posibles efectos adversos que puede generar ese OVM. De esta disposición se infiere que, dado que la informa-

---

5 En este sentido, el art. 14 CDB no sólo se refiere a las evaluaciones de impacto ambiental, sino que también establece la necesidad de que las Partes intercambien información y notifiquen cualquier peligro inminente que pueda generar efectos adversos en otros Estados.

ción debe remitirse antes de que se produzca el movimiento transfronterizo, la Parte importadora podría, tras el análisis de la información recibida, rechazar la importación de ese OVM (Glowka *et al.* 1994, pp. 97-99).

2.2. El Protocolo de Cartagena sobre Seguridad de la Biotecnología

Como hemos apuntado, el CDB preveía que las Partes estudiarían la necesidad y modalidades de un Protocolo que estableciese procedimientos adecuados, incluido, en particular, el consentimiento informado previo, en la esfera de la transferencia, manipulación y utilización de cualesquiera organismos vivos modificados resultantes de la biotecnología que pudiesen tener efectos adversos para la conservación y utilización sostenible de la diversidad biológica (art. 19.3). En este sentido, en la primera reunión de la Conferencia de las Partes (CoP) del CDB se creó un Grupo de Expertos encargados de examinar la necesidad y las modalidades de un Protocolo sobre Bioseguridad (CDB 1994). Posteriormente, la CoP, en su segunda reunión, tras analizar el informe presentado por el Grupo de Expertos, decidió iniciar un proceso de negociación que finalizaría con la adopción, el 29 de enero de 2000 (CDB 1995)[6], del PC sobre Seguridad de la Biotecnología, que entraría en vigor el 11 de septiembre de 2003[7] (Pythoud y Thomas 2002).

Antes de analizar las principales cuestiones que plantea el PC, cabe destacar tres características esenciales: 1) es el único instrumento jurídico internacional que se circunscribe básicamente[8], al movimiento transfronterizo —ya sea deliberado o involuntario—, manipulación y utilización de organismos vivos modificados (OVMs) resultantes de la biología moderna que pueda tener efectos adversos tanto para la conservación y utilización sostenible de la diversidad biológica como para la salud humana (art. 1). Así, partiendo de la idea de que el movimiento transfronterizo de OVMs puede producir efectos negativos sobre el medio ambiente y la salud humana, se articulan una serie de mecanismos con los que se pretende conciliar dos intereses en presencia: los de los países productores de OVMs y la protección del medio ambiente; 2) se articula en torno al principio o

---

6 El Grupo celebró seis reuniones entre 1996 y 1999, presentando en su última reunión un Proyecto de Protocolo para su consideración por la Conferencia de las Partes en una reunión extraordinaria que se celebraría en Cartagena de Indias en 1999 (CDB 1999). Si bien dicha reunión finalizó sin éxito, al año siguiente se celebraría una segunda reunión que finalizaría con la adopción del Protocolo (CDB 2000).

7 El Protocolo cuenta actualmente con 173 Partes (172 Estados más la Unión Europea).

8 En este sentido, el Protocolo también contiene disposiciones, como el art. 6, relativas al tránsito o uso confinado de OVMs en el territorio de un Estado Parte.

enfoque de precaución[9] (Francioni 2006, pp. 18-19), tal y como se establece tanto en el preámbulo como en su artículo primero, y se refleja en el "lenguaje precautorio" de su articulado, con expresiones tales como "que puedan tener efectos adversos", así como en las múltiples referencias a la falta de conocimiento, consenso o certeza científica[10] (Mackenzie *et al.* 2004, pp. 15-16); 3) su complejidad, derivada tanto de su ámbito de aplicación, de la diversidad de procedimientos aplicables dependiendo del tipo de OVM, así como de la constante remisión a las disposiciones internas de las Partes, dado que el PC diseña procedimientos que deben ser implementados en el orden interno en consonancia con las disposiciones del PC[11]. Además, dichas disposiciones internas pueden establecer medidas más restrictivas que éste con la finalidad de proteger la conservación y la utilización sostenible de la diversidad biológica tal y como se establece en el art. 2.4.

---

9 El Principio 15 de la Declaración de Río de Janeiro sobre Medio Ambiente y Desarrollo (NU 1992) establece expresamente que "con el fin de proteger el medio ambiente, los Estados deberán aplicar ampliamente el criterio de precaución conforme a sus capacidades. Cuando haya peligro de daño grave o irreversible, la falta de certeza científica absoluta no deberá utilizarse como razón para postergar la adopción de medidas eficaces en función de los costos para impedir la degradación del medio ambiente".

10 Véanse, por ejemplo, arts. 7, 10.6, 11.8 o 15.1 del PC, entre otros.

11 En este sentido, el PC pretende armonizar las disposiciones internas de las Partes. A título de ejemplo cabe mencionar que en España se ha adoptado la Ley 9/2003, de 25 de abril, por la que se establece el régimen jurídico de la utilización confinada, liberación voluntaria y comercialización de organismos modificados genéticamente y el Real Decreto 178/2004, de 30 de enero, por el que se aprueba el Reglamento General para el desarrollo y ejecución de la Ley 9/2003, el cual ha sido modificado posteriormente por Real Decreto 191/2013, de 15 de marzo, por Real Decreto 452/2019, de 19 de marzo y por Real Decreto 406/2021, de 8 de junio. Por su parte, la Unión Europea ha ido adoptando una auténtica batería de instrumentos jurídicos entre los que cabe apuntar el Reglamento (CE) 1946/2003 relativo al movimiento transfronterizo de organismos modificados genéticamente (UE 2003a); la Directiva 2001/18/CE sobre la liberación intencional de OMG en el medio ambiente (UE 2001); el Reglamento (CE) 1829/2003 sobre alimentos y piensos modificados genéticamente (UE 2003b); el Reglamento (CE) 1830/2003 sobre la trazabilidad y el etiquetado de organismos modificados genéticamente y la trazabilidad de alimentos y piensos producidos a partir de organismos modificados genéticamente (UE 2003c); el Reglamento (CE) 1946/2003 sobre movimientos transfronterizos de organismos modificados genéticamente (UE 2003d); el Reglamento (CE) 641/2004 sobre las normas de desarrollo del Reglamento (CE) 1829/2003 relativo a la solicitud de autorización de nuevos alimentos y piensos modificados genéticamente, la notificación de productos existentes y la presencia accidental o técnicamente inevitable de material modificado genéticamente cuya evaluación de riesgo haya sido favorable (UE 2004); Directiva 2009/41/CE relativa a la utilización confinada de microorganismos modificados genéticamente (UE 2009); Directiva (UE) 2015/412 por la que se modifica la Directiva 2001/18/CE en lo que respecta a la posibilidad de que los Estados miembros restrinjan o prohíban el cultivo de organismos modificados genéticamente en su territorio (UE 2015); Directiva (UE) 2018/350 de la Comisión por la que se modifica la Directiva 2001/18/CE en lo que respecta a la evaluación del riesgo para el medio ambiente de los organismos modificados genéticamente (UE 2018).

Por otra parte, también cabe destacar, con carácter general, sus dos principales limitaciones: 1) algunos de los Estados más importantes en el desarrollo de la biotecnología moderna como Estados Unidos, Canadá o Australia no han ratificado el PC; 2) quedan excluidos de su ámbito de aplicación los productos finales derivados de OVMs pero que no contienen ni constituyen un OVM (Murphy 2011, p. 77), esto es, productos alimentarios que hayan pasado por un proceso de industrialización, como por ejemplo, galletas elaboradas a partir de semillas modificadas genéticamente.

Realizaremos ahora un recorrido por los principales elementos del PC.

2.2.1. Ámbito de aplicación

Estamos ante uno de los elementos más relevantes y a la vez más complejos. El art. 4 establece que el PC se aplicará "al movimiento transfronterizo, el tránsito, la manipulación y la utilización de todos los organismos vivos modificados que puedan tener efectos adversos para la conservación y la utilización sostenible de la diversidad biológica, teniendo también en cuenta los riesgos para la salud humana". Esta disposición, que debe ser analizada junto con los arts. 3, 5 y 6, determina tanto el objeto como las actividades a las que es aplicable (Beck 2022, pp. 133-158; Mackenzie *et al.* 2004, p. 59).

En cuanto al objeto, el PC se circunscribe a los "organismos vivos modificados que puedan tener efectos adversos para la conservación y la utilización sostenible de la diversidad biológica, teniendo también en cuenta los riesgos para la salud humana" (art. 4). Por tanto, la primera cuestión que se plantea es qué debe entenderse por OVM. En este sentido, de una lectura conjunta de los parágrafos g), h) e i) del art. 3, se infiere que un OVM es cualquier organismo vivo que posea una combinación nueva de material genético que se haya obtenido mediante la aplicación bien de técnicas in vitro de ácido nucleico, incluidos el ácido desoxirribonucleico (ADN) recombinante y la inyección directa de ácido nucleico en células u orgánulos, o bien la fusión de células más allá de la familia taxonómica, que superan las barreras fisiológicas naturales de la reproducción o de la recombinación y que no son técnicas utilizadas en la reproducción y selección tradicional[12]. Consecuentemente, para que un organismo sea considerado un OVM, deben cumplirse dos presupuestos, esto es, que sea un organismo vivo y que las

---

[12] Por tanto, un OVM es un organismo vivo que contiene una combinación nueva de material genético obtenido mediante la aplicación de la biotecnología moderna. Las técnicas de biotecnología moderna incluyen, entre otras, técnicas in vitro de ADN y ARN para modificar material genético (por ejemplo, por inserción, modificación o supresión de genes u otras secuencias de ácido nucleico) en todo tipo de organismos, tales como plantas, animales, microbios y virus.

técnicas utilizadas en su desarrollo superen las barreras fisiológicas naturales de la reproducción o de la recombinación[13]. Por tanto, quedan fuera de su ámbito de aplicación tanto los OVMs derivados de la biotecnología tradicional, como los productos finales derivados de OVM pero que no contienen ni constituyen un OVM —como ya hemos apuntado—. Sin embargo, sí entrarían en su ámbito de aplicación —y en el de la CDB— los OVMs[14] producidos por medio de biología sintética, considerada ésta como "un nuevo avance y una nueva dimensión de la biotecnología moderna que combina la ciencia, la tecnología y la ingeniería para facilitar y acelerar la comprensión, el diseño, el rediseño, la fabricación y la modificación de materiales genéticos, organismos vivos y sistemas biológicos" (CDB 2016a)[15].

Por otra parte, conforme al art. 4[16], el PC se aplica a aquellos OVMs "que puedan tener efectos adversos para la conservación y la utilización sostenible de la diversidad biológica, teniendo también en cuenta los riesgos para la salud humana". La expresión "que puedan tener efectos adversos" —ejemplo de la aplicación del principio de precaución—, podría llevar a pensar que no todos los OVMs entran en su ámbito de aplicación, en la medida en que se limitaría a aquellos que cumplan dicho requisito. Sin embargo, el PC no contiene ningún listado de OVMs que no producen efectos adversos, lo que implica, por tanto, que todos los OVMs entran dentro de su ámbito de aplicación, siendo la Parte importadora, la que, a través de un análisis "caso por caso", tendrá que determinar los efectos que un determinado OVM pueda tener sobre el medio ambiente y la salud humana. En este sentido, el art. 7.4 establece expresamente que cabría excluir de la aplicación de algunas disposiciones del PC aquellos OVMs "incluidos en una decisión adoptada por la Conferencia de las Partes en la que se declare que no es probable que tengan efectos adversos para la conservación y la utilización sostenible de la diversidad biológica, teniendo también en cuenta

---

13 El desarrollo de OVM mediante la aplicación de la biotecnología moderna es muy relevante en la agricultura. Así, los OVMs que más se cultivan actualmente son variedades vivas modificadas de canola, maíz, algodón y soja. Estas variedades han sido modificadas con distintas finalidades, tales como el desarrollo de tolerancia a herbicidas, la resistencia a insectos, un aumento del rendimiento o para acelerar el ritmo de crecimiento. Además, también existen animales vivos modificados creados con fines comerciales o farmacéuticos.

14 Entendemos el término OVMs en los términos del PC, es decir, que el OVM desarrollado con técnicas de biología sintética contenga un organismo vivo.

15 Asimismo, el Órgano Subsidiario de Asesoramiento Científico, Técnico y Tecnológico concluía, en el año 2018, que "la mayoría de los organismos vivos ya desarrollados o que están en fase de desarrollo mediante técnicas de biología sintética, incluidos los organismos que contienen genes dirigidos modificados, están comprendidos en la definición de OVM del Protocolo de Cartagena" (CDB 2018, párr. 28).

16 Expresión que también encontramos en el art. 1 PC.

los riesgos para la salud humana". Hasta el momento, la CoP no ha adoptado ninguna decisión en este sentido.

Como hemos apuntado, el art. 4 determina no sólo el objeto, sino también las actividades a las que son aplicables las disposiciones del PC. En este sentido, éste se circunscribe al movimiento transfronterizo, tránsito, manipulación y utilización de OVMs.

En cuanto al movimiento transfronterizo, éste se define como el movimiento de un OVM entre las Partes del PC (art. 3.k). Como veremos, la mayor parte de las disposiciones del PC regulan el movimiento transfronterizo intencional de OVMs destinados a la introducción deliberada en el medio ambiente de la Parte importadora, si bien, también se regulan tanto los movimientos transfronterizos involuntarios como los no intencionales (art. 17), así como los movimientos transfronterizos de OVMs entre Partes y Estados no Partes en el PC (art. 24). En esta línea, cabe destacar que el PC establece dos importantes excepciones en cuanto a su aplicación a los movimientos transfronterizos de OVMs intencionales. La primera se refiere al movimiento transfronterizo de OVMs que son productos farmacéuticos destinados a seres humanos, dado que, en la medida en la que dichos movimientos transfronterizos estén contemplados en otros acuerdos u organizaciones internacionales pertinentes, no les serán de aplicación las disposiciones del PC (art. 5). Consecuentemente, no todos los productos farmacéuticos quedan al "margen" de las disposiciones del PC relativas a los movimientos transfronterizos, dado que éste será aplicable a los movimientos transfronterizos de productos farmacéuticos con fines veterinarios, a los OVMs que son utilizados como materia prima para la producción de productos farmacéuticos destinados a los seres humanos, así como aquellos que no se encuentran al abrigo de ningún acuerdo u organización internacional. La segunda excepción se circunscribe, tal y como se establece en el art. 14, a los movimientos transfronterizos internacionales de OVMs que realicen al abrigo de acuerdos y arreglos bilaterales, regionales o multilaterales, si bien, para que opere dicha excepción los citados arreglos o acuerdos deben cumplir dos requisitos: ser compatibles con el objetivo del PC y no establecer una reducción del nivel de protección establecido en el PC.

En cuanto al resto de actividades —tránsito, manipulación y utilización de OVM—, el PC sólo define un tipo de utilización, el uso confinado, entendiendo por tal "cualquier operación, llevada a cabo dentro de un local, instalación u otra estructura física, que entrañe la manipulación de OVMs controlados por medidas específicas que limiten de forma efectiva su contacto con el medio exterior o sus efectos sobre dicho medio". Por otra parte, si bien no ofrece una definición de tránsito, del art. 6 cabe inferir que hace referencia al traslado de un OVM por el territorio de uno o varias Partes en el PC. En los siguientes epígrafes, analizaremos las especificidades del Protocolo relativas a estas actividades.

2.2.2. Procedimiento de acuerdo fundamentado previo

Este procedimiento, que se caracteriza por su complejidad, se regula en los arts. 7 a 10 y 12 (Mackenzie *et al.* 2004, pp. 17-19; Beck 2022, pp. 159-161; Bachmann Fuentes 2023, pp. 147-152). Lo primero que cabe destacar es que el procedimiento de acuerdo fundamentado previo (AFP) no se aplica ni a todos los OVMs ni a todas las actividades que hemos analizado en el epígrafe anterior. Así, tal y como se establece en el art. 7, sólo se aplica al primer movimiento transfronterizo intencional de OVMs destinados a la introducción deliberada en el medio ambiente de la Parte importadora, como, por ejemplo, el cultivo de OVMs agrícolas a escala comercial[17]. Queda, por tanto, al margen de este procedimiento, el movimiento transfronterizo de OVMs para uso directo como alimento humano o animal o para procesamiento (art. 7.2), para los que el art. 11 ha diseñado un procedimiento específico. Asimismo, también están excluidos del procedimiento de AFP: el movimiento transfronterizo intencional de OVMs incluidos en una decisión adoptada por la CoP en la que se declare que no es probable que tengan efectos adversos para la conservación y utilización sostenible de la diversidad biológica, así como la salud humana (art. 7.4); los movimientos transfronterizos intencionales de OVMs regulados en acuerdos y arreglos de carácter bilateral, regional o multilaterales[18]; los OVMs en tránsito (art. 6.1)[19], así como a los destinados al uso confinado en el país de importación (art. 6.2), si bien en este último supuesto, la exclusión sólo opera si se cumplen las condiciones establecidas en el art. 6.2, esto es, que el movimiento transfronterizo de OVMs se realice de conformidad con las disposiciones internas de la parte importadora (Pérez Salom 2002, pp. 309-310).

Este procedimiento, cuyo objetivo principal es impedir que se libere intencionalmente en la Parte importadora un OVM sin su autorización previa, y que, en último término, tiene repercusiones en el comercio internacional de estos OVMs, se desarrolla en tres fases: notificación, acuse de recibo y adopción de decisiones.

En cuanto a la primera fase, antes de que se produzca el primer movimiento transfronterizo intencional de un OVM destinado a la introducción deliberada en el medio ambiente de la Parte importadora, bien la Parte de exportación bien el exportador —generalmente una entidad privada—[20], deben notificarlo por

[17] Los OVMs que más se cultivan son variedades de canola, maíz, algodón y soja.

[18] Excepción, que como hemos apuntado en el epígrafe anterior, se recoge en el art. 14 PC.

[19] En todo caso, nada impide que las Partes adopten medidas internas relativas al tránsito de OVMs por su territorio.

[20] Esto es, cualquier persona física o empresa que se encuentre bajo la jurisdicción de una Parte del PC. En este sentido, el art. 3 establece que por exportador se entiende cualquier persona

escrito a la autoridad competente de la Parte importadora[21]. Esa notificación debe contener la información establecida en el Anexo I del PC[22], información que puede ser confidencial a petición del exportador siempre y cuando se determinen las razones que justifiquen este tratamiento (art. 2). En todo caso, la finalidad de la notificación es que la Parte importadora conozca con detalle toda la información relativa a las características de ese OVM para poder adoptar una decisión sobre la viabilidad o no dicho movimiento transfronterizo al abrigo del principio de precaución.

En la segunda fase, la Parte importadora deberá acusar recibo por escrito de la notificación al notificador en un plazo de noventa días[23], si bien la ausencia de acuse de recibo no debe interpretarse como el consentimiento de ésta a un movimiento transfronterizo intencional.

Además, la Parte importadora debe informar al notificador si se seguirá el procedimiento establecido en el PC, en la legislación interna de la Parte importadora (art. 9.2.c) y 9.3) —que puede ser más restrictiva que el procedimiento diseñado en el PC (art. 2.4)—; si se han adoptado procedimientos simplificados[24], o si dicho movimiento transfronterizo de OVMs está regulado en acuerdos

física o jurídica sujeta a la jurisdicción de la Parte de importación que organice la exportación de un organismo vivo modificado.

21 El art. 19 establece que las Partes en el PC deben designar una o varias autoridades competentes. Su papel es fundamental, dado que son las encargadas de cumplir con todas las funciones administrativas que les atribuye el PC. En el caso de que una Parte designe varias autoridades competentes, debe comunicar a la Secretaría del PC, el ámbito competencial de cada una de ellas. Además, cada Parte también debe designar un punto focal nacional, que será el enlace de cada Parte en el PC con la Secretaría.

22 La notificación debe contener, entre otros, el nombre, dirección e información de contacto del exportador e importador; nombre e identidad del OVM, así como la clasificación nacional, si la hubiera, del nivel de seguridad de la biotecnología del OVM en el Estado de exportación; fecha o fechas previstas del movimiento transfronterizo, si se conocen, situación taxonómica, nombre común, lugar de recolección o adquisición y características del organismo receptor o los organismos parentales que guarden relación con la seguridad de la biotecnología o la cantidad o volumen del OVM que pretende transferirse. Véase el Anexo I relativo a la Información requerida en las notificaciones de conformidad con los arts. 8, 10 y 13.

23 En el acuse de recibo debe constar, tal y como se establece en el art. 9 PC, la fecha en la que se recibió la notificación, así como si ésta contiene la información requerida.

24 En este sentido, el art. 13 establece dos supuestos en los que cabría aplicar un procedimiento simplificado: 1) en aquellos casos en que la Parte importadora haya determinado los supuestos en los que los movimientos transfronterizos intencionales pueden realizarse al mismo tiempo que se le remite la notificación; 2) en los casos en los que la Parte importadora haya establecido que determinados OVM están exentos del procedimiento de AFP. En todo caso, es imprescindible que la Parte importadora "aplique medidas adecuadas para velar por la seguridad del movimiento transfronterizo intencional de organismos vivos modificados de conformidad con los objetivos del Protocolo".

y arreglos bilaterales, regionales y multilaterales concertados por las Partes del PC (art. 14)[25]. Sin lugar a duda, estamos ante uno de los elementos, que, como ya hemos apuntado, introduce una gran complejidad en el sistema. En este sentido, el Centro de Intercambio de Información sobre Seguridad de la Biotecnología[26] se convierte en una herramienta esencial, dado que las Partes en el PC deben comunicarle las leyes, reglamentos y directrices nacionales que se hayan adoptado para la aplicación del PC; la información requerida para el procedimiento de AFP; así como, en su caso, los acuerdos y arreglos bilaterales, regionales y multilaterales de los que sean Partes. Dado que esta información es pública, permite al exportador conocer la legislación que será aplicable con antelación, lo que contribuye a la seguridad jurídica.

En la última fase, la Parte importadora debe adoptar una decisión sobre la petición del primer movimiento transfronterizo de un OVM destinado a ser introducido intencionalmente en el medio ambiente. Se desarrolla en dos niveles: evaluación del riesgo (art. 15)[27], y comunicación de la decisión (art. 10). La evaluación de riesgo[28] es fundamental para determinar los posibles efectos adversos de ese OVM en la conservación y utilización sostenible de la diversidad biológica en el medio receptor, teniendo también en cuenta los riesgos para la salud humana (punto 1, Anexo III) y, cumplir, por tanto, los objetivos del PC (art. 15 y Anexo III). Las autoridades nacionales de la Parte importadora son las responsables de la realización de dicha evaluación, si bien se establece la posibilidad de que sea el notificador, a petición de la Parte importadora, el que asuma los costes de la evaluación (art. 15.c). El procedimiento se evaluación de riesgo se realizará de acuerdo con procedimientos científicos sólidos, de conformidad con el Anexo III del PC[29]. Además, en la evaluación de riesgo también se podrá

---

25 Conforme a dicha disposición, los citados acuerdos deben cumplir ciertas características, tales como: ser compatibles con el objetivo del Protocolo y no constituir una reducción del nivel de protección establecido en éste.

26 El Centro de Intercambio de Información se regula en el art. 20 PC. Toda la información es accesible a través de su página web.

27 La CoP adoptó un Guía voluntaria para el análisis de riesgo (CDB 2016b). Para realizar una evaluación de riesgo es necesario desarrollar tanto capacidad institucional como científica y técnica, de ahí que el art. 22 PC incida en la necesidad de cooperar para desarrollar dicha capacidad, con especial consideración de los países en desarrollo. En este sentido, el Grupo Especial de Expertos Técnicos sobre Biológica Sintética ha apuntado la necesidad de desarrollar las capacidades, sobre todo, de los países en desarrollo tanto para las evaluaciones de riesgo y gestión de riesgo de OVMs producidos con técnicas de biología sintética (CDB 2018).

28 Hay que destacar que la evaluación del riesgo no se circunscribe exclusivamente al procedimiento del AFP, tal y como se establece, por ejemplo, en los arts. 11.6 a) y 12.4.

29 En el citado Anexo se establece tanto el objetivo de la evaluación del riesgo, como su finalidad, principios generales, la metodología que debe aplicarse, así como los datos científicos y técnicos.

tener en cuenta los aspectos socioeconómicos sobre todo en las comunidades indígenas y locales (art. 26)[30]. Una vez realizada la evaluación de riesgo, la Parte importadora adoptará una decisión en la que bien aprobará la importación, con o sin condiciones —en la que también incluirá la forma en que la decisión se aplicará a importaciones posteriores del mismo OVM—; prohibirá la importación o bien decidirá solicitar más información antes de adoptar una decisión definitiva[31]. Además, en el caso de que se apruebe la importación, a la vista de la evaluación de riesgos, la Parte importadora debe establecer medidas para la gestión de riesgos con la finalidad de regular y controlar los riesgos determinados con arreglo a las disposiciones sobre evaluación de riesgos relacionados con la utilización, manipulación y el movimiento transfronterizo de OVMs con el objetivo de evitar efectos adversos en la conservación y utilización sostenible de la diversidad biológica, teniendo también en cuenta los riesgos para la salud humana (art. 16.1 y 2)[32].

30 En este sentido, en la Conferencia de las Partes en el Convenio sobre la Diversidad Biológica que actúa como reunión de las Partes en el Protocolo de Cartagena se presentó un análisis de alguna de las experiencias de las Partes en cuanto a la aplicación de los criterios socioeconómicos, destacando que los enfoques normativos para la consideración de los impactos socioeconómicos varían y suelen introducir una obligación o un derecho bastante genérico de evaluar los impactos socioeconómicos. En muchos casos los criterios se centran en aspectos económicos como los costes y ahorros económicos asociados a la introducción del organismo vivo modificado. Abordan, por ejemplo, la compra de semillas modificadas genéticamente, el ahorro en insumos agrícolas y mano de obra, los efectos sobre el rendimiento y el deterioro, y los efectos sobre el acceso a los mercados. También se consideran el coste de las medidas de coexistencia y, en algunos casos, los efectos sobre el comercio. Entre los aspectos sociales que deben tenerse en cuenta como parte de varios enfoques de evaluación figuran la seguridad alimentaria, los aspectos nutricionales, la percepción y libertad de elección del consumidor, la transferencia de tecnología y las iniciativas de creación de capacidad emprendidas en beneficio de las instituciones locales. Otros elementos que se tienen en cuenta en las evaluaciones socioeconómicas son los derechos de propiedad intelectual y los derechos de los agricultores. Además, algunas Partes indicaron que tenían en cuenta aspectos culturales, éticos y, en algunos casos, religiosos como parte de la evaluación de las consideraciones socioeconómicas (CDB 2024).

31 El art. 10 establece los plazos para la adopción de la decisión. Asimismo, el PC contempla en su art. 12 la posibilidad de revisar y modificar una decisión sobre un movimiento transfronterizo intencional.

32 Al igual que apuntamos en relación con la evaluación del riesgo, la gestión del riesgo no se circunscribe exclusivamente al AFP, sino que se aplica a todos los OVMs que entran dentro del ámbito de aplicación del PC.

2.2.3. Procedimiento para organismos vivos modificados destinados para uso directo como alimento humano, animal o para procesamiento

Este procedimiento se regula en el art. 11[33]. Entraría dentro de su ámbito de aplicación, por ejemplo, el movimiento transfronterizo de productos agrícolas modificados genéticamente como tomates, ajo, soja o maíz destinado directamente a consumo humano y/o animal. Por el contrario, no entrarían dentro de su ámbito de aplicación el movimiento transfronterizo de productos alimentarios derivados de OVMs pero que no constituyen ni contienen un OVM, como, por ejemplo, aceite refinado procesado derivado de soja genéticamente modificada, salsa de tomate derivada de tomates modificados genéticamente o harina derivada de trigo modificado genéticamente; si bien sí se aplicaría a movimientos transfronterizos de OVMs destinados a la producción de productos procesados.

El procedimiento para el movimiento transfronterizo de organismos vivos modificados destinados para uso directo como alimento humano, animal o para procesamiento (OVMs-AHAP) gira en torno a una decisión definitiva adoptada por una Parte —que debe ser notificada al Centro de Intercambio de Información sobre Seguridad de la Biotecnología— en relación con el uso nacional, incluida su colocación en el mercado, de un OVM-AHAP. En todo caso, dicha decisión debe adoptarse con base en las disposiciones internas. Se trata de un procedimiento mucho menos gravoso, que no requiere el procedimiento del AFP, dado que la finalidad del movimiento transfronterizo no es la liberación de un OVM en el medio ambiente.

2.2.4. Movimientos transfronterizos involuntarios o ilícitos

El PC dedica sendas disposiciones a los movimientos transfronterizos involuntarios (art. 17) y a los movimientos transfronterizos ilícitos (art. 25). El art. 17 establece que cuando una Parte tenga conocimiento de una situación dentro de su jurisdicción que haya dado lugar a una liberación que conduzca o pueda conducir a un movimiento transfronterizo involuntario de un OVM que sea probable que pueda tener efectos adversos para la diversidad biológica o la salud humana debe notificarlo inmediatamente a los Estados afectados —sean o no Partes del PC— con la finalidad de adoptar las medidas que consideren necesarias. Asimismo, la notificación también debe remitirse al Centro de Intercambio de Información sobre Seguridad de la Biotecnología. Además, se establece, con carácter general, la información que debe recogerse en la notificación, con la

[33] Cabe apuntar que, en principio, a estos OVMs no se le aplican las disposiciones relativas al AFP, aunque les son de aplicación del resto de disposiciones del PC.

finalidad de que el Estado o Estados afectados dispongan de toda la información posible para adoptar las medidas pertinentes. En último término, esta disposición es un ejemplo de aplicación del principio de prevención del daño ambiental transfronterizo[34].

En cuanto a los movimientos transfronterizos ilícitos de OVMs, el PC entiende por tales aquellos que se hayan realizado hacia una Parte del PC en contravención de sus disposiciones internas. El PC no establece las sanciones, sino que son las Partes las que deberán adoptar medidas internas para prevenir y, en su caso, sancionar esos movimientos ilícitos. Esta disposición no sólo se refiere a aquellos movimientos transfronterizos que están condicionados por un AFP, sino que se aplica a todos los OVMs y actividades que entran dentro del ámbito de aplicación del PC.

2.2.5. Manipulación, transporte, envasado e identificación

El art. 18 regula la manipulación, transporte, envasado e identificación en relación con el movimiento transfronterizo intencional de OVMs con la finalidad de que en el desarrollo de estas actividades no se produzcan efectos adversos en la conservación y utilización sostenible de la diversidad biológica. Se establece así la documentación mínima que las Partes deben solicitar distinguiendo entre el movimiento transfronterizo de OVMs destinados a uso directo como alimento humano o animal[35]; de OVMs destinados a uso confinado[36]; así como de aquellos que están destinados a su introducción intencional en el medio ambiente de la Parte importadora[37]. En todo caso, se establece que la conferencia de partes examinará la posibilidad de elaborar normas y modalidades para ello, en relación con las prácticas de identificación, manipulación, envasado y transporte en consulta con otros órganos internacionales pertinentes[38].

---

34 Principio 2 de la Declaración sobre el Medio y el Desarrollo, de 14 de junio de 1992 (NU 1992).

35 Debe constar claramente que puede llegar a contener OVMs y que no están destinados para su introducción intencional en el medio ambiente.

36 Debe especificarse los requisitos para su manipulación, el punto de contacto para obtener más información, así como el nombre de la persona y la institución a la que se remiten los organismos.

37 Se debe especificar los rasgos, identidad, requisitos para su manipulación, almacenamiento y transporte y uso seguros, así como, entre otros, el nombre del importador y exportador.

38 La Conferencia de Partes adoptó una Decisión que en la que desarrolla con mayor concreción la documentación que debe acompañar a cada uno de los OVMs. Véase Decisión BS-I/6 sobre manipulación, transporte, envasado e identificación de OVMs.

2.3. El Protocolo de Nagoya-Kuala Lumpur sobre responsabilidad y compensación

El art. 27 del PC establece que la CoP "adoptará, en su primera reunión, un proceso en relación con la elaboración apropiada de normas y procedimientos internacionales en la esfera de la responsabilidad y compensación por daños resultantes de los movimientos transfronterizos de organismos vivos modificados"[39]. Fruto de este mandato, y tras varios años de negociaciones, el Protocolo de Nagoya-Kuala Lumpur sobre responsabilidad y compensación se adoptaría el 15 de octubre de 2010[40] (Beck 2022, pp. 375-394; Bachmann Fuentes, 2023, pp. 160-168).

2.3.1. Ámbito de aplicación

El Protocolo, con el objetivo de contribuir a la conservación y utilización sostenible de la diversidad biológica, teniendo también en cuenta los riesgos para la salud humana (art. 1), establece una serie de medidas que debería adoptar el operador[41] como consecuencia del daño resultante del movimiento transfronterizo de un OVM. Lo primero que cabe destacar es que, de acuerdo con el Protocolo, por daño se entiende un efecto adverso en la conservación y utilización sostenible de la diversidad biológica, teniendo también en cuenta la salud humana. Ahora bien, el efecto adverso tiene que ser significativo y poder medirse o de cualquier otro modo observarse[42], condiciones que, sin lugar a duda, limitan la aplicación del Protocolo e introducen una gran discrecionalidad a la hora de valorar el daño. En segundo lugar, se aplica a los daños resultantes del movimiento transfronterizo de un OVMs, entendiendo por tales todos los OVMs y todas las actividades recogidas en el PC[43].

2.3.2. Medidas de respuesta

El art. 5 establece las responsabilidades tanto de la autoridad competente como del operador en aquellos casos en los que haya daños o probabilidad suficien-

---

[39] Además, se establece que ese proceso tratará de completarse en el plazo de cuatro años.

[40] El Protocolo entró en vigor el 5 de marzo de 2018. Cuenta con 44 Partes (43 Estados —entre los que se encuentra España— y una Organización Internacional —la UE).

[41] Tal y como establece el art. 2(c), por operador se entiende cualquier persona que tenga el control directo o indirecto del OVM, tales como el titular del permiso, el exportador o el transportista entre otros.

[42] El art. 2 determina tanto cómo puede medirse u observarse los efectos adversos, como los factores que hacen que ese efecto adverso sea significativo.

[43] Esto es, los destinados a uso directo como alimento humano o animal o para procesamiento; a la introducción deliberada en el medio ambiente, así como los movimientos transfronterizos involuntarios.

te de daños a la conservación y utilización sostenible de la diversidad biológica[44]. En este sentido, la autoridad competente debe identificar al operador que ha causado el daño, evaluar el daño y determinar las medidas de respuesta y notificárselas al operador[45]. En todo caso, si el operador no actúa, la autoridad competente podrá adoptar medidas de respuesta y, en su caso reclamarle los gastos al operador. Por su parte, el operador, en caso de que se produzca un daño, deberá informar inmediatamente a la autoridad competente, evaluar el daño y adoptar medidas de respuestas.

Las medidas de respuesta, tal y como se establece en el art. 2.d) pueden comprenden acciones para prevenir, reducir al mínimo, contener, mitigar o evitar el daño; o bien acciones encaminadas a restaurar la diversidad biológica, procurando restaurar la diversidad biológica a la condición existente antes de que ocurriera el daño. Si esto no fuese posible procedería la restauración por medio de la sustitución de la pérdida de diversidad biológica con otros componentes de la diversidad biológica para el mismo tipo u otro tipo de uso, ya sea en el mismo lugar o en un lugar alternativo.

3. ACCESO A RECURSOS GENÉTICOS Y TRANSFERENCIA DE BIOTECNOLOGÍA

La utilización de recursos genéticos (RG) es fundamental para el desarrollo de la biotecnología, dado que estos constituyen su materia prima, por lo que los avances en el desarrollo de la biotecnología moderna y la biología sintética requerirán acceder a un mayor número de RG[46]. Analizaremos ahora las principales cuestiones que se plantean en el acceso a los recursos genéticos y el reparto de beneficios de la mano del CDB y el Protocolo de Nagoya sobre acceso a los recursos genéticos y participación justa y equitativa en los beneficios que se deriven de su utilización.

---

[44] En todo caso, las Partes pondrán en su legislación interna, establecer exenciones o atenuantes a la responsabilidad por daños del operador.

[45] También debe notificársele las vías de reclamación de las que dispone en el derecho interno.

[46] De hecho, el Grupo Multidisciplinario Especial de Expertos técnicos sobre Biología Sintética ha examinados los efectos que está teniendo la extracción de RG en los países en desarrollo (CDB 2018).

3.1. El Convenio sobre la Diversidad Biológica

El CDB es el primer instrumento jurídico internacional que reconoce los derechos soberanos de los Estados sobre sus RG[47] y su facultad para regular el acceso a dichos recursos. Por RG se entiende —tal y como se establece su art. 2— todo material genético de valor real o potencial de origen vegetal, animal, microbiano o de otro tipo que contenga unidades funcionales de la herencia[48]. El acceso se regula partiendo de dos principios esenciales: 1) los Estados ejercen derechos soberanos sobre los recursos genéticos que se encuentren bajo su jurisdicción —ya sean de origen terrestre o marino—, y tanto *in situ* como *ex situ.* 2) los Estados tienen la facultad de regular el acceso a los RG que se encuentran bajo su jurisdicción (Sánchez Ramos 2021, p. 5). Consecuentemente, cada Estado Parte en el CDB decidirá si regula o no el acceso a sus RG[49]. Si decide regularlo (Glowka *et al.* 1994, pp. 77-98), éste estará condicionado a la obtención del consentimiento fundamentado previo (CFP) del Estado proveedor del recurso en las condiciones mutuamente acordadas (MAT) entre el proveedor y el usuario (art. 15.4). Dado que el usuario de RG debe compartir de forma justa y equitativa los beneficios derivados su utilización —con fines comerciales o no comerciales— con la Parte que aporta dichos recursos, el MAT se configura como un instrumento fundamental, en la medida en que proveedor y usuario establecerán qué beneficios deben ser compartidos y en qué condiciones. En este sentido, son básicamente tres las disposiciones establecen qué beneficios podrían compartirse: participación en la realización de investigaciones científicas (art. 15.6); acceso y transferencia de tecnología (art.16.3); participación en las actividades de investigación sobre biotecnología (art. 19.1) y el acceso prioritario a los resultados y beneficios derivados de las biotecnologías basadas en RG (art. 19.2) —tal y como habíamos apuntado ya—.

Una de las principales dificultades de este sistema de acceso y reparto de beneficios se deriva de la necesidad de que las Partes desarrollen medidas internas de implementación, dado que la CDB no contiene ninguna orientación en este sentido. Dadas las dificultades de implementación, la Conferencia de Partes de la

---

47 La Convención alude a los derechos soberanos de los Estados sobre sus recursos tanto en su Preámbulo —reafirmando que los Estados tienen derechos soberanos sobre sus propios recursos biológicos, como en los arts. 3 y 15.1.

48 Las unidades funcionales de la herencia son los genes. Un gen es un segmento de ADN (en un sitio específico del cromosoma) que es responsable de las características físicas y heredables o fenotipos de una entidad viviente (la forma en que un organismo se ve). El ADN contiene la información para la función y características de los organismos vivos, es decir, contiene las instrucciones o información (llamados genes) necesarios para conducir los componentes celulares y la forma en que los organismos vivos funcionan.

49 Puede mantenerse, por tanto, el libre acceso.

CDB adoptó, en 2002, las Directrices de Bonn sobre acceso a los recursos genéticos y participación justa y equitativa en los beneficios derivados de su utilización (CDB 2002) con el objetivo de "ayudar a las Partes, los Gobiernos y otros interesados a desarrollar estrategias de acceso general y participación en los beneficios, y a identificar los pasos implicados en el proceso de obtención de acceso a los recursos genéticos y la participación en los beneficios".

3.2. El Protocolo de Nagoya sobre acceso a los recursos genéticos y participación justa y equitativa en los beneficios que se deriven de su utilización

Las dificultades para la implementación del CDB llevaron a la adopción, en 1992, del Protocolo de Nagoya (ABS-CDB)[50]. El ABS-CDB se asienta sobre tres pilares: acceso a los RG, participación justa y equitativa en los beneficios y cumplimiento (Sánchez Ramos 2021, p. 11). En cuanto al acceso a los RG y a los conocimientos tradicionales asociados a éstos, el ABS-CDB viene a complementar el art. 15 del CDB (Greiber 2013). El ABS-CDB establece en su art. 6 que "el acceso a los RG para su utilización estará sujeto al consentimiento informado previo de la Parte que aporta dichos recursos o una parte que haya adquirido los recursos genéticos conforme al Convenio, a menos que dicha parte determine otra cosa"[51]. Asimismo, la obtención del CFP es necesaria tanto para el acceso a RG o a conocimientos tradicionales asociados a estos que estén en posesión de las comunidades indígenas y locales. En estos supuestos, el ABS-CDB establece la obligación para las Partes de adoptar las medidas necesarias para asegurar la obtención del CFP o la aprobación y participación de las comunidades indígenas y locales para el acceso a los RG o a los conocimientos tradicionales cuando estas tengan el derecho establecido a otorgar acceso a dichos recursos, así como a los conocimientos tradicionales asociados a estos (art. 6.2 y 7). De acuerdo con las citadas disposiciones, cada Estado Parte debe decidir si establece un sistema de acceso, en cuyo caso, este debe fundamentarse en la previa obtención del CFP y en la negociación del MAT[52].

---

[50] El ABS-CDB cuenta con 129 Partes (128 Estados y una Organización Internacional, la Unión Europea).

[51] Por utilización de RG se entiende "la realización de actividades de investigación y desarrollo sobre la composición genética y/o composición bioquímica de los recursos genéticos, incluyendo mediante la aplicación de biotecnología conforme a la definición que se estipula en el art. 2 del Convenio". La noción de biotecnología es coincidente con la del CDB —que ya hemos analizado en otro epígrafe—.

[52] Si una Parte quiere regular el acceso, el art. 6.3 establece las características que deben reunir las medidas nacionales de implementación. Además, también deben tenerse en cuenta las consideraciones especiales establecidas en el art. 8 del PN. Así, entre otras, las medidas nacionales de implementación deben establecer normas y procedimientos justos de acceso a

La participación justa y equitativa en los beneficios derivados de la utilización de recursos genéticos es otro de los pilares en los que se asienta el PN. Conforme al art. 5, las Partes en el ABS-CDB deberán adoptar las medidas legislativas, administrativas o de política, según proceda, con la finalidad de asegurar que se comparten de forma justa y equitativa los beneficios que se deriven de: 1) la utilización de recursos genéticos, es decir, derivadas las actividades de investigación y desarrollo, así como también de las aplicaciones y comercialización subsiguientes (art. 5.1). En este caso, el usuario de RG compartirá los beneficios con los países proveedores de dichos recursos sea éste el país de origen u otro que haya adquirido los recursos de conformidad con el CDB; 2) la utilización de RG o conocimientos tradicionales asociados a éstos que estén en posesión de las comunidades indígenas y locales, de conformidad con las leyes nacionales respecto a los derechos establecidos de dichas comunidades indígenas y locales sobre esos RG. En este supuesto, los beneficios deben compartirse con dichas comunidades. El instrumento fundamental para materializar el reparto de beneficios es el MAT, contrato de derecho de privado, que deberá concluirse entre el proveedor y usuario (art. 6)[53]. Tal y como se establece en el Anexo del PN, los beneficios pueden ser monetarios o no monetarios. En cuanto a estos últimos, el ABS-CDB identifica como tales dos relacionados con la biotecnología, concretamente: la colaboración, cooperación y contribución en programas de investigación y desarrollo científicos, particularmente actividades de investigación biotecnológica, de ser posible en la Parte que aporta los recursos genéticos; y la transferencia al proveedor de los recursos genéticos de conocimientos y de tecnología, en términos justos y más favorables, incluidos los términos sobre condiciones favorables y preferenciales, de ser convenidos, en particular conocimientos y tecnología en los que se haga uso de los recursos genéticos, incluida la biotecnología.

El cumplimiento de la legislación sobre acceso y participación en los beneficios es el tercer pilar en el que se asienta el PN[54]. El ABS-CDB establece que

los recursos genéticos y deben facilitar información sobre cómo solicitar el CFP. En España se han adoptado dos disposiciones relativas al acceso recursos genéticos: la Ley 42/2007 de Patrimonio Natural y de la Biodiversidad y el Real Decreto 124/2017 relativo al acceso a los recursos genéticos procedentes de taxones silvestres y al control de la utilización.

53 Además, tal y como se establece el art. 13 del ABS-CDB, las Partes en el Protocolo deben designar tanto puntos focales nacionales como autoridades nacionales de acceso, figuras imprescindibles en el proceso para solicitar el CFP y negociar el MAT. Además, también se creó el Centro de intercambio de información sobre acceso y participación en los beneficios, herramienta fundamental y de gran utilidad para los usuarios de RG ya que facilita el acceso y conocimiento de las medidas de implementación de cada Parte. Sus funciones son similares a las del Centro de Intercambio de Información creado al abrigo del PC.

54 Los arts. 15-18 del ABS-CDB son las disposiciones fundamentales en materia de vigilancia y cumplimiento.

las Partes adoptarán las medidas legislativas, administrativas o políticas eficaces y proporcionadas que estimen oportunas, con una triple finalidad: 1) asegurar que tanto la utilización recursos genéticos dentro de la jurisdicción de un Estado Parte como de los conocimientos tradicionales asociados a dichos RG ha tenido lugar de conformidad con la legislación acceso del Estado Parte proveedor de dichos recursos (arts. 15.1y 16.1); 2) "abordar" las cuestiones de incumplimiento, lo que implica la necesidad de establecer sanciones de carácter administrativo o penal (arts. 15.2 y 16.2); y 3) establecer mecanismos de cooperación entre los Estados Parte para abordar los posibles incumplimientos de la legislación de acceso de otro Estado Parte (arts. 15.3 y 16.3).

4. REFERENCIAS

4.1. Referencias doctrinales

Beck, Felix (2022), *Self-Spreading Biotechnology and International Law. Prevention, Responsibility, and liability in a transboundary context*, Nomos, Baden-Baden.

Bachmann Fuentes, Roberto Ignacio (2023), *Derecho, Biotecnología y Bioseguridad. La Regulación de las técnicas de ADN recombinante y edición genética*, Colex, A Coruña.

Campins Eritja, Mar (2019), "Biotecnología en la Unión Europea", en López Ramón, Fernando (Coord.), *Observatorio de Políticas ambientales*, pp. 690-716.

Francioni, Francesco (2006), "International Law for Biotechnology: Basic principles" en Francioni, Francesco; Scovazzi, Tullio (eds.), *Biotechnology and International Law*, Hart Publishing, Oxford/ Portland, pp. 3-27.

Glowka, Lyle; Burhenne-Guilmin, Françoise; Synge, Hunge (1994), *Guide to the Convention on Biological Diversity*, IUCN, Gland and Cambridge.

Greiber, Thomas, (2013), *Guía explicativa del Protocolo de Nagoya sobre acceso y participación en los beneficios*, UICN, Gland, Suiza.

Herdegen, Matthias (2023), *The International Law of Biotechnology. Human Rights, Trade, Patents, Health and the Environment*, Edward Elgar, Cheltenham.

Mackenzie, Ruth; Burhenne-Guilmin, Françoise; La Viña, Antonio; Werksman, Jacob (2004), *Guía explicativa del Protocolo de Cartagena sobre Seguridad de la Biotecnología*, IUCN, Gland, Cambrige. http://dx.doi.org/10.2305/IUCN.CH.2004.EPLP.46.es.

Murphy, Sean (2001), "Biotechnology and international law", *Harvard International Law Journal*, vol. 42, núm. 1, pp. 47-140. http://dx.doi.org/10.2139/ssrn.266470.

Redwell, Catherine (2005), "Biotechnology, Biodiversity and International Law", *Current Legal Problems*, vol. 58, núm. 1, pp. 543-569.

Pérez Salom, José Roberto (2002), *Recursos genéticos, Biotecnología y Derecho Internacional*, Aranzadi, Navarra.

Pythoud, François; Thomas, Urs. P (2002), "The Cartagena Protocol on Biosafety", en Le Preste, Philippe (ed), *Governing Global Biodiversity. The evolution and implementation of the Convention on Biological Diversity*, Routledge, London/New York. http://dx.doi.org/10.4324/9781315253930-3.

Sánchez Ramos, Belén (2021), "El Protocolo de Nagoya sobre acceso a los recursos genéticos y la participación justa y equitativa en los beneficios que se deriven de su utilización: Especial referencia a su implementación en España", *Revista Electrónica de Estudios Internacionales,* vol. 42, pp. 1-41. http://dx.doi.org/10.17103/reei.42.04.

4.2. Referencias normativas

4.2.1. Tratados Internacionales

Convenio sobre la Diversidad Biológica; Río de Janeiro, 5 de junio de 1992; *BOE,* núm. 27, de 1 de febrero de 1994.

Protocolo de Cartagena sobre Seguridad de la Biotecnología, Montreal, 29 de enero de 2000, *BOE,* núm. 181, de 30 de julio de 2003.

Protocolo de Nagoya sobre acceso a los recursos genéticos y participación justa y equitativa en los beneficios que se deriven de su utilización, Nagoya el 29 de octubre de 2010, *BOE,* núm. 202, de 20 de agosto de 2014.

Protocolo de Nagoya-Kuala Lumpur sobre responsabilidad y compensación, suplementario al Protocolo de Cartagena sobre seguridad de la biotecnología, Nagoya, 15 de octubre de 2010; *BOE* núm. 17, 19 de enero de 2018.

4.2.2. Otros actos normativos internacionales

UE (2001), Directiva 2001/18/CE del Parlamento Europeo y del Consejo, de 12 de marzo de 2001, sobre la liberación intencional en el medio ambiente de organismos modificados genéticamente y por la que se deroga la Directiva 90/220/CEE del Consejo, *DOUE* L 106 de 17 de abril 2001.

UE (2003a), Reglamento (CE) 1946/2003 del Parlamento Europeo y del Consejo relativo al movimiento transfronterizo de organismos modificados genéticamente, *DOUE* L 287, de 5 de noviembre de 2003.

UE (2003b), Reglamento (CE) n° 1829/2003 del Parlamento Europeo y del Consejo, de 22 de septiembre de 2003, sobre alimentos y piensos modificados genéticamente, *DOUE* L 268, de 18 de octubre 2003.

UE (2003c), Reglamento (CE) n° 1830/2003 del Parlamento Europeo y del Consejo, de 22 de septiembre de 2003, relativo a la trazabilidad y al etiquetado de organismos modificados genéticamente y a la trazabilidad de los alimentos y piensos producidos a partir de éstos, *DOUE* L 268, de 18 de octubre 2003.

UE (2003d), Reglamento (CE) n° 1946/2003 del Parlamento Europeo y del Consejo, de 15 de julio de 2003, relativo al movimiento transfronterizo de organismos modificados genéticamente, *DOUE* L 287, de 5 de noviembre 2003.

UE (2004), Reglamento (CE) n° 641/2004 de la Comisión, de 6 de abril de 2004, sobre las normas de desarrollo del Reglamento (CE) n° 1829/2003 del Parlamento Europeo y del Consejo en lo relativo a la solicitud de autorización de nuevos alimentos y piensos modificados, *DOUE* L 102, de 7 de abril 2004.

UE (2009), Directiva 2009/41/CE del Parlamento Europeo y del Consejo, de 6 de mayo de 2009, relativa a la utilización confinada de microorganismos modificados genéticamente, *DOUE* L 125, de 21 de mayo 2009.

UE (2015), Directiva (UE) 2015/412 del Parlamento Europeo y del Consejo, de 11 de marzo de 2015, por la que se modifica la Directiva 2001/18/CE en lo que respecta a la posibilidad de que los Estados miembros restrinjan o prohíban el cultivo de organismos modificado, *DOUE* L 68, de 13 de marzo 2015.

UE (2018), Directiva (UE) 2018/350 de la Comisión, de 8 de marzo de 2018, por la que se modifica la Directiva 2001/18/CE del Parlamento y del Consejo en lo que respecta a la evaluación del riesgo para el medio ambiente de los organismos modificados genéticamente, *DOUE* L 67, de 9 de marzo 2018.

4.2.3. Actos normativos nacionales

España, Ley 9/2003, de 25 de abril, por la que se establece el régimen jurídico de la utilización confinada, liberación voluntaria y comercialización de organismos modificados genéticamente, *BOE* núm. 100, de 26 de abril de 2003.

España, Real Decreto 178/2004, de 30 de enero, por el que se aprueba el Reglamento General para el desarrollo y ejecución de la Ley 9/2003, de 25 de abril, por la que se establece el régimen jurídico de la utilización confinada, liberación voluntaria y comercial, *BOE* núm. 27 de 31 de enero de 2004.

España, Ley 42/2007, de 13 de diciembre, de Patrimonio Natural y de la Biodiversidad, *BOE* núm. 299, de 14 de diciembre de 2007.

España, Real Decreto 406/2021, de 8 de junio, por el que se modifica el Real Decreto 178/2004, de 30 de enero, por el que se aprueba el Reglamento general para el desarrollo y ejecución de la Ley 9/2003, de 25 de abril, por la que se establece el régimen jurídico de la utilización confinada, liberación voluntaria y comercialización de organismos modificados genéticamente, BOE núm. 146, de 19 de junio de 2021.

España, Real Decreto 124/2017, de 24 de febrero, relativo al acceso a los recursos genéticos procedentes de taxones silvestres y al control de la utilización, *BOE* núm. 62, de 14 de marzo de 2017.

4.3. Referencias documentales

CDB (1994), Decisión I/9 "Programa de trabajo a medio plazo de la Conferencia de las Partes para 1995-1997", Conference of the Parties to the Convention on Biological Diversity, First meeting, Nassau, 28 November9 December 1994, Doc. UNEP/CBD/COP/1/17.

CDB (1995), Decisión II/5 "Examen de la necesidad y las modalidades de un protocolo para la transferencia, manipulación y utilización seguras de los organismos vivos modificados", Conferencia de las Partes en el Convenio sobre La Diversidad Biológica, Segunda, Reunión, Yakarta, 6 a 17 de noviembre de 1995, Doc. UNEP/CBD/COP/2/19.

CDB (1999), Decision on the continuation of the first extraordinary meeting of the Conference of the Parties to the Convention on Biological Diversity, First Extraordinary Meeting of the Conference of the Parties to the Convention on Biological Diversity Cartagena, Colombia & Montreal, Canada 22 - 23 February 1999 & 24 - 28 January 2000, Doc. EXCOP 1 Decision EM-I/1.

CDB (2000), Adoption of the Cartagena Protocol and interim arrangements, First Extraordinary Meeting of the Conference of the Parties to the Convention on Biological Diversity Cartagena, Colombia & Montreal, Canada, 22 - 23 February 1999 & 24 - 28 January 2000, Doc. UNEP/CBD/ExCOP/1/3 3.

CDB (2002), Informe de la Sexta Reunión de la Conferencia de las Partes en el Convenio sobre la Diversidad Biológica, Conferencia de las Partes en el Convenio sobre la Diversidad Biológica, Sexta reunión, La Haya, 7 a 19 de abril de 2002, Doc. UNEP/CBD/COP/6/20.

CDB (2016a), Biología Sintética, adoptada por la Conferencia de las Partes en el Convenio sobre la Diversidad Biológica, decimotercera Reunión, Cancún, México, 4 a 17 de diciembre 2016, Decisión XIII/17., Doc. CBD/COP/DEC/XIII/17.

CDB (2016b), Guidance on Risk Assessment of Living Modified organisms and Monitoring in the Contexto of Risk Assessment, Conference of the Parties to the Convention on Biological Diversity serving as the Meeting of the Parties to the Cartagena Protocolo on Biosafety, Eight meeting, Cancun, Mexico, 4-17 December 2016, Doc. UNEP/CBD/BS/COP-MOP/8/8/ Add.1.

CDB (2018), Biología Sintética. Nota de la Secretaría ejecutiva, Órgano Subsidiario de Asesoramiento Científico, Técnico y Tecnológico, Vigésima segunda reunión, Montreal (Canadá), 2 a 7 de julio 2018, Doc. CBD/SBSTTA/22/4, 9 de abril de 2018.

CDB (2024), Conferencia de las Partes en el Convenio sobre la Diversidad Biológica que actúa como reunión de las Partes en el Protocolo de Cartagena sobre Seguridad de la Biotecnología, 11ª reunión. Calí (Colombia), 21 de octubre a 1 de noviembre de 2024, Tema 13 del programa provisional. Consideraciones Socioeconómicas. Nota de la Secretaría. Doc. CBD/CP/MOP/11/1C, 8 de julio de 2024.

NU (1992), Informe de la Conferencia de Naciones Unidas sobre el Medio Ambiente y el Desarrollo, Declaración de Río sobre el Medio Ambiente y el Desarrollo, Conferencia de las Naciones Unidas sobre el Medio Ambiente y el Desarrollo, Río de Janeiro, 3-14 de junio de 1992, Doc. A/CONF.151/26/Rev.l (Vol. I).

Capítulo 24

MEDIO AMBIENTE Y CONFLICTOS ARMADOS

MARTA ABEGÓN NOVELLA[1]

1. INTRODUCCIÓN

A finales de 1990, durante la invasión de las tropas iraquíes en Kuwait, las imágenes de los incendios premeditados de pozos, refinerías e instalaciones petrolíferas, y los vertimientos posteriores al mar, dieron la vuelta al mundo. Fue quizá en ese momento cuando la comunidad internacional tomó claramente consciencia del impacto devastador de los conflictos armados para el medio ambiente (PNUMA 1991). No era, sin embargo, un caso aislado. Antes de ello, por ejemplo, entre 1961 y 1971, durante la guerra de Vietnam, Estados Unidos roció millones de litros de herbicidas y defoliantes, entre ellos Agente Naranja, en vastas franjas del sur de Vietnam, como parte de la destrucción deliberada de bosques con el objeto de privar a las guerrillas del Viet Cong de la cubierta natural que les había permitido lanzar ataques contra las fuerzas estadounidenses (PNUMA 2018). Más tarde tendría lugar también la deforestación masiva de bosques, la destrucción de fauna y la captura y muerte de animales protegidos en el transcurso de la Segunda Guerra del Congo o en la guerra civil en Sierra Leona; los bombardeos de la Organización del Tratado del Atlántico Norte (OTAN) sobre instalaciones, fábricas químicas y refinerías de petróleo de la República Federal de Yugoslavia durante la Guerra de Kosovo; la pérdida de selvas y bosques, el bombardeo de oleoductos y los daños en los sistemas acuáticos, en los suelos y en la biodiversidad provocados por la aspersión aérea de herbicidas en el marco del conflicto armado en Colombia; o los vertidos de petróleo al mar que contaminaron más de 150 kilómetros de la costa del Líbano, tras los ataques israelíes en el verano de 2006. En la misma línea, la evaluación preliminar del Programa de Naciones Unidas para el Medio Ambiente (PNUMA) sobre los daños provocados en Ucrania como consecuencia de la invasión rusa en febrero de 2022 y el posterior conflicto armado, todavía en curso, documenta incidentes en instalaciones y centrales de energía nuclear, en refinerías de petróleo, en plataformas de perforación e instalaciones de gas, instalaciones industriales e instalaciones

---

[1] Profesora agregada de Derecho Internacional Público en la Universitat de Barcelona (marta.abegon@ub.edu). Todas las páginas web mencionadas en este estudio han sido consultadas el 2 de diciembre de 2024. ORCID: https://orcid.org/0000-0002-4417-821X.

de procesamiento de productos agrícolas, que han dado lugar a múltiples incidentes de contaminación atmosférica y a una potencial contaminación grave de las aguas subterráneas y superficiales (PNUMA 2023). Asimismo, la evaluación inicial llevada a cabo en la Franja de Gaza en junio de este año 2024, a petición oficial del Estado de Palestina, alerta de unos impactos medioambientales sin precedentes (PNUMA 2024).

Estos sucesos y muchos otros ilustran, lamentablemente, cómo el medio ambiente, junto a la población civil, es víctima también de los conflictos armados, con frecuencia una víctima "olvidada" (CICR 2019b). Por un lado, el entorno natural recibe los impactos de los ataques armados en tanto que escenario en donde tienen lugar las hostilidades; por otro, el propio medio ambiente es objeto de ataques deliberados a fin de dañar o causar sufrimiento al adversario, o incluso es utilizado, en ocasiones, como arma de guerra. Igualmente, estos devastadores episodios dan cuenta de que los impactos medioambientales provocados por la guerra, graves, duraderos y en muchos casos irreversibles, ponen en riesgo la biodiversidad y los ecosistemas naturales, comprometiendo la salud y el bienestar humano de las generaciones presentes y futuras. La degradación medioambiental consecuencia de los conflictos armados retrasa, además, los esfuerzos de la comunidad internacional para hacer frente a los grandes desafíos que enfrenta la humanidad, como el cambio climático o la protección de la biodiversidad.

Al mismo tiempo que la guerra destruye el entorno natural, en un sentido inverso, el deterioro medioambiental puede ser, a su vez, un factor desencadenante de conflictos, fundamentalmente como efecto de la destrucción de bienes básicos para la supervivencia de las comunidades (González Barral 2017, p. 914). En este sentido, las migraciones forzadas por motivos ambientales (Piqueras Cerdá y Speroni 2022) pueden dar lugar a conflictos o exacerbar tensiones ya existentes. Como advierte el Alto Comisionado de Naciones Unidas para los Refugiados (ACNUR), estas pueden generar tensión y conflictividad debido a la competencia por los recursos naturales, los derechos sobre la tierra, los alimentos y el agua, y el consecuente debilitamiento de las relaciones entre las personas refugiadas y las comunidades de acogida (ACNUR 2019). La degradación del medio ambiente y el control sobre los recursos naturales pueden constituir también la propia causa o detonante del estallido de las hostilidades armadas, dando lugar a los llamados "conflictos verdes" (Grasa 1994). Así, por ejemplo, el conflicto que se inició en Darfur en 2003, aunque convergieron en él también cuestiones étnicas y políticas, fue originado en gran parte por factores medioambientales relacionados con la competencia por el agua y las tierras cultivables debido a episodios prolongados de sequía en la región, lo que comportó crecientes enfrentamientos por el control de esos recursos naturales limitados.

En el contexto de estas múltiples conexiones entre el medio ambiente y los conflictos armados, el presente capítulo se centra en la protección del medio ambiente en relación con los conflictos armados desde la perspectiva del Derecho Internacional. Así, tras esta introducción, el apartado segundo presenta cuáles son los principios sobre la protección del medio ambiente en relación con los conflictos armados tal y como fueron adoptados por la Comisión de Derecho Internacional (CDI) en 2022, para, a continuación, en los apartados tercero y cuarto, identificar cuáles son las principales normas internacionales que protegen el medio ambiente durante la guerra. Primero, el apartado tercero aborda la protección del medio ambiente en el Derecho Internacional Humanitario (DIH), distinguiendo entre aquellas normas que protegen de forma directa el medio ambiente y aquellas que cumplen dicha función de manera indirecta. A continuación, el apartado cuarto se centra en la protección medioambiental resultante del Derecho Internacional del Medio Ambiente (DIMA), analizando en qué medida los tratados internacionales de protección del medio ambiente resultan de aplicación cuando estallan las hostilidades.

2. LOS PRINCIPIOS SOBRE LA PROTECCIÓN DEL MEDIO AMBIENTE EN RELACIÓN CON LOS CONFLICTOS ARMADOS

La cuestión de la protección del medio ambiente en relación con los conflictos armados reviste gran importancia en las relaciones internacionales (AGNU 2022). Haciéndose eco de ello, la CDI decidió incluir el tema en su agenda en 2013, culminando los trabajos, primero bajo la dirección de la Relatora especial Marie G. Jacobsson y más tarde coordinados por la segunda Relatora especial Marja Lehto (Lehto 2020), casi una década más tarde. Fruto de los mismos, en 2022 aprobó un Proyecto de Principios sobre la protección del medio ambiente en relación con los conflictos armados (Proyecto de Principios) (CDI 2022), que la Asamblea General de Naciones Unidas hizo suyo el 7 de diciembre del mismo año (AGNU 2022).

El Proyecto de Principios, partiendo del reconocimiento, en su preámbulo, de "la importancia del medio ambiente para los medios de vida, la seguridad alimentaria e hídrica, el mantenimiento de las tradiciones y culturas, y el disfrute de los derechos humanos", está integrado por 27 principios que buscan promover la protección del medio ambiente en relación con los conflictos armados desde una perspectiva global. Esa vocación integral u holística se evidencia en diversos sentidos. Primero, en la medida en que el Proyecto abarca tanto los conflictos armados internacionales como los internos, sin hacer distinción entre ellos. Segundo, desde una perspectiva *temporal*, por cuanto este no aborda solamente la protección del medio ambiente "en" los conflictos armados, sino "en relación" con los mismos (Hulme 2016, p. 29). Así, las pautas que incorpora el Proyecto son aplicables antes, durante y después de un conflicto armado (Principio 1), cubriendo el ciclo vital completo de los conflictos armados (Abad Castelos 2023, p. 206). Tercero, en un sentido *material*, en tanto que dichos principios tienen como objetivo mejorar la protección del medio ambiente en relación con los conflictos armados mediante la promoción de la adopción de medidas de distinta naturaleza, orientadas tanto a la prevención, como a la mitigación y la reparación de los daños (Principio 2). Finalmente, en un sentido *personal*, dado que las pautas que introduce el Proyecto van dirigidas tanto a los Estados, como a las organizaciones internacionales y otros actores relevantes en este ámbito.

Los Principios 3 a 11 son principios de aplicación general que recogen diversas reglas en la materia. Por un lado, instan a los Estados a adoptar medidas legislativas, administrativas, judiciales y de otra índole, ya sea en cumplimiento de sus obligaciones internacionales o con carácter voluntario, para mejorar la protección del medio ambiente en relación con los conflictos armados (Principio 3). Por otro lado, apuntan también algunas posibles medidas, como la designación de zonas protegidas (Principio 4), la adopción de medidas de protección del medio ambiente de las tierras y los territorios en que los que habitan Pueblos Indígenas (Principio 5), la conclusión de acuerdos sobre la presencia de fuerzas militares (Principio 6), y la adopción de medidas para prevenir, mitigar y reparar los daños al medio ambiente causados por las operaciones de paz (Principio 7) o en las zonas donde se encuentren o transiten personas desplazadas por un conflicto armado (Principio 8).

Esos principios de aplicación general confirman también que todo hecho internacionalmente ilícito de un Estado en relación con un conflicto armado que cause daños al medio ambiente genera responsabilidad internacional de ese Estado y, en consecuencia, la obligación de reparar íntegramente los daños causados (Principio 9). Asimismo, el Proyecto de principios recuerda que la producción de daños medioambientales en esas circunstancias también puede dar lugar a la responsabilidad internacional de organizaciones internacionales, así como de otros actores, como, por ejemplo, grupos armados no estatales o incluso individuos. En consecuencia, los Estados deberán adoptar medidas apropiadas para que las empresas que operen en su territorio o desde él, o en territorios bajo su jurisdicción, puedan ser consideradas responsables de los daños que hayan causado al medio ambiente, también en relación con la salud humana, en una zona de conflicto armado (Principio 11).

A continuación, se establecen una serie de principios que se encuentran sistematizados siguiendo un criterio temporal. Por un lado, los principios 12 a 21 introducen reglas aplicables *durante los conflictos armados*, entendiendo como tales cualesquiera tipos de conflictos armados, ya sean conflictos armados internacionales, situaciones de ocupación o conflictos armados no internacionales (CDI 2022, p. 147). Los mismos contemplan, en términos generales, algunas de las obligaciones de protección del medio ambiente contenidas en el DIH y que serán analizadas en el siguiente apartado.

Finalmente, los principios 22 a 27 enuncian pautas aplicables una vez finalizado el conflicto armado, dirigidas tanto a los Estados como a las organizaciones internacionales y otros actores pertinentes. Entre ellas, destaca la invitación a ocuparse de las cuestiones relativas a la restauración y la protección del medio ambiente dañado como consecuencia de un conflicto armado en los procesos de paz y en los acuerdos adoptados en tales circunstancias (Principio 22); el llamamiento a la cooperación entre Estados y organizaciones internacionales para la realización de evaluaciones ambientales y la adopción de medidas de reparación (Principio 24), así como para eliminar o inutilizar los restos de guerra peligrosos (Principio 26), incluidos los restos de guerra en el mar (Principio 27).

Aunque el Proyecto de Principios tiene una vocación integral y el potencial para contribuir a clarificar las normas aplicables en este ámbito, el mismo ha sido criticado también por su falta de ambición y por adolecer de numerosas insuficiencias (Dam-de Jong y Sjöstedt 2021, p. 155). Cabe señalar a su vez que, en buena medida, el Proyecto ofrece recomendaciones de desarrollo progresivo del Derecho Internacional en la materia, pues muchos de sus principios no reflejan normas convencionales o consuetudinarias vigentes en la actualidad. En este sentido, el Proyecto pretende en gran parte alentar a los Estados a que adopten medidas voluntarias para mejorar la protección del medio ambiente en relación con los conflictos armados más allá de las obligaciones que les incumben en virtud del Derecho Internacional.

Con esta precisión, y en el contexto trazado por el Proyecto de principios de la CDI, los dos siguientes apartados tienen como propósito identificar las principales normas que hoy día protegen el medio ambiente del impacto de la guerra. En primer lugar, el apartado tercero se centra en aquellas normas contempladas por el DIH, las cuales constituyen la *lex specialis* aplicable en tales circunstancias. A continuación, el apartado cuarto estudia en qué medida los tratados internacionales de protección del medio ambiente, instrumentos fundamentales del DIMA, siguen siendo aplicables durante un conflicto armado, lo que puede contribuir a reforzar la protección del medio ambiente en relación con la guerra[2].

---

2 Puesto que ello excedería los objetivos de este capítulo, cabe advertir se ha optado por dejar al margen el examen de las obligaciones de protección del medio ambiente en tiempo de conflicto armado derivadas de otros regímenes internacionales o ramas del Derecho Internacional, como son, por ejemplo, el Derecho Internacional de los Derechos Humanos (DIDH).

3. LA PROTECCIÓN DEL MEDIO AMBIENTE EN LOS CONFLICTOS ARMADOS EN VIRTUD DEL DERECHO INTERNACIONAL HUMANITARIO

Tradicionalmente, los Estados han tratado de desarrollar el Derecho Internacional aplicable a los conflictos armados, a fin de que el uso de la fuerza, cuando no pueda evitarse, "no se convierta en un uso incontrolado, sin más límites que los que exige la victoria" (Juste Ruiz 2003, p. 83). Así, junto a la protección de la población civil, principal víctima de la guerra, en tiempos más recientes la humanización de los conflictos armados ha incorporado los intereses y las nuevas preocupaciones de la Comunidad internacional en su conjunto, habiéndose integrado las exigencias de protección del medio ambiente en el Derecho de los conflictos armados. Así lo confirmó el principio 24 de la Declaración de Río sobre el medio ambiente y el desarrollo, de 14 de junio de 1992:

> "La guerra es, por definición, enemiga del desarrollo sostenible. En consecuencia, los Estados deberán respetar las disposiciones de derecho internacional que protegen al medio ambiente en épocas de conflicto armado, y cooperar en su ulterior desarrollo, según sea necesario" (NU 1992a).

Esa incorporación del medio ambiente como objeto de protección durante la guerra se ha llevado a cabo de forma sucesiva (Juste Ruiz 2003, p. 84). En primer lugar, a través de la aceptación por parte de los Estados de que el medio ambiente no podía constituir un objetivo militar y que el mismo debía ser protegido, durante las hostilidades, contra daños de notable intensidad. En segundo lugar, criminalizado las conductas más graves contra el medio ambiente, dando lugar a la tipificación de crímenes de guerra específicos, así como a la emergente figura del crimen de ecocidio (Serra Palao 2019; Stop Ecocide Foundation 2021). Dejando de lado la cuestión de la responsabilidad internacional por daños al medio ambiente en tiempo de conflicto armado, el presente apartado tiene como objetivo identificar cuáles son las principales normas de DIH que protegen el medio ambiente.

Ciertamente, el DIH y, en general, el derecho de los conflictos armados, imponen a los Estados varias obligaciones que, directa o indirectamente, contribuyen a la protección del medio ambiente en relación con los conflictos armados (AGNU 2022a, p. 109). A continuación, se identifican esas obligaciones distinguiendo entre aquellas normas que protegen el medio ambiente de forma directa, es decir, que tienen como objeto el medio ambiente y como principal propósito protegerlo del impacto de la guerra; y aquellas otras normas que lo protegen de forma indirecta en tanto que pretenden limitar los daños provocados por los conflictos armados, incluyendo, entre otros, aquellos que se infligen al medio ambiente.

3.1. Las normas del Derecho Internacional Humanitario que protegen el medio ambiente de forma directa

Existen actualmente un conjunto reducido de normas concebidas especialmente para proteger el medio ambiente del impacto de la guerra. En primer lugar, el Convenio sobre la prohibición de utilizar técnicas de modificación ambiental con fines militares u otros fines hostiles de 1976 (conocido como Convenio ENMOD) prohíbe la utilización de técnicas de modificación ambiental como arma de guerra. En segundo lugar, el Protocolo adicional I a los Convenios Ginebra sobre protección de las víctimas de los conflictos armados internacionales de 1949 (PA I) establece dos importantes normas: la prohibición de emplear métodos o medios de guerra concebidos para causar, o de los cuales quepa prever que causen, un daño extenso, duradero y grave al medio ambiente natural; y la prohibición de realizar ataques al medio ambiente natural que comprometan la salud o la supervivencia de la población, así como ataques al medio ambiente a modo de represalia.

3.1.1. La prohibición de utilizar técnicas de modificación ambiental como arma de guerra

De acuerdo con su art. 1, el Convenio ENMOD prohíbe a los Estados "utilizar técnicas de modificación ambiental con fines militares u otros fines hostiles que tengan efectos vastos, duraderos o graves, como medios para producir destrucciones, daños o perjuicios a otro Estado Parte", así como alentar o incitar a otro Estado, grupo de Estados u organizaciones internacionales a utilizarlas. A los efectos del Convenio, se entiende por "técnicas de modificación ambiental" aquellas que "tienen por objeto alterar —mediante la manipulación deliberada de los procesos naturales— la dinámica, la composición o estructura de la Tierra, incluida su biótica, si litosfera, su hidrosfera y su atmósfera, o del espacio ultraterrestre" (art. 2). En consecuencia, queda prohibida por este tratado la utilización de técnicas de manipulación de los procesos naturales[3], comúnmente denominadas de "guerra meteorológica" (Casanovas y la Rosa 2009, p. 1084) o "guerra geofísica", las cuales incluyen, entre otras, la provocación de lluvias artificiales, huracanes, mareas, terremotos, lluvia o nieve.

Para que una actividad de este tipo llevada a cabo por un Estado Parte se entienda prohibida por el Convenio es necesario que esta se realice con fines militares u hostiles, y con la intención de "producir destrucciones, daños o perjuicios

---

[3] Es decir, de alteración del "transcurso innato y regular de la vida natural en el que no ha intervenido el hombre" (Domínguez Matés 2005, p. 66).

a otro Estado Parte" (art.1). En este sentido, conviene hacer algunas precisiones. Primero, que, aunque el Convenio ENMOD sea de aplicación con independencia de que exista o no un conflicto armado, es precisamente en ese contexto en el que cobra especial sentido la prohibición de utilizar esas técnicas con fines militares u hostiles y con la intención de provocar destrucciones y daños. Segundo, que el Convenio no prohíbe la utilización de dichas técnicas cuando sea con fines pacíficos como, por ejemplo, dispersar nubes con el objeto de favorecer la agricultura o provocar agua en el desierto para combatir la desertificación (Domínguez Matés 2005, p. 69). De hecho, como reconoce expresamente su preámbulo, ello podría ayudar a "mejorar la interrelación hombre-naturaleza y contribuir a preservar y mejorar el medio ambiente en beneficio de las generaciones presentes y venideras". Tercero, que el Convenio exige la intención de utilizar dichas técnicas con la intención de provocar daños o perjuicios a otra Parte en el mismo, por lo que los efectos colaterales en el territorio de un tercer Estado provocados por dichas técnicas tampoco serían considerados como una infracción del Convenio (Domínguez Matés 2005, p. 75).

Es importante señalar también que la actividad de modificación ambiental debe tener unos efectos "vastos, duraderos o graves", sin que esas tres circunstancias, tal y como se desprende de la conjunción "o", deban darse de forma acumulativa. Por el contrario, el Convenio precisa que es necesario que se dé al menos una de dichas circunstancias. Y en este sentido, según los Acuerdos Interpretativos del Convenio adoptados por la Conferencia de la Comisión de Desarme de las Naciones Unidas en 1992, deben entenderse por efectos "vastos" aquellos que afectan a un área de dimensiones de, al menos, varios cientos de quilómetro cuadrados; por efectos "duraderos", aquellos que se prolongan por un período de meses o, aproximadamente, una estación del año; y por efectos "graves", aquellos que impliquen una significativa ruptura o daño de la vida humana, de los recursos económicos o naturales o de otros bienes.

3.1.2. La prohibición de emplear métodos o medios de guerra concebidos para causar, o de los cuales quepa prever que causen, un daño extenso, duradero y grave al medio ambiente natural

Junto al Convenio ENMOD, el PA I, aplicable a los conflictos armados internacionales, constituye el segundo gran instrumento del DIH para la protección del medio ambiente en tiempo de guerra. El mismo contiene, en los arts. 35.3 y 55, dos normas que protegen el medio ambiente *per se,* de forma directa, y que son el resultado, respectivamente, de las distintas posiciones expresadas durante la Conferencia diplomática que se ocupó de su elaboración: por un lado, la postura partidaria de proteger el medio ambiente en sí mismo y, por otra, la favorable a protegerlo por su conexión con la salud y la supervivencia de la población civil.

El art. 35.3, ubicado dentro del título III dedicado a los métodos y medios de guerra, enuncia como norma fundamental que "Queda prohibido el empleo de métodos o medios de hacer la guerra que hayan sido concebidos para causar, o de los que quepa prever que causen, daños extensos, duraderos y graves al medio ambiente natural".

Se trata de una norma que pretende fijar un límite a los combatientes en cuanto a los medios o métodos de combate que pueden utilizar, prohibiendo aquellos que causen, o que se prevea que puedan causar, determinados daños al medio ambiente. Conviene hacer aquí, también, cuatro consideraciones. Primero, que a diferencia del Convenio ENMOD, esta es una disposición que protege el medio ambiente en cuanto tal, con independencia de su conexión con daños o pérdidas humanas. Segundo, que, a diferencia de lo que ocurre con el Convenio ENMOD, tales métodos o medios de hacer la guerra quedan prohibidos, aunque de ellos no se deriven daños efectivos, si no solamente potenciales. Tercero, que el umbral de daño fijado en ambos instrumentos es también distinto. Si bien el Convenio ENMOD no exige que los daños sean vastos, duraderos y graves, de forma acumulativa, el PA I sí requiere que los mismos sean extensos, duraderos "y" graves. En cuanto a la delimitación de dichas circunstancias, sin embargo, de las actas de la Conferencia no se desprende ninguna definición más allá de algunos intentos de identificar una duración mínima, por lo que deben ponderarse de forma casuística (González Barral 2017, p. 926). Finalmente, hay que tener en cuenta que el PA I resulta de aplicación a los conflictos internacionales (art. 2), por lo que no protege el medio ambiente de los daños provocados en el contexto de un conflicto armado sin carácter internacional[4].

3.1.3. La prohibición de realizar ataques al medio ambiente natural que comprometan la salud o la supervivencia de la población, o a modo de represalia

La segunda de las disposiciones contemplada en el PA I cuyo objeto es la protección del medio ambiente es el art. 55, el cual, bajo el título de "protección del medio natural", establece que:

---

[4] El Protocolo II adicional a los Convenios de Ginebra, que regula los conflictos armados no internacionales, no incluye disposiciones específicas sobre la protección del medio ambiente como las que incorpora el PA I. De hecho, la propuesta de incluir en ese segundo protocolo una disposición equivalente al art. 35.3 del PA I fue expresamente rechazada. Pese a ello, cabe destacar que los manuales militares suelen incluir disposiciones con dicho objetivo que son aplicables también en tiempo de conflicto armado. Asimismo, muchos Estados han adoptado normativa interna que califica como "ecocidio" la causación de daños extensos, duraderos y graves al medio ambiente en cualquier tipo de conflicto internacional.

"1. En la realización de la guerra se velará por la protección del medio ambiente natural contra daños extensos, duraderos y graves. Esta protección incluye la prohibición de emplear métodos o medios de hacer la guerra que hayan sido concebidos para causar o de los que quepa prever que causen tales daños al medio ambiente natural, comprometiendo así la salud o la supervivencia de la población.

2. Quedan prohibidos los ataques contra el medio ambiente natural como represalias".

A diferencia del art. 35.3, el art. 55 protege el medio ambiente por su conexión con la salud y la supervivencia de la población civil. Coherente con ello, la disposición se encuentra ubicada dentro del título IV dedicado a la población civil, y en su capítulo III relativo a los bienes de carácter civil.

El art. 55 contiene, en realidad, dos normas. La primera, relativa a la conducción de las hostilidades cuando éstas tengan un impacto medioambiental, establece una obligación genérica de precaución (obligación de velar) para que en la realización de la guerra no se causen daños de gran envergadura al medio ambiente natural. Se entiende aquí que el umbral de nocividad radica, de nuevo, en la extensión, durabilidad y gravedad de los daños (González Barral 2017, p. 925).

La segunda norma prohíbe llevar a cabo ataques o actos violentos contra el medio ambiente como represalia o venganza, lo que se da, por ejemplo, cuando una parte en el conflicto responde a un ataque previo destruyendo los recursos naturales de la otra o cuando una parte, tras perder el conflicto, prefiere destruir sus recursos naturales (campos, ríos, etc.) antes de dejarlos en manos del vencedor.

3.2. Las normas del Derecho Internacional Humanitario que protegen el medio ambiente de forma indirecta

Paralelamente a las normas cuyo objeto de protección es el medio ambiente, el DIH contempla también algunas normas o principios cuyo propósito principal no es tal, pero que cumplen indirectamente esa función. Entre ellas, destacamos, a continuación: a) los principios y normas generales sobre la conducción de las hostilidades; b) las normas que protegen determinados bienes de carácter civil relacionados con el medio ambiente; y c) las normas relativas al uso de ciertas armas.

3.2.1. Los principios y normas generales sobre la conducción de las hostilidades: los principios de distinción y proporcionalidad, y la Cláusula Martens

No es el objetivo de este trabajo llevar a cabo un estudio detallado de los principios fundamentales del DIH, lo cual excedería en mucho el propósito del capítulo. No obstante, resulta ineludible señalar aquí, y así lo confirman los Principios 12 y 14 del Proyecto de Principios de la CDI de 2022 (AGNU 2022a), que algunos de dichos principios fundamentales, que forman parte del Derecho Internacional consuetudinario, contribuyen muy particularmente a la protección del medio ambiente, en tanto que limitan aquello que las partes beligerantes pueden hacer durante un conflicto armado, sea internacional o no. En este sentido, la Corte Internacional de Justicia (CIJ), en su Opinión consultiva sobre la *Legalidad de la amenaza o el uso de armas nucleares,* afirmó que "los Estados deben tener en cuenta las consideraciones ambientales cuando determinan qué es necesario y proporcional para lograr objetivos militares legítimos", siendo el respeto del medio ambiente "uno de los elementos que se han de sopesar para saber si una acción es conforme a los principios de necesidad y proporcionalidad" (CIJ 1996, párr. 30).

Así, en primer lugar, el *principio de distinción o discriminación* obliga a los beligerantes a diferenciar entre objetivos militares y bienes de carácter civil. En virtud de dicho principio, ninguna parte o elemento del medio ambiente puede ser objeto de ataque a menos que sea considerado un objetivo militar. Que pueda ser calificado como tal o no, sin embargo, depende del caso concreto y exige una valoración de si, por su naturaleza, ubicación, finalidad o utilización contribuyen eficazmente a la acción militar, así como de si su destrucción total o parcial, captura o neutralización, ofrecen una ventaja militar definida (principio recogido en el art. 2 PA I).

En segundo lugar, el *principio de proporcionalidad* prohíbe llevar a cabo ataques contra objetivos militares cuando sea de prever que causarán incidentalmente muertos y heridos entre la población civil o daños a los bienes de carácter civil que serían excesivos en relación con la ventaja militar concreta y directa prevista (principio recogido en el art. 55.5.b PA I). Así, este principio prohibiría lanzar ataques que causen daños al medio ambiente natural cuando sean excesivos en relación con la ventaja militar obtenida.

Finalmente, resulta relevante también aquí la llamada *Cláusula Martens,* insertada en el preámbulo del Convenio II de la Haya sobre las leyes y usos de la guerra terrestre de 1899 y reproducida posteriormente en los Convenios de Ginebra de 1949 y en sus respectivos Protocolos adicionales del año 1977. En virtud de dicha cláusula, en los casos no comprendidos por las normas convencionales, "las poblaciones y los beligerantes quedarán bajo la garantía y el régimen de los principios del Derecho de Gentes preconizados por los usos establecidos entre las naciones civilizadas, por las leyes de la humanidad y por las exigencias de la conciencia pública". Su virtual aplicación en este ámbito estaría relacionada con la posibilidad de entender que la protección el medio ambiente deriva de dichas exigencias de la conciencia pública. De hecho, las Directrices del Comité Internacional de la Cruz Roja (CICR) sobre la Protección del medio ambiente en tiempo de conflicto armado para manuales y programas de instrucción militares de 1994 contienen una disposición que establece, precisamente, que en los casos no contemplados por las normas de acuerdos internacionales, "el medio ambiente queda bajo la protección y el imperio de los principios de derecho internacional derivados de los usos establecidos, de los principios de humanidad y de los dictados de la conciencia pública" (CICR 1994, Directriz 7).

3.2.2. Las normas que protegen determinados bienes de carácter civil relacionados con el medio ambiente

El DIH contempla también algunas normas que protegen aquellos bienes de carácter civil que forman parte o guardan relación con el medio ambiente. Así, por ejemplo, el art. 54 del PA I prohíbe atacar, destruir, sustraer, inutilizar, o hacer objeto de represalias, bienes indispensables para la supervivencia de la población civil "tales como los artículos alimenticios y las *zonas agrícolas* que los producen, las *cosechas,* el *ganado,* las *instalaciones y reservas de agua potable* y las obras de riego"[5].

Asimismo, el art. 56 del PA I prohíbe realizar ataques contra obras e instalaciones que contienen fuerzas peligrosas, como "las presas, los diques y las centrales nucleares de energía eléctrica". La protección alcanza esos bienes e instalaciones, a pesar de que sean objetivos militares, cuando los ataques puedan producir la liberación de fuerzas peligrosas y causar pérdidas importantes en la población civil.

En ambos casos, aunque el objeto de protección es la población civil, la vía de protección es la prohibición de realizar ataques a elementos del medio ambiente "cultivado" o de importancia económica, así como a bienes o instalaciones que liberarían fuerzas que, además de provocar daños humanos, destruirían el medio ambiente natural.

3.2.3. Las normas que prohíben o restringen el uso de ciertas armas

Finalmente, un último grupo de normas del DIH que protegen indirectamente el medio ambiente está integrado por aquellas normas que prohíben o limitan el uso de determinadas armas durante el conflicto armado. El ya citado art. 35 del PA I establece que "el derecho de las partes en conflicto a elegir los métodos o medios de hacer la guerra no es ilimitado" y por ello prohíbe, en su párr. 2, "el empleo de armas, proyectiles, materias y métodos de hacer la guerra de tal índo-

[5] Énfasis añadido.

le que causen males superfluos o sufrimientos innecesarios". Dicha prohibición tiene como fundamento la necesidad de equilibrar las necesidades militares con consideraciones humanitarias (Casanovas y la Rosa 2009, p. 1079), pero indirectamente tienen como efecto proteger el medio ambiente, puesto que, junto a la población, este es también víctima del gran potencial destructivo de determinados tipos de armamento.

La limitación del uso de estas armas, siguiendo la llamada a la acción contenida en el Principio 26 de la Declaración de Estocolmo sobre el Medio Humano de 1972 (NU 1972), se ha plasmado en sucesivos instrumentos normativos, especialmente tratados internacional multilaterales, que han ido paulatinamente prohibiendo o restringiendo la utilización de determinados tipos de armamento: a) *armas convencionales de efectos inmediatos*, como las municiones explosivas (Declaración de San Petersburgo de 1968 y Declaración de Segunda Conferencia Internacional de la Paz de la Haya de 1899) y las municiones incendiarias (Protocolo III sobre prohibiciones y restricciones del empleo de armas incendiarias a la Convención sobre prohibiciones o restricciones del empleo de ciertas armas convencionales que puedan considerarse excesivamente nocivas o de efectos indiscriminados, hecha en Ginebra el 10 de octubre de 1980); b) *armas convencionales de efectos retardados*, como las minas y trampas (Protocolo II sobre prohibiciones o restricciones del empleo de minas, armas trampa y otros artefactos a la Convención de 1980 y Convención sobre la prohibición del empleo, almacenamiento, producción y transferencia de minas antipersonal y sobre su destrucción, hecha en Oslo el 18 de septiembre de 1997, conocida como Convención de Ottawa); y c) *armas no convencionales* (también llamadas "armas de destrucción masiva") como la armas bioquímicas, bacteriológicas, biológicas y toxínicas (Convención sobre la prohibición del desarrollo, la producción y el almacenamiento de armas bacteriológicas (biológicas) y toxínicas y sobre su destrucción de 1972) y las armas nucleares (Tratado sobre la prohibición de las armas nucleares de 2017).

4. LA PROTECCIÓN DEL MEDIO AMBIENTE EN LOS CONFLICTOS ARMADOS EN VIRTUD DEL DERECHO INTERNACIONAL DEL MEDIO AMBIENTE

Si bien las normas el DIH establece importantes límites a la actuación de los combatientes en un conflicto armado, protegiendo así el medio ambiente de los excesos cometidos durante la guerra, es igualmente cierto que hoy día existen relativamente pocas disposiciones del DIH que se refieran directa o indirectamente al medio ambiente y que estas presentan también importantes carencias a la hora de será aplicadas; carencias relacionadas, entre otras, con la definición del umbral de daño ambiental o con el daño ambiental cuando este supone un daño colateral (Bothe 1991; Bothe, Bruch, Diamond y Jensen 2010). Como señalaba el CICR, a pesar de sus importantes logros,

> "las violaciones de las normas del DIH siguen siendo un problema de difícil solución. Cada una de las transgresiones tiene graves consecuencias para todos los afectados y, cuando el incumplimiento de las normas se vuelve sistemático en un conflicto, las consecuencias son devastadoras no solo para la vida de las personas y las familias, sino también para las comunidades, para las ciudades y, cada vez con mayor frecuencia, para regiones enteras. A pesar de que el DIH ha adquirido relevancia en los foros internacionales y en la doctrina militar, las partes en algunos conflictos siguen desobedeciendo abiertamente sus normas en una medida que genera gran preocupación en todo el mundo" (CICR 2019a, p. 10).

Ante esta situación, conviene ampliar la perspectiva y tener en cuenta que existen normas pertenecientes a otros regímenes internacionales o ramas del Derecho Internacional que pueden dar lugar también a obligaciones de protección medioambiental en tiempo de guerra. Entre ellas, las normas pertenecientes al DIMA resultan de especial interés y relevancia. Así, hoy día se han adoptado múltiples tratados que protegen el medio ambiente y sus componentes de los efectos nocivos de la actividad humana a través del establecimiento de obligaciones de protección y conservación para los Estados. Entre ellos, destacan el Convenio internacional para prevenir la contaminación por los buques de 1973/78 (Convenio MARPOL), el Convenio de Basilea sobre el control de los movimientos transfronterizos de los desechos peligrosos y su eliminación de 1989, la Convención marco de las Naciones Unidas sobre el cambio climático de 1992 (CMNUCC) o el Convenio sobre la diversidad biológica de 1992 (CDB). Dichos tratados fueron concebidos para proteger el medio ambiente en tiempo de paz, no obstante, con vistas a garantizar una protección ambiental eficaz resulta pertinente preguntarse en qué medida estos permanecen en vigor en caso de conflicto armado, ya que la ruptura de hostilidades entre las partes repercute inevitablemente en su aplicabilidad (Pérez Salóm 2018, p. 526; Vöneky 2000)[6].

El Informe del Secretario General de las Naciones Unidas sobre la protección del medio ambiente en tiempo de conflicto armado presentado en 1992 se pronunció en un sentido afirmativo en los siguientes términos:

> "Además de las normas del derecho relativo a la guerra, también pueden seguir siendo aplicables disposiciones generales (de tiempos de paz) sobre la protección del medio

[6] Cabe puntualizar que, al margen de si dichos tratados resultan o no aplicables durante un conflicto armado, se ha propuesto también la aplicación de técnicas de integración normativa para incorporar todo o parte de su contenido en las normas del DIH, promoviendo una suerte de "ambientalización" de este como una vía de mejora de la protección medioambiental en tiempo de guerra (Díaz Santís 2017).

ambiente. Cabe decir esto en particular con respecto a las relaciones entre un Estado beligerante y terceros Estados" (NU 1992b, p. 3, párr. 11).

No obstante, la CIJ, en su ya citada Opinión consultiva sobre la *Legalidad de la amenaza o el uso de armas nucleares* de 1996, puso de manifiesto la incertidumbre que rodea tal cuestión:

"La cuestión no radica en saber si los tratados relativos a la protección del medio ambiente son o no aplicables durante un conflicto armado, sino más bien en saber si se ha querido que las obligaciones derivadas de esos tratados sean obligaciones de abstención en caso de conflicto militar.

La Corte no considera que, porque los tratados en cuestión contengan obligaciones con respecto a la protección del medio ambiente, se haya pretendido con ellos privar a un Estado del ejercicio del derecho a la legítima defensa que el derecho internacional le reconoce" (CIJ 1996, párr. 30).

La práctica internacional en esta materia ha tendido a ser también heterogénea e inconsistente, dando lugar a situaciones muy diversas (Mollard-Bannelier 2001, p. 246). Esta problemática, en realidad, no es exclusiva de los tratados que protegen el medio ambiente, sino que se enmarca en el viejo debate acerca de la aplicación de los tratados internacionales en tiempo de conflicto armado (Loets 2012). Al respecto, durante años, la doctrina se mostró dividida y la práctica internacional, incoherente, daba lugar a tratados que continuaban siendo aplicados por las Partes, tratados que se terminaban o de los que se suspendía su aplicación automáticamente al iniciarse el conflicto armado y tratados que las Partes seguían cumpliendo hasta que ello devenía imposible por las circunstancias del conflicto o las características del tratado.

Para poner fin a esa incertidumbre, la CDI incluyó el tema de los efectos de los conflictos armados en su agenda en 2004 y, tras siete años de trabajo, en 2011 aprobó en segunda lectura un *Proyecto de artículos sobre los efectos de los conflictos armados en los tratados* (en adelante, Proyecto de artículos o articulado) (CDI 2011a). Dicho proyecto ofrece una serie de principios y pautas claras en la materia[7], las cuales confirman que los tratados de protección del medio ambiente siguen siendo de aplicación en tiempo de conflicto armado[8].

---

[7] En cuanto al valor normativo de dichos principios y reglas, hay que señalar que no se han iniciado aún negociaciones para elaborar una convención general basada en el Proyecto de artículos. No obstante, como fue precisado durante los trabajos de la CDI, buena parte de las reglas y principios del Proyecto de artículos codifican el Derecho Internacional existente. En este sentido, el Relator especial Lucius Caflisch puntualizó que solamente algunos aspectos, como la extensión del ámbito de aplicación del Proyecto a los conflictos armados no internacionales, suponen más bien desarrollo progresivo del Derecho Internacional (CDI 2011b, p. 3).

[8] Este capítulo sintetiza los principios incorporados en el proyecto de la CDI. Para un análisis pormenorizado del Proyecto de artículos, véase, entre otros: Pronto 2013 y Dudley 2016. So-

4.1. El principio general: la aplicación de los tratados internacionales de protección del medio ambiente no se termina ni se suspende automáticamente en tiempo de conflicto armado

Efectivamente, el Proyecto de artículos consagra como principio general que la existencia de un conflicto armado no da lugar *ipso facto* a la terminación de los tratados ni a la suspensión de su aplicación, ni entre los Estados parte en el conflicto, ni entre un Estado Parte en el conflicto y un Estado que no lo sea (proyecto de art. 3). Ello implica, al objeto de lo examinado en este capítulo, que los tratados que protegen el medio ambiente, sus ecosistemas y componentes, no resultan suspendidos ni terminados automáticamente cuando estalla un conflicto armado. En consecuencia, las Partes en el tratado deben continuar cumpliendo con sus compromisos de protección medioambiental también mientras dura el conflicto armado.

Este principio básico de la continuidad en la aplicación de los tratados no implica, no obstante, que un tratado no pueda verse afectado por el estallido de las hostilidades. Este principio más bien reconoce que esta circunstancia no es, en sí misma, una causa de terminación o suspensión automática. Como se ha dicho,

> "no se trata tanto de establecer una presunción a favor de que los tratados continúen en vigor a pesar del surgimiento de un conflicto armado entre los Estados Parte sino de impedir que se consagre la presunción de que todo tratado deja de estar en vigor o debe dejar de aplicarse por el mero hecho de que comiencen las hostilidades" (Díaz Barrado 2012, p. 18).

Por ello, los proyectos de arts. 4 a 7 establecen, complementariamente, una serie de pautas para determinar si, y en qué medida, un tratado concreto sobrevive a un conflicto armado o no.

4.2. Los principios para determinar la continuidad o no en la aplicación de los tratados internacionales de protección del medio ambiente durante un conflicto armado

Dichos criterios, tal y como precisan los comentarios de la CDI, deben aplicarse sucesivamente (CDI 2011a, p. 196). Primero, procede examinar el propio tratado. Según el proyecto de art. 4, si este contiene alguna disposición expresa que regule su continuidad en el marco de un conflicto armado, se aplicará dicha disposición. En este sentido, y aunque resulta excepcional que un tratado esta-

---

bre sus implicaciones para los tratados de protección del medio ambiente en particular, véase Abegón Novella 2022.

blezca que el mismo continuará aplicándose durante un conflicto armado, no lo es la situación contraria: que el tratado fije que no resulta aplicable en tales circunstancias. Es el caso, por ejemplo, del art. 19 del Convenio Internacional para prevenir la contaminación de las aguas del mar por hidrocarburos, hecho en Londres el 12 de mayo de 1954, el cual establece que "[e]n caso de guerra u otras hostilidades, el Gobierno Contratante que se considere afectado, ya sea como beligerante o como neutral, podrá suspender la aplicación de la totalidad o de una parte de la presente Convención en relación con todos o algunos de sus territorios".

Si el tratado no contiene ninguna previsión sobre su suerte en tiempo de conflicto armado, el proyecto de art. 5 insta entonces a recurrir a las reglas de interpretación de los tratados, tal y como fueron recogidas en los arts. 31 a 33 de la Convención de Viena sobre el Derecho de los tratados de 1969. En aplicación de dichas reglas de interpretación, por ejemplo, podría concluirse que los tratados multilaterales normativos que prohíben a utilización no pacífica de determinadas zonas o espacios medioambientales deben continuar aplicándose en tiempo de guerra[9]. O, por el contrario, que no resultan aplicables aquellos otros que excluyen de su ámbito de aplicación a buques y naves de guerra[10].

En caso de que la interpretación del tratado no conduzca a una respuesta concluyente, a continuación, y de conformidad con el proyecto de art. 6, procede entonces valorar una serie de factores que guardan relación con la naturaleza del tratado (como la materia que regula, su objeto y fin, contenido o número de partes) y con las características del conflicto (como su extensión territorial, su escala e intensidad, su duración o su grado de participación externa, en el caso de conflictos sin carácter internacional), al efecto de decidir sobre la compatibilidad entre la aplicación del tratado y el conflicto armado. La valoración de dichos factores puede conducir a conclusiones diversas. Así, atendiendo a las características del tratado podría considerarse que siguen siendo aplicables aquellos tratados que contienen disposiciones generales que promueven la protección del medio ambiente o aquellos otros que protegen determinados sectores o componentes del medio ambiente no necesarios para la guerra[11]. No obstante, las características del conflicto armado podrían comportar la suspensión de la aplicación de tratados de protección del medio ambiente en la medida en que quedaran afectadas las capacidades del Estado o Estados Parte para seguir cumpliendo sus obligaciones.

---

9 Es el caso del art. 1 del Tratado Antártico, hecho en Washington el 1 de diciembre de 1959.

10 Como establece el art. 3 del Convenio MARPOL, ya citado.

11 Por ejemplo, la Convención sobre el comercio internacional de especies amenazadas de fauna y flora Silvestres de 1973 (CITES).

Finalmente, y como última regla para determinar la suerte de un tratado, el art. 7, en combinación con el anexo del Proyecto, incorpora una lista indicativa de tratados que, en razón de su materia, continúan aplicándose, en su totalidad o en parte, en tiempo de conflicto armado. Entre dichas categorías, figuran los tratados relativos a la protección internacional del medio ambiente (letra g del Anexo).

4.3. La presunción de aplicabilidad de los tratados internacionales de protección del medio ambiente en tiempo de conflicto armado

Si bien la doctrina se ha inclinado tradicionalmente a favor de que los tratados internacionales de protección del medio ambiente siguieran siendo aplicables en tiempo de conflicto armado, la práctica internacional siempre ha sido mucho más heterogénea, reflejando la tensión entre la necesidad de proteger el medio ambiente y las necesidades militares en la guerra. Por ello, ante la inexistencia de una regla clara al respecto, sino más bien una "probabilidad variada o incipiente de aplicabilidad" (CDI 2005, pp. 35-50), la inclusión de esta categoría de tratados en la lista indicativa del anexo al Proyecto de artículos fue reamente una apuesta de futuro de la CDI en favor de su continuidad.

Dicha categoría incluiría tanto los tratados cuya materia es la protección del medio ambiente (como el CMNUCC o el CDB), como aquellos tratados que no regulan exclusivamente esa materia (como el Tratado Antártico), o aquellos que protegen el medio ambiente de manera indirecta (como del Tratado sobre prohibición de emplazar armas nucleares y otras armas de destrucción en masa en los fondos marinos y oceánicos y subsuelo, de 1971). En estos dos últimos supuestos, cabría considerar que solamente gozan de esa presunción de aplicabilidad durante las hostilidades las disposiciones del tratado relativas a la protección del medio ambiente o que cumplan dicha función.

Adicionalmente, hay que tener en cuenta que los tratados multilaterales normativos, en reconocimiento de la función esencial de protección de los intereses esenciales de la Comunidad internacional en su conjunto que desempeñan, fueron incluidos también en el Anexo como una categoría de tratados que continúan aplicándose (letra c del Anexo). En este sentido, dentro de los tratados de protección del medio ambiente, los tratados multilaterales normativos de protección del medio ambiente gozarían de una presunción de aplicabilidad reforzada o "por partida doble".

En último lugar, cabe precisar también que esa presunción de aplicabilidad resulta rebatible (*iuris tantum*) y que es necesario ponerla en relación con el resto de reglas y pautas recogidas en el articulado. De este modo, la puesta en práctica de las mismas puede conducir, en muchos casos, a la conclusión de que la aplicación de un tratado de protección del medio ambiente puede resultar suspendida o terminada. No obstante, en otros supuestos, de ellas se deducirá que el tratado sigue siendo aplicable y que vincula a las partes durante el conflicto, por lo que, de no cumplirse, se estará produciendo un hecho ilícito internacional que puede dar lugar a responsabilidad internacional.

5. REFERENCIAS

5.1. Referencias doctrinales

Abad Castelos, Montserrat (2023), "Tras la tierra quemada por el Daesh: en busca del tiempo perdido", *Ius et Praxis*, vol.29, núm. 2, pp. 204-229. http://dx.doi.org/10.4067/S0718-00122023000200204.

Abegón Novella, Marta (2022), *Los efectos de los conflictos armados en los tratados de protección del medio ambiente*, Atelier, Barcelona.

Bothe, Michael (1991), "The Protection of the Environment in Times of Armed Conflict: Legal Rules, Uncertainty, Deficiencies and Possible Developments", *German Yearbook of International Law*, vol. 34, pp. 54-62.

Bothe, Michael; Bruch, Carl; Diamond, Jordan; Jensen, David (2010), "International law protecting the environment during armed conflict: gaps and opportunities", *International Review of the Red Cross*, vol. 92, num. 879, pp. 569-592. http://dx.doi.org/10.1017/S1816383110000597.

Casanovas y La rosa, Oriol (2009), "El Derecho internacional humanitario en los conflictos armados (I): objetivos militares, bienes de carácter civil, métodos y medios de combate", en Diez de Velasco, Manuel, *Instituciones de Derecho Internacional Público*, 17ªed., Tecnos, Madrid, pp. 1071-1095.

Dam-de Jong, Daniëlla; Sjöstedt, Britta (2021), "Enhancing Environmental Protection in Relation to Armed Conflict: An Assessment of the ILC Draft Principles", *Loyola of Los Angeles International and Comparative Law Review and Comparative Law Review*, vol. 44, núm. 2, pp. 129-156.

Díaz Barrado, Cástor Miguel (2012), "Tratados internacionales y conflictos armados: una cuestión siempre pendiente", *Revista Española de Derecho Internacional*, vol. 64, núm. 2, pp. 11-47.

Díaz Santís, Bárbara (2017), *La ambientalización del Derecho Internacional Humanitario*, Tirant lo Blanch, Valencia.

Domínguez Matés, Rosario (2005), *La protección del medio ambiente en el Derecho internacional humanitario*, Tirant lo Blanch, Valencia.

Dudley, Lauren (2016), "Until We Achieve Universal Peace: Implications of the International Law Commission's Draft Articles on the 'Effects of Armed Conflict on Treaties'", *American University National Security Law Brief*, vol. 6, núm. 1, pp. 13-36.

González Barral, Juan Carlos (2017), "La protección del medio ambiente en caso de conflicto armado", en Rodriguez-Villasante y Prieto, José Luis; Sánchez López, Joaquín (coords.), *Derecho Internacional Humanitario*, 3ª ed., Tirant lo Blanch, Valencia, pp. 913-936.

Grasa, Rafael (1994), "Los conflictos "verdes": su dimensión interna e internacional. Aproximación al estudio de los nexos entre deterioro medioambiental, conflictos con alto grado de violencia potencial, seguridad internacional y negociaciones ambientales intergubernamentales", *Ecología Política*, vol. 8 (2º semestre), pp. 25-40.

Hulme, Karen (2016), "The ILC's work stream on protection of the environment in relation to armed conflict", *Questions of International Law (QIL)*, vol. 34, pp. 27-41.

Juste Ruiz, José (2003), "Derecho de los conflictos armados y protección del medio ambiente", *Anuario de los Cursos de Derechos Humanos de Donostia-San Sebastián: Donostiako Giza Eskubideei Buruzko Ikastaroen Urtekaria*, núm. 3, pp. 83-110.

Lehto, Marja (2020), "Armed conflicts and the environment: The International Law Commission's new draft principles", *Review of European, Comparative and International Environmental Law*, vol. 29, núm. 1, pp. 67-75.

Loets, Adrian (2012), "An Old Debate Revisited: Applicability of Environmental Treaties in Times of International Armed Conflict Pursuant to the International Law Commission's 'Draft Articles on the Effects of Armed Conflict on Treaties'", *Review of European, Comparative and International Environmental Law*, vol. 21, num.2, pp. 127-136. https://doi.org/10.1111/j.1467-9388.2012.00749.x.

Mollard-Bannelier, Karine (2001), *La protection de l'Environnement en temps de conflit armé*, París, Editions A. Pedone.

Pérez Salóm, Roberto (2018), "La aplicabilidad del Derecho Internacional del Medio Ambiente en tiempo de conflicto armado internacional", *Anuario Español de Derecho Internacional*, vol. 34, pp. 525-548. http://dx.doi.org/10.15581/010.34.525-548.

Piqueras Cerdá, Clara; Speroni, Thales (2022), *Migraciones medioambientales*, Universidad Autònoma de Barcelona, Barcelona.

Pronto, Arnold (2013), "The Effect of War on Law— What happens to their treaties when states go to war?", *Cambridge Journal of International and Comparative Law*, vol. 2, núm. 2, pp. 227-241. http://dx.doi.org/10.7574/cjicl.02.02.103.

Serra Palao, Pablo (2019), "Ecocidio: La odisea de un concepto con aspiraciones jurídicas", *Revista Catalana de Dret Ambiental*, vol. 10, núm. 2, pp. 1-45. http://dx.doi.org/10.17345/rcda2662.

Vöneky, Silja (2000), "A New Shield for the Environment: Peacetime Treaties as Legal Restraints of Wartime Damage", *Review of European, Comparative and International Environmental Law*, vol. 9, núm. 1, pp. 20-32. http://dx.doi.org/10.1111/1467-9388.00229.

5.2. Referencias normativas

5.2.1. Tratados internacionales

Convenio II de la Haya sobre las leyes y costumbres de la guerra terrestre, La Haya, firmado el 29 de julio de 1899.

Convenio Internacional para prevenir la contaminación de las aguas del mar por hidrocarburos, Londres, 12 de mayo de 1954; *BOE* núm. 258, de 28 de octubre de 1967.

Tratado Antártico, Washington, 1 de diciembre de 1959; *BOE* núm. 152, 26 de junio de 1982.

Convenio de Viena sobre el Derecho de los Tratados, Viena, 23 de mayo de 1969; *BOE*, núm. 142, de 13 de junio de 1980.

Tratado sobre prohibición de emplazar armas nucleares y otras armas de destrucción en masa en los fondos marinos y oceánicos y subsuelo, Londres, Moscú y Washington, 11 de febrero de 1971, *BOE* núm. 265, 5 de noviembre de 1987.

Convenio sobre el comercio internacional de especies amenazadas de fauna y flora silvestres (CITES); Washington, 3 de marzo de 1973; *BOE*, núm. 181, de 30 de julio de 1986. Enmendada en Bonn el 22 de junio de 1979 y Gaborone el 30 de abril de 1983.

Convenio sobre la Prohibición de utilizar técnicas de modificación ambiental con fines militares u otros fines hostiles, aprobado en la Asamblea General de las Naciones Unidas el 10 de diciembre de 1976, *BOE* núm. 279, de 22 de noviembre de 1979.

Protocolo I adicional a los Convenios Ginebra de 12 de agosto de 1949 sobre protección de las víctimas de los conflictos armados internacionales, Ginebra, 8 de junio de 1977, *BOE* núm. 177, 26 de julio de 1989.

Protocolo II adicional a los Convenios Ginebra de 12 de agosto de 1949 sobre protección de las víctimas de los conflictos armados sin carácter internacional, Ginebra, 8 de junio de 1977, *BOE* núm. 177, 26 de julio de 1989.

Convenio MARPOL 73/78, Convenio internacional para prevenir la contaminación por los buques, Londres, 2 de noviembre de 1973 y Protocolo, Londres, 17 de febrero de 1978; *BOE* núm. 249, de 17 de octubre de 1984.

Convenio sobre la prohibición del desarrollo, la producción y el almacenamiento de armas bacteriológicas (biológicas) y toxínicas y sobre su destrucción, Londres, Moscú y Washington, 10 de abril de 1972, *BOE* núm.165, 11 de julio de 1979.

Protocolo sobre prohibiciones o restricciones del empleo de minas, armas trampa y otros artefactos según fue enmendado el 3 de mayo de 1996 (Protocolo II según fue enmendado el 3 de mayo de 1996), anexo a la Convención sobre prohibiciones o restricciones, Ginebra, 3 de mayo de 1996, *BOE* núm. 269, de 10 de noviembre de 1998.

Convención sobre prohibiciones o restricciones del empleo de ciertas armas convencionales que puedan considerarse excesivamente nocivas o de efectos indiscriminados, Ginebra, 10 de octubre de 1980, BOE núm. 89, de 14 de abril de 1994.

Convenio de Basilea, sobre el control de los movimientos transfronterizos de los desechos peligrosos y su eliminación, 22 de marzo de 1989; BOE núm. 227, 22 de septiembre de 1994.

Convenio sobre la Diversidad Biológica; Río de Janeiro, 5 de junio de 1992; *BOE*, núm. 27, de 1 de febrero de 1994.

Convención Marco de las Naciones Unidas sobre el Cambio Climático; Nueva York, 9 de mayo de 1992; *BOE*, núm. 27, de 1 de febrero de 1994.

Convención sobre la prohibición del empleo, almacenamiento, producción y transferencia de minas antipersonal y sobre su destrucción, Oslo, 18 de septiembre de 1997, *BOE* núm. 62, 13 de marzo de 1999.

Tratado sobre la prohibición de las armas nucleares, Nueva York, 7 de julio de 2017, *UNTS* 2021, vol. 3370, núm. 56487.

5.2.2. Otros actos normativos internacionales

AGNU (2022), Resolución 77/104, "Principios sobre la protección del medio ambiente en relación con los conflictos armados", de 7 de diciembre de 2022.

NU (1972), Informe de la Conferencia de las Naciones Unidas sobre el Medio Humano Declaración de Estocolmo sobre el Medio Humano, Conferencia de las Naciones Unidas sobre el Medio Humano, Estocolmo, 5 a 16 de junio de 1972, Doc. A/CONF.48/14/Rev.1.

NU (1992a), Informe de la Conferencia de Naciones Unidas sobre el Medio Ambiente y el Desarrollo, Declaración de Río sobre el Medio Ambiente y el Desarrollo, Conferencia de las Naciones Unidas sobre el Medio Ambiente y el Desarrollo, Río de Janeiro, 3-14 de junio de 1992, Doc. A/CONF.151/26/Rev.l (Vol. I).

Declaración de San Petersburgo con el objeto de prohibir el uso de determinados proyectiles en tiempo de guerra, de 29 de noviembre al 11 de diciembre de 1868.

Segunda Declaración de la Conferencia Internacional de la Paz de la Haya, de 1899.

5.3. Referencias jurisprudenciales

5.3.1. Tribunales internacionales

CIJ (1996) Legality of the Threat or Use of Nuclear Weapons, *Advisory Opinion, 1996, I.C.J. Reports*, p. 226.

5.4. Referencias documentales

ACNUR (2019), Cambio climático y desplazamiento. Los conflictos y el cambio climático forman una tóxica combinación que obliga a las personas a abandonar sus hogares, 15 de octubre (actualizado el 10 de octubre de 2023).

CDI (2005), Memorando de la Secretaría: "El efecto de los conflictos armados en los tratados: examen de la práctica y de la doctrina", de 1 de febrero, Doc. A/CN.4/550.

CDI (2011a) Informe sobre la labor realizada en su 63 período de sesiones, de 26 de abril a 3 de junio y 4 de julio a 12 de agosto de 2011, Asamblea General. 63 período de sesiones, Suplemento N. 10, Doc. A/66/10.

CDI (2011b), Nota sobre la recomendación que deberá presentarse a la Asamblea General respecto del proyecto de artículos relativos a los efectos de los conflictos armados en los tratados, del Sr. Lucius Caflisch, Relator Especial, de 18 de mayo, Doc. A/CN.4/644.

CDI (2022), Informe sobre la labor realizada en su 73 período de sesiones, de 18 de abril a 3 de junio y 4 de julio a 5 de agosto de 2022, Asamblea General. 73 período de sesiones, Suplemento N. 10, Doc. A/77/10.

CICR (1994), Directrices sobre la Protección del Medio Ambiente en Tiempo de Conflicto Armado para Manuales y Programas de Instrucción Militares, Informe del Secretario general, de 19 de agosto de 1994, Doc. A/49/323, anexo.

CICR (2019a), El Derecho Internacional Humanitario y los desafíos de los conflictos armados contemporáneos. Reafirmar el compromiso con la protección en los conflictos armados en el 70º aniversario de los Convenios de Ginebra, 2019.

CICR (2019b), El medio ambiente natural, una víctima olvidada de los conflictos armados, 5 de junio de 2019.

NU (1992b), "Informe sobre la Protección del medio ambiente en tiempo de conflicto armado", Secretario General de Naciones Unidas, de 31 de julio de 1992, Doc. A/47/328.

PNUMA (1991), Environmental consequences of the armed conflict between Iraq and Kuwait: introductory report of the Executive Director, United Nations Environment Programme, de 10 de mayo de 1991, Doc. UNEP/GC.16/4/Add.1.

PNUMA (2018), Reportaje sobre El devastador impacto de los conflictos en el medio ambiente, 6 noviembre de 2018.

PNUMA (2023), The Environmental Impact of the Conflict in Ukraine. A Preliminary Review, Nairobi.

PNUMA (2024), Environmental impact of the conflict in Gaza Preliminary assessment of environmental impacts, Nairobi.

Stop Ecocide Foundation (2021), Independent Expert Panel for the Legal Definition of Ecocide, "Commentary and Core Text", junio, pp. 1-12.

PARTE IV:

LA JURISPRUDENCIA AMBIENTAL DE LOS TRIBUNALES INTERNACIONALES

Capítulo 25

LA CORTE INTERNACIONAL DE JUSTICIA

SOLEDAD TORRECUADRADA GARCÍA-LOZANO[1]

1. INTRODUCCIÓN

La Corte Internacional de Justicia (CIJ) es, de acuerdo con los artículos 7 y 92 de la Carta de las Naciones Unidas (la Carta) el órgano judicial principal de la Organización de las Naciones Unidas (ONU). Se trata de un tribunal que posee jurisdicción contenciosa facultativa y competencia general respecto de todas las cuestiones jurídicas que las partes le sometan. Su jurisdicción consultiva resulta más amplia que la de su predecesora, la Corte Permanente de Justicia Internacional (CPJI), pues si bien mantiene a la Asamblea General y al Consejo de Seguridad como legitimados para solicitar cualquier cuestión a la Corte (art. 96.1), a ellos se añaden los órganos y los organismos de la Organización que gozan de competencia limitada exclusivamente para plantear "cuestiones jurídicas que surjan dentro de la esfera de sus actividades" (art. 96.2).

La jurisprudencia de la CIJ en materia de medioambiente es escasa, tardía y decepcionante. Escasa por cuanto los Estados parecen preferir otros medios de solución para resolver sus controversias ambientales. Incluso observamos asuntos en los que la Corte es el punto de partida para el arreglo de controversias, en la medida en que, tras la demanda y la admisión de la competencia de la Corte, aunque sea parcial, las partes han decidido desistir de la instancia por hacer alcanzado un acuerdo satisfactorio al margen de ella (por ejemplo, el caso de *Ciertas tierras con fosfatos en Nauru*, CIJ 1992). Por lo que se refiere a la jurisdicción consultiva, solo muy recientemente la Asamblea General planteó una cuestión consultiva centrada en este ámbito material. Tardía debido a la juventud del Derecho Internacional del Medio Ambiente (DIMA), puesto que como indica Bogdansky "surgió por primera vez a principios del siglo 20" (Bogdansky 2023) y se ha desarrollado de manera más informal. Informalidad derivada de dos factores, uno, que muchos de los instrumentos rectores de este ámbito material se

---

[1] Catedrática de Derecho Internacional Público y Relaciones Internacionales en la Universidad Autónoma de Madrid (s.torrecuadrada@uam.es). Todas las páginas web mencionadas en este estudio han sido consultadas el 6 de diciembre de 2024. Trabajo realizado dentro del Proyecto PID2022-141166NB-I00 "Hacia una Corte Internacional de Justicia del Siglo XXI". ORCID: https://orcid.org/0000-0002-7031-5492

han producido con efectos recomendatorios[2] y, otro, los que poseen naturaleza normativa suelen incorporar cláusulas compromisorias que no se refieren a la jurisdicción de la CIJ. Así, los Estados Parte en los tratados celebrados en materia de medioambiente han preferido el arreglo mediante otros mecanismos de solución de controversias, ya sea por omisión de la Corte en estas cláusulas[3] o por el lugar que ocupa como medio subsidiario[4].

En todo caso, aunque figure la jurisdicción de la CIJ entre los medios de solución aplicables, las cláusulas no pueden considerarse compromisorias, pues para que la Corte pueda fundamentar su jurisdicción en ellas se exige su identificación específica añadida a la manifestación del consentimiento en obligarse por el tratado que la incorpora[5]. Lo anterior evidencia el escaso interés de los Estados por la jurisdicción de la Corte como mecanismo de solución de diferencias, por lo que no es de extrañar que el número de ocasiones en las que la CIJ ha tenido ocasión de pronunciarse sobre el DIMA hayan sido tan escasas. Pese a ello, en los

---

2 Así, desde 1989 se han aprobado un ingente número de planes y resoluciones en el seno del Consejo Económico y Social o de la Asamblea General de las Naciones Unidas, entre ellos, por ejemplo, la reciente resolución 79/1 que contiene el Pacto para el futuro aprobada el 22 de septiembre de 2024.

3 Los tratados que omiten la referencia a la CIJ suelen establecer la negociación como mecanismo de solución de las eventuales diferencias que pudieran surgir en su interpretación y aplicación y en su defecto el arreglo arbitral (por ejemplo, del art. XVIII de la Convención sobre el comercio internacional de especies amenazadas de fauna y flora silvestres o el art. XIII de la Convención sobre la conservación de las especies migratorias de animales silvestres).

4 Dos modelos: 1) identifica como prioritaria a la negociación, de no alcanzarse una solución se acudiría a la mediación y a los buenos oficios y, solo si estos fracasasen podría someterse la solución de la controversia al arbitraje o a la jurisdicción de la CIJ. Eso sí, siempre que el consentimiento de los Estados parte en la controversia coincidieran en esta última (o en el arbitraje), en caso de discrepancia al respecto entre ellos se acudiría a la conciliación (art. 27 del Convenio sobre diversidad biológica y sus Protocolos —como el de Cartagena o Nagoya— o el art. 11 de la Convención de Viena sobre la protección de la capa de ozono). 2) La negociación como método prioritario, en su defecto se acudirá a la CIJ o al arbitraje, de nuevo solo si así lo hubieran establecido las partes en la controversia (art. 20 del Convenio de Basilea sobre el control de movimientos transfronterizo de los desechos peligrosos y su eliminación, art. 20 también del Convenio de Roterdam sobre el procedimiento de consentimiento fundamentado previo aplicable a ciertos plaguicidas y productos químicos peligrosos objeto de comercio internacional, el art. 18 del Convenio de Estocolmo sobre contaminantes orgánicos persistentes, el art. 14 de la Convención marco sobre cambio climático o el art. 16 de la Convención sobre el acceso a la información, la participación del público en la toma de decisiones y el acceso a la justicia en asuntos ambientales).

5 Esa identificación es el consentimiento a la aplicación del medio jurisdiccional de arreglo de controversias, habrá de prestarse en el momento de "ratificar, aceptar, aprobar el presente Convenio, o al adherirse a él, o en cualquier momento posterior", así lo establecen el art. 27.3 Convenio sobre la diversidad biológica o el art. 11.3 de la Convención de Viena sobre la protección de la capa de ozono y con el mismo contenido el resto de los antes indicados.

últimos años se ha incrementado el número de controversias sometidas a conocimiento de la CIJ en materia ambiental a pesar de los problemas derivados del principio de libre elección de medios recién apuntado.

Este reducido interés se ha materializado no solo respecto del pleno de la Corte, recordemos que en 1993 se creó en su seno una sala especializada en medioambiente, con fundamento en el artículo 26.1 del Estatuto de la CIJ[6]. Creación que respondía al incremento de asuntos sometidos a su conocimiento en un momento en el que se preveía la recepción por la Corte de controversias que pudieran producirse en materia medioambiental (Viñuales 2008) y con el propósito de ofrecer a los Estados una alternativa a otras jurisdicciones internacionales con potencial competencia en este ámbito, en un intento de evitar que aquellas diferencias escapasen a su conocimiento (Riquelme 1994). Sin embargo, estas salas carecieron de éxito, decidiendo en 2006 prescindir de ellas, al no haber recibido caso alguno durante su existencia, aunque en ese periodo se sometieron a consideración del Pleno algunas controversias en la materia, ignorando, en consecuencia, la sala constituida.

Al escaso interés de los Estados por la jurisdicción de la CIJ hay que añadir que los resultados obtenidos en asuntos en esta materia no han sido los que cupiera esperar. La Corte no se caracteriza por el progresismo en sus decisiones por lo que ha defraudado las expectativas puestas también en sus decisiones ambientales. Sin embargo, es innegable que ha identificado la existencia de normas consuetudinarias *erga omnes* de utilidad para esta joven disciplina, aunque sin indicar ninguno de los elementos que componen las normas objeto de identificación. Además, en ocasiones el contenido de alguna sentencia genera confusión por imprecisión, reiteración o incluso por falta de motivación.

En las páginas que siguen me referiré, en el apartado segundo, a la jurisprudencia de la Corte sobre el medioambiente y, en el tercero, al medioambiente en la jurisdicción consultiva, en la que abordaré brevemente la solicitud de opinión consultiva de la Asamblea General sobre la que ha de pronunciarse aún.

---

6 El texto del artículo 26.1 del Estatuto es el siguiente: "Cada vez que sea necesario, la Corte podrá constituir una o más Salas compuestas de tres o más magistrados, según lo disponga la propia Corte, para conocer de determinadas categorías de negocios, como los litigios de trabajo y los relativos al tránsito y las comunicaciones."

2. LA PROTECCIÓN DEL MEDIO AMBIENTE EN LA JURISDICCIÓN CONTENCIOSA DE LA CORTE INTERNACIONAL DE JUSTICIA

Han sido escasos los asuntos en materia de medioambiente sometidos a la jurisdicción contenciosa de la Corte, motivo por el cual algunos autores han considerado que su papel en la formación de la disciplina ha sido marginal (Bettauer 2011). Han sido siete los casos contenciosos remitidos a la CIJ, se ha emitido una opinión consultiva que, si bien no versaba de forma central sobre la cuestión que nos ocupa, sí incidía sobre ella (al versar sobre la licitud de la amenaza y uso de armas nucleares) y estamos a la espera de que responda a otra formulada por la Asamblea General sobre las obligaciones de los Estados en materia de cambio climático. En tres de los asuntos contenciosos, la Corte no se pronunció sobre el fondo porque admitió las excepciones preliminares interpuestas (*Ensayos nucleares* —CIJ 1973— y *Ciertas tierras con fosfato en Naurú* —CIJ 1992), o porque las Partes llegaron a un acuerdo (*Fumigación aérea con herbicidas*-CIJ 2013), número que puede ascender a cuatro si consideramos en esta categoría la solicitud de sentencia complementaria por parte de Eslovaquia en el caso Ga*bčikovo-Nagymaros*, de la que este Estado desistió (CIJ 2017).

Pese a lo anterior, la jurisprudencia de la Corte ha realizado algunas aportaciones al DIMA, que algún autor ha ordenado en "olas" (Viñuales 2008), en la primera de las cuales se encuentran las sentencias dictadas en dos casos que, sin tener por objeto ni relación con el derecho ambiental, contenían afirmaciones que, pese a su generalidad, formulaban conceptos básicos de la disciplina (Fitzmaurice 2013). Se trata de los asuntos del *Canal de Corfú* entre Reino Unido y Albania (CIJ 1948) y *Barcelona Traction Light and Power Company*, entre Bélgica y España (CIJ 1970). En la indicada en primer lugar, que es la primera sentencia dictada por la CIJ, se proclamó el principio *sic utere tuo ut alienum laedas* como un principio general bien reconocido en Derecho Internacional. Esta afirmación, que resulta avanzada para la época de la sentencia, se refiere exclusivamente a la obligación de no permitir conscientemente la utilización del territorio contra los derechos de otro sujeto (CIJ 1948, párr. 22), en lugar de hacerlo a la obligación de diligencia debida, que habría sido la interpretación actual del principio dentro del DIMA.

Por su parte, en el asunto de la *Barcelona Traction* la Corte identificó la existencia de derechos sobre cuya protección los Estados poseen un interés jurídico: las obligaciones *erga omnes*. Obligaciones que se refieren a la protección de "bienes comunes mundiales" (Bogdansky 2023), dentro de los cuales se encuentran, claramente, las obligaciones ambientales, con ello se establece el fundamento del paso de las obligaciones nacionales en la materia a las obligaciones internacionales o colectivas en la sentencia de 1970 (Fitzmaurice 2013).

Cronológicamente, después vendría el primero de los asuntos que tenían por objeto el medio ambiente: los *Ensayos nucleares*, Australia y Nueva Zelanda c. Francia) (CIJ 1974a; CIJ 1974b). En él, los demandantes perseguían impedir que el demandado continuase realizando ensayos nucleares en la atmósfera en la Polinesia francesa, debido a las emisiones de radioactividad derivadas de ellos y sus consecuencias tanto sobre las personas como sobre el medioambiente. Pese a la inadmisión de la Corte a conocer del fondo del asunto, en la Ordenanza de medidas cautelares introduce un elemento importante, al afirmar que el Gobierno francés ha de abstenerse de "proceder a ensayos nucleares que provoquen el depósito de polvo radioactivo sobre el territorio australiano"[7]. Esto evidencia que la CIJ hace medio siglo contaba con capacidad para formular esta obligación con carácter particular a un Estado, aunque el Juez Ignacio-Pinto, en su opinión disidente, entendía que nos encontrábamos ante una diferencia "netamente política" o utilizaba una publicación neozelandesa en la que se indicaba que hasta entonces los ensayos nucleares no habían provocado daño alguno sobre la salud de las personas (CIJ 1973, opinión disidente p. 164).

Las opiniones de los jueces tanto a la Ordenanza como a la Sentencia ponen de relieve la discusión jurídica producida en el seno de la Corte con ocasión de este asunto. Así, de las opiniones disidentes de los jueces Ignacio-Pinto, Gros y Petrén a la Ordenanza (transformadas en opiniones separadas a la sentencia) cabía desprender que la Corte había reconocido el carácter normativo del Principio 21 de la Declaración de Estocolmo en tanto que norma consuetudinaria (Stephens 2009). Por su parte, el Juez español, Federico de Castro, redacta una opinión disidente a la sentencia (CIJ 1974a, opinión disidente p. 389) con fundamento el arbitraje en el asunto *Trail Smelter* entre Estados Unidos y Canadá (TA 1941) que, aplicado por analogía al supuesto en presencia implicaría el derecho del demandante a solicitar a la Corte que Francia cesara en su comportamiento ilícito (depósito de residuos radioactivos en el territorio de los demandantes).

En el último decenio del siglo XX el DIMA estuvo presente en la Corte tanto de forma extensa como intensa. Extensa por el número de casos de los que tuvo la oportunidad de conocer que versaban sobre esta disciplina e intensa por las afirmaciones que pronunció en relación con aquellos. Así, la primera ocasión la encontramos en la vuelta del asunto de los Ensayos Nucleares, materializada en la *Solicitud de examen de la situación de acuerdo con el parágrafo 63 de la Sentencia de la Corte de 20 de diciembre de 1974 en el asunto de los Ensayos Nucleares*, en el que la Corte subraya la existencia de obligaciones estatales en materia de "respeto y protección del medioambiente natural" (CIJ 1995b, Ordenanza 22 septiembre 1995, párrs. 64 y 67). El problema de esta afirmación deriva de la ausencia

---

7 Todas las traducciones contenidas en este trabajo son de la autora.

de concreción, puesto que la formulación abstracta sin la identificación de las obligaciones de referencia no conduce a ninguna parte, máxime teniendo en cuenta que Nueva Zelanda argüía en su demanda el incumplimiento de obligaciones convencionales y consuetudinarias. Entre las primeras se encontraba la Convención para la protección de los recursos nacionales y el medio ambiente en la región del Pacífico Sur (CIJ 1995a, párr. 74 y ss. demanda neozelandesa), en vigor desde 1990, en la que tanto el demandado como el demandante cuentan con el estatuto de Parte. El artículo 2 de este texto establece como su propósito el de "garantizar la conservación en el largo plazo y el uso sostenido de los recursos pesqueros y, al hacerlo, salvaguardar los ecosistemas marinos en que existen esos recursos" y hacerlo "mediante la aplicación del enfoque precautorio y de un enfoque ecosistémico …", por lo que la contaminación derivada de los ensayos nucleares vulneraría no sólo las obligaciones contenidas en este tratado internacional, sino especialmente su objeto y fin expresado en este artículo. Además, Nueva Zelanda apelaba al derecho consuetudinario (CIJ 1995a, párr. 89 y ss. demanada neozenlandesa). En consecuencia ¿a qué obligaciones se refería la CIJ?, ¿a las indicadas en primer lugar, las de naturaleza convencional?, ¿a las segundas, consuetudinarias? ¿a todas? Tendríamos que esperar a la Opinión consultiva de 1996 (CIJ 1996) para que la Corte procediera a la identificación de alguna de ellas.

Pese al interés de la reiterada formulación de la Corte, lo más interesante de este caso son las opiniones disidentes, especialmente las de los jueces C.G. Weeramantry, esrilanqués y el neozelandés Sir Geoffrey Palmer. En sus opiniones dan respuesta a la pregunta recién formulada, al referirse a los derechos intergeneracionales respecto del disfrute de un medioambiente sano, a la evaluación del impacto sobre el medio ambiente, al principio de precaución, consagrado en tratados internacionales, a la ilicitud del depósito de basura radioactiva en el medio marino o el principio de que no causar daños a otros Estados que deriva del asunto del *Estrecho de Corfú*.

En los primeros días del mes de julio de 1993 se recibiría en la Secretaría de la CIJ el compromiso entre Eslovaquia y Hungría con el propósito de someterle la solución de la controversia que les enfrentaba acerca del Proyecto Gabcikovo Nagymaros (CIJ 1997). Se trata de un supuesto particular, no solo por el instrumento utilizado para la introducción en la instancia, sino también porque una de las partes en la controversia era sucesora del Estado que había celebrado el Tratado relativo a la construcción y su funcionamiento del sistema de presas de Gabcikovo-Nagymaros y porque se trata del primer asunto en el que la CIJ se plantea el concepto de desarrollo sostenible (Stec y Eckstein 1997). En la sentencia, la Corte reconoce la vulnerabilidad del medio ambiente y la necesidad de evaluación continua de los riesgos ecológicos producidos desde la celebración del Tratado relativo a la construcción y operación del sistema de presas de Gabcykovo-Nagymaros, firmado en Budapest el 16 de septiembre de 1977, alegado por las partes (CIJ 1997, párr. 112). Este hecho resulta relevante puesto que el derecho consuetudinario ambiental había avanzado considerablemente en los dieciséis años transcurridos desde la firma del Tratado, sin que la protección contenida en este instrumento convencional se acomodase a las normas consuetudinarias vigentes en el momento en el que se somete la controversia a conocimiento de la Corte.

En este contexto caben tres posibles soluciones: la primera, aplicar conjuntamente las normas convencionales y consuetudinarias; la segunda, terminar la vigencia del tratado en cuestión; la tercera, que una de ellas goce de primacía respecto de la otra (Rodrigo Hernández 1998). La Corte se decanta por la primera de ellas, al reconocer la posibilidad de incorporación en el Tratado de las nuevas normas medioambientales de fuente consuetudinaria a través de los arts. 15, 19 y 20 del texto convencional, que son artículos evolutivos. Estos preceptos obligan a las partes a garantizar que la adecuada calidad de las aguas del Danubio y a que aseguren la protección de la naturaleza, así como a tener en cuenta las nuevas normas medio ambientales a la hora de determinar de común acuerdo los medios para alcanzar este propósito.

En consecuencia, la Corte identifica como aplicables las normas actuales para evaluar los riesgos ecológicos, además de subrayar que esta interpretación evolutiva no solo viene permitida por los artículos 15 y 19 del Tratado:

> "... sino que lo prescriben en la medida en que estos artículos imponen a las partes una obligación continua y necesariamente evolutiva, de mantener la calidad del agua del Danubio y de proteger la naturaleza.
>
> La Corte no pierde de vista que, en el ámbito de la protección del medioambiente, la vigilancia y la prevención se imponen debido al carácter a menudo irreversible de los daños causados al medioambiente y de los límites inherentes al mecanismo de reparación de este tipo de daños" (CIJ 1997, párr. 140).

Pese a que, a la vista de la jurisprudencia anterior, hemos de celebrar el contenido de esta sentencia, al Juez Weeramantry, en su opinión individual (CIJ 1997, párrs. 88-119), realiza algunas precisiones concretamente en dos puntos: primero, sobre el concepto de desarrollo sostenible, segundo acerca del principio de evaluación del impacto ambiental. Respecto del primero, entiende que el desarrollo sostenible es un principio con valor normativo, puesto que forma parte del Derecho Internacional general que ha sido aceptado como tal por la comunidad internacional. Por lo que se refiere al segundo, la evaluación del impacto ambiental ha de ser continua y evolutiva, es decir, dinámica y conforme a los criterios y elementos disponibles en el momento de su realización.

Con todo, si bien hay afirmaciones relevantes en esta sentencia, la Corte no dejó de defraudar precisamente por lo que silenció: no se aplicaron al caso principios relevantes del DIMA, como la evaluación del impacto ambiental, prevención o precaución ni se determinó su valor jurídico y eso pese a que en el momento en el que se dicta la sentencia eran reconocidos internacionalmente.

En el siglo XXI, tres asuntos contenciosos sometidos a la Corte en materia ambiental tenían como partes a Estados americanos: el asunto de las *plantas de celulosa en el río Uruguay* entre Argentina y Uruguay (CIJ 2010), los casos entre Nicaragua y Costa Rica relativos a *Ciertas actividades de Nicaragua en la región fronteriza* (CIJ 2018) y el de la *Construcción de una carretera por Costa Rica a lo largo del río San Juan* (CIJ 2015), que como la Corte decidió unir; la *Fumigación aérea de herbicidas* entre Ecuador y Colombia (CIJ 2013). El que no estaba protagonizado por Estados americanos es el relativo a la *Caza de ballenas en el Antártico,* entre Australia c. Japón (CIJ 2014).

Sin embargo, pese a que el caso que enfrentó a Ecuador contra Colombia resultaba prometedor, al considerar el demandante que las fumigaciones aéreas desarrolladas por Colombia con herbicidas tóxicos en zonas fronterizas o próximas a su frontera afectaba de forma grave a las culturas, a la fauna y al medio natural, la Corte no se pronunció sobre el fondo, debido al desistimiento de Ecuador. Desistimiento debido a la celebración por las Partes de un tratado en el que se establecía una zona de exclusión en la que Colombia se comprometió a no realizar fumigaciones aéreas, creando además comisión mixta a la que se le atribuían las funciones de supervisar el cumplimiento de esta obligación.

Por tanto, nos referiremos a los tres casos restantes. El primero en producirse en el tiempo fue el relativo a las *plantas de celulosa* que trae causa de la autorización de Uruguay para establecer dos fábricas (una española y otra finlandesa) en su ribera del río Uruguay sin observar el procedimiento de información y consultas previas previstos en el Tratado bilateral que contenía el estatuto del citado río y que habían firmado las Partes el 26 de febrero de 1975. El problema de fondo es que, al tratarse de un río fronterizo, los residuos contaminantes derivados de estas fábricas de papel terminarían en el río, perjudicando la calidad de las aguas de ambas riberas, tanto de la uruguaya como de la argentina.

La sentencia dictada por la Corte en este asunto supuso la consolidación de las afirmaciones pronunciadas en la jurisprudencia dictada en relación con la obligación de actuar con la diligencia debida (Ojeda Huerta 2016). En este sentido, la CIJ

> "observa que el principio de prevención, en tanto que regla consuetudinaria, encuentra su origen en la diligencia requerida ("diligencia debida") del Estado sobre su territorio…. El Estado está obligado a poner en práctica todos los medios a su alcance para evitar que las actividades que se desarrollan en su territorio o en todo espacio sometido a su jurisdicción no causen un perjuicio sensible al medioambiente de otro Estado" (CIJ 2010, párr. 101).

En consecuencia, el principio de precaución es una norma consuetudinaria de alcance general cuyo origen se encuentra en la formulación de la Corte en el asunto del *Canal de Corfú* y que implica obligaciones de dos tipos: 1) adoptar las medidas necesarias para evitar esas actividades; 2) supervisar y controlar administrativamente a "los operadores públicos y privados" así como a las actividades que estos realizan con el propósito "de preservar los derechos de la otra parte" (CIJ 2010, párr. 197). Además, este principio posee elementos tanto procesales como sustantivos y, aunque la redacción de las últimas es "muy a menudo en términos generales, las obligaciones de naturaleza procesal están más circunscritas y precisas para facilitar la aplicación del estatuto mediante una concertación permanente entre las partes afectadas" (CIJ 2010, párr. 77). Entre las primeras se ubican las obligaciones de información y notificación, entre las segundas están las de contribuir al aprovechamiento óptimo y racional del río (CIJ 2010, párrs. 170-177), vigilar que la gestión del suelo y los bosques no perjudique al régimen del río o la calidad de sus aguas (CIJ 2010, párrs. 178-180), coordinar medidas con el propósito de evitar cambios en el equilibrio ecológico (CIJ 2010, párrs. 182-189), preservar el medio acuático y prevenir la contaminación (CIJ 2010, párrs. 190-202).

Se trata del procedimiento más relevante en la materia producido hasta entonces debido principalmente al debate producido en el seno de la Corte acerca de dos obligaciones: la de precaución y la de realizar evaluaciones de impacto ambiental. Respecto de la primera, identifica su origen en la debida diligencia en tanto que norma consuetudinaria (CIJ 2010, párr. 101), aunque sin identificar ninguno de sus elementos (Bogdansky 2023). En cuanto a la segunda, si bien el caso versa sobre el cumplimiento del Tratado por el que se establece el Estatuto del río Uruguay celebrado entre las partes en la controversia el 26 de febrero de 1975, en vigor desde el 18 de septiembre de 1976, no por ello deja de contener afirmaciones de interés. Es el caso de la obligación que impone el Derecho Internacional general de proceder a una "evaluación del impacto ambiental cuando se proyecta una actividad industrial que podría tener un impacto perjudicial importante transfronterizo, y en particular sobre un recurso compartido" (CIJ 2010, párr. 204) y hacerla antes de que se inicie la puesta en marcha del proyecto en cuestión (CIJ 2010, párr. 205).

Sin embargo, no todo iban a ser avances, así, la sentencia pone de relieve la indefinición del alcance y contenido de la evaluación de impacto ambiental, dada la inexistencia de una norma internacional que la establezca, indicando que deberá considerar en cada caso "la naturaleza y amplitud del proyecto en causa y su impacto probable sobre el medioambiente" (CIJ 2010, párr. 205) y hacerla con la diligencia debida; pero por otra parte, esta obligación de evaluación no solo implica esa realización inicial sino también "una vigilancia continuada sobre los efectos del proyecto que se está realizando sobre el medioambiente mantenido durante todo el tiempo que dure el mismo" (CIJ 2010, párr. 205). Así:

> "los principios básicos por los cuales se prohíbe el uso del propio territorio de tal forma que se pueda afectar el de otros Estados se ve operativizado por la presencia de un instrumento para lograrlo, el de los Estudios de Impacto Ambiental, que vendrían a ser obligatorios." (Saco 2010).

Por otra parte, la Corte decidió unir las instancias de dos casos que enfrentaban a Nicaragua con Costa Rica, los casos relativos a *Ciertas actividades de Nicaragua en la región fronteriza* (Costa Rica c. Nicaragua) y a la *Construcción de una carretera por Costa Rica a lo largo del río San Juan* (Nicaragua c. Costa Rica), en aras a la correcta administración de justicia y a la economía judicial. El motivo de esta decisión es que ambas partes se acusan de realizar actividades nocivas sobre el sistema ecológico de la zona y, de forma específica, sobre los dos humedales existentes en ella que cuentan con relevancia internacional y están protegidos por el Convenio de Ramsar (Fernández Egea 2013). No es de extrañar, por tanto, que la Corte se centrara en la obligación de prevenir el daño transfronterizo.

Para ello, la Corte en la sentencia sobre el fondo se limitó a reiterar lo establecido en el asunto de las *plantas de celulosa* (CIJ 2010), aunque aclarando que la obligación de realizar una evaluación de impacto ambiental resulta predicable respecto de todas las actividades susceptibles de generar impactos negativos transfronterizos en el medioambiente. En este último sentido, la CIJ rechazó las alegaciones de Nicaragua respecto de Costa Rica acerca del incumplimiento de las obligaciones sustantivas de Derecho Internacional consuetudinario ambiental (CIJ 2015, párr. 174-217). Nicaragua consiguió probar la vulneración por parte de Costa Rica de la obligación de Derecho Internacional general de realizar una evaluación del impacto que sobre el medioambiente tendría la construcción de la carretera en cuestión. Por otra parte, Nicaragua debía indemnizar a Costa Rica por los daños causados como consecuencia de los incumplimientos de las normas de Derecho Internacional, provocando una segunda sentencia que tenía por objeto la determinación de la cuantía correspondiente, que determinaría la Corte a solicitud de una de las partes si no conseguían alcanzar un acuerdo transcurrido un año desde que se dictara la sentencia (CIJ 2015, párr. 229).

La ausencia de acuerdo entre las partes en el plazo señalado provocó que la Corte se pronunciase por primera vez sobre la indemnización debida a daños ambientales. Bien es cierto que en el asunto *Gabcykovo Nagymaros* había recordado que, teniendo en cuenta el carácter irreparable de los daños ambientales, lo más útil siempre es la vigilancia y prevención con el propósito evidente de que no lleguen a producirse (CIJ 1997, párr. 140). Por su parte, en la de la *Plantas de celulosa* amplía esta idea, al entender que los efectos nocivos de las actividades humanas sobre las aguas del río tienen un potencial multiplicador al ser susceptibles de afectar a otros componentes del ecosistema, a la flora y la fauna. En el caso del río Uruguay resulta especialmente importante la adopción de medidas coordinadas entre las dos partes para procurar esa prevención (CIJ 2010, párr. 188). Además de ello, había avanzado que el derecho consuetudinario expresado en el Proyecto de artículos de la CDI sobre responsabilidad internacional de los Estados (CDI 2001) establece la restitución como la forma más perfecta de reparación y, en su defecto, procedería la indemnización o la satisfacción o incluso las dos conjuntamente (CIJ 2010, párr. 273).

En el caso de Nicaragua y Costa Rica, la CIJ afirma que los ilícitos ambientales, como el resto de las vulneraciones de Derecho Internacional merecen una reparación integra (CIJ 2018, párrs. 41-43), procediendo en este caso por una doble causa: la primera, los daños producidos a Costa Rica, la segunda, los daños medioambientales (CIJ 2018, párr. 41). La siguiente tarea es identificar el método aplicable para la determinación de la reparación, habida cuenta de la imposibilidad de la restitución. Hemos de tener en cuenta que Nicaragua taló 300 árboles y despejó la vegetación de 6,19 hectáreas, con lo que provoca un daño más amplio, en la medida en que afectó a distintas categorías de servicios medioambientales (CIJ 2018, párr. 75), de donde se desprende que los daños producidos al medioambiente tienen unas consecuencias que se multiplican debido a su repercusión sobre el ecosistema.

La cuestión más debatida, que generó discrepancia entre los miembros de la Corte, fue la forma de evaluar la indemnización debida, puntos de vista que materializaron en sus opiniones individuales. El Juez Cançado entendió que la Corte había seguido un razonamiento muy estricto, debiendo aplicarse al caso que nos ocupa la justicia restauradora, adoptando como punto de partida la insuficiencia de la indemnización que debe completarse con otras formas de reparación de los daños causados. Por su parte, la Corte cuantifica la indemnización conforme a dos elementos: el primero, por los daños causados al medioambiente; el segundo, los gastos en los que la víctima ha incurrido debido a las actividades ilícitas nicaragüenses. Cabría, también, añadir a ello intereses compensatorios siempre que fueran precisos para garantizar la reparación integra del perjuicio producido por el ilícito internacional, teniendo en cuenta que estos intereses no son una forma autónoma de reparación. En este sentido se indican dos tipos de intereses: los intereses compensatorios, aplicables entre la fecha en la que se dicta la sentencia sobre el fondo y esta; y los intereses de demora, para el supuesto en el que Nicaragua no proceda al abono de la indemnización fijada en el plazo establecido (CIJ 2018, párr. 150-155).

Por último, el caso de la *Caza de la ballena en el Antártico* entre Australia y Japón (CIJ 2014) se trata de la interpretación del Convenio para la regulación de la pesca de la ballena que carecía de cláusula compromisoria, utilizándose al efecto sendas declaraciones facultativas u opcionales realizadas por las partes con fundamento en el artículo 36.2 del Estatuto de la CIJ. En él se admitió a Nueva Zelanda como interviniente, en tanto que parte en un tratado multilateral que iba a ser objeto de interpretación en el caso, tal y como prevé el artículo 63 del Estatuto de la CIJ.

El principal objeto de la diferencia se encontraba en el artículo VIII del citado texto convencional que permitía a las Partes conceder permisos a sus nacionales para "matar, capturar y tratar ballenas a efectos de investigación científica", Japón fundamentaba en este precepto el Programa Jarpa II que se inició en la temporada 2005/2006 que inicialmente contemplaba capturas reducidas de ballena pero que progresivamente habían ido en aumento (Rodríguez Magdaleno 2010). Por lo que se refiere a la interpretación del artículo VIII, Australia y Nueva Zelanda coinciden en que no puede considerarse aisladamente, sino a la luz del resto del texto, por tanto, en una interpretación lógico-sistemática, de modo que el primero indica como elementos relevantes a tener en cuenta las moratorias y los santuarios, especialmente, el santuario ballenero austral (CIJ 2014, párr. 53), defendiendo una interpretación restrictiva realizada a la luz del objeto y fin del Tratado. Nueva Zelanda se muestra igualmente partidaria de esta interpretación restrictiva, puesto que así se desprendía de la aplicación del criterio lógico-sistemática del texto en cuestión y defendía la concesión razonable de licencias de investigación científica siempre que esta se produjera por medios no letales (CIJ 2014, párrs. 57-58 y 81). Además, hay que tener en cuenta que la interpretación del precepto se produce conforme a las directrices emitidas al respecto por la Comisión Ballenera Internacional (CBI).

Por lo demás, en relación con el interés de Australia en este caso, hay que tener en cuenta que parte de esas actividades se desarrollan en la zona marítima del Antártico reivindicada por Australia, por lo que no es de extrañar que haga valer sus derechos sobre ella. La Corte no va a examinar lo que se entiende por investigación científica, pero sí concluye que Japón prefiere utilizar para estos fines métodos letales debido a razones económicas, puesto que "ofrece una fuente de financiación susceptible de cubrir el coste de la investigación" (CIJ 2014, párr. 144).

En todo caso, se trata de una sentencia de alta complejidad técnica, puesta de relieve por algunos jueces como Owada o Abraham en sus opiniones disidentes en las que consideran que la Corte no es un foro apropiado para la solución de diferencias científicas debido a la ausencia de conocimientos específicos sobre las cuestiones debatidas. Pese a ello, la Corte concluyó que, si bien desde una perspectiva general el Programa Jarpa II puede considerarse globalmente como un programa de investigación científica, su aplicación no tiene una relación razonable con los propósitos que indica perseguir, motivo por el cual, entiende que los permisos especiales concedidos por Japón para "matar, capturar y tratar a las ballenas" en este contexto no se han realizado "a efectos de investigación científica" como preceptúa el artículo VIII apartado primero del citado texto convencional (CIJ 2014, párr. 227). Por ello, la Corte ordena a Japón que revoque todas las licencias concedidas en el marco del Programa Jarpa II y que se abstenga de autorizar nuevas al amparo del citado precepto (CIJ 2014, párr. 245).

La sentencia puso el foco sobre la responsabilidad de la CBI que, recordemos, es el órgano encargado de la conservación y gestión de la pesca de ballenas que había establecido directrices para el examen de las propuestas de permisos científicos por el Comité científico. Directrices que los Estados han de observar.

3. LA PROTECCIÓN DEL MEDIO AMBIENTE EN LA JURISDICCIÓN CONSULTIVA DE LA CORTE INTERNACIONAL DE JUSTICIA

La jurisdicción contenciosa de la CIJ no parece particularmente adecuada a los desafíos ambientales del siglo XXI (Fernández Egea 2021), pues como hemos visto, la jurisprudencia de la Corte en este y otros ámbitos materiales no puede caracterizarse precisamente por su progresismo. Recordemos que la Corte es heredera de la CPJI creada hace poco más de un siglo, por lo que los únicos que cuentan con legitimación activa son los Estados. En este sentido, la sociedad civil ha adoptado la bandera de la defensa de la protección medioambiental, y no pueden actuar ante la CIJ; motivo por el cual la jurisdicción consultiva parece especialmente adecuada para ello, pese a los problemas que suscita.

La primera opinión consultiva en la que la Corte tuvo la oportunidad de pronunciarse sobre el DIMA fue con ocasión de una pregunta sobre la licitud de la amenaza o el empleo de las armas nucleares formulada por la Asamblea General (CIJ 1996). La Organización Mundial de la Salud (OMS) había planteado otra que, debido a las limitaciones establecidas por el artículo 96.2 de la Carta, se circunscribía a si las repercusiones sobre la salud de la utilización de este tipo de armamento y, en concreto si la utilización de armas nucleares "constituiría una violación de una obligación de sus obligaciones de Derecho Internacional, incluyendo a la Constitución de la OMS" (CIJ 1993, p. 6). La Corte no respondió debido a que excedía del ámbito de las competencias de la Organización remitente, por lo que no reunía los requisitos establecidos en el artículo precitado.

Sí se pronunciaría acerca de la cuestión formulada por la Asamblea General de Naciones Unidas sobre la licitud el recurso a la amenaza y el uso de las armas nucleares y, al hacerlo, realizó afirmaciones importantes para el DIMA, cierto que menos de las que nos hubiera gustado, pero la Corte avanza siempre con pasos muy pequeños. La mayor contribución al medio ambiente de la CIJ ha sido el reconocimiento de la obligación internacional de proteger el medio ambiente (Viñuales 2008), tal y como se contienen en las Declaraciones de Estocolmo sobre el Medio Humano de 1972 (NU 1972) y de Río de Janeiro sobre Medio Ambiente y Desarrollo de 1992 (NU 1992) que se proclama por primera vez en esta opinión consultiva y lo hace tras afirmar ser consciente de que:

> "El medio ambiente está amenazado día tras día y que el empleo de armas nucleares podría constituir una catástrofe para el medio natural. Igualmente es consciente de que el medioambiente no es una abstracción, sino un espacio en el que viven los seres humanos y del que depende la calidad de su vida y su salud, incluso para las generaciones venideras. La obligación general que tienen los Estados de velar para que las actividades ejercidas en los límites de su jurisdicción o bajo su control respeten el medioambiente en otros Estados o en las zonas que no se encuentran bajo ninguna jurisdicción nacional forma ahora parte del cuerpo normativo del derecho internacional del medioambiente" (CIJ 1996, párr. 29).

De estas palabras se desprende que la protección del medio ambiente es una obligación general y, en consecuencia, de fuente consuetudinaria.

Más de un cuarto de siglo después, el 29 de marzo de 2023, la Asamblea General adoptaba una resolución histórica, la 77/76 en la que planteaba a la Corte, con fundamento en el artículo 96 de la Carta, una cuestión jurídica de gran relevancia para que el órgano judicial principal se identifique las obligaciones respecto de "la protección del sistema climático y de otros componentes del medioambiente contra las emisiones antrópicas de gas de efecto invernadero para los Estados y las generaciones presentes y futuras; b) cuales son, a la vista de esas obligaciones, las consecuencias jurídicas para los Estados que, por sus acciones u omisiones han causado daños significativos al sistema climático y a otros componentes del medioambiente con respecto a: i) los Estados, comprendiendo, en particular, los pequeños Estados insulares y en desarrollo que, por su situación geográfica y su nivel de desarrollo, son lesionado o están especialmente afectados por los efectos nefastos del cambio climático o particularmente vulnerables a estos efectos; ii) Los pueblos y los individuos de generaciones presentes y futuras afectados por los efectos nefastos del cambio climático" (CIJ 2024a).

El camino hasta llegar aquí ha sido largo (Fernández Egea 2023) y no exento de dificultades, iniciado en 2011 teniendo a Palaos como protagonista. Este pequeño Estado insular de Micronesia con escasas emisiones, pero gran perjudicado por la elevación del nivel del mar, pretendió que la Corte se pronunciara acerca de las obligaciones estatales respecto de la emisión de gases de efecto invernadero. Esta iniciativa que perseguía que la Asamblea General planteara a la Corte la siguiente cuestión jurídica: ¿Cuáles son las obligaciones que el Derecho Internacional impone a los Estados para asegurar que las actividades realizadas bajo su control que emiten gases de efecto invernadero no causan ni contribuyen sustancialmente a producir daños graves a otros Estados? (Kysar 2013). Esta iniciativa no llegó a puerto, pero se encuentra en el origen de la que ahora está ante la Corte.

Diez años después de aquel intento, la evidencia del cambio climático es innegable, por lo que no es de extrañar que la iniciativa de Vanuatu, Estado archipelágico de origen volcánico, como Palaos, próximo a Australia, consiguiera los apoyos necesarios para que, en esta ocasión sí, alcanzara su objetivo: que se pronuncie la Corte acerca de las cuestiones antes indicadas al inicio de este epígrafe en la Opinión consultiva respecto de las obligaciones de los Estados en materia de cambio climático.

Aún es pronto para conocer la respuesta del órgano judicial principal de las Naciones Unidas a ellas, puesto que el último acto procesal adoptado es la Ordenanza de 20 de mayo de 2024 (CIJ 2024b), en virtud de la cual se prorrogaba hasta el 15 de agosto el plazo para el depósito de observaciones escritas, en respuesta a la solicitud presentada en este sentido por veintitrés Estados y Organizaciones Internacionales.

El mes de noviembre de 2024 se han publicado dos comunicados de prensa (los días 8 y 26), en el primero de ellos se publica la agenda de audiencias públicas que tendrán lugar entre el 2 y el 13 de diciembre de 2024, en la segunda, se invita a un grupo de científicos del Grupo intergubernamental de expertos sobre la evolución del clima a acudir a la Corte (CIJ 2014c) con el propósito de

> "profundizar con ellos en la comprensión de las principales conclusiones científicas presentadas en los informes de evaluación periódica en las que el BIEC examina las bases científicas del cambio climático, sus efectos y los riesgos futuros, y propone soluciones en materia de adaptación y de su atenuación".

Todo indica que la mayor aportación de la Corte en materia de medio ambiente está por llegar … o no. Hay grandes expectativas puestas en su respuesta que, a la vista del conservadurismo que caracteriza su jurisprudencia, pueden verse defraudadas. Sin embargo, este no es el peor de los escenarios posibles, puesto que aún sería mucho peor si, defraudando o no las expectativas depositadas en la Corte, emitiera una opinión consultiva que careciera de toda aplicación. Es cierto que las opiniones consultivas no son sentencias, pero se consideran cuasi-obligatorias atendiendo al órgano emisor, que no es otro que el órgano judicial principal de Naciones Unidas. Ahora solo nos resta esperar a que la Corte se pronuncie en la *Opinión Consultiva sobre las obligaciones de los Estados en materia de cambio climático* (CIJ 2024a), confiemos que no defraude puesto que la Corte suele ser más progresista en la jurisdicción consultiva que en la contenciosa, y que los Estados estén a la altura de lo que requiere la situación en la que nos encontramos, actuando conforme a las obligaciones que indique la Corte.

4. REFERENCIAS

4.1. Referencias doctrinales

Bettauer, Ronald J. (2011), "International Environmental Law-Making and the International Court of Justice Remarks", *ASIL Proceedings,* vol. 105, pp. 61-65.

Bogdansky, Daniel (2023) "Derecho Internacional del medioambiente", en Espósito, Carlos; Parlett, Kate (eds) *La Corte Internacional de Justicia,* Aranzadi, pp. 439-461.

Fernández Egea, Rosa María, (2013) "Jurisprudencia ambiental internacional", *Revista Catalana de Dret Ambiental,* vol. IV, núm.2, pp. 1-9.

Fernández Egea, Rosa María, (2023) "La protección medioambiental en la jurisprudencia de la Corte Internacional de Justicia: ¿un reto irresoluble?", en Torrecuadrada García-Lozano, Soledad (dir.), *Los nuevos retos de la Corte Internacional de Justicia,* Wolters Kluwer, Madrid, pp. 105-134.

Fernández Egea, Rosa María (2023) "La función consultiva de la CIJ al servicio de la lucha contra el cambio climático", en Torrecuadrada, Soledad y Eva María. Rubio (dir.), en *La contribución de la Corte Internacional de Justicia al imperio del Derecho Internacional en tiempos convulsos: aproximaciones críticas,* Thomson Reuters Aranzadi, Madrid, pp. 118-140.

Fitzmaurice, Malgosia. (2013), "The International Court of Justice and International Environmental Law", en Ch. J. TAMS y J. SLOAN *The Development of International Law by the International Court of Justice,* Oxford University Press, Oxford, pp. 353-374. http://dx.doi.org/10.1093/acprof:oso/9780199653218.003.0015.

Kysar, Douglas A. (2013), "Climate Change and the International Court of Justice: Seeking an Advisory Opinion on Transboundary Harm from the Court", *Yale Law School, Public Law Research Paper* nº 315.

Ojeda Huerta, Elvis (2016) "La Corte Internacional de Justicia y el desarrollo del Derecho Internacional Ambiental", *Forseti, Revista de Derecho,* nº 1, pp. 59-75. http://dx.doi.org/10.21678/forseti.v0i6.1120.

Riquelme Cortado, Rosa María (1994), "Constitución por la CIJ de una sala 'especializada' en medioambiente", en *Revista Española de Derecho Internacional,* vol. 46-2, pp. 895-899.

Rodrigo Hernández, Ángel J. (1998), "La aportación del asunto Gabcikovo-Nagymaros al Derecho Internacional del medioambiente", en *Anuario Español de Derecho Internacional,* pp. 769-809.

Rodríguez Magdaleno, Raúl Ignacio (2010), "El régimen internacional de la pesca de ballenas: entre la conservación y la exploración (a propósito del asunto de la pesca de ballenas en el Océano Ártico)", en *Anuario Español de Derecho Internacional,* pp. 143-174. http://dx.doi.org/10.15581/010.26.4162.

Saco, Víctor (2010) "El caso de las plantas de celulosa sobre el río Uruguay. Sentencia de la Corte Internacional de Justicia de 20 de abril de 2010 (Argentina contra Uruguay)", en *Agenda Internacional,* núm. 28, pp. 281-304. http://dx.doi.org/10.18800/agenda.201001.013.

Stec, Stephens y Eckstein, Gabriel (1998), "Of Solemn Oaths and Obligations: The Environmental Impact of the ICJ´s Decision in the Case Concerning the Gabcikovo-Nagymaros Project", en *Texas Yearbook International Environmental Law,* vol. 41, num. 8, pp. 41-50. http://dx.doi.org/10.1093/yiel/8.1.41.

Stephens, Tim (2009), *International Courts and Environmental Protection,* Cambridge University Press, Cambridge. http://dx.doi.org/10.1017/CBO9780511576034.

Viñuales, Jorge E. (2008), "The Contribution of the International Court of Justice to the Development of the International Environmental Law: A Contemporary Assessment", en *Fordham International Law Journal,* vol. 32, núm. 1, pp. 232-258.

Young, Michaela, (2015) "Whaling in the Antartic (Australia v. Japan: New Zealand intervening); progressive judgment or missed opportunity for the development of international environmental law?", *The Comparative and International Law Journal of Southern Africa,* vol. 48, núm. 1, pp. 59-88.

4.2. Referencias Normativas

4.2.1. Tratados internacionales

Carta de las Naciones Unidas y Estatuto de la Corte Internacional de Justicia. Declaración unilateral española en aceptación de la jurisdicción obligatoria del Tribunal Internacional de Justicia, *BOE* núm. 275, de 16 de noviembre de 1990.

Convenio internacional de 2 de diciembre de 1946 para la regulación de la pesca de la ballena, hecho en Washington, incluyendo las modificaciones del Protocolo de 19 de noviembre de 1956, y anexo al Convenio, revisado para incluir las enmiendas aprobadas, *BOE* núm. 202, de 22 de agosto de 1980

Convenio sobre el comercio internacional de especies amenazadas de fauna y flora silvestres (CITES); Washington, 3 de marzo de 1973; *BOE*, núm. 181, de 30 de julio de 1986. Enmendada en Bonn el 22 de junio de 1979 y Gaborone el 30 de abril de 1983.

Tratado bilateral sobre el Estatuto del río Uruguay, 26 de febrero de 1975, UNTS vol. 1295, I-21425.

Treaty concerning the construction and operation of the Gabcikovo-Nagymaros system of locks, Budapest, 16 September 1977, UNTS, vol. 1109, I-17134

Convención sobre la conservación de las especies migratorias de animales silvestres, Bonn, 23 de junio de 1979, *BOE*, núm. 259, de 29 de octubre de 1985.

Convention for the Protection of the Natural Resources and Environment of the South Pacific Region, 24 November 1986, 26 *ILM* 38 (1987)

Convenio de Viena para la protección de la capa de ozono, Viena, 22 de marzo de 1985; *BOE* núm. 275, de 16 de noviembre de 1988.

Convenio de Basilea, sobre el control de los movimientos transfronterizos de los desechos peligrosos y su eliminación, 22 de marzo de 1989; BOE núm. 227, 22 de septiembre de 1994.

Convenio sobre la Diversidad Biológica; Río de Janeiro, 5 de junio de 1992; *BOE*, núm. 27, de 1 de febrero de 1994.

Convención Marco de las Naciones Unidas sobre el Cambio Climático; Nueva York, 9 de mayo de 1992; *BOE*, núm. 27, de 1 de febrero de 1994.

Convenio de Rotterdam de 1998 sobre el procedimiento del consentimiento fundamentado previo aplicable a ciertos plaguicidas y productos químicos peligrosos objeto de comercio internacional, Rotterdam, 10 de septiembre de 1998; *BOE* núm.73, de 25 de marzo de 2004.

Convenio de Aarhus sobre acceso a la información, la participación del público en la toma de decisiones y el acceso a la justicia en materia de medio ambiente, Aarhus, 25 de junio de 1998; *BOE*, núm. 40, de 16 de febrero de 2005.

Protocolo de Cartagena sobre Seguridad de la Biotecnología, Montreal, 29 de enero de 2000, *BOE*, núm. 181, de 30 de julio de 2003

Convenio de Estocolmo sobre contaminantes orgánicos persistentes, Estocolmo el 22 de mayo de 2001; *BOE* núm. 151, de 23 de junio de 2004.

Protocolo de Nagoya sobre acceso a los recursos genéticos y participación justa y equitativa en los beneficios que se deriven de su utilización, Nagoya el 29 de octubre de 2010, *BOE*, núm. 202, de 20 de agosto de 2014.

4.2.2. Otros textos normativos

NU (1972), Informe de la Conferencia de las Naciones Unidas sobre el Medio Humano Declaración de Estocolmo sobre el Medio Humano, Conferencia de las Naciones Unidas sobre el Medio Humano, Estocolmo, 5 a 16 de junio de 1972, Doc. A/CONF.48/14/Rev.1.

NU (1992), Informe de la Conferencia de Naciones Unidas sobre el Medio Ambiente y el Desarrollo, Declaración de Río sobre el Medio Ambiente y el Desarrollo, Conferencia de las Naciones Unidas sobre el Medio Ambiente y el Desarrollo, Río de Janeiro, 3-14 de junio de 1992, Doc. A/CONF.151/26/Rev.l (Vol. I).

4.3. Referencias Jurisprudenciales

CIJ (1948), *Corfu Channel (United Kingdom of Great Britain and Northern Ireland v. Albania),* Judgment on Preliminary Objection, 1948, *ICJ Rep.* 15.

CIJ (1970), *Barcelona Traction Light and Power Company, Limited (Bélgium v. Spain),* 1970, *ICJ Rep.* 3.

CIJ (1973), *Nuclear Tests (Newe Zealand v. France),* Interim Protection, Order of 22 June 1973 1973, *ICJ Rep.* 135.

CIJ (1974a), *Nuclear Tests (Australia v. France), Judgment, I.C.J. Reports 1974,* p. 253.

CIJ, (1974b), *Nuclear Tests (New Zealand v. France), Judgment, I.C.J. Reports 1974,* p. 457

CIJ (1992), *Certain Phosphate Lands in Nauru* (Nauru v. Australia), 1992, *ICJ Rep.* 240.

CIJ (1995a), *Request for an Examination of the Situation in Accordance with Paragraph 63 of the Courts Judgment of 20 December 1974 in the Nuclear Tests (New Zealand v. France)*, Application instituting procedures, 21 August 1995, *ICJ Rep.* 288

CIJ (1995b), *Request for an Examination of the Situation in Accordance with Paragraph 63 of the Courts Judgment of 20 December 1974 in the Nuclear Tests (New Zealand v. France)*, Order of 22 September 1995, 1995, *ICJ Rep.* 288.

CIJ (1996), Legality of the Threat or Use of Nuclear Weapons, 1996, *ICJ Rep.* 226.

CIJ (1997), *Gabcikovo-Nagymaros Project (Hungary/Slovakia),* 1997, *ICJ Rep.* 7.

CIJ (2010), *Pulp Mills on the River Uruguay (Argentina v. Uruguay),* 2010, *ICJ Rep.* 14.

CIJ (2013), *Aerial Herbicide Sparying (Ecuador v. Colombia),* 2013, *ICJ Rep.* 278.

CIJ (2014), *Whaling in the Antarctic (Australia v. Japan: New Zealand intervening),* 2014, *ICJ Rep.* 226.

CIJ (2015), Certain Activities Carried Out by Nicaragua in the Border Area (Costa Rica v. Nicaragua) and Construction of a Road in Costa Rica along the San Juan River (Nicaragua v. Costa Rica), 2015, *ICJ Rep.*665.

CIJ (2018), *Certain Activities Carried Out by Nicaragua in the Border Area (Costa Rica v. Nicaragua), Compensation, Judgment,* 2018, *ICJ Rep.* 15,

CIJ (2024a) *Request for the Advisory Opinion, Obligations of States in respect of Climate Change, transmitted to the Court pursuant to General Assembly resolution 77/276 of 29 March 2023*

CIJ (2024b), Order 30 May 2024, Obligations of States in Respecto f Climate Change (Request for Advisory Opinion), General List nº 187.

TA (1941), *Trail smelter case. (United States, Canada).* April 16, 1938, and March 11, 1941, *RIAA,* Vol. III, pp. 1905-1982.

4.4. Referencias documentales

CDI (2001), "Proyecto de Artículos sobre la responsabilidad del Estado por hechos internacionalmente ilícitos", adoptado por la CDI en su 53º período de sesiones (A/56/10) y anexado por la AGNU en su Resolución 56/83, de 12 de diciembre; Documentos Oficiales de la AGNU, 56 período de sesiones, Suplemento n.º 10 y correcciones (A/56/10 y Corr.1 y 2); "Informe de la CDI sobre la labor realizada en su 53° período de sesiones". El Proyecto está reproducido como anexo a la Res. 56/83 de la AGNU, de 12 de diciembre de 2001001)

CIJ (1993), Request for advisory opinion transmitted to the Court under a World Health Assembly resolution of 14 May 1993: legality of the use by a state of nuclear weapons in armed conflict, General List nº 93, Doc. UNICJ(051)/N88

CIJ (2017), Press Release nº 2017/31: Gabčíkovo-Nagymaros Project (Hungary/Slovakia) - The Court places on record the discontinuance by Slovakia of the procedure begun by means of its Request for an additional judgment, 21 July 2017.

CIJ (2024c), Press Release nº 2024/75: Obligations of States in respect of Climate Change (Request for Advisory Opinion) - The Court meets with scientists of the Intergovernmental Panel on Climate Change (IPCC), 26 November 2024.

Noticias de Naciones Unidas.

Capítulo 26

EL TRIBUNAL INTERNACIONAL DEL DERECHO DEL MAR

MIGUEL GARCÍA GARCÍA-REVILLO[1]

1. INTRODUCCIÓN

En el presente capítulo haremos un recorrido por la jurisprudencia más destacada del Tribunal Internacional del Derecho del Mar (TIDM) en materia ambiental.

El TIDM, con sede en Hamburgo, es un tribunal internacional independiente, dotado de personalidad jurídica propia, que fue establecido por la Convención de las Naciones Unidas sobre el Derecho del Mar (CNUDM) de 10 de diciembre de 1982 y entró en funcionamiento en 1996, dictando su primera sentencia en 1997. Se compone de 21 magistrados, elegidos por los Estados Parte en la CNUDM atendiendo a una distribución geográfica equitativa.

Como la Corte Internacional de Justicia (CIJ), su jurisdicción es geográficamente universal, pero, a diferencia de ésta, se encuentra materialmente especializada en el Derecho Internacional del Mar. No obstante, para decidir sobre las cuestiones de Derecho del Mar que se le sometan, podrá aplicar las normas del Derecho Internacional general que resulten pertinentes en cada caso. También, como la Corte Internacional de Justicia, el TIDM tiene jurisdicción o competencia contenciosa para conocer de controversias y pronunciarse mediante sentencia, obligatoria para las partes en el litigio. Sin embargo, a diferencia de la CIJ, que solo puede conocer de disputas entre Estados, el TIDM puede conocer además de controversias en las que sea parte una organización internacional de integración que tenga asumidas competencias en las materias reguladas por la CNUDM (léase, a día de hoy, la Unión Europea), y de controversias que impliquen a la Autoridad Internacional de los Fondos Marinos (AIFM), o a alguna de las entidades integradas en su estructura, en relación con ciertas disputas sobre la Zona Internacional de los Fondos (la Zona), patrimonio de la humanidad. Por otra parte, ambos foros, TIDM y CIJ, tienen jurisdicción o competencia consultiva para responder a las

---

[1] Profesor Titular de Derecho Internacional Público de la Universidad de Córdoba (miguelgarcia@uco.es). Todas las páginas mencionadas en este estudio han sido consultadas el 31 de enero de 2025. ORCID: https://orcid.org/0000-0003-0997-3653.

cuestiones jurídicas que se les planteen por las entidades autorizadas para ello, mediante opinión consultiva o dictamen, no vinculante, aunque dotada, obviamente, de la influencia que deriva del prestigio de estos altos tribunales.

En los ya casi 30 años transcurridos desde su puesta en funcionamiento, el TIDM se ha pronunciado sobre cuestiones ambientales en numerosas ocasiones. Ahora bien, su jurisprudencia, en este punto, se ha desarrollado no solo a través de resoluciones en asuntos de fondo, contenciosos o consultivos, sino también, como ha destacado Nilufer Oral (Oral 2022), en resoluciones dictadas en procedimientos incidentales, como las acordadas en solicitudes de medidas provisionales. En ellas, el tratamiento de cuestiones relacionadas con la protección y preservación del medio marino le ha venido impuesto por la propia normativa procesal, al establecer el artículo 290.1 CNUDM que la corte o tribunal que conozca del caso, en espera de que se adopte la decisión definitiva "podrá decretar las medidas provisionales que estime apropiadas con arreglo a las circunstancias para preservar los derechos respectivos de las partes en la controversia o para impedir que se causen daños graves al medio marino", lo que convierte a la protección ambiental en pieza central de tales medidas.

En todo caso, sea cual fuere el tipo de procedimiento, la jurisprudencia del TIDM en materia ambiental, en todo este tiempo, ha sido a nuestro juicio amplia y fructífera, extendiéndose tanto a los problemas ambientales concretos que se le planteaban (cambio climático, pesca sostenible, responsabilidad por actividades en la zona internacional de los fondos marinos) como a cuestiones más generales y, en ocasiones, nucleares de esta apasionante rama del Derecho Internacional, como los principios del Derecho Internacional del Medio Ambiente (DIMA) (precaución, cooperación, responsabilidad, evaluación del impacto ambiental, etc.) o las propias definiciones de medio marino o contaminación marina, haciendo que su contribución sea una referencia no solo en relación específicamente con la protección del medio marino como tal sino también con el DIMA en general, como veremos en próximos epígrafes.

Después de introducir algunos conceptos esenciales en el segundo apartado, el apartado tercero se dedica a la recepción de los principios del DIMA ante el TIDM. El apartado cuarto se centra en la jurisprudencia del TIDM sobre problemas ambientales específicos.

2. LOS CONCEPTOS DE MEDIO AMBIENTE MARINO Y CONTAMINACIÓN DEL MEDIO MARINO

Además de abordar las cuestiones ambientales específicas sometidas a su conocimiento, la jurisprudencia del TIDM ha tenido también la oportunidad de adentrarse en conceptos fundamentales, como el de medio ambiente marino, no definido por la CNUDM, y contaminación marina, sí definido por ésta en su artículo 1.1.4.

2.1. Medio ambiente marino

Como recuerda el TIDM, en su Opinión Consultiva de 21 de mayo de 2024, en el asunto sobre el *Cambio Climático* (TIDM 2024), aunque el término "medio ambiente marino" aparece en muchos artículos de la CNUDM, sin embargo, no es definido por ésta (TIDM 2024, párr. 166). Este vacío es integrado por el TIDM, sin elaborar su propia definición, mediante la identificación de los elementos que lo caracterizan, valiéndose para ello de las reglas de interpretación de los tratados internacionales codificadas en la Convención de Viena sobre el Derecho de los Tratados de 1969 y tomando como objeto de esa labor hermenéutica el artículo 1.1.4 de la CNUDM, en el que se define la "contaminación del medio marino"[2] sin decir en qué consiste éste último, como veremos más adelante.

Atendiendo a su texto (interpretación literal o gramatical) el TIDM, tras recordar el significado común de las palabras "marino" y "[medio] ambiente"[3] observa que el término "medio ambiente marino" combina elementos tanto espaciales como materiales (TIDM 2024, párr. 166), esto es, no solo comprende las áreas o espacios marinos (o los espacios terrestres ligados a ellos) sino también su contenido, es decir, los recursos o seres que puedan encontrarse o vivir en él. En este sentido, atendiendo al contexto normativo del citado artículo 1.1.4 (interpretación sistemática) el TIDM recuerda que tanto el Preámbulo de la CNUDM cómo sus artículos 192 y 194, a los que nos referiremos más adelante, fundamentales en este tema, utilizan la expresión medio ambiente marino en un sentido general —amplio podríamos decir— sin circunscribirse a espacios marinos en concreto (TIDM 2024, párr. 167).

Recordemos, a estos efectos, que, conforme al artículo 194 CNUDM, que extractamos:

> "1.– Los Estados tomarán, individual o conjuntamente según proceda, todas las medidas compatibles con esta Convención que sean necesarias para prevenir, reducir y controlar la contaminación del medio marino procedente de cualquier fuente, utilizando a estos efectos los medios más viables de que dispongan y en la medida de sus posibilidades, y se esforzarán por armonizar sus políticas al respecto.

---

2 Todas las traducciones de la jurisprudencia del TIDM, a menos que se indique lo contrario, son del autor.

3 En inglés y en francés, que son los idiomas de trabajo del TIDM, la voz española "medio ambiente" se concentra en una sola palabra: *environment* (en inglés) y *environnement* (en francés).

> 2.– Los Estados tomarán todas las medidas necesarias para garantizar que las actividades bajo su jurisdicción o control se realicen de forma tal que no causen perjuicios por contaminación a otros Estados y su medio ambiente, y que la contaminación causada por incidentes o actividades bajo su jurisdicción o control no se extienda más allá de las zonas donde ejercen derechos de soberanía de conformidad con esta Convención.
>
> 3.– Las medidas que se tomen con arreglo a esta Parte se referirán a todas las fuentes de contaminación del medio marino. (...)
>
> 4.– (...).
>
> 5.– Entre las medidas que se tomen de conformidad con esta Parte figurarán las necesarias para proteger y preservar los ecosistemas raros o vulnerables, así como el hábitat de las especies y otras formas de vida marina diezmadas, amenazadas o en peligro."

De hecho, como recuerda el Tribunal, el propio artículo 1.1.4 y otras disposiciones de la CNUDM incluyen en el medio ambiente marino realidades como los estuarios (art. 1.1.4) las costas (arts. 145. a y 211.1) los ecosistemas raros o frágiles y los ecosistemas de especies amenazadas o en peligro[4].

Por último, en este sentido, el TIDM, atendiendo a la práctica de los propios Estados Parte en la CNUDM (interpretación auténtica), acude a la definición que sí dan otros instrumentos aprobados por dichos Estados en el marco de la AIFM, de la que tales Estados son miembros por ser partes en la CNUDM. De ella se deduce que el medio marino no solo comprende las aguas marinas y oceánicas, el espacio aéreo [suprayacente] y el lecho y el suelo marinos situados bajo unos y otros, sino también componentes, condiciones y factores físicos, químicos, geológicos y biológicos con los que se relacionan, confirmando esa dimensión tanto espacial cómo material que el TIDM considera como definitoria del medio ambiente marino (párr. 170).

2.2. Contaminación del medio marino

Además de examinar e identificar los rasgos que definen al medio ambiente marino, el Tribunal, en su Opinión Consultiva de 2024 antes citada, se adentra también en la definición de la contaminación de dicho medio, establecida por la CNUDM en su artículo 1.1.4, conforme al cual:

> "Por "contaminación del medio marino" se entiende la introducción por el hombre, directa o indirectamente, de sustancias o de energía en el medio marino incluidos los estuarios, que produzca o pueda producir efectos nocivos tales como daños a los recursos vivos y a la vida marina, peligros para la salud humana, obstaculización de las activida-

---

[4] Como también recuerda el TIDM, hoy la convención tampoco define la palabra ecosistema. En este caso coma las definiciones de las que se vale son las contenidas en el artículo 2 del Convenio de Río sobre Diversidad Biológica de 1992 y la aportada por el Panel Intergubernamental sobre el Cambio Climático (2019 *Report*, Annex I, Glossary, p. 684).

> des marítimas, incluidos la pesca y otros usos legítimos del mar, deterioro de la calidad del agua del mar para su utilización y menoscabo de los lugares de esparcimiento."

En su interpretación, el TIDM observa que la definición ofrecida por la Convención no aporta una lista de contaminantes ni de formas de contaminación, sino que establece, en su lugar, un triple criterio o requisito para determinar en qué consiste (TIDM 2024, párr. 161):

> "1º.– Lo introducido debe ser una sustancia o energía.
> 2º.– Dicha sustancia o energía debe haber sido introducida por los humanos (directa o indirectamente) en el medio ambiente, y
> 3º.– Tal introducción debe producir, o poder producir, efectos nocivos."

Cómo advierte el Tribunal, estos criterios son acumulativos, es decir, deben cumplirse todos ellos para que se produzca la contaminación en los términos establecidos por la CNUDM. Además, son entendidos por el TIDM de una manera extensiva (TIDM 2024, párrs. 163 y 172), hasta el punto de que, según el Tribunal, la lista de efectos nocivos (reales o potenciales) ofrecida por el artículo 1.1.4 CNUDM no es exhaustiva y dichos efectos nocivos (reales o potenciales) no tienen por qué ser causados únicamente sobre el medio ambiente marino, toda vez que, como se deduce de la propia definición, pueden producirse también, al margen de dicho medio, sobre otras realidades como, por ejemplo, la salud humana (TIDM 2024, párr. 174).

3. EL TRIBUNAL INTERNACIONAL DEL DERECHO DEL MAR Y LOS PRINCIPIOS DEL DERECHO INTERNACIONAL DEL MEDIO AMBIENTE

Además de su aportación respecto a los conceptos de medio ambiente marino y su contaminación, antes descrita, la contribución jurisprudencial del TIDM, también ha sido bastante estimable en el terreno de los grandes principios ambientales, como han puesto de manifiesto, entre otros, Alan Boyle (Boyle 2007) y Valdimir Golitsyn (Golitsyn 2016). Como observa Alexander Proelss la CNUDM no contiene una lista expresa de principios, en contraste con la práctica totalidad de los tratados ambientales multilaterales actuales, cuyas disposiciones introductorias suelen incorporarla (Proelss 2018). A mi juicio, esta contribución, aunque se desarrolla fundamentalmente en relación con el medio ambiente marino, no solo es valiosa en este ámbito específico, sino también para comprender mejor el alcance jurídico y la posición que tales principios poseen en el DIMA en su conjunto.

Como hemos tenido ocasión de explicar en otro lugar (García 2016, p. 39), bajo la denominación "principios del Derecho internacional del medio ambiente" se alude con frecuencia a realidades heterogéneas entre las que se incluyen auténticas normas de Derecho Internacional consuetudinario en vigor (principios de cooperación y evaluación de impacto ambiental) formulaciones que aún no lo son pero van camino de serlo y están incorporadas en tratados internacionales vigentes entre los Estados que son parte en ellos (precaución) y principios inspiradores de otras normas ambientales o de políticas ambientales (desarrollo sostenible, responsabilidades comunes pero diferenciadas...). Su importancia radica, fundamentalmente, en que gran parte del DIMA se estructura y se explica en torno a ellos. El profesor Juste Ruiz (Juste Ruiz 1999, pp. 69 y ss.) reconoce como principios fundamentales del DIMA los de cooperación, prevención del daño ambiental transfronterizo, responsabilidad y reparación de daños ambientales, evaluación de impacto ambiental, precaución, quien contamina paga y participación ciudadana. Por mi parte, siguiendo su estela y atendiendo a la evolución posterior del DIMA, considero como tales los de cooperación, prevención del daño ambiental transfronterizo, responsabilidad y reparación por el daño ambiental causado, precaución, quien contamina paga, evaluación de impacto ambiental, acceso a la información y participación ciudadana en los asuntos medioambientales, desarrollo sostenible y equidad intergeneracional, y responsabilidades comunes pero diferenciadas (García 2016, pp. 39 y ss.).

La jurisprudencia del TIDM ha examinado varios de estos principios en el contexto de la CNUDM, pues este importante tratado internacional, adelantándose a su tiempo, recoge en sus disposiciones deberes que se corresponden con varios de dichos principios. Sin embargo, al estudiarlos, el TIDM no se ha limitado a interpretar o aplicar el artículo o artículos de la CNUDM que los contienen, sino que, yendo más lejos, para hacer que su análisis de la norma sea lo más completo y preciso posible, ha examinado también si el principio que recoge es o no parte del Derecho Internacional consuetudinario.

Esta aportación tiene mucho interés para el DIMA y para el Derecho Internacional en general. Como es bien sabido, las costumbres internacionales, basadas en prácticas y voluntades, a diferencia de los tratados, plasmadas en textos fijados definitivamente por escrito, no siempre son fáciles de identificar. Que un tribunal internacional como el TIDM, en solitario o alineándose con la jurisprudencia de otros tribunales internacionales del mismo ámbito, como la CIJ, afirme expresamente que este u otro principio, además de estar recogido en un tratado como la CNUDM, es una norma jurídica internacional de carácter consuetudinario, tiene un gran valor. Por una parte, está confirmando la existencia de la propia norma. Por otra, nos está indicando que ésta no sólo obliga a los Estados Parte en el tratado internacional donde se recoge (por ejemplo, la CNUDM) sino también a los demás Estados del mundo, aunque no sean parte en él, con lo que esto supone[5].

3.1. El principio de cooperación y el deber general de proteger y preservar el medio marino (art. 192 CNUDM)

Como recuerda el profesor Juste Ruiz, "el más general de los principios del Derecho ambiental internacional es el que establece el deber de proteger el medio ambiente y postula la cooperación internacional para tal fin" (Juste Ruiz 1999, p. 69).

3.1.1. El deber general de proteger y preservar el medio marino (art. 192 CNUDM)

Además de abordar el significado de las expresiones "medio ambiente marino" y "contaminación" de dicho medio, a los efectos de la CNUDM, la jurisprudencia del TIDM también ha servido para clarificar el alcance del artículo 192 CNUDM, en cuya virtud "Los Estados tienen la obligación de proteger y preservar el medio marino".

En su Auto de Medidas Provisionales de 23 de diciembre de 2010, en el asunto *M/V Louisa* el TIDM afirma, categóricamente, que el artículo 192 CNUDM "impone sobre los Estados *una obligación* de proteger y preservar el medio marino" (TIDM 2013, párr. 76)[6], aseveración que reitera en el Auto de Medidas Provisionales de 25 de abril de 2015, en el asunto sobre la *delimitación de la frontera marítima entre Ghana y Costa de Marfil* (TIDM 2017, párr. 69)[7].

Esta afirmación y el examen del contenido del artículo 192 es objeto de un desarrollo más completo en la Opinión Consultiva de 21 de mayo de 2024 sobre el *Cambio Climático.* En dicha resolución, el TIDM considera que la obligación contenida en el artículo 192 tiene un alcance amplio, incluyendo cualquier tipo de daño o amenaza al medio ambiente marino (TIDM 2024, párr. 385). Esto es importante porque la Parte XII de la CNUDM, específicamente dedicada a la

---

5 Recuérdese que, por ejemplo, los Estados Unidos de América no son parte en la CNUDM.

6 La cursiva es del autor.

7 También menciona el TIDM el artículo 192 en sus Autos de Medidas Provisionales de 3 de diciembre de 2001 y de 8 de octubre de 2003, dictados respectivamente en los asuntos *MOX Plant* (TIDM 2001c, párrs. 26, 36 y 67) y *Estrecho de Johor* (TIDM 2003, párrs. 31 y 74) pero, no para interpretarlo sino para limitarse a constatar que la parte solicitante de las medidas alegaba tener una controversia con la parte demandada sobre la interpretación o aplicación, entre otros, de ese artículo.

protección del medio ambiente marino, en la que el artículo 192 se ubica, está dedicada, en su mayor parte, a un tipo de daño o amenaza específico, cómo es el causado por la contaminación. Como afirma el TIDM, en esa misma resolución, el artículo 192 no especifica los daños o amenazas a los que se aplica. La naturaleza abierta de la obligación que impone implica que puede ser invocado para combatir cualquier forma de degradación del medio marino (párr. 388)[8].

De hecho, el propio TIDM asocia esta disposición a la pesca, en su Opinión Consultiva de 2 de abril de 2015, en la solicitud de la *Comisión Subregional de Pesquerías* (CSRP) (TIDM 2015a, párrs. 111, 120, 124, 136, 180 y parte operativa, párr. 219.3) como veremos más adelante, reafirmando así la idea, ya plasmada en una de las primeras resoluciones de su historia, en los asuntos del *Atún*, de que "la conservación de los recursos vivos del mar es un elemento en la protección y preservación del medio ambiente marino" (Auto de 29 de agosto de 1999, TIDM 1999b, párr. 70).

En opinión del TIDM, en el asunto del *Cambio Climático*, la obligación del artículo 192 CNUDM tiene dos elementos diferentes: El primero consiste en la obligación de proteger, enlazado al deber de prevenir o, al menos mitigar, un daño ambiental. El segundo consiste en la obligación de preservar el medio ambiente marino, lo cual implica mantener la salud del ecosistema y el equilibrio natural del medio ambiente marino (TIDM 2024, párr. 385). Este deber de preservar puede incluir el de restaurar hábitats y ecosistemas marinos degradados, cuando sea necesario (TIDM 2024, párr. 386)[9]. Se trata de un deber de actuar con la diligencia debida (*due diligence*) que obliga a los Estados a asegurar que los actores no estatales bajo su jurisdicción o control cumplen con las medidas adoptadas (TIDM 2024, párr. 396). Este deber de diligencia se manifiesta también en el ámbito espacial. Según el TIDM, en su Opinión Consultiva solicitada por la CSRP, los deberes del artículo 192 deben ser cumplidos por el Estado del pabellón en todas las áreas marinas reguladas por la Convención, incluida la zona económica exclusiva del Estado costero (TIDM 2015a, párr. 111)[10] idea que reitera en su Opinión Consultiva sobre el *Cambio Climático*, en la que afirma que el artículo 192 "se aplica a todas las áreas marinas" (esta vez, sin el añadido de que se trate de aguas reguladas por la Convención) (TIDM 2024, párr. 400).

---

[8] En este caso se refería a los impactos derivados del cambio climático, como el calentamiento del agua, la elevación del nivel del mar, o la acidificación de los océanos.

[9] En su resolución, el TIDM considera que, aunque la palabra restauración no se usa en el artículo 192, resulta de la obligación de preservar cuando el proceso de revertir ecosistemas degradados es necesario para recuperar el balance ecológico (TIDM 2024, párr. 386).

[10] Esto implica el deber del Estado del pabellón de cumplir con las normas de conservación aprobadas por el estado costero para su zona económica exclusiva (TIDM 2015a, párr. 120).

Es más, para el TIDM, en la Opinión Consultiva sobre el *Cambio Climático*, el artículo 192, no se limita a establecer una obligación puntual a los participantes en un tratado. Dicho precepto es, al mismo tiempo, "una declaración de principios sobre la cual se basa el orden jurídico para la protección y preservación del medio marino bajo la Convención" (TIDM 2024, párr. 184).

3.1.2. El deber de cooperar para proteger y preservar el medio ambiente marino

Además del deber de proteger y preservar el medio marino, el TIDM se ha referido también, específicamente, en sus resoluciones, al deber de cooperar para ese fin.

El deber de cooperación está contemplado explícitamente en varias disposiciones de la CNUDM, sobre todo en materia de pesca, pero también ha sido examinado por el Tribunal en relación con el Derecho Internacional consuetudinario.

En su Auto de Medidas Provisionales de 3 de diciembre de 2001, en el asunto *MOX Plant*, el TIDM afirmó que "el deber de cooperar es un principio fundamental en la prevención de la contaminación del medio marino conforme a la Parte XII de la Convención y el Derecho Internacional general (...)" (TIDM 2001c, párr. 82), afirmación que es reiterada por él, respectivamente, en sus Autos de Medidas Provisionales de 8 de octubre de 2003 en el asunto del *Estrecho de Johor* (TIDM 2003, para 92) y 25 de abril de 2015, en el asunto de la *delimitación de la frontera marítima entre Ghana y Costa de Marfil* (TIDM 2015b, párr. 73).

Dicha afirmación de que el deber de cooperar es un principio fundamental conforme al DI general, realizada por el TIDM en el asunto *Mox Plant*, también fue reproducida literalmente, por este tribunal, en su Opinión Consultiva de 2 de abril de 2015, en la solicitud de la *Comisión Subregional de Pesca*. Lo peculiar de este caso es que, a diferencia de los citados antes, donde la obligación de cooperar se asocia a la lucha contra la contaminación, en éste, el TIDM conecta este deber, de carácter consuetudinario, con la lucha contra la pesca ilegal, no declarada o no reglamentada (pesca INDNR), afirmando, literalmente, que "esta obligación [de cooperar] se extiende también a casos en los que se aleguen actividades de pesca INDNR" (TIDM 2015a, párr. 140). De esta manera, el TIDM estaría reafirmando no sólo el carácter consuetudinario del principio de cooperación sino también que éste no se limita a una de las formas de degradación del medio marino (la contaminación) sino a cualquiera de ellas.

Esto, a su vez, podría entenderse corroborado por la Opinión Consultiva de 21 de mayo de 2024, en el asunto del *Cambio Climático*, en la que el TIDM, tras reproducir nuevamente su afirmación del asunto *Mox Plant*, antes citada, afirma que "el deber de cooperar se encuentra reflejado e impregna la totalidad de la Parte XII de la Convención" (TIDM 2024, párr. 297); parte en la que, como hemos visto, no solo hay disposiciones referidas a la contaminación sino también, más ampliamente, a cualquier forma de daño o deterioro del medio marino, como pudiera ser el ocasionado por la sobrepesca o la pesca desarrollada de otra forma no sostenible.

3.2. Principio de prevención del daño transfronterizo

También ha examinado el TIDM el principio de prevención del daño transfronterizo, en el contexto del articulo 194.2 CNUDM. En su Opinión Consultiva sobre el *Cambio Climático*, de 21 de mayo de 2024, afirma el TIDM a este respecto que dicha disposición —mediante la cual los Estados se obligan a garantizar que las actividades bajo su jurisdicción o control no causen perjuicios por contaminación a otros Estados y su medio ambiente, así como a que la contaminación causada por incidentes o actividades bajo su jurisdicción o control no se extienda más allá de las zonas donde ejercen derechos de soberanía de conformidad con la propia Convención— se asemeja mucho al principio bien establecido de prevención del daño, desarrollado inicialmente a través de la jurisprudencia e incorporado a los principios 21 de la Declaración de Estocolmo de 1972 (NU 1972) y 2 de la Declaración de Río de Janeiro de 1992 (NU 1992), respectivamente. Apoyándose sobre la CIJ, en su Opinión Consultiva de 8 de julio de 1996, el asunto sobre la *Legalidad de la Amenaza o el Uso de las Armas Nucleares* (CIJ 1996), el TIDM asume, con aquélla, que "la existencia de la obligación general de los Estados de asegurar que las actividades bajo su jurisdicción o control respetan el medio ambiente de otros Estados o de las áreas más allá del control nacional "es ahora parte del corpus" de DIMA (TIDM 2024, párrs. 245 y 246), lo que podría entenderse como un reconocimiento de su carácter consuetudinario. No obstante, advierte a este respecto el TIDM que la obligación impuesta por el artículo 194.2 CNUDM es más exigente que el contenido que puede deducirse de las Declaraciones de Río y Estocolmo (TIDM 2024, párr. 248).

Por otra parte, también en relación con los principios 21 de la Declaración de Estocolmo y 2 de la Declaración de Río de Janeiro, aunque a propósito de la soberanía de los Estados sobre sus recursos naturales, que la prevención del daño transfronterizo matizaría, el TIDM conecta el deber general del artículo 192 con el contenido del artículo 193, conforme al cual "Los Estados tienen el derecho soberano de explotar sus recursos naturales con arreglo a su política en materia de medio ambiente y de conformidad con su obligación de proteger y preservar el medio marino". Según el TIDM, juntos, estos dos artículos reflejan, en el contexto de la protección y preservación del medio marino, "un principio de Derecho internacional del medio ambiente", que tiene su origen en la Declaración de Estocolmo de 1972 (principio 21) y fue posteriormente desarrollado en la Declaración de Río de Janeiro de 1992 (principio 2) (TIDM 2024, párr. 186), principio que es calificado como "fundamental" por el propio TIDM en su Opinión Consultiva solicitada por la *Comisión Subregional de Pesca* (TIDM 2015a, párr. 216).

3.3. Principio de responsabilidad y reparación

Como sucede con el de cooperación, el principio de responsabilidad y reparación es abordado por el TIDM en el marco de la CNUDM y de otros tratados relacionados con ella (como el Acuerdo de 1994 relativo a la aplicación de la Parte XI de la CNUDM) pero también en relación con el Derecho Internacional de carácter consuetudinario. A este respecto, destacan sus aportaciones en dos asuntos consultivos, muy orientados precisamente a las cuestiones de responsabilidad, como son el relativo a las *Responsabilidades por las actividades en la Zona* (TIDM 2011) y la solicitud formulada por la *Comisión Subregional de Pesca* (TIDM 2015a).

En el asunto de las *Responsabilidades por las actividades en la Zona*, la Sala de Controversias de los Fondos Marinos (SCFM) del TIDM, en su Opinión Consultiva de 1 de febrero de 2011, examina principalmente, como veremos, los deberes y responsabilidades de los Estados patrocinadores (sponsors) de personas físicas y jurídicas autorizadas para desarrollar actividades en ese espacio patrimonio de la Humanidad. A propósito de su alcance, la SCFM del TIDM examina los deberes conforme a la Convención, pero también si las responsabilidades no cubiertas por la CNUDM (y el Acuerdo de 1994) podrían ser exigibles, por su parte, conforme al Derecho Internacional consuetudinario. En opinión de la SCFM, la responsabilidad cubierta por la CNUDM (art. 139) e instrumentos conexos alcanza a los actos que suponen el incumplimiento de una norma u obligación jurídicas y que han producido un daño, pero no alcanzan, por exclusión, ni a los actos que supongan un incumplimiento, pero no causen un daño, ni a los actos que no supongan un incumplimiento, aunque causen un daño. A juicio de la SCFM del TIDM, los primeros sí generarían responsabilidad con arreglo al DI consuetudinario, pues éste no exige que se produzca el daño para que la responsabilidad internacional exista, si se ha cometido una infracción (TIDM 2011, párrs. 178 y 210). En cambio, los segundos no generarían tal responsabilidad, pues los daños por actividades no prohibidas no han pasado aún al Derecho Internacional de carácter consuetudinario (TIDM 2011, párr. 209).

En esta línea, tanto la SCFM como el propio TIDM en pleno contribuyen al clarificar, además, el papel de los trabajos de la Comisión de Derecho Internacional (CDI) en materia de Responsabilidad Internacional, afirmando:

"— Que varios de los artículos del *Proyecto de Artículos sobre la Responsabilidad Internacional del Estado por hechos internacionalmente Ilícitos* elaborado por la CDI en 2001, incluyendo expresamente los artículos 1 y 2, recogen Derecho internacional de carácter consuetudinario" (TIDM 2011, párr. 168; TIDM 2015a, párr. 144).

"— Que, por contra, los *Artículos* de la CDI *sobre la Responsabilidad Internacional por las consecuencias perjudiciales de actos no prohibidos por el Derecho internacional* no han adquirido todavía carácter obligatorio, al no formar parte del DI general de carácter consuetudinario" (TIDM 2011, párr. 209).

3.4. Evaluación de Impacto Ambiental

También en este caso, como en los anteriores, el TIDM analiza el principio de evaluación de impacto ambiental (EIA) en relación con las disposiciones de la CNUDM (Sección 4 de la Parte XII). E, igualmente, para una mejor comprensión de su naturaleza y alcance, lo examina en el contexto del Derecho Internacional consuetudinario, obligatorio no sólo para los Estados Parte en la CNUDM sino también para aquellos Estados que no han prestado su consentimiento en quedar obligados por este importante tratado internacional. Para este propósito, el TIDM, a través de su SCFM, en su Opinión Consultiva de 1 de febrero de 2011 sobre las *Responsabilidades por las actividades en la Zona*, interpretando el artículo 206 CNUDM, afirma, con toda rotundidad, que "la obligación de conducir una EIA es una obligación directa bajo la Convención y una obligación general bajo el Derecho internacional consuetudinario" (TIDM 2011, párr. 145). Se sitúa, de este modo, en sintonía con la jurisprudencia de la CIJ, que ya había afirmado, en el mismo sentido, en su Sentencia de 20 de abril de 2010, en el asunto de las *Plantas de celulosa en el Río Uruguay (Argentina c. Uruguay)*, que:

"(...) la obligación de proteger y preservar, enunciada en el (...) Estatuto [del Río Uruguay], debe ser interpretada de conformidad con una práctica que en estos últimos años ha obtenido una aceptación tan amplia entre los Estados que actualmente puede considerarse que existe, en derecho internacional general, una obligación de proceder a una evaluación del impacto ambiental cuando la actividad industrial proyectada puede tener un importante impacto perjudicial en un marco transfronterizo, en particular, en un recurso compartido" (CIJ 2010, párr. 204)[11].

Esta interpretación es confirmada por el propio TIDM en su Opinión Consultiva de 21 mayo de 2024 sobre el *Cambio Climático*, al examinar los deberes de evaluación establecidos en la Sección 4 de la Parte XII de la Convención —titulada precisamente "Vigilancia y Evaluación Ambiental"— en contacto con otras

11 La traducción procede de los Resúmenes en español realizados por la propia CIJ (*Resúmenes de los fallos, opiniones consultivas y providencias de la Corte Internacional de Justicia*, en https://www.icj-cij.org/es).

obligaciones establecidas en la misma (TIDM 2024, párrs. 191 y 292)[12]. De nuevo al interpretar el artículo 206 CNUDM, tras recordar que la mayoría de los participantes en este procedimiento era de la opinión de que existe una obligación de conducir una EIA no sólo bajo la CNUDM sino también conforme al Derecho Internacional consuetudinario (TIDM 2024, párr. 353), el TIDM no solo reafirmaba lo dicho por su SCFM en la Opinión Consultiva sobre las *Responsabilidades por las actividades en la Zona*, antes citada (TIDM 2011, párr. 355), sino que además considera esta obligación como "crucial" para asegurar que las actividades no dañan al medio ambiente marino, y "una parte esencial" de un sistema de gestión ambiental de carácter comprensivo (TIDM 2024, párr. 354)[13].

3.5. Principio de precaución, enfoque precautorio y deber de actuar con prudencia y caución

Entendido como tal, el principio de precaución es el recogido en el Principio 15 de la Declaración de Río de Janeiro de 1992, conforme al cual:

> "Con el fin de proteger el medio ambiente, los Estados deberán aplicar ampliamente el criterio de precaución conforme a sus capacidades. Cuando haya peligro de daño grave o irreversible, la falta de certeza científica absoluta no deberá utilizarse como razón para postergar la adopción de medidas eficaces en función de los costos para impedir la degradación del medio ambiente."

Así considerado, su carácter obligatorio (o no), en tanto que posible norma de Derecho Internacional consuetudinario, ha sido objeto de examen por el TIDM en dos ocasiones. En su Opinión Consultiva de 1 de febrero de 2011, en el asunto de las *Responsabilidades por las actividades en la Zona*, examinada por Elsa Kelly (Kelly 2018), la SCFM, tras observar que el enfoque precautorio se había incorporado "a un número creciente de tratados internacionales y otros instrumentos, muchos de los cuales reflejan la fórmula del Principio 15 de la Declaración de Río", constata que "esto ha iniciado una tendencia hacia la conversión de este principio o enfoque en parte del Derecho internacional consuetudinario" (TIDM 2011, párr. 135). Esta afirmación es reproducida, literalmente, por el Plenario del TIDM, trece años más tarde, en su Opinión Consultiva de 21 de mayo de 2024, en el asunto del *Cambio Climático* (TIDM 2024, párr. 213) acreditando que la situación, en este tiempo, no ha sufrido un cambio significativo.

---

[12] Ya con carácter general, en relación con los artículos 192 y 194, antes vistos (párr. 345) ya específico, en cuanto a las medidas para evaluar los efectos potenciales de las actividades previstas en el artículo 207.2 CNUDM (TIDM 2024, párr. 272).

[13] En este caso, el TIDM sigue la posición del Tribunal Arbitral en el asunto del *Mar del Sur de China*, (PCA 2016, párr. 948).

Obviamente, “iniciar una tendencia hacia” algo, no es “ser” algo. La SCFM, en un primer momento, y el TIDM en pleno, años después, no afirman que el principio de precaución es Derecho Internacional consuetudinario. Afirman que se ha iniciado una tendencia hacia que llegue a serlo en el futuro, lo que implícitamente supone reconocer que esa tendencia no ha culminado por el momento en una norma de ese carácter.

No obstante, que el principio o enfoque de precaución no haya pasado aún, como otros principios a los que nos acabamos de referir, al Derecho Internacional consuetudinario, no significa que carezca de importancia, especialmente si tenemos en cuenta el papel que juega en la interpretación y aplicación de la CNUDM y de otros tratados relacionados con ella. En este sentido, como recuerda el propio TIDM, el criterio, enfoque o principio de precaución, aunque no sea obligatorio como Derecho Internacional consuetudinario, sí que se encuentra incorporado, expresa o implícitamente, a varias disposiciones de la CNUDM, o de tratados internacionales relacionados con ella, como el Acuerdo de 1995 sobre poblaciones de peces transzonales y altamente migratorios, o a instrumentos de carácter vinculante adoptados por las entidades establecidas por la CNUDM, como los Reglamentos aprobados por la AIFM.

No solo eso. En opinión del TIDM, aunque el enfoque de precaución no está explícitamente referido en la CNUDM, sí se encuentra implícito en la noción misma de contaminación del medio marino, que incluye los efectos nocivos potenciales para este medio como uno de sus elementos (TIDM 2024, párr. 213). En este sentido, en línea con la Opinión Consultiva de la SCFM en el asunto de las *Responsabilidades por las actividades en la Zona* —en la que se considera al enfoque precautorio como “parte integrante” del deber general de diligencia debida en la protección del medio marino frente a la contaminación (TIDM 2011, párr. 135)— el TIDM, en su Opinión Consultiva sobre el *Cambio Climático*, afirma explícitamente que los Estados no cumplirían con su deber de diligencia debida, establecido por el artículo 194.1 CNUDM, si no tuvieran adecuadamente en cuenta los riesgos producidos por las actividades bajo su jurisdicción o control, incluso en los casos en los que las evidencias científicas no fueran suficientes (TIDM 2024, párr. 242).

Por lo demás, aparte de su incorporación expresa o implícita a la CNUDM y otros instrumentos relacionados con ella, el TIDM también ha impuesto en varias ocasiones a las partes en una controversia el deber de actuar con prudencia y precaución (*prudence and caution*), en el marco de las medidas provisionales adoptadas en el proceso en el que dichas partes se encuentran implicadas.

Ya hemos recordado más arriba que, conforme al artículo 290.1 CNUDM, la corte o tribunal competente para conocer de una controversia “podrá decretar las medidas provisionales que estime apropiadas con arreglo a las circunstancias para preservar los derechos respectivos de las partes en la controversia o *para impedir que se causen daños graves al medio marino*"[14]. A este respecto, es pertinente recordar que la CNUDM da al TIDM una posición de privilegio, al atribuirle competencia para adoptar medidas provisionales no sólo en las controversias directamente sometidas a él sino también en aquellas disputas sometidas a un tribunal arbitral mientras dicho tribunal no se haya constituido, salvo que las partes se pongan de acuerdo en someterlas a otro foro (art. 290.5), cosa difícil de pensar. Pues bien, en el ejercicio de esta facultad, son varias las ocasiones en las que el TIDM ha exigido a las partes, vía Auto de Medidas Provisionales, que actúen con prudencia y precaución a la hora de comportarse durante el proceso, ya sea para proteger de un grave daño a una especie objeto de pesca (Autos de Medidas Provisionales de 27 de agosto de 1999 en los *Asuntos del Atún de Aleta Azul del Sur*, TIDM 1999b, párrs. 77 y 79) para afrontar los riesgos de la puesta en funcionamiento de una planta de combustible nuclear reciclado (Auto de Medidas Provisionales de 3 de diciembre de 2001 en el Asunto *MOX Plant*, TIDM 2001c, párr. 84) o de los trabajos de acondicionamiento de tierras ganadas al mar objeto de disputa (Auto de Medidas Provisionales de 8 de octubre de 2003 en el Asunto del *Estrecho de Johor*, TIDM 2003, párr. 99) o para evitar un daño grave al medio marino, en términos generales (Autos de Medidas Provisionales de 23 de diciembre de 2010 en el Asunto *M/V Louisa*, TIDM 2010, párr. 77; y de 25 de abril de 2015 en el asunto de la *Delimitación entre Ghana y Costa de Marfil*, TIDM 2015b, párr. 72)[15].

3.6. Responsabilidades comunes pero diferenciadas

Finalmente, también hace referencia el TIDM, en su labor jurisprudencial, al principio de responsabilidades comunes pero diferenciadas. Recogido en el Principio 7 de la Declaración de Río de Janeiro de 1992, este principio afirma que: "Los Estados deberán cooperar con espíritu de solidaridad mundial para conservar, proteger y restablecer la salud y la integridad del ecosistema de la Tierra. En vista de que han contribuido en distinta medida a la degradación del medio ambiente mundial, los Estados tienen responsabilidades comunes pero diferenciadas".

Se trata de un principio inspirador de políticas y normas jurídicas internacionales que ha tenido reflejo en algunos tratados ambientales de gran relevancia, como los relativos al cambio climático.

---

[14] La cursiva es del autor.

[15] Por lo demás, el principio de precaución también ha sido invocado por algunos Estados en procedimientos de pronta liberación, para justificar la imposición de fianzas elevadas conforme al artículo 73.2 en relación con el artículo 292, ambos de la CNUDM.

En ese contexto, el del cambio climático, en su Opinión Consultiva de 21 de mayo de 2024, el TIDM se ha referido a él para afirmar que, aunque no está mencionado como tal en la obligación establecida en el artículo 194.1 CNUDM, esta disposición contiene algunos elementos comunes con este principio (TIDM 2024, párr. 229) al establecer que los Estados tomarán las medidas necesarias para prevenir, reducir y controlar la contaminación del medio marino utilizando los medios más viables "de que dispongan y en la medida de sus posibilidades" (TIDM 2024, párr. 226).

No aplica este principio, en cambio, la SCFM del TIDM, en su Opinión Consultiva sobre las *Responsabilidades por las actividades en la Zona,* al estudiar la responsabilidad de los Estados patrocinadores de personas o entidades privadas que desarrollan actividades en ese espacio marino. Al examinar las obligaciones directas de los Estados y, en concreto, sus deberes de aplicar el principio de precaución y conducir evaluaciones de impacto ambiental, la SCFM afirma que ambos deberes se aplican por igual a Estados desarrollados y en desarrollo, a menos que las disposiciones aplicables establezcan otra cosa (TIDM 2011, párrs. 151 ss.). De esta manera, la Sala enerva la posibilidad de que personas o entidades privadas puedan buscar legislaciones menos exigentes (que serían las de los Estados en desarrollo si se les obligara, en este ámbito, a menos que a los Estados desarrollados), en una especie de compra de Estados patrocinadores "de conveniencia" (TIDM 2011, párr. 159), que pusieran en peligro la aplicación de los estándares ambientales establecidos y la protección del patrimonio común de la Humanidad, en ese espacio.

4. LA JURISPRUDENCIA DEL TRIBUNAL INTERNACIONAL DEL DERECHO DEL MAR SOBRE PROBLEMAS AMBIENTALES ESPECÍFICOS

4.1. La responsabilidad internacional por actividades desarrolladas en la Zona Internacional de los Fondos Marinos, patrimonio de la Humanidad

La exploración y explotación de los recursos de la Zona internacional de los Fondos Marinos, patrimonio de la Humanidad, ha sido objeto de una amplia atención por la CNUDM, que dedica a esta materia su Parte XI (arts. 133 a 191) y dos de sus nueve Anexos (III y IV). Una de las cuestiones que más preocupan a la sociedad internacional en la actualidad es, ciertamente, la de la protección ambiental de ese espacio marino y, consiguientemente, la responsabilidad por los daños que en él se pudieran ocasionar como consecuencia de tales actividades.

Como hemos visto en apartados anteriores, la primera Opinión Consultiva o Dictamen del TIDM fue la emitida el 1 de febrero de 2011 por su SCFM, en el asunto de las *Responsabilidades por las actividades en la Zona.* Lo hizo en el ejercicio de la competencia especial que la CNUDM le atribuye en su artículo 191, conforme al cual: "Cuando lo soliciten la Asamblea o el Consejo [de la Autoridad Internacional de los Fondos Marinos], la Sala de Controversias de los Fondos Marinos emitirá opiniones consultivas sobre las cuestiones jurídicas que se planteen dentro del ámbito de actividades de esos órganos. Esas opiniones se emitirán con carácter urgente."

A iniciativa de Naurú, secundado por otros pequeños Estados insulares en desarrollo[16], aunque elaborando su propio texto, el Consejo de la AIFM decidió, por consenso, el 6 de mayo de 2010, solicitar a la SCFM del TIDM una Opinión Consultiva sobre las responsabilidades y obligaciones de los Estados patrocinadores de personas y entidades por las actividades desarrolladas por éstas en la Zona.

Como venimos diciendo, la Zona y su subsuelo, así como sus recursos, son Patrimonio de la Humanidad (art. 136 CNUDM). Como bien común, la exploración y explotación de sus recursos se ha canalizado a través de una organización internacional intergubernamental, de carácter mundial, con sede en Kingston (Jamaica) en las disposiciones y anexos citados, cuya creación y régimen jurídico fueron establecidos por la CNUDM y el Acuerdo relativo a la aplicación de la Parte XI de la CNUDM de 1994, el cual, bajo la apariencia de un tratado de aplicación de la Convención, supuso una verdadera enmienda de ésta. Dicha organización, AIFM, cuya función principal es regular y gestionar las actividades desarrolladas en la Zona, puede, de conformidad con la CNUDM, solicitar de la SCFM opiniones consultivas sobre cuestiones jurídicas atinentes a dicho espacio marino.

En principio, los "recursos" a los que se refiere la CNUDM, para los efectos de su Parte XI (titulada "La Zona"), son los recursos minerales, no por lo tanto los recursos vivos o biológicos. Así resulta de su artículo 133, conforme al cual: "a.– Por "recursos" se entiende todos los recursos minerales sólidos, líquidos o gaseosos *in situ* en la Zona, situados en los fondos marinos o en su subsuelo, incluidos los nódulos polimetálicos; b.– Los recursos, una vez extraídos de la Zona, se denominarán "minerales""

Sin embargo, como es evidente, el desarrollo de la actividad minera para la exploración y explotación de tales recursos puede tener consecuencias que afecten de manera relevante al medio marino. A este respecto, varios pequeños Estados insulares en desarrollo, carentes de medios y tecnología suficientes como para plantearse la exploración y explotación de los recursos de la Zona por sí

16 Estos Estados son conocidos conjuntamente como SIDS (*Small Island Developing States*).

mismos, pusieron de manifiesto su preocupación por las consecuencias que podría tener para ellos el patrocinio (jurídico-administrativo, que no económico, obviamente) de personas y entidades privadas, dotadas de capacidad suficiente para tales actividades, en el caso de que su proceder pudiera causar algún tipo de daño a los recursos (vivos o no vivos) de la Zona y, específicamente, al medio ambiente marino. Esta preocupación fue transmitida al Consejo de la AIFM que, tras un intenso debate, decidió hacerla suya, aunque reformulando las preguntas planteadas por Naurú, Tuvalu y otros SIDS, para plantearle a la SCFM del TIDM cuestiones más precisas y concretas.

En sus respuestas, la SCFM, tras aclarar algunas dudas importantes, incluso lingüísticas (TIDM 2011, párr. 66)[17], realiza un examen bastante completo de la responsabilidad internacional por daños en la Zona, que a su vez es de gran utilidad para entender el principio de responsabilidad internacional por daños al medio ambiente (marino y no marino), como hemos visto en la sección anterior.

En primer lugar, la SCFM considera que las obligaciones de los Estados con respecto al patrocinio de actividades en la Zona son de dos tipos: Por una parte, tienen la obligación de asegurar el cumplimiento, por los contratantes patrocinados por ellos, de los términos de sus contratos y de las obligaciones establecidas en la Convención y los instrumentos relacionados con ella. Ésta no es una obligación de resultado sino de comportamiento —esto es, de diligencia debida— que requiere del Estado patrocinador la adopción de medidas "razonablemente apropiadas" en el marco de su propio sistema legislativo. Por otra parte, el Estado patrocinador tiene también obligaciones directas, que debe cumplir con independencia del comportamiento de su patrocinado. Las más importantes de las obligaciones enumeradas por la SCFM son obligaciones medioambientales, como la de asistir a la Autoridad en el ejercicio del control sobre las actividades en la Zona, aplicar un principio o enfoque precautorio, aplicar las mejores prácticas ambientales, adoptar medidas que aseguren la provisión de garantías en el caso de que la AIFM emita una orden de emergencia para la protección del medio marino, asegurar el acceso a compensaciones para hacer frente a daños causados por contaminación, así como la obligación de conducir evaluaciones de impacto ambiental. Ambas obligaciones, indirectas y directas, se aplican por igual a los Estados desarrollados y en desarrollo, a menos que las disposiciones aplicables establezcan otra cosa (TIDM 2011, párr. 242.3).

En segundo lugar, al tratar la cuestión de la responsabilidad, la SCFM afirmó que el incumplimiento de sus obligaciones por las personas o entidades patro-

---

[17] A diferencia del español, donde se utiliza una sola palabra, *Responsabilidad*, en inglés se utilizan dos: *Responsibility*, que equivaldría a obligación, y *Liability*, que equivaldría, propiamente, a responsabilidad.

cinadas no implica en sí mismo la responsabilidad del Estado que le patrocina. Esta responsabilidad, la del Estado patrocinador, exige dos condiciones —el incumplimiento de sus obligaciones y la producción de un daño— conectadas entre sí por un nexo causal que no puede presumirse. A este respecto, como hemos visto en el apartado anterior, la SCFM entiende que la responsabilidad del Estado patrocinador por un incumplimiento que no hubiese causado un daño, aunque no esté cubierta por la CNUDM, sí podría estarlo por el DI consuetudinario.

De este modo, según la SCFM del TIDM la responsabilidad del Estado patrocinador y la de la persona o entidad patrocinada resultan de sus respetivos incumplimientos y, por lo tanto, pueden existir en paralelo (TIDM 2011, párr. 242.4). El único punto que las une es que la responsabilidad del Estado depende de un daño causado por su patrocinado, que no se atribuye al patrocinador automáticamente, sino que debe ser acreditado (TIDM 2011, párr. 201).

En fin, en tercer lugar, mediante una interpretación integrada de los artículos 139.2, 153.4 CNUDM y 4.4 de su Anexo III, la SCFM considera que la Convención exige al Estado patrocinador la adopción de medidas en forma de leyes, reglamentos y actos administrativos para el cumplimiento de sus obligaciones, medidas que tienen dos funciones distintas aunque interconectadas: asegurar el cumplimiento de sus obligaciones por el patrocinado y eximir al Estado patrocinador de la responsabilidad derivada del daño causado por aquél. Tales medidas, lejos de ser discrecionales, deberán ser razonablemente apropiadas y no podrán ser ni menos exigentes que las adoptadas por la propia AIFM ni menos efectivas que los procedimientos, reglas y estándares internacionales establecidos al efecto (TIDM 2011, párr. 242.5).

4.2. La pesca sostenible y la lucha contra la pesca ilegal, no declarada y no reglamentada

La actividad pesquera y, en concreto, el desarrollo de actividades que pudieran ser contrarias a una pesca ambientalmente sostenible, ha estado presente en un buen número de asuntos sometidos al TIDM desde el inicio mismo de su labor jurisprudencial. Los dos primeros asuntos sometidos al TIDM, los asuntos *Saiga*, de Pronta Liberación (TIDM 1997), resuelto por éste mediante Sentencia de 4 de diciembre de 1997, y *Saiga 2*, relativo al fondo sobre el arresto de este buque y sus consecuencias, resuelto mediante Sentencia de 1 de julio de 1999 (TIDM 1999[a]), son asuntos relacionados con la pesca y la extensión de la normativa fiscal y aduanera durante el aprovisionamiento de combustible a barcos pesqueros en Zona Económica Exclusiva (ZEE). Como lo son también los demás asuntos de pronta liberación resueltos por el TIDM hasta la fecha, sobre la base del artículo 73.2 CNUDM, de carácter eminentemente pesquero[18], sometidos al TIDM mediante este procedimiento especial y urgente regulado por el artículo 292 CNUDM[19].

También lo han sido algunas solicitudes de medidas provisionales en asuntos sometidos a arbitraje internacional, mientras estaba pendiente el nombramiento del tribunal arbitral, como la efectuada en los célebres asuntos del *Atún de Aleta Azul del Sur*, iniciados por Australia y Nueva Zelanda contra Japón, en los que el TIDM, en sus Autos de 27 de agosto de 1999, tras afirmar, como hemos visto, que la conservación de los recursos vivos marinos es un elemento de la protección y preservación del medio ambiente marino (TIDM 1999b, párr. 70), impuso a las partes, especialmente a Japón, medidas exigentes de conservación de la especie objeto del proceso, incluidas limitaciones en su captura, y el deber de cooperar e informar al TIDM sobre sus progresos a este respecto (TIDM 1999b, párr. 90 —parte operativa).

Con todo, los asuntos más directamente relacionados con la pesca sostenible y su antagonista, la pesca INDNR, son el asunto *M/V Virginia G*, resuelto por el TIDM mediante Sentencia de 14 de abril de 2014 (TIDM 2014) y, sobre todo, la Solicitud de una Opinión Consultiva por la *Comisión Subregional de Pesca*, respondida por el TIDM mediante Opinión Consultiva de 2 de abril de 2015 (TIDM 2015a)[20].

En cuanto al primero, el asunto *Virginia G*, el hecho detonante es la detención de un buque petrolero panameño que abastecía de gasoil a los barcos pesqueros que faenaban, con permiso, en la zona económica exclusiva de Guinea Bissau, presuntamente por haber violado las leyes aduaneras de este país. Una de las cuestiones centrales del debate jurídico del caso fue, precisamente, si esa actividad de abastecimiento podría ser considerada como una actividad auxiliar de la pesca y, en consecuencia, necesitada de los permisos necesarios para su práctica, o, por el contrario, debería entenderse como una actividad ajena a ella y, en consecuencia, cubierta por el principio de libertad de navegación del alta mar (AM)

---

18 En virtud de esta disposición, referida a la zona económica exclusiva, "Los buques apresados y sus tripulaciones serán liberados con prontitud, previa constitución de una fianza razonable u otra garantía."

19 Asuntos *Camouco* (TIDM 2000a), *Monte Confurco* (TIDM 2000b), *Grand Prince* (TIDM 2001a), *Volga* (TIDM 2002), *Juno Trader* (TIDM 2004), *Hoshinmaru* (TIDM 2007a) y *Tomimaru* (TIDM 2007b). Los asuntos *Chaisiri Reefer 2* (TIDM 2001b) y *Heroic Idun* ((TIDM 2022) éste último, ajeno a la pesca), concluyeron anticipadamente por desistimiento.

20 También fue un asunto directamente relacionado con la pesca el del *Pez Espada*, entre Chile y la Unión Europea (TIDM 2009), sometido a una Sala *Ad Hoc* del TIDM. Sin embargo, el acuerdo entre las partes, al inicio del proceso, hizo que éste no llegara a término, impidiendo al Tribunal, en consecuencia, pronunciarse sobre las cuestiones suscitadas.

(art. 87 CNUDM) aplicable a la ZEE de los Estados ribereños (art. 58 CNUDM). En su Sentencia, el TIDM, interpretando de manera amplia los "derechos de soberanía" que el artículo 56 CNUDM reconoce a los Estados ribereños para los fines de exploración, explotación, conservación y administración de los recursos naturales tanto vivos como no vivos", en sus ZEE, y conectando esta disposición con el artículo 62.4 CNUDM, considera que la actividad de abastecimiento de combustible de los barcos pesqueros en dicha zona puede ser regulada por dichos Estados, en el marco de las medidas de conservación y gestión de los recursos vivos en ese espacio marino, incluyendo el establecimiento de sanciones para castigar su infracción (TIDM 2014, párrs. 211 ss.).

Estas facultades del Estado ribereño, y los correspondientes deberes y derechos de los Estados cuyos barcos desarrollan su actividad pesquera en sus aguas jurisdiccionales (léase, en sus ZEE) son objeto de una atención específica y monográfica en la Opinión Consultiva de 2 de abril de 2015, del TIDM, solicitada por la CSRP, a la que nos hemos venido refiriendo. Sobre la base de una Convención celebrada en 2012[21], la CSRP, una organización internacional intergubernamental integrada por Estados africanos ribereños del Océano Atlántico[22], solicitó del TIDM una Opinión Consultiva sobre las obligaciones y responsabilidades de los Estados cuyos barcos pesqueros faenan en las aguas jurisdiccionales (concretamente, en sus ZEE) de los Estados miembros de dicha Comisión.

En su Dictamen, el Tribunal señaló que los terceros Estados tienen la obligación de adoptar las medidas necesarias para asegurar que los barcos de su nacionalidad que faenen en dichas zonas cumplan con las leyes y reglamentos adoptados por los Estados miembros de la CSRP para la conservación y gestión de los recursos marinos vivos en sus respectivas zonas económicas exclusivas. Esta obligación es calificada por el TIDM, como en el caso de las actividades en la Zona, como una obligación de "diligencia debida" (TIDM 2015a, párr. 219.3). A este respecto, la responsabilidad de esos terceros Estados no resultaría del incumplimiento por parte de los barcos pesqueros de su nacionalidad de las referidas normas de los Estados miembros de la CSRP sobre la pesca IUU en sus zonas económicas exclusivas, toda vez que tal incumplimiento no es atribuible *per se* (o sea, automáticamente) al Estado del pabellón. La responsabilidad de estos Estados resultaría del incumplimiento de ese deber de diligencia debida, que les obligaría a adoptar todas las medidas necesarias y apropiadas para asegurar que los barcos de su nacionalidad no desarrollan actividades de pesca IUU en las ZEE de los Estados miembros de la CSRP (TIDM 2015a, párr. 219.4).

---

21 Convención sobre la determinación de las condiciones mínimas para el acceso y la explotación de los recursos marinos en las áreas marinas bajo la jurisdicción de los Estados miembros de la Comisión Subregional de Pesca, de 8 de junio de 2012.

22 Guinea, Cabo Verde, Gambia, Guinea Bissau, Mauritania, Senegal y Sierra Leona.

El deber de diligencia antes descrito se extendería también a las organizaciones internacionales que, asumiendo competencias exclusivas en materia de pesca, celebren acuerdos de pesca con los Estados miembros de la CSRP, para que los barcos pesqueros de los Estados miembros de esas organizaciones puedan faenar en las ZEE de la CSRP. Este sería el caso, único por el momento, de la Unión Europea (UE). A juicio del TIDM, en la medida en que el tratado de pesca se celebra únicamente por la organización en cuestión (la UE, por ahora), los deberes de los Estados de nacionalidad de los barcos pesqueros se convertirían en deberes de la organización. De este modo, correspondería a ésta la obligación de asegurar que los barcos de bandera de sus Estados miembros cumplen con las normas pesqueras de los Estados miembros de la CSRP y no desarrollan actividades de pesca IUU en sus ZEE, de manera que el incumplimiento por parte de la organización de estas obligaciones generaría la responsabilidad de ésta y no la de sus Estados miembros (TIDM 2015a, párr. 219.5).

Finalmente, el TIDM recuerda que los Estados miembros de la CSRP también tienen sus obligaciones respecto a sus propias ZEE, en relación con los stocks compartidos, esto es, con los bancos de peces que se encuentren entre varias ZEE, respecto a los cuales existe un deber de cooperación, establecido en la CNUDM (arts. 61, 63 y 64) y en el Derecho Internacional consuetudinario (TIDM 2015a, párr. 219.6).

4.3. El cambio climático

El último, por el momento, de los "grandes" casos ambientales ante el TIDM es el de la solicitud de una Opinión Consultiva sobre el *Cambio Climático* (TIDM 2024). La solicitud, en este caso, fue presentada el 12 de diciembre de 2022 por una organización internacional regional, la Comisión de Pequeños Estados Insulares sobre el Cambio Climático y el Derecho Internacional, constituida apenas un año antes (31 de octubre de 2021) por Antigua y Barbuda, Tuvalu, Palau, Niue, Vanuatu y Santa Lucía. A ella se unieron, poco después, San Vicente y las Granadinas, Saint Kitts and Nevis y las Bahamas. Todos estos Estados son parte, a su vez, de la CNUDM.

Sobre la base de su tratado constitutivo, la Comisión, con el voto favorable de todos sus integrantes, decidió someter al Tribunal la siguiente cuestión:

> "¿Cuáles son las obligaciones específicas de los Estados Parte en la Convención de las Naciones Unidas sobre el Derecho del Mar, incluidas en virtud de la parte XII, con miras a:
>
> a) Prevenir, reducir y controlar la contaminación del medio marino en relación con los efectos nocivos derivados o que pueden derivarse del cambio climático, incluido el calentamiento de los océanos y la elevación del nivel del mar, así como la acidificación de los océanos, provocados por las emisiones antropógenas de gases de efecto invernadero a la atmósfera, y

b) Proteger y preservar el medio marino en relación con los efectos del cambio climático, incluido el calentamiento de los océanos y la elevación del nivel del mar, y la acidificación de los océanos?" (TIDM 2024, párr. 63).

Previa la tramitación del correspondiente procedimiento, el TIDM en pleno pronunció su Opinión Consultiva el 21 de mayo de 2024, dando respuesta a la cuestión planteada. Ya hemos visto, a lo largo de este capítulo, que en su resolución el TIDM hace aportaciones de considerable importancia, no solo para la materia concreta que se le plantea sino también para el DIMA en su conjunto.

En su examen de la cuestión específica sobre el cambio climático, el TIDM llega a la conclusión de que la emisión antropogénica (causada por el hombre) de gases de efecto invernadero es una forma de contaminación del medio marino en los términos expresados en el artículo 1.1.4 CNUDM (TIDM 2024, párr. 441.3.a) y cae, por consiguiente, dentro del ámbito de aplicación de su artículo 194, que establece el deber de prevenir, reducir y controlar la contaminación del medio marino. Esta contaminación, la causada por el cambio climático, puede ser, a juicio del Tribunal, de origen terrestre, atmosférico, o ser causada por los barcos (TIDM 2024, párr. 441.3.e).

De este modo, según la Opinión Consultiva, los Estados Parte en la CNUDM tienen, conforme al artículo 194.1, la obligación específica de adoptar todas las medidas que sean necesarias para prevenir, reducir y controlar la contaminación del medio marino causada por la emisión antropogénica de gases de efecto invernadero y de hacer el esfuerzo por armonizar sus políticas a este respecto. Tales medidas necesarias incluyen, en concreto, la de reducir las emisiones de tales gases (TIDM 2024, párr. 441.3.b). A juicio del TIDM, la obligación a la que nos venimos refiriendo es una obligación de diligencia debida, si bien de carácter estricto o exigente (*stringent*) en atención al alto riesgo existente de que tales emisiones ocasionen un daño grave e irreversible al medio marino (TIDM 2024, párr. 441.3.c).

Por otra parte, igualmente en atención a los deberes establecidos en el artículo 194.2 CNUDM, los Estados tienen también la obligación de adoptar las medidas necesarias para asegurar que las emisiones de gases de efecto invernadero bajo su jurisdicción no causen daños por contaminación al medio ambiente de otros Estados ni a las áreas situadas más allá de la jurisdicción nacional, obligación que, siendo igualmente de diligencia debida, resulta si cabe más estricta a causa de la naturaleza transfronteriza de la contaminación (TIDM 2024, párr. 441.3.d)[23].

---

[23] A este respecto, el TIDM recuerda en su respuesta que, para el cumplimiento de las obligaciones mencionadas, los Estados tienen deberes específicos de adoptar leyes y reglamentos para prevenir, reducir y controlar la emisión de gases de efecto invernadero, desde las fuentes mencionadas (arts. 207 <terrestres>, 211 <buques> y 212 <atmosférica> y para aplicar las normas

El amplio catálogo de deberes y obligaciones de los Estados Parte en la CNUDM se completa, además, con otras obligaciones derivadas o conectadas con alguno de los grandes principios del DIMA a los que nos hemos referido en páginas anteriores. Así, por ejemplo, recuerda el TIDM que los artículos 197, 200 y 201 CNUDM, en el marco de las obligaciones generales establecidas en los artículos 192 y 194, antes vistos, impone a los Estados Parte la obligación de cooperar de buena fe, directamente o a través de la las organizaciones internacionales competentes, para prevenir, reducir y controlar la contaminación del medio marino, en este caso frente a las emisiones de gases de efecto invernadero (TIDM 2024, párr. 441.3.j); que el artículo 202 obliga igualmente a asistir a los Estados en desarrollo, especialmente los de carácter vulnerable, en sus esfuerzos para combatir este tipo de contaminación (TIDM 2024, párr. 441.3.k); y que los artículos 204 a 206 imponen igualmente obligaciones concretas de monitoreo, publicación de informes y conducción de evaluaciones de impacto ambiental que deben ser cumplidas en relación con la emisión de este tipo de gases (TIDM 2024, párr. 441.3.l).

En línea con los grandes principios y deberes ambientales, el TIDM afirma también, por otra parte, que, de conformidad con el artículo 192 CNUDM, los Estados Parte en la Convención tienen la obligación específica de proteger y preservar el medio ambiente marino frente a los impactos del cambio climático y la acidificación de los océanos, obligación que puede implicar incluso la adopción de medidas de restauración de ecosistemas y hábitats marinos. Esta obligación, añade el TIDM es también de diligencia debida y es igualmente estricta en atención al alto riesgo de un daño grave e irreversible que uno y otro, cambio climático y acidificación oceánica, pusieran causar al medio ambiente marino (TIDM 2024, párr. 441.4. b y c).

Por lo demás, el TIDM presta también atención, particularmente, a las consecuencias que cambio climático y acidificación tienen o podrían tener sobre la biodiversidad y los entornos naturales en los que ésta se desarrolla.

Por un lado, al amparo del artículo 194.5 CNUDM, afirma el TIDM que los Estados Parte tienen la obligación específica de preservar de los impactos del cambio climático y la acidificación tanto los ecosistemas raros o frágiles como los hábitats de especies diezmadas, amenazadas o en peligro (TIDM 2024, párr. 441.4.d), así como de adoptar, conforme a sus artículos 61 y 119, las medidas necesarias para conservar los recursos marinos vivos amenazados por tales impac-

y estándares internacionales establecidos a este fin por las organizaciones internacionales y conferencias internacionales competentes, así como asegurar el cumplimiento de unas y otras (arts. 213, 217 y 222).

tos, obligación ésta que impone la aplicación del principio de precaución y del enfoque de ecosistemas (TIDM 2024, párr. 441.4.e).

Por otro lado, también afirma que los Estados tienen la obligación de cooperar, frente a dichos impactos, tanto para asegurar la conservación y desarrollo de los stocks de especies compartidas (arts. 63.1 y 64.1) como de los recursos marinos vivos del AM (art. 118) (TIDM 2024, párr. 441.3.f), así como el deber específico de adoptar las medidas apropiadas para prevenir, reducir y controlar la contaminación resultante de la introducción de especies extrañas (*non-indigenous*) a causa de los efectos del cambio climático y la acidificación, aplicando igualmente el enfoque o principio de precaución (TIDM 2024, párrs. 432 a 436 y 441.4.g).

5. REFERENCIAS

5.1. Referencias doctrinales

Boyle, Alan (2007), "The Environmental Jurisprudence of the International Tribunal for the Law of the Sea", *The International Journal of Marine and Coastal Law*, vol. 22, núm. 3, pp. 369-381, http://dx.doi.org/10.1163/157180807781870354

García García-Revillo, Miguel (2016), "La protección del medio ambiente en el Derecho Internacional", en Hinojo Rojas, Manuel; García García-Revillo, Miguel (2016), *La protección del medio ambiente en el Derecho Internacional y en el Derecho de la Unión Europea*, Tecnos, Madrid, pp. 17-104.

Golitsyn, Vladimir (2016), "The Contribution of the International Tribunal for the Law of the Sea to the Progressive Development of International Environmental Law", *Environmental Policy and Law*, vol.45, núm. 6, pp. 292-298.

Juste Ruiz, José (1999), *Derecho Internacional del Medio Ambiente*, Mc Graw Hill, Madrid.

Kelly, Elsa (2018), "The Precautionary Approach in the Advisory Opinion Concerning the Responsibilities and Obligations of States Sponsoring Persons and Entities with Respect to Activities in the Area", en ITLOS (2018), *The Contribution of the International Tribunal for the Law of the Sea to the Rule of Law: 1996-2016*, pp. 45-57.

Oral, Nilüfer (2022), "The Contribution of ITLOS to the Development of International Law for Protection of the Marine Environment and Conservation of Living Resources", en Galvao Teles, Patricia; Almeida Riveiro, Manuel (2022), *Case-Law and the Development of International Law: Contributions by International Courts and Tribunals*, Brill, Leiden, pp. 180-196, http://dx.doi.org/10.1163/9789004467668_016.

Proelss, Alexander (2018), "The Contribution of the ITLOS to Strengthening the Regime for the Protection of the Marine Environment", en Del Vecchio, Angela; Virzo, Roberto (Eds.) (2018), *Interpretations of the United Nations Convention on the Law of the Sea by International Courts and Tribunals*, Springer, Cham (Suiza), http://dx.doi.org/10.1007/978-3-030-10773-4_6.

5.2. Referencias normativas

5.2.1. Tratados internacionales

Convenio de Viena sobre el Derecho de los Tratados, Viena, 23 de mayo de 1969; *BOE*, núm. 142, de 13 de junio de 1980.

Convención de las Naciones Unidas sobre el Derecho del Mar, Montego Bay, 10 de diciembre de 1982; *BOE* núm. 39, 14 de febrero de 1997.

Acuerdo relativo a la aplicación de la Parte XI de la Convención de las Naciones Unidas sobre el Derecho del Mar de 10 de diciembre de 1982, Nueva York, 28 de julio de 1994; BOE núm. 38, de 13 de febrero de 1997.

Acuerdo sobre la Aplicación de las Disposiciones de la Convención de las Naciones Unidas sobre el Derecho del Mar de 10 de diciembre de 1982 relativas a la Conservación y Ordenación de las Poblaciones de Pesca Transzonales y las Poblaciones de Peces Altamente Migratorios, Nueva York, 4 de diciembre de 1995; *BOE* núm. 175, de 21 de julio de 2004.

Convention on the determination of minimum conditions for access to and exploitation of marine resources in marine areas under the jurisdiction of the member States of the Sub-Regional Fisheries Commission, of 8 June 2012, Sub-Regional Fisheries Commission.

5.2.2. Otros actos normativos internacionales

NU (1972), Informe de la Conferencia de las Naciones Unidas sobre el Medio Humano, Declaración de Estocolmo sobre el Medio Humano, Conferencia de las Naciones Unidas sobre el Medio Humano, Estocolmo, 5 a 16 de junio de 1972, Doc. A/CONF.48/14/Rev.1.

NU (1992), Informe de la Conferencia de Naciones Unidas sobre el Medio Ambiente y el Desarrollo, Declaración de Río sobre el Medio Ambiente y el Desarrollo, Conferencia de las Naciones Unidas sobre el Medio Ambiente y el Desarrollo, Río de Janeiro, 3-14 de junio de 1992, Doc. A/CONF.151/26/Rev.l (Vol. I).

5.3. Referencias jurisprudenciales

5.3.1. Órganos jurisdiccionales internacionales

CIJ (1996), *Legality of the Threat or Use of Nuclear Weapons, Advisory Opinion, I.C.J. Reports 1996*, p. 226.

CIJ (2010), *Pulp Mills on the River Uruguay (Argentina v. Uruguay), Judgment, I.C.J. Reports 2010*, p. 14.

PCA (2016), *South China Sea Arbitration (Republic of the Philippines v. People's Republic of China)*, pca Case No 2013-19, Judgment, 12 July 2016.

TIDM (1997), *M/V Saiga (Saint Vincent and the Grenadines v. Guinea), Prompt Release, Judgment, ITLOS Reports 1997*, p. 16.

TIDM (1999a), *M/V Saiga (No. 2) (Saint Vincent and the Grenadines v. Guinea), Judgment, ITLOS Reports 1999*, p. 10.

TIDM (1999b), *Southern Bluefin Tuna (New Zealand v. Japan; Australia v. Japan), Provisional Measures, Order of 27 August 1999, ITLOS Reports 1999*, p. 280.

TIDM (2000a), *Camouco (Panama v. France)*, Prompt Release, Judgment, ITLOS Reports 2000, p. 10.

TIDM (2000b), *Monte Confurco (Seychelles v. France), Prompt Release, Judgment, ITLOS Reports 2000,* p. 86.

TIDM (2001a), *Grand Prince (Belize v. France), Prompt Release, Judgment, ITLOS Reports 2001,* p. 17.

TIDM (2001b), *Chaisiri Reefer 2 (Panama v. Yemen), Order of 13 July 2001, ITLOS Reports 2001,* p. 82.

TIDM (2001c), *MOX Plant (Ireland v. United Kingdom), Provisional Measures, Order of 3 December 2001, ITLOS Reports 2001,* p. 95.

TIDM (2002) *Volga (Russian Federation v. Australia), Prompt Release, Judgment, ITLOS Reports 2002,* p. 10.

TIDM (2003), *Land Reclamation in and around the Straits of Johor (Malaysia v. Singapore), Provisional Measures, Order of 8 October 2003, ITLOS Reports 2003,* p. 10.

TIDM (2004), *Juno Trader (Saint Vincent and the Grenadines v. Guinea-Bissau), Prompt Release, Judgment, ITLOS Reports 2004,* p. 17.

TIDM (2007a), *Hoshinmaru (Japan v. Russian Federation), Prompt Release, Judgment, ITLOS Reports 2005-2007,* p. 18.

TIDM (2007b) *Tomimaru (Japan v. Russian Federation), Prompt Release, Judgment, ITLOS Reports 2005-2007,* p. 74.

TIDM (2009), *Conservation and Sustainable Exploitation of Swordfish Stocks (Chile/European Union),* Order of 16 December 2009, ITLOS Reports 2008-2010, p. 13.

TIDM (2010), *M/V Louisa (Saint Vincent and the Grenadines v. Kingdom of Spain), Provisional Measures, Order of 23 December 2010, ITLOS Reports 2008-2010,* p. 58

TIDM (2011), *Responsibilities and obligations of States with respect to activities in the Area, Advisory Opinion, 1 February 2011, ITLOS Reports 2011,* p. 10.

TIDM (2013), *M/V Louisa (Saint Vincent and the Grenadines v. Kingdom of Spain), Judgment, ITLOS Reports 2013,* p. 4.

TIDM (2014), *M/V Virginia G (Panama/Guinea-Bissau), Judgment, ITLOS Reports 2014,* p. 4.

TIDM (2015a), *Request for Advisory Opinion submitted by the Sub-Regional Fisheries Commission,* Advisory Opinion, 2 April 2015, *ITLOS Reports 2015,* p. 4.

TIDM (2015b), *Dispute concerning Delimitation of the Maritime Boundary between Ghana and Côte d'Ivoire in the Atlantic Ocean (Ghana/Côte d'Ivoire),* Order of 25 April 2015, *ITLOS Reports 2015,* p. 122.

TIDM (2017), *Delimitation of the maritime boundary in the Atlantic Ocean (Ghana/Côte d'Ivoire), Judgment, ITLOS Reports 2017,* p. 4.

TIDM (2022), *M/T Heroic Idun (Marshall Islands v. Equatorial Guinea), Order of 15 November 2022, ITLOS Reports 2022-2023,* en prensa.

TIDM (2024), *Request for Advisory Opinion submitted by the Commission of Small Island States on Climate Change and International Law, Advisory Opinion, 21 May 2024, ITLOS Reports 2024,* en prensa.

5.4. Referencias documentales

CNUDM (2024), Convención de las Naciones Unidas sobre el Derecho del Mar, Informe anual del Tribunal Internacional del Derecho del Mar correspondiente a 2023, Reunión de los Estados Parte, 34ª Reunión Nueva York, 10 a 14 de junio de 2024 Tema 8 del programa provisional, Doc. SPLOS/34/2.

Capítulo 27

EL TRIBUNAL DE JUSTICIA DE LA UNIÓN EUROPEA

MAR CAMPINS ERITJA[1]

1. INTRODUCCIÓN

La jurisprudencia del Tribunal de Justicia de la Unión Europea (TJUE) ha sido un poderoso motor para la configuración y el desarrollo del derecho ambiental de la Unión Europea (UE). En su interpretación de las normas ambientales, el TJUE ha intentado alcanzar un equilibrio entre los distintos intereses en juego y ha defendido con frecuencia un enfoque expansivo reforzando su impacto protector. En otras ocasiones, el TJUE ha hecho una interpretación estricta del alcance de las disposiciones comunitarias, de tal forma que ha restringido la flexibilidad en su aplicación por parte de los Estados miembros, lo que ha resultado en una clara mejora de la protección del medio ambiente.

El presente capítulo ofrece una visión general del papel que ha tenido el TJUE en la construcción de la política de medio ambiente de la UE conforme al Tratado de la Unión Europea (TUE) y al Tratado de Funcionamiento de la Unión Europea (TFUE) de 2007. Después de esta introducción, el apartado segundo tiene un carácter preliminar e introduce brevemente la función del TJUE como parte del sistema de la UE. A continuación, los apartados tercero y cuarto examinan la función del TJUE en la interpretación del derecho ambiental de la UE y en el control de su aplicación uniforme en los Estados miembros. Por último, el apartado quinto se centra en el acceso de las personas físicas y jurídicas a la justicia comunitaria, analizando las limitaciones existentes relacionadas con su capacidad jurídica cuando actúan en defensa del medio ambiente.

---

[1] Catedrática de Derecho Internacional Público en la Universitat de Barcelona (mcampins@ub.edu). Todas las páginas web mencionadas en este estudio han sido consultadas el 26 de setiembre de 2024. ORCID: https://orcid.org/0000-0002-8841-9695.

2. BREVE PRESENTACIÓN DEL TRIBUNAL DE JUSTICIA DE LA UNIÓN EUROPEA

El elemento esencial del proceso de integración económica y política de la UE y su rasgo más característico en tanto que organización internacional es su carácter supranacional, esto es, la atribución por parte de los Estados miembros soberanos de una serie de competencias a las instituciones de la UE para que éstas las ejerzan en los ámbitos materiales recogidos en los Tratados. Así, de acuerdo con este principio de atribución, la UE actúa dentro de los límites de las competencias que le confieren los Estados miembros para lograr los objetivos que el TUE y el TFUE determinan. La UE responde a este compromiso conforme al reparto de las competencias materiales entre las instituciones comunitarias que participan en el proceso de adopción de decisiones, cuya legitimación descansa en distintos principios. Mientras que el Consejo representa los intereses de los gobiernos de los Estados miembros y se configura como el órgano interestatal por excelencia, el Parlamento Europeo encuentra su principio legitimador en la representación popular. La legitimidad de la Comisión Europea se define por las funciones que tiene asignadas y reside en el reconocimiento de la representación del interés comunitario[2].

El TJUE, en su doble formación del Tribunal de Justicia (TJ) y del Tribunal General (TG), tiene la responsabilidad de garantizar la interpretación y la aplicación uniforme del derecho comunitario (art. 19 TUE). Esta institución, compuesta por jueces de los Estados miembros (dos en el caso del TG y uno en el caso del TJ, que cuenta también con once abogados generales), encarna el poder judicial de la UE —en colaboración con los órganos jurisdiccionales de los Estados miembros—, habiéndosele atribuido una competencia jurisdiccional exclusiva y obligatoria para conocer del derecho de la UE. Para llevar a cabo esta tarea, el TFUE prevé, entre otras, tres tipos principales de acciones judiciales directas.

A través del recurso de infracción previsto en los art. 258 y 259 TFUE, el TJUE controla el cumplimiento por parte de los Estados miembros de las obligaciones que les incumben en virtud del derecho de la UE. Se trata de un procedimiento que puede iniciar la Comisión Europea, por propia iniciativa o a petición de uno de los Estados miembros, a raíz del incumplimiento de los compromisos con la UE por parte de un Estado miembro y en el que esta institución puede someter, a su discreción, el asunto ante el TJUE.

---

2 El art. 17 TUE atribuye a la Comisión Europea la potestad de la iniciativa normativa en relación con las propuestas que luego adoptaran conjuntamente el Consejo y el Parlamento Europeo, las dos instituciones que ejercen las funciones legislativas tal y como dispone el art. 14 TUE.

Otros recursos permiten cuestionar ante el TJUE la legalidad de los actos o las omisiones de las instituciones de la UE. En este campo, tiene especial relevancia, por las razones que se indican más adelante, el recurso de anulación previsto en el art. 263 TFUE, que permite impugnar la validez de los actos de la UE por la vulneración de los Tratados. El art. 265 TFUE introduce el recurso de omisión, mediante el cual puede recurrirse la inacción de las instituciones cuando ésta resulta contraria a los Tratados. Estos recursos se interponen ante el TG, que resuelve en primera instancia, y, más excepcionalmente, en vía de apelación, ante el TJ.

Asimismo, el art. 267 TFUE recoge el recurso prejudicial, cuyo objetivo es lograr una interpretación uniforme del derecho de la UE vinculante para los tribunales de los Estados miembros, contribuyendo así a la tutela judicial efectiva de los derechos de sus nacionales. Mediante este procedimiento, calificado como "el prototipo más evolucionado de la cooperación judicial multinivel entre los órganos jurisdiccionales" (Martín y Pérez de Nanclares 2022, p. 634), los órganos jurisdiccionales nacionales pueden acudir al TJ[3] cuando tengan dudas razonables sobre la interpretación o la validez de una norma de la UE que resulte de aplicación para la resolución de un litigio interno del que el juez nacional está conociendo.

El TJUE ha sido llamado a intervenir con mucha frecuencia en materia ambiental, con cerca de 900 sentencias, autos o dictámenes adoptados hasta ahora (InfoCuria 2024). Se trata en su mayoría de recursos de infracción conforme al art. 258 TFUE, a los que siguen las remisiones prejudiciales planteadas por los jueces nacionales en virtud del art. 267 TFUE y los recursos de anulación sobre la base del art. 263 TFUE.

3. LA INTERPRETACIÓN DEL DERECHO AMBIENTAL POR PARTE DEL TRIBUNAL DE JUSTICIA DE LA UNIÓN EUROPEA

Para llevar a cabo su tarea como intérprete del Derecho de la UE, el TJUE comparte, por lo general, los métodos de interpretación propios de otros tribunales internacionales. Sin embargo, el hecho de que las normas de la UE aúnen diversas tradiciones jurídicas y se publiquen oficialmente en múltiples lenguas

---

3 Aunque este es un tipo de recurso que se dirige normalmente al TJ, desde el 1 de septiembre 2024, con la última reforma del Protocolo núm. 3 sobre el Estatuto del TJUE conforme al Reglamento (UE, Euratom) 2024/2019 (UE 2024), el TG también puede conocer en vía prejudicial de las cuestiones que se planteen acerca del régimen de comercio de derechos de emisión de gases de efecto invernadero.

ha resultado en una priorización de métodos de interpretación distintos al de la interpretación literal. Así, a pesar del carácter casuístico de sus decisiones, el propio TJUE ha impulsado una interpretación sistemática o contextual y, muy especialmente, teleológica, que favorece la interpretación de las normas de la UE en función de los objetivos de integración de los Tratados y garantiza su efecto útil en línea con sus objetivos. Ello se observa, en particular, en aquellos supuestos en que el TJUE ha tenido que pronunciarse sobre la delimitación de los objetivos ambientales de la UE y la necesidad de equilibrar este compromiso con otros intereses políticos y económicos o cuando lo ha hecho acerca la naturaleza compartida de la competencia en materia ambiental entre las instituciones comunitarias y los Estados miembros, un aspecto que afecta también al alcance de las competencias de la UE en el ámbito exterior. Asimismo, el TJUE ejerce una función de intérprete del derecho ambiental de la UE que ha sido especialmente relevante para la clarificación de conceptos clave en diversos marcos normativos sectoriales, garantizando la aplicación uniforme de las normas ambientales en los distintos ordenamientos jurídicos nacionales de los Estados miembros.

3.1. Los fundamentos de la acción ambiental de la Unión Europea

Los Tratados fundacionales de la Comunidad Europea para el Carbón y el Acero de 1951, de la Comunidad Económica Europea de 1957 y de la Comunidad Europea de la Energía Atómica de 1957 no contemplaban inicialmente una política de protección del medio ambiente. No obstante, la creciente concienciación ambiental y la preocupación por la incidencia de las medidas ambientales en el funcionamiento del mercado propiciaron la adopción, en los años setenta del pasado siglo, de las primeras normas ambientales en la UE. Estas medidas estuvieron inicialmente muy influidas por la lógica de la integración económica, por lo que la definición del objetivo ambiental no tenía más que un carácter incidental y poco estructurado (Orlando 2013, p. 3; van Calster 2020, p. 87).

Este objetivo ambiental ha ido articulándose de la mano del proceso de ampliación gradual de las competencias de la UE en áreas que quedaban fuera de su mandato original. En la década de los años ochenta, el TJUE empezó a alejarse del planteamiento clásico centrado en la defensa a ultranza del objetivo de integración económica y legitimó la acción comunitaria en materia de medio ambiente, anticipándose, incluso, al desarrollo de los Tratados (Jacobs 2006, pp. 186-187). En 1985, dos años antes de la entrada en vigor del Acta Única Europea de 1986, reconoció en el asunto *ABDHU* que los principios de la libre circulación de mercancías y la libre competencia, pilares del mercado único, no tenían un carácter absoluto, sino que estaban sujetos a ciertos límites. Tales limites se justificaban por razones de interés general, como la protección del medio ambiente, que calificó como uno de los "objetivos esenciales de la Comunidad" (TJUE

1985b). Tres años más tarde, su sentencia en el asunto sobre las *Botellas Danesas* (TJUE 1988b) confirmó esta posición y sostuvo, además, que la protección del medio ambiente también constituía uno de las "exigencias imperativas" en las que podían basarse las autoridades nacionales para restringir la libre circulación de mercancías. Con ello reorientó una lógica de integración económica hacia preocupaciones que, con el tiempo, incorporaron plenamente la protección del medio ambiente (Orlando 2013, p. 2, 11). Paralelamente, la inclusión formal de la política de protección del medio ambiente en los Tratados constitutivos se produjo con la modificación operada por el Acta Única Europea en 1986, si bien fue el Tratado de Maastricht de 1992 el que afianzó esta política, el Tratado de Ámsterdam de 1997 el que la incorporó formalmente en el plano de los objetivos que persigue la UE y el Tratado de Lisboa de 2007 (TUE y TFUE) el que, finalmente, consolidó esta acción ambiental también en el ámbito internacional y en su dimensión climática.

En materia de protección ambiental, la UE debe perseguir los objetivos que le han sido asignados en los Tratados. El art. 3.3 TUE se refiere de forma general a la misión que tiene la UE de obrar "en pro del desarrollo sostenible de Europa basado en un crecimiento económico equilibrado (...) y en un nivel elevado de protección y mejora de la calidad del medio ambiente". Este objetivo general se complementa con los que se determinan de modo específico en el actual art. 191.1 TFUE, que describen la tarea política de la UE en la concepción y la aplicación de las medidas ambientales. Estos son

> "la conservación, la protección y la mejora de la calidad del medio ambiente, la protección de la salud de las personas, la utilización prudente y racional de los recursos naturales, el fomento de medidas a escala internacional destinadas a hacer frente a los problemas regionales o mundiales del medio ambiente y en particular a luchar contra el cambio climático".

Como directrices de política jurídica, esta disposición enuncia también los principios básicos que deben tener en cuenta la UE y sus Estados miembros en la elaboración y aplicación de sus normas ambientales. El artículo 191.2 TFUE marca una clara orientación en el desarrollo potencial del derecho ambiental de la UE y menciona los principios de cautela y de acción preventiva, el principio de corrección de los atentados al medio ambiente, preferentemente en la fuente misma, y el principio de "quien contamina paga". Además, el art. 11 TFUE establece el denominado principio de integración, que exige a las instituciones comunitarias que tomen en consideración la perspectiva ambiental en el desarrollo de otras políticas de la UE. Dichos principios, con diferente alcance, tienen un carácter obligatorio para los Estados miembros. No se limitan, por tanto, a reflejar meras declaraciones políticas, sino que constituyen un parámetro básico para la realización de una auténtica política comunitaria de protección del medio ambiente (Krämer 2004, p. 47).

Siendo el art. 192 TFUE la base jurídica específica en materia ambiental, es posible su combinación con otras disposiciones del TFUE que abordan otros ámbitos de la acción de la UE. Conforme a la jurisprudencia del TJUE y a pesar de la gran casuística que existe a este respecto (Cardesa y Morgera 2020, p. 74, 78), la pertinencia de una u otra base jurídica, así como sus posibles combinaciones, dependerá de factores objetivos susceptibles de control judicial, como el objetivo, la finalidad y el contenido normativo del acto que pretenden adoptar las instituciones (entre otras, TJUE 1987a; 1990a; 1993). El TJUE ha insistido en que es necesario establecer cuál es el "centro de gravedad" de la medida si existen varias alternativas. El art. 192 TFUE es apropiado si las disposiciones del acto que se quiere adoptar se relacionan principalmente con la protección del medio ambiente (TJUE 1993; 1999). Cuando este aspecto es secundario o el acto en cuestión persigue diversos objetivos que pesan por igual, cabe entonces recurrir a otras bases jurídicas o incluso utilizarlas juntamente con el art. 192 TFUE (TJUE 2006a).

3.2. Las competencias de las instituciones de la Unión Europea en materia ambiental

Como ocurre con la mayoría de los ámbitos de acción de la UE, la adopción y aplicación de las disposiciones relativas a la protección del medio ambiente son objeto de una competencia compartida entre la UE y sus Estados miembros (art. 4 TFUE). Como tal, la acción de la UE en este campo está sujeta, además de al principio de cooperación leal entre los Estados miembros y la UE (art. 4.3 TUE), a la exigencia de dos requisitos: la aplicación del principio de la subsidiariedad en relación con la apreciación de la necesidad de la intervención comunitaria (art. 5.3 TEU) y la aplicación del principio de la proporcionalidad en relación con la intensidad de la acción comunitaria (art. 5.4 TEU).

De hecho, el art. 191 TFUE establece que la UE tan sólo "contribuirá" a la conservación y a la mejora de la calidad del medio ambiente. En este sentido, el art. 193 TFUE hace una reserva expresa del derecho de los Estados miembros a mantener o adoptar medidas de mayor protección ambiental, que deben ser compatibles con las disposiciones del Tratado. Esto se traduce en que sean proporcionadas con el objetivo perseguido y no constituyan un medio de discriminación arbitraria ni una restricción encubierta, además de ceñirse al alcance estrictamente necesario que requiera la medida en cuestión, evitando perturbaciones gratuitas del funcionamiento del mercado interior (entre otras, TJUE 1982a; 1988b).

Esta posibilidad de ir más allá de la acción ambiental de la UE refleja también sus propios límites. Al no perseguir, en puridad, un objetivo armonizador total, la política ambiental de la UE está excesivamente ligada a los vaivenes de los intereses heterogéneos de los Estados miembros. Ello ha ido conduciendo, en los últimos años (con la excepción de la regulación en materia de lucha contra el cambio climático), a la adopción de medidas comunitarias de carácter mucho más flexible y potencialmente más débil, a través, por lo general, de Directivas marco, instrumentos basados en el mercado o instrumentos de carácter voluntario. Cabría pensar que, a medida que la intervención supranacional de la UE se relaja o reduce su intensidad, se incrementa el margen de los Estados miembros para adoptar medidas de mayor protección ambiental. Sin embargo, se observa una cierta atonía en las aspiraciones ambientales de los Estados miembros, probablemente debida a la disminución de la ambición de países que habían sido pioneros en materia ambiental y que, en su momento, habían liderado estos cambios. El riesgo es que esta falta de ambición lleve a medidas que cumplan, simplemente, con un mínimo común denominador que depende de la capacidad de negociación de gobiernos nacionales cada vez más diversos.

En particular, el TJUE ha llevado a cabo una importante tarea de delimitación del margen de apreciación de las instituciones de la UE, especialmente de la Comisión Europea, en el marco del proceso decisorio. A título ilustrativo, cabe mencionar la exigencia acerca del "nivel de protección elevado" que deben perseguir las normas ambientales de la UE, conforme al art. 191.2 TFUE y el art. 37 de la Carta de los Derechos Fundamentales de la Unión Europea (CDFUE). La combinación de esta exigencia con el principio de precaución enunciado en el art. 191.2 TFUE sugiere, por ejemplo, que las instituciones con competencias legislativas han de establecer normas estrictas en materia de protección del medio ambiente, incluso cuando ello implica medidas más restrictivas en el funcionamiento del mercado (Jacobs 2006, p. 195). A este respecto, desde un punto de vista substantivo, el TJUE solo ha señalado que el nivel de protección que deban ofrecer las medidas ambientales no tiene que ser necesariamente el nivel más elevado que sea técnicamente posible. De acuerdo con el TJUE, este es un aspecto que, como cuestión política, ha de dejarse en manos del poder legislativo de la UE y no corresponde determinar al poder judicial de la UE (entre otras, TJUE 2008c, 2010b; 2018b). Éste debe limitarse a examinar si ha habido un error manifiesto en la apreciación que las instituciones competentes hacen de las evaluaciones científico-técnicas o de la ponderación de los intereses que debe reflejar la norma (entre otras, TJUE 1998d, 1998e, 2016b).

También resulta de interés la interpretación del TJUE acerca del alcance del mencionado principio de precaución. Así, ante la impugnación de una Decisión de prohibición de exportación de carne durante la crisis de las "vacas locas" por parte del Reino Unido, el TJUE señaló que las instituciones comunitarias podían adoptar medidas precautorias "sin tener que esperar a que la realidad y la gravedad de esos riesgos se manifiesten plenamente" (TJUE 1998b; 1998c). En otros casos relacionados con el uso de antibióticos como aditivos en la alimentación animal, el TJUE insistió en que las instituciones de la UE tienen derecho a adoptar este tipo de medidas de protección aunque el riesgo no se haya establecido plenamente, siempre que su evaluación haya sido razonable y esté respaldada científicamente (TJUE 2002c). Ha aplicado la misma línea de razonamiento, si bien más matizada, al aceptar la posibilidad de adoptar medidas restrictivas de la comercialización de plaguicidas cuando, siendo imposible determinar con certeza el alcance del riesgo, persista la probabilidad de un perjuicio real para la salud (entre otras, TJUE 2019b; 2020b). En estos supuestos, como ya se ha dicho antes, lejos de aventurarse en sus propias interpretaciones acerca del nivel de certidumbre científica existente, el TJUE se limita a evaluar el uso de las prerrogativas de las instituciones de la UE con competencias legislativas en el marco del proceso de adopción de la norma comunitaria.

De otra parte, el art. 191.4 TFUE confirma la competencia de la UE para desarrollar la dimensión externa de su política ambiental mediante la cooperación con terceros Estados u otras organizaciones internacionales. En esta línea, la UE ha buscado a lo largo de los años una coherencia entre el desarrollo normativo a nivel interno y la acción que promueve a escala internacional, donde pretende servir de modelo a la comunidad internacional y reafirmar su influencia (Kulosevi 2012, p. 132 y ss.; Maljean-Dubois 2021, p. 663; Fajardo del Castillo 2021, p. 16-17). Así, el derecho ambiental de la UE está en constante interacción con el Derecho Internacional del Medio Ambiente, ya que se ha desarrollado bajo su influencia y ha ido incorporando sus tendencias normativas hasta lograr una auténtica "comunitarización" de sus contenidos (Maljean Dubois 2021, p. 655).

En consecuencia, la UE es Parte en la mayoría de los acuerdos multilaterales ambientales que, conforme al art. 216.2 TFUE, "vinculan a las instituciones de la Unión y a sus Estados miembros" (TJUE 1974a; 1987c; 2002a, 2004b; 2011a; 2011c). El carácter compartido de las competencias de la UE a nivel interno ha exigido que ésta suscriba la mayor parte de estos acuerdos como acuerdos "mixtos" con sus Estados miembros, cuyo proceso de negociación y adopción se regula en el art. 218 TFUE. Los acuerdos mixtos tienen el mismo estatus que otros acuerdos "puros" que pueda suscribir la UE. Ahora bien, su carácter mixto puede propiciar que los Estados miembros interfieran en las negociaciones bilaterales o multilaterales de la UE, con el consiguiente desconcierto que esta situación puede generar en los terceros Estados (Fajardo del Castillo 2010, p. 378; Cardesa-Salzmann y Morgera 2020, p. 81). Es más, resulta muy común que esta combinación entre la acción internacional de los Estados miembros y la acción internacional de la UE confluyan en lo que en ocasiones acaban siendo auténticos conflictos acerca del alcance de la competencia de la UE (entre otras, TJUE 2018c).

Se suscita por último una cuestión que afecta al alcance territorial del ejercicio de la competencia ambiental de la UE. La referencia a los problemas ambientales globales en los Tratados implica que la UE también puede adoptar medidas dirigidas a proteger el medio ambiente más allá de sus fronteras, dentro de los límites impuestos por el Derecho Internacional. Ello ha planteado algunas cuestiones acerca del alcance extraterritorial de la normativa ambiental de la UE, una deriva que, de hecho, venía anunciándose desde principios de la década de 2010 (Scott 2014; Fernández Pons *et al.* 2024). Así, es cada vez más frecuente la adopción de medidas con alcance extraterritorial para la protección y promoción de intereses públicos globales y el cumplimiento de objetivos establecidos multilateralmente (Scott 2015, pp. 102-107, 120; Fajardo del Castillo 2021, pp. 87-92, 148-152; Dominioni y Esty 2023, pp. 5 y 29). A título ilustrativo puede mencionarse el asunto *ATAA* (TJUE 2011c) sobre la Directiva 2008/101/UE (UE 2008c) y la extensión del sistema de comercio de emisiones de gases de efecto invernadero (GEI) a las aeronaves de terceros países. Este tipo de medidas son controvertidas y generalmente enfrentan la oposición de los terceros Estados, que rechazan su carácter extraterritorial por considerarlo incompatible con el sistema de comercio multilateral y otras normas internacionales.

3.3. La función hermenéutica con respecto de los marcos normativos sectoriales

Es frecuente que las normas comunitarias ambientales, en particular las Directivas, se redacten en términos bastante abiertos para adaptarse a los diversos sistemas jurídicos y preferencias políticas de los Estados miembros, por lo que, con frecuencia, requieren de la interpretación del TJUE. En este contexto, el TJUE ha tenido la oportunidad de ejercer su función hermenéutica con respecto de los distintos marcos normativos sectoriales, como la conservación de la naturaleza, la gestión de los residuos, la protección del agua y de la atmosfera, la contaminación acústica, los productos tóxicos o el impacto de las actividades industriales y la biotecnología. También lo ha hecho acerca de múltiples instrumentos de carácter transversal que completan la orientación del enfoque normativo adoptado por las instituciones de la UE, como los que regulan la evaluación del impacto ambiental de determinados proyectos públicos y privados, la participación pública en la toma de decisiones ambientales o la responsabilidad por daños ambientales (Peeters y Eliantonio 2020, p. 476, 489).

Las decisiones del TJUE han tenido una repercusión muy significativa para asegurar la uniformidad en la interpretación de los conceptos empleados por la legislación comunitaria ambiental. En muchas ocasiones, ha sido llamado a aclarar el sentido y el alcance de definiciones clave que difieren en las distintas versiones lingüísticas, resultan ambiguas, tienen connotaciones jurídicas diferentes en los ordenamientos jurídicos nacionales o enfrentan importantes incertidumbres cuando se trata de su traslación jurídica y su aplicación práctica al derecho interno de los Estados miembros. Por ejemplo, el TJUE se ha referido a la amplitud de la noción de contaminación que comprende la Directiva 2010/75/UE sobre las emisiones industriales (UE 2010), en la que incluye no solo la protección ambiental sino también la salud de las personas (TJUE 2023a). El sector de la gestión de residuos también es ilustrativo a este respecto. El TJUE se ha pronunciado acerca del alcance de la noción de residuo para identificar aquellos materiales que, independientemente del valor pecuniario que puedan tener para los operadores económicos o de que puedan ser reutilizados en un futuro, deben clasificarse como tales (entre otras, TJUE 1997; 2000; 2004c). Lo son, por ejemplo, los vertidos de petróleo en el mar (TJUE 2008a) o los materiales de excavación (TJUE 2022d). También se encuentran ejemplos en otros sectores ambientales, como el de la gestión del agua, en el que el TJUE ha tenido que pronunciarse sobre la noción del "buen estado ecológico del agua" como componente clave de su correcta gestión cualitativa (TJUE 2015b) o aclarar los criterios de evaluación de algunos indicadores de control biológico (TJUE 2024a), entre otros casos. Igualmente, en relación con otros actos legislativos de carácter más transversal, el TJUE ha delimitado la noción de "modificación substancial" de los permisos para la explotación de vertederos en relación con la Directiva 2010/75/UE sobre emisiones industriales (TJUE 2022b) o el concepto de "proyecto" al que se refiere la Directiva 92/43/CE sobre la conservación de los hábitats naturales (UE 1992b) con respecto a las exenciones de la obligación de la evaluar sus repercusiones en el medio ambiente (TJUE 2023b).

4. EL CONTROL DE LA APLICACIÓN DEL DERECHO AMBIENTAL DE LA UNIÓN EUROPEA

Otra de las funciones del TJUE es garantizar la aplicación coherente y eficaz del derecho ambiental de la UE en los Estados miembros para lograr los objetivos que determinan los Tratados. A este respecto, el TJUE se ha pronunciado en múltiples ocasiones acerca de las obligaciones de transposición de las normas ambientales de la UE en los ordenamientos jurídicos internos de los Estados miembros, lo que pone de manifiesto las dificultades inherentes de la ejecución de este marco normativo. Asimismo, es necesario referirse, en este apartado, al reconocimiento del efecto directo de estas normas comunitarias en los ordenamientos jurídicos nacionales.

4.1. Las obligaciones de transposición de las normas ambientales de la Unión Europea por los Estados miembros

El derecho ambiental de la UE ha experimentado un desarrollo muy significativo, con la adopción de cerca de 600 actos jurídicamente vinculantes. Por las particulares características de este ámbito de regulación, la UE ha legislado tradicionalmente a través de Directivas comunitarias. Estas requieren su transposición en el ordenamiento jurídico interno de los Estados miembros, mediante los actos legislativos, reglamentarios o administrativos nacionales que sean necesarios para garantizar su completa ejecución en tiempo y forma. Más recientemente, con objeto de garantizar la eficacia en la aplicación de sus normas, especialmente en aquellos ámbitos en los que puede existir una afectación transfronteriza, la UE ha preferido utilizar Reglamentos que, a diferencia de las Directivas, se aplican directamente a las personas físicas y jurídicas en el territorio de los Estados miembros. Así ha sido, por ejemplo, en el ámbito de los movimientos transfronterizos de residuos o la reducción de emisiones de gases de efecto invernadero (GEI) y los mecanismos de tarificación del carbono, en los que se abordan cuestiones muy técnicas cuya aplicación uniforme en el conjunto de los Estados miembros es crucial para lograr los resultados medioambientales previstos.

Es necesario señalar, sin embargo, que la protección sustantiva que ofrecen estas normas refleja, en ocasiones, una tensión entre el fortalecimiento y la simplificación de la legislación ambiental de la UE. Las propuestas de la Comisión Europea en materia ambiental deben también acomodar otros intereses en juego para lograr su aprobación en el seno del Consejo y del Parlamento Europeo. Por esta razón, a la par que la acción de la UE ha conllevado importantes avances en materia ambiental en las últimas décadas, la Comisión Europea también ha tenido que rebajar, en ocasiones, la intensidad ambiental de muchas de sus propuestas (De Sadeleer 2010, p. 526, 531; Cremona 2012, p. 37).

Uno de los problemas endémicos en este contexto es el de la aplicación efectiva de estas normas (Wenneras 2007; Krämer 2022), lo que con frecuencia resta credibilidad a los esfuerzos de la UE para llevar a cabo una auténtica política común en esta materia. La magnitud del problema se refleja en los datos de las mismas instituciones comunitarias, que hablan por sí solos. Así, el TJUE ha dictado, entre enero de 1976 y junio de 2024, 378 sentencias que resuelven recursos de infracción contra los Estados miembros por la vulneración de normas ambientales de la UE, en particular por no haber transpuesto la normativa ambiental de la UE a su ordenamiento jurídico nacional, hacerlo con retraso o de forma incompleta (TJUE 2024b).

En primera instancia, la responsabilidad de garantizar la correcta aplicación de la norma comunitaria recae en los Estados miembros. El art. 19.1 TFUE dispone que éstos deben proveer todos los medios necesarios para garantizar la protección jurídica efectiva de los ámbitos cubiertos por el Tratado. Esta obligación está sujeta, de acuerdo con la jurisprudencia del TJUE, a determinadas exigencias. El TJUE ha estimado, por ejemplo, que es irrelevante la situación político institucional interna de los Estados miembros para justificar la violación de la obligación de cumplimiento, admitiéndose tan sólo las causas de fuerza mayor como excepción temporal (entre otras, TJUE 1982a; 1982b). También ha exigido la entrada en vigor de las medidas de transposición y la adecuación de la legislación nacional dentro del plazo fijado por las Directivas y se ha pronunciado sobre la formalidad y la obligatoriedad de los actos internos de adecuación, rechazando las meras prácticas administrativas para la transposición de la norma comunitaria (entre otras, TJUE 1982b; 1985a; 1988a). Igualmente, ha requerido la transposición completa de todas y cada una de las disposiciones de las Directivas y su aplicación homogénea en la totalidad del territorio nacional de los Estados miembros (entre otras, TJUE 1986; 1987b; 1987d).

Por otro lado, cabe recordar que la Comisión Europea tiene en sus manos la tarea de controlar la transposición y la aplicación correcta de las normas comunitarias en los Estados miembros. Esto es, debe supervisar no sólo que los Estados miembros cumplan su obligación de adoptar e informar sobre las medidas nacionales de ejecución, sino también que dichas normas transpongan correctamente las disposiciones comunitarias y que éstas sean adecuadamente aplicadas en todo el territorio nacional. El art. 258 TFUE otorga a la Comisión Europea un amplio margen de apreciación para decidir si incoa o no el procedimiento de infracción, primero, con carácter administrativo y, posteriormente, por vía judicial ante el TJUE, que será quien podrá declarar, en su caso, la infracción del Estado miembro. El control del cumplimiento del derecho ambiental de la UE se ha visto reforzado por dos importantes derechos procesales que se conceden a la Comisión Europea. En primer lugar, puede solicitar al TJUE la adopción de medidas cautelares en virtud del art. 279 del TFUE, cuando exista una urgencia y motivos que justifiquen la adopción de estas medidas. En segundo lugar, conforme al art. 260 TFUE, cuando un Estado miembro no acata una sentencia por incumplimiento del TJUE, la Comisión Europea puede interponer un nuevo recurso requiriendo al TJUE que le imponga una multa coercitiva y/o una multa a tanto alzado, una posibilidad que, de forma más matizada, el propio TJUE ha extendido al incumplimiento de las medidas cautelares (TJUE 2017a).

Sin embargo, subsisten importantes dificultades para supervisar el cumplimiento de las normas ambientales mediante el procedimiento de infracción, que se reflejan en los impedimentos que encuentra la Comisión Europea en el ejercicio de su responsabilidad como “guardiana de los Tratados” (Peeters y Eliantonio 2020, p. 484; Krämer 2019, p. 40-43, Wenneras 2007, p. 254-255). La parquedad de los recursos materiales de los que dispone para llevar a cabo esta función y en particular la ausencia de un cuerpo de inspectores de la UE ha condicionado de una manera significativa su capacidad de actuación en el ámbito del control de la aplicación.

4.2. El reconocimiento del efecto directo de las normas ambientales de la Unión Europea

Con frecuencia, los procedimientos de infracción iniciados por la Comisión Europea contra los Estados miembros no traducen sus efectos de forma inmediata en los ordenamientos internos y los particulares, sean personas físicas o jurídicas, difícilmente pueden beneficiarse del derecho que les atribuye, si acaso, la norma comunitaria[4]. Para hacer frente a esta situación y garantizar no solo la preservación del efecto útil de la norma sino también la protección de los intereses legítimos de los particulares afectados, el TJUE reconoce de forma general el efecto directo de ciertas disposiciones de los Tratados, Reglamentos o Decisiones cuyos destinatarios son los particulares, sean personas físicas o jurídicas, y que resultan suficientemente claras, precisas e incondicionales (entre otras, TJUE 1963a; 1971; 1974b). En esta línea, el TJUE también ha señalado que cuando nos encontramos ante disposiciones de Directivas ambientales que establezcan una obligación de alcanzar un resultado específico, de forma incondicional, precisa y completa y esta obligación no haya sido incorporada al ordenamiento jurídico del Estado miembro, haya sido incorrectamente traspuesta o cuya aplicación a nivel nacional sea deficitaria, los particulares pueden invocar su aplicación directa en el marco de sus relaciones con los poderes públicos del Estado miembro (TJUE 1974b).

Ciertamente, las Directivas ambientales rara vez conceden, de manera expresa, derechos específicos a los particulares. Pero sí que pueden identificarse situaciones en las que reconocen un interés legítimo protegido por el derecho de la UE o confieren a las personas afectadas un derecho a exigir jurídicamente el cumplimiento por parte de las autoridades públicas de una obligación que establecen de manera incondicional y suficientemente precisa (entre otras, TJUE 1991a; 2016a). Este es el caso, por ejemplo, cuando la norma comunitaria determina valores máximos de emisión al medio ambiente, requiere la elaboración de determinadas medidas nacionales para la gestión de los recursos naturales, establece ciertas obligaciones de información o explícitamente prohíbe llevar a cabo ciertos comportamientos (Krämer 2020, p. 183-185). En esta línea, el TJUE admitió, en el asunto *Difesa della Cava*, con respecto de la Directiva 85/337/CEE relativa a la evaluación de las repercusiones de determinados proyectos públicos y privados sobre el medio ambiente (UE 1985), que cuando las normas imponen una obligación en términos inequívocos y

[4] A título ilustrativo, valga señalar que la duración de la tramitación de los procedimientos de infracción dentro de la Comisión Europea en 2023 se movía entre los 16 y los 20 meses, a los que habría que sumar otros 15 a 24 meses para la emisión de la decisión del TJUE. Ver TJUE 2024b y Comisión Europea 2024.

> "desde el punto de vista de su contenido, no estén sujetas a condición alguna y sean lo suficientemente precisas, los particulares están legitimados para invocarlas ante los órganos jurisdiccionales nacionales contra el Estado, bien cuando éste no haya adaptado el Derecho nacional a la Directiva dentro del plazo señalado, bien cuando haya procedido a una adaptación incorrecta" (TJUE 1994a).

También indicó, en relación con la misma Directiva que cuando las autoridades competentes de un Estado miembro sobrepasen el margen de apreciación que les confiere la norma comunitaria, los particulares podrán invocar su aplicación directa ante los órganos jurisdiccionales de dicho Estado miembro (TJUE 1995b).

Sin embargo, en la mayoría de las ocasiones en que el TJUE ha podido conocer sobre si ciertas disposiciones de Directivas comunitarias en materia de medio ambiente generaban derechos en favor de los particulares que pudieran ser invocados directamente ante las jurisdicciones internas, se ha pronunciado en sentido negativo, entendiendo que correspondía a las autoridades nacionales desarrollar tales normas y no se podía predicar de las mismas su incondicionalidad o suficiencia (entre otras, TJUE 1989; 1996b; 2008b). Este ha sido hasta ahora el caso, por ejemplo, con respecto de la Directiva 85/337/CEE sobre impacto ambiental (entre otras, TJUE 1994a; 1996b) y de la Directiva 92/43/CEE sobre hábitats (TJUE 2004a), debido al margen de discrecionalidad que ambas normas dejan a las autoridades nacionales en la ejecución de los criterios para su aplicación. El TJUE también abordó esta cuestión en relación con las Directivas sobre gestión de residuos, denegando el efecto directo de la obligación de garantizar la gestión segura de los residuos o de la obligación de identificar los emplazamientos para su eliminación y valorización (TJUE 2010a, 2005). En el caso de la Directiva 2008/50/CE sobre la calidad del aire (UE 2008a), el TJUE tampoco reconoció un derecho que facultara a los particulares para reclamar una reparación por los daños a la salud derivados del incumplimiento de los estándares de protección exigidos al Estado miembro, por considerar que, sin perjuicio de la claridad y precisión de la norma, ésta no fijaba más que un objetivo genérico de protección de la salud humana (TJUE 2022e).

Al respecto debe recordarse, finalmente, que, cuando no cabe atribuir este efecto directo a la norma comunitaria o incluso, como en el último caso citado, no cabe reconocer la existencia de este derecho individual, el TJUE exige a los tribunales nacionales que hagan todo lo posible para interpretar su propia legislación nacional a la luz del Derecho de la UE, de forma que se garantice que éste puede desplegar la plenitud de sus efectos independientemente de si resultan o no directamente aplicables (entre otras, TJUE 1990b; 1994b; 1998e). Además, conforme a la jurisprudencia del TJUE en los asuntos *Francovich* y *Brasserie de Pecheur* (TJUE 1991b; 1996a), la ausencia de este efecto directo no impide que los demandantes puedan reclamar al Estado miembro una indemnización por los daños y perjuicios que ha originado el incumplimiento de la norma comunitaria para resarcirse de cualquier perjuicio sufrido. De nuevo, no obstante, la concurrencia de las condiciones que ha establecido el TJUE para la apertura de este derecho de reclamación ante los tribunales nacionales puede presentarse difícil en el campo ambiental y la invocación de los intereses que la Directiva protege, la concreción de la individualización y el nexo causal con el perjuicio producido pueden ser difíciles de demostrar ante los tribunales nacionales.

5. EL ACCESO A LA JUSTICIA EN MATERIA AMBIENTAL EN LA UNIÓN EUROPEA

Un último aspecto que resulta de interés, por su afectación en la protección de derechos procesales de las personas físicas o jurídicas para entablar acciones judiciales en defensa del medio ambiente, es el de las limitaciones que enfrentan estos demandantes en el contexto del recurso de anulación del art. 263 TFUE, aspecto al que se dedica este último apartado.

5.1. La legitimación de las personas físicas o jurídicas ante el Tribunal de Justicia de la Unión Europea

La exhaustividad del sistema de recursos de la UE ha sido objeto de un importante debate debido a las dificultades para el acceso directo de los particulares en el marco, especialmente, del recurso de anulación del art. 263 TFUE. Dos tipos de demandantes están legitimados para su activación: los primeros, demandantes privilegiados (los Estados miembros, el Parlamento Europeo, el Consejo y la Comisión Europea), siempre pueden interponer este recurso como medida de control legal; los segundos, demandantes no privilegiados (personas físicas y jurídicas), deben acreditar el cumplimiento de condiciones específicas de *locus standi*. Así, el art. 263.4 TFUE solo les otorga una legitimación limitada al disponer que podrán recurrir "los actos de los que sea destinataria o que la afecten directa e individualmente y contra los actos reglamentarios que la afecten directamente y que no incluyan medidas de ejecución". Por tanto, su acceso al control jurisdiccional se admite únicamente cuando éstos puedan acreditar una afectación directa y un interés individual, excepto cuando se interpone un recurso contra un acto reglamentario que no conlleve medidas de ejecución, caso en que solo se exige que el demandante esté directamente afectado (entre otras, TJUE 2011b; 2012b; 2018a).

La existencia de una afectación directa requiere que la medida en cuestión altere, concreta y realmente, la situación jurídica del demandante, por lo que no es suficiente una simple afectación genérica de su situación de hecho (entre otras, TJUE 2013; 2015a). Es necesario que el acto no deje ningún margen de apreciación a las autoridades nacionales, lo que implica que la aplicación de la norma deba ser puramente automática. En cuanto a la afectación individual, conforme a la doctrina establecida por el TJUE en el asunto *Plaumann*, las personas físicas o jurídicas sólo cumplen este requisito cuando el acto impugnado les afecta debido a determinadas cualidades o atributos que les son propios o debido a una situación de hecho que las distingue de cualquier otra persona (TJUE 1963b). Es obvio que estas condiciones no son de fácil cumplimiento si el acto impugnado es de aplicación general, lo que imposibilita con frecuencia el acceso de los actores no privilegiados y, sobre todo, de las organizaciones no gubernamentales (ONG) ambientales ante la jurisdicción comunitaria. Al TJUE sigue resultándole harto difícil superar la estricta concepción de la doctrina *Plaumann*, hasta el punto de que algunos autores han calificado su razonamiento de «autorreferencial», «formulista» y «minimalista» (Wenneras 2007, pp. 216-226; Krämer 2019, p. 28; Peeters y Eliantonio 2020, 490; Peiffert 2022, p. 229).

5.2. Las limitaciones existentes al acceso a la justicia de la Unión Europea de las personas físicas y jurídicas en defensa del medio ambiente

Debido a estas limitaciones, los recursos interpuestos por operadores privados económicos en materia ambiental han sufrido una suerte dispar, mientras que aquellos planteados por entidades sub-estatales, ciudadanos individuales o representantes de la sociedad civil se han considerado, por lo general, inadmisibles. Así, aunque parece que el TJUE se ha mostrado más flexible en los recursos de anulación cuando defienden o están en juego intereses de los operadores económicos (Krämer 2019, p. 31), cabe señalar que, en la mayoría de los casos relativos, por ejemplo, a la reducción de emisiones de GEI, el TJUE ha entendido que estos demandantes tampoco se ven directamente afectados por la norma comunitaria y que estas cuestiones deben remitirse a la jurisdicción nacional. Es ésta la que deberá entonces considerar, si acaso, la conveniencia o no de presentar una cuestión prejudicial ante el TJUE (entre otras, TJUE 2007; 2012a; 2020b). El TJUE también se ha pronunciado sobre la legitimación de las entidades regionales o locales y ha considerado que no pueden substituir al Estado miembro, ya que este concepto, a efectos del artículo 263 TFUE, sólo se refiere a sus autoridades gubernamentales. Por ello, les requiere también que prueben que un acto de la UE les impide ejercer sus competencias porque afecta directamente a su situación jurídica (entre otras, TJUE 1984; 2020c; 2022a). En este sentido, el TJUE sigue anclado en la clásica relación bidireccional entre la UE y sus Estados miembros y no tiene en cuenta que en materia ambiental las entidades regionales y locales también actúan como reguladores autónomos (Finck 2014, pp. 449, 460, 471).

El TJUE ha adoptado un enfoque especialmente riguroso con respecto de los escasos asuntos en los que intervienen particulares o representantes de la sociedad civil, que tienen aún menos posibilidades de ser considerados admisibles y suelen estar predestinados al fracaso (Kramer 2019a, pp. 32-37; Pfeiffer 2022, p. 233). Desde sus primeras sentencias en 1995, el TJUE no se ha movido un ápice de su enfoque extremadamente legalista, basado en la garantía que ofrecen los procedimientos previstos en los Tratados. Las sentencias en los asuntos *Greenpeace, Carvalho* y *Sabo* ilustran bien las dificultades existentes para activar el recurso previsto en el art. 263 TFUE en relación con la política ambiental.

El primero de estos asuntos decidía un recurso de anulación interpuesto por varias asociaciones, entre ellas Greenpeace Internacional y un grupo de personas físicas residentes en las Islas Canarias, contra una Decisión de la Comisión Europea por la que se concedía a España ayuda financiera para la construcción de dos centrales eléctricas en las Islas Canarias. Los demandantes alegaron que dicha Decisión podía afectar a su calidad de vida y a su salud, por lo que pedían del TJUE una interpretación amplia de su *locus standi,* tomando en consideración el perjuicio que probablemente sufrirían a causa del deterioro del medio ambiente. Sin embargo, el entonces Tribunal de Primera Instancia (actual TG) desestimó el recurso basándose en que los demandantes no se veían afectados individualmente por la medida impugnada (TJUE 1995a), posición que confirmó el TJ en apelación (TJUE 1998a).

En el asunto *Carvalho,* los demandantes eran familias originarias de Alemania, Francia, Italia, Portugal, Rumanía, Kenia e islas Fiji, especialmente afectadas por el cambio climático, así como una asociación sueca que representaba a jóvenes de la comunidad sami. Solicitaron la anulación parcial de varias normas de la UE que fijaban un objetivo de reducción del 40% de las emisiones de GEI para 2030 y pidieron que se ordenara al legislador de la UE que adoptara medidas que impusieran reducciones de GEI de al menos entre el 50% y el 60%. Sin embargo, el TG consideró que los demandantes ni eran los destinatarios ni estaban individualmente afectados por estas normas (TJUE 2019a). Afirmó que el hecho de que los efectos del cambio climático puedan ser diferentes para distintas personas no implica que sea legítimo interponer un recurso contra un acto de alcance general, pues de lo contrario perderían sentido los requisitos establecidos por el art. 263.4 TFUE. Así, aplicó de nuevo la doctrina *Plaumann* en su versión más tradicional y, siguiendo la jurisprudencia establecida en el asunto *Inuit Tapiriit* Kanatami (TJUE 2013), desestimó finalmente la demanda. Esta posición fue confirmada posteriormente en apelación por el TJ (TJUE 2021b).

Finalmente, el asunto *Sabo* concernía a un grupo de personas físicas y ONGs de Estonia, Francia, Irlanda, Rumanía, Eslovaquia, Suecia y los Estados Unidos. Los demandantes solicitaron la anulación parcial de la Directiva (UE) 2018/2001, relativa al fomento del uso de las energías renovables (UE 2018) en lo que respecta a la inclusión de la silvicultura de biomasa entre las fuentes de energía renovables. El TG, a pesar de considerar deseable la ampliación de la legitimación ante los tribunales de la UE para controlar la legalidad de los actos de aplicación general en el ámbito ambiental, desestimó una vez más esta demanda (TJUE 2020a). La imposibilidad de identificar individualmente una categoría limitada de personas afectadas se vio corroborada en esta ocasión, según el TG, por el hecho de que los demandantes reconocieron que la protección del medio ambiente afecta a las generaciones actuales y futuras. La posición del TG fue también confirmada por el TJ (TJUE 2021a).

El principal argumento del TJUE a la hora de interpretar el criterio de afectación individual es la disponibilidad de otros recursos judiciales —en concreto, del recurso prejudicial por parte de las jurisdicciones nacionales—. El TJUE ha considerado tradicionalmente que cuando son las autoridades nacionales las responsables de la aplicación de la legislación comunitaria, como ocurre cuando ésta adopta la forma de una Directiva, cualquier afectación o alteración del patrimonio jurídico de los particulares encuentra su origen en estas medidas nacionales y no (directamente) en la medida comunitaria. Por tanto, es ante las jurisdicciones nacionales que los destinatarios de estas normas deben iniciar sus procedimientos judiciales y, si acaso, éstas ya plantearán el recurso prejudicial para la interpretación o la validez de la norma ante el TJUE. Más allá de la estricta cooperación judicial que rige entre ambas jurisdicciones, constituye un claro reflejo de una subsidiariedad judicial que promueve, de manera muy intensa, una aplicación descentralizada de la legislación de la UE (Bogojevic 2015).

Normalmente, esta cooperación judicial suele resultar en una interacción fructífera entre ambos niveles judiciales, puesto que los tribunales nacionales aplican, de manera acorde, las interpretaciones proporcionadas por el TJUE, pero también puede dar lugar a la no remisión prejudicial de determinadas cuestiones jurídicas planteadas en los procedimientos nacionales o la no ejecución completa de la sentencia prejudicial del TJUE (Squintani y Kalisvaart 2020). Además, como ya ha sugerido Winter en relación con el asunto *Carvalho*, ello puede suponer, en la práctica, una carga insoportable para la garantía de la protección jurídica y contradice la interpretación teleológica del requisito de legitimación, al introducir el efecto perverso de que cuantas más personas se vean afectadas por el daño, menor será el acceso a los tribunales (Winter 2020, p. 158-159). En definitiva, el TJUE no toma en consideración que los asuntos ambientales promueven, aunque sea indirectamente, casos de interés público, lo que justificaría la adopción de un enfoque más flexible de los requisitos de legitimación del TJUE (Krämer 2019, p. 49-50; Winter 2020, p. 158; Peiffert 2022, p. 230). Sigue siendo muy reticente a avanzar más allá de lo que le permiten los Tratados y sostiene que sólo los Estados miembros tienen capacidad para cambiar la presente situación, ya que ello exige la revisión del reparto de las competencias jurisdiccionales entre los tribunales nacionales y el propio TJUE (entre otras TJUE 2002b; 2021a; 2021b), algo que no compete hacer a este último por vía interpretativa.

Por último, cabe señalar que esta cuestión está íntimamente relacionada con la aplicación de uno de los acuerdos internacionales de los que la UE es parte: el Convenio de Aarhus sobre el acceso a la información, la participación del público en la toma de decisiones y el acceso a la justicia en materia de medio ambiente, cuya aplicación en la UE se produce a través del Reglamento (CE) nº 1367/2006 relativo a su aplicación a las instituciones y a los organismos comunitarios (UE 2006b). A este respecto, la contribución de la UE a la aplicación de las obligaciones del Convenio de Aarhus, especialmente aquellas relacionadas con el acceso a la justicia en los procedimientos de revisión judicial para impugnar los actos y omisiones de las instituciones de la UE es más que limitada y una fuente continua de desencuentros (Darpö 2014; Krämer 2017; Van Wolferen y Eliantonio 2020; Eliantonio y Richelle 2024).

La denegación de la legitimación y del consiguiente acceso de las personas físicas y jurídicas al poder judicial de la UE ha resultado, de hecho, en la declaración del incumplimiento por parte de la UE del art. 9.3 del Convenio de Aarhus, relativo al acceso de los particulares al procedimiento de revisión de los actos y omisiones de las personas privadas y de los poderes públicos (Comité Cumplimiento 2021). Mientras que el Comité de Cumplimiento del Convenio de Aarhus entiende que la UE no proporciona un marco normativo adecuado para garantizar el pleno acceso judicial a las personas físicas o jurídicas, el TJUE considera que el art. 9.3 del Convenio de Aarhus carece de la claridad y precisión necesarias para que esta disposición pueda ser invocada directamente ante un juez de la UE a efectos de apreciar la legalidad del art. 10 del Reglamento (CE) 1367/2006 (TJUE 2011a; 2017b; 2022c) y considera, como ya se ha indicado, que los Tratados ya prevén un sistema completo de recursos, en el que los supuestos obstáculos en virtud del art. 263 TFUE pueden soslayarse mediante el procedimiento de recurso prejudicial del art. 267 TFUE.

En esta misma línea y sobre la posible afectación del derecho a la tutela judicial efectiva contenido en el art. 47 CDFUE, la jurisprudencia más reciente del TJUE parece decantarse por una posición más proclive a reconocer el papel clave que desempeña esta disposición en el contexto del cumplimiento de las obligaciones de los Estados miembros, especialmente cuando está en riesgo la salud humana. Así, el TJUE ha declarado que "cuando los Estados miembros aplican el Derecho de la UE, están obligados a garantizar el respeto del derecho a la tutela judicial efectiva consagrado en el párrafo primero del artículo 47 de la Carta (...), disposición que constituye una reafirmación del principio de tutela judicial efectiva" (TJUE 2019c; 2022c; 2021c). En este sentido, el art. 47 CDFUE cubre también el acceso de ONGs legitimadas para emprender acciones judiciales, comprendido en el ámbito de aplicación del art. 9(3) del Convenio de Aarhus en la medida en que forman parte del "público interesado" al que se refiere esta disposición. En cualquier caso, como se ha dicho, aunque el TJUE no reconozca el efecto directo de esta disposición, ello no exime a las jurisdicciones nacionales de llevar a cabo una interpretación conforme a las exigencias internacionales a las que está sometida la propia UE (TJUE 2021c; 2022c).

6. REFERENCIAS

6.1. Referencias doctrinales

Bogojevic, Sanja (2015), "Judicial Protection of Individual Applicants Revisited: Access to Justice through the Prism of Judicial Subsidiarity", *Yearbook of European Law,* vol. 34, núm. 1, pp. 5-25. http://dx.doi.org/10.1093/yel/yev001.

Campins Eritja, Mar (2021), "Some challenges for strengthening the EU's international influence in the climate change regime", en Campins Eritja, Mar (ed.), *The European Union and Global Environmental Protection. Transforming Influence into Action,* Routledge, Abingdon, pp. 12-34.

Cardesa-Salzmann, Antonio; Morgera, Elisa (2020), "The EU's External Action after Lisbon: Competences, Policy Consistency and Participation in International Environmental Negotiations", en Peeters, Marjaan; Eliantonio, Mariolina (eds.) *Research Handbook on EU Environmental Law,* Edward Elgar Publishers, Cheltenham, pp. 70-85. http://dx.doi.org/10.4337/9781788970679.00012.

Cremona, Marise (2012), "Coherence and EU external environmental policy", en Morgera, Elisa (ed.), *The External Environmental Policy of the European Union,* Cambridge University Press, Cambridge, pp. 33-54. http://dx.doi.org/10.1017/CBO9781139152327.004.

Darpö, Jan (2014), "Some Remarks on CJEU's Case-Law on Access to Justice in Environmental Decision-Making", *Journal for European Environmental and Planning Law,* vol. 11, pp. 367-391.

De Sadeleer, Nicolas (2010), *Environment and Internal Market. Commentary J. Megret,* 3º ed, Editions de l'Université de Bruxelles, Bruselas.

Dominioni, Goran; Esty, Daniel (2022), "Designing Effective Border-Carbon Adjustment Mechanisms: Aligning the Global Trade and Climate Change Regimes", *Arizona Law Review,* vol. 65, núm. 1, pp. 1-33, https://ssrn.com/abstract=4062112].

Eliantonio, Mariolina; Richelle, Justine (2024), "Acces to Justice in Environmental Matters in the EU Legal Order: The Sectorial Turn in Legislation and its Pitfalls", *European Papers,* vol. 9, núm. 1, pp. 261-274.

Fajardo del Castillo, Teresa (2010), "Revisting the external dimension of the environmental policy of the European Union: Some challenges ahead", *Journal for European Environmental and Planning Law,* vol. 7, núm. 4, pp. 365-390.

Fajardo del Castillo, Teresa (2021), *La Diplomacia Del Clima de La Unión Europea. La Acción Exterior Sobre El Cambio Climático y El Pacto Verde Mundial,* Reus Editorial, Madrid.

Fajardo del Castillo, Teresa (2024), *El soft law en el Derecho Internacional y Europeo: Su capacidad para dar respuesta a los desafíos normativos actuales,* Tirant lo Blanch, Valencia.

Fernández Pons, Xavier; Fajardo del Castillo, Teresa; Campins Eritja, Mar (2024), "Joint analysis of cross-cutting issues and final considerations", en Campins Eritja, Mar; Fernández Pons, Xavier (eds.), *Deploying the European Green Deal. Protecting the Environment Beyond the EU Borders*, Routledge, Abingdon, pp. 245-255. http://dx.doi.org/10.4324/9781003390510-14.

Finck, Michèle (2014), "Above and Below the Surface: The Status of Sub-National Authorities in EU Climate Change Regulation", *Journal of Environmental Law*, vol. 26, núm. 3, pp. 443-472. http://dx.doi.org/10.1093/jel/equ027.

Jacobs, Francis (2006), "The role of the European Court of Justice in the Protection of the Environment", *Journal of Environmental Law*, vol 18, núm. 2, pp. 185-205. http://dx.doi.org/10.1093/jel/eql012.

Krämer, Ludwig, (2004), "The genesis of EC Environmental Principles", en Macrory, Richard (ed.), *Principles of European Environmental Law*, Europa Law Publishing, Zutphen, pp. 31-47.

Krämer, Ludwig (2017), "Accès à la justice en matière d'environnement - La double mesure de la Cour de justice de l'Union européenne", *Revue du droit de l'Union européenne*, vol. 1, pp. 13-39.

Krämer, Ludwig (2019), "The environment before the European Court of Justice" en Voigt, Christina (ed.) *International Judicial Practice on the Environment. Questions of Legitimacy*, Cambridge University Press, Cambridge, pp. 25-51. http://dx.doi.org/10.1017/9781108684385.002.

Krämer, Ludwig (2020), "Direct Effect in EU Environmental Law: Towards the End of a Doctrine?", en Peeters, Marjaan; Eliantonio, Mariolina (eds.), *Research Handbook on EU Environmental Law: The Challenge of Understanding EU Environmental Law*, Edward Elgar Publishing, Cheltenham, pp. 180-195. http://dx.doi.org/10.4337/9781788970679.00021.

Krämer, Ludwig (2022), "The Time for Lofty Speeches is Over - It Is Time for Implementation: The Problem of 50 Years of Application of International Environmental Law", *Revista Catalana de Dret Ambiental*, vol. 13, núm. 2, pp. 1-25. http://dx.doi.org/10.17345/rcda3464.

Kulosevi, Kati (2012), "Climate change in EU external relations: please follow my example (or I might force you to)" en Morgera, Elisa (ed.), *The External Environmental Policy of the European Union. EU and International Law Perspectives*, Cambridge University Press, Cambridge, pp. 115-148.

Orlando, Emanuela (2013), "The Evolution of EU Policy and Law in the Environmental Field: Achievements and Current Challenges", *Transworld, Working paper* 21, pp. 1-23.

Maljean-Dubois, Sandrine (2021), "Regional Organizations: the European Union", en Rajamani, Lavanya; Peel, Jacqueline (eds.), *The Oxford Handbook on International Environmental Law* (2 ed.) Oxford University Press, Oxford, pp. 650-665. http://dx.doi.org/10.1093/law/9780198849155.003.0037.

Martín y Pérez de Nanclares, José, (2024), "La reforma del Tribunal de Justicia de la Unión Europea: la ruptura de un tabú", *Revista Española de Derecho Europeo*, vol. 90, pp. 21-63.

Peeters, Marjaan; Eliantonio, Mariolina (2020), "On Regulatory Power, Compliance, and the Role of the Court of Justice in EU Environmental Law", en Peeters, Marjaan; Eliantonio, Mariolina (eds.), *Research Handbook on EU Environmental Law: The Challenge of Understanding EU Environmental Law*, Edward Elgar Publishing, Cheltenham, pp. 475-499. http://dx.doi.org/10.4337/9781788970679.00043.

Peiffert, Olivier (2022), "European Union Court System and the Protection of the Environment", en Sobenes, Edgardo; Mead, Sarah, Samson, Benjamin (eds.), *The Environment Through the Lens of International Courts and Tribunals*, Asser Press-Springer, The Hague, pp. 219-248. http://dx.doi.org/10.1007/978-94-6265-507-2_8.

Scott, Joanne (2014), "The new EU extraterritoriality", *Common Market Law Review*, vol. 51, núm. 5, pp. 1333-1342. http://dx.doi.org/10.54648/COLA2014110.

Scott, Joanne (2015), "The Geographical Scope of the EU's Climate Responsabilities". *Cambridge Yearbook of European Legal Studies,* vol. 17, pp. 92-120.

Squintani, Lorenzo; Kalisvaart, Sjoerd (2020), "Environmental Democracy and Judicial Cooperation in Environmental Matters: Mapping National Courts Behaviour in Follow-up Cases", *European Papers,* vol. 5, núm. 2, pp. 931-961. www.europeanpapers.eu

Van Calster, Geert (2020), "Environment and Trade Law in the EU: Seeing the Bees for the Balance Sheet", en Peeters, Marjaan; Eliantonio, Mariola (eds.), *Research Handbook on EU Environmental Law: The Challenge of Understanding EU Environmental Law,* Edward Elgar Publishing, Cheltenham, pp. 86-100. http://dx.doi.org/10.4337/9781788970679.00013.

Van Wolferen, Matthijs; Eliantonio, Mariolina (2020), "Access to Justice in Environmental Matters in the EU: The EU's Difficult Road towards Non-compliance with the Aarhus Convention", en Peeters, Marjaan; Eliantonio, Mariola (eds.), *Research Handbook on EU Environmental Law: The Challenge of Understanding EU Environmental Law,* Edward Elgar Publishing, Cheltenham, pp. 148-163. http://dx.doi.org/10.4337/9781788970679.00018.

Wenneras, Pal (2007), *The Enforcement of EC Environmental Law,* Oxford University Press, Oxford. http://dx.doi.org/10.1093/acprof:oso/9780199229017.001.0001.

Winter, Gerd (2020), "*Armando Carvalho and Others v. EU*: Invoking Human Rights and the Paris Agreement for Better Climate Protection Legislation", *Transnational Environmental Law,* vol. 9, núm. 1, pp. 137-164. http://dx.doi.org/10.1017/S2047102520000072.

6.2. Referencias normativas

6.2.1. Tratados internacionales

Tratado de la Comunidad Europea para el Carbón y el Acero, Paris, 18 de abril de 1951, ELI: http://data.europa.eu/eli/treaty/ceca/sign.

Tratado de la Comunidad Económica Europea, Roma, 25 de marzo de 1957, ELI: http://data.europa.eu/eli/treaty/teec/sign.

Tratado de la Comunidad Europea de la Energía Atómica, Roma, 25 de marzo de 1957, ELI: http://data.europa.eu/eli/treaty/teec/sign.

Acta Única Europea, de 17 de febrero de 1986, *DOUE* L169, de 29 de junio de 1987.

Tratado de Maastricht, Maastricht, 7 de febrero de 1992, *DOUE* C 191 de 29 de julio de 1992.

Tratado de Ámsterdam, Amsterdam, 2 de octubre de 1997, *DOUE* C 340 de 10 de noviembre de 1997.

Tratado de la Unión Europea, Lisboa, 13 de diciembre de 2007, *DOUE* C 115, de 9 de mayo de 2008, versión consolidada en *DOUE* C 202 de 7 de junio de 2016.

Tratado de Funcionamiento de la Unión Europea, Lisboa, 13 de diciembre de 2007, *DOUE* C 115, de 9 de mayo de 2008, versión consolidada en *DOUE* C 202 de 7 de junio de 2016.

6.2.2. Otros actos normativos Internacionales

UE (1985), Directiva 85/337/CEE del Consejo, de 27 de junio de 1985, relativa a la evaluación de las repercusiones de determinados proyectos públicos y privados sobre el medio ambiente, *DOUE* L 175, de 5 de julio de 1985.

UE (1992), Directiva 92/43/CEE del Consejo, de 21 de mayo de 1992, relativa a la conservación de los hábitats naturales y de la fauna y flora silvestres, *DOUE* L 206, de 22 de julio de 1992.

UE (2006a), Reglamento (CE) 1013/2006 del Parlamento Europeo y del Consejo, de 14 de junio de 2006, relativo a los traslados de residuos, *DOUE* L 190, de 12 de julio de 2006.

UE (2006b), Reglamento (CE) n. 1367/2006 relativo a la aplicación, a las instituciones y a los organismos comunitarios, de las disposiciones del Convenio de Aarhus sobre el acceso a la información, la participación del público en la toma de decisiones y el acceso a la justicia, *DOUE* L 264 de 25 de septiembre de 2006.

UE (2008a), Directiva 2008/50/CE del Parlamento Europeo y del Consejo, de 21 de mayo de 2008, relativa a la calidad del aire ambiente y a una atmósfera más limpia en Europa, *DOUE* L 152, de 11 de junio de 2008.

UE (2008c), Directiva 2008/101/CE del Parlamento Europeo y del Consejo, de 19 de noviembre de 2008, por la que se modifica la Directiva 2003/87/CE con el fin de incluir las actividades de aviación en el régimen comunitario de comercio de derechos de emisión de gases, *DOUE* L 8, de 13 de enero de 2009.

UE (2010), Directiva 2010/75/UE del Parlamento Europeo y del Consejo, de 24 de noviembre de 2010, sobre las emisiones industriales (prevención y control integrados de la contaminación), *DOUE* L 334, de 17 de diciembre de 2010.

UE (2018), Directiva (UE) 2018/2001 del Parlamento Europeo y del Consejo, de 11 de diciembre de 2018, relativa al fomento del uso de energía procedente de fuentes renovables, *DOUE* L 328, 21 diciembre 2018.

UE (2024), Reglamento (UE, Euratom) 2024/2019 del Parlamento Europeo y del Consejo, de 11 de abril de 2024, por el que se modifica el Protocolo n.º 3 sobre el Estatuto del Tribunal de Justicia de la Unión Europea, *DOUE* L 2024/2019, de 12 de agosto de 2024.

6.3. Referencias jurisprudenciales

6.3.1. Órganos jurisdiccionales internacionales

TJUE (1963a), Sentencia de 5 de febrero de 1963, *Van Gend en Loos*, C-26/62, ECLI:EU:C:1963:1.

TJUE (1963b), Sentencia del Tribunal de Justicia de 15 de julio de 1963, *Plaumann*, C-25/62, ECLI:EU:C:1963:17.

TJUE (1971), Sentencia de 14 de diciembre de 1971, *Politi*, C-43/71, ECLI:EU:C:1971:122.

TJUE (1974a), Sentencia de 30 de abril de 1974, *Haegemann*, C-181/73, ECLI:EU:C:1974:41.

TJUE (1974b), Sentencia de 4 de diciembre de 1974, *Van Duyn*, C-41/74, ECLI:EU:C:1974:133.

TJUE (1982a), Sentencia de 2 de febrero de 1982, *Comisión c. Bélgica*, C-69/81, ECLI:EU:C:1982:26.

TJUE (1982b), Sentencia de 25 de mayo de 1982, *Comisión c. Países Bajos*, C-96/81, ECLI:EU:C:1982:192.

TJUE (1984), Sentencia de 11 de julio de 1984, *Commune de Differdange*, C-222/83, ECLI:EU:C:1984:266.

TJUE (1985a), Sentencia de 7 de febrero de 1985, *Comisión c. Francia*, C-173/83, ECLI:EU:C:1985:56.

TJUE (1985b), Sentencia de 7 de febrero de 1985, *Procureur de la République/ADBHU*, C-240/83, ECLI:EU:C:1985:59.

TJUE (1986), Sentencia de 2 de diciembre de 1986, *Comisión c. Bélgica*, C-239/85, ECLI:EU:C:1986:457.

TJUE (1987a), Sentencia de 26 de marzo de 1987, *Comisión c. Consejo*, C-45/86, ECLI:EU:C:1987:163.

TJUE (1987b), Sentencia de 8 de julio de 1987, *Comisión c. Italia*, C-262/85, ECLI:EU:C:1987:340.

TJUE (1987c), Sentencia de 30 de septiembre de 1987, *Demirel*, C-12/86, ECLI:EU:C:1987:400.

TJUE (1987d), Sentencia de 14 de octubre de 1987, *Comisión c. Alemania*, C-208/85, ECLI:EU:C:1987:438.

TJUE (1988a), Sentencia de 23 de febrero de 1988, *Comisión c. Italia*, C-429/85, ECLI:EU:C:1988:83.

TJUE (1988b), Sentencia de 20 de septiembre de 1988, *Comisión c. Dinamarca*, C-302/86, ECLI:EU:C:1988:421.

TJUE (1989), Sentencia de 13 de julio de 1989, *Enichem Base*, C-380/87, ECLI:EU:C:1989:318.

TJUE (1990a), Sentencia de 29 de marzo de 1990, *Grecia c. Consejo*, C-62/88, ECLI:EU:C:1990:153.

TJUE (1990b), Sentencia de 13 de noviembre de 1990, *Marleasing*, C-106/89, ECLI:EU:C:1990:395.

TJUE (1991a), Sentencia de 30 de mayo de 1991, *Comisión c. Alemania*, C-59/89, ECLI:EU:C:1991:225.

TJUE (1991b), Sentencia de 19 de noviembre de 1991, *Andrea Francovich y Danila Bonifaci y otros*, C-6/90 y C-9/90, ECLI:EU:C:1991:428

TJUE (1993), Sentencia de 17 de marzo de 1993, *Comisión c. Consejo*, C-155/91, ECLI:EU:C:1993:98.

TJUE (1994a), Sentencia del Tribunal de Justicia de 23 de febrero de 1994, *Comitato di coordinamento per la difesa della Cava*, C-236/92, ECLI:EU:C:1994:60.

TJUE (1994b), Sentencia de 14 de julio de 1994, *Faccini Dori*, C-91/92, ECLI:EU:C:1994:292.

TJUE (1995a), Auto de 9 de agosto de 1995, *Greenpeace*, T-585/93, ECLI:EU:T:1995:147.

TJUE (1995b), Sentencia de 11 de agosto de 1995, *Comisión c. Alemania*, C-431/92, ECLI:EU:C:1995:260.

TJUE (1996a), Sentencia de 5 de marzo de 1996, *Brasserie du pêcheur*, C-46/93 y C-48/93, ECLI:EU:C:1996:79.

TJUE (1996b), Sentencia de 24 de octubre de 1996, *Kraaijeveld*, C-72/95, ECLI:EU:C:1996:404.

TJUE(1997), Sentencia de 25 de junio de 1997, *Tombesi*, C-304-94, ECLI:EU:C:1997:314.

TJUE (1998a), Sentencia de 2 de abril de 1998, *Greenpeace*, C-321/95P, ECLI:EU:C:1998:153.

TJUE (1998b), Sentencia de 5 de mayo de 1998, *National Farmers' Union y otros*, C-157/96, ECLI:EU:C:1998:191.

TJUE (1998c), Sentencia de 5 de mayo de 1998, *Reino Unido c. Comisión*, C-180/96, ECLI:EU:C:1998:192.

TJUE (1998d), Sentencia de 14 de julio de 1998, *Safety Hi-Tech S. & T.*, C-284/95, ECLI:EU:C:1998:352.

TJUE (1998e), Sentencia de 14 de julio de 1998, *Bettati/Safety Hi-Tech*, C-341/95, ECLI:EU:C:1998:353.

TJUE (1999), Sentencia de 25 de febrero de 1999, *Parlamento Europeo c. Consejo*, C-164/97 y C-165/97, ECLI:EU:C:1999:99.

TJUE (2000), Sentencia de 15 de junio de 2000, *ARCO Chemie Nederland*, C-418/97, ECLI:EU:C:2000:318.

TJUE (2002a), Sentencia de 19 de marzo de 2002, *Comisión c. Irlanda*, C-13/00, ECLI:EU:C:2002:184.

TJUE (2002b), Sentencia de 25 de julio de 2002, *Unión de Pequeños Agricultores*, C-50/00P, ECLI:EU:C:2002:462.

TJUE (2002c), Sentencia de 11 de septiembre de 2002, *Pfizer Animal Health*, T-13/99, ECLI:EU:T:2002:209.

TJUE (2004a), Sentencia de 29 de abril de 2004, *Comisión c. Austria*, C-194/01, ECLI:EU:C:2004:248.

TJUE (2004b), Sentencia de 7 de octubre de 2004, *Comisión c. Francia*, C-239/03, ECLI:EU:C:2004:598.

TJUE (2004c), Sentencia de 11 de noviembre de 2004, *Niselli*, C-457/02, ECLI:EU:C:2004:707.

TJUE (2005), Sentencia de 12 de julio de 2005, *Comisión c. Francia*, C-304/02, ECLI:EU:C:2005:444.

TJUE (2006a), Sentencia de 10 de enero de 2006, *Comisión c. Consejo*, C-94/03, ECLI:EU:C:2006:2.

TJUE (2007), Auto de 30 de abril de 2007, *EnBW Energie Baden-Württemberg*, T-387/04, ECLI:EU:T:2007:117.

TJUE (2008a), Sentencia de 24 de junio de 2008, *Commune de Mesquer*, C-188/07, ECLI:EU:C:2008:359.

TJUE (2008b), Sentencia de 25 de julio de 2008, *Janecek*, C-237/07, ECLI:EU:C:2008:447.

TJUE (2008c), Sentencia de 16 de diciembre de 2008, *Arcelor Atlantique y Lorraine y otros*, C-127/07, ECLI:EU:C:2008:728.

TJUE (2010a), Sentencia de 26 de enero de 2010, *Transportes Urbanos y Servicios Generales*, C-118/08, ECLI:EU:C:2010:39.

TJUE (2010b), Sentencia de 2 de marzo de 2010, *Arcelor c. Parlamento y Consejo*, T-16/04, ECLI:EU:T:2010:54.

TJUE (2011a), Sentencia de de 8 de marzo de 2011, *Lesoochranárske zoskupenie*, C— 240/09, ECLI:EU:C:2011:125.

TJUE (2011b), Sentencia de 25 de octubre de 2011, *Microban International Ltd y Microban*, T-262/10, ECLI:EU:T:2011:623.

TJUE (2011c), Sentencia de 21 de diciembre de 2011, *Air Transport Association of America*, C-366/10, ECLI:EU:C:2011:864.

TJUE (2012a), Sentencia de 8 de marzo de 2012, *Iberdrola*, T-221/10, ECLI:EU:T:2012:112.

TJUE (2012b), Auto de 4 de junio de 2012, *Eurofer*, T-381/11, ECLI:EU:T:2012:273.

TJUE (2013), Sentencia de 3 de octubre de 2013, *Inuit Tapiriit Kanatami*, C-583/11P, ECLI:EU:C:2013:625.

TJUE (2015a), Sentencia de 28 de abril de 2015, *T & L Sugars y Sidul Açúcares*, C-456/13P, ECLI:EU:C:2015:284.

TJUE (2015b), Sentencia de 1 de julio de 2015, *Bund für Umwelt und Naturschutz Deutschland*, C-461/13, ECLI:EU:C:2015:433.

TJUE (2016a), Sentencia de 8 de noviembre de 2016, *Lesoochranárske zoskupenie VLK*, C-243/15, ECLI:EU:C:2016:838.

TJUE (2016b), Sentencia de de 21 de diciembre de 2016, *Associazione Italia Nostra Onlus*, C-444/15, ECLI:EU:C:2016:978.

TJUE (2017a), Auto de 27 de julio de 2017, *Comisión c. Polonia*, C-441/17R, ECLI:EU:C:2017:877.

TJUE (2017b), Sentencia de 20 de diciembre de 2017, *Protect Natur—, Arten— und Landschaftschutz Umweltorganisation*, C-664/15, ECLI:EU:C:2017:987.

TJUE (2018a), Sentencia de 13 de marzo de 2018, *European Union Copper Task Force*, C-384/16P, ECLI:EU:C:2018:176.

TJUE (2018b), Sentencia de 21 de junio de 2018, *Polonia c. Parlamento Europeo*, C-5/16, ECLI:EU:C:2018:483.

TJUE (2018c), Sentencia de 20 de novembre de 2018, *Comisión Europea c. Consejo de la Unión Europea*, ECLI:EU:C:2018:925.

TJUE (2019a), Auto de 8 de mayo de 2019, *Carvalho*, T-330/18, ECLI:EU:T:2019:324.

TJUE (2019b), Sentencia de 1 de octubre de 2019, *Blaise*, C-616/17, ECLI:EU:C:2019:800.

TJUE (2019c), Sentencia de 19 de diciembre de 2019, *Deutsche Umwelthilfe*, C-752/18, ECLI:EU:C:2019:1114.

TJUE (2020a), Auto de 6 de mayo de 2020, *Sabo*, T-141/19, ECLI:EU:T:2020:179.

TJUE (2020b), Auto de 11 de junio de 2020, *Lípidos Santiga*, T-561/19, ECLI:EU:T:2020:266.

TJUE (2020c), Sentencia de 3 de diciembre de 2020, *Région de Bruxelles-Capitale*, C-352/19P, ECLI:EU:C:2020:978.

TJUE (2021a), Auto de 14 de enero de 2021, *Sabo*, C-297/20P, ECLI:EU:C:2021:24.

TJUE (2021b), Sentencia de 25 de marzo de 2021, *Carvalho*, C-565/19P, ECLI:EU:C:2021:252.

TJUE (2021c), Sentencia de 15 de diciembre de 2021, *Stichting Comité N 65 Ondergronds Helvoirt*, T-569/20, ECLI:EU:T:2021:892.

TJUE (2022a), Sentencia de 13 de enero de 2022, *Allemagne - Ville de Paris y otros*, C-177/19P a C-179/19P, ECLI:EU:C:2022:10.

TJUE (2022b), Sentencia de 2 de junio de 2022, *FCC Česká republika*, C-43/21, ECLI:EU:C:2022:425.

TJUE (2022c), Sentencia de 8 de noviembre de 2022, *Deutsche Umwelthilfe*, C-873/19, ECLI:EU:C:2022:857.

TJUE (2022d), Sentencia de 17 de novembre de 2022, *Porr Bau*, C-238/21, ECLI:EU:C:2022:885.

TJUE (2022e), Sentencia de 22 de diciembre de 2022, *Ministre de la Transition écologique y Premier ministre*, C-61/21, ECLI:EU:C:2022:1015.

TJUE (2023a), Sentencia de 9 de marzo de 2023, *Sdruzhenie "Za Zemyata - dostap do pravosadie"*, C-375/21, ECLI:EU:C:2023:173.

TJUE (2023b), Sentencia de 7 de diciembre de 2023, *Latvijas valsts meži*, C-434/22, ECLI:EU:C:2023:966.

TJUE (2024a), Sentencia de 21 de marzo de 2024, *Bezirkshauptmannschaft Spittal an der Drau*, C-671/22, ECLI:EU:C:2024:256.

6.3.2. Otros órganos internacionales de control

Comité Cumplimiento (2021), Comité de Cumplimiento del Convenio de Aarhus "Conclusiones y recomendaciones con respecto a la Comunicación ACCC/C/2010/54 relativa al cumplimiento por parte de la Unión Europea" UN Doc ECE/MP.PP/C.1/2012/12.

6.4. Referencias documentales

Comisión Europea (2024), Informe de la Comisión. Control de la aplicación del derecho de la UE. Informe anual de 2023, COM(2024)358 final.

InfoCuria (2024), Jurisprudencia.

Tribunal de Justicia de la Unión Europea (TJUE) (2024b), *Informe Anual 2023*, Estadísticas Judiciales del Tribunal de Justicia.

Capítulo 28

EL TRIBUNAL EUROPEO DE DERECHOS HUMANOS

ENRIQUE J. MARTÍNEZ PÉREZ[1]

1. INTRODUCCIÓN

El Convenio Europeo para la Protección de los Derechos Humanos y las Libertades Fundamentales (Roma, de 4 de noviembre de 1950) (CEDH), tutelado por el Tribunal Europeo de Derechos Humanos (TEDH), es un instrumento jurídico internacional que se concluyó hace más de setenta años, por lo que no resulta sorprendente que el texto no recoja consideraciones medioambientales, en esa época casi inexistentes. Con el paso del tiempo, tampoco se ha logrado un acuerdo para incorporar un derecho independiente y explícito al medio ambiente a través de un protocolo sustantivo, como sí ha ocurrido en otros ámbitos, como el interamericano, con el Protocolo de San Salvador (1988). En este sentido, el Tribunal ha reconocido reiteradamente que ninguna de las disposiciones del CEDH está diseñada para ofrecer una protección general del medio ambiente (TEDH 2003, párr. 53).

Sin embargo, ha considerado en multitud de ocasiones que ciertos episodios ambientales pueden afectar a ciertos bienes jurídicos protegidos, como la salud de las personas, su bienestar y calidad de vida o la propiedad privada. La responsabilidad nace no solo de la contaminación causada directamente por el Estado sino también cuando se constata la falta de regulación adecuada de la industria privada (TEDH 2001, párr. 98). Dicha protección indirecta ante los peligros ambientales nace de un enfoque evolutivo y dinámico que el Tribunal imprime en toda su jurisprudencia, y que exige que el CEDH no sea interpretado en el vacío, sino en armonía con los principios y reglas jurídicas internacionales de los que forma parte integrante (TEDH 2001, para 35). Para garantizar su efectividad, debe descubrirse aquel sentido de los derechos que mejor se ajuste a los cambios en la sociedad, ya que estamos ante un instrumento vivo que debe interpretarse a la luz de las condiciones actuales (TEDH 1978, párr. 31), pues de lo contrario

1 Catedrático de Derecho Internacional Público en la Universidad de Valladolid (enriquejesus.martinez@uva.es). Todas las páginas webs mencionadas en este estudio han sido consultadas el 30 de noviembre de 2024. ORCID: https://orcid.org/0000-0002-1520-4941.

se correría el riesgo de obstaculizar cualquier reforma o mejora (TEDH 2023a, párr. 167).

Hasta el momento, las situaciones amparadas por el Tribunal tenían unos rasgos más o menos comunes, pues hacían referencia a amenazas donde eran identificables tanto la fuente concreta de la actividad contaminante, como los individuos expuestos al daño ambiental, el vínculo causal entre ellos y las medidas correctores necesarias para garantizar el disfrute de los derechos previamente conculcados. Con la llegada de los litigios relacionados con el cambio climático al Tribunal (Martínez Pérez 2022), en cambio, se han tenido que abordar cuestiones nunca planteadas, muy complejas, ante un fenómeno policéntrico donde las cuestiones de la causalidad, la prueba o la proporción de la responsabilidad de cada Estado son muy controvertidas, sin olvidar la condición de víctima de los individuos privados del disfrute de sus derechos por los efectos del cambio climático o la posible legitimación de las asociaciones (TEDH 2024, párrs. 410 y ss).

Después de esta breve introducción, el apartado segundo de este capítulo expone las cuestiones relacionades con la legitimación activa ante el TEDH. Los apartados tercero y cuarto se dedican, respectivamente, a la dimensión sustantiva, lo que concierne a los derechos protegidos por el CEDH, y a las obligaciones de carácter procedimental para reforzar la protección de estos derechos. Por último, el apartado quinto se centra en la cuestión de la necesidad de un nuevo protocolo que reconozca de manera autónoma un derecho al medio ambiente.

2. *LOCUS STANDI*: INDIVIDUOS Y ORGANIZACIONES NO GUBERNAMENTALES

De conformidad con el artículo 34 del CEDH, los solicitantes, que puede ser una persona física, una organización no gubernamental o un grupo de particulares, deben demostrar que son *víctimas* de la violación de un derecho convencional. No admite pues la *actio popularis* (Voeffray 2004, pp. 108-173), reclamaciones en defensa de un interés general o público sin identificar un daño personal (TEDH 2009a, párr. 25). Y no permite demandas basadas en peligros generales, en la revisión en abstracto de la legislación y práctica pertinentes (TEDH 2015d, párr. 164). Esta es una particularidad del sistema europeo que no reproducen otros textos convencionales. Dicha exigencia no se contempla, por ejemplo, en el art. 44 de la Convención Americana sobre Derechos Humanos (CADH), donde diferencia entre víctima y peticionario, no siendo necesario demostrar en este último caso un interés personal, de modo que se pueden presentar quejas tanto en nombre propio como en nombre de terceras personas (Burgorgue-Larsen y Úbeda de Torres 2008, pp. 127-132).

En el caso de los particulares, se debe demostrar que los individuos están *directa* y *personalmente* afectados por la presunta violación, que exista un vínculo suficientemente estrecho entre el demandante y el perjuicio sufrido (TEDH 2010b, párr. 1). No es posible alegar un deterioro general del medio ambiente, pues debe haber un efecto o impacto negativo (o un riesgo real e inminente) en la vida del individuo (art.2) o en su esfera privada o familiar (art.8) (TEDH 2003, párr. 52).

Y en el caso de las asociaciones, no pueden ser, en principio, víctimas directas de una violación de determinados derechos, de los que son únicamente titulares las personas físicas (como el derecho a la vida, la salud o la vida privada) que suelen ser, precisamente, los que se presentan en los casos ambientales (TEDH 2006b, párr. 2.1). Molestias o problemas no pueden ser alegadas en el marco del artículo 8 como lo hacen las personas físicas, ni tan siquiera el respeto al domicilio, por el solo hecho de que la sede de la organización se encuentre próxima a la actividad o instalación recurrida (TEDH 1999, párr. 1). Podrían, no obstante, reclamar la infracción de otros derechos, muchos de ellos de naturaleza procedimental, como el derecho a la tutela judicial (TEDH 2004a, párr. 45).

Los efectos de la contaminación deben alcanzar además un *umbral mínimo de gravedad*, cuya constatación es relativa y depende de las circunstancias del caso, tales como la intensidad, la duración de la contaminación o sus efectos físicos o psicológicos (TEDH 2005, párrs. 68-69). Se considera que los atentados ambientales son intolerables o de extrema gravedad cuando los niveles aceptables de exposición o de calidad son excedidos. Y estos pueden producirse, sea por una concentración de sustancias contaminantes, sea por la repetición continua de episodios de contaminación acústica (TEDH 2014b). No se admiten los daños de bagatela (Simón Yarza 2012, p. 258), las molestias ambientales de poca magnitud que el individuo debería soportar por su escasa entidad (Martín-Retortillo 2008, p. 21), es decir, aquellos daños que sean insignificantes en comparación con lo que se denomina "riesgos medioambientales inherentes a la vida en la ciudad moderna" (TEDH 2012a, párr. 188)[2].

El sistema europeo no está destinado tampoco a *prevenir* potenciales violaciones del CEDH. Las peticiones examinan, en principio, violaciones que ya han ocurrido. Solo en casos excepcionales se admiten violaciones *potenciales o futuras*, a la vista de la gravedad y el carácter irreparable de la lesión (TEDH 2015, párr. 115). Por ejemplo, cuando la ejecución de una resolución de extradición pueda infringir torturas o tratos inhumanos en contra del artículo 3 del CEDH (TEDH 1989, párr. 85). En cuestiones ambientales, no han prosperado las demandas que alegan el carácter potencial de la lesión, seguramente por tratarse de amenazas

[2] Las traducciones de la jurisprudencia que aparecen en este capítulo son del autor.

de naturaleza difusa (Martínez Pérez 2017, p. 17). Una demanda bien conocida es el caso *Tauira,* relativa a los ensayos nucleares en el Pacífico. Ante los riesgos de contaminación radioactiva en la salud y la vida de las personas, el Tribunal dictaminó que, para obtener la condición de víctima, se deben presentar evidencias razonables y convincentes de la probabilidad de que se produzca una violación que les afecte personalmente y no meras sospechas o conjeturas. No basta con la simple invocación de los riesgos inherentes al uso de la energía nuclear; se exige un grado de probabilidad de que ocurra un daño, ante la falta de precauciones suficientes, por la reanudación de las pruebas nucleares, y siempre que las consecuencias eventuales no sean demasiado remotas (TEDH 1995).

A la interpretación restrictiva tradicional de la condición de víctima en los casos ambientales, el Tribunal ha añadido recientemente nuevas exigencias en el caso de las demandas climáticas, que van a estrechar, aún más, el círculo de individuos. Por un lado, el solicitante

> "debe estar sujeto a una exposición de alta intensidad a los efectos adversos del cambio climático, es decir, el nivel y la gravedad de (el riesgo de) las consecuencias adversas de la acción o inacción gubernamental que afecten al solicitante deben ser significativos; y, por otro lado, debe existir una necesidad imperiosa de garantizar la protección individual del solicitante, debido a la ausencia o insuficiencia de medidas razonables para reducir el daño" (TEDH 2024, párr. 487).

Y, además, se marca un umbral especialmente elevado. Entre otras exigencias deberá tenerse en cuenta

> "la naturaleza y el objeto de la impugnación del demandante en virtud del convenio; el carácter real o lejano y/o la probabilidad de los efectos negativos del cambio climático en el tiempo; el impacto específico en la vida, la salud o el bienestar del reclamante; la amplitud y duración de los efectos negativos; el alcance del riesgo— localizado o general—; y la naturaleza y vulnerabilidad del interesado" (TEDH 2024, párr. 488).

Sin embargo, en estos casos climáticos se ha flexibilizado la condición de víctima de las asociaciones (Letsas 2024). Se reconoce el *locus standi* a las asociaciones que cumplan con estos requisitos: a) estar legalmente constituidas en la jurisdicción de que se trate o estén legitimados para actuar en ella; b) ser capaz de demostrar que persigue una finalidad específica de conformidad con sus objetivos estatutarios en la defensa de los derechos humanos de sus miembros u otras personas afectadas dentro de la jurisdicción de que se trate, ya sea limitada o no a la acción colectiva para la protección de esos derechos contra las amenazas derivadas del cambio climático; y c) estar en condiciones de demostrar que puede considerarse realmente habilitada y es representativa para actuar en nombre de los miembros u otras personas que protege en el CEDH expuestos a amenazas específicas o efectos adversos del cambio climático (TEDH 2024, párr. 502).

3. LA DIMENSIÓN SUSTANTIVA: LOS DERECHOS CONCERNIDOS

Los atentados contra el medio ambiente pueden afectar a bienes jurídicos protegidos por diferentes preceptos del CEDH, entre los que destacamos el derecho a la vida (artículo 2) o la propiedad privada (artículo 1 del Protocolo núm. 1), aunque es, sin duda, el derecho a la integridad familiar (artículo 8) el ámbito que ha recibido la atención del mayor número de demandas. En muchas ocasiones, además, pueden ser de aplicación simultáneamente diferentes disposiciones, siendo generalmente el artículo 8 en que mayores situaciones comprende.

3.1. Derecho a la vida

El artículo 2 del CEDH, una de las disposiciones fundamentales del Convenio, consagra uno de los valores democráticos básicos europeos, el derecho a la vida. Dicha disposición nace no solo de la obligación (negativa) de abstenerse de quitar la vida intencionadamente, sino también la obligación positiva de adoptar medidas adecuadas para salvaguardar la vida de las personas (TEDH 2020, párr. 134).

La activación del dicho precepto, no siempre pacífica, porque la protección de la integridad física de los individuos puede encajar en diferentes artículos (Opinión concurrente del juez Walsh, TEDH 1998), exige en todo caso que la actividad contaminante suponga un riesgo real e inminente para la vida de las personas. Por "real" debe entenderse una amenaza grave, acreditada y suficientemente verificable (TEDH 2014, párrs. 82-84); y por "inminente", que haya una proximidad física y temporal de la amenaza que provoca el riesgo (TEDH 2012d, párr. 150).

De la jurisprudencia del TEDH podemos colegir que el artículo 2 se aplica fundamentalmente en los supuestos en los que se han producido (o hay grave riesgo inminente) de pérdidas de vidas humanas, con independencia del origen humano o natural de las amenazas y la naturaleza pública o privada de la actividad. Así pues, se han examinado demandas bajo el paraguas de este artículo en el caso de desastres naturales, como el caso *Budayeva,* donde los deslizamientos de lodos provocaron la muerte de varias personas y pusieron en riesgo la vida de otras (TEDH 2008, párr. 146), el caso *Kolyadenko,* en el que las víctimas se vieron afectadas por fuertes lluvias e inundaciones repentinas por la apertura de un embalse, o el asunto *Özel,* con origen en uno de los seísmos más mortíferos que sacudió la región del Mar de Mármara al noroeste de Turquía (TEDH 2015c, párr. 171). Y en el contexto peligrosas, accidentes industriales, como asunto *Öneryildiz* que examinó los daños derivados de un corrimiento de tierras de un vertedero (TEDH 2004b, párr. 71).

No ha dejado claro el Tribunal, sin embargo, si pudiera ser de aplicación este precepto en los casos relativos al cambio climático porque, por una parte, ha afirmado que no puede operar *in abstracto* para proteger a la población de cualquier tipo de daño ambiental derivado del cambio climático (TEDH 2024, párr. 511), pero, por otra, condicionado al reconocimiento del requisito de víctima, no se ha cerrado a su conveniencia cuando pueda demostrase un riesgo grave que suponga una rebaja significativa de la esperanza de vida de una persona (TEDH 2024, párr. 513).

3.2. Derecho a la integridad personal

Los atentados ambientales han sido objeto de consideración por el Tribunal en numerosos casos gracias a una interpretación amplia del artículo 8 CEDH (Fernández Egea 2016, p. 177), pese a que se han establecido precisos requisitos de aplicabilidad para evitar que se convierta en el cajón de sastre de cualquier causa ambiental.

3.2.1. Los ámbitos protegidos

El artículo 8 (derecho a la vida privada y familiar e inviolabilidad del domicilio) ha proporcionado cobertura al mayor número de casos de contaminación ambiental, dando lugar a la protección de diferentes ámbitos de autonomía del individuo. En primer lugar, el *domicilio,* a partir de una ingeniosa interpretación que admite la vulneración derivada no sólo de injerencias de índole material o corporal, sino también de las agresiones inmateriales o incorpóreas, como ruidos, emisiones u olores. De este modo, ha conocido de atentados de diversa índole como la contaminación acústica, deriva del ruido de aeropuertos (*Powell y Rayner, Hatton o Flamenbaum*), locales de ocio *(Moreno Gómez, Martínez Martínez* o *Mileva*), infraestructuras terrestres (*Grimkovskaya o Bor*), sector servicios o manufacturero (*Martínez Martínez y Pino Manzano*); o la contaminación industrial (*López Ostra, Fadeyeva, Giacomelli o Dubetska, Kotov, Locascia*).

Cubre además los casos que puedan afectar el *bienestar* de las personas de tal manera que afecte negativamente su vida privada y familiar sin, no obstante, poner en peligro grave su salud, como así se afirmó en asunto *López Ostra c. España,* donde se declaró la vulneración del CEDH por las emisiones excesivas que causaban un olor insoportable (TEDH 1994, párr. 51). Ciertamente, como ha apuntado algún autor, esta interpretación extensiva, al incluir el concepto de calidad de vida, da lugar a un espacio de discrecionalidad enorme (Simón Yarza 2012, p. 251).

Solapándose, en ciertos casos, con el ámbito de aplicación del artículo 2, comprende también aquellos incidentes que pueden afectar a la salud o la *integridad física* de las personas. Así ha sido reconocido por la exposición prolongada a emisiones contaminantes (TEDH 2006a, párr. 100) o por el consumo de agua contaminada (TEDH 2016, párr. 20).

Recientemente, ha reconocido la relación causal entre las acciones y/o omisiones del Estado relacionadas con el cambio climático y el daño o riesgo de daño que afecta a las personas, por lo que el artículo 8 debe considerarse como un derecho de las personas a una protección efectiva por parte de las autoridades del Estado contra los efectos adversos graves del cambio climático en su vida, salud, bienestar y calidad de vida (TEDH 2024, párr. 519).

3.2.2. El daño ambiental: gravedad y vínculo directo

Los efectos contaminantes deben, en primer lugar, alcanzar un umbral mínimo de gravedad (TEDH 2020a, párr. 33), cuya verificación dependerá de las circunstancias del caso, siendo entre otros elementos relevantes la intensidad y la duración de la contaminación y de sus efectos físicos o psicológicos (TEDH 2008a; TEDH 2010d, párr. 90).

En segundo lugar, no basta con alegar un deterioro general del medio ambiente, sino que el daño ambiental debe afectar directa e inmediatamente a la vida privada o familiar o el domicilio del solicitante (TEDH 2010, párr. 66). Para demostrar este vínculo de causalidad, toma en consideración las conclusiones de los tribunales internos, los estudios ambientales encargados por las propias autoridades nacionales, así como los informes realizados por entidades privadas, aunque, cuando son contradictorios, pueden realizar una evaluación de las pruebas en su totalidad (TEDH 2022, párr. 102). Las alegaciones de los demandantes pueden ser deducidas de "la coexistencia de inferencias suficientemente consistentes, claras y concordantes" (TEDH 2010, párr. 75) o de "una combinación de evidencias indirectas y presunciones sólidas (TEDH 2011a, párr. 60-62)

3.2.3. Las obligaciones positivas y el margen de apreciación

Los Estados deben tomar medidas razonables y adecuadas para proteger los derechos del individuo en virtud del artículo 8 (TEDH 1994, párr. 51), por lo que se le exige el establecimiento de un marco regulatorio (legislativo y administrativo) para prevenir los daños sobre el medio ambiente y la salud humana adaptada a las características de la actividad concreta (TEDH 2017, párr. 75). Cuando estamos ante amenazas que pongan en peligro la vida humana, se exige medidas más rotundas, que el Estado regule la autorización, la puesta en funcionamiento, la explotación, la seguridad y el control de la actividad en cuestión (TEDH 2017, párr. 88). Se requiere, además, que sean aplicadas de manera oportuna y eficaz, de modo que la pasividad o la permisibilidad de los poderes públicos pueden dar lugar a que se constate la vulneración del Convenio (TEDH 2013a, párr. 27; TEDH 2010a, párr. 68). En estos casos, no corresponde al Tribunal determinar cuáles deben ser las medidas precisas para reducir el impacto de las actividades industriales de manera eficiente, aunque sí puede evaluar si se actuó con la debida diligencia y si tomaron en cuenta todos los diferentes intereses en juego (TEDH 2010c, párr. 98).

Respecto a los casos climáticos, ha afirmado que el deber primordial del Estado es adoptar y aplicar efectivamente en la práctica las reglamentaciones y medidas capaces de mitigar los efectos actuales y futuros potencialmente irreversibles del cambio climático. Se exige que cada Estado adopte medidas para la reducción sustancial y progresiva de sus respectivos niveles de emisiones de gases de efecto invernadero, con vistas a alcanzar la neutralidad de carbono en principio en los próximos tres decenios. Además, se requiere que las medidas de mitigación antes mencionadas se complementen con medidas de adaptación destinadas a aliviar las consecuencias más graves o inminentes del cambio climático, teniendo en cuenta las necesidades particulares de protección pertinentes (TEDH 2024, párrs. 545 y ss).

El Tribunal debe además examinar si el Estado se mantuvo dentro de su margen de apreciación al diseñar las medidas adoptadas. La doctrina del margen de apreciación es una construcción jurisprudencial (García Roca 2010, p. 113), basada en el carácter subsidiario del sistema regional, que supone un ejercicio de autocontención judicial basada en el mejor conocimiento del entorno jurídico, social, político, económico o cultural por parte del Estado demandado (Lambert 1998). El margen de apreciación es variable (Carrillo Salcedo 2003 p. 92; Greer 2000, p. 10), pues depende de diferentes factores (TEDH 2004c, párr. 82). Entre los aspectos a tener en cuenta a la hora de valorar la actuación estatal se encuentra la naturaleza del derecho (siendo más estrecho cuando más importante es el bien jurídico protegido, como el derecho a la vida), la legitimidad del fin perseguido (que exige en muchos casos una ponderación de los intereses individuales con los intereses generales, sobre todo de índole económico) y la posible contribución de los demandantes a la situación afectada por el daño (que depende también de la información recibida por las autoridades competentes) (TEDH 2012e, párr. 48).

En cuestiones de política ambiental las autoridades nacionales ostentan, en principio, un amplio margen de apreciación y, por tanto, pueden elegir entre diferentes medios para cumplir sus obligaciones (TEDH, 2012a, párr. 218). Sin embargo, el Tribunal ha declarado recientemente, respecto al cambio climático, que la gravedad de la amenaza y el consenso general existente entre los Estados

Parte para alcanzar la neutralidad carbónica exigen un margen de apreciación reducido (TEDH 2024, párr. 543).

3.3. Derecho a la propiedad

El derecho a la propiedad privada no aparece recogido en el CEDH, sino en un Protocolo Adicional (núm.1) de 20 de marzo de 1952. Las restricciones a dicho derecho deben analizarse desde dos puntos de vista totalmente diferentes. Por un lado, se debe examinar cómo los atentados ambientales pueden impactar o lesionar dicho derecho. Y, por otro, cómo se puede limitar su disponibilidad invocando la defensa del medio ambiente.

3.3.1. El deber de abstenerse de injerencias en el disfrute de los bienes

No reconoce el Tribunal un derecho al disfrute de los bienes en un entorno ambiental agradable, pero advierte que ciertas situaciones contaminantes pueden depreciar las propiedades o bienes de los particulares. Así, por ejemplo, ha declarado que la contaminación acústica de las aeronaves, cuando alcanzan cierto nivel y frecuencia, pueden afectar seriamente al valor de los inmuebles hasta hacerlos incluso invendibles, lo que equivaldría, de hecho, a una expropiación de la propiedad, y, por tanto, al pago de una indemnización (TEDH 1986a, párr. 2).

Para que este tipo de demandas prosperen, siempre difícil (como queda patente por el elevado número de decisiones de inadmisión), deben presentarse pruebas o evidencias que acrediten la disminución del valor de los bienes inmuebles (TEDH 2004, párr. 2). Por eso, es fundamental en este tipo de acciones informes técnicos concluyentes, pues de lo contrario no se tendrán en cuenta por el Tribunal. Sirva de ejemplo lo ocurrido en el caso *Flamenbaum*, relativo a las molestias sonoras por la ampliación del aeropuerto, donde fueron rechazados tanto los documentos periciales presentados inicialmente en el contencioso interno, como los aportados posteriormente, pues los especialistas elegidos no indicaron el método seguido para calcular el precio de las viviendas y la información suministrada contenía variaciones importantes y opuestas sobre el valor de los inmuebles en función del experto que había desarrollado los informes (TEDH 2012c, párr. 186-189).

3.3.2. La obligación de adoptar medidas preventivas

Se ha desarrollado en el contexto de las actividades peligrosas ocasionadas por el hombre y los desastres naturales la obligación de los Estados, al igual que con otros derechos, de adoptar las medidas preventivas necesarias para proteger los bienes. Su alcance no es el mismo en ambos casos.

En el supuesto de actividades peligrosas, las obligaciones de diligencia debida para proteger las vidas humanas coinciden con las relativas a la protección de los intereses patrimoniales. Entre ellas, se pueden citar el establecimiento de sistemas de eliminación de gases en el vertedero o planes de información que permitan evaluar los riesgos derivados de la construcción de sus viviendas en una zona de riesgo (TEDH, 2004b, párr. 136).

Cuando nos encontramos ante un desastre natural, en cambio, los Estados gozan de un margen de apreciación mayor. Pero, en todo caso, no es posible alegar simplemente la excepcionalidad del evento natural, por escapar del control del Estado. Así, los daños provocados a las viviendas por inundaciones torrenciales pueden suponen una violación del artículo 1 del Protocolo si se demuestra que la probabilidad de que tales peligros ocurriesen eran previsibles, así como sus consecuencias, más aún si se constata que las inundaciones se debieron al estado del cauce del río y a la inadecuada planificación urbanística (TEDH 2012d, párr. 215).

3.3.3. Limitaciones en aras a la defensa al medio ambiente

El derecho de propiedad recogido en el artículo 1 del Protocolo núm. 1 puede ser objeto, bajo ciertas condiciones, de ciertas injerencias en defensa del interés general, bien mediante medidas que implican la privación de la propiedad, bien mediante la reglamentación del uso de los bienes. Como apunta la doctrina, lo relevante en estos casos es que haya una incidencia real sobre el patrimonio jurídico del demandante, con independencia de las manifestaciones externas de la injerencia, cuando se produce por tanto una pérdida efectiva del poder de disposición del bien (Barcelona Llop 2011, p. 64).

Entre otras situaciones que han sido amparadas por el Tribunal encontramos los supuestos de órdenes de demolición de construcciones ilegales en zonas forestales protegidas (TEDH 2007, párr. 77) o de una cantera ubicada en unos terrenos situados en una zona de protección ecológica (TEDH 2013, párr. 30), así como algunas decisiones de anulación de títulos de propiedad por la clasificación de unos terrenos como suelo forestal para la protección de la naturaleza (TEDH 2009b, párr. 31; TEDH 2009c, párr. 31; TEDH 2009e, párr. 42).

La gran mayoría de los asuntos que han llegado al Tribunal tienen que ver no obstante con un control del uso de las propiedades. En primer lugar, un buen número de asuntos están relacionados con los procedimientos de intervención administrativa en la actividad de los particulares. Nos encontramos, así, con actuaciones en cumplimiento de las normas urbanísticas que prohíben las construcciones para preservar el medio ambiente (TEDH 2005a, párr. 35), la revocación de permisos urbanísticos para la protección de la naturaleza, la denegación de licencias urbanísticas para la construcción de industrias en zonas ecológicas (TEDH 1991, párr. 59) o la no renovación de concesiones de viviendas en el dominio público marítimo terrestre para preservar el litoral (TEDH 2010c, párr. 80). Y en segundo lugar, ha considerado también de interés general la obligación que contempla varias legislaciones de diferentes países europeos de permitir la caza en ciertas fincas con la finalidad, o bien de gestionar el patrimonio cinegético (TEDH 2012b, párr. 80), o bien de organizar la caza racionalmente de manera respetuosa con el medio ambiente (TEDH 1999a, párr. 78), o bien de ordenar la caza para mantener un equilibrio ecológico (TEDH 2007a, párr. 34).

Junto a ellas, se han recogido otras realidades, dando un contenido sustantivo propio al primer párrafo del artículo 1, que tienen que ver con medidas de conservación (reservas naturales) que reducen la capacidad de disponer de las propiedades (TEDH 1996, párr. 85) o imposibilitan la construcción de viviendas (TEDH 1996, párr. 96).

La actuación estatal debe en todo caso cumplir con un conjunto de requisitos. En primer lugar, deberá verificarse que se ajusta al criterio de legalidad (Aguilera Vaqués 2014, p. 687), que goce de la correspondiente cobertura normativa, en una disposición de cualquier rango accesible (según disponga cada derecho interno), y suficientemente precisa para que sus destinatarios puedan prever las consecuencias de sus actuaciones (TEDH 2004d, párr. 30). En segundo lugar, debe perseguir un interés público o general. De manera muy clara ha señalado que los imperativos económicos e incluso algunos derechos fundamentales, como el derecho de propiedad, no deberían primar frente a consideraciones relativas a la protección del medio ambiente, en particular cuando el Estado ha legislado en la materia. Y, en tercer lugar, debe ser acorde al principio de proporcionalidad, lo que exige analizar si existe un justo equilibrio entre las demandas de los intereses generales de la sociedad y la protección de los derechos fundamentales de los individuos.

4. LA DIMENSIÓN PROCEDIMENTAL

El TEDH ha ido reconociendo, también jurisprudencialmente, un conjunto de mecanismos destinados a reforzar la protección de los derechos sustantivos garantizados convencionalmente (*procedimentalización* de los derechos ambientales) (Panagoulias 2011, pp. 28-52). La mayoría de las obligaciones procedimentales tiene una finalidad preventiva ya que permiten anticipar una eventual violación sustantiva. La primera de ellas sería la obligación de realizar *estudios de impacto ambiental*. La ausencia de una evaluación *ex ante* de los posibles riesgos de la actividad contaminante ha llevado al Tribunal a declarar la falta de cumplimiento con el artículo 8 (TEDH 2009d, párr. 105). El Estado puede ser declarado responsable, aunque la legislación interna excluya o no exija en un momento dado la evaluación ambiental a determinadas instalaciones. Si nos encontramos ante situaciones que son el resultado de problemas ambientales de *larga data* de las que las autoridades son ciertamente conscientes, sobre todo si son actividades peligrosas, el Estado debe presentar estudios ambientales o documentos informativos respecto a ellas (TEDH 2017, párr. 76). No basta con realizar la correspondiente evaluación. Los estudios e investigaciones deber ser apropiados (TEDH 2008, párr. 136), encaminados a predecir y evaluar por anticipado los efectos de las actividades que puedan atentar al medio ambiente e infringir los derechos de las personas. Dejan de ser adecuadas cuando el procedimiento se dilata injustificadamente en el tiempo o cuando no se pone en práctica correctamente (TEDH 2011, párr. 144). Sin embargo, aunque se requiere una actuación precisa, no significa que las autoridades nacionales sólo puedan tomar decisiones cuando estemos antes datos exhaustivos y comprobables (TEDH 2011b, párr. 70).

La segunda sería el *deber de participación* en el procedimiento decisorio. Estamos ante una exigencia muy genérica: tan sólo se reclama que el procedimiento de toma de decisiones sea justo y se tome en cuenta los puntos de vista de los individuos; más concretamente, que tengan una "oportunidad significativa" de contribuir al proceso decisorio (TEDH 2011a, párr. 72). La posibilidad de *acceder a las informaciones pertinentes* constituye un requisito indispensable para garantizar la efectividad de la participación de las personas. El acceso a las conclusiones de los estudios ambientales es de suma importancia para que los individuos puedan evaluar los riesgos a los que se exponen. Una garantía que viene exigida por el artículo 5.1 c) del Convenio de Aarhus sobre el acceso a la información, la participación del público en la toma de decisiones y el acceso a la justicia en materia de medio ambiente, de 1998, que prevé la obligación de procurar

> "que en caso de amenaza inminente para la salud o el medio ambiente, tanto imputable a actividades humanas como debida a causas naturales, se difundan inmediatamente y sin demora, entre los posibles afectados, todas las informaciones que puedan permitir al público tomar medidas para prevenir o limitar los daños eventuales y que se encuentren en poder de una autoridad pública" (TEDH 2012, párr. 107).

Adquiere especial relevancia cuando se trata de proteger el derecho a la vida, pues informar a los ciudadanos de las amenazas provenientes de actividades peligrosas humanas o desastres naturales es una de las medidas prácticas esenciales para garantizar una protección efectiva de los ciudadanos (TEDH 2004b, párr. 90). En relación con el cambio climático, ha indicado que deben tenerse en cuenta diferentes tipos de garantías procesales: poner a disposición del público la información que obre en poder de las autoridades públicas que pueda afectar a los particulares a fin de evaluar los riesgos, acceder a las conclusiones de los estudios pertinentes y establecer procedimientos para que los interesados afectados por las regulaciones pertinentes puedan expresar su opinión.

Junto a las garantías procedimentales de los derechos sustantivos, encontramos otros derechos puramente procedimentales que pueden ser invocados de manera independiente en las demandas de naturaleza ambiental. Son los derechos de acceso de los tribunales y libre comunicación en asuntos ambientales.

En este último caso, hay que diferenciar entre el derecho a difundir y recibir información y el *derecho de acceso a la información ambiental*. La libertad de expresión es un derecho poliédrico, con muchas manifestaciones como la libertad de opinión y la libertad de información que, a su vez, tiene una dimensión activa, la libertar de transmitir o comunicar información, y una dimensión pasiva, la libertad de recibir información (Bustos Gisbert 2014, p. 474) Una de las mayores libertades que se protegen es la libertad de prensa, como se ha puesto de relieve con claridad por el TEDH en el asunto *Tanasoaica*, en el que éste debía examinar la proporcionalidad de la pena impuesta a un periodista por la publicación de una información sobre el nivel de contaminación de las aguas. En él se nos recordó que al derecho de trasmitir informaciones sobre cuestiones de interés general le acompañaba el correlativo derecho del público a recibir tales informaciones y, si nos situamos en el ámbito del medio ambiente, "es importante que el público tenga acceso a los estudios medioambientales, así como a aquella información que le permita evaluar el peligro al que se encuentra expuesto" (TEDH 2012f, párr. 43).

Junto a los medios de comunicación, la sociedad civil (a través de asociaciones públicas, privadas o particulares) contribuye también a reforzar el debate público sobre cuestiones de interés general, por lo que parece lógico que se les deba ofrecer las mismas garantías que a la prensa. El Tribunal ha indicado que una organización no gubernamental ejerce un papel de "perro guardián" (*watchdog*), por lo que los pequeños grupos activistas informales deben también poder llevar a cabo sus actividades de forma efectiva, de manera similar a como lo hace la prensa, para divulgar hechos, informaciones y opiniones que interesen al público y así contribuir, ya sea a la transparencia de las actividad de los responsables públicos, ya sea al debate público fuera de la corriente dominante en asuntos relativos al medioambiente (TEDH 2004e, párr. 42; TEDH 2005b, párr. 89).

El artículo 10 del CEDH no contempla sin embargo el derecho a *buscar* información. Consecuentemente, el Tribunal, durante muchos años, optó por una interpretación literal o gramatical de dicho precepto en el siguiente sentido:

> "la libertad de recibir informaciones [...] prohíbe fundamentalmente a un Gobierno impedir a cualquier persona que reciba las que otras estén dispuestas a facilitarle o consienten en que así se haga [...] el artículo 10 no obliga al Estado demandado a comunicar al interesado las informaciones de que se trata" (TEDH 2005b, párr. 74).

Así, en el asunto *Guerra*, donde los demandantes consideraban que dicho precepto debía contemplar la obtención, elaboración y difusión de información sobre los riesgos en la población derivados de las actividades industriales peligrosas, confirmó que la mencionada libertad no podía entenderse como una imposición al Estado de la obligación positiva de obtener y difundir, *motu proprio*, las informaciones correspondientes. (TEDH 1998, párr. 53). Consciente no obstante de los cambios normativos acaecidos en el ámbito interno e internacional, el Tribunal ha considerado necesario más tarde precisar su primigenia línea jurisprudencial, ofreciendo una serie de criterios (una lista no cerrada) que pueden ser relevantes para determinar cuando el acceso a la información es determinante para el ejercicio del derecho a la libertad de expresión y cuando su rechazo puede constituir una injerencia en el ejercicio de ese derecho. Los elementos a valorar son el objetivo de la información solicitada, la naturaleza de la información buscada, el papel o la función que juega el solicitante o la disponibilidad de la información (TEDH, 2015a).

Por último, el *acceso a la justicia* es un mecanismo que permite garantizar la tutela de otros derechos de naturaleza ambiental. El sistema europeo regula el derecho a la justicia en los artículos 6 (derecho a un proceso equitativo) y 13 (derecho a un recurso efectivo) del CEDH. El artículo 13 garantiza la disponibilidad en los ordenamientos jurídicos nacionales de recursos efectivos ante una instancia interna frente a violaciones de derechos contemplados en el Convenio. Así, en el caso *Öneryıldız* declaró su violación por la manera en la que el sistema penal turco había garantizado los derechos citados: se constata en este punto la ausencia de un procedimiento administrativo que permitiese solicitar la correspondiente indemnización por los daños materiales sufridos (TEDH 2004b, párrs. 118-138).

El artículo 6 relativo al derecho a la jurisdicción no es un precepto que case bien con los litigios de naturaleza ambiental dada su redacción y el alcance y las exigencias que han sido fijadas por el Tribunal. Dicho precepto garantiza que se conceda a los individuos legitimidad para acceder a los tribunales en los casos en que haya una interferencia en el ejercicio de sus derechos civiles. Así pues, las controversias relativas al medio ambiente, donde lo que se protege son intereses de carácter público, no entrarían en principio en el ámbito de aplicación del artículo 6. Sirva de ejemplo el asunto *Karin Andersson*, que tiene su origen en la construcción de una línea de ferrocarril en las proximidades de las propiedades de los demandantes. Para el Tribunal, si bien los intereses públicos, como los daños ambientales en general, podían reconocerse como motivos válidos para una reclamación individual en virtud del derecho interno, no encajaban en cambio en la definición de "derecho civil", a diferencia de otros aspectos individuales vinculados a la propiedad o la vida privada. (TEDH 2014a, párr. 46). No debe deducirse de lo anteriormente dicho que los procedimientos de naturaleza pública vayan a encontrarse siempre fuera del ámbito de aplicación de dicho precepto. Se exige, no obstante, que los intereses ambientales se hallen vinculados a intereses individuales, como el derecho a la propiedad o la integridad física. Sería el caso de una demanda cuya pretensión busque revisar una licencia de actividad industrial debido a la contaminación provocada por un vertedero en un pozo de agua privado, en cuanto se estaría vulnerando el derecho de propiedad privada (TEDH 1993, párrs. 24-27).

Las asociaciones han intentado beneficiarse también de las garantías del artículo 6 actuando, no como víctimas en sí mismas de una violación, sino como representantes de sus miembros, de igual modo a como un abogado representa a su cliente (TEDH 1999, párr. 1). Sólo en algunos casos han logrado que el Tribunal declare la procedencia de dicha disposición. Tal fue el caso *Gorraiz Lizarraga*, relativo a la construcción de una presa que entrañaba la inundación de áreas protegidas y de varios pueblos. Los vecinos constituyeron una asociación medioambiental que fue personándose en todos los procesos judiciales, pero a la que se le negó, finalmente, la posibilidad de intervenir en el proceso que debía resolver una cuestión de inconstitucionalidad contra una ley regional. El Tribunal confirmó la dimensión civil o patrimonial del litigio en el asunto, en tanto que, más allá de la defensa de los intereses generales, se perseguían los intereses particulares de los miembros de la asociación, esto es, la defensa de su modo de vida y sus propiedades ubicadas en el valle que iba a inundarse (TEDH 2004a, párr. 45).

5. SOBRE LA NECESIDAD DE UN NUEVO PROTOCOLO QUE RECONOZCA UN DERECHO AL MEDIO AMBIENTE AUTÓNOMO

No compete al Tribunal, por mucho que sea necesario o deseable, la creación de nuevos derechos no previstos en el CEDH (TEDH 1996, párr. 53). Por ello, ante las nuevas necesidades de la sociedad, se han concluido nuevos Protocolos que amplían el catálogo de derechos protegidos. Ya desde principios de los años 70 se han presentado diferentes iniciativas para celebrar un nuevo protocolo adicional al CEDH que garantice el derecho a un medio ambiente sano e equilibrado (Déjeant-Pons 2004, p. 865 y ss). Desde el seno de la Asamblea Parlamentaria, durante los últimos veinticinco años se han adoptado múltiples recomendaciones para que el Comité de Ministros haga propuestas en esta dirección, encontrándose hasta la fecha con su rechazo, aunque siguen los trabajos técnicos que examinan la necesidad y viabilidad de un nuevo instrumento sobre derechos humanos y medio ambiente (CdE 2009, 2021).

Los que se han posicionado en contra de cualquier cambio consideran que la jurisprudencia actual del Tribunal ya contribuye indirectamente a proteger el medio ambiente gracias a su interpretación dinámica, por lo que un nuevo instrumento convencional solo añadiría incertidumbre y un aumento significativo de la carga de trabajo del Tribunal. El derecho que se pretende incluir tiene unos rasgos indefinidos, difícil de tutelar, por lo que es posible que no pueda protegerse adecuadamente, poniendo en peligro todo el sistema (CdE 2010).

Por el contrario, como han apuntado algunos jueces, una disposición explícita en el CEDH proporcionaría una protección ambiental más amplia y completa, dando lugar a que los legisladores de los Estados europeos adopten normas más estrictas (Opinión concurrente del juez Serghides, TEDH 2022, párr. 23). Supondría, asimismo, mejorar la responsabilidad de las empresas, una mayor participación ciudadana en la toma de decisiones ambientales, así como un fortalecimiento de la protección de los defensores de los derechos humanos en materias ambientales (CdE 2024, párr. 101).

Amén de la recurrente propuesta de un Protocolo al CEDH, se están barajando en estos momentos otras alternativas, como un Protocolo Adicional a la Carta Social Europea (que podría incluso aceptar un procedimiento de quejas colectivas), un instrumento jurídico regional independiente (con su correspondiente mecanismo de cumplimiento), un mecanismo de seguimiento autónomo (con la creación de un nuevo Comité o Comisario), la inclusión de la protección del medio ambiente en los preámbulos del CEDH y de la Carta Social Europea (que reforzaría su defensa mediante la interpretación de la jurisprudencia ambiental), un instrumento no vinculante que reconozca el derecho a un medio ambiente (en forma de recomendación) o una combinación de diferentes instrumentos (CdE 2024, párrs. 115 y ss.).

6. REFERENCIAS

6.1. Referencias doctrinales

Aguilera Vaqués, Mar (2104), "El reconocimiento del Derecho a la propiedad privada y los límites a su regulación (Protocolo Adicional Núm. 1, art. 1)", en García Roca, Javier; Santolaya, Pablo (coords.), *La Europa de los Derechos. El Convenio Europeo de Derechos Humanos,* 3 ed., Centro de Estudios Políticos y Constitucionales, Madrid, pp. 669-692.

Barcelona Llop, Javier (2011), "Privación de la propiedad y expropiación forzosa en el sistema del convenio europeo de derechos humanos", *Revista de Administración Pública,* núm. 185, pp. pp. 49-87.

Burgorgue-Larsen, Laurance; Úbeda De Torres, Amaya (2008), *Les grandes décisions de la Cour Interaméricaine des droits de l'homme,* Bruylant, Bruselas.

Bustos Gisbert, Rafael (2014), "Los derechos de libre comunicación en una sociedad democrática", en García Roca, Javier; Santolaya, Pablo (coords.), *La Europa de los Derechos. El Convenio Europeo de Derechos Humanos,* 3 ed., Centro de Estudios Políticos y Constitucionales, Madrid, p. 473-509.

Carrillo Salcedo, Juan Antonio (2003), *El Convenio europeo de derechos humanos*, Tecnos, Madrid.

Déjeant-Pons, Maguelonne (2004), "Les droits de l'homme à l'environnement dans le cadre du Conseil de l'Europe", *Revue Trimestrielle des Droits de l'Homme*, vol. 60, núm. 2, pp. 861-888.

Fernández Egea, Rosa (2015), "La protección del medio ambiente por el Tribunal Europeo de Derechos Humanos: últimos avances jurisprudenciales", *Revista Jurídica Universidad Autónoma de Madrid*, vol. 31, pp. 163-204.

Greer, Steven (2000), *The Margin of Appreciation: Interpretation and Discretion under the European Convention on Human Rights*, Council of Europe Publishing, Estrasburgo.

Lambert, Pierre (1998), "Marge nationale d'appréciation et contrôle de proportionnalité", en Sudre, Frédéric (dir.), *L'interprétation de la Convention Européenne des Droits de l'Homme, Bruylant*, Bruselas, pp. 63-89.

García Roca, Javier (2010), *El margen de apreciación nacional en la interpretación del Convenio Europeo de Derechos Humanos: soberanía e integración*, Civitas, Cizur Menor.

Letsas, George (2024), "The European Court's Legitimacy After KlimaSeniorinnen", *European Convention on Human Rights Law Review*, vol. 5, pp. 444-453. http://dx.doi.org/10.1163/26663236-bja10111.

Martínez Pérez, Enrique (2017), *La tutela ambiental en los sistemas regionales de protección de los derechos humanos*, Tirant lo Blanch, Valencia.

Martínez Pérez, Enrique (2022), "Las condiciones de admisibilidad de las demandas climáticas en el ámbito de los sistemas regionales y universales de protección de los derechos humanos", en Fernández Egea, Rosa; Macía Morillo, Andrea, *El derecho en la encrucijada: los retos y oportunidades que plantea el cambio climático*, Anuario de la Facultad de Derecho de la Universidad Autónoma de Madrid, vol. 26, pp. 407-430.

Martín-Retortillo Baquer, Lorenzo (2008), "Jurisprudencia ambiental reciente del Tribunal Europeo de Derechos Humanos", *InDret*, vol. 4, pp. 1-26.

Panagoulias, Konstantinos, *La procéduralisation des droits substantiels garantis par la Convention européenne des droits de l'homme*, Bruylant, Bruselas.

Simón Yarza, Fernando (2012), *Medio ambiente y Derechos fundamentales*, Centro de Estudios Políticos y Constitucionales, Madrid.

Voeffray, François (2004), *L'actio popularis ou la défense de l'intérêt collectif devant les juridictions internationales*. Graduate Institute Publications, Ginebra. http://dx.doi.org/10.4000/books.iheid.1185.

6.2. Referencias normativas

6.2.1. Tratados internacionales

Convenio para la Protección de los Derechos humanos y las Libertades Fundamentales, Roma, 4 de noviembre de 1950, enmendado por los Protocolos adicionales números 3 y 5, de 6 de mayo de 1963 y 20 de enero de 1966, *BOE* núm. 243, de 10 de octubre de 1979.

Protocolo Adicional al Convenio para la Protección de los Derechos Humanos y de las Libertades Fundamentales, París, 20 de marzo de 1952, *BOE* núm. 11, de 12 de enero de 1991.

Protocolo Adicional sobre derechos económicos, sociales y culturales, San Salvador, 17 de noviembre de 1988. *Serie sobre Tratados OEA* núm. 69.

Convenio de Aarhus sobre acceso a la información, la participación del público en la toma de decisiones y el acceso a la justicia en materia de medio ambiente, Aarhus, 25 de junio de 1998; *BOE*, núm. 40, de 16 de febrero de 2005.

6.3. Referencias jurisprudenciales

6.3.1. Órganos jurisdiccionales internacionales

TEDH, 1978, *Tyrer c. Reino Unido*, núm. 5856/72, 1978.

TEDH, 1986, *Johnston y otros c. Irlanda*, núm. 9697/82, 1986.

TEDH, 1986a, *Rayner c. Reino Unido*, demanda 9310/81, decisión de inadmisión de 16 de julio de 1986.

TEDH, 1987, *Leander c. Suecia*, núm. 9248/81, 1987.

TEDH, 1989, *Soering c. Reino Unido*, núm. 14038/88, 1989.

TEDH, 1990, *Powell y Rayner c. Reino Unido*, núm. 9310/81, 1990.

TEDH, 1991, *Pine Valley Developmenta Ltd y otros c. Irlanda*, núm. 12742/87, 1991.

TEDH, 1993, *Zander c. Suecia*, núm. 14282/88, 1993.

TEDH, 1994, *López Ostra c. España*, núm. 16798/90, 1994.

TEDH, 1995, *Tauira y otros c. Francia*, núm. 28204/95, Decisión de la Comisión de 4 de diciembre de 1995.

TEDH, 1996, *Matos e Silva c. Portugal*, núm. 15777/89, 1996.

TEDH, 1998, *Guerra y otros c. Italia* (GS), núm. 14967/89, 1998.

TEDH, 1999, *Asselbourg y otros c. Luxemburgo*, núm. 29121/95, decisión de inadmisibilidad de 29 de junio de 1999.

TEDH, 1999a, *Chassagnou y otros c. Francia* (GS), núm. 25088/94,28331/95, 28443/95, 1999.

TEDH, 2001, *Fogarty c. Reino Unido* (GS), n.º 37112/97, 2001.

TEDH, 2001a, *Hatton y otros c. Reino Unido*, núm. 36022/97, 2001.

TEDH, 2003, *Kyrtatos c. Grecia*, núm. 41666/98, 2003.

TEDH, 2004. *Ashworth y otros c. Reino Unido*, núm. 39561/98, decisión de inadmisión de 20 de enero de 2004.

TEDH, 2004a, *Gorraiz Lizarraga y otros c. España*, núm. 62543/00, 2004.

TEDH, 2004b, *Öneryildiz c. Turquía* (GS), núm. 48939/99, 2004.

TEDH, 2004c, *Connors c. Reino Unido*, núm. 66746/01, 2004.

TEDH, 2004d, *Maestri c. Italia* (GS), núm. 39748/98, 2004.

TEDH, 2004e, *Vides Aizsardzïbas Klubs c. Letonia*, núm. 57829/00, 2004.

TEDH, 2005, *Fadeyeva c. Rusia*, núm. 55723, 2005.

TEDH, 2005a, *Saliba c. Malta*, núm. 4251/02, 2005.

TEDH, 2005b, *Steel y Morris c. Reino Unido*, núm. 68416/01, 2005.

TEDH, 2006, *Giacomelli c. Italia*, núm. 59909/00, 2006.

TEDH, 2006a, *Ledyayeva y otros c. Rusia*, núm. 53157/99, 53247/99, 53695/00 56850/00, 2006.

TEDH, 2006b, *Sdruženi Jihočeské Matky c. República Checa*, núm. 19101/03, decisión de inadmisión de 10 de julio de 2006.

TEDH, 2007, *Hamer c. Bélgica*, núm. 21861/03, 2007.

TEDH, 2007a, *Schneider c. Luxemburgo*, núm. 2113/04, 2007.

TEDH, 2008, *Budayeva y otros c. Rusia*, núm. 15339/02, 21166/02, 20058/02, 11673/02 y 15343/02, 2008.

TEDH, 2008a, *Fägerskiöld c.Suecia*, núm. 37664/04, decisión de inadmisión de 26 de febrero de 2008.

TEDH, 2009, *Galev y otros c. Bulgaria*, núm. 18324/04, decisión de inadmisión de 29 de septiembre de 2009.

TEDH, 2009a, *L'Erablière A.S.B.L. c. Bélgica*, núm. 49230/07, 2009.

TEDH, 2009b, *Nural Vural c. Turquía*, núm. 16009/04, 2009.

TEDH, 2009c, *Satir c.Turquía*, núm. 36192/03, 2009.

TEDH, 2009d, *Tătar c. Rumania*, núm. 67021/01, 2009.

TEDH, 2009e, *Temel Conta Sanayi Ve Ticaret A. Ş. c. Turquía*, núm. 45651/04, 2009.

TEDH, 2010, *Atanasov c. Bulgaria*, núm. 12853/03, 2010.

TEDH, 2010a, *Bacila c. Rumanía*, núm. 19234/04, 2010.

TEDH, 2010b, *Caron y otros c. Francia*, núm. 48629/08, 2010.

TEDH, 2010c, *Depalle c. Francia*, núm. 34044/02, 2010.

TEDH, 2010d, *Mileva y otros c. Bulgaria*, núm. 43449/02 y 21475/04, 2010.

TEDH, 2011, *Dubetska y otros c. Ucrania*, núm. 30499/03, 2011

TEDH, 2011a, *Grimkovskaya c. Ucrania*, núm. 38182/03, 2011.

TEDH, 2011b, *Zammit Maempel c. Malta*, núm. 24202/10, 2011.

TEDH, 2012, *Di Sarno y otros c. Italia*, núm. 30765/08, 2012.

TEDH, 2012a, *Hardy y Maile c. Reino Unido*, núm. 31965/07, 2012.

TEDH, 2012b, *Herrmann c. Alemania*, núm. 9300/07, 2012.

TEDH, 2012c, *Flamenbaum y otros c. Francia*, núm. 3675/04 y 23264/04, 2012.

TEDH, 2012d, *Kolyadenko y otros c. Rusia*, núm., 20534/05, 20678/05, 23263/05, 24283/05 y 35673/05 2012.

TEDH, 2012e, *Martínez Martínez y Pino Manzano c. España*, núm. 61654/08, 2012.

TEDH, 2012f, *Tanasoaica c. Rumanía*, núm. 3490/03, 2012.

TEDH, 2013, *Bil İnşaat Taahhüt Ticaret Limited Şirketi c. Turquía*, núm. 29825/03, 2013.

TEDH, 2013a, *Bor c. Hungría*, núm. 50474/08, 2013.

TEDH, 2014, *Brincat y otros c. Malta*, núm. 60908/11, 62110/11, 62129/11, 62312/11 y 62338/11, 2014.

TEDH, 2014a, *Karin Andersson c. Suecia*, núm. 29878/09, 2014.

TEDH, 2014b, *Udovičić c. Croatia*, núm, 27310/09, 2014.

TEDH, 2015, *Lambert y otros Francia* [GC], núm. 46043/14, 2015.

TEDH, 2015a, *Magyar Helsinki Bizottság c. Hungría* (GS), núm. 18030/11, 2015.

TEDH, 2015b, *Matczyński c. Polonia*, núm. 32794/07, 2015.

TEDH, 2015c, *Özel y otros c. Turquía*, núm. 14350/05, 15245/05, 16051/05, 2015.

TEDH, 2015d, *Roman Zakharov c. Rusia* [GC], núm. 47143/06, 2015.

TEDH, 2016, *Otgon c. República de Moldavia*, núm. 22743, 2016.

TEDH, 2017, *Jugheli y otros c. Georgia*, núm. 38342/05, 2017.

TEDH, 2020, *Nicolae Virgiliu Tănase c. Rumanía* (GS), núm.41720/13, 2020.

TEDH, 2020a, *Yevgeniy Dmitriyev c. Rusia*, núm. 17840/06, 2020.

TEDH, 2022, *Kotov y otros c. Rusia*, núm. 6142/18, 2022.

TEDH, 2023, *Locascia y otros c. Italia*, núm. 35648/10, 2023.

TEDH, 2023a, *Fedotova y otros contra Rusia* (GC), núm. 40792/10, 2023.

TEDH, 2024, *Verein KlimaSeniorinnen Schweiz y otros c. Suiza* (GS), núm. 53600/20, 2024.

6.4. Referencias documentales

CdE (2009) Council of Europe, Parliamentary Assembly, Recomendation 1885, *Drafting an additional protocol to the European Convention on Human Rights concerning the right to a healthy environment*, 30 September 2009.

CdE (2010), Council of Europe, Committee of Ministers, *Joint reply to Recommendations 1883 (2009) and 1885 (2009)*, adopted at the 1088th meeting of the Ministers' Deputies, 16 June 2010.

CdE (2021), Council of Europe, Parliamentary Assembly, Resolution 2396, *Anchoring the right to a healthy environment: need for enhanced action by the Council of Europe*, 29 September 2021.

CdE (2024), Steering Committee for Human Rights, Drafting Group on Human Rights and Environment (CDDH-ENV), *CDDH report on the need for and feasibility of a further instrument or instruments on human rights and the environment*, Doc. CDDH-ENV (2023)06REV2, 6 March 2024.

Capítulo 29

LA CORTE INTERAMERICANA DE DERECHOS HUMANOS

GASTÓN MEDICI-COLOMBO[1]

1. INTRODUCCIÓN

Creado en el seno de la Organización de Estados Americanos (OEA), el Sistema Interamericano de Derechos Humanos (SIDH) puede definirse como un conjunto de principios, normas, instituciones y procedimientos dedicados a la promoción y protección de los derechos humanos en el continente americano. La base normativa del SIDH está constituida por la Carta de la OEA (1948), la Declaración Americana de Derechos y Deberes del Hombre (DADDH, 1948) y la Convención Americana sobre Derechos Humanos (CADH, 1969), a las que se suman una variedad de instrumentos jurídicos conexos. Su estructura institucional tiene eje en la Comisión Interamericana de Derechos Humanos (Com. IDH), creada en 1959, con sede en Washington (Estados Unidos), y la Corte Interamericana de Derechos Humanos (Corte IDH o la Corte), establecida mediante la CADH, con sede en San José (Costa Rica).

La CADH, principal elemento normativo del SIDH, no reconoce de forma explícita el derecho humano al medio ambiente sano. De hecho, no contiene listado alguno de derechos económicos, sociales y culturales (DESC), cuya presencia está cubierta por el art. 26, que menciona el compromiso de adoptar providencias a nivel interno y mediante la cooperación internacional para lograr progresivamente la plena efectividad de "los derechos que se derivan de las normas económicas, sociales y sobre educación, ciencia y cultura" contenidas en la Carta de la OEA en la medida de los recursos disponibles.

Sólo con la adopción del Protocolo Adicional a la CADH en materia de DESC (en adelante Protocolo de San Salvador o Protocolo, 1988) se reconocería en el SIDH un derecho a un medio ambiente sano (art. 11). Dos aclaraciones son pertinentes respecto de este reconocimiento normativo. En primer lugar, el Pro-

---

1 Profesor Lector de Derecho Internacional Público de la Universitat de Barcelona e investigador asociado al CEDAT (gmedici@ub.edu). Todas las páginas webs mencionadas en este estudio han sido consultadas el 26 de noviembre de 2024. ORCID: https://orcid.org/0000-0003-4259-2828.

tocolo no ha sido ratificado por todos los Estados Parte de la CADH, por lo que su ámbito de aplicación subjetivo es un tanto más acotado. En segundo lugar, de acuerdo con el art. 19.6 del Protocolo, la posibilidad de recurrir ante la Com. IDH y eventualmente alcanzar la jurisdicción de la Corte IDH (es decir, recurrir al sistema de peticiones individuales establecido en la CADH) se encuentra limitada a la afectación de los derechos a la libertad sindical (art. 8.a) y a la educación (art. 13). La *justiciabilidad* directa del derecho al medio ambiente sano contenido en el Protocolo está entonces normativamente descartada, quedando el monitoreo de su respeto y garantía en manos del sistema de remisión de informes nacionales periódicos, examen y formulación de observaciones y recomendaciones (art. 19).

En vista de este panorama institucional y regulatorio, aquello que podría denominarse "jurisprudencia ambiental de la Corte IDH" puede clasificarse en dos etapas[2]. Una primera durante la cual la Corte abordó diversos aspectos de la gestión y tutela del ambiente por la vía de la conexidad con ciertos derechos civiles y políticos —núcleo de la CADH— y particularmente de la protección de los derechos de los pueblos indígenas, tribales y las comunidades afrodescendientes. Una segunda etapa caracterizada por el reconocimiento jurisprudencial de la *justiciabilidad* directa de los DESC, a partir del art. 26 de la CADH, y de la consagración, también pretoriana, de un derecho al medio ambiente sano autónomo, individual y a la vez colectivo, que incluye un enfoque de carácter ecocéntrico.

Esta segunda etapa está marcada por la Opinión Consultiva OC-23/17 sobre *Medio ambiente y derechos humanos* (2017) y por algunos casos contenciosos que implementaron y/o expandieron los estándares establecidos en aquella. A estos desarrollos jurisprudenciales ha de agregarse un elemento ajeno al SIDH pero que también compone, indudablemente, la fisonomía de esta nueva etapa: la adopción del Acuerdo Regional sobre el Acceso a la Información, la Participación Pública y el Acceso a la Justicia en Asuntos Ambientales en América Latina y el Caribe (Acuerdo de Escazú, 2018). Finalmente, un hito próximo en esta etapa será la Opinión Consultiva 32 con la que la Corte IDH abordará las obligaciones de derechos humanos relacionadas con el cambio climático.

Este capítulo ofrece una revisión, que intenta ser sucinta y a la vez comprensiva, del tratamiento que la Corte IDH ha dado a la tutela del ambiente, por un lado, como un elemento imprescindible para el goce efectivo de una variedad de derechos humanos y, por otro y al mismo tiempo, como un derecho humano en sí mismo. Las secciones siguientes analizan, respectivamente, la primera y la segunda —actual— etapa de la jurisprudencia ambiental de la Corte, haciendo

---

[2] Otros ejes de análisis podrían llevar a clasificaciones diversas, véase Montalván Zambrano (2021), respecto del giro ecocéntrico de esta jurisprudencia.

foco en los desarrollos sustanciales y procedimentales y referenciando los casos más relevantes. Una última sección refiere brevemente a la próxima opinión consultiva sobre cambio climático.

2. LA PRIMERA ETAPA DE LA JURISPRUDENCIA AMBIENTAL DE LA CORTE INTERAMERICANA DE DERECHOS HUMANOS

La primera etapa de la jurisprudencia ambiental de la Corte IDH estuvo especialmente marcada por las características propias de la región sobre la que el tribunal ejerce su jurisdicción, lo que la diferenció en su enfoque de los desarrollos de su par europea. Su foco principal fue la protección de los derechos de los pueblos indígenas y tribales y las comunidades afrodescendientes, ampliamente presentes a lo largo de todo el continente, y cuyo territorio se ve tensionado por actividades extractivas que caracterizan a las economías *primarizadas* de la región[3]. La tutela del ambiente en esta jurisprudencia tiene su piedra angular en el reconocimiento de la existencia de una relación especialmente estrecha y vital entre las comunidades indígenas, las tierras que habitan y los recursos naturales de los que dependen para su supervivencia y desarrollo, lo que justifica el establecimiento de salvaguardas que permitan cierta compatibilización de los intereses y derechos en juego.

Esta jurisprudencia se complementa, por un lado, por varios casos relativos a la tutela de los defensores ambientales y, por otro, un caso relevante sobre el acceso a la información ambiental. Dos cuestiones que proyectan la triste realidad de la región respecto de la persecución de defensores de derechos humanos y ambientales —América Latina y el Caribe es la región más peligrosa en el mundo para quienes llevan adelante esta tarea (Global Witness, 2024)— y de lo que se ha definido como una "cultura del secretismo y la falta de transparencia", imperante entre las autoridades nacionales (Com. IDH 2008, p. 164).

La base sustantiva de los desarrollos de interés en esta primera jurisprudencia ambiental se encuentra en algunos derechos civiles y políticos contenidos en el capítulo II de la CADH. Estos derechos son, principalmente, la vida (art. 4), la propiedad privada (art. 21), el derecho a participar en la dirección de los asuntos públicos (art. 23), la libertad de asociación (art. 16) y la libertad de pensamiento y de expresión (art. 13). Antes de pasar al análisis de los desarrollos de la Corte a partir de estos derechos, ha de destacarse un primer hito de esta etapa temprana: el reconocimiento explícito de "una relación innegable" entre la protección del

3 Véase, por ejemplo, el informe titulado "Las industrias extractivas y los pueblos indígenas" (Relator Especial sobre los derechos de los pueblos indígenas, 2013).

ambiente y la realización de otros derechos humanos (Corte IDH 2009a, párr. 148). Esta premisa acompañaría toda la jurisprudencia posterior de la Corte.

2.1. *Jurisprudencia ambiental a partir del reconocimiento de la estrecha y vital relación de los pueblos indígenas con su tierra*

La Corte IDH inauguró su jurisprudencia respecto a la propiedad colectiva indígena con el caso de la *Comunidad Mayagna (Sumo) Awas Tingni Vs. Nicaragua* (2001)[4], relativo a la demarcación, delimitación y titulación de un territorio ancestral frente a una concesión de explotación maderera. Allí interpretó evolutivamente el art. 21 de la CADH para afirmar que este derecho comprende los derechos de los miembros de las comunidades indígenas en el marco de la propiedad comunal. Aclaró entonces que entre los pueblos indígenas "...existe una tradición comunitaria sobre una forma comunal de la propiedad colectiva de la tierra, en el sentido de que la pertenencia de ésta no se centra en un individuo sino en el grupo y su comunidad" y aseveró que estos, por el hecho de su propia existencia, tienen derecho a vivir libremente en sus territorios (Corte IDH 2001, párrs. 148, 149).

En lo que aquí más interesa, la Corte afirma que existe una estrecha relación entre los pueblos indígenas y la tierra, la que debe ser reconocida y comprendida como la base fundamental de su cultura, vida espiritual, integridad y supervivencia económica (Corte IDH 2001, párr. 149). Esta idea sería profundizada por la jurisprudencia posterior, en la que la Corte, refiriéndose al principio de igualdad y no discriminación, reconoció que el uso y goce sobre las tierras y recursos naturales que las comunidades hubieran utilizado tradicionalmente es instrumental a su subsistencia y supervivencia, fundamental para una 'vida digna', como también un elemento integrante de su identidad cultural, necesario para garantizar su desarrollo, la continuidad de su cosmovisión y su evolución como pueblo[5] (Calderón Gamboa 2017, pp. 111-113).

---

4 Según comentan Mazzuoli y Teixeira (2015, p. 205), el primer caso de contenido ambiental examinado por la Com. IDH fue el caso *Yanomami Vs. Brasil* (1985), relativo a la construcción de una carretera en una zona habitada por la etnia Yanomami. La Com. IDH ha abordado una variedad de casos de contenido ambiental.

5 Véanse los casos *Comunidad* indígena *Yakye Axa Vs. Paraguay* (Corte IDH 2005a), *Comunidad Moiwana Vs. Surinam* (Corte IDH 2005b); *Comunidad Indígena Sawhoyamaxa Vs. Paraguay* (Corte IDH 2006a), *Comunidad Indígena Xákmok Kásek Vs. Paraguay* (Corte IDH 2010), *Pueblo Indígena Kichwa de Sarayaku Vs. Ecuador* (Corte IDH 2012); *Comunidad Garífuna de Punta Piedra y sus miembros Vs. Honduras* (Corte IDH 2015a); *Comunidad Garífuna Triunfo de la Cruz y sus miembros Vs. Honduras* (Corte IDH 2015b) y *Pueblos Kaliña y Lokono Vs. Surinam* (Corte IDH 2015c). Para un análisis pormenorizado véase Aguilera (2023).

Así, en tres casos relativos a la falta de acceso a tierras ancestrales de comunidades indígenas sumidas en la pobreza extrema (Corte IDH 2005a; Corte IDH 2006a; Corte IDH 2010), la Corte desarrolló el concepto de vida digna (a partir del art. 4 de la CADH)[6], en el que incluyó aspectos relativos a los derechos a la salud, la alimentación y el medio ambiente sano, entre otros (Corte IDH 2005a, párr. 163). En esta línea, en el caso *Pueblos Kaliña y Lokono Vs. Surinam* (2015), declararía la importancia de la protección, preservación y mejoramiento del ambiente como un derecho humano esencial relacionado con el derecho a la vida digna (Corte IDH 2015c, párr. 172). En este contexto, el derecho a la vida digna permitiría entonces una protección refleja de los DESC, incluyendo el derecho a un medio ambiente sano (Antkowiak y Gonza 2017, p. 99; Pasqualucci 2008, p. 4).

El reconocimiento de una relación estrecha y vital entre los pueblos indígenas y su tierra fue, de igual manera, el antecedente lógico del establecimiento de salvaguardas de protección ante posibles privaciones o afectaciones directas o indirectas, como las que podrían inducirse mediante el desarrollo de actividades extractivas. En el caso del *Pueblo Saramaka Vs. Surinam* (2007), la Corte observó que, si bien el derecho a la propiedad no es absoluto y, por lo tanto, admite restricciones —*v.gr.*, concesiones de explotación de recursos en los territorios comunales— (Corte IDH 2007, párrs. 126, 127), al mismo tiempo se ha de cumplir con una serie de garantías que eviten una denegación de la subsistencia de los pueblos. Así, determinó que el Estado debe asegurar: a) la participación efectiva de los miembros de la comunidad en todo plan de desarrollo o inversión dentro de su territorio; b) la obtención por parte de la comunidad de beneficios razonables generados con la concesión[7]; y c) la realización, previa a cualquier concesión, de un estudio de impacto ambiental y social por entidades independientes y técnicamente capaces, bajo la supervisión del Estado (Corte IDH 2007, párr. 129).

En lo que aquí más interesa, en cuanto a la participación efectiva, la Corte observó que el Estado tiene el deber de consultar activamente a la comunidad y estableció que esta consulta debe ser realizada (1) de buena fe y con el fin de llegar a un acuerdo; (2) conforme a las propias costumbres y tradiciones de la comunidad; (3) desde y más allá de las primeras etapas del plan de desarrollo;

---

6 El derecho a la vida "...comprende no sólo el derecho de todo ser humano de no ser privado de la vida arbitrariamente, sino también el derecho a que no se generen condiciones que le impidan o dificulten el acceso a una existencia digna" (Corte IDH 2005a, párr. 161). La aparición de este concepto puede ubicarse en el *Caso de los "Niños de la Calle" (Villagrán Morales y otros) Vs. Guatemala* (1999).

7 La Corte se refirió al concepto de "beneficios compartidos" como inherente al derecho de indemnización reconocido en el art. 21.2 de la CADH. (Corte IDH 2007, párrs. 138, 139).

y (4) previa entrega de toda información relevante, en particular sobre los posibles riesgos ambientales y de salubridad (Corte IDH 2007, párr. 133; Corte IDH 2012, párrs. 159-220; Corte IDH 2015a, párrs. 215-224; Corte IDH 2015c, párrs. 204-212; Calderón Gamboa 2017, pp. 119, 120)[8]. Para el caso de planes de desarrollo a gran escala con un impacto mayor o profundo en el territorio, el Estado tendría a su vez la obligación de obtener el consentimiento libre, informado y previo de la comunidad (Corte IDH 2007, párrs. 134-137)[9].

En cuanto a la elaboración previa de estudios de impacto social y ambiental, la Corte especificó que deben realizarse conforme a estándares internacionales y buenas prácticas y deben respetar las tradiciones y cultura del pueblo, como así también considerar los impactos acumulados de proyectos existentes y futuros (Corte IDH 2008a, párr. 41). El nivel de impacto aceptable —clarificó— puede diferir en cada caso, pero un principal criterio a considerar es que no se deniegue la capacidad de los miembros del pueblo a sobrevivir como un pueblo tribal (Corte IDH 2008a, párr. 42). Asimismo, la Corte hizo suyo el requerimiento impuesto por el Convenio 169 de la OIT por el cual los resultados de los estudios deberían ser criterios fundamentales para la ejecución de las actividades (Corte IDH 2012, párr. 204).

También la Corte se refirió al deber del Estado de prevenir daños a los territorios indígenas a causa de conductas de particulares, incluidas las empresas, a través de la adopción de mecanismos adecuados de supervisión y fiscalización, y de prevención, investigación, castigo y reparación (Corte IDH 2015c, párrs. 221, 224). En el caso *Pueblos Kaliña y Lokono Vs. Surinam* (2015), la Corte se referiría por primera vez a los "Principios Rectores sobre las empresas y los derechos humanos" (Representante Especial del Secretario General para la cuestión de los derechos humanos y las empresas transnacionales y otras empresas 2011), destacando que las empresas también deben actuar de conformidad con el respeto y la protección de los derechos humanos, así como prevenir, mitigar y hacerse responsables por las consecuencias negativas de sus actividades (Corte IDH 2015c, párr. 224).

---

8 La Corte se basó en el respeto al derecho a la cultura propia o identidad cultural, reconocido en el Convenio 169 de la Organización Internacional del Trabajo (OIT) y la Declaración de las Naciones Unidas sobre los Derechos de los Pueblos Indígenas, entre otros instrumentos, así como en la práctica constante de los tribunales de la región (Corte IDH 2012, párrs. 159-165) y también derivó el derecho a la consulta del derecho a la participación en asuntos públicos (art. 23 de la CADH) de los pueblos indígenas (Corte IDH 2015c, par. 202 y 203); véase al respecto el análisis crítico de Aguilera (2023, pp. 85-88).

9 Esta exigencia ha cosechado fuertes rechazos por parte de diversos poderes estatales de la región, véase Yriart (2015) respecto de los casos de Argentina, Colombia y Perú.

Finalmente, estos desarrollos sustantivos[10] han sido acompañados por el reconocimiento de los pueblos indígenas y tribales como sujetos colectivos de los derechos de la CADH, constituyéndose en una excepción a la caracterización de víctimas en el SIDH como limitada a los individuos o grupos de individuos y, por ello, en una ampliación *ratione personae* de la jurisdicción de la Corte. En *Pueblo Indígena Kichwa de Sarayaku Vs. Ecuador* (2012), la Corte reconoció explícitamente a los pueblos indígenas y tribales como sujetos colectivos de Derecho Internacional, fortaleciendo así la dimensión colectiva de sus derechos (Corte IDH 2012, párr. 231; Aguilera 2023, p. 48). La Corte volvería sobre esta cuestión en casos contenciosos posteriores y la analizaría *in extenso* en su opinión consultiva OC-22/16 sobre la *Titularidad de derechos de las personas jurídicas en el Sistema Interamericano de Derechos Humanos* (Corte IDH 2016, párrs. 72-84).

2.2. *Jurisprudencia sobre defensores ambientales: dimensión individual y colectiva*

Dada la triste realidad regional ya mencionada, la Corte IDH ha tenido frente a sí varios casos relativos a ataques a defensores de derechos humanos, defensores ambientales y defensores indígenas[11]. De estos, puede destacarse aquí el caso *Kawas Fernández Vs. Honduras* (2009), en el que la Corte abordó el asesinato de la presidenta de una fundación ambiental debido a su denuncia y oposición a actividades extractivas en áreas protegidas en Honduras[12]. Allí observó, primeramente, que su homicidio no se trató de un hecho aislado, sino que fue parte de una seguidilla de ataques contra líderes ambientales en el país, dentro de una realidad regional amenazante para los defensores de derechos humanos y del ambiente. Reconoció, a su vez, el rol de los defensores en las sociedades democráticas y afirmó la innegable relación entre la protección del ambiente y la realización de otros derechos humanos. Además, notó que el hecho había tenido un efecto amedrentador para otros defensores ambientales, por lo que no solo resultó en una violación del derecho a la vida, sino también del derecho

---

[10] También puede resaltarse que en el caso *Salvador Chiriboga Vs. Ecuador* (2008), la Corte observó que un interés legítimo o general basado en la protección del ambiente puede representar una causa de utilidad pública legítima que puede justificar una restricción al derecho de propiedad privada (*v.gr.*, una expropiación) (Corte IDH 2008b, par. 76). Adicionalmente, la Corte se refirió a la necesidad de compatibilizar la tutela del ambiente con la de las comunidades indígenas en los casos *Comunidad Indígena Xámok Kásek Vs. Paraguay* (2010) y *Pueblos Kaliña y Lokono Vs. Surinam* (2015).

[11] Además, véanse *Defensor de Derechos Humanos y otros Vs. Guatemala* (Corte IDH 2014a) y *Acosta y otros Vs. Nicaragua* (Corte IDH 2017a); para un estudio detenido véase Aguilera (2023).

[12] En el caso *Luna López Vs. Honduras (2013)*, la Corte observaría que la calidad de defensor radica en la labor que se realiza, con independencia de si se ejerce de forma particular o en función de un cargo público (Corte IDH 2013, párrs. 122, 123).

a la libertad de asociación (Corte IDH 2009a, párrs. 140-155). Los Estados, recordó la Corte en alusión a su jurisprudencia previa, tienen el deber de facilitar los medios necesarios para que los defensores realicen libremente sus actividades; protegerlos ante amenazas; abstenerse de imponer obstáculos a su labor; e investigar seria y eficazmente las violaciones cometidas en su contra (Corte IDH 2009a, párr. 145).

Por su parte, cabe referirse a un caso que implicó a líderes indígenas en su rol de defensores del territorio. En el caso *Norín Catrimán y otros (Dirigentes, Miembros y Activista del Pueblo Indígena Mapuche) Vs. Chile* (2014), la Corte condenó al Estado tras la aplicación de una normativa penal antiterrorista a miembros de un grupo indígena en Chile, observando que con la conducta irregular del Estado no solo se afectaron derechos individuales, sino también colectivos en tanto se perjudicó la representación de los intereses de las comunidades (Corte IDH 2014b párrs., 384, 385).

2.3. Jurisprudencia ambiental a partir del derecho a la libertad de pensamiento y expresión: el acceso a la información pública en asuntos ambientales

Finalmente, ha de mencionarse que la Corte IDH tuvo también un rol relevante a la hora de cubrir vacíos normativos en la región respecto de la llamada "democracia ambiental", consagrada por el Principio 10 de la Declaración de Río sobre el Medio Ambiente y el Desarrollo (1992). No solo estableció la existencia dentro de la CADH de un derecho a la consulta indígena, sino que también desarrolló, a partir del derecho a la libertad de pensamiento y expresión, el derecho general de acceso a la información pública, incluyendo su variable ambiental.

Mientras que el Principio 10 fue rápidamente canalizado normativamente en el ámbito europeo a través del Convenio sobre acceso a la información, participación del público en la toma de decisiones y acceso a la justicia en materia ambiental (Convenio de Aarhus, 1998), 20 años hubieron de pasar para que se adoptara un tratado similar para la región de América Latina y el Caribe: el Acuerdo de Escazú (2018). La ausencia de un marco internacional vinculante durante estos años hizo que el reconocimiento de los derechos pilares de la democracia ambiental —acceso a la información, participación y justicia— descansara principalmente en esfuerzos nacionales que en muchas ocasiones se demostraron insuficientes o inefectivos (Comisión Económica para América Latina y el Caribe, 2013).

Así las cosas, la Corte dio un paso clave en la promoción del derecho de acceso a la información en asuntos ambientales con el caso *Claude Reyes y otros Vs. Chile* (2006), relativo al rechazo por parte de autoridades públicas de la solicitud de información respecto a un proyecto de industrialización forestal y de explotación de un río. Allí, la Corte sostuvo que el art. 13 de la CADH, al estipular expresamente los derechos a "buscar" y a "recibir" "informaciones", protege el derecho que tiene toda persona, sin necesidad de acreditar un interés directo, a solicitar el acceso a la información bajo el control del Estado, lo que incluye información sobre impactos ambientales potenciales. Entre otras garantías relacionadas, observó que solo bajo determinadas excepciones permitidas por la CADH, puede el Estado limitar el acceso a la información, debiendo explicar los motivos de su denegación. Este derecho tiene, según la Corte, dos dimensiones que el Estado ha de garantizar, una individual y una social, en tanto la entrega de información a una persona puede permitir a su vez que ésta circule en la sociedad de manera que pueda conocerla, acceder a ella y valorarla (Corte IDH 2006b, párrs. 77, 92).

3. LA SEGUNDA ETAPA DE LA JURISPRUDENCIA AMBIENTAL DE LA CORTE INTERAMERICANA DE DERECHOS HUMANOS

El 31 de agosto de 2017, la Corte emitió su sentencia de fondo en el caso *Lagos del Campo Vs. Perú*. En ella, determinó, por primera vez, la responsabilidad internacional de un Estado por la violación de un DESC (derecho al trabajo) a partir del art. 26 de la CADH, despejando un largo debate sobre la *justiciabilidad* de esta disposición y la posibilidad de juzgar violaciones de DESC, no ya de manera refleja a través de los derechos civiles y políticos, sino de manera directa[13]. La base argumentativa de esta decisión no fue completamente nueva (Corte IDH 2017c, párr. 142). La Corte ya había argumentado a favor de su competencia para analizar violaciones del art. 26 en el caso *Acevedo-Buendía y otros Vs. Perú* (2009), si bien no había establecido una violación al mismo. En este caso, la Corte recordó la interdependencia existente entre los derechos civiles y políticos y los DESC, los que deberían ser entendidos sin jerarquía entre sí y exigibles en todos los casos ante aquellas autoridades que resulten competentes para ello. Asimismo, observó que la implementación progresiva de las medidas que debe tomar el Estado para responder a las exigencias de efectividad de los derechos podría ser objeto de rendición de cuentas y ser exigido ante las instancias llamadas a resolver eventuales violaciones a los derechos humanos (Corte IDH 2009b, párrs. 97-103).

---

[13] Debe notarse que no existía —ni existe— unanimidad dentro de la propia Corte sobre esta interpretación que extiende su jurisdicción material. Sobre los disensos dentro de la Corte, véase Contesse (2021); sobre un recorrido de la postura de la Corte respecto de la *justiciabilidad* de los DESC, véase Ferrer Mac-Gregor (2024).

A partir de *Lagos del Campo Vs. Perú*, la Corte comenzaría a enumerar los DESC que integran el art. 26 de la CADH, aludiendo principalmente como base a la Carta de la OEA y a la DADDH, que da contenido a la Carta. Como se adelantó, el 15 de noviembre de 2017, la Corte dictaría su opinión consultiva titulada *Medio ambiente y derechos humanos* (2017) y reconocería el derecho al medio ambiente sano como uno de estos derechos tutelados por el art. 26 y, por tanto, directamente justiciable. Esto sería confirmado en la jurisprudencia contenciosa siguiente en la que se establecería, por primera vez, la responsabilidad internacional de un Estado por violación de este derecho. La opinión consultiva OC-23/17 no solo representaría un antes y después en la jurisprudencia ambiental por este reconocimiento, sino también porque allí se sistematizarían las obligaciones de derechos humanos relativas a la protección del ambiente bajo el SIDH, en lo que aquí se define como "marco obligacional ambiental interamericano", el que la Corte aplicaría en su jurisprudencia posterior.

3.1. La opinión consultiva OC-23/17 sobre medio ambiente y derechos humanos

El 14 de marzo de 2016, Colombia, preocupada por el impacto de grandes proyectos a desarrollarse en el Mar Caribe sobre el ambiente y, a través de este, sobre los derechos a la vida e integridad personal, presentó una solicitud consultiva ante la Corte IDH (art. 64.1. de la CADH). Un año y medio después, el 15 de noviembre de 2017, la Corte emitiría su opinión consultiva OC-23/17, la que, por su carácter general y sistemático, bien podría definirse como una guía sobre el funcionamiento de la protección del ambiente en el SIDH. En los subapartados que siguen, se explicarán, de forma resumida, los desarrollos más relevantes que trajo consigo esta opinión.

3.1.1. La relación innegable entre el ambiente y los derechos humanos

La Corte comenzó el tratamiento de la cuestión retomando la premisa que años atrás había establecido respecto de la relación innegable entre el ambiente y los derechos humanos y la desarrolla *in extenso* (Corte IDH 2017b, párrs. 47-54). Como consecuencia de esta estrecha relación, observó la Corte, múltiples sistemas de protección de derecho humanos reconocen el derecho al medio ambiente sano como un derecho en sí mismo, a la vez que no existen dudas de que diversos derechos humanos son vulnerables a la degradación ambiental. Todo ello, argumentó la Corte, hace emerger obligaciones estatales y, a su vez, permite la utilización de los principios, derechos y obligaciones del Derecho Internacional del Medio Ambiente (DIMA) para su determinación (Corte IDH 2017b, párr. 55).

3.1.2. El derecho a un medio ambiente sano y el contenido ambiental de la protección de otros derechos

A continuación, la Corte hizo uno de sus reconocimientos más importantes: el derecho al medio ambiente sano está incluido entre los DESC protegidos por el art. 26 de la CADH. Para ello, apeló a la Carta de la OEA en sus arts. 30, 31, 33 y 34 —en los que se hace referencia al "desarrollo integral" de los pueblos, término que es equiparado al de "desarrollo sostenible"— y a la DADDH[14]. Siguiendo los precedentes *Acevedo Buendía* y *Lagos del Campo*, esto implicaría la *justiciabilidad* directa de este derecho (Corte IDH 2017b, párr. 57).

El reconocimiento de la Corte respecto de este derecho no terminó allí, sino que *a posteriori* se refirió a su carácter no solo individual sino también colectivo —"constituyendo un interés universal, que se debe tanto a las generaciones presentes y futuras" (Corte IDH 2017b, párr. 59)— y, adicionalmente, introdujo una dimensión ecocéntrica (Montalván Zambrano 2020) al sostener que:

> "...el derecho al medio ambiente sano como derecho autónomo, a diferencia de otros derechos, protege los componentes del medio ambiente, tales como bosques, ríos, mares y otros, como intereses jurídicos en sí mismos, aún en ausencia de certeza o evidencia sobre el riesgo a las personas individuales. Se trata de proteger la naturaleza y el medio ambiente no solamente por su conexidad con una utilidad para el ser humano o por los efectos que su degradación podría causar en otros derechos de las personas, como la salud, la vida o la integridad personal, sino por su importancia para los demás organismos vivos con quienes se comparte el planeta, también merecedores de protección en sí mismos" (Corte IDH 2017b, párr. 62).

Aclaró que este derecho autónomo es distinto al contenido ambiental que surge de la protección de otros derechos, y, en este entender, identificó dos tipos de derechos: aquellos "cuyo disfrute es particularmente vulnerable a la degradación ambiental" y aquellos "cuyo ejercicio respalda una mejor formulación de políticas ambientales". Entre los primeros, ubicó a la vida, integridad personal, vida privada, salud, agua, alimentación, vivienda, participación en la vida cultural, propiedad, derecho a no ser desplazado forzadamente y a la paz. Entre los segundos, a la libertad de expresión y asociación, la información, la participación y el derecho a un recurso efectivo (Corte IDH 2017b, párr. 63, 64, 66).

---

14 La Corte también observa que este derecho está explícitamente reconocido en la región en normativa interna, como en algunas normas del *corpus iuris* internacional.

3.1.3. Vulnerabilidad ante la degradación ambiental

Adicionalmente, la Corte se refirió a la afectación diferenciada de derechos cuando sus titulares son individuos o grupos en situación de vulnerabilidad. Así, mencionó a los pueblos indígenas, los niños y niñas, las personas en situación de extrema pobreza, las minorías, las personas con discapacidad, como también a las mujeres sobre las que recae un impacto diferenciado, y a las comunidades que dependen económicamente o para su supervivencia de recursos ambientales afectados o residen en áreas vulnerables (costas, islas, etc.). En estos casos, de conformidad con el principio de igualdad y no discriminación, los Estados han de evaluar y abordar sus obligaciones teniendo en cuenta este impacto diferenciado (Corte IDH 2017b, párrs. 67, 68).

3.1.4. La jurisdicción extraterritorial ante el daño ambiental transfronterizo

Otro aspecto de gran interés desarrollado por la Corte IDH es el del alcance de la jurisdicción de los Estados, bajo el art. 1.1. de la CADH, para el caso de daños ambientales transfronterizos. Al respecto, la Corte afirmó que:

> "A efectos de la Convención Americana, cuando ocurre un daño transfronterizo que afecte derechos convencionales, se entiende que las personas cuyos derechos han sido vulnerados se encuentran bajo la jurisdicción del Estado de origen si existe una relación de causalidad entre el hecho que se originó en su territorio y la afectación de los derechos humanos de personas fuera de su territorio" (Corte IDH 2017a, párr. 101).

De esta manera, la Corte adoptó el enfoque de la *jurisdicción sobre la fuente* en el entendimiento de que es el Estado en cuyo territorio o bajo cuya jurisdicción se realizan las actividades contaminantes quien tiene el control efectivo sobre estas y está en posición de impedir que causen un daño que afecte el disfrute de los derechos humanos de personas fuera de su territorio, debiendo tomar todas las medidas necesarias para evitarlo. Aclaró, además, que la obligación de prevenir daños transfronterizos no depende del carácter lícito o ilícito de la actividad[15] (Corte IDH 2017b, párrs. 102, 103).

3.1.5. El marco obligacional ambiental interamericano

La Corte dedicó el resto de su opinión consultiva a establecer un marco obligacional ambiental (Figura 1), esto es un conjunto estructurado de obligaciones

---

[15] La Corte remarcó, a su vez, que el ejercicio de jurisdicción extraterritorial debe entenderse como una situación excepcional, a analizar en cada caso concreto y de manera restrictiva (Corte IDH 2007a, párr. 104).

específicas relativas a la protección del ambiente, derivadas de las obligaciones generales de respeto y garantía de los derechos humanos (Corte IDH 2017b, párr. 23, 35, 115).

Figura 1. Marco obligacional ambiental interamericano. Elaboración propia a partir de Corte IDH (2023, voto concurrente de los jueces Ricardo C. Pérez Manrique, Eduardo Mac-Gregor Poisot y Rodrigo Mudrovitsch, párr. 33)

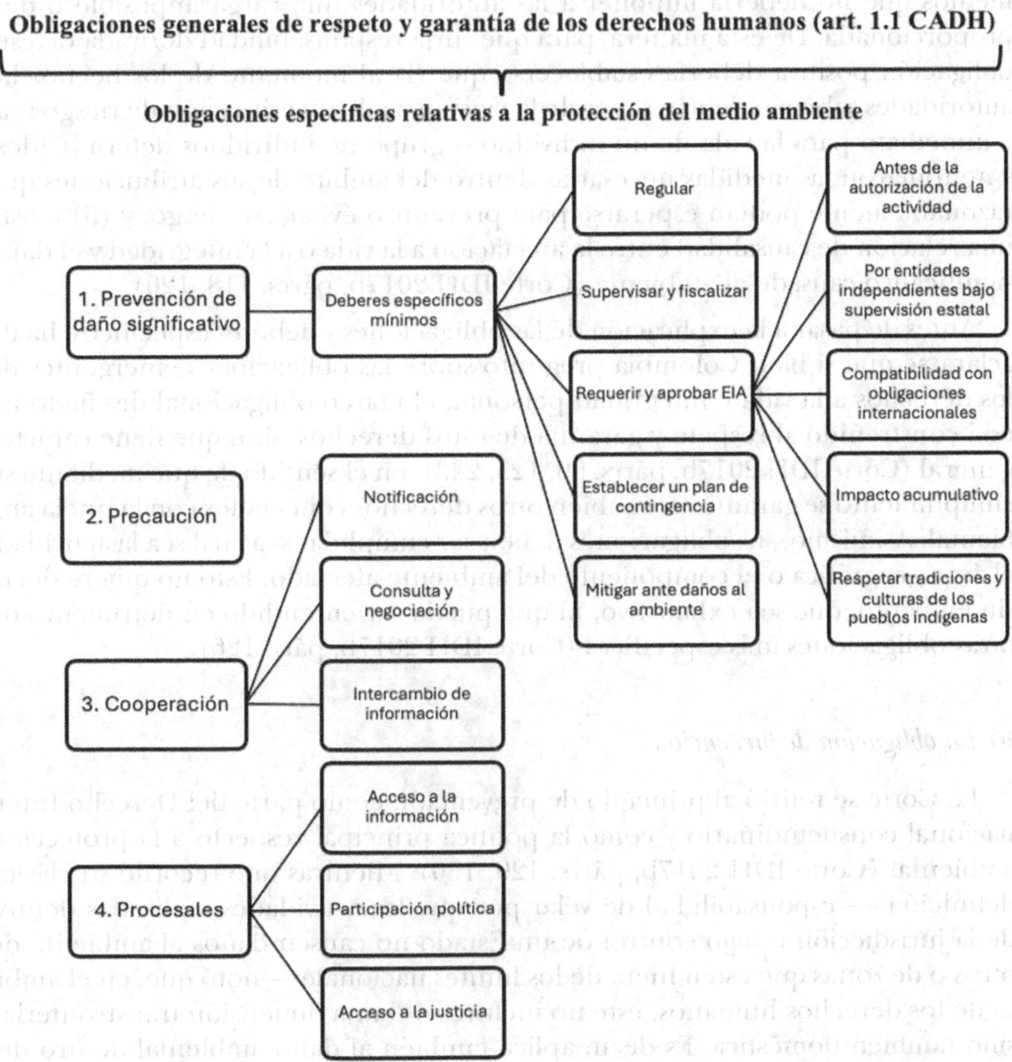

Este marco incluye obligaciones negativas (de abstención) y positivas (de adoptar medidas). Respecto de las primeras, la Corte mencionó el deber del Estado de abstenerse de (i) cualquier práctica o actividad que deniegue o restrinja el acceso, en condiciones de igualdad, a los requisitos de una vida digna (agua, alimentación adecuada, etc.) y (ii) contaminar ilícitamente el ambiente de forma que se afecten las condiciones que permiten la vida digna de las personas (Corte IDH 2017b, párr. 117). Respecto de las segundas, la Corte observó que los Estados deben adoptar todas las medidas —jurídicas, políticas, administrativas, culturales— apropiadas para proteger y preservar los derechos frente a violaciones tanto de agentes estatales como de privados, siendo esta una obligación de medios que no debería imponer a las autoridades una carga imposible o desproporcionada. De esta manera, para que surja responsabilidad derivada de esta obligación positiva debería establecerse que (i) al momento de los hechos las autoridades sabían o debían saber de la existencia de una situación de riesgo real e inmediato para la vida de un individuo o grupo de individuos determinados, y no tomaron las medidas necesarias dentro del ámbito de sus atribuciones que razonablemente podían esperarse para prevenir o evitar ese riesgo, y (ii) existe una relación de causalidad entre la afectación a la vida o a la integridad y el daño significativo causado al ambiente (Corte IDH 2017b, párrs. 118, 120).

Antes de pasar a la explicación de las obligaciones y deberes específicos, ha de aclararse que si bien Colombia preguntó sobre las obligaciones emergentes de los derechos a la vida e integridad personal, el marco obligacional diseñado no está constreñido al respeto y garantía de estos derechos, sino que tiene carácter general (Corte IDH 2017b, párrs. 69, 125, 243), en el sentido de que mediante su cumplimiento se garantizan también otros derechos conectados con la tutela ambiental. Asimismo, sus obligaciones deben ser cumplidas sea cual sea la actividad, el área geográfica o el componente del ambiente afectado. Esto no quiere decir, sin embargo, que sea exhaustivo, ni que pueda ser entendido en detrimento de otras obligaciones más específicas (Corte IDH 2017b, párr. 126).

a) La obligación de prevención

La Corte se refirió al principio de prevención como parte del Derecho Internacional consuetudinario y como la política principal respecto a la protección ambiental (Corte IDH 2017b, párrs. 129, 130). Mientras que recordó su clásica definición —responsabilidad de velar por que las actividades realizadas dentro de la jurisdicción o bajo control de un Estado no causen daños al ambiente de otros o de zonas que estén fuera de los límites nacionales—notó que, en el ámbito de los derechos humanos, este no incluye solo una dimensión transfronteriza sino también doméstica. Es decir, aplica también al daño ambiental dentro del territorio del Estado (Corte IDH 2017b, párr. 133).

Los Estados deben utilizar todos los medios disponibles para evitar que actividades bajo su jurisdicción causen daños significativos[16] al ambiente. Esta obligación ha de cumplirse bajo un estándar de debida diligencia, apropiado y proporcional al grado de riesgo de daño ambiental, de acuerdo con el mejor conocimiento científico disponible e independientemente del nivel de desarrollo del Estado obligado (Corte IDH 2017b, párr. 142).

Cómo se observa en la Figura 1, la Corte realizó una enumeración no exhaustiva de deberes específicos mínimos que los Estados han de cumplir en respuesta a esta obligación. En cuanto al *deber de regular*, la Corte mencionó dos ejemplos: la regulación de los procedimientos de evaluación de impacto ambiental y la regulación de empresas registradas en un Estado pero con actividades en otro (Corte IDH 2017b, párrs. 149-151). Respecto del *deber de supervisar y fiscalizar*, observó que los Estados tienen la obligación de establecer mecanismos que aseguren el cumplimiento y la implementación de las regulaciones ambientales y monitoreen, de forma continua, las actividades de entes públicos o privados que puedan tener un impacto significativo. Estos mecanismos han de ser independientes, he incluir no solo medidas preventivas sino también de investigación, castigo y reparación (Corte IDH 2017b, párrs.152-155). Por su parte, la Corte generalizó el *deber de requerir y aprobar estudios de impacto ambiental* que, en su jurisprudencia temprana, solo había impuesto respecto de actividades en territorio de comunidades indígenas. Este deber alcanza tanto a proyectos implementados por el Estado como por particulares y debe cumplirse conforme a los estándares internacionales y buenas prácticas (Corte IDH 2017b, párrs. 156-169). Finalmente, la Corte IDH se refirió a otros dos deberes bajo la obligación de prevención. Por un lado, el de *preparar un plan de contingencia* ante emergencias o desastres ambientales y, por otro, el de *mitigar en casos de ocurrencia de daño ambiental*, de forma inmediata, incluso si previamente se han tomado todas las medidas preventivas necesarias o si se desconoce el origen del daño, utilizando la mejor tecnología y ciencia disponible (Corte IDH 2017b, párr 171-173).

b) Principio de precaución

La Corte IDH fue mucho más sucinta al referirse al resto de las obligaciones y, en particular, al principio de precaución. En este caso, la Corte se limitó a observar que los Estados deben actuar conforme a este principio, es decir adoptar medidas eficaces de prevención en casos donde haya indicadores plausibles que una actividad podría acarrear daños graves e irreversibles al ambiente, aún en ausencia de certeza científica (Corte IDH 2017b, párr. 180).

---

16 Sobre este concepto, véase las referencias que realiza la Corte IDH (2017b, párrs. 134-140).

c) Obligación de cooperación

Si bien la Corte comenzó observando que el art. 26 de la CADH establece una obligación de cooperar internacionalmente a efectos del desarrollo y protección de los DESC, mandato también presente en el Protocolo de San Salvador (Corte IDH 2017b, párr 181), a partir de aquí se volcó al análisis de la obligación de cooperación en los términos clásicos del DIMA. Esto es enfocándose en la gestión de actividades, proyectos o incidentes que puedan causar daño ambiental transfronterizo, dentro de la relación entre el Estado de origen y los potencialmente afectados. Se trata pues de una obligación interestatal, de carácter consuetudinario, que la Corte conectó con la tutela de los derechos humanos al notar que su cumplimiento es un elemento importante en la evaluación de las obligaciones de respetar y garantizar los derechos humanos de las personas fuera de su territorio que pudieran verse afectadas por actividades realizadas dentro de este (Corte IDH 2017b, párr. 182).

En este entender, los Estados tienen el deber de cooperar de buena fe para asegurar la protección frente al daño ambiental, en especial en el caso de recursos compartidos cuyo desarrollo y uso debe ser realizado de forma equitativa y razonable (Corte IDH 2017b, párr.185). Tres conductas específicas pueden resaltarse: (i) el deber de notificar oportunamente y con información suficiente y adecuada (Corte IDH 2017b, párrs. 187-196); (ii) el deber de consultar y negociar, oportunamente, de buena fe y en consideración de las normas internacionales ambientales (Corte IDH 2017b, párrs. 197-205); y (iii) el intercambio de información sobre, entre otros, riesgos o efectos de proyectos (Corte IDH 2017b, párr. 206-208).

d) Obligaciones procedimentales

Finalmente, la Corte enumeró obligaciones procedimentales que apoyan la formulación de mejores políticas ambientales y cumplen un rol fundamental en el ejercicio de control democrático y la promoción de transparencia.

En primer lugar, se expresó sobre el derecho de *acceso a la información en asuntos ambientales*, recordando su jurisprudencia temprana y las normas internacionales que lo recogen —entre ellas el Acuerdo de Escazú, por entonces aún en negociación—. Entre otras cosas, observó que para ejercer este derecho no existe necesidad de invocar un interés directo y que el acceso a la información ha de ser asequible, efectivo y oportuno. También notó que existe una obligación de "transparencia activa" consistente en proveer *ex officio* y de manera efectiva información ambiental relevante, completa, comprensible, actualizada y en un lenguaje accesible. Dicha obligación de transparencia activa cobra particular importancia en casos de emergencias ambientales que requieren la difusión de información inmediata y sin demora. Por su parte, recordó que las excepciones a la entrega de la información están limitadas a aquellas previamente establecidas por ley y permitidas bajo la CADH, es decir que sean necesarias y proporcionales en una sociedad democrática, y que, en aplicación del principio de máxima divulgación —"toda información es accesible, sujeta a un sistema restringido de excepciones"—, la carga de la prueba para justificar una denegación al acceso recae en la autoridad pública (Corte IDH 2017b, párrs. 213-225).

En segundo lugar, la Corte se refirió a la *participación pública en asuntos ambientales*, la que, con base normativa en el art. 23(1)(a) de la CADH, permite a las personas involucrarse en los procesos de toma de decisión y ser escuchadas, integrando así sus preocupaciones y conocimientos al proceso. Esta obligación implica el deber de los Estados de garantizar, desde las primeras etapas del proceso, la participación de las personas bajo su jurisdicción en la toma de decisiones y políticas que puedan afectar al ambiente, sin discriminación, de manera equitativa, significativa y transparente (Corte IDH 2017b, párrs. 226-232).

Por último, la Corte se expidió sobre el acceso a la justicia, al que definió como una norma imperativa del Derecho Internacional que, en la CADH encuentra su sustento en los arts. 8 y 25. Respecto a su variante ambiental, sostuvo que los Estados deben garantizar que los individuos tengan acceso a recursos, sustanciados de conformidad con las reglas del debido proceso legal, para (a) impugnar cualquier norma, decisión, acto u omisión de las autoridades públicas que contravenga o pueda contravenir las obligaciones de Derecho Ambiental; (b) asegurar la plena realización de los demás derechos procedimentales; y (c) remediar cualquier violación de sus derechos, como consecuencia del incumplimiento de obligaciones de Derecho Ambiental (Corte IDH 2017b, párr. 237). El acceso en casos de daños transfronterizos —sostuvo la Corte— debe garantizarse sin discriminación (Corte IDH 2017b, párr. 240).

3.2. La jurisprudencia ambiental contenciosa posterior

En su jurisprudencia contenciosa posterior a la opinión consultiva OC-23/17, la Corte comenzó a aplicar y continuó desarrollando los estándares allí delineados y, en particular, el marco obligacional ambiental reseñado. Vale destacar aquí los tres casos siguientes.

3.2.1. Lhaka Honhat Vs. Argentina (2020)

La Corte IDH confirmaría la *justiciabilidad* directa del derecho al medio ambiente sano (art. 26 de la CADH), por primera vez en un caso contencioso, en *Comunidades Indígenas Miembros de la Asociación Lhaka Honhat (Nuestra Tierra) Vs.*

Argentina (2020). Allí la Corte condenaría a Argentina por la violación a este derecho en relación con la afectación del territorio por actividades como la tala ilegal y la ganadería y aplicaría el marco obligacional ambiental, no ya con respecto al derecho a la vida o integridad personal, sino al derecho al medio ambiente sano (Corte IDH 2020, párrs. 207, 208).

La Corte no sólo se expediría sobre una violación de este derecho sino que, además de pronunciarse una vez más sobre el derecho de propiedad comunitaria indígena, identificaría violaciones a los derechos a la alimentación adecuada, al agua y a participar en la vida cultural, derechos que también surgen de una actualización del sentido de los derechos derivados de la Carta de la OEA que se encuentran reconocidos en el art. 26 de la CADH (Corte IDH 2020, párrs 199, 210-221, 226, 222-230, punto resolutivo 3).

3.2.2. Baraona Bray Vs. Chile (2022)

La Corte volvió sobre la problemática de los defensores ambientales en el caso *Baraona Bray Vs. Chile* (2022)[17], en esta oportunidad en relación con la responsabilidad por la violación a la libertad de expresión de un abogado y defensor ambiental, sometido a una querella penal por injurias graves. Dos aspectos han de destacarse aquí respecto a esta sentencia.

En primer lugar, las repetidas referencias que hizo la Corte IDH en su sentencia al Acuerdo de Escazú (al cual Chile había adherido poco antes) a la hora de analizar, por un lado, la consideración de defensor ambiental de la víctima y, por otro, las obligaciones que surgen respecto a la protección de los defensores y de sus derechos a la libertad de expresión y de pensamiento y a la participación en los procesos de toma de decisiones en asuntos ambientales (Corte IDH 2022, párrs. 73, 77, 99). Se trata pues de una integración clara del Acuerdo al *corpus iuris* interamericano, con particulares efectos para aquellos Estados de la región que, siendo partes de la CADH, son aún reticentes a adherir al Acuerdo (*v.gr.*, Costa Rica o Brasil) (Medici-Colombo 2024). Un segundo aspecto notable es la referencia de la Corte a las demandas estratégicas contra la participación pública ("SLAPP" por sus siglas en inglés) y su efecto amedrentador relativo a la inhibición de la circulación de ideas, opiniones e información. Al respecto, observó la Corte, que este tipo de procesos, tanto en manos de funcionarios públicos o particulares, constituye un uso abusivo de los mecanismos judiciales que debe ser regulado y controlado por los Estados (Corte IDH 2022, párrs. 91, 127).

---

17 Véase también el caso *Pueblo Indígena Xucuru y sus miembros Vs. Brasil* (Corte IDH 2018).

3.2.3. Habitantes de La Oroya Vs. Perú (2023)

Por último, es necesario referirse al caso *Habitantes de La Oroya Vs. Perú* (2023), en el que la Corte abordó violaciones a derechos humanos derivadas de contaminación atmosférica proveniente de un complejo metalúrgico, como también de conductas intimidatorias hacia activistas. Habiendo intercalado el complejo industrial, a lo largo de su historia, gestiones públicas y privadas, la Corte tuvo la oportunidad de expedirse sobre la responsabilidad derivada de conductas tanto de empresas públicas como privadas, las que llevaron a la violación de los derechos al medio ambiente sano —en su dimensión individual y colectiva—, la salud, la vida y vida digna, la integridad personal, la niñez, la información y la participación política y el recurso judicial efectivo (Corte IDH 2023, párr. 393). Durante su análisis de fondo, la Corte presentaría una variedad de nuevos desarrollos que a continuación se resumen.

a) Obligaciones frente a conductas de empresas

Luego de recordar el enfoque general respecto de las obligaciones negativas —en relación con los agentes públicos— y positivas —en relación también con particulares— (Corte IDH 2023, párrs. 108, 109, 155, 156), la Corte se refirió, específicamente, a obligaciones relativas a actividades empresariales, trayendo a colación extensamente los "Principios Rectores sobre las empresas y los derechos humanos". Así observó que existen tres pilares "fundamentales en la determinación del alcance de las obligaciones en materia de derechos humanos de los Estados y las empresas": (i) el deber del Estado de proteger los derechos humanos contra violaciones cometidas por empresas; (ii) la responsabilidad de las empresas de respetar los derechos humanos; y (iii) el acceso a mecanismos de reparación por parte de los afectados (Corte IDH 2023, párr. 110). Asimismo, reiteró que los Estados deben adoptar medidas destinadas a que las empresas cuenten con: a) políticas apropiadas para la protección de los derechos humanos; b) procesos de diligencia debida para la identificación, prevención y corrección de violaciones; y c) procesos que permitan a la empresa reparar las violaciones que ocurran con motivo de sus actividades, especialmente cuando estas afectan a personas que viven en situación de pobreza o pertenecen a grupos en situación de vulnerabilidad (Corte IDH 2023, párr. 112)[18].

18 Véase al respecto Iglesias Márquez (2024).

b) Los "derechos ambientales" y la aplicación del marco obligacional ambiental

En su análisis de los derechos afectados, la Corte abordó el derecho al medio ambiente sano en relación con dos derechos específicos derivados: el "derecho al aire limpio" y el "derecho al agua". Respecto de ambos, la Corte observó que los Estados están obligados a: a) establecer normas y políticas que definan estándares de calidad para la salud y los ecosistemas; b) monitorear los niveles de contaminación e informar sobre posibles riesgos a la salud y los ecosistemas; c) realizar e implementar planes de acción para controlar y hacer cumplir los estándares de calidad, incluyendo la identificación de las principales causas de contaminación; y d) —para el caso del agua— adoptar acciones que aseguren la gestión de recursos hídricos de forma sostenible. Asimismo, agregó que los Estados deben diseñar sus normas, planes y medidas de control de calidad ambiental de conformidad con la mejor ciencia disponible y con los criterios de disponibilidad, accesibilidad, sostenibilidad, calidad y adaptabilidad e, inclusive, a partir de la cooperación internacional, en referencia a los indicadores de progreso para la medición de derechos contemplados en el Protocolo de San Salvador (Corte IDH 2023, párrs. 120, 121).

Vale la pena destacar que la Corte aludió a un desdoblamiento del derecho al agua. Por un lado, el derecho al agua como faceta sustantiva del derecho al medio ambiente sano, el que protege los cuerpos de agua como elementos ambientales que tienen un valor en sí mismo y por su importancia para los demás organismos vivos incluidos los seres humanos. Por otro, el derecho al agua en su faceta como derecho autónomo que protege este elemento en su rol determinante para la sobrevivencia de los seres humanos. En este sentido, resaltó la Corte: "la faceta sustantiva del derecho al medio ambiente sano que protege este componente parte de una premisa ecocéntrica", en contraposición a la visión antropocéntrica de su otra cara (Corte IDH 2023, párr. 124).

Por otro lado, a la hora de analizar la responsabilidad internacional del Estado por violación del derecho al medio ambiente sano, la Corte aplicó el marco obligacional ambiental delineado en la opinión consultiva OC-23/17 (Corte IDH 2023, párrs. 156, 157). Analizó, así, sucesivamente, el cumplimiento por parte del Estado de los deberes de regulación y de supervisión y fiscalización. En relación con el deber de regulación, puede destacarse el planteamiento de la Corte respecto a que la flexibilización por parte del Estado de estándares límite de dióxido de azufre —contra las recomendaciones internacionales— es contraria, a su vez, a las obligaciones de desarrollo progresivo de acuerdo con el art. 26 de la CADH. La Corte observó que existe un "…deber —si bien condicionado— de no regresividad, que no siempre deberá ser entendido como una prohibición de medidas que restrinjan el ejercicio de un derecho". La Corte se apoyó aquí en lo establecido por la Com. IDH respecto de que las medidas regresivas deben estar justificadas por razones de suficiente peso y por el Comité DESC en cuanto que las medidas de carácter deliberadamente regresivo:

> "...requerirán la consideración más cuidadosa y deberán justificarse plenamente por referencia a la totalidad de los derechos previstos en el Pacto [Internacional de Derechos Económicos, Sociales y Culturales] y en el contexto del aprovechamiento pleno del máximo de los recursos de que [el Estado] disponga" (Corte IDH 2023, párr. 185).

Respecto del deber de supervisión y fiscalización, la Corte concluyó que las omisiones estatales relativas a la adopción de medidas necesarias para prevenir los altos niveles de contaminación ambiental —que generó a su vez un riesgo sistémico a la salud, vida e integridad personal de sus habitantes— constituyeron violaciones a la *dimensión colectiva* del derecho al medio ambiente sano (Corte IDH 2023, párr. 179)[19].

c) El derecho a la niñez y la protección del ambiente

Otro aspecto que vale la pena reseñar es el análisis de la Corte sobre el vínculo entre el derecho a la niñez (art. 19 de la CADH) y la protección del ambiente, principalmente con base en el trabajo del Comité de los Derechos del Niño. En este contexto, la Corte recordó el principio de equidad intergeneracional y el deber de garantizar el derecho a un ambiente sano tanto a las generaciones presentes como futuras, y afirmó que "...el principio del interés superior constituye un mandato de priorización de los derechos de las niñas y niños frente a cualquier decisión que pueda afectarlos..." y que, en razón de ello, el Estado debe prevenir que las actividades contaminantes los afecten, y en consecuencia debe (a) adoptar medidas especiales de protección para mitigar los efectos de la contaminación cuando esta constituya un riesgo significativo, (b) adoptar medidas para atender a quienes hayan sido afectados, y (c) evitar que los riesgos continúen, aplicando un proceso de diligencia debida y vigilancia más estricto (Corte IDH 2023, párrs. 139-142). La Corte también se refirió a a la protección de la niñez frente al cambio climático, a partir de la decisión del Comité en el caso *Sacchi y otros Vs. Argentina* (2021), concluyendo que los Estados tienen un deber reforzado de protección a la niñez respecto de riesgos a su salud producidos por la emisión de gases que contribuyen al cambio climático (Corte IDH 2023, párr. 143).

---

[19] Debe notarse que la Corte cerró su análisis del derecho al medio ambiente sano con una referencia a la necesidad de reconocimiento progresivo de la prohibición de conductas que generen daños graves, extensos, duraderos e irreversibles al ambiente como norma imperativa (*jus cogens*) (Corte IDH 2023, párr. 129).

d) El nexo de causalidad entre la contaminación y las afectaciones a la salud

Otro aspecto en que la Corte sentó aquí un precedente de gran relevancia es el del *test* de causalidad ante afectaciones a la salud derivadas de la contaminación. Al respecto, la Corte observó que para casos en donde: a) se encuentra demostrado que determinada contaminación ambiental es un riesgo significativo para la salud de las personas; b) las personas estuvieron expuestas a dicha contaminación en condiciones que se encontraran en riesgo; y c) el Estado es responsable por el incumplimiento de su deber de prevenir dicha contaminación, "no resulta necesario demostrar la causalidad directa entre las enfermedades adquiridas y su exposición a los contaminantes". En este entender, para determinar la responsabilidad estatal por afectaciones al derecho a la salud, resulta suficiente demostrar: (i) que el Estado permitió la existencia de niveles de contaminación que pusieran en riesgo significativo la salud de las personas y (ii) que efectivamente las personas estuvieron expuestas a la contaminación, de forma tal que su salud estuvo en riesgo (Corte IDH 2023, párr. 204-207).

e) Las reparaciones colectivas

Un último aspecto que merece ser destacado es el de las reparaciones colectivas. Reconocida la violación de la dimensión colectiva del derecho al medio ambiente sano, la Corte se dispuso a otorgar reparaciones de este mismo carácter, en el sentido de que alcancen no sólo a las víctimas individuales incluidas en el caso, sino también a la comunidad de La Oroya toda y al ambiente en sí mismo.

De este modo, además de reparaciones de carácter individual, en lo que se refiere a medidas de restitución, la Corte ordenó al Estado que realice un diagnóstico de línea de base y un plan de acción para remediar los daños ambientales (Corte IDH 2023, párr. 333). En cuanto a garantías de no repetición, a modo de ejemplo, la Corte solicitó al Estado la compatibilización de la regulación ambiental con estándares internacionales e información científica actualizada; la implementación de sistema de alertas, de monitoreo de calidad ambiental y de provisión de información pública; y la garantía de atención médica a través de instituciones públicas. Asimismo, sostuvo que el Estado ha de garantizar que los titulares mineros atiendan a los Principios Rectores sobre Empresas y Derechos Humanos y los Principios Marco sobre Derechos Humanos y Medio Ambiente (CDH 2018) y que asuman los costes de la recomposición ambiental, como también exigió programas de capacitación en materia de Derecho Ambiental para el Poder Judicial y autoridades con competencias mineras, y el establecimiento de un plan de reubicación para habitantes del distrito que así lo deseen (Corte IDH 2023, párrs. 346-355).

4. FUTUROS DESARROLLOS: LA OC 32/25 SOBRE CAMBIO CLIMÁTICO

La jurisprudencia ambiental de la Corte IDH sumará próximamente un nuevo hito, a partir del impulso de una nueva opinión consultiva por parte de Colombia y Chile. En ella, la Corte deberá expedirse sobre "el alcance de las obligaciones estatales, en su dimensión individual y colectiva, para responder a la emergencia climática" (Colombia y Chile 2023, p. 1). Más de 20 preguntas se le han planteado a la Corte, incluyendo aspectos relativos a, entre otros: la mitigación y adaptación al cambio climático; pérdidas y daños; protección diferenciada de individuos, grupos y comunidades vulnerables; derechos de los niños y generaciones futuras; transición justa; migraciones climáticas; responsabilidades comunes y diferenciadas.

A la hora de escribir estas líneas, el enfoque a adoptar por la Corte puede ser solo objeto de especulación: ¿Identificará la Corte un derecho a un clima estable y seguro como derivado del derecho al medio ambiente sano? ¿Encontrará respuestas suficientes dentro de su marco obligacional ambiental? ¿Hasta qué punto las características peculiares de la problemática del cambio climático exigirán ajustes o innovaciones en los estándares ya consagrados (*v.gr.*, jurisdicción extraterritorial, test de causalidad)? En cualquier caso, algo está claro: la ríspida cuestión del cambio climático se encontrará en los estrados de la Corte IDH con una jurisprudencia ambiental que ha madurado notablemente en los últimos años y, con ello, ha incorporado una variedad de elementos sustantivos y procedimentales que serán clave a la hora de dar una respuesta a las inquietudes planteadas.

5. REFERENCIAS

5.1. Referencias doctrinales

Aguilera, Mario G. (2023), *Environmental Human Rights: New Thinking from Latin America and the Caribbean*, Brill Nijhoff, Leiden/Boston. http://dx.doi.org/10.1163/9789004543775.

Antkowiak, Thomas M.; Gonza, Alejandra (2017), *The American Convention on Human Rights: Essential Rights*, Oxford University Press, Oxford.

Calderón Gamboa, Jorge (2017), "Medio ambiente frente a la Corte Interamericana de Derechos Humanos: Una ventana de protección", en Cançado Trindade, Antônio Augusto, Barros Leal, César (coords), *Derechos Humanos y Medio Ambiente*, Expressao Gráfica e Editora, Fortaleza, pp. 103-144.

Contesse, Jorge (2021), "Autoridad y disenso en la Corte Interamericana de Derechos Humanos", *International Journal of Constitutional Law*, vol. 19, núm 4, pp. 1254-1260.

Ferrer Mac-Gregor, Eduardo (2024), "Impact of the Inter-American Jurisprudence on Economic, Social, Cultural and Environmental Rights", en von Bogdandy, Armin; Piovesan, Flávia; Ferrer Mac-Gregor, Eduardo; Morales Antoniazzi, Mariela, *The Impact of the Inter-American Human Rights System: Transformations on the Ground,* Oxford University Press, Oxford, pp. 217-236. http://dx.doi.org/10.1093/oso/9780197744161.003.0012.

Iglesias Márquez, Daniel (2024), "Los estándares interamericanos sobre empresas y derechos humanos: reflexiones sobre su contribución a la protección ambiental y contra el cambio climático en las Américas", en Anglés Hernández, Marisol; Palomino Guerrero, Margarita (coords), *Nexos entre derecho energético y derecho ambiental: empresas y derechos humanos,* Universidad Nación Autónoma de México, Instituto de Investigaciones Jurídicas, Ciudad de México, pp. 29-55.

Mazzuoli, Valerio de Oliveira; Teixeira, Gustavo de Faria (2015), "La protección jurídica del medio ambiente en la jurisprudencia de la Corte Interamericana de Derechos Humanos", *Ius Humani. Revista de Derecho,* vol. 4, pp. 193-226. http://dx.doi.org/10.11117/22361766.65.12.2514.

Medici-Colombo, Gastón (2024), "El Sistema Interamericano de Derechos Humanos y el Acuerdo de Escazú: sinergias para el cumplimiento del Derecho internacional ambiental" en Fernández Pons, Xavier; Abegón Novella, Marta; Campins Eritja, Mar (eds.), *Cambio climático, biodiversidad y salud pública global en el Derecho internacional: de la fragmentación a la integración sistemática,* Tirant lo Blanch, Valencia, 2024, pp. 387-421.

Montalván Zambrano, Digno José (2020), "El derecho al medio ambiente sano como un derecho autónomo en el Sistema Interamericano de Derechos Humanos", *Anales de la Facultad de Derecho, Universidad de La Laguna,* núm. 37, pp. 63-83.

Montalván Zambrano, Digno José (2021), "Antropocentrismo y ecocentrismo en la jurisprudencia de la Corte Interamericana de Derechos Humanos", *Araucaria. Revista Iberoamericana de Filosofía, Política, Humanidades y Relaciones Internacionales,* núm. 46, pp. 505-527.

Pasqualucci, Jo M. (2008), "The Right to a Dignified Life (Vida Digna): The Integration of Economic and Social Rights with Civil and Political Rights in the Inter-American Human Rights System", *Hastings International and Comparative Law Review,* vol. 31, núm.1, pp. 1-32.

Yriart, Monica (2015), "The Right of Indigenous Peoples to Give or Withhold Consent to Investment and Development Projects - The Implementation of *Saramaka v. Suriname*", en Haeck, Yves; Ruiz-Chiriboga, Oswaldo; Burbano-Herrera, Clara (eds.), *The Inter-American Court of Human Rights: Theory and Practice, Present and Future,* Intersentia, Cambridge, pp. 477-545.

5.2. Referencias normativas

5.2.1. Tratados internacionales

Acuerdo Regional sobre el Acceso a la Información, la Participación Pública y el Acceso a la Justicia en Asuntos Ambientales en América Latina y el Caribe, Escazú, 4 de marzo de 2018. CEPAL; *UNTS,* vol. 3398, núm. 56654.

Carta de la Organización de los Estados Americanos, Bogotá, 30 de abril de 1948, *UNTS,* vol. 119, núm. 1609, p. 3.

Convención Americana sobre Derechos Humanos (Pacto de San José, Costa Rica), San José, 22 de noviembre de 1969; UNTS, vol. 1144, núm. 17955, p. 123.

Protocolo Adicional sobre Derechos Humanos en materia de derechos económicos, sociales y culturales, San Salvador, 17 de noviembre de 1988, OEA.

Convenio de Aarhus sobre acceso a la información, la participación del público en la toma de decisiones y el acceso a la justicia en materia de medio ambiente, Aarhus, 25 de junio de 1998; *BOE,* núm. 40, de 16 de febrero de 2005.

5.2.2. Otros actos normativos internacionales

Declaración Americana de los Derechos y Deberes del Hombre, 30 de abril de 1948.

NU (1992), Naciones Unidas, Declaración de Río de Janeiro sobre Medio Ambiente y Desarrollo. Doc. A/CONF.151/26/Rev.l (Vol.1), Nueva York, 1993.

5.3. Referencias jurisprudenciales

5.3.1. Órganos jurisdiccionales internacionales

Corte IDH (2001). *Caso de la Comunidad Mayagna (Sumo) Awas Tingni Vs. Nicaragua. Fondo, Reparaciones y Costas.* Sentencia de 31 de agosto de 2001. Serie C No. 79.

Corte IDH (2005a). *Caso Comunidad Indígena Yakye Axa Vs. Paraguay. Fondo, Reparaciones y Costas.* Sentencia de 17 de junio de 2005. Serie C No. 125.

Corte IDH (2005b). *Caso de la Comunidad Moiwana Vs. Surinam. Excepciones Preliminares, Fondo, Reparaciones y Costas.* Sentencia de 15 de junio de 2005. Serie C No. 124.

Corte IDH (2006a). *Caso Comunidad Indígena Sawhoyamaxa Vs. Paraguay. Fondo, Reparaciones y Costas.* Sentencia de 29 de marzo de 2006. Serie C No. 146.

Corte IDH (2006b). *Caso Claude Reyes y otros Vs. Chile. Fondo, Reparaciones y Costas.* Sentencia de 19 de septiembre de 2006. Serie C No. 151.

Corte IDH (2007). *Caso del Pueblo Saramaka Vs. Surinam. Excepciones Preliminares, Fondo, Reparaciones y Costas).* Sentencia del 28 de noviembre de 2007. Serie C No. 172.

Corte IDH (2008a). *Caso del Pueblo Saramaka Vs. Surinam. Interpretación de la Sentencia de Excepciones Preliminares, Fondo, Reparaciones y Costas.* Sentencia de 12 de agosto de 2008. Serie C No. 185.

Corte IDH (2008b). *Caso Salvador Chiriboga Vs. Ecuador. Excepción Preliminar y Fondo.* Sentencia de 6 de mayo de 2008. Serie C No. 179.

Corte IDH (2009a). *Caso Kawas Fernández Vs. Honduras. Fondo, Reparaciones y Costas.* Sentencia de 3 de abril de 2009. Serie C No. 196.

Corte IDH (2009b) *Caso Acevedo Buendía y otros ("Cesantes y Jubilados de la Contraloría") Vs. Perú. Excepción Preliminar, Fondo, Reparaciones y Costas.* Sentencia de 1 de julio de 2009. Serie C No. 198.

Corte IDH (2010). *Caso Comunidad Indígena Xákmok Kásek Vs. Paraguay. Fondo, Reparaciones y Costas.* Sentencia de 24 de agosto de 2010. Serie C No. 214.

Corte IDH (2012). *Caso Pueblo Indígena Kichwa de Sarayaku Vs. Ecuador. Fondo y Reparaciones.* Sentencia de 27 de junio de 2012. Serie C. No. 245.

Corte IDH (2013). *Caso Luna López Vs. Honduras. Fondo, Reparaciones y Costas.* Sentencia de 10 de octubre de 2013. Serie C No. 269.

Corte IDH (2014a). *Caso Defensor de Derechos Humanos y otros Vs. Guatemala. Excepciones Preliminares, Fondo, Reparaciones y Costas.* Sentencia de 28 de agosto de 2014. Serie C No. 283.

Corte IDH (2014b). *Caso Norín Catrimán y otros (Dirigentes, Miembros y Activista del Pueblo Indígena Mapuche) Vs. Chile. Fondo, Reparaciones y Costas.* Sentencia de 29 de mayo de 2014. Serie C No. 279.

Corte IDH (2015a). *Caso Comunidad Garífuna de Punta Piedra y sus miembros Vs. Honduras. Excepciones Preliminares, Fondo, Reparaciones y Costas.* Sentencia de 8 de octubre de 2015. Serie C No. 304.

Corte IDH (2015b). *Caso Comunidad Garífuna Triunfo de la Cruz y sus miembros Vs. Honduras. Fondo, Reparaciones y Costas.* Sentencia de 08 de octubre de 2015. Serie C No. 305

Corte IDH (2015c). *Caso Pueblos Kaliña y Lokono Vs. Surinam. Fondo, Reparaciones y Costas.* Sentencia de 25 de noviembre de 2015. Serie C No. 309.

Corte IDH (2017a). *Caso Acosta y otros Vs. Nicaragua. Excepciones Preliminares, Fondo, Reparaciones y Costas.* Sentencia de 25 de marzo de 2017. Serie C No. 334.

Corte IDH (2017c). *Caso Lagos del Campo Vs. Perú. Excepciones Preliminares, Fondo, Reparaciones y Costas.* Sentencia de 31 de agosto de 2017. Serie C No. 340.

Corte IDH (2018). *Caso Pueblo Indígena Xucuru y sus miembros Vs. Brasil. Excepciones Preliminares, Fondo, Reparaciones y Costas.* Sentencia de 5 de febrero de 2018. Serie C No. 346.

Corte IDH (2020). *Caso Comunidades Indígenas Miembros de la Asociación Lhaka Honhat (Nuestra Tierra) Vs. Argentina. Fondo, Reparaciones y Costas.* Sentencia de 6 de febrero de 2020. Serie C No. 400.

Corte IDH (2022). Caso Baraona Bray Vs. Chile. Excepciones Preliminares, Fondo, Reparaciones y Costas. Sentencia de 24 de noviembre de 2022. Serie C No. 481.

Corte IDH (2023). *Caso Habitantes de La Oroya Vs. Perú. Excepciones Preliminares, Fondo, Reparaciones y Costas.* Sentencia de 27 de noviembre de 2023. Serie C No. 511.

Corte IDH (2016). *Titularidad de derechos de las personas jurídicas en el Sistema Interamericano de Derechos Humanos (Interpretación y alcance del artículo 1.2, en relación con los artículos 1.1, 8, 11.2, 13, 16, 21, 24, 25, 29, 30, 44, 46, y 62.3 de la Convención Americana sobre Derechos Humanos, así como del artículo 8.1 A y B del Protocolo de San Salvador).* Opinión Consultiva OC-22/16 de 26 de febrero de 2016. Serie A No. 22.

Corte IDH (2017b). *Medio ambiente y derechos humanos (obligaciones estatales en relación con el medio ambiente en el marco de la protección y garantía de los derechos a la vida y a la integridad personal - interpretación y alcance de los artículos 4.1 y 5.1, en relación con los artículos 1.1 y 2 de la Convención Americana sobre Derechos Humanos).* Opinión Consultiva OC-23/17 de 15 de noviembre de 2017. Serie A No. 23.

5.4. Referencias documentales

CDH (2018). "Informe del Relator Especial sobre la cuestión de las obligaciones de derechos humanos relacionadas con el disfrute de un medio ambiente sin riesgos, limpio, saludable y sostenible", 24 de enero de 2018, A/HRC/37/59.

CEPAL (2013). "Acceso a la información, participación y justicia en temas ambientales en América Latina y el Caribe: Situación actual, perspectivas y ejemplos de buenas prácticas".

Colombia, Chile (2023). "Solicitud de Opinión Consultiva sobre Emergencia Climática y Derechos Humanos a la Corte Interamericana de Derechos Humanos de la República de Colombia y la República de Chile", 9 de enero de 2023.

Com. IDH (2008). Informe Anual de la Comisión Interamericana de Derechos Humanos 2007, Volumen II, Informe de la Relatoría Especial para la Libertad de Expresión.

Comité de los Derechos del Niño (2021). "Decisión adoptada por el Comité con arreglo al Protocolo Facultativo de la Convención sobre los Derechos del Niño relativo a un procedimiento de comunicaciones, en relación con la comunicación núm. 104/2019", 11 de noviembre de 2021, CRC/C/88/D/104/2019.

Global Witness (2024). *Voces silenciadas: La violencia contra las personas defensoras de la tierra y el medioambiente.*

Relator Especial sobre los derechos de los pueblos indígenas (2013), "Las industrias extractivas y los pueblos indígenas", Doc. A/HRC/24/4, 11 de julio de 2013.

Representante Especial del Secretario General para la cuestión de los derechos humanos y las empresas transnacionales y otras empresas (2011). Principios Rectores sobre las empresas y los derechos humanos: puesta en práctica del marco de las Naciones Unidas para "proteger, respetar y remediar", 21 de marzo de 2011, A/HRC/17/31.

ANEXOS

Anexo I:

TRATADOS INTERNACIONALES

Constitución de la Organización de las Naciones Unidas para la Alimentación y la Agricultura, de 16 de octubre de 1945, *Textos fundamentales de la Organización de las Naciones Unidas para la Alimentación y la Agricultura,* Volúmenes I y II, FAO, Edición de 2017.

Carta de las Naciones Unidas y Estatuto de la Corte Internacional de Justicia, 24 de octubre de 1945; *BOE,* núm. 275, de 16 de noviembre de 1990.

Convenio Constitutivo de la Organización Marítima Internacional, Ginebra, 6 de marzo de 1948; *BOE* núm. 59, de 10 de marzo de 1989.

Carta de la Organización de los Estados Americanos, Bogotá, 30 de abril de 1948, *UNTS,* vol. 119, núm. 1609, p. 3.

Convenio para la Protección de los Derechos humanos y las Libertades Fundamentales, Roma, 4 de noviembre de 1950, enmendado por los Protocolos adicionales números 3 y 5, de 6 de mayo de 1963 y 20 de enero de 1966, *BOE* núm. 243, de 10 de octubre de 1979.

Convenio Internacional para prevenir la contaminación de las aguas del mar por hidrocarburos, Londres, 12 de mayo de 1954; *BOE* núm. 258, de 28 de octubre de 1967.

Convención sobre la Alta Mar, Ginebra, 29 de abril de 1958; *BOE* núm. 309, de 27 de diciembre de 1971).

Convención sobre pesca y conservación de los recursos vivos de la alta mar, Ginebra, 29 de abril de 1958; *BOE* núm. 309, de 27 de diciembre de 1971.

Tratado Antártico, Washington, 1 de diciembre de 1959; *BOE* núm. 152, 26 de junio de 1982.

Convenio sobre responsabilidad civil en materia de energía nuclear, París, 29 de julio de 1960, modificado por el Protocolo adicional de 28 de enero de 1964, por el Protocolo de 16 de noviembre de 1982 y por el Protocolo de 12 de febrero de 2004, *BOE* núm. 281, de 22 de noviembre de 1975.

Convenio complementario al Convenio de París de 1960 sobre responsabilidad civil en el campo de la energía nuclear, Bruselas, 31 de enero de 1963; *BOE* núm. 281, 22 de noviembre de 1975.

Convención sobre responsabilidad civil por daños nucleares, Viena, 21 de mayo de 1963; OIEA, INFCIRC/500, marzo de 1996.

Convenio para facilitar el tráfico marítimo internacional, Londres, 9 de abril de 1965; *BOE* núm. 231, de 26 de septiembre de 1973.

Convenio Internacional sobre las líneas de carga, Londres, 5 de abril de 1966; *BOE* núm. 192, de 10 de agosto de 1968.

Tratado sobre los principios que rigen las actividades de los Estados en la exploración y el uso del espacio ultraterrestre, 27 de enero de 1967; *BOE* núm. 30, de 4 de febrero de 1969.

Tratado de no proliferación de las armas nucleares, Londres, Moscú y Washington, 1 de julio de 1968, *BOE* núm. 313, 31 de diciembre de 1987.

Convenio de Viena sobre el Derecho de los Tratados, Viena, 23 de mayo de 1969; *BOE,* núm. 142, de 13 de junio de 1980.

Convención Americana de Derechos Humanos, San José, 22 de noviembre de 1969. *Serie sobre Tratados OEA* núm. 36 - Reg. ONU 27/08/1979 núm. 17955

Convenio de Bruselas sobre responsabilidad civil por daños causados por la contaminación de las aguas del mar por hidrocarburos, Bruselas, 29 de noviembre de 1969; *BOE* núm. 58, 8 de marzo de 1976.

Convenio relativo a humedales de importancia internacional, especialmente como hábitat de aves acuáticas, Ramsar, 2 de febrero de 1971; *BOE*, núm. 199, de 20 de agosto de 1982.

Convenio relativo a la responsabilidad civil en la esfera del transporte marítimo de materiales nucleares, Bruselas, 17 de diciembre de 1971; *BOE* núm. 199, 20 de agosto de 1975.

Convenio internacional sobre la constitución de un Fondo Internacional de indemnización por daños causados por la contaminación por hidrocarburos, Bruselas, 18 de diciembre de 1971; *BOE* núm. 60, 11.03.1982.

Convenio para la Prevención de la Contaminación Marina Provocada por Vertidos desde Buques y Aeronaves, Oslo, 15 de febrero de 1972, *BO*E núm. 99, de 25 de abril de 1974.

Convenio sobre la responsabilidad internacional por daños causados por objetos espaciales, Londres, Moscú, Washington, 29 de marzo de 1972; *BOE*, n.º 106, 02.05.1980.

Convención de Londres para la protección de las focas de la Antártida, Londres, 1 junio 1972; *ILM*, vol. 11, p. 251, 1972.

Convención para la Protección del Patrimonio Mundial Cultural y Natural, París, 23 de noviembre de 1972; *BOE* núm. 156, de 1 de julio de 1982.

Convenio sobre la prevención de la contaminación del mar por vertimiento de desechos y otras materias, Londres, 29 diciembre de 1972, BOE núm. 269, de 10 noviembre 1975, enmendado en 1996 por el Protocolo, de 8 de noviembre de 1996; BOE núm. 77, de 31 de marzo de 2006).

Convenio sobre el comercio internacional de especies amenazadas de fauna y flora silvestres (CITES); Washington, 3 de marzo de 1973; *BOE*, núm. 181, de 30 de julio de 1986.

Convenio MARPOL 73/78, Convenio internacional para prevenir la contaminación por los buques, Londres, 2 de noviembre de 1973 y Protocolo, Londres, 17 de febrero de 1978; *BOE* núm. 249, de 17 de octubre de 1984.

Acuerdo sobre la Conservación de los Osos Polares, Oslo, 15 de noviembre de 1973; *UNTS*, vol. 2898, p. 243.

Convenio sobre protección del medio marino de la zona del mar Báltico (Convenio de Helsinki Revisado - 1992), Helsinki, 22 de marzo 1974, modificada el 9 de abril de 1992, *DOCE* L 73, de 16 de marzo de 1994.

Convenio SOLAS, Convenio internacional para la seguridad de la vida humana en el mar, de 1 de noviembre de 1974, enmendado en 1978; *BOE* núm. 144, de 16 de junio de 1980.

Protocolo correspondiente al convenio internacional sobre responsabilidad civil por daños causados por la contaminación de las aguas del mar por hidrocarburos, Londres, 19 de noviembre de 1976; *BOE* núm. 30, 4 de febrero de 1982.

Convenio sobre la Prohibición de utilizar técnicas de modificación ambiental con fines militares u otros fines hostiles, aprobado en la Asamblea General de las Naciones Unidas el 10 de diciembre de 1976, *BOE* núm. 279, de 22 de noviembre de 1979.

Convenio SAR, Convenio internacional sobre búsqueda y salvamento marítimos, Hamburgo, 27 de abril de 1979, *BOE* núm. 103, de 30 de abril de 1993.

Convención sobre la conservación de las especies migratorias de animales silvestres, Bonn, 23 de junio de 1979; *BOE*, núm. 259, de 29 de octubre de 1985.

Convenio relativo a la conservación de la vida silvestre y del medio natural en Europa, Berna, 19 de septiembre de 1979; *BOE* núm. 235, de 1 de octubre de 1986.

Convenio sobre contaminación atmosférica transfronteriza a gran distancia, Ginebra, 13 de noviembre de 1979; *BOE* núm. 59, de 10 de marzo de 1983.

Acuerdo que debe regir las Actividades de los Estados en la Luna y otros Cuerpos Celestes, AGNU, Resolución 34/68, de 5 de diciembre de 1979.

Convención sobre la conservación de los recursos vivos marinos antárticos, Camberra, 20 de mayo de 1980; *BOE* núm. 125, de 25 de mayo de 1985.

Carta africana de Derechos Humanos y de los Pueblos, Banjul, 27 junio de 1981, OAU Doc. CAB/LEG/67/3 rev. 5; 21 ILM 58, 1982.

Convención de las Naciones Unidas sobre el Derecho del Mar, Montego Bay, 10 de diciembre de 1982; *BOE* núm. 39, 14 de febrero de 1997.

Protocolo del Convenio de 1979 sobre la contaminación atmosférica transfronteriza a gran distancia, relativo a la financiación a largo plazo del programa concertado de seguimiento continuo y evaluación del transporte a gran distancia de los contaminantes, Ginebra, de 28 de septiembre de 1984, *BOE* núm. 42, de 18 de febrero de 1988.

Convenio de Viena para la protección de la capa de ozono, Viena, 22 de marzo de 1985; *BOE* núm. 275, de 16 de noviembre de 1988.

Protocolo del Convenio de 1979 sobre la contaminación atmosférica transfronteriza a gran distancia, relativo a la reducción de las emisiones de azufre o de sus flujos transfronterizos de al menos un 30 por ciento, Helsinki, 8 de julio de 1985.

Protocolo de Montreal, relativo a las sustancias que agotan la capa de ozono, Montreal, 16 de septiembre de 1987; *BOE* núm. 65, 17 de marzo de 1989.

Protocolo común relativo a la aplicación del Convenio de Viena y el Convenio de París, 21 de septiembre de 1988, OIEA, INFCIRC/402, mayo de 1992.

Protocolo al Convenio sobre la contaminación atmosférica transfronteriza de gran distancia, de 1979, relativo a la lucha contra las emisiones de óxido de nitrógeno o sus flujos transfronterizos, Sofía, 31 de octubre de 1988, *BOE* núm. 62, de 13 de marzo de 1991.

Protocolo de 1988, al Convenio Internacional para la seguridad de la vida humana en el mar, Londres, 11 de noviembre de 1988; *BOE* núm. 234, de 30 de septiembre de 1999.

Protocolo Adicional sobre derechos económicos, sociales y culturales, San Salvador, 17 de noviembre de 1988. *Serie sobre Tratados OEA* núm. 69.

Convenio de Basilea, sobre el control de los movimientos transfronterizos de los desechos peligrosos y su eliminación, 22 de marzo de 1989; *BOE* núm. 227, 22.09.94.

Convenio núm. 169 de la Organización Internacional del Trabajo (OIT) sobre pueblos indígenas y tribales, Ginebra, 27 de junio de 1989; *BOE*, núm. 58, de 8 de marzo de 2007.

Convención sobre responsabilidad civil por daños causados durante el transporte de mercancías peligrosas por carretera, ferrocarril o buques de transporte fluvial, Ginebra, 10 de octubre de 1989.

Convenio Internacional sobre cooperación, preparación y lucha contra la Contaminación por Hidrocarburos, Londres, 30 de noviembre de 1990, *BOE* núm. 133, de 5 de junio de 1995.

Bamako Convention on the Ban of the Import into Africa and the Control of Transboundary Movement and Management of Hazardous Wastes within Africa, 30 January 1991, *UNTS*, vol. 2101, p. 177.

Convenio sobre evaluación de impacto ambiental en un contexto transfronterizo, Espoo, 25 de febrero de 1991; *BOE* núm. 261, 31 de octubre de 1997.

Protocolo al Tratado Antártico sobre Protección del Medio Ambiente y sus Anejos, Madrid, 4 de octubre de 1991; *BOE* núm. 42, 18 de febrero de 1998.

Convención sobre la protección de los Alpes, Salzburgo, 7 de noviembre de 1991; *ILM* vol.31, núm.4, p. 767, 1992.

Protocolo del Convenio sobre contaminación atmosférica transfronteriza a larga distancia de 1979 relativo a la lucha contra las emisiones de compuestos orgánicos volátiles o sus flujos transfronterizos, Ginebra, 18 de noviembre de 1991, *BOE* núm. 225, de 19 de septiembre de 1997.

Convenio sobre los efectos transfronterizos de los accidentes industriales, Helsinki, 17 de marzo de 1992; *BOE* núm. 61, 11 de marzo de 2000.

Convenio sobre la protección y utilización de los cursos de agua transfronterizos y de los lagos internacionales, Helsinki, 17 de marzo de 1992; *BOE* núm. 81, 4 de abril de 2000.

Acuerdo sobre el Espacio Economico Europeo entre las Comunidades Europeas y sus Estados miembros, por una parte, y la República de Austria, la República de Finlandia, la República de Islandia, el Principado de Liechtenstein, el Reino de Noruega, el Reino de Suecia y la Confederación Suiza, por otra parte, de 2 de mayo 1992, *DOCE L* 1 de 3 de enero de 1994.

Convenio sobre la Diversidad Biológica; Río de Janeiro, 5 de junio de 1992; *BOE*, núm. 27, de 1 de febrero de 1994.

Convención Marco de las Naciones Unidas sobre el Cambio Climático; Nueva York, 9 de mayo de 1992; *BOE*, núm. 27, de 1 de febrero de 1994.

Convenio OSPAR - Convenio para la Protección del Medio Ambiente Marino del Atlántico del Nordeste, París, 22 de septiembre de 1992; *BOE* núm. 150, de 24 de junio de 1998.

Protocolo que modifica el Convenio internacional de 1971 de constitución de un Fondo Internacional de indemnización por daños causados por la contaminación por hidrocarburos, Londres, 27 de noviembre de 1992; *BOE* núm. 244, 11 de octubre de 1997.

Protocolo de 1992 que enmienda el Convenio Internacional sobre responsabilidad civil nacida de daños debidos a contaminación por hidrocarburos, Londres, 27 de noviembre de 1992; *BOE* núm. 225, 20 de septiembre de 1995.

Acuerdo Centroamericano sobre movimientos transfronterizos de desechos peligrosos, XIII Cumbre de Presidentes del Istmo Centroamericano, Panama 9, 10 y 11, diciembre 1992.

Convention on Civil Liability for Damage Resulting from Activities Dangerous to the Environment, Lugano, 21 de junio de1993, *Council of Europe European Treaty Series* - No. 150.

Convenio regional para el manejo y conservación de los ecosistemas naturales forestales y el desarrollo de plantaciones forestales, Guatemala, 29 de octubre de 1993.

Protocolo al Convenio de 1979 sobre contaminación atmosférica transfronteriza a larga distancia, relativo a reducciones adicionales de las emisiones de azufre, Oslo, 14 de junio de 1994, *BOE* núm. 150, de 24 de junio de 1998.

Convención de las Naciones Unidas de lucha contra la desertificación en los países afectados por sequía grave o desertificación, en particular en África, París, 14 de octubre de 1994, *BOE* núm. 36, de 11 de febrero 1997.

Acuerdo para promover el cumplimiento de las medidas internacionales de conservación y ordenación por los buques pesqueros que pescan en alta mar, Roma, noviembre de 1993. Decisión del Consejo de 25 de junio de 1996; *DOCE L* 177 de 16 de julio de 1996.

Fondo para el Medio Ambiente Mundial Reestructurado, 16 de marzo de 1994; *BOE* núm. 99, de 25 de abril de 1997.

Convención de las Naciones Unidas de Lucha contra la Desertificación en los países afectados por sequía grave o desertificación, en particular en África, París, 17 de junio de 1994; *BOE* núm. 36, de 11 de febrero de 1997.

Convention to ban the importation into Forum island countries of hazardous and radioactive wastes and to control the transboundary movement and management of hazardous wastes within the South Pacific Region (Waigani Convention), 16 September 1995, *UNTS*, vol. 2161, p. 91.

Acuerdo sobre la Aplicación de las Disposiciones de la Convención de las Naciones Unidas sobre el Derecho del Mar de 10 de diciembre de 1982 relativas a la Conservación y Ordenación de las Poblaciones de Pesca Transzonales y las Poblaciones de Peces Altamente Migratorios, Nueva York, 4 de agosto de 1995; *BOE* núm. 175, de 21 de julio de 2004.

Agreement On The Control Of Transboundary Shipments Of Hazardous And Other Wastes Between States Members Of The Commonwealth Of Independent States, of April 12, 1996 (traducción no oficial), http://www.eco-portal.kz/modules.php?name=News&

Protocolo de 1996 relativo al Convenio sobre la prevención de la contaminación del mar por vertimiento de desechos y otras materias, Londres, 7 de noviembre de 1996, *BOE* núm. 77, de 31 de marzo de 2006.

Convención sobre el derecho de los usos de los cursos de agua internacionales para fines distintos de la navegación, hecho en Nueva York el 21 de mayo de 1997; *BOE* núm. 161, de 3 de julio de 2014.

Protocolo de Kioto al Convenio Marco de las Naciones Unidas sobre el Cambio Climático, Kioto, 11 de diciembre de 1997; *BOE*, núm. 33, de 8 de febrero de 2005.

Protocolo de enmienda de la Convención de Viena sobre responsabilidad civil por daños nucleares, Viena, 12 de septiembre de 1997; OIEA, INFCIRC/566, julio de 1998.

Convención sobre Indemnización Suplementaria por daños nucleares, Viena, 12 de septiembre de 1997; OIEA, INFCIRC/567, julio de 1998.

Protocolo al Convenio de 1979 sobre contaminación atmosférica transfronteriza a gran distancia en materia de metales pesados, Aarhus, 24 de junio de 1998, *BOE* núm. 268, de 7 de noviembre de 2011 y enmienda de 13 de diciembre de 2012, *BOE* núm. 23, de 27 de enero de 2022.

Protocolo del Convenio de 1979 sobre la contaminación atmosférica transfronteriza a gran distancia provocada por contaminantes orgánicos persistentes, Aarhus, 24 de junio de 1998, *BOE* núm. 80, de 4 de abril de 2011.

Convenio de Aarhus sobre acceso a la información, la participación del público en la toma de decisiones y el acceso a la justicia en materia de medio ambiente, Aarhus, 25 de junio de 1998; *BOE*, núm. 40, de 16 de febrero de 2005.

Convenio de Rotterdam de 1998 sobre el procedimiento del consentimiento fundamentado previo aplicable a ciertos plaguicidas y productos químicos peligrosos objeto de comercio internacional, Rotterdam, 10 de septiembre de 1998; *BOE* núm.73, de 25 de marzo de 2004.

Convenio sobre cooperación para la protección y el aprovechamiento sostenible de las aguas de las cuencas hidrográficas hispano-portuguesas, hecho "ad referendum" en Albufeira el 30 de noviembre de 1998; *BOE* núm. 37, de 12 de febrero de 2000.

Protocolo sobre el agua y la salud al Convenio de 1992 sobre la protección y utilización de los cursos de agua transfronterizos y de los lagos internacionales, hecho en Londres 17 de junio de 1999; *BOE* núm. 284, de 25 de noviembre de 2009.

Protocolo al Convenio de 1979 sobre contaminación atmosférica transfronteriza a larga distancia, relativo a la reducción de la acidificación, de la eutrofización y del ozono en la troposfera, Gotemburgo, 30 de noviembre de 1999, *BOE* núm. 87, de 12 de abril de 2005 y enmienda de 4 de mayo de 2012, *BOE* núm. 81, de 4 de abril de 2015.

Protocolo sobre responsabilidad e indemnización por daños, Basilea, 10 de diciembre de 1999.

Protocolo sobre Cooperación, Preparación y Lucha Contra los Sucesos de Contaminación por Sustancias Nocivas y Potencialmente Peligrosas, Londres, 15 de marzo de 2000, *BOE* núm. 201, de 23 de agosto de 2006.

Protocolo de Cartagena sobre Seguridad de la Biotecnología, Montreal, 29 de enero de 2000, *BOE*, núm. 181, de 30 de julio de 2003.

Convenio Internacional sobre responsabilidad civil nacida de daños debidos a contaminación por hidrocarburos para combustible de los buques (Bunkers), Londres, 23 de marzo de 2001.

Convenio de Estocolmo sobre contaminantes orgánicos persistentes, Estocolmo el 22 de mayo de 2001; *BOE* núm. 151, de 23 de junio de 2004.

Tratado Internacional sobre los recursos fitogenéticos para la alimentación y la agricultura, Roma, 3 de noviembre de 2001, *BOE*, núm. 109, de 5 de mayo de 2004.

Acuerdo de la ASEAN sobre la contaminación por neblina transfronteriza, Kuala Lumpur, Malaysia, 10 junio 2002.

Protocolo relativo al Convenio Internacional sobre la constitución de un Fondo Internacional de Indemnización de daños debidos a contaminación por hidrocarburos, Londres, 16 de mayo de 2003; *BOE* núm. 28, de 2 de febrero de 2005; *BOE* núm. 43, 19 de febrero de 2008.

Protocolo sobre Registros de Emisiones y Transferencias de Contaminantes del Convenio de Aarhus, Kiev, 21 de mayo de 2003, *BOE* núm. 285, de 26 de noviembre 2009.

Protocolo sobre responsabilidad e indemnización por daños derivados de los efectos transfronterizos de los accidentes en aguas transfronterizas, complementario del Convenio sobre la protección y utilización de cursos de agua transfronterizos y lagos internacionales, de 1992, y de la Convención sobre los efectos transfronterizos de los accidentes industriales, de 1992, Kiev, 21 de mayo de 2003. ECE, Doc. ECE/MP.WAT/11-ECE/CP.TEIA/9.

Convenio Africano sobre la Conservación de la Naturaleza y los Recursos Naturales (revisado), Maputo, 11 de julio de 2003

Protocolo que modifica el Convenio de 29 de julio de 1960 sobre la responsabilidad civil en materia de energía nuclear, modificado por el Protocolo adicional de 28 de enero de 1964 y por el Protocolo de 16 de noviembre de 1982, 12 de febrero de 2004.

Protocolo que modifica al Convenio de 31 de enero de 1963 complementario al Convenio de parís de 29 de julio de 1960 sobre la responsabilidad civil en materia de energía nuclear, modificado por el protocolo adicional de 28 de enero de 1964 y por el Protocolo de 16 de noviembre de 1982, 12 de febrero de 2004.

Tratado Internacional sobre los recursos fitogenéticos para la alimentación y la agricultura, Roma, 2001, *BOE*, núm. 109, de 5 de mayo de 2004.

Tratado sobre la conservacion y la administracion duradera de los ecosistemas forestales del África Central e instituyendo la Comision de los Bosques del África Central, Brazzaville, 5 de febrero de 2005.

Convenio internacional de las maderas tropicales, Ginebra, 27 de enero de 2006; *BOE* núm. 51, de 29 de febrero de 2012.

Tratado de Funcionamiento de la Unión Europea, 13 de diciembre de 2007. Versión consolidada en *DOUE* C 202, de 7 de junio de 2016.

Acuerdo sobre medidas del Estado rector del puerto destinadas a prevenir, desalentar y eliminar la pesca ilegal, no declarada y no reglamentada, Roma, 22 de noviembre de 2009, Decisión del Consejo, de 20 de junio de 2011, *DOUE* L 191, de 22 de julio de 2011.

Protocolo de 2010 relativo al Convenio internacional sobre responsabilidad e indemnización de daños en relación con el transporte marítimo de sustancias nocivas y potencialmente peligrosas, Londres, 30 de abril de 2010.

Protocolo de Nagoya-Kuala Lumpur sobre responsabilidad y compensación, suplementario al Protocolo de Cartagena sobre seguridad de la biotecnología, Nagoya, 15 de octubre de 2010; *BOE* núm. 17, 19 de enero de 2018.

Acuerdo sobre medidas del Estado rector del puerto destinadas a prevenir, desalentar y eliminar la pesca ilegal, no declarada y no reglamentada; Decisión del Consejo, de 20 de junio de 2011, *DOUE* L 191, de 22 de julio de 2011.

Protocolo de Nagoya sobre acceso a los recursos genéticos y participación justa y equitativa en los beneficios que se deriven de su utilización, Nagoya el 29 de octubre de 2010, *BOE*, núm. 202, de 20 de agosto de 2014.

Convention on the determination of minimum conditions for access to and exploitation of marine resources in marine areas under the jurisdiction of the member States of the Sub-Regional Fisheries Commission, of 8 June 2012, Sub-Regional Fisheries Commission.

Enmienda de Doha al Protocolo de Kioto, adoptada el 8 de diciembre de 2012 en la 8º sesión de la Reunión de las Partes en el Protocolo de Kioto, celebrada en Doha (Qatar), del 26 de noviembre al 8 de diciembre de 2012.

Agreement on Cooperation on Marine Oil Pollution Preparedness and Response in the Arctic, 15 May 2013, Arctic Council, Kiruna Ministerial Meeting.

Convenio de Minamata sobre el mercurio, Kumamoto, 10 de octubre de 2013; *BOE* núm. 25, de 29 de enero de 2022.

Código Internacional para los buques que operen en aguas polares (Código Polar) (Texto refundido del Código polar que figura en los anexos de las Resoluciones MSC.385(94) y MEPC.264(68), Londres, 21 de noviembre de 2014 y 15 de mayo de 2015, *BOE* núm. 107, de 5 de mayo de 2017.

Acuerdo de París sobre cambio climático, París, 12 de diciembre de 2015; *BOE* núm. 28, 2 de febrero de 2017.

Agreement on Enhancing International Arctic Scientific Cooperation, 11 May 2017, Arctic Council, Fairbanks Ministerial meeting.

Acuerdo Regional sobre el Acceso a la Información, la Participación Pública y el Acceso a la Justicia en Asuntos Ambientales en América Latina y el Caribe, Escazú, 4 de marzo de 2018. CEPAL.

Acuerdo para impedir la pesca no reglamentada en alta mar en el Océano Ártico central de 3 de octubre de 2018, *DOUE* L 73, de 15 de marzo de 2019.

Protocolo de enmienda del Acuerdo de Marrakech por el que se establece la Organización Mundial del Comercio. Acuerdo sobre subvenciones a la pesca, Ginebra, 17 de junio de 2022; Decisión (UE) 2023/1116 del Consejo de 25 de mayo de 2023, *DOUE* L 148, de 8 de junio de 2023.

Acuerdo en el marco de la Convención de las Naciones Unidas sobre el Derecho del Mar relativo a la conservación y el uso sostenible de la diversidad biológica marina de las zonas situadas fuera de la jurisdicción nacional, Nueva York, 19 de junio de 2023; *DOUE* L 2024/1831, de 19 de julio de 2024.

Anexo II:

JURISPRUDENCIA INTERNACIONAL

Corte Permanente de Justicia Internacional

Affaire des concessions Mavrommatis en Palestine, C.P.J.I., Série A, n.º 2, 30 août 1924.

Arrêt n.º 8, Affaire relative a l'usine de Chorzow (demande en indemnité) (compétence), C.P.J.I., Série A, n.º 9 26 juillet 1927.

Arrêt n.º 13, *Affaire relative a l'usine de Chorzow (demande en indemnité) (fond)*, C.P.J.I., Série A, n.º 17, 13 septembre 1928.

Case Relating to the Territorial Jurisdiction of the International Commission of the Oder River, Judgment of September 10th, PCIJ., Series A, nº 23, 1929.

Corte Internacional de Justicia

Corfú Channel case, Judgment of April 9th, 1949, I.C. J. Reports 1949, p. 4.

Case of the monetary gold removed from Rome in 1943 (Preliminary Question), Judgment of June 15th, 1954: I.C. J. Reports 1954, p. 19.

South West Africa, Second Phase, Judgment, I.C.J. Reports 1966, p. 6.

Barcelona Traction, Light and Power Company, Limited, Judgment, I.C.J. Reports 1970, p. 3.

Nuclear Tests (Australia v. France), Judgement, I.C.J. Reports 1974, p. 253.

Nuclear Tests (New Zealand v. France), Judgment, I.C.J. Reports 1974, p. 457.

United States Diplomatic and Consular Staff in Teheran, Judgment, I.C.J. Reports 1980, p. 3.

Delimitation of the Maritime Boundary in the Gulf of Maine Area, Judgment, 1. C.J. Reports 1984, p. 246.

East Timor (Portugal v. Australia), Judgment, I.C.J. Reports 1995, p. 90.

Legality of the Threat or Use of Nuclear Weapons, Advisory Opinion, I.C.J. Reports 1996, p. 226.

Gabcikovo-Nagymaros Project (HungarylSlovakia), Judgment, I.C.J. Reports 1997, p. 7.

Armed Activities on the Territory of the Congo (New Application: 2002) Democratic Republic of the Congo v. Rwanda), Jurisdiction and Admissibility, Judgment, I.C.J. Reports 2006, p. 6.

Certain Questions of Mutual Assistance in Criminal Matters (Djibouti v. France), Judgment, I.C.J. Reports 2008, p. 177.

Pulp Mills on the River Uruguay (Argentina v. Uruguay), Judgment, I.C.J. Reports 2010, p. 14.

Questions relating to the Obligation to Prosecute or Extradite (Belgium v. Senegal), Judgment, I.C.J. Reports 2012, p. 422.

Whaling in the Antarctic (Australia v. Japan), Declaration of Intervention of New Zealand, Order of 6 February 2013, I.C.J. Reports 2013, p. 3.

Aerial Herbicide Spraying (Ecuador v. Colombia), Order of 13 September 2013, I.C.J. Reports 2013, p. 278.

Whaling in the Antarctic (Australia v. Japan: New Zealand intervening), Judgment, I.C.J. Reports 2014, p. 226.

Certain Activities Carried Out by Nicaragua in the Border Area (Costa Rica v. Nicaragua) and Construction of a Road in Costa Rica along the San Juan River (Nicaragua v. Costa Rica), Judgment, I.C.J. Reports 2015, p. 665.

Obligations concerning Negotiations relating to Cessation of the Nuclear Arms Race and to Nuclear Disarmament (Marshall Islands v. India), Jurisdiction and Admissibility, Judgment, I.C.J. Reports 2016, p. 255.

Obligations concerning Negotiations relating to Cessation of the Nuclear Arms Race and to Nuclear Disarmament (Marshall Islands v. Pakistan), Jurisdiction and Admissibility, Judgment, I.C.J. Reports 2016, p. 552.

Obligations concerning Negotiations relating to Cessation of the Nuclear Arms Race and to Nuclear Disarmament (Marshall Islands v. United Kingdom), Preliminary Objections, Judgment, I.C.J. Reports 2016, p. 833.

Certain Activities Carried Out by Nicaragua in the Border Area (Costa Rica v. Nicaragua), Compensation, Judgment, I.C.J. Reports 2018, p. 15.

Dispute over the Status and Use of the Waters of the Silala (Chile v. Bolivia), Judgment, I.C.J. Reports 2022, p. 614.

Application of the Convention on the Prevention and Punishment of the Crime of Genocide (The Gambia v. Myanmar), Preliminary Objections, Judgment, I.C.J. Reports 2022, p. 477.

Tribunal Internacional del Derecho del Mar

M/V "Saiga" (Saint Vincent and the Grenadines v. Guinea), *Prompt Release, Judgment, ITLOS Reports 1997*, p. 16.

M/V "Saiga" (No. 2) (Saint Vincent and the Grenadines v. Guinea), *Judgment, ITLOS Reports 1999*, p. 10.

Southern Bluefin Tuna (New Zealand v. Japan; Australia v. Japan), *Provisional Measures, Order of 27 August 1999, ITLOS Reports 1999*, p. 280.

"Camouco" (Panama v. France), *Prompt Release, Judgment, ITLOS Reports 2000*, p. 10.

"Monte Confurco" (Seychelles v. France*), Prompt Release, Judgment, ITLOS Reports 2000*, p. 86.

"Grand Prince" (Belize v. France), *Prompt Release, Judgment, ITLOS Reports 2001*, p. 17.

"Chaisiri Reefer 2" (Panama v. Yemen), *Order of 13 July 2001, ITLOS Reports 2001*, p. 82.

MOX Plant (Ireland v. United Kingdom*), Order of 13 November 2001, ITLOS Reports* 2001, p. 89.

"Volga" (Russian Federation v. Australia), *Prompt Release, Judgment, ITLOS Reports 2002*, p. 10

Land Reclamation in and around the Straits of Johor (Malaysia v. Singpore*), Order of 10 September 2003, ITLOS Reports*, 2003, p. 4.

"Juno Trader" (Saint Vincent and the Grenadines v. Guinea-Bissau*), Prompt Release, Judgment, ITLOS Reports 2004*, p. 17.

"Hoshinmaru" (Japan v. Russian Federation), *Prompt Release, Judgment, ITLOS Reports 2005-2007*, p. 18.

"Tomimaru" (Japan v. Russian Federation), *Prompt Release, Judgment, ITLOS Reports 2005-2007*, p. 74.

Conservation and Sustainable Exploitation of Swordfish Stocks (Chile/European Union), *Order of 16 December 2009,* ITLOS Reports 2008-2010, p. 13.

M/V "Louisa" (Saint Vincent and the Grenadines v. Kingdom of Spain), *Order of 12 January 2011, ITLOS Reports* 2011, p. 83.

Responsibilities and obligations of States sponsoring persons and entities with respect to activities in the Area, Advisory Opinion, 1 February 2011, ITLOS Reports 2011, p. 10.

M/V "Louisa" (Saint Vincent and the Grenadines v. Kingdom of Spain*), Judgment, ITLOS Reports 2013*, p. 4.

M/V "Virginia G" (Panama/Guinea-Bissau*), Judgment, ITLOS Reports 2014*, p. 4.

Dispute concerning Delimitation of the Maritime Boundary between Ghana and Côte d'Ivoire in the Atlantic Ocean (Ghana/Côte d'Ivoire*), Order of 25 April 2015, ITLOS Reports 2015,* p. 122.

Request for Advisory Opinion submitted by the Sub-Regional Fisheries Commission, Advisory Opinion, 2 April 2015, *ITLOS Reports 2015,* p. 4.

Delimitation of the maritime boundary in the Atlantic Ocean (Ghana/Côte d'Ivoire), *Judgment, ITLOS Reports 2017,* p. 4.

M/T "Heroic Idun" (Marshall Islands v. Equatorial Guinea), *Order of 15 November 2022, ITLOS Reports 2022-2023,* en prensa.

Request for an Advisory Opinion, Submitted by the Commission of Small Island States on Climate Change and International Law, Advisory Opinion, 21 May 2024.

Tribunal de Justicia de la Unión Europea

Van Gend en Loos, Sentencia de 5 de febrero de 1963, C-26/62, ECLI:EU:C:1963:1.

Plaumann, Sentencia del Tribunal de Justicia de 15 de julio de 1963, C-25/62, ECLI:EU:C:1963:17.

Politi, Sentencia de 14 de diciembre de 1971, C-43/71, ECLI:EU:C:1971:122.

Haegemann, Sentencia de 30 de abril de 1974, C-181/73, ECLI:EU:C:1974:41.

Van Duyn, Sentencia de 4 de diciembre de 1974, C-41/74, ECLI:EU:C:1974:133.

Comisión c. Bélgica, Sentencia de 2 de febrero de 1982, C-69/81, ECLI:EU:C:1982:26.

Comisión c. Países Bajos, Sentencia de 25 de mayo de 1982, C-96/81, ECLI:EU:C:1982:192.

Commune de Differdange, Sentencia de 11 de julio de 1984, C-222/83, ECLI:EU:C:1984:266.

Comisión c. Francia, Sentencia de 7 de febrero de 1985, C-173/83, ECLI:EU:C:1985:56.

Procureur de la République/ADBHU, Sentencia de 7 de febrero de 1985, C-240/83, ECLI:EU:C:1985:59.

Comisión c. Bélgica, Sentencia de 2 de diciembre de 1986, C-239/85, ECLI:EU:C:1986:457.

Comisión c. Consejo, Sentencia de 26 de marzo de 1987, C-45/86, ECLI:EU:C:1987:163.

Comisión c. Italia, Sentencia de 8 de julio de 1987, C-262/85, ECLI:EU:C:1987:340.

Demirel, Sentencia de 30 de septiembre de 1987, C-12/86, ECLI:EU:C:1987:400.

Comisión c. Alemania, Sentencia de 14 de octubre de 1987, C-208/85, ECLI:EU:C:1987:438.

Comisión c. Italia, Sentencia de 23 de febrero de 1988, C-429/85, ECLI:EU:C:1988:83.

Comisión c. Dinamarca, Sentencia de 20 de septiembre de 1988, C-302/86, ECLI:EU:C:1988:421.

Enichem Base, Sentencia de 13 de julio de 1989, C-380/87, ECLI:EU:C:1989:318.

Grecia c. Consejo, Sentencia de 29 de marzo de 1990, C-62/88, ECLI:EU:C:1990:153.

Marleasing, Sentencia de 13 de noviembre de 1990, C-106/89, ECLI:EU:C:1990:395.

Comisión c. Alemania, Sentencia de 30 de mayo de 1991, C-59/89, ECLI:EU:C:1991:225.

Andrea Francovich y Danila Bonifaci y otros, Sentencia de 19 de noviembre de 1991, C-6/90 y C-9/90, ECLI:EU:C:1991:428

Comisión c. Consejo, Sentencia de 17 de marzo de 1993, C-155/91, ECLI:EU:C:1993:98.

Comitato di coordinamento per la difesa della Cava, Sentencia del Tribunal de Justicia de 23 de febrero de 1994, C-236/92, ECLI:EU:C:1994:60.

Faccini Dori, Sentencia de 14 de julio de 1994, C-91/92, ECLI:EU:C:1994:292.

Greenpeace, Auto de 9 de agosto de 1995, T-585/93, ECLI:EU:T:1995:147.

Comisión c. Alemania, Sentencia de 11 de agosto de 1995, C-431/92, ECLI:EU:C:1995:260.

Brasserie du pêcheur, Sentencia de 5 de marzo de 1996, C-46/93 y C-48/93, ECLI:EU:C:1996:79.

Kraaijeveld, Sentencia de 24 de octubre de 1996, C-72/95, ECLI:EU:C:1996:404.

Tombesi, Sentencia de 25 de junio de 1997, C-304-94, ECLI:EU:C:1997:314.

Greenpeace, Sentencia de 2 de abril de 1998, C-321/95P, ECLI:EU:C:1998:153.

National Farmers' Union y otros, Sentencia de 5 de mayo de 1998, C-157/96, ECLI:EU:C:1998:191.

Reino Unido c. Comisión, Sentencia de 5 de mayo de 1998, C-180/96, ECLI:EU:C:1998:192.

Safety Hi-Tech S. & T., Sentencia de 14 de julio de 1998, C-284/95, ECLI:EU:C:1998:352.

Bettati/Safety Hi-Tech, Sentencia de 14 de julio de 1998, C-341/95, ECLI:EU:C:1998:353.

Parlamento Europeo c. Consejo, Sentencia de 25 de febrero de 1999, C-164/97 y C-165/97, ECLI:EU:C:1999:99.

ARCO Chemie Nederland, Sentencia de 15 de junio de 2000, C-418/97, ECLI:EU:C:2000:318.

Comisión c. Irlanda, Sentencia de 19 de marzo de 2002, C-13/00, ECLI:EU:C:2002:184.

Unión de Pequeños Agricultores, Sentencia de 25 de julio de 2002, C-50/00P, ECLI:EU:C:2002:462.

Pfizer Animal Health, Sentencia de 11 de septiembre de 2002, T-13/99, ECLI:EU:T:2002:209.

Comisión c. Austria, Sentencia de 29 de abril de 2004, C-194/01, ECLI:EU:C:2004:248.

Comisión c. Francia, Sentencia de 7 de octubre de 2004, C-239/03, ECLI:EU:C:2004:598.

Niselli, Sentencia de 11 de noviembre de 2004, C-457/02, ECLI:EU:C:2004:707.

Comisión c. Francia, Sentencia de 12 de julio de 2005, C-304/02, ECLI:EU:C:2005:444.

Comisión c. Consejo, Sentencia de 10 de enero de 2006, C-94/03, ECLI:EU:C:2006:2.

EnBW Energie Baden-Württemberg, Auto de 30 de abril de 2007, T-387/04, ECLI:EU:T:2007:117.

Commune de Mesquer, Sentencia de 24 de junio de 2008, C-188/07, ECLI:EU:C:2008:359.

Janecek, Sentencia de 25 de julio de 2008, C-237/07, ECLI:EU:C:2008:447.

Arcelor Atlantique y Lorraine y otros, Sentencia de 16 de diciembre de 2008, C-127/07, ECLI:EU:C:2008:728.

Transportes Urbanos y Servicios Generales, Sentencia de 26 de enero de 2010, C-118/08, ECLI:EU:C:2010:39.

Arcelor c. Parlamento y Consejo, Sentencia de 2 de marzo de 2010, T-16/04, ECLI:EU:T:2010:54.

Lesoochranárske zoskupenie, Sentencia de de 8 de marzo de 2011, C— 240/09, ECLI:EU:C:2011:125.

Microban International Ltd y Microban, Sentencia de 25 de octubre de 2011, T-262/10, ECLI:EU:T:2011:623.

Air Transport Association of America, Sentencia de 21 de diciembre de 2011, C-366/10, ECLI:EU:C:2011:864.

Iberdrola, Sentencia de 8 de marzo de 2012, T-221/10, ECLI:EU:T:2012:112.

Eurofer, Auto de 4 de junio de 2012, T-381/11, ECLI:EU:T:2012:273.

Inuit Tapiriit Kanatami, Sentencia de 3 de octubre de 2013, C-583/11P, ECLI:EU:C:2013:625.

Alands Vindkraft AB v. Energimyndighten, Sentencia de 1 de julio de 2014, C-573/12, ECLI:EU:C:2014:2037

Consejo y Comisión/Stichting Natuur en Milieu y Pesticide Action Network Europe, Sentencia 13 de enero de 2015, C-404/12P y C-405/12P, ECLI:EU:C:2015:5.

T & L Sugars y Sidul Açúcares, Sentencia de 28 de abril de 2015, C-456/13P, ECLI:EU:C:2015:284.

Bund für Umwelt und Naturschutz Deutschland, Sentencia de 1 de julio de 2015, C-461/13, ECLI:EU:C:2015:433.

Lesoochranárskezoskupenie VLK, Sentencia de 8 de noviembre de 2016, C-243/15, ECLI:EU:C:2016:838.

Associazione Italia Nostra Onlus, Sentencia de de 21 de diciembre de 2016, C-444/15, ECLI:EU:C:2016:978.

Comisión c. Polonia, Auto de 27 de julio de 2017, C-441/17R, ECLI:EU:C:2017:877.

Protect Natur—, Arten— und Landschaftschutz Umweltorganisation, Sentencia de 20 de diciembre de 2017, C-664/15, ECLI:EU:C:2017:987.

European Union Copper Task Force, Sentencia de 13 de marzo de 2018, C-384/16P, ECLI:EU:C:2018:176.

Polonia c. Parlamento Europeo, Sentencia de 21 de junio de 2018, C-5/16, ECLI:EU:C:2018:483.

Comisión Europea c. Consejo de la Unión Europea, Sentencia de 20 de novembre de 2018, Asuntos acumulados C-626/15 y C-659/16, ECLI:EU:C:2018:925.

Carvalho, Auto de 8 de mayo de 2019, T-330/18, ECLI:EU:T:2019:324.

Blaise, Sentencia de 1 de octubre de 2019, C-616/17, ECLI:EU:C:2019:800.

Deutsche Umwelthilfe, Sentencia de 19 de diciembre de 2019, C-752/18, ECLI:EU:C:2019:1114.

Sabo, Auto de 6 de mayo de 2020, T-141/19, ECLI:EU:T:2020:179.

Lípidos Santiga, Auto de 11 de junio de 2020, T-561/19, ECLI:EU:T:2020:266.

Austria c. Comisión, C-594/18P, ECLI:EU:C:2020:742.

Région de Bruxelles-Capitale, Sentencia de 3 de diciembre de 2020, Sentencia de 22 de septiembre de 2020, C-352/19P, ECLI:EU:C:2020:978.

Sabo, Auto de 14 de enero de 2021, C-297/20P, ECLI:EU:C:2021:24.

Carvalho, Sentencia de 25 de marzo de 2021, C-565/19P, ECLI:EU:C:2021:252.

Stichting Comité N 65 Ondergronds Helvoirt, Sentencia de 15 de diciembre de 2021, T-569/20, ECLI:EU:T:2021:892.

Allemagne - Ville de Paris y otros, Sentencia de 13 de enero de 2022, C-177/19P a C-179/19P, ECLI:EU:C:2022:10.

FCC Česká republika, Sentencia de 2 de junio de 2022, C-43/21, ECLI:EU:C:2022:425.

Deutsche Umwelthilfe, Sentencia de 8 de noviembre de 2022, C-873/19, ECLI:EU:C:2022:857.

Porr Bau, Sentencia de 17 de novembre de 2022, C-238/21, ECLI:EU:C:2022:885.

Ministre de la Transition écologique y Premier ministre, Sentencia de 22 de diciembre de 2022, C-61/21, ECLI:EU:C:2022:1015.

Sdruzhenie «Za Zemyata - dostap do pravosadie», Sentencia de 9 de marzo de 2023, C-375/21, ECLI:EU:C:2023:173.

Latvijas valsts meži, Sentencia de 7 de diciembre de 2023, C-434/22, ECLI:EU:C:2023:966.

Bezirkshauptmannschaft Spittal an der Drau, Sentencia de 21 de marzo de 2024, C-671/22, ECLI:EU:C:2024:256.

Tribunal Europeo de Derechos Humanos

Tyrer c. Reino Unido, núm. 5856/72, 1978.

Johnston y otros c. Irlanda, núm. 9697/82, 1986.

Rayner c. Reino Unido, demanda 9310/81, decisión de inadmisión de 16 de julio de 1986.

Leander c. Suecia, núm. 9248/81, 1987.

Soering c. Reino Unido, núm. 14038/88, 1989.

Powell y Rayner c. Reino Unido, núm. 9310/81, 1990.

Pine Valley Developmenta Ltd y otros c. Irlanda, núm. 12742/87, 1991.

Zander c. Suecia, núm. 14282/88, 1993.

López Ostra c. España, núm. 16798/90, 1994.

Tauira y otros c. Francia, núm. 28204/95, Decisión de la Comisión de 4 de diciembre de 1995.

Matos e Silva c. Portugal, núm. 15777/89, 1996.

Guerra y otros c. Italia (GS), núm. 14967/89, 1998.

Asselbourg y otros c. Luxemburgo, núm. 29121/95, decisión de inadmisibilidad de 29 de junio de 1999.

Chassagnou y otros c. Francia (GS), núm. 25088/94,28331/95, 28443/95, 1999.

Fogarty c. Reino Unido (GS), n.º 37112/97, 2001.

Hatton y otros c. Reino Unido, núm. 36022/97, 2001.

Kyrtatos c. Grecia, núm. 41666/98, 2003.

Hatton y otros c. Reino Unido (GS), núm. 36022/97, 2003.

Ashworth y otros c. Reino Unido, núm. 39561/98, decisión de inadmisión de 20 de enero de 2004.

Gorraiz Lizarraga y otros c. España, núm. 62543/00, 2004.

Öneryildiz c. Turquía (GS), núm. 48939/99, 2004.

Connors c. Reino Unido, núm. 66746/01, 2004.

Maestri c. Italia (GS), núm. 39748/98, 2004.

Vides Aizsardzības Klubs c. Letonia, núm. 57829/00, 2004.

Taşkin et al c. Turquía, núm. 46117/99, 2004.

Fadeyeva c. Rusia, núm. 55723, 2005.

Saliba c. Malta, núm. 4251/02, 2005.

Steel y Morris c. Reino Unido, núm. 68416/01, 2005.

Giacomelli c. Italia, núm. 59909/00, 2006.

Ledyayeva y otros c. Rusia, núm. 53157/99, 53247/99, 53695/00 56850/00, 2006.

Sdruženi Jihočeské Matky c. República Checa, núm. 19101/03, decisión de inadmisión de 10 de julio de 2006.

Hamer c. Bélgica, núm. 21861/03, 2007.

Schneider c. Luxemburgo, núm. 2113/04, 2007.

Budayeva y otros c. Rusia, núm. 15339/02, 21166/02, 20058/02, 11673/02 y 15343/02, 2008.

Fägerskiöld c.Suecia, núm. 37664/04, decisión de inadmisión de 26 de febrero de 2008.

Galev y otros c. Bulgaria, núm. 18324/04, decisión de inadmisión de 29 de septiembre de 2009.

L'Erablière A.S.B.L. c. Bélgica, núm. 49230/07, 2009.

Nural Vural c. Turquía, núm. 16009/04, 2009.

Satir c.Turquía, núm. 36192/03, 2009.

Tătar c. Rumania, núm. 67021/01, 2009.

Temel Conta Sanayi Ve Ticaret A. Ş. c. Turquía, núm. 45651/04, 2009.

Atanasov c. Bulgaria, núm. 12853/03, 2010.

Bacila c. Rumanía, núm. 19234/04, 2010.

Caron y otros c. Francia, núm. 48629/08, 2010.

Depalle c. Francia, núm. 34044/02, 2010.

Mileva y otros c. Bulgaria, núm. 43449/02 y 21475/04, 2010.

Dubetska y otros c. Ucrania, núm. 30499/03, 2011

Grimkovskaya c. Ucrania, núm. 38182/03, 2011.

Zammit Maempel c. Malta, núm. 24202/10, 2011.

Di Sarno y otros c. Italia, núm. 30765/08, 2012.

Hardy y Maile c. Reino Unido, núm. 31965/07, 2012.

Herrmann c. Alemania, núm. 9300/07, 2012.

Flamenbaum y otros c. Francia, núm. 3675/04 y 23264/04, 2012.

Kolyadenko y otros c. Rusia, núm., 20534/05, 20678/05, 23263/05, 24283/05 y 35673/05 2012.

Martínez Martínez y Pino Manzano c. España, núm. 61654/08, 2012.

Tanasoaica c. Rumanía, núm. 3490/03, 2012.

Bil İnşaat Taahhüt Ticaret Limited Şirketi c. Turquía, núm. 29825/03, 2013.

Bor c. Hungría, núm. 50474/08, 2013.

Brincat y otros c. Malta, núm. 60908/11, 62110/11, 62129/11, 62312/11 y 62338/11, 2014.

Karin Andersson c. Suecia, núm. 29878/09, 2014.

Udovičić c. Croatia, núm, 27310/09, 2014.

Lambert y otros Francia [GC], núm. 46043/14, 2015.

Magyar Helsinki Bizottság c. Hungría (GS), núm. 18030/11, 2015.

Matczyński c. Polonia, núm. 32794/07, 2015.

Özel y otros c. Turquía, núm. 14350/05, 15245/05, 16051/05, 2015.

Roman Zakharov c. Rusia [GC], núm. 47143/06, 2015.

Otgon c. República de Moldavia, núm. 22743, 2016.

Jugheli y otros c. Georgia, núm. 38342/05, 2017.

Dimitar Yordanov c. Bulgaria, núm. 3401/09), 2018.

Cordella y otros c. Italia, núms. 54414/13 y 54264/15, 2019.

Nicolae Virgiliu Tănase c. Rumanía (GS), núm.41720/13, 2020.

Yevgeniy Dmitriyev c. Rusia, núm. 17840/06, 2020.

Ecodefence y otros c. Rusia, núms. 9988/13 y 60 otros, 2022.

Kotov y otros c. Rusia, núm. 6142/18, 2022.

Locascia y otros c. Italia, núm. 35648/10, 2023.

Fedotova y otros contra Rusia (GC), núm. 40792/10, 2023.

Verein KlimaSeniorinnen Schweiz y otros c. Suiza (GS), núm. 53600/20, 2024.

Corte Interamericana de Derechos Humanos

Caso de la Comunidad Mayagna (Sumo) Awas Tingni Vs. Nicaragua. Fondo, Reparaciones y Costas. Sentencia de 31 de agosto de 2001. Serie C No. 79.

Caso Comunidad Indígena Yakye Axa Vs. Paraguay. Fondo, Reparaciones y Costas. Sentencia de 17 de junio de 2005. Serie C No. 125.

Caso de la Comunidad Moiwana Vs. Surinam. Excepciones Preliminares, Fondo, Reparaciones y Costas. Sentencia de 15 de junio de 2005. Serie C No. 124.

Caso Yatama Vs. Nicaragua. Excepciones Preliminares, Fondo, Reparaciones y Costas. Sentencia de 23 de junio de 2005. Serie C No. 127.

Caso Comunidad Indígena Sawhoyamaxa Vs. Paraguay. Fondo, Reparaciones y Costas. Sentencia de 29 de marzo de 2006. Serie C No. 146.

Caso Claude Reyes y otros Vs. Chile. Fondo, Reparaciones y Costas. Sentencia de 19 de septiembre de 2006. Serie C No. 151.

Caso del Pueblo Saramaka Vs. Surinam. Excepciones Preliminares, Fondo, Reparaciones y Costas. Sentencia de 28 de noviembre de 2007. Serie C No. 172.

Caso del Pueblo Saramaka Vs. Surinam. Interpretación de la Sentencia de Excepciones Preliminares, Fondo, Reparaciones y Costas. Sentencia de 12 de agosto de 2008. Serie C No. 185.

Caso Salvador Chiriboga Vs. Ecuador. Excepción Preliminar y Fondo. Sentencia de 6 de mayo de 2008. Serie C No. 179.

Caso Kawas Fernández Vs. Honduras. Fondo, Reparaciones y Costas. Sentencia de 3 de abril de 2009. Serie C No. 196.

Caso Acevedo Buendía y otros ("Cesantes y Jubilados de la Contraloría") Vs. Perú. Excepción Preliminar, Fondo, Reparaciones y Costas. Sentencia de 1 de julio de 2009. Serie C No. 198.

Caso Comunidad Indígena Xákmok Kásek Vs. Paraguay. Fondo, Reparaciones y Costas. Sentencia de 24 de agosto de 2010. Serie C No. 214.

Pueblo Indígena Kichwa de Sarayaku vs. Ecuador. Sentencia de 27 de junio de 2012. Serie C No. 245.

Caso Luna López Vs. Honduras. Fondo, Reparaciones y Costas. Sentencia de 10 de octubre de 2013. Serie C No. 269.

Caso Norín Catrimán y otros (Dirigentes, Miembros y Activista del Pueblo Indígena Mapuche) Vs. Chile. Fondo, Reparaciones y Costas. Sentencia de 29 de mayo de 2014. Serie C No. 279

Caso Defensor de Derechos Humanos y otros Vs. Guatemala. Excepciones Preliminares, Fondo, Reparaciones y Costas. Sentencia de 28 de agosto de 2014. Serie C No. 283.

Caso Norín Catrimán y otros (Dirigentes, Miembros y Activista del Pueblo Indígena Mapuche) Vs. Chile. Fondo, Reparaciones y Costas. Sentencia de 29 de mayo de 2014. Serie C No. 279.

Caso Comunidad Garífuna de Punta Piedra y sus miembros Vs. Honduras. Excepciones Preliminares, Fondo, Reparaciones y Costas. Sentencia de 8 de octubre de 2015. Serie C No. 304.

Caso Comunidad Garífuna Triunfo de la Cruz y sus miembros Vs. Honduras. Fondo, Reparaciones y Costas. Sentencia de 08 de octubre de 2015. Serie C No. 305

Caso Pueblos Kaliña y Lokono Vs. Surinam. Fondo, Reparaciones y Costas. Sentencia de 25 de noviembre de 2015. Serie C No. 309.

Caso Acosta y otros Vs. Nicaragua. Excepciones Preliminares, Fondo, Reparaciones y Costas. Sentencia de 25 de marzo de 2017. Serie C No. 334

Caso Lagos del Campo Vs. Perú. Excepciones Preliminares, Fondo, Reparaciones y Costas. Sentencia de 31 de agosto de 2017. Serie C No. 340.

Caso Pueblo Indígena Xucuru y sus miembros Vs. Brasil. Excepciones Preliminares, Fondo, Reparaciones y Costas. Sentencia de 5 de febrero de 2018. Serie C No. 346.

Comunidades Indígenas Miembros de la Asociación Lhaka Honhat (Nuestra Tierra) vs. Argentina, Sentencia de 6 de febrero de 2020. Serie C No. 400.

Caso Baraona Bray Vs. Chile. Excepciones Preliminares, Fondo, Reparaciones y Costas. Sentencia de 24 de noviembre de 2022. Serie C No. 481.

Comunidad Garífuna de Punta Piedra y sus miembros c. Honduras. Sentencia de 29 de agosto de 2023. Serie C No. 496.

Caso Habitantes de La Oroya vs. Perú. Excepciones Preliminares, Fondo, Reparaciones y Costas. Sentencia de 27 de noviembre de 2023. Serie C No. 511.

Titularidad de derechos de las personas jurídicas en el Sistema Interamericano de Derechos Humanos (Interpretación y alcance del artículo 1.2, en relación con los artículos 1.1, 8, 11.2, 13, 16, 21, 24, 25, 29, 30, 44, 46, y 62.3 de la Convención Americana sobre Derechos Humanos, así como del artículo 8.1 A y B del Protocolo de San Salvador). Opinión Consultiva OC-22/16 de 26 de febrero de 2016. Serie A No. 22.

Medio ambiente y derechos humanos (obligaciones estatales en relación con el medio ambiente en el marco de la protección y garantía de los derechos a la vida y a la integridad personal - interpretación y alcance de los artículos 4.1 y 5.1, en relación con los artículos 1.1 y 2 de la Convención Americana sobre Derechos Humanos). Opinión Consultiva OC-23/17 de 15 de noviembre de 2017. Serie A No. 23.

Organización Mundial del Comercio

Estados Unidos - Atún (México), Informe del Grupo Especial, DS21/R, 3 de septiembre de 1991.

Estados Unidos - Atún (CEE), Informe del Grupo Especial, DS29/R, 16 de junio de 1994.

Estados Unidos - Camarones, Solicitud de celebración de consultas presentada por India, Malasia, Pakistán y Tailandia, WT/DS58/1, 14 de octubre de 1996.

Comunidades Europeas - Medidas relativas a la carne y los productos cárnicos (hormonas), WT/DS26/AB/R, WT/DS48/AB/R, de 13 de febrero de 1998.

Estados Unidos - Camarones, Informe del Grupo Especial, WT/DS58/R, 15 de mayo de 1998.

Estados Unidos - Camarones, Informe del Órgano de Apelación, WT/DS58/AB/R, 12 de octubre de 1998.

Estados Unidos - Camarones, Recurso de Malasia al art. 21.5 del ESD, WT/DS58/17, 13 de octubre de 2000.

Comunidad Europea - Medidas que afectan al amianto y los productos que contienen amianto, Informe del Órgano de Apelación, WT/DS135/AB/R, 5 de abril de 2001.

Estados Unidos - Camarones, Informe del Grupo Especial del art. 21.5 del ESD (Malasia), WT/DS58/RW, 15 de junio de 2001.

Estados Unidos - Camarones, Informe del Órgano de Apelación del art. 21.5 del ESD (Malasia), WT/DS58/AB/RW, 22 de octubre de 2001.

Comunidades Europeas - Medidas que afectan a la aprobación y comercialización de productos biotecnológicos, Informe del Grupo Especial, WT/DS291/R, WT/DS292/R, WT/DS293/R, 21 de noviembre de 2006.

Brasil - Medidas que afectan a las importaciones de neumáticos recauchutados, Informe del Grupo Especial, WT/DS332/AB/R, de 3 de diciembre de 2007.

Estados Unidos - Atún II (México), Solicitud de celebración de consultas presentada por México, WT/DS381/1, 28 de octubre de 2008.

Estados Unidos - Atún II (México), Informe del Grupo Especial, WT/DS381/R, 15 de septiembre de 2011.

Estados Unidos - Atún II (México), Informe del Órgano de Apelación, WT/DS381/AB/R, 16 de mayo de 2012.

China - Medidas relativas a la exportación de tierras raras, tungsteno y molibdeno, Informe del Grupo Especial, WT/DS431/R, WT/DS432/R, WT/DS433/R, 26 de marzo de 2014.

Estados Unidos - Atún II (México), Informe del Órgano de Apelación del art. 21.5 del ESD (Estados Unidos), WT/DS381/AB/RW/USA, 14 de diciembre de 2018.

UE y determinados Estados miembros - Aceite de palma (Malasia), Informe del Grupo Especial, WT/DS600/R, 5 de marzo de 2024.

UE - Aceite de palma (Indonesia), Suspensión de los trabajos del Grupo Especial, WT/DS593/17, 11 de noviembre de 2024.

Arbitraje internacional

Award between the United States and the United Kingdom relating to the rights of jurisdiction of United States in the Bering's sea and the preservation of fur seals. Decision of 15 August 1893, RIAA vol. XXVIII, pp. 263-276.

Affaire des biens britanniques au Maroc espagnol. Espagne contre Royaume-Uni. La Haye, 1er mai 1925, *RIAA*, Vol. II, pp. 615-742.

Laura M. B. Janes et al. (U.S.A.) v. United Mexican States, 16 November 1925, *RIAA*, Vol. IV p. 82-98.

Trail smelter case. (United States, Canada). April 16, 1938, and March 11, 1941, *RIAA*, Vol. III, pp. 1905-1982.

Affaire du lac Lanoux (Espagne, France), 16 November 1957, *RIAA*, Vol. XII pp. 281-317.

Case concerning the difference between New Zealand and France concerning the interpretation or application of two agreements, concluded on 9 July 1986 between the two States and which related to the problems arising from the Rainbow Warrior Affair, 30 April 1990, *RIAA*, Vol. XX, pp. 215-284.

Arbitration Regarding the Iron Rhine ("Ijzeren Rijn") Railway between the Kingdom of Belgium and the Kingdom of the Netherlands, Award, 24 May 2005, *PCA Award Series* (2007).

Chevron Corporation y Texaco Petroleum Company / Ecuador, PCA, Caso nº 34877, Laudo Final, 31 agosto 2011.

Indus Waters Kishenganga Arbitration (Pakistan v. India), Partial Award, PCA, 18 February 2013.

South China Sea Arbitration (Republic of the Philippines v. People's Republic of China), PCA, Case No 2013-19, Judgment, 12 July 2016.

Urbaser S.A. and Consorcio de Aguas Bilbao Bizkaia, Bilbao Biskaia Ur Partzuergoa v. The Argentine Republic, ICSID Case No. ARB/07/26, laudo arbitral, 8 diciembre 2016.

Burlington Resources Inc. v. Republic of Ecuador, ICSID Case No. ARB/08/5, Decisión sobre reconsideración y laudo, 7 febrero 2018.

Chevron Corporation and Texaco Petroleum Company v. The Republic of Ecuador, PCA, Caso No. 2009-23, Laudo final de 30 de agosto de 2018.